YEARBOOK
OF TIANJIN EDUCATION

2024
天津教育年鉴

天津市教育委员会　编

天津出版传媒集团
天津人民出版社

图书在版编目（CIP）数据

天津教育年鉴．2024 / 天津市教育委员会编．

天津：天津人民出版社，2024．12． -- ISBN 978-7-201-
20805-3

Ⅰ．G527．21-54

中国国家版本馆CIP数据核字第2024QJ6069号

天津教育年鉴(2024)
TIANJIN JIAOYU NIANJIAN(2024)

出　　版	天津人民出版社
出 版 人	刘锦泉
地　　址	天津市和平区西康路35号康岳大厦
邮政编码	300051
邮购电话	(022)23332469
电子信箱	reader@tjrmcbs.com

策划编辑	安练练
责任编辑	李　荣
封面设计	汤　磊

印　　刷	天津新华印务有限公司
经　　销	新华书店
开　　本	889毫米×1194毫米　　　1/16
印　　张	49.25
插　　页	23
字　　数	1500千字
版次印次	2024年12月第1版 2024年12月第1次印刷
定　　价	230.00元

编辑说明

　　《天津教育年鉴》是在中共天津市委教育工作委员会、天津市教育委员会领导下，由天津市教育科学研究院主持编纂，市、区教育部门及各类学校共同参与编辑的大型专业年鉴。1999年首次公开出版，每年公开出版一卷。具有信息资料权威准确、信息资料全面系统、信息资料连续可比、信息资料查检便捷、出版及时等特点。

　　《天津教育年鉴》以马克思列宁主义、毛泽东思想、邓小平理论、"三个代表"重要思想、科学发展观、习近平新时代中国特色社会主义思想为指导，全面、系统、翔实地记载天津市教育系统基本情况，为社会各界及海外人士了解、研究天津教育提供基本资料。

　　本年鉴采用分类编辑法，主体内容分类目、分目、条目三个结构层次。不同层次标题的字体、字号有明显区别，全书条目标题统一用黑体字加【 】表示。

　　本卷年鉴主要记载天津市2023年教育发展的基本情况，设13个类目。为了更好地方便读者使用，更好地发挥年鉴的作用，检索系统包括中英文目录和主题索引，并附全文检索光盘，方便读者查阅。

　　本卷年鉴基本框架保持稳定，部分内容进行了调整。本卷将彩页中的照片按专题归类；于"大事记"前增加了"专记""专文"类目；"综合管理"类目中取消"综合工作"分目，增加"天津教育事业发展综述""协作支援与语言文字"分目，将"德育工作"分目更名为"学生思想教育与管理"，"人事管理"分目更名为"师资建设"，"科研工作"分目更名为"科学技术与研究生工作"，"教育督导"分目更名为"督政督学"，"教育报刊"分目更名为"教育媒体"；"附录"类目中取消"提案议案"分目；并重新调整了部分分目的排列次序。

　　根据教育部统计工作要求，本卷"教育统计"类目中各级各类教育学校的教职工按照学校类型统计，专任教师按照教育层级统计，如九年一贯制学校的教职工数计入初中阶段教育，完全中学、十二年一贯制学校的教职工数计入高中阶段教育，而专任教师是按照教育层次进行归类。因统计方式不同，故存在教职工其中专任教师数与分学段专任教师数出现差异的情况。

本卷年鉴采用的稿件原件由各入鉴单位提供，数据因统计口径不同造成不一致的，一般以教委财管中心提供的"教育统计"类目数据为准。

《天津教育年鉴》编辑委员会

《天津教育年鉴》编审人员

主　　编：王秋岩

副主编：刘　冰　李军占　赵　亮

编　　辑：郭　静　高　威　郝　冰

特约编辑：张宏猷　杨　静　焦艳红

分篇编辑：（以姓氏笔画为序）

丁　昕　于淙阳　王　岩　王　欣

王桂秋　石　英　石陈晨　白燕华

冯惠佳　任天琪　任超杰　庄哲明

刘学敏　齐丛品　孙梅娟　芮志彬

李　杨　杨　鑫　吴洁石　吴常青

张　策　张　楠　张　磊　张　鑫

张洪芝　张素洁　陈　洁　林　峤

孟亚萍　赵晓慧　段佳豪　徐　彬

郭福生　唐宏婕　黄玉培　崔　杰

董圆融　蒋鑫楠　谢光勇　蔺广萍

潘　伟　潘广深

5月18日，天开高教科创园正式开园。天开园以天津市南开区环南开大学、天津大学、天津医科大学片区为核心区，以西青区大学城片区为西翼拓展区，以津南区海河教育园区片区为东翼拓展区 （刘东岳 摄）

3月27日，天津大学牵头建设的脑机交互与人机共融海河实验室在滨海高新技术产业开发区正式揭牌 （天津大学 供图）

天津大学新增合作共建先进医用材料与医疗器械全国重点实验室，是 2023 年天津市唯一新增全国重点实验室　　　　　　　　　　　　　　　　　　　　　　　（天津大学　供图）

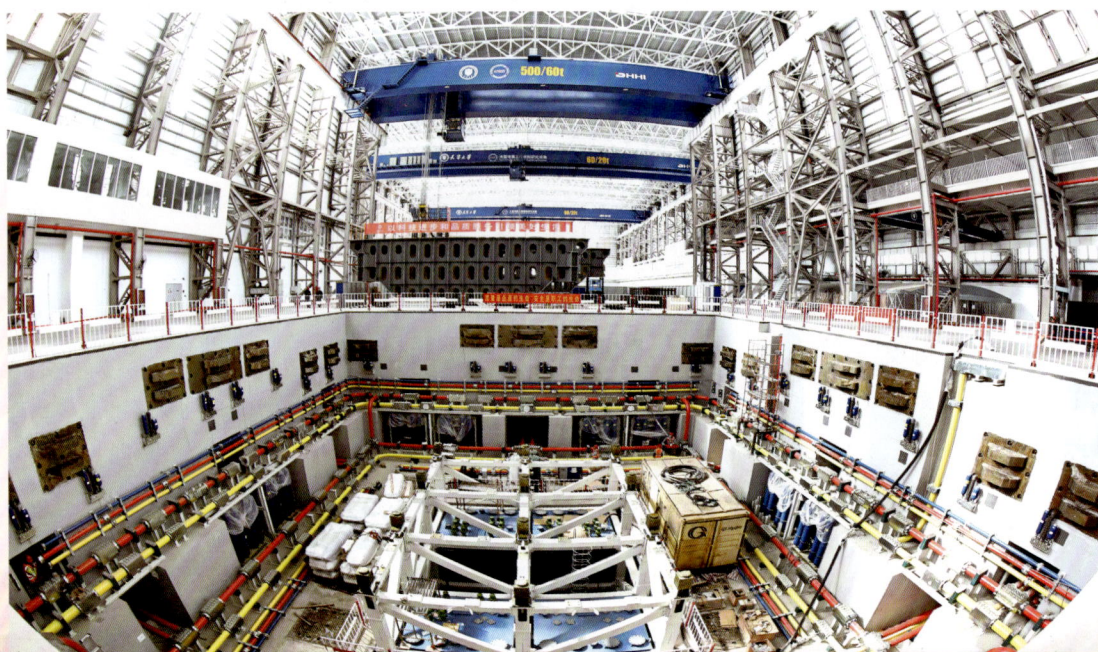

由中建八局承办、天津大学牵头建设的国家大型地震工程模拟研究设施全面进入室内设备安装阶段。该项目坐落于天津大学北洋园校区，是我国地震工程领域首个国家重大科技基础设施，也是迄今为止天津承担的第一个国家重大科技基础设施，工程总建筑面积 7.6 万平方米　　　　　　　　　　　　　　　　　　　　　　　　　　　　（刘东岳　摄）

中国国际大学生创新大赛（2023）由教育部、中央统战部、中央网信办、国家发展改革委等12个国家部委同天津市人民政府主办，天津大学承办　　　　　（天津大学　供图）

2月27日，天津科技大学国家重点实验室学生开展实验　　　　　（刘绍帆　摄）

9月27日，天津中医药大学国家医学攻关产教融合创新平台项目开工

（天津中医药大学　供图）

11月25—26日，天津理工大学举办2023计算机、储能和人工智能交叉学科国际产学研用合作会议

（天津理工大学　供图）

12月16日，全国高端装备制造（工业控制技术）行业产教融合共同体成立大会在天津举行

（天津职业大学　供图）

4月22日，南开大学举行第六届周恩来研究国际学术研讨会

（南开大学　供图）

7月10日，南开大学与新奥集团共建国内首家认知科技创新中心

（南开大学　供图）

10月19日，中国式现代化与全球发展国际研讨会在南开大学召开

（南开大学　供图）

10月15日，"中华诗教国际学术研讨会"在南开大学举行，以此庆贺叶嘉莹先生百岁华诞。中华诗教与古典文化研究所所长叶嘉莹先生到场　　　　　　　　　　　（南开大学　供图）

7月24日，天津大学作为第一完成单位的"新工科教育"项目获2022年国家级教学成果奖特等奖　　　　　　　　　　　　　　　　　　　　　（天津大学　供图）

4月25日，天津大学（天津市）卓越工程师学院成立揭牌仪式暨卓越工程师培养交流会在天津大学北洋园校区召开　　　　　　　　　　　　　　　　（天津大学　供图）

12月14—15日，2023年亚太地区创新科技及能力提升展览会在香港亚洲国际博览馆举办。在展会的专家论坛上，中国民航大学校长作题为"创建在人—航空业人才能力培养与发展"主题演讲

（中国民航大学　供图）

10月15日，河北工业大学举行建校120周年庆祝大会　　　　　　　（河北工业大学　供图）

12月6日，天津师范大学团队在中国国际大学生创新大赛（2023）全国总决赛中获高教主赛道中国大陆项目金奖

（天津师范大学　供图）

6月20日，天津市教育招生考试院赴北京教育考试院参加京津冀联合监印研究生统考试卷协作会，签署《京津冀联合监印全国硕士研究生招生考试全国统一命题科目试卷合作协议》

（天津市教育招生考试院　供图）

9月6日，天津市教育科学研究院与天津市教育招生考试院举行全面战略合作框架协议签约仪式

（天津市教育招生考试院　供图）

8月10日，天津市免疫学研究所成立仪式暨第一届免疫学前沿进展学术论坛在天津医科大学举行
（天津医科大学　供图）

5月26日，天津科技大学第二届红石榴文化节在滨海校区启动，图为学校少数民族学生表演节目
（刘绍帆　摄）

8月17—19日，第十八届全国大学生智能汽车竞赛总决赛在天津工业大学举行。学校"地灵—HowDareYou"代表队获声音信标组一等奖　　　　　　　　　　　　（李焕峰　摄）

天津工业大学学生志愿者在新疆于田县第一小学"天工杯"美育成果展演活动中与小学生们互动　　　　　　　　　　　　　　　　　　　　　　　（天津工业大学　供图）

6月，天津外国语大学与葡萄牙里斯本大学共建的孔子学院获评"全球示范孔子学院"

（天津外国语大学　供图）

11月22日，天津城建大学举办"守正创新兴文化——用好红色资源 传承红色基因"研讨会，并为天津城建大学红色文化遗产研究院揭牌　　　　（天津城建大学　供图）

2023年，天津音乐学院排演的民族歌剧《同心结》先后在天津大剧院、杭州大剧院、中央歌剧院进行演出，并获第五届中国歌剧节"中国歌剧节优秀剧目奖"（天津音乐学院 供图）

12月12日，"文质清华——2023年全国高等艺术院校花鸟画教师作品展暨教学研讨会"在天津美术学院举行 （天津美术学院 供图）

7月，天津农学院学生在第八届全国大学生水利创新设计大赛中获一等奖（刘璇　摄）

11月30日，天津传媒学院原创国标舞作品《楚·红》受邀参加第十三届"桃李杯"国际标准舞展演
（天津传媒学院　供图）

9月16日，中华人民共和国第二届职业技能大赛在国家会展中心（天津）正式开赛

（刘东岳 摄）

12月9日，哈萨克斯坦鲁班工坊试运行仪式在东哈萨克斯坦技术大学举行

（天津职业大学 供图）

9月23日，天津商务职业学院与腾讯云（北京）有限责任公司、天津大学联合牵头举行全国数字技术创新产教融合共同体成立大会

（天津商务职业学院　供图）

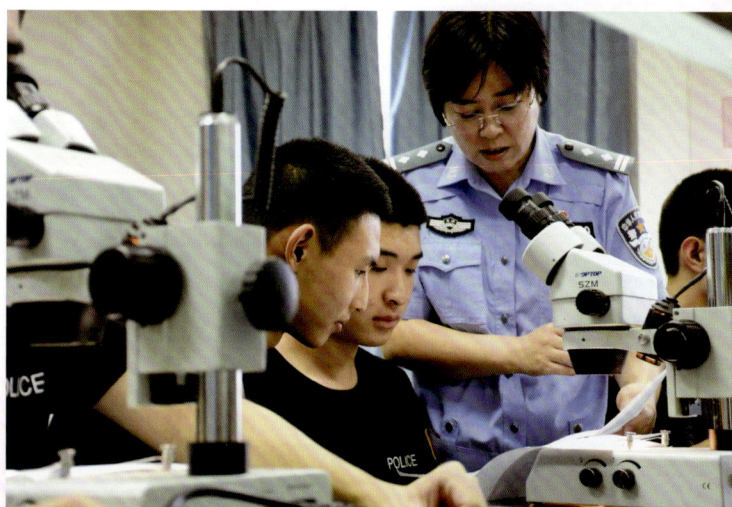

9月12日，天津公安警官职业学院公安专业学生在文件检验课程实训中练习笔迹鉴定项目

（天津公安警官职业学院　供图）

8月17日，中非欧中医药发展论坛暨中医药鲁班工坊合作共同体成立大会召开

（天津医学高等专科学校　供图）

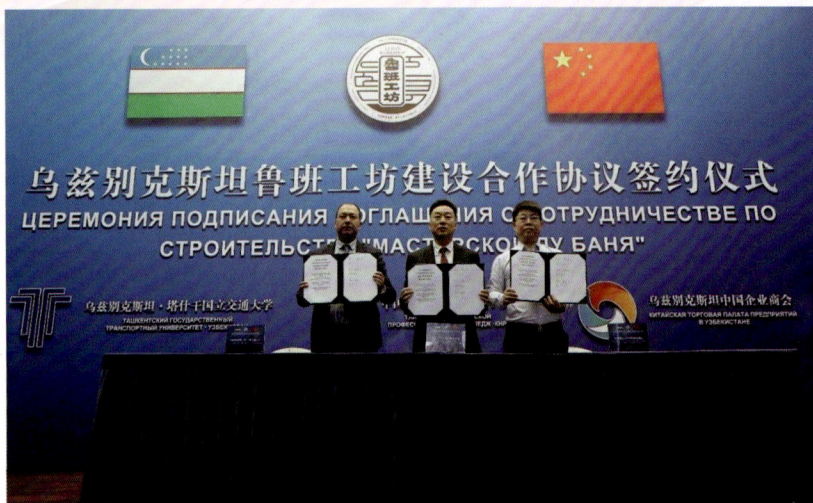

11月20日，天津海运职业学院与乌兹别克斯坦塔什干国立交通大学、乌兹别克斯坦中国企业商会共同签署乌兹别克斯坦鲁班工坊建设合作协议

（天津海运职业学院　供图）

11月21日，"一带一路"背景下中俄教育交流合作与深化"鲁班工坊"建设研讨会在天津电子信息职业技术学院召开，双方院校共同栽种"中俄教育"友谊之树

（天津电子信息职业技术学院　供图）

12月14日，天津电子信息职业技术学院"数智佳绘—打造中国身份型数字人领军品牌"项目在中国国际大学生创新大赛（2023）中获金奖

（天津电子信息职业技术学院　供图）

8 月 20 日，天津渤海职业技术学院代表队获 2023 年全国职业院校技能大赛高职组"食品安全与质量检测"赛项一等奖

（天津渤海职业技术学院　供图）

9 月 17 日，天津机电职业技术学院教师王文陶在第二届全国职业技能大赛数控铣（国赛）项目中获金牌

（天津机电职业技术学院　供图）

5 月 8 日，葡萄牙塞图巴尔理工学院卢卡斯教授为天津机电职业技术学院学生授课

（天津机电职业技术学院　供图）

12月12日，天津现代职业技术学院"清代宫廷钟表修复与制作技艺传承体验基地"获批天津市第一批非物质文化遗产传承体验基地

（天津现代职业技术学院　供图）

10月12日，天津轻工职业技术学院师生在2023年全国职业院校技能大赛高职组"生产单元数字化改造赛项"中获一等奖

（天津轻工职业技术学院　供图）

9月16—19日，天津国土资源和房屋职业学院学生盛世豪在第二届全国职业技能大赛木工（世赛选拔）赛项中获优胜奖并入选第47届世界技能大赛中国集训队，图为比赛现场

（天津国土资源和房屋职业学院　供图）

1月23日，由京东集团与天津大学、天津交通职业学院牵头组建的全国智能供应链行业产教融合共同体在天津正式成立

（天津交通职业学院 供图）

5月23日，京津冀托幼一体化产教融合共同体成立大会在天津召开

（天津城市职业学院 供图）

天津铁道职业技术学院承办两期亚吉铁路高层管理人员培训班，培训高层管理人员35人

（天津铁道职业技术学院 供图）

5月14日，天津市西青区富力中学学生到天津市经济贸易学校参加职业体验

（天津市经济贸易学校　供图）

天津市建筑工程学校援疆教师在新疆生产建设兵团第十一师职业技术学校授课

（天津市建筑工程学校　供图）

9月，天津市仪表无线电工业学校（天津市电子信息技师学院）世界技能大赛信息网络布线赛项中国队集训基地

（杨文鹏　摄）

6月18日，天津海教园大学科技园共建协议签约仪式在天津开放大学海河教育园校区举行

（天津开放大学　供图）

11月13日，天津市和平区第十七届社区教育展示周暨2023年全民终身学习活动周启动仪式在和平区青少年宫举行

（和平区教育局　供图）

基础教育

10月20—22日，第82届中国教育装备展示会在天津举办。来自国内外的1100多家企业携1.2万余件展品亮相国家会展中心（天津）

（刘东岳　摄）

9月23日，以"深耕课堂学技能 劳动实践练本领"为主题的2023年度天津市中小学劳动技能大赛在静海区举行

（刘东岳　摄）

5月24日，天津市青少年法治教育实践基地在天津市工读学校举行揭牌仪式

（天津市工读学校　供图）

12月23日，天津市南开中学新剧团出演话剧《一元钱》　（天津市南开中学　供图）

8月23日，天津市第一中学雄安校区揭牌仪式在雄安新区雄县第一高级中学举行　（天津市第一中学　供图）

天津市耀华中学舞蹈团《花秧情》获天津市学校美育实践课堂文艺展演一等奖
（天津市耀华中学　供图）

12月12日，天津市复兴中学学生到河北工业大学参加教育交流活动

（天津市复兴中学 供图）

天津市教育科学研究院附属河北中学学生参加"庆丰收 迎盛会"社会实践活动

（魏杰 摄）

　　2月19日，国家级非物质文化遗产天津泥人张项目的"张宇传习室"在天津市觉民中学揭牌。图为第六代"泥人张"传人张宇指导学生进行泥塑创作　　（天津市觉民中学　供图）

　　6月15日，"翰墨传廉韵 清风润校园"红桥区教育系统师生书法、美术廉洁文化作品展在天津市民族文化宫举行　　　　　　　　　　　（红桥区教育局　供图）

11月13日，天津市第一中学津南学校学生在物理课上

（天津市第一中学津南学校　供图）

12月25日，天津市宝坻区第六中学开展防校园欺凌宣传讲座

（张正娇　摄）

5月30日，天津市静海区第三十五届学生艺术节文艺汇报演出在静海区第一中学举行

（李万会　摄）

9月20日，天津市实验小学举办全国科普日系列活动——会讲故事的小发明家

（天津市实验小学　供图）

天津市滨海新区玉簪小学创建木工特色课后服务课程

（天津市滨海新区玉簪小学　供图）

9—10月，天津市河西区中小学开展"每日走出去、动起来"大课间活动

（河西区教育局　供图）

5月22日，天津市东丽区东羽小学举办题为"小小纸飞机启蒙蓝天梦，趣味水火箭开启航天梦"的体验活动　　（杨艳　摄）

12月20日，"弘扬华夏文明 传承津沽文化"天津市津南区第十二届津沽文化日主题活动在津南区咸水沽第六小学举办

（津南区教育局　供图）

6月20日，天津市北辰区中小学开展"端午粽飘香 劳动润童心"主题劳动实践活动

（北辰区教育局 供图）

11月，天津市武清区杨村光明道小学举行实验区资源创建成果分享活动

（武清区教育局供图）

12月15日，天津市蓟州区下营镇黄崖关中心小学学生在体育训练基地练习速滑

（卢春伶 摄）

9月19日，天津市河北区第二十幼儿园幼儿在"点燃猜想的兴趣 探究身边的科学"实验操作课堂进行展示

（裴雅楠　摄）

4月12日，天津市幼儿园第十一届"优秀教育活动"评选科学探索活动，图为河东区第二幼儿园活动现场

（宋津　摄）

10月23日，天津市武清区第七幼儿园开展"耕耘有时，收获已至"晒丰收活动

（天津市武清区第七幼儿园　供图）

天津市宝坻区牛家牌镇中心幼儿园开展户外活动　（市教委　供图）

6月2日，天津市聋人学校的教师们在指挥听力障碍学生进行诵读

（天津市聋人学校　供图）

2月22—24日，天津市视力障碍学校承办第七届中国残疾人冰雪运动季体管中心系列示范活动暨残疾人冰雪运动进校园活动　　　　　　　　（姚劲　摄）

新成立的天津市河东区育才学校　（苏学琳　摄）

新成立的天津市河东区实验学校（黄旺　摄）

8月31日，天津市蓟州区下营镇黄崖关中心小学新址启用

（蓟州区教育局　供图）

目　录
CONTENTS

各级各类教育
Education of Different Levels

高等教育
Higher Education

基础教育
Basic Education

继续教育
Continuing Education

民办教育
Non-government Education

教育科研机构
Institution of Educational Science Research

各区教育
Education in Districts

各级各类学校
Schools of Different Levels

成人高校
Adult University and Colleges

特教学校 ………………………365
Special Education Schools

中等职业学校 …………………368
Secondary Vocational Schools

人物
Personage

刘炳初	周秀中	曲日光	薛价猷	黄少龙
沈含熙	胡久稔	崔 彤	杜滋龄	杨灿英
韩际宏	张自立	王秉钦	张毓凡	孟道骥
汪和睦	孟昭华	孟宪明	殷汝祥	黄润秋
张小兵	赵学庄	陈叙龙	左志远	马庆株
刘恒潜	陈兰英	周尔鎏	刘安西	康谷贻
徐乐平	吴顺华	蔡天益	蔡德水	孙占木
荆其敏	邱宣怀	耿长松	杨啸堂	霍拳忠
储景云	倪 征	王彦琦	李贺桥	许镇琳
秦崇仁	饶寿人	郭清山	叶永昌	赵耕夫
杨治安	王东坡	许松照	李 真	金朝崇
叶长森	袁孝競	宋光德	王懿铭	于九如
苏翼林	景乃和	任贵永	孟繁桢	刘春生
黄纯华	靳永铭	霍立兴	崔广涛	何日智
林立群	陈远明	罗南星	张 昕	赵汝文
陈才和	史宗庄	王金榜	陆再生	李修仁
郭明林	郭秉臣	刘树琪	刘振义	王中秋
刘金铭	贾 毅	周金台	侯建民	李文霞
王正伦	苏 焯	叶咏年	崔以泰	郭宗仁
吉全贵	荣长宽	牟善积	高铭鼎	蒋冠琳
孙其峰				

附录

Appendix

政 策 文 件 ························421

Policies and Documents

教育统计

Educational Statistics

综 合 部 分 ························444

Integrated Part

高 等 教 育 ························448

Higher Education

中等职业教育 …………………509

Secondary Vocational Education

普通中等教育 ………………………………548
General Secondary Education

初 等 教 育 ………………………………576
Primary Education

学前教育

Preschool Education

特殊教育

Special Education

其他教育

Other Education

补充资料

Supplementary Information

学校名录

School Directory

索引
Index

专记

天津统筹推进教育科技人才一体发展
持续为高质量发展注入新动能

天津市委、市政府将科教兴市人才强市行动作为推动天津高质量发展的重点之举，坚持教育、科技、人才一体化思考、一体化设计、一体化实施，全力打通"教育、科技、人才、产业"一体推进通道，为天津建设社会主义现代化大都市注入了强劲动力。

一、推动科技与经济深度融合，有效增强创新驱动力

一是天开高教科创园成型起势。"一核两翼"累计新增注册企业超1000家。组建天开实验室创新发展联盟，24家实验室的53项成果落户园区，推出一批高水平成果。引入108家投资、银行等机构，建立天开基金群，开发"天开贷"等特色产品，打造"天开融曜"路演品牌，助力园区企业获得投资超1亿元、贷款超8200万元。

二是京津冀科技协同创新持续深化。天津市政府与科技部签订新一轮部市工作会商制度议定书，与北京大学签署战略合作框架协议，与中国工程院续签合作协议，与中国医学科学院共建天津基地。争取国家发改委、科技部等资金支持13.31亿元，海洋工程装备产业集群被确定为国家创新型产业集群。京津冀国家技术创新中心与3家海河实验室签署合作协议，完善京津冀科研仪器设备共享和科技创新券互认机制，全市3766台（套）大型仪器与京冀共享，京冀超过2.18万台（套）大型仪器向天津市开放服务，三地创新券互认机构达1155家。

三是重大创新平台建设实现跃升。获批建设15家全国重点实验室，先进医用材料与医疗器械全国重点实验室属于国家首次在医工领域布局。6家海河实验室聚集两院院士74位、国家级人才团队182个，自主布局重点项目超140项，孵化引进科技型企业超40家。国家超算天津中心获批筹建"国家新一代人工智能公共算力开放创新平台"，大型地震工程模拟研究设施已获20多项关键技术专利，国家合成生物技术创新中心"人工转化二氧化碳从头精准合成己糖技术"实现新突破。

四是企业创新主体地位有效加强。优化"雏鹰—瞪羚—领军"梯度培育机制，全市国家科技型中小企业达到11710家，雏鹰、瞪羚企业分别达到6230家、460家，领军（培育）企业达到343家，国家高新技术企业超过11000家。完善科技金融服务体系，设立12支天使子基金，总规模22亿元，遴选125家科技型企业纳入上市培育资源库，全市上市科技型企业达到52家。

五是科技成果加速向生产力转化。实施科技成果转化"解细绳"2.0版，布局建设25家行业概念验证平台。全市技术转移服务机构达到220家，技术合同成交额突破1800亿元、增长10%以上。建立高校成果供给清单、重点领域成果承接企业清单、重点产业急需技术清单和高校成果评估反馈机制，助力全市

重点高校落地天津技术合同成交额突破7亿元、同比增长2亿元。

二、推动教育与产业紧密对接,有效增强教育贡献力

一是高校创新策源能力持续提升。与教育部签署新一轮部市合作协议。深入推进5所高校14个学科"双一流"建设,加快推进50余个顶尖学科、7个优先发展学科(群)建设。在市属高校扩面推进新工科教育改革。推动南开大学建设微分几何基础数学学科中心、天津大学建设化学基础学科中心。天津大学成立天津市首个学科交叉中心。天津大学未来技术学院入选教育部首批未来技术学院。

二是学科链产业链一体融合发展。制定普通高校学科专业优化调整方案,推进学科专业优化升级。建设90个服务产业特色学科群,实现12条重点产业链以及数字经济、"双碳"等急需领域全覆盖。建设20个市级现代产业学院及建设单位,认定10个市级特色化示范性软件学院,成立116家产教融合研究生工作站。天津大学卓越工程师学院入选国家卓越工程师学院建设名单,市级卓越工程师学院、卓越工程师创新研究院建设加力提速。

三是职业教育改革创新加快推进。市政府与教育部联合印发职教改革天津方案,成立生物医药、海洋工程装备、信创、数字经济等4个产教联合体及高端装备制造、新能源、智能供应链、智慧能源等4个产教融合共同体,其中生物医药、信创2个产教联合体获批国家级市域产教联合体。推进27个高水平高职专业群、28个中职学校优质专业建设,发布首批26个产教融合专业,认定15个职业院校教师企业实践基地。《天津市职业教育条例》和《天津市职业教育产教融合促进条例》正式颁布实施。

四是创新创业活力充分释放。制定天开高教科创园高校科技成果转化奖励实施细则,391个高校项目入驻天开广场。出台建立校企握手通道若干举措,推介高校首批可转化科技成果485项,举办系列校企对接活动,2023年校企签约金额29亿元。开展"双走进"(走进天开高教科创园、走进企业)系列活动,启动"天开杯"创聚津门全国大学生智能科技创新创业挑战赛,支持天津大学高水平承办中国国际大学生创新大赛,为大学生创新创业注入新的活力动力。

三、推动人才与发展有效匹配,有效增强人才引领力

一是人才机制持续完善。完善京津冀人才一体化发展工作机制,发布"联系京津冀"人才品牌项目。升级"海河英才卡",创新"人才举荐制+直接发卡"模式,推出15项服务举措。授予天开高教科创园、协和天津基地领军人才自主认定权。在国家"万人计划"申报推荐工作中试行科学家举荐制,为海河实验室单列直推名额,从南开大学、天津大学等11所高校和9个重点园区择优选派50名干部人才进行双向挂职,推动人才与发展有效匹配。

二是人才引育成效显著。制定"海河英才"引进计划和培养计划,设置4个培养项目和6个引进项目,推出10项具体举措。与中国博士后科学基金会合作设立"博士后基金联合资助"项目,新设博士后工作平台65个,400余名博士后进站。3人成功入选第十七届中国青年科技奖,15人入选第九届中国科协青年人才托举工程,6人入选第三届全国创新争先奖。

三是海外引才实现突破。发布重点产业链高端紧缺人才目录,组织开展国家海外引才计划申报推荐工作,40人入选国家"重点联系专家"项目、28人入选首批国家博士后海外引才专项。建设协和天津留学人员创业园,孵化面积超3万平米。中科天禾(天津)生物技术有限责任公司等4家企业入选"2023年中国留学人员回国创业启动支持计划",天津市入选数量列全国第二位。

四是产业育人更加精准。建立"1+8"模式的服务科技成果转化高端智库。印发《关于加强新时代高技能人才队伍建设的实施意见》,选树10名"海河工匠"。推动人才项目资源向重点产业倾斜,设立卓越制造人才项目,每年选拔培养100名产业科技创新人才。青年科技人才培养首次实行科技和产业"双导师制",人才培养与产业创新实现有效贯通,融合发展。

(杨　刚)

教育部 天津市人民政府
印发关于探索现代职业教育体系建设改革新模式实施方案的通知

津政发〔2023〕10号

教育部各司局、各有关直属单位;天津市各区人民政府,市政府各委、办、局:
　　现将《关于探索现代职业教育体系建设改革新模式的实施方案》印发给你们,望遵照执行。

教育部　　天津市人民政府
2023年5月8日
(此件主动公开)

关于探索现代职业教育体系建设改革
新模式的实施方案

　　天津是国家现代职业教育改革创新示范区,具有独特的区位、产业和教育优势,正处于转变发展方式的深度调整期和构建现代工业产业体系的战略机遇期,职业教育前途广阔、大有可为。为深入贯彻习近平总书记关于职业教育工作的重要指示批示精神,落实中共中央办公厅、国务院办公厅《关于深化现代职业教育体系建设改革的意见》,教育部和天津市人民政府特制定本实施方案,共同探索中国现代职业教育体系建设改革新模式。

　　一、总体要求

　　(一)指导思想。坚持以习近平新时代中国特色社会主义思想为指导,全面贯彻党的二十大精神,深入贯彻落实习近平总书记对天津工作"三个着力"重要要求和一系列重要指示批示精神,坚持服务学生全面发展和经济社会发展,以提升职业教育关键能力为基础,以深化产教融合为重点,以推动职普融通为关键,以科教融汇为新方向,统筹职业教育、高等教育、继续教育协同创新,着力深化职业教育体制机制改革,着力完善职业教育基本制度和重要政策,着力构建产教城互动发展新格局,着力形成一批可复制可推广的突破性成果,着力打造新时代职业教育创新发展标杆和职业教育国际交往中心,为天津制造业高质量发展和科技创新高地建设提供技术技能人才支撑,为全国职业教育改革发展发挥引领示范作用,为世界职业教育贡献中国智慧和中国方案。

(二)主要目标。通过部市共同努力,用2至3年时间,建成产教深度融合、职普相互融通,促进全民终身学习,更好服务人的全面发展和经济社会高质量发展的现代职业教育体系。

——办学体制上,政府主导、多元参与的办学格局更加健全,产教融合、校企合作的办学模式更加多样,职业教育结构和区域产业布局更加匹配。

——育人模式上,德技并修、工学结合的机制更加完善,职普协调发展、相互融通的梯度职业教育和培训体系更加健全。

——评价方式上,以人为本、面向人人的价值导向更加鲜明,能力为重、贡献导向的评价方式更加合理。

——管理机制上,央地互动、区域联动,政府、行业、企业、学校协同的发展机制更加顺畅,制度供给更加充分,条件保障更加有力。

——国际交流上,互学互鉴更加深入,形成一批职业教育国际品牌和标准,推动中国职业教育国际影响力和竞争力有效提升,将天津建成我国职业教育的国际交往中心。

二、重点任务

(三)提升天津职业教育关键能力

落实立德树人根本任务,加强思想政治教育,加大课程、教材和教学装备开发力度,全方位提升教师素质和能力,增强职业教育办学核心能力,提高人才培养质量。

1.创新职业教育特色思政育人模式。建设一批实践育人基地,挖掘和传承天津工业文化的红色基因,赓续红色血脉。探索举办职教思政课教学技能大赛、短视频大赛、"故事思政"大赛、情景剧大赛、学生讲思政课大赛和职业院校思政课高峰论坛。建设"职教思政云",将天津市思政实训基地、思政课主题教室打造成"大思政课"综合实践基地,设立职教思政课实践教学研究中心,遴选一批职业教育特色实践育人基地,开发一批职业教育特色思政教学资源,铸牢中华民族共同体意识。发挥天津劳动教育师资培养培训中心和教学研究中心作用,加强职业学校教师培训,提升运用劳模精神、劳动精神、工匠精神育人的能力。

2.建立课程教材产教联合开发机制。由天津市教育科学研究院牵头组建职业教育课程开发中心,整合行业、企业、教研、院校等多方资源,重点围绕模具设计与制造、光伏发电技术与应用、环境工程技术、无人机应用技术、包装工程技术、软件技术、物流管理、眼视光技术、护理、药学等专业领域,研制一批核心课程标准,打造一批高水平优质课程,开发数字化资源。加强职业教育教材教法研究基地建设,对接主流生产技术,开发一批活页式、工作手册式、数字化等新形态教材和鲁班工坊多语种教材。

3.探索专业教学装备产业化运营模式。积极培育职业教育教学装备产业发展,发挥职业学校专业优势和校企合作优势,跟踪新技术、新工艺、新方法、新标准,持续开发职业教育教学仪器、实训设备和配套教学资源,整体打造"实体教学装备+模拟仿真系统+虚拟现实平台"系统化的教学装备体系,在教育教学、实验实训、技术培训、技能大赛等方面广泛推广应用,做大做强职业教育教学装备的天津品牌。

4.完善工匠之师培养培训体系。部市共建天津职业技术师范大学,支持学校建设博士授权单位,支持申报职教师资培养的相关博士学位授权点。支持天津工业大学、天津理工大学、天津科技大学等市属理工类院校设立职业技术师范教育二级学院,开展本科及以上层次的职业教育师资培养。支持天津大学、天津职业技术师范大学与高职院校、产教融合型企业联合开展职教师资一体化培养试点。支持天津职业技术师范大学牵头成立全国职业技术师范院校联盟,加强天津市职业教育工匠之师研究中心建设,引领全国职教师资培养改革实践与探索。依托国家级职业教育校长、教师培训基地,面向全国职业学校,开展每年不少于5000人次的校长、管理干部和骨干师资培训。加强"技能天津"建设,支持天津职业技术师范大学依托全国技工院校师资研修中心,承接全国技工院校师资培养任务。

(四)组建区域产教联合体

以天津经济技术开发区、天津港保税区、天津滨海高新技术产业开发区、天津东疆综合保税区为重点,由管委会负责人牵头,政府相关部门、骨干企业、职业学校、普通高校、科研机构参与,组建实体化运作的理事会,完善章程、议事规则、考核评价等,明确并落实各方的责权利,先期打造4个兼具人才培养、创新创业、产业升级等功能的产教联合体,并逐步推广。推动各类主体深度参与人才培养,完善人才供需对接机制,打造共性技术服务平台,为企业提供技术咨询与服务,促进技术创新、产品升级。

1.打造天津经济技术开发区生物医药产教联合体。由天津经济技术开发区管委会牵头,南开大学、天津医科大学、天津中医药大学、天津科技大学、中国科学院天津工业生物技术研究所、天津渤海职业技术学院、天津生物工程职业技术学院、天津现代职业技术学院等院校和科研机构,以及凯莱英医药集团(天津)股份有限公司、康希诺生物股份公司、天津金耀药业有限公司、瑞博融成(天津)科技有限公司、赛诺医疗科学技术股份有限公司等企业参与,成立理事会。提升生物医药技术技能人才培养质量,统筹编制专业群建设规划,确定人才培养规格,升级改造人才培养方案,开发课程和教学资源,改革教学和学业考核评价。聚焦细胞药物、基因药物、疫苗、抗体等前沿领域,推动高校加入细胞生态海河实验室等实验室建设,与联盟企业共建联合实验室、生物医药技术公共实训中心和生物医药人才创新创业基地,组建跨界技术研发及应用团队,推动企业专家与学校教师双向流动,联合开展技术创新。

2.打造天津港保税区高端装备制造(海洋工程装备)产教联合体。由天津港保税区管委会牵头,天津大学、天津科技大学、天津理工大学、天津中德应用技术大学、天津市职业大学、天津轻工职业技术学院、天津滨海职业学院等院校,以及海洋石油工程股份有限公司、天津博迈科海洋工程有限公司、中船(天津)船舶制造有限公司、太重(天津)滨海重型机械有限公司、合力(天津)能源科技股份有限公司等企业参与,成立理事会。支持天津大学、天津理工大学、天津市职业大学、天津轻工职业技术学院、海洋石油工程股份有限公司等牵头,探索中国特色学徒制,培养服务保税区海洋装备制造产业链的现场工程师。依托天津滨海新区先进制造职业技能公共实训中心,搭建职业技能实训平台。将海油工程天津智能化制造基地改造升级为智能制造产教融合实训中心。聚焦海洋产业体系升级关键技术,用好"揭榜挂帅"机制,高校联合企业开展特定需求"卡脖子"技术联合攻关。鼓励校企联合共建重点实验室、技术创新中心、工程研究中心、产业创新中心等科教创新

平台,做大做强海洋装备市级主题园区。

3.打造天津滨海高新技术产业开发区信创产教联合体。由天津滨海高新技术产业开发区管委会牵头,南开大学、天津大学、天津理工大学、天津市职业大学、天津电子信息职业技术学院、天津滨海职业学院等院校,以及飞腾信息技术有限公司、曙光信息产业股份有限公司、麒麟软件有限公司、三六零安全科技股份有限公司、国家超级计算天津中心等企业和机构参与,成立理事会。支持天津大学建设特色化示范性软件学院,联合天津电子信息职业技术学院为企业定向培养现场工程师等信创行业一线人才,逐步推进更多信创企业与高校联合建设产业学院。与海河产业基金、滨海产业发展基金紧密对接,探索由产教联合体成员单位成立产教融合基金,支持实训中心和实训项目建设。

4.打造天津东疆综合保税区数字经济产教联合体。由天津东疆综合保税区管委会牵头,南开大学、天津大学、天津财经大学、天津商业大学、天津市职业大学、天津电子信息职业技术学院、天津交通职业学院、天津商务职业学院、天津海运职业学院等院校,以及天津港(集团)有限公司、阿里巴巴(中国)有限公司、北京京东世纪贸易有限公司、抖音有限公司、天津满帮能源科技有限公司、天津宏信建发投资有限公司等企业参与,成立理事会。适应数字化、网络化、智能化融合发展需求,校企共建一批大数据技术、人工智能技术应用、嵌入式技术应用等前沿专业,改造一批传统专业,将数字素养融入培养方案和人才培养全过程。建立校企人才培养双向牵引机制,开展"订单式"培养。加强数字经济产业技能人才培养平台建设,打造数字经济创业孵化基地和大学生就业见习基地。支持天津港(集团)有限公司等企业与学校共建跨境电商、保税直播等实训平台,为人才培养提供丰富的数字化应用场景。

(五)组建产业链产教融合共同体

先期在高端装备制造、新能源2个重点产业链和智能供应链产业领域,逐步推广覆盖到航空航天、轻工业等其他产业链,组建跨区域的产业链产教融合共同体。产业链市级牵头部门和教育行政主管部门共同具体负责,以产业链工作专班为基础,完善政府引导、市场主导、企业主体、院校支撑的运行机制。将建设内容纳入天津市制造业高质量发展行动,建立议事协调例会制度,定期召开工作推进会。

1.组建高端装备制造产教融合共同体。由中国通用技术(集团)控股有限责任公司、海洋石油工程

股份有限公司、太重(天津)滨海重型机械有限公司、天津百利机械装备集团有限公司、天津汽车模具股份有限公司等企业,天津大学、天津中德应用技术大学共同牵头,天津职业技术师范大学、天津市职业大学、天津轻工职业技术学院、天津机电职业技术学院、中国石油集团工程技术研究院有限公司等院校和企业参与,组建高端装备制造产业链产教融合共同体。组织开发一体化的专业课程标准、教学评价标准和实践能力项目。依托职业学校开展委托培养和订单培养,开展多形式、多层次、多工种、多区域的在岗培训。组建高端装备协同创新中心和共性技术实践平台,在海洋油气装备、高技术船舶、高端机床等领域,破解一批技术应用、工艺流程改进、生产线创新等问题。

2.组建新能源产教融合共同体。由中国长江三峡集团有限公司、国网天津市电力公司、天津英利新能源有限公司、天津力神电池股份有限公司、弗兰德传动系统有限公司、天津市特变电工变压器有限公司等企业,南开大学、天津理工大学共同牵头,天津大学、天津轻工职业技术学院、天津中德应用技术大学、天津市职业大学等院校参与,组建新能源产业链产教融合共同体。实行校企联合培养,开展"入学即入职、学习即上岗、毕业即就业"培养模式试点。组建"科学家+工程师"导师团队,以企业一线攻关项目为牵引,培养紧跟产业迭代升级需要的现场工程师。以引企驻校、引校进企、校企一体等方式,建设新能源生产性实习实训基地。校企共建新能源企业技术中心、产业技术实验室、中试和工程化基地,围绕新能源产业关键技术、核心工艺和共性问题开展协同创新,加快基础研究成果向产业技术转化。

3.组建智能供应链产教融合共同体。由北京京东世纪贸易有限公司、中国国际技术智力合作集团有限公司、天津港(集团)有限公司、中国外运股份有限公司、中国海运集团有限公司、德邦物流股份有限公司、内蒙古伊利实业集团股份有限公司等企业,天津大学、北京交通大学、天津交通职业学院共同牵头,中国物流与采购联合会、天津财经大学、天津商业大学、天津滨海职业学院、天津轻工职业技术学院、天津机电职业技术学院、北京财贸职业学院、河北交通职业技术学院等院校和机构参与,组建智能供应链产教融合共同体。推动企业、学校、科研机构围绕数字零售、智能物流等供应链产业关键技术、核心工艺和共性问题开展协同创新,加快基础研究成果向产业技术转化。落地双导师制,引导高校将企

业生产一线实际需求作为工程技术研究课题、院校学生实践项目重要来源。推行面向企业真实生产环境的任务式培养模式,企业依托或联合职业学校、高等学校设立产业学院和企业工作室、联合实验室、创新基地、实践基地等,形成智能供应链人才认证体系。

(六)创新普职融通机制

促进不同层次职业教育有效衔接,建立职业教育和普通教育渗透融通机制,深化中高职系统化培养,畅通技术技能人才成长成才通道,促进学生多样化选择、多路径成才。

1.建设高水平职业技术大学和新型产业学院。以产业升级需求为导向,进一步优化教育结构布局,整合优质职业教育资源,组建天津电子信息职业技术大学等本科层次职业学校,开展本科层次职业教育,提升技术技能人才培养层次和水平。聚焦科技创新到技术应用全流程,支持天津大学与天津电子信息职业技术学院共建人工智能产业学院、天津理工大学与天津轻工职业技术学院共建智慧海洋能源产业学院、天津职业技术师范大学与天津市职业大学共建模具智能制造产业学院、天津中德应用技术大学与天津交通职业学院共建智能网联汽车产业学院,构建卓越工程师、现场工程师、技术人员和产业工人梯度培养体系。

2.深化中高职系统化人才培养。持续实施职业教育创优赋能项目,支持中等职业学校(含技工院校)多样化发展,遴选3至5所学校试办综合高中。支持20所左右优质中等职业学校和15所左右高水平高等职业学校开展中高职系统化人才培养。在区域产教联合体、产业链产教融合共同体中,选择有基础、有条件的中等职业学校联合高等职业学校,开展中高职五年一贯制人才培养,研究制定一体化人才培养方案,构建贯通式专业课程体系,探索一体化教科研机制和评价体系。

3.创新拔尖技术人才选拔培养机制。支持天津大学、天津理工大学、天津科技大学、天津职业技术师范大学、天津中德应用技术大学等招收优秀中高职毕业生、生产一线优秀员工就读职教本科专业;联合重点行业企业招收符合硕士研究生报名条件,且在生产一线工作3年及以上、特别优秀的高职毕业生,以校企合作项目制方式培养专业硕士学位研究生。发挥中国(天津)职业技能公共实训中心高技能人才培养示范引领作用,选拔优秀中高职毕业年级学生,实施"工匠涵养创新工程",培养一批新时代

"准工匠"。

(七)打造职业教育国际交往中心

积极服务全面开放新格局,持续办好世界职业技术教育发展大会,深化鲁班工坊建设,拓展职业教育国际交流与合作领域,提升职业教育国际化水平。

1.持续办好世界职业技术教育发展大会。成立大会成果转化与研究推广中心,加速构建国际职业教育标准规则制订和发布平台、国际职业教育发展研究平台和国际职业教育模式拓展推广平台。编辑出版"职业教育国别研究丛书",升级《职业教育研究》期刊。参与组建世界职业技术教育发展联盟,汇聚全球产业领域和教育领域专家资源,构建全球职业技术教育发展智库新框架。

2.提升鲁班工坊品牌内涵和价值。建立鲁班工坊建设部市会商机制,推广天津鲁班工坊建设经验,引领和带动全国院校高质量开展海外鲁班工坊建设。升级建设鲁班工坊研究和推广中心,深入开展鲁班工坊规范标准研究和实践成果分享,面向国内外发布鲁班工坊建设与发展年度报告等系列研究成果。推行工程实践创新项目教学模式,健全知识产权体系,推动参建院校、合作国本土企业和走出去中资企业联合开发高质量专业标准、课程标准和教学装备标准,冠名鲁班工坊品牌商标。优化鲁班工坊海外布局规划,大力推进南美洲、南太平洋等地域的鲁班工坊建设,持续完善亚洲、欧洲、非洲鲁班工坊建设。

3.创新职业教育国际交往品牌。面向"一带一路"、中亚、金砖、上合组织国家等,组织举办职业教育国际论坛、研讨会,广泛交流分享各国职业教育发展经验,充分展现中国职业教育改革成果,提升中国职业教育的国际影响力和引领力。升级鲁班工坊建设体验馆,创办"外交官走进鲁班工坊""境外媒体看职教"等品牌活动,拓展职业教育国际传播渠道。支持中外高水平应用技术大学深入交流,支持天津中德应用技术大学等院校与国外应用技术大学合作共建工程师学院。

三、保障措施

(八)创新地方职业教育管理体制。坚持党对职业教育的全面领导,成立由市委分管负责同志担任主任的天津市职业教育工作委员会,统筹协调现代职业教育体系建设改革工作,研究重大问题和重要政策。对职业教育改革创新进行总体设计、统筹规划,优化各项资源配置,构建职业教育标准体系,健全质量评价和财政税收保障机制。

(九)建立健全促进职业教育产教融合法规制度。研究制定天津市职业教育产教融合促进条例,从法律层面保障和促进职业教育产教融合,明确各方主体在产教融合中的职责、权利、义务及相关融合机制,明确激励政策、救济制度、监督检查、法律责任等,为产教融合型企业的法律地位、培育储备、建设路径、评价激励等提供法律保障,在产教融合形式、产教融合信息服务平台建设、产教融合推动学徒制人才培养等方面提出法律要求。

(十)构建职业教育发展投入新机制。健全政府投入为主、多渠道筹集职业教育经费的机制,积极吸引社会资本、产业资金投入,支持职业教育重大建设和改革项目。鼓励金融机构提供金融服务,支持发展职业教育。优先将符合条件的职业教育项目纳入地方政府专项债券、预算内投资等支持范围。

(十一)搭建产教融合供需信息共享平台。建设产教融合信息服务平台,动态发布企业人力资源需求、技术研发需求、项目合作需求和学校人才供给信息、科研成果信息等,定期发布人才需求预测及专业预警报告、产教融合绩效报告等。建立产教融合创新大数据库,建设智慧职业教育管理云中心、职业教育资源云空间、产教融合智能决策辅助系统等。支持天津大学设立国家职业教育产教融合发展智库。

(十二)优化技术技能人才评价与激励机制。全市机关、事业单位、国有企业在招录、招聘技术技能岗位人员时,应当将技术技能水平作为录用、聘用考试(考核)的主要内容。职业学校毕业生在落户、就业、参加机关企事业单位招聘、职称评聘、职务职级晋升等方面,与普通学校毕业生同等对待。在产教联合体和产业链共同体中,对"高精尖缺"技能人才率先实行协议工资、项目工资、年薪制、专项特殊奖励、股权期权激励、技术创新成果入股等激励办法。支持高技能人才就业创业,提供场地支持、租金减免、创业补贴、创业担保贷款等政策扶持。培育一批"海河工匠",持续开展劳模、高技能领军人才进校园活动,厚植津门职教文化氛围,大力营造劳动光荣、创造伟大、技能宝贵的社会风尚。

市教委关于深化高校教师分类评价的指导意见（试行）

津教政〔2023〕17号

为深入贯彻党的二十大精神和习近平总书记关于教师队伍建设的系列重要论述，深入落实中共中央、国务院印发的《关于全面深化新时代教师队伍建设改革的意见》及《深化新时代教育评价改革总体方案》等文件精神，贯彻落实天津市《科教兴市人才强市行动方案》，进一步推进高校教师分类评价机制改革，现就深化本市高校教师分类评价提出如下指导意见。

一、总体要求

坚持以习近平新时代中国特色社会主义思想为指导，牢记为党育人，为国育才使命，坚持社会主义办学方向，落实立德树人根本任务，遵循新时代教育评价改革总体要求，立足天津实际，统筹兼顾、系统推进，把教师队伍建设作为最重要的基础工作来抓，努力建立高质量高校教师分类评价体系，不断完善现代大学治理，全面客观、多元准确的评价引导教师履行岗位职责，推动高素质专业化创新型教师队伍建设，全面提升本市高校教师教书育人、科技创新、服务经济社会发展的能力。

（一）目标任务

全面贯彻党的教育方针，按照培养师德高尚、业务精湛、结构合理、充满活力的高素质专业化教师队伍的要求，突出质量评价导向，进一步破除教师评价体制机制障碍，逐步形成更加健全完善的分类评价体系，更加科学合理的分类评价标准，更加有效多元的分类评价方式。经过系统改革，扭转不良评价导向，逐步形成职称评审、岗位聘用、薪酬分配等全过程的分类考核评价体系，促进教师专业发展，有效激励教师践行教书育人使命，服务重大战略需求和我市经济社会发展。

（二）基本原则

1.坚持正确方向。扎根中国大地，立足天津实际，以立德树人为根本任务，以为党育人、为国育才为根本目标，贯彻师德为先、育人为本、科研为基、发展为要的基本要求，弘扬教育家精神，建设高素质教师队伍，做到以德立身、以德立学、以德施教。

2.坚持发展需要。胸怀"国之大者"，聚力"四个面向"，充分对接经济社会发展需求，尤其是服务我市"1+3+4"产业体系，服务深耕12条重点产业链。发挥分类评价激励作用，潜心"躬耕教坛"，牢记"强国有我"，激发创新活力，加速科技成果转移转化，着力解决社会、产业、企业关键问题。

3.坚持科学公正。遵循教师成长规律，突出品德、能力和业绩评价导向，科学客观公正评价教师，采用同行评价、过程评价、第三方评价等多种评价方式，建立健全体现不同学科、不同岗位、不同层次教师特点的评价体系，让各类教师价值得到充分尊重和体现，确保教师分类的科学性、专业性、系统性。

4.坚持分类发展。根据高校的不同类型及高校中不同类型教师的发展需要，分类分层设置评价标准、评价内容，完善教师分类管理、分类评价，鼓励高校教师分类发展，努力营造有利于教师成长和发挥作用的分类评价制度环境。

二、进一步加强高校教师重点考核评价

（一）狠抓教师师德师风建设。坚持师德师风第一标准。把教师思想政治素质、师德师风、科学精神、从业操守等评价要素作为高校教师分类评价体系中的首要内容，严格执行新时代高校教师职业行为十项准则，推行教师职业行为负面清单制度，建立教师师德档案。严格落实教职员工从业禁止和准入查询制度，把好教师队伍入口关。将教师思想政治素质和师德师风作为教师招聘引进、职称评审、岗位聘用、导师遴选、评优奖励、聘期考核、项目申报等的

首要要求,加大师德师风监督,推动师德师风建设常态化、长效化。

(二)突出教书育人能力实绩。以立德树人为宗旨,严格教学工作考核,强化教学要求,提高教学效果、教材编写、教学研究、教学获奖等指标的评价作用。克服唯论文、唯职称、唯学历、唯奖项倾向,注重能力实绩,将教学质量作为主要评价要素之一,把认真履行教育教学职责作为评价基本要求。健全教师教学质量评价制度,多维度考评教学工作实绩,持续改进教育教学质量闭环机制。对长期奉献在教学一线的教师,应加大爱岗敬业表现、实际工作业绩等评价权重,着力拓展基层一线教师职业发展空间。突出教育教学能力,强化创新成果、人才培养实际贡献的评价。

(三)强化服务经济社会发展导向。鼓励聚焦重大需求,引导教师主动服务国家创新驱动发展战略和我市经济社会发展。突出社会效益和长远效益,推动产教融合、科教融汇,对接重点产业链,动态调整学科专业设置,培育急需产业人才。坚持引导高校开展有组织科研和鼓励教师自由探索双轮驱动,加强基础研究,提升原始创新能力和人才培养质量。推动教师积极服务我市"十项行动",融入新型产教联合体和产教融合共同体、天开高教科创园、十大产业人才创新创业联盟,参与技术创新、成果转化和产品研发等,加速教育链、人才链与产业链、创新链协同共进。强化校企握手通道,多层面协同推进,发挥高校各自优势服务经济社会文化创新发展。强化高校教师在职称评审、岗位聘用、绩效考核中重点评价技术报告、咨证报告、发明专利、技术成果转化、文化传承与创新等服务我市经济社会发展业绩。

三、进一步健全丰富高校教师评价体系

(一)完善分类评价标准。高校要结合学校办学特色、功能定位、师资规模,科学设置不同类别岗位考核标准。要瞄准科技前沿和关键领域,加强基础学科、新兴学科、交叉学科建设,推进新工科、新医科、新农科、新文科建设,打破学科专业壁垒,对现有学科专业体系进行调整升级,细化岗位责任和考核标准。根据不同类型和层次的岗位,从人才培养、科学研究、社会服务、文化传承创新等维度不断完善相匹配的评价标准和业绩要求,分别在教学、科学研究、社会服务、国际交流合作、文化传承创新、成果转化与创新服务国家战略等方面赋予不同的权重。坚持分层评价与分类评价相结合,突出"干什么、评什么",确保岗责相符,合理拉开不同层次岗位间的标准梯度,努力克服

重科研轻教学、重教书轻育人等现象。

(二)优化分类评价方式。遵循不同类型教师成长和职业发展规律,科学合理设置评价周期,以聘期评价为基础,探索准聘、长聘制评价,突出中长期目标导向,适当延长基础研究类教师、青年教师等评价考核周期,克服评价考核过于频繁的倾向。进一步丰富评价手段,注重过程评价和结果评价有机融合,坚持科学有效,改进结果评价,强化过程评价,推行代表性成果,健全完善外部专家评审和第三方评价。科学灵活地采用专家评审、个人述职、实践操作、业绩展示等多种评价方式,实行年度考核、中期考核和聘期考核相结合的方法,提高教师分类评价的针对性和科学性。

(三)建立协同评价体系。聚焦满足产业需求,服务经济社会发展,适应科技协同创新和跨学科、跨领域发展等要求,各高校要围绕有组织驱动目标,发挥各高校优势,做好创新的科教融汇、产教融合布局。支持以项目建设为目标,建立"跨学科(专业)—团队—个人"协同评价体系,多级联动。支持通过创新协同评价有效汇聚调配相关资源。将跨学科(专业)建设目标和评价内容与团队建设目标和个人评价目标相结合、相协调。以达到超越学科(专业)评价指导团队发展,以团队评价促进个人提升的目的,营造团队内部教师互补、责任分担、分类发展的环境。进一步完善团队评价办法,实行以合作解决重大问题为重点的整体性评价。尊重认可团队所有参与者的实际贡献,对创新团队负责人以把握研究发展方向、学术造诣水平、组织协调和团队建设等为评价重点。支持锚定服务重点产业链,加强校企握手目标导向的跨专业、学校、行业等融合团队的评价。

四、进一步深化高校教师职称制度改革

(一)科学制定职称分类评价标准。尊重不同类型高校内涵式发展需求,并凸显其在人才培养、科学研究、社会服务等方面的办学特色,打造符合高校办学定位的教师职称评价标准。坚持破"五唯"和立"新标"并举,以激发高校教师创新活力和教育教学积极性为目标,制定学校职称自主评审标准,力避脱离教师队伍实际"一刀切"的做法,突出品德、能力、业绩导向,建立体现思想政治、教育教学、科学研究、创新应用、社会服务、决策咨询等多维评价指标,形成并实施有利于教师潜心教书育人,静心研究实践,专心履责增效,热心服务社会,全心贡献事业的职称评价标准。

(二)持续优化成果评价机制。突出业绩成果的多元化评价,不得简单设立论文数量、影响因子等硬

性要求,逐步将论文"必选"转变为成果"多选",建立"菜单式"评价指标体系。灵活采取"自主评审、联合评审、委托评审"等方式进行职称评审,推广代表性成果制度,教学成果、理论文章、教材著作、科技获奖、科研项目、标准开发、技术推广、技术解决方案、创新突破、高质量专利、成果转化、智库成果、文艺作品等业绩成果均可作为代表性成果参加职称评审,在职称评价中综合考虑教师基本素质的全面发展和专业领域的领先发展。

(三)畅通优秀人才成长通道。打破学历、资历、身份评价人才,注重工作实绩,对经专家鉴定取得重大基础研究和前沿技术突破,解决重大工程技术难题,在经济社会事业发展中作出重大贡献,对在我市产业发展、技术转移、科技成果转化等作出突出贡献的优秀科技成果转移转化人才,以及在国际、国内范围的竞赛、比赛、评奖中取得具有广泛影响的高水平业绩成果的教师,对高校引进的海内外高水平人才等可采取"一事一议""一人一策"的方式进入评审绿色通道,高校可以在严把质量和程序的前提下,自主制定较为灵活的评价标准,申报时对论文、著作等可不作限制性要求,根据业绩情况可免于任职经历要求直接申报评审高级职称。

五、进一步优化高校教师岗位聘用和薪酬制度

(一)实行岗位分类分级聘用。引导教师找准自身领域特长,实现多元化发展。高校可根据各自特点设置不同教师岗位的评价标准。在教师参加支撑国家前沿科技突破、促进区域经济社会发展、引领学校专业建设等相关类型岗位聘用时,对其高级岗位比例、任职年限资格条件等方面在学校各级岗位总量内给予适当倾斜。克服唯职称倾向,引导教师找准自身能力定位,实现人岗相适。支持教师走出职业"舒适区",拒绝"躺平",高校以聘期为周期动态设置各级岗位聘任条件和岗位职责,对业绩突出、贡献巨大的教师可实行与奖励性绩效工资挂钩的校内岗位"低职高聘"。允许教师根据自身阶段能力和精力情况,主动申请"高职低聘",允许学校根据上一聘期考核情况"低聘"教师,并按照低聘岗位执行低聘岗位绩效工资和考核要求。

(二)深化实施教师准聘—长聘制。深入推进岗位聘用改革,进一步完善高校"准聘—长聘"制度设计。实施新入职教师准聘制,为准聘制青年教师创设良好的职业发展条件,提供有力的支持,让青年教师扛担子,挑大梁,完善岗位"能进能出"机制。对学校

确定特别优秀的领军人才可实施长聘制,实行长周期评价,淡化个人短周期业绩成果数量考核,给予充分信任,营造宽松环境,促使永葆创新活力,防止学术倦怠、止步不前,促进人才及团队产出高精尖业绩成果。

(三)深化高校薪酬制度改革。落实以增加知识价值为导向分配政策,坚持人才为本,突出创新优先。克服唯帽子倾向,注重能力贡献导向,坚持薪酬分配同绩效紧密挂钩,充分体现岗位特点、岗位价值和岗位贡献,建立健全有效的绩效评价机制和科学合理的薪酬分配制度。绩效分配要向扎根教学科研一线、承担急难险重任务、作出突出贡献的人员倾斜,向从事基础学科教学和基础前沿研究、承担关键核心技术攻关任务、取得重大创新成果的人员倾斜,引导教师潜心教育与科研工作。各学校要不断完善年薪制管理办法。落实职务科技成果转化激励政策,激励广大教师创新创业。

六、组织实施

(一)提高思想认识。各高校应将完善教师分类评价标准、优化评价机制作为贯彻市委市政府、市教育两委相关工作的重要举措,把完善教师分类评价与加强教师队伍建设和促进我市高等教育高质量发展有机结合,充分认识高校教师分类评价的重要意义。

(二)加强组织领导。各高校要高度重视,周密部署,统筹协调,建立健全学校有关部处各司其职、密切配合的组织领导体系,认真抓好组织落实。加强政策解读和舆论引导,积极回应教师关切,为推进教师分类评价营造良好氛围。

(三)加大政策联动。完善职称评聘、岗位聘用、教职工考核等教师分类评价的政策联动机制,优化和调整教师分类评价指标体系,深入开展调查研究,结合实际制定具体实施方案,加强科学谋划,坚持稳妥推进。

七、其他

(一)充分考虑职业院校特点,体现教师实践教学能力和技术技能成果等考核评价要素,加强培育高素质技术技能人才能力,突出"双师型"特征的教师队伍。

(二)对在高校科学研究、实验技术、工程技术、图书资料等系列岗位从事专业技术工作的人员,学校可参照本意见执行。

(三)教育系统内科研院所可参照执行。

2023年12月6日
(此件主动公开)

天津市人民政府办公厅印发关于进一步推进高校技术转移机构高质量发展若干措施的通知

津政办发〔2023〕31号

各区人民政府，市政府各委、办、局：

　　经市人民政府同意，现将《关于进一步推进高校技术转移机构高质量发展的若干措施》印发给你们，请照此执行。

天津市人民政府办公厅
2023年12月12日
（此件主动公开）

关于进一步推进高校技术转移机构高质量发展的若干措施

　　为深入实施科教兴市人才强市行动，进一步推进本市高校技术转移机构高质量发展，充分发挥高校创新优势和策源功能，加快打造高校科技成果孵化、转化、产业化良好生态，制定如下措施。

一、加强组织推动

　　（一）强化统筹协调。推动高校成立由主要负责同志担任组长的科技成果转化工作协调小组，统筹成果筛选、技术转移、资产管理、知识产权等事务，完善工作推进机制，加强对科技成果转化工作的统筹协调和组织推动。（责任单位：市教委）

　　（二）完善机构设置。鼓励高校设立独立运行的技术转移机构，设置技术转移岗位，明确工作职能、经费来源、绩效奖励措施等，可联合市场化机构开展运营。（责任单位：市教委）

　　（三）健全制度体系。推动高校完善科技成果转化政策和技术转移服务体系，及时制定、修订科技成果转化实施细则，优化服务流程、明确操作路径，全面落实

收益分配、税收优惠等激励政策。（责任单位：市教委）

　　（四）突出示范引领。总结提炼可复制、可推广的政策措施和经验做法，加大宣传力度，营造有利于科技成果转化的良好氛围，促进高校技术转移机构能力整体提升，形成各具特色、行之有效的高校科技成果转化体系。（责任单位：市教委、市科技局）

二、强化能力提升

　　（五）加强技术转移人才队伍建设。鼓励高校技术转移机构聘用专兼职技术经理人，探索多种途径引育国内外高层次技术转移人才。（责任单位：市教委）发挥国家技术转移人才培养基地（天津）作用，为高校培育技术经理人、科技成果评价师等人才。（责任单位：市教委、市科技局）重点面向高校技术转移人才，实施科技成果孵化转化加速器培育计划，提升科技成果转化服务能力。（责任单位：市科协、市教委）

　　（六）提升技术转移服务能力。支持高校建立科技成果、创业项目遴选机制和重大科技成果动态监

测机制,积极参与京津冀科技成果共享库建设。(责任单位:市科技局、市教委)支持高校实施专利转化专项计划,设立高校知识产权运营中心,建立以产业化前景分析为核心的专利申请前评估制度,对承接并完成专项计划的高校给予支持。(责任单位:市知识产权局、市教委)鼓励高校技术转移机构融入全市技术转移体系,加强与国内外技术转移机构合作,围绕本市重点产业链,开展常态化校企"握手"等活动,全面提升高校技术转移机构服务能力。(责任单位:市科技局、市教委)

(七)提升概念验证服务能力。支持高校聚焦重点学科和本市重点产业,建立概念验证中心、中试平台,面向社会开展各类市场化服务。(责任单位:市科技局、市教委)支持高校利用自有资金以及校友企业、投资机构等社会资本,设立概念验证专项资金(基金),围绕核心技术和高价值专利成果,开展概念验证项目。(责任单位:市科技局、市教委)发挥市概念验证中心、中试平台咨询委员会作用,为高校技术转移工作提供咨询、评估、交流等服务。(责任单位:市科协、市教委)

(八)提升科技金融支撑能力。支持高校、大学科技园、海河实验室、产业技术研究院等机构,与区域投资平台合作设立天使基金,引导社会资本聚焦高校科技成果,投早、投小、投"硬科技",加速高校科技成果转化和产业化。(责任单位:市科技局、市教委)

三、激发人员活力

(九)支持科技成果所有权赋权改革。支持高校探索科技成果所有权赋权改革路径,高校可在与成果完成人约定权属比例后,赋予其职务科技成果部分所有权,并可将高校留存的成果所有权,以技术转让等方式让渡给成果完成人;高校可在与成果完成人约定成果转化收益分配比例等事项后,赋予成果完成人职务科技成果全部所有权或10年以上长期使用权。(责任单位:市科技局、市教委)

(十)实施职务科技成果单列管理。支持高校建立区别于一般国有资产的职务科技成果单列管理方式,职务科技成果在以转让、许可、作价投资等方式转化前,成本或价值不能可靠计量的,依法不确认无形资产。(责任单位:市科技局、市教委)

(十一)强化成果转化收益激励。鼓励高校按照事前约定,给予促成技术交易的高校技术转移机构奖励或第三方服务机构中介服务费;事前未约定的,可参照技术合同成交额的5%至15%比例执行。鼓

励高校技术转移机构将获得的奖励主要用于机构建设运营和人员奖励。(责任单位:市教委、市科技局)

(十二)培育金牌技术转移机构和技术经理人。支持高校技术转移机构和技术经理人围绕服务天开高教科创园建设发展,申报金牌技术转移机构和金牌技术经理人。按照天开高教科创园相关规定认定的金牌技术转移机构可获得年度服务收入的50%、最高50万元的补贴,主要用于激励技术转移人员。(责任单位:市科技局、市教委)

(十三)畅通高校技术转移人员职称发展通道。将科技成果转化绩效作为职称评聘的重要内容。鼓励高校技术转移人员参评技术经纪职称,支持高校在职称评聘中,设置一定的名额用于技术转移人员。对于在科技成果转化中作出重大贡献的高校技术转移人员,支持其按照规定破格申报高级职称。(责任单位:市教委、市人社局)

四、构建良好生态

(十四)完善科技成果交易场所。支持天津产权交易中心等技术交易机构发展,健全协议定价、挂牌交易、拍卖等多元化定价模式,明确科技成果挂牌交易等操作流程。引导高校科技成果进场交易,推动一定时期内未转化的财政性资金形成的高校科技成果集中进场发布和展示。(责任单位:市科技局、市教委)

(十五)打造多层次品牌活动。打造具有全国影响力的技术经理人专业论坛,推动高校积极参与中国创新挑战赛、"科创中国"—天津U30评选等品牌活动。建立高校院所、企业和投资机构常态化对接交流机制,定期开展供需对接、学习交流、专题培训等活动。(责任单位:市科协、市教委、市科技局)发挥各区科协和企业科协作用,梳理企业技术需求,精准对接高校科技成果。(责任单位:市科协、市教委)发挥天津市技术经理人发展促进会作用,引导技术经理人常态化登"门"(校门)入"室"(实验室),促进高校高价值科技成果快速转化。(责任单位:市科协、市教委)

(十六)发挥带头示范作用。支持在高校担任领导职务的科技人员依据《中华人民共和国促进科技成果转化法》相关规定,获得职务科技成果转化现金奖励或股权激励。(责任单位:市科技局、市教委)

(十七)健全尽职免责机制。推动成果转化相关人员按照法律法规、规章制度履职尽责,落实"三个区分开来"要求,依法依规、"一事一议"确定相关人员的决策责任。科技成果转化过程中,通过技术交易市场挂牌交易、拍卖等方式确定价格的,或通过协

议定价并按规定在校内公示的,高校领导在履行勤勉尽职义务、没有牟取非法利益的前提下,免除其在科技成果定价中因科技成果转化后续价值变化产生的决策责任。(责任单位:市教委、市科技局)

(十八)完善高校科技成果转化考评机制。鼓励高校开展科技成果转化,以科技成果转化收益反哺高校科研活动。(责任单位:市教委、市科技局)改革考核奖励机制,将科技成果转化绩效纳入高校和科研人员考核指标,作为本市科技奖励评审的重要指标,进一步激发科研人员开展科技成果转化的动力。(责任单位:市教委、市科技局)对高校技术转移机构的基础条件、服务绩效、服务能力、规范管理、社会信

誉等情况进行综合考核,考核结果优秀的,按照相关规定给予补助。(责任单位:市科技局、市教委)

本措施适用高校包括南开大学、天津大学、天津科技大学、天津工业大学、中国民航大学、天津理工大学、天津农学院、天津医科大学、天津中医药大学、天津师范大学、天津职业技术师范大学、天津外国语大学、天津商业大学、天津财经大学、天津体育学院、天津音乐学院、天津美术学院、天津城建大学、河北工业大学、天津中德应用技术大学、天津市职业大学、天津医学高等专科学校、天津轻工职业技术学院、天津电子信息职业技术学院、天津现代职业技术学院、天津交通职业学院、天津渤海职业技术学院。

天津市人民政府办公厅关于印发天津市普通高中资源建设行动方案的通知

津政办发〔2022〕55号

各区人民政府,市政府有关委、办、局:

经市人民政府同意,现将《天津市普通高中资源建设行动方案》印发给你们,请照此执行。

天津市人民政府办公厅

2022年12月31日

(此件主动公开)

天津市普通高中资源建设行动方案

为加快推进本市普通高中资源建设,更好满足人民群众对优质普通高中教育的需求,制定本行动方案。

一、总体要求

坚持以习近平新时代中国特色社会主义思想为指导,深入贯彻党的二十大精神,坚定捍卫"两个确立",坚决做到"两个维护",贯彻落实市第十二次党代会和市委十二届二次全会部署要求,全面贯彻党的教育方针,落实立德树人根本任务,加强普通高中资源建设,完善普通高中发展保障机制,加快推进普通高中多样化特色发展。

到2025年,新建、改扩建一批普通高中,新增2.6万余个普通高中学位,有效扩大全市普通高中学位

供给;建设485间学科教室、254间创新实验室、402个社团活动室,打造100所数字校园,进一步改善办学条件。

二、主要任务

(一)扩大资源供给

1.优化学校布局。各区要根据城镇化发展形势和人口变化等情况,科学预测普通高中生源变化趋势,优化普通高中学校布局,增加学位数量。加快推进新建居民住宅小区配套普通高中建设,严格执行相关规范标准和基本建设程序,确保建设质量与安全,并与居民住宅小区同步规划、同步建设、同步移交投入使用。

2.盘活现有资源。支持各区通过改扩建等方式,提升改造现有普通高中校舍,增加学位数量。支持各区优化重组教育资源,将搬迁腾空后的非普通高中校舍提升改造为普通高中。支持各区盘活闲置的公共服务设施,采取置换等方式改建为普通高中。加快新建居民住宅小区配套义务教育学校建设,腾出由小学或初中借用的普通高中校舍。

3.共享优质资源。支持各区发挥优质普通高中辐射作用,采取集团化办学等方式,设立新校区或分校区,委派管理人员和骨干教师,共享优质特色课程和教科研成果等资源,开展沉浸式教师培训,扩大优质教育资源覆盖面,提升教育质量,增强生源吸附能力。

(二)改善办学条件

1.落实建设标准。严格执行国家普通高中建设标准及其教育教学设施配备标准,优化校舍资源配置和功能结构,进一步改善食宿等生活条件。规范普通高中班额标准及学校规模控制标准,防止出现"大班额"和大规模学校。

2.建设专用教室。按照普通高中新课程改革和高考综合改革有关要求,支持普通高中改造现有基础设施,建设学科教室、创新实验室、社团活动室,满足分层教学、选课走班、特色课程需求,推出一批建设样板。严禁占用音乐、美术、劳动教育等专业教室、实验室、计算机房等教学辅助用房。

3.打造数字校园。支持普通高中数字化校园升级建设,实现千兆进班级。提升学校全覆盖无线网络质量,推进互联网协议第六版(IPv6)规模部署,推动5G应用场景建设。升级智能终端及配套设备,有效支持网络备课、网络教学、移动学习、移动办公。充分利用"云"技术整合数字化教育信息资源,促进信息技术与教育教学深度融合。将校园视频监控系统逐步升级为数字化校园智能安防系统。推出50所左右普通高中数字校园示范校。

(三)加强教师队伍建设

1.补充配齐师资。落实普通高中教职工编制标准和统筹管理相关规定,按照相关条件标准,及时补充配齐教师,解决好结构性缺员问题。教育行政部门不得占用普通高中教职工编制或长期借用普通高中教师。学校要加强教师管理,盘活编制岗位资源,及时补充师资。严禁公办学校教师在民办学校任教。

2.提升专业能力。将新课程新教材实施、新方法新技术应用和高考综合改革重点任务作为普通高中师资培训的重要内容,推广优秀教学成果,引导教师聚焦学科核心素养,深化育人方式改革,发展学生关键能力。加强教师信息化素养培训,提升信息化应用水平。

3.优化管理机制。推动学校完善职称评审、岗位晋升和绩效工资分配办法,支持高级职称评审、高级岗位聘用和绩效工资向工作量大、教育教学业绩突出的教师倾斜。强化岗位设置聘用管理,根据不同岗位情况明确岗位职责和聘用条件,对达不到相应标准要求、不能满工作量承担教育教学职责的教师,要调整工作岗位。

(四)加大经费投入

1.拓宽经费渠道。建立以财政投入为主、其他渠道筹措经费为辅的普通高中资源建设资金投入机制。市财政部门支持市教委直属高中建设学科教室、创新实验室、社团活动室,打造数字校园,开展教师培训等。积极争取地方政府一般债券资金支持,优先安排债券资金额度,加快一批普通高中资源建设项目立项。鼓励企业和个人以捐资等方式支持普通高中资源建设。

2.落实奖补政策。落实扩大中小学教育资源奖补项目和资金管理办法,对达到建设标准并实现招生的普通高中,根据新增教育资源办学规模,由市财政部门按照相关标准给予一次性资金奖补,鼓励和支持相关区增加普通高中学位供给。完善普通高中生均公用经费标准和学费标准动态调整机制,适时提高普通高中生均公用经费水平。

3.建立补偿机制。依据各区报名参加中考的人数和市内六区普通高中招生计划比例,对不能足额提供本区初中毕业生接受普通高中教育学位的区,由市教育部门牵头履行相关手续后,提出上解方案,相关区按照学位差额上解市级资金。同时,市教育部门对承担其他区普通高中教育学位供给任务的区提出资金分配方案,由市财政部门给予结算补助,保障全市高中学位需求。

三、组织保障

(一)加强组织推动,强化各区责任

建立市、区两级普通高中资源建设工作专班,统筹协调资源建设、项目推进、资金保障等工作,及时研究解决难点问题。各区要提高政治站位,把普通高中资源建设作为教育领域的一项重要民生工程,纳入重要议事日程。强化属地责任,坚持"一校一策",列出项目清单,明确目标任务、进度安排和责任部门,倒排工期,挂图作战,销号管理,确保按时高质量完成各项任务。

(二)落实部门职责,合力推进实施

教育部门要加强沟通协调,会同有关部门推动落实各项任务和工作举措,加强对普通高中教育教学改革的指导,不断完善普通高中教师待遇保障和激励机制。有关部门要把普通高中资源建设纳入区域经济社会发展相关规划,做到一体统筹、一体部署。财政部门要完善普通高中教育经费保障机制,加大资金投入力度。人社部门要支持普通高中及时补充教师。规划资源部门要坚持节约集约原则,合理保障普通高中资源建设用地需求。住房城乡建设等部门要会同教育部门严格执行国家普通高中建设标准。

(三)强化督导考核,狠抓工作落实

将推进普通高中资源建设纳入对各区履行教育职责评估指标体系,纳入市级对各区绩效考核指标体系,对完成进度和质量进行指标考评。建立普通高中资源建设跟踪督导和问责机制,对落实不力的区,按照有关规定严肃追责问责。

大事记

1月

9日 天津市纪委监委、市人民检察院、市国资委、市工商联与天津大学共同成立天津大学企业合规研究中心。

17日 教育部联合天津市举办津、甘、青、藏、疆五地中小学课程思政建设工作推动会，推广天津市中小学课程思政建设经验成果，推动中小学各学科课程与思政课程同向同行，实现全程育人、全员育人、全方位育人。教育部基础教育司司长吕玉刚、天津市教委相关负责同志出席会议并讲话。

20日 南开大学与武清区人民政府签署框架合作协议，深化区校合作，纵深推进京津冀协同发展重大国家战略，加快南开大学"双一流"建设和科研成果转化，全面推进武清区高质量发展。

30日 天津市委教育工委、市教委在天津财经大学设立天津市教育融媒体中心。

本月 天津市教育两委动员各高校、直属单位积极采购脱贫地区农（副）产品，在新春消费帮扶活动中采购268万余元。

2月

3日 天津市出台《国家智慧教育平台天津市试点实施方案》，发挥国家智慧教育平台优势，汇聚优质教育资源，实现各级智慧教育平台统筹联动。

7日 天津市召开2023年度教育工作会议，深入学习贯彻党的二十大精神，全面落实市委、市政府部署要求，总结工作、分析形势、明确任务，推动教育事业向更高质量更高水平迈进。市委常委、市委教育工委书记王旭出席并讲话，副市长张玲出席并主持。

8日 天津市"十四五"特殊教育发展提升行动落实工作会议举行，天津市特殊教育资源中心同时挂牌成立。中心将运用平台优势集中特殊教育专业资源，加强特殊教育教学研究，做好随班就读和送教上门工作指导；为各类残疾学生和有特殊需要学生全面发展提供服务，开展案例研究和行动研究，提高学生综合素质；在家长自愿的前提下，为特殊儿童建立个人档案，并进行教育评估，确定学生的特殊教育需求，为其提供个别化教育与支持。

13日 天津市大中小学开学，这是新型冠状病毒感染调整为"乙类乙管"后的第一个新学期。市教育两委对学校开展学生心理健康教育工作作出部署，全方位加强对学生及家长的服务，助力学生顺利度过开学适应期。邀请3位党的二十大代表，录制开学第一课——"梦想点亮未来"电视公开课；推出面向中小学生的"阳光成长示范课"和面向大学生的"阳光校园示范课"，推出面向中小学生家长的"亲子成长示范课"以及面向大学生家长的"爱家成长示范课"；印发《关于新学期加强学生心理健康教育的工作方案》《关于组织2023年春季"开学季"系列活动的通知》，对学校加强学生心理健康教育工作提出"十个一"的明确要求,舒缓学生学习和心理压力。

同日　天津市教委确定一批"大思政课"综合改革示范区、示范校培育建设单位。"大思政课"综合改革示范区包括滨海新区教体局、和平区教育局、河西区教育局、南开区教育局、红桥区教育局、东丽区教育局、北辰区教育局、宁河区教育局、武清区教育局、静海区教育局、蓟州区教育局。示范校包括南开大学、天津大学、天津师范大学、天津医科大学、天津科技大学、天津工业大学、天津职业技术师范大学、天津财经大学、天津理工大学、天津城建大学、天津音乐学院、天津商务职业学院、天津交通职业学院、天津轻工职业技术学院、天津现代职业技术学院、天津渤海职业技术学院、天津工业职业学院、天津机电职业技术学院、天津铁道职业技术学院、天津滨海汽车工程职业学院。

20日　天津市中小学心理专员培训在天津国际青少年交流中心开班。天津市各区心理健康中心的负责老师及各学校派出的心理专员共计309人参加开班仪式,并进行首期培训班学习。

21日　天津市河东区基础教育资源扩优项目评选结果表彰大会暨天津市教科院河东分院挂牌仪式活动在河东区香山道小学举行。

22日　天津体育学院体育教育与教育科学学院、河西区教育局签订加强青少年体质健康促进工作战略合作协议。

27日　天津市教委相关负责同志带队前往重庆万州调研,双方就人才培养、合作办学、创新职教等方面加强合作进行深入交流。天津市耀华中学与万州第二中学负责人续签了结对协议,天津市幼儿师范学校附属幼儿园与万州区鸡公岭幼儿园负责人续签了结对协议,进一步深化两地教育合作。

28日　天津市制定《天津市高质量推进东西部协作和支援合作2023年教育专项工作实施方案》。

本月　由教育部中外语言交流合作中心主办、天津渤海职业技术学院与天津外国语大学联合承办的"从鲁班锁看大国工匠"线上交流项目直播课程结课。此次活动为来自泰国的160余名学生讲授为期一个月的线上直播课程。

本月　天津市第一百中学分别与青海省黄南藏族自治州教育局、黄南藏族自治州尖扎县教育研究室签订共建协议,84名教师和校长来津跟岗培训。

3月

1日　天津市2023届高校毕业生就业工作会议召开。市委常委、市委教育工委书记王旭,副市长李文海出席会议并讲话,副市长张玲出席会议并主持。

3日　新疆策勒县县委常委、副县长董子忠和副县长阿力普江·麦乌拉依木率"双招双引"代表团到天津调研,赴天津职业技术师范大学、天津中德应用技术大学、天津机电职业技术学院等高校对接,并在市教委召开教育对口支援座谈会。

4日　天津市教育学会第十二届青年教师学术论坛在南开大学附属中学举行,本届论坛主题为"落实'双减'要求,促进学生全面健康成长的思考与实践"。

同日　天津市教育系统学习贯彻落实"习近平总书记对深入开展学雷锋活动的重要指示精神"座谈会在天津市海河中学召开,全面学习贯彻习近平总书记关于深入开展学雷锋活动的重要指示精神,认真落实中央和市委有关要求。市教育两委专职副书记孙志良出席会议并讲话。

同日　由天津轻工职业技术学院、天津机电职业技术学院建设的印度鲁班工坊验收评估会在天津轻工职业技术学院召开,项目通过验收。

5日　为纪念周恩来总理诞辰125周年。南开大学师生、天津市中小学生代表、天津市学校爱国主义教育联盟师生代表在南开大学八里台校区主楼南广场为周恩来总理雕像敬献鲜花。

8日　天津市教育系统关心下一代工作会议暨教育系统关工委成立30周年大会召开。市委常委、市委教育工委书记王旭,副市长张玲,市关工委及教育部关工委有关负责同志出席会议。

同日　天津市印发《天津市教育数据管理办法(试行)》,加强天津市教育数据管理,推进各类教育数据的规范管理、互联互通、共享开放和科学应用。

15日　天津市7所高校优选350名优秀大学生和26名带队教师组成第十批援疆支教团赴新疆和田地区开启援疆支教工作。

同日　天津市实施"津石榴"思政援助计划,第一期新时代马克思主义政治人才培养工程"津石榴"西部支教团19名成员赴新疆维吾尔自治区和田地区与新疆生产建设兵团第十一师开展思政课建设、思政理论宣讲及社会实践等支教活动。

16日　天津市印发《天津市2023年"双减"督导

工作方案》,继续把"双减"督导作为2023年教育督导"一号工程",持续从督政府履职、督学校落实、督重点事项、督问题整改4个方面推进"双减"改革走深走实。

17日 延安精神实践基地揭牌仪式暨学习宣传践行延安精神主题报告会在天津城市职业学院举行。

18日 经教育部重点推荐,《中国教育报》以《从"相加"走向"相融"》为题头版大篇幅宣传天津市中小学课程思政建设经验。

同日 由天津市教育两委举办的天津市大中小学师生同上一堂"大思政课"——"自信自强、团结奋斗,走好新时代长征路"活动在天津理工大学举行。

19日 天津师范大学新时代马克思主义研究院成立暨首届全国新时代马克思主义论坛在天津师范大学举行。

21日 天津市教育两委举办2023年天津市"津门师德巡讲"系列活动第一场报告会,邀请天津市职业大学教师李建国和蓟州区第六小学教师孟庆阳围绕"立德树人 教书育人"主题讲述自己的从教故事。

23日 天津市大中小学"我和我求学的城市"主题教育活动工作推动会在天津工业大学召开。市委教育工委专职副书记孙志良出席活动并讲话。

24日 天津市"石榴籽"民族团结进步宣讲团开团仪式在天津职业技术师范大学召开,来自13所院校9个少数民族的16名成员,通过讲好中华民族团结故事、讲好天津对口支援民族地区故事、讲好民族学生自强自立故事,进一步增强少数民族学生"听党话、感党恩、跟党走"的政治自觉、思想自觉、行动自觉。

29日 天津市委常委、市委教育工委书记王旭、副市长张玲与美国茱莉亚学院荣誉院长、首席中国事务官约瑟夫·波利希一行就进一步推动天津茱莉亚学院项目发展,打造中美人文交流重点品牌进行工作会谈。

31日 天津市委书记陈敏尔在滨海新区会见美国茱莉亚学院荣誉院长、中国事务首席执行官约瑟夫·波利希一行,并调研天津茱莉亚学院。

同日 天津市教委等十四部门联合印发《天津市规范面向中小学生的非学科类校外培训的实施方案》。

同日 天津市教委在天津市耀华中学以"聚焦学科核心素养,优化教学实施策略"为主题召开天津市普通高中新课程新教材实施暨"品牌高中"建设项

目成果展示交流会。

本月 天津市开展"'津石榴'捐书助和"活动,率先高质量完成20万册捐书任务,52所高校捐书助力和田学院筹建工作。

本月 天津师范大学马季艺术研究会第四届马季相声论坛在天津师范大学举行,同期,第四届"马季杯"全国大学生相声展演启动。

本月 由教育部和河南省人民政府主办的全国第七届中小学生艺术展演活动评选结果公布。天津代表团获金奖18项,银奖、铜奖共38项,体现了天津市加强与改进新时代学校美育工作的阶段性成效。

本月 天津校园体育研究工作室揭牌。工作室的成立旨在强化教科研深度融合,引领"市—区—校"三级教研网络管理,有效发挥多部门协同合作,共同打造具有时代特色的"研修—辐射—示范—推广"教科研共同体。

4月

1日 天津市教委与河北区政府签署全面战略合作协议,支持河北区引入天津市第一中学、天津职业技术师范大学、天津市教育科学研究院等优质教育品牌,发挥优质教育资源辐射引领作用,开展合作办学,推进河北区教育高质量发展。

3日 天津市高校科技成果发布暨校企撮合对接会首场活动——智能科技专场举行。政府部门联合200余家高校、企业、金融机构,发布高校科技成果,搭建校企握手通道,打造产教融合场景,助力天津高质量发展。市委常委、市委教育工委书记王旭出席并致辞,副市长张玲出席。

同日 天津市"5·25"学生心理健康月活动开幕式在天津市第一中学举行。会议深入学习贯彻党的二十大精神,落实立德树人根本任务,推进天津市学生心理健康教育工作高质量发展,引领学校心理健康活动丰富多元开展,培育学生乐观阳光的心态,培养德智体美劳全面发展的社会主义建设者和接班人,在全社会营造关爱自我、重视心理健康的良好氛围。

6—7日 天津市举办新时代高校技术经纪人能力提升专题培训班,深入学习贯彻党的二十大精神和习近平总书记关于科技工作重要论述,聚焦天津市科教兴市人才强市行动,提升高校科技管理工作队伍专业素养和实践能力,推动高校科技成果有效转化。市委常委、市委教育工委书记王旭出席开

班仪式并致辞。

7—10日　首届全国高等学校教师工程创客教学能力大赛决赛暨教学研究项目终评会在河北工业大学举办。来自全国28个省（区、市）的百余所高校的400余名专家、教师代表参加。

9日　由天津师范大学联合中国科学院、北京师范大学、天津大学等高校和科研院所共同发起创办的京津冀生态文明发展研究院在天津师范大学揭牌成立。

11日　天津市教育学会举行天津市第八届青年校长（干部）学术论坛暨天津市第十二届青年教师学术论坛表彰会议，来自全市16个区的133位干部、教师受到表彰。

12—13日　第五届教育信息化推进教育现代化发展论坛暨天津市"品牌高中"建设项目成果展示交流会（杨村第一中学专场）在天津市举办。论坛以"数字课堂赋能育人方式变革"为主题，探索信息技术背景下的课堂教学模式创新，聚集业内教育信息化和课程教学专家智慧，呈现一线学校生动鲜活的教学实践。

13日　2023年视光职业教育与产业对话论坛暨全国视光行业产教融合共同体成立大会在天津职业大学召开。教育部、天津市教委、中国眼镜协会相关负责人出席成立大会，来自全国52所中职、高职、本科院校和6所科研机构的院校长、43家企业总裁、总经理和代表近200人参会。

同日　天津市召开教育系统深入学习贯彻习近平新时代中国特色社会主义思想主题教育动员部署会议，市委常委、市委教育工委书记王旭出席会议并讲话。

15日　2023年天津市教育系统"4.15"国家安全教育日宣传教育启动仪式暨天津市教育安全研究中心揭牌仪式举行。

同日　天津市制定《关于开展"2023反诈校园行"系列宣传活动工作方案》，并开展"2023反诈校园行"系列宣传活动。

18日　全国"大思政课"综合改革工作交流会议在天津举行。会上揭牌成立"全国高校习近平新时代中国特色社会主义思想教学联盟"，该联盟重点围绕加强习近平新时代中国特色社会主义思想课程教学研究、教学改革和教学质量监测评价开展工作。

同日　天津市教委等十四部门联合印发《天津市规范面向中小学生的非学科类校外培训的实施方案》。

23日　天津市教委等五部门联合发布《关于印发天津市非学科类校外培训类别细目清单的通知》，进一步深化校外培训机构治理，全面规范非学科类校外培训行为。

24日　天津市召开"十项行动"见行见效主题系列第二场新闻发布会。实施科教兴市人才强市行动，制定《科教兴市人才强市行动方案》，明确10个方面33项工作任务，主要解决人才引领驱动、人才自主培养质量、科技创新能力、体制机制贯通融合等4个方面的问题。市委常委、市委教育工委书记王旭出席会议。

25日　天津市首家卓越工程师学院成立仪式暨卓越工程师培养交流会在天津大学北洋园校区召开。市委常委、市委教育工委书记王旭出席并致辞，天津大学党委书记杨贤金、校长金东寒，中国科学院院士黄维、元英进，中国工程院院士朱广生、王成山出席会议。

同日　天津市南开区天开高教科创园"小学创新教育联盟"成立大会在天津大学举行。天津大学附属小学、南开区中心小学、南开小学、风湖里小学4所学校同处天开高教科创园范围内，并建立联盟，协同推进天开园核心区基础教育高质量发展。

26日　由天津市市教育两委会同市科技局、市工业和信息化局、市知识产权局、武清区人民政府联合举办的天津市高校科技成果发布暨校企对接会第二场活动——高端装备专场在武清区举行，共同发布支持政策、高校科技成果与企业需求，实现高校、企业和金融机构优势互补，促进科技成果的转化和产业化。

27日　全国职业技术师范院校联盟在天津正式成立。该联盟由12所职业技术师范院校组成，推荐天津职业技术师范大学担任理事长单位，江西科技师范大学为2023—2024年度常务副理事长单位。

28日　天津市教育科学研究院与河北区人民政府成功签约合作框架协议，天津市第七十八中学和河北区增产道小学正式揭牌成为"天津市教育科学研究院附属河北中学""天津市教育科学研究院附属河北小学"。这是市教科院与区政府合作共建的第一所附属中学和附属小学。

本月　天津市召开2023年教育系统全面从严治党工作视频会议。市委常委、市委教育工委书记王旭出席并讲话，市教委主要负责同志主持会议。市纪委监委、市教育两委相关负责人在主会场参会，教育系统各单位相关负责人在分会场参会。

5月

5日 天津市召开2023年市政府教育督导委员会全体会议,总结2022年教育督导工作,部署2023年教育督导工作,河西区、北辰区、武清区分别作典型发言。副市长张玲出席会议并讲话。

7日 南开大学"有机新物质创造前沿科学中心"揭牌仪式暨启动会在津举行。

同日 由天津市教育两委,新疆和田地委教育工委、地区教育局主办,天津市大中小课程思政一体化研究中心、天津市红色影视融入思政课重点实验室、天津市新时代马克思主义政治人才培养工程"津石榴"西部支教团承办的"红色影视艺术与美育课程思政建设"研讨交流会在天津中德应用技术大学召开。

8—10日 由天津市教委和天津市教育学会主办的京、津、沪、渝、晋、冀、鲁、豫、琼、甘十省市普通高中高质量多样化发展研讨会在天津举行。会上,天津市以"普通高中育人方式改革的天津实践"为题进行典型经验交流,与会人员分别赴南开中学、耀华中学、实验中学、天津市外国语大学附属中学、紫云中学现场考察学习学校育人方式改革经验。

10日 "北京陈江和公益基金会捐赠天津茱莉亚学院教育发展基金会"签约仪式在天津茱莉亚学院举行。副市长张玲出席签约仪式。

11日 国务院召开全国高校毕业生等青年就业创业工作电视电话会议。中央政治局常委、国务院副总理丁薛祥出席会议并讲话。天津市委副书记、市长张工介绍了天津市高校毕业生就业工作的典型经验。

13日 中国航协运输业务专家智库产教融合研讨会暨京津冀航空职业教育产教联盟成立大会在天津机电职业技术学院召开。

16日 2023年天津市职业教育活动周启动仪式在天津轻工职业技术学院举行。此次职教活动周以"技能:让生活更美好"为主题,组织全市职业院校开展技能竞赛、论坛、志愿服务、职业体验等系列活动。

18—19日 中国—中亚峰会在陕西省西安市举行。其间,在国家主席习近平和哈萨克斯坦总统托卡耶夫共同见证下,天津市与哈萨克斯坦共和国东哈萨克斯坦州签署《中华人民共和国天津市人民政府与哈萨克斯坦共和国东哈萨克斯坦州政府建立

哈萨克斯坦鲁班工坊合作协议》。

19日 天津茱莉亚学院·天津音乐学院茱莉亚研究院举办2023届硕士研究生毕业典礼,来自8个国家和地区的35名研究生顺利完成了学业。副市长张玲出席并致辞,市政协原副主席曹小红、纽约茱莉亚学院荣誉院长波利希及市有关部门负责同志参加典礼。

同日 第七届世界智能大会期间,天津市教委、市工业和信息化局联合举办"津英就业"世界智能大会校企对接会。

同日 天津市教委召开孤独症儿童教育工作现场会。会议发布《孤独症谱系障碍儿童学校融合支持手册》,为孤独症儿童少年接受更高质量的融合教育提供方法指导和策略支持。市教委副主任郝奎刚出席会议并讲话。

20日 由天津市教育两委主办的"我和我求学的城市"主题教育活动推进会暨天津市青少年学生读书行动交流会在天津财经大学举行。著名作家、文化学者、天津大学冯骥才文学艺术研究院院长冯骥才出席会议并作主旨报告。

23日 京津沪渝教育系统关工委协作组会议在天津召开。教育部关工委,北京、天津、上海、重庆教育系统关工委,天津各高校和区教育局关工委代表50余人参会。教育部关工委、天津市委教育工委相关负责同志出席会议。

同日 由天津市教委、市公安局、市委网信办主办,天津滨海农商银行、网易新闻天津运营中心承办的"2023反诈校园行"系列宣传活动在天津师范大学启动。

24日 天津市青少年学生法治教育实践基地揭牌。基地建设面积2000余平方米,包括序厅、宪法教育区、民法典主题区、未成年人保护及预防违法犯罪区、中外法治文化区、法治资源教室、法治实践模拟区、沉浸式防震减灾动感体验馆共八大区域。

27日 作为天津市第37届科技周重点活动之一,"学习女排精神、普及排球知识、培养排球兴趣"中国女排精神科普基地主题科普活动暨"中国女排精神科普基地""天津市女排精神科普基地"揭牌仪式在天津体育学院中国排球学院举行。

28日 由天津市教委、市劳动教育教学研究中心和市劳动教育师资培养培训中心主办,天津职业技术师范大学、天津市大中小学劳动教育联盟承办的天津市劳动教育成果展示与分享会暨天职师大第三届劳动教育实践周闭幕式在天津职业技术师范大

学举行。

29日 青海省教育厅负责同志到天津调研。走访天津市7所高校和2所中职学校，达成"组团式"帮扶、人才培养、送教送培、技能大赛支持等若干合作意向。期间，天津医学高等专科学校与青海卫生职业技术学院签订教育支援合作协议。

同日 在天津市教育科学研究院与滨海新区的教育合作大框架下，天津市教育科学研究院、滨海新区泰达街道办事处、泰达街道文化教育事业集团共建全市首个由幼儿园、小学、中学组成"三位一体"的K—12实验区，将优质的教育资源引入滨海新区、引入泰达探索幼儿园至高中全链条拔尖创新人才培养机制。

本月 天津市印发《天津市远郊五区农村幼儿园装备水平提升工程实施方案》《天津市远郊五区农村幼儿园装备水平提升工程项目和资金管理办法》，为远郊五区农村幼儿园配置保教装备，进一步改善办园条件，提高保教质量，助力乡村振兴。

6月

3日 《人民教育》刊登《普通高中育人方式改革的天津实践》，并以封面文章推荐形式面向全国重点宣传、推介天津市普通高中育人方式改革的系列举措和经验成果。

9日 第九届中国国际"互联网+"创新创业大赛"青年红色筑梦之旅"活动全国启动仪式在天津港举行。天津市委书记陈敏尔出席并共同启动"红旅"活动。教育部党组书记、部长怀进鹏出席活动并讲话，教育部副部长吴岩为"红旅"学子授旗。

10日 天津大学教育学院主办召开了"中国式现代化与职业教育、高等教育、继续教育协同创新学术研讨会"。来自全国各地的20余位知名专家学者通过特邀报告、主题报告和圆桌论坛等多个环节，共同探讨中国式现代化背景下职业教育、高等教育、继续教育协同创新的逻辑理路和实践经验。

11日 第六届天津市大学生创新创业人才与成果展洽交流会暨"天开杯"创聚津门全国大学生智能科技创新创业挑战赛启动仪式在天开高教科创园举行。来自44所高校48家众创空间的151个大学生创新创业项目参展。

13日 天津外国语大学和葡萄牙里斯本大学合办的里斯本大学孔子学院获评"全球示范孔子学院"。

同日 "校企紧握手"专题系列活动走进高校首场活动——天津现代职业技术学院校企对接会智能科技专场举行。这是天津市教育两委会同市科技局、市工信局、市知识产权局，联合"政产学研金介服"等各相关单位着力打通校企"握手通道"系列活动的首场高校专场对接会。

14日 天津市教委主要负责同志及相关工作人员前往青海省参加教育援青工作会议，交流总结党的十九大以来教育援青主要成效和经验，统筹部署当前和今后一个时期教育援青工作。

19日 教育部党组成员、副部长王嘉毅调研指导天津市基础教育综合改革国家实验区建设工作。天津市委常委、市委教育工委书记王旭，副市长李文海，市教育两委主要负责同志陪同调研。

同日 教育部党组成员、副部长王嘉毅一行到天津调研学校意识形态工作，并主持召开意识形态工作调研座谈会。市委常委、市委教育工委书记王旭出席座谈会。

24日 第二届21世纪马克思主义高峰论坛在天津举行。论坛由南开大学、中国社会科学院大学主办，南开大学中国社会科学院大学21世纪马克思主义研究院和南开大学中国式现代化发展研究院承办，中国社会科学出版社、中国辩证唯物主义研究会协办。

26日 天津市学校美育培元工程首期音美教师实训提升班在静海区开班。

27日 由天津市教委主办、市教科院承办的"教育数字化转型走向智慧教育暨天津市创建智慧教育示范区、校工作推进会"举行。

本月 天津市完成党的二十大精神进教材修订工作，做到教材修订工作的全学段覆盖、全学科修订、全方位落实，全市共修订大中小学教材1323册，做到"应修尽修"。

本月 天津市高校共147门课程入选教育部第二批国家级一流本科课程名单。

本月 天津市教育系统启动实施师德集中学习教育，围绕政治建设"思想铸魂"、规则立德"固本强基"、专项整治"清朗净化"、关键群体"教育提升"、以案明纪"警钟长鸣"和榜样引领"典型赋能"等六项专项行动，强化师德养成，推进天津市师德师风建设。

本月 天津市举办高校"一把手"能力提升班，驻津高校、市属高校主要负责同志参加，市委常委、市委教育工委书记王旭作开班专题报告。

本月 天津市教育两委机关举办教育强国青年

学习交流会,以"教育强国　有你有我"为主题,组织机关青年理论学习小组成员赴南开中学和天开高教科创园开展现场体验和学习交流。市委教育工委副书记刘怡蔓出席活动并为青年党员讲授"做有志气、骨气、底气的天津教育人"主题党课。

本月　第九届中国国际"互联网+"大学生创新创业大赛天津赛区比赛启动会在天开高教科创园举行。本届大赛以"我敢闯　我会创"为主题,"三位一体"统筹推进教育、科技、人才工作,把创新教育贯穿教育活动全过程,以创造之教育培养创造之人才,为全面建设社会主义现代化国家提供基础性、战略性支撑。

本月　由天津师范大学全国创客教育科普基地主办,静海区教育局、科学技术协会协办的天津市全域科普活动暨"我的蓝天梦——第四届航模校际联盟展示活动"在北京师范大学静海实验学校举行。

7月

1日　天津市第一中学河北学校建设项目奠基仪式举行。学校建设项目位于河北区真理道816号,拟建建筑面积21050平方米,其中地上建筑面积19600平方米,地下建筑面积1450平方米,建设规模36个班,新增1800个学位,配有多间功能完备的物化生实验室、音美舞蹈书法教室、信息技术、科技、劳技教室,并配备室内标准篮球场,预计2025年9月投入使用。

9日　《中国教育报》头版头条刊发《为特殊孩子成长"护航"——天津实施融合教育全面提质计划》。

21日　教育部召开全国"双减"工作推进会暨"双减"工作专门协调机制全体会议,天津市委常委、市委教育工委书记王旭代表天津市作典型发言。

同日　教育部举办全国高校辅导员提升政治能力培训班。天津市以"全面加强辅导员队伍建设提升辅导员工作专业化职业化水平"为题作典型发言。

24日　天津市印发《天津市高质量幼儿游戏研究实践项目实施方案(2023—2025年)》《天津市高质量幼儿游戏研究实践项目和资金管理办法》,实施高质量幼儿游戏研究实践项目,在全市遴选50所试点园开展项目研究实践,提升全市幼儿园保教质量。

25日　天津市召开基础教育综合改革国家实验区建设及重点工作推动会。会议要求贯彻落实党中央、国务院关于基础教育重大决策部署,聚焦新时代基础教育育人质量,推进基础教育综合改革国家实验区建设,探索形成全面提高天津市基础教育质量的有效路径,打造全国基础教育综合改革和高质量发展新高地。市委常委、市委教育工委书记王旭,副市长李文海出席并讲话。

26日　天津市教委与河东区人民政府签署加快推进教育高质量发展框架协议,在促进区域教育高质量发展、实施教育重大改革实验项目、扩大普通高中优质教育资源、探索高等教育发展新路径、开展沉浸式培训、支持新建学校高起点创新发展等方面加强合作,共同推进河东区教育高质量发展,提升区域教育整体实力,满足人民群众对优质教育的需求。

29日　天津市教委相关负责同志随同天津市政府代表团出席青海省黄南藏族自治州成立70周年庆祝活动,赴援青干部保障基地看望慰问援青干部,赴黄南州职业技术学校、尖扎县德吉村、尖扎县乡村振兴产业园区等地考察与调研,深化两地教育合作。

31日　天津市教委主要负责同志及相关工作人员前往新疆维吾尔自治区乌鲁木齐市参加教育对口支援新疆工作会议,深化教育对口支援新疆工作,推进新疆教育高质量发展。

本月　天津市4个国家级实验教学示范中心入选教育部优秀案例。

本月　天津市印发《天津市高校落实〈科教兴市人才强市行动方案〉考核办法(试行)》,同时制定考核指标。

本月　天津市市级现代产业学院建设遴选工作启动。认定天津科技大学生物医药现代产业学院等5个学院为天津市现代产业学院,认定天津理工大学集成电路现代产业学院等15个学院为天津市现代产业学院建设单位。

本月　教育部公布2022年高等教育(本科)教学成果奖,天津大学新工科教育获国家教学成果奖特等奖,此外,天津市还获3项一等奖和18项二等奖。

本月　鲁班工坊教学成果获国家教学成果特等奖,天津两度获得职教特等奖。鲁班工坊改革经验与成功实践纳入国务院新闻办发布的《携手构建人类命运共同体:中国的倡议与行动》《共建"一带一路":构建人类命运共同体的重大实践》两大白皮书。

8月

4日　央视新闻联播报道天津市高校毕业生就

业工作举措,通过搭建就业智慧平台,为用人单位和高校毕业生提供高效互选、智能匹配的招聘服务,帮助10万多毕业生签订就业协议。

7日　天津市教委主要负责同志及相关工作人员赴西藏自治区拉萨市参加对口支援西藏工作会议,并在会议上介绍天津教育支援经验。

9日　天津市教委相关负责同志随同市领导赴甘肃省甘南藏族自治州出席70周年庆祝活动,考察天津援甘项目和看望慰问援甘干部。

16日　天津市印发《市民族宗教委　市教委　市体育局关于举办"和居社体杯"天津市校园记忆中华传统体育游戏展演活动的通知》。该活动获中国(天津)网络文化节"天津榜样—2023为民服务暖心项目优胜奖"。

同日　2023年全国青少年航天创新大赛总决赛颁奖典礼暨闭幕式在海南省文昌市举行。天津市蓟州区山倾城小学的郝萌、张钰豪获全国一等奖。

18日　天津市教委、市人社局、市财政局联合印发《关于实施基础教育优质资源辐射引领2.0工程的若干措施》,优化市教委直属学校合作办学、区域教育发展共同体、远城区区内城乡学校帮扶共同体、集团化办学和学区化办学等优质资源辐射引领办学模式和工作机制,优化数字化教育资源供给,强化干部、教师、经费等资源条件保障,推动在更大范围、更高层次、更深程度实现基本公共教育服务均等化。

同日　汉考国际教育科技(北京)有限公司与天津师范大学合作建设的国内首家中文学习测试中心——天津师范大学中文学习测试中心,以及汉考国际与天津师范大学、越南城东大学三方合作设立的越南首家中文学习测试中心在天津师范大学举行揭牌仪式。

23日　天津市印发《市教委直属学校合作办学工作指引(试行)》,健全市教委直属学校合作办学模式,发挥直属学校优质教育品牌和教育资源作用,优化区域教育资源配置,加快推进天津市基础教育高质量发展。

同日　天津市第一中学与河北雄县第一高级中学签署战略合作协议,并举行天津市第一中学雄安校区揭牌仪式。

同日　以"智慧养老产教融合　乐龄康养协同发展"为主题的2023年京津冀台养老事业发展产教融合论坛暨全国民政行指委智慧养老专委会交流研讨会在天津召开。

24日　天津市教委与津南区人民政府签署推进教育高质量发展全面战略合作框架协议。天津市第一中学、天津市实验小学与津南区教育局将依托八里台第一中学和八里台第一小学,共建天津市第一中学津南学校、天津市实验小学津南学校。

31日　南开大学出版研究院揭牌仪式在全国出版学科共建工作会议上举行。南开大学出版研究院由南开大学与天津市委宣传部共同建设,以媒体深度融合和国际传播的国家战略为导向,依托南开大学综合性研究型大学优势,强化出版史论、出版国际传播、融合出版与数字出版等学科特色,为加快建设出版强国、文化强国提供智力支撑。

本月　第九届中国国际"互联网+"大学生创新创业大赛天津赛区比赛结束。本届市赛共组织培育天津市高校项目60747个,较上年增长230%,参赛学生达283158人次,较上年增长205.2%。天津大学"一键成模——数字世界模型基建轻量供应商"项目在市赛冠军争霸赛中获冠军。

本月　在第三届全国高校教师教学创新大赛中,天津市高校首次获2项一等奖。另获二等奖2项,三等奖7项,天津科技大学获参赛高校优秀组织奖。

本月　中央全面深化改革委员会办公室《改革情况交流》刊发《天津加快建设国家现代职业教育改革创新示范区》,宣传推广天津职教改革经验成果。

本月　"快乐阳光"第十九届少年儿童歌曲全国总决赛在贵州省遵义市举行。天津选送的345名选手在参赛的158个节目(独唱166人、组合179人)中,获特别大奖6项、特金奖30项、金奖58项(其中组合金奖15项)、银奖52项、铜奖12项。参加团体争霸赛的2支天津代表队分获团体儿童组二星金奖和团体少年组四星金奖。

9月

1日　天津市印发《市教委关于开展天津市公办幼儿园等级评定工作的通知》,组织开展2023年公办幼儿园等级评定工作。新评定公办示范幼儿园53所。

同日　教育部公布第二批14家国家卓越工程师学院建设名单,天津大学入选。

2日　京津冀学校急救教育试点共同体在天津成立。该共同体由天津医学高等专科学校牵头成立,京津冀三地15所学校急救教育试点中学和高校成为共同体首批合作院校,将搭建学校急救教育共研、共建、共享平台,共同推进学校急救教育高质量发展。

6日 天津市教委相关负责同志及相关工作人员赴河北省承德市开展调研,推动职业教育、中小学、教师培训等各项工作深度融合发展,全面做好对口帮扶承德教育工作。

9日 京津冀翻译协会协同发展学术论坛在天津外国语大学举行。来自中国外文局、中国互联网新闻中心、北京第二外国语学院、北京中医药大学、北京交通大学、南开大学、中国民航大学、天津师范大学、河北师范大学、河北工业大学、河北地质大学、外语教学与研究出版社、香港富华国际集团等40余家单位的100余名专家学者参加。

10日 天津大学举行辅导员发展论坛,正式设立1200万元的"天大辅导员"基金专门用于辅导员队伍建设,推进新时代学生思想政治工作高质量发展。这也是全国高校首个支持辅导员队伍建设的专项基金。

11日 "一带一路"背景下中摩职业教育交流合作与"鲁班工坊"建设研讨会暨摩洛哥"鲁班工坊"来华培训班启动仪式在天津举行。

同日 2023年国家网络安全宣传周天津地区活动启动仪式在南开大学举行。2023年国家网络安全宣传周活动于9月11—17日在全国范围内同步开展。其中,天津地区活动由市委宣传部、市委网信办、市教委、市公安局、市广电局、市通信管理局、市总工会、团市委、市妇联、人民银行天津市分行共同主办,继续以"网络安全为人民,网络安全靠人民"为主题,采用"启动仪式+主题活动+主题日"模式,针对热点问题,面向不同群体,宣传贯彻法律法规,普及知识技能,有效发动全民共筑网络安全防线。

15日 天津市教育系统召开学习贯彻习近平新时代中国特色社会主义思想主题教育总结暨巡视整改推动会议。市委常委、市委教育工委书记王旭出席会议并讲话。

同日 天津市8所高校优选300名优秀大学生和20名带队教师组成第十一批援疆支教团赴新疆维吾尔自治区和田地区开启援疆支教工作。

16日 中华人民共和国第二届职业技能大赛在国家会展中心(天津)开赛。大赛以"技能成才、技能报国"为主题,共设置109个竞赛项目,来自全国36个代表团的4045名选手参赛,角逐109个项目奖牌。

17日 第二届全国技能大赛技能强国论坛在天津举办。论坛交流推行终身职业技能培训制度、推动技能中国建设等方面进展成效,研究探讨技能强国建设路径举措,倡导广大劳动者用劳动、技能、创新和拼搏谱写新时代劳动者之歌,共同建设技能强国。

同日 天津外国语大学与哥伦比亚教育机构集中签约仪式举行。签约仪式上,天津外国语大学校长陈法春分别与哥伦比亚国立大学、哥伦比亚加勒比国立大学联盟、科尔多瓦大学、瓜希拉大学、苏克雷大学、卡塔赫纳大学、大西洋大学、国家行政管理干部学院、美洲热带国际大学、考卡山谷中央大学、巴西文化学院、西蒙·玻利瓦尔大学、潘普洛纳大学、卡佩拉尼亚学校、巴勃罗埃雷拉学校、庞皮里奥·马丁内斯学校、林孔圣托学校、圣加布里埃尔学校等18所教育机构的负责人签署《学术与文化合作协议书》。

19日 第二届全国技能大赛闭幕式在天津奥林匹克中心体育馆举行。天津代表团获26枚金牌、19枚银牌、11枚铜牌、57个优胜奖。天津职业技术师范大学学生、制造团队挑战赛选手陈俏锐获参赛代表团最佳选手,天津代表团获突出贡献奖。

同日 天津市印发《天津市幼儿园一日生活指南(2023版)》。开展市级培训,聘请研制组专家录制专题解读视频,印刷8000册赠阅全市幼儿园。

同日 "校企紧握手"专题系列活动第七场——天津市高校科技成果发布暨校企对接会"高端装备专场"在天津外国语大学举办。全市20所高校、科研院所代表,60余家企业与4个重点产教联合体代表参加对接会,推动校企合作,促进技术创新和产业升级。

同日 在第七期全国中小学校党组织书记网络培训示范班结业仪式上,天津市以"天津市坚持'六个突出'建立和完善中小学校党组织领导的校长负责制"为题作典型发言。

同日 天津市第七届学生"学宪法讲宪法"比赛暨教育部第八届全国学生"学宪法讲宪法"活动天津赛区选拔赛落幕。全市中小学及高校的100余名学生参加比赛。

23日 由天津市教育两委主办、静海区教育局承办的"天津市2023年度中小学劳动技能大赛"市级决赛在国际青少年交流中心(天津)中小学生劳动教育实践基地举行。此次大赛以"深耕课堂学技能,劳动实践练本领"为主题,涵盖小学低年级组、小学高年级组、初中组、高中组等4个组别,比赛内容包括家庭生活劳动和工农生产劳动两个系列,共设置整理行李、果蔬拼盘、包饺子、电子焊接、洗手绢、钉纽扣、木模工艺、包粽子、金工工艺、机缝技艺、擦玻璃、移苗定植、挑水浇园、搭黄瓜架等14个项目。大赛赛程分为校级初赛、区级复赛和市级决赛三个阶段,全市16个区、1407所中小学的62万余名学生参赛,经校级初赛、区级复赛选拔,共有640名学生入围市级决赛。

同日　由天津大学、天津商务职业学院、腾讯云计算(北京)有限责任公司牵头,联合新一代信息技术产业相关知名高校、职业院校、龙头企业共同发起的"全国数字技术创新产教融合共同体"在天津成立。

24日　天津市招生委员会发布《关于印发天津市初中学业水平考试体育与健康科目补充方案的通知》。自2024年高级中等学校招生考试开始,天津市初中学业水平考试体育与健康科目"成绩评定"政策由所有学生总分值均为40分调整为有天津市学籍并参加高级中等学校招生考试的学生总分值40分,无天津市学籍要求回津参加高级中等学校招生考试的学生总分值为22分。

25—27日　由教育部、国家发展和改革委员会、科学技术部等35个单位主办,天津市教委承办的2023年全国职业院校技能大赛(高职组)数字艺术设计赛项在天津国家会展中心举行。来自全国37个省、自治区、直辖市、计划单列市的63支参赛队,共计189名选手参加比赛。天津中德应用技术大学作为比赛协办单位,同期举办"AI数字艺术设计产教融合发展"论坛。

26日　"校企紧握手"新能源领域专场对接会在河北工业大学举办,来自京津冀三地的新能源领域企业代表、金融机构代表与河北工业大学师生进行现场对接,达成4项合作,助推新能源产业协同发展。

同日　由天津市教委、市教科院主办的主题为"教育家精神与基础教育高质量发展"的未来教育家发展平台首届学术活动在市教科院举行。中国教育学会常务副会长吕玉刚、天津市委教育工委副书记刘怡蔓出席,市教科院副院长王光明主持活动。天津市中小学"未来教育家奠基工程""未来教育家行动计划""三杰"支持计划学员代表及天津市中小学校(含幼儿园)优秀校长(园长)及教师代表共240余人参加。

本月　2022年高等教育(本科)国家级教学成果奖公布,由天津大学校长金东寒牵头完成的"新工科教育"获国家级教学成果奖特等奖。

本月　教育部发布第三批"全国高校黄大年式教师团队"创建示范活动入围名单,199个团队入选,天津市4个团队入选,分别是南开大学智能科技教师团队、天津大学激光及光电测试技术教师团队、天津师范大学学生心理发展与健康教师团队和天津电子信息职业技术学院软件技术专业群教师团队。

10月

4—5日　"童声歌唱发展建设研讨会"在天津大礼堂举行。来自全国20多个省、市、自治区及天津市的300多名音乐教师相互学习、交流经验,共同探讨少儿歌唱艺术的真谛。

6日　天津市教委相关负责同志随同天津市代表团赴西藏自治区昌都市考察调研,进一步深化津昌两地教育合作。

8日　2023年京津冀教育协同发展工作会议在北京召开。北京市委常委、教育工委书记游钧,河北省副省长、省教育厅厅长董兆伟,北京市教委和天津市教委主要负责同志出席会议并讲话,三地教育行政部门和有关高校、职业院校、区县负责同志160余人参加会议。北京市教委、天津市教委、河北省教育厅共同签署《京津冀教育协同发展行动计划(2023年—2025年)》,北京教科院、天津教科院、河北教科院、雄安公共服务局、通州区教委共同签署《京津冀教育协同发展研究中心合作协议》。

10日　教育部公布第一批市域产教联合体名单,天津市两家单位——天津滨海高新技术产业开发区信创产教联合体(依托园区为天津滨海高新技术产业开发区,牵头学校为天津大学、天津电子信息职业技术学院,牵头企业为麒麟软件有限公司)和天津经济技术开发区生物医药产教联合体(依托园区为天津经济技术开发区,牵头学校为天津科技大学、天津医学高等专科学校,牵头企业为天津国际生物医药联合研究院有限公司)上榜。

12日　天津市印发《天津市加强学科类隐形变异培训防范治理工作实施方案》。

13日　《救助保护和儿童福利机构未成年人心理评估规范》京津冀区域协同地方标准新闻发布会在天津师范大学召开。这是京津冀三地发布的首个基本民生保障领域区域协同地方标准。

14日　中小学生水上交通安全教育十周年主题活动在天津国家海洋博物馆举行,此次活动由交通运输部海事局和教育部基础教育司联合举办。全国海事、教育系统以及学生、家长、社会各界、媒体等200人参加活动。

同日 2023中国机械工程学会年会暨2023年度机械工业科学技术奖颁奖典礼在大连举行。由天津大学、天津仁爱学院、重庆长安汽车股份有限公司、潍柴动力股份有限公司、广西玉柴机器股份有限公司共同完成的"内燃机振动噪声控制关键技术及应用"项目获科技进步奖一等奖。

19日 全国普通高中优质特色发展交流展示活动在天津市实验中学举办。副市长张玲出席并致辞。

20日 第82届中国教育装备展示会在国家会展中心（天津）举办。本届展会以"数字赋能教育、创新引领未来"为主题，采取线上线下融合办展模式，共有来自全国34个代表团参会，参展企业共计1161家，参展产品共计12422种。

21日 "转型与展望：数字时代产教融合高质量发展论坛"在国家会展中心（天津）举行。论坛由中国教育装备行业协会、天津市教委、天津市教科院主办，中国教育装备行业协会产融分会、天津大学、天津职业技术师范大学、天津中德应用技术大学承办，以"推进产教融合高质量发展：新模式　新探索　新展望"为主题。论坛上成立了天津市职业教育教学装备研究中心，市教委、市教科院共同发布《天津市高等职业教育专业对接服务产业发展报告》《天津市普通高等学校人才资源清单》《天津市高等职业学校产教融合服务资源清单》等成果。

23日 天津市印发《关于调整党外人才"325培养计划"人选的通知》，完成2023年度"325培养计划"人才库调整工作，人才库共有党外人才566人，重点培养对象97人。

25日 2023年天津市大中小学思政工作一体化建设职业院校心理健康教育专题论坛在天津中德应用技术大学举行。

26日 由教育部教师工作司、天津市教育委员会指导，天津师范大学主办的"新时代教师发展协同创新工作会议"在天津师范大学京津冀教师发展协同创新中心举行，大会主题为"弘扬教育家精神，推进教师发展协同创新"。天津市委常委、市委教育工委书记王旭出席并致辞，教育部教师工作司司长任友群出席并讲话，天津市委教育工委常务副书记、市教委主任荆洪阳出席。

同日 "校企紧握手"专题系列活动之京津冀"生物制造"专场对接会在天津空港经济区举办，对接技术需求，打造产教融合场景，促进科技成果转化，助推京津冀"生物制造"领域创新发展。

同日 第八届全国学生"学宪法讲宪法"活动总决赛在北京举行。天津市代表队获3个一等奖、2个二等奖、2个三等奖。

28日 天津市教育学会在天津市耀华中学举行第十三届青年教师学术论坛，论坛主题是"青年教师专业成长之路——我的思考与实践"。

同日 由天津外国语大学与天津市教育科学研究院联合举办的"十年教育路：成就·互鉴·未来暨'一带一路'教育国际交流学术论坛"在天津外国语大学召开。论坛旨在推动教育国际交流合作不断深化，扩大天津国际教育"朋友圈"，提高国际化人才培养水平。开幕式上，天津市教育科学研究院和天津外国语大学签署合作框架协议，协同开展区域国别研究、智库建设等工作。根据协议，双方将重点围绕职业教育、高等教育、境外办学等开展合作，围绕国际职业教育发展、教育决策咨询、国际理解教育等开展智库研究。

30日 教育部公布第六届省属高校精准帮扶典型项目，天津医科大学《播撒光明守初心，健康帮扶建新功》和天津体育学院《奔跑西藏，由海向山——德智体康多维度呵护藏区儿童健康成长》被推选为省属高校精准帮扶典型项目。

本月 天津深化产教融合模式创新，率先打造信创、生物医药、海工装备和数字经济4个市域产教联合体，其中信创、生物医药2个联合体成功入选首批国家级产教联合体。

本月 2023年度本科专业设置申报工作完成。天津工业大学等10所高校增设16个目录内专业，天津科技大学等7所高校撤销25个本科专业，天津传媒学院等3个学校增设3个国控专业或目录外专业。

本月 2023年"亚洲建筑师协会年度论文（毕业设计）竞赛"（ARCASIA Thesis of the Year Awards 2023)获奖作品揭晓，本届竞赛最终评出1个金奖、1个银奖、1个铜奖和1个提名奖。天津大学本科生郑祺的瓷都古镇设计——"Line/Vector"获金奖。

11月

2日 2023年《麻省理工科技评论》"35岁以下科技创新35人"亚太区入选者发布，天津大学医学院教授刘秀云入选。

同日 天津市教委与武清区人民政府签署加快

推进京津冀之间高品质教育强区建设的合作框架协议,在促进区域教育实现高质量发展、扩大优质教育资源覆盖面、探索高品质教育发展新路径、探索职业教育发展新路径、开展京津冀教育合作示范建设等方面加强合作,助力武清区加快建设京津冀之间高品质教育强区,打造京津冀教育合作新模式的示范样本。

同日 教育部举办全国中小学生心理健康工作交流研讨活动,深入了解学生心理健康工作,调研相关政策措施落实情况,总结交流各地工作经验,天津市作典型经验交流发言。

4日 第十三届全国体育科学大会在天津开幕。大会由中国体育科学学会主办,天津市教委、天津市体育局、天津体育学院、南开大学、天津大学、天津师范大学、天津工业大学、天津理工大学、天津中医药大学、天津城建大学、天津体育职业学院承办。共有1.3万余名中外代表参会。

7日 第三届中华老字号创新发展大会在上海举办。大会公布了首批老字号协同创新中心名单,天津商业大学获批成为全国老字号协同创新中心。

9日 天津市召开国家医学中心(筹)建设项目推进会,启动天津中医药大学第一附属医院国家医学中心(筹)建设项目。市委常委、市委教育工委书记王旭出席会议。

10日 天津市教委等十五部门联合印发《天津市加强新时代中小学科学教育工作的若干举措》。

10—12日 由国家体育总局航空无线电模型运动管理中心、中国航空运动协会主办的"飞向北京·飞向太空"2023年第二十四届全国青少年航空航天模型教育竞赛活动(以下简称"飞北赛")中的无人机项目总决赛在北京举行。来自全国的3000余名航模运动员参加比赛,天津市首次组队参加此项比赛,获4金4银2铜。

11日 天津市举行第十七届社区教育展示周暨2023年全民终身学习活动周启动仪式。副市长张玲出席活动。活动周期间,天津市开展22项市级主题活动和千余项特色活动,吸引近100万市民关注,52万余名市民参与。

11—12日 中国教育学会班主任专业委员会2023年年会暨"从专业发展到专业支持——新时代班主任工作创新"学术研讨会在重庆召开,天津市教育学会班主任专业委员会的14个工作室案例被遴选为中国教育学会班主任工作室典型案例,入选案例数位列全国前三。

13日 全国中小学党建德育工作会议在福建福州召开,教育部党组成员、副部长王嘉毅出席并讲话,中组部组织二局负责同志出席并就做好中小学党建工作进行部署。会上,天津市以"以高质量党建引领中小学校发展"为题作典型发言。

15日 《中小学校长》(教育部主管部级期刊)在第11期"建设教育强国——学习宣传贯彻党的二十大精神"栏目首篇刊登了天津市《发挥优质资源辐射引领作用 奋力开拓教育强国建设新局面》。

16—19日 由中国抗癌协会主办,天津医科大学肿瘤医院、天津市抗癌协会和中国整合医学发展战略研究院承办的2023中国整合肿瘤学大会(CCHIO)在国家会展中心(天津)召开。国家卫生健康委副主任曹雪涛,中国工程院副院长王辰,天津市委常委、市委教育工委书记王旭及相关部委领导出席,国际抗癌联盟主席Jeff Dunn线上致辞,国内外20余名院士、近20位国际癌症机构负责人,1743位中外学者在津参会。

20日 第二届全国残疾大学生创新创业竞赛在天津理工大学举行,来自全国15所高校的40支残疾大学生队伍参赛。大赛由天津市教委和市残疾人联合会主办,是中国首个面向高校残疾学生群体开展的创新创业竞赛。决赛分为文化创意和区域合作、科技创新和未来产业两个赛道。

同日 乌兹别克斯坦鲁班工坊签约仪式在天津海运职业学院举行。乌兹别克斯坦鲁班工坊由天津海运职业学院与乌兹别克斯坦塔什干国立交通大学共建。天津海运职业学院利用自身学科优势,在乌兹别克斯坦塔什干国立交通大学开设信息技术专业和物流专业,按照场地建设、实训装备、教师培训、专业标准、教材资源"五到位"要求,通过普及专业知识、推广实用技术、培养技术技能人才,全面提升乌兹别克斯坦当地现代物流管理专业和信息技术专业教师的专业化水平。

22日 天津城建大学举办"守正创新兴文化——用好红色资源 传承红色基因"研讨会,为天津市首个红色文化遗产研究院揭牌。

23日 由天津市教育委员会、工业和信息化部教考中心、中国物流与采购联合会共同支持指导的全国智能供应链行业产教融合共同体成立大会在天津举办。全国智能供应链行业产教融合共同体成员包括天津大学等21所本科高校、天津交通职业学院等123所高职院校、天津市第一商业学校等47所中职学校和22家企业。

同日 天津市教育两委、市学生心理健康教育中心在天津理工大学举办首届天津市高校心理健康教育教师技能大赛。

24日 2023天津市学校美育论坛在天津市南开中学召开。全市中小学教师代表200余人参加。教育部艺术教育委员会委员、教育部"国培"资源库专家、沈阳师范大学教授王英奎担任开幕嘉宾。

同日 天津外国语大学"一带一路"数智经贸产业学院成立,学院以高等教育产教融合赋能经济社会高质量发展为基点,充分发挥学校外语优势特色,培养高水平对外开放所需的厚基础、宽口径、精专业、多方向、重实践的优秀国际化经贸人才。

同日 "校企紧握手"专题系列活动"医疗健康"专场在天津市滨海新区科技园举办。活动汇集京津冀科技成果200项,开启"技术催生新需求"和"需求引导新技术"双向通道,实现创新链产业链资金链人才链深度融合。

28日 召开北京协和医学院天津校区项目建设动员部署会,启动协和医学院天津校区项目。中国工程院副院长、中国医学科学院北京协和医学院校长王晨,天津市委常委、市委教育工委书记王旭,副市长张玲出席会议。

同日 天津市在中宣部、教育部召开的《习近平新时代中国特色社会主义思想概论》教材出版座谈会上进行典型发言,介绍天津市围绕《习近平新时代中国特色社会主义思想概论》课程建设开展的创新举措,中共中央政治局委员、中宣部部长李书磊对天津市工作给予高度肯定。

30日 天津市教委相关负责同志带队前往新疆和田学院共商新增学院包建工作,并赴和田职业技术学院、和田地区第二中学(天津高级中学)调研,看望援疆教师和支教大学生。

本月 南开大学物理科学学院、泰达应用物理研究院夏士齐博士后获评2023年度全球光学未来之星,全球仅3人入选。

本月 天大仿生视觉团队自主研发的"高性能感算一体仿生视觉智能CMOS(互补金属氧化物半导体)图像传感器芯片",实现了万帧以上的高速智能感知,可作为"电子眼"广泛应用于高铁等大国重器关键领域。相关成果已发表于该领域权威期刊《电气与电子工程协会视频技术电路和系统学报》。

本月 以"汇聚爱国强军青春力量"为主题的首届新时代高校国防教育主题论坛在南开大学举办。

12月

2日 医学创新人才培养论坛暨教育部智能医学工程专业"101计划"启动会在天津大学召开。论坛通过交流高端医学人才培养模式的经验及成效,谋划医学教育创新发展新路径,推动医学人才供给与需求有效衔接。

4日 由天津市委教育工委、天津市教委、北京市委教育工委、河北省教育厅、陕西省延安市政府主办,天津市延安精神研究会、中国民航大学、北京师范大学协办的京津冀学子同上一堂"大思政课"暨"百万学子回延安 延安精神进校园"启动仪式在天津举行。

5日 天津渤海职业技术学院在2023年全国行业职业技能竞赛——第三届全国新能源汽车关键技术技能大赛决赛中获国赛二等奖,创天津历史最好成绩。此次大赛是国内面向新能源汽车关键技术领域举办的规模最大、参赛范围最广的国家一类职业技能大赛,全国31个省(区、市)的461个参赛队922名选手参赛。

同日 天津市义务教育优质均衡发展暨督导评估认定推进会召开。市教委负责同志汇报教育部督导局关于义务教育优质均衡发展评估认定新要求及天津市相关工作安排,市委常委、市委教育工委书记王旭出席会议并讲话。

6日 中国国际大学生创新大赛(2023)冠军争夺赛、大赛优秀项目资源对接会暨落地项目签约仪式在天津大学举行。天津市委书记陈敏尔出席相关活动。教育部党组书记、部长怀进鹏,天津市委副书记、市长张工出席并讲话。教育部党组成员、副部长吴岩主持大赛优秀项目资源对接会。天津市委常委、市委教育工委书记王旭,天津市副市长张玲,天津大学党委书记杨贤金、校长金东寒出席上述活动。本届大赛共有151个国家和地区、5296所学校的421万个项目、1709万人次报名参赛。天津市高校实现金牌数、奖牌数的突破,并首次进入冠军争霸赛。

7日 天津市委组织部、市委教育工委召开全市中小学党建德育工作会议,深入学习贯彻习近平总书记关于党的建设的重要思想和关于教育的重要论述,贯彻落实全国中小学党建德育工作会议精神,研究推动中小学党建德育工作。市委组织部、市委教育工委有关负责同志作工作部署。

8日 天津市民办高中办学行为专项整治工作

部署会召开,各区教育分管负责同志参加,会议决定全市范围开展一次民办高中办学行为专项整治,确保天津市民办高中规范办学,依法依规运行。

11日 天津市教委与北辰区签署全面战略合作框架协议,在提升区域基础教育"软实力"、扩大优质教育资源覆盖面、探索职业教育现代产业学院建设"天津方案"等方面加强合作,推进区域教育高质量发展,深化教育领域综合改革,助力"经济强区,魅力北辰"建设。

12日 天津市召开中小学科学教育工作部署会。市委教育工委常务副书记、市教委主任荆洪阳出席会议并讲话,市教委副主任郝奎刚部署加强中小学科学教育的重点任务。市科技局部署挖掘科学教育资源、加强需求对接有关工作。

16日 由天津市教育委员会指导,天津师范大学和长江教育研究院主办的首届天津师范大学京津冀基础教育论坛暨第三届"天津·长江教育论坛"在学校京津冀教师发展协同创新中心举行。

同日 西门子牵头国内200余家上下游企业、天津大学牵头60余所本科高校、天津职业大学牵头100余所职业院校共同发起的全国高端装备制造(工业控制技术)行业产教融合共同体(简称"共同体")在天津正式成立。天津市委常委、市委教育工委书记王旭出席并讲话。

18日 天津市教委召开天津市民办教育规范管理工作会,会议就进一步做好民办教育领域风险防范、促进民办教育规范管理、提升民办教育办学质量做出工作部署,提出工作要求。

21日 "沽上冬阳"童声合唱音乐会在天津音乐厅举行。25支优秀童声合唱团参加演出。"沽上冬阳"是市教委"沽上四季"天津市学生合唱工程继"沽上春早""沽上夏荷""沽上秋浓"后的第四个主题音乐会。2023年,共98支优秀学生合唱团先后登台歌唱四季、歌咏生活,展示天津市加强与改进学校美育与艺术教育提质增效的阶段成果。

23日 由天津市委宣传部、市教育两委主办的天津市首届高校思政课教师辩论赛决赛在天津工业大学举办。全市27所本科高校、23所高职院校共派出50个代表队参赛。天津城建大学、天津电子信息职业技术学院代表队分获本科组、高职组冠军。

27日 天津市承办中央教育工作领导小组秘书组秘书局第13次教育形势集中调研。中央教育工作领导小组秘书组秘书局副局长王猛出席会议,全国各省级教育部门相关负责同志参会。

本月 由自然资源部陆海统筹关键带国土空间规划与治理工程技术创新中心、天津大学建筑学院主办的"陆海统筹空间规划与治理"学术研讨会暨陆海统筹关键带国土空间规划与治理合作联盟成立大会在津举行。

本月 2023世界智能制造大会发布"2023世界智能制造十大科技进展"和"2023中国智能制造十大科技进展"。由南开大学、南开大学深圳研究院、天津市农业科学研究院联合研发的"活体细胞精准操作机器人技术及系统"入选"2023中国智能制造十大科技进展"。该项目利用机器人代替人工实现自动化活体细胞操作,对解决农业育种"卡脖子"问题具有重要意义,已在生物医药、脑科学研究等14家单位开展示范应用。

本月 2023年全国中学物理实验教学研讨会在天津召开。来自全国各地的高校物理实验教师、研究者、教育技术专家等200余人参会。本次会议主题为"聚焦物理实验教学,提升学生核心素养"。

本月 天津市印发《聚焦教育强国建设 推动教育系统组织工作提质增效行动方案》,实施"理论铸魂""强基固本""提质培优""标杆领航""一融双高""挺膺担当"等6项工程,全力推进教育系统组织工作提质增效。

本月 天津市完成首批市级基础学科拔尖学生培养基地建设遴选工作。认定天津师范大学沈德立心理学拔尖学生培养基地、天津理工大学计算机科学拔尖学生培养基地、天津工业大学天工数学英才拔尖学生培养基地、天津医科大学基础医学拔尖学生培养基地、天津财经大学经济学科拔尖学生培养基地5个基地为市级基础学科拔尖学生培养基地。

综合管理

天津教育事业发展综述

2023年,天津市教育系统坚持以习近平新时代中国特色社会主义思想为指导,深入贯彻落实党的二十大精神,全面贯彻党的教育方针,落实立德树人根本任务,扎实推进科教兴市人才强市行动等重点任务,各项工作成效显著。一是党的领导和党的建设持续加强。深入开展党的二十大精神专题宣讲活动4000余场。高质量完成学习贯彻习近平新时代中国特色社会主义思想主题教育,各单位领导班子查摆问题1107个、建立健全制度机制789个。印发《聚焦教育强国建设 推动教育系统组织工作提质增效行动方案》,推进新时代高校党建示范创建和质量创优工作。印发校外培训机构党建工作重点任务清单。全面落实中小学校党组织领导的校长负责制,教育部推广天津市典型经验。推进十二届市委第二轮巡视反馈意见整改落实工作,全系统共制定整改措施3878项。二是立德树人根本任务有效落实。推进"大思政课"综合改革试验区建设,遴选11个区和20所高校开展"大思政课"综合改革示范培育建设,认定19个网络思政名师工作室,获批全国高校习近平新时代中国特色社会主义思想教学联盟。开展中小学"三全育人"综合改革试点。举办大中小学第一届爱国主义教育系列活动。印发《天津市中小学课程思政建设实施方案》,编制41个中小学学科课程思政教学指南。强化体美劳教育,举办大中小学阳光体育系列赛和丰富多彩的艺术活动,第一届全国学生(青年)运动会荣获

5金5银7铜,完成124.5万中小学生视力筛查工作。编制《劳动教育实践基地建设与管理指南》,举办中小学生劳动技能大赛。实施青少年科创计划,举办市青少年科技创新大赛。出台《关于健全学校家庭社会协同育人机制的实施方案》,成立家校社协同育人中心,确定7个市级学校家庭社会协同育人实验区。成立市学生心理健康工作专班,出台加强中小学心理健康教育与家庭教育16项措施,编制学生抗逆力训练指南,出版"向阳花"系列中学生心理健康教育绘本。三是基础教育综合改革扎实推进。启动全国基础教育综合改革实验区建设,推出27个揭榜挂帅实验项目,形成"3+13"推进模式。为151所乡镇中心幼儿园配置保教装备1.9万件,新增普惠性民办园37所、义务教育学位2.85万个、普通高中学位1.04万个。启动基础教育优质资源辐射引领2.0工程,市教委与河北区、河东区、北辰区、武清区签署合作协议,各区之间结成14个区域教育发展共同体,市直属学校与各区合作办学增至35所,教育集团增至95个。试点开展拔尖创新人才早期培养工作。组织校外培训治理系列行动,开展课后服务互比互看等活动,"双减"成果持续巩固。实施融合教育全面提质计划,成立市特殊教育资源中心,7项教研成果入选首届全国特殊教育教师教学基本功展示和融合教育优秀教育教学案例。四是职业教育创新改革不断深化。市政府会同教育部联合印发职教改革"天津方案"。成立生物医药、海洋工

程装备、信创、数字经济等4个产教联合体及高端装备制造、新能源、智能供应链、智慧能源等4个产教融合共同体,其中信创、生物医药产教联合体获批国家级市域产教联合体。深入实施高职"双高"、中职"双优"计划,6所"双高计划"高职院校在教育部、财政部中期绩效评价中获得优秀等次。推进职业学校办学条件达标建设,27所学校实现达标。推出首批26个产教融合专业,新增高职专业14个。立项建设市级职业教育信息化标杆学校14所,开发职业教育一流核心课程(线下课程)65门、校企合作典型生产实践项目32个。获职业教育国家级教学成果奖17项,其中特等奖1项、一等奖2项,获奖比例位居全国前列。推进产教融合信息平台建设,采集产教信息数据32.7万条。修订《天津市职业教育条例》,制定《天津市职业教育产教融合促进条例》。在天津开放大学设立学分银行管理中心,实体运行终身教育学分银行。五是高等教育内涵发展取得实效。巩固提升"双一流"高校建设成果,深入实施优先发展学科和顶尖学科培育计划,布局建设基础学科中心、学科交叉中心。制订学科专业设置优化调整方案,印发推动本科人才培养对接产业链的工作举措,发布高校本科人才培养资源清单。推出第三批41个服务产业特色学科群,三批总计90个服务产业特色学科群已覆盖12条重点产业链以及数字经济、"双碳"等急需领域。认定20个市级现代产业学院及建设单位。制订高等学校新型产业学院建设核心指标,4所普通高校和4所职业院校合作共建4个新型产业学院。印发天津市卓越工程师学院建设实施意见,天津大学入选国家卓越工程师学院建设单位。成立116家产教融合研究生工作站,确定研究生科研创新项目1097个。出台天开高教科创园高校科技成果转化奖励实施细则,天津市高校321个项目入驻天开园。建立校企握手通道,举办系列校企对接活动,天津市高校与企业签订合作项目1271项,全年校企签约金额29亿元。汇总并发布高校可转化科技成果485项,梳理在津高校科

研创新平台735个。出台79项稳就业政策,高校毕业生就业形势稳定。启动"天开杯"创聚津门全国大学生智能科技创新创业挑战赛。承办中国国际大学生创新创业大赛。六是教育改革开放开拓新局面。制定《发挥教育基础性战略性支撑作用的高校评价行动方案》,出台高校落实《科教兴市人才强市行动方案》考核办法及分类考核指标体系,出台高校教师分类评价指导意见,试点开展高校学生综合素质评价。塔吉克斯坦、哈萨克斯坦鲁班工坊成为中国—中亚峰会重要成果和共识。与教育部签署新一轮战略合作框架协议,与北京大学、北京理工大学签署战略合作协议,与清华大学探讨新的合作路径并达成共识,协和天津基地加快建设,京津冀高校科研合作不断深入,在人才培养、科技创新、改革攻坚等方面汇聚资源,助力发展。签署《京津冀教育协同发展行动计划(2023年—2025年)》。与京冀政府、学校、企业签署一批合作协议。争取中央转移支付增量资金2.37亿元,高校承担京冀企事业单位技术开发与合作项目548项。选派688名骨干教师、350名优秀大学生和19名马克思主义政治人才培养工程学员赴受援地区支教。七是教师队伍建设有效加强。加强师德师风建设,举办"津门师德巡讲"系列活动,1人获2023年"全国教书育人楷模"称号,4支团队入围第三批"全国高校黄大年式教师团队"。出台高校专职辅导员职称评价标准,对辅导员职评单列计划、单设标准、单独评审。印发《关于落实新时代基础教育强师计划的实施意见》,深入实施新时代乡村教师专业发展助力计划、乡村幼儿园骨干师资专业发展助力计划、未来教育家行动计划、中小学校长领导力提升计划等重点师资培训项目,6人入选教育部新时代中小学名师名校长培养计划。推进中小学教师"区管校聘"管理改革。落实"特殊教育教师培元关爱计划",组织3批次特教教师赴异地开展心理疏导服务。

撰稿:杨　刚
审稿:杨　彬

发展规划

【教育现代化"十四五"规划中期评估】 采取自评估和第三方评估、综合评估和专题评估、客观评价和主观评价等方式方法,对《天津市教育现代化"十四五"规划》170项重点任务进行自评,对教师队伍、教育信息化等教育专项规划同步评估,发放基础教育、职业教育和高等教育3套1311份调查问卷,召开3类教育专题座谈会。经评估,天津市教育现代化"十四五"规划中普及程度、结构优化、发展质量3大类20个量化指标进展顺利,义务教育优质均衡发展、学校体育固本、学校美育提升等9大计划稳步推进,学校思政创新、新时代劳动育人、学前教育普及普惠区创建等10项工程逐项落实,规范发展民办教育、深化教育督导体制机制改革等6项改革举措初见成效。针对规划推进落实力度还需加大、普通高中存在结构性学位缺口、高校科技成果转化效率不高、财政教育投入有待加大等存在的问题,提出下一步工作措施和对策建议。《天津市教育现代化"十四五"规划实施中期评估报告》,获天津市第十六届优秀调研成果评选三等奖。

撰稿:靳 刚

【教育评价改革阶段评估】 根据《中央教育工作领导小组秘书组关于开展教育评价改革阶段评估的通知》精神,采取专题会议调度、重点问题座谈、问卷调查等方式,全面评估《深化新时代教育评价改革总体方案》(以下简称《总体方案》)明确的22项任务,逐项梳理工作清单、正面清单、负面清单,系统总结《总体方案》印发3年来的落实落地情况。经评估,天津市在组织领导、清单式推动、改革创新、攻坚克难等4个方面取得重要进展,在党委和政府履职评价、学校分类评价、学生综合评价、教师分类评价、社会用人评价等5类主体评价改革方面取得显著成效。同时,提出进一步对标对表、着力解决重难点问题、突出地方特色、规范督导检查、加强信息化手段运用等5个方面的思路举措和工作建议。

撰稿:靳 刚

【签署并推动战略合作协议】 5月18日,教育部与天津市人民政府签署战略合作协议。市教育两委先后制定重点任务落实责任清单、牵头成立10部门联合的协议落实工作专班、组织3次协议推动落实专题调度会议,及时向教育部请示汇报争取资源促进合作,协调各部门协同推进、狠抓落实,确保部市合作任务清、推进实、效果好。市委督查室先后2次、市发展改革委1次对协议落实情况进行督办调度。截至12月底,协议3个方面19条内容118项任务总体进展顺利,制定出台53个政策文件,在津主办18项全国性活动,申请获批11块国字号牌子(平台、试点),获得新一届国家教学成果奖职业教育、高等教育领域特等奖各1项,15次向全国介绍经验,争取到基础教育、职业教育中央转移支付增量资金2.37亿元,较上年增长14.6%,在推动党中央决策部署落实落地、推动教育服务区域经济社会、推动教育领域综合改革等方面取得较大进展。

撰稿:靳 刚

【教育综合改革】 认真落实《中共天津市委全面深化改革委员会2023年工作要点》和《2023年全面深化改革任务台账》,坚持问题导向,聚焦重点难点,加快"双一流"高校建设、实施顶尖学科培育计划、加强基础学科人才培养、加强青少年体育工作等7项改革任务成效明显。《天津加快建设国家现代职业教育改革创新示范区》在《天津改革工作简报》2023年第3期刊登,被中央全面深化改革委员会办公室《改革情况交流》转发,在全国进行经验推广。

撰稿:靳 刚

【完善京津冀协同发展工作机制】 3月13日,市教委印发《市教委关于成立市教育两委京津冀协同发展工作专班的通知》,成立市教育两委京津冀协同发展工作专班,加强各相关处室内部联动,更好推动京津冀教育协同发展。2月15日,印发《关于实行2023年京津冀协同发展重点工作报送制度的通知》。

6月25日,印发《关于做好京津冀协同发展系列任务(项目)台账定期报送工作的通知》。以周报和月报的形式报送统筹疏解北京非首都功能重点项目调度信息、对接北京有效信息、技术合同签约活动信息、服务来津落地企业信息、各单位牵头负责京津冀联盟开展的活动信息等重要信息。

撰稿:阮澎涛

【京津冀教育行政部门签署行动计划】 10月8日,京津冀教育行政部门在北京会议中心召开2023年京津冀教育协同发展工作会议。北京市委常委、教育工委书记游钧,河北省副省长、省教育厅厅长董兆伟,北京市委教育工委副书记、市教育委员会主任李奕,天津市委教育工委常务副书记、市教育委员会主任荆洪阳出席会议并讲话,三地教育行政部门和有关高校、职业院校、区县负责同志160余人参加会议。北京市教委、天津市教委、河北省教育厅共同签署《京津冀教育协同发展行动计划(2023年—2025年)》,北京市教科院、天津市教科院、河北省教科院、雄安新区公共服务局、通州区教委共同签署《京津冀教育协同发展研究中心合作协议》。

撰稿:阮澎涛

【百所高校雄安行】 10月28日,天津市教委组织天津大学、南开大学、天津师范大学等高校赴雄安新区参加"百所高校雄安行"活动,天津市18所高校与雄安新区签订共建引才工作站合作意向书。会上南开大学与雄安新区宣传网信局签署《雄安新区旅游和文化发展智库建设深度合作项目》,天津大学与雄安国创中心签署《算力智能调度运营中台关键技术研发与应用示范》项目,天津大学与雄安新区科学园管委会签署《中国(雄安)健康医学中心》项目,天津中医药大学与雄安新区公共服务管理局签署《中医药产学研合作》项目。

撰稿:阮澎涛

【编制完成《天津市高等学校设置"十四五"规划》】 根据《教育部关于"十四五"时期高等学校设置工作的意见》要求,组织编制《天津市高等学校设置"十四五"规划》,由市政府报教育部备案。《规划》分析了天津市高校设置工作发展环境,提出工作总体思路,明确下一步工作重点,主要从独立学院转设、普通本科高校更名、专科学校升格、建设本科层次职业学校、支持新设高等学校、规范调整停招学校

等方面开展设置工作。

撰稿:于晓伟

【统筹制定各级各类院校招生计划】 制定市属高校研究生招生计划。围绕落实创新发展理念和创新驱动发展战略,以服务需求、提高质量为原则,坚持扶优扶强扶特扶需。共安排市属高校2023年研究生招生计划18011人,其中博士1288人、硕士16723人。编制下达2023年春季招生计划。共安排市属高校2023春季高考招收高中毕业生高职计划3386人、招收中职毕业生计划20719人(本科670人,高职20049人)、3+2高职转段计划5755人、五年制高职转段计划1061人、中高职衔接系统培养技能型人才高职转段计划1368人。安排市属高校高职升本科招生计划3160人。开展市属高校普通本专科招生计划编制工作。贯彻落实教育部工作要求,以稳定规模、提高质量为原则,科学制定市属高校招生计划。合理安排分省招生计划,保障天津市广大考生切身利益,维护高校招生计划工作安全稳定大局。落实支援中西部地区协作计划、贫困地区专项计划。加强与兄弟省市沟通协调,协助天津市高职院校落实外省计划投放。加大对各高校招生章程及分省分专业招生计划的审核力度,增加审核项目、细化审核内容、提高审核效率,确保各校招生计划工作规范运行。共安排天津市高校2023年普通本科招生计划83020人(不含高职升本),普通高职招生计划76933人。妥善安排高中阶段学校招生计划。根据中考报名人数、普职比合理确定2023年天津市普通高中及中专学校招生计划,共安排普通高中天津市生源招生计划77820人、普通中专及职业高中天津市计划37786人。做好成人本专科招生计划编制工作。安排2023年市属高校成人本科招生计划13793人,安排成人高职招生计划8552人。

撰稿:李 清

【教育事业统计】 2023年,全市共有各级各类教育机构3700个、教职工224874人、专任教师168538人、在校生2596840人、招生713847人、毕业生714157人。(说明:各级各类教育学校的教职工按照学校类型统计,专任教师按照教育层级统计。特殊教育总学生数包含义务教育阶段随班就读和送教上门人数。)

高等教育:

研究生培养单位25个,其中市属高校研究生培

养单位16个、研究生培养科研单位6个。普通高等学校56所（含独立学院8所），其中本科学校30所、高等职业学校（含专科学校）26所，市属高等学校53所。成人高校13所。

在校研究生98403人，其中博士生17695人、硕士生80708人。在校普通本专科生596569人，其中本科生380429人、专科生216140人。在校成人本、专科生62713人，其中本科生41002人、专科生21711人。在校网络本、专科生41562人，其中本科生38641人、专科生2921人。

毕（结）业研究生26164人，其中博士生2260人、硕士生23904人。毕（结）业普通本、专科生168571人，其中本科生91377人、专科生77194人。毕（结）业成人本、专科生24528人，其中本科生12969人、专科生11559人。毕（结）业网络本、专科生39247人，其中本科生32641人、专科生6606人。

研究生招生32929人，其中博士生4492人、硕士生28437人。普通本、专科招生174671人，其中本科生98227人、专科生76444人。成人本、专科招生29579人，其中本科生20193人、专科生9386人。网络本、专科招生0人，其中本科生0人、专科生0人。

高等学校教职工49937人，其中市属高校38448人。专任教师34599人，其中市属高校27647人。

基础教育：

普通中学551所，其中完全中学113所、高级中学73所、十二年一贯制学校19所、初级中学280所、九年一贯制学校66所。普通中学在校生603223人，其中普通高中221427人、普通初中381796人。普通中学招生207647人，其中普通高中78985人、普通初中128662人。普通中学毕业生181556人，其中普通高中67176人、普通初中114380人。普通中学教职工63069人，其中专任教师50617人。

小学873所，在校生818370人，招生155683人，毕业生124610人。教职工50484人，其中专任教师51484人。

学前教育：

幼儿园2127所。在园幼儿290052人，其中托班在园1002人，入园人数84987人，离园人数118736人。教职工52571人，其中专任教师25339人。

特殊教育：

特殊教育学校20所，其中盲人学校1所，聋人学校1所，培智学校15所，其他学校3所。在校学生4444人（其中包含义务教育学校随班就读和送教上门1206人），其中学前阶段64人，小学阶段2541人，初中阶段1381人，高中阶段458人。招生583人（其中包含义务教育学校随班就读和送教上门201人）。毕业生743人（其中包含义务教育学校随班就读和送教上门260人）。教职工825人，其中专任教师689人。

中等职业教育：

普通中专、职业高中、成人中专共59所。在校生82710人，招生27969人，毕（结）业生30262人，其中获得职业资格证书12758人。教职工7209人，其中专任教师5366人。

专门学校：

专门学校1所，教职工32人，其中专任教师21人。

撰稿：于晓伟

【签署合作协议】 4月1日，天津市教育委员会与河北区人民政府签署全面战略合作协议，共同推进河北区教育高质量发展。根据协议，双方将充分发挥优质教育资源辐射引领作用，推进区域教育高质量发展，深化教育领域综合改革，办好人民满意的教育，助力"海河人文地·活力新河北"建设。7月26日，天津市教育委员会与河东区人民政府签署加快推进教育高质量发展框架协议，在促进区域教育高质量发展、实施教育重大改革实验项目、扩大普通高中优质教育资源、探索高等教育发展新路径、开展沉浸式培训、支持新建学校高起点创新发展等方面加强合作，共同推进河东区教育高质量发展，提升区域教育整体实力，更好地满足人民群众对优质教育的需求。11月2日，天津市教育委员会与武清区人民政府签署加快推进京津冀之间高品质教育强区建设的合作框架协议，在促进区域教育实现高质量发展、扩大优质教育资源覆盖面、探索高品质教育发展新路径、探索职业教育发展新路径、开展京津冀教育合作示范建设等方面加强合作，全方位助力武清区加快建设京津冀之间高品质教育强区，着力打造京津冀教育合作新模式的示范样本。12月11日，天津市教育委员会与北辰区人民政府签署全面战略合作框架协议，在提升区域基础教育"软实力"、扩大优质教育资源覆盖面、探索职业教育现代产业学院建设"天津方案"等方面加强合作，推进区域教育高质量发展，深化教育领域综合改革，助力"经济强区，魅力北辰"建设，办好人民满意的教育。

撰稿：于晓伟
审稿：苏 丹

科学技术与研究生工作

【"双一流"建设】 2023年,天津市落实部市共建"双一流"高校协议,指导5所"双一流"高校完成建设中期自评工作,持续推动"双一流"建设高校强化学科特色、提升学科水平,在具有比较优势的学科领域持续发力,打造引领发展的新优势,发挥"双一流"建设在天津高等教育高质量发展中的引擎作用。支持南开大学、天津大学基础学科研究中心和学科交叉中心建设,提升学科支撑科技自立自强的能力。实施顶尖学科培育计划,分赛道、多层次,打造"双一流"建设后备军。完成天津市高校服务产业特色学科群评审工作,组织高校聚焦天津市12条重点产业链,加强与产业链重点企业合作,累计遴选90个服务产业特色学科群,全面覆盖天津市12条重点产业链以及数字经济、"碳达峰碳中和"等多个急需领域。

撰稿:刘海波

【研究生教育综合改革】 2023年,天津市深入实施《关于加快新时代研究生教育改革发展的实施意见》,优化天津市高校学科,加强研究生教育内涵式发展,提升研究生培养质量。合理扩大理工农医类研究生培养规模,推进学术学位与专业学位分类培养,适度增大基础学科研究生招生比例,探索有组织培养拔尖创新人才新模式,大力发展专业学位研究生,招生计划向天津市重点产业链急需领域倾斜,支持和服务国家和天津市经济社会发展。印发《关于公布天津市2022年度产教融合研究生工作站名单的通知》,建设116家天津市产教融合研究生工作站,支持在津企业与高校合作开展人才培养。强化科教融汇,将科技前沿成果融入核心课程、核心教材、核心实践等人才培养环节。打造培育一批精品研究生课程,培育一批优秀研究生教育改革项目,用高水平科研、高水平教学队伍支撑高质量人才培养,聚焦创新能力培养,为努力打造天津市自主创新的重要源头和原始创新的主要策源地提供人才支撑。

撰稿:刘海波

【高校智库建设】 2023年,天津市在建新型高校智库59家,吸纳专家学者800余人,成为天津市智库建设的核心力量。市委宣传部认定的25家首批天津市高端智库,其中高校智库18家。高校智库紧密围绕国家重大战略和区域经济社会高质量发展,为党和政府提供科学决策咨政建言,智库成果质量和数量取得较大进展。天津市高校智库全年组织参与国内外学术交流和智库品牌活动300余项,围绕中国式现代化建设、京津冀协同发展、天津市重点产业建设等关键领域,积极开展调查研究和咨政建言,在省部级以上期刊发表文章1500余篇,进一步提升了天津市高校智库的综合影响力。

撰稿:石 兵

【科技成果转化】 2023年,天津市教育两委出台《关于建立校企握手通道的若干举措》《关于进一步推进高校技术转移机构高质量发展的若干措施》,激发科技创新活力;强化考核,将科技成果转化纳入"科教兴市人才强市行动方案"评价指标,梳理高校首批可转化成果485项;梳理高校科技创新平台735个,其中自然科学平台489个;聚焦12条产业链,遴选研究生科技创新项目648项。联合各区、各委办局成功举办12场"校企紧握手"大型对接活动,根据不同产业专题发布高校可转化科技成果和科研平台;举办30场"校企下午茶"对接活动,天津市20余所高校1000余人参加对接,参与企业达1400余家。在校企握手活动带动下,各高校积极主动组织各类对接活动,累计1200余场,参与对接2万余人,服务企业4000余家。新华社、中央电视台等多家央媒跟踪报道,辐射网络受众1000余万人。组织天津市20所高校120余名科研管理人员参加技术经纪人和技术转移官培训,打造专业技术转移团队;支持南开大学在金融硕士专业学位类别中增设技术转移领域,2023年试点招录5名研究生,进一步提高技术经纪人的专业水平。

撰稿:姜云峰

【高校社会科学研究】 2023年,天津市教育两委贯彻落实习近平总书记关于构建中国特色哲学社会科学的系列重要讲话和重要指示批示精神,紧密围绕党和国家新时代重大战略,强化正确政治导向,落实立德树人根本任务,加快推进哲学社会科学事业繁荣发展。深入推进习近平新时代中国特色社会主义思想研究阐释,紧密围绕习近平新时代中国特色社会主义思想体系化、学理化,增设哲学社会科学重大研究课题和专项课题,深化对新时代党的创新理论的研究阐释。全面加强马克思主义学院建设,不断深化哲学社会科学教育教学改革,统筹推进大中小学思政一体化建设。加强南开大学马克思主义研究中心等高校人文社会科学重点研究基地、天津师范大学马克思主义意识形态建设实验室等高校人文社科实验室、南开大学21世纪马克思主义研究院等高校智库建设。加快构建中国特色哲学社会科学学科体系、学术体系、话语体系,以国家和天津经济社会发展为主攻方向,以重大项目、平台为牵引,聚焦国家和天津重大战略需求,发挥高校"龙头"作用,持续推动在人才培养、科学研究、社会服务、文化传承创新、国际交流合作等方面提质增效。通过实施"党的创新理论凝心铸魂工程""中国特色新型智库提升行动""哲学社会科学英才培育计划""哲学社会科学强根筑基行动"等重点规划任务,坚持问题导向,明确责任分工,统筹推进哲学社会科学高质量发展。加强哲学社会科学基础学科和重点学科建设。将马克思主义理论学科放在学科建设的首位。建设6家哲学社会科学基础学科拔尖学生培养基地,指导高校建强哲学、历史学等12个相关基础学科一级博士点和14个硕士点。指导天津大学成立学科交叉发展中心,先行启动"文化遗产保护"中心建设。实施"顶尖学科培育计划",支持马克思主义理论等13个哲学社会科学学科重点建设,优化法学、新闻学、历史学等学科专业布局,按照"双一流"标准,高质量打造人文社科类一流学科专业群。

撰稿:石 兵
审稿:杨明海

法治建设

【推进职业教育地方立法】 2023年,天津市教委起草《天津市职业教育条例(草案)》《天津市职业教育产教融合促进条例(草案)》,形成送审稿报市人民政府。11月29日,《天津市职业教育条例》经市人大常委会审议通过,于2024年1月1日起施行。该条例系《中华人民共和国职业教育法》修订后全国第一部职业教育地方条例,该条例在明确职业教育发展方向、激发职业教育发展动力,优化职业教育发展载体方面均有明确规定;与修订前比,新增"职业教育交流与合作"一章,该章将具有天津特色和天津品牌的内容固化到地方性法规中,明确了京津冀职业教育协同发展的机制、联合办学模式、课程成果互认制度等内容,同时放眼世界,支持有条件的学校以鲁班工坊模式赴境外办学,鼓励开展职业教育中外合作办学,以举办世界职业技术教育发展大会等形式加强互学互鉴。

撰稿:陶 涛

【教育领域法治体系建设】 2023年,全年完成合法性审查228件,其中25件"三重一大"事项、4件行政规范性文件、6件其他文件、12件党内规范性文件、26个合同、4件重大执法决定、151件政府信息公开。完成法律法规草案征求意见35件。开展2023年度高校法治测评。完成天津市第三批中小学依法治校示范校创建,共评出26所依法治校示范校。撰写市教委2022年法治政府建设情况报告。办理行政诉讼案件2件、民事诉讼案件3件、学生申诉1件、教师申诉3件。更新《教育系统随机抽查事项清单》,制定"双随机、一公开"年度抽查计划。完成教育系统75名执法人员专业法律知识培训考试。组织执法人员开展控烟专项执法检查。在教育系统举办《中华人民共和国行政处罚法》及行政执法规范化专题讲座。推动行政裁量权基准和"双随机、一公开"抽查工作指引的制定。完成市教委公职律师及法律顾问考核。

撰稿:陶 涛

【普法工作】 市委教育工委副书记、市教委主任荆洪阳同志先后在中心组学习中就习近平法治思想和《中华人民共和国行政复议法》进行授课。11月,邀请天津大学法学院刘晓纯教授,就酒驾、醉驾等常见违法犯罪行为认定及处罚后果、常见教师违法犯罪情况面向教育系统处级以上领导干部及市教育两委全体工作人员举办讲座。举办2023年天津市高校模拟法庭大赛。做好教育系统内国家工作人员学法用法考法工作,组织近4000名领导干部按时完成网上学法用法学习和考试任务。完善教育系统学法用法"个性清单"。组织各区教育局和市教委各处室人员参加学法用法闭卷考试。做好关键节点的普法宣传活动。举办2023年天津市学生"学宪法 讲宪法"比赛,选出优秀选手组成天津市代表队参加第八届全国学生"学宪法 讲宪法"活动全国总决赛,并取得3个一等奖、2个二等奖、2个三等奖的成绩,天津市教育委员会获最佳组织奖。完成天津市"八五"普法规划教育领域中期评估报告。开展法治宣传教育工作典型案例征集活动,撰写案例6篇。

撰稿:陶 涛

【法治副校长队伍建设】 市教委会同市高级人民法院、市检察院、市公安局、市司法局联合制定了《关于贯彻落实〈中小学法治副校长聘任与管理办法〉的实施意见》及《天津市中小学法治副校长制度实施细则》,建立中小学法治副校长联席会议制度,并召开联席会议。设立市、区两级法治副校长人员库,从法院、检察院、公安、司法行政部门等单位中遴选政治素质好、业务能力强、热心教育事业的人员入库并进行动态调整。市级人员库共68人,主要担任市教委直属中小学校、市属中职学校的法治副校长;区级人员库无法满足所辖学校现实需求的,也可申请市级人员库中的人员担任法治副校长;区级人员库总人数为1461人,主要担任区属中小学校、区属中职学校的法治副校长。全市法治副校长已于2023年春季学期起正式履职。会同市公安局、市高级人民法院、市检察院等单位联合开展安全知识进校园慕课评比展播活动,全市共评选出100余件获奖作品,获奖的慕课作品可通过适当形式用于公益宣传,纳入慕课视频库,在全市大中小学开学季进行展播。全市法治副校长可结合本区本校不同的学生安全痛点问题,有针对性选取慕课视频进行授课。

撰稿:陶 涛

【法治教育实践基地建设】 天津市教委于2020年启动天津市青少年学生法治教育实践基地建设工作,并于2023年5月24日正式揭牌。基地由市教委在教育部青少年法治教育中心、全国青少年学生法治教育实践示范基地指导下,按照教育部示范基地标准建设,建筑面积2000余平方米,包含序厅、宪法教育区、民法典主题区、法治资源教室、法治实践模拟区、沉浸式防震减灾动感体验馆等8大区域。市教委与天津师范大学法学院及西青区教育局合作,组建大学生志愿讲解员团队与西青区"法治教育"宣讲小分队,共有90余名学生参加,邀请教育部青少年法治教育中心人员对学生讲解员进行培训,实现学生们由"学法者"向"普法者"转变。下半年基地试运行,有序组织河西区、西青区五年级学生前往基地进行法治实践教育,截至年底已接待来访学生1000余人次。小学生宣讲员们受邀于11月前往全国青少年学生法治教育实践基地为最高人民检察院检察长应勇、教育部部长怀进鹏进行讲解。

撰稿:陶 涛

【强化政务服务】 2023年,市教委加快政务服务事项标准化规范化便利化的实施,积极推进一体化政务服务改革工作,完成与国家政务平台事项目录的对接,对全部14个行政许可事项进行重新编制并完成系统更新。将高考成绩查询、中小学学籍查询、幼儿园查询等31个与群众生活密切相关的应用通过津心办App、天津网上办事大厅、天津市教育委员会官网等平台进行直连,实现"秒批秒办"。推进"一件事一次办"场景应用,实现"特殊人群参加高考优待"和"特殊人群参加中考优待"等两个应用场景的开通运行。推进证明事项、告知承诺、"四免"事项的改革,落实中介要件核定、"好差评"运行及数据共享等工作。全年共办理各类事项9800余件。共组织6次专题业务培训,涉及区教育局、区审批局等审批人员300余人次。完成天津居住证积分落户受教育程度审核工作,全年共受理20877件,审核通过共5934件,其中大专学历4128件、本科及以上学历1806件。完成审批事项24项,初审事项1项;指导4所普通本科学校和1所高等职业学校的7项拟举办中外合作办学机构、项目的设立筹备工作。协调相关处室完成优化营商环境三年行动计划攻坚战各项任务。完成2023年营商环境季报,向市政务服务办提供市教委营商环境工作亮点。制定完善教育领域新一轮优化营商环境政策措施。

撰稿:陶 涛
审稿:邢建涛

学生思想教育与管理

【宣传党的二十大系列活动】 2023年,市教育两委开展"以学增智强本领 凝心铸魂育新人"大中小学优秀师生校园巡讲活动、"以学铸魂担使命 奋楫扬帆建新功"新时代先进人物进校园活动、"爱国奋斗正当时"天津市大中小学第一届爱国主义教育系列活动、"我和我求学的城市"主题教育活动等主题活动2000余场,参与学生50余万人,激发广大学生刻苦学习、苦练本领、报效祖国的爱国之志和报国之行。

撰稿:张 瑶

【心理健康教育】 2023年,市教育两委制定《大学生抗逆力训练指南》《中小学生抗逆力训练指南》《新学期大学生心理健康教育系列活动指南》《新学期中小学生心理健康教育系列活动指南》《开学季学校家庭教育亲子活动指导30招》。印发《关于进一步加强中小学心理健康教育与家庭教育的通知》,通过16项措施改进工作方法和内容。强化督查整改,开展覆盖16个区的心理与家庭教育专项督查。围绕5·25心理健康日,开展各种心理健康主题活动近万场,覆盖全市大中小学生200万人次。加强工作协同联动,成立天津市学生心理健康工作专班,建立常态化工作会商沟通机制。

撰稿:张 瑶

【家庭教育工作】 2023年,市教育两委制定印发《市教委等十部门关于印发天津市关于健全学校家庭社会协同育人机制的实施方案的通知》,构建家校共育联动体系。成立天津市家校社协同育人中心,进一步推动家庭教育工作走深走实。举办全国家庭教育工作交流会暨2023年天津市"家庭教育主题宣传月"活动,组织全国9个省市互学互鉴工作经验。开展市级家庭教育工作专项培训7场,培训教师2000人次。开展天津市学校家庭社会协同育人实验区建设工作,确定天津市学校家庭社会协同育人实验区7个,向教育部择优推荐4个区申报全国学校家庭社会协同育人实验区。

撰稿:张 瑶

【"三全育人"建设】 2023年,市教育两委下发《开展中小学"三全育人"综合改革试点工作的通知》,制定印发《天津市区级教育行政部门"三全育人"建设标准(试行)》和《天津市中小学校"三全育人"建设标准(试行)》,引导区级教育行政部门、中小学校积极推动"三全育人"建设。对14个区教育局、38所小学和40所中学的申报材料组织开展专家评审,共评选出"三全育人"试点区8个和"三全育人"试点校30个,其中小学、中学各15个。组织2022年度天津市学校"三全育人"优秀工作案例评审,共评选出优秀案例160项。举办"推进'三全育人'工作 书写教育强国答卷"的京津冀三全育人工作交流会,促进京津冀三地高校"三全育人"改革取得新的发展。

撰稿:张 瑶

【思政工作队伍能力建设】 2023年,市教育两委开展10期辅导员骨干培训、2期辅导员岗前培训、2期高级研修,做好辅导员在线学习,提升辅导员的理论水平、职业能力和专业素养。做好辅导员职称改革,印发《市教委 市人社局关于进一步做好高等学校教师系列高校专职辅导员职称评价工作的通知》。完成2023年高校思想政治工作精品项目验收50项,开展2024年思想政治工作精品项目征集工作,共收到立项申报195项,批准立项50项。下发《关于开展普通高等学校"辅导员工作室"遴选与建设工作的通知》,确定10个工作室为首批天津市普通高等学校辅导员工作室。组织申报教育部2024年度高校思想政治工作质量提升综合改革与精品建设项目,开展2023年"最美高校辅导员"暨第十五届"高校辅导员年度人物"推选工作。

撰稿:张 瑶

【营造创新创业氛围】 2023年,市教委联合6部门印发《天津市进一步支持大学生创新创业的若干举措》,出台27条大学生创新创业支持政策,在大学生创新创业能力提升、环境优化、服务平台建设、财税扶持政策等方面制定有效举措。定期组织开展"双走进"主题活动,累计在天开园开展论坛讲座、项目交流等大学生创新创业活动128场,参与人数13133人,邀请天开园有关同志走进学校,开展天开园政策解读12场,推动有创业意向的大学生到天开园进行创业实践;打造品牌活动,在天开园举办天津市大学生创新创业人才与成果展洽交流会暨"天开杯"创聚津门全国大学生智能科技创新创业挑战赛启动仪式,44所高校48家众创空间的151个项目进行现场路演,10多家创投企业代表现场指导,举办"天开杯"创聚津门全国大学生创新创业与社会责任主题报告会;举办"天开杯"创聚津门全国大学生智能科技创新创业挑战赛,市教育两委会同科技局印发《"天开杯"创聚津门全国大学生智能科技创新创业挑战赛工作方案》,先后3次面向全市各高校召开"天开杯"创聚津门全国大学生智能科技创新创业挑战赛工作推动会。

撰稿:张家玮

【高校助学贷款】 2023年,天津市共发放生源地助学贷款2910人次,发放金额3630.64万元;为123名高校学生办理校园地助学贷款,发放贷款金额250.91万元。

撰稿:孔令鑫

【资助育人工作】 2023年,市教委进一步加强资助育人工作,指导各级各类学校全面加强学生资助工作,组织开展天津市获奖受助学生"助学圆梦青春启航"主题资助育人活动、"感党恩 跟党走 学榜样 建新功"2023年天津市高校学生资助政策宣传活动等资助育人活动;开展覆盖全市各级各类学校学生资助工作干部的专题培训,解读国家和天津市资助政策,分享资助育人经验;设立大中小学资助育人研究课题,编制出版《新时代天津市学校资助育人工作调研成果汇编》,深入推进资助育人研究,提升天津市资助育人专业化水平。

撰稿:孔令鑫

【普通高校学生资助】 2023年,天津市共评审普通高等学校研究生国家奖学金632名,其中博士研究生83名、硕士研究生549名,发放研究生国家奖学金1347万元;研究生学业奖学金38886名,其中博士研究生3314名、硕士研究生35572名,发放研究生学业奖学金19572.55万元;发放研究生国家助学金13273.86万元;本专科生国家奖学金632名,发放国家奖学金505.6万元;本专科生国家励志奖学金16638名,发放国家励志奖学金8319万元;发放本专科国家助学金32907.81万元。评审天津市人民政府奖学金800名,发放金额640万元。

撰稿:孔令鑫

【中等职业学校学生资助】 2023年,天津市共评审中等职业学校国家奖学金101名,发放金额60.6万元;发放中等职业学校国家助学金1028.48万元;发放天津市人民政府助学金610.96万元。2023—2024学年,为63326名学生免除学费,金额共计16417.26万元。

撰稿:孔令鑫

【普通高中学生资助】 2023年,天津市共发放普通高中国家助学金1427.55万元。2023年春季学期为1396名家庭经济困难普通高中学生免除学杂费,秋季学期为1297名家庭经济困难普通高中学生免除学杂费,金额共计142.07万元。

撰稿:孔令鑫

【学前教育资助】 2023年春季学期,天津市共有1227人享受学前教育资助金政策,秋季学期共有1119人享受学前教育资助金政策,资助资金总额为175.66万元。

撰稿:孔令鑫

【普通高校先进个人和集体评审】 2023年,天津市共评审认定普通高等学校2022—2023学年度天津市优秀学生726名、天津市优秀学生干部274名、天津市先进学生集体100个、天津市大学生年度人物10名、天津市大学生年度人物提名奖42名、王克昌奖学金单项奖184名。

撰稿:孔令鑫

【"大思政课"综合改革】 4月18日,市教育两委受教育部委托,承办全国"大思政课"综合改革工作交流会,深入学习领会习近平总书记关于"大思政课"重要指示精神,总结凝练深化"大思政课"综合改革的典型工作做法,宣传推介先进经验,推动全国"大思政课"建设走深走实。搭建网络思政育人平台,创建40

个网络思政名师工作室,发布短视频2000个,浏览人次过千万;录制10集《海河上的思政课》,上线首日浏览量过10万;在教育部指导下筹拍新中国第一部反映思政课教师的主题电影《你好,老师》;打造大中小学一体化"易彩津生"融媒体矩阵,平均日常用户活跃数量超过10万,"学习时间""津门口述史""大学晓事"等网络思政品牌全网转载量突破1000万。改革创新实践教学模式,深化馆校共建,遴选30名博物馆金牌讲解员兼职担任思政课教师;成立天津市"大思政课"实践教学基地联盟,建成天津市思政课虚拟仿真体验中心、红色资源教学中心,挂牌100个实践教学基地;遴选10所高校开展"大思政课"实践教学改革试点,开展书本知识"反刍"式实践教学。

撰稿:满 荣

【高校毕业生就业】 2023年,天津市普通高校毕业生总数19.8万人,整体去向落实率高于上一年同期水平,就业形势总体稳定。市教育两委牵总28个委办局成立工作专班,协同推进形成全市一盘棋;出台"促就业28条""就业教育24条""创新创业27条"等79项稳就业政策;落实政策性岗位供给1.85万个,走访企业1.6万家、开拓岗位14万个;指导各高校开展校园招聘会和宣讲会1.7万场,提供岗位193.4万个。搭建"校企握手"通道,开展进校园活动120余场。升级就业信息化平台,开设"一键反馈"功能,实现企业建议直达高校。根据企业需求完善课程体系,加开596门"微专业"课程,覆盖30%毕业年级学

生;印发《关于进一步加强学生爱津留津教育引导工作的若干举措》,组织全市大中小学开展"我和我求学的城市"爱津留津系列主题活动1.2万余场,参与学生345万人次。严格就业统计数据核查,组织覆盖全市3000名辅导员的全口径统计培训会、3轮次全市高校的交叉核查现场会和针对灵活就业的重点核查,确保就业数据精准真实。5月11日,天津市人民政府主要负责同志在全国高校毕业生等青年就业创业工作电视电话会议上作典型发言。

撰稿:满 荣

【思政课教师队伍建设】 2023年,天津市深入实施新时代马克思主义政治人才培养工程,指导98名首期学员在市区两级党政机关、基层社区和中小学、西部地区深入开展实践锻炼,开展赴浙江嘉兴、河南红旗渠、井冈山培训访学交流活动,组织实施实践锻炼考察工作。首批学员30%受到重用,15位走到局处级领导岗位;20位政治人才组成的思政教师"津石榴"支教团前往新疆和田支教,成为援疆新亮点。稳慎推进思政课教师退出机制建设,开展退出机制落实情况专项督察,细化退出机制实施方案,健全教学质量评价体系。6月1日,中央教育工作领导小组秘书组《教育工作情况》简报刊发《天津着力锻造高质量思政课教师队伍》,介绍天津市思政改革创新的经验做法。

撰稿:田玉波

审稿:杨 明

体育美育劳动教育

【学校文艺展演】 举办2023年度天津市学校文艺展演,1526所学校、22626个节目、21211件美术作品,约8.2万名学生参加区级展演,8637名学生在市级个人项目展演中获奖,1571个艺术团在市级集体项目展演中获奖。

撰稿:刘恒岳

【美育工作互学互看】 按照《市委教育工委市教委关于在全市高等学校开展美育工作互学互看

的通知》要求,11月23日市教委下发《关于开展高校美育工作互学互看阶段(第一批)的通知》,12月11—23日分三组开展19所本科院校高校美育"互学互看"。

撰稿:刘恒岳

【美育实践课堂】 "沽上四季"童声合唱音乐会分别于3月21日、6月20日、9月25日、12月22日在音乐厅举行,分为沽上春早、沽上夏荷、沽上秋浓、沽

上冬阳等四个主题,每个主题演出两场,85支学生合唱团参加。6月6日,天津市首届少儿曲荟在中华曲苑举行,18支学生鼓曲队参加演出。6月15日,"端阳花会"天津市学校中华优秀传统文化艺术传承展示活动在天津府官立中学堂旧址广场举行,15支学生民间花会艺术团参加。9月27日,"渠阳号角"天津市学生管乐展演在潮白河畔举行,24支学生管乐团参加。

撰稿:刘恒岳

【"连年有余"专题文化活动】 2月3日,第六届"连年有余"专题文化活动在杨柳青木版年画博物馆举行,此次活动以"打开名著"为主题,是一次对学科融合的探索,旨在打通音乐、美术、戏剧、曲艺与语文、历史等学科,引导学生利用寒假时间读名著、诵经典、观名剧,走近中华优秀传统文化,感悟蕴含其中的精神力量。北方演艺集团组织的天津京剧院、天津市评剧白派剧团的优秀青年演员和天津市海河少年艺术团带来京剧《空城计》《断密涧》《借东风》以及评剧《红楼梦·葬花》等唱段。

撰稿:刘恒岳

【美育作品展】 寒假期间,以"我在天津过大年"为主题,举办第十四届天津市学生剪纸迎春作品展。10月16日,在蓟州区第九小学举行第十二届"津沽文化日"暨蓟州区美育实践工作坊启动仪式及"赓续文化薪火 践行以美育人"津门双贤文化传习室学生作品交流巡展。

撰稿:刘恒岳

【学生假日乐团】 3月19日,天津市学生假日乐团在天津音乐厅举行授旗仪式。天津茱莉亚学院著名圆号演奏家韩小光先生为学生假日乐团授旗。8月2日,天津学生假日乐团音乐营在静海团泊湖开营。8月5日,天津市学生假日乐团在市少儿活动中心四季光厅举行公开音乐会。10月20日,天津市学生假日乐团在国家会展中心(天津)大厅为参加中国教育装备展示会全国各地代表演出。

撰稿:刘恒岳

【培元计划】 2月23日、4月20日分别在静海区、河西区举行美术、音乐教师"培元工程"启动现场会。6月26日至7月15日,选派专家下乡支教,利用学期末与暑假时间,面向涉农区400名基层学校专职

音乐、美术学科教师,分五期开展专业能力提升实训。8月28日,在天津音乐厅举办天津教师合唱音乐会,展示天津市音乐教师"培元工程"阶段性成果。

撰稿:刘恒岳

【中小学生劳动技能大赛】 从2023年5月开始,市教育两委组织开展"2023年度天津市中小学劳动技能大赛",本届大赛分校级初赛、区级复赛和市级决赛3个阶段循序开展。9月23日,市级决赛在天津市静海区举办,全市16个区的640名学生参加市级决赛。市级决赛的举办,是市教育两委用好劳动教育主题特色活动抓手,对天津市中小学校劳动教育成果和同学们劳动技能进行的一次集中宣传和展示。

撰稿:王洪福

【案例评比】 开展素质拓展课程与实践案例征集活动,共征集案例832篇,这些案例体现了中小学生素质拓展课程及课外、校外兴趣小组与社团活动在"双减"政策背景下的开展情况。经过专家评审,59篇案例获一等奖,168篇案例获二等奖,174篇案例获三等奖。

撰稿:刘恒岳

【学生体质健康水平提升】 制定并印发《2023年春季学期中小学生体育锻炼指南》《关于开展天津市中小学生"每日走出去、动起来"活动的通知》,引导中小学生科学开展体育锻炼,保障每天体育锻炼时间。持续推动落实天津市中学生引体向上项目"破零计划",在"天津教育报"公众号展示16个区的优秀典型。抽取16个区20000余名中小学生开展《国家学生体质健康标准》抽测,天津市学生体质健康水平稳步提升。

撰稿:於 超

【体教融合】 市教委、市体育局联合制定印发《2023年天津市关于实施体校改革与学校体育融合发展工作的通知》,召开现场推动会,持续推进体校改革与学校体育融合发展。组织举办2023年天津市大中小学生田径、足球、篮球、排球等阳光体育系列赛事活动。市教委、市体育局合作举办"少年之星"系列体育活动、"希望之星"青少年篮球比赛、大学生联盟网球比赛、首届校际赛艇对抗赛、冬奥冰雪知识大课堂等活动,不断深挖优秀体育后备人才。

撰稿:於 超

【组队参加学生(青年)运动会】 2023年,天津市组织代表团参加中华人民共和国第一届学生(青年)运动会。天津代表团(校园组)共派出237名运动员赴广西参赛,获5金5银7铜,科学论文获评大会报告论文一等奖5篇、二等奖11篇、三等奖19篇,代表团获体育道德风尚奖。

撰稿:於 超

【校园足球】 组织学生参加2023年全国青少年校园足球夏令营系列活动。制定印发《天津市关于开展2023年全国青少年校园足球特色学校申报工作的通知》,组织遴选38所全国青少年校园足球特色学校。与市体育局共同举办中小学体育教师足球教学能力提升专项培训班。

撰稿:於 超

【"排球之城"建设】 联合市体育局组织中小学校开展"排球之城"青少年排球操等排球进校园系列活动,举办2023年"排球之城"建设天津市中小学师资排球专项培训班,举办市级排球联赛等校园排球竞赛活动,助推"排球之城"建设。

撰稿:於 超

【综合防控儿童青少年近视】 2023年,对全市中小学生开展一年2次视力和屈光度筛查,筛查结果反馈师生和家长。开展校医(保健教师)近视防控相关专业技能培训59场,召开全市教育系统近视防控专题培训会、近视防控教师宣讲团备课会,提升学校综合近视防控能力。联合15家单位成立天津市儿童青少年近视防控宣传教育联盟,形成天津市近视防控宣传教育强大合力。组织开展2023年全国爱眼周主题宣传教育活动,设计并出版原创爱眼科普读物《我和眼睛的悄悄话》,发放全市中小学校1000余本。利用第6个、第7个"近视防控宣传教育月""世界爱眼日""开学第一课"等节日载体广泛宣传,营造爱眼氛围。遴选"天津市中小学生视力健康管理中心专家组"成员,进一步凝聚专家资源。通过天津市中小学生视力健康管理中心官方微信、视频号发布推送106条,浏览次数近50万。持续开展"综合防控儿童青少年近视大讲堂",组织讲座400余场,受益学生近百万人。举办天津市综合防控儿童青少年近视春日短视频大赛、首届中小学生近视防控知识竞赛等"津彩瞳行"系列主题活动,以寓教于乐的形式传递爱眼知识。开展近视防控经验交流会、近视防控工作推进会,互听互看互鉴互学,迸发近视防控工作新思路,促进各项工作开展。

撰稿:於 超

【学校传染病防控】 坚持多病同防,积极稳妥推进各区教育局和高校落实落细新型冠状病毒感染"乙类乙管"各项要求,统筹做好猴痘、诺如病毒感染、流感、肺结核、水痘等重点或季节性传染病防控工作。制定印发《天津市教育系统对新型冠状病毒感染实施"乙类乙管"工作方案》《天津市2023年春季学期疫情防控工作方案》《关于做好2023年秋季学期开学疫情防控工作的通知》等10余项通知文件,先后召开21次疫情防控工作专题调度会议,指导各区教育局和高校进一步完善疫情防控指挥体系,压实学校疫情防控主体责任,逐步构建起书记、校长负总责,分管副校长和健康副校长牵头负责,相关职能部门协调配合分工负责,校医、保健教师、班主任具体履责的四级责任体系。指导各高校根据新冠肺炎疫情防控形势,建立平急转换机制,不断优化高校健康驿站管理。加强师生日常健康监测,中小学校、幼儿园落实晨午检制度、传染病疫情报告制度、因病缺勤缺课追踪登记制度,按要求进行线上线下教学切换等。市教委疫情防控指挥部每日开展高校健康驿站运行情况监测,坚持学校常见传染病监测和新型冠状病毒感染疫情信息日报告制度,动态分析校园传染病变化趋势。加强对学校传染病防控工作的督查力度,各区各校持续开展自查、互查,市教育两委采取"四不两直"方式进行抽查。全面推进大中小幼教职员工和学生人群新冠疫苗接种情况摸底和未种针次按程序补种工作。与市卫生健康委联合发布《关于全市中小学健康副校长配备及管理工作的通知》,在国内率先完成为每一所中小学校配备一名健康副校长。与市疾控局共同举办天津市校医能力提升培训班,增强天津市中小学校医传染病防控和突发公共卫生事件应对能力。28所入选教育部首批全国健康学校建设单位,25所学校入选教育部第二批全国学校急救教育试点学校。

撰稿:於 超

【学校国旗护卫队展演活动】 9月22日,在天津城建大学体育场举办"踔厉奋发强国梦 勇毅前行铸军魂"天津市学校国旗护卫队展演活动。来自全市19所高校和5所中学的24支国旗护卫队共1000余人参加展演活动。本次活动展示了天津市学校国旗护卫队高质量的训练水平,展现了新时代青少年学生健康向上的精神风貌。中国著名男高音歌唱家、军旅歌唱家,天津音乐学院党委副书记、院长王宏伟献唱歌曲《士兵的渴望》。天津市委常委、市委宣传部部长沈蕾、天津市副市长张玲现场观摩指导,天津市委宣传部、天津警备区战备建设局、天津市教育两委领导出席此次活动。

撰稿:齐双一

【军事课骨干教师专题研修班】 7月5—8日,天津市2023年军事课骨干教师专题研修班在天津农学院蓟州校区举行。天津市教育两委、天津警备区相关负责同志出席开班仪式。全市高校武装部、各区教育部门分管学生军训工作负责人,军事课骨干教师百余人参加。举办此次专题研修班旨在深入贯彻落实习近平强军思想、落实立德树人根本任务、进一步夯实天津市军事课教师教学水平、深化对新时代军事课教学面临的新形势新要求更为系统准确地认识、推动和促进军事课教学队伍建设。

撰稿:齐双一

【大中小学校国防教育系列活动】 12月,由中共天津市委宣传部、天津市教委、天津警备区政治工作局共同举办的"爱我国防"大中小学国防教育系列活动顺利落幕。全市大中小学校30余万名学生积极参与活动,经过795场各级选拔赛的激烈角逐,共45支队伍、150名学生先后在国防知识竞赛、国防主题演讲比赛、军事技能比武等系列活动中获奖。此次活动旨在增强学生爱党爱国爱社会主义的深厚情感、居安思危的忧患意识、崇军尚武的思想观念、强国强军的责任担当,有力推动各学段国防教育全面覆盖。

撰稿:齐双一

【高校征兵工作】 2023年,市教育两委和市征兵办组织发放20万册大学生应征入伍宣传单,继续加强巩固以大学生为重点的征集态势,规范落实高校征兵工作,落实有关要求,推动高校征兵工作常态化运行。指导各高校建立健全征兵组织领导机构,成立校级征兵工作领导小组,设立征兵工作站,做好大学生预储连和院系征兵辅导员队伍建设,11名高校征兵工作人员被评为"2023年全市普通高等学校征兵工作先进个人",市教育两委体美劳教育处获评"天津市征兵工作先进单位"。

撰稿:齐双一

【第八届全国学生军事训练营】 7月28日至8月10日,由教育部、军委国防动员部主办,以"筑梦航天·点燃青春"为主题的第八届全国学生军事训练营在战略支援部队航天工程大学举行,经过14天的军事训练活动及考核评比,天津代表队获团体总评一等奖1项、三等奖2项、优秀奖1项,并获第八届全国学生军事训练营"优秀团队奖",另有4名学生获"优秀学生奖"、2名学生获"作风优良奖",取得历史最好成绩。

撰稿:齐双一

审稿:张健青

招生考试

【天津市教育招生考试院概况】 天津市教育招生考试院始建于2001年,前身是组建于1992年的天津市教育招生考试中心,主要负责组织、管理和实施天津行政辖区内的教育考试招生。院区坐落于天津市西青区宾水西道,占地6.75万平方米,建筑面积3.19万平方米,有在职职工104人。主要负责管理17大项考试,分别由各区教育招生考试中心、区教育局、有关高校,以及其他教育机构承担具体的考务工作。院内设有天津市教育质量评估监测中心1个,该中心前身是2007年挂牌成立的天津市基础教育学业水平评估中心,2014年更为现名。

2023年,市教育招生考试院持续加强党的全面领导,扎实开展学习贯彻习近平新时代中国特色社会主义思想主题教育,积极落实巡视整改,以实际行动践行为党育人、为国选才的初心使命。持续提高招考治理能力水平,成立由市委网信办、市公安局等

8个部门组成的天津市国家教育考试期间应急指挥专班,健全16个考区的市、区两级招委会实时联络机制,继续实行领导班子成员"考区包保制",首次为全部高考和研考考点配齐智能安检门,研考首次实现手机、背包等非考试物品集中管理。构筑"五位一体"立体防护网,平稳顺利组织实施考试39次,服务考生242万人次,实现"三无三稳三确保"的考试安全工作总目标,获得教育部和市领导的充分肯定。全面加强区域招考协作,签署京津冀研考联合制卷合作协议,完成京津冀跨省市高职单独考试招生试点,签署京津冀鲁命题协作意向书。扎实推进考试招生制度改革,推进研考初试自命题改革,普通高校艺术类专业考试招生改革平稳落地,深化中考招生录取改革,推进自学考试专业课程改革,首次开考书画等级考试项目。深化新时代教育评价改革,首次完成普通高考艺术类市级统考和英语听力机考命题,首次组织开展天津市新一轮本科教育教学审核评估试点,与市教科院、西青区签署教育评价合作框架协议,持续提升科研管理服务水平和招考业务信息化支撑能力。提升综合服务保障能力,研制出台天津市加强国家教育考试工作队伍建设的实施办法,完成大学英语四六级考试、自学考试和研究生考试收费的成本监审和调标工作,扩建考试文化展览馆传承发展优秀招考文化,优化改造照明及供暖基础设施打造美丽舒适院区环境。

撰稿:吴洁石

【2023年研究生招生录取情况】 报考天津市28个硕士研究生招生单位的考生总数共计111875人,较上年减少833人,减幅0.74%;24个招生单位(不含4所军队院校)共录取硕士研究生28651人,较上年增加910人,增幅3.28%。报考天津市13个博士研究生招生单位的考生总数共计9769人,较上年减少218人,减幅2.18%;共录取博士研究生4499人,较上年增加437人,增幅10.76%。同等学力人员申硕考试于2023年5月21日举行,全市共设164个考场。天津市共有2337人报名参加,较上年增加24人,增幅1%;共报考3459科次,较上年增加44科次,增幅1.3%。

撰稿:陈相霓

【2024年研究生报名考试情况】 报考天津市29个硕士研究生招生单位(增加1所招生单位)的考生总数共计101334人,较上年减少10541人,减幅为

9.42%。在津参加考试的考生总数为77450人,较上年减少6111人,减幅为7.31%。初试于2023年12月23日至25日举行,考区设在19个高校和16个区,全市共设置考场2681个。2023年首次开展强基计划学生本研转段工作,南开大学、天津大学2所高校完成260名强基生本研转段工作。14所高校完成5457名应届本科毕业生免试攻读研究生推荐工作。

撰稿:陈相霓

【建立研招新机制】 建立京津冀研招协同发展机制,密切京津冀研招交流合作,签署联合制卷协议,推进京津冀考务统一、资源共享和制度攻坚。建立研究生招生录取监管机制,制定《研究生招生录取工作监管实施细则》,建立招生单位表单式自查,市校两级检查的监管机制,推动研究生招生录取安全管理制度化。建立评卷数据安全管理机制,制定《进一步加强评卷安全工作的实施方案》,强化技防与人防相结合,加强数据校验与过程管理,确保评卷数据安全准确。建立全覆盖监督检查机制,首次实现自命题工作高校检查全覆盖,组考工作考区检查全覆盖,统考评卷工作评卷点检查全覆盖,首次派驻中层干部驻评卷点全程督导。

撰稿:陈相霓

【普通高考基本情况】 2023年,天津市普通高考报名69613人,比上年增加11130人,增幅19.0%。1048所高校在津安排招生计划61340个(不含保送生、体育单招、艺术类自划线、春季高职面向高中生招生计划),计划总量比去年增加10097个,其中本科计划比上年增加2079个。1月8日、3月18日、6月7—10日,天津市高考小语种语科目第一次考试、高考英语科目第一次考试、普通高考和普通高中学业水平等级性考试安全顺利举行。全市共设16个考区、76个考点、2400余个考场。普通高考首次实施"2次人工安检+1次智能安检门安检"措施,全部考点共配备169个"智能安检门",综合运用人工安检、智能安检门检查、考场监考、信号屏蔽、信号降频等人防物防技防手段,有效防范利用手机等高科技手段作弊。为1名突发重疾考生在医科大学总医院设置专门考场1个,"接力"暖心服务,助力考生圆梦。普通高考做到了试题试卷安全,考场秩序井然,考试舆情平稳,实现了"平安高考"目标任务。1048所招生院校在津共录取新生64645人(不含春季高职已录高中毕业生),累计争取增加本科计划2519个。天津市总

录取率和本科录取率继续保持全国前列,为广大考生争取了更多教育优质资源,深化了新高考改革成效,实现考生和院校的"双满意"。

撰稿:吴　曼

【高职招生考试基本情况】 2023年,天津市高职升本科报名27186人,生源增幅11.5%;13所院校安排招生计划3160个;实际录取3769人,录取率13.9%,低于2022年的14.6%。高职分类(面向中职毕业生)招生考试报名22323人,生源增幅15.2%;36所院校安排招生计划20719,计划增幅25%;实际录取20515人,录取率91.9%。高职分类(面向普通高中毕业生)招生考试报名4137人,生源减幅18.9%;30所高职院校安排招生计划3386个,计划减幅33.4%;实际录取2659人,录取率64.27%。"三二分段"中职接高职报名6347人,生源增幅3.9%;19所院校共录取5755人,录取率90.7%,与去年持平。

撰稿:王宏健

【艺术类考试招生改革基本情况】 2023年,天津市普通高考艺术类专业考试招生改革平稳落地。12月2—10日,天津市组织改革后的首次市级统考,实现了音乐类、舞蹈类、表(导)演类、播音与主持类、美术与设计类、书法类所有6个科类全覆盖,全市共有4948人报名参加考试。遴选300余名艺考专家参与全国各省艺考工作;落实国家教育数字化战略行动决策部署,在播音与主持类全部科目、音乐类视唱科目试行"考评分离"组考模式,数智赋能助力考试招生领域改革创新;严格评委专家选聘,在全国评委专家库中随机遴选高水平专家,评分前对考官进行规范培训。划定了改革后的艺术类专业合格线,各科类本科合格线为180分,专科合格线为120分。

撰稿:秦　川

【高级中等学校考试招生】 2023年初中学业水平考试体育与健康科目统一测试于2023年4—5月期间举行,全市设置16个考区,21个考点,测试安全有序实施。2023年初中学业水平笔试科目考试于2023年6月17—19日举行,全市117810名考生在16个考区、151个考点、3976个考场参加考试。考试科目为:语文、数学、外语、物理、化学、道德与法治、历史。考生进点、入场实行两次安检,手机由考点集中管理。全市各考点及考场均配备金属探测器、手机信号屏蔽器、三合一"作弊克"等防作弊设备,采取信号降频等人防技防手段,有效防范利用手机等高科技手段作弊,保障考试安全平稳进行。2023年初中学业水平考试成绩于2023年7月7日面向社会公布。志愿填报于2023年7月8—13日期间进行,普通高中学校志愿数量由原来的12个增加至15个。2023年天津市高级中等学校招生录取于2023年7月中旬至8月上旬进行。高级中等学校招生录取分为普通高中学校录取和各类中职学校录取两个阶段。各阶段均按照"分数优先、遵循志愿、一次投档、额满即止"的原则,实行网上录取。天津市各类高级中等学校共录取天津市应届生源113472人,其中普通高中共录取天津市新生77829人、各类中职学校录取天津市新生35643人。中职学校另录取外省生源5869人。

撰稿:黄　涛

【发布中考体育成绩补充方案】 9月24日,市招委发布《关于印发天津市初中学业水平考试体育与健康科目补充方案的通知》,对天津市初中学业水平考试体育与健康科目的成绩评定进行了补充修订,印发之日起施行。主要内容为:一是初中三年学籍均在天津并参加高级中等学校招生考试的学生及2023年以后(含2023年)初中入学、学籍于七年级第二学期由外省市转入天津市连续就读并参加高级中等学校招生考试的学生,体育与健康科目总分值为40分,平时成绩分值为18分,统一测试成绩分值为22分,其中统一测试必测项目(一项)分值为8分、选测项目(两项)每项分值为7分;二是学籍由外省市转入天津市就读八年级和九年级或只就读九年级并参加高级中等学校招生考试的学生及2021年和2022年初中入学、学籍于七年级第二学期由外省市转入天津市连续就读并参加高级中等学校招生考试的学生,体育与健康科目总分值为40分,须参加天津市组织的统一测试,必测项目(一项)分值为14分,选测项目(两项)每项分值为13分,学生实测成绩按以上分值转换后作为体育与健康成绩计入高级中等学校招生考试总成绩;三是持有天津市户口、学籍不在天津,要求回津参加高级中等学校招生考试的学生,体育与健康科目总分值为22分,平时成绩分值为0分,须参加天津市组织的统一测试,统一测试成绩分值为22分,必测项目(一项)分值为8分,选测项目(两项)每项分值为7分。

撰稿:黄　涛

【成人高考考试招生】 2023年成人高考报名工作于8月25—28日进行,天津市共有31673人报考。其中,专科起点升本科21071人,高中起点升专科10138人,高中起点升本科464人。2023年成人高考考试于2023年10月21—22日举行,全市共设置15个考区,46个考点,1134个考场。各考点贯彻落实教育部"五位一体"工作部署,严格落实"两次安检"工作要求,手机集中管理,配备金属探测器、手机信号屏蔽器、三合一"作弊克"等防作弊设备,采取信号降频等人防技防手段,有效防范利用手机等高科技手段作弊。2023年在津招生成人高校共46所,招生计划总数为23957个,其中专升本招生计划15009个、高中起点升专科招生计划8563个、高中起点升本科招生计划385个。2023年成人高考录取工作于12月6—20日进行,首次制定并实行同分考生录取办法,进一步提高招生录取效率。在津招生的46所成人高校录取新生23765人,其中高中起点升专科录取8543人、高中起点升本科录取371人、专科起点升本科录取14851人。在录取总数中,录取免试生488人。计划完成率99.19%。

撰稿:黄 涛

【高等教育自学考试基本情况】 2023年上半年天津市高等教育自学考试于4月15—16日举行,下半年考试于10月28—29日举行。全年累计报考考生79659人(上半年42469人,下半年37190人),报考304025科次(上半年167643科次,下半年136382科次),新生注册21626人(上半年13374人,下半年8252人),共9162人获得毕业证书。累计办理免考524科次,转出考生816人,转入考生1148人,实施网络综合测验53130科次。在10月份自考阅卷工作中对部分课程采用双评阅卷,共计评阅5000余科次,确保天津市自学考试的公平公正。

撰稿:徐 瑞 魏 凡

【高等自学考试管理信息系统优化】 2023年,考试院完成天津市高等教育自学考试管理信息系统的改造优化工作。新版系统以教育部相关政策要求为原则,以自学考试服务需求为基础,在考生一号通机制构建、考生报考、考场编排、成绩管理、毕业审核、转考和免考管理等业务全流程实现升级,达到自学考试信息标准新国标下的业务流程支持,提升服务考生水平。在系统安全、数据安全和考生个人信息保护等方面的效能也大幅提升。

撰稿:高 川

【高自考专业课程改革】 天津市高等教育自学考试委员会印发《市考委关于深化天津市高等教育自学考试专业课程改革的通知》,完成53个新专业课程计划及95个新旧专业课程计划替代方案,针对开考专业的在籍未毕业考生创新设计新旧毕业计划双向替代过渡机制,2024年1月1日结束网络助学试点项目,仍在实施的其他试点项目不再接收新生且相关工作于2025年12月31日全部结束,津考委高发〔2010〕5号、津考办高发〔2013〕5号、津考办高发〔2013〕21号等文件及其他文件相关内容同步停止执行。按照相同相近转考原则,天津市高等教育自学考试委员会印发《市考委关于发布天津市高等教育自学考试停考专业转考方案的通知》,为2023年陆续停止办理毕业证书的106个专业制定停考专业转考方案。

撰稿:高凤萍 高 川

【全年社会考试报考规模突破百万科次】 2023年,共完成6个考试项目16次组考工作。其中教育部教育考试院项目5个,分别是:全国中小学教师资格考试(上半年笔试于3月11日举行,下半年笔试于9月16日举行;上半年面试于5月13—14日举行,下半年面试于12月9—10日举行)、全国大学英语四六级考试(上半年笔试于6月17日举行,下半年笔试于12月16日举行;2022年下半年笔试因疫情原因增加一次延期考试,于2023年3月12日举行;上半年口语考试于5月20—21日举行,下半年口语考试于11月18—19日举行)、全国计算机等级考试(上半年考试于3月25—27日举行;5月份加考于5月27—28日举行;上半年考试于9月23—25日举行;12月份加考于12月2—3日举行)、同等学力全国统考(5月21日举行)、书画等级考试(11月18—19日举行);自主考试项目1个,即普通高考外语口语测试。全年社会考试总报考规模达到1035729科次,较2022年增长38.16%。在教育部教育考试院各考试项目中,全国大学英语四六级考试增幅最大,笔试报考同比增加181917科次,增幅38.18%;全国中小学教师资格考试面试报考同比增加2436科次,增幅9.08%;全国计算机等级考试,报考规模同比增加9571科次,增幅12.31%。市考试院自主考试项目普通高考英语口语测试报考规模同比增加7010科次,增幅16.25%。

撰稿:林 杰

【教育部教育考试院书画等级考试首次开考】 2023年,按照院"十四五"规划"探索承办文化艺术类考试项目,服务学习者艺术素养提升需求"目标,在前期工作基础上,加大文化艺术类考试项目开拓推进力度,开展相关考试项目开考可行性调研。收集梳理相关项目资料信息,重点研究由教育部教育考试院主办的书画等级考试(CCPT)以及由四川省书法水平测试、上海市义务教育阶段写字等级考试和江苏省书法水平等级证书考试等4个较为典型项目的相关情况;面向全市部分区教育局、教育招生考试中心,有关高校以及中小学调研书法教育开展情况、书法水平测试开考意愿与开考条件,了解掌握天津市书法教育现状与办考基础;前往四川省教育考试院以及相关地市实地学访项目推广经验和组考流程等关键环节,研究确定项目拓展思路。7月18日,市教育招生考试院向教育部教育考试院提交承办书画等级考试申请,8月16日获得开考批复。首次开考全市5个考区(河北区、武清区、和平区、红桥区、北辰区)共8个考点(河北区红星路小学、武清区杨村第八小学、和平区鞍山道小学、红桥区文昌宫民族小学、北辰区瑞景小学、天津职业大学、天津天狮学院、天津市汇文课外培训学校)参加,共计报考4182科次,报考规模在全国所有首次开考省份中位列首位。首次考试于11月18—19日平稳顺利举行,实现天津市开考文化艺术类考试项目零的突破。

撰稿:林　杰

【申请承办日本语能力测试等三项海外考试】 市教育招生考试院进一步完善职能定位,成立承接海外考试项目专项工作组专班研究推进海外考试项目承接工作。逐项梳理教育部教育考试院所有14项海外考试项目,调研各考试项目的管理办法、组考模式、考生构成及市场供需现状以及开考资质和组考软硬件要求。致电咨询以及参加全国会议当面沟通等多种渠道了解兄弟省市海外考试项目开考管理机制以及开考情况、管理经验。在梳理调研成果、深入研讨的基础上,10月30日赴教育部教育考试院进行承接海外考试项目工作对接,商定承接项目种类及管理要求等具体事项。11月9日,市教育招生考试院正式向教育部教育考试院提交《关于承办日本语能力测试(JLPT)等三项考试的申请》,12月24日获开考批复,填补天津市海外考试办考空白。

撰稿:林　杰

【高考及高中学业水平等级性考试命题工作】 2023年2—3月组建完成命题、审题学科组,3月17日召开2023年高考及等级考命题启动大会,4月14日召开审题启动大会,进行命审题工作及意识形态培训,并对新进命、审题教师开展针对性的业务培训。1月6—12日进行2023年高考英语第一次考试听力命题入闱工作,2月24日至3月18日进行2023年高考英语第一次考试笔试部分全封闭入闱命题。5月10日至6月10日进行2023年普通高考及高中学业水平等级性考试全封闭入闱命题,共涉及命审题教师107人、管理人员15人,组织命制完成高考和等级考9个科目笔试正、副卷共计20套(含英语第一次笔试正、副卷共2套)。2023年试卷落实立德树人根本任务,立足于天津市教情学情特点,强化素养导向,深化基础考查,聚焦关键能力,难度适中,区分度得当,满足了招生选拔需要,社会反响良好。试卷坚持五育并举,重点关注美育,以多种形式引导考生从求知境界中实现审美素养的提升。8月7—19日、9月19日—22日进行2024年高考英语听力机考命审题入闱工作,共命制完成14套听力试卷。11月10日召开2024年高考及等级考命题核心组启动会,提前部署2024年工作任务,并延请市委宣传部开展意识形态培训,延请市国家保密局开展保密教育培训。

撰稿:林　杰

【初中学业水平考试命题工作】 3月,在历年专家库的基础上,遴选确定以等级方式计分的地理与生物学学科命审题教师人选并启动命题准备工作;完成以原始分计分的语文、数学、英语、物理、化学、历史、道德与法治、日语、法语、德语、西班牙语等共11个学科命审题教师的初选与新增工作。4月,组建语文等11个学科命审题教师队伍,参与教育部组织的初中学业水平考试命题培训会议,并结合培训内容分组开展学科命题研究与素材准备工作;17—21日完成地理与生物学科的命审题工作。5月,召开语文等11个学科的年度命题工作启动会,进一步明确命题指导思想、部署各项命题准备工作并进行意识形态与保密等教育培训工作;5月18日至6月19日进行全封闭命题入闱工作,共涉及命审题教师63人、管理人员9人,2023年共命制完成初中学业水平考试(含小语种)合计13科共24套正副卷。10月,遵照教育部的指示要求,及时反馈各种数据资料,完成教育部对天津市中考命题专项督导评估工作。

撰稿:卢雨辰

【高等教育自学考试命题工作】 4月19日,召开天津市高等教育自学考试2023年下半年命题工作会议。4月26日,召开高自考命题工作启动会,对全体命题教师开展保密培训、业务培训,共完成86门课程172套试卷的命制和审校工作。在10月份的高等教育自学考试中,为天津市提供市考课试题192套,为全国31个省市寄送28门课程共计435袋试卷。11月22日,召开天津市高等教育自学考试2024年上半年高自考命题工作会,针对12个主考校,提出新工作要求并重新进行市考课命题教师遴选。11月29日,召开高自考命题教师培训会,开展针对性的命题技术培训、保密培训和命题意识形态工作培训,依据新教材、新大纲命题完成235门市考课、567套试题的命制、收取和审校。

撰稿:孙熙隆

【承办首届京津冀鲁四省市教育考试命题协作会】 10月30—31日,天津市教育招生考试院组织,联合北京教育考试院、河北省教育考试院、山东省教育招生考试院等三省市考试机构召开以"协同共进·创新发展"为主题的首届"京津冀鲁命题协作会",天津考试院主要领导、四省市考试机构的分管领导、相关命题处室负责人及学科秘书共55人参加会议,会议围绕建立教育考试命题区域协作机制,深化高考、中考、高自考和高考艺术类统考命题改革深入讨论。会上签署了《京津冀鲁命题协作意向书》,在加强命题工作管理队伍建设、深化中高考命题改革、协同组织普通高校艺术类招生统考命题等方面固化合作机制,开展深度合作,推进京津冀协同发展国家战略在教育考试命题领域落地生效。

撰稿:骆 颖

【考试评价领域合作】 9月6日,市教育招生考试院与市教育科学研究院签订《全面战略合作框架协议》,就深化新时代中高考评价改革、深化义务教育质量监测评价、推进"五育并举"全面考核选拔人才、搭建科研赋能引领人才成长平台等方面达成一致合作意见,开展深度战略合作,培育优秀合作成果,服务教育强市建设。11月13日,市教育招生考试院与西青区人民政府签订《教育合作框架协议》,市教育招生考试院充分发挥专业技术资源、数据信息资源、人力资源、智力资源优势,助力西青区高起点推进教育评价改革、高水平提升教育教学质量、高标准强化教师专业素养,加快推进西青区教育"新三年行动计划",办好人民满意的教育。这两个合作框架协议的签订,进一步凝聚了天津市教育改革发展合力,推进考试评价领域助力实施"十项行动",提升教育质量和人才培养质量,加快建设高质量教育体系,助推教育强市建设新实践。

撰稿:钟 君 白 云

【活力评价】 5月,市教育招生考试院联合河东区教育局,在河东区实验小学召开2022年度河东区普通中小学活力评价结果解读会,并正式发布活力评价系列成果报告——区级行政版、指数版、学科版和校级高中版、初中版、小学版等6个版本,共计56册报告。报告内容覆盖中学校长、中学教师、3个学段7个年级学生的多维度、多视角评价数据和结果,为河东区教育局及学校提供了丰富、立体、全面的评价信息,得到区教育局的高度认可。活力评价每3年为一个评价周期,采用"周期性评价、靶向式诊断、跟踪式反馈"的方式,动态设计评价内容。2023年是活力评价实施的第二年,聚焦重点,开展剖因式调查、靶向式诊断,合理归因、科学提策,共有3点变化:一是针对学生评价,增设了学校体育、劳育相关诊断性问卷;二是结合当前教师减负社会热点问题,在教师评价中增设了教师工作负担评价;三是校长价值领导力评价中增设主观陈述题和教师评分,以达到主观题与客观题、自评与他评相互印证的效果,确保评价结果更为准确。6月至12月,市教育招生考试院根据实际情况分年级、分对象在4个时间节点开展测试、调查,顺利完成2.7万名学生、1779名教师、30名校长的数据采集与回收,为进一步深化活力评价结果分析,开展靶向式诊断奠定基础。

撰稿:钟 君 白 云

【招考数据汇集工作常态化】 按照本院"十四五"规划关于统一数据管理的要求,正式发布《天津市教育招生考试院数据管理办法(试行)》,明确数据管理工作的组织架构、工作职责和主要任务,启动2023年度的核心数据的归集工作,就今后每年的数据归集办法进行规范,形成制度,同时每年的数据汇集工作将成为常态。随着数据汇集工作的常态化,市教育招生考试院核心数据的应用、管理、开发将陆续开展。

撰稿:孟 飞

【考试文化展览馆(新馆)开馆】 10月26日,天津市教育招生考试院考试文化展览馆(新馆)正式开馆。考试文化展览包括古代科举考试、中国考试的现代化探索、新中国考试、津门科第等板块,旨在挖掘和传承优秀招考文化,揭示中国考试历史的进程及其发生发展的客观规律。在表现形式上,坚持实体馆与虚拟馆相结合、图片展示和实物展相补充,综合运用"声光电"等多种手段,展示源远流长的考试文化和丰富的文物收藏。展览馆建成后,先后接待包括国家部委、兄弟省市以及天津市各级领导在内的10余批次300余名观众,在展示考试历史文化传统、普及考试科学知识等方面发挥了重要作用。

撰稿:孔 超

【压实招考工作监督职责】 围绕习近平总书记关于教育工作的重要要求和指示批示精神、中央和市委关于招考工作部署要求开展政治监督,对高考艺术类统考改革、高考英语听力机考标准化考点建设、职教高考改革、教育评价改革、京津冀考试协作等重点工作进行监督,推动党组织将"两个维护"落实到招考工作各环节、全流程,确保党的路线方针政策在本院落地落实。将监督巡视整改作为重要政治任务,通过现场检查、会议监督、制发提示函等方式对整改情况给予监督推动,确保整改实效。在高考中考等重要考试期间,围绕考试组织、考试安全、廉政风险防控、试卷评阅、招生录取等环节开展监督,助力考试招生工作平稳进行。在高考中考志愿填报前,发出纪律提醒,严禁干部职工提供有偿志愿咨询服务,维护考生权益。

撰稿:张 诚

【调整部分考试报名收费标准】 为加强教育考试收费管理,更好落实国家组考工作要求,经成本监审与研究论证,市发展改革委、市财政局印发《关于规范研究生招生等报名考试收费有关事项的复函》。自2024年1月12日起,取消研究生招生考试报名费,将原报名费和考务费统一归并为报名考务费,归并后的报名考务费收费标准为每生每科55元,推免生按照每生50元标准进行收费;大学英语四六级考试收费标准调整为每生每次40元;高等教育自学考试收费标准调整为每生每科50元。

撰稿:万金烨

【加强基层招考经费使用监管和统筹】 修订印发《委托相关单位代为支付招生考试经费的管理办法》《关于加强教育招生考试经费管理的通知》,完善招考经费使用范围,规范资金使用要求,提高资金使用效益。面向各区考试中心组织招考经费使用专题警示教育大会,召开各区招考经费使用管理专题培训,进一步落实招考经费使用主体责任,明确招考经费使用各项规定要求。深入落实《关于进一步加强财会监督工作的意见》,联合开展对区考试中心的经费使用督查,加强对财务管理和内部控制的常态化监督,督促指导规范财务管理,保障资金使用依法合规高效。坚持三考联动的系统思维,按一定标准一次性拨付各区考试中心成人高考、高等教育自学考试、教师资格考试三考联动组考费229万余元,有效缓解基层组考经费压力,提升服务基层和保障发展能力。

撰稿:万金烨
审稿:靳 昕

交流与合作

【天津音乐学院茉莉亚研究院和天津茉莉亚学院】 天津音乐学院茉莉亚研究院为不具有独立法人资格的中外合作办学机构,开设管弦乐表演、室内乐表演以及合作钢琴三个硕士专业,学制为两年(双硕士学位三年)。研究生项目在校学生共计78人,其中外籍学生24人,分别来自韩国、美国、澳大利亚、墨西哥、乌兹别克斯坦、越南、日本、新加坡、泰国、塞尔维亚、马来西亚、英国等12个国家。天津茉莉亚学院是具有独立法人资格的非学历高等教育中外合作办学机构,设有大学预科、继续教育和公共教育三个方向。大学预科项目在校学生共计147人。5月14—18日,天津茉莉亚学院举办首届"天津茉莉亚学院管弦乐研讨论坛"。5月19日,天津茱莉亚学院·天津音乐学院茱莉亚研究院举办2023届硕士研究生毕业典礼,副市长张玲出席并致辞,市政协原副主席曹小红、纽约茱莉亚学院荣誉院长波利希、天津音乐学院党委书记王欢和有关部门负责同志参加。7月30日至8月13日,天津茱莉亚学院与经开区管委会共同举办首届天津茱莉亚钢琴艺术节。9月8日,由中国外文局发起的首届"兰花奖"在北京钓鱼台国宾馆举行颁奖典礼,纽约茱莉亚学院荣誉院长兼首席中国事务官、天津茱莉亚学院理事会主席约瑟夫·W·波利希获得终身荣誉奖。11月11日,费城交响乐团首席执行官马思艺率乐团成员与天津音乐学院、天津茱莉亚学院、天津交响乐团在天津茱莉亚学院音乐厅共同举办"音乐联结文化—费城交响乐团访津"演出,庆祝费城交响乐团首次访华五十周年。

撰稿:陈宇驾

【国际中文教育】 充分发挥孔子学院作为综合文化交流平台的作用,不断加强教师队伍建设,创新人才培养模式,提升孔子学院办学水平。截至2023年底,天津市已在海外建立孔子学院35所,分布在泰国、英国、韩国等22个国家。6月,天津外国语大学和葡萄牙里斯本大学合办的里斯本大学孔子学院获评"全球示范孔子学院"。

撰稿:陈宇驾

【中外合作办学】 加强天津市高校与世界一流大学交流与合作,重点引进国内薄弱、空白、紧缺学科专业,截至2023年底,天津市共有中外合作办学机构6个,涉及美国、英国、法国、波兰、西班牙5个国家。中外合作办学项目35个,其中硕士项目9个、本科项目23个、专科项目3个,涉及澳大利亚、美国、加拿大、日本、英国等13个国家。

撰稿:陈宇驾

【外籍人员子女学校】 天津市共有5所外籍人员子女学校,即天津惠灵顿外籍人员子女学校、天津日本人外籍人员子女学校、天津韩国外籍人员子女学校、天津思锐外籍人员子女学校和天津星国外籍人员子女学校。2023年,天津市外籍人员子女学校共有在校生1100人,主要提供美国、英国、日本、韩国等国家的课程。

撰稿:李金秋

【引进国外智力】 2023年,全市18所高等院校共聘请外籍教师323人,来自48个国家和地区;全市中小学、幼儿园共聘请外籍教师355人,来自53个国家和地区。

撰稿:韩 岚

【外国留学生教育】 2023年,全市30所高等院校共招收外国留学生15645人次,来自162个国家和地区,其中长期生共7157人次、短期生共8488人次。2023年,全市153所中小学具有接收国际学生资质,共招收国际学生1148人次。

撰稿:韩 岚

【港澳台教师及学生】 2023年,全市16所高等院校共招收433名港澳台学生,其中中国香港学生153人、中国澳门学生116人、中国台湾学生164人。全市中小学共招收580名港澳台学生,其中中国香港学生390人、中国澳门学生6人、中国台湾学生184人。全市高等院校共聘请22名港澳台教师,其中中国香港教师9人、中国澳门教师2人、中国台湾教师11人。全市中小学共聘请9名港澳台教师,其中中国香港教师1人、中国台湾教师8人。

撰稿:韩 岚
审稿:陈宇驾

协作支援与语言文字

【教育帮扶】 2023年,天津市印发《天津市高质量推进东西部协作和支援合作2023年教育专项工作实施方案》,积极推动结对地区振兴乡村教育和教育振兴乡村工作。组织天津市高校上、下学期各优选

350名大学生,于3月15日、9月16日分赴新疆和田地区东三县支教。继续由天津师范大学每学期优选4名研究生赴甘肃舟曲支教。重点完成教育部第二批"组团式"援疆110名人才、天津市第十一批援疆51名人才选派工作。各区、市属高校、直属单位柔性支教1个月以上者623人,全市共援派管理干部和教师骨干784人。组织市属高校落实少数民族高层次人才计划110人。面向新疆和田、甘肃甘南、甘肃天祝、青海黄南等地区安排本科定向就业招生计划146人。组织直属校与昌都市教育局9所学校开展"'津石榴'携手共育'格桑花'"津昌中小学党建结对活动。3月,组织天津市第一期新时代马克思主义政治人才培养工程"津石榴"西部支教团19名成员启程赴新疆和田地区和新疆生产建设兵团十一师支援思政课建设、开展思政理论宣讲及社会实践等支教活动。组织全市52所高校捐书助力和田学院筹建,共捐赠图书20.45万册,价值690多万元。与市社会动员专项工作领导小组、市东西部协作和支援合作工作领导小组办公室联合发起设立100万元捐资助(奖)学基金,助力民族地区学生铸牢中华民族共同体意识。全市979所中小幼学校与结对地区1770所中小幼学校间开展"手拉手"活动,高标准创建123所"天津教育支援(协作)示范校"。全市教育系统赴受援地送教569人次,网络送教1378人次,受益近4万人。优选56名干部、教师派驻协作支援单位。开展师资交流培训50余场,受益教师达1800余人次。帮扶协作支援学校开展电气自动化、新能源汽车技术等20余个专业建设。各区、高校培训受援地来津人员3041人。完成消费帮扶任务,教育系统全年累计消费9931.48万元,其中各高校和直属单位消费470.61万元、各区教育系统消费9460.87万元。

撰稿:周志勇 孙 伟

【民族团结进步教育活动】 西藏自治区人民政府驻京办事处与天津市建立联络协作机制,深入天津市红光中学、天津市第七中学、天津理工大学、天津大学调研,共同推动京津冀三地民族团结进步教育协同发展。天津市与新疆维吾尔自治区党委教育工委调研团就进一步加强和改进新疆籍学生教育管理服务、调整优化教育派驻工作等进行深入交流。与西藏自治区教育厅共同在天津市红光中学举办"加强交流 携手共进"北京办事处片区(京津冀吉辽鲁)西藏班交流研讨会,深入研讨新形势下西藏班办学工作。组织开展天津市第十三届"感恩伟大祖国,增进民族团结"演讲比赛、"中华民族共有精神家园建设"主题文化活动民族班文艺专场演出等活动,推进民族团结教育进学校、进课堂、进头脑,展示民族团结进步教育成果,弘扬中华优秀传统文化。

撰稿:张紫华

【民族教育】 2023年,天津市有西藏高中班学校6所、新疆高中班学校8所、青海黄南班学校2所;在校学生3905人。在武清区天和城实验中学增设天津昌都高中代培班。天和城实验中学成为天津市第6所西藏高中班学校。天津市第一百中学为青海省黄南州尖扎县增设1个天津高中班。组织开展天津市第十三届"感恩伟大祖国,增进民族团结"演讲比赛、"中华民族共有精神家园建设"主题文化活动民族班文艺专场演出等活动,推进民族团结教育进学校、进课堂、进头脑,展示民族团结进步教育成果,弘扬中华优秀传统文化。组织民族班学生参加天津市第七届"学宪法 讲宪法"比赛,开设民族班知识竞赛专场,普及宪法知识,弘扬宪法精神,树立宪法权威,引导学生自觉成为宪法的忠实崇尚者、自觉遵守者、坚定捍卫者。组织开展天津市第八届民族班少数民族学生普通话比赛。组织民族班学生代表前往天津大剧院,观看大型音舞诗画《掀起你的盖头来——新疆是个好地方》全国巡回演出,进一步增进民族学生对祖国的热爱,坚定民族团结的信心。组织民族班学生参观第六届中国天津国际直升机博览会,凝聚以爱国主义为核心的民族精神和以改革创新为核心的时代精神。

撰稿:张紫华

【推广普及国家通用语言文字】 天津市牵手全国政协委员、中央广播电视总台央视新闻主播海霞共同打造"石榴籽计划"子项目——"童语同音 推普赋能"品牌,天津市专家团队完成推普网络培训课程32节,面向新疆叶城等地1300名学前教师进行国家通用语言文字提升及学前教育教学专项培训。组织全市大中小学、社会组织等参加第五届中华经典诵写讲大赛各项赛事,在全市营造学经典、诵经典的热烈氛围。在"诵读中国"经典诵读比赛中,全市中小学、职业院校、高等学校提交作品1500余个,经校、区、市各级评选共推荐153个作品参加全国评比。举办2023年天津港"童语同音"幼儿园骨干教师培训、"诵读中国"经典诵读能力提升培训,围绕经典诵读、诗文讲解、规范书写、学前儿童发音等进行专项能力培养,带动大中小学校教师经典诵读能力和水平提升。市教委与市残联、市文化和旅游局共同开展2023年校园诵读经典、手语志愿服务、文旅手语竞赛等国家通用手语推广系列活动。开展京津冀手语推广研讨交流会、手语导览骨干培训。组织天津市耀华中学、天津市第七中学、天津港保税区空港学校等7所中小学组队参加第九届京津冀中小学生辩论赛。推荐优秀作品参加京津冀师生书法作品展。扩大在高中开展毕业生普通话水平测试,共有天津中学、天津市实验中学、天津市第五中学等9所学校近1500名学生参加专场测试。

撰稿:张紫华　杨继荣

【语言文字平台建设】 天津大学、天津外国语大学获批第三批国家语言文字推广基地。增设天津科技大学普通话水平测试站。在国家通用语言文字推广普及工作表彰大会上,天津市河东区教育局等4个集体被评为"国家通用语言文字推广普及先进集体",天津市河西区教育局邵明等7人获"国家通用语言文字推广普及先进个人"。南开大学(第二批国家语言文字推广基地)联合语文出版社、浙江省教育厅举办"典耀中华"阅读大会暨第五届中华经典诵写讲大赛启动仪式。

撰稿:张紫华　杨继荣
审稿:杨继荣

师资建设

【教师队伍建设】 持续深化新时代教师队伍建设改革。积极选树先进典型,天津市滨海新区塘沽第一职业中等专业学校翟津老师获2023年"全国教书育人楷模"称号,天津师范大学学生心理发展与健康教师团队等4支团队入围第三批"全国高校黄大年式教师团队"。自6月起在教育系统开展师德集中学习教育,将2023年9月定为师德示范月,开展教师节系列庆祝活动,大力弘扬教育家精神。推动习近平总书记关于教师节重要指示精神落实。组织开展2023年"津门师德巡讲"系列活动,共计4500余名干部教师参与。高质量完成国家级各类培训,遴选20名教师入选教育部新时代中小学学科领军教师示范性培训培养对象,加大对天津市6名入选"全国新时代中小学名师名校长培养计划(2022—2025)"项目学员的培养支持力度。组织完成2023年度"国培计划"13个项目157名参训学员推荐选派工作及2023年度寒暑假教师研修。扎实推动市级师资培训,完成新时代乡村教师专业发展助力计划等市级重点师资培训项目。深入实施"特殊教育教师培元关爱计划",组织5批次特教教师赴异地开展心理疏导服务,举办2批次特殊教育教师心理关爱日暨心理运动会活动。组织实施全员继续教育培训,完成中小学教师信息技术应用能力提升工程2.0等培训项目,实施天津市中小学信息技术应用校本研修达标校评估验收,推进实施12万名中小学教师第六周期全员继续教育培训。全面加强市级学科骨干教师队伍建设,启动第二批中小学市级学科骨干教师遴选工作,共计认定1240名市级学科骨干教师。推进义务教育阶段学校教师校长交流轮岗改革,2023学年天津市交流教师4587人,占符合交流条件教师比例为23.9%,其中骨干教师2837人,占交流教师比例为61.8%。积极推进京津冀教育协同发展,组织完成50名河北省骨干校长、教师来津跟岗研修培训工作。

撰稿:黄　怡　张作怀

【师德集中学习教育】 根据教育部部署,在全市教育系统启动实施师德集中学习教育,深入推进政治建设"思想铸魂"、规则立德"固本强基"、专项整治"清朗净化"、关键群体"教育提升"、以案明纪"警钟长鸣"和榜样引领"典型赋能"等6项专项行动,明确"一把手"挂帅指挥,进一步完善师德师风工作制度体系,细化职责分工,抓好责任落实,强化典型示范引领,严肃师德违规查处,确保各项工作要求落地、落实、落细,全员全方位全过程强化师德养成。

撰稿:黄　怡

【师德示范月】 将2023年9月确定为师德示范月。认真学习贯彻习近平总书记教师节重要指示精神,大力弘扬教育家精神。市主要领导于教师节前夕赴天津市中小学调研并看望教师,在全市地标场所和大中小学校开展"为教师亮灯"活动,发出教师节慰问信,召开优秀教师、校长代表座谈会,慰问院士专家。对1名获2023年"全国教书育人楷模"称号的教师、4支入围第三批"全国高校黄大年式教师团队"的集体等先进典型进行集中、深度、系列报道,营造全社会尊师重教良好氛围。

撰稿:黄　怡

【"国培计划"项目】 选派157名学员参加"中小学教师国家培训计划"(简称"国培计划")13个示范性项目培训。20名骨干教师入选"教育部新时代中小学学科领军教师示范性培训"培养对象名单。加大对天津市6名入选"全国新时代中小学名师名校长培养计划(2022—2025)"项目学员的培养支持力度,为每位培养对象成立工作室,在全市遴选79名骨干教师、校长成为工作室成员。教育部教师工作司领导、"国培计划"项目办负责同志、北京大学等6家培养基地负责同志出席工作室集中授牌仪式。

撰稿:张作怀

【"十四五"基础教育教师队伍建设项目】 开展"未来教育家行动计划""新时代乡村教师专业发展助力计划""中小学校长领导力提升计划""追求卓越幼教师资培训项目"等"十四五"市级重点师资培训项目。开展"走出去"行动,不断丰富培训形式,组织学员到浙江大学、华东师范大学等高校研修学访。年内组织5个批次共计150余名特教教师赴异地进行心理疏导,举办两届特教教师心理运动会。

撰稿:张作怀

【全员继续教育培训】 实施完成中小学教师信息技术应用能力提升工程2.0,实现对全市中小学教师、3300余位校(园)长和16个行政区培训管理者的全覆盖培训,重点培训400名乡村骨干教师。实施天津市中小学信息技术应用校本研修达标校评估验收。8个典型优秀案例被教育部在全国推广。推进实施12万名教师第六周期全员继续教育培训。在寒假、暑期教师研修中,天津市中小学教师参训率、完成率在全国各省市排名中位居前列,教师队伍整体素质和专业能力得到进一步提升。

撰稿:张作怀

【市级学科骨干教师队伍建设】 启动第二批中小学市级学科骨干教师遴选工作,共计认定1240名市级学科骨干教师,实现全学段、全学科"两个覆盖",重点做好"两个倾斜"(向薄弱学科倾斜,向涉农学校倾斜),促进义务教育优质均衡发展,为后续分学科开展骨干教师培训,发挥区域示范引领作用打下基础。

撰稿:张作怀

【教师、校长交流轮岗】 2023年,天津市持续推进区域内义务教育阶段学校教师、校长交流轮岗工作,全市交流教师4587人,占符合交流条件教师比例为23.9%,其中骨干教师2837人,占交流教师比例为61.8%。探索实施"管理团队+优秀教师"的"组团式"交流方式,283名校长、221名中层管理人员参加交流轮岗。加大音体美及心理健康等学科教师跨校走教力度。2023年,各区音体美及心理健康等学科教师走教9535次,开展跨校课后辅导9782次。

撰稿:张作怀

【高校教师分类评价改革】 2023年,市教委印发《关于深化高校教师分类评价的指导意见(试行)》,推动深化高校教师分类评价机制改革。一是突出考核重点。坚持师德师风第一标准,突出教育教学能力实绩,坚持高校开展有组织科研和鼓励教师自由探索双轮驱动,通过技术创新、成果转化和产品研发等形式,主动融入天开高教科创园,积极服务天津市"十项行动",服务国家创新驱动发展战略和天津市经济社会发展。二是健全评价体系。从人才培养、科学研究、社会服务、文化传承创新等维度不断完善相匹配的评价标准和业绩要求,完善分类评价标准,突出锚定服务重点产业链,加强校企握手目标导向的跨专业、学校、行业等融合团队的评价。三是畅通人才成长通道。坚持"干什么、评什么",持续优化成果评价机制。打破学历、资历、身份评价人才,特别是对在天津市产业发展、技术转移、科技成果转化等作出突出贡献的优秀科技成果转移转化人才,注重工作实绩,加快优秀人才快速成长。四是夯实优劳优酬有为有位。落实以增加知识价值为导向分配政策,实行岗位分类分级聘用,克服唯职称倾向,实行低职高聘、高职低聘,支持教师走出职业"舒适区",拒绝"躺平"。实施教师准聘—长聘制,注重能力贡献导向,落实职务科技成果转化激励政策,激励广大教师创新创业。

撰稿:王永春

【发挥高级教师引领作用】 2023年,印发《市教委　市人社局关于进一步发挥中小学高级职称教师示范引领作用的指导意见》,引导广大教师不断弘扬教育家精神,通过健全教师聘期考核机制,对高级职称教师聘期履职要求做出指导意见,压实区、校两级责任,健全考核机构,强化考核结果运用,打破"一聘定终身",发挥中小学高级职称教师示范作用,带动整体教师队伍干事创业。

撰稿:杨宝贵

【规范机构编制管理】 市教育两委严格贯彻落实习近平总书记关于机构改革、重大体制机制和职责调整的重要指示批示精神。推动完成市委巡视机构编制专项问题整改,按照"三定"方案和有关机构编制批复,加强两委机关的机构、编制和领导职数设置管理。2023年按照市委编委《关于为市委教育工委　市教委设置副总督学的批复》,在有正处级领导职数中,明确副总督学2名,分别由督政处、督学处处长兼任;根据《关于核减中共天津市委教育工作委员会天津市教育委员会工勤编制的通知》,核减机关工勤编制2名;根据《关于调整市委教育工委市教委编制的通知》,核减行政编制6名。严格执行《天津市机构编制请示报告暂行办法》,履行申请批复程序,强化对所属单位机构编制事项管理。根据高校科技成果转化工作的实际需要和有关工作形势的客观变化,对天津市教育委员会综合服务中心的主要职责进行调整,该中心不再承担"高校科技成果转化"职责。为天津生物职业技术学院核增校领导职数1正(正处级)2副(副处级);为天津市交通学校核增校领导职数1正(正处级);为天津市南开中学等9所市教委直属中小学核增校领导职数共计9副,其中副处级8名,正科级1名;为天津医科大学第二医院等5所正处级大学医院核定医院领导职数共计10正(正处级)27副(副处级)。为中医药大学第一附属医院增设"干部保健处",为天津医科大学第二医院等5所正处级大学医院和天津城建大学、天津商业大学、天津理工大学、天津科技大学、天津市教育科学研究院申请调整综合管理

机构及机构领导职数并完成备案。进一步规范市教委所属高校教学、教辅、科研机构设置管理,指导高校完善机构设置,促进事业发展,11月印发《市教委所属高校教学、教辅、科研机构设置及备案管理办法(试行)》。

撰稿:杨宝贵

【教师职称评价改革】 制定印发《市教委　市人社局关于进一步做好高等学校教师系列高校专职辅导员职称评价工作的通知》,明确高校专职辅导员职称参评人员范围和市级评审标准,落实"单列计划""单设标准""单独评审",并在2023年度评审中实施。天津工业大学等11所高校根据市级标准,制定本校"辅导员专业"自主评审标准,经市教委备案在当年执行。制定印发《市教委　市人社局关于印发天津市图书资料系列高等学校图书资料专业职称评价标准的通知》,贯彻落实新时代教育评价改革要求,结合高校内涵式发展需要,完善高校图书专业职称评价标准,激励图书专业技术人员立足本岗、争创一流,评价标准自2024年3月1日起执行。

撰稿:杨宝贵

【职称评审】 根据人社部、教育部印发《关于进一步完善中小学岗位设置管理的指导意见》提出的:"十四五"期间正高级教师数量控制在中小学教师岗位总量千分之五以内等有关要求,经与市人社局研究决定,天津市中小学教师系列正高级评审职数由65名增至82名,对加强天津市基础教育高层次人才队伍建设起到了重要的促进作用。2023年,市教委整合高校资源,组建了包含1581名教授、研究员、主任医师和正高级工程师在内的天津市高校职称评审"代表性成果"鉴定专家库,支持高校职称评审中开展"代表性成果"评价。

撰稿:杨宝贵

【教师招聘】 市教委召开专项工作会推动全市中小学教师招聘工作。指导各区做好教师队伍需求摸底、落实国家和天津市有关政策、加大应届毕业生招聘力度、严格执行各类教师准入制度、落实用人单位招聘自主权,要求各区贯彻城乡统一编制标准,结合"区管校聘"改革,积极谋划招聘岗位,贯彻教育评价改革要求,合理设计招聘岗位条件。2023年全市公办中小学、幼儿园教师累计发布岗位4281个,累计

接受报名145633人次,落实4086人,其中应届毕业生2655人,占比65%。强化急需紧缺专业补充,招聘补充音体美教师596人、心理健康教师76人,科学学科教师38人。

撰稿:杨宝贵

【公费师范生】 制定天津市首批公费师范毕业生专项招聘实施方案,设计"志愿岗位选拔""统筹意向选拔""指定分配"等3个选拔考核阶段,组织滨海新区等9个区,通过双向选拔落实全部59名2023届天津公费师范毕业生就业岗位。组织有关区开展天津市生源16名2023届部属师范大学公费生专项招聘双选面试工作,并落实就业岗位。全年新签约5所部属师范大学35名2023级天津生源公费师范生,同意签约华中师范大学、东北师范大学的5名天津市生源优秀在校生转入师范生公费教育专业。完成天津师范大学2023级60名天津市公费师范生招录工作。

撰稿:杨宝贵
审稿:陈长征

基建后勤

【高校基础设施建设】 2023年,天津市17个高等院校及大学附属医院基础设施建设项目列入天津市重点建设项目,当年完成固定资产总投资23.72亿元。截至2023年底,天津师范大学京津冀教育协同发展实训基地项目、天津医科大学新校区一期建设工程、天津科技大学人工智能实践基地项目、天津中医药大学第二附属医院中医药传承创新工程等4个项目已完工;天津医科大学新校区三期工程、天津中医药大学新校区三期项目、天津职业技术师范大学职业教育师资培训中心建设项目、天津医科大学肿瘤医院扩建二期工程、天津中医药大学第一附属医院中医药传承创新工程暨北院区提升改造工程、天津商业大学冷链物流设施技术创新与职业能力提升中心项目、天津职业大学智能制造产教融合实训中心项目、天津海运职业学院智慧港口及智能船舶综合实训中心项目、天津开放大学校园设施提升改造等9个项目内外檐装修及机电安装施工;天津中医药大学国家医学攻关产教融合创新平台项目主体施工;天津医科大学第二医院改扩建三期工程、天津中医药大学第一附属医院国家医学中心(筹)建设项目、北京协和医学院天津校区等3个项目桩基础施工。

撰稿:李淑君

【义务教育学位建设】 2023年,市教委继续将义务教育学位建设工作作为重点工作强力推进,向市政府申请将该项工作列入2023年全市20项民心工程,任务目标设定为:"新增义务教育学位2.2万个"。经全年工作推动,累计完成义务教育学位建设项目19个,新增义务教育学位2.85万个。

撰稿:齐 军
审稿:刘志远

【天津市教育委员会教育综合服务中心概况】 天津市教育委员会教育综合服务中心为正处级、财政补助事业单位,划入公益一类。综服中心内设办公室、组织人事科、新闻舆情科、基建后勤科、学生资助科、档案管理科6个部门,核定领导职数为1正3副(现实际配备领导职数1正2副)。在职职工77人,其中具有高、中级职称48人。2023年,综服中心进一步加强中心中层干部和职工队伍建设,积极完善中心各项制度建设,从体制机制着手,全面提升中心综合服务水平,提高中心综合服务效果,完成好综服中心年度整体工作任务。

撰稿:程予奇

【教育网络信息管理】 全年在市教委官网发布教育工作动态2295条,被天津政务网选用155条。开展政务信息采编报送工作,全年共报送信息568条次,约70万字,被上级单位采用90次。开展网民留言办理工作,全年共处理网民各种问题1255条。全年在"天津教育"官方微博推送7321条,在"津门教育"官方微信推送1414条,在"津云"客户端推送1090条。协助教育两委宣传处策划、编辑《媒体看天津教育》汇编。推出"'十项行动'见行见效""高标准高质量建设天开园""国际大学生创新大赛""躬耕教坛,强国有我""2023年职业教育活动周"等30余个专题报道。全年共编写各类网络舆情产品97万余字,参与处置教育系统各单位及教育两委各职能部门突发舆情。协助教育两委网信办开展网络意识形态工作督查检查工作,联合市委网信办研定《高校网络舆情应对能力评估指标》并形成评估报告,推动高校网络舆情服务保障工作有力开展,确保教育系统网络意识形态安全。

撰稿:程予奇

【协和天津校区项目建设】 落实建设主体采购责任,全年完成环境影响评价、林地可研报告编制、地震安全评价、水土保持方案编制等服务项目招标采购工作,签订合同总金额170152.75万元。确定协和天津校区项目建筑设计方案,完成项目概算核定,项目初步设计批复用地面积466666.1平方米,总建筑面积199995平方米,项目总投资22.63亿元(含1.63亿元征地资金),资金来源为市级财政资金。9月份取得《使用林地审核同意书》《国有建设用地划拨决定书》《不动产权证书》《建设用地规划许可证》等资料,完成土地划拨阶段工作。北京协和医学院天津校区工程建设项目一、二标段启动开工,并分别于9月28日和11月28日召开开工部署会。2023年下达政府一般债合计20322万元,按照项目前期各项工作和合同,2023年合计完成资金支付19438万元。

撰稿:程予奇

【校舍建设维修项目评估管理】 组织专家对天津医科大学口腔医院上报的提升改造建设项目开展拟入(出)库评估论证。协助市教育两委相关处室推进高校建设项目初步设计的评审工作,完成天津市中医药大学国家医学攻关产教融合创新平台、北京协和医学院天津校区、医科大学总医院新建门急诊综合楼项目的评审工作,评审资金592504万元,建筑面积42.8万平方米。

撰稿:程予奇

【食品安全服务】 对各区食品安全情况开展春、秋季市级联合检查。在线下开学期间,对16所市教委直属学校进行食品安全蹲点服务。协助市教育两委相关处室回复、解决校园供餐工作相关人大建议4件及政协提案2件。

撰稿:程予奇

【校服和校车日常管理】 参加学生服产品质量工作研讨会,开展12省市、16区校服管理工作调研,初步拟定《天津市中小学校校服工作指导手册》。整理2022年《学生上下学出行方式情况登记表》各区上报数据,起草2023年秋季校车及接送学生车辆安全检查工作通知、检查表。

撰稿:程予奇

【能源资源统计】 按照市机关事务管理局的要求,对教育系统47家公共机构2022年能源资源消费数据填报的完整性、合理性和匹配性进行审核汇总,计算能耗指标并形成《审核情况统计表》和《能源资源消费情况分析报告》。汇总市教委所属单位、学校《天津市非居民城市生活公共用水节水情况统计表》,填报、审核市教委公共机构用水统计系统。

撰稿:程予奇

【学生资助】 2023年,天津市教育两委把促进家庭经济困难学生成长成才作为学生资助工作的出发点和落脚点,作为学校立德树人工作的重要组成部分,形成学校全员参与、各部门配合、各教育教学环节统筹协调的帮扶机制。为128个预算单位分学段和资助项目制定全年学生资助预算103148万元;资助学生30万人次,发放资助资金10亿余元;甘肃地震后资助受灾学生160人,资助金额15.61万元。推进学生资助管理信息系统全面应用和数据质量全面提升,优化学生资助管理信息系统功能,对各学段"资助系统"信息进行审核,核查中职资助信息1613人次,删除信息30人次。组织开展学生资助信息系统应用培训;强化网络安全保障。动员主流媒体进行资助宣传;以"国家资助 助我成长"为主旨开展主题征稿活动,共107名学生获奖。印发致初中毕业生、致高中毕业生的两封信,开通暑期高校学生资助热线电话,指导各校加强防诈骗警示等教育,做好学生资助舆情应对与应急处置工作,积极稳妥应对突发事件。

撰稿:程予奇

【档案管理】 2023年,综服中心注册建立市教委教育综服中心档案管理科(市教育两委干部人事档案室)政务邮箱。研究起草《市教育两委干部人事档案室近三年工作开展情况报告》。组织召开市教育两委直属单位(含转隶职业院校)干部人事档案工作会议。起草并向市教委直属单位印发《关于做好2023年市教委直属单位干部人事档案利用工作的通知》《关于做好2023年市教委直属单位干部人事档案零散材料收集专项工作的通知》。就2022年度机关及直属单位领导班子成员干部人事档案零散材料以及直属单位中层及以下工作人员的干部人事档案零散材料进行接收、整理、编目、数字化处理。做好机关及直属单位干部人事档案查借阅、接收转递、离退休人员干部人事档案移库等工作。完成8所转隶职业院校领导班子成员及中层干部人事档案集中管理工作。起草并发布有关工作通知,梳理转隶职业院校领导班子、中层及以下工作人员干部人事档案整理情况,就干部人事档案审核、整理、数字化及转递问题对各转隶职业院校组织人事部门进行指导,持续推动转隶职业院校中层及以下工作人员(含管理岗、专技岗及工勤岗工作人员)干部人事档案及数字档案数据集中管理工作,研究起草并印发《关于开展转隶职业院校干部人事档案集中管档工作的通知》。构建市教育两委干部人事档案室离退休干部人事档案信息化管理体系,梳理完成市教育两委(含历史机构改革)机关及直属单位领导班子成员离退休干部人事档案整理工作台账,对库存离退休干部人事档案进行条形码标记,登记相关数据信息,建立信息检索台账;提高干部人事档案管理系统的安全性、能效性和便捷性,维护干部人事档案管理系统及配套硬件,向市教育两委干部人事档案业务主管部门开放干部人事档案管理系统端口及覆盖机关及直属单位全体工作人员干部人事数字档案浏览权限。开展微信公众号、专线铺设等档案信息化建设工作,研究制定并印发《关于印发〈"津教兰台"微信公众号管理办法(试行)〉的通知》。结合《"津教兰台"微信公众号管理办法(试行)》开展业务培训,更新转隶职业院校市教委直属单位干部人事档案工作人员备案库,更新直属单位干部人事档案工作人员通讯录,维护市教育两委干部人事档案管理系统及数据库。协助两委办公室组织召开教育两委机关档案工作迎检联席会议,积极对接相关处室、市档案局有关专家及机关档案信息化工作外包单位,明确工作任务,把握时间节点,制定《市教育两委机关档案迎检准备工作时间表》。向市教育两委机关档案室移交离退休且去世5年以上干部人事档案,并配合市教育两委机关档案室梳理各类相关档案。

撰稿:程予奇

【中心内部建设】 开展安全生产工作,完成消防安全评估、组织检测电气和燃气线路设施、开展网络安全培训。完成办理政府采购运行手续,依法依规完成中心政府采购以及电子商城采购的相关工作。扎实开展学习贯彻习近平新时代中国特色社会主义思想主题教育实践活动,结合中心实际制定《综服中心关于深入开展学习贯彻习近平新时代中国特色社会主义思想主题教育的实施方案》。将学习研讨查找的问题、调查研究发现的问题、推动发展中遇到的问题、群众反映强烈的问题系统梳理形成问题清单,共梳理出问题22项,制定整改措施56项,整改所涉及问题已全部销号。结合主题教育整改,制定完善并落实《综服中心第一议题制度》。

撰稿:程予奇
审稿:白志新

财　　务

【中央下达天津市教育转移支付资金增量实现突破】 2023年,中央对天津市下达支持学前教育发展、城乡义务教育补助经费、现代职业教育能力提升、中央支持地方高校发展、学生资助5项教育转移支付金共计18.59亿元,比上年增加2.37亿元,增长14.6%,相较以前年度实现较大突破。下达天津市的城乡义务教育补助经费中,新增取暖费补助约0.68亿元,这是此项政策首次惠及天津。另外,中央下达天津市现代职业教育能力提升转移支付资金较去年增加0.48亿元,增幅达15.9%,远高于全国平均3.3%

的增幅。

撰稿:李泽华

【中央财政支持地方高校发展专项资金项目】 2023年,天津市继续实施中央财政支持地方高校改革发展项目,中央财政下达市属高校建设资金27690万元,其中:支持3所市属高校"双一流"学科建设项目资金6000万元;支持教学实验平台建设项目47项,建设资金7101万元;支持科研平台建设项目19项,建设资金2898万元;支持实践基地建设项目10项,建设资金858万元;支持改善基本办学条件项目34项,建设资金8260万元;支持人才培养和创新团队建设项目13项,建设资金2573万元。

撰稿:夏　清

【2022年教育经费统计】 2022年,天津市教育经费总收入763.83亿元,比上年减少2.36%。其中一般公共预算教育经费474.88亿元,比上年增长0.4%。各类学校生均一般公共预算教育经费增长情况:幼儿园22348.54元,比上年下降7.05%;普通小学19654.47元,比上年下降4.22%;普通初中28877.17元,比上年下降8.68%;普通高中29029.81元,比上年下降10.08%;中等职业学校25619.45元,比上年增长2.17%;普通高等学校18637.96元,比上年增长4.94%。2022年天津市基本完成国家对财政教育投入的"两个只增不减"要求。

撰稿:李泽华

【调整研究生招生等报名考试收费标准】 为落实教育部关于教育考试组考工作的各项要求,确保考试平稳进行,市教委与市发展改革委、市财政局调整研究生招生考试、大学英语四六级考试和高等教育自学考试的收费标准。其中,研究生招生考试收费标准,从报名费每生50元、考务费每科30元调整为报名考务费每生每科55元,推免生按照每生50元标准进行收费;大学英语四六级考试收费标准,从每生每次25元调整为每生每次40元;高等教育自学考试收费标准,从每生每科40元调整为每生每科50元。市教委研究下发《关于做好研究生招生等报名考试收费有关工作的提示函》,要求天津市教育招生考试院要严格执行考试收费政策,进一步规范和加强教育考试收费管理,切实管好用好考试收费收入。

撰稿:张志勇

【修订市教委系统国有资产使用和处置实施细则】 为进一步规范和加强市教委系统国有资产管理,根据《天津市市级行政事业单位国有资产处置管理办法》等文件,市教委对《天津市教委系统国有资产使用和处置实施细则》进行修订。一是设置高校2000万元资产处置自行审批权限、事业单位200万元资产处置自行审批权限、市教委机关500万元资产处置审批权限;二是明确资产处置收入上缴、报市财政局备案、处置事项完成的工作时限。《实施细则》进一步落实了"放管服"政策精神,扩大了单位资产处置的自主权,明确了资产处置流程,规范了各单位资产处置行为。

撰稿:张志勇

【高校房屋出租(出借)政策改革】 为帮助高校解决在执行房屋出租(出借)政策方面的难点问题,市教委、市财政局对《天津市教育委员会所属公办普通高校房屋及构筑物出租(出借)管理办法》进行修订。一是增设出租(出借)房屋及构筑物的自行审批权限,资产账面原值在800万元以上报市财政局审批,500万元至800万元的由市教委审批,500万元以下的由高校自行审批,政策更加灵活,做到充分放权;二是解决拟出租房屋未取得房屋产权的实际问题,明确规定房屋权属证明材料无法提供的,允许提供第三方出具的法律意见书代替。上述政策的出台,为高校及医院规范开展出租出借行为提供了制度保障。

撰稿:张志勇
审稿:范志华

【天津市教育委员会财务与资产管理中心概况】 天津市教育委员会财务与资产管理中心(简称"市教委财管中心")是市教委直属公益一类正处级事业单位,编制20人,领导职数为1正2副,内设党政办公室、财务与资产管理科、统计及培训管理科3个科室。2023年财管中心实有在编人员16人,其中高级会计师2人、高级统计师1人,中级职称人员5人,中级及以上职称人员占专业技术人员比例达到57%。2023年财管中心持续加强人才队伍建设,推荐评审高级会计师1人,转正定级助理会计师2人,助理工程师1人,招录硕士毕业生3人;年初聘任正科级干部2名、副科级干部1名。稳定合理的人员梯队结构将为财管中心今后健康长远的事业发展提供坚实的人员保障。中心主要职责包括负责天津市教育系统专项业务经费的集中核算与管理;负责天津市教育经费、教育事业基础信息及其他教育信息统计与分析工作;负责教委系统政府采购审核、汇总与报批工作;负责教委系统国有资产管理工作;负责教委系统财务信息化工作。

撰稿:郭福生

【财务与资产管理】 承接天津市教育发展基金会财务核算管理工作,帮助其建立健全相关管理制度8项,工作成果获好评;配合教委财务处完成2023年度教育系统人员培训、骨干选拔工作;配合财务处组织完成教育系统财务、资产、采购管理人员培训14场,组织完成市教育部门财会骨干队伍第一、二期集中培训;配合教委财务处制定预算执行专项检查实施方案,抽调财务及资产相关人员配合完成年度内相关监督检查工作;协助市教委机关完成延迟多年的固定资产专项盘点,启动报废资产清理及处置工作;启动对中心采购、资产档案的整理工作,完成自2014年至2022年度政府采购和资产处置档案资料

的整理及归档;落实巡视整改任务,严格执行档案管理规章,启动凭证影像化系统,实现财务凭证电子化存储;鼓励并创造条件支持中心干部投身教育部、市教育两委各项重点工作,在督政督学、双减核查、事业统计等工作中发挥积极作用。

撰稿:郭福生

【事业统计】 组织完成2023年天津市教育事业综合统计布置培训、汇总上报工作;组织完成2023年天津市学校(机构)代码系统修订工作;组织完成2023年天津市教育综合事业统计季报填报工作;为使各级领导和各有关部门及时掌握教育发展的基本情况,编印《2022/2023学年初天津市教育事业统计信息快报》和《2022年天津市教育事业统计资料》。分别向市统计局、市教科院、市规划局、市财政局、市教委各处室、各相关高校及区教育局提供统计资料与咨询服务。

撰稿:郭福生
审稿:陈　炜

督政督学

【深化教育督导体制机制改革】 召开2023年市政府教育督导委员会全体会议,会议总结2022年教育督导工作,分析面临形势,部署2023年教育督导工作。市政府副市长、市政府教育督导委员会主任张玲同志出席会议并讲话,市委教育工委常务副书记、市教委主任、市政府教育督导室主任荆洪阳同志主持会议,市政府教育督导室总督学王秋岩同志作工作报告,河西区、北辰区、武清区分管负责同志作典型交流发言。完成教育部和天津市战略合作协议重点任务,围绕健全区级督导机构、配齐配强人员、完善条件保障等内容,深入开展调查研究。聚焦发现问题、分析问题、解决问题,特别是对滨海新区、武清区存在的责任督学经费保障问题,予以重点指导推动解决,印发督办函,年底前全市16个区都已实现责任督学工作补助发放。

撰稿:袁　伟

【区政府履行教育职责督导检查】 做好2022年对区政府履行教育职责督导检查反馈意见整改回头看。依据市政府教育督导室2022年对和平、河西、河北、南开、东丽、西青6个区政府履行教育职责督导检查反馈意见,督促6个区政府严格问题整改、制定整改方案、提交整改报告,对6个区政府问题整改情况开展实地复查回访。开展2023年对区政府履行教育职责督导检查。制订2023年对各区政府履行教育职责督导检查方案,明确2023年对各区政府履行教育职责督导检查指标体系,设5个一级指标、20个二级指标和57个三级指标,组织16个区自查自评。划分学生、教师和家长三类群体对象,对各区进行教育满意度调查。选取宁河、宝坻、滨海新区、蓟州4个区政府开展履行教育职责情况实地督查。

撰稿:袁　伟

【落实"双减"督导"一号工程"】 制定印发《天津市2023年"双减"督导工作方案》,从监督角度,在督政府履职、督学校落实、督重点事项、督问题整改4个方面持续推进"双减"工作。配合教育部开展"双减"督导调研,深入河北区、南开区、武清区6所中小学、2家校外培训机构进行实地调研,召开区教育行政部门、责任督学代表和中小学校长、教师代表座谈会,征求意见建议。总结推广责任督学典型经验,向教育部选送天津市5篇责任督学"双减"督导案例和5位责任督学事迹,2篇入选教育部《责任督学"双减"督导典型案例》。编印全市"双减"督导案例集,供责任督学交流借鉴,提高进校督导质量和实效。组织暑期校外培训治理市级督查,依据市"双减"工作专班部署,围绕校外培训机构隐形变异情况,组织16名市级督学后备人员和市文旅、消防等部门专业人员,对全市128家机构开展暑期市级督查,加强违规机构处置。

撰稿:袁 伟

【市、区两级督学队伍建设】 完善责任督学挂牌督导工作制度,制定印发《天津市人民政府教育督导室关于进一步完善责任督学挂牌督导工作制度的通知》,从动态全覆盖、年度计划备案等7个方面健全完善责任督学挂牌督导工作,发挥责任督学"片警""探头"作用。强化市级兼职督学队伍建设,建立市级兼职督学后备人员队伍,优化整体督学队伍的年龄、专业等组成结构,经各方推荐,共确定69名市级兼职督学后备人员,作为下一届市级兼职督学换届后备人选,在"双减"督导等工作中检验、锻炼后备人员队伍。建立市级兼职督学履职调研过程中发现问题直报制度。开展市、区两级督学培训,组织市、区督学代表参加教育部督导培训,掌握最新工作信息和要求。组织全市责任督学代表围绕提高履职能力和"双减"督导开展专题培训。组织教育系统市级兼职督学和区级责任督学代表参加国家教育行政学院履职能力培训。

撰稿:袁 伟

【专项调研督导】 市教委督政处配合教育部开展2023年秋季开学工作专项调研,围绕开学准备情况和教育投入情况,深入3个区10所学校进行实地调研,分别召开有关区和高校座谈会,对调研反馈问题,组织河西区、静海区认真整改。迎接配合教育部开展责任督学挂牌督导工作和督导信息化建设调研,在红桥区实地查看责任督学挂牌督导工作情况并召开责任督学座谈会,在市教育两委召开全市责任督学挂牌督导工作座谈会。联合财务处进行"两个只增不减"通报,以市政府教育督导室、市教委、市财政局名义联合向区政府印发共5期通报和督办函,督促区政府加大财政教育投入、加快预算执行进度、坚决落实"两个只增不减"要求。联合人事处开展教师待遇保障工作督办,以市政府教育督导室名义向津南区、宝坻区、河东区、河北区政府印发督办函,督促区政府尽快解决教师社保公积金迟缴未缴、义务教育教师考评绩效奖励迟发未发等问题,切实保障教师工资待遇。

撰稿:袁 伟
审稿:郭鑫勇

【义务教育优质均衡发展督导评估】 市政府教育督导室对全市16个区、1225所义务教育学校进行全面监测评估分析,针对未达标指标,逐区印发督办函,督促各区加快问题整改。对天津市和平区义务教育优质均衡发展情况进行市级实地督导评估。以天津市和平区为例,对大城市中心城区义务教育优质均衡发展及督导评估认定工作进行专题研究,为修订县域义务教育优质均衡发展国家督导评估认定新规程提供了数据和案例支持。

撰稿:王丽华

【学前教育普及普惠发展国家评估认定】 对照县域学前教育普及普惠发展国家评估认定17项指标,对各区学前教育普及普惠发展情况进行全面监测评估分析,针对未达标指标,逐区印发督办函,督促各区加快问题整改。天津市和平区、河西区、河北区、红桥区通过国家评估认定,成为学前教育普及普惠发展区。

撰稿:王丽华
审稿:王秋岩

审　　计

【专项审计整改】　1月,根据市审计局出具的《闲置资产盘活情况专项审计的审计报告》,完成了审计发现的6类共计21个问题的整改,并将审计整改报告上报市审计局。5月,根据审计署向天津市下达的医保基金和"三医联动"改革相关政策落实专项审计整改通知书,市教委对所属高校附属医院在此次专项审计中发现的问题进行梳理,并召开专题部署会,提出整改工作要求,全部完成了3方面共20个问题的整改。

撰稿:冯　涛

【完成各类专项审计】　2023年3月,审计署专项审计组对城乡义务教育补助经费方面审计发现的3类8个问题征求意见和建议。市教委及时召开专题工作部署会议,针对审计发现的问题,提出修改意见和建议并反馈给审计组。正式审计报告下达后,在主任办公会上通报了本次审计发现的问题,同时积极做好相关整改工作。2023年9月18日,市审计局派出审计组,对市本级2020年至2022年义务教育优质均衡发展政策落实及资金管理使用绩效情况进行审计,重点审计市教委本级及所属中小学、特殊教育学校等15个单位。2023年12月15日,市审计局向市教委下达《义务教育优质均衡发展政策落实及资金管理使用绩效审计报告》,指出市本级5方面共22个问题,相关整改工作持续推进。

撰稿:冯　涛

【内部审计】　2023年3月,按照市教委年度工作安排,成立审计组,对市教委直属单位、直属学校开展经济责任审计,审计共发现内部控制制度建设、固定资产管理等4方面10个问题,整改工作已经完成。11月,按照《民办高等院校办学管理若干规定》要求,市教委成立专项审计组,对北京科技大学天津学院和天津医科大学临床医学院2022年1月1日至2023年6月30日财务收支情况开展专项审计,全面了解学校的财务管理与运营情况,排查各种管理与

运营中存在的隐患,为防范化解风险提供依据。审计共发现这两所学校在"三重一大事项"、内部控制建设体系、财务核算管理、建设项目、学校管理等7方面20个问题,已向学校出具审计结果报告。11月,为落实市审计局发现问题整改要求,市教委成立审计组,对教委机关2022年1月至2023年9月办公用品的采购、核算、库存保管、领用发放及内控制度建立等情况进行审计。审计结果表明,市教委机关能够严格执行办公用品的相关内控制度,确保办公用品管理合规无误。

撰稿:冯　涛

【完善内部审计制度】　2023年,为进一步建立健全市教育系统内部审计制度,提升内部审计工作质量,提高防范化解风险能力,根据相关法律法规,结合市教育系统实际,修订天津市教育系统财务收支、固定资产、建设项目审计实施办法。新修订的办法在审计内容、审计要求上对标对表新颁布的法律法规,细化内部审计流程,约束内部审计行为,提高内部审计规范化水平。2月,根据市委审计办、市审计局的有关要求,制定《市教育两委贯彻落实〈中共天津市委审计委员会办公室关于印发市属高校党政主要领导干部履行经济责任"两个清单"的通知〉的措施》。该措施就市属高校贯彻落实"两个清单"提出了对照职责分工、厘清责任清单、深刻检视问题、查找工作漏洞、分析问题根源、着力补齐短板,研究预判风险、制定防范措施等工作要求,更好地促进市属高校党政主要领导干部履职尽责、担当作为。

撰稿:冯　涛

【内部审计机构队伍建设】　2023年5月,按照市教育两委开展主题教育工作方案相关调研要求,举办市属高校内部审计工作经验交流暨集体调研会。会上邀请天津工业大学、天津职业大学审计处长进行经验分享;与会人员开展座谈,互相介绍优势经验,对审计工作开展中存在的难点、疑点进行交

流。9月,邀请中国内审协会理事、中国内审学会培训委员会副主任、天津市内审协会副会长周庆西教授对全市教育系统内部审计负责人和业务骨干进行授课,深入阐述我国内部审计的历史沿革、当下发展情况以及关注重点。12月,举办教育系统内部审计案例经验交流暨《天津市内部审计工作规定》宣贯会,通过开展内部审计优秀案例交流、演示、点评,提升内部审计人员业务素质,锻炼内部审计队伍,为教育系统内审人员架起相互学习和沟通的桥梁。

撰稿:冯 涛

【内部审计工作"双先"推荐】 2023年8月,根据天津市内部审计协会开展2020至2022年内部审计先进集体和先进工作者评选表彰工作要求,市教委按照市内审协会通知中的评选条件、近3年审计工作量统计、各单位的申报材料情况、重大经济违法案件或重大风险事件情况和创新工作等情况,从市属高校中遴选出3所学校作为先进单位、3名个人作为先进工作者,上报市内审协会进行评审。经市内审协会推荐,天津市教育系统1所高校获评"2020至2022年度全国内部审计先进集体",1人获评"全国先进工作者";2所高校获评"2020至2022年度天津市内部审计先进集体",2人获评"市级先进工作者"。

撰稿:冯 涛
审稿:淡春江

安全稳定

【春季开学安全工作】 受疫情防控政策变化影响,2023年开学季不同以往,市教委要求各单位提前谋划,做好开学前的各项准备工作,加强隐患排查,时刻绷紧安全弦,全方位守护师生健康安全,让师生安全返校、安心工作和学习。从抓好健康防疫、抓好心态引导、抓好交通安全、抓好食品安全、抓好日常活动安全、抓好网络安全、抓好反诈工作、抓好防溺水教育、抓好校园欺凌防范、抓好消防安全、抓好实验室安全、抓好校园安全防范、抓好校园周边综合治理13个方面做好2023年春季开学校园安全有关工作提示。

撰稿:俞建民

【校园周边社会治安重点地区集中排查整治】 按照市委平安天津建设领导小组部署要求,为加强校园周边社会治安重点地区和教育系统突出社会治安问题排查整治,建设更高水平的平安校园,市教委积极推进校园周边社会治安重点地区集中排查整治工作,下发《关于做好2023年校园周边社会治安重点地区集中排查整治工作的通知》,一是深入开展排查,找准找实问题;二是明确整治重点,准确研判问题;三是细化整治方案,明确验收标准;四是扎实推进整治,采取有力措施;五是督导检查验收,加强调查研究。同时,为加强天津市中小学幼儿园安全管理,构建学校安全风险防控体系,认真检视市委巡视组反馈的校园安全薄弱环节,深入贯彻落实《天津市中小学幼儿园安全管理规定》,抓实校园"三防"建设,市教委下发《市教委关于开展校园安全工作专项督导检查的通知》,围绕《天津市中小学幼儿园安全管理规定》关于校园安全的硬性要求,开展校园安全工作专项督导检查,从加强组织领导并周密组织部署、找准突出问题后整改一盯到底、加强经验总结且及时报送信息等三方面开展工作。

撰稿:俞建民

【教育系统道路交通安全工作】 市教委认真贯彻落实《天津市道路交通安全责任制规定》和市安委办关于印发《贯彻〈"十四五"全国道路交通安全规划〉重点工程分工方案和2023年工作要点落实举措》,认真做好2023年教育系统道路交通安全管理和教育工作。一是联合召开教育系统交通安全部署会,8月—9月,与市公安局、市交管局多次召开工作联席会,部署2023秋季学期校园安全工作。二是持续加强交通安全宣传教育,各学校充分利用"国旗下讲话""两微一端"等多种渠道和方式,全覆盖地对师生、家长深入开展宣传教育,持续开展"千警进千校"

"一盔一带"安全守护等交通文明宣传,持续教育师生、家长遵守《天津市道路交通安全若干规定》,并积极推行"1530"安全教育模式,对学生进行常态化道路交通安全宣传教育。三是下发交通安全工作提示,市教委连续下发《关于做好校园交通安全工作的提示》《关于进一步做好中小学幼儿园交通安全的工作提示》《关于做好校园交通安全工作的通知》,从强化校车安全管理、推进实施接送学生车辆"闪送快接"等四个方面开展工作。四是联合开展督导检查,9月,市委教育工委专职副书记孙志良、市公安局副局长赵刚带队到天津市民族中学、天津市第三中学附属小学、中营小学、崇化中学实地检查开学情况以及校门前秩序维护工作。到实地检查了解,学校根据实际情况想办法、用实招,有效减轻校门前的车辆拥堵情况,确保开学平稳。

撰稿:俞建民

【教育系统扫黑除恶斗争常态化】 为进一步增强天津市教育系统防范有组织犯罪侵害校园意识,不断提升师生对有组织犯罪活动的处置能力,市教委制定《天津市教育系统防范有组织犯罪侵害校园指导手册》。为认真贯彻落实好全国扫黑除恶斗争领导小组第一次会议精神,市教委根据市扫黑办《关于开展2023年度全市宣传贯彻〈反有组织犯罪法〉主题宣传周活动的通知》要求,根据教育系统实际工作,下发该通知,重点从加强组织实施、加强工作实效、加强经验总结三个方面开展工作。市教委下发《关于大同市大成双语学校未成年人校园欺凌事件的通报》,以案为鉴,重点从汲取事件教训,加强预防校园欺凌宣传教育、压实学校责任;建立健全校园欺凌工作制度,加强校园巡查;全面排查校园欺凌苗头隐患,健全长效机制;强化组织职能部门协同配合四个方面开展工作,切实做好2023年教育系统常态化开展扫黑除恶斗争工作。

撰稿:俞建民

【危险性玩具产品和学生用品排查治理】 市教委严格按照教育部基础教育司的工作提醒内容,高度重视,统筹安排,持续保障校园环境安全,综合排查治理校园及周边危险性玩具产品和学生用品,全面净化校园及周边社会环境,切实保护青少年身心健康。及时发布相关工作提示,下发《关于做好预防"萝卜刀"等新型危险性玩具的工作提示》。正向引导,加强学生安全宣传教育;防微杜渐,严格管控危险性物品进入校园;家校合力,强化家校携手联防联控工作;加强管理,建立排查治理危险物品长效监管机制。

撰稿:俞建民 李 毅

【预防学生溺水工作】 市教委高度重视防溺水工作,扎实做好重要时间节点的宣传教育提醒,及时印发各类通知提示,确保防溺水工作落实落细。4月,下发《关于加强预防学生溺水工作的通知》,从认真研判风险,压实防溺水工作责任、常态教育提醒,抓好日常防范引导、树牢安全意识,加强集体外出活动管理、强化督导检查,确保防溺水工作实效、密切协调配合,强化防溺水工作合力五个方面要求做好防溺水工作。6月,市教委召开2023年学生防溺水专题会议,提前谋划部署学生防溺水工作,切实维护学生生命安全,并将滨海新区和新五区防溺水工作材料转发给各区教育局,供各单位参考借鉴。7月,与市公安局联合印发《市公安局 市教委印发关于开展预防学生溺水专项行动的工作方案的通知》,重点增强学生防溺水安全意识,落实家长及监护人责任,切实保障广大学生群体生命安全。

撰稿:俞建民 李 毅

【教育系统防范电信网络诈骗工作】 市教委认真贯彻落实全市打击治理电信网络新型违法犯罪工作联席会议精神,加强防范电信网络诈骗工作。通过主题班会、"开学第一课"等多种方式加强警示教育,梳理下发《教育系统电信网络诈骗提示》,使各高校积极把握宣传教育重点,面向全体师生推广下载"国家反诈中心"App,不断加强对学生的日常关注,尽力避免发生校园电信网络诈骗案件。市教委连续下发《关于做好近期防范电信网络诈骗工作的提示》《关于进一步加强教育系统电信网络诈骗犯罪宣传防范工作的通知》等17项反诈相关通知或提示,动态把握教育系统反诈工作重点,筑牢了教育系统反诈安全防线。下发《市教委 市公安局 市网信办关于印发开展"2023反诈校园行"系列宣传活动工作方案的通知》,5月在天津师范大学举办"2023反诈校园行"启动仪式,累计开展101场活动。在落深落细落实"2023反诈校园行"系列宣传活动同时,完成反诈主题短视频征集评选活动,与市公安局、市委网信办联合下发通报,对在短视频征集评选活动中表现突出的单位和优秀作品予以表扬。

撰稿:俞建民

【暑期安全工作】 为认真贯彻落实全市安全生产和社会稳定工作会议部署,认真落实市委书记陈敏尔、市长张工的讲话要求,更好地统筹发展和安全,紧盯考试季、升学季、毕业季、就业季、暑假假期等节点,切实维护师生生命财产安全,做到"四不一确保"(不发生校园安全生产事故、不发生重大治安事件、不发生重大负面舆情、不发生个人极端事件、确保校园安全稳定),市教委下发通知,从掌握学生动态、加强留校学生管理服务保障、加强教育引导、做好防溺水工作、注意交通安全、严控涉校案事件、做好矛盾纠纷排查化解、关注学生心理健康、健康安全上网、确保居家安全、注意旅游安全、抓实安全生产工作、强化隐患排查、防范极端天气、抓实防汛工作、做好值班值守等16个方面对暑期安全工作进行全面部署,确保教育系统暑期安全稳定。

撰稿:俞建民

【2023年度教育系统安全稳定工作培训班】 为深入学习贯彻习近平总书记在党的二十大报告中关于"推进国家安全体系和能力现代化,坚决维护国家安全和社会稳定"的重要论述,深入分析研判新形势下校园安全工作发展趋势,进一步提升天津市教育系统安全稳定工作管理水平,推动2023年度各项安全稳定工作落实,市教育两委在中央党校举办2023年度教育系统安全稳定工作培训班。各高校分管安全工作校领导或安全部门主要负责人,各区教育局分管安全工作局领导或安全部门主要负责人,教科院、考试院、教育安全研究中心、高校附属医院安全部门主要负责人等70余人参加培训。通过本次培训班,全体学员进一步深化对新形势下安全稳定工作重要性的认识和理解,拓宽工作视野,提高防范教育安全风险、应对突发事件的能力水平,为下一步推动落实安全稳定工作各项决策部署打下坚实的基础。

撰稿:俞建民 李 毅

【"闪送快接"工作】 市教委在天津市提升道路交通出行品质"十项攻坚"领导小组的领导下,全面落实《天津市提升城市道路交通出行品质"十项攻坚"工作方案》第二项"重点任务"34项内容中的第12、13、34点涉及教育系统的任务,认真部署教育系统工作。一是加大宣传力度,营造良好氛围,各学校充分利用国旗下讲话、两微一端等多种渠道和方式,全覆盖地对师生、家长深入开展"闪送快接"主题宣传教育,持续开展"千警进千校""一盔一带"安全守护等交通文明宣传,持续教育师生、家长遵守《天津市道路交通安全若干规定》,并积极推行"1530"(每天放学前1分钟、每周放学前5分钟、每个节假日放假前30分钟)安全教育模式,对学生进行常态化道路交通安全宣传教育。二是强化工作落实,加强试点推广,印发《关于印发丰富护学模式缓解校园门前拥堵及"闪送快接"工作方案的通知》,每月定期更新中心城区"闪送快接"工作清单,各区均完成既定的指标要求。同时,将和平区创新"四保两倡"的"闪送快接"工作经验和北辰区集贤里小学创建交通安全示范学校的工作经验推广给各区教育局,认真学习借鉴先进经验。三是提升协同力度,形成工作合力,学校与属地交管、公安建立健全联络联动机制,实行"一校一警"制度,严格"高峰勤务"和"护学岗"制度,实行上下学高峰时段校门口值班制度,共同维护校园门前安全秩序。

撰稿:俞建民 李 毅

【反拐工作】 市教委深入学习贯彻习近平总书记关于严打拐卖妇女儿童犯罪活动的重要指示精神,认真落实《中国反对拐卖人口行动计划(2021—2030年)》要求,将反拐工作作为建设更高水平平安校园的重要一环,不断压实工作责任,不断加大宣传防范力度,不断深化协同配合,切实将工作做实做细。一是抓实宣传教育,强化反拐意识。教育系统各单位通过广播、网络等多种形式加大对义务教育法、未成年人保护法等法律法规的宣传力度。二是建立动态监控,做好控辍保学。教育系统各单位认真履行控辍保学法定职责,健全控辍保学工作机制,准确掌握学生辍学情况,做到控辍有记录、保学有痕迹。三是加强工作统筹,常态化扫黑除恶。市教委印发《天津市教育系统防范有组织犯罪侵害校园指导手册》《关于开展教育系统治理涉校案事件专项行动的实施方案》,将反拐工作与常态化扫黑除恶斗争教育领域整治统筹开展。四是密切协调联动,合力推动落实。市教委牵头落实校园安全工作,积极推动各成员单位发挥职能作用,积极推进法治教育,筑牢防拐反拐防线。

撰稿:俞建民 李 毅

【2023专项行动】 为深入学习贯彻习近平总书记安全生产重要论述和重要指示批示精神,深刻吸取北京长峰医院火灾事故教训,按照全市安全生

产工作部署,市教育两委结合教育系统安全生产工作实际,制定印发《教育系统消防安全专项整治工作方案》,从贯彻中央和天津市工作部署、落实消防责任制等12个方面确定36项具体工作任务。按照教育部2023行动工作部署,市教育两委结合天津市实际,制定印发《教育系统重大事故隐患排查整治2023专项行动工作方案》,从抓好学校消防安全、食堂和宿舍安全等6个方面,提出了13项工作要求。按照全市2023行动阶段工作任务,市教育两委联合市消防救援总队,组织市、区两级联合督导检查组,自2023秋季开学阶段至年底,在教育系统开展2023行动联合督导检查,落实2023行动精准执法、重点帮扶、总结提升阶段任务要求。2023专项行动期间,全市教育系统累计开展安全抽查195次,督促完成隐患整改1035项,开展领导干部宣讲活动40场次,组织开展巡查督导60次,对3所学校开展17次重点帮扶。通过2023专项行动和联合督导检查,各单位进一步牢固树立安全发展理念,健全完善安全管理责任体系,大力开展安全隐患排查整治,提升安全管理"自查、自知、自改"工作能力,促进教育系统本质安全。

撰稿:房　军

【学校风险防控专题培训】　市教育两委邀请教育部应急咨询专家组成员、北京科技大学安全科学与工程系研究员贾水库教授,作题为《坚持底线思维强化责任担当努力做好学校风险防控》的讲座,围绕牢固树立安全发展理念、深入开展隐患排查、强化学校安全责任意识、依法依规履职尽责,切实做好学校风险防控工作等几个方面举办专题培训会议。会议强调,各单位要深入学习贯彻习近平总书记关于安全生产的重要论述和重要指示精神,落实市委、市政府和教育部部署要求,统一思想,切实增强做好安全生产工作的责任感、紧迫感;把健全完善全员安全生产责任体系,压实党政领导责任、部门管理责任、岗位管理职责,作为一项重点工作抓紧抓实;按照"三

管三必须"工作要求,狠抓责任制落实,将安全生产责任落实到每一位领导、每一个部门、每一个岗位,形成一级抓一级、层层抓落实的良好局面;全面排查整改校园安全隐患,紧盯重点部位和重要设施、紧贴重点时段,坚持问题导向,补短板、强弱项,扎实做好学校安全基础工作;加强师生安全教育,完善应急预案,坚决杜绝各类安全事故,为教育事业高质量发展营造安全稳定的校园环境。各高校、各区教育局、各直属学校主要负责同志、分管负责同志、安全部门负责同志,各行业办中职学校主要负责同志,中小学幼儿园校长、园长代表等共约500人参加培训。

撰稿:房　军

【国家安全宣传教育】　市教委紧密依托"4·15"全民国家安全宣传教育日和"11·1"《反间谍法》宣传教育日等重要时机,以领导干部、各级各类学生和教职工为主要宣教对象,全面开展国家安全基础知识和相关政策理论宣讲活动。以"贯彻总体国家安全观,增强全民国家安全意识和素养,夯实以新安全格局保障新发展格局的社会基础"为宣教主题,印发《关于组织天津市教育系统2023年国家安全教育日宣传教育活动的通知》,制定"启动仪式、知识竞赛、微课评比展播和课题调研"四项活动分方案,协调相关成员单位组织全市约48万名师生积极融入国家安全宣教活动中,通过升旗日、主题班会等形式组织召开各类国家安全教育活动启动仪式3000余场次,印发各类宣传海报4万余份、设置宣教电子屏1.2万余块、邀请专家学者及专业人士开展专题讲座活动120余场次、组织开展进军(警)营参观活动52次,组织国家安全知识竞赛230余场次,参观革命遗址12处,评审立项国家安全调研课题85篇。通过上述活动,促进教育系统国家安全知识的推广普及,强化广大师生的国家安全意识,筑牢教育系统国家安全工作基础。

撰稿:刘雅楠
审稿:梁春雨

机关建设

【思想主题教育】 积极协助领导班子紧扣"学思想、强党性、重实践、建新功"总要求,建立相关处室协调配合机制,加强日常调度和专项督导,推进上下联动和"回头看",统筹推动市教育两委班子和机关、直属单位、有关高校各级党组织把学和做结合起来,把查和改贯通起来,把破和立统一起来,在以学铸魂、以学增智、以学正风、以学促干方面取得实效,累计完成问题整改585项,健全制度机制416项,有关经验做法在全市进行典型发言。

撰稿:王福友

【提升党的创新理论学习质量】 进一步落实中心组学习"第一主题"要求,梳理习近平总书记关于教育的重要论述和重要指示批示精神汇编,协助两委理论学习中心组进行集中学习13次,举办高水平专家讲座6次。组织"市教育两委机关正处长和直属单位党组织书记培训班"等4个班次,做到党员教育培训全覆盖,高质量完成党员教育培训"五年规划"。创新青年理论学习,围绕"教育强国有你有我"、书香机关、师德师风建设等,开展青年学习交流和分享。落实意识形态工作要求,组织直属单位中心组学习交叉列席旁听,刊发12期《党支部工作指引》,帮助基层党组织有效巩固理论学习成果。

撰稿:王福友

【基层党组织建设】 召开年度党的建设和纪检工作会议,细化"星级党支部"建设体系并完成第一轮星级认定,进一步提升基层党组织政治功能和组织功能。扎实推进收缴党费、党组织换届、发展党员等基础党务工作落实,适时慰问生活困难和离退休党员干部。高质量抓好巡视整改,举办直属单位全面从严治党暨政治生态建设专题培训,会同相关处室分类开展全面从严治党、干部队伍建设、党组织领导的校长负责制、中心组学习、党费管理、发展党员、党组织换届、组织生活等专项调研,全面提升直属单位党建工作水平。加强廉政建设,主动讲授廉政党课,重要节点发布廉政提醒,常态化开展警示教育,积极营造风清气正干事创业氛围。

撰稿:王福友

【模范机关创建】 搭建机关与直属单位党组织的沟通协作平台,举办"党组织书记论坛",梳理具体事项43项,逐项协调推动解决落实,帮助直属单位破解发展的重点难点问题。抓好精神文明创建,组织开展"文明有礼天津人"系列活动,推荐1人获评"天津好人",青年理论学习小组赴水上公园、周邓纪念馆开展志愿服务,大雪过后清扫道路积雪。市教委12345热线获评"市级机关党员服务示范窗口"。

撰稿:王福友
审稿:梁 宏

网络安全和信息化

【智慧教育示范区、校建设】 2023年,天津市推动落实《国家智慧教育平台天津市试点实施方案》,全市16个区已完成国家智慧教育平台区域管理员账号激活及个人信息完善,总注册用户177万,组建3个专家团队,遴选67所中小学和15所职业院校为智慧教育平台试点校,助推国家智慧教育平台的应用推广。推进河西区国家级智慧教育示范区以及和平区、南开区、宁河区市级智慧教育示范区创建工作，在优化智慧校园新型基础设施建设、建构师生数字素养提升途径与机制、探索新型教学模式变革、提升学校教育治理能力等方面取得阶段性工作成果。开展天津市高校智慧教育示范校遴选，认定10所高校为天津市智慧教育示范校，同时实行动态管理；持续指导10所高校稳步推进智慧校园建设，切实发挥智慧教育示范引领作用。

撰稿：左 卫

【规范教育数字化建设】 印发《天津市教育信息化项目管理规定》，促进教育信息化发展整体规划，规范各单位信息化项目建设全流程管理。分别组织教育信息化项目申请入库专家评审论证，完成271项教育信息化项目入库出库。细化《天津市高等学校智慧校园建设标准》，推进天津市高等学校教学、科研、管理、服务等整体业务和校园环境进行数字化建设，充分利用信息与智能技术，结合业务需求，提升学校信息化基础建设、网络安全体系化建设、信息数据资源建设、校园环境的数字化建设，提升智慧校园的整体水平和教育治理能力。

撰稿：刘 勇

【数据安全和个人信息保护】 编制印发《天津市教育数据管理办法（试行）》，加强天津市教育数据管理，支撑全市教育教学管理改革和科学决策，确保教育数据全生命周期管理。面向教育系统产生的各类教育数据，包括学校、教职工、学生基础数据以及教育、教学、科研产生的数据和在此基础上拓展形成的常态数据，对各类教育数据的采集、应用、共享、开放、维护和安全等进行规范管理。明确组织架构及职责，并将数据安全纳入网络安全责任制考核评价机制，要求各单位落实数据安全分级分类管理，对含有大量个人信息的系统进行重点防护，压实数据安全工作责任。印发《天津市教育系统网络数据安全事件应急预案（试行）》，坚持"谁管业务，谁管业务数据，谁管业务数据安全""谁主管谁负责、谁使用谁负责、谁运维谁负责"原则，建立健全网络数据安全事件应急工作机制，提升教育系统网络数据安全事件应急处置能力和水平。

撰稿：刘 勇

【智慧教育平台优秀案例选树】 按照教育部工作统一部署，组织天津市教育系统各单位报送国家智慧教育平台应用创新案例，各单位按照要求梳理本单位智慧教育平台建设应用创新案例。经各单位自评，市教委组织专家评审，评选出智慧教育平台市级应用典型案例共20项，包括高等教育3项、职业教育5项、基础教育12项，按教育部要求择优上报。

撰稿：刘 勇

【网络安全培训】 9月11—15日，教育系统网络安全保障专业人员（ECSP）培训天津班开班，教育部教育管理信息中心副主任曾德华、市委教育工委专职副书记孙志良出席开班仪式并致辞。本次培训共有来自各省市及天津市教育系统网络安全战线122名学员参训，天津市教育系统各单位网信工作分管负责同志参加本次培训的开班仪式。此次培训涉及专业管理人员（ECSP—M）和数据安全员（ECSP—D）两类，课程包括教育网络安全政策要求、网络安全等级保护2.0、网络安全体系规划建设、数据安全法律法规及合规要求、数据保护关键技术、数据价值及数据挖掘等各个方面。

撰稿：刘 勇

【加强新型基础设施建设】 贯彻落实中央和天津市委、市政府关于加快通信基础设施建设的指示精神，促进5G网络建设，完成天津市教育系统2023年5G网络建设任务，全年总计完成站址建设5个。推进IPv6在教育系统的规模部署和应用工作，各高校开展门户网站IPv6支持度自查，确保各级链接IPv6支持率达到90%以上；各高职院校提前谋划部署，提前做好网站IPv6升级改造前期准备工作，推动IPv6规模部署。保障天津教育科研网络安全正常运行，全年巡检教育科研网主机房线路设施和室外线路共计379次，抢修线路86次，配合市政建设完成线路切改11次。

撰稿：刘 勇
审稿：王振刚

校外培训监管

【校外培训机构常态化治理】 2023年,市教委充分发挥市"双减"工作专门协调机制作用,牵头完善政策制度、创新监管方式、加强统筹调度、部署专项行动、开展督查检查,强力推进天津市"双减"工作。印发2023年天津市"双减"工作重点任务,明确各成员单位任务分工。全面梳理总结天津市"双减"实施两周年工作开展情况,分析存在问题,明确下一步工作重点。7月21日,天津市在全国"双减"工作推进会上作典型发言。市教委围绕培训广告、培训合同、培训内容、培训材料、从业人员、培训时间、培训地点、资金监管等重点内容,全年部署开展10余次专项行动,依法查处违法违规校外培训行为,不断规范校外培训秩序。持续开展"双减"阶段性重点任务督查检查工作,发现问题,督办整改,形成管理闭环。

撰稿:宋美超

【学科类隐形变异培训治理】 10月12日,市教委等十二部门联合印发《天津市加强学科类隐形变异培训防范治理工作实施方案》,制定20项重点任务,健全学科类隐形变异培训预防、发现、查处工作机制,明确有关部门工作职责。将学科类隐形变异培训防范治理纳入社区街道网格化综合治理体系,实施变相违规培训周报制度,压实属地管理责任。

撰稿:宋美超

【规范非学科类校外培训】 3月31日,市教委等十四部门联合印发《天津市规范面向中小学生的非学科类校外培训的实施方案》,明确20项重点任务,进一步理顺相关职能部门在非学科类校外培训审批、监管等方面的工作职责。4月23日,市教委等五部门联合印发《非学科类校外培训类别细目清单》,明确体育类86项、文化艺术类20项、科技类7项培训项目,为各区更好开展非学科类培训审批、监管工作提供支撑。11月10日,市教委等十五部门联合印发《天津市加强新时代中小学科学教育工作的若干举措》。

撰稿:宋美超

【违规校外培训行政执法】 市教委高度重视违规校外培训行政执法工作。加强教育行政执法队伍建设,全市各级教育部门统筹356名行政执法人员参与校外培训治理工作,校外培训监管工作人员中持有执法资格证人员占比率达到100%。《校外培训行政处罚暂行办法》颁布后,及时面向全市各区教育行政部门开展专题培训,提升执法人员的行政执法水平。坚持处罚与教育相结合,加大严重违规培训打击力度,全市全年累计查处隐形变异学科类培训172起,督促314个无证非学科类校外培训场所完成整改,对违规校外培训活动作出行政处罚决定37件,累计罚没款78万余元。加强政策宣讲和普法宣传,先后召开较大规模学科类校外培训机构座谈会和艺考培训机构座谈会,督促机构合规经营,警示开展违规培训后果,提高治理效能。

撰稿:宋美超

【应用信息化管理措施】 市教委全面应用教育部校外教育培训监管与服务综合平台,依托平台对校外培训机构培训资质、资金、材料、人员、场所等进行全方位、全过程监管。加强培训预收费资金监管,通过"校外培训家长端"手机应用程序实现的购课和消课金额、监管账户余额等指标在全国保持领先。加强宣传引导,统筹传统媒体与新媒体,通过印发家长信、发布消费预警等多种形式,引导广大家长树立科学育儿观、成才观,自觉抵制违规培训,通过教育部平台选机构、买课程、交费用,提升风险防范意识。

撰稿:宋美超

【畅通校外培训监督举报渠道】 市教委畅通监督渠道,统筹监督举报电话、邮箱、信访举报等途径,营造群防群治的监督局面。全年通过综合平台、来电、信访等渠道接到问题线索、政策咨询463件次,转递属地区核查处置问题线索230条。

撰稿:宋美超
审稿:王 鹏

教育媒体

【天津市教育融媒体中心成立】 1月30日,市教育两委下发《市委教育工委 市教委关于设立天津市教育融媒体中心的通知》,决定在天津财经大学设立天津市教育融媒体中心。中心由天津市各高校、各区教育局,中国医学科学院放射医学所、血液病研究所、生物工程研究所,市教育科学研究院、市教育招生考试院、市教委直属学校、教育综合服务中心、天津教育报刊社等单位组成。组成人员包括成员单位负责新闻舆论工作的宣传思想工作部门负责人,以及根据需要聘请的专家顾问等。中心组建教育系统市、校(区)两级通讯员队伍。

撰稿:胡海桃
审稿:胡 洪

【天津教育报刊社概况】 天津教育报刊社自1996年成立以来,秉承"讲好天津教育故事 写好教育奋进之笔"的宗旨,践行传播先进教育理念、推动教育改革与发展、为教育发展营造良好舆论环境的重要责任,成为市教育两委指导天津市教育工作的重要舆论阵地。2023年,天津教育报刊社主动融入市教育两委融媒体宣传矩阵,加快构建新型全媒体传播体系,创新体制机制,融合改革迭代升级,持续提升各媒体平台的传播力、引导力、影响力和公信力,教育专业媒体品牌效应凸显,获广大师生家长的好评。

天津教育报刊社编辑出版《天津教育报》《天津教育》《家长》《启蒙》杂志,拥有微信公众号"天津教育报""天津教育头条""天津教育发布",视频号"天津教育报""天津教育发布",天津教育报今日头条号、抖音号"津彩教育"等新媒体平台。中国教育报刊社天津记者站设在天津教育报刊社。

《天津教育报》创刊于1996年,是天津教育系统唯一的专业报纸,是天津市教育新闻宣传的主阵地和展示天津教育改革发展成果的重要窗口,是天津教育宣传工作的"排头兵"。

《天津教育》创刊于1950年,是中华人民共和国成立后天津市教育行业创办的第一本教育专业指导类期刊,也是天津市历史最悠久的教育期刊。

《启蒙》创刊于1986年,是天津市第一本学前教育领域的专业期刊,是"国家期刊奖百种重点期刊""中国北方重点期刊""天津市优秀期刊"。

《家长》创刊于1992年,是面向中小学生家长的家庭教育类专业期刊,是"中国北方优秀期刊""天津市优秀期刊"。

撰稿:魏 红

【重量级新闻专栏】 2023年,天津教育报刊社深入学习贯彻落实党的二十大精神,紧紧围绕市教育两委中心工作,及时发布最新教育方针政策,宣传天津教育高质量发展成果。及时报道天津市深入实施"科教兴市人才强市行动",统筹推进教育科技人才一体发展的实际行动。《天津教育报》《天津教育》及各新媒体平台推出多个重量级新闻专栏,宣传天津教育高质量发展的各项成果:"守立德树人初心,弘扬教育家精神"专栏,刊发教师对职业精神的感悟与实践;"聚焦思政人,打造思政金课"专栏,报道天津大中小学在思政育人方面取得的成果;"十项行动,见行见效——科技领航看高校"专栏,展示天津高校落实"科技兴市人才强市行动"的亮点和成绩;教师节策划推出"躬耕教坛、强国有我"专版,宣传"全国教书育人楷模""全国高校黄大年式教师团队""天津市优秀教师"的先进事迹,全方位营造重教、爱教、乐教的校园氛围。

撰稿:魏 红

【互联网融媒体发展】 面对互联网融媒体传播的飞速发展,天津教育报刊社加快深度融合发展创新。微信公众号"天津教育报""天津教育头条""天津教育发布",视频号"天津教育报""天津教育发布",抖音号"津彩教育"在深度融合上创新发力,为天津教育高质量发展提供有力舆论支持。2023年,《天津教育报》微信公众号全年推送文章1900余篇,粉丝数量24.7万,累计增长1.3万,全年阅读量达到410万以上。视频号全年推送视频800余个,累计播放量200万以上。抖音号"津彩教育"全年推送作品800多个,其中20多个作品进入同城榜或热榜前5名。推出天开高教科创园系列报道65篇,多篇被市教委融媒体中心其他成员单位转载。中国教育报刊社天津记者站在《中国教育报》、中国教育新闻网、中国教育报客户端等平台上发表数百篇关于天津教育成就、亮点的新闻报道,发稿量创历年之最,提升了天津教育在全国的影响力。

撰稿:魏 红

【为学生和家长办实事】 天津教育报刊社开展"为考生办实事"系列公益活动,服务中高考考生和家长。为助力高考考生选择适合自己的大学,天津教育报刊社于2023年高考后第一时间举办高校招生咨询会,联合百余所天津市及外省市高校为考生和家长开展志愿填报指导咨询公益服务。2023年春季学期,天津教育报刊社邀请名师、教研员录制百余节"名师公益指导课",通过报刊社视频号和公众号播出,受到考生和家长的欢迎。6月,天津教育报刊社推出"2023热门高中探校行"系列活动,走进17所优质高中,通过镜头深度探校,为考生选择适合自己的高中校提供科学、客观的参考。天津教育报刊社还举办中招咨询会,组织近百所高中学校为考生和家长提供咨询服务。天津教育报刊社还开展了"小演说家"青少年语商展示活动、"你好青春"中学生光影留声风采展示活动等系列公益活动,为中小学生提升素养、展示风采提供平台,助力"双减",推进素质教育。

撰稿:魏 红
审稿:杜 娟

各级各类教育

高等教育

【综述】 2023年，天津市深入推进新型教学组织和产教融合创新平台建设。组织开展国家级现代产业学院建设申报与遴选推荐工作，推荐天津科技大学生物医药现代产业学院等5个学院申报国家级现代产业学院。与市发展改革委、市工信局制定《天津市现代产业学院建设总体方案》并报教育部。认定天津科技大学生物医药现代产业学院等5个学院为天津市级现代产业学院，认定15个市级现代产业学院建设单位。持续推进天津大学未来技术学院、南开大学软件学院等10个特色化示范性软件学院建设。指导天津大学等4所普通高校和职业大学等4所职业院校合作共建4个新型产业学院，研究制定《天津市高等学校新型产业学院建设核心指标》《天津市高等学校新型产业学院建设方案（模板）》，探索多种形态的产教融合型产业学院改革创新。

公布2022年度天津市级教学团队和第十六届天津市高等学校教学名师奖评审结果，共评选出2022年天津市级教学团队26个，评选出第十六届天津市高等学校教学名师奖获奖教师25位。以赛促建鼓励教师教学创新。组织举办第三届高校教师教学创新大赛天津赛区比赛。评选出一等奖16名、二等奖38名、三等奖56名；评选出优秀组织奖10个。8月，在浙江大学举办的全国现场赛中，天津市高校在该项赛事中首次获得一等奖2项、二等奖2项、三等奖7项，天津科技大学获参赛高校优秀组织奖。

组织实施2023年市级教学改革项目立项，瞄准课程思政、基础学科、产教融合、创新创业、"新四科"建设等重点领域布局311项研究项目，组织开展首批天津市级普通高校优秀基层教学组织评选工作，经各学校推荐、专家委员会评审，初步评选出25个天津市级普通高校优秀基层教学组织。

组织做好大学生创新创业训练项目管理工作。全年共立项建设890个国家级大创项目、1861个市级大创项目、5728个校级大创项目。5月，在教育部发起的"国家级大学生创新创业训练计划"十五周年庆典表彰大会上，天津市教委获地方教育行政部门优秀组织奖，天津大学获中央部委所属高校优秀组织奖，天津理工大学获地方所属高校优秀组织奖，南开大学徐大振、天津大学程振洲获最佳导师奖，实现表彰项目所有奖项全覆盖，取得历届以来最好成绩。

（撰稿：孙　亮　张茅月）

【加强一流本科教育】 2023年，天津市教委起草《天津市普通高校学科专业优化调整实施方案》，指导各高校编制校级学科专业优化调整实施方案。召开市属高校本科专业对接产业链工作推动会，梳理各市属高校本科专业和教学资源建设对接产业链情况，印发推动本科人才培养对接产业链的工作举措。发布全市高校本科人才培养资源清单，促进高校人才培养、社会需求和学生就业有效衔接。1月，印发《关于贯彻落实党的二十大精神深入推进高校课程思政建设的通知》，指导天津各高校开展课程思政改革与实践。组织各学校撰写课程思政工作报告,对天津市高校2023年上半年课程思政建设情况进行调研和阶段总结。组织开展评选工作,初步选出102门课程为市级课程思政示范课程,选出41个教学案例为市级课程思政优秀教学案例(本科)。坚持党对教材工作的领导,推动高校打造优质教材资源。经各学校推荐、专家委员会评审,初步确定56种教材入选天津市级精品教材建设项目范围。组织专家对天津市33个国家级实验教学示范中心进行入校考核。推荐典型案例4个,确定需要整改的示范中心3个。组织召开天津市高校国家级实验教学示范中心阶段性总结工作暨实验教学示范中心建设工作推进会。

撰稿:孙　亮　张荞月

【大学生学科竞赛】 2023年,天津市教委共举办23项大学生学科竞赛,共有来自142所学校和单位的98642个项目、340444学生人次、81692人次指导教师参赛。其中普通本科院校及大学软件学院共有250698学生人次报名参赛;驻津高校、部队院校及高职高专院校共有87494学生人次报名参赛;省外院校共有2252学生人次报名参赛,比赛影响力及范围进一步扩大。

中国国际大学生创新大赛天津赛区竞赛由天津大学承办,市教委组织普通高校、职业院校、高中参加高教主赛道、"青年红色筑梦之旅"赛道、职教赛道、萌芽赛道和产业命题赛道等5个赛道,天津市共有78所学校参赛,参赛项目达60747个,参赛学生达283158人次,较上年增长230%和205.2%,通过校赛、市赛初赛、市赛决赛、市赛争霸赛四个阶段,遴选出115个项目参加全国总决赛,最终获30金、16银、66铜的成绩。

2023年全国大学生数学建模竞赛天津赛区竞赛由天津理工大学承办,共有37所学校参赛。共产生天津赛区一等奖450人次、二等奖828人次。

2023年全国大学生电子设计竞赛天津赛区竞赛由天津大学和天津工业大学共同承办,共有25所高校参赛。共产生天津赛区一等奖120人次、二等奖150人次、三等奖243人次。

2023年"外教社杯"天津市大学生翻译竞赛由天津外国语大学承办,共有31所学校参赛。共产生天津赛区一等奖20人次、二等奖40人次、三等奖40人次。

2023年全国大学生广告艺术大赛天津赛区竞赛由天津师范大学承办,共有40所学校参赛。共产生天津赛区一等奖127人次、二等奖210人次、三等奖345人次。

2023年华北五省(市、自治区)大学生计算机应用大赛天津赛区竞赛由天津科技大学承办,共有23所学校参赛。共产生一等奖89人次、二等奖56人次、三等奖72人次。

2023年华北五省(市、自治区)大学生人文知识竞赛天津赛区竞赛由天津师范大学承办,共有20所学校参赛。共产生一等奖20人次、二等奖30人次、三等奖50人次。

2023年华北五省(市、自治区)大学生机器人大赛天津赛区竞赛由天津工业大学承办,共有18所学校参赛。共产生一等奖32人次、二等奖52人次、三等奖75人次。

2023年天津市大学生信息技术"新工科"工程实践创新技术竞赛由天津职业技术师范大学承办,共有22所学校参赛。共产生一等奖197人次、二等奖299人次、三等奖340人次。

2023年天津市第十六届大学生工业与艺术设计竞赛由天津商业大学承办,共有27所学校参赛。共产生一等奖170人次、二等奖336人次、三等奖420人次。

2023年第十二届天津市大学生校园微视频大赛由天津体育学院承办,共有37所高校派队伍参赛。共产生一等奖89人次、二等奖231人次、三等奖348人次。

2023年全国大学生先进成图技术与产品信息建模创新大赛天津赛区竞赛由天津大学承办,共有19所学校参赛。参赛对象主要为电子、自动化、机械等相关专业的学生。共产生一等奖71人次、二等奖79人次、三等奖72人次。

2023年天津市第十届大学生动漫与数字创意设计大赛由天津职业技术师范大学承办,共有22所学校参赛,其中包括3所北京及河北省高校。共产生一等奖97人次、二等奖154人次、三等奖462人次。

2023年天津市大学生生命科学竞赛由南开大学承办,共有18所学校参赛,其中包括4所河北省高校。共产生一等奖54人次、二等奖82人次、三等奖172人次。

2023年天津市大学生信息安全网络攻防大赛由天津市大学软件学院承办,共有19所学校参赛,其中包括1所河北省高校。共产生一等奖20人次、二等奖30人次、三等奖44人次。

2023年全国大学生市场调查与分析大赛天津赛区竞赛由天津财经大学承办，共有20所学校参赛，其中包括1所河北省高校。共产生一等奖356人次、二等奖177人次、三等奖239人次。

2023年天津市大学生外语学科竞赛包括演讲、写作和翻译三个分竞赛，由天津大学和天津市译协承办，共有31所学校参赛，其中部队院校1所。共产生特等奖13名、一等奖24名、二等奖35名、三等奖35名。

2023年天津市第十一届普通高校大学物理竞赛由天津科技大学承办，共有18所学校参赛。共产生特等奖10名，一等奖42名、二等奖91名、三等奖130名。

2023年天津市第八届大学生化学竞赛由天津工业大学承办，共有18所学校参赛，其中包括1所河北省高校。共产生一等奖207名、二等奖427名、三等奖628名。

2023年"启诚杯"第十二届天津市大学生人工智能电脑鼠竞赛由南开大学承办，共有17所学校参赛，其中包括1所北京市高校。共产生一等奖74人次、二等奖92人次、三等奖144人次。

2023年中国大学生工程实践与创新能力大赛天津赛区竞赛由天津职业技术师范大学承办，共有18所学校参赛，其中包括1所河北省高校。共产生一等奖152人次、二等奖223人次。

2023年天津市大学生科技美术设计创新作品大赛由天津美术学院承办，共有29所学校参赛，其中包括7所河北省高校、2所北京市高校。共产生一等奖205人次、二等奖348人次、三等奖473人次。

2023年天津市普通高校大学数学竞赛由天津理工大学承办，共有24所学校参赛，其中包括1所河北省高校。共产生特等奖47名、一等奖148名、二等奖198名。

撰稿：张必兰

【中国国际大学生创新大赛】　中国国际大学生创新大赛（2023）（前身为中国国际"互联网+"大学生创新创业大赛，以下简称"大赛"）由教育部、中央统战部、中央网信办、国家发展改革委、工业和信息化部、人力资源和社会保障部、农业农村部、中国科学院、中国工程院、国家知识产权局、国家乡村振兴局、共青团中央12个国家部委同天津市人民政府主办，天津大学承办。6月9日，大赛"红旅"活动在天津港启动，天津市委书记陈敏尔，教育部党组书记、部长怀进鹏，教育部党组成员、副部长吴岩出席。12月3—6日，大赛总决赛及同期活动成功举办，天津市委书记陈敏尔出席相关活动，教育部党组书记、部长怀进鹏，天津市委副书记、市长张工出席并讲话，教育部党组成员、副部长吴岩主持大赛优秀项目资源对接会，天津市委常委、市委教育工委书记王旭，天津市副市长张玲出席活动。天津市实现金牌数、奖牌数重大突破，创造天津市获奖最佳纪录，并首次登上冠军争霸赛舞台。其中，在高教主赛道，天津大学的1个项目荣获季军，天津大学、天津科技大学等高校的9个项目获金奖，天津大学、中国民航大学等高校的6个项目获银奖，南开大学、天津医科大学等高校的37个项目获铜奖，各高校推荐的31个国际参赛项目获奖；在"青年红色筑梦之旅"赛道，天津大学、南开大学等高校的3个项目获金奖，天津大学的1个项目获银奖，南开大学、天津美术学院等高校的14个项目获铜奖，3个项目入围总决赛；在职教赛道，天津电子信息职业技术学院、国家开放大学天津分部等高校的2个项目获金奖，天津电子信息职业技术学院的1个项目获银奖，天津滨海职业学院、天津职业大学等高校的13个项目获铜奖；在产业命题赛道，天津大学、南开大学等高校的10个项目获金奖，天津大学的2个项目获银奖、2个项目获铜奖；在萌芽赛道，天津市第一中学滨海学校、天津市第四中学等学校的5个项目入围总决赛；天津市荣获省市优秀组织奖，天津大学荣获高校集体奖。大赛直接促成一批优秀项目落地天津市，12个项目在天津市各区落地转化，18个项目及团队落户天开高教科创园核心区。

撰稿：许　晶

【本科教育发展新布局】　组织南开大学、天津大学联合申报教育部高等教育综合改革试验区，争取国家高等教育综合改革试点资格。制订天津市区域高等教育综合改革试点方案，全力争取发展政策和资源支持。围绕教育强国建设，面向高校开展全覆盖调研，组织专题座谈会，协助推进规划相关谋划和落实工作。

撰稿：许　晶

【基础学科拔尖学生培养工程】　全面启动市级基础学科拔尖学生培养基地的培育建设。印发《市教委关于实施天津市普通高等学校基础学科拔尖学生培养基地建设行动计划的通知》，明确市属高校基础学科拔尖基地建设的内涵要求及五年规划等。印发《市教委关于做好2023年度基础学科拔尖学生培养基地建设工作的通知》部署年度基地建设工作。认定天津师范大学沈德立心理学拔尖学生培养基地等5个基地为市级基础学科拔尖学生培养基地建设单位。

撰稿：许　晶

【新型教学组织和产教融合创新平台建设】　对接天津市重点产业链规划建设现代产业学院。牵头与市发展改革委、市工信局共同制定《天津市现代产业学院建设总体方案》。印发《市教委关于组织开展第二批现代产业学院建设与申报遴选工作的通知》推进市级现代产业学院建设。认定天津科技大学生物医药现代产业学院等5个学院为天津市级现代产业学院，认定15个市级现代产业学院建设单位。按照教育部部署，组织开展国家级现代产业学院建设申报与遴选推荐工作，推荐天津科技大学生物医药现代产业学院等5个学院申报国家级现代产业学院。探索职普融通型产业学院建设，推进天津大学等4所普通高校和天津职业大学等4所职业院校合作共建4个新型产业学院，研究制定《天津市高等学校新型产业学院建设核心指标》《天津市高等学校新型产业学院建设方案(模板)》，探索多种形态的产教融合型产业学院改革创新。持续推进天津大学未来技术学院、南开大学软件学院等10个特色化示范性软件学院建设。

撰稿：许　晶

【本科教育教学改革与实践】　推动实施市级本科教学改革专项计划。制定印发《天津市高等学校本科教学改革与质量建设研究计划项目管理办法》，完善项目过程管理。组织实施2023年市级教学改革项目立项，瞄准课程思政、基础学科、产教融合、创新创业、"新四科"建设等重点领域布局311项研究项目，组织完成上轮立项的市级教改项目结题验收，认定29个项目验收结果为优秀，154个项目验收通过。持续推动本科教学改革实践，加强未来成果培育，夯实本科教育基础。

撰稿：许　晶

【高校本科教育教学审核评估】　制定印发《"十四五"期间天津市普通高等学校本科教育教学审核评估方案》。召开天津市本科教育教学审核评估工作启动暨培训会，整体部署、全面启动天津市高校本轮评估工作。确定市教育招生考试院教育质量评估监测中心负责天津市地方高校本轮审核评估工作的具体实施，天津师范大学、天津外国语大学、天津财经大学3所试点高校首批开展审核评估。

撰稿：许　晶

【高校图书文献信息管理】　制定天津市普通本科高校图书馆文献资源采购和使用管理指导办法，切实加强图书文献资源特别是电子文献资源的建设、使用与管理，防范重大风险，构建应急机制，持续提升图书文献服务本科教学科研工作的能力。开展问题读物专项排查整治等工作。

撰稿：许　晶

【本科专业建设】　教育部公布2022年度本科专业备案和审批结果，批准天津市市属高校增设26个本科专业，同意2个本科专业调整学位授予门类，同意6所市属高校撤销15个本科专业。做好2023年度本科专业备案和审批工作，各高校共申报设置20个本科专业，申请撤销25个本科专业。

撰稿：孙　亮

【卓越法治人才培养】　召开法治人才培养工作座谈会，传达中共中央、国务院《关于加强新时代法学教育和法学理论研究的意见》精神。落实教育部关于建设涉外法治人才培养创新实践基地的部署，推荐南开大学等5所高校参加遴选。中国民航大学法学院获批国家级涉外法治人才培养创新实践基地建设单位。

撰稿：孙　亮

【高校课程思政建设】　印发关于贯彻落实党的二十大精神深入推进高校课程思政建设的通知，指导各高校开展课程思政改革与实践。组织做好课程思政工作成效阶段性总结。启动2023年课程思政示范课程、优秀教材和优秀案例认定工作。同意102门课程为2023年天津市普通高校课程思政示范课程，同意51种教材为2023年天津市普通高校课程思政优秀教材，同意41个案例为天津市级课程思政优秀教学案例(本科)。

撰稿：孙　亮

【基层教学组织建设】　启动首批天津市高等学校市级优秀基层教学组织评选工作。认定25个基层教学组织为天津市普通高校市级优秀基层教学组织。

撰稿：孙 亮

【教材建设】 启动首批天津市级精品教材建设项目。对各学校申报的首批天津市级高等学校精品教材建设项目进行评选,同意57种教材备选立项。邀请教育部课程教材研究所和中国人民大学知名学者,为全市高校开展教材建设、使用与管理工作培训,推动习近平法治思想"三进"工作和马工程教材使用工作落实落地。

撰稿：孙 亮

【本科毕业论文工作】 召开全市高校2022—2023学年本科论文抽检工作会,反馈上一轮抽检工作结果,部署并启动2023年工作。启动2022—2023学年本科论文抽检,顺利完成抽检各项工作。做好市级论文推优,53篇本科生毕业设计(论文)被评选为第十三届天津市级本科生优秀毕业设计(论文)。启动实施第十四届市级优秀毕业设计(论文)评选工作。

撰稿：孙 亮

【医药领域腐败问题专项整治】 按照国家卫生健康委工作部署,落实天津市集中整治工作要求,组建教育系统集中整治工作专班,指导天津医科大学、天津中医药大学做好学校及附属医院腐败问题集中整治工作。

撰稿：孙 亮

【一流本科课程建设"双万计划"】 深入推进一流课程"双万计划"。6月,教育部公布第二批国家级一流本科课程名单。天津市高校共有147门课程入选,其中包括28门线上一流课程、14门虚拟仿真实验教学一流课程、42门线上线下混合式一流课程、57门线下一流课程、6门社会实践一流课程。

撰稿：张必兰

【新增专业合格评估】 11月,启动实施2023年普通高校本科新专业评估暨学位授权审核工作。组织有关高校,从办学指导思想、师资队伍、教学条件、教学过程、教学管理和教学效果6个方面对15所高校首年产生毕业生的新增专业进行合格评估。经市教委审核,38个专业评估审核结果为"合格",2个专业评估审核结果为"整改"。

撰稿：张必兰

【教学团队和教学名师奖评选表彰】 开展2023年天津市级教学团队和第十七届天津市高等学校教学名师奖评审工作,经各学校推荐申报、市教育两委组织专家评审委员会评审,评选出2023年天津市级教学团队25个,评选出第十七届天津市高等学校教学名师奖获奖教师20位。

撰稿：张必兰

【全国高校教师教学创新大赛】 组织举办第三届高校教师教学创新大赛天津赛区比赛,评选出一等奖16名、二等奖38名、三等奖56名、优秀组织奖10个。全国大赛中天津市参赛队伍共获一等奖2项、二等奖2项、三等奖7项,天津科技大学获参赛高校优秀组织奖。

撰稿：张必兰

【大学生创新创业训练计划项目体系构建】 为纵深推进创新创业教育改革,强化大学生创新精神、创业意识和创造能力,市教委下发《市教委关于开展2023年大学生创新创业训练计划项目工作的通知》,组织开展2023年大创项目立项、中期检查和结题验收工作,共立项建设890个国家级大创项目、1861个市级大创项目、5728个校级大创项目。5月,在教育部发起的第十五届"国创计划"十五周年的表彰大会上,天津市教委获地方教育行政部门优秀组织奖,天津大学获中央部委所属高校优秀组织奖,天津理工大学获地方所属高校优秀组织奖,南开大学徐大振、天津大学程振洲获最佳导师奖。

撰稿：张必兰

【实验教学示范中心阶段性总结】 2023年,组织完成对天津市33个国家级实验教学示范中心和135个市级实验教学示范中心阶段性总结入校考察工作,天津市文学国家级实验教学示范中心(南开大学)、化学化工国家级实验教学示范中心(天津大学)、针灸国家级实验教学示范中心(天津中医药大学)和工程训练国家级实验教学示范中心(天津职业技术师范大学)4个实验教学示范中心入选教育部优秀案例。

撰稿：张必兰
审稿：徐 震

基础教育

【综述】 2023年，天津市推进学前教育普及普惠发展，巩固提升学前教育普及普惠水平。2023年，全市学前三年毛入园率达到94%，普惠性幼儿园覆盖率达到87%，公办园在园幼儿占比达到55%，提前完成国家和天津市"十四五"相关任务目标，广覆盖、保基本、有质量的学前教育公共服务体系已基本建成。

制定印发《市委教育工委 市教委等十九部门关于印发〈天津市基础教育综合改革国家实验区建设工作推进落实机制〉的通知》和《市教委 市人社局 市财政局关于印发实施基础教育优质资源辐射引领2.0工程的若干措施的通知》。进一步完善合作共建学校、集团化办学、学区化办学、城乡学校帮扶共同体、区域教育发展共同体工作模式。全市成立教育集团95个，集团成员校共计369所。市教委直属学校等优质教育资源与红桥、津南、宝坻等区域新建学校合作办学达到39所，中心城区间以及中心城区与环中心城区、远城区，分别结成14个区域教育发展共同体。学区化办学比例达到100%。武清、宁河等5个远城区区内共结成123个城乡学校帮扶共同体，覆盖远城区73.1%的乡村学校。

实施课后服务"重实效、提质量"专项行动。春季学期，开展义务教育阶段学校课后服务互比互看活动，将全市16个区划分为5个区域，开展区域性课后服务互比互看活动16场。开展"作业设计质量提升"专项行动。成立天津市作业研究指导中心，组织全市义务教育学校作业管理与作业设计优秀案例征集遴选活动，2次召开提升作业设计质量专题推动会，遴选推广600个优秀作业案例。

举办2次全国普通高中展示交流活动，举办9场"品牌高中"市级展示交流活动，组织完成"品牌高中"建设项目学校到上海、江苏等省市学访培训活动和"强校工程"项目学校到重庆、成都学访活动。经教育部推荐，《人民教育》大篇幅刊登《普通高中育人方式改革的天津实践》，并以封面文章推荐形式面向全国重点宣传、推介天津市改革经验成果。

成立天津市特殊教育资源中心，充分发挥平台优势，加强特殊教育教学研究，做好随班就读和送教上门工作指导。落实《天津市"十四五"特殊教育发展提升行动实施方案》，巩固残疾儿童少年义务教育入学工作成果，切实提高残疾儿童少年义务教育入学率。

撰稿：彭 博 乔 盛 田泽林 张振君

【远郊五区农村幼儿园装备水平提升工程】 5月16日，印发《天津市远郊五区农村幼儿园装备水平提升工程实施方案》；5月23日，印发《天津市远郊五区农村幼儿园装备水平提升工程项目和资金管理办法》。使用中央支持学前教育发展资金，为武清、宝坻、静海、宁河、蓟州五区乡镇中心园和村办园配置保教装备。按计划完成了151所乡镇中心幼儿园的装备配置工作。

撰稿：李 晶

【高质量幼儿游戏研究实践项目】 7月24日，印发《天津市高质量幼儿游戏研究实践项目实施方案（2023—2025年）》；7月26日，印发《天津市高质量幼儿游戏研究实践项目和资金管理办法》。使用中央支持学前教育发展资金，实施高质量幼儿游戏研究实践项目。在全市遴选50所试点园开展项目研究实践，将优质引领与结对发展相结合，以优质园带动普通园，共同提高游戏教育活动质量，整体提升全市幼儿园保教质量。

撰稿：李 晶

【公办幼儿园等级评定】 9月1日，印发《市教委关于开展天津市公办幼儿园等级评定工作的通知》，组织开展2023年公办幼儿园等级评定工作。新评定公办示范幼儿园53所，全市公办示范幼儿园达到174所，进一步扩大天津市公办优质学前教育资源覆盖面。

撰稿：张晓丹

【幼儿园一日生活指南】 9月19日，印发《天津市幼儿园一日生活指南（2023版）》。该指南是幼儿园科学实施保育和教育、规范各岗人员保教行为的业务指导文件。为推动《天津市幼儿园一日生活指南（2023版）》落实，开展市级培训，聘请研制组专家录制专题解读视频，印刷8000册赠阅全市幼儿园。

撰稿：李　晶

【优质园与薄弱园结对帮扶】 10月10日，印发《市教委关于进一步发挥优质学前教育资源辐射引领作用的指导意见》，指导各区通过集团化办园、结对帮扶、发展共同体等方式，促进各级各类幼儿园健康发展。

撰稿：张晓丹

【幼儿园提高保教质量专项培训】 10月10日，印发《关于开展2023年幼儿园提高保教质量专项培训的通知》，10—12月在全市开展幼儿园提高保教质量专项培训，在天津中小学智慧教育平台上线《守护光明　做好幼儿近视防控》《孤独症儿童问题行为管理》《幼儿口腔保健》《〈天津市幼儿园一日生活指南（2023版）〉解读》4个专题讲座视频。全市各级各类幼儿园9.18万人（次）教职工报名参加线上学习，累计阅读学习41.53万人（次）。

撰稿：马秀平

【常态化线上监管】 2023年，市教委学前处围绕入园、晨检、室内外教育活动、进餐、盥洗、午休、离园等幼儿在园一日生活环节，共开展10次幼儿园三级监控系统常态化线上巡查，共抽查全市各级各类幼儿园173所，其中公办园110所、民办园63所，实现全市各级各类幼儿园全覆盖，幼儿园主要活动场所全覆盖，幼儿在园一日生活环节全覆盖。

撰稿：马秀平
审稿：刘　岚

【基础教育综合改革国家实验区建设】 6月，市教委会同17个相关委办局成立天津市基础教育综合改革领导小组，制定印发《市委教育工委　市教委等十九部门关于印发〈天津市基础教育综合改革国家实验区建设工作推进落实机制〉的通知》，建立专题部署推动、任务分解落实、揭榜挂帅实验、组织工作调度、督导评估研究、宣传推广展示等六项工作机制。7月，召开重点工作推动会，市委常委、市委

教育工委书记王旭，副市长李文海出席并讲话。会同相关委办局并督促各区做好国家实验区建设阶段性成果总结，征集典型案例120个，并择优推荐给教育部。

撰稿：龙祖胜

【中小学课程思政建设】 5月，编纂涵盖小学、初中、高中各学段和特殊教育，覆盖语文、数学等41个学科课程思政教学指南并正式出版。8月，制定《中小学课程思政研究基地建设方案》，遴选建设30个中小学课程思政研究基地，征集遴选100个中小学课程思政典型课例。3月、10月、11月分别在河东区、南开区、南开中学滨海生态城学校举办3场中小学课程思政建设成果市级推广交流活动，《中国教育报》做了宣传报道。总结"从德育渗透到课程思政30年学科育人"教学成果，荣获基础教育教学国家级教学成果奖一等奖。在习近平总书记有关思政课程建设讲话四周年之际，经教育部推荐，《中国教育报》头版头条大篇幅宣传天津市中小学课程思政建设经验。

撰稿：龙祖胜

【基础教育优质资源辐射引领2.0工程】 8月，市教委会同市人社局、市财政局联合印发《市教委　市人社局　市财政局关于印发实施基础教育优质资源辐射引领2.0工程的若干措施的通知》。进一步完善合作共建学校、集团化办学、学区化办学、城乡学校帮扶共同体、区域教育发展共同体工作模式。全市成立教育集团95个，集团成员校共计369所。市教委直属学校等优质教育资源与红桥、津南、宝坻等区域新建学校合作办学达到39所，中心城区间以及中心城区与环中心城区、远城区，分别结成14个区域教育发展共同体。学区化办学比例达到100%。武清、宁河等5个远城区区内共结成123个城乡学校帮扶共同体，覆盖远城区73.1%的乡村学校。《中小学校长》2023年第11期首篇刊登了署名为天津市教育委员会的《发挥优质资源辐射引领作用　奋力开拓教育强国建设新局面》，向全国宣传、推介天津市基础教育优质资源辐射引领工作经验。

撰稿：田泽林

【义务教育"双减"工作】 实施课后服务"重实效、提质量"专项行动。扩展课后服务资源，中小学

与全市数十所高校共建100余个课后服务实践共同体,上百家博物馆、体育场馆、科普基地免费开放,引入非遗传承人、艺术团体等走进校园。春季学期,开展义务教育阶段学校课后服务互比互看活动,将全市16个区划分为5个区域,开展区域性课后服务互比互看活动16场。各区分别展示本区学校优质课后服务活动;覆盖义务教育各学段,城区学校、农村学校,大规模学校与小规模学校等不同层面的学校。开展课堂教学"提质增效"专项行动。制定16个学科的课堂教学评价标准。制定义务教育学科课程基地建设方案,遴选建设学科课程基地172个。开展"作业设计质量提升"专项行动。成立天津市作业研究指导中心,组织全市义务教育学校作业管理与作业设计优秀案例征集遴选活动,2次召开提升作业设计质量专题推动会,遴选推广600个优秀作业案例。

撰稿:高 巍

【普通高中育人方式改革】 加强30所"品牌高中"项目培育学校建设。举办9场"品牌高中"市级展示交流活动,召开9场"品牌高中"建设成果展示交流会。组织完成"品牌高中"建设项目上海、江苏等省市学访培训活动。加强35所"强校工程"项目学校建设。组织完成"强校工程"项目学校重庆、成都学访活动。开展"强校工程"项目学校市级学科教研活动20余场,持续提升项目学校教育教学质量。5月、10月,教育部与中国教育学会分别在天津市南开中学、实验中学组织召开全国普通高中高质量多样化发展研讨会,专题介绍普通高中育人方式改革的天津实践,现场推广南开中学、实验中学、耀华中学、外大附中、紫云中学等学校育人方式改革经验。全国各省市教育行政领导、校长、教师代表700余人参加。

撰稿:郑 璐

【特殊教育高质量融合发展】 成立天津市特殊教育资源中心,不断深化特殊教育专业领域研究,加强特殊教育教师培训,提升特殊教育教师专业水平。开展融合教育实验区、实验校建设和优秀教育教学案例遴选,不断提高融合教育质量。在第33个全国助残日,召开孤独症儿童教育工作现场会,发布《孤独症谱系障碍儿童学校融合支持手册》。做好残疾儿童少年入学工作数据管理,对台账中2023年应入学适龄残疾儿童信息逐一进行核实,分类进行教育安置。

撰稿:高 巍

【基础教育扩优提质行动】 12月,会同市发展改革委、市财政局制定印发《新时代天津市基础教育扩优提质行动计划实施方案》,提出实施义务教育强校提质行动、普通高中内涵建设行动、特殊教育学生关爱行动、数字化战略行动等八项行动。天津市2区6校入选义务教育教学改革国家实验区、实验校。深入实施普通高中新课程新教材。推进普通高中新课程新教材实施1个国家级示范区、3所国家级示范校和10个市级实验区、37所市级实验校建设,并在天津市第二十一中学召开全市普通高中新课程新教材实施成果展示交流会。做好28个普通高中学生发展指导市级实验校建设工作,强化学生思想、学业、心理、生活、生涯全方位指导。

撰稿:龙祖胜

【拔尖创新人才早期发现与培养项目】 实施"青少年科创计划"。选拔100名具有学科特长、创新潜质的优秀中学生,在名师引领下参加科学研究、学术研讨和科研实践。实施创新人才培养领航学科基地建设项目。9月,对标高校"强基计划",研制《天津市普通高中创新人才培养学科基地建设项目工作方案》,遴选建设32个创新人才培养领航学科基地(含跨学科基地),积极探索高中、高校联合发现与培养创新人才的机制。实施"创新实验班"人才培养项目。制定《市教委关于进一步规范市教委直属普通高中"创新型人才培养项目实验班"工作的通知》,指导市教委直属五所做好创新型人才培养工作,试点开展高校与中学联合发现和培养拔尖创新人才工作。

撰稿:张振君

【第82届中国教育装备展示会】 由中国教育装备行业协会主办,天津市教育委员会、天津市商务局、天津市津南区人民政府、天津市教育科学研究院共同承办的第82届中国教育装备展示会于2023年10月20日至22日在国家会展中心(天津)举办。展会以"数字赋能教育、创新引领未来"为主题,共有来自全国34个代表团(30个省市自治区、新疆建设兵团、3个计划单列市)参会,1161家企业参展,展出产品共计12422种,使用展馆面积达20万平方米,展商登记1.38万人,到场观众超过25.2万人次,是国家会展中心(天津)自建馆以来客流量最大的一次展会。专设由96家企业组建752个展位的天津馆,展示区域面积达到1.8万平方米。外省市来津参展人员7万余人,线上参展481万人次。展会同期举办了8场重要会议,19个论坛,以及2项活动,各项会议论坛活动直播视频总播放量为1657万次。以由中国教育装备行业协会、天津市教委、市教科院主办的"转型与展望:数字时代产教融合高质量发展论坛"和由中国教育学会高中教育专业委员会、天津市教委、市教科院、市教育学会共同主办的"发展高质量基础教育夯实教育强国之基暨全国普通高中优质特色发展交流展示活动"为标志,以会促展,为显著提升本届展会论坛整体学术水平起到了重要作用。展会期间,成立了天津市职业教育教学装备研究中心,发布了《天津市高等职业教育专业对接服务产业发展报告》《天津市普通高等学校人才资源清单》《天津市高等职业学校产教融合服务资源清单》等成果。京津冀三地教育装备部门和教育装备行业协会共同签署《京津冀教育装备领域协同发展战略框架协议》。《中国教育报》《天津日报》、人民网、新华网、光明网、天津电视台、津云、新华社天津分社等42家媒体对本届展会进行了宣传报道。

撰稿:王 戈

【中小学课程管理】 研究制定天津市义务教育课程实施办法、天津市中小学课程监测方案。指导滨海新区、和平、河西做好普通高中学业质量监测试点工作,发挥监测的诊断改进作用。研究制定天津市地方课程和校本课程建设与管理实施意见及天津市中小学地方课程规划设置方案。

撰稿:宋 蔚

【基础教育教学成果培育与推广】 7月21日,教育部公布第三届国家基础教育教学成果奖获奖项目。天津市共遴选上报40项成果参加评选,其中2项成果获国家教学成果一等奖,15项成果获二等奖。

撰稿:田泽林
审稿:乔 盛

职业教育

【综述】 2023年,天津职业教育以建设现代职业教育体系新模式为引领,强化顶层设计和制度保障,持续深化产教融合、校企合作,创新人才培养模式,提升人才培养质量,获评职业教育改革成效明显省市,得到国务院督查激励。积极推进新一轮部市共建,在教育部支持指导下,部、市共同印发《教育部 天津市人民政府关于探索现代职业教育体系建设改革新模式的实施方案》,明确了天津市现代职业教育体系建设改革的目标、重点任务和一系列重大举措等,是今后一段时期天津市职业教育发展的指导性文件。完善立法保障,对标《中华人民共和国职业教育法》,修订出台《天津市职业教育条例》。聚焦产教融合重点难点,研究制定全国首个地方性《职业教育产教融合促进条例》,明确各方主体在产教融合中的职责、权利、义务及相关融合机制,职业教育法治水平显著提升。持续推进"双高"建设和职业教育创优赋能项目建设,不断改善院校办学条件,提升院校服务能力。深化教育教学改革创新,遴选一批优质课程和资源。落实职业院校教师素质提高计划国培项目,推进国家级职业教育教师教学创新团队建设,打造高水平"双师型"师资队伍,不断提升职业院校办学水平。服务"一带一路"建设,累计在亚非欧21国建成22个鲁班工坊;服务"京津冀协同发展",推动天津市高职院校与河北省中职学校开展跨省中高职衔接培养,面向雄安新区开展中职学校联合办学;服务"乡村振兴",鼓励支持涉农区职业院校调整和开设适应区域发展需要的专业。探索产教融合以及校企合作的新路径、新机制,大力推进市域产教联合体、行业产教融合共同体建设。出台《优化高等职业教育专业设置的八项举措》,遴选首批26个职业教育产教融合型专业,紧密对接主导产业新增专业点25个,撤销落后专业点12个,高职院校专业设置对接主导产业比重保持在98%以上。举办天津市职业教育活动周和职业院校技能大赛,大力弘扬劳模精神、劳动精神、工匠精神,宣传展示职业教育的改革发展成果,《天津日报》等媒体对职业教育活动周活动进行专刊报道,营造职业教育赋能技能型社会建设的良好氛围。

撰稿:耿昊伟

【产教联合体与共同体建设】 市教育两委会同七部门联合印发《天津市产教融合联合体与共同体建设实施意见》,建立政府引导、市场主导、企业主体、院校支撑的运行机制,明确联合体重点建设任务。2023年,市教委会同滨海新区成立天津经济技术开发区生物医药产教联合体、天津港保税区海洋工程装备产教联合体、天津滨海高新技术产业开发区信创产教联合体、天津东疆综合保税区数字经济产教联合体,其中生物医药产教联合体、信创产教联合体被教育部评为首批国家级市域产教联合体。市域产教联合体兼具人才培养、创新创业、成果转化等发展功能,打造聚集区域产业资源、共享产教融合发展实体。围绕重点产业链提质培优、增值赋能,推动成立高端装备制造、新能源、智能供应链、绿色石化等行业产教融合共同体,积极探索产教融合新路径、职普融通新举措、科教融汇新赛道,以提升人才培养质量引领促进产业转型升级,推动教育与产业协同发展。

撰稿:刘少华

【打造鲁班工坊国家品牌】 2023年,天津市累计在亚非欧21国建成22个鲁班工坊。5月,中国——中亚峰会期间,天津市政府在习近平总书记的见证下与东哈萨克斯坦州政府签署《建立哈萨克斯坦鲁班工坊合作协议》。鲁班工坊被纳入第三届"一带一路"高峰合作论坛成果清单。7月,鲁班工坊商标在英国国家知识产权局成功获批,标志着鲁班工坊首次在海外得到政府部门的认可和法律的保护。同月,天津市鲁班工坊教学成果获国家教学成果特等奖。教育部领导先后考察天津市建设的埃及鲁班工坊、柬埔寨鲁班工坊、哈萨克斯坦鲁班工坊和乌兹别克斯坦鲁班工坊,对鲁班工坊建设给予充分肯定。

撰稿:居峰

【职业教育创优赋能】 2023年,天津市实施"双高计划",7所院校获教育部、财政部中期绩效评价优良等次。组织实施2023年天津市职业教育创优赋能

建设项目评审,支持天津市职业大学等20所高职院校、汽车智能技术专业群等27个市级专业群和天津市第一商业学校等20所中职学校、物流服务与管理等27个专业开展创优赋能项目建设,对项目建设学校以专项资金进行支持,推动学校进一步深化产教融合,打造优质课程和资源,开展教育教学改革,创新人才培养模式,提升实训设备水平,强化校内外实训基地建设,不断改善院校办学条件,提升办学质量和技术技能人才培养质量。组织实施中高职系统化培养改革试点项目评审,支持天津市红星职业中等专业学校等5所学校、计算机网络技术等15个专业开展项目建设,推动学校进一步深化职业教育人才培养模式改革,丰富中高职系统化培养优质资源,完善系统化人才培养方案、标准和机制。

撰稿:耿昊伟 王丽楠

【完善现代职教体系】 2023年,天津市不断完善现代职教体系,持续实施中高职衔接"三二分段"招生考试、"中高职衔接系统培养技能型人才"高职院校分类招生考试、技能大赛获奖选手免试保送。2023年中高职衔接"三二分段"项目,30所中职学校对接18所高职院校103个专业点;中高职衔接系统培养技能型人才项目,5所中职学校对接5所高职院校15个专业点。落实中办、国办《关于深化现代职业教育体系建设改革的意见》要求,2023年天津市开展中高职系统化人才培养和中高职五年一贯制人才培养遴选工作,确定15所中职学校与11所高职院校联合举办25个中高职系统化培养项目,涉及数控技术、物联网技术等20个专业;在天津首批4个产教联合体,智能供应链、新能源等产教融合共同体内遴选确定7所高职院校与8所中职学校联合举办10个五年一贯制人才培养项目,涉及中药学、工业机器人等9个专业。18个专业的高职、本科联合培养运行顺畅;中德应用技术大学2023年招录机械专业硕士20人;职业技术师范大学"双师型"职教师资博士人才培养项目深入实施,2023年招录机械设计、自动专业博士生10人。43名中职毕业生和288名高职毕业生通过技能大赛机制实现升学梦。

撰稿:耿昊伟 李友得

【职业院校技能大赛及活动周】 举办2023年天津市职业院校技能大赛,中职组共设38个赛项,高职组共设92个赛项。中职组38个赛项中学生赛32个,共有1136名参赛选手,获奖选手674名,其中一等奖

113 名、二等奖 225 名、三等奖 336 名,优秀指导教师 113 名;教师赛 6 个,共有 120 名参赛选手,获奖选手 73 名,其中一等奖 13 名、二等奖 23 名、三等奖 37 名。高职组 92 个赛项中学生赛 70 个,共有 2624 名参赛选手,获奖选手 1533 名,其中一等奖 260 名、二等奖 505 名、三等奖 768 名,优秀指导教师 260 名;教师赛 22 个,共有 320 名参赛选手,获奖选手 170 名,其中一等奖 29 名、二等奖 56 名、三等奖 85 名。学生获得 2023 年全国职业院校技能大赛奖项 79 项,获全国第二届职业技能大赛金牌 16 枚、银牌 8 枚。2023 年天津市职业教育活动周于 5 月举办,以"技能:让生活更美好"为主题,重点围绕推进职普融通、产教融合、科教融汇,举办了具有天津产业与文化特色的亮点活动。通过开放企业、开放校园、开放院所、开放赛场,面向社会公众开展主题推介、技术技能展示服务、志愿帮扶等活动,为社区居民、市民群众提供技术技能介绍和传统工艺体验等服务。活动周举办活动 604 项,接待到场观众 10 余万人次,646 家企业参与,媒体报道 247 次,其中省级以上媒体报道 90 次、中央媒体报道 31 次。

撰稿:张仁刚

【深化"三教"改革】 2023 年,天津市新建专业教学资源库 27 个,116 本教材入选职业教育国家规划教材。实施 2023 年度职业院校教师素质提高计划国培项目,23 所高职院校和 34 所中职学校开展相关培训项目,实施 10 个海河名师(名匠)团队培育项目。组织开展首批国家级职业教育教师教学创新团队验收工作,天津市 6 个团队全部通过教育部验收。举办 2023 年天津市职业院校技能大赛教学能力比赛,遴选出获奖作品 82 件。7 月,印发《天津市职业教育"双师型"教师认定实施方案(试行)》,建立"市级统筹、专家复核、院校认定"的三级认定体系,制订分层分级的市级认定标准。8 月,面向全市所有职业院校启动实施 2023 年度职业院校"双师型"教师认定工作。

撰稿:耿昊伟 王丽楠
审稿:李 力

继续教育

【综述】 2023 年,市教委持续推进天津市高等学历继续教育改革,规范非学历继续教育办学,努力办好老年教育、社区教育、农民教育,满足市民不断增长的全民终身学习需求。围绕天津经济社会发展需求优化专业布局,对申请在津举办的高等学历继续教育校外教学点开展考查评价,加强对非学历教育办学质量监督管理。天津开放大学落实综合改革任务,积极服务市民终身学习,推进学校高质量内涵发展。市教委确认了 56 项 2023 年天津市继续教育教学改革和质量提升研究计划项目,加强继续教育理论研究与实践探索。在天津开放大学设立学分银行管理中心,作为天津市终身教育学分银行的实体运行机构,在全市高职院校和成人高校推广使用职业教育国家学分银行。成功举办天津市高校继续教育高质量发展培训班,有力提升了继续教育负责同志的能力和水平。培育终身教育品牌项目,推进"区校终身学习联合体"建设,成功举办天津市第十七届社区教育展示周暨 2023 年全民终身学习活动周,开展 22 项市级主题活动和近 1000 项丰富多彩的特色活动,普惠 52 万天津市民,有效推进学习型城市建设,营造全民终身学习的良好氛围。

撰稿:陈延德

【高等学历继续教育拟招生专业设置】 市教委贯彻落实《教育部关于推进新时代普通高等学校学历继续教育改革的实施意见》《教育部办公厅关于做好 2023 年高等学历继续教育专业设置与管理工作的通知》,推动高校学历继续教育改革发展,要求各高校围绕天津经济社会发展需求特别是重点产业链,调整优化专业布局。各高校以业务部门初审、校内专家复核、主管校长审签的三级管理模式,开展 2023 年度专业设置申报工作。紧密对接天津市重点打造 12 条产业链的专业 88 个,占比 43.14%,比上年提高 9.21%。最终 32 所学校 212 个专业获批准申报,其中新增了32个特色专业,培养层次涉及高起专、专升本和高起本三种层次。

撰稿:卢 明

【加强高校继续教育质量建设】 贯彻落实《教育部关于推进新时代普通高等学校学历继续教育改革的实施意见》《教育部办公厅关于严格规范高等学历继续教育校外教学点设置与管理工作的通知》精神,组织开展高等学历继续教育校外教学点设置申报工作,组建专家组,通过实地考察、查阅资料、组织座谈等形式,对申请在津举办的高等学历继续教育校外教学点开展考查评价,向教育部申请备案62家校外教学点,全部通过教育部审查,予以备案。贯彻落实教育部办公厅《普通高等学校举办非学历教育管理规定》(试行),组织对各高校2023年度举办的非学历教育开展检查和备案,加强对非学历教育办学质量监督管理。汇总梳理2023年度举办非学历教育情况,36所高校举办了1688个班次的非学历教育培训。

撰稿:卢 明

【推进天津开放大学高质量内涵发展】 天津开放大学建工分校、天津开放大学物资工作站、天津开放大学化工工作站实现更名,滨海开放大学获批组建。扎根津沽大地办教育,向市民提供高质量的学历继续教育机会。探索形成了成人思想政治教育"四双模式",4项成果获高等教育市级教学成果奖二等奖。51735人在开放大学求学圆梦,学生获中国国际大学生创新大赛全国总决赛职教赛道金奖。坚守"服务市民终身学习"使命,广泛开展终身学习活动。协办天津市第十七届社区教育展示周暨2023年全民终身学习活动周,发起成立全国开放大学系统家庭教育协同发展联盟,拓展老年大学办学规模,天津终身学习网用户总量达30.8万人。申报的"区校终身学习联合体"项目获评全国"特别受百姓喜爱的终身学习品牌项目"。推动教育数字化,提升继续教育信息化水平。承担天津市教育科研宽带网的建设运行维护和网络安全管理,依托职业教育国家学分银行建设天津市终身教育学分银行管理服务平台。获批国家工信部"5G+区域教育管理智慧平安校园建设项目",是天津市唯一的试点高校。推进产教融合,服务数字经济取得新突破。建设市级跨境电商产业园和天津海教园大学科技园,参与共建高校"一带一路"数智经贸产业学院,联合成立数字经济终身教育联盟。

撰稿:陈延德

【首次实施市级继教教改项目】 为全面推进天津市继续教育教学改革和质量提升,培育一批优秀理论和实践成果,提高全民终身学习的服务能力,推进天津市学习型城市建设,市教委开展2023年天津市继续教育教学改革和质量提升研究计划项目立项申报工作。印发《市教委关于开展2023年天津市继续教育教学改革和质量提升研究计划项目立项申报工作的通知》《市教委关于印发〈天津市继续教育教学改革和质量提升研究计划项目管理办法〉的通知》《2023年天津市继续教育教学改革和质量提升研究计划项目立项指南》等文件,经各单位推荐,由专家组评审并公示无异议后,印发《市教委关于公布2023年天津市继续教育教学改革和质量提升研究计划项目的通知》,确认《南开大学非学历教育"管办分离"制度体系的建设与实践》《基于大数据技术的继续教育数字化教学平台的成效评价机制研究》《"区校终身学习联合体"服务社区教育的基本标准和规范研究》《推进区属老年大学在老年教育办学体系中发挥示范引领作用的研究与实践》等56项2023年天津市继续教育教学改革和质量提升研究计划项目并予以公布,项目包含了高校继续教育、老年教育、社区教育、农民教育等主要内容。通过开展继教教改项目,着力推进高校学历继续教育改革发展和非学历继续教育规范办学,努力办好老年教育、社区教育、农民教育,丰富继续教育的内容和形式,全面提升人才培养质量和服务全民终身学习的能力。

撰稿:陈延德

【推广使用职业教育国家学分银行】 市教委印发《市教委关于设立天津市终身教育学分银行管理中心的通知》,在天津开放大学设立学分银行管理中心,作为天津市终身教育学分银行的实体运行机构,负责组织制订天津市终身教育学分银行制度,拟订各类学习成果认定标准等工作,承担天津市终身教育学分银行的日常工作。调研职业教育国家学分银行和国家开放大学学分银行,确定在天津市积极推进使用职业教育国家学分银行。依托国家开放大学学分银行综合管理服务平台,天津开放大学已经为20余万名开放教育学生(含毕业生)注册了学分银行账户。协调国家开放大学为天津市成人高校开通学分银行账户,选取3所高校试点推进职业教育国家学分银行的使用,并在全市高职院校和成人高校推广使用职业教育国家学分银行,主要包括注册和激活学生学分银行账户、存储学习成果和成果的认定、转换。

撰稿:陈延德

【天津市高校继续教育高质量发展培训班】 5月,天津市高校继续教育高质量发展培训班顺利举办。本次培训班由教育部职成司指导,天津市教委主办,天津大学远教学院承办,围绕学历继续教育、非学历继续教育、数字化、质量保障与评价等高校继续教育领域共同关注的重点内容开展。共有19所普通高校和9所高职院校以及9所成人高校、独立学院参会。市教委继续教育处作开班动员,共安排6场来自教育部、高校权威学者的专家报告。教育部职成司高等继续教育处董振华作了题为《学习贯彻党的二十大对继续教育新部署新要求的若干思考》的报告,为大家深刻解读了党的二十大报告对继续教育提出的新部署和新要求,分析了当前继续教育改革发展面临的新形势和新任务。中国石油大学(华东)教育发展中心书记马国刚作题为《面向行业 服务地方 构建继续教育发展新格局》的报告,以石油大学继续教育为例,介绍发挥学科优势服务行业转型的继续教育发展新格局。苏州大学继续教育学院院长缪世林作题为《促进高等继续教育规范有序健康发展》的报告,分享江苏省继续教育和苏州大学继续教育的改革发展。天津工业大学继续教育学院、天津理工大学继续教育学院、天津大学远程与继续教育学院主要负责同志分别作报告,分享学校办学经验和丰硕成果。培训班的召开,为天津市继续教育高质量发展注入了活力,提升了继续教育负责同志的能力和水平。

撰稿:陈延德

【学习型城市建设】 天津市发挥市、区两级社区教育指导中心作用,提升社区教育服务水平。开展社区教育、老年教育管理人员培训交流活动,开展线上线下培训,邀请北京、河北、上海以及天津市社区教育、老年教育专家做专题讲座,深入剖析社区教育和老年教育发展的痛点、难点以及创新发展路径,全市各区共4940人参加,为天津市社区教育、老年教育管理人员提供适用的学习支架和经验阶梯,有效推动工作创新发展。持续推动各区与高校建立"区

校终身学习联合体",提升社区教育服务水平。举办"区校终身学习联合体"西青区张家窝镇现场会和津南海棠街研讨会,邀请社区教育专家、各区社区教育负责同志、高校继续教育学院负责同志,共同研讨区校联合、校街共建的体制机制,积极开展社区学习中心品牌建设工作,组织专家对各区推介的品牌社区学习中心典型案例进行评议,召开"区校联合体"工作研讨暨高质量社区教育示范基地现场会,确定首批6家市级高品质社区教育基地,打造百姓身边的老年大学,办好人民满意的社区教育,推动学习型城市建设发展。

撰稿:王 勤

【终身教育典型征集】 组织开展2023年天津市"百姓学习之星"和"终身学习品牌项目"征集工作。经各区教育局和有关单位征集推荐,由市专家组综合评议并公示,认定23位同志为2023年天津市"百姓学习之星",23个品牌项目为2023年天津市"终身学习品牌项目"。择优推荐的5名2023年全国新时代"百姓学习之星"和5个2023年全国新时代"终身学习品牌项目"全部上榜,取得了"大满贯"佳绩。其中兰长燕获评"事迹特别感人的百姓学习之星",天津市"区校终身学习联合体"项目获评"特别受百姓喜爱的终身学习品牌项目"。

撰稿:王 勤

【全民终身学习活动周】 11月11日,天津市第十七届社区教育展示周暨2023年全民终身学习活动周启动仪式在天津理工大学召开。活动周围绕深入宣传贯彻党的二十大精神、推进教育数字化、助力全民阅读、加强区校联合体建设、推介典型案例、提高继续教育服务供给能力6个方面,按照全民笃学、全民阅读、全民讲堂、全民智学、全民展示、区校联合6大板块,开展了22项市级主题活动和近1000项丰富多彩的特色活动,吸引近100万市民关注,普惠52万天津市民,全面展示天津市社区教育和老年教育成果,强化社区教育和老年教育资源共享功能,激发全民终身学习热情,有效推进学习型城市建设,营造全民终身学习的良好氛围。

撰稿:王 勤
审稿:王 峥

民办教育

【综述】 2023年,天津市民办教育工作坚持以习近平新时代中国特色社会主义思想为指导,全面贯彻落实党的二十大精神,加强民办教育规范管理,支持社会力量兴办教育,引导规范民办教育发展。截至2023年底,全市共有民办义务教育学校54所、民办普通高中19所、民办中等职业学校9所、民办幼儿园963所、民办成人教育培训机构463所。

撰稿:李慧颖

【民办高校和独立学院年检工作】 印发《天津市关于开展民办高校、独立学院2022年度年检工作的通知》。3月29日至4月17日,在各校进行自查的基础上,市教委组织专家组,通过听取汇报、查阅资料、现场问询、沟通交流等方式,重点围绕学校党建与思想政治工作、办学条件、法人治理、办学行为、财务管理、师生权益保障等6个方面,对各民办高校和独立学院进行实地检查,督促发现问题的有关学校及时整改。

撰稿:王丽娜

【指导各区做好民办学校年检工作】 印发《关于做好民办学校年度检查工作的通知》,指导各区教育行政部门做好2022年度民办学校年度检查工作,全面检查民办幼儿园、民办中小学、民办中等职业学校以及民办成人教育培训机构的办学行为。

撰稿:李慧颖

【扶持普惠性民办幼儿园发展】 鼓励符合条件的民办幼儿园转为普惠性幼儿园,全市全年共认定和补贴普惠性民办幼儿园617所,市级财政补助资金2.04亿元,10万余幼儿受惠。其中,示范园102所,在园幼儿27512人;一级园165所,在园幼儿34809人;二级园179所,在园幼儿24697人;三级园122所,在园幼儿14306人;四级园49所,在园幼儿4772人。

撰稿:王丽娜

【高校基金会和校友会建设】 积极指导天津市职业大学、天津农学院、天津财经大学成立基金会和校友会,协助学校了解管理政策,梳理成立登记程序,完善组织机构。天津市职业大学教育发展基金会、天津农学院教育发展基金会、天津农学院天津校友会、天津财经大学天津校友会等4家市属高校基金会和校友会成功注册。联合海河传媒中心共同举办"热爱我求学的城市——校友创业正当时"系列节目,邀请南开大学、天津大学、河北工业大学、天津理工大学等12所高校校友会会长(或校友办主任)与优秀校友企业家共同做客位于天开高教科创园津南园创新谷项目的融媒体演播厅,详细讲述各高校组织校友服务母校、服务创新创业、推动天开园建设的进展成效,展现校友企业家的奋斗风采。

撰稿:李慧颖 缪 楠
审稿:缪 楠

教育科研机构

天津市教育科学研究院

【概况】 天津市教育科学研究院（以下简称市教科院）成立于1985年12月，是全国首家省级教科院，为正厅（局）级事业单位。内设机构18个，其中研究所5个、研究中心9个、行政职能处室4个。在职职工245人，其中具有专业技术职务212人（含正高级专业技术职务18人、副高级专业技术职务99人、中级专业技术职务77人）；具有本科以上学历239人，其中博士45人、硕士105人。主要开展教育发展战略、教育基础理论、教育教学、课程建设、科学应用、教师专业发展等方面研究，教育培训、评估监测、学术交流、教育信息化、期刊出版等方面工作，为政府教育管理和决策提供智库支持，为各级各类学校提高教育教学质量提供服务。天津市教育科学规划领导小组办公室设在市教科院，承担天津市教育科学规划的具体实施。

2023年，市教科院坚持以习近平新时代中国特色社会主义思想为指导，深入学习宣传贯彻党的二十大精神，扎实开展学习贯彻习近平新时代中国特色社会主义思想主题教育，巡视整改取得阶段性进展成效，连续三年取得教育系统全面从严治党主体责任考核优秀等次。积极服务落实天津市高质量发展"十项行动"特别是科教兴市人才强市行动，秉持"求是、创新"的院训，坚持"一三四五"工作总思路（坚持"一条主线"——加强党的全面领导，聚焦教育科学研究职责职能，推动教科院全面高质量发展；履行"三大职能"——以理论创新为基本职能，以服务决策和引领实践为重要职能；开展"四大业务"——以科研为引领，教研、评估、培训为支撑，四轮驱动、协同创新；加强"五大建设"——坚持党建引领下的人才队伍建设、学科建设、智库建设、学风建设，持续促进党建与业务深度融合，不断开拓高质量发展新局面），以高质量党建引领推动事业高质量发展。一是认真贯彻落实习近平总书记对学校思政课建设作出的重要指示精神。依托天津市学校思想政治教育中心、天津市中小学学生发展指导中心等平台，深入开展思政教育与课程思政研究。发布小学、初中、高中三个学段和特殊教育系列四册《中小学课程思政学科教学指南》等，助力天津市思政教育取得新突破。二是高质量完成重大任务，教育技术装备研究拓展教科服务新赛道。承办第82届中国教育装备展示会，首创天津馆，举办10场专业论坛，取得多项延伸成果，全市4.7万师生到场参观。三是深入推进基础教育综合改革国家实验区建设。对接基础教育发展需求，深化拓展院区、院校合作，高标准建设滨海新区分院，建立K-12体系创新实验区（由幼儿园、小学、中学组成"三位一体"的K-12实验区）；高质量建设河东分院，合作共建天津市教育科学研究院附属河北中学、天津市教育科学研究院附属河北小学；与西青区、南开区人民政府签署合作协议，助力区域教育发展。四是助力职业教育标杆城市建设成果丰硕。开展第二届世界职业院校技能大赛的设计研发，完成2023年全国职业院校技能大赛天津赛区相关工作。鲁班工坊研究实现新突破,成功申请鲁班工坊在英国的知识产权,获首个鲁班工坊海外商标权。五是理论创新水平稳步提升。新增省部级以上纵向课题17项,其中国家社科基金教育学一般项目1项,全国教育科学规划教育部重点课题1项,市哲学社会科学规划青年项目1项、重点委托项目1项,教育强市建设规划纲要编制重点研究课题2项,市教委社会科学重大项目11项。教育科学研究成果获2022年基础教育、职业教育国家级教学成果奖特等奖1项、一等奖1项、二等奖7项。教育科学研究成果获一系列高层次奖励,主持或参与申报的教学成果获第十八届天津市社会科学优秀成果奖一等奖1项、二等奖1项、三等奖2项。系列相关成果获决策转化,服务决策能力全面提高。六是持续深化改革发展,协同服务管理水平明显提升。完成院软硬件设施改造项目。加强内控制度、财务管理和人事制度改革,持续推动平安院区建设,全院现代化治理能力不断提升。

撰稿:杨彬驰

【全国教育科学规划课题工作】 5月,天津市教育科学规划领导小组办公室发布《关于做好2023年度全国教育科学规划课题申报工作的通知》,并于6月组织教育学领域正高级专家对申报项目活页进行匿名遴选,其中中小学校类项目单列单评,根据专家遴选意见择优确定限额推荐项目名单,最终完成188项申报项目审核和100项限额项目推荐工作。8月28日,全国教育科学规划领导小组办公室公布《全国教育科学"十四五"规划2023年度课题立项名单》,全市共立项12项课题。

撰稿:田 兢

【天津市新一轮教学成果重点培育项目】 11月20日,天津市教育科学规划领导小组会议审议通过《天津市实施新一轮教学成果重点培育项目工作方案》。11月27日,印发《关于申报新一轮教学成果重点培育项目的通知》,全市教育系统各部门、各单位共申报420项重点培育项目。

撰稿:田 兢

【天津市教育科学规划课题工作】 2023年,天津市教育科学规划领导小组办公室完成2021年度天津市教育科学规划重大课题结题鉴定工作。稳步推进2021年度天津市教育科学规划重点课题(含青年

重点课题)和2022年度天津市教育科学规划重大课题、重点课题(含青年重点课题)结题鉴定工作。督促各责任单位科研管理部门负责人,配合天津市教育科学规划领导小组办公室做好2021年度天津市教育科学规划一般课题(含青年一般课题)、自筹课题和2022年度天津市教育科学规划立项课题中检工作。

撰稿:田 兢

【天津市学校思想政治教育中心工作】 2022年6月,市教育两委在市教科院设立"天津市学校思想政治教育中心"(以下简称"中心")。2023年,市教科院围绕"中心"职责定位,统筹全市研究力量,着力建设天津市学校思想政治教育智库,重点开展思政课理论研究、课程思政建设研究和教学改革研究,探索具有天津特色的思政教育教研工作体系,积极推进学校思想政治工作及其专项调查研究和评估监测,协助市教育两委做好相关业务指导和统筹管理工作。编制《学校思政工作情况》月报,宣传天津市学校思想政治工作成果成效,讲好学校思想政治创新改革"故事"。协助开展学校思想政治教育建设考核,5—10月期间,对27个天津市思想政治教育类常设项目进行考核;6—12月期间,对天津市56所院校和16个区教育局的思想政治教育工作开展考核。研制《天津市中小学课程思政建设实施方案》《天津市中小学"三全育人"综合改革示范区、示范校建设标准》《天津市少先队辅导员评价指标体系及考核实施办法》《教师与学生沟通的"十要十不要"》等21项文件。开展委托调研工作,组织高校学生综合素质评价工作调研,编制《天津市高校学生综合素质评价工作指南》;开展天津市2023届高校毕业生就业情况调研,撰写《天津市2023届高校毕业生就业情况调研报告》;开展天津市未成年人思想道德建设,撰写《天津市未成年人思想道德建设现状及对策的调研报告》。

撰稿:郭瑞丽

【推进师德师风建设】 2022年12月,市教科院与河东区签署合作协议,围绕"中小学师德师风建设长效机制研究项目",为河东区教师专业发展,尤其是"师德师风"建设提供指导服务。该项目是市教科院面向全市各区,根据各区教育发展需要,针对性开展"院区合作"项目的新探索。2023年,市教科院围绕师德师风建设,研制《河东区中小学校(含中职学校)幼儿园师德师风评价标准》《河东区中小学校(含

中职学校)幼儿园师德师风评价方案(试行)》《河东区中小学校(含中职学校)和幼儿园教师师德师风规范手册》等,并提炼典型经验,面向学科骨干教师、新入职教师及各单位人事干部等开展5场专题培训。

撰稿:邵梦灵

【服务支撑京津冀教育协同发展】 2023年10月8日,在京津冀教育协同发展工作会议上,市教科院与北京教育科学研究院、河北省教育科学研究院、北京市通州区教育委员会、河北省雄安新区公共服务局共同签署《深化共建京津冀教育协同发展研究中心总体框架协议》。参与编撰《京津冀教育发展报告(2022—2023)》,撰写《推进天津教育高质量发展的条件基础与战略设计》专题研究报告。组织滨海新区、和平区、南开区等6个区和天津市第一中学、天津市耀华中学等学校,开展"互助+互动+共享+共进"数字教育合作交流机制系列交流活动。组织出版《京津冀基础教育课程改革联盟专业支持项目成果集锦(上、下册)》,在道德与法治、思想政治、中小学语文、中学历史、信息科技、劳动、综合实践活动等学科领域收录成果81件。11月,参加京津冀教研共同体建设工作交流会,在雄安新区开展座谈、听课与实地调研,推动三地教研共同体建设。12月,联合教育部课程教材研究所、北京市和河北省级教研部门,采取理论指导、课例观摩、交流研讨、工作坊等方式,共同举办普通高中语文、历史、思想政治学科指向核心素养培育的教学研修活动,天津市50余名市、区教研员与学科骨干教师参加。

撰稿:张 伟

【服务全面推进依法治教】 2023年,市教科院将推进全市依法治教作为重点研究项目,服务教育行政决策,参与起草天津市教育系统防范有组织犯罪侵害校园指导文件。服务天津市大中小学依法治校实践,撰写《天津市中小学依法治校示范校评估报告》,完成16个区和市教委直属学校单独反馈报告。派出专家担任2023年度天津市高等学校法治工作测评专家,对高等学校法治工作的重点内容和主要环节进行第三方测评,撰写年度报告和各高校反馈意见。派出专家担任天津市申报国家级依法治校示范校遴选培育专家组组长,对相关学校依法治校工作特色做法与完善优化途径提出专业指导。协助推进教育系统普法工作,为2023年度天津市教育系统法治宣传教育典型案例评选工作提供专家建议。开展

教育法治领域第三方评估,完成《天津市实施〈中华人民共和国教师法〉办法》立法后评估工作。开展民办教育治理研究,主持完成全国教育科学规划教育部重点课题"教育供给侧改革视域下校外线上培训的有效治理"研究。

撰稿:汪 莉

【设立"教育评估与质量监测研究中心"】 按照《市委教育工委、市教委关于天津市教育科学研究院内设机构调整设置的批复》意见,市教科院于2023年10月24日下发关于调整内设机构设置的通知,原科研机构"教育法治与评估研究所"更名为"教育评估与质量监测研究中心",进一步优化教育评估科研业务和学科建设布局。该研究中心的主要职能是开展教育评估与质量监测的理论与实践研究,对学校办学水平、教育教学质量、学生学业水平等提供评价和咨询服务。开展教育督导政策和理论研究,协助教育督导机构开展教育督导、质量监测、督学培训等工作。承担上级部门委托的相关研究工作。

撰稿:王志辉

【国家普通高中教育质量试点监测】 为探索建立国家普通高中教育质量监测制度,教育部在2023年选取天津、上海、湖南、广西、重庆5省开展国家普通高中教育质量试点监测工作。市教科院承担天津市组织实施工作。本次试点监测内容为学生科学学习质量、艺术学习质量、学生心理健康状况,以及课程开设、条件保障、教师配备、学科教学、学校管理和区域管理等相关影响因素情况。监测对象为高中二年级学生、相关年级学科教师和班主任、本学校校长和区教育管理人员。在11月13—26日现场测试期间,滨海新区、和平区、河西区3个样本区,27所普通高中样本学校,2200余名学生参加学科质量测试,560余名教师(含班主任、校长)参加网络问卷调查。

撰稿:王志辉

【国家义务教育质量监测】 按照《国务院教育督导委员会办公室关于开展2023年国家义务教育质量监测的通知》要求,天津市组织和平区、河东区、东丽区、西青区、宝坻区、宁河区6个样本区参加2023年国家义务教育质量监测,另外10个非样本区作为协议区同步参加国家义务教育质量监测。市教科院承担相关组织实施工作。5月24—25日期间,天津市16个区193所小学和128所初中的9200余名学生

参加德育、科学、劳动三个学科现场测试,4400多名教师(含班主任、校长)参加问卷调查。

撰稿:王志辉

【基础教育数字化资源建设】 2023年,市教科院依托市、区、校三级教研体系,探索数字化背景下育人方式和教研模式的变革。组织2023年天津市中小学数字化教学教研案例及论文征集遴选活动,推进基础教育数字教育资源共建共享机制的建设;制定《天津市基础教育数字化精品资源赋能教学教研均衡发展方案》,升级完善天津市中小学教育教学优质资源建设,完成教育部"基础教育精品课"遴选工作。

撰稿:韩 乐

【国家基础教育教学成果奖】 2023年,市教科院2项教学成果在国家第三届基础教育教学成果评审中获奖。其中《从德育渗透到课程思政:天津市中小学学科育人三十年研究与实践》获一等奖,《读写平衡:小学语文全局式语言学习模式的构建与实践》获二等奖。以国家级基础教育教学成果一等奖为主线,"做有学科味道的思政教育的天津实践经验"的成果在第六届中国教育创新成果公益博览会主题论坛活动中进行全国展示。在天津市基础教育教学成果奖重点培育项目结项认定活动中,共有3项成果获优秀奖。

撰稿:韩 乐

【基础教育综合改革国家实验区建设项目】 2023年,市教科院承接"课程思政建设""义务教育课程基地建设"等10项基础教育综合改革国家实验区建设项目,项目聚焦"双减""双新"工作要求,围绕"课程建设""课堂教学""队伍发展""辐射引领",构建基础教育高质量体系。各项目共计打造100节课程思政精品课,遴选出172个义务教育课程培育基地,征集2300余份"作业管理与设计"优秀案例;发挥54个普通高中学科特色课程基地示范引领及辐射作用,为"品牌高中""强校工程"建设项目提供专业支撑;围绕市教科院与滨海新区、河北区、高新区、泰达文教集团等区域或单位开展教研合作项目,组织教研员进行跨学科、跨学段、跨部门教科研活动;发布小学、初中、高中三个学段和特殊教育系列四册《中小学课程思政学科教学指南》;编撰《天津市中小学课程思政精品课例(2023季)教学设计集萃》;完成党的二十

大精神进《习字与书法》等12门天津市中小学地方课程教材审查工作。

撰稿:韩 乐

【服务推进国家职业教育治理体系】 2023年5月,继2005年部市共建职教试验区、示范区、现代示范区、新标杆后,教育部与天津市人民政府印发《探索现代职业教育体系建设改革新模式的实施方案》,为全国职业教育改革发展发挥引领示范作用,市教科院重点参与该方案的编制起草与实施。7月,市教科院参与的《模式创立、标准研制、资源开发、师资培养——鲁班工坊的创新实践》获2022年国家职业教育教学成果特等奖;耿洁老师主持的成果《从资源建设到应用创新:职业院校互联网学习生态建设的实践与研究》获2022年国家职业教育教学成果二等奖。

撰稿:耿 洁 李 捷

【天津市高等职业教育专业对接服务产业发展报告】 2023年10月21日,在第82届中国教育装备展"转型与展望:数字时代产教融合高质量发展论坛"上,天津市教委、市教科院共同发布《天津市高等职业教育专业对接服务产业发展报告》。报告以习近平新时代中国特色社会主义思想为指导,以增强职业教育服务经济社会高质量发展适应性为目标,坚持前瞻性原则、发展性原则、可操作性原则,围绕天津市现代工业体系重点产业链和现代服务业重点产业,系统梳理高等职业教育对接服务产业发展情况,全面呈现天津市高等职业院校服务产业发展的做法与成效,分析天津市高等职业教育改革发展的趋势,提出针对性建议,客观呈现天津市高等职业教育"做了什么""做得怎样",进一步推进天津市职业教育产教融合创新发展。

撰稿:耿 洁 李 捷

【第82届中国教育装备展示会】 由中国教育装备行业协会主办,天津市教委、市商务局、津南区人民政府、市教科院共同承办的第82届中国教育装备展示会于2023年10月20—22日在国家会展中心(天津)举办。展会秉承"展示、交流、合作、创新、发展"价值理念,以"数字赋能教育、创新引领未来"为主题,集中展示教育数字化转型、教育装备与教育教学融合的新产品、新方案和新成果。全国30个省市自治区和新疆建设兵团以及3个计划单列市代表团参会。天津市委常委、市委教育工委书记王旭及其

他相关领导同志出席开幕式。本届展会共有中国移动、华为、索尼、联想、腾讯、京东方、创维、航天科技、网易等1100多家企业参展，展品共计1.2万余种，专利14.75万件，各类软件著作权2.23万件，涵盖教育领域各个应用场景。展会展馆面积达20万平方米，到场观众超过25万人次。展会采取线上线下融合模式，线上参展481万人次。展会专设天津馆，设置多个互动体验区、活动区，充分展现天津教育教学和装备特色。展会举办"第九届全国中小学实验教学说课活动""数字化转型背景下中小学实验室建设与教学创新发展论坛"等50多场活动。《中国教育报》《天津日报》、人民网、新华网、光明网、天津电视台等40多家媒体进行了宣传报道。展会期间各种会议论坛活动的视频直播放量达1657万次。

撰稿：宋立鹤

【推广体美劳实践活动育人经验】 2023年10月20日市教科院借助承办中国第82届教育装备展活动平台，组织策划全国中小学跳绳比赛活动与美育节目展演。在全国跳绳比赛中，来自天津市48所中小学的1162名选手分别参加5个组别的一分钟个人竞速赛和一分钟团体竞速赛，取得优异成绩。全市派出67人的裁判员和志愿者队伍。在美育节目展演中，天津学生假日乐团与天津市第九中学、天津市第一〇二中学的学生管乐团带来演奏，天津市第五中学、天津市第二十五中学、天津科技大学附属柳林小学舞狮队表演《津门狮趣》《中华雄狮》，滨海新区塘沽盐场中学大沽龙灯队表演《吉祥天地》。同期，召开由中国教育装备行业协会综合实践与劳动教育基地（营地）工作委员会主办、市教科院协办的2023年中小学综合实践与劳动教育高质量发展经验交流会，全国多地代表在大会上做典型性发言，展示劳动实践活动育人成果。

撰稿：李振疆 熊会安

【国家中小学智慧教育平台应用】 2023年，市教科院强化落实国家中小学智慧教育平台市区校三级管理工作，保障基于平台开展2023年度天津市中小学教师寒暑假教师研修、基础教育学科精品课、实验教学精品课及特教精品课等活动。发挥第一批国家中小学智慧教育平台应用天津专家指导团队示范引领作用，面向全市定期开展培训研讨及调研指导，形成教学案例资源及各类文章总数1000余条，3个专家团队均获教育部教育技术与资源发展中心认

证，基于国家平台的专家工作室均已面向全国用户开放。指导34所第一批国家平台实验校以教学实践、课题研究等形式开展国家平台九大应用场景的深化应用，立项专项课题36项。组建第二批国家平台应用天津专家指导团队3个，征集第二批国家平台应用实验校33所。持续推动天津智慧教育平台与国家智慧教育平台互联互通、资源共享，统筹相关部门及区域，完成国家中小学智慧教育平台课程教学资源建设共计27课时。举办国家及天津中小学智慧教育平台应用优秀案例交流展示活动，征集区域推进案例、学校应用案例及教师教学案例共计159件。与市教科院滨海分院开展智慧教育项目合作。将国家中小学智慧教育平台用户注册比例、教师研修活动学习完成率、教学资源贡献量等逐步纳入天津市智慧教育示范区及基础教育智慧教育示范校建设评估指标中。

撰稿：褚 佳

【师生信息素养提升实践活动】 2023年，市教科院面向全市教师组织开展天津市师生信息素养提升实践活动，常规项目共征集课件、微课、融合创新应用教学案例、信息化课程案例共计840件，其中113件作品被教育部教育技术与资源发展中心（中央电化教育馆）推荐为创新、典型、研讨作品。全国课件作品共计668件，其中天津作品47件，居全国第一。市教科院获评"优秀组织单位"。面向全市教师组织开展"中小学教师信息技术创新与实践活动"（简称EOC），共征集作品1289件，其中378件获全国奖项。获奖作品中，19件入围EOC最高荣誉"恩欧希教育信息化发明创新奖"，24节课例入选全国现场课展示。面向全市教师组织开展"中国梦—行动有我：2023年全国中小学德育视频课程和教育案例征集展播活动"，共征集作品102件，其中27件作品被教育部教育技术与资源发展中心（中央电化教育馆）推荐为创新、示范、入围作品。面向全市学生组织开展2023年度天津市学生活动，包含科技、人文、艺术、航空航天等领域共计47个项目，参赛报名队伍总数2090支。面向全市学生组织开展"致敬英雄"全国青少年文化艺术创作主题教育竞赛"党史知识竞赛"相关活动，共有2536名学生参赛，其中757人获全国奖项。

撰稿：张宝君

【普通话水平测试管理和语言文字推广工作】 2023年，市教科院组织开展天津市34所普通高校、职业院校国家普通话水平测试工作，共计测试7万余人次。

组织天津市民族中专新疆籍在校生和天津市耀华中学、天津市实验中学、天津中学高三毕业生,共计881人参加普通话测试。结合国家测试大纲调整工作,审核、指导天津市2所社会人员普通话水平测试站完成测试、复审并发布成绩,共计完成测试5.6万余人次。开展普通话测试人机合作实践,使用计算机评分引擎参与普通话命题说话项评测工作。启动国家级普通话水平测试第四项命题说话"机+1人"评测工作,测评语料数量达7.3万余条。成立天津市测试员指导教师工作小组,组织开展新测试员上岗实践指导工作,实现普通话水平测试监测视导员、复审员、测试员分级管理。做好语言文字推广工作,为370名援疆支教大学生开展赴疆前普通话培训工作。为在天津师范大学学习的300名新疆和西藏来津学习骨干教师开展推普培训。推动开展"石榴籽计划"系列项目,为新疆维吾尔自治区喀什地区叶城县、贵州省毕节市纳雍县、甘肃省平凉市静宁县、甘肃省白宁市会宁县"石榴籽计划"童语同音学前师资推普赋能提升培训1900人。赴山东菏泽为200名志愿者教师做推普培训,为内蒙古、甘肃、西藏等地区小学和幼儿园教师做推普培训240人,为天津市大中小学教师做诵读能力提升培训65人。

撰稿:陈雁洁

【国际教育交流】 制定完善《天津市教育科学研究院因公临时出国(境)管理规定(暂行)》《天津市教育科学研究院因公护照管理办法(暂行)》《天津市教育科学研究院因公证照管理工作流程》,组织做好因公出访申报办理、因公证照管理、因公出访档案管理等工作。完成天津外事综合服务平台系统更新及市教科院相关人员赴柬埔寨、肯尼亚、葡萄牙因公团组手续办理工作。完成YFU国际交换生项目对接工作,与北京外服优文化交流有限公司签署合作协议,组织2024年国际交换生遴选工作,天津市15所高中的31名学生参加。制订接待厄瓜多尔驻华使馆全权公使、印尼巴厘岛旅游理工大学一行来访接待方案,参加中国厄瓜多尔职业教育交流会、印尼巴厘岛旅游理工大学对接会等活动。起草与天津外国语大学合作框架协议,联合主办"十年教育路:成就·互鉴·未来,暨'一带一路'教育国际交流学术论坛"。

撰稿:陈雁洁
审稿:王光明

各区教育

滨海新区

【概况】　2023年,滨海新区拥有各级各类学校、幼儿园共计507所,在校生总计290606人,教职工总计29169人,其中专任教师21339人。中职学校14所,2023年招生2807人,毕业2154人,在校学生7940人,专任教师508人;高中学校33所,2023年高中招生11467人,高中毕业9707人,高中在校学生31741人,专任教师2782人;初中学校62所,2023年初中招生20674人,初中毕业17011人,初中在校学生59712人,专任教师5131人;小学97所,2023年小学招生27130人,毕业20025人,小学在校学生139151人,专任教师8824人;特教学校3所,2023年招生26人,毕业57人,在校学生340人,专任教师56人;幼儿园298所,2023年招生14040人,毕业20394人,在园幼儿51722人,专任教师4038人。区属各级各类学校有在校香港籍学生140人,澳门籍学生2人,台湾籍学生56人。

2023年,优质教育资源持续增加。新建义务教育学校和幼儿园14所,新增学前教育学位2790个,义务教育学位14070个,高中学位900个。成立优质教育集团26个。基础教育改革摘取多块"国字号"招牌。2023年,新区入选全国学校家庭社会协同育人实验区、全国首批中小学科学教育实验区、完善普惠性学前教育保障机制实验区、第二批"央馆人工智能课程规模化应用试验区",获批"全国儿童青少年近视防控试验区"。拔尖创新人才培养取得新成效。12所实验校获批天津市"青少年科创计划"参与校,建设强基学科基地12个,紫云中学等5所学校的5类学科入选天津市普通高中创新人才培养领航学科基地建设项目,总量居全市第一。在第37届中国化学奥林匹克竞赛、全国中学生数学奥林匹克竞赛(预赛)、全国生物学联赛(天津赛区)、第40届全国中学生物理竞赛(天津赛区)中,共有80人分获一二三等奖。教师队伍再创新品牌。塘沽一职专翟津获2023年全国教书育人楷模称号。3名教师入选教育部新时代中小学名师名校长培养计划和中小学学科领军教师示范性培养培训对象,1人获评"全国政研会工作优秀个人",10名校长教师班主任入选2023年"津门三杰",13名教师晋升正高级职称。成立名师工作室160个,2585名教师入选名师工作室成员。

撰稿:张红伟　孟亚萍

【教育经费收入与支出】　2023年,滨海新区教育经费总收入1009942万元,比上年增加107152万元,增长11.87%。其中一般公共预算安排的教育经费846879万元,政府性基金预算安排教育经费67340万元,国有及国有控股企业办学企业拨款4815万元,民办学校中举办者投入4001万元,捐赠收入257万元,事业收入71069万元,其他教育经费15581万元。全年教育经费总支出1003934万元,比上年增加102275万元,增长11.34%。其中一般公共预算安排的教育经费支出823193万。总支出中公用经费支出322560万元,人员经费支出681374万元。总支出中学前支出135342万元,小学支出380997万元,初中支出220451万元,高中支出120103万元,其他支出147041万元。

撰稿:胡玮桐

【教育科研】 推进天津市教科院滨海分院科研培育项目,对新区中小学、幼儿园、特殊学校、教研等部门进行基础教育教学成果培育需求问卷调查,完成《滨海新区基础教育教学成果培育需求问卷调查报告》,组织召开专题工作研讨会3次、市专家对接会3次、项目培育交流座谈会2次,组织召开基础教育教学成果培育阶段性展示暨科研培育项目培训会议,制订《滨海新区优秀教学成果区级培育工作实施方案》,启动区级重点科研项目培育,推进科研培育成果倍增项目。完成2项中国教育学会课题、36项天津市教育学会课题、109项区级课题的立项、开题工作,完成123项市区级课题的结题工作,组织进行天津市教育工作重点调研52项课题的评审工作。举办教科研讲座5次,课题研讨17次,优秀成果推介4次。完成2023年度市区两级教育科研成果认定,3项被认定为市级突出成果(全市18项,占比17%),265项被认定为市级成果,363项被认定为区级成果。在2023年天津市基础教育"教育创新"论文评审中获市级一等奖14篇(全市55篇,占比25%)、二等奖153篇,三等奖744篇。组织参加天津市第十三届青年教师学术论坛,获市级一等奖2名,市级二等奖4名,市级三等奖5名,指导奖22名。承办中国教育学会第三届中国基础教育论坛暨中国教育学会第三十五次学术年会"校家社协同育人的路径与模式"的微论坛。

撰稿:倪红莉

【师资队伍建设】 2023年滨海新区招聘中小学、幼儿园教师514名,引进高层次教育人才13名。招募9名"三支一扶"人员到农村校进行为期两年的支教工作。组织教体系统内1207名教师参加2023年度交流轮岗工作。在中小学教师系列中高级职称评审中,9人晋升正高级教师、204人晋升副高级教师、566人晋升一级教师。全年完成教师资格证书认定2767人次,教师资格定期注册8162人次。通过评选认定校级学科骨干教师9194名,区级学科骨干教师4572名。认定160位名师工作室主持人,并设立相应学科区级名师工作室。塘沽一职专翟津获评全国教书育人楷模。塘沽一中苏宝明入选教育部新时代中小学名师名校长培养计划。汉沽一中刘勇、教师发展中心赵玉红入选教育部新时代中小学学科领军教师示范性培养培训项目。

撰稿:汤 瑛

【教育布局结构调整】 调整完善教育体育资源布局,全面实施滨海新区高质量发展支撑引领行动,修订完善《滨海新区教育设施布局专项规划》,开展教育资源缺口研究工作,推动补短板工作任务的落实。推进民生工程教育项目建设,全力推动落实滨海新区"三张清单"任务,统筹协调重点教育项目建设。建成滨海东壹区九年一贯制学校等7所中小学,新增中小学学位14970个;建成紫云幼儿园等8所幼儿园,新增学前教育学位2790个,完成各项市区民心工程及重点工作目标任务。加快推动教育项目建设,新建塘沽一中开工,正在进行主体结构施工,杨家泊镇中心幼儿园、汉沽茶淀滨河幼儿园和大港审计局拆建幼儿园完成主体施工,大港海滨港西学校完成基础施工,欣嘉园27号地小学进行主体施工,西部新城配套小学进行装修施工,新建盐场九年一贯制学校开工建设。推进滨海新区职业教育产教城融合发展基地建设。全力打造滨海新区产教融合发展新高地,滨海新区职业教育产教城融合发展基地建设正式启动,滨海职业学院迁建开工。持续改善学校办学条件,完成汉沽高庄小学等19所学校维修改造工程,总投资788万元。

撰稿:张红伟

【教育督导】 推进新时代教育督导体制机制改革,调整学校(幼儿园)责任督学挂牌督导责任区和责任督学,印发《关于进一步完善责任督学挂牌督导工作制度的通知》,出台《滨海新区责任督学参加挂牌督导有关费用管理办法(试行)》,制订《义务教育优质均衡发展国家评估认定指标不达标指标及不达标学校问题整改工作方案》《义务教育优质均衡发展国家评估认定指标不达标指标及不达标学校问题整改攻坚任务清单》《学前教育普及普惠发展国家评估认定指标不达标指标问题整改工作方案》《学前教育普及普惠发展国家评估认定指标不达标指标问题整改攻坚任务清单》等文件。开展责任督学挂牌督导工作。印发《关于进一步加强中小学(幼儿园)责任督学对重点督导事项进行经常性督导工作的通知》,制定《2023年中小学(幼儿园)

责任督学对重点督导事项进行经常性督导月工作安排》《学校、幼儿园责任督学对重点督导事项进行经常性督导2023年下半年月工作安排》。组织中小学责任督学面向全区所有义务教育学校开展春季学期和秋季学期"双减"督导工作,面向全区中小学开展心理健康教育专项督导工作。组织实施质量监测工作。5月组织塘沽第六中学等8所初中的231名八年级学生、小王庄第二小学等12所小学的348名四年级学生,以及20所学校的251名相关学科教师、班主任教师、学校校长参加国家义务教育质量监测。11月组织大港太平村中学等9所普通高中的739名高二年级学生以及169名相关学科教师、班主任教师、学校校长参加国家普通高中教育质量试点监测。推动2021年国家义务教育质量监测结果反馈问题整改工作,制订《国家义务教育质量监测结果反馈问题整改工作方案》。

撰稿:高颖超

【学前教育】 印发《滨海新区学前教育"十四五"发展提升计划》。持续优化学前教育资源供给,根据适龄幼儿数量变化,动态调整资源布局,补齐幼儿园学位缺口,扩大优质学前教育资源覆盖面,建立幼儿园间的结对帮扶机制,初步形成普及普惠、安全优质的学前教育公共服务体系,被教育部遴选为完善普惠性学前教育保障机制实验区。上半年塘沽十一幼、欣嘉园二幼、大港六幼、汉沽五幼正式开园,12月大港七幼开园,增加幼儿园学位1590个,新增在园幼儿740人。5所新建幼儿园投入使用,满足部分区域百姓入园需求。塘沽一幼等5所幼儿园被确立为市级幼儿游戏试点园,遴选塘沽三幼等25所幼儿园为区级幼儿游戏试点园,初步形成5+25+N的格局。3月举办"科学开展幼小衔接,我们在行动"为主题的金锤杯教师职业技能大赛展示活动,10位园长和教师进行现场展示。下半年开展以"践行游戏理念师幼共话成长"为主题的游戏故事评比,为"公办民办共举""结对帮扶整体推进"学前教育发展搭建学习、研讨、交流、共进平台,12名教师获区级奖励,101名教师获局级奖励。

撰稿:刘 婧

【义务教育】 信息化赋能,实现课后服务管理智能+。9月各试点校和塘沽区域全部小学利用微校云、科大讯飞、钉钉等信息化网络平台搭建课后服务管理模块,实现课后服务课程推介可视化、家长在线选课便捷化、师生签到电子化、巡课管理和评价智能化等基本功能。组织小学教育发展共同体内课后服务"互比互看"活动116场。4月19日,在天津市第一中学滨海学校举办天津市义务教育阶段学校课后服务"互比互看"滨海新区专场活动,11月2日在玉簪小学举办"立足课后服务提质增效 赋能五育并举融合育人"双减工作专场活动,11月27日在生态城实验小学进行"多维赋能促成长,五育并举提质量"主题"互比互看"区级展示活动。滨海新区教体局、塘沽实验学校、滨海新区塘沽浙江路小学、滨海新区塘沽三中心小学"双减"工作经验在《天津教研》杂志刊登。各校开设文化传承类课程1382门、益智创新类课程1483门、艺美实践类课程1621门、运动健康类课程1188门、生命安全类课程526门。11月至12月,开展涵盖81所初中学校的初中共同体"双减"工作落实情况教学视导活动,通过互查互看、师生问卷访谈、教学过程材料审核等方式,就各校课堂教学、作业管理、课后服务、课程管理等内容进行互比互查,交流展示,总结经验、查找不足,提高教学管理水平,不断推动"双减"各项工作落实落地。

撰稿:徐 文 刘 洋

【特殊教育】 召开孤独症儿童普通学校融合支持培训暨融合教育推动会,对全区义务教育学校教学校长、专兼职资源教师,新区特教中心巡回指导,236名教师参加孤独症儿童普通学校融合支持专项培训。特教专家对融合教育政策、理念与实践、随班就读课程设计与教学实施策略、随班就读班级中特殊儿童问题行为矫治方法等内容进行系统讲解。塘沽新港第四小学、塘沽三中心小学、大港凯旋幼儿园、汉沽启智学校围绕各自开展的孤独症儿童随班就读、随园就读、康复支持工作进行经验分享。塘沽兴华里学校和塘沽大庆道小学、汉沽启智学校和汉沽河西一小、大港特殊教育学校和大港三小签订融合教育共建协议书,缔结普特融合教育长期合作关系。滨海新区大港特殊教育学校教师刘洪芳的课例《认识线段》入选61项全国特殊教育教师教学基本功展示案例。塘沽三中心小学教师李颖等4名教师入选市级优秀融合教育案例。

撰稿:徐 文

【普通高中多样化特色发展】 品牌高中建设和强校工程项目相结合,实施"手拉手"结对帮扶行动,组织品牌高中和强校工程学校多次召开专题研讨会,邀请市内外专家通过专题讲座、培训等多种形式对滨海新区品牌高中和强校工程学校建设进行专业性、前瞻性指导。8月,滨海新区教体局在天津市品牌高中建设培训暨基础教育系列工作部署会上以《把握历史性机遇 全力推进新区高中教育高质量发展》为题做典型发言。组织品牌高中、强校工程建设学校赴上海、无锡等地针对学校发展规划、办学特色、质量提升、结对帮扶等方面进行专题学访交流。11月10日,开发区一中以"科技教育驱动高质发展 创新培养铸造教育品牌"为主题召开天津市普通高中新课程新教材实施暨"品牌高中"建设项目成果市级展示交流活动;塘沽一中和塘沽紫云中学分别开展品牌高中区级展示交流活动,进一步发挥品牌高中示范引领作用。新区5所学校的5门学科被认定为天津市普通高中创新人才培养领航学科基地建设项目,入围总量居全市第一。

撰稿:李 佳

【"双减"工作】 持续落实"双减"工作,校内外联动,课后服务课程体系日臻完善。2023年滨海新区各义务教育阶段学校与17所学校和高校签订共建协议,104名大学生进校园,聘请校外专业人员634人、志愿者262人进校园,满足学生的多样化需求,实现全面发展。加强校外培训治理与宣导,共建良好教育生态。明确监测周期,自3月起每月汇统把关机构类别、培训内容、存续状态、人员场地成本等数据,实时掌握监管情况,出台非学科类校外培训类别细目清单。全面排查在册机构,围绕"有证有照"但未纳入监管、开展多个类别培训的机构进行重点摸排,确保正规机构"导入正轨",对证照过期的进行分类指导整改或取缔。确立主管部门,针对开展多个类别培训的机构,主管会同审批部门按照"同一机构有且只有一个培训类别"的原则,指导设立、认证,做好审管衔接,落实监管责任。对照标准整改,对不符合标准的机构下达整改任务书,明确整改内容和时限,建立整改台账,实行闭环销号管理。上线"校外违规培训"线索举报平台,全力打造"掌上"违规培训举报的"滨城"样板,该平台明确举报受理范围、不予受理举报线索类型、注意事项等内容,打破原有的电话举报、信访举报等时空限制,有效拓宽问题线索渠道,充分发挥社会监督作用。

撰稿:王微微

【德育工作】 以"学习二十大 永远跟党走 奋进新征程"为主题开展开学典礼活动。开展"我和我求学的城市"主题教育系列活动,参与学生近14万人次。开展第二届党史知识竞赛,全区近4万名中小学生参与答题。开展"美丽中国,我是行动者"主题实践系列活动,全区各中小学开展"光盘行动"、节约用水、节约粮食、垃圾分类等主题教育活动104场,学生累计参与达97621人次。开展2023"宪法小卫士"学习,参与学生224730人次,参与率全市第一。在第八届全国学生"学宪法 讲宪法"活动中,天津一中滨海学校王秉晟同学获全国总决赛演讲比赛高中组一等奖。以"携手共育 协同发展"为主题,开展家庭教育主题宣传月活动,参与学生16万人。滨海新区获批天津市"三全育人"综合改革试点区,塘沽三中心小学等3所学校获批天津市"三全育人"综合改革试点校。塘沽工农村小学等4所学校获"天津市品德教育示范校"称号。天津市实验中学滨海学校牵头成立"天津市家校共育联盟"。汉沽田家炳中学李珊珊等6名班主任获批天津市名班主任工作室主持人。塘沽实验学校冯奕轩同学获天津市"十佳学生"称号。

撰稿:苗有志

【心理健康教育】 以"家校情 心体验 心力量"为主题,开展心理健康教育月系列活动,举办3场心理健康教育月推动会、观摩会,开展各类特色活动689场次,参与学生26.9万人次,参与家长3.8万人次。在天津市心理健康教育月"五项活动"比赛中,滨海新区教体局获一等奖4项、二等奖2项、三等奖3项、优秀奖1项,2名教师获"最美护心志愿者"称号,13名教师获"优秀指导教师"称号。邀请天津市心理健康教育、家庭教育、医学领域的专家开展"新形势下学校心理健康教育的新挑战、新机遇、新对策"专题培训,全区中小学党政负责同志和心理教师400余人参加培训。组织开展2023年天津市中小学班级心理健康教育资格(C证)培训,940名教师完成培训。与天津安定医院联合完成11.77万学生心理测评,提高心理筛查的准确性和科学性。

撰稿:苗有志

【劳动教育】 开展中小学劳动教育成果展示活动,直接参与活动师生超3000人,《中国教育报》以《天津滨海新区:展示中小学劳动教育成果 建设高品质劳动教育文化》为题进行报道。滨海新区11门课程入选2023年天津市中小学劳动教育课程。《劳动教育示范校建设探索研究》等2项课题获评天津市劳动教育教学研究中心劳动教育教学研究项目重点课题项目。在天津市南开中学滨海生态城学校举办天津市大中小学"劳动教育荣誉导师团"劳模工匠进校园活动。选派14支代表队40名参赛选手参加天津市2023年度中小学劳动技能大赛,获一等奖3个,二等奖7个,三等奖4个。在全国青少年劳动技能与智能设计大赛全国决赛中,滨海新区获一等奖5个、二等奖8个、三等奖8个。塘沽新港第一小学和北京师范大学天津生态城附属学校获评2023年天津市中小学校劳动教育示范校,30名教师获评天津市中小学劳动教育导师。

撰稿:苗有志

【共青团工作】 深入开展"学习二十大 永远跟党走 奋进新征程"主题教育实践活动。162个直属团组织1000余个团支部近15000名团员通过专题学习、开展主题团日和召开组织生活会等形式实现学习全覆盖,辐射带动70000多名青少年学生学习。开展162场"青春心向党 建功新时代"主题团日活动。开展"青听滨城"活动推动团干部走进青少年。高质量发展3289名优秀青年加入团组织。3月3日,组织开展滨海新区2023年中小学生学雷锋志愿服务启动仪式。4月3日,在塘沽烈士陵园开展"学习二十大精神 传承红色基因"天津市滨海新区青少年清明祭英烈主题团(队)日活动。4月25日举办滨海新区纪念五四运动104周年主题团日暨2023年示范性入团仪式活动。5月5日举办"学习二十大 永远跟党走 奋进新征程——爱国 感恩 责任 逐梦"2023年滨海新区示范性成人仪式。开展征集模拟政协提案活动。推动开展团员进社区志愿活动,开展"寸草心 手足情"志愿助老行动。开展"金锤杯"少先队大队辅导员大赛。开展庆六一活动、离队建团、十四岁生日活动。

撰稿:王建军

【体育工作】 开展学校阳光体育运动,体育特色学校建设稳步推进,确保学生每天一小时体育锻炼时间。在开足开齐上好体育课的基础上,组织学校开展体育竞赛。2023年组织开展中小学田径、足球、篮球、排球、乒乓球、羽毛球、跳绳等多项区级体育竞赛,直接参与中小学生10000余名。组队参加市级各项目比赛,其中田径、足球、篮球、排球等项目多

年蝉联天津市冠军。推进校园足、篮、排球广泛开展,组建校园足球、篮球、排球联盟,提高"三大球"运动水平。制订《2023年滨海新区中小学<国家学生体质健康标准>抽测工作方案》,组织完成全区中小学《国家学生体质健康标准》测试工作。

撰稿:赵桂艳

【艺术教育】 开展2023年滨海新区学校美育实践课堂(文艺展演)比赛活动。推选260个区级优秀节目参加天津市学校美育实践课堂(文艺展演)比赛学生合唱节、舞蹈节、器乐节、戏剧节等项目比赛,获市级奖项239个。启动美育教师"培元工程"。举办"金锤杯"滨海新区音乐教师基本功大赛,44名中小学音乐教师获声乐、钢琴、舞蹈、合唱指挥等项目奖项。举办天津市"李平凡版画文化传习室交流作品展"暨版画文化传承专题活动。举办2023年滨海新区"沽上四季"四场合唱音乐会暨合唱指挥培训活动。举办2023年书法进校园活动。组织开展"弘扬华夏文明 传承津沽文化"——滨海新区中小学"第十二届津沽文化日"活动。评选表彰第四批滨海新区中华优秀传统文化艺术传承学校11所。承办天津市学校美育论坛——《五育融合理念下的教学创新》座谈会。开展戏曲进校园活动,邀请天津评剧院、天津河北梆子剧院、天津青年京剧团等深入天津实验中学滨海学校等演出折子戏6场,1200余名师生现场观看演出。组织全区中小学开展"弘扬长征精神 践行以美育人"班集体合唱活动。组织优秀学生艺术团队参加教育部中外人文交流中心举办的亚运主题人文交流活动暨第三届"中外人文交流小使者"全国总展示活动,获"全国先进组织单位"称号。

撰稿:陈 曦

【社区教育】 广泛开展老年人运用智能技术教育培训,开设手机应用等课程,加快5G智慧老年大学校园建设,参与天津市老年教育协会微视频制作比赛,深入开展老年人线上线下学习。进一步推进滨海新区学习型城区建设工作机制,牵头完成滨海新区学习型城区建设监测报告。组织区老年大学负责人参加"天津市社区教育管理人员培训班",组织各继续教育单位参与中成协组织的"新时代社区教育百佳案例征集"活动。依托天津滨海职业学院,与区民政局合作开展"滨海新区养老机构院长及护理员培训"项目,培训60人。以"让学习成为一种生活

方式"为主题,组织开展2023年全民终身学习活动周系列活动。滨海新区推荐的金鑫、孙文景获评2023年天津市"百姓学习之星",推荐的品牌"太平葫芦烙画""艺创研学基地"获评2023年天津市"终身学习品牌",大港老年大学合唱团获天津开放大学老年大学系统合唱比赛二等奖。

撰稿:孙 敬

【职业教育】 2023年,滨海新区增设天津市渤海职业学校(民办中职学校),学校开设服务机器人装配与维护、无人机操控与维护、物联网技术应用3个专业,纳入2023年招生计划,9月首批新生入学。天津滨海职业学院停招国际商务、连锁经营与管理、商务日语、旅游管理4个专业,增设智能制造装备技术、工业互联网技术2个专业。塘沽一职专、滨海中专、滨海职业学院、汉沽中专4所区属职业院校获批2023年度创优赋能建设项目,继续建设高水平专业群(高职)、优质学校和优质专业(中职),全年争取中央专项资金940.425万元,项目均按要求建设完成。天津滨海职业学院与北京新大路时代科技有限公司签署产业学院框架协议,联合承办天津市职业院校技能大赛"工业互联网集成应用"赛项(高职组)的比赛;与天津汽车模具股份有限公司签署现场工程师框架协议;与京东教育联合开展特色学徒制人才培养,校企合作开发《供应链智能生产运行》课程。职业院校师生在天津市职业院校技能比赛、全国职业院校技能大赛、第九届中国国际"互联网+"大学生创新创业大赛等比赛中获奖。生物医药、信创2个联合体入选首批国家级市域产教联合体。

撰稿:孙 敬

【民办教育】 根据《天津市人民政府办公厅关于印发大力发展学前教育两年行动方案(2019—2020年)的通知》(津政办发〔2019〕26号)中"非营利性民办园租用住宅小区配套公共设施实行免租金"的要求,对移交给政府的小区配套普惠性民办幼儿园免收租金。按照《滨海新区"幼儿园教师和保育员能力提升计划"培训工作实施方案》,对全区民办幼儿园(含民办托幼点)非学前教育专业和不具备上岗资格的教师和保育员进行培训,颁发合格证书,提高民办幼儿园的教师素质和办学水平。落实市、区两级财政对普惠性民办幼儿园生均经费补贴政策,为122所普惠性民办幼儿园申请并发放生均经费补贴

7475.1万元。加强民办托幼点综合治理,对民办托幼点,进行注册备案、查找安全隐患、形成问题清单、督促整改。对机构规范管理进行监督检查,重点督促中公教育退费事宜。

撰稿:孙 敬

【国际交流】 2023年,区属各级各类学校有在校国际学生617人,分别来自全球40个国家。新区具有接受国际学生资质学校36所。按照市教委有关规定,对申请接受国际学生的学校进行审核,指导学校做好接受资质备案和管理工作。加强国际学生管理,指导相关学校做好国际学生的招收、培养和管理工作。规范外籍教师管理工作,营造良好投资环境。组织20名教师参加天津市2023年国际中文教育师资培训。开展2023年国家公派出国教师推荐遴选工作,2023年1名教师派往英国苏格兰中小学孔子学院。组织有关学校参加第四届"中外人文交流小使者"全国总展示活动,获先进组织单位奖。配合做好天津日本人外籍人员子女学校、天津茉莉亚学院有关工作。

撰稿:孙 敬

【安全教育】 落实教育系统重大事故隐患专项排查整治2023行动,开展滨海新区教体系统安全生产风险隐患排查整治和督导检查工作和教体系统安全生产"大排查大起底大落责大监管"工作,聚焦消防安全、交通安全、食品安全、校舍建筑及在校维修项目、实验室危险化学品、特种设备和有限空间作业等方面校园安全事项,发现各类校园安全隐患2723项,未发现重大安全隐患。建立整改台账,推动隐患整改,形成闭环管理。以校园"护航行动"暨滨海新区教育安全专项排查整治行动为引领,开展常态化扫黑除恶教育领域整治治理、涉校案事件整治、防范校园欺凌专项整顿、防范学生溺水和防范电信网络诈骗专项行动,完善"三防"建设,防范遏制涉校涉生恶性事件发生。依托"全国中小学生安全教育日""4·15全民国家教育安全日""全国消防安全日""全国交通安全日"等开展国家安全、消防安全、危化品实验室安全、燃气安全、食品安全、防灾避险等宣传教育,运用线上线下资源,营造安全教育氛围,提高广大学生安全防范意识、普及防灾避险知识、培养自我防护能力。指导各学校每年至少开展2次消防、地震、反恐等应急演练。联合主办"4·15"全民国家安全教育日活动启动仪式。大港英语实验小学学生张

雨晴作品"少年英雄知奋进　国家安全有我们"获市教委2023年"4·15"活动"微课展示评比"一等奖;滨海新区教体局获市教委2023年"4·15"活动优秀组织奖。

撰稿:陶泓杉

【东西部教育协作和支援合作】　制订《2023年滨海新区关于东西部教育协作和支援合作专项工作的方案》。选派优秀教师支援受援地教育发展,2023年援派教师78人次。开展"一对一"结对帮扶工作,组织滨海新区135所学校与青海、甘肃135所学校续签帮扶协议。组织2组教育科研团队分赴甘肃省甘南州合作市和天水市张家川县开展教育合作共建活动。4月,安排6所学校承接青海省黄南州58名教师为期近一个月的跟岗培训。6月,承接甘肃省天水市张家川实验中学32人培训。开展2期"名师进黄南"培训交流活动。10月,结合乡村振兴示范村建设,举办东西部协作和支援合作教师培训及乡村振兴示范村教师培训。开展津青"共画同心圆　同上思政课"活动,在天津为黄南州中小学建设的思政教室中开展5场两地同步思政课授课、教学研讨等活动。

撰稿:马林林
审稿:许连升

附:区分管领导、教育局领导及驻地
区委副书记:李　龙
区委常委、区委办公室主任:张兴瑞
党委书记、局长:方　华
副局长:兰玉柱
党委委员、副局长:吴英元
党委委员、区纪委监委驻教体局纪检组组长:王凡生
党委委员、副局长:王　晶
党委委员、副局长:马建军
党委委员:郝振宇(2023年12月到任)
党委委员:许连升(2023年12月到任)
副局长(挂职):更　藏(2023年2月到任,2023年12月离任)
党委委员(挂职):刘　爽(2023年11月离任)
办公室主任:许连升(2023年1月到任)
电话:65263179
地址:天津市滨海新区响螺湾迎宾大道1988号
邮编:300452

和平区

【概况】　2023年,和平区有公办中学14所(包括市属校2所)、小学16所(包括市属校1所),民办中学4所、小学2所,各类型幼儿园31所,特殊教育学校1所,中等职业学校1所,成人大学1所,并设有教师发展中心、综合服务中心、招生考试中心、青少年宫等教育科研和服务保障机构。在岗教职员工8千余人,在校学生8.6万余人。义务教育完成率、巩固率、合格率和高中阶段入学率均达100%,残疾儿童义务教育入学率100%。

2023年,和平区教育局通过内部挖掘、拆改教室、校区共用等举措,全年新增教育学位2300余个。2项成果获第三届基础教育国家级教学成果奖。获评教育部信息技术支撑学生综合素质评价试点区,《教育数字化转型的"和平样态"》获评首届地方教育改革创新成果一等奖。获评基础教育综合改革国家实验区先行示范区建设,承担中小学思政教育创新、"双减"赋能提质、体育美育劳动教育质量提升等42个揭榜挂帅项目。3所学校获评首批全国健康学校建设单位。获评全国百姓学习之星、全国终身学习品牌项目。教科研、教育数字化、劳动教育、家校社协同育人等工作经验面向全国分享。和平区教育局中学教育科获2023年"天津市工人先锋号"称号。

撰稿:石　英

【教育经费收入与支出】　2023年,和平区教育经费总收入185539.29万元,比上年减少18998.71万元,下降9.29%。其中财政拨款收入179120.80万元(含教育费附加收入511.37万元),事业收入及其他收入6418.49万元。全年教育经费总支出185281.69万元,比上年减少13816.31万元,下降6.94%。其中

工资福利支出 155356.93 万元,商品和服务支出 20214.85 万元,对个人和家庭补助支出 6850.46 万元,债务利息及费用支出 561.78 万元,资本性支出 2297.67 万元。

撰稿:郭 姗

【党的二十大精神理论宣讲】 2023年全系统共开展77场宣讲,覆盖4万余名党员、教师和学生。开展学习贯彻习近平新时代中国特色社会主义思想主题教育社会宣传,通过各学校84个宣传栏,37个电子大屏,播放宣传视频、标语、图片等16余万频次。围绕"理响新征程·礼赞新时代"主题,结合教育行业特点及工作实际,各学校通过比赛、宣讲会等活动形式,开展宣讲员推荐工作,通过优中选优,选拔出22名宣讲员成立局级宣讲团队伍,推荐上报5名宣讲员参加区级选拔,其中2名宣讲员进入复赛,1名宣讲员获市级荣誉。组织开展"时代新人说——强国复兴有我"主题演讲活动,获区级一等奖2个,二等奖1个,三等奖1个,获市级二、三等奖。

撰稿:王晓艳

【意识形态工作】 2023年,局党委会涉及学习、传达、部署意识形态及网络意识形态相关工作22个专题。审议通过《和平区教育局党委进一步筑牢意识形态安全防线的工作方案》《关于进一步推动意识形态工作落实的通知》《2023年和平区教育系统宣传思想工作要点》《2023年和平区教育系统网信工作要点》和《和平区关于开展师德集中学习教育实施方案》等意识形态工作相关文件。高标准组织局、校两级中心组学习。全年完成37个重点专题学习,3个自选动作学习。全年召开6次新媒体通讯员、意识形态、网络意识形态、网络安全专题等培训会议,各单位切实履行网络安全责任制,建立紧急情况处置工作机制。强化学校进校采访前备案管理制度,对基层微信公众号、视频号等政务新媒体发布"三审三校"提示和抽查。开展全系统2021—2023年举办的论坛活动摸排调研,制定《和平区中小学教材问题办理工作流程》,确保教材问题及时发现和有效解决。组织全区各中小学校严格对照课程、教材、教辅、读物管理的有关政策规定进行全面梳理。印发《2023年和平区教育系统网信工作要点》,4次召开网络安全和网络意识形态专题工作会议,建立紧急情况处置工作机制,局领导干部和各科室负责同志层层签订网络安全责任承诺书。对7所党委学校网络意识

形态和网络安全"两个责任制"落实情况进行督查,当场下发整改通知书,限期整改。骨干网评员由21名扩展到111名,全系统1400余名网评员通过转、评、赞完成任务2万余条。全年妥善处置各类网络舆情32次。

撰稿:王晓艳

【弘扬高尚师德】 评选表彰175名师德先进个人,在第39个教师节表彰会上予以表彰,各学校微信公众号设置"我讲和平'新'教师"专栏,完成第三批师德师风基地校遴选工作。20所基地学校以"敬业立学 崇德尚美"为主题进行展示交流活动,展现教师立德树人、为党育人、为国育才的奋进风貌。在9月集中开展"你好,青春""津遇和平""教师节宣传月""师德示范月""弘扬教育家精神"等专题宣传教育活动,覆盖全体教师。开展"我和我的学生"师德故事征集活动。在微信公众号上设立"我和我的学生""躬耕教坛人"等专题专栏,通过感人故事加强宣传,形成正向激励。

撰稿:王晓艳

【中华民族共同体意识教育】 4月,联合市区委统战部、天津博物馆举办和平区第二届"书韵飘香诵经典 民族团结心连心"系列活动,市阳光义工爱心社、区委统战部、区教育局、区工商联共同举办"手拉手关爱第二南开学校西藏班学子公益活动"。8月,制订下发《2023年和平区教育系统"民族宗教政策法规宣传月"活动方案》,开展形式多样的宣传活动。9月,开展主线鲜明、内涵丰富、形式多样的民族团结进步宣传教育活动,全区中小学幼儿园以春节、元宵节、清明节、端午节、中秋节、重阳节等为重点,挖掘传统节日内涵,展现传统节日魅力,开展"过好传统节日"活动。做好少数民族工作、港澳工作和对台工作。全系统在读少数民族学生高中976人(西藏籍学生数132人,其中藏族102人),初中1318人,小学3195人。面向来自台湾的小学生开展"津台童心连两岸 中华文化我传承"征稿活动。推荐上报少数民族优秀人才54名、民主党派优秀人才24名、无党派优秀人才1名。

撰稿:王晓艳

【主题教育】 召开和平区教育系统学习贯彻习近平新时代中国特色社会主义思想主题教育动员部署会,制订实施方案,成立领导小组,组建联络推

动组,加强对所属单位党组织的联络推动督导。依托"三会一课"、主题党日等,采取务实管用、简便易行的措施,确保主题教育在教育系统有效覆盖。坚持把学习贯彻习近平新时代中国特色社会主义思想作为局党委会议第一议题、理论学习中心组第一主题,组织17个处级单位班子成员开展为期一周的读书班,围绕5个专题开展交流研讨。全系统党员干部聚焦习近平总书记关于教育的重要论述和重要指示批示精神重点学,跟进习近平总书记最新重要讲话及时学,结合中心工作和岗位职责常态学,形成上下联动、同步学习的氛围。结合实际工作,各级党组织书记讲授专题党课。围绕聚焦推进"两高三化"新和平建设,聚焦推进和平教育改革创新和高质量发展的突出问题,教育局领导班子成员带头,全系统处级领导班子成员确定有针对性、方向性的调研课题68项,采取个别访谈、座谈会、交流研讨等方式,深入基层一线摸情况、找问题、想对策,及时召开成果交流,促进成果转化。组织全系统召开主题教育专题民主生活会和组织生活会,开展批评和自我批评,检视差距不足,抓好问题整改,进一步统一思想、统一意志、统一行动,坚定拥护"两个确立",坚决做到"两个维护"。

撰稿:赵信恒

【落实全面从严治党主体责任】 深入贯彻落实中央八项规定及其实施细则精神,完善纠治"四风"常态长效机制。持续开展治理形式主义官僚主义和不担当不作为问题专项行动。研究制定《和平区教育局党委2023年党风廉政建设工作要点》,组织召开教育系统警示教育大会,邀请区纪委监委驻区教育局纪检监察组紧密结合全面从严治党新形势、新任务、新要求和教育系统工作实际,运用大量数据和鲜活案例,开展警示教育宣讲,持续净化教育系统政治生态。深化运用监督执纪"四种形态",特别是"第一种形态"。开展廉政风险防控工作,逐级梳理廉政风险点,完善防控措施,加强对关键环节、重点岗位、重点领域的监督,最大限度地减少和杜绝腐败行为的发生。常态化开展"学党章、讲党纪,以学促知、以知促行、以行促效"活动,引导党员干部自觉用党章党规党纪约束自己的一言一行,充分发挥典型案件警示教育震慑作用,推动纪律教育抓在经常、融入日常。结合和平区教育系统实际,推进清廉学校建设,以校风教风学风和师德师风建设为抓手统筹推进校园润廉、干部勤廉、教师清廉、学生崇廉、家庭守廉,

为和平区教育高质量发展提供坚实的政治和纪律保障。

撰稿:李 妍

【干部队伍建设】 统筹抓好干部选育管用,选优配强学校党政领导班子,2023年提拔干部27人,交流使用干部21人。完成全系统43个单位2022年度领导班子和领导干部工作考核,做好校级主要领导绩效奖励评定,综合运用干部考核考察成果,强化分析研判。开展后备干部推荐工作。推进学校中层和年轻干部轮岗交流,拓宽选人视野,加强优秀年轻干部培养选拔使用力度。认真贯彻落实习近平总书记"办好思政课关键在教师"和"学校干部队伍建设要把思政课教师作为重要来源"要求,实施新时代马克思主义政治人才培养工程,与和平区委组织部联合印发《天津市和平区新时代马克思主义政治人才培养工程实施方案(试行)》。

撰稿:赵信恒

【优质师资建设】 出台《和平区关于开展师德集中学习教育实施方案》,严格落实师德师风日常监管,建立师德师风建设承诺制。制订《和平区关于落实新时代基础教育强师计划的工作方案》,聚焦基础教育综合改革,创新培训方式,提升培训实效。凝练和平区人才分级培训模式,25个开放协作卓越团队,82个名师工作室,61个学科首席教师领衔团队建设更加完善。实施骨干教师动态管理机制,遴选认定第二批中小学市级学科骨干教师106人,增补认定区级学科骨干教师271人、校级学科骨干教师588人。支持13名校长教师入选"国培计划",为区域发展培养后备人才。组织"津门三杰"人选推荐及管理。共计入选"天津市杰出津门校长 杰出津门班主任 杰出津门教师"15名学员,3位校长、7位教师获评正高级教师,形成45位正高级团队的和平教育智库。落实市教委教师交流轮岗要求,坚持需求导向,搭建区级平台。继续实行编随人走的"硬交流",交流教师纳入接收校全面管理,全面实现学校用人自主权。持续推进优质教育资源区域内共享、均衡配置。2023年全系统各学段参与交流轮岗教师304人,符合交流条件教师占比达20%;其中骨干教师251人,占比超过82%。义务教育学段参与交流轮岗262人,占比21%;其中骨干教师218人,占比超过83%。

撰稿:夏晓棠

【教师队伍建设】 做好国家、市级人才遴选培养工作,完成第一批中小学市级学科骨干教师考核,第二批遴选推荐工作;遴选推荐名师名校长培养计划工作室成员;成立"三杰"工作室;加强人才团队建设,开展领军讲堂系列活动;开展"天津市杰出津门校长褚新红办学思想研讨会"、和平区二期领军人才张静秋教学特色研讨会;天津市中小学"学科领航教师培养工程"学员系列精品课展示活动;组织人才赴教育发达地区异地跟岗培训并召开分享交流会;深入25所基层学校开展校本研修检查和人才培养调研;组织召开"学科领航教师培养工程"培训效果跟踪调研座谈会;开展"教学主张与教学创新"人才专题培训;组织和平区"市级学科领航教师培养工程学员"学习成果交流论坛;推选10名优秀人才的教育教学论文在《天津教育》杂志发表。

撰稿:秦立芸

【普通高中新课程新教材实施国家级示范建设】 按照"加强顶层设计,整体协同推进,强化研究指导,实现重点突破,发扬首创精神,注重示范引领,坚持以评促建宣传创建"的工作思路,成立示范区建设工作领导小组,加强全区统筹。整合行政、科研、学校等多方力量,建立研究共同体。聚焦示范建设的重点任务,采取自上而下的任务驱动与自下而上的问题驱动双向结合方式,组织全区12所学校形成6个基于"双新"实施的区域协同研究项目组,协同推进五大项攻坚任务,即五育并举的课程样态、素养导向的教学体系、奠基未来的学生发展指导、立德树人的质量评价、四级联动的教研机制、融合创新的智慧教育。形成《和平区示范区自评报告》《和平区重点突破报告》等总结材料,3所示范校分别进行成果展示。

撰稿:贾鸿辉

【义务教育教学改革】 将义务教育教学改革与"双减"赋能提质、义务教育优质均衡发展、高水平教师校长队伍建设、教育评价改革工作有机融合,深入推进义务教育学校育人方式变革。在天津市义务教育课程基地建设项目遴选中24个入围;以抽样方式实施和平区小学道德与法治、数学、英语学科学业质量监测工作;发挥骨干引领,开展中小学双优课区级展示交流;中小学教研员和骨干教师积极实施"乡村教师专业提升"项目,推介区域优秀成果,到武清区、

宝坻区、静海区、宁河区送课32节,微讲座32场;41节基础教育精品课、10个作业管理和83个作业设计案例、43个优秀学科组参加市级遴选;14名教研员以挂职任教、蹲点教研两种形式到基层校交流,组建和平区、南开区、河北区"课堂教学育人方式变革"行动联盟,与宝坻区开展6场"大思政课"联合教研。加强教研联动,以教研员蹲点教研、定点调研为途径,发挥研究、研讨、交流、推广的机制,抓实市、区两级义务教育课程基地建设。

撰稿:唐 坤

【教科研工作】 建立教科研协同发展运行机制,以"大科研"引领团队共建,在关键问题、重大问题上协同创新、合作攻关。实施教科研协同创新支撑项目,开展基于"问题"的教育教学课题研究与项目实践,组织开展学术论坛、论文评选、成果认定等活动,推动形成更多有价值可复制可借鉴的精品科研成果和典型经验。2023年,2项成果在第三届基础教育国家级教学成果奖评选中获二等奖,2项成果入选第六届全国教育博览会进行推广,3人在青年教师学术论坛活动中获市级一等奖,16个典型经验入选《市教委新时代教育评价改革优秀案例汇编》,部分成果在全国教育局长高峰论坛、国家教育发展战略学会学术年会上做分享交流。

撰稿:邱景祥

【国家级信息化教学实验区建设】 构建教育数字化转型新生态,提出教育数字化转型背景下的区域教育发展的模型——SMART模型并形成实践操作的"和平方案"。作为全国首批,天津唯一的教育部教育技术与资源发展中心(中央电化教育馆)"人工智能课程"规模化应用试点,和平区组织区域层面培训,持续推进首批试点校按照和平区"七巧板"模式从七个方面开展工作。区域做法在"央馆第二批人工智能课程"规模化应用交流会上做题为《人工智能课程规模化应用的思考与实践》的主题分享。组织召开教育部"国家级信息化教学实验区"暨央馆"人工智能课程"规模化应用试点区工作交流活动,并做题为《技术融合赋能智慧教育 人工智能助力奠基未来》工作汇报。在市教委组织的2023年网络攻防演习中获"优秀防守单位"荣誉。在市教委网信办组织的"2023年天津市教育系统网络安全检查"中表现出色。

撰稿:姜 波 庄 燕

【学前教育普惠优质发展】 新增和平区第四幼儿园桂林路分园、天津市幼儿师范学校附属幼儿园花园路分园,增加学位300个。推进普惠性民办幼儿园等级评定工作,共评定出示范级3所,一级1所。开展以"倾听儿童,相伴成长"为主题的"学前教育宣传月"活动,选树优秀个儿典型,5个视频案例通过市级优秀视频评选,其中1个通过"津门教育"面向全市展播。强化质量监管,利用幼儿园三级监控系统对各类幼儿园保教质量开展常态化抽查16次,督促园所立即整改。和平区第四幼儿园、天津市公安局幼儿园由原一级幼儿园晋级示范幼儿园,区内共有公办示范幼儿园9所,一级幼儿园3所。持续开展儿童哲学教育实践研究,在和平区第十一幼儿园举办"首届全国学前儿童哲学教育创新博览会暨第三届京津冀浙闽儿童哲学研讨会",各地教育专家和幼儿园园长、教师近百人现场参加活动,5000余名全国教育同仁线上观看活动。注重队伍建设,通过线上线下结合的形式,组织开展2场区级、18场园级提高幼儿园保教质量专项培训,提升各岗人员专业化水平。注重办园质量评价,组织做好2023年春秋两个学期幼儿园保育教育质量自评工作。制订《和平区进一步发挥优质学前教育资源辐射引领作用实施方案》,公办和民办幼儿园持续开展互查互学互访,促进办园水平整体提升。

撰稿:吕　娜　张　丹

【幼儿教育研究】 深入开展高质量幼儿游戏研究实践,印发《和平区高质量幼儿游戏研究实践项目实施方案(2023—2025年)》(津和教〔2023〕15号)。面向全区各级各类幼儿园遴选出3所市级试点幼儿园,制定《实践任务书》和《年度计划表》。对试点园进行跟进式指导,召开项目启动会,将试点园构建为研究共同体,每三周开展一次区域教研,基于共性问题确定研究内容,实现问题共研、资源共享。举办"回归游戏本真　提升育人品质"高质量幼儿游戏主题论坛,17位来自不同类型幼儿园的教育管理人员围绕主题,以游戏案例或困惑难题为切入点进行阐述,评选出一等奖1名,二等奖2名,三等奖3名,优秀进步奖1名,阶段性呈现出各幼儿园的研究效果。强化实践探索,区域分层推进,发挥试点园辐射带动作用,将全区幼儿园分为三个片区,依托公办民办幼儿园1+N联盟机制,带动各级各类幼儿园开展高质量幼儿游戏研究。开展儿童哲学实践,研究成果面向全国推广。2023年11月

18—21日受邀参加第六届中国教育创新成果公益博览会。通过主题报告"善待儿童的爱智天性——和幼儿园的孩子一起做哲学"、体验式儿童哲学工作坊以及儿童哲思作品、成果专著等展品,面向全国各地教育同仁展示成果。和平区儿童哲学项目研究团队历经15年研究历程,创造性提出"保护儿童哲学天性,培养儿童哲学思维,奠基儿童幸福人生"的核心价值;确立"一个回归与三条基线"的研究路径。

撰稿:吕　娜　张　丹　张　欣

【特殊教育融合发展】 落实《"十四五"特殊教育发展提升行动计划》,推出《和平区"十四五"特殊教育发展提升行动落实举措》,巩固残疾儿童少年义务教育入学工作成果,持续提升特殊教育普及水平,在融合教育发展工作中取得突破性进展。成立和平区融合教育支持团队,充分借助特殊教育专家力量,加强巡回指导教师队伍建设,定期开展资源教师、融合教师专业培训,优化特殊教育师资队伍,不断提升区域教师实践能力与专业素养。

撰稿:李艳艳　赵祎明

【"双减"工作】 聚焦校内"三个提升",即提升课堂教学质量、提升作业管理水平、提升课后服务水平,切实强化学校教育主阵地作用。开展下校视导工作,随堂听取常态课,调研各校常态化教学情况。2023年11月,在第二南开学校召开义务教育课程设置和实施培训会,指导学校构建基于办学理念和特色的课程体系。2月,印发《和平区中学课后服务活动项目清单》,涉及艺术类、科技类、体育类、劳动类和拓展类五大领域,33个区域课后服务特色项目。3月,征集各学校课后服务特色活动视频案例48个,形成和平区中学课后服务特色活动课程集萃。出台《和平区义务教育学校课后服务管理水平综合评价实施方案》,以6条重点内容、11条关键指标、19条考察要点为抓手。开展2023年秋季学期小学学区内课后服务互学互访活动。提高作业设计质量,发挥作业育人功能。3月—5月,组织和平区第一届初中作业管理与作业设计优秀案例征集与评选活动,共评选出优秀作业案例75篇,编辑作业设计优秀案例集,在区域范围内进行交流推广。11月—12月,深入全区16所初中校,实地开展作业管理问卷调研,共收集有效问卷2000余份,形成调研报告。开展2023—2024学年度第一

学期德育、数学、英语学科抽样质量监测工作,监测工作覆盖和平区全部18所小学,涉及23个校区监测点,抽取五、六年级91个班共3751名学生为监测样本。

撰稿:李艳艳 赵祎明 史小玉

【普通高中优质特色发展】 强化专家过程指导和学校管理者培训,深入推进普通高中育人方式转变,引领新时代普通高中高品质、多样化特色发展。2023年3月,在第二南开学校举办天津市普通高中新课程新教材实施暨"品牌高中"建设项目成果展示交流会,教育部基础教育司司长吕玉刚出席并讲话,7所中学做典型发言,6个学科线上进行课例展示、教师说课和专家评课,会议同步在教研网进行全国直播。10月,组织4所"品牌高中"建设项目学校校长赴上海市、南京市参加学访培训。11月,在第二十一中学举办天津市普通高中新课程新教材实施成果展示交流活动,第二十一中学进行专题汇报、教研展示和课堂展示,邀请市教科院专家进行专题点评,会议同步在教研网进行全国直播。加强科学教育,培养拔尖创新人才。10月,组织参加"英才计划"遴选培育活动和天津市创新人才培养领航学科基地申报工作。11月,天津一中、耀华中学、第二十中学、第二十一中学4所学校7个学科入选创新人才培养领航学科基地。全区8所中学入选"青少年科创计划",25名学生进入市级遴选。

撰稿:史小玉

【规范民办义务教育发展】 深入清理民办校占用的公有教育资源,组织租赁和平区权属校舍及设备的4所民办学校签订正式租赁合同,由具有资质的第三方资产评估公司出具评估报告,按照区常务会、局党委会的决议要求,落实租赁期限、租赁金额、减免政策等;督促民办校通过租赁、退回、报废等方式完成占用的全部公有实物资产的清理规范;组织民办学校退回共计251名公办教师。依法规范"公参民"学校举办者构成,5所"公参民"学校均完成公办校与民办校的实质分离,其中4所举办者变更手续办理完毕。通过调整布局、收缩计划等方式,有效控制民办义务教育在校生占比,比值较上年进一步降低,符合国家、天津市的有关规定。有序推进民办校决策机构治理,依法向5个民办学校理事会派出教育行政部门委派代表。

撰稿:周 琳

【创新推进语言文字工作】 推进学前儿童普通话教育工作开展;组织中华经典诵读网络专项培训及"典耀中华"经典诵读能力提升培训;完成第五届"诵读中国"经典诵读大赛区级评选及市级推优,共24个作品获区级荣誉,6个作品获市级荣誉;扎实开展第26届全国推广普通话宣传周活动,举办首次"推广普通话,奋进新征程"和平区中学生汉字听写大赛,"学习强国"学习平台、中国网、津云等主流媒体进行详细报道;组织全区各级各类学校落实"五个一"推普活动;推出第26届推广普通话宣传周"五个一"系列报道,不断加大宣传力度,营造浓厚氛围。

撰稿:周 琳 秦 鹤

【社区教育】 组织各街道社区开展"学习宣传贯彻党的二十大精神"系列实践活动达1200余场;召开2023年和平区社区教育推动会,推动社教工作规范化制度化;进一步完善社区教育委员会联络网,开展各类教育活动200余场;与天津理工大学继续教育学院建立"区校终身学习联合体",探索形成有特色、可持续的"区校终身学习联合体"新模式;组织开展"学习型组织"创建活动,共评选出学习型街道6个,学习型社区28个,学习型家庭49个,覆盖面达到87.5%;开展和平区首届"能者为师"特色课程推介共享行动,挖掘典型案例20个;开展"终身学习品牌项目"和"百姓学习之星"评选活动,获评全国"事迹特别感人的百姓学习之星"和"优秀品牌项目";组织"天津市第十七届社区教育展示周暨2023年全民终身学习活动周"活动。

撰稿:周 琳 张兆瑞

【校外培训机构治理】 坚持校外、校内同向发力,全力推进资金监管平台广泛应用。一方面采用平台订单查询、电话督促指导、现场实地核查等方式,推进学科类校外培训机构校外培训App使用。另一方面加大校内宣传力度,向全区中小学、幼儿园下发《关于进一步做好校外培训预收费资金监管宣传工作的通知》,教育引导家长通过教育部校外培训App缴费,保障资金安全。全年在监管平台生成订单2万余笔,订单金额近9千万元。持续开展学科类隐形变异排查整治,对排查出的问题线索及时检查,教育、公安、综合执法、市场监管等部门密切配合,对重点楼宇和场所等进行多轮次实地检查,发现问题及时处置。全年完成立案处罚10件。组织区文旅、体育、科技、公安、市场监管等部门,开展暑假、寒假期间专项治理、回津中考相关违规培训治理、数据稽核、违规竞赛治理、规范校外培训机构涉考行为专项行动、非学科类校外培训机构整改、涉境外课程校外培训机构治理、艺考培训专项治理等专项行动,开展年度检查和信用等级评价工作,持续规范校外培训行为。强化安全管理,组织区检察院、消防救援支队开展安全管理专题辅导培训会,督促指导校外培训机构落实安全管理工作各项要求。完成教育部监管司的两次实地调研、一次问卷调研工作,接待河北省教育厅关于校外培训治理工作的调研走访;三篇信息稿被教育部采纳,编入"双减"改革快报。

撰稿:王立明

【思政工作】 持续加强德育干部、班主任、思政教师、心理教师、家庭教育和科技辅导员六大队伍建设。做好课题申报立项及研究结题工作,先后选派教师参加大中小学思政课教师一体化示范班、市中小学骨干教师德育实践工作能力研究培训班、市中小学骨干班主任培训、市中小学德育骨干教师网络培训班、思政教师岗前培训、市心理危机干预队伍培训。召开和平区思政课教师骨干培训,500余人共同聆听《一个人的长征》思政课专题辅导报告会。推动马克思主义政治人才培养,完成两轮思政教师档案完善工作,推动两批共计12名教师到市、区培养锻炼。邀请天津市教科院专家对全区中小学德育负责人开展《预防为首 关注重点 多元干预——中小学校如何科学应对学生心理危机》专题培训。2023年2月,和平区获评天津市"大思政课"综合改革示范区,2023年7月,和平获批天津市中小学"三全育人"综合改革试点区。区教育局与区委组织部、区人社局协同配套出台《和平区"大思政课"建设综合改革示范区实施方案》《关于印发〈天津市和平区新时代马克思主义政治人才培养工程实施方案(试行)〉的通知》《天津市和平关于进一步完善学校思想政治理论课教师退出机制的实施意见》,建章立制推动落实。天津市教育工作重点调研课题《关于和平区完善"大思政课"工作体系的研究》结题。2023年下半年,深入全区35所中小学,通过座谈走访问需问策,科研引领提质增效。和平区35所中小学与18所高校院系签订共建协议,不断优化大中小幼思政一体化建设,全年共建活动150余场,通过实践育人、课程教研多维度促"大思政"格局构建。和平区坚持开门办思政,积极对接资源,与天津图书馆、天津博物馆、新天钢集团、朝阳里社区共建"大思政课"实践

基地,与天津师范大学共建大中小幼思政一体化中华优秀传统文化教育实践基地,与天津自然博物馆共建课程资源及师生实践基地,为努力画好大思政教育同心圆创设条件。

撰稿:李会红

【班主任队伍建设】 对从事班主任工作30年以上的30名教师命名为功勋班主任,对从事班主任工作20年以上的16名教师命名为资深班主任,并在全系统教师节大会表彰。组织开展班主任岗前、心理C类培训考核工作,邀请6位专家和资深教师为300余名教师带来4场知识技能分享。严格落实见习班主任制度,238名见习班主任经过一年见习期,并通过班主任岗前培训结业考试和心理健康教育C证考核,获颁班主任证书,另有341名新教师被纳入2023年见习班主任队伍。组织开展和平区中小学教师"讲暖心家访故事"主题演讲大赛。1人获市级一等奖、2人获市级二等奖。

撰稿:李会红

【心理健康教育】 配齐配强中小学专职心理健康教师,探索形成"区级、校际、校内"三级心理健康教育网络,不断完善专职心理教研员统筹指导、优秀教师团队领衔、专职心理健康教师精准施教、兼职心理教师辅助发力、全体教师共同参与的塔式心育队伍体系,组织全区心育教师开展常态教研、联合研究、撰写案例、课堂观摩、讲座培训等活动,以辐射效应和团队力量适应时代新要求。逐级开展学校分管领导、班主任、专兼职心理教师及心育委员培训,发挥朋辈支持作用,着力构建完备工作体系。在"心启航·心力量"和平区"5·25"学生心理健康月系列活动中,通过励志演讲、心理文化创意产品设计、心理音乐歌舞创作、"最美护心志愿者"评选、"家庭微镜头"作品征集、"快乐健心操"作品征集、"快乐课堂5分钟"心理健康活动示范作品征集等心育活动,在全区营造关爱自我、重视心理健康的良好氛围。9月,"探索建立全链条立体化管理的中小学生心理健康教育实施路径"被确定为"天津市教育系统关工委2023—2024年度调查研究重点项目"。

撰稿:李超群

【校家社协同育人】 召开"健全和平区校家社协同育人机制"研讨会,研讨落实《关于健全学校家庭社会协同育人机制的意见》精神。4月起,以"共

育 共创 共促 共享"为主题,组织开展和平区首届优秀家长学校汇报展示,由14所中小学分享校家社协同育人经验。10月,获评天津市学校家庭社会协同育人实验区。10月31日,和平区副区长沙红作为《健全校家社协同育人机制 促进和平教育高质量发展》课题负责人深入走访天津市汇文中学、四平东道小学,实地考察学校校家社协同育人的有效模式、创新做法及工作经验,11月24日,和平区人大常委会组成人员走进四平东道小学金葵花家庭教育工作站,察看《关于完善学校家庭及社会协同育人机制的建议》办理情况,和平区所有中小学建立校家社协同指导中心,以学校为主导强化三方密切沟通协作,守护学生健康成长。

撰稿:李超群

【科学教育】 建立和平区中小学科学教育领导小组,由分管区领导任组长,区教育局牵头,相关部门密切配合,加强科学教育工作的组织领导和统筹规划。印发《和平区教育局关于加强科学技术普及工作的实施方案》,实施精神文化引领行动、学科教学渗透行动等"五大行动"。建立科学教育人才表彰激励机制。在全市率先表彰区域内优秀科学教育工作者53名,申报全国中小学科学教育实验区,被天津市推荐参加全国百个科学教育实验区评审。

撰稿:崔依姗

【法治工作】 推进法治政府建设,发挥党委在法治建设中的作用,全年组织理论中心组学法培训3次,党委会学习法律法规规章制度4次。坚持遵法学法守法用法,组织教育局国家工作人员参加网上学法用法考试。组织新增行政执法人员执法证件申领工作,至2023年底,和平区教育局持有行政执法证的行政执法人员27人,其中新增执法人员9人,并从事相应的执法工作。完善行政执法工作体制机制,公正文明规范执法。加强青少年法治教育,组织2023年学生"学宪法讲宪法"演讲比赛,和平区14名中小学生入围决赛。开展"法治公益大讲堂"活动,组织学生家长收看法治与家庭教育相结合的主题讲座,参与人次达97007人。申报优秀普法案例。常态化开展法治副校长进校园活动,全区各中小学在法治副校长的指导下,在清明节期间开展覆盖全区的37所中小学的《中华人民共和国英雄烈士保护法》普法宣传活动,在"六一"儿童节期间开展围绕《未成年人保护法》法治教育活动,开展"美好生活民法典相伴"

民法典主题的法治宣讲活动。

撰稿:崔依姗 柳馨雨

【团队工作】 聚焦政治启蒙和价值观塑造,持续深化党团队一体化的红色基因全链条,深化学校共青团、少先队改革。严肃团前教育,严格发展程序,确保合理团青比例。严格落实一年级分批入队制度,规范少先队标志礼仪。组织开展"薪薪火炬永传承 争做新时代好队员"和平区庆祝六一国际儿童节主题队日活动暨示范性入队仪式以及区青少年宫少工委成立仪式。举行"学习二十大 争做好队员"——2023年"十·一三"少先队建队日和平区示范性主题队日活动。举办和平区"津彩假日"红领巾冬令营和夏令营活动。面向广大团员和青年开展学习贯彻习近平新时代中国特色社会主义思想主题教育。完成少先队组织数据库系统及智慧团建中主题培训的学习。开展全系统红领巾奖章评定、团费收缴、发展团员等工作。做好团队干部和青年团员的培养锻炼。开展团队干部主题学习交流会及"不忘初心跟党走 为党育人担使命"少先队辅导员培训交流会。

撰稿:侯媛媛

【招生考试】 做好全年组考工作整体规划,完成各项国家级、市级考试组考任务。高考前夕,市委常委、市教育工委书记王旭、副市长李文海深入和平区考试中心、耀华中学考点,市纪委常委苗育铭一行深入第一中学考点,实地检查高考准备情况;研考前夕,市政府副秘书长陈世忠、市教委、市纪委监委驻市委教育工委纪检监察组负责同志,市教育招生考试院主要领导负责同志到第二十一中学考点进行检查,对和平区考前准备工作给予充分肯定。深化英语教育教学改革和高考综合改革,有力推进英语听力和口语相结合的听说考试,化解考试领域重大风险,完成高考英语听说考试标准化考场5所考点、10间听力机房、480个考位的建设,确保13所生源单位、4000余名高考考生2024年3月高考英语听力顺利进行,保障高考英语听力考试方式改革平稳落地。与苏州市教育考试院、天津中医药大学、南开区考试中心结成友好合作交流单位。

撰稿:薛 莉 刘 文

【阳光体育】 通过不断完善课程、训练、竞赛体制机制,深入开展体教融合,不断提升学生体质健康,促进学生全面健康成长。全面实施第三方统一测试、评定和分析的学生体质健康测试机制,建立测试报告书制度,做到"一生一案"。以家庭作业促家校良性互动。完成7万余名中小学生2022、2023年体质健康测试工作,接受市教委学生体质健康抽测。开齐开足体育课,开展不少于2项素质锻炼。开展"引体向上项目提升行动""每日走出去、动起来"活动。将深化体教融合与"双减"工作相结合,各中小学共开设270余个体育锻炼项目。组织和平区中小学体育学科新课标指引下深化学科思政融合精品课评比活动,针对性提升业务能力、加强核心素养。组织"和平杯"系列体育赛事。在组织田径、篮球、足球等常规区级比赛的基础上,开展棒垒球、气排球、桥牌、棋类、排球操、啦啦操、游泳、乒乓球、跳绳等特色体育运动。利用周末和节假日开展区级田径、足球代表队集训;利用每周二、五下午,组织"满天星"校际足球联赛近300场。参加天津市大中小学田径运动会,获市区组第二名,共摘得金牌47块,总分创历史新高。全面实施视力健康教育促进工程。完成全区74000余名中小学、职专学生视力普查,建立一人一档的视力档案,通过视力筛查平台向学校和家长进行反馈。2023年青少年近视率为54.49%,比上年下降1.04%。全年组织开展健康教育大讲堂活动52场,为学校配备11套自助式液晶视力表和电脑验光仪。完成3318名学生"2023年天津市儿童青少年近视调查和健康影响因素监测与干预"工作。766名教师参加视力筛查技能培训并通过考核取得筛查资格证书,投入日常视力筛查工作中。

撰稿:宋浩疆

【美育工作】 以丰富的艺术活动为载体,为全体学生搭建艺术展示的平台,使学生受到美的教育,获得美的体验。开展美育实践课堂文艺展演和艺术展示活动。在校赛基础上,分别于4月和10月举办区级美育实践课堂文艺展演个人项目和集体项目,集体项目全区各中小学(含中职学校)共251个节目3739名参演人员报名,推选出155个节目进入市级展演,个人项目全区共2518名学生参赛,评选716人进入市级展演。7月和12月,两次举办学校美育实践课堂成果展示活动。3月公布的全国第七届中小学生艺术展演活动优秀组织奖及各项目评选结果,11个项目入围奖项。推荐优秀儿童画作品在天津杨柳青木版年画博物馆、天津夏季达沃斯论坛文化之夜展出。举办"传薪火　润心田　谱民族团结华章"

第三十六届和平区校园美展;12支优秀学生合唱团参加天津市"沽上四季"童声合唱音乐会。认定534名市级中学艺术特长生。开展传统文化传承活动。围绕"弘扬华夏文明,传承津沽文化"主题,在天津设卫筑城619周年纪念日举办"莲年有余"学生主题年画作品展暨和平区学生"第十二届津沽文化日"主题文化活动",由学生代表现场展示京韵大鼓、快板、评剧、京剧等传统节目,并进行现场瓦当拓印、版印年画、墨韵福娃、彩塑萌鱼、趣味集章体验互动。组织参加2023年天津市"我在天津过大年"学生剪纸迎春作品展。报送839幅作品参加"莲年有余"市学生主题年画作品展,选送56个个人和15组集体作品参加"我家的窗花"市学生剪纸迎春作品展。举办"弘扬长征精神　践行以美育人"主题班集体合唱。

撰稿:张炳琦

【劳动教育】 开展中小学校劳动实践活动,培养学生正确劳动价值观和良好劳动品质,持续推进全国中小学劳动教育试验区建设。将科技元素融入劳动技能竞赛,举办和平区第四届中小学劳动教育成果展暨学生劳动技能大赛5站系列赛事,并进行网上展播。4月和9月,参加天津市第二届、第三届中小学劳动技能大赛,获得一等奖5项、二等奖11项、三等奖12项。3月至4月,组织全区近5000名八年级学生在国际青少年交流中心开展劳动周实践活动。加强教育科研和队伍建设。推选10个优秀案例参加"天津市首届中小学劳动教育优秀案例评选"。13所中小学申报天津市中小学劳动教育示范学校。25名教师获评天津市中小学劳动教育导师。加强区级劳动实践基地建设。与区文旅局、区城管委、区生态环境局、天津市自行车电动车行业协会、蜂鸣科技有限公司、海河乳业、国际青少年交流中心(天津)等签署协议,共挂牌区级劳动教育实践基地15个,成为各学校校外实践课程的重要阵地。

撰稿:赵　青

【东西部协作和支援合作】 巩固拓展教育帮扶成果,选派优秀管理干部和骨干教师60人赴甘肃、新疆、西藏支教送培,其中赴甘肃54人、赴西藏2人、赴新疆4人。选派教师13人赴甘肃会宁、靖远进行一个月送教送培。接待甘肃来津跟岗研修教师6批次140人,通过培训,实现优质教育教学资源共享。深化"手拉手"结对帮扶。和平区35所中小学、幼儿园通过支教送培、远程互动等方式,巩固拓展与甘肃92

所结对学校的帮扶共建,其中参与中组部"组团式"教育帮扶工作的东部学校数6所,帮扶协作地区国家乡村振兴重点帮扶县学校数4所;两地4对学校建立包保关系;在甘肃重点打造24所教育支援示范校。组织甘肃示范校争创学校进行工作阶段性展示,活动主会场设在甘肃,整场活动以网络直播方式进行。和平区教育人才"组团式"帮扶团队在舟曲一中建成"舟曲一中名师工作室",以教师总数8%的比例遴选舟曲本地优秀教师加入工作室,培养壮大了一支本土高素质优秀教师队伍,增强了学校内生发展动力。天津市和平区教育人才"组团式"帮扶团队在舟曲职专打造优质专业,培养实用型人才,甘肃舟曲职专组团式项目获评天津市"2023年东西部协作和支援合作为民服务亮点项目"。

撰稿:石 英 柳馨雨

【扩大优质教育资源】 和平区与河东区结成区域教育发展共同体,与南开区、河北区建立"课堂教学育人方式变革"行动联盟,与滨海新区、蓟州、宝坻、静海等环中心城区和远郊区加强教育交流,实施"乡村教师专业提升项目",组织送课活动。逸阳空港小学投入使用。纵深推进京津冀教育协同发展,持续深化与河北省石家庄、张家口等地区交流合作,两地教育局及联盟学校广泛开展交流学访活动,领导干部跟岗锻炼、一线教师研修培训、网上交流互动、实地参观学访相结合,内容涉及全面深化教育评价改革、巩固"双减"成果、激发办学活力、"五育"融合家校社协同育人等方面,有力推动跨区域合作,促进两区教育高质量发展。和平区教育局在全国基础教育教研工作会议、教育局局长高峰论坛、中国教育装备展示会、全国校外培训行政执法工作现场会等全国性会议上分享区域推进项目化教研、教育数字化、教育评价改革、校外培训机构治理等工作经验。

撰稿:石 英 柳馨雨

【安全管理】 推动校园安全治理模式向事前预防转型,全面落实并持续巩固校园封闭化管理率、一键式紧急报警和视频监控系统达标率、学校"护学岗"配备率、中小学幼儿园专职保安员配备率"四个100%"。全面安装防坠楼设施。评选表彰年度平安校园建设示范单位3个、先进单位12个、优秀管理者20人、优秀工作者30人。常态实施区级部门联合督查、局领导分组督查、校际互查、学校自查,以及聘请第三方专业机构开展安全检测的"4+1隐患排查治理

机制"。扎实开展重大事故隐患排查整治2023专项行动等重点工作,长效常治危险化学品安全、消防安全、燃气安全、建筑施工安全、有限空间作业安全、特种设备安全、交通安全、食品安全等关键领域。大力推进"闪送快接"工程。持续深化预防和治理校园欺凌专项行动,完善9类防欺凌制度性文件。积极推行"1530"安全教育模式,牢牢守住防范学生溺水底线。深入开展"反诈校园行"活动。持续深化扫黑除恶教育领域整治,学习宣传《反有组织犯罪法》《防范有组织犯罪侵害校园指导手册》,开展治理涉校案事件专项行动。深入开展全国中小学生安全教育周、"安全生产月"、消防宣传月、全国交通安全日等系列安全宣传教育活动。创新打造"平安校园新视窗"线上品牌。全年无重大事故隐患和安全责任事故,在市、区各级安全巡查督查中均获高度评价。

撰稿:李翠玲 王华龙

【党管武装】 落实《国防教育进中小学课程教材指南》,搭建国防教育课程体系。各中小学参加2023年天津市中小学国防教育系列竞赛活动,多所学校、学生获奖。第一中学、岳阳道小学、新华南路小学被教育部、中央军委政治工作部评选认定为全国中小学国防教育示范学校。新华南路小学被授牌"全国八一爱民学校"。3所国防教育示范学校学生以书信、画作、贺卡等形式慰问边海防官兵。做好处级领导"夏季送清凉""冬季送温暖"慰问包联退役军人工作。深化推动学生军训商业化市场化问题专项整顿,协调现役官兵和民兵教官承训,严格按纲施训。全面组织完成适龄男学生兵役登记工作,大力开展征兵宣传,组织国防教育影片巡回展映活动,增强中小学生拥军参军热情。

撰稿:李翠玲 王华龙

【校园食品安全】 制订《2023年春季校园食品安全专项监督检查工作方案》《和平区2023年秋季校园食品安全专项监督检查工作方案》《和平区教育系统集中用餐单位食品安全问题专项治理行动工作方案》,组织开展春秋季校园食品安全专项监督检查、集中用餐单位食品安全问题专项治理行动,完成2023年食材供应企业招标工作。线上巡更常态化,持续发挥"互联网+明厨亮灶"的震慑作用。第十九中学、第六十一中学、第二十中学、第一中学、耀华中学、华夏未来实验幼儿园、和平保育院、幼儿师范附属幼儿园8个单位完成营养健康食堂建设,完成创城

迎检工作。实验小学完成食堂复建并投入使用。严格执行校园长负责制和陪餐制度,2023年,学校(幼儿园)负责人累计陪餐21927人次,食品安全管理人员陪餐72人次,有效推动了主体责任的落实。利用食品安全周、全民营养周、世界粮食日和全国粮食安全宣传周、全国粮食和物资储备科技活动周等教育节点,广泛宣传普及食品安全、膳食营养、节粮爱粮等常识,学校食堂校园责任险100%全覆盖。持续宣传推动制止餐饮浪费工作,万全小学获评全市唯一食育基地校荣誉,"围裙少年"成为食育育人的靓丽名片。

撰稿:程玉伟
审稿:刘　洋

附:区管领导、教育局领导及驻地

区委常委、宣传部部长:李　康

副区长:沙　红

区教育局党委书记:明建平

区教育局局长:明建平

副局长:刘　洋
　　　　王　伟
　　　　王　刚
　　　　叶　红

孟祥新(2023年10月31日到任,挂职,2年)

朱永贵(2023年12月28日到任,挂职,1年)

调研员:杨占波
　　　　潘　成

办公室主任:张学宝

电话:27126366

地址:和平区南门外大街257号

邮政编码:300020

河北区

【概况】　2023年,河北区共有各级各类学校(幼儿园)93所。其中中学17所(含市直属外大附校、民办校4所,其中完中校10所、初中校4所)、小学25所、幼儿园47所(含民办幼儿园28所、集体幼儿园1所、部队幼儿园1所)、中等职业学校1所、高等职业院校1所、特殊教育学校1所、少年宫1所。共有在职教职工6000余人(含民办学校、幼儿园教职工),在校(园)学生(幼儿)7.3万余人。

2023年,河北区与市教委签订全面战略合作框架协议,河北区教育局与天津一中合作共建天津一中河北学校,与市教科院合作共建全市首个教科院附中、附小,与南开区合作建设区域教育发展共同体,两区各5所中小学分别签署校际共建协议,兴华小学与北师大实验小学开展京津跨区域携手共建。河北区获评首批"全国学前教育普及普惠区",3所幼儿园被确立为市级高质量幼儿游戏研究实践试点园。河北区获评天津市"三全育人"综合改革试点区,天津二中、红星路小学获评"三全育人"试点校。河北区获评"天津市学校家庭社会协同育人实验区",与天津师范大学共建全市首批10个"青少年心理健康科普教育工作站"。4所学校获评全国中小学科学教育实验校,扶轮中学校史陈列馆入选首批天津市科学家精神教育基地名单。在全市"津门三杰"评选中首次实现大满贯。五十七中初中部投入使用,新增义务教育学位1800个。天津二中"品牌高中"建设成效突出,高考成绩创8年来最好水平。天津城市职业学院与华为共建华为现代产业学院、通广集团合作共建,牵头成立河北区信创·智能产教联合体,联合53家校企单位成立全国首家京津冀托幼一体化产教融合共同体,建成肯尼亚鲁班工坊梅鲁科技大学分中心。

撰稿:路　军

【教育经费收入与支出】　2023年,河北区教育经费总收入173827.74万元,比上年增加16870.92万元,增长10.75%。其中一般公共预算教育经费142237.65万元,文化旅游体育与传媒经费1.25万元,社会保障和就业经费12798.47万元,卫生健康经费6630.46万元,地方政府一般债收入438.23万元,政府性基金预算财政拨款收入2206.44万元,事业收入5437.04万元,其他收入4078.2万元。全年教育经费总支出174953.6万元,比上年增加18621.42万元,增长11.91%。其中人员经费支出142376.27万元，公用经费支出14213.76万元，项目支出18363.57万元。教育支出（205科目）中学支出（含职专）66022.99万元，小学支出58938.67万元，幼儿园支出21752.24万元，其他单位等支出6185.77万元。

撰稿：路 璐

【教育教学改革】 巩固提升育婴里小学、昆纬路一小等5个小学教育集团品牌影响力，制定"五个一体化"工作重点，开展跨集团教研交流，推进集团间教学向纵深发展，5个小学教育集团间形成融合共享模式。3个初中片区间建立共研共评模式，组织开展8场课后服务互比互看专场展示，面向全区中学遴选出19个优秀教学案例，编辑完成《河北区中学教学典型案例汇编》，召开总结交流会，构建以全面育人为导向的"教、学、评"新生态。分层次开展小初衔接工作，从"零起点"开展教学，合理安排教学进度，开展入学适应教育。制定《河北区落实<天津市"十四五"特殊教育发展提升行动实施方案>工作举措》，不断完善特殊教育保障机制。制订实施《天津市河北区教师发展中心教研员交流工作方案》，以"重心下移挂职任教"和"引领发展蹲点教研"方式推进教研员交流。

撰稿：牛玉秋 梁晓彤

【师资队伍建设】 2023年招聘新教师275名，招聘高层次人才9名，其中博士4名，副高级教师5名。2023年度职称评审，获评副高级教师职称69人，获评正高级职称任职资格5人。制订《关于落实新时代基础教育强师计划的工作方案》，实施"新苗工程"新入职教师培训，提升教师队伍素养。新成立16个名师工作室，为全区33个名师工作室遴选出工作室成员339名。天津市第五十七中姜志惠获评"杰出津门校长"，天津市第十四中学田永峰获评"杰出津门班主任"，河北区第二实验新世纪小学周瑾获评"杰出津门教师"。持续推进"区管校聘"工作，义务教育教师交流212人，其中骨干教师135人。结合区域实际工作，中学学段单向交流34人，小学集团内部单向交流25人，解决各学段教师结构性缺编问题。

撰稿：侯 香

【干部队伍建设】 2023年，共调整基层领导班子27个；新提任校（园）级干部24人，交流6人，试用期满转正16人；新提任中层干部40人，交流10人，解聘9人，进一步改善和优化干部队伍结构。举办"教

育系统党员领导干部专题培训班暨河北区处级领导干部教育专题专业化能力培训班""河北区科教兴区人才强区处级领导干部专业化能力培训班"，提升领导干部工作能力和水平。制定《河北区教育系统小学、幼儿园中层干部选配管理办法》，实施年轻干部"头雁工程"，遴选首批43名学校干部培养锻炼，不断加强年轻人才培养，推动干部队伍梯队化建设。在党员教育培训领域推动创建"1+N"火炬淬炼计划，共创建62个品牌项目，教科院附中作为推荐点位进行区级展示。

撰稿：夏小茵

【学校布局结构调整】 河北区结合区域教育资源现状科学分析、预判，统筹规划有资源，谋划推动重点工程建设项目，促进教育优质均衡发展。完成育婴里第三小学扩建项目建设，建设规模24个教学班，可提供学位1080个。接收河北区调料厂配套学校项目，建设规模36个教学班，新增学位1800个，于9月正式投入使用。接收中海609项目配套幼儿园，建设规模12个班，新增360个学位。加快推进天津一中河北学校项目建设，设计规模36个教学班，提供学位1800个，于8月开工建设，截至2023年末完成地基基础施工。

撰稿：俞 昊

【思想政治教育】 河北区入选天津市第二批"大思政课"综合改革示范区、"天津市学校家庭社会协同育人实验区"、天津市"三全育人"综合改革试点区，2所学校获评"三全育人"试点校。与天津师范大学心理学部共建全市首批10个"青少年心理健康科普教育工作站"，成立"校家社 心守护 心联盟"，护航学生心理健康。成立河北区"三全育人"和"校家社协同育人"两个项目中心组，建立"思政一体化工作室""课程思政工作室""心育工作室"，推进大思政一体化建设发展格局。"李淑丽网络名师工作室"被天津市教育两委立项为天津市网络思政名师工作室项目。开展学习习近平总书记在北京育英学校的重要讲话等，组织开展"书送阳光 青暖童心"公益项目暨向民族地区图书捐赠活动，全区少先队员累计捐赠11609本。

撰稿：杨 芳

【学前教育】 河北区于2023年12月通过首批"全国学前教育普及普惠区"认定，3个幼儿游戏案例

入选教育部全国学前教育宣传月游戏案例展评,河北一幼张荣昌老师在天津市第二届幼儿园青年教师教育教学竞赛中获全市一等奖。河北十五幼、河北十九幼两所幼儿园获评市级示范园。河北区第五幼儿园、河北区扶轮幼儿园(丹庭园)、河北区第十九幼儿园入选市级高质量幼儿游戏研究实践试点园名单。

撰稿:李　妍

【义务教育】　稳步推进义务教育学校集团化发展,20节课获评天津市中小学第十届"双优课"一等奖,在全市名列前茅。6个项目成功入选天津市义务教育阶段中小学课程基地建设项目。加强教学质量监控,落实听评课制度,围绕"深化素质教育,提升课堂教学质量",强化教研职能,加强教学管理,促进全区小学教育教学质量稳步提升。组织开展"良好学习习惯培养月"活动,以"挖掘核心素养内涵,共享小初衔接智慧"为主题,以教科院附中为主体,开展小初衔接系列教学活动,带动全区各中小学小初衔接工作向纵深发展。围绕促进"三个提高",以学区为载体,组织召开"强化统筹狠抓管理,加快推动初中教学质量提升"教学管理专题讲座,全面提高教师教育教学水平,有效提升初中教学质量。"双减"工作成果持续巩固,深入实施课后服务"重实效、提质量"专项行动,坚持"减负""提质"两手抓,优化课堂教学,促进学生能力发展,推进课后服务工作取得阶段性成效。

撰稿:牛玉秋　梁晓彤

【普通高中教育】　天津二中"品牌高中"建设成效突出,与市教科院合作开展"支撑品牌高中的课程建设与教师素质提升探索性研究"项目,13节课获评教育部"基础教育精品课",获批市级课题近60项,5名学生入选中国科协、教育部"英才计划"。天津十四中学与中国科学院新建人工智能校本课程和社团各1个,邀请中国科学院自动化研究所工程师到校开展讲座并参加学校科技周活动,组织优秀学生代表赴北京参加中国科学院公众科学日活动。普通高中"强校工程"建设深入推进,扶轮中学与天津二中开展教学"师徒结对"活动;教科院附中与新华中学开展研学共建活动;木斋中学与南开中学签署深化强校工程共建协议。美术中学与天津美院等3所院校合作共建实习实训基地。红光中学与西藏自治区教育厅举办"西藏班交流研讨会",深化民族教育特色品牌。

撰稿:李　帅

【职业教育产教融合】　天津城市职业学院与华为共建华为现代产业学院,建立大数据、云计算2个专业,招收首届学生79名。与通广集团合作成立"双师型"流动站和人工智能产业学院,牵头成立河北区信创·智能产教联合体。联合53家校企单位成立全国首家京津冀托幼一体化产教融合共同体,建成肯尼亚鲁班工坊梅鲁科技大学分中心,城市职业学院参与的"鲁班工坊的创新实践"课题项目获国家级教学成果特等奖。城市职业学院入选联合国教科文组织"城市社区学习中心(CLC)能力建设"项目首批试验单位,承办京津冀台养老事业发展产教融合论坛。天津市中山志成职业中等专业学校推进电子商务、中药等专业建设,与河北省3所学校开展联合办学,服务京津冀协同发展,获评2023年度"1+X"大数据财务分析职业技能等级证书实施标杆院校。

撰稿:陈立芹

【体美劳教育】　发挥陈灵娜学校体育工作室引领作用,组织全区100余名一线体育教师围绕"体育与健康高效课堂的构建"开展系列研学活动。开展专家进校园近视眼防控知识讲座37场,联合天津市中小学生视力健康管理中心开展线下视力筛查集中培训5期,学生体质健康水平稳步提升,河北区在2023年天津市中小学田径冠军赛中位列第四名。实施美育教师"培元工程",发挥"美育名师传习室"引领机制,搭建艺术教师展示交流平台。承办教育部第四届"中外人文交流小使者"全国巡回大师赛系列活动,河北区教育局获教育部中外交流中心和亚组委颁发的"先进组织单位奖"。河北区获2023年天津市中小学劳动技能大赛一等奖2个、二等奖6个、三等奖6个。

撰稿:张耀文

【校园安全】　持续抓实抓细平安校园建设,建立以风险辨识管控为基础的校园安全隐患排查治理体系,推行聘请专家指导、学校交叉互查、领导分片包保、科室重点抽查的检查模式,开展校园安全隐患排查专项行动,全年整改消除安全隐患问题1141项。联合公安河北分局建立《关于建立平安校园联席会议机制的通知》《关于加强校园周边联合守护工作方案》等机制,全面落实校园周边"高峰勤务"和"护学岗"建设,织密"人防、物防、技防"安全防控网。深入开展校园食品安全专项整治工作,3所学校与天狮食品安全学院开展校地合作,食安管理水平进一步提升。开展传染病防控专业培训,家校联合,做好传染病防控工作。扎实开展师生安全教育和应急疏散演练,切实筑牢校园安全防线。

撰稿:唐 强 刘 彬

【优质教育资源引进】 4月1日,河北区人民政府与市教育委员会举行全面战略合作协议签约仪式。河北区引入天津一中、天津职业技术师范大学、市教育科学研究院等优质教育品牌开展合作办学,加强天津二中"品牌高中"项目建设,扩大优质教育资源覆盖面,助推河北区教育高质量发展。4月28日下午,天津市教育科学研究院与河北区人民政府成功签约合作框架协议,天津市第七十八中学和河北区增产道小学正式揭牌成为"天津市教育科学研究院附属河北中学""天津市教育科学研究院附属河北小学",这是市教科院在天津市与区政府合作共建的第一所附属中学和附属小学。5月18日,北京师范大学实验小学与天津市河北区兴华小学签署《京津跨区域学校携手共建合作意向书》,以先进的教育理念和创新的管理机制促进河北区基础教育优质均衡发展。10月29日,河北区与南开区在南开中学翔宇楼报告厅,签署两区教育发展共同体建设合作协议,两区各5所中小学分别签署校际共建协议,深化资源共享,提升教育教学质量。

撰稿:周作强

【启智学校获国家级基础教育教学成果奖】 11月,教育部公布基础教育国家级教学成果评选结果,启智学校获国家级基础教育教学成果二等奖。2022年9月,教育部印发《关于开展2022年国家级教学成果奖评审工作的通知》,部署基础教育、职业教育、本科教育和研究生教育四类国家级教学成果奖评审工作。启智学校申报的"国家课程的地方方案:培智学校《运动与保健》课程建设的25年实践"教学成果以国务院《全民健身计划纲要》为指导,体现时代精神和素质教育的核心理念,遵循特殊教育学校学生身心发展和教育教学规律,围绕解决特殊教育教学过程中的实际问题,创造性地提出科学的思路、方法和举措,经过25年的实践检验,对于实现培养目标、提高教学水平和教育质量效果显著,产生了积极广泛的影响,至今仍在教育教学中发挥示范引领作用。

撰稿:曹 艳

【肯尼亚鲁班工坊梅鲁科技大学分中心成立】 9月4日,肯尼亚鲁班工坊梅鲁科技大学分中心揭牌仪式在天津城市职业学院和梅鲁科技大学两个会场同步举行。天津市河北区人民政府副区长李晓霞、天津市河北区教育局党委书记、局长段雅睿、天津城市职业学院领导以及师生代表以在线视频的形式参加揭牌仪式。2019年12月,天津城市职业学院建设了肯尼亚马查科斯大学"鲁班工坊",双方在鲁班工坊课程教学和学生参赛等方面取得了显著成效与影响。梅鲁科技大学分中心揭牌、正式投入使用,将进一步促进双方在专业教研、教师培训交流、学生联合培养等方面的合作,助力肯尼亚经济社会发展,为两国教育和人文交流搭建更坚实的桥梁。

撰稿:邢 凯

【扶轮中学建校105周年暨陈省身入校100周年纪念活动】 天津市扶轮中学始建于1918年,是中国历史上第一所铁路职工子弟中学。多年来,扶轮中学秉承"爱国志学、钻研奋进、坚韧不拔、怀恩报效"的扶轮精神,坚守示范引领地方教育的初心,以一流的教育环境、完备的教育设施、雄厚的师资力量和高水平办学质量,培养出一批又一批全面发展的优秀人才,学校先后被认定为"体育项目传统学校""天津市3A学校""天津市艺术教育特色学校""青少年科技活动先进单位""天津教科院教育科研试验基地"。105年来,先后培养出了国际数学大师陈省身、首任南极科考队队长郭琨、中国科学院院士娄成后、刘荫武等一大批杰出学子。10月22日,扶轮中学举办建校105周年暨陈省身入校100周年纪念活动。扶轮中学和南开大学陈省身数学研究所签署《南开大学陈省身数学研究所与天津市扶轮中学合作共建协议书》,并举行合作共建揭牌仪式,深挖百年校史资源,发扬和继承陈先生的高尚人格和不朽精神,为党育人,为国育才。

撰稿:王 莉 何文卓
审稿:段雅睿

附:区分管领导、教育局领导及驻地

区委常委、区委组织部部长:赵 鸣
副区长:李晓霞
区教育局党委书记:段雅睿(2023年3月到任)
　　　　　　　　付 锐(2023年3月离任)
区教育局局长:段雅睿(2023年4月到任)
　　　　　　　付 锐(2023年4月离任)
区纪委监委驻区教育局纪检监察组组长、区教育局党委委员:王 磊
区教育局副局长:吴晓红(2023年11月离任)

王彦祺
吕家华
张海波(2023年11月到任)
办公室主任:路　军

电话:26288180
地址:河北区中山路205号
邮政编码:300140

河西区

【概况】　2023年,河西区有中、小学、幼儿园144所。中学21所(公办中学19所、民办中学2所),小学40所(公办小学36所、民办小学4所),幼儿园74所(教育部门办园29所、机关企事业部队办园7所,民办幼儿园38所),民办九年一贯制学校5所,民办十二年一贯制学校1所,特殊教育学校1所,中等职业学校1所,成人教育院校1所。河西区教育局党委共有基层党组织223个(9个党委、16个党总支,198个党支部),中共党员近4100名。

河西区教育系统加强党对教育工作的全面领导,全面贯彻党的教育方针,落实立德树人根本任务,对标学前教育普及普惠发展区、义务教育优质均衡先行创建区、基础教育综合改革先行示范区和智慧教育示范区"四区"建设任务,加快建设现代化教育强区,培养德智体美劳全面发展的社会主义建设者和接班人。推动区委、区政府各项重点工作落实落地,制订实施《河西区教育局落实"1+10"行动实施方案》《河西区教育局落实科教兴区人才强区工作方案》,助推经济强区、品质之城建设。

深化"崇德向善"德育品牌。深化爱党爱国爱社会主义教育,十万学子同上"开学第一课",广泛开展"学雷锋志愿活动""行为习惯养成教育月""民族精神教育月""我们的节日""争做文明有礼天津人"等主题活动。举办第二十届"学子节"活动。深化"润泽心灵"心育工作品牌,出台《河西区关于加强中小学心理健康教育工作促进学生健康成长的若干举措》,实施"百千万"工程,即让百名专家带动千名教师,服务万名学生,开展"向阳花开"心理课本剧大赛。

完善"敏学创新"智育品牌。积极开发基于项目的STEM课程资源,创新开展跨学科的教学研究。开展听课、评课教学研究活动,利用"5G+"设备和云平台,发挥移动教研平台大数据统计优势,精准分析教学情况。5项成果获2022年基础教育国家级教学成果二等奖,获奖数量居天津市首位。31个项目入选市级义务教育阶段中小学课程基地建设项目,6个项目入选天津市普通高中A等学科特色课程基地。完成2023年度创新论文评选工作,310篇论文获市级奖,8篇获市级一等奖,一等奖数量居全市前列。175项成果获2023年天津市教育学会教育教学科研成果认定,其中5项被认定为市级突出成果,占全市40%。在2023年教育部"基础教育精品课"遴选活动中,21节中小学课例入围"部级精品课",其中学科课程类12节、实验教学类7节、特殊教育类2节,入围总数居全市首位。在第十届双优课中学、特教学科认定中,河西区获优质课20节、随班就读优质课1节,位居全市之首。

大力弘扬科学家精神,与区科协合作组织"院士来上课""地震知识""中国科学家精神"等专题讲座,广泛开展科技周活动。组织学生参加第21届天津市青少年机器人竞赛共获一等奖20个、二等奖27个、三等奖31个;组织学生参加第37届天津市青少年科技创新大赛,85名学生获奖,2所学校被评为"十佳科技教育创新学校"。实施"青少年科创计划",遴选6所学校参加天津市青少年科技创新拔尖人才培养。区教育局被评为"2023年全国科普日优秀组织单位"。

扎实开展国防科技教育。指导学校开展好国防教育,做好军训和征兵工作,举办中小学"国防有我"知识竞赛和演讲比赛。河西代表队在市级国防教育知识竞赛决赛中,获小学组一等奖、初中组二等奖、高中组二等奖。选派2所学校代表队在市级国防教育演讲比赛决赛中,分别获得小学组一等奖和二等奖。选派1所学校参加"踔厉奋发强国梦　矢志报国铸军魂"天津市学校国旗护卫队展演活动。2所学校被教育部、中央军委政治工作部认定为"2023年中小学国防教育示范学校"。区教育局获评"天津市退役军人服务保障先进单位"。

推进职业教育高质量发展。坚持五育并举,德技并修,完善"2+2+X"毕业标准,按照"知识+技能"的模式进行构建,打通人才培养的"立交桥"。深化思政课改革创新,发挥学科思政的整体效能,开展中高职思政课一体化创新研究。持续打造优势专业群建设和推进无人机实训室建设,不断提升学校的办学能力和水平。深化电子计算机职专与石家庄电子信息职业学校"2+1"合作办学方式,2023年78名学生参加天津春季高考,5人考取天津本科院校,73人考取天津专科学校。

促进民办教育健康发展。稳步推动民办义务教育规范改革,落实"公参民"学校改革任务,做好政府购买服务经费保障,接收河西区南开翔宇学校纳入审批地管理,平稳完成注册设立和升学招生等工作。开展全区民办中小学、幼儿园、成人培训机构年度检查评估工作。接收4所幼儿园纳入民办幼儿园日常管理,完成2所普惠性民办幼儿园等级评定工作。

强化社区教育服务功能。推动社区未成年人思想道德建设,开展"快乐营地"经典诵读活动。巩固"区校终身学习联合体"项目成果,4所高校优质资源进驻"榕树课堂",开发和设计新型课程30种,为全区14个街道45个居家养老服务中心送课400场次、1200课时,参与学习的社区老人达2.4万人次。评选2023年河西区百姓学习之星百名、学习型家庭百户。1人被评为"天津市百姓学习之星",1个项目被评为"天津市终身学习品牌项目"。2个项目成功申报天津市继续教育教学改革和质量提升研究计划项目。

积极推进落实教育评价改革。着力推进国家基础教育综合改革先行示范区创建工作,以区委办、政府办名义印发《天津市河西区基础教育综合改革先行示范区创建工作实施方案(2023—2025年)》。关注学生科学评价,将过程监督与结果监测相结合,促进学生全面健康发展。发挥学科育人功能,修订《河西区中小学课堂教学评价实践探索》成果汇编;修订河西区命题规范要求,增强试题的开放性,引导学生运用所学知识分析问题、解决问题。召开河西区政府教育督导委员会2023年全体会议。形成河西区2022年学前教育普及普惠自查报告并上报教育部工作平台。组织实施国家义务教育质量监测和普通高中教育质量试点监测。完成第十届区级兼职督学换届工作。

撰稿:潘　伟

【教育经费收入与支出】　2023年,河西区教育经费总收入239629.61万元,比上年增加17673.47万元,增长7.96%。其中上级教育转移支付7343.36万元,事业收入3311.09万元,经营收入6688.94万元,附属单位上缴收入36.01万元,其他收入4966.82万元,区正常经费217283.39万元。全年教育经费总支出234911.37万元,比上年增加14417.56万元,增长6.54%。其中基本支出210910.64万元,项目支出23173.98万元,经营支出826.75万元。(总支出中工资福利支出182532.60万元,对个人和家庭补助支出7139.85万元,商品和服务支出36435.22万元,资本性支出8803.70万元。)

撰稿:张瑞伟　王　浩

【党建工作】　深入开展第二批习近平新时代中国特色社会主义思想主题教育,覆盖机关直属单位、学校、"两新"组织3个领域178个基层党支部,准确把握主题教育总要求和目标任务。开展大兴调查研究工作,深入查摆问题短板,研究制定改进措施,做到发现真问题、真解决问题。将党的二十大精神和习近平新时代中国特色社会主义思想纳入党政领导干部、机关科长、基层党组织书记、年轻干部等各层级干部培训必修课程,持续推动教育系统干部学深悟透践行习近平新时代中国特色社会主义思想。开展庆祝中国共产党成立102周年系列活动,组织专题学习,组织主题党日、"党课开讲啦"等活动,各级党组织书记讲党课263节,走访慰问困难党员38人。开展"永远跟党走"优秀事迹宣讲会,为8位老党员颁发"光荣在党50年"纪念章。加强各基层党委理论学习中心组学习指导,出台《河西区教育系统党委理论学习中心组学习列席旁听暂行办法》。深入推进精神文明建设,组织全区44所中小学开展文明校园经验交流活动,获评市级文明校园7个、市级文明单位5个、市级文明家庭1个、区级文明校园20个、区级文明单位6个、区级文明家庭12个。

撰稿:李恩建　李纪妹

【党对教育工作的全面领导】　认真落实党组织领导的校长负责制,完善党政协调运行机制,规范落实中小学校议事决策规则。召开2022年基层党组织书记抓党建工作述职会议。持续深化"五好党支部"的创建和分类定级工作,16个党组织完成换届选举、21个党组织完成新建选举。严格执行党员发展程序,发展中共预备党员63人。更新35名党外干部人才库,5位党外人士受聘为第二届特约教育督导员。成立河西区"红石榴"宣讲团,开展民族团结进步教育活动300余次,做好新疆班、西藏班管理工作。河西区教育局被命名为天津市民族团结进步示范单位。选举产生新一届妇联执委。成立5个教育工会片区联盟,构建区内联合、片区联系、上下联动的工作机制。开展河西区教育系统劳模深入片区活动,启动劳模结对收徒仪式,制作"劳模一天工作场景"微视频并进行展播,设计展出劳模流动展览馆。教育局团工委着力加强共青团员、少先队员思想政治引领,扎实开展团员和青年主题教育。突出政治首位,组织引导广大团员教师、团员学生参与"青年大学习"网上主题团课学习,积极推动青年学习常态化制度化。聚焦基层团建,出台《天津市河西区教育系统学生社团管理实施细则》,在2023年度河西区基层团组织建设考核结果中被确定为"好"等次。

撰稿:李恩建 呼春生 王 强

【干部队伍建设】 选优配强各级领导班子,调整40个单位的领导班子,提拔科级干部64人,平职交流6人,进一步使用干部10人。科级干部试用期满转正4人。完善《关于进一步规范河西区教育系统基层单位内设机构和中层干部职数设置的实施办法》。推进名校长培养工程和年轻干部培养项目,在华东师范大学导师团队指导下,完成1部名校长结业论文集专著、4部学校文化建设专著初稿。拟订新时代河西区卓越书记校长培养工程方案初稿,筹建3个新时代卓越书记校长工作室。举办7场"青蓝行动"研学培训系列活动,召开年轻干部座谈交流会。召开青蓝干部座谈交流会,编印交流会成果1本,组建第二期青蓝班("青蓝行动")和首期青芒班("青芒行动"),拓宽后备干部培养范围,组织第二期青蓝班到高校集中学习。举办8次党政领导干部、机关科长领导力提升专题培训,推荐1人参加教育部全国幼儿园优秀园长高级研修班,3人参加教育部"国培计划"集中学习;组织1名机关干部、28名基层党组织书记参加教育部全国党组织书记网络培训班。

撰稿:李恩建

【教师队伍建设】 突出师德师风第一标准,制定《天津市河西区教育系统关于进一步加强新时代师德师风建设的六项机制》,将师德档案、师德制度、十项准则上墙、监督举报公示等纳入教育督导重点内容,对全区所有公办、民办中小学、幼儿园进行拉网式全覆盖督导检查,进一步推动师德师风档案管理落实落地。组织开展师德集中学习教育,举行新教师入职宣誓和新任、在职教师师德培训,组织学校书记、校长录制"师德必修课"视频13讲。召开河西区师德师风建设大会和警示教育大会,对教育部公开曝光的违反教师职业行为十项准则典型案例进行通报,以案为鉴,警钟长鸣。开展第二批中小学市级、区级、校级三级学科骨干教师遴选认定,其中市级学科骨干教师82名、区级学科骨干教师1734名、校级学科骨干教师2087人,不断夯实河西教育人才储备基础。由教育部挂牌成立"姜腾名师工作室",4名教师入选教育部办公厅组织实施的新时代中小学学科领军教师示范性培训;11人通过正高级教师职称评审,过审率全市首位。评选第十一届"希望之星"69名、第八届"教坛新秀"39名。聘任180人建立首批"西岸基础教育名师库",发布配套管理办法。组织名师库成员为新青教师开展54场分学科专业培训。面向全国选聘20名优秀教师,科学审慎做好305名教师公开招聘及入职工作,涵养教师人才队伍"蓄水池"。持续加大交流轮岗和区管校聘工作力度,组织665名教师参与流动,其中义务教育阶段交流人员493人,占符合交流人员比例20.8%;义务教育阶段交流人员中骨干教师351人,占比71.2%。2023年共有86名教师完成"区管校聘"工作,最大限度解决学校之间教师紧缺问题,促进教师的均衡使用。

撰稿:李纪妹 夏 青

【构建"大思政课"新格局】 将党的二十大精神有机融入"大思政课"建设全过程,"全学段"推进大中小学思想政治理论课一体化建设,创优"大平台";"全方位"创新家庭、学校、社会协同育人机制,建优"大讲堂";"全体系"构建思政课教师队伍"管育培"工作模式,配优"大师资",着力打造贯通式河西大思政课"三全三优"教育新格局。2023年2月,河西区获批创建天津市"大思政课"建设综合改革示范区,以区委名义印发《关于河西区全面推进"大思政课"建设工作的方案》的通知,先后制订《河西区新时代马克思主义政治人才培养工程实施方案(试行)》《河西区学校思想政治理论课教师退出机制实施方案（试行）》，于7月26日召开"河西区'大思政课'建设工作现场推动会"，积极为全市"大思政课"建设综合改革示范区积累范例、贡献河西经验。遴选天津市第四中学、第四十二中学、梅江中学、滨湖中学、湘江道小学5所中小学，开展天津市"三全育人"示范校创建工作。开展河西区思政课教师"拿手一课"暨百节"思政金课"评选活动，共评选出"思政金课"59节，在教师节大会上进行表彰。重温习近平总书记2019年3月18日在学校思想政治理论课教师座谈会上的讲话精神，举办"不忘初心 勇毅忠诚 走好新时代长征路"主题大思政课活动，邀请长征文化学者、长征纪录片导演、天津滨海汽车工程职业学院兼职思政课教师左力作《一个人的长征》主题报告。

撰稿：王 强

【学前教育普及普惠国家认定督导评估】 2023年11月，河西区入选全国首批"完善普惠性学前教育保障机制实验区"，并于12月17日至22日，代表全市接受国家县域学前教育普及普惠实地核查。国家教育督导评估组逐项核查申报材料，查阅河西区74所幼儿园相关数据，听取政府工作情况报告，随机抽查13所幼儿园（约占总园所数量的17.6%，其中公办7所，民办6所），现场查阅相关材料，随机访谈教职工，对部分幼儿园进行暗访。经核查认定，河西区学前教育普及普惠程度均达到国家评估标准，顺利通过国家认定督导评估。

撰稿：李 松

【课程基地建设】 以天津市课程基地建设项目为引领，扎实推进区级课程基地建设。组织召开课程基地建设项目推动会、建设培训会，召开小学高效教学论坛，举办"河西区中学义务教育阶段学科素养论坛"。加强市、区两级普通高中学科特色课程基地建设，梳理建设成果汇编成册。举办"创新实验室赋能课程群建设"交流活动，充分发挥创新实验室的育人功能。小学阶段，河西区7所小学、11个项目入选天津市义务教育阶段中小学课程基地项目，位列全市之首；初中阶段，河西区20个项目入选市级课程基地建设项目，占初中组的22%，居全市首位；高中阶段，实验中学、海河中学、第四十一中学、第四中学、北京师范大学天津附属中学等6个项目入选市级A等学科特色课程基地，占全市A等总数33%，居全市首位。

撰稿：高 雯 詹庆焱

【体育美育劳动教育】 抓好常态化学校体育工作，严格落实课程计划，进一步提高体育课、大课间、小课间、课后服务等阳光体育活动的质量；组织2023年度《国家学生体质健康标准》测试，学生体质健康合格率95%、优良率50%持续达标；举办2023年河西区中小学生春季田径运动会和"哪吒体育"中小学校园体育竞赛，为全区各校搭建竞技展示平台；组织35校164名运动员参加2023年天津市中小学田径冠军赛，获19金20银30铜，团体总分一组第三名，2名运动员达到二级运动员等级。持续优化市、区、校三级展演机制，举办2023年河西区美育实践课堂学校文艺展演（个人项目）比赛，11000余名中小学生参与25个赛项的个人展演，7000余名优秀学生进入区级现场展示环节，充分展现河西区中小学校美育实践成果；持续打造"美育精品项目"建设，举办第十三届"艺彩河西"学校美育博览节闭幕式文艺汇演暨2024年迎新年文艺汇演。以劳动育人工程为抓手，深化"勤巧克俭"劳动品牌。组织19所学校学生参加天津市第二届"小学生争做 劳动小模范"劳动技能比赛，其中获劳动小模范奖学生27名、优秀奖8名、优秀辅导老师奖26名、文化传承奖1名。

撰稿：李国奎

【智慧教育】 加快推进智慧教育示范区创建项目建设，完成8所市级智慧教育示范学校特色智能项目，通过天津市教委现场评估验收。完成19所中学智慧英语听说课堂建设，保障区内中小学多媒体教室覆盖率保持100%。《推进教育数字化，构建区域智慧教育新生态》入选2023年度全国智慧教育优秀案例。河西智慧教育实践经验分别在2023全球智慧教育大会、第二届中国基础教育论坛、第82届中国教育装备展"教育数字化转型与教育装备创新发展论坛"上作展示汇报。在梧桐中学和第二新华中学分批建设节能环保、绿色低碳的新型微模块数据中心，基于态势感知，构建网络安全防控体系，实现安全监控网、有线局域网、无线局域网、数字广播网四网合一管理。保障全区20余个教学考评管全场景应用系统稳定运行，为75所幼儿园、45所小学、25所中学，7000余学生、10万余教师开展智慧学习提供数据支撑。2023年，河西区学生积极参加数字创作类、计算思维类、科创实践类、人工智能类等各类活动累计292次，共计127个作品和队伍获奖。自建"特色课程平台""河西在线课堂平台"汇聚微课3400多节、微视频5000多个、录像课200多节、通识性课程资源

200多节。河西区中小学国家智慧教育平台师生注册率100%。12月,河西区入选首批全国中小学科学教育实验区,为河西不断探索培养"拔尖创新人才"新范式、新路径和新方法。

撰稿:何　琛

【规范管理民办教育和校外培训机构】　稳步推动民办义务教育规范改革,落实"公参民"学校改革任务,完成对全区民办学校、民办幼儿园、成人培训机构的年检。监督管理普惠性民办幼儿园的招生和生均补贴的发放。接收4所幼儿园纳入民办幼儿园日常管理,完成普惠性民办幼儿园等级复评工作。接收河西区南开翔宇学校纳入审批地管理,平稳完成注册设立和升学招生等工作。优化调整校外培训常态化排查治理制度,制订《河西区校外培训机构审批登记和监督管理"窗口"部门内部沟通协调机制的实施方案》《河西区进一步明晰校外培训机构审批登记和监督管理"窗口"部门工作职责清单》等相关制度,明确管理职责,强化部门联动,实施"周检查""月督查"机制,定期开展联合执法行动,形成非学科类校外培训机构日常监管的强大合力。2023年,共出动执法人员1600余人次,开展50余轮次的联合执法检查。多次面向全区14万余学生发放家长信,公布监督举报电话,引导学生及家长理性选择培训机构。强化预收费资金监管,全区227家校外培训机构全部与银行签订监管协议,开立银行托管专户,监管资金12523.08万元。针对隐形变异违规培训,约谈5家,关停4家,行政处罚8起,罚没金额41551元缴入国库。天津河西区开"良方"治"顽疾"治理学科类隐形变异工作,获评全国"双减"工作优秀案例。

撰稿:张继军　吕继钊

【交流合作】　稳妥开展国际教育合作与交流,4月13日,德国外长贝尔博克一行到第四十二中学参观,持续打造"让世界成为你的课堂"河西外事品牌。持续加强东西部协作和支援合作,扎实推进东西部协助和支援合作工作,选派干部教师赴西藏、新疆、甘肃三地支教。深化京津冀协同发展,区教育局与沧州市教育局、深州市教育局签署教育协同发展战略框架协议,接收沧州市教育局70名骨干教师到河西区学校进行跟岗学习。2023年11月河西区教育局应邀赴河北省深州市开展为期两天的交流学访。借助北京师范大学优质资源,打造北京师范大学天津附属中学"劳动铸魂、立身修心"的教育品牌。2023年4月,北京师范大学天津附属中学参加北京师范大学举办的京师基础教育创新发展论坛暨北京师范大学基础教育工作会并作经验交流,学校撰写的《普通高中"立身修心"劳动教育教学体系60年构建与实践》在第六届中国教育创新成果公益博览会上获优秀教育创新SERVE奖。深化校地深层次融合发展,与天津师范大学、天津外国语大学签署深化合作框架协议,与东丽区、北辰区签署合作框架协议。

撰稿:何　琛

【校舍资源建设】　高度重视教育资源建设,积极推进列入"2023年20项民心工程"项目,统筹协调各方资源挖潜扩容,多渠道筹措资金,补充学位缺口1.6万余个。体东鲁能地块小学建设项目完工,新学年投入使用。北京师范大学天津附属中学西侧地块小学建设项目完工。协调区住建委、规划分局、土整中心等推进瑞府幼儿园项目。大力推进新建及配套教育资源,积极与区住建委、开发商、规划分局对接,全力推进项目。

撰稿:王连鹏

【校园安全】　坚持践行总体国家安全观,严格落实"三管三必须"要求,针对消防安全专项整治、重大事故隐患排查整治2023专项行动、校园安全及周边专项整顿、校园防欺凌、防溺水、城镇燃气整治等重点工作,召开12次专项会议动员部署。统筹发展与安全,制订下发《河西区教育系统2023年安全工作要点》《河西区教育局消防安全隐患专项排查整治工作方案》《河西区教育局城镇燃气安全整治工作方案》等文件,强化平安校园建设顶层设计。扎实开展重大事故隐患排查整治2023专项行动,采取单位自查、分组互查、领导检查的方式持续开展安全隐患排查整治,累计发现各类隐患685个,全部完成整改,实现安全隐患"闭环管理"。开展城镇燃气安全专项整治工作,紧盯"问题气瓶、问题软管、问题管网、问题环境"和国务院App中25项检查内容,针对81所使用燃气的中小学、幼儿园反复开展拉网式排查检查,确保燃气安全。各学校利用"开学第一课"等形式,开展防溺水、防欺凌、防火、防范电信诈骗等安全教育3300场次。丰富"闪送快接"方式,在全运村小学、天津财经大学附属小学到第二中心小学之间,开通3条公交线路组成"护学专线",保障学生出行安全。

撰稿:杨　潇
审稿:郭　妍

附：区分管领导、教育局领导及驻地

区委副书记：梁春早

副区长：孟冬梅

区教育局党委书记、局长：杨　琳

副书记、副局长：田　玮

副局长：陶子福

副局长：孔繁超

副局长：王君红（2023年8月离任）

副局长：马建伟（2023年8月到任）

办公室主任：孙晓宁（2023年12月离任）

　　　　　　沈育菁（2023年4月退休）

　　　　　　战　锐（2023年12月到任）

电话：28302310

地址：河西区广东路211号

邮政编码：300201

河东区

【概况】　2023年，河东区教育坚持以习近平新时代中国特色社会主义思想为指导，以人民为中心发展教育，围绕"两个强化、三个聚力"（即强化党建引领、强化教育保障，聚力办学活力、聚力优质服务、聚力全面发展），把学习宣传贯彻党的二十大精神所激发的精气神转化为干事创业的实际成效，为加快建设高质量教育体系、促进教育公平奠定扎实基础。全年共推荐评选市级优秀学生398人、市级优秀学生干部55人、市级优秀学生集体8个，1名学生获评市十佳中小学生，1个集体被评为市十佳学生集体；1所学校入选教育部义务教育教学改革实验校，2所学校合唱团在全国第七届中小学生艺术展演活动中摘得金奖，3所学校被评为市级品德教育示范校，3所学校获批市级"三全育人"综合改革试点校，2所学校获评市级依法治校示范校；河东区被评为市级品德教育示范区和"三全育人"综合改革试点区，河东区教育局被评为天津市区级教育行政部门思政工作考核优秀单位；1名园长作为全市唯一学前教育代表入选全国新时代中小学名师名校长培养计划（2022—2025）；《河东区实施教育兴区人才强区行动》典型经验被《天津教育工作简报》报道，直报中央教育工作领导小组秘书组；校外培训机构资金监管相关经验做法受到市"双减"工作专班办公室的肯定，并被推荐到教育部第43期"双减"改革每日快报进行刊发；工作动态被国家级媒体宣传27次，市级媒体宣传162次，区级媒体宣传106次。

河东区教育局有139个单位。其中教育行政单位1个，区委党校1个，其他教育事业单位5个，成人高等学校1所，中职教育1所，特殊教育1所，高级中学2所（含民办校1所），完全中学8所，九年一贯制学校5所，初级中学6所，小学教育28所，幼儿园80所（其中教育行政部门办园25所、民办园55所）。139个单位中：天铁教育中心及所属学校共10所（幼儿园4所、小学3所、初级中学1所、高级中学1所，其他事业单位1个）。

全区共有教职工14243人，在职7836人。年末在校学生人数共85937人，其中幼儿园学生14130人，小学生39936人，初中生16112人，高中生11449人，职业高中学生985人，高等职业教育学生3200人，特殊教育学生125人。

撰稿：李　震　冯惠佳

【教育经费收入与支出】　2023年，河东区教育经费总收入211242.80万元，比上年增加11925.54万元，增长5.98%。其中教育事业费拨款159678.51万元，教育费附加373.42万元，一般公共预算社会保障和就业经费16746.63万元，一般公共预算卫生健康经费卫生健康经费6945.04万元，其他一般公共预算教育经费27万元，政府性基金预算教育经费397万元，事业收入20736.02万元，非同级财政拨款预算收入209.37万元，债务预算收入1000万元（民办校）、民办学校举办者投入509.79万元，其他收入4620.02万元。全年教育经费总支出209774.32万元，比上年增加6310.86万元，增长3.10%，其中财政拨教育事业费支出158946.40万元，区教育费附加支出373.42万元，财政拨款社会保障及医疗保障缴费23696.60万元,其他一般公共预算教育经费27万元,政府性基金397万元,非财政性资金支出26333.90万元。支出中人员经费支出169633.69万元,其中财政性资金支出156717.88万元(含社会保障及医疗保障缴费支出26957.28万元);公用支出39674.52万元,其中财政性资金支出26298.54万元;还本付息支出466.11万元,其中财政性资金支出424万元。

撰稿:冯惠佳

【学前教育】 学前三年毛入园率、普惠率、公办率均达到国家标准,提前两年完成河东区"十四五"学前教育发展提升行动计划区级计划目标。坚持公办民办一体化管理、普惠优先、确保质量的工作思路,持续聚焦教育资源结构性优化、聚焦教师专业化成长、聚焦服务民生能力提升,全力奋进,推进学前教育普及普惠安全优质发展。河东区教育局持续在优化普惠性资源布局上下功夫,全年新评定公办二级幼儿园4所,示范园4所,原等级考核18所;认定普惠性民办示范园6所,普惠性民办一级园3所,普惠性民办二级园6所;新增学前教育集团1个,实现优质学前集团资源覆盖面增至7个街域,公办优质园占比持续提升,达到70.3%。完成市级重点调研课题《关于优化学前教育资源结构的研究》。通过打造专业化、常态化、梯次化培养模式促进质量提升,发挥"立德树人"培训品牌效应,采取集中培训泛学、专家讲堂精讲等方式,邀请学前教育领域知名专家进行业务培训,辐射全区82所各级各类幼儿园共计6300余人。天津市实验幼儿园作为全市唯一园所代表与雄安新区进行援助共建;河东区第一幼儿园、第十一幼儿园、凤凰幼儿园被确立为市级高质量幼儿游戏研究实践试点园。1名青年教师纳入全国新时代中小学学科领军教师培训;在全市青年教师学术论坛中2名教师获一等奖、2名教师获三等奖,在全市青年校长学术论坛中2名园长分获二等奖和三等奖。通过平稳有序招生,持续聚焦增强服务民生的能力,进一步提升百姓对学前教育的满意度。探索性开展普惠性幼儿园"组团宣传",园所在为家长介绍本园特色的同时,也介绍附近区域整体普惠性资源,便于家长精准填报,提升派位录取率。

撰稿:冯惠佳

【义务教育】 实施"阳光招生",制订河东区义务教育阶段学校招生工作实施方案,全部公办初中纳入学区化管理,采取填报入学志愿和随机派位相结合的方式确定录取学生,开展中小学教学干部政策解读和业务培训,完成2023年随迁子女申请学位登记和学位分配、一年级招生和小升初随机派位工作。严格控制义务教育学校办学规模和班额,坚持均衡编班,各中小学完善编班操作流程,确保操作规范、结果公开。均衡配置生源,实行优质普通高中招生指标分配到区内初中学校政策,优质普通高中招生指标分配比例为50%。依据市、区有关规定落实好各类优抚对象相关教育优待政策,依法保障适龄残疾儿童少年接受义务教育,切实提高残疾儿童少年义务教育普及水平,2023年全区义务教育阶段适龄残疾儿童少年入学率达100%。

撰稿:冯惠佳

【学区化集团化办学】 2月21日,河东区基础教育资源扩优项目评选结果表彰大会暨天津市教科院河东分院挂牌仪式活动在河东区香山道小学举行。推进河东区、蓟州区区域发展共同体建设,3月完成蓟州区24名跟岗教师到河东区中学、小学、幼儿园的跟岗实践。6月1日,举行基础教育集团化办学集体签约仪式,义务教育2个集团实现扩容。7月9日,京津冀基础教育协同发展联盟校第一期中小学教师暑期培训在石家庄外国语教育集团正式开班,天津七中心理健康教师卢莹应邀在该培训班上向与会教师作题为《中学生心理危机预警与干预》的讲座。10月,召开河东区学区化办学、集团化办学经验交流工作会,津南区教育局、中小学校长代表来河东区学访交流。12月7日,"京津冀基础教育协同发展联盟"走进天津活动在天津市第七中学举行,河北省石家庄市外国语学校教育集团、石家庄外国语学校、天津市耀华中学、天津外国语大学附属外国语学校、天津港保税区空港学校以及河东区各高中校的领导及骨干教师参加活动。

撰稿:冯惠佳

【品牌高中项目建设】 天津市第七中学修订完成品牌高中三年规划,聘请域内域外3位理论与实践专家指导建设。4月4日,召开"天津市品牌高中建设项目成果展示交流会(天津七中专场)"活动,深入推进普通高中育人方式改革,探索高中多样化特色发展的实践路径,在多样态融合学习方面为全市提供可借鉴经验,《中国教育报》《今晚报》、"津云"等多家报刊及新媒体对此次活动进行报道。12月7日,"京津冀基础教育协同发展联盟"走进天津活动暨天津七中品牌高中展示交流活动在天津市第七中学举行,天津市第七中学进行"融合学习的实践探索"的主旨发言和展示活动,增进"京津冀"三地教育同仁的相互交流。

撰稿:冯惠佳

【高中强校工程项目建设】 天津市第八十二中学、第八中学、第九十八中学被确定为市"强校工程"项目学校,分别与北师大天津附中、天津市第七中学、天津市第一中学结对发展。3所项目学校全年与结对学校开展联合教研16次、共建活动9次、联合培训3次。各项目学校分别制定"强校工程"三年实施方案,梳理关键问题,明确发展方向和计划推进的主要改革项目,确定本校推进"强校工程"的目标、任务、责任主体、实现路径、时间进程和预期成果。天津市第九十八中学开展"不负春日韶华 共唱青春赞歌"表演播音班首次汇报演出,市教委中小学处领导和天津一中相关工作负责同志出席活动。

撰稿:冯惠佳

【德育工作】 深入学习贯彻党的二十大精神,贯彻落实《新时代爱国主义教育实施纲要》,举办"永远跟党走 奋进新征程""凝心聚力谱新篇 踔厉奋发向未来"主题系列教育活动;组织学生赴核工业理化工程研究院开展"追寻红色足迹 传承红色基因"爱国主义教育实践活动,弘扬新时代科学家精神。将三月和九月确定为养成教育月,着重开展学习习惯、生活习惯、礼仪规范教育,开展"博雅礼仪 铸造你我未来"礼仪展演活动。开展"童心向党 家国同庆""少年传承中华传统美德""礼敬中华优秀传统文化"等主题教育活动。开展生物多样性日、世界水日、世界海洋日、世界环境日系列主题教育活动,积极参与"我是小小生态环境局长",组织开展垃圾分类、"垃圾分类齐点亮"主题教育实践活动。4月河东区教育局代表天津市参加全国青少年禁毒知识竞赛总决赛。6名同学获"新时代榜样少年"称号,3名同学获"天津市自信自强中小学生"提名奖,4名同学入选第十六届宋庆龄奖学金。在天津广播电视台、市教委、团市委共同组织开展的第四届"课本里的艺术"天津市中小学生诵读展演活动中,3名学生获评"十佳诵读之星",19名学生获评"优秀诵读能手",3所学校的作品获评"优秀集体节目",河东区教育局等3个单位获最佳组织奖,2所学校获优秀组织奖。加强德育队伍建设。举办德育干部、班主任、心理健康教师专题教研培训;28人参加全国德育骨干、班主任、心理健康教师、思政课教师网络培训示范班;组织德育副校长、德育骨干教师参加市级专项培训5场70余人次;99名教师参加班主任岗前培训,98名教师通过心理健康教育C级证书培训;组织河东区名班主任培养工程学员参加"立德修业 坚守育人初心"北京学访活动;召开河东区"天津市名班主任工作室"授牌仪式及工作交流会,进一步发挥名班主任的专业领航示范作用。天津市第四十五中学战云飞入选"2023年天津市杰出津门班主任",天津市第七中学闵丽萍、天津市第四十五中学李鸿喜和天津市第一〇二中学张莉的班主任工作室获批"天津市名班主任工作室"。4名班主任获评天津市优秀班主任,天津市第四十五中学战云飞获"天津市十佳班主任"提名奖。河东区教师发展中心姚佩静入围全国"百名最美生态环境志愿者",同时获评2023年天津市"最美生态环境志愿者"。

撰稿:冯惠佳

【思政教育】 2023年新时代思政课改革创新工作持续深化,成功申报天津市"大思政课"综合改革示范区。全面推动2023年春季、秋季学期领导干部进校园开展思政工作,全区40位处级及以上领导干部深入48所中小学开展思政工作91次,主要从"深入校园讲1次思政课、做1次调研、为学校办1件实事"三个方面进行。《天津教育工作简报(第15期)》第一版报道了河东区委书记周波深入第七中学讲思政课信息。大中小幼思想政治教育一体化建设持续推进,与天津城建大学、天津理工大学的马克思主义学院开展"雷锋精神永不过时""生态文明教育"等教研合作;在缘诚小学承办天津市中小学课程思政建设成果展示会,集高校共建、区域合作、课程思政、特色展示为一体,为全市提供课程思政实施的有效举措和典型经验。组织教师参加2023年天津市学校思政课教师磨课练兵活动、"心动一课"思政微视频推选展示活动,打造思政精品课程,4名教师参加2023年天津市中小学思政课教师"拿手一课"交流展示活动评选,2名教师入围2023年天津市中小学思想政治理论课教师教学基本功大赛。在天津市大中小学思政课讲义征集评选活动中,获一等奖、二等奖各1名。完善专职、兼职和特聘思政课教师相互补充的思政课教师体系。落实思政课教师实践锻炼计划,河东区参加首期天津市新时代马克思主义政治人才培养工程的2名学员顺利完成实践锻炼任务。河东区教师发展中心陈宏翠、天津市第八十二中学赵鹏2位老师获评天津市第二届学校思想政治理论课年度影响力人物。天津市第八十二中学赵鹏成功申报天津市第二届网络思政名师工作室(培育)项目。组织全区中小学思政课教师前往西柏坡开展"追寻红色足迹 汲取奋进力量"主题学习实践活动。开展思政课实践教学与学生社会实践活动,与天津博物馆联合举办"大思政课实践教育基地"签约授牌仪式暨"板凳上的博物馆"实践教育活动,与元明清天妃宫遗址博物馆续签共建协议,进一步深化馆校合作,弘扬中华优秀传统文化。

撰稿:冯惠佳

【心理健康教育】 每学期初开展心理健康教育谈心谈话、团体辅导、心理班会、家访等"十个一"活动。举办5·25心理健康月主题活动,开展心理健康教育"心启航 心力量"中小学生抗逆力训练营活动,提升学生的抗挫折能力。积极承办天津市第二届中学生心理文化创意产品设计大赛,在市级心理健康月各项活动中取得优异成绩。

撰稿:冯惠佳

【家庭教育】 进一步规范家长学校和家委会建设,发挥各学校家庭教育指导站作用,通过家长会、家访、家长接待日、家长开放日、家校联席会等加强对家庭教育指导;召开河东区中小学心理健康教育与家庭教育工作推动会,传达市中小学心理健康教育与家庭教育工作推动会精神,天津市家庭教育指导中心专家开展家庭教育培训;开展5·15家庭教育主题宣传月活动,承办天津市《家庭教育指导教程》市级培训,全市与会的1000余名参训教师参观河东区学校家庭教育成果展;制作4节家庭教育引路课,提升学校家庭教育指导水平;落实中小学实施入户家访制度,加强家校沟通。2023年天津市中小学教师"讲有情家访故事"主题演讲大赛中,6名参赛教师表现突出,获一等奖3个,二等奖、三等奖和优秀奖各1个,河东区教育局获优秀组织奖。

撰稿:冯惠佳

【精神文明建设】 以活动培育文明。围绕重要时间节点,开展以"我们的节日""我们的中国梦"为主要内容的"津韵家园·文明同行"群众性文明实践活动805场;利用升国旗仪式、班校会、队会、特聘校外思政教师进校园、军民联谊等形式开展学雷锋志愿服务月主题教育活动82场;组织中小学校开展"绿书签·好书伴我成长"读书主题征文和诵读比赛,获天津市一等奖4个,二等奖3个,三等奖8个;建设书香校园,开展"文化润直沽·阅享新时代"主题读书月活动,组织河东区青少年学生、幼儿参与阅读打卡,兑换图书1741本,价值约13万元,学生踊跃参与"让爱传递——图书爱心捐赠活动",累计向偏远山区学校、留守儿童等困难群体捐赠图书2100余册。以榜样引领文明。1名教师入选2023年第二季度"中国好人",2名教师获评第六届天津市未成年人思想道德建设工作先进工作者,4名教师入选天津市"五美"宣讲千名优秀志愿宣讲员;开展精神文明创建活动,天津市第一〇二中学等5所学校获评天津市文明校园,天津市实验幼儿园等6个单位获评天津市文明单位;做好"新时代好少年"评选和学习宣传工作,2名学生当选天津市"新时代好少年",3名学生获天津市"新时代好少年"提名奖。成立河东区教育系统民族团结进步创新工作室,为第一学区片14所中小学、幼儿园搭建交流学习、合作共进的平台。以短视频传递文明。组建河东区教育系统短视频通讯员队伍,开展专业培训3期,辐射学员350余人次。组织师生参与第二届"你好,天津"网络短视频大赛和"争做文明有礼天津人"主题短视频征集活动,2023年发布"你好,天津"主题短视频作品613件,累计播放量超165万次,其中4件作品获天津市三等奖,创作"争做文明有礼天津人"主题短视频109件,唱响"强信心"的主旋律。以志愿服务践行文明。组织未成年人深入学校、社区,广泛开展爱国卫生、讲文明树新风志愿服务活动186场。2名教师分别获评"天津市优秀志愿者""天津市优秀志愿服务工作者"。

撰稿:冯惠佳

【特色课程建设】 河东区坚持守正创新、积极探索,发挥特色课程基地辐射引领作用。一是发挥学科特色课程基地领头羊作用,推动全区学科课程的发展。二是发挥学科特色课程基地的教研功能,深入推进"深度学习"教学改进项目。三是发挥学科特色课程基地的培训功能,成为全区教师培养基地。2023年,河东区3个普通高中市级学科特色课程基地建设项目完成市级评估,第四十五中学音乐学科、第一〇二中学生物学科被评为A等,第四十五中学信息技术学科被评为C等。完成天津市义务教育阶段中小学课程基地建设项目区级遴选和市级申报,河东区共12个学科被确定为市级义务教育阶段中小学课程基地建设项目。

撰稿:冯惠佳

【举办秋季田径运动会】 深化体教融合,落实党的二十大报告中"广泛开展全民健身活动,加强青少年体育工作,促进群众体育和竞技体育全面发展,加快建设体育强国"的相关要求,在强健学生体魄的同时以体育智、以体育心。10月21—22日,在天津市第四十五中学举办2023年"奔跑吧 少年"河东区中小学秋季田径运动会暨2023年河东区第十二届全民健身运动会田径比赛,本届运动会共设12个组别、120项竞赛项目,河东区44所中小学校(含职专)、1000余名运动员、100余名裁判员参加比赛。

撰稿:冯惠佳

【美育教师风采交流展示】 坚持以美育人、以美化人、以美培元,推动形成充满活力、多方协作、开放高效的学校美育新格局。在天津设卫筑城619周年纪念日前夕,举办"弘美立人·美出东岸"河东区教育系统第十二届津沽文化日主题活动暨首届美育教师风采交流展示活动。本次活动共设美术教师艺术作品展和音乐教师音乐会两个活动现场,参与展示的音乐、美术教师人数共200余人,美术艺术作品展囊括区内42所学校美术教师的优秀作品,包含中国画、书法、剪纸、陶艺、篆刻、脸谱等类型,音乐教师表演了民族鼓、京剧、群舞、合唱、器乐合奏等14个高质量节目。

撰稿:冯惠佳

【劳动技能大赛】 秉持"深耕课堂学技能 劳动实践练本领"的劳动教育理念,成功举办"落实十项行动,劳动创造未来"2023年河东区第三届中小学生劳动技能大赛。本届劳动技能大赛通过班级赛、年级赛、校级赛层层选拔,从2560余名学生中推选出320名优秀学生代表参加区级比赛。在区级比赛基础上,由12所学校40名学生组成代表队,参加天津市劳动技能大赛,获1个一等奖、5个二等奖、8个三等奖。

撰稿:冯惠佳

【语言文字工作】 河东区语言工作委员会办公室设在河东区教育局,由河东区教育局中小学教育科承担河东区语委办的日常工作。5月,教育部和国家语委发布《关于表彰国家通用语言文字推广普及先进集体和先进个人的决定》(教语用〔2023〕1号)并召开表彰大会,河东区教育局被评为"国家通用语言文字推广普及工作先进集体"。做好第26届推广普通话宣传周组织与实施,河东区各语委成员单位围绕"推广普通话,奋斗新征程"的主题,充分发挥推普周整合引领作用,将推普周宣传活动与日常工作有机结合,做好推普周的宣传;各级各类学校充分发挥学校主阵地作用,利用国旗下讲话、主题黑板报、主题班会、"汉字听写比赛"、"推普"专题广播等开展推普宣传活动。组织参加全国第五届中华经典诵写讲大赛,区内中小学学生及教师在天津赛区评选中共获一等奖8个,二等奖6个,三等奖5个。组织参加2023年天津市国家通用手语推广活动,区内6所学校共获4个三等奖,2个优秀奖。

撰稿:冯惠佳

【特殊教育】 2023年,河东区义务教育阶段未入学适龄残疾儿童少年安置率达100%,适龄残疾儿童少年入学率达100%。开展多种形式送教服务,落实好"一人一案"安置工作。由河东区教师发展中心特殊教育工作室牵头成立"河东区启智学校""普校送教教师"2支志愿服务队,在天津志愿服务网注册并招录志愿者,截至年末有288名教师报名参加。2月8日,河东区在市教委召开的天津市"十四五"特殊教育发展提升行动落实工作会议暨天津市特殊教育资源中心挂牌成立仪式活动做典型经验介绍,市教委对河东区给予高度评价。3月31日,开展"融合支持适龄儿童校园行"活动,区教师发展中心特教工作室负责同志带领宇云儿童发展中心(孤独症儿童教育机构)、羽童托幼中心(孤独症儿童融合幼儿园)的老师和4名孤独症儿童先后到六纬路小学、街坊小学进行参观。

撰稿:冯惠佳

【职业教育】 天津市财经职业中等专业学校积极开展校企合作,探索为专业建设搭建校企深度融合无障碍通道,与春华街商会和陕西筑华机电安装工程有限公司签订合作办学战略协议。2023年学校共毕业学生144人,初次就业率达94%。该学校在市级文艺展演比赛活动中获市级二等奖,入选2023年度天津市中职生"活力社团"TOP10榜,共青团天津市委员会授予学校"天津市五四红旗团委"称号。在2023年天津市职业院校技能大赛中,4名学生获"会计电算化"比赛二等奖,3名学生获"会计分岗技能"

比赛三等奖,4名学生获"沙盘模拟企业经营"比赛三等奖。河东区职工大学围绕教材、软硬件建设及课程内涵建设的多方面进行探讨和研究,完善高职课堂教学管理,积极调整教材,增设智慧健康养老管理与服务专业和酒店管理与数字化运营专业;重视实训室建设,在原有实训室基础上,加大力量建设婴幼儿托育服务与管理、大数据技术、大数据技术与会计专业实训室,发挥学校特色3D打印实训中心在学校教学、技术转化和科技创新中的引领作用,建设学校智能科技创新中心。

撰稿:冯惠佳

【继续教育】 推进"区校联合体"工作,4月27日,河东区教育局在天津商务职业学院河东校区举行"区校终身学习联合体"揭牌仪式,建立"区校终身学习联合体"红色教育基地,基地内陈列的展品是近几年河东区社区教育的精华,是历届全国终身学习品牌的一个缩影,成为河东区弘扬传统文化以及终身学习的首要阵地。6月20日,河东区在全市"区校终身学习联合体"工作现场会上作工作汇报,得到市级领导的肯定。开展河东区第十七届社区教育展示周暨全民终身学习活动周,2023年唐家口街道打造社区"红船"教育品牌入选全国《新时代社区教育案例·百选》;春华街道的《家门口的非遗传承》被评为2023年天津市"终身学习品牌项目";富民路街道的张辉、鲁山道街道的付慧珍获"天津市百姓学习之星"称号。

撰稿:冯惠佳

【基础教育综合改革国家实验区建设】 按照《天津市基础教育综合改革国家实验区建设方案(2022—2025年)》和《天津市基础教育综合改革国家实验区建设工作推进落实机制》的有关精神和要求,结合河东教育实际印发《河东区落实天津市基础教育综合改革国家实验区建设工作实施方案(2023—2025年)》(东党教〔2023〕2号),形成河东区"两清单一反馈"分工落实机制,即"河东区落实天津市基础教育综合改革国家实验区建设工作任务清单""河东区教育局落实市教育两委基础教育综合改革国家实验区建设工作任务清单",清单涉及14个项目60条任务,通过任务项目化、项目清单化、清单责任化全面推进重点改革任务在河东落地落实,不断提高河东基础教育质量。

撰稿:冯惠佳

【教育满意度调查】 积极组织区管小学(不含特殊教育学校)、初高中(含民办高中)学校参与教育满意度问卷调查,发动参与调查人数达73373人,较上一轮增加17741人。12月25日,市教育督导室下发《关于对2022年区政府履行教育职责情况满意度调查结果的反馈意见》,河东区总体满意度为95.54%,较全市高1.9个百分点;河东区学生满意度为95.77%,较全市高1.91个百分点,教师满意度为94.78%,较全市高2.86个百分点,家长满意度为96.06%,较全市高0.92个百分点。

撰稿:冯惠佳

【合作交流】 强化市内合作交流力度,积极与市教委联系对接,促成河东区人民政府与天津市教委签订《关于加快推进教育高质量发展的框架协议》,河东区教育局与天津市第一中学签订教育合作协议,引进天津一中教育品牌开展合作办学;河东区教育局与和平区教育局签署全面合作协议,成为全市优化区域教育发展共同体的率先之举。推动京津冀教育协同发展,与北京市朝阳区教育委员会、河北省邯郸市教育局洽谈合作共建项目并顺利完成签约;河东区教师发展中心与秦皇岛市山海关区签订合作共建协议。加强东西部协作,全年新选派42名教师赴新疆、甘肃开展"组团式"支教,接待甘肃省迭部县及宁县来津跟岗培训干部教师共7批次69人;津甘两地充分利用网络平台开展手拉手线上活动,河东区各学校分享优质课159个、微课96个、示范课83节、师德讲座49次,开展线上云教研45次、组织学生活动42场。

撰稿:冯惠佳

【教育资源建设】 2023年接收金地紫云府配套学校和路劲太阳城配套学校,建设完成明家庄园小学项目,成立河东区实验学校、育才学校、卓越学校3所九年一贯制学校,并均纳入七中教育集团,新增义务教育学位2880个。完善特殊教育体系,建设完成1所十五年一贯制特殊教育学校。完成河东区第一中心小学(海河校区)加固项目,提升该校办学条件。完成天铁一期4个单位6栋单体共10305.76平方米的校舍提升改造工作,启动二期一标段校舍提升改造工作。

撰稿:冯惠佳

【校园安全】 落实天津市重大事故隐患排查整治2023专项行动,区教育局成立13个包保组,由处级干部带队,全面排查各中小学、幼儿园关于危险化学品、消防、建筑施工、燃气安全、道路交通、特种设备及有限空间、用电安全、应急救援等方面的风险隐患,实现现场及时立改和限时整改。突出重点环节,强化安全风险管控和隐患治理,对校园安全保卫、消防设施、电力设备、燃气管道、教室宿舍、餐厅食堂、实验室危化品管理以及学生上、下学交通等方面的安全状况进行全面摸排,对检查中发现的薄弱环节加强整改,消除安全隐患。紧盯平安校园建设要求,持续加大投入,做好校园安全"人防、物防、技防"建设;完善顶层设计,进一步织牢校园安全"网格化"管理体系,强化校园安全管理制度建设。按照《天津市中小学幼儿园安全管理规定》要求,学校定期组织师生开展各类突发事件应急演练,中小学每月开展1次应急疏散演练,幼儿园每季度开展1次应急疏散演练,并做好各类校园突发事件应急预案的桌面推演,为实地演练做好准备。对师生进行安全教育,围绕居家用火用电安全、交通安全、防范校园欺凌、防溺水、防电信诈骗等开展主题教育活动,围绕寒暑假、法定节假日、"4·15"全民国家安全教育日、"5·12"防灾减灾日、"11·9"消防日、"12·2"交通安全日等重要时间节点开展安全教育,推进安全知识进学校、进课堂、进头脑。

撰稿:冯惠佳

【师德师风建设】 区教育局、区委宣传部、区委编办、区发改委、区财政局、区人社局六部门联合制订并下发《河东区关于落实新时代基础教育强师计划的实施方案》。先后于4月、7月召开河东区教育系统师德师风建设工作推动会和师德师风建设工作推进暨师德集中学习教育部署会。组织学习《教师法》等相关文件、规定,围绕《新时代中小学、幼儿园教师职业行为十项准则》等展开宣讲。全年评选出193名系统级、414名校级师德先进个人和197个校级师德师风先进处组。举办"躬耕教坛 强国有我"庆祝第39个教师节大会,《天津教育报》和《今晚报》分别进行报道。组织31名区级和173名校级师德宣讲团成员开展师德师风义务宣讲280场,下半年增补33名区级宣讲团成员。组织学校(幼儿园)党政主要领导开展"师德必修课"宣讲活动共216场,并录制75个视频,其中天津市第三十二中学书记任静的视频被推荐到市级平台进行刊播。师德"示范月"期间,局公众号开设"走进身边榜样,感悟教育力量"专栏,共刊发60篇师德榜样事迹。

撰稿:冯惠佳

【人才评选与招聘引进】 2名教师获评天津市杰出津门教师,全区共有8名杰出津门教师。开展第二批市级学科骨干教师遴选认定工作,64名教师获评市级学科骨干教师。完成2022年度及2023年度正高级教师职称推荐工作、中小学教师副高级职称评审工作,共晋升正高级教师5人、高级教师165人、一级教师266人。指导102位教育创新人才成立工作室,招募工作室成员,制订工作方案及成员培养计划,截至年末领衔人及工作室成员合计约890人,涉及中小幼共39个学科。积极创新公开招聘考试办法,赴天津大学、太原理工大学召开招聘政策宣讲会,全年新招聘教职工213名,其中高层次教育人才7名。

撰稿:冯惠佳

【教师培训与交流】 根据天津市中小学"学科领航教师培养工程"工作安排,分两批次完成35位教师的异地跟岗工作,组织开展"学科领航教师培养工程"培训成果推介暨培训总结汇报活动,3名教师完成精品课展示,各学员分享培养经历、完成"领航工程"培训总结。组织全系统教师参加寒暑假研修工作,学习率达到100%。选派相关学科教师代表参加市教育两委组织实施的"国培计划"示范培训、"天津市特殊教育教师培元关爱计划"培训项目。组织开展2023年度天津市"幼儿园教师和保育员能力提升计划",河东区公办、民办幼儿园共计113名学员参训并顺利结业。根据教师交流工作运行情况,制定2023年教师交流方案,结合各学校教师队伍和学科建设情况综合安排交流教师,将区域名师、学科骨干均衡地分配在不同学校,有效平衡各学校师资力量,全年共选派交流教师367名。

撰稿:冯惠佳

【"双减"工作】 落实"双减"工作专班联席会议制度,强化联合检查机制、部门协同机制,专班各成员单位认真履行工作职责,在专班办公室统筹下扎实开展"双减"各项工作。4月13日,召开全区"双减"工作部署推动会,总结上一年度"双减"工作成效,部署下一年"双减"工作重点任务。教育、文旅、科技、体育等行业主管部门每月定期召开联席会,布置培训机构治理工作,及时处置所发现的问题。加强校外培训机构日常监管,全年完成寒假期间校外培训治理、回津中考相关违规培训治理、校外培训广告治理等专项行动。常态化巡查全国校外教育培训监管与服务综合平台上机构资金情况,对监管平台余额较低的机构进行线上通报,对资金监管账户余额少于10元的机构下发告知书35份。5月,区教育局、区消协组织开展河东区"平安消费"宣讲活动。全年向全区中小学、幼儿园发放《关于理性对待校外培训告家长书》4次,并将校外培训机构资金监管各项规定作为家长会必讲内容,提醒家长理性看待培训,有效保障资金安全。凸显学校主阵地作用,以学区、集团为平台,以学区片为单位,由学区长学校围绕学区特色,牵头开展区级课后服务互比互看展示活动。5月,天津市义务教育阶段学校课后服务"互比互看"区域展示交流活动在河东区田庄中学举行,河东区直沽文化教育集团四所成员校通过现场展示、经验交流等方式,向全市同行展示河东区课后服务的特色亮点,《天津教育报》等多家媒体对活动进行报道。河东区在课后服务工作方面被市教委推荐为全国基础教育管理服务平台试点地区。8月—9月,组织开展作业管理与设计区级遴选,经过学校申报、区教育局和区教师发展中心共同组织专家评选,推荐13个作业管理案例和60个作业设计案例参加市级评选。

撰稿:冯惠佳

【天津市河东区天铁教育中心】 天津市河东区天铁教育中心始建于1981年,坐落于河北省邯郸市涉县,占地2829平方米,建筑面积2599.08平方米,前身为天津天铁冶金集团有限公司教育委员会。2017年4月,整建制转为河东区教育局所辖事业单位。天铁教育中心下辖1所高中、1所初中、3所小学和3所幼儿园,共有在职教工390人,在校学生2873人。中心稳步推进中小学校党组织领导的校长负责制在天铁各校园落实落地,见行见效。聚焦"活力教育 品质人生"发展理念,立足天铁教育实际,践行"两个强化 三个聚力",坚持"五育"并举,扎实推进"双减"。2023年,天铁教育中心入选69家天津市文明单位,获评优秀处级领导班子。持续推动天铁校舍提升改造工作。6月,天铁一期校舍提升改造的天铁第一小学、天铁第二小学、天铁黄花脑幼儿园及天铁庞岐第一幼儿园4个单位6栋单体共10305.76平方米全部完成并启用。8月,启动二期一标段校舍提升改造工作。结合二期校舍鉴定结果,根据校舍危险程度,按加固由急到缓综合研判,确定天铁第一中学竞进楼及润和楼为二期一标段先行建设,建筑面积为7858.17平方米。中心对天铁7栋未改造校舍进行安全隐患排查,并根据危险程度进行相应处置,其中2栋停用,1栋限制使用,4栋观察使用。

撰稿:王志强 李 丹
审稿:李 震 冯惠佳 李保东

附:区分管领导、教育局领导及驻地

副区长:商 伟
区教育局党委书记:孙 增
区教育局局长:于 曦
区教育局副局长:邵长森(2023年8月离任)
陈立萍(2023年11月离任)
张玉梅
杨洪涛(2023年8月到任)
综合办主任:李 震
地址:河东区十四经路5号
电话:24127787
邮编:300171

南开区

【概况】 2023年,南开区幼儿园总计97所,其中教育部门办29所、事业单位办3所、其他部门办4所、集体1所、民办60所;在园幼儿15369人,教职工3240人。中学21所,其中完全中学13所、初级中学3所、九年一贯制学校3所、十二年一贯制学校2所;在校生42137人,教职工4047人。小学30所,在校学生67031人(含九年一贯制和十二年一贯制学校小学学生),教职工3401人。中等职业学校1所,在校学生1103人,教职工147人。特殊教育学校1所,在校学生260人,教职工29人。

深化教师队伍建设。开展区级"学科领航教师""教坛新锐"评选。召开"学科领航教师培养工程"培训成果推介暨培训总结汇报展示会。举办"伯苓教育家"培养工程首届年轻干部学术论坛。举办"国培计划"优秀园长系列讲坛。统筹市、区、校三级教师培训体系,完成第六周期继续教育第五年度全员培训。组织2020—2022年981名新教师进行培训,开展第九届"启航杯"新教师风采大赛。组织首届中小学青年体育教师教学基本功大赛。开展第二批市级骨干教师遴选认定。完成援派干部教师工作,共选派24名干部教师,其中6名援疆,18名援甘。新招聘教师260名。完成1300多名教师资格注册。

推进教育优质均衡发展。全面推进"市级品牌高中建设项目培育学校"培育建设,研究制定《南开区品牌高中培育学校建设标准》。加大对区级品牌高中建设的支持,形成"一校一品"。落实《南开区义务教育学校发展共同体建设实施意见》,深入探索以优质学校为领衔学校的紧密型共同体办学机制,以中营小学为领衔校成立中营教育集团,开展集团学校管理经验研修、公开课展示活动,举行中营教育集团名班主任、名师工作室授牌仪式。成立天开高教科创园"小学创新教育联盟",为天开高教科创园的发展赋能。加强对幼小双向衔接园、校联盟成员的管理,深入开展幼小科学衔接工作。持续落实《南开区公办示范幼儿园引领辐射工作方案》,继续开展"公办—民办"友好园联动发展,组织线上线下交流研讨、联合教研活动。开展公办幼儿园等级评定,评定市级公办示范幼儿园17所,市级公办一级幼儿园12所。南开区获批天津市中小学"三全育人"综合改革试点区;崇化中学获批天津市中小学"三全育人"综合改革试点校。

家校合作助推学生成长。举行南开区第六届"周恩来班"命名表彰大会,全区10个优秀班级被授予"周恩来班"称号。成立天津市首家区级学生心理素质培养中心。创建"南开心家园"公众号,成立南开区学校家庭教育指导中心,5所学校成为"南开区学校家庭教育联盟学校",成立南开区首个学校"校家社协同育人指导站"。深入开展青少年法治教育、禁毒教育,牢固树立青少年法治思想。

加强体美劳教育。保证学生每天1小时阳光体育活动,与体育局共建7个体育项目14所基地校,组织开展14项区级体育赛事。创建24所全国足球特色学校、5所天津市排球传统特色校。组织第四届南开区美育实践课堂展演,开展"戏曲进校园"活动,邀请天津市曲艺团进入师大南开附小校演出并挂牌成立"非物质文化遗产基地"。评选区级劳动教育示范

校5所、劳动教育优秀导师28名。认定25个区级学农学工基地。建好配齐校内外劳动专用教室和实践基地183个。开展"劳动教育开学第一课""旧物大变身""庆丰收,感党恩"T台秀等活动,开展首届劳动教师技能大赛,开展"劳动教育荣誉导师团"进校园活动。

做好思政一体化建设。召开天津市大中小学思政科研成果转化工作推动会暨天开高教科创园"小学创新教育联盟"成果展示推动会。与民航大学共建思政一体化研学实践基地。参加天津市大中小学"故事思政"微课大赛(中小学组)决赛,获2个特等奖、3个一等奖。参加天津市"心动一课"思政微视频展示获特等奖,教育局获优秀组织奖。2位教师获评天津市第二届学校思政理论课教师年度影响力人物。

构筑学校安全屏障。制订《南开区教育系统重大事故隐患排查整治2023专项行动方案》,每月开展安全隐患自查和应急演练。创建"校园安全直通车"宣传栏目,开设暑期安全知识小课堂。召开食品安全工作会议及专题培训,全面落实陪餐管理,开展民办幼儿园"手拉手"交流学习,提高民办园食品安全管理水平。

撰稿:王 欣

【教育经费收入与支出】 2023年,南开区教育经费总收入195658万元。比上年增加8005万元,增长4.27%。其中区财政拨教育事业费161820万元,社会保障和就业经费18336万元,卫生健康经费7988万元,住房保障经费(用于旧校舍改造维修)1335万元,事业收入1011万元,其他收入5169万元。全年教育经费总支出195057万元,比上年增加6734万元,增长3.58%。其中人员经费支出163586万元,公用经费支出25789万元,对个人家庭补助支出5681万元。教育经费总支出中财政拨款(含上年结转)189234万元,事业收入等(含上年结余)支出5823万元。

撰稿:赵宏伟

【品牌高中建设】 全面推进"市级品牌高中建设项目培育学校"培育建设。5月5日,召开南开区品牌高中建设项目中期推动会,成立南开区品牌高中建设专家组。利用南开中学、天津中学等4所市级品牌高中建设项目培育学校在学校文化创建、教育教学管理、教师队伍建设、人才培养模式等方面的优

势资源,切实发挥其区域示范引领作用,辐射区内其他学校,特别是在帮扶"强校工程"项目学校方面发挥重要作用,整体提升全区普通高中教育品质。启动区级品牌高中培育建设学校遴选,制定《南开区品牌高中培育学校建设标准》,指导学校开展品牌高中建设。在政策支持、经费支撑和教师配备等方面予以保障,推动学校品牌创建、课程改革、队伍建设等方面发展,强化教育行政部门对普通高中学校的服务指导。充分发挥校长在自主办学中的关键作用和师生在教学活动中的主体作用,提升高中学校规范化和精致化管理水平,推动学校立足本校建设重点,聚焦内涵品质提升,大力挖掘本校特色,力争形成"一校一品"。10月,在南开大学附属中学举办天津市"品牌高中"建设项目成果展示交流活动。12月,在天津中学召开"聚焦核心素养导向的课堂教学"展示活动。

撰稿:任 莉

【天开高教科创园小学创新教育联盟】 实施"科教立区"战略,通过做好各类基础教育配套服务,为推动科教兴市人才强市贡献南开力量。4月,由天津大学附属小学、南开区中心小学、南开小学、风湖里小学4所学校组建天开高教科创园"小学创新教育联盟"。4所学校同处于天开高教科创园范围内,联盟成立后,4校将通过精品课程资源共享、前沿教育信息互通、优秀教育案例展示、优质师资共享实现校际深度融合,探索共建、共创、共研共享的联盟合作机制。有效促进联盟学校之间的优势互补,推动天开高教科创园的教育发展与创新。联盟校举办丰富多彩的活动,如小学听说读写算基础技能大赛、"科学之光"北洋夏令营等,推动联盟内4所小学共同进步,为天开高教科创园核心区的每一个孩子筑就腾飞的梦想。5月,天开高教科创园"小学创新教育联盟"举行首次办学特色论坛,4所学校分别从教育教学、科研、青年教师发展等各个方面进行交流汇报,齐心协力、担当作为,协同式推进区域内基础教育高质量发展。

撰稿:徐子懿

【公办幼儿园等级评定】 开展南开区公办幼儿园等级评定,制订《2023年南开区公办幼儿园等级评定工作方案》,由学前教育科、组织干部科、安全稳定科、财务科、教师工作科、区教师发展中心、区教育综合服务中心和区妇儿保健中心组成区级

专家组。召开等级评定工作组专题会议,深入研究文件精神,明确等级评定的范围、方式、条件、内容和要求。此次参评公办幼儿园29所,对原等级考核幼儿园,工作组采取现场考察、轮组互查及日常考评相结合方式组织实施;对新等级评定幼儿园,工作组深入园所进行多轮考察,指导幼儿园不断完善,迎接市级检查评定。各公办幼儿园依照标准认真梳理各项工作,着力补齐短板,抬高底部、整体提升。经市、区级考核评定,最终评定天津市公办示范幼儿园17所,其中新等级评定5所,原等级考核合格12所;评定天津市公办一级幼儿园12所,均为原等级考核合格。

撰稿:邢 静

【楷模教育】 区教育局于2022年年底启动第六届中小学"周恩来班"创建工作,评选出10个"周恩来班"。3月3日下午,在天津市周恩来邓颖超纪念馆举行"纪念周恩来同志125周年诞辰南开区教育系统第六届'周恩来班'命名表彰大会"。会上对10个"周恩来班"进行表彰,获奖班级代表进行"学楷模精神 与文物对话"展示。3月主题教育月,号召全区各中小学通过开展主题升旗仪式、主题班队会、制作专题板报、上一节楷模教育课等活动,引导青少年厚植爱国主义情怀。7月,举办为期两天的南开区中小学生"津彩假日"夏令营,此次夏令营以"楷模引领青春时,不负韶华行且知"为主题。市区级优秀学生代表、优秀团员、少先队员、优秀德育干部、团队干部120余人参加。在南开中学举行开营仪式,大家从周恩来中学时代读书处出发,重温南开中学百余年发展历程。两天时间,营员们走进蓟州孟家楼村平津战役纪念精品展馆;实地考察坑塘治理、道路改造、文化墙打造等蓟州革命老区乡村振兴建设,传承红色基因,从革命先贤身上汲取成长的智慧和力量。参观航空航天科技展,实地到访天开高教科创园,参观天津大学高新科技创业企业,亲身感受科技带来的无限可能。

撰稿:张琰坤

【研学实践基地揭牌】 区教育局利用研学实践基地开展丰富多彩的学生活动,打造思政课骨干教师交流学习平台。10月12日,区教育局与中国民航大学关工委共同开展"科技创新强国路 童心共筑蓝天梦"庆祝中国少年先锋队建队74周年暨思政一体化研学实践基地揭牌红领巾寻访活动。少先队员

代表及区思政课骨干教师参加。区教育局副局长与中国民航大学关工委副主任共同为"南开区大中小思政一体化研学实践基地"揭牌,师生参观了校史馆和民航体验馆,亲身感受中国民航发展的进步。

撰稿:张琰坤

【督导体制机制】 进一步落实督学的责任、权利和工作保障,每月一次的下校督导。优化责任督学挂牌督导工作机制,配发督学公示牌、《督学工作手册》《责任督学挂牌督导问题整改工作手册》,补充责任督学,责任督学挂牌督导动态实现全覆盖。开展"双减"、校园安全、心理健康等专项督导。对13所公办中学、26所公办小学、22所公办幼儿园开展绩效考核。5月组织20所学校参加国家义务教育质量监测,配合市督导室完成样本校的抽取,认真开展培训,按照要求做好测试前各项准备工作,通过国家督查组的检查。依据2022年办园行为的评估情况,对阳光柏思、国仕等9所民办幼儿园,组织督学在办园条件、内部管理、保教质量等方面进行培训、辅导,通过园所自评、专家组督评,提升保育与教育质量。

撰稿:李承伦

【教师队伍建设】 加强师德师风建设,组织近三年新入职教师800余名,开展以"青春有信仰,奋进正当时"为主题的师德师风专题宣讲会;召开以"教坛青春,奉献最美"为主题的优秀青年教师座谈会。区教育局等五部门联合制订《南开区落实新时代基础教育强师计划实施方案》。举办"伯苓教育家"培养工程首届年轻干部学术论坛;"国培计划"优秀园长系列讲坛。统筹市、区、校三级教师培训体系,完成第六周期继续教育第五年度全员培训。组织2020—2022年981名新教师进行培训,开展第九届"启航杯"新教师风采大赛。组织首届中小学青年体育教师教学基本功大赛。开展区级"学科领航教师""教坛新锐"评选,评选出200名区级"学科领航教师",42名区级"教坛新锐"。9月,召开"学科领航教师培养工程"培训成果推介暨培训总结展示会。深入推进义务教育教师交流工作,本学年选派交流教师237人,占符合交流轮岗条件教师的24%,其中骨干教师210名,占实际交流教师总数的89%。开展第二批市级学科骨干教师认定评选,考核合格继续连任教师57名,新增补骨干教师22名。

撰稿:李 娜

【合作交流】 加强京津冀甘教育合作交流,区教育局与邯郸市教育局、雄安新区公共服务局签订三地合作协议;与甘肃省庆阳市环县、庆城县和甘南自治州夏河县签订合作协议,接收三县46名干部教师入校跟岗培训,联合举办第六届京津冀甘四地基础教育高质量发展研讨活动,完善四地基础教育资源共享机制。10月,举办南开区与河北区教育发展共同体建设合作签约仪式暨近代津派教育家办学实践研讨活动。区教育局与河北区教育局签订教育发展共同体建设合作协议;南开中学、南开大学附属中学、崇化中学、南开区中营小学、南开区五马路小学分别与天津市木斋中学、天津市第五十七中学、天津市扶轮中学、河北区扶轮小学、河北区新开小学签订合作建设协议。

撰稿:张 腾

【心理与家庭教育机制建设】 在天津中学成立南开区学生心理素质培养中心,在天津大学附属中学成立心理名师(陈文革)工作室,创建"南开心家园"公众号,工作室成员根据不同时间节点为家长和学生推送不同类型的文章,助力学生健康成长。在五马路小学成立南开区学校家庭教育指导中心,5所学校成为"南开区学校家庭教育联盟学校",聘请南开区7位教师组成家庭教育讲师团。各校成立学校家庭教育工作站,在南开区中心小学成立南开区首个学校"校家社协同育人指导站",起到示范引领作用。

撰稿:王 欣

【大中小幼学校思政课一体化建设】 开展"三爱润童心 一起向未来"学前思政教育主题活动,3月,召开南开区思政教师学习宣传贯彻党的二十大精神宣讲团启动大会暨天津市中小学思政课名师工作室中期推动会。6月,组织区思政课骨干教师赴上海、嘉兴学习。8月,组织区中小幼思政课新入职教师和转岗教师进行3天集中培训。10月28日,在南开小学举行天津市大中小学大思政科研成果转化工作推动会暨天开高教科创园"小学创新教育联盟"成果展示推动会。与民航大学共建思政一体化研学实践基地。参加天津市"故事思政"大赛,南开中学黄山(高中美术)、崇化中学杨明君(初中历史)获特等奖,南开中学冯元(初中道德与法治)、中营小学李欣、中心小学陈炀(小学道德与法治)获一等奖。参加天津市"心动一课"思政微视频展示,天津大学附属小学录制《榜样的力量》获特等奖,南开区教育局获优秀组织奖。南开中学王劼和南开大学附属中学郑兆莹获评天津市第二届学校思政理论课教师年度影响力人物。

撰稿:王　欣

【劳动教育】　全面加强新时代中小学劳动教育,立足五育融合教育新发展理念。制订《南开区劳动教育课程实施方案》《南开区劳动教育课程课堂评价标准》,构建劳动"云动资源10平台",完善劳动特色课程内容。开展"弘扬工匠精神　匠心成就精彩——劳动技能创意赛""劳动教育开学第一课""旧物大变身""我来贴窗花""今天我是小厨神"等主题活动。举办第二届"庆丰收、感党恩"中国农民丰收节T台秀,全区45支代表队341名中小学生参加。开展南开区劳动教育特色项目——"劳动与二十四节气"融合主题实践活动。开展首届劳动教师技能大赛,邀请"劳动教育荣誉导师团"进校园。评选区级劳动教育示范校5所、劳动教育优秀导师28名。认定25个区级学农学工基地。建好配齐校内外劳动专用教室和实践基地183个。组织南开区第二届劳动教育案例评选,评选出区级案例33个。参加天津市中小学劳动教育课程遴选,2个获评市级劳动教育精品课程,4个获评市级劳动教育优秀课。五马路小学《小学劳动教育体系建设的实践研讨》获评基础教育国家级教学成果二等奖。

撰稿:王　欣

【优化教育资源配置】　如期完成晨旭大厦改建项目、李七庄小学维修工程,新增学位1980个。完成崇德园配套幼儿园和迎水道配套幼儿园接收工作。加快推进南开区外国语中学幼儿园项目、战备楼D地块学校项目、二十九中学改扩建小学项目。加强思政课建设和心理健康教育,招聘中小学音体美教师24名、思政教师15名、心理健康教师4名。合理调整师资配备,外区引入优秀教育人才3人,系统内调剂9人。

撰稿:王　欣
审稿:孙建昆

附:区分管领导、教育局领导及驻地

副区长:王　锐
区教育局党委书记、局长:孙建昆
副局长:王　珺
　　　　高　深
　　　　冯　涛
办公室主任:高　岑
电话:27459979
地址:南开区广开四马路与广开南街交口
邮编:300102

红桥区

【概况】　2023年,红桥区共有幼儿园52所,其中公办幼儿园18所,民办幼儿园16所,托幼点18个,在园幼儿7552人,在编教职工484人;小学16所,在校学生17201人,在编教职工1577人;中学13所,其中完全中学5所,高级中学1所,初级中学6所(含佳春),民办高中1所,在校学生14589人,在编教职工1643人;中等职业学校1所,在校学生2473人,在编教职工280人;职工大学1所,在编教职工72人;特殊教育学校1所,在校学生161人,在编教职工43人。

2023年,红桥区深化"十项行动"植根教育,落实教育兴区发展举措,谋划科技、教育、人才协同发展。扎实开展学习贯彻习近平新时代中国特色社会主义思想主题教育,根据不同类型基层党组织实际,做好分类指导,引导广大党员学思想、强党性、重实践、建新功。深化区域协作,与北京教育学院丰台分院、雄安新区容城县携手举办第二届"京津冀"创客教育嘉年华,开展校本研修专项研讨,36名干部教师、名师(学科)工作室领衔人参加。7所学校与河北省邯郸市复兴区学校签订合作协议,开展京津冀优质教育资源共享区校合作、校校合作。遴选57名优秀教师赴新疆、西藏、甘肃开展支教活动,开展教研活动近百次,接收合水、碌曲2县的36名学校中层管理人员及骨干教师实地跟岗。制定"十四五"学前教育发展提升行动计划,推进学前教育普及普惠安全优质发展。以课堂教学、学生习惯养成、学科基地培育重点,促进义务教育优质均衡发展。以"品牌高中"和"强校工程"为抓手,推进高中教育特色发展。开展"阳光课堂""医教结合",促进特殊教育融合发展。打造"优质资源辐射奠基工程",建立"优质资源辐射奠基工程"人才库,先后选派骨干教师赴耀华中学、上海道等市优质学校跟岗锻炼,拓宽视野、提升专业能力。成立名师工作室、学科工作室,通过学访观摩、公开课、教科研、交流展示等活动,不断提升师德修养和业务能力,带动一大批骨干教师共同发展。

撰稿:唐宏婕

【教育经费收入与支出】 2023年,红桥区教育经费总收入144674.18万元,比上年减少779.06万元,下降0.54%。其中国家财政性教育经费收入132356.1万元,民办学校举办者投入160万元,事业收入10027.42万元,其他教育经费收入2130.66万元。全年教育经费总支出143750.28万元,比上年减少3390.32万元,下降2.3%。其中教职工人员经费支出119870.37万元,学校运转、校舍建设、设备购置等支出23607.12万元,学生资助支出272.8万元。

撰稿:唐宏婕

【招生工作】 2023年,红桥区(含飞地地区)教育部门办幼儿园录取幼儿1570人,16所民办幼儿园录取幼儿501人。红桥区小学一年级新生2883人,其中天津市户籍2580人,随迁子女303人;红桥区培智学校新生11人。红桥区11所中学参加初中招生工作,共计录取3044人,其中随迁子女316人。普通高中学校(包括艺术类高中学校、市重点高中学校、其他高中学校)实际录取2803人,各类中职学校(五年制高职和中高职衔接系统培养技能型人才项目试验学校及专业、中职学校"三二分段中职接高职"类专业、其他各类中职学校)实际录取753人。

撰稿:唐宏婕

【耀华中学红桥学校】 红桥区着力引进优质教育资源,与天津市耀华中学合作创办天津市耀华中学红桥学校。学校为面向市内六区招生的公办高中学校,2023年7月天津市耀华中学红桥学校顺利完

成招生计划140人,录取最低分数线为733.7分。

撰稿:唐宏婕

【九年一贯制升学模式】 发挥名校资源优势,2023年,民族中学附属小学、民族中学建立九年一贯制升学模式,161名学生直升升入民族中学。两所学校深化管理共促、资源共享、文化共生、活动共育,充分整合活动场所、设备设施、校园网络等优质教育资源,整合学科课程教育资源,整合艺术、体育、科技及社会实践等方面的课内、校外活动,实现硬件和软件资源统筹协调,以优质配套教育资源加速带动区域经济社会发展。

撰稿:唐宏婕

【"大思政课"综合改革示范区建设】 红桥区积极参与"大思政课"综合改革示范区建设,制订《天津市红桥区思政课教师队伍建设综合改革试验区实施方案》《红桥区进一步落实学校思想政治理论课教师退出机制的实施方案(试行)》《红桥区新时代马克思主义政治人才培养工程实施方案(试行)》《红桥区学校思想政治理论课教学质量评价实施方案》,结合红桥区实践经验,形成思政教师队伍建设"工程+培训+机制"的培养模式,即实施思政课教师队伍塔式建设提升工程,以思政课教师岗位实践培训为载体,建立健全思政课教师培养长效机制,逐步形成入门优选、阶梯精育、资源足配、多元发展、教学严评、末位退出的一体化闭环思政课教师队伍建设系统。

撰稿:唐宏婕

【教师管理改革】 2023年,红桥区在2022年试点校的基础上,全面推进"区管校聘"改革,深化交流轮岗机制,做好教职工选聘、竞聘和统筹调剂。统筹调动教职工162人,交流轮岗教师821名,有效促进教师校际科学配置、合理流动。积极稳妥做好"区管校聘"的同时,制订《红桥区教育局奖励性绩效工资分配实施方案(试行)》,进一步加大对班主任、思政课教师等重点工作岗位奖励性绩效倾斜力度,按照责重多得、绩优多得、多劳多得、不劳不得原则,实行考评绩效奖励差异化分配,用活用好绩效考核指挥棒,调动教职工的积极性和创造性。

撰稿:唐宏婕

【闪送快接】 红桥区全面开展"闪送快接"活动,开展校园门前"闪送快接"现场工作会和"闪送快

接"现场协调会,统一印发"闪送快接""平安志愿者"和"校园义警"等标识度较高的服装及交通安全宣传展牌,增设人车分离护栏,摆放各类警示标牌256块。有效化解高峰时段校门前交通拥堵的情况,促进"闪送快接"工作的常态化、实效化。

撰稿:唐宏婕

【体美劳工作】 先后举办红桥区中小学阳光体育运动会、三项棋类、游泳、乒乓球、秋季运动会、足球、篮球、排球、绳毽、啦啦操十项赛事,丰富学生体育文化生活。扎实开展美育实践课堂文艺展演活动,推进优秀学生艺术团和兴趣小组建设。1931名学生参加个人项目比赛,26所中小学共计61个节目参加集体项目角逐,精彩呈现学校一年来美育教育的成长足迹,落实以美化人、以美培元的总目标。全面落实劳动课程标准,举办2023年红桥区中小学劳动夏令营暨第三届劳动技能大赛,完成红桥区桃花园小学学生劳动实践基地建设。

撰稿:唐宏婕

【思政教育实践基地】 深挖红色资源,创建思政教育实践基地。2023年3月27日,在天津市红桥区洪湖里小学举行红桥区思政教育实践基地授牌仪式,暨洪湖里小学功臣号坦克中队命名24周年庆祝大会。为洪湖里小学"功臣号"思政教育展览室、雷锋小学"雷锋展室"、文昌宫民族小学"民族教育展室"、第三中学"方舟精神展室"等红桥区思政教育实践基

地授牌。

撰稿:唐宏婕

【清廉学校建设】 红桥区教育局联合区教师发展中心开展"翰墨传廉韵 清风润校园"红桥区教育系统师生书法、美术廉洁文化作品展。全区征集中小幼师生书画作品上万幅,通过校级、区级展示选拔,展出500余幅作品。通过"小手拉大手"师生共同参与的形式,让廉洁文化扎根广大师生的心灵深处,增强廉洁文化宣传教育的实效性,努力把廉洁文化渗透到文化艺术活动中,使廉洁文化走进课堂、浸润校园、滋养心灵。

撰稿:唐宏婕
审稿:代超建

附:区分管领导、教育局领导及驻地

副区长:季大酉
区教育局党委书记:何文晖
区教育局局长:欧阳敏
副局长:李博美
　　　鞠知达
　　　李　艳
　　　刘亚坤
办公室主任:代超建
电话:26372001
地址:红桥区育苗路2号
邮政编码:300131

东丽区

【概况】 2023年,天津市东丽区行政辖区共有全日制中小学校55所,其中小学34所、初级中学9所、完全中学5所、高级中学2所、九年一贯制学校4所,十二年一贯制学校1所。幼儿园100所,职业教育学校1所,特殊教育学校1所,学生军训实践基地1个。全区在职教职工7232人,在校学生69155人。

2023年,东丽区教育系统深入学习贯彻党的二十大精神和习近平总书记关于教育的重要论述,贯彻落实市委、市政府决策部署和区委、区政府工作要

求,以强优势、补短板、促公平为主线,攻坚克难、创新突破,教育领域各项工作取得显著成效。

坚持五育并举。坚持德智体美劳全面发展,建立健全三全育人体系,建设10所市、区级"三全育人"示范校,获评市"三全育人"综合改革试点区;强化美育共同体机制,优选鉴开中学等5所学校打造艺术基地;持续开展体质健康"弱项提升、强项再提高"行动,全区总体合格率97.05%、优良率50.16%;举办中小学生劳动技能大赛,加强大顺花卉市场、胡张庄葡

萄生态园、新天钢工业旅游景区等区级劳动教育实践基地建设,增强学生劳动技能。

推动扩容提质。加强教育资源供给,投资730万元改造提升振华里小学和四合庄小学2500平方米C级校舍,新建3所幼儿园、2所小学,新增学前教育学位990个、义务教育学位2700个;激活职业教育发展动能,推进创优赋能项目建设,打造职教中心无人机智能应用与指挥中心等产教融合实训基地,开展"新技术+职业技能等级证书+行业标准"融合应用,推动职业教育发展。

强化课后服务。严格落实"双减"政策,发挥学校教育主阵地作用,开展主题教研活动102场,科学设置"课后延时+特色活动"课程体系;整合校内图书馆、实验室和校外博物馆、少年宫等各类教育资源,分年级、个性化开展综合素质拓展活动,开设课程社团1583个,拓展特色课后服务181项,获得国家级活动奖项10项,满足学生多样化需求。

优化师资力量。推进中小学教师"区管校聘"机制改革,加大统筹调动力度,交流轮岗骨干教师比例达42%,进一步均衡师资配置。加强骨干名师队伍建设,实施"校长领航、骨干教师领雁"等项目,举办教育系统中层干部培训班、暑期书记校长培训班等活动百余场,1名校长入选杰出津门校长,1名教师入选杰出津门班主任。

撰稿:张 艳

【教育经费收入与支出】 2023年,东丽区教育经费总收入189616万元,比上年增加14162万元,增长8.07%。其中财政拨款收入159269万元,行政事业性收费收入26342万元,自筹收入830万元,其他收入3176万元。全年教育经费总支出185515万元,比上年增加7222万元,增长4.05%。其中公用经费支出42888万元,人员经费支出142627万元。

撰稿:董树欣

【党建工作】 教育系统通过创业、创优、创新"三创"行动推进教育教学改革,探索党建引领教育高质量发展的新路径,打造第一百中学、丽泽小学、华明第一幼儿园等10所基层党建品牌示范校。以"三个一"活动为载体即"讲好一次思政课、开展一次困难学生帮扶、开展一次师德报告会"的形式,推动思政工作的改革创新,抓好师德师风建设,实施各具特色的党员联系帮扶机制,以品牌效应激发党组织的"生产力""服务力""原动力"。以党建联查为抓手,依托党建督查,互学互访等活动,提高党建工作质量和活力。严把党员发展质量关,认真落实党员发展程序和记实制,不断提高新发展党员质量,2023年完成48名党员发展工作,指导基层党组织完成178名入党积极分子培养工作,不断改善党员队伍结构。以《天津市民办学校党建工作重点任务清单》为工作着力点,不断提高民办学校党建工作质量。举办"两新"组织党组织书记培训班,不断提高"两新"组织政治功能和组织功能。

撰稿:张 蕾

【师资队伍】 截至2023年末,教育系统共有事业单位81个,实有教职工4580人。市级骨干教师50人,区级骨干教师894人,校级骨干教师1130人。切实加强师德师风建设,制定《2023年东丽区教育系统推进师德师风建设工作安排》,健全师德、师风、教育、宣传、考核、监督、激励和惩处机制。制定《东丽区教育系统教师失德失范行为处理办法》,强化师德监督。扎实推进区管校聘工作,完成第七聘期续聘工作。进行2023年教师(校医)招聘,面向社会招聘教师校医124名,有效补充急缺学科教师。办理"三支一扶"留用9人、天津师范大学公费师范生安置4人。扎实有序推进教师交流轮岗工作,义务教育阶段交流教师275人,占符合条件教师的22%,其中骨干教师138人,占交流教师的50%。2023年教师专业技术职务评审工作中,3名教师取得正高级教师专业技术职务,63人取得高级教师专业技术职务,120人取得中级教师专业技术职务,134人取得初级教师专业技术职务。

撰稿:王德霜

【教育教学改革】 2023年,东丽区教育局深化新课程改革,加强"品牌高中""强校工程"和"双新"建设,组织中期推动会,完善管理机制;四合庄中学被认定为学生发展指导市级实验校,并开展专题讲座培训;深化"普职融通",推进与高职院校合作;优化评价标准,开展教学视导,听课576节,指导校本研修89场;新教材新课标培训、专题教研258场;召开中高考备考分析会,指导学科备考60场;20节课获"基础教育精品课"市级奖;落实"双减"政策,组织"互比互看"现场会5场,课后服务学生、教师参与率85.3%、97.6%;开展作业管理与课后服务论坛,9个作业管理、87个作业设计参加市级优秀案例遴选;18件作品参加数字化教学教研案例及论文征集获市级奖；44个作品在创新素养大赛获市级认定；做好91个"十四五"课题管理工作；3名教师参加全国双优课展示交流；发挥思政工作室作用，组织开展20场教研、制作15个微课程、创建69个红色课程资源；9个思政课题已结题，新增课题5项；7篇德育教学设计获市级奖励、220节获评区级精品课；启动校本研修平台，培训95场；加强科技实验区建设，世界智能科技周活动4名学生分获一二等奖；创意编程比赛暨人工智能编程普及活动，1人获市一等奖并晋级国赛，3人获市二三等奖；完善常态课、校本教研、作业评价标准。开展随班就读工作专题培训和特殊教育资源教室建设与运行专项调研，适龄入学率96.1%。

撰稿：李金柱

【德育工作】 加强思想政治教育，获批天津市"大思政课"综合改革示范区培育建设单位。获批天津市"三全育人"试点区，华新实验学校、东丽英华学校工作案例获市级"三全育人"优秀奖。通过示范区和试点区培育项目的积极推进，进一步提升思政工作质量。加强中华优秀传统文化教育，以"弘扬华夏文明 传承津沽文化"为主题开展中华优秀传统文化传承活动，在流芳小学开展区级第十二届津沽文化日主题活动，鉴开中学、丽泽小学等15所学校的优秀传统文化社团成果进行展示。加强生态文明教育，进行"双碳"、垃圾分类、勤俭节约教育，津门小学任益萱同学获评天津市"小小生态环境局长"。积极开展法治、安全、网络教育。组织各中小学进行"预防未成年人网络沉迷""依法文明绿色上网 自觉抵制网络谣言""警训进校园 护航开学季""崇尚科学 反对邪教"等主题活动。

撰稿：王 全

【科技教育与美育】 组织东丽区科技教育交流暨科普思政共建推动会，组织开展以"提升全民科学素质，助力科技自立自强"为主题的全国科普日活动，东丽区教育局获评2023年全国科普日活动优秀组织单位。柳春城、李军2位教师获评东丽区科普大使，刘荷怿教师获评东丽区科普之星。建立美育共同体机制，选取鉴开中学、丽泽小学、刘台小学、苗街小学、正心小学为艺术基地。组织滨瑕小学、鉴开中学、振华里小学参加天津市"沽上四季"童声合唱音乐会展演。组织各中小学开展艺术节活动，结合"六一"庆祝活动，举办第37届艺术节书画大赛和汇报演出，开展实践课堂暨文艺展演个人和集体项目活动，选出63个优秀集体项目参加市级比赛。加强美育教师培训工作，组织音乐教师参加天津市"培元工程"和音乐学科"精品教研"展示活动，组织美术教师参加"韩文来艺术文献展"。

撰稿：王 全

【班主任队伍建设】 组织班主任岗前培训、班主任技能展示、班集体建设经验交流等活动。通过查阅相关资料、访谈等形式，完成2021年区级名班主任考核和骨干班主任考核抽查工作。组织开展2023年度区级名班主任、骨干班主任培养计划遴选工作。加强心理健康教育和家庭教育，组织召开2023年学校家庭教育主题宣传月暨"5·25"学生心理健康月推动会，参与、举办10项市、区级心理健康教育活动，组织教师参加区市级心理健康培训3次，组织教师参加心理教师技能大赛，开展有情家访故事演讲比赛，开展心理守门人实训，提高教师心理健康和家庭教育能力。举办中小学家长学校规范化建设展示交流活动1场，与区妇联、区委宣传部联合举办学生家长线上家庭教育培训2次，为全区学生家长提供6场家庭教育直播讲座，通过东丽教育公众号"家长课堂"栏目进行9场家庭教育微讲座或家庭实践活动指导，推进《中华人民共和国家庭教育促进法》宣传实施，推动学校家庭教育工作开展。

撰稿：王 全

【群工团队工作】 加强基层组织建设，完成教育系统基层工会、团组织按期换届。组织"凝心聚力 一路同行"教育系统健步行活动、"中国梦 劳动美 凝心铸魂跟党走，团结奋斗新征程"主题宣传教育活动、学习贯彻习近平总书记重要讲话精神和中国工会十八大精神宣讲活动，加强入队、入团、18岁成人仪式教育，组织开展"学习二十大 永远跟党走 奋进新征程"东丽区2023年新团员入团仪式示范活动，推动中学团校、团课标准化建设，录制中学团校视频课程19个，形成东丽区中学团员教育资源库。面向教育系统广大团员和青年开展学习贯彻习近平新时代中国特色社会主义思想主题教育。开展分批入队、红领巾奖章争章活动、少先队组织系统上报，组织开展市区辅导员技能大赛，指导学校进行少先队室规范化建设，活跃基层少先队组织。

撰稿：杨 阳

【体育工作】 积极推进体质健康固本工程,全区学生体质健康测试总体合格率97.64%,优良率52.76%,呈明显上升趋势。东丽区举办中小学田径运动会、足球、篮球、啦啦操、武术等10项体育竞赛,累计参赛人数超过5000人,创历史新高。篮球项目参加天津市中小学篮球比赛,获4金1银。参加天津市青少年篮球锦标赛,获男U15、女U15第一名;参加2023中国小学生篮球联赛天津赛区比赛,获女子U12组冠军。足球项目获天津市青少年足球联赛U16—U18组冠军,天津市中学生足球比赛高中组亚军,初中组季军。射击项目在天津市青少年射击锦标赛中,多项获前三名,全国速得尔青少年射击比赛,多项获四至八名。丽泽小学、华明中学被命名为东丽区校园足球特色学校和柔道项目特色学校。鉴开中学、刘台小学等9所学校体育场地全面恢复免费对外开放。

撰稿:李学文

【劳动教育】 举办2023年东丽区中小学生劳动技能大赛,评选出优秀学生398人,优秀指导老师175人。结合学雷锋纪念日、劳动节、丰收节等节日开展主题活动300场。多渠道挖掘劳动教育载体资源,开辟生态园、种植园、悦耕园等校内实践场所,全区共有劳动专用教室50个。命名大顺花卉市场、胡张庄葡萄生态园、新天钢工业旅游景区为东丽区劳动教育实践基地。参加天津市中小学劳动教育示范校遴选,金钟小学获评天津市中小学劳动教育示范校。参加天津市第二届中小学劳动教育案例(课程)遴选,6所学校,7个案例获奖。参加天津市劳动教育导师遴选,2名教师获奖。参加天津市中小学劳动技能大赛,取得1个一等奖,3个二等奖,7个三等奖。

撰稿:李学文

【校园安全】 夯实安防基础。开展东丽区中小学幼儿园安防示范建设三年行动。遴选程林中学、华城庭苑小学、好美幼儿园为首批中小学幼儿园安防建设示范校,探索校园安防建设工作经验,带动中小学校、幼儿园分步推进校园安防体系的提升改造。基本实现中小学校幼儿园专职保安、一键式报警和视频监控、公安机关护学岗、封闭化管理、防坠楼装置加装率、防冲撞设施配备率6个100%。推行"闪送快接"工程。2023年,参照中心城区"闪送快接"模式,确定东丽区实验小学等5所学校为试点校,津门小学等3所学校为交通安全重点校,其他学校结合实际,加强与属地公安、交管部门配合,针对性制定工作措施,保证上下学高峰阶段校门周边通行安全、高效。区教育局与公安交管、市场监管、文旅、城管、街道等相关部门加强沟通协作,建立联动机制,共同推进"闪送快接"工作落地见效。抓实溺水防范工作。广泛开展防溺水"六不"宣传,确保学生受教育率100%。利用"两微一端"推送预防溺水安全常识573条,印发《致全国中小学生家长的一封信》和《告家长书》,组织开展防溺水家长会162次,集中开展针对性家访283人次。成立学生防溺水联防组162个,根据学生家庭住址分成7至10人的互助提醒小组,签订小组公约,形成相互提醒机制。

撰稿:张绍敏

【校外培训机构管理】 不断完善常态化排查监管机制。落实街道—社区—网格三级巡察体系保包责任制。确定每个机构都有人员管理,责任到人。各街道分管领导保包社区,组织街道工作人员及执法队对片区内开展拉网式排查,通过网格中心向网格员下发排查"地下"机构任务单,形成高效的常态化立体排查模式。统筹做好校外培训机构寒暑假期专项治理。召开区"双减"专班会,成立13个专项治理工作组,建立9个督查组,共出动136人次,完善"日巡查、周检查、市督查"机制,进一步细化具体任务和治理措施,全面启动寒、暑期校外培训治理工作,进一步规范校外培训机构的经营和规范行为。统筹做好"监管护苗"专项行动。组织召开专题会议,系统部署专项工作,明确任务,压实责任。由各主管部门人员组成8个督查组,各街道联合属地市场监管、公安、消防人员组成13个检查组,针对学科类隐形变异、预收费资金监管、安全管理、广告治理、人员材料核查等方面内容展开全面排查。对存在的问题责令机构限期整改,对证照不全的场所下达行政处罚通知书,责令立即停业补办证照。统筹开展校外培训广告治理。统筹网信办、市场监管局、各街道各部门联动,扎实开展校园周边排查,加强网上信息巡查,通过全面摸排与重点部署相结合,运用"人工+技术"模式,对属地2769家网站进行排查,共发现培训教育机构42家网站,初步研判涉及中小学培训教育机构2家,未发现违规广告情况。统筹做好艺术类高考培训机构专项整治。采用"三段式"排查模式,即机构自查、艺考报名排查、在校学生普查,在前期违规校外培训大起底大排查基础上,联合相关部门对开展违规培训的机构依法依规进行查处。

撰稿：寇晶晶

【学前教育】 不断扩大普惠性学前教育资源供给，推动汇涛苑幼儿园顺利开园，完成25所公办幼儿园和19所普惠性民办幼儿园的等级评定工作，落实奖补政策，拨付普惠性民办幼儿园生均补助资金3576.16万元。2023年共计招收幼儿4575人，公办率达36.7%，普惠率达88.4%，学前三年毛入园率达97.9%。落实《天津市幼儿一日生活指南》，开展提升保教质量线上线下专项培训，全面涵盖保教、卫生、食堂、安全等各岗位需求。深化教育改革研究，3所幼儿园申报天津市高质量幼儿园游戏研究试点园，加强游戏研究并开展全区线下展示观摩活动。规范园所办园行为，开展教师指导用书、幼儿教材及幼儿图画书排查工作，开展新一轮幼儿园名称规范工作。

撰稿：杨　冰

【终身教育与职业教育】 开展第十七届社区教育展示周暨全民终身学习活动周，举办100余场社区教育活动，近5000人次参与。开展社区项目推介评选，刘长会获天津市"百姓学习之星"称号、"霞满桑榆"社区服务体系获天津市"终身学习品牌项目"称号。组织各街道共60余名社区工作者完成培训并取得合格证。组织开展"智慧助老"培训，其中新立街道"关爱老人、贴近生活"讲座被选为天津市22项主题活动之一。推进职业教育创优赋能项目建设，无人机智能应用与指挥中心与智能网联汽车创新中心2个产教融合实训基地建成并投入使用。推进"双证"融通培养模式，获批计算机应用、会计事务等4个"1+X"证书制度试点。推进职业教育以赛促学，2023年全国职业院校技能大赛选拔赛中，学生赛获一等奖6个、二等奖8个、三等奖10个，教师赛获一等奖2个、二等奖2个。3位教师的《中餐面点融合课——厨余垃圾再利用》课程被遴选为市级劳动教育精品课。举办与印度尼西亚东爪哇省职业教育交流发展与促进论坛，启动鲁班工坊第二期项目建设。

撰稿：杨　冰

【民办教育】 落实日常监管，完成各类民办学校及成人教育培训机构决策备案工作，完善逸阳文思学校和百华实验中学政府购买学位机制。加强专项检查，开展全区民办学校收费专项检查、全区民办幼儿园综合整治大排查、成人教育培训机构清理排查及民办高中专项清理整治等工作，不断规范民办学校办学行为。规范民办义务教育发展，2023年义务教育阶段民办学校在校生占比为4.34%。从严落实年检，对全区民办学校、幼儿园及成人教育培训机构开展2022年度年检工作，并对年检结果进行公示。

撰稿：杨　冰

【教育资源建设】 促进义务教育优质均衡发展。贯彻落实市委、市政府2023年民心工程新增义务教育学位要求，聚焦小区配套学校规划、建设、移交、二次装修、办学等环节，加强规划、住建、财政、街道等部门统筹联动，建成并投入使用金钟街逸阳雅郡小学，增加小学学位1620个，通过引进市级名校、村小撤并等措施整体提升金钟地区教育服务软实力。推进学前教育普及普惠安全优质发展。积极组织建设单位，细化施工进度安排，严格监管施工安全与质量，倒排工期，挂图作战，建成并投入使用东丽湖汇涛苑幼儿园，增加学前学位360个。加强政府性投资项目工程建设管理。结合学校实际需求，投资约3500万元，完成鉴开中学、刘台小学、钢花幼儿园等16所中小学、幼儿园的维修工作。根据市教委下发的C级校舍提升改造要求，投资730万元，完成振华里小学和四合庄小学约2500平方米的C级校舍提升改造工作。

撰稿：张琳梓

【教育督导】 扎实做好政府履职评价工作。进一步落实教育督导体制机制改革，组织区教育督导委员会19个成员单位按照教育督导工作规程认真履行教育职责。组织做好天津市人民政府教育督导室对东丽区人民政府2021年履行教育职责情况的复查回访工作和2022年履行教育职责及学前教育普及普惠情况满意度调查工作。统筹推进东丽区学前教育普及普惠和义务教育优质均衡发展评估认定工作，按照市政府教育督导室督办函，组织责任部门采取有力措施，全力推进问题整改，取得明显成效。做好市级学前教育普及普惠实地督导评估迎检工作。组织104位责任督学对全区152所中小学、幼儿园，开展"双减""保育教育"等21个主题11个批次挂牌督导工作并督促问题的整改落实。组织20所样本学校，四、八年级584名学生，校长、班主任及任课教师267人完成德育、科学、劳动学科的国家义务教育质量监测工作，并做好质量监测结果的应用。

撰稿：幺晓琳

【文明校园建设】 常态化开展文明校园、文明单位创建工作。制订《东丽区教育系统2023年深化全国文明城区创建工作实施方案》，对标对表《全国文明城区测评体系》和《中小学校文明校园、文明单位测评细则》，以深化拓展文明培育行动、文明实践行动、文明环境行动、文明系统行动为抓手，将创文工作和教育教学有机高度融合，全面提升教育系统文明程度。积极推进文明校园创建，进一步加强学校精神文明建设，积极践行社会主义核心价值观，培养全面发展的时代新人。

撰稿：唐东妹
审稿：张博茹

附：区分管领导、教育局领导及驻地

副区长：吴俊雅
教育局党委书记、局长，人民政府教育督导室主任、

一级调研员：魏俊梅
教育局二级调研员：李正海
教育局党委委员、副局长：姚晨辉

　　　　　　　　王　鹏

　　　　　　　　杨占峰

　　　　　　　　薛向明

　　　　　　　　张博茹（2023 年 12 月到任）

教育局四级调研员：李正午（2023年11月离任）
教育局党委委员、四级调研员：付爱民（2023年11月离任）

办公室负责人：陈　辉
电话：84375705
地址：东丽区跃进路51号
邮政编码：300300

西青区

【概况】 2023年，西青区共有中小学60所，其中小学38所（含公办校35所，民办校3所），中学22所（含公办校13所，民办校9所，其中含民办九年一贯制学校2所，民办十二年制学校1所）；特殊教育学校1所；区属中专2所（含公办校1所，民办校1所）。全区中小学生62622人，其中小学38686人、初中15573人，高中8363人；职专学生1681人；启智学校学生184人。截至2023年10月教育事业统计结果显示，全区共有幼儿园117所，其中公办园29所，民办园88所（含普惠性民办59所），在园幼儿20751人。全区共有在编教职工4649人，专任教师6526人（含编外）。

2023年，西青区出台《西青区教育高质量发展三年行动方案（2023—2025年）》，明确到2025年，建立结构完善、优质均衡、特色明显、富有活力、品质卓越的育人体系；构建"123157"质量提升行动框架，即坚守一条育人主线，健全两个发展机制，构建三个育人体系，牢牢把握教育高质量发展中的关键环节和重点领域，实施"完善党组织领导的校长负责制"等15个重点提升任务，推进西青区教育事业整体提升和科学发展；重点聚焦制约教育领域改革发展的瓶颈因素，有效破解西青教育当前面临的重点、难点问题，开展"集团化学区化办学改革攻坚行动"等7个重点攻坚行动，推动西青教育高质量发展。

西青区教育局获评天津市实施妇女儿童发展纲要先进集体，西青区实验小学、杨柳青镇第一小学、精武中学被评为天津市"三全育人"综合改革试点学校，杨柳青镇第一小学入选全国国防教育示范校。张家窝中学刘红红、东咀小学孙灵成2名教师分别入选2023年天津市杰出津门教师、杰出班主任。

撰稿：杨　鑫

【教育经费收入与支出】 2023年，西青区教育经费总收入209150万元，比上年增加2237万元，增长1.08%。其中国家财政性教育经费203246万元，事业收入3552万元，其他教育经费2353万元。全年教育经费总支出209188万元，比上年增加2187万元，增长1.06%。其中高等学校教育经费1916万元，中等专业学校教育经费5820万元，中学教育经费82536万元，小学教育经费87382万元，特殊教育经费1547万元，幼儿园教育经费22012万元，其他单位教育经费7975万元。总支出中人员经费支出

141097万元,公用经费支出68092万元(其中资本性支出35259万元)。

撰稿:武彩艳

【教育资源提升】 加大优质教育资源供给,新增西青区第五幼儿园、西青区辛口镇第二幼儿园、西青区杨柳青镇第三幼儿园、西青区精武镇第三幼儿园4所公办幼儿园,新建新望道小学、辛口镇第二中心小学、玉带路小学、兴华中学、天津法耀高级中学5所学校,新增各类学位7080个,其中学前教育学位1440个,义务教育学位4140个,高中学位1500个。完成英语听说机考标准化考点建设、原九十五中学设备购置、大寺中学智慧黑板购置安装3个教学装备项目采购,累计投入2390万余元。

撰稿:杨 鑫

【学前教育】 西青区学前三年毛入园率99.51%,普惠性幼儿园覆盖率88.95%,公办园在园幼儿占比52.20%;制订印发《西青区"十四五"学前教育发展提升行动计划》《天津市西青区幼儿园高质量幼儿游戏研究实践实施方案》《西青区关于进一步发挥优质学前教育资源辐射引领作用的具体实施方案》,以政府购买形式增加19所民办普惠性幼儿园的5490个学位,小班公办学位较去年增加1125个,有序关停52所托幼点、提升6所托幼点,公办园在园幼儿占比较去年提高4.1个百分点。全区公办幼儿园调整为三餐,离园时间调整为不早于17:30,提高公办园服务水平、提升社会认可度,从而提高公办园入园率。开展学前教育宣传月活动,2个视频案例被推选至教育部。2023年教育事业统计结果显示,全区共有幼儿园117所,其中公办园29所,民办园88所(含普惠性民办园59所),在园幼儿20751人。对24所普惠性民办幼儿园、31所公办幼儿园进行等级评定,6所被评为天津市公办示范幼儿园、19所被评为天津市公办一级幼儿园;遴选12所幼儿园申报市级试点园、区级试点幼儿园,持续推进学前教育普及普惠发展。

撰稿:杨 鑫

【游戏化教学活动】 坚持儿童为本、以游戏为基本活动,遵循幼儿身心发展规律,尊重幼儿发展的个体差异,深入开展高质量幼儿游戏研究实践。建立市级试点园带动全区幼儿园开展实践探索的合作机制,因地制宜设置多种游戏场域,创设开放、富有挑战性和创造性的室内外游戏环境,保证幼儿游戏活动时间,并根据活动的需要配备数量充足、种类丰富、低结构的材料,支持幼儿游戏和主动探究。面向全区幼儿园遴选3所市级高质量幼儿游戏研究实践试点园,9所区级高质量幼儿游戏研究实践试点园(辐射全区各街镇),以点带面推动全区幼儿园开展高质量游戏,在游戏中促进幼儿全面发展。

撰稿:杨 鑫

【教育教学】 2023年,西青区义务教育巩固率99%。与市直属校、南开区中小学结成12对帮扶对子,开展形式多样交流活动。天津工业大学附属小学、西青区为明学校、西青区实验小学、杨柳青第二中学、南开敬业中北中学5所学校获评天津市义务教育课程实施示范基地。西青区实施课堂"提质增效"专项行动,出台《西青区教育教学创新指导意见》,引导学校构建体现学校办学特色的课程育人体系,召开毕业年级教学质量推动会2场、教学质量展示交流活动33场,全面推进课堂教学改革。落实"公、民同招",平稳完成阶段招生及转学工作;优质高中招生270个指标分配向边远初中学校倾斜。推进普通高中多样化特色化发展,发挥杨柳青一中品牌高中的辐射示范作用,积极参加天津市普通高中学科特色课程建设基地评估认定和"强校工程",促进西青区普通高中教育质量和办学品质整体提升。与南开区教师发展中心、北京丰台教育学院、天津师范大学、天津市直属学校加强区域协同发展,在教科研、教育数字化、课堂教学创新、师生素养提升等方面深入交流,形成教研协作共同体,实现扩优提质。西青区政府与天津市教育招生考试院、天津市教育科学研究院签订合作框架协议,助推教育教学水平整体提升。依托天津市教育招生考试院加强教学质量监测大数据分析,开展国家智慧教育平台深化应用展示活动3场,以智慧教育赋能课堂改革。2023年35节课例获评市级精品课,10节获评部级精品课。

撰稿:杨 鑫

【集团化办学】 深化教育体制机制改革,选取3所牵头学校和1所牵头幼儿园,共11所成员学校开展集团化办学试点。即西青区第三幼儿园、第四幼儿园、第五幼儿园组成学前教育集团,西青区实验小学与第二实验小学组成小学教育集团,杨柳青二中、三中、四中与当城中学组成初中教育集团,杨柳青一中与兴华中学组成高中教育集团。举办西青区基础教育阶段集团化办学启动会暨授牌仪式,发挥优质教育资源引领辐射作用,扩大优质教育资源覆盖面。

撰稿:杨 鑫

【招生考试】 西青区做好各类考试考务管理和应急处置,完成各类考试组织任务,实现"平安考试"。组织完成高中学业水平合格性考试、普通高考英语科目第一次考试、普通高考英语口语考试、初中毕业升学体育考试统一测试、普通高考和高中学业水平等级性考试、高职分类考试及高职升本科文化考试、初中学业水平考试、高等教育自学考试、中小学教师资格考试、成人高等学校招生考试、普通高考艺术类专业市级统考、"三二分段"中职接高职统一考试、硕士研究生招生考试等近20次考试。累计报名(审核)考生56855人,考点考务工作人员3847人,报名天数111天,考试天数31天,设置考点65个,单场最大考场数1259个。

撰稿:杨 鑫

【思政教育】 2023年,西青区教育系统深入推进社会主义核心价值观教育,开展思政教育共建活动,组建西青区中小学"红色少年"宣讲团,开展主题宣讲活动百余次,获评天津市基层理论宣讲先进集体。加强思政教育常态化建设,全区学校与天津市18所高校38个学院建立思政教育一体化共建机制,开展思政理论课教学研究、思政教育共建活动。126位特聘教师开展思政活动472节,思政教师实践岗位锻炼18人次,形成多方共建合力,建设高质量教育生态。深化新时代思政课改革创新,开展"'大思政课'建设综合改革试验区"建设。推动"三全育人"综合改革创新,实施学校、家庭、社会协同育人项目,联合西青区妇联成立西青区家庭教育指导中心,为西青区9所中小学成立家庭教育服务站。

撰稿:杨 鑫

【体美劳教育】 开齐开足体育课,《国家学生体质健康标准》合格率超过97%,优良率达到50%。完善"艺术基础知识基本技能+艺术审美体验+艺术专项特长"教学模式。从合唱入手,开展"美育提升工程",形成"培、查、赛、演、考"的教学模式。丰富美育实践课堂,选择优势校开设管乐团,2023年4所学校管乐团参加天津市"渠阳号角"管乐团比赛,均获市级三等奖。组织"创意美展"活动、个人项目文艺展演比赛,开展"西青红歌生生唱"活动,该活动抖音话题播放量已达120万次。与区内外多个村居、企业、

大学共建中小学劳动教育基地25家。组织首届体育教师基本功大赛、西青区中小学田径运动会,举办中小学乒乓球比赛、校足杯校园足球联赛等7项体育活动和竞赛。霍元甲文武学校在首届全国学生(青年)运动会上荣获3金、1银、2铜。西青区在2023年天津市美育实践课堂文艺展演合唱项目比赛中,获1个一等奖、4个二等奖和4个三等奖。举办西青区中小学劳动技能大赛暨劳动基地挂牌仪式,全区59所学校200余名中小学生参加,14支代表队在市级竞赛获4个一等奖,3个二等奖,7个三等奖。

撰稿:杨 鑫

【"双减"工作】 实施课后服务"重实效、提质量"专项行动,打造"一校一特色"课后服务品牌,完善评价机制。自"双减"政策实施以来,各中小学根据自身实际,结合地域特色,引入各类校外资源,提供"5+2""1+N"模式课后服务,学生参与率达到100%,西青区课后服务专场展示在全市展示活动中获好评;做好校外教育培训日常治理,严格落实预收费资金监管政策,全面推广"校外培训家长端App",接受监管预收费资金约1000万元,帮助群众化解退费纠纷约55.9万元。组织开展校外培训监管数据稽核、"平安消费"、从业人员准入查询、违规竞赛排查等8项专项行动,严格执行周巡查制度。每月至少一次面向社会公众开展校外培训政策宣传。稳妥推进校外培训行政执法,面向全区校外培训机构开展普法宣传,开通教育局行政处罚罚没账户,开出教育局行政处罚首张罚单。

撰稿:杨 鑫

【中等职业教育】 2023年,西青中专开设数控技术、电子技术、汽车运用与维修、计算机网络技术、电子商务、会计、幼儿保育、休闲体育服务与管理8个专业,其中汽车运用与维修专业被教育部确定为技能型紧缺人才培养培训基地。积极探索"引匠入校"的形式,和"泥人张世家"第六代传人张宇先生合作成立"张宇传习室",将传统文化艺术和彩塑技能引入校园,有效促进产教融合,推进中等专业教育发展。西青区在2023年天津市中职学校技能大赛中,获电商直播赛项二等奖1个、三等奖3个;电子商务运营赛项三等奖4个;电子产品设计与应用赛项二等奖2个;人工智能技术应用赛项三等奖3个。9月天津国华汇德职业学校(民办)正式开学。

撰稿:杨 鑫

【成人教育】 2023年，天津西青开放大学2023年春季学期招生农业户口91人，秋季学期招生农业户口61人。全年农业户口在校生585人。学校积极做好教学支持服务，以"全心服务、全程服务、全员服务"为理念，为学生提供"7×24"支持服务。丰富教学形式与内容，开展"4·15"国家安全教育知识学习、爱国三问主题活动、心理健康教育公开课、美学专题讲座、"学习二十大　奋进新征程"师生书法大赛等线上线下学生活动，推进农民学历继续教育创新发展。西青区教育系统共推出2名市级百姓学习之星，21名区级百姓学习之星。西青区终身学习品牌项目入选2023年全国新时代终身学习品牌。

撰稿：杨　鑫

【老年教育】 西青区老年大学本部开设29个专业，共41个班级，招收学员800余名；10个街镇30个教学点共开设10个专业，招收学员870余名。丰富老年教育内容，举办"墨香秋韵，笔下生辉"书画展、"欢乐度重阳"文艺节目汇演，组织琴歌艺术体验、"西青区老年大学教学开放日"等活动，开展老年智能手机课堂28场，惠及社区老人700余人。联合天津理工大学、天津城建大学、天津天狮学院、西青区精武镇成人文化技术学校等院校开展高品质健康生活等专题讲座。开设人寿堂养老服务中心模特班和精武镇养老服务中心朗诵班，有效促进养教结合。西青区老年大学合唱团、王稳庄镇社区老年学校合唱团参加天津开放大学老年大学系统合唱比赛，《保卫黄河》获二等奖，《灯火里的中国》获优秀奖。

撰稿：杨　鑫

【民办教育】 西青区坚持公益性、高质量、小班化、个性化、多场景、有特色举办民办教育。建立"一校一策"工作方案，以"一生一策"和"分层教学"为指导，满足学生个性化的学习需求，规范民办学校办学，确保义务教育民办学校不超过15%的县域指标。加强教育收费公示管理，印发《西青区教育局关于加强教育收费公示的通知》《西青区教育局校务公开和收费公示制度》，完善服务性收费、代收费与课后服务费管理制度，确保教辅材料费、学生校服费、社会实践活动费、伙食费、城乡居民基本医疗保险费按照相关标准收取。在保障毛入园率达标的情况下，严把民办幼儿园准入关。暂停审批营利性民办幼儿园，对非营利性民办幼儿园的开园接收严格按照相关文件要求，合格一所开办一所。建立民办学校教

育教学常态化监督机制，做到与公办学校同部署、同要求。加强民办学校教育监管，完成2023年民办教育单位年检，制订《西青区民办学校年检综合考核方案》，成立年检工作领导小组，采取全面自查、现场检查、违规必查方式，对民办学校和成人类培训机构进行专项检查和治理，不断规范办学行为，确保民办教育健康发展。

撰稿：杨　鑫

【特殊教育】 西青区着力提升特殊教育水平，落实第三期特殊教育提升计划，加强随班就读工作，规范送教服务；组织特教教师参加特殊教育教材培训，提升专业化水平，残疾儿童少年义务教育入学率达97.6%。西青区启智学校与西青医院、天津中医医院王兰庄院区、天津安定医院等开展医教结合，通过音乐治疗、多感官训练、感统训练、个训等方式，使学生达到较好的康复效果。截至2023年年末，有7名学生到普通小学就读。积极组织开展冬奥运动进校园活动，举办西青区第二届特奥融合运动会，5月承办西青区第六届残疾人运动会；12月承办中残联主办的特奥足球周活动。组织学生观看天津市残疾人艺术团文艺演出、参观市残联书画展、"乡村振兴文化行"惠民演出等。完成75名重度残疾儿童送教上门工作，开展残疾儿童康复救助项目，落实孤独症儿童康复救助项目。充分发挥特殊教育指导中心职能，为全区随班就读及送教学校提供特殊教育指导和支持服务。

撰稿：杨　鑫

【社区教育】 西青区加强社区教育信息化建设，丰富社区教育教学内容，推进线上线下一体化教学。举办西青区第十七届社区教育展示周暨2023年全民终身学习活动周系列活动，推动社区教育高质量发展。充分利用社区教育数字化学习平台——西青全民学习网，发挥"一平台三体系"数字化社区教育作用，为居民提供丰富的在线学习资源和课程，不断完善西青区终身教育体系、构建学习型社会。联合天津理工大学、天津城建大学专家学者在各社区举办专题讲座，先后开展线上、线下20余场宣讲活动，惠及超万名社区居民。积极利用社会资源，与天津农学院、西青区疾控中心签署"区校终身学习联合体""高品质健康生活项目"战略合作协议。与区校终身学习联合体——天津城建大学、逸夫小学共同举办"传承中华优秀传统文化，琴歌艺术进校园"活

动。与西青医院合作实施社区教育"能者为师"系列百家讲堂。线上录制《走进社区——身边的名医对您说》系列微课视频，为社区居民提供更便捷的健康服务。

撰稿：杨　鑫

【教师队伍建设】 2023年，西青区加强师德师风建设，全面落实"12351"教育人才引育工程。成立祁凤珍、徐延志、李祖华三个教育人才工作室，遴选37名优秀中青年教师和中小学校长、副校长作为工作室参研人员，发挥教育人才工作室示范引领作用，打造高层次教育人才成长新路径。健全市、区、校"三级培训"全过程培育体系，针对新入职教师、骨干教师、重点学科教师、后备干部等实施分层、分类、分项培训，拓展教师培训工作主题板块至12个，助力不同岗位、不同学科、不同学段干部教师专业成长。聚焦中小学教育管理与发展实际，组织各中小学校长、国办幼儿园园长共计69人赴上海开展中小学校长领导力提升专题研修班，促进综合素养提升。持续推进师德师风建设，组织开展师德集中学习教育、师德示范月、师德巡讲等活动，做好师德考核、师德档案建立。召开"躬耕教坛　强国有我"教育系统教师节庆祝大会，营造尊师重教良好氛围。落实"12351"教育人才引育工程，完成2023年教育系统所属事业单位公开招聘，共计招聘教师156人，面向区外引进高层次教育人才9名，满足专业化人才配备需求。选优配强学校领导班子，充实中小学名师名校长队伍，提拔6名处级干部，将引进的教育专家安排在急需紧缺岗位，做到人岗相适、人尽其才。稳步推进中小学教师"区管校聘"管理改革，持续加大教师、校长交流轮岗工作力度。2023—2024学年共421名教师、7名校长参与交流轮岗。

撰稿：杨　鑫

【合作交流】 2023年，西青区推动东西部教育协作和支援合作工作，38所学校、幼儿园与甘肃白银景泰、甘肃天水麦积、新疆和田于田3个受援地区101所学校、幼儿园结成对子，开展互学互助、文化体育等交流活动。推进学区化集团化办学，成立4个教育集团，满足百姓多元化就学需求。制订《2023年西青区教育系统东西部协作和支援合作工作部署方案》《2023年西青区教育系统消费帮扶工作安排》，提升教育帮扶的针对性和科学性。西青区四次赴甘肃省景泰县、麦积区，实地踏查景泰职专"无人机专业

实训中心项目"建设情况，走访"组团式"帮扶定点校天水十中慰问援派教师，推动两地合作关系走深走实。全年派出19名骨干教师赴麦积、景泰、于田三地开展支教工作，援派教师累计授课6860余节，开展听评课、培训讲座、公开课等活动435余次，受益师生4330余人；接待麦积、景泰挂职教师共计30人，天津市教育委员会、天津师范大学新疆班培训项目教师77人。向结对地区拨付帮扶资金292万元，发动全区教职工积极参与消费帮扶，全年帮扶金额达580余万元。西青区社会动员资金中教育专项共计拨付资金378.1万元，其中甘肃景泰60.1万元、麦积310万元、新疆于田8万元。

撰稿：杨　鑫

【教育微联盟】 2023年，西青区深化基础教育"京津冀互助共建微联盟"建设，西青区精武中学与石家庄七中、北师大附属朝阳金盏学校、阜平下庄学校开展线上教研交流与教学经验分享活动；辛口镇中心小学、西青区实验小学与邢台开发区东汪学区于2023年5月16日续签合作协议，16日—18日，两校开展互访活动；9月26日—28日，星光路小学、富力中学前往河北省平泉市实地学访并续签合作协议，不断推进教研、教师培训、教育教学管理等领域深度交流，实现资源共享、管理共融、师资共育、文化共建。

撰稿：杨　鑫

【校园安全】 建立"领导包片、干部包校、纪检推进"的校园安全工作包保责任制。狠抓安全生产十五条硬措施落实，筑牢校园安防"四个100%"防范基础。围绕健全机制、专项整治、安全培训等九个方面开展重大事故隐患排查工作。实施校园安全风险分级管控和隐患排查治理双重预防机制建设，开展校园消防安全标准化评估。开展教育系统燃气安全专项整治排查。完善食品安全制度，开展春秋两季全覆盖检查。深入落实陪餐制度，加强"互联网+明厨亮灶"智慧监管，组织72所中小学、幼儿园和8家配餐公司投保食品安全责任险，保障师生"舌尖上的安全"。发挥区平安校园协调联动小组成员单位积极作用，拓展安全教育模式，联合驻区部队、公安特警、交警支队、鸭淀水库、蓝天救援队等单位开展国家安全教育进校园、"特警进校园""反恐进校园"培训、"交通安全伴我行""闪送快接"、防溺水进校园等活动，推进"1530"安全警示教育常态化。加强校车

安全监管,定期组织应急疏散演练和乘车学生安全教育,为7所公办校和3所民办校2200余名学生提供安全、优质、便捷的校车接送服务。

撰稿:杨　鑫
审稿:程　洁

附:区分管领导、教育局领导及驻地
区委副书记:齐中波
副区长:柴树芳
局党委书记、局长:李伟志
副局长:冯克文(2023年11月到任)

黄国红(2023年2月离任)
任兆刚(2023年4月离任)
孙国兰
马福凯
谢红华(2023年3月到任)
办公室主任:程　洁
电话:27397202
地址:天津市西青区杨柳青镇柳口路10号
邮政编码:300380

津南区

【概况】　2023年,津南区有各级各类学校138所、直属事业单位(中心)3个、成人文化技术学校8个。其中公办幼儿园17所(41处)、民办幼儿园64所,十二年制学校1所(另有分校区2处),小学33所(另有分校区5处),初中11所(含民办1所),完全中学6所,高中2所(含民办1所),特殊教育学校1所,中等职业学校1所,民办职业高中1所,少儿体校1所。全区在校生108589人,其中高中10733人,初中21990人,小学49446人,幼儿园21074人,中职2285人,职高2910人,特教151人。全区在岗教职工8862人(含民办),专任教师6266人(含民办)。全区学前三年毛入园率93.2%,特殊教育入学率99.2%,小学入学率100%,九年义务教育巩固率100%。

2023年,津南区教育认真贯彻全国、全市教育工作会议精神,研究制订《津南区义务教育学校学区制集团化办学实施方案》《津南区中华优秀传统文化进校园行动方案》《津南区中小学"德育铸魂"行动方案》《津南区中小学"智育提质"行动方案》《津南区中小学"劳动促进"行动方案》《津南区中小学"美育浸润"行动方案》《津南区2023年春季学期加强学生心理健康教育工作方案》《津南区关于进一步加强中小学心理健康教育与家庭教育的工作方案》《2023—2026学年中小学办学水平专项督导评估实施方案》《2023—2026学年幼儿园综合督导评估方案》。深入推进文化育人,开展"绿书签"主题读书活动、"诵读经典迎端午　童声雅致话正阳"津南区第九届汝昌书苑经典诵读活动,举办津南区学校美育实践课堂暨第二十四届校园艺术节展演及津南区第八届学生合唱节、舞蹈节、戏剧节、器乐节,组织参加天津市"沽上四季"童声合唱会、天津市"端阳花会"传承展示活动、天津市第五届戏曲美育大会。搭设多彩竞赛平台,开展津南区中小学优秀大课间评选活动,组织区级田径运动会、足球、篮球、排球、乒乓球、武术、射击、啦啦操、轮滑、三跳等比赛,参加天津市第九届民族传统运动会、天津市中小学田径冠军赛。挖掘传统非遗,丰富劳动教育资源,2023年全区中小学、中职学校开发引入课程资源100多项。开展首届津南区中小学劳动教育月活动,组织2023年津南区中小学劳动技能大赛。

撰稿:刘学敏

【教育经费收入与支出】　2023年,津南区教育经费总收入236632万元,比上年增加28623万元,增长13.76%。其中一般公共预算教育事业费148760万元,基本建设经费21932万元,其他一般公共财政预算教育经费29771万元,政府性基金预算教育经费4049万元,捐赠收入170万元,民办学校举办者投入572万元,学校办学收入23571万元,其他教育经费7807万元。全年教育经费总支出232006万元,比上年增加24368万元,增长11.74%。其中财政拨款支出203389万元,预算外支出28617万元。教育经费总支出中,人员经费164860万元,公用经费44265万元,基本建设经费21932万元,经营支出130万元,其他支出819万元。

撰稿:刘振梅

【学校布局调整】 2023年津南区教育局续建学校项目2处,配套幼儿园装修改造项目2处。其中海河教育园区南开学校和慧南路校区新建工程正在施工,预计2024年6月完成建设,可提供学位3360个;海河教育园区南开学校敬慧路校区新建工程正在施工,预计2025年完成建设,可提供学位3360个。辛庄镇海河中游配套中学新建工程(天津市实验中学津南学校),于2023年9月交付使用。2023年6月开工的津南区第一幼儿园合茂园装修改造工程、津南区第五幼儿园清兰嘉苑园装修改造工程,于2023年11月竣工,提供学位720个。

撰稿:刘世玺

【师资队伍建设】 2023年,津南区教育局扎实推进教师队伍规范管理,有效促进教师专业化发展,不断提高教师队伍整体水平。加强人才引进,多渠道补充优秀教师,招聘新教师362人,招募"三支一扶"大学生8人,"三支一扶"期满安置11人,招录公费师范生11人,在职专技教师调入8人,多种形式和渠道补充教师共计400人。着力建设名优教师队伍,发挥辐射引领作用。全区教育系统推荐1人参加全国教书育人楷模评选,推荐5人参加津门杰出校长、班主任、教师评选,推荐52名教师参加第二批市级学科骨干教师评选,推荐8名校长、教师参加天津市"双名计划"工作室成员遴选。组织梯次骨干教师参加市级"学科领航教师培养工程""津门三杰培养计划""天津市中小学校长领导力提升计划""天津市特级教师训练营计划"集中培训,拓宽视野。充分发挥"津门三杰"和工作室领衔专家作用,培养一批学科带头人队伍,形成品牌效应。开展新时代梯次骨干教师认定工作,认定区级骨干教师975人,学科带头人331人。推进义务教育学校教师交流轮岗工作,引导、支持优秀教师向师资短缺学校、偏远学校流动,全年交流290名教师。推进"区管校聘"改革,进一步优化师资配置。加大青年教师培训力度,夯实青年教师教学基本功,切实提高业务素质,促进青年教师专业化发展。

撰稿:孙 玲

【主题教育】 2023年,津南区教育局党委紧紧围绕"学思想、强党性、重实践、建新功"总要求,在全系统内深入开展学习贯彻习近平新时代中国特色社会主义思想主题教育。研究制订《关于在津南区教育系统深入开展学习贯彻习近平新时代中国特色社会主义思想主题教育的实施方案》,召开主题教育动员部署会、专题培训会,落实分类指导,通过读书班、专题研讨、书记讲党课、个人自学等形式深入开展学习研讨,确保主题教育党员学习全覆盖。加强理论学习,查摆整改问题。举办局党委班子和教育局所属处级单位班子主题教育读书班,深入开展4个专题研讨,查摆问题86个,明确整改措施126条。抓牢支部学习,基层各党支部制定学习计划和问题清单,开展集中学习和讨论。抓实党员学习,106个基层党组织书记讲专题党课,辐射党员干部教师3086人。深入调查研究,加强检视整改,推动主题教育走深走实。区教育局党委领导班子成员结合业务工作制定5个调研课题,深入基层开展调研29次,处级单位领导班子成员制定21个调研课题,调研55次,共收集意见建议1352条,采纳788条,发现问题132个,制定整改措施135个,完成调研报告26个。建立教育局党委主题教育查摆整改问题清单,检视问题共21个,制定整改举措43条,落实整改举措43条;教育局所属处级单位建立问题清单,检视问题共86个,制定整改举措129条;基层党支部检视查找问题共220个,制定整改措施279条,解决问题220个。

撰稿:段忠华

【督导评估工作】 2023年,为进一步推动津南教育高质量发展、加快推进教育现代化步伐,破解津南教育深层次问题,区教育局党委决定,2023至2026年连续三个学年对本区中小学进行专项督导评估。每学年九月份开始,区教育局围绕《天津市津南区中小学办学水平综合评估细则》中办学方向、建设现代学校制度、引领教师专业进步、促进学生全面发展、提升教育教学水平、营造和谐美丽安全环境六大方面内容中的两项进行督导评估。各学年度评估分值以规定两大项细则分值为基础分,连同学校自查报告、自查表,课堂教学,校园风貌,问卷访谈等合计作为各学年专项评估的总分。2023—2024学年评估引领教师专业进步项和营造和谐美丽安全环境项,同时检查课堂教学、校园风貌(升旗仪式、大课间、校容校貌、师生精神面貌,进行教师问卷、学生问卷、家长访谈、社区访谈等内容)。2023年10月16日至11月17日,区教育局督导科对津南区33所小学、18所中学进行历时一个月的中小学办学水平专项督导评估工作。督导评估组18位评估专家分为三组,小学两组,中学一组,每组6人。期间督导组听课204节,同时检查各校的课间操、升旗仪式和校园风貌等,学生问卷1530人,教师问卷1020人,社区访谈204人。

撰稿:吴金云

【中小学集团化办学】 2023年,津南区坚持"外引内联、全域覆盖"的原则,持续引进市优质教育资源与津南区中小学建立合作关系。2023年5—8月,区教育局先后与天津市南开中学、天津市第一中学、天津市实验小学签订合作办学协议,共建天津海河教育园区南开学校、天津市第一中学津南学校、天津市实验小学津南学校,通过"师资互派""影子教师""文化同源""教师同研""学生同学""活动同步"等方式,实现全点位对接、全方位合作。截至年末,津南区已与天津市教委直属的三所重点中学和唯一一所市教委直属小学开展合作。落实《津南区义务教育学校学区制集团化办学实施方案》,按照"超前规划、强弱结合、规模适度、分步覆盖"的工作思路,2023年10月成立以天津市咸水沽第四中学为核心校,以天津市咸水沽第五中学、天津市双桥中学为成员校的天津市咸水沽第四中学教育集团;成立以天津市实验小学津南学校为核心校,以天津市津南区八里台第二小学、天津市津南区八里台第三小学为成员校的天津市实验小学津南学校教育集团。区内教育集团在办学理念共融、师资队伍共建、管理经验共享、教学资源互通、教研科研共促、特色品牌共创等方面进行实践探索。

撰稿:赵 凤

【中华优秀传统文化进校园】 2023年,区教育局着力推动中华优秀传统文化进校园,将中华优秀传统文化融入教育教学全过程,不断厚实校园文化底蕴,全面提升教育内涵和品位,持续增强学生文化认知、文化自觉、文化自信,推动中华优秀传统文化在青少年学生中活态传承。聚焦课堂,提升传统文化嵌入力。充分利用本地优秀传统文化教育资源,积极推动中华优秀传统文化融入国家、校本课程,使核心思想理念、中华人文精神、中华传统美德贯穿教育教学过程始终。同时,以语文、思政、历史等人文学科为切入点,组织开展全区骨干教师专题培训。坚持开展、打造"汝昌书苑""津沽文化日""我们的节日""中华优秀传统文化节"等一系列底蕴深厚、形式丰富、涵育人心的传统文化展示、体验、品牌活动,全

区有国家、市级中华优秀传统文化艺术传承校16个,李平凡版画传习室1个,传统文化学生社团368个,将中华优秀传统文化教育与落实"双减"政策、提升课后服务质量有效结合,拓展中华优秀传统文化传播的途径与方式。多方联动,提升传统文化影响力。充分挖掘津南本土文化资源优势,各学校与区内"于氏掐丝珐琅""陈氏制瓷"等文化传承体验基地合作,拓宽学生美育实践平台;邀请民间非遗传承人走进校园,为学生传授羊响板等非遗技艺;带领学生走进社区,积极参与活字印刷等文化传承体验活动;发挥少年宫的校外阵地作用,开展冬令营、夏令营文化研学及"非遗工作坊"体验活动;将学校教育与家庭教育紧密结合起来,组织开展学生和家长共同参与的传统文化体验、志愿者服务和公益性活动。

撰稿:李 敬

【青少年运动训练基地建设】 2023年9月,区教育局下发《关于深化体教融合建设津南区中小学校青少年运动训练基地的实施方案》,探索"学校+社会资源"的津南校园体育模式,切实发挥教育系统资源优势及整合能力。以各学校和少儿体校专项运动师资力量为基础,统筹津南区专项运动协会、具备资质的体育俱乐部等社会力量形成共建合力,利用学校体育场地与社会资源开展运动训练、校本课程、竞赛组织和师资培训等合作,不断提高青少年体育运动参与率,促进学校特色体育项目发展。打破学校传统的运动训练模式,发挥基地校在学区和区域的辐射带动作用,利用课后、节假日、寒暑假等时间段,组织本校及周边学校的学生系统性开展高水平运动训练,并以此带动学校在训练水平、运动普及、教练员培养、体育教师水平提升及竞赛管理等各方面的发展。通过整合各方资源,发挥各中小学校特点,建设涵盖13个项目的75个青少年运动训练基地,形成以点带面、上下融通、特色发展的津南区校园运动训练体系。

撰稿:董明禹

【搭建劳动教育综合管理平台】 2023年5月,津南区教育局将教育信息化和数字化融入工作实践和管理模式中,与晓羊(天津)信息科技有限公司签订协议,在数字化劳动教育领域建立长期战略合作关系,共建并推广使用"津南区劳动教育综合管理平台"通过云计算、大数据分析等新技术,打造数据化、网络化、智慧型、协作型的教学、教研、管理和

家校社一体化课程互动平台,将劳动教育的各种资源、服务整合起来,为学生、家长、学校和社区提供便捷的劳动实践服务平台,促进劳动教育一体化平台建设。平台上的劳动实践基地经过区教育局整合、筛选、规范和提升后,包括农业实践、工业生产、职业院校三个板块,涵盖了农业劳动、手工劳动、职业体验以及技能培训等方面的内容,探索出一条解决各学校劳动实践活动开展不均衡、学校选择劳动基地标准不明确、劳动基地建设和管理不规范等问题的新途径。

撰稿:张云凯

【学前教育】 2023年,津南区学前教育通过扩大优质学前教育供给,满足幼儿入园需求;通过开展延伸服务,有效控制在园幼儿流失;通过科学规范管理,提升幼儿园保教质量;通过家、园、社会协同共育,更新家长育儿观念,缓解入学焦虑;通过开展镇域幼小双向科学衔接试点和园校定点衔接的实践研究,推进幼儿入学准备教育和入学适应教育;通过构建行政推动、园校联动、教研带动、督导促动的“四轮驱动”共建机制,充分发挥各职能部门作用,推进学前教育普及普惠优质发展,推动幼儿园与小学深度衔接。截至年末,全区学前三年毛入园率93.2%,普惠性幼儿园覆盖率96.8%,优质学前教育资源覆盖率76.84%。

撰稿:吴宪禄

【职业教育】 2023年,津南区在大力推进职业教育创优赋能建设的基础上,继续推进1+X试点工作。天津市南洋工业学校自主开发的《工业机器人虚拟仿真与实操》《工业机器人实操与应用》2本教材入选国家级“十四五”规划教材。完成工业机器人虚拟仿真与实操课程资源建设,机电技术应用专业教学资源库建设。33人参加1+X工业机器人应用编程初级考级工作,29人通过,通过率85%,高于全市平均水平。

撰稿:吴宪禄

【校外培训机构监管治理】 2023年,津南区教育局先后四次组织全区中小学幼儿园家长学习、签订《致家长一封信》,推动“双减”政策入脑入心。开展“监管护苗”暑期校外培训监管治理专项行动,联合区消防应急支队,对全区217家校外培训机构进行走访检查。召开2023年津南区校外、成人文化教育培训机构重点任务部署会,对资金监管、安全管理、日常工作进行部署。敦促指导证照不全培训场所取得合法资质。对教育部推送的394条培训场所线索进行实地走访核查,逐一上报核查情况。敦促有10家非学科机构按照天津市新设置标准进行整改。做好44家新审批校外教育培训机构的登记备案工作,做好7家机构注销、77家机构信息变更工作。查处取缔违规培训32起,立案处罚6起,罚(没)款均已上缴,无行政复议及行政诉讼情况。持续开展瑞友教育线下消课,启动古风彩艺教育消课。通过协调退费、转课、消课等形式,全年化解校外培训纠纷金额130万元。

撰稿:张　枫
审稿:张　勇

附:区分管教育领导、教育局领导及驻地

津南区委常委、宣传部部长:崔德行
津南区副区长:陈妍卉
津南区教育局党委书记、局长:刘艳群(2023年3月离任)
津南区教育局党委书记、局长:张　勇(2023年3月到任)

党委委员、副局长:张洪祥
　　　　　　　　吴嘉庆
　　　　　　　　吴羡华
党委委员、津南区纪委监委派驻纪检监察组组长:沈　莹
办公室主任:张丽荣(2023年5月离任)
办公室主任:杨晓霞(2023年5月到任)
电话:88511000
地址:天津市津南区咸水沽镇津沽路77号
邮编:300350

北辰区

【概况】 北辰区有小学49所,初中13所,九年一贯制学校3所,十二年制学校1所,高中5所(含2所完中校),中职学校2所,特殊教育学校1所,体育中学1所,成人学校15所,广播电视大学1所,青少年宫1所,科学技术馆1所,教师发展中心1所、学生综合素质发展中心1所、教育综合服务中心1所。幼儿园125所,其中公办幼儿园60所,民办幼儿园65所(其中普惠性民办幼儿园57所)。

在校学生83093人,幼儿园包括民办园及校内园所总计19398人,小学38318人,初中14845人,高中阶段6959人,中职学生3382人,特殊教育191人。公办教职工5333人,其中高中教师595人,初中教师1303人,小学教师2387人,特殊教育学校教师49人,中职教师202人,幼儿园在编教师531人,广播电视大学、青少年宫、教师发展中心,以及成人教育学校等非教学单位共有教师266人。

推进教师队伍建设。全学年共有293人到农村校、薄弱校交流,其中骨干教师人数202人,交流人数中骨干人数所占比例68.94%。2023年北辰区1名教师入选全国中小学领军教师培养对象,6名校长、教师评为正高级教师,4名校长、教师被评为"津门三杰"。

优化教育资源配置。新接收中小学幼儿园3所,新增学位1710个,运河小学于9月开学。荣辰小学、逸阳文思小学、天津师范大学北辰实验学校正式投入使用。

积极引进教育资源。区政府与市教委签订全面战略合作协议,南开中学、新华中学分别落户北辰粮库地块和北辰文化区,北京市十一学校天津实验学校于9月正式开学。

大力发展学前教育。被教育部评定为幼儿园保教质量提升实验区。北辰区普惠性幼儿园覆盖率达到93.8%,学前三年毛入园率达到90.5%,超额完成"十四五"规划中期评估指标。

扎实推进义务教育均衡发展。2023年,被教育部认定为全国首批县域义务教育优质均衡先行创建区,大力推进不达标指标整改攻坚,成立以主管区长为组长的整改工作专班,深入推动整改,10项不达标指标已整改完成6项,获市政府督导室肯定。市教委公布义务教育课程基地遴选结果,北辰区入选13个项目,居于环城区首位、全市第五位。

推进集团化办学。健全集团化办学管理体系,出台北辰区深入推进中小学集团化办学实施意见、集团化办学考核评价办法等文件,推动集团化办学可持续健康发展。

高中教育特色发展。2023年高中毛入学率98.7%。深入推进四十七中学品牌高中建设,修订三年建设规划方案,成立学校课程研究与教师发展中心,建立名师工作室,制定课程体系建设方案,构建学校德育课程群、体育课程群,形成四十七中学班主任素养论坛集和教育科研成果集。

职业教育产教融合。北辰职专以机电、幼儿保育2个特色专业为龙头,积极发展财会、汽修、计算机等专业,打造特色品牌专业群;民族职专深化专业内涵建设,建成独具特色的电子商务专业,打造"直播带货"实践基地,助力区域电子商务产业发展。深化产教融合,北辰职专深入推进"两地三方"中德"双元制"订单培养,合作打造跨区域产教融合共同体。民族职专从师资队伍培养、学生实训基地建设等方面,与天津伍创电子商务有限公司开展校企合作,建立直播电商实训基地及电子商务技能班,强化校企协同育人。9名学生在全市学生技能大赛获一等奖,再创历史佳绩。

撰稿:蔺广萍

【教育经费收入与支出】 2023年,北辰区教育经费总收入194394万元,比上年增加12692万元,增长7%。其中国家财政性教育经费收入171469万元,捐赠收入653万元,事业收入17357万元,民办学校举办者投入1988万元,其他教育经费收入2926万元。全年教育经费总支出190722万元,比上年增加8534万元,增长5%。其中人员支出141682万元,公用支出49040万元,全年支出主要用于支付教师工资、教育教学运转、学校提升改造工程、设备购置及信息化建设等。

撰稿:陈虹伯

【学前教育】 联合区发展改革委等九部门印发《北辰区"十四五"学前教育发展提升行动计划》,推进全区学前教育普及普惠安全优质发展。完成招生平台建设工作,科学制定《2023年天津市北辰区幼儿园招生工作方案》,落实防疫一线、消防、烈士等子女入园优待政策,招生工作平稳有序。完成43所公办园和9所普惠性民办园等级评定工作,新认定公办示范幼儿园3所,公办一级幼儿园1所,进一步提高优质园覆盖率。落实公办园生均经费和普惠性民办园奖补资金。落实《天津市幼儿园一日生活指南(2023版)》,深化幼儿园与小学教育的双向科学衔接。深入推进2023年全国学前教育宣传月活动,开展宣传月启动仪式,在"天津北辰教育"微信公众号开设学前教育宣传月专栏,分批推送北辰区优秀视频案例,引河里、实验、北仓、集贤里4所幼儿园游戏案例参加全国展评。入选天津市基础教育综合改革国家实验区建设2个揭榜挂帅实验项目:研究实践高质量幼儿游戏和探索"优质园+"办园模式。遴选引河里幼儿园、宸宜幼儿园、双青第二幼儿园为市级试点园,北仓幼儿园等16所幼儿园确定为区级试点园,联合教研部门加强对试点园的专业引领和实践指导,成立研究团队,邀请专家进园讲座及指导游戏,推动落实游戏专项研究实践。入选国家级幼儿园保育教育质量提升实验区,多次聚焦幼儿园教育改革面临的专业难点和困惑,联合教科研部门,开展联盟园长研讨论会,邀请专家现场培训答疑。结合联盟园所整体实际情况,确定学前教育质量提升目标及"自下而上聚焦实践,自上而下解决问题"的整体思路。通过层层遴选,北辰区为天津市唯一入选该项目的区。

撰稿:祝丽文

【学校教育】 实施教学强基提质行动,深化课堂教学改革。义务教育课程基地建设取得实效,13个项目入选市级课程培育基地,位居环城区首位。扎实推进校内减负工作,开展8场课后服务"互比互看"活动,组织召开京(大兴)津(北辰)冀(廊坊)三区市作业设计与管理交流现场会。深入推进四十七中学品牌高中建设,落实普通高中"强校工程",普通高中办学水平显著提升。2023年高考,北辰区本科上线人数1609人,上线率68%,高于全市3.6个百分点。其中8人被清北录取,稳居环城区首位。全面加强新时代语言文字工作,南仓中学获评全国语言文字工作先进集体。深化集团化办学,出台《关于深入推进中小学集团化办学实施意见》《北辰区中小学集团化办学考核评价办法》,健全集团化办学管理体系,4所学校新加入教育集团,实现集群优质发展。加强外引内联,区政府市与教委签订全面战略合作协议,南开中学、新华中学分别落户北辰粮库地块和北辰文化区,为全区教育高质量发展注入新动能。

撰稿:郑德伟

【教师队伍建设】 抓牢抓实师德师风建设,实行教师师德考核,规范各校师德档案建设,建立"一人一案";组织开展北辰区教育系统师德巡讲,通过"北辰教育"公众号刊登北辰区20名"师德师风先进个人"事例;深化"三层五级"人才梯队建设,打造高水平教师队伍,6名教师获评正高级职称,4名教师入选市"津门三杰"计划,875名教师被认定为市区学科骨干,1名教师入选教育部学科领军培养对象,3名教师被遴选为天津市"乡村幼儿园骨干师资专业发展助力计划"二期三期骨干教师;加强教师考核管理,激励教师提升专业素养;继续开展北辰区"三层五级"教师培训,开展新入职教师夯基铸魂培训、骨干教师教育叙事培训、名优教师江苏南通培训活动。组织120名责任督学培训和中小学思政教师培训。有序完成2023年教师招聘,并创新招聘形式,以北京市十一学校天津实验学校、天津市第四十七中学、天津市南仓中学和天津市北辰区华辰学校为试点校,完成自主招聘工作;落实"区管校聘"改革,统筹教育系统师资配备,完成"区管校聘"编制和岗位调整及备案;为进一步完善义务教育学校教师校长交流轮岗工作,2023年交流轮岗人数为296人,其中骨干人数203人,占交流总人数的68.58%,从城镇学校到乡村学校交流轮岗人数105人,进一步加强区域内师资统筹管理,优化教师资源配置,促进义务教育高质量均衡发展;对全区在编教师进行教师资格定期注册工作,完成83个单位共计3044人的定期注册;完成2次教师资格证认定和申领工作,累计认定676名教师;全面保障教师待遇落实到位,动态调整乡镇工作补贴,按照"越往基层、越是艰苦,地位待遇越高"的原则,分四档为乡村教师增加绩效工资,2023年发放乡村教师生活补助598.7万元,2058人受益;落实乡村学校浮动级工资制度,教师连续工作八年上浮一级工资,让乡村教师留得住、教得好。

撰稿:张　慧

【学校布局结构调整】　以《天津市北辰区教育设施布局规划(2020—2035年)》为引领,扎实推进教育资源建设,不断优化教育资源布局,更好地满足北辰教育发展需求,接收运河小学、中储二配套幼儿园、宜兴埠旧村改造8B地块配套幼儿园3所学校幼儿园,新增学位1710个。大力引进优质教育资源,与南开中学、新华中学签订合作办学协议,满足人民群众对高质量教育的需求。加快教育基础设施建设,着力解决民生实事,优质完成特教学校附属幼儿园装修加固工程,完成盛福园配套幼儿园装修工程,新增学位432个,补齐局部教育资源不足短板,提升教育配套水平。完成大张庄中学、普育学校、九十二中学、天津师范大学附属学校等12所学校的暑期维修工程;完成全区学校防雷设施检测检修工作、完成两次燃气安全大排查大整治工作。

撰稿:李　科

【体美劳教育】　开齐开足体育课,使学生学会运动技能并培养其自觉锻炼的意识;保证学生每天锻炼一小时以上,使体育锻炼成为学生的常态;搭建高水平赛事平台,选拔高水平运动员参加全国、市、区级体育赛事。北辰区运动员代表天津市参加全国第一届学生(青年)运动会获田径项目天津市唯一一个第六名、乒乓球项目2个团体第九名;北辰区学生足球队、羽毛球队代表天津市参加全国第一届学生(青年)运动会足球、羽毛球项目比赛;2023年天津市中小学田径冠军赛区县组第一名,实现十六连冠;北辰区中小学校获天津市中小学足球、篮球、排球、桥牌等各项目、各组别15项比赛的第二至第八名。彰显出北辰区学校体育竞赛工作的真实力、高水平;美育课程实现100%全覆盖。以"培元"工程为依托,聘请市级教研员和专家进行培训10场;通过同课异构、跨学段、跨学科融合优质课展示等活动,实现课堂教学集体培训及大教研。2023年组织的美育实践课堂活动,全区共有一万余名学生参与,推荐186个节目参加市级展演。其中一等奖29个,二等奖68个,三等奖60个,被市教委评为优秀组织单位,在天津市主题性美育比赛中多次获评优秀组织单位。2023年对全区各校劳动课堂进行全覆盖视导,问诊课堂教学,指导实施以问题为导向的校本教研16次,组织实施区级主题教研活动12场。开展"我是年夜饭大厨"

"端午劳动创意制作大赛""致敬最美劳动者""丰收节劳动教育成果展示"等10余场次劳动实践系列活动。在全市中小学劳动技能大赛中,取得金牌并列第一,总成绩第二的好成绩,40名学生获劳动实践优秀学生称号,20名教师获优秀指导教师。在市级学科基地校和示范校评比中,7所学校通过构建中医药劳动课程体系分别入选天津市中医药课程特色校和首批示范校。

撰稿:刘振刚

【心理健康教育】　设立学生心理健康教育中心,明确职责分工,建立协调机制,建设一支以专职教师为骨干,专兼结合、相对稳定、素质较高的学生心理健康教育和心理咨询工作队伍,全区各校专兼职心理教师配备达到100%。组织76名专兼职教师参加天津市心理专员培训,参加培训的教师代表对全区所有兼职教师进行二级培训,同时举办心理教师专题研讨活动,实验中学张兆清老师代表天津市参加首届浙粤津闽四省市心理老师专业技能大赛,获得一等奖。制订心理健康防护工作方案,动态排摸师生心理状态,制订一对一的心理辅导方案,实施分类管理、跟踪服务、精准干预,心理关怀、减压辅导。全区77 所学校全部完成对学生进行心理测评;4217名教师参与一对一谈话,共面谈57622名学生;建立校级、年级为单位的重点学生台账1674名、区级为单位的重点学生台账128名。要求学校聚焦"开学适应""学习焦虑""压力应对""情绪管理""危机干预""自我认识""人际交往"等开展心理健康教育,引导学生学会识别和处理不良情绪,更好地适应校园学习生活,帮助学生正确地认识生命、尊重生命、珍爱生命、保护生命。全区各学校均召开以积极心理学为主题的主题班会课共4256节、专题心理辅导课2157节。96中学代表队参加天津市第二届中学生心理健康运动会获第一名。

撰稿:丁　静

【思政工作】　构建"大思政"工作格局,整体推进思政课程、课程思政、大中小思政一体化建设。区教育局党委书记、局长在"津、甘、青、藏、疆五地协同举办中小学课程思政建设工作推动会"上作典型经验交流。北辰区教育局被市教育两委确定为"大思政"综合改革示范区培育建设单位。华辰学校入选天津市中小学课程思政研究基地建设项目。立项"天津市网络思政名师工作室(培育)项目"2个。1人获评天津市第二届学校思想政治理论课教师年度影响力人物。1名思政课教师获评天津市职业教育先进个人。46名教师在天津市各类思政竞赛活动中获奖。完成或立项市级以上思政课题8项、区级思政课题32项，举办思政课题开题会及展示交流活动3场。聘请专家学者讲思政课3场，1500余人参加。开展全员磨课，分层进行校级磨课、学区片磨课、区级磨课。3人参与习近平新时代中国特色社会主义思想"三进"教学指导方案编写工作。1人参加"红心映照新时代"红色润心式大中小学全媒体思政课录制。落实领导干部讲思政课制度，3名校长在天津市学校书记、校长讲思政课大赛中获奖。挖掘课程思政元素，推进课程思政建设，举办课程思政展示活动2场。汇总优秀思政课教学设计、课件、教学案例，建成思政教学资源库。全区中小学与辖区内6所高校共建6个大中小学思政课一体化联盟，开展集体备课、研学交流等52次，2次在全市层面作交流展示。进行革命传统和爱国主义教育，利用本地红色教育资源，打造红色线路，将安幸生烈士故居、杨连弟烈士纪念馆、天津市烈士陵园等地作为学生红色研学基地。举办《重温习近平总书记"3·18"讲话精神　牢记铸魂育人使命》暨北辰区"大思政"建设综合改革示范区阶段成果展示活动。在2022年度天津市区级教育行政部门思政工作考核中位居第五名。《中国教育报》、中国教育新闻网、《天津日报》《天津教育报》及市教育两委主办的《学校思想政治工作情况》《天津教育工作简报》等媒体先后报道北辰区"大思政"工作。

撰稿：郑佳美

【"双减"工作】　2023年，区"双减"工作贯彻落实上级部署要求，明确职责分工，加强统筹协作，强化监督检查，加大宣传引导，坚持教育与惩治相结合，扎实做好"双减"工作"后半篇"文章。区"双减"专班召开"双减"相关工作会议7次，按照分类管理压实主体责任，明确职责分工。相继完成加强学科类隐形变异培训防范治理、培训场所安全排查整改、中小学生校外培训"安全守护"专项行动、寒暑假校外培训治理等40余项工作。加大检查与联合执法力度，治理隐形变异学科培训、无证培训、逃避资金监管等违规乱象，及时清理取缔违规培训。联合"双减"成员单位深入机构实地检查，对4个镇街进行专项检查，开展12次联合执法行动，做好常态化检查排查，累计出动6226人次，暗访10家校外培训机构，完成市级检查和回头看行动，在重大节点和时期开展专项检查和明察暗访20余次。组织《校外培训行政处罚暂行办法》《全国校外教育培训监管与服务综合平台》等4次培训会，发布致家长一封信和提示4次；接到群众来电、来信、来访478次，约谈校外培训机构40余次，作出行政处罚1次，迈出教育领域行政处罚第一步，"双减"工作家长满意度97.79%，高于全市平均值的1.78%。加强线上巡查和资金监管平台管理，发现并删除涉校外培训违规信息、广告1个，建立并优化"双减"工作简报制度。

撰稿：王光健

【成人教育】　2023年11月11日—17日，由北辰区教育局主办，大张庄镇协办，召开北辰区第十七届全民终身学习活动周暨社区教育成果展示周活动。本届活动周围绕"让学习成为一种生活方式"这一主题，从"全民笃学、全民阅读、全民讲堂、全民智学、全名展示、区校联合"六大板块出发，共组织开展135项活动，参与人数6651人，彰显北辰区社区教育推进"职继协同""社老融合"的成效。获"百姓学习之星"称号国家级1人，市级1人，区级12人；特色活动中获评"终身学习活动品牌"市级2个，区级13个；教育科研获"社区教育实验项目"市级三等奖3个。

撰稿：王光健

【党建工作】　举办教育系统学习贯彻党的二十大精神主题培训班、基层党组织书记培训班、校级干部培训班、党员轮训班和党务工作者培训班10余期。高标准高质量开展学习贯彻习近平新时代中国特色社会主义思想主题教育。持续举办"学习课堂"120多场。聚焦北辰教育"十项行动"，将党的教育方针全面纳入学校章程等规章制度，实施党建引领学校治理行动，中小学校党组织领导的校长负责制工作在全系统全面落实，构建"1+N"工作模式，创建"党建+"品牌活动，推动党建工作与业务工作精准对接，巩固主题教育成果和践行"辰兴十干"精神。组织中小学校党组织领导的校长负责制"互学互比互看"和优秀典型学校展示活动，使基层党建工作进一步科学化、规范化。完善师德承诺书和师德档案制度，开展"师德巡讲"活动，弘扬高尚师德，发挥优秀教师示范引领作用。认真贯彻落实修订后的《中小学校领导人员管理办法》，持续优化干部队伍结构，选优配强党组织书记和校级干部33人。严肃教育宣传工作纪律、规范宣传信息发布和审核流程。通过网站、新媒体平台,校园网站、"两微一端"、橱窗布告栏、电子屏等宣传阵地,全方位、多角度宣传教育系统重大思路举措和进展成效,立体化解读习近平新时代中国特色社会主义思想。高质量完成基层党组织换届工作,实现应换尽换。严格执行干部选拔任用条例,调整后备干部库,开展经常性考察,突出抓好重点领域廉洁风险防控,加强对招生、考试、职称评聘等重点领域的监督。严格落实典型违纪问题通报曝光制度,持续推进"清廉学校"建设,大力营造干事创业、风清气正的教育生态。2023年,运用监督执纪"第一种形态"处理34人次,给予党纪行政处分9人次。

撰稿:王冬丽

【教育合作交流】 教育局主要领导积极与西藏丁青、甘肃华池、正宁教体局主要领导对接,征询受援地需求,找准帮扶结合点,谋划全年帮扶重点,制定精准帮扶措施。制订《2023年北辰区高质量推进东西部协作教育帮扶专项工作方案》,汇编《2023年北辰区东西部教育协作工作手册》,组织全系统召开2023年东西部教育协作和京津冀协同发展部署会,明确任务分工、时间表和路线图,确保各项工作落实落地。选派优秀教师及领导干部赴庆阳、昌都、新疆建设兵团及和田地区进行支教。选优配强帮扶学校,扩大帮扶覆盖面,采取"1+N"模式与华池县、正宁县、丁青县学前教育、义务教育、高中教育、职业教育等不同教育阶段建立"手拉手"学校结对校。结对学校围绕办学理念、办学举措、校园文化建设、教师队伍建设以及教育教学管理等方面深入探讨交流。为扩大帮扶深度和广度,在原有9对示范学校的基础上扩充到16对,打造教育帮扶样板。2023年共接待华池、正宁、丁青三地105名干部教师来辰跟岗研修培训。开展"小手拉小手"活动,增强两地学生互动。通过线上视频和线下书信往来等活动,促进三地学生健康成长,共同形成积极的、丰富的人生态度与情感体验。采取多种途径、形式促进新疆学生和本地师生情感相知相交,铸牢师生中华民族共同体意识,开拓民族教育新格局。开展"民族团结一家亲,手拉手结对子"等系列活动,为新疆孩子献爱心送温暖,促进各民族相互交融。

撰稿:蔺广萍

【京津冀教育联盟】 积极引进首都优质资源。北京市十一学校天津实验学校经过紧张筹备,暂借秋怡中学校舍办学,完成三批教师招聘,初步投入教学装备65万余元,首届招收学生109名,9月正式开学。5月,三区市签订《京(大兴)津(北辰)冀(廊坊)三区市教育高质量发展合作协议》,促进三区市教育全方位深度融合,高质量推进教育资源共享、教师培养、教学研究、学校合作等方面交流交往交融。京津冀学校艺体科技活动精彩纷呈,高质量举办"小河马"杯马拉松赛、京津冀"联盟杯"学生艺术教育展示、传统体育展示、京津冀"联盟杯"科技邀请赛等活动,全区中小学2000余名师生参加。通过多领域交流活动,进一步开阔学生视野,促进学生全面而有个性发展。3—5月组织三地百余名干部教师赴江苏无锡、南通交流学习高品质学校经验和办学理念,11月组织京津冀中小学优秀校长研修班,全年培训干部、骨干教师120名。聚焦义务教育新课程方案,通过京津冀协同发展的合力,探索"双减"背景下作业设计与管理实践,开展京(大兴)津(北辰)冀(廊坊)三区市作业设计与管理交流会暨全区第二轮作业管理现场会,三区市校长、教师百余人参加,实现教学经验和教研成果实时共享,全面提高三区市教学教研工作的水平。

撰稿:蔺广萍

【驻点支教】 2023年,北辰区教育局面向全区中青年优秀教师提出"支教帮扶、青春无悔,丰富阅历、助力成长"的号召,鼓励大家积极报名支教帮扶。选派39名管理干部和骨干教师赴受援地支教,其中向新疆地区选派13人,向甘肃省正宁县和华池县选派24人,向西藏昌都市选派2人。选派时间在12个月及以上的共31人,占选派教师人数的90%。支教教师在担任课堂教学的同时,还开展学科教学、教师培训等活动。

撰稿:蔺广萍

【送教支教】 4月,北仓小学霍兴华校长带队一行4人到达正宁县西关小学,华池县南梁希望小学、柔远小学开展为期一周的交流研讨活动。从学校特色管理方面与当地学校行政班子进行探讨交流。将自己的治班理念与教师们进行分享。从语文、数学、英语、体育4个学科进行同课异构和听评课活动。参与活动的师生945人次。5月,模范小学李玉兰副校长率骨干教师团队前往甘肃省华池县城关小学、乔河中心校开展教育交流活动。本次教育交流活动包括了解校园文化、观摩精品课例、聆听学科讲座、深入教学研讨等方面,实现了教育资源的共享,参与活动师生160人次。10月,区教育局副局长带领北辰区4所教育协作示范校的书记、校长,幼儿园园长,教研团队和骨干教师队伍一行14人,进行为期三天的心手相牵送教上门活动,传递北辰区先进教育教学管理经验,培训华池、正宁两地干部教师590人次。

撰稿:蔺广萍

【来津培训】 华池县、正宁县、丁青县105名来津干部教师进行跟岗研修培训。采取区级集中培训与学校跟岗学习两种方式,全方位全过程培训提升跟岗干部教师在学校管理、学科教学、校本课程开发、课题研究、班级管理等方面的能力。跟岗干部教师参加研讨活动540人次、业务培训884人次、听评课1714节次,做课67节次,其他各种活动720余次,有效提升了跟岗教师教育教学水平。北辰区1352人次干部教师参与培训活动。

撰稿:蔺广萍

【平安校园】 积极落实《天津市中小学幼儿园安全管理规定》,坚持把平安创建工作作为学校可持续发展的前提条件。压实校园安全主体责任,落实"党政同责、一岗双责"要求,成立以书记、局长为组长,副局长、各科室负责人和中小学校长、幼儿园园长为成员的安全工作领导小组,层层签订安全责任书。加大资金投入,提升学校幼儿园的"三防"建设水平。为全区所有学校和国办幼儿园配备专职保安530名,校园专职保安配备率100%。将全区所有教学单位纳入消防维保范围,为37所单位配备消防控制室值守人员,加强消防排查巡查力度,力争将消防事故消灭在萌芽状态。"一键报警"实现学校与分局和属地派出所可视双连接,联合公安北辰分局对中小学幼儿园进行报警测试;全区所有学校均在重点点位安装了视频监控系统,视频保存时间不少于90天。北辰区72所中小学除1所平房学校外全部完成防坠楼装置的安装。确保覆盖全区149家幼儿园的三级监控安全管理平台和全区各中小学视频区级监控管理平台正常使用。推动平安数字校园信息化平台广泛使用,形成校园"明、细、全"的安全风险预控系统。采取学校、园所自查、校际互查和教育局党委成员带队集中检查的办法,组织全覆盖的校园安全检查和专项安全检查,覆盖率100%,整改率100%,坚决消除安全隐患。

撰稿:刘 珺

【信息化建设】 截至2023年末,北辰教育城域专网接入单位总数达到123家,实现中小学全覆盖。校园网接入带宽均达到1000M,学校光纤接入率100%,互联网出口总带宽提升至4.5GB。按照"整体设计、分步实施"的总体原则,逐步形成有线、无线全覆盖、多媒体教学设备班班有、优质教育资源人人享、实名认证做保障,城、乡学校无差别的数字校园环境,"互联网+北辰教育"的信息化样态,为全区的优质教育资源共享,缩小学校间差距,促进优质教育均衡发挥重要的支撑、保障作用。颁布《北辰区首席信息官工作机制》,形成由主管局长牵头,电教部负责,主管校长任信息官,骨干教师任数据专员的268人的全区数字化管理团队,为学校数字化提供工作保障。初步形成以国家平台的应用为抓手,促进教师数字素养提升的4+3工作模式,助力高效课堂,促进优质均衡。秋怡中学、北仓小学被认定为第二批市级国家智慧教育平台试点校,第二模范小学、韩家墅小学获评区级试点校。以活动促进教师数字素养提升。举办2023年信息技术与教学融合创新活动,全区96%的学校教师提交作品,共计报送作品873件,529件作品获得区级奖项,62件优秀作品推荐参加"2023年天津市师生信息素养提升实践活动",61件作品获得市级奖项,获奖总数居全市第2位,8个作品获得全国奖项。北辰区教师发展中心电教部提交的《提升教师数字素养,技术赋能课堂教学》案例在全国教育局长论坛中获"首届地方教育改革创新成果一等奖",并在大会交流。

撰稿:任学忠

【督导工作】 以质量为抓手,助力教育教学水平提升。精心组织国家义务教育质量监测实施工作,注重信息采集,实行信息报送三级审核制度,确保数据准确;注重过程管理,开展区级集中培训,规范科学组考;注重监督指导,建立三级督查机制,增强工作实效。以评价为抓手,引领学校全面健康发展。规范组织教育系统综合办学(管理)水平考核,客观分析被考核单位情况,在校级干部会议上对61个优秀单位进行公开表扬,结合教育系统"十项行动",稳步推进考核修订工作,经过下校调研、研究历年考核方案及细则、组织专题讨论、征求考核部门和被考核单位意见,在规范办学的基础上,不断完善考核评价机制,激发内生办学活力,促进学校高质量发展。以"试点"为抓手,深入推进教育评价改革。作为天津市中小学幼儿园校(园)长任期结束综合督导评估试点区,积极探索开展校(园)长任期结束综合督导评估,通过深入研究调查,拟定"多元主体参与、多元数据衔接融合、引入第三方评估"的试点创新实践方向,以科研协同方式,协调和衔接全区已开展的各类督查、考核等工作,研究制定科学合理的实施方案和可量化、可操作的评估细则,努力实现"督事"和"督人"的协同推进,实现"督事"到"督人"的柔性转变。

撰稿:杨 静

【党的二十大精神宣讲】 深入开展内容丰富、形式多样的学习宣讲工作,全面推动党的二十大精神落地生根。开展局党委理论中心组集中学习13次,中心组学习200余次,下发理论学习导刊34期。局领导班子成员到分管领域、部门等基层单位讲专题党课7场,基层党组织书记开展党课宣讲168场,开展参观烈士故居纪念馆、红色观影等主题活动400余场次,共计70余个基层党组织参加。由局领导班子成员、退休党员干部、先进模范教师、优秀班主任、年轻干部和思政课教师组成的北辰教育系统主题教育特色宣讲团到教育局、学校、社区宣讲20余场,受众群体800余人。

撰稿:王冬丽
审稿:王宝龙

附:区分管领导、教育局领导及驻地
区人民政府副区长:贾宏伟
区教育局党委书记、局长:郑丽莉
区教育局副局长:王宝龙
　　　　　　　　刘福颖
　　　　　　　　苗 芊
　　　　　　　　王景江(2022年10月28日任命)
区教育局调研员:赵培刚(二级调研员)于2023年4月7日退休
　　　　　　　　杜双鸿(四级调研员)
办公室主任:刘泽霞
电话:26390666
地址:天津市北辰区京津公路富锦道1号
邮政编码:300400

武清区

【概况】 2023年,武清区有公办幼儿园147所,民办幼儿园87所,部队幼儿园2所,公办小学113所、初中40所、公办九年一贯制学校2所、民办九年一贯制学校2所、公办高中校11所、民办高中校6所、完全中学1所、十二年一贯制民办校1所、中职学校2所、体育运动学校、特殊教育学校各1所。另有教师发展中心、成教中心、教育考试中心、教育后勤保障服务中心、青少年活动中心、劳动实践基地各1处,镇街成人教育文化技术学校29所。全区在职干部教职工1.03万人,在校生172903人。

深入推进"党建领航"工程,党的领导全面加强。组织280余名党组织书记、3200余名党员干部参加学习宣传贯彻党的二十大精神专题网络培训。组织30名学校专职副书记组建15个督导组深入全区中小学开展专题督查指导,典型经验被《人民教育》予以报道。中小学校党组织领导的校长负责制持续巩固深化,基层党组织建设规范化程度显著提高。民办幼儿园、培训机构实施党建进章程,"两新"党组织"两个覆盖"质量明显提升。市级以上媒体报道武清教育130余篇次,央级媒体报道15篇次。

深入推进"三全育人"工程,根本任务全面落实。全面加强学生思想道德建设,组织开展4大类12项德育活动,参与学生10万余人次,1名学生入选全国"新时代好少年"。大力推进"大思政课"综合改革示范区建设,开展全区中小学全覆盖思政教育活动。素质教育深入推进,学生德智体美劳全面发展。学生心理健康有效保障,校家社携手育人成效凸显。雍阳中学、王庄军民小学获评"全国中小学国防教育示范学校"。

深入推进"质量提速"工程,优质均衡全面提升。学前教育攻坚提速,在全市率先推行学前教育延时延期服务,民办托幼点规范提升,全区学前教育"三率"指标稳中有升。深入推进国家级义务教育优质均衡先行区创建,高位推动义务教育向更高水平、更加均衡、更有质量稳步迈进。加快推进"基于教学改革、融合信息技术的新型教与学模式"国家级实验区创建工作,蓄足创建优势。高中教育多样特色发展持续深入,承接首个西藏昌都高中代培班。成功举办"2023年'中银杯'全国职业院校技能大赛中职组电梯保养与维修赛项"全国总决赛,武清职教中心参赛团队获一等奖。做强特殊、成人继续、社区教育,推进全民终身学习。做深"通武廊"区域教育合作,深化东西部教育协作和支援合作,教育资源共建共享持续深化。

深入推进"改革攻坚"工程,发展势能全面激发。开展系列人事管理改革工作,完成教师招聘、区管校聘、交流轮岗、绩效分配改革等攻坚任务,深入推进"领航""续航""启航"三项工程,全面激活教师队伍内生动能。雍阳中学顺利转制。城关中学全区首个完全中学落地使用。与市教委合作共建高品质教育强区,与市耀华中学、市实验小学开展合作办学,引进各类优质资源,助力武清全方位提升教育整体实力。

深入推进"保障护航"工程,发展支撑全面强化。教育资源供给扩容提质,7所幼儿园、1所小学投入使用,新增学前教育学位1860个、义务教育学位1080个。7所新建学校项目全部进场施工,4所学校改造提升有序推进,京津产业新城南东路片区与中央湖片区2所九年一贯制学校新建任务启动办理前期手续。办学条件大幅提升,完成17所学校校舍与操场维修改造工程,26所乡镇中心园完成装备水平提升,12所学校食堂热加工点投入使用。

撰稿:徐 彬 李春艳 陈 香

【教育经费收入与支出】 2023年,武清区教育经费总收入460891万元,比上年增加27371万元,增长6.31%。其中国家财政性教育经费362694万元,民办学校中举办者投入5596万元,捐赠收入200万元,事业收入84466万元,其他教育经费7934万元。全年教育经费总支出461111万元,比上年增加41484万元,增长9.89%。其中教职工人员经费343194万元,学校运转经费93270万元,校舍建设经费11827万元,设备购置经费4801万元,学生资助经费8018万元。

撰稿:周雅宁

【教育教学改革】 深化学区化办学。将全区义务教育阶段中小学校划分为八个区域教研视导组,开展区域教研视导活动,推进课题研究,以科研促教研,以教研促教学,以学区带整体,聚力打造各学科高效课堂,全面提高教育教学质量。学前教育形成"八组团",在办园方向、师资培训、干部培养、园本教研、课程构建、园内管理等方面形成"一帮三捆绑"式工作布局。推进城乡义务教育一体化改革发展。聚力城乡教育互助,形成义务教育城区校与镇属校联合共建机制,建立中小学"城乡义务教育共同体",实现城乡学校教育教学资源共建、共享、共赢。信息化赋能探索课堂教学新范式。聚力"办学思想一致、管理实践贯通、课程体系一体、教育资源共享"等四个方面,利用信息化手段加强教学教研管理等方面探讨,搭建"1+4"创建共同体。建成武清区教学互动平台,构建城乡互助平台体系,促进全区教育优质均衡发展。推动农村小规模学校提质。对小规模学校教育教学等情况进行实地调查研究,推动农村小规模学校教育教学质量提升,加快缩小城乡、区域、学校间教育差距。

撰稿:王春艳

【师资队伍建设】 打造"最美教师"最强品牌,选树宣传"最美教师"315名。开展"师德巡讲"活动,受众达5000余人。组织全区学校书记校长讲好"师德必修课",为每一位教师建立师德档案。持续加大警示力度,组织教师签订师德承诺书,公开师德专项电话,接受社会监督。面向社会招聘新教师200人,安置公费师范生5人,充实教师队伍。进一步完善"交流轮岗"制度,采取"顶岗交流"方式,城乡间共交流教师494名。开展"均衡师资"工作,镇属学校向城区"均衡"教师135名,镇街内部"均衡"教师92名。做实"区管校聘"工作,实现109名教师跨校上岗。实施教职员工准入查询,制发《武清区关于开展教职员工准入查询的实施方案》,232个实名制单位的13783名教职员工完成查询工作,审核通过率100%。持续推进"三航"工程,强化教师专业素养提升。入选教育部新时代中小学名师名校长培养计划1人;杰出津门班主任1人、杰出津门教师3人。21个名师工作室开展交流研讨202次,领衔专家、工作室成员主持讲座151场,开展送教、优秀课展示等示范性活动238次,获区级及以上荣誉412项。完成"乡村人才振兴大院"点单服务256次,服务基层群众2万余人。组织遴选"乡村幼儿园骨干师资专业发展助力计划""新时代乡村教师专业能力发展助力计划"学员84人。开展寒、暑假教师研修和继续教育公需课全员培训,组织中小幼校长专项培训,组织学科专场系列讲座活动12场,受众4300余人。组织全区9327名中小学教师开展武清区中小幼教师教育教学知识技能考试。完成新教师入职培训,开展5年内新教师成长沙龙论坛活动。

撰稿:丁雪京

【布局结构调整】 2023年武清区学校建设全面提速。通过接收配套、新建与改扩建等方式增加7所幼儿园,新增幼儿学位1860个。加速推进7所学校建设,有序推动4所学校改造提升,建成后将新增学位6240个。加快谋划推动武清京津产业新城中央湖片区与南东路片区九年一贯制学校新建任务,预计新增学位5040个。武清区高度重视学校优质均衡工作,大力提升农村公办学校办学条件,完成17所乡镇学校校舍与操场维修改造工程,为在校师生提供更好的教育教学环境。

撰稿:杜 舸

【党建领航】 深入推进"党建领航"工程,党建引领全面加强。深入学习贯彻习近平新时代中国特色社会主义思想,党委理论学习中心组集中学习26次,基层党支部集中学习600余次,开展"三进"志愿服务432次,推动党的创新理论入脑入心、笃信笃行。定期印发《党员学习提示》《教职工政治理论学习参考》,党员干部政治"三力"、教职工政治素养显著提升。持续推进中小学校党组织领导的校长负责制,推动"两新"党组织"两个覆盖"质量提升。制定《武清区教育系统基层单位中层干部管理办法(试行)》,干部队伍结构更加优化。教育局获评"天津市文明单位",6所学校获评"天津市文明校园",基层党组织建设规范化程度显著提高,党组织凝聚力战斗力感召力进一步增强。开展清廉学校建设活动3000余次,学校廉洁文化融入率达100%,打造"清廉"品牌学校。组织207名新入职教师参加国家安全专题培训,近15万名师生参加国家安全教育日活动,意识形态聚力凝神,国家安全防线更加牢固。暑假汛情期间,500名一线教师闻令而动,用实际行动诠释教育担当。与区关工委联合开展"朝阳工程"捐赠活动,资助教育系统100名中小学生。10所学校关工委被确定为天津市教育系统"五好关工委",区教育局关工委获评"天津市教育系统关心下一代工作先进集体"。

撰稿:张志侠

【学前教育两年攻坚】 高质量推进学前教育资源普及普惠(2023—2024年)两年攻坚行动,建立以"一会、两组、三机制、八组团"为主体框架的学前教育攻坚工作体系,用心用情服务群众教育需求,提升学前教育公共服务能力。增加优质学位,3所直属幼儿园附属园、4所镇街属幼儿园分别投入使用并增设供餐服务,提供学位共计1860个。用足用好公办资源,创办武清区公办幼儿园"宣传开放月"系列主题活动,开展科学育儿进社区、公益亲子早教等"七个一"系列主题活动,按照"应招尽招""随来随招"原则,最大化满足人民群众对优质学前教育的需求。提高服务水平,在区委、区政府大力支持下,武清区先行先试,率先推行公办园开展延时延期照护服务试点工作,缓解"双职工"家庭"看护难""接孩难"的急难愁盼需求。做强公办、规范民办、减少托幼点,打造优质均衡学前教育。完成26所乡镇中心园装备水平提升工程,完成121所公办幼儿园市级、区级评定,完成12所普惠性民办幼儿园认定,完成87所民办幼儿园年检工作并进一步开展民办园规范办园全面大排查。推进武清区民办托幼点提升治理专项行动,民办托幼点减少44个。依托武清四幼、八幼、南蔡村镇畔水庭苑幼儿园3所市级试点园,深入开展高质量幼儿游戏研究实践,着力打造可复制可推广的经验成果,以点带面提升全区学前教育质量。

撰稿:王梦璐

【义务教育优质均衡先行区创建】 制订印发《武清区推进义务教育优质均衡发展两年(2023—2024年)攻坚方案》,明确义务教育优质均衡工作目标、创建任务、实施路径、创建步骤和时间节点,形成区委统一领导、政府强力推动、教育部门统筹协调、相关部门协调配合、镇街协同推进的工作格局,有序有力推进优质均衡创建工作。成立武清区义务教育优质均衡创建工作专班,区政府主要负责同志任组长,分管副区长任副组长,区教育局、区委编办、区人社局、区发改委、区住建委等部门主要负责同志任工作专班成员,定期召开专班会议,听取创建进展情况汇报,研究解决创建过程中存在的问题,全力推动义务教育优质均衡发展问题整改。成立综合协调组、督导评估组,推进义务教育优质均衡发展先行创建及评估认定。建立联席会议机制,部门联动,破解创建难题。建立追责问责机制,以责任倒推促工作落实。建立社会认可度调查机制,奠定创建工作的群众基础。坚持"一校一案",分类推进实施。逐校进行数据收集汇总、对照标准分析,做到情况清、底数明。建立义务教育优质均衡创建工作台账,实行"挂图作战""销号管理",针对义务教育优质均衡发展不达标指标、不达标学校,逐项逐校分析问题原因,有针对性地制定具体整改措施,列出问题整改攻坚任务清单,倒排工期,销号管理。

撰稿:王富文

【信息化实验区创建】 武清区"基于教学改革、融合信息技术的新型教与学模式"实验区建设加速推进,精选24所学校组建"1+4"创建共同体,聚焦"新型教与学模式探讨""订单化资源生成与供给""数字化精准教学与评价""智慧化学生数字素养提升""网格化城乡共同体融通"开展特色成果提炼,开展23场分享会、117位教师参与分享。召开成果提炼大会2次,形成《新型教与学模式集》《案例集》《课例集三》。在杨村光明道小学等学校开展特色成果分享活动,全国各实验区、天津市及本区实验校领导和老师参加观摩,《中国教育报》、学习强国、《天津教研》《武清教育》等媒体多次进行报道。参加国家实验区成果分享会,与上海等兄弟实验区缔结联盟。推动教育数字化转型,组织第三期实验校校长培训班,遴选19位实验校长参加第一期教育数字化转型培训班学习。投资500余万元建成连接53所实验校的教学互动平台,举办平台调试和培训会议2次、区域培训6次,45所实验校结成城乡帮扶对子。12月开展"直播课"和"双师课"55节,武清教育数字化发展进入新阶段。

撰稿:乔占军

【"大思政课"综合改革示范区建设】 健全完善机制。以区委教育工作领导小组名义制发《武清区"大思政课"综合改革示范区建设工作方案》,以区委组织部、教育局党委名义制发《武清区新时代马克思主义政治人才培养工程实施方案》,以区教育局、人社局名义制发《武清区进一步完善学校思想政治理论课教师退出机制的实施方案》,各部门相互配合,形成思政教育"横向到边、纵向到底"的工作机制。夯实队伍建设。发挥区内思政名师工作室"领头雁"作用,邀请思政名师工作室领衔专家郑洪蕴为全区中小学思政教师代表讲座。开辟网络思政育人功能,创建网络思政名师工作室,发布原创性网络思政作品30余个。积极开展"心动一课"课外思政短视频、"拿手一课"课内思政课堂实录等遴选工作,武清

教育局获评"心动一课"优秀组织单位。组织思政骨干教师、青年教师、新任教师参加市级培训20余次,组织全区思政教师开展磨课练兵活动,全面提升全区思政教师的整体业务水平和专业素养。开展高质量思政教育活动。分学段开展"学习党的二十大精神 踔厉奋发勇毅前行"院士科学家(大国工匠)思政课讲座系列活动。举办"笃思明辨逐梦 强国复兴有我"中学生思政辩论赛,杨村五中代表队获市级优胜奖。

撰稿:杨 孟

【教育协作】 "通武廊"教育协同发展纵深推进。签署新一轮《"通武廊"三区市教育高质量发展合作协议》,共同组建12个基础教育共同体及3个联盟校,组织教育系统干部教师先后3次赴通州、廊坊开展学访活动,开展校园文化建设、学生艺体竞赛、教育科研互动活动100余次。与北京市通州区、河北省廊坊市共建教育实习基地,选派管理干部和骨干教师50人赴京跟岗研修,形成引带式交流培养模式。成功举办通武廊职业学校技能大赛及职业教育高质量发展论坛、京津冀携手共进——学前教育培训活动、第五届教育信息化全面推进教育现代化发展论坛和2023年"中银杯"全国职业院校技能大赛电梯保养与维修赛,持续做深做实"通武廊"区域教育合作。高质量完成支教及跟岗研修工作,共计35名教师参与援派任务,接待6批次静宁、泾川、江达干部教师团共计142人来津回访及考察学习、跟岗锻炼;31所结对校适时开展线上线下活动,赴结对地实地互访交流28次,参加人数151人,网上教研教学90余次,参与人数4700余人;10月,区教育局主要负责同志亲自带队赴结对地区实地走访调研及开展名师送培,推动教育协作向深挖、向实干。武清区教育帮扶工作先后被学习强国、《天津日报》《甘肃日报》、甘肃电视台等媒体报道20余次。

撰稿:刘利娟

【"双减"工作】 校内减负提质增效。一是提升课后服务质量。打造"点餐到校"服务模式,实现线上选课;举办天津市义务教育阶段学校课后服务"互比互看"区域展示交流活动—武清区专场展示;开展4场区域课后服务互比互看活动,形成《武清区义务教育学校课后服务典型案例集》成果册。二是规范作业管理。全覆盖建立作业管理制度和校内公示制度,开展作业管理与作业设计优秀案例征集活动,举

办"武清区2023年中小学作业管理与设计专题讲座",邀请天津市教育科学研究院课程中心何颖老师作专题讲座,提升广大教师作业设计能力。三是提高课堂教学实效。开展各学段精品教研主题系列活动15场,打造教育教学教研一体化建设的特色"品牌"活动,开展全区"名师示范课""创优课""青年教师基本功大赛"活动,全面提升教师的课堂教学水平和专业能力素养。校外培训监管规范提升。区教育局牵头统筹各部门联合推动"双减"校外教育培训机构治理工作,共组织开展15次联合执法专项行动,出动执法人员1.4万余人次,对校外培训机构进行全覆盖排查。联合消防、住建等部门对区内培训机构开展6次安全检查专项行动。建立"蓝军"督查检查机制、"黑白名单"公示机制、学科类校外培训机构信用评价体系、学科类校外培训隐形变异检查工作机制,依托社区街道网格化综合治理体系,充分发挥包保、网格化管理优势,全面提升校外培训机构监管力度。

撰稿:王春艳 王 超

【素质教育】 深化德育品牌,举办"书香为伴典亮人生"青少年中华经典诵读大会,1.6万余人在线参与。围绕"我们的节日"举办1000余场丰富多彩的文化活动。举办"'运河·非遗'遇见中秋"非遗进校园活动、文物进校园等弘扬中华优秀传统文化系列活动4场。举办2023年武清区中小学田径锦标赛,74支代表队、1264名运动员参赛。1人次破天津市中小学田径记录,3人次破武清区中小学田径记录。180余名中小学生组队参加2023年天津市中小学田径冠军赛,共摘获58枚奖牌。大力推进排球进校园,举办"天津女排精神进校园公益行"活动。组织开展第三十二届校园艺术节展演,区赛报送作品5000余个,其中680个作品在市赛中获奖。举办拉歌活动、合唱活动,5所学校亮相"沽上四季"天津市童声合唱音乐会。"妙手丹青绘盛世 童心筑梦新时代"艺术作品展中200余件作品入选作品集;"莲年有余"天津市学生主题年画作品展中233幅作品获市级奖;"我在天津过大年"学生剪纸迎春活动中6名学生获市赛一等奖。开展中小学劳动教育主题日暨第二届劳动教育成果展示活动,全区180所学校分9个片区,共1.8万余名学生展示劳动实践成果。成功举办2023年度武清区中小学劳动技能大赛。

撰稿:李建凤

【安全管理】 制发《武清区教育局领导班子及相关科室安全生产工作职责》,明确局班子成员安全职责,进一步压实校长是校园安全工作第一责任人的主体责任,形成区、镇、校三级安全责任体系。制发《武清区中小学幼儿园开学前安全检查工作方案》,依托属地镇街政府在寒、暑假开学前对辖区内学校开展隐患排查整治工作,确保学校开门就安全、家长开学就放心。区教育局等五部门制订《持续开展防范学生溺水工作专项行动方案》,推动各镇街和相关部门压实重点危险水域防、管、控、救责任,会同公安武清分局对各镇街防溺水工作进行检查,防范学生溺水工作有效落实。联合相关部门开展校园食品、燃气、校车、危化品、建筑施工、大型体育馆等专项检查并建立台账,实行闭环管理。发放各类《致全区中小学生家长的一封信》80万余封,下发宣传品近6万份,微信公众号推送防震减灾、防溺水、交通、消防等安全知识1800余条,受益学生及家长40余万人。武清教育微信公众号推送交通、消防、禁毒、反诈骗、防溺水、防欺凌等安全教育视频课,点击量近10万人次。会同应急、公安、消防等部门开展校园火灾、地震、反恐防暴等区级应急演练观摩培训活动6次,各中小学幼儿园开展应急演练累计2700余次,师生参与率100%。武清区教育局在"2023年天津市防震减灾科普讲解大赛"中获优秀组织奖。

撰稿:董佩臣
审稿:刘洪生

附:区分管领导、教育局领导及驻地
副区长:顾俊魁
党委书记:寇嘉荣
党委副书记、局长:刘洪生(2023年11月到任)
党委委员、区纪委驻教育局纪检组组长:戴晓萱
党委委员、副局长:陈云涛
　　　　　　　　邢国顺
　　　　　　　　韩雪飞(2023年3月到任)
　　　　　　　　刘旭晖
调研员:王树欣
党委办公室主任:薄廷永
行政办公室主任:王海仙
电话:82171820
地址:武清区富民道与泉旺路交叉口东200米
邮编:301700

宝坻区

【概况】 宝坻区共有各级各类学校幼儿园284所。其中幼儿园126所、小学83所、初中36所、高中10所,特教、中专、体校、老年大学、十二年一贯制民办学校(北大附属宝坻实验学校)各1所,成人技术教育学校24所。在校学生幼儿11万余人,教职工8763人。

2023年,区教育系统全面贯彻落实立德树人根本任务,开展学习贯彻党的二十大精神校园系列宣讲活动,印发三全育人、加强和改进未成年人思想道德建设等系列制度方案。强化体教融合质量提升,开展校园足球学校建设,举办区运动会及区篮球、足球、乒乓球比赛;实施美育浸润工程,做好学校美育实践课堂文艺展演;开足开齐劳动教育课程,抓好劳动教育实践基地建设。推进学前教育普及普惠安全优质发展、义务教育优质均衡发展、普通高中育人方式改革、特殊教育融合发展,发挥优质资源辐射引领作用,激发学校办学活力,构建基础教育高质量发展体系。弘扬教育家精神,抓好校长、教师、教研员三支队伍,做好校、园长研修和能力提升两大工程,实施中小学津门三杰培养、名师培育和青年教师培训支持计划。

撰稿:潘广深

【教育经费收入与支出】 2023年,宝坻区教育经费总收入297955万元,比上年增加45247万元,增长17.90%。其中财政拨款收入274001万元,行政事业性收费收入16826万元,自筹收入528万元,其他收入6600万元。全年教育经费总支出297305万元,比上年增加38486万元,增长14.87%。其中公用经费支出41384万元,人员经费支出247953万元,对个人和家庭支出7952万元,经营性支出15万元,其他支出1万元。

撰稿:荣胜田

【教育教学改革】 坚持"五育"并举,有效落实立德树人根本任务。持续推进思政改革,建立宝坻区思政课一体化指导中心,创建6个思政名师工作室,培育一批名师金课,上好立德树人关键课程,彰显宝坻特色课程思政育人体系,宝坻一中获评天津市中小学课程思政研究基地,九中田俊华老师获评"天津市第二届学校政治理论课教师影响力人物",广阳路小学六(1)中队等15个中队获评全国红领巾中队。深化教育教学改革,出台《宝坻区基础教育教研工作实施意见》,强化全区性、学区化、校本式三级教研网络建设,成立5个优质教育集团先行先试,辐射带动整体循序渐进,加快教育信息化、数字化转型,推动课堂教学改革向纵深开展。在教育"双减"中做好科学教育加法,开展科普活动600余次,制作科普宣传画9000余张,举办宝坻区第二届青少年科技创智大赛,区教育局获评全国科普日活动优秀组织单位。加强体教融合,举办中小学阳光体育系列赛,参加市级中小学田径冠军赛、足球篮球市级联赛并创历史新高,完成7500余人的体育中考,体教融合典型经验在天津电视台体育频道广泛报道。强化以美育人,突出区域特色,校园京东大鼓、戏曲、古诗词吟诵等多个项目入选"你好天津·宝坻国潮文化嘉年华",参加京津冀艺术高中特色发展论坛,牵头举办京津冀艺术高中学生美术作品展,形成一批学校美育优秀教学成果。注重劳育结合,将剪纸、非遗彩蛋、白氏哨印、葫芦烙画、叶雕等区域特色"非遗"传统手工艺纳入劳动教育课程体系,把劳动的种子深植学生心中。做好心理健康教育和家庭教育工作,完成全区中小学生心理测试,下发《学校家庭教育指导教程》670套,举办仁德家文化系列讲座18期,受众22000人次。

撰稿:潘广深

【师资队伍建设】 坚持师德师风"第一标准",健全完善师德师风建设长效机制,出台《进一步贯彻落实新时代教师职业行为十项准则的实施方案》,开展警示教育,完善师德档案,强化师德监督、考评、表彰与惩戒力度,把好教师入口关,开展教职工全员准入查询工作,持续涵养好教育净土。建立健全教育人才培养机制,制定年度校(园)长研修项目,谋划举办暑期培训班,推行"1+1+n"培养模式,培育乡村教育带头人,探索"中心城区学校精准输出+偏远学校特色发展"的区域合作教育教学新路径,促进教育教学城乡一体化。完成2名高层次人才、6名天津市公费师范生、474名新教师招聘,持续推进义务教育阶段学校教师、校长交流轮岗,强化区内首批5位名师和10位拔尖人才及其团队的成果转化,出版成果集《构建课堂教学变革新样态》,在全区范围推广;完成96名教育杰出人才和1490名教育骨干人才遴选,初步形成以领军人才为塔顶,以领衔校(园)长、领衔教师、领衔班主任、拔尖人才为塔体,以学科骨干教师、教坛新锐教师为塔基的塔形人才结构,形成合理、开放、优化的教育人才队伍体系。

撰稿:潘广深

【布局结构调整】 调整学校布局,扩大优质教育资源覆盖面。2023年暑期完成银练路小学投入使用,保障城区东南部居民子女的学位供应。推进天津市南开中学中关村科技城学校建设,完成工程总量的30%,完成3个单体的主体结构封顶,分别为伯苓楼、北楼、中楼,其中教学办公楼、宿舍楼、范孙楼、礼堂均施工至正负零以上,地库主体施工完成30%。推动京津新城一中建设,完成工程总量的97%。引进黑龙江工商学院,在京津新城建设天津全人职业中等专业学校。推动衡水至臻系高级中学与天津市先达房地产有限公司对接,在金侨国际小镇区域建设衡水至臻系高级中学,签订投资协议,土地手续办理中。

撰稿:潘广深

【党建工作】 坚持把党的政治建设放在首位,开展学习贯彻党的二十大精神校园系列宣讲,强化新时代党的创新理论武装,对232名党组织书记、132名党组织专职副书记、232名党务干部进行多次集中培训,打造高素质干部队伍。高质量开展主题教育,着力抓好宣传思想文化、筑牢基层党建、全面深化改革,推动主题教育成为广大干部师生接受思想淬炼和精神洗礼、锤炼过硬政治品格、强化始终对党忠诚的重要契机,切实收到"以学铸魂、以学增智、以学正风、以学促干"的扎实成效。持而不息加强作风建设,印发《清廉学校创建方案及实施细则》,全面从严治党压实到基层;强化监督执纪问责,精准运用提醒谈话、警示谈话、批评教育等方式,及时排查化解各种苗头性、倾向性问题。

撰稿:潘广深

【教育支撑服务能力提升】 推进科教兴区人才强区战略,利用京津冀一流教育资源和创新要素,做好京津中关村科技城、潮南高铁站、京津新城等地学校布局优化,推动南开中学京津中关村科技城学校建设,全力推进京津新城一中竣工,谋划做好投入使用前各项准备工作,协调推动天津全人中等职业学校、天津青年职业高中、至臻系高中建设进程,为完善"一核两翼"城市空间布局提供教育配套服务。实施职业教育提质扩容工程,发挥"密宝唐"职教联盟作用,与宝坻区中关村科技城签订战略合作协议,打造产教融合职教集团网站,深化产教融合、校企合作,探索形成教、学、做一体推进的人才培养新模式。建立区、镇街、社区三级教育网络,新建3所老年大学实践基地,完成125名社会人员学历提升。

撰稿:潘广深

【提高人民群众教育获得感】 以人民为中心,完善城区26所中小学校划片入学方案,竭力满足百姓在家门口上好学的愿望。持续优化教育资源布局,为12所增班学校及银练路小学和金玉幼儿园配齐设备设施,完成8所农村校国产信创教室建设,提升学校现代化水平。积极发挥教育督导"指挥棒"作用,完成全区公办学校幼儿园教育教学质量评价,完成区政府履行教育职责督查,推动不达标指标整改落实,进一步激发学校办学活力。强化校外培训治理,开展课后服务互比互看活动,"学生参加校外培训报备制度"获评教育部2023年全国"双减"优秀工作案例。会同区招委会成员单位,做好2023年高考中考组织和服务,保障全区5500名高考考生、7000多名中考考生完成考试。加强学校卫生体系和能力建设,持续开展食品安全管理、传染病防控、学校卫生健康教育工作,2023年区教育局获天津市食品安全先进集体称号。

撰稿:潘广深

【协作支援】 紧扣助推高质量发展主线,指导帮助永登、武山、民丰三地建立1个领衔校长、1个领衔班主任和15个领衔教师工作室,召开东西部工作室经验交流活动1次。41名专技人才(含银龄计划2人)在永登、武山、庄浪、民丰开展支教活动,全区82所幼儿园、小学、初中、高中、职校与永登、武山、民丰三地82所学校分别建立一对一"手拉手"结对帮扶关系,开展市级、区级、校级教研活动200余次,宝坻区建设路小学及联盟校携手甘肃省武山县城关第四小学开展"迎国庆、赞家乡"活动、宝坻区中关村小学与永登县金嘴小学联合开展主题为"我劳动、我光荣 我自理 我能干"劳动技能大赛；甘肃、新疆部分骨干教师在线观看潮阳小学天津市小学英语学科"精品教研"《"双减"背景下作业管理、作业设计与实施实践研究》和华苑幼儿园以线上形式面向全市幼教展示的"关注生命 回归自然——幼儿自主游戏中的支持策略研究"专场活动，抓实中小幼学校间结对共建活动。宝坻中专向庄浪县职教中心捐赠电脑60台，宝坻华苑小学向苦水街小学捐赠148本爱心图书，让结对地区师生感受到宝坻之"爱"。

撰稿：潘广深

【校园安全】 坚持"教育为主、预防为先"工作思路，扎实做好消防、交通、防电信诈骗、预防毒品、防溺水等安全教育和风险隐患专项整治，推动校园安全治理模式向事前预防转型，开展消防安全培训271场，参加安全培训24625人，召开防溺水专题家长会155场，开展巡查151次，划设高危水域20个，全覆盖监督检查163家学校食堂。在城区学校施行"闪送快接"工程，缓解校门口拥堵问题。推行"1530"安全教育模式（即每天放学前1分钟、每周放学前5分钟、每个节假日放假前30分钟，对学生进行安全提醒和安全教育）。深入开展普法宣传教育，开展教育执法检查605次，举办法治副校长讲座160余场，完成中小学教材、教辅和校园课外读物排查整改，多措并举全力保障校园安全稳定。

撰稿：潘广深
审稿：潘广深

附：区分管领导、教育局领导及驻地
区委副书记：李喜军
人民政府副区长：吴志华
教育局党委书记、局长：刘　荣（2023年10月到任）
　　　　　　　　　　周振亮（2023年10月离任）
副局长：辛春明
　　　　李忠新
　　　　李文秀
调研员：张武生
　　　　张玉强
教育局办公室主任：白春燕
电话：29241233；29241983
地址：宝坻区城关镇广川路16号
邮编：301800

静海区

【概况】 静海区有各级各类学校148所，其中高中校10所、初中校40所、中心小学95所、特殊教育学校1所、中职学校2所，在校生101025人。有各类型幼儿园219所，其中公办幼儿园146所、民办幼儿园及民办托幼点73所，在园幼儿18665人。全系统共有在编教师7523人，各级党组织267个、党员3754人。

2023年，静海区坚持以习近平新时代中国特色社会主义思想为指导，认真学习党的二十大精神，全力推进教育工作高质量发展。教育资源逐步优化，区第十四小学新建项目即将全部竣工，天津外国语大学团泊实验学校小学部主体完工，提升改造C级校舍2.15万平方米。新建民办天津市静海区华衡高级中学和天津市静海区华夏中等职业学校如期开学。推进作风建设年各项工作，教师中4人入选"天津市杰出津门校长、杰出津门班主任、杰出津门教师"支持计划，7人晋升正高级职称，82人入选市级骨干教师。全系统干部教师积极迎战2023年7月海河流域特大洪水，主动参与防汛抗洪救灾，8所学校安置官兵和群众9000余人，教育局、王口镇教育服务中心获评区级防汛抗洪救灾先进集体，3人获评区防汛抗洪救灾先进个人。立德树人根本任务有效落实，静海区获批天津市"大思政课"综合改革示范区和"三全育人"综合改革试点区。区教育局获评天津市教育系统关心下一代工作先进单位、静海区未成年人思想道德建设先进单位。学生参加天津市大中小学传统文化知识竞赛获冠军，参加天津市中小学田径冠军赛获涉农区组团体总分第二名。参加天津市学校美育实践课堂27个集体项目获奖。参加天津市中小学劳动技能大赛，8个项目获一等奖。推进各级各类教育协调发展,2所乡镇中心园晋级市级示范幼儿园。"双减"工作经验4次登上教育部"双减"工作快报。静海一中化学学科入选天津市普通高中学科特色课程基地项目和创新人才培养领航学科基地建设项目。

撰稿:董圆融 郭 申

【教育经费收入与支出】 2023年,静海区教育经费总收入259225.59万元,比上年增加26876.64万元,增长11.57%。其中国家财政性教育经费收入231497.63万元,事业收入16013.53万元,捐赠收入443.33万元,民办学校中举办者投入2208.23万元,其他教育经费收入9062.87万元。全年教育经费总支出258733.90万元,比上年增加26499.51万元,增长11.41%。其中公用经费支出24873.17万元,人员经费支出224978.06万元,资本性支出8882.67万元。

撰稿:董圆融 郭 申

【全面从严治党】 深入推进中小学校党组织领导的校长负责制,举办专题培训,进一步加强党对教育工作的全面领导。高质量组织开展学习贯彻习近平新时代中国特色社会主义思想主题教育,开展专题交流研讨5次。完成党组织书记56学时、党员32学时培训。优化党组织设置,新建党总支3个、党支部11个,撤销党支部1个,组织27个届满党组织完成换届选举。严格程序发展党员17名,履行29名预备党员转正程序。组织267个党组织落实"三会一课"等组织生活,讲党课534节。开展庆"七一"系列活动,为全体党员印制"政治生日贺卡",为7名老党员颁发"光荣在党50年"纪念章,慰问生活困难党员42名,组织2607名在职党员承诺践诺。严格意识形态管理,开展意识形态领域风险隐患排查12次。持续整治形式主义官僚主义不担当不作为问题,整改问题25个,党纪处分7人。开展警示教育4次,节假日前夕发出廉政提醒6次。加强清廉文化建设,打造机关廉洁文化墙,开展"我身边的廉洁家风故事"专题征文、视频征集活动。开展"立德修身、潜心育人,争做新时代'四有'好老师"师德主题教育活动,举办师德宣讲会。参加区级机关"三学三强"比武练兵活动获三等奖。

撰稿:董圆融 郭 申

【学习抗洪精神】 在全区中小学生中开展"致敬当代最可爱的人"系列主题教育活动:通过"弘扬抗洪精神·致敬英雄"线上主题班会,给奋战在静海抗洪一线的解放军、武警叔叔们写一封信,创作一幅表现抗洪抢险、军民鱼水情的绘画作品,向抗洪战士送上最真挚的祝福等活动,向当代最可爱的人表达崇敬和感谢。2023年秋季学期开学第一天,全区中小学举行"弘扬抗洪精神"主题升旗仪式,邀请参加抗洪救灾的志愿者进行国旗下讲话。10万名中小学生收看思政课微视频《致敬抗洪英雄,做文明向上好学生》。《静海区打出开学季思政育人组合拳》在天津市学校思想政治工作情况2023年第七期刊发。持续开展"我敬仰的抗洪英雄"故事宣讲活动,通过"写一写""讲一讲""赛一赛"等方式致敬抗洪英雄。12件优秀作品通过"静海德育"公众号等平台展播,组织全区中小学生开展"学榜样、见行动"学习活动。

撰稿:董圆融 郭 申

【思政工作】 制订《静海区"大思政课"综合改革示范区培育建设工作实施方案》,推进实施大思政课综合改革示范区建设各项工作。做好区级领导干部、学校领导干部讲思政课工作,各级领导共讲思政课或开展思政调研3372节次。制定思政课教师培养计划,组建思政课教师专家指导团队。组织思政课教师磨课练兵、"拿手一课""心动一课"活动,开展思政课程和课程思政优质课评选。举办将党的二十大精神融思政课、故事思政微课大赛和心理健康精品课程资源征集评选,308节课获区级奖,11人分获市级一二三等奖。协同3所大学开展区校研学活动,区教育局与天津外国语大学、天津体育学院签订共建协议。整体推进"三全育人试点区"工作,确定20所学校为区级"三全育人示范校"创建学校。健全家校社协同育人机制,开展"有情施教"专项行动。

撰稿:董圆融 郭 申

【德育队伍建设】 组织122名德育干部、心理教师、班主任、思政教师参加国家级、市级骨干培训班学习。组织区级班主任、心理健康、家庭骨干教师专题培训9次。9位班主任在京津冀班主任基本功展示、天津市"教师讲有情家访故事"演讲大赛中获奖。2位班主任获"天津市中小学十佳班主任"和"津门杰出班主任"称号,6个工作室获评市级名班主任工作室、优秀班主任工作室。157篇班主任论文、26个工作案例获市级奖。5位教师完成天津市政治人才培养工程、思政课教师岗位锻炼任务。5位干部教师在天津市大中小学思政工作一体化论坛、班主任能力提升系列培训活动总结表彰大会上发言。组织"以'十佳'为范,做优秀班主任"区级培训活动,5位市"十佳班主任"分享工作经验。"静海德育"开辟"静海区名班主任风采"专栏,对8位优秀班主任事迹进行宣传报道,阅读点击量2.4万余次。

撰稿:董圆融 郭 申

【体美劳教育】 推进体教融合和"排球之城"建设,成立静海区中小学生男女排球队,393名体育教师参加体教融合共建项目培训。在北京师范大学静海实验学校组织召开中小学大课间活动现场观摩暨京津冀校园阳光体育交流研讨会。参加天津市射击锦标赛,获初中男子组激光手枪40发第六名,混合团体初中组激光手枪第六名,十米气步枪混合团体第四名。北师大实验学校代表队参加天津市首届跆拳道、空手道超级联赛,获10个个人奖和儿童女子甲组团体赛第三名。参加天津市青少年手球冠军赛,蔡公庄学校男子手球队获乙组冠军,双塘镇中学男子手球队获甲组亚军。参加中国田径协会青少年体校俱乐部田径联赛(北部区),男子U18组100米和200米比赛分获第八名、第三名,女子U16组铅球和铁饼比赛分获第一名、第二名。大邱庄镇中学跳绳队赴上海参加2023年全国青少年传统体育项目比赛总决赛,包揽初中男女乙组前三名。组织静海区第三十五届艺术节和第十八届合唱节比赛,3支合唱团参加天津市"沽上秋浓""沽上冬阳"音乐会。参加天津市"莲年有余"学生主题年画作品展,169件作品获市级奖。参加市教委组织的"我家的窗花"迎新春剪纸比赛,获11个集体奖,40个个人奖,16人作现场展示。举办静海区中小学劳动技能大赛,积极打造校内劳动教育实践基地,完善劳动实践教室设施设备,团泊小学、独流镇中学获评天津市劳动教育示范校。深挖社会资源,授牌大邱庄友发集团等16家企业或农村种植合作社为校外劳动教育实践基地。

撰稿:董圆融 郭 申

【科技教育】 组建科普志愿队144支,科普科技类社团169个,有科技辅导员144名。与天津师范大学科学教育中心、天津教育出版社合作并制订《静海区教育局与天津师范大学科学教育中心、天津教育出版社有限公司合作开展航空航天实践活动一体化课程建设实施方案》。先后邀请天津大学教授、和平区科技辅导员等专家进校园做专题科普讲座。举办天津市第四届航模校际联盟无人机大赛,获冠军4

个、季军2个。参加第二十三届全国青少年航空航天大赛(天津赛区),22名学生获奖。参加第37届天津市青少年科技创新大赛,16个作品获奖,作品《智能口罩佩戴监测报警系统》被推荐参加全国大赛。参加天津市第八届科普讲解大赛7支队伍获奖。参加第21届天津市青少年机器人竞赛36人获奖,静海区教育局被天津市教委、市科协授予"优秀组织单位"称号。北师大静海实验学校、瀛海学校加入全国"小平科技创新实验室"建设计划,分获"申报示范"类实验室建设学校和"认定授牌"类实验室建设学校。第一中学、独流中学、北师大静海实验学校参加天津市"青少年科创计划"申报选拔,遴选为市级项目校。参加教育部组织的首批全国中小学科学教育实验区、实验校建设项目评选,第二中学被教育部确定为首批全国中小学科学教育实验校。

撰稿:董圆融 郭 申

【学前教育】 制定印发《静海区"十四五"学前教育发展提升行动计划》,指导3所新建幼儿园投入使用。开展2023年幼儿园提高保教质量专项培训、园长大讲堂、乡镇中心园"回头看"、农村幼儿园保教装备水平提升等活动,静海区农村幼儿园保教装备配备工作经验在市教委学前教育会议上作典型发言,天津电视台录制静海区幼儿园项目实施情况在天津电视台《都市报道60分》栏目播放。组织公办园等级提升评定工作,40所幼儿园评定为市一、二、三级园。开展普惠性民办园等级评定工作,8所民办园评定为普惠性民办一、二、三等级。开展民办园年检工作,规范办园行为。持续推动落实各类型幼儿园1+N帮扶机制实施意见,建立市级示范园园长工作室,形成优质园"1+N"帮带共同体发展模式。推动教育部安吉游戏试验区实践研究项目,确定市级试点园2所、区级试点园24所,安吉游戏实验区经验在《天津教育》杂志上设专栏刊登。实施天津市高质量幼儿游戏研究项目,遴选3所市级试点园,建立"1+2"试点园共同体研究模式,引领全区幼儿园提高游戏质量。静海区试点园工作经验在市教委学前专题会上作经验介绍。

撰稿:董圆融 郭 申

【中小学教育】 成立11个教育集团和16个办学联盟,实现义务教育学校全覆盖,开展课程建设经验交流、强基调研等教育教学活动总计140余项。开展2023年静海区乡镇、中小学、幼儿园教育教学管理工作评比,召开静海区小学、初中教育教学管理现场会,初高中毕业班教学质量分析会,开展初中教学质量薄弱校调研视导工作。召开基础教育优秀教学成果推广应用中期推动会,举办基础教育国家优秀教学成果推广应用展示交流活动。深入推进高中新课程新教材实施市级实验区、实验校建设。持续推进独流中学、唐官屯中学"强校工程"项目建设,选派干部教师分期分批到品牌高中培育学校进行跟岗式锻炼、沉浸式学习。制订印发《静海区关于落实〈天津市"十四五"特殊教育发展提升行动实施方案〉的工作方案》,成立静海区残疾人教育专家委员会,建华学校被确定为天津体育学院特殊教育系教育教学实践基地。台头镇二堡小学成功入选教育部温馨校园。组织开展天津市义务教育阶段学校课后服务"互比互看"区域展示交流活动,联合区文旅局等五部门,推出《静海区校外课后服务资源进校园课程菜单》和《静海区校外课后服务资源课程地图》,42位特聘专家为学校提供免费"点单"上课,涉及科普、体育、书法、绘画、非遗等10个类别50门课程,与45个文化场馆、45个社会实践基地、82个科普教育基地建立教育合作关系。中华优秀传统文化进课程教材工作在全市现场会上作典型发言。

撰稿:董圆融 郭 申

【校外培训机构监管】 制订印发《校外培训机构监督管理工作方案》,推行校外培训分类管理。完善培训材料内部审核和外部审核制度。强化预收费资金监管,印发《保障校外培训资金安全家长信》,引导家长使用校外培训家长端App选课交费,全年形成订单9665笔,预收费资金883.43万余元。组织开展年度检查,完成30所学科类校外培训机构信用评价。坚决治理违规宣传,会同有关部门拆除广告牌匾2块、纠正不正确公示信息行为2次。组织开展寒暑假期治理、艺考机构治理、"安全守护"等专项行动,发现并整改各类隐患问题78个。制定《校外培训机构办学行为负面清单》,印发《关于加强学科类隐形变异培训防范治理工作的实施方案》,核查各类线索145条,联合处置19起无证培训问题,立案查处4家机构,通报曝光4起违规行为。年内协调处置矛盾纠纷19起,为192名学员退费44.4万元。

撰稿:董圆融 郭 申

【职业教育】 区成职教中心完成187万元的汽修专业在线开放课程等3个项目建设,投入209万元完成操场建设,学校食堂被评为天津市全民健康生活方式健康食堂。高职分类考试本科上线率7.4%,高职上线率100%。"三二"分段中职接高职有67人升入对口高职学校,升学率91.8%。与3家企业首签校企合作协议,与9家企业成功续签。完成5000余人次社会职业技能培训。招收40名"社区公共事务管理"专业中专班学员,在学学员106人。认定"双师型"教师50人。宫凤英获天津市职业教育先进个人称号。陈利家等3名教师获天津市"故事思政"微课大赛二等奖。在"我敬仰的抗洪英雄"故事大赛中,学生作品获区级一等奖。舞蹈《茉莉花开》等3个作品获区级一等奖。成功举办第五届"火炬杯"技能竞赛节展示活动。华夏中职学校招生342人,开设康复技术等3个专业。完成《静海区人民政府关于职业教育发展情况的报告》和《研究处理情况的报告》。

撰稿:董圆融 郭 申

【继续教育】 承办"国家级示范县建设引领涉农区职成教育提升工作推进会",静海区代表天津市作大会典型发言。区老年大学专业增至12个,在学学员220人。成立合唱团、朗诵团、手风琴演奏团,丰富学习形式和资源。增设台头镇、杨成庄乡老年大学指导培训中心。组织全民终身学习活动周、书法绘画等各类活动,参与居民2.7万人次。开展老年人运用智能技术等培训5.9万人次。完成区老年大学、双塘镇成校2个市级课题立项。2个社区教育研究项目分获市级一、二等奖。在"乡村振兴.你我同行"活动中,2个短视频在中国教育网络电视台展播。2个"百姓学习之星"和1个"终身学习品牌项目"获市级表彰,其中1个"百姓学习之星"和"终身学习品牌项目"获国家级表彰。朝阳街道禹洲尊府社区老年(社区)学习中心被市教委授予"高品质社区教育基地"荣誉称号。与区民政局养老调度中心共同录制的《老年风采》宣传片,在区民政官网宣传。

撰稿:董圆融 郭 申

【队伍建设】 加强干部队伍建设。调整科级干部61人、备案干部84人。强化干部教师培训,组织教育干部大讲堂4期,完成5800名教师暑期培训,6100名教师继续教育培训。完成职称评审工作,7人晋升正高级教师,128人晋升副高级教师,234人晋升一级教师,2人晋升高级政工师。招聘教师323人,其中研究生学历66人,本科学历257人。均衡师资配置,交流中小学教师186人,其中城镇学校向农村校交流和中心校向教学点交流54人。认定幼儿园、小学、初中教师资格1147人,完成2914名教师资格定期注册。做好东西部协作和支援合作。派出33名教师赴甘肃镇原、西藏卡若、新疆于田等地开展支教工作,组织静海区118所学校与受援地313所学校开展常态化帮扶。做好统战工作。开展民族宗教政策法规和民族团结进步宣传月活动,推荐考察4名无党派人士。

撰稿:董圆融　郭　申

【校园安全】 建立健全平安校园工作机制,出台未成年人保护、预防性侵害、防范学生溺水、校园交通安全管理等制度。开展教育系统重大安全隐患2023年专项行动和消防安全隐患排查整治行动,组织"安全生产月""消防安全月""交通安全周"等系列活动,通过"四不两直""双随机一公开""安全交叉检查"多方式对全区学校开展全覆盖检查。深入开展学生安全教育,推行每周3次通过微信群等对家长进行安全提醒,每天放学前对学生进行1分钟安全提醒,周末放假前10分钟对学生进行安全提醒的"3110"安全教育模式,假期每日安全提醒机制,多部门协同做好防范学生溺水工作,寒暑假实现学生"零溺亡"。普法工作常态化开展,顺利通过"八五"普法中期验收。法治安全宣传工作成效显著,天津市教育系统国家安全日宣传教育活动中,2名教师获国家安全教育课题市级一等奖,1名教师获国家安全微课市级二等奖,区教育局获微课展示评比优秀组织单位奖。天津市"2023反诈校园行"主题短视频征集评选活动中,4个原创反诈短视频被市教委宣传推广。市教委组织的"学宪法讲宪法"主题演讲比赛和知识竞赛中,静海区代表队获初中组季军1名、小学组二等奖1名、优秀奖8名。

撰稿:董圆融　郭　申
审稿:张玉雪　刘风瑞　宋顺田　梁续广

附:区分管领导、教育局领导及驻地
区委副书记:徐　瑛(2023年6月离任)
　　　　　　陈子舟(2023年6月到任)
副区长:杨文胜(2023年11月离任)
　　　　白冰冰(2023年11月到任)
局党委书记:张玉雪
局长:刘风瑞
副局长(正处级):强兆麟(2023年10月离任)
副局长:边士雨(2023年7月离任)
　　　　宋顺田
　　　　杨华军(2023年7月到任)
综合办主任:孙学丽
电话:28942511
地址:静海镇建设路3号
邮政编码:301600

宁河区

【概况】 2023年,宁河区有87所中小学校,其中小学58所,初中校22所,高中校2所,完中校3所,九年一贯制学校1所,十二年一贯制学校1所。国办幼儿园7所,镇中心园23所,村办幼儿园(含小学附设幼儿园)28所,民办幼儿园36所,民办托幼点56所。中专学校、青少年宫、开放大学、老年大学、特教学校各1所。在职教师全额事业编4949人,其中硕士100人,本科4446人,专科396,中专7人;正高职6人,副高职1367人,中级职称2689人,初级职称827人,高级工3人。在校(园)学生(幼儿)57858人,其中高中8151人,初中14044人,小学25585人,中专990人,特教124人,幼儿园8964人。

2023年,宁河区成功引入优质民办教育资源天津英华实验学校,举办宁河区第一所由民办学校全面托管的公办学校。组建芦台一中芦台一小2个教育集团,成功举办芦台一中110周年、板桥镇板桥小学120周年、俵口镇方舟小学110周年校庆系列活动。

撰稿:马长月　王宏勇

【教育经费收入与支出】 2023年,宁河区教育经费总收入152961万元,比上年的增加21033万元,增长15.94%。其中财政拨款148340万元、事业收入1342万元、其他收入3279万元。全年教育经费总支出153046万元，比上年增加20379万元，增长15.36%。其中人员经费支出127847万元、公用经费支出25199万元（日常经费14944万元、专项经费10255万元）。

撰稿：陈　硕　王宏勇

【教育教学改革】 全面落实《中小学教学常规》，举行天津市宁河区、唐山市芦台经济开发区、汉沽管理区三地区域小学语文"教—学—评一致性的探索与研究暨教研论坛"活动。对各校的教学常规管理提出明确要求，并进行督促检查，对发现的问题认真指导整改。对全区各校音乐、美术、体育与健康、劳动、书法等学科课程实施情况进行重点检查视导。落实区、片、校三级教研机制，加强学区片教研活动的组织和指导。组织主题为"课堂教学中自主、合作、探究理念的研究与实践"和"探索思政课程与课程思政育人目标有效落实的具体路径"的优秀课展示活动，完成"宁河区第四届课堂教学创新大赛"区级评选，完成"宁河区第五届课堂教学创新大赛"校级评选。组织宁河区优秀作业设计和学校作业管理评比，遴选101篇优秀作品参加市级评选。在天津市信息技术新课标案例遴选活动中，11名教师获一等奖。教师发展中心康士友老师在第四届"京津冀闽琼"教育共同体研讨活动中上示范课，发表《打造青年教师专业成长的摇篮——天津市宁河区初中英语名师工作室工作经验分享》。培育、遴选精品课市级19节、国家级3节，芦台一中张振山老师进行市级精品教研展示，芦台一中通用技术学科通过天津市普通高中学科特色课程建设基地评估认定。

撰稿：张洪久　王宏勇

【师资队伍建设】 师资配置进一步均衡。全年参加交流轮岗教师141名，其中骨干教师72名。制订出台《宁河区进一步深化义务教育学校教师校长交流轮岗改革工作方案》，确保每年骨干教师占参加交流轮岗教师数由20%提高到50%。依据各校学生数，协同编办实施编制动态调整，平衡所缺学科教师编制，克服结构性缺编。全年通过公开招聘、"三支一扶"转正、公费师范生安置共招录教职工150名，各学科教师调配423名，促进师资配置进一步合理均衡。完成2023年146名新教师岗前专业能力培训。开展11场讲座，1次跟岗实践；16所新教师培养基地

校亮课96节。落实15场专家示范引领活动，完成第二年度网络研修、暑期作业评优。高质量推进宁榆宁贡教育合作交流，进行名师工作室共建活动12场次，对"天津教育协作示范校"进行五场专项培训，80对青年教师结对成长。完成导师专项培训近100场，专题讲座50场；市级优秀课15节，优秀课、优秀教学案例等评比中85人次获奖，优秀论文市级及以上获奖23篇；主持和参加课题市级15个；获优秀教师等市级荣誉称号11个；进行师徒教学研讨300余场，做示范课、展示课126节；进行教育教学经验交流20余人次；申报1个市级网络思政名师工作室培育项目；选派46名市级名师工作室成员到市区先进校跟岗研修；启动实施思政教师培养工程；开办中小学校长领导力提升研修班；完成天津市杰出津门校长、杰出津门班主任、杰出津门教师支持计划人选推荐和第一期、第二期学员赴杭州集中研修学习工作。师德师风建设进一步完善。组织全体教师参与"师德集中学习教育"专题学习，开展"为教师亮灯"公益活动、师德示范月教师节庆祝活动、师德集中学习教育活动等一系列师德师风活动。持续推动师德承诺书和师德档案制度的落实，覆盖率100%。建立健全师德师风定期研判制度和师德违规行为通报制度，坚持对师德违规行为"零容忍"。

撰稿：张洪久　王宏勇

【布局调整】 2023年9月英华实验学校、芦台街新光小学投入使用，其中新光小学规划占地2.54万平方米，建筑面积约2万平方米，设计规模36个教学班。英华实验学校规划占地4.38万平方米，建筑面积3.02万平方米，设计规模54个教学班。坚持"稳中求优"，采取"撤销""合并调整""管理合并"三种方式优化学校布局。2023年秋季学期，撤销小学1所；3所小学合并到所在镇中学，实施九年一贯制管理；对8所学校进行管理合并，组建4个联合体，实行"主校校长负责制"，探索实施教师"走教"模式，优化农村中小学教师配置，补足相关学科教师，缓解农村校结构性师资紧张问题。

撰稿：赵　晖　王松林　王宏勇

【芦台一中110周年校庆】 2023年是芦台一中建校110周年，学校举办系列活动。成立芦台一中校友理事会，修建报告厅和校史馆，编辑、修订和印制校史《岁月如歌》，印制"一中人讲好一中故事"校友回忆文集《桃李春风》，拍摄专题纪录片《薪火赓续

百又十年》和10集主题宣传片《一中故事》,确定校徽图案,制作校徽、校庆纪念章等文创产品。举办建校110周年新闻发布会、荣亨路通车仪式、校友讲堂、校史馆新馆开馆仪式、庆祝建校110周年"校友健康跑"、以"展百年底蕴 扬一中风采"为主题的迎110周年校庆班级合唱比赛、主题绘画和书法作品展及"老师,你好!"教师节特别活动。10月15日,在桥北校区举行"薪火赓续 百又十年"芦台一中建校110周年庆祝大会及文艺演出,2400余名校友返回母校。

撰稿:李朝栋 王宏勇

【德育成果】 举办"聚焦优势 培育项目"——1988杯宁河区第七届德育干部分享会,10位优秀德育干部作演讲,百余名德育干部参加活动;组织举办"德育润心·我的班级"——宁河区第十四届班主任论坛中青年组比赛,87所中小学青年班主任近百人观摩活动;在"笃思明辨逐梦·强国复兴有我"中学生思辩赛活动中,芦台一中学生代表队获2023年天津市中学生思政辩论赛总决赛冠军。立项2项市级德育科研课题和21项区级课题,建设1个市级名班主任工作室。评选市级优秀学生和优秀学生干部321名,市级班集体6个,芦台第一中学高三1班获评2023年天津市十佳中小学学生集体。1名同学推选为全国"新时代好少年"候选人,5人推荐为天津市候选人。成立区学校家庭教育指导中心,在全区各类学校设置家庭教育工作站近40处,2023年初完成市级心理专员培训五批次,参训人员88人;俵口镇方舟小学在天津市第二届中小学生心理音乐歌舞创作大赛中获三等奖。

撰稿:于丽鸣 王洪涛 王宏勇

【体美教育成果】 举办2023年宁河区中小学跳绳、乒乓球、足球、篮球及健美操比赛。天津市中小学生田径冠军赛中派出运动员、教练员共123名,以总分742分,获二组区县组第三名,其中2名运动员分别打破天津市中小学生田径冠军赛二组高中青年组100米跑、跳远记录,100米跑成绩达到一级运动员水平。宁河区教育局获天津市第二届中学生心理健康运动会优秀奖、天津市中小学田径冠军赛先进集体称号。七里海镇中学女篮代表队在2023年天津市中小学篮球比赛中获初中女子组第四名,朱头淀小学女排代表队在2023年天津市中小学排球比赛中获小学女子组第八名。组织开展"2023年宁河区学校文艺展演"比赛,1500余名学生参加比赛,推荐参

加市级比赛的项目获市级一等奖9个、市级二等奖70个、市级三等奖140个;全区30余所学校的500余名学生参与集体项目比赛。

撰稿:孙 旺 邢家玮 王宏勇

【劳动教育】 举办2023年宁河区中小学劳动技能大赛,322名同学获"劳动实践优秀学生"称号,组织开展"我做爸妈的小帮手""争做劳动小模范"微视频大赛、"小学生烹饪技能电视展示"等线上线下主题劳动教育活动,近5万中小学生全员参与。区教育局在2023天津市小学生烹饪技能电视展示活动中获优秀组织奖。在天津市2023年劳动教育成果展示与分享会上,芦台一小的剪纸、芦台一中的木板烙画、造甲城镇中学的航模制作和板桥镇中学的陶艺4项特色社团活动的师生参加现场操作和实物展示。

撰稿:王卫欣 王宏勇

【"大思政课"综合改革】 建立区、校思政工作指导小组,成立区大中小学思想政治教育一体化联盟、思政课教师培训研究中心、"蓟水润心"网络思政名师工作室;召开区大中小学思想政治教育一体化联盟成立大会,制订《宁河区"大思政课"综合改革示范区建设工作实施方案》《宁河区思政课教师阶梯式培养工作实施方案》,按学段、任教年限分合格适岗、发展提高、成熟提升、高阶研修4个层次完成对新入职思政教师、思政骨干教师专项培训。围绕"一主三辅一平台两机制"的建立,有序推进"大思政课"综合改革示范区建设:搭建"宁河区小初高一体化思政课工作室"网络平台,建立思政课教师评比空间,设立"优秀思政录像精品课评比""精品思政微课评比""优秀思政课教学设计评比"3个板块,在《宁河教研》设立区"大思政"专栏;完成思政教育资源库建立及10余个思政实践基地专题片的制作;修订刊印《宁河区中小学生实践课堂资源暨研学旅行基地概览》(2023版),召开宁河区中小学校研学实践教育推动会,启动《蓟运河畔的"大思政课"》精品项目;制定《宁河区中小学大思政课课题研究选题指南》,全面形成全区"大思政课"课题三级研究体系,组织校级大思政课专题课题申报100项,择优推荐30项作为区级立项;拟订《思政教师教育能力培养工程实施方案》《宁河区新时代马克思主义政治人才培养工程实施方案(试行)》,完成区级政治人才遴选工作;完成2023年7名思政教师招聘工作;与区人社局共同拟订《思政教师退出机制方案》;完善中小学思政课

教师队伍建设督导评估机制;建立区中小学思政教师人才库;利用"区思想政治教育工作简报"平台,编辑思政工作简报10期,积极讲好宁河区学校思想政治工作改革创新"故事"。组织开展"义务教育阶段教师学科思政专项培训",遴选3所课程思政基地校。举行区"聚焦核心素养,打造百节精彩思政课"磨课活动,田丹老师、冯兰英老师入围市磨课练兵进阶金课评选,邱蕊老师入围市思政课教师基本功大赛决赛。在市级平台"双优课"展示思政课1节,1篇思政论文获市级奖项,市级大思政课题结题、立项8项。

撰稿:李明霞　张洪久　王宏勇

【语言文字工作】 落实国家通用语言文字作为教育教学基本用语用字的法定要求,出台《宁河区语委办宁河区教育局关于深入实施2023年普通话未达标教师"清零"行动的通知》,邀请市教科院国语中心专家作专题培训,大力提高教师国家通用语言文字核心素养和教学能力,全区教师普通话达标率提升至99.45%,较上一年末提高0.43个百分点。积极组织参加第五届中华经典诵读大赛,获得9个市级一等奖,获奖率达80%。"童语同音"计划有效落实,选派15名园长、骨干教师参加2023年"童语同音"普通话专题培训,完成宁河五幼等5所新增语言文字工作达标建设。完成第26届推普周宣传活动。全区42个成员单位紧扣"推广普通话,奋进新征程"主题,发布《宁河区第26届推普周倡议书》,开展14项活动,参与总人数超过10万人次。中小学、幼儿园开展"宁河区第26届推普周宣传日"活动,宣传《国家通用语言文字法》。区融媒体中心制作播出"宁河区第26届推普周宣传片"。区总工会、廉庄镇人民政府、区委网信办等机关单位在办公场所设置宣传牌,利用微信公众号、电子屏推送宣传标语、海报、倡议书。区交通局、区市场监管局检查公交车车身广告、站牌、商铺名称牌、广告牌等用字情况。区医院等单位开展"宁河区文明用语示范岗"活动。区新闻中心、区教育局、区卫健委等8个单位获评宁河区第26届推普周活动先进单位。

撰稿:马长月　王宏勇

【科学教育】 中小学科学教育进一步加强,抓实科技辅导员和科普志愿者队伍建设,依托天津师范大学科普教育基地,组织开展航模校际联盟教师交流活动。积极探索"科普+"模式,扎实有效地开展丰富多彩的科普活动。组织学生走进七里海湿地公园开展科普知识竞赛。组织开展科普进校园活动。组织芦台一小等3所学校7名骨干教师赴江苏参加"科学教育"示范学校开放日活动。芦台一中3名学生入选2023年天津大学"英才计划",7名学生分获全国生物学竞赛二、三等奖。

撰稿:赵　晖　王宏勇

【民族团结教育】 按照课程计划在八年级开设民族团结进步专题教育课,使用《中华民族大团结》教材,每学期12课时。积极开展民族团结进步宣传月活动,讲好民族团结第一课。组织开展第十三届"感恩伟大祖国,增进民族团结"演讲比赛,刘迪等21名教师、冯佳程等35名同学分别获教师组、学生组一、二、三等奖,赵淑嫚等15名教师获指导奖,芦台一中等13所学校获优秀组织奖。

撰稿:马长月　王宏勇

【东西部教育帮扶】 着力打造"宁榆""宁贡"教育帮扶升级版,完成17项帮扶工作。选派14名骨干教师赴结对县支教,榆中县16名干部教师来宁河跟岗培训。举办普通话、心理健康等6场线上专题培训,两县参训教师967人次。组织榆中50名干部教师到天津中德技术应用大学进行两周的教学能力提升培训。创建市区两级"天津教育支援示范校"5所。累计开展帮扶活动738次,受援校参与师生19534人次。教师间"结对子"843对,组织同上一节课、在线联合教研、专题讲座474次,共享教改信息、教学资源427次,受益人数2386人次,交流读书征文4880篇。为结对县捐款10.7万元,捐赠图书10407册,消费帮扶264万元,投资80万元帮助榆中县骆驼巷小学改善办学条件。以"带一个徒弟""上一节公开课""办一次讲座""帮一个困难生"为主要内容的"组团式"支教"四个一"活动已连续开展5年,央媒光明教育家和《天津教育报》、天津市教委网站3次予以报道。教育帮扶经验《山海携手　共谱新篇——宁榆协作为兰州榆中教育事业发展注入新动能》,被省市级媒体"中国甘肃网""天津协作支援"报道。

撰稿:马长月　王宏勇

【学前教育普惠率再提升】 实施"优质园+"办园模式,推进学区管理体制,开展结对共建208次,常态化交流活动40次,高质量游戏园长论坛、实践园现场展示7场,聚焦各岗精准施训1800人次。大北镇中心园、宁河五幼被认定为市级示范园,2所幼儿园晋升为市一级园,完成30所公办园质量评估。全区普惠性幼儿园覆盖率89.05%,公办园在园幼儿占比51.93%,学前三年毛入园率94.7%,班额达标率95%以上。

撰稿:赵　晖　王宏勇

【组建宁河区英华实验学校】 引进全国优质民办教育资源——天津英华实验学校托管北淮淀示范镇第一中学,组建宁河区英华实验学校。6月24日,宁河区人民政府与天津英华实验学校签署合作框架协议。该校面向全区随机派位招生,9月4日正式开学。2023年秋季学期首批5至9年级在校生350余人。9月16日,举行宁河英华实验学校开校启动暨捐赠表彰仪式,区委书记白凤祥出席并致辞,区委副书记、区长惠冰出席。12月19日,区教育局在该校成功举办全区中小学课程改革与课堂教学改进现场观摩会。

撰稿:赵　晖　王宏勇

【组建芦台一小教育集团】 区委、区政府将芦台一小集团化办学纳入2023年宁河区重大行政决策事项目录,多次研究部署。出台《宁河区集团化办学实施意见(试行)》《芦台一小集团化办学实施方案》,提出"一年组建、两年成型、三年深化"的目标任务,做实顶层设计,探索"名校+新校+农村校"集团化办学模式。10月8日,芦台一小教育集团成立,芦台一小为集团总校,芦台街新光小学、七里海镇薄台小学为成员校。

撰稿:赵　晖　王宏勇

【"双减"工作】 持续发挥学校主阵地、课堂主渠道作用,加强作业管理,提高课后服务水平。在造甲城小学成功举办全市课后服务"重实效,提质量"互比互看展示交流活动,造甲城小学、方舟小学、芦台五中、东棘坨小学课后服务工作经验在《天津教育报》报道。芦台五中参加全市义务教育学校课后服务"互比互看"区域展示交流。在芦台三小召开"双减"成果现场展示会,有力推动"双减"工作持续健康发展。制定《宁河区初中教学质量增值评价办法》,探索教学质量增值评价机制。健全留守儿童教育关爱机制,8所学校实施关爱行动112次。全区义务教育巩固率99%以上。残疾儿童入学率98%。区"双减"工作专班围绕校外培训机构易发、多发问题,部署"平安消费""安全守护""回津中考"整治等专项治理行动14项。机构主管、市场监管、消防、公安等部门联合开展拉网式巡检11次,其中包含全覆盖消防安全检查3次。规范办结违规培训举报线索127条。对无证机构开展联合执法51次,现场关停15处,处以罚款2处。2023年全国"双减"工作成效调研结果反馈显示,宁河区学生、教师、家长对"双减"工作满意度均高于全国平均值。2023年,宁河区"双减"工作经验做法3次被教育部"双减"工作专门协调机制办公室选中全国推广,宁河区隐形变异治理工作案例被教育部评选为全国"双减"工作优秀案例。岳龙小学被教育部确定为第五批全国乡村温馨校园建设典型案例学校。

撰稿:赵　晖　王昱然　王宏勇

【普通高中"强校工程"】 深化以芦台一中为龙头的普通高中共同体建设,发挥品牌学校对"强校工程"项目学校辐射带动作用。制定《高中教育联盟共建共享预设清单》,累计开展联盟共建活动11次。推动高中教育固强补弱、提质增效,开展全区高中校同课异构教研活动,活动覆盖高中九大学科教师50余人。组织高三毕业班教学工作会和两次高三教学指导会,邀请市新华中学高三名师团队开展九大学科全覆盖培训,邀请河西区教育局专家指导组入校听课把脉问诊,实现"行政+教研"双轮驱动。强化"造血"功能,实施高中校干部教师跟岗培训工程,潘庄中学、丰台中学4名干部教师前往芦台一中跟岗学习。组织全区高中校校长、教学副校长、骨干教师到新华中学、南开附中、泰达一中、天津四中等多所"品牌高中"交流学习。

撰稿:赵　晖　王宏勇

【芦台一中教育集团办学改革】 制定出台《关于进一步深化芦台一中教育集团办学改革的意见》,明确改革重点:即"自2024年起,芦台一中桥北学校高中首次实行独立代码招生,享受优质高中学校招生名额分配政策。"由芦台一中教育集团总校派出到芦台一中桥北学校的干部教师,可视同到薄弱校任职任教经历",优化芦台一中教师队伍任职任教评价机制,有效激发"百年老校"办学活力。

撰稿:赵　晖　王宏勇

【继续教育】 全区拥有1所开放大学和14所成人文化技术学校,并依托有资源开设了1所区老年大学、14所镇(街道)老年学校、293所村(社区)老年教育学习中心,逐步形成老年教育三级办学体系。拥有4个示范性老年教育体验基地和2个老年养教结合学习基地。区教育局联合区老年大学、各镇(街)成校,为2个街道社区群众和14个镇村民开展了手机课堂、智慧出行、智慧医疗、掌上金融等智慧助老活动,千余人参加,组织中小学生开展"小手拉大手我教老人用手机"活动。区老年大学开设各种老年人培训班,组织多场文化艺术活动,大合唱班报送《春风十万里》参加天津开放大学汇演,制作《宁河区老年大学宣传片》作为老年教育成果上报天津市老年教育协会。完成第十七届社区教育展示周暨2023年全民终身学习活动周。积极培育"一街(镇)一品"品牌项目,芦台街1人获得全国百姓学习之星称号。俵口镇《重走方舟路》项目获得天津市终身学习品牌项目。深化与天津滨海职业技术学院"区校终身学习联合体"建设,借力打造老年教育品牌。组织造甲城镇成校与天津滨海职业技术学院签署"框架协议",将高校师资、资源下沉到街镇、社区,因地制宜开展老年教育服务,加强学习型城区建设,服务百姓终身学习。各镇(街)成人文化技术学校与区农广校合作,举办家庭农场生产经营专业、农民合作社等专业的中专学历提升工程培训,301人取得成人中专学历。14所成校共培训农民840人。

撰稿:魏凤明　王宏勇

【特殊教育】　宁河区特殊教育学校占地3.54万平方米,校舍建设面积5502平方米。有学生124人,其中送教学生39人。共8个班级,其中学前阶段1个班,义务教育阶段5个班,职业教育阶段2个班。有教职工50人,其中专任教师35人。学校持续深化协同育人机制,多角度提升教师队伍职业素养,为教师搭建展示的平台,与武清区特殊教育学校协办举行天津市首届特殊教育"精品教研"活动,3名教师在天津市第十届"双优课"特教学科评比中获奖,1名教师获评天津市精品课,4名教师分获天津市首届家庭教育论文二、三等奖,学生文艺表演获天津市美育实践课堂二、三等奖。宁河区特殊教育学校为加强劳动教育,引导学生树立正确的劳动观念,从而使学生形成适应生活、适应生活的能力,将劳动教育定位为学校的办学特色,采用"2+3"育人模式,实现一"劳"多得,其中"2"指课程教学与专题活动相结合,"3"指低中高学段各有侧重的三个劳动教育训练目标。学校成立校内特殊教育职业实训基地,积极探索特殊教育职业实训发展路径,2023年7月6日学校与宁河区虹樽公益发展中心签订合作协议,成立残疾人辅助就业基地——"虹樽圆梦"阳光工场。以此为契机将职业训练与就业创业紧密结合,进一步拓展、挖掘学校的特色项目,促进学校职业教育向纵深发展。2023年10月20日,5名毕业生成为"虹樽圆梦"阳光工场的首批员工,与宁河区虹樽公益发展中心签订劳动合同。

撰稿:张泽苹　王宏勇

【中等职业教育】　宁河区有中等职业教育学校1所,学校占地1.66万平方米,学校开设汽车运用与维修、计算机应用、数控技术应用、电子技术应用、电气运行与控制、会计事务6个专业。2023年,学校参加天津市职业院校技能大赛,4名教师进入决赛,分获天津市二等奖和三等奖。组织各专业学生技能展示活动,强化实践教学,人人争做技能能手。2023年学校累计毕业学生334人,升学332人,5人升入天津中德应用技术大学等本科院校继续深造学习,59人升入天津职业大学、天津医学高等专科学校、天津铁道职业技术学院等优质专科院校,升学率达98.8%。

撰稿:张建军　王宏勇
审稿:王保胜

附:区分管领导、教育局领导及驻地

区委副书记:宋　建
副区长:刘　桓
区教育局党委书记、局长:廉成林
区教育局党委委员、副书记:杨树泽
区教育局党委委员、副局长:张文千
区教育局党委委员、副局长:张芝红
区教育局党委委员:刘玉琪
党政办公室主任:王保胜
电话:69591092
地址:宁河区芦台镇新华道34号
邮政编码:301500

蓟州区

【概况】 2023年蓟州区共有各级各类学校176所,其中小学113所、初级中学45所、九年一贯制学校1所、完全中学6所、高级中学8所、特殊教育学校1所、中等职业学校2所;共有在校生104053人,其中小学47489人、初中35270人、高中17180人、特教183人、中职3931人。全区共有各级各类幼儿园245所,其中公办园149所,民办园76所,民办托幼点20所;幼儿18214人,其中公办园10722人,民办6883人,民办托幼点609人。全区共有教职工9319人,其中高中1673人,初中2999人(国办校857人,镇乡2142人),小学3718人(国办校1187人,镇乡2531人),成教67人,国办园259人,镇乡中心园154人,特教29人,职教293人,非教学单位127人。

思政教育改革创新。区领导及区教育工作领导小组成员单位主要负责同志带头深入对口联系学校开展思政工作,助推学校思政工作再上新台阶。思政课程改革深入推进,80项大思政课综合改革示范区专项课题获得立项。举办教育系统"铸忠魂 展风采 立新功"千人歌咏大会,作为推动蓟州区"大思政课"综合改革示范区建设的重要举措。3000名干部、师生参演,全区13万余名师生在现场或通过网络直播同步收看,共同上了一堂特殊的红色思政大课。天津市大中小学思想政治教育疑难问题解答征集活动中,蓟州区15件作品分获一、二、三等奖和优秀奖。区第四中学获评天津市中小学"三全育人"综合改革试点校,同乐小学三年级六班获评天津市"十佳优秀班集体",全区多名中小学生获评"十佳优秀学生""自强之星""新时代好少年"等市级荣誉称号。

智育教学提质增效。健全完善教学视导联动体系,强化课堂管理和研究工作,持续创新教学方式,注重启发式、互动式、探究式、参与式教学。优化课后作业设计,倡导教师设计拓展式、体验式、项目式作业,发展学生学科核心素养,在"学"加"玩"中进一步培养学生创新思维,巩固智育成效。2023年全区参加高考学生5250人,472分以上3246人,本科上线率61.83%,5人被清华大学、北京大学录取。中考全区平均分514.28分,蓟州一中录取分数线在新五区名列第二。

体质健康持续提升。蓟州区连续五年在天津市《国家学生体质健康标准》达标抽测中获全市第一名。天津市中小学球类比赛中,获初中女子篮球和初中女子足球2项亚军,其中初中女子足球亚军为历史性突破。在天津市中小学田径冠军赛中,获团体总分第七名,区教育局获评市级先进集体。出头岭镇闻马庄中心小学获评"国家级首批健康学校建设单位"。

美育教育特色凸显。在市教委举办的2023年"剪纸迎春"活动中,蓟州区25幅作品获市级一等奖,获奖数量位居全市前列。举办蓟州区"颂歌礼赞二十大 强国有我逐梦行"第七届校园文化艺术节,全区176所学校,近11万师生参与艺术节相关活动。建立蓟州区美育实践工作坊,举办"第十二届津沽文化日暨蓟州区美育实践工作坊启动仪式",活动共展出15所学校11个主题近2000件艺术类作品。

劳动教育深入推进。聚焦政策、课程、基地、支持、竞赛"五个体系"建设,打造"全区统筹、基地辐射、校内拓展、家校联动"特色劳动教育模式,遴选、挂牌36家区级劳动教育实践基地,29所劳动教育示范校。组织14支代表队参加2023年市级劳动大赛决赛,在14个比赛项目中,获一等奖10个,二等奖3个,三等奖1个,蝉联市级劳动大赛总成绩全市第一。

办学条件不断优化。根据《天津市人民政府办公厅关于印发天津市推进义务教育优质均衡发展三年行动方案(2020—2022年)的通知》要求,2023年,蓟州区投资5100万元对白涧镇初级中学等76所学校共28.76万平方米硬化运动场地实施提升改造工程。工程主要包括铺设塑胶跑道8.86万平方米,人造草皮5.38万平方米,硅PU13.51万平方米,悬浮地板1.01万平方米等。工程于2023年9月22日完成招投标等前期手续并于9月底进场施工,至11月底全部完工并投入使用,运动场地更加舒适安全。

撰稿:崔 杰

【**教育经费收入与支出**】 2023年，蓟州区教育经费总收入279208万元，比上年减少8833万元，下降3.06%。其中财政拨款258902万元(含事业费拨款220044万元，其他拨款38858万元)，事业收入13757万元，自筹收入141万元，捐赠收入16万元，其他收入6392万元。全年教育经费总支出279053万元，比上年减少10715万元，下降3.7%。其中人员经费支出246946万元，公用经费支出32107万元。2023年全区生均预算内教育经费高中21333元，初中20995元，小学18192元。

撰稿：崔 杰

【**主题教育**】 针对教师队伍存在的短板问题，部署开展学习习近平总书记重要指示、厚植教育家精神学习研讨活动；针对多年来形成的教学积弊，全面部署并将长期实施"课堂革命"；针对文化建设缺失，部署开展校史编纂和重点学校筹建校史馆工作；高水平承办第十二届津沽文化日开幕式暨蓟州区美育实践工坊启动仪式，举办规模空前的全区中小学秋季运动会。

撰稿：崔 杰

【**教育教学改革**】 深入实施教育管理全面升级暨集团化学区化办学工程，大力推进集团化学区化办学。在组建4个教育集团和31个联合学区基础上，盘活集团内、学区内教育资源，实现优质教育资源在集团内、学区间的横向融合、纵向贯通。在7月举行的全市基础教育综合改革国家实验区建设工作部署会上，蓟州区就"基础教育优质资源辐射引领"方面做典型经验介绍。10月25日，副市长张玲听取基础教育综合改革国家实验区建设工作推进情况。蓟州区作为唯一远郊区和农口区教育局做了交流发言。深入实施教育交流与合作暨"2366"升级工程，持续深化与天津市两区一校交流合作，再次选派70名干部、名班主任和骨干教师赴天津市两区一校(共涉及59所学校)开展跟岗实践。与北京师范大学教育培训中心、北京明远教育书院签署交流合作协议，并选派100名干部、名班主任和骨干教师赴北师大教育集团和北京明远教育书院进行学习交流。深入教师素质提升专项工程暨"大教研、大培训、大比武"行动，发挥教育教学联合小组办公室统筹协调作用，依托区4个教育集团和31个联合学区。组织第十一届青年教师教学技能竞赛、第二届全系统幼儿教师教学技能大赛，3352名青年教师参加基层初赛、联合学

区复赛，84名选手参加区级决赛，选拔前11名参加市级决赛，教育局被市教育工委、市教委、市总工会授予优秀组织奖。

撰稿：崔 杰

【**教师队伍建设**】 2023年招聘新教师459人，招募"三支一扶"15人，公费师范生10人，有效缓解师资紧张问题。组织实施第六周期继续教育全员面训工作，参加人员共9054人。开展"国培计划""津门三杰"、骨干教师遴选等工作。完成"十四五"期间天津市"新时代乡村教师专业发展助力计划""未来教育家行动计划"等学员选派和培训组织管理工作。遴选推荐市级骨干教师67人、区级骨干教师1144人、校级骨干教师2228人。完成"双名计划"遴选推荐工作，蓟州区"孟庆阳工作室"(小学数学)入选教育部挂牌名师工作室，5名教师成为孟庆阳工作室骨干成员。完成24名"乡村优秀青年教师"、20名"乡村学科骨干教师"、20名"乡村骨干班主任"学员遴选推荐工作。实行师德师风问题一票否决制，制订《师德师风建设专项整治实施方案》，深入20个乡镇、学校、幼儿园开展师德师风大调研活动，并大力开展师德师风专项教育整治行动。

撰稿：崔 杰

【**布局结构调整**】 投资3068万元完成下营镇黄崖关小学迁址新建项目并投入使用。该学校占地9525平方米，建筑面积4229.27平方米，增设小学学位270个，幼儿园学位90个，满足周边行政村学生就学需求。学校还配备塑胶跑道操场、高标准多媒体教学一体机、计算机教室等教育教学设施设备。总投资1.95亿元的城东中小学项目实现主体封顶并通过主体验收。启动原燕山中学旧址改建项目，项目通过政府投资项目立项。接收碧水云天小区配套幼儿园和新建别山镇西九户幼儿园。改建邦均镇西兵马小学附属幼儿园。

撰稿：崔 杰

【**东西部帮扶工作**】 2023年，蓟州区137所学校相继与古浪县、天祝县157所学校签订结对帮扶协议，签约校间互动1000余次，近8万人次参与。蓟州区教育局共选派38名干部教师赴甘肃省武威市古浪县、天祝县和新疆和田地区策勒县支教，并在受援地开展专题教研、讲座、公开展示课，培训教师2000余人次。其中11名同志被受援地县委县政府授予"优

秀支教教师""先进教育工作者"称号,1人被天津市教育发展基金会授予"天津市长期坚持农村边远地区优秀教师(教育工作者)"称号。蓟州区安排古浪县和天祝县26名同志在蓟挂职锻炼、45名教师跟岗学习,并对80名干部进行短期培训。教育局教师发展中心与古浪县、天祝县电教中心联合开展"云端+"网络课程讲座,为结对地培训干部教师1万余人次。天津市晟楷中学(蓟州区民办学校)在古浪县一中设立"金秋爱心助学"项目,确定困难家庭资助对象30名,2023年度捐资7.5万元。蓟州区教育局结合教育系统实际,制订《东西部消费帮扶工作方案》,全系统消费金额累计1100多万元,超指标完成任务。

撰稿:崔 杰

【理想信念教育】 在学生中广泛开展"四史"学习教育,召开主题班(团、队)会,举办读书、演讲等活动,利用重大节日、纪念日开展专题教育,举办"红色论坛""德育论坛"各1次。利用升旗仪式,开展社会主义核心价值观和"爱国三问"教育。开展"绿书签·好书伴我成长"读书系列活动,累计收集比赛作品征文1560篇,朗诵视频1030个。开展护苗行动,创建35个护苗示范校,开展护苗行动宣讲15场。组织开展2023年中小学优秀学生、优秀学生干部、优秀集体评选工作,评选出市级优秀学生581人,市级优秀学生干部113人,市级优秀学生集体11个,区级优秀学生3692人,区级优秀学生干部517人,区级优秀学生集体279个。第一小学杨雯涵入选市十佳中小学生,同乐小学三年级六班入选十佳中小学生集体。举办"我是追梦人"主题德育活动暨"精彩一课"评选,新华社客户端两次报道活动情况,累计阅读量达160.2万人次。联合17家景区开展学生爱国主义自主研学旅行活动,累计受益学生家长50余万人次。

撰稿:崔 杰

【科学教育】 全面加强科学教育工作体系建设,健全科普工作机制,积极组织参与科技类竞赛活动。山倾城小学获2023全国青少年航天创新大赛总决赛国家级一等奖;上仓中学获第九届科普创新实验暨作品大赛国家级二等奖;2023年全国青少年无人机大赛,有8名选手获国家级奖励;在第37届天津市青少年科技创新大赛中,第一中学和公乐小学2所学校获十佳科技教育创新学校称号,15名教师获评优秀辅导员,36名学生获市级奖励;在第八届天津市青少年科技类综合实践活动中,14名学生获市级奖

励,第一小学、公乐小学、燕山中学、邦均镇初级中学获评优秀组织学校;在由中国科普作家协会主办的2023年第九届全国中学生科普科幻作文活动中,蓟州区上仓中学再创佳绩,获评全国中学生科普科幻作文大赛优秀生源基地,共有10人获国家级奖项,并有126人获市级奖项(一等奖26人、二等奖42人、三等奖58人);举办"2023年蓟州区全国科普日主场活动暨蓟州区青少年无人机大赛"。翠屏湖中学和燕山中学被共青团中央授予"小平科技创新实验室"建设学校称号。蓟州区被市教委认定为"天津市科技类机构进校园试点区"。

撰稿:崔 杰

【学前教育】 蓟州区教育局联合九部门印发《蓟州区"十四五"学前教育发展提升行动计划》,明确"十四五"学前教育发展的主要目标、重点任务及政策措施。开展公办幼儿园等级评定工作,评定市级示范园7所,一级园22所,二级园59所,三级园61所。持续增加普惠性学前教育资源供给,幼儿园普惠率达到81.6%。1所小区配套幼儿园(碧水云天小区配套园)于9月投入使用,新增城区公办学位270个。6所民办幼儿园新认定为普惠性民办幼儿园,增加学位540个。推进"1+9+3+N"集团化学区化办园模式,充分发挥直属幼儿园教育集团和9个联合学区辐射带动作用,通过送教下乡、活动观摩、师徒结对等形式对学区内园所开展帮扶活动,促进城乡学前教育均衡发展。启动实施天津市高质量幼儿游戏研究实践项目,确定蓟州区第一幼儿园、第八幼儿园、侯家营镇中心幼儿园为市级试点园。

撰稿:崔 杰

【心理健康教育】 全面推进学生心理健康教育工作高质量发展,构建心理健康教育"11234"工作体系,形成全员心理育人工作格局。全区176所中小学严格按照市教委要求,全面落实"十个一"重点工作;召开全区心理健康专题工作会议3次;邀请专家为全区310多名心理专兼职教师培训2次;176名教师参加市教育两委和市学生心理中心组织的心理专员培训;成立全市首个中小学心理教师联盟,聘任市学生心理健康教育发展中心吴捷主任为心理教师联盟督导;命名蓟州区首个心理名师工作室(刘立国工作室)。"5·25"心理健康月活动期间,组织开展蓟州区第二届最美护心志愿者评选、励志演讲等多项活动。利用寒暑假开展家访工作,8000多名干部教师对10

万多户家庭进行家访,帮助家长建立和谐亲子关系,宣传普及心理健康教育知识。开展蓟州区心理健康公开课展示交流活动,237名教师代表深度参与。

撰稿:崔　杰

【教育督导】　实行督学责任区组长负责制,选聘23名督学组长,制定发放《蓟州区督学责任区组长工作职责》,推动教育督导工作高水平发展。围绕市教育督导室工作部署和局党委中心工作,先后组织150名责任督学高质量开展"双减"月督导、提高中小学课后服务水平等10余项专项督查工作,做到全区各级各类学校、幼儿园全覆盖。共收集发布督导工作简报30余篇,征集《2023年度蓟州区责任督学"双减"督导典型案例》80余篇。完成2023年国家义务教育质量监测和区政府2022年履行教育职责情况市级督查迎检工作。启动中小学幼儿园校(园)长任期结束综合督导评估试点工作,制定完成幼儿园、义务教育、普通高中三个学段校(园)长任期结束综合督导评估细则。

撰稿:崔　杰

【教育执法】　按照中央"双减"工作决策部署和市"双减"专班有关工作要求,制定"双减"工作相关方案、制度和通知130余个,扎实推进校外培训治理工作。4次迎接市级"双减"专班督查并得到高度认可,校外培训机构治理案例连续3年获评全国"双减"工作优秀案例。全年组织摸排社区(村)750余个,排查检查托管机构及重点场所800余个,现场检查培训机构207家,培训材料132份,从业人员486人。以《蓟州区中小学依法治校工作标准》为主要内容,全面加强依法治校工作,实现全区176所中小学法治副校长全覆盖,全年累计开展普法活动690余场次,受众人数达到20万余人次。天津市"学宪法　讲宪法"演讲比赛中4人分获二、三等奖,"学宪法　讲宪法"知识竞赛中1人获二等奖,天津市2023年度"安全知识进校园"慕课评比中3名教师分获二、三等奖和优秀奖。蓟州区实验中学获评天津市第三批"依法治校示范校"。

撰稿:崔　杰

【校园安全】　夯实安全生产主体责任。明确各级安全生产工作职责,全面推行校园安全网格化管理,层层签订安全责任书1万余份。修订印发《蓟州区教育系统安全生产工作考评细则(中小学、幼儿园)》,开展专项考核,并将考核结果纳入领导干部绩效考核。强化校园"三防"建设。2023年增配保安50人,校园专职保安总数达780人;开展校园安防设施自查和督查检查,重点部位视频监控存储达到90天;推动10所学校幼儿园完成电子围栏加装。加强隐患排查,积极联合公安蓟州分局、区应急局等单位,开展校园安全联合检查和重大隐患排查整治专项督查。联合市场监管局对134所供餐的中小学幼儿园开展全覆盖食品安全专项检查,联合公安交警和交通运管部门开展违规接送学生车辆专项治理。完善协同联动机制,与公安蓟州分局、区司法局联合印发《蓟州区涉校矛盾纠纷排查化解联动工作机制》,全区建立68个涉校矛盾纠纷排查处置联动工作组,将矛盾纠纷处置在萌芽、化解在基层;与区气象局签订《防灾减灾联动合作协议》,会同区应急局印发《夏季防溺水和冬季防滑冰溺水工作的通知》,凝聚工作合力,保障师生生命安全。加强师生安全教育和演练,组织学校每学期开展一次应急处突、消防应急演练,严格落实中小学每月、幼儿园每季度1次应急疏散演练,全面提升突发事件应急处置能力。蓟州区第二中学创建为国家级防震减灾示范校,杨家楼中学创建为市级防震减灾示范校;教育局安保科获评市级"2022年度单位内部治安保卫工作成绩突出集体"。

撰稿:崔　杰

【文体活动】　迎庆"七一"之际,蓟州区教育系统举办"学思想　强党性　重实践　建新功"主题活动之"我赞身边好党员好教师"演讲比赛。为满足职工精神文化需求,丰富教职工精神文化生活,2023年4月,蓟州区教育系统举办"奋进新征程,建功新时代"教职工篮球比赛,51支代表队513名运动员分6个组别展开激烈角逐。11月组织"践初心、展风采、树新风、促发展"教职工篮球比赛,共有68个参赛队,676名运动员参加比赛。

撰稿:崔　杰
审稿:花宜春

附:区分管领导、教育局领导及驻地
副区长:徐向广
局党委书记、局长:花宜春
党委副书记、副局长:刘福海
党委委员、副局长:陈　健
副局长:张丽杰
党委委员、副局长:徐连旺(2023年12月不再担任副局长职务)

党委委员、教师发展中心主任：孙德新（2023 年 3 月离任）

党委委员、教育综合服务中心主任：唐自国（2023 年 12 月不再担任教育综合服务中心主任职务）

一级调研员：刘长河（2023 年 11 月到任）

四级调研员：崔瑞丰（2023 年 12 月离任）

四级调研员：田立东（2023 年 12 月到任）

办公室主任：周建新

电话：29142619

地址：天津市蓟州区兴华大街 4 号

各级各类学校

高等学校

南开大学

【概况】 南开大学占地443.12万平方米,其中八里台校区占地121.60万平方米,津南校区占地245.89万平方米,泰达校区占地6.72万平方米。校舍建筑总面积194.49万平方米。

学校是国内学科门类齐全的综合性、研究型大学之一,在长期办学过程中,形成文理并重、基础宽厚、突出应用与创新的办学特色。学校有专业学院28个,学科门类覆盖文、史、哲、经、管、法、理、工、农、医、教、艺等。有国家"双一流"建设学科6个、一级学科国家重点学科6个(覆盖35个二级学科)、二级学科国家重点学科9个、一级学科天津市重点学科32个。在全球学科评价体系中,前1%学科17个,化学、材料科学和工程科学进入前1‰。

学校落实立德树人根本任务,重视学生德、智、体、美、劳全面发展,深化推进教育教学改革,构建南开特色"公能"素质教育体系。学校有在籍学生34806人,其中本科生17339人、硕士研究生11863人、博士研究生5604人。有本科专业84个;硕士学位授权一级学科10个,硕士专业学位授权点24个;博士学位授权一级学科32个,未在一级学科覆盖下的二级博士点1个,博士专业学位授权点4个。有基础学科拔尖学生培养计划2.0基地8个,国家级一流本科专业建设点56个,"强基计划"专业7个,各类国家级实验教学、教材建设、文化传承、创新创业等基地平台10余个。入选国家级一流本科课程59门,获国家级教学名师奖9人,获评国家级教学团队9个,获得国家级教学成果奖58项。

学校把教师队伍建设作为基础性工作,着力培养造就政治素质过硬、业务能力精湛、育人水平高超的高素质专家型教师队伍。学校有专任教师2286人,其中教授959人、副教授896人;有博士生导师1052人、硕士生导师795人。有中国科学院院士13人,中国工程院院士3人,发展中国家科学院院士7人,国家"万人计划"领军人才38人、青年拔尖人才37人,教育部"长江学者奖励计划"特聘教授49人、青年学者34人,国家杰出青年科学基金获得者70人、国家优秀青年科学基金获得者56人,国家"百千万人才工程"入选者33人,国家自然科学基金创新研究群体7个,教育部创新团队10个,全国高校黄大年式教师团队2个。国家级有突出贡献的专家21人,国务院学位委员会学科评议组成员17人,"973计划""863计划"、国家重点研发计划等重大项目首席科学家40余人。

学校坚持"四个面向",瞄准世界科技前沿和国家重大需求,大力加强基础研究和原始创新。学校有全国重点实验室4个、国家重点实验室1个、国家工程研究中心1个、国家地方联合工程研究中心1个、2011协同创新中心3个、前沿科学中心1个,自然科学类省部级科研基地80余个,积极推进基础研究中心、交叉科学中心等培育建设。周其林院士领衔项目获2019年度国家自然科学奖一等奖。学校发挥哲学社会科学重镇优势,积极服务新时代治国理政,推动文化文明繁荣发展。学校有教育部高校人文社会科学重点研究基地6个、教育部哲学社会科学实验室1个、国家人权教育与培训基地1个、人文社科类省部级科研机构50余个,入选国家哲学社科成果文库数量稳居全国高校前茅,一批优秀智库成为国家部委和地方政府的"智囊团""人才库"。学校全面对接国家和区域发展战略,积极融入经济社会发展主战场,与一批高校、企业、科研院所、政府部门建立了紧密合作关系。

学校立足"两个大局",持续推进高水平对外开放,不断扩大学校国际知名度和影响力。与近340所国际知名大学和学术机构建立合作关系,在师生互访、联合培养、协同科研等方面开展高层次交流与合作。学校有外籍教师及来校讲学外国专家近600人,来自90多个国家和地区的1300余名留学生在校学习。承建英国格拉斯哥大学孔子学院等8所海外孔子学院及汉语中心,与英国伯明翰大学等共建国际联合研究机构,与联合国工业发展组织、世界工程组织联合会、世界经济论坛等国际组织保持密切联系并深化实质合作。

撰稿:张　策

【教育经费收入与支出】 2023年,学校教育经费总收入364867万元,比上年减少52875万元,下降12.66%。其中财政拨款预算收入180777万元、事业收入142126万元、其他收入41964万元。全年教育经费总支出440499万元,比上年增加2434万元,增长0.56%。其中人员经费支出244149万元、公用经费支出196351万元。人员支出中,工资福利支出195842万元,对个人和家庭补助支出48306万元。公用支出中,商品和服务支出157067万元,债务利息及费用支出29万元,资本性支出(基本建设)2226万元;资本性支出37029万元。

撰稿:迟秀娟

【习近平新时代中国特色社会主义思想主题教育】 按照中央统一部署精心组织安排,成立学校主题教育领导小组,组建10个校级指导组,全面推动、一体落实理论学习、党性锤炼、调查研究、推动发展、检视整改等重点措施。创新"五学覆盖"载体和"五学联动"模式,组织开展分层分类全覆盖学习研讨,

邀请多位领导专家作专题辅学报告,组织党员干部赴周恩来邓颖超纪念馆研学、赴井冈山和延安开展"学思想　强党性"专题培训。制订大兴调查研究工作方案,校院两级干部围绕318个重点课题开展调研,着力破解制约学校发展的深层次问题。突出重点抓好整改整治,梳理整改问题清单60项、明确整改措施140条,聚焦6个方面突出问题开展专项整治,多轮研究推动、持续跟踪问效。

撰稿:张　策

【落实习近平总书记来校视察重要讲话精神】 围绕视察五周年重要节点,加力推动谱写"六个新篇章"各项任务落实落地,结合主题教育研究制定进一步提升贯彻落实质效工作措施,对照6方面24项125条任务清单,党委常委会多次专题研究、推动自查督查,梳理总结五年建设发展成效。召开深入贯彻落实习近平总书记来校视察重要讲话精神会议,重温总书记的亲切关怀,动员部署深化落实工作。与学习贯彻习近平总书记视察天津重要讲话精神紧密结合,与贯彻落实学校第十次党代会战略部署紧密结合,与制定实施高质量发展改革攻坚十项行动计划紧密结合,一体推动常态长效、走深走实。举办"牢记嘱托谱新篇"主题成就展,开设相关专题专栏,开展作品征集、主题宣讲等系列活动,持续营造学习贯彻的浓厚氛围。

撰稿:张　策

【党的建设】 深刻领会习近平总书记关于党的建设的重要思想,召开学校组织、统战、宣传思想文化工作会议,推动构建大党建、大统战、大宣传工作格局。完善党中央重大决策部署落实机制,加大对重要决策和重点事项的督查督办力度。持续推动中央巡视整改,开展三轮自查督查,确保整改彻底见效。贯通推进校内巡视,制定新一届校内巡视五年规划,完成2轮8个单位校内巡视,聚焦招投标、基建、后勤等重点领域开展专项检查和专项治理,以实的措施推动整改质效提升。充分发挥审计监督作用,高标准开展全校范围自查自纠工作。推动深化政治监督,出台加强巡视整改监督工作实施办法,完善巡视整改监督联席机制。持之以恒纠治"四风",结合主题教育推动精文简会、简化办事流程,切实为基层松绑减负。推动落实专业学院、基层支部工作细则,出台系所中心负责人选任、党支部书记队伍建设办法,选优配强"双带头人"教师党支部书记,推动

学生党支部"党团班"一体化建设。深化开展党建质量提升"对标争先"培育行动计划,持续加强标杆院系、样板支部选育和建设。做好专业学院班子换届和干部选任,完成科级干部全员选任,加大优秀年轻干部培养选拔力度,选拔优秀专任教师到机关部门挂职工作。扎实做好意识形态和维稳工作,做好正面宣传引导和定期巡查检查,持续推进"平安校园"建设。制定加强统战工作相关实施办法,完善加强党外干部队伍建设的系列举措,持续加强统战团体组织建设。完成学校工会、教代会五年换届选举,持续深化推动共青团改革。

撰稿:张 策

【思想政治工作】 牵头成立全国高校习近平新时代中国特色社会主义思想教学联盟,坚持以"金课"标准建好"概论"课,持续加强"形势与政策"课院级团队建设。牵头举办全国"大思政课"建设经验交流会,深化大中小学思政课一体化建设,创新提升综合改革质效。着力提升思政课教学质量,压实集体备课、进修培训、校领导听课等措施。实施时代新人铸魂工程,推进南开特色爱国主义教育,编写《新时代爱国主义大学教程》。大力弘扬周恩来精神,举办周恩来国际研究学术研讨会,创排《周恩来回南开》原创话剧。深化推动"五育"融合,着力打造南开文体育人品牌,做好《杨石先》《永怀》《诗教绵绵》等精品剧目,首倡"特色马拉松"活动。推进劳动教育与"师生四同"有机融合,近600支实践团队、6000余名师生赴全国各地开展社会实践。加强辅导员队伍建设,选聘16名优秀专任教师担任学生专职辅导员,多措并举充实辅导员队伍。持续完善心理健康教育体系,加强专兼职队伍建设,健全多级预警机制。

撰稿:张 策

【教育教学】 召开本科教育教学工作会议,制订"南开卓越公能人才培养体系"3.0版方案,实施"十四五"规划精品教材建设行动。制定基础学科拔尖人才培养系列举措,一体推进"拔尖计划2.0"和"强基计划",完成首届"强基计划"学生本研衔接。加强一流专业与一流课程建设,入选第二批国家级一流课程28门。完善通识课程体系,推出新生研讨课等创新举措。研究制订研究生教育高质量发展行动方案,提出全面深化研究生教育教学改革若干举措。制定教学成果奖励办法,遴选重点改革项目近百项。深化招培就一体化改革,完善专业动态优化

调整机制。压实招生工作责任制,学院部门结对包省,协同各地校友会,全力做好招生工作,生源质量再创新高。扎实抓好就业工作,校领导带头访企拓岗,多措并举拓宽就业渠道。

撰稿:张 策

【学科建设】 用好第五轮学科评估结果,进一步找准南开优势与国家需求、世界前沿的结合点,完善学科顶层规划,优化调整学科布局。加强基础学科、新兴学科、交叉学科建设,探索学科建设"揭榜挂帅"制度,进一步激发学科建设内生动力。制定国家急需学科专业领域引导发展清单,重点培育数字经济、人工智能等具有战略意义的学科增长点。出台《交叉学科管理暂行办法(试行)》,理顺交叉学科发展体制机制,凝练四大学科群的建设思路,加强前沿交叉学科平台建设。完成2022年度"十四五"规划和"双一流"建设一体化评价,优化完善评价实施方案,强化评价结果运用。

撰稿:张 策

【人才队伍建设】 持续加强教师思想政治工作,深化政治理论学习制度,健全师德师风建设长效机制。完善教师荣誉体系,在教师节隆重表彰优秀教师,强化典型示范引领作用。坚持师德违规"零容忍",严肃处理师德失范行为。强化高层次人才战略布局,着眼汇聚大师、战略科学家、领军人才和顶尖团队,完善"人才特区""百人计划"等系列升级版人才政策,用好国际人才论坛等多种渠道,增强海内外人才引育竞争力,高层次人才保持快速增长势头,全年新引进和入选国家"四青"以上人才53人次。深化人事管理体制机制改革,加大绩效考核力度。

撰稿:张 策

【科学研究】 加强重大科研平台建设,牵头建设或参与的4个全国重点实验室全部获批,有序推进元素有机化学国家重点实验室重组。揭牌2个教育部重点实验室,成立有机新物质创造前沿科学中心、碳中和交叉科学中心等。全年获批重点研发计划项目课题30项,南开团队在动力电池、脑机接口、病原细菌进化、微操作机器人系统等研究领域取得重大突破。哲学社会科学研究重镇优势持续彰显,成立社会学院、南开—泰康保险与精算研究院、中共党史党建研究院、出版研究院,加强APEC联合研究平台建设。"中国自主知识体系的南开贡献"系列专稿陆

续刊发,《新时代政治思维方式研究丛书》《拜占庭帝国大通史》等重要编著出版,第二届21世纪马克思主义高峰论坛等高端会议成功举办。全年获批国家社科基金重大项目7项、冷门绝学研究专项项目3项,南开学者在数字经济等领域连续发布年度研究报告,中国式现代化发展研究院等多篇咨政建议为政府决策提供重要参考。

撰稿:张　策

【社会服务】　助力甘肃省庄浪县乡村振兴,学校主要负责同志直接对接推动,在产业、人才、文化、教育、消费帮扶等方面深度发力,丹参示范种植、洋芋艺术工坊等初见成效。在全国布局建设80余个中国式现代化乡村工作站,遍布23个省级行政区,形成优质调研报告20余份,新华社等40余家媒体广泛报道。助力打造天津科技创新高地,深度参与天津市重点项目天开高教园科创园建设,发布首支校友创投基金"新开湖基金",遴选130余个优质项目在园区注册入驻。举办"新开湖论坛"等系列校友活动,为学校建设和经济社会发展助力赋能。

撰稿:张　策

【国内外交流合作】　加强与地方政府、科研院所、企事业单位等战略合作,与新奥集团建立国内首家认知科技创新中心,与国际疫苗研究所共建国内首个联合研究中心,以叶嘉莹先生百岁华诞为契机举办"中华诗教"国际学术研讨会。把握粤港澳大湾区战略机遇,加力推动南开国际先进研究院建设。推动与中国气象局、武清区政府、中国农业银行、北京银行、火山引擎等签署合作协议,深入推进与三峡集团等机构合作。拓展与国际一流高校和科研机构深度合作,与英国牛津大学等14个国家和地区的28所高校机构签署协议。举办"中国式现代化与全球发展国际研讨会""天津论坛2023"等高水平国际会议。积极参与全球教育科技治理,深化同联合国工业发展组织、世界工程组织联合会等国际组织的交流合作。

撰稿:张　策
审稿:任　一

天津大学

【概况】　天津大学有卫津路校区、北洋园校区和滨海工业研究院校区。卫津路校区占地136.2万平方米,北洋园校区占地243.6万平方米,滨海工业研究院校区占地30.9万平方米。学校有全日制在校生38484人,其中本科生18955人,硕士研究生13707人,博士研究生5822人。有教职工4855人,其中院士13人,国家杰出青年科学基金获得者67人,国家优秀青年科学基金获得者101人,国家"万人计划"领军人才58人,青年拔尖人才44人,教授1025人。

学校坚持以学生发展为中心,着力培养具有家国情怀、全球视野、创新精神、实践能力,并能引领未来的卓越人才。坚定不移用习近平新时代中国特色社会主义思想铸魂育人,深入推进"三全育人""五育并举"人才培养综合改革。作为全国新工科建设工作组组长单位,提出新工科"天大行动",在全国率先发布新工科建设"天大方案"并迭代更新,牵头建设"新工科教育国际联盟""全国新工科教育创新中心"。获2022年国家级教学成果奖特等奖1项、一等奖3项,获奖总数位列全国第一。有国家级教学名师奖获得者9人;国家级教学团队9个;国家级工程实践教育中心12个;国家级实验教学示范中心7个;国家级虚拟仿真实验教学中心3个;国家级一流课程82门;国家级虚拟仿真实验教学一流课程16门;国家级双语教学示范课程6门;国家级一流本科专业54个;全国"基础学科拔尖学生培养计划2.0基地"5个;全国"强基计划"专业5个;国家级人才培养创新实验区10个;全国示范性专业学位研究生联合培养基地4个。获批国家卓越工程师学院,入选国家首批未来技术学院建设单位、首批国家储能技术产教融合创新平台、首批国家级创新创业学院、全国博士研究生教育综合改革试点高校、首批学位授权自主审核单位、首批工程硕博士培养改革专项试点高校、首批"国优计划"试点高校,形成科学研究、产教融合、创新创业的全链条人才培养体系。储能技术、新材料和生物医疗器械3个领域获批国家急需高层次人才培养专项。65%以上的毕业生选择到国家重点行业地区、行业领域和单位地区建功立业。

学校坚持"强工、厚理、振文、兴医、交叉(融合)"的发展理念,形成了工科优势明显、理工结合,经、管、文、法、医、教育、艺术等多学科协调发展的综合学科布局。有74个本科专业,47个一级学科硕士点,34个一级学科博士点,37个博士后科研流动站。14个学科领域进入ESI前百分之一,其中4个进入ESI前千分之一,工程学科领域进入ESI前万分之一。两个学科入选教育部教学改革"101计划"。面向国家战略、基础前沿和新兴领域,培育建设13个学科交叉平台，成立天津大学学科交叉中心，深入推进"天智计划"。牵头培育组建的"天津化学化工协同创新中心"成为全国首批14个"2011协同创新中心"之一。持续深化医工交叉融合，有13家附属医院及医学中心。

学校科研实力雄厚，聚焦"四个面向"，不断强化有组织科研，取得了丰硕成果。获批建设国家重大科技基础设施——大型地震工程模拟研究设施、合成生物学前沿科学中心、天津市国家应用数学中心、天津环渤海滨海地球关键带国家野外科学观测研究站等国家级科研平台。累计获国家科学技术奖励22项，获批国家重点研发计划项目156项，形成酵母长染色体合成、内燃机复合循环理论与方法、"海燕"混合驱动水下滑翔机、水利工程智能仿真与智能建设、脑机接口芯片等一批高水平成果。建设全国首批中华优秀传统文化传承基地。生物安全战略研究中心牵头制定的《生物安全科学家行为准则天津指南》被世界卫生组织列为全球生物安全道德准则。学校共有6个全国（国家）重点实验室、5个国家工程（技术）研究中心、3个国家国际科技合作基地，另有教育部、天津市重点实验室等省部级重点科研平台142个。

撰稿：庄哲明

【教育经费收入与支出】 2023年，天津大学教育经费总收入568900万元，比上年减少117500万元，下降17.12%。其中财政拨款预算收入228400万元、事业收入269900万元、债务预算收入14100万元、非同级财政拨款预算收入24600万元、投资预算收益1600万元、其他预算收入30300万元。全年教育经费总支出556600万元，比上年减少143900万元，下降20.54%。其中人员经费支出270000万元，公用经费支出286500万元。学校资产总额1800900万元，比上年增加130100万元，增长7.79%；净资产1261300万元，比上年增加96200万元，增长8.26%。

撰稿：庄哲明

【教育教学改革】 2023年，学校继续深入落实立德树人根本任务，不断深化教育教学改革，努力培养拔尖创新人才。持续提升教育教学质量。提出本科人才培养"3I"体系（课程质量提升工程、教材高质量建设行动、领航计划），完成2023版培养方案修订工作。加强研究生核心课程建设，5门课程入选首批全国专业学位研究生在线示范课程。健全教育质量管理体系，启动教育质量监测平台建设。27个项目

获2022年国家级教学成果奖，获奖数量位列全国第一，其中，《新工科教育》成果获评特等奖。超过65%的毕业生选择到国家重点行业地区、行业领域和单位地区建功立业。深入推进"三全育人""五育并举"人才培养综合改革。实施"时代新人铸魂工程"，高标准推动马克思主义学院建设，实现"习近平新时代中国特色社会主义思想概论"公共课、专业必修课、"四史"选择性必修课和思政类选修课"应开尽开"。继续为本科新生选聘师友导师，加强研究生导师队伍建设，强化导辅协同育人，健全"一站式"学生社区综合管理模式，加强体美劳教育和心理健康教育，构建"大思政"工作格局。7个案例获天津市"三全育人"优秀案例。入选首批"国优计划"试点高校。承办中国国际大学生创新大赛（2023）。全力保障"青年红色筑梦之旅"启动仪式、中国国际大学生创新大赛（2023）冠军争夺赛、大赛优秀项目资源对接会暨落地项目签约仪式等各项活动顺利开展。组织师生积极参加赛事活动，参赛项目和参赛人数创历史新高，并获23项金奖，金奖总数位列全国第一。

撰稿：庄哲明

【师资队伍建设】 2023年，天津大学实施新时代人才强校战略，着力建设高水平师资队伍。把师德师风作为教师素质评价"第一标准"，严格招聘和准入制度，完善教师荣誉体系建设，营造浓厚师德文化氛围。激光及光电测试技术团队入选"全国高校黄大年式教师团队"。"天津楷模"王东坡的事迹在全市引起强烈反响，掀起学习热潮。系统优化人才支持政策，启动一院一策和人才特区建设，深入推进职称制度改革。落实新时代辅导员队伍综合改革方案，拓宽辅导员选聘渠道，完成首批辅导员人才计划岗位人员评聘。推动管理岗位宽带薪酬、高水平实验技术队伍、专职研究队伍、异地研究院人员聘用等改革，激发各类人才活力。制定教师发展中心建设规划，启动系列专题培训研修项目。全年新增14位国家级领军人才、42位国家级青年人才，新增长江特聘学者5人、青年长江学者8人，新增8个博士后流动站，新增数量位居全国高校第2位，全国博士后创新创业大赛获奖总数和金奖数均位列全国高校首位。

撰稿：庄哲明

【学科建设】 2023年，天津大学着力优化学科布局、激发学科创新活力，聚焦高质量发展，努力打造一流学科生态。高质量完成第二轮"双一流"中期

自评,谋划推进国家级学科交叉中心建设,构建交叉学科和学科交叉研究生培养协同机制。14个学科领域进入ESI前百分之一,其中4个学科进入ESI前千分之一,工程学科进入前万分之一。36个学科上榜软科世界一流学科排行榜,3个学科位居全球前10名。创新人才培养模式,努力推进未来技术学院、卓越工程师学院以及国家储能技术产教融合创新平台建设,深入推进工程硕博士试点工作,探索形成科学研究、产教融合、创新创业的全链条人才培养体系。发布医工交叉人才培养"天大模式",正式启动天大首个牵头的教育部"101计划"(智能医学工程专业)建设。先进内燃动力全国重点实验室、水利工程智能建设与运维全国重点实验室顺利进入全国重点实验室体系,新增合作共建先进医用材料与医疗器械等全国重点实验室2个,国家大型地震工程模拟研究设施土建工程完成联合验收,与滨海新区签署协议共建环渤海滨海地球关键带国家野外科学观测研究站;新增建设教育部重点实验室2个、教育部医药基础研究创新中心1个,牵头建设的脑机交互与人机共融海河实验室正式揭牌成立。

撰稿:庄哲明

【科学研究与社会服务】 2023年,天津大学紧紧围绕"四个面向",坚持创新引领,加强有组织的科研,进一步完善科技创新体制机制,服务高水平科技自立自强,充实国家战略科技力量。全年获批国家重点研发计划31项,累计项目承担数继续保持全国高校前列;获国家自然科学基金资助340项,其中"杰青"项目3项,"优青"项目11项,重点重大类项目28项;获批万人领军计划7人;获批人文社科重大重点项目4项、国家级社科项目21项,获批数再创新高。完善科技成果转化市场化运作模式,推动科研成果转移转化。与行业头部企业共建新型校企联合研究机构10家,签署千万级横向合作项目11项,创历年新高。实施《天津大学科技创新服务天津经济发展三年行动方案(2023—2025)》,与中船七一八研究所、新奥集团共建校企集成攻关平台,与在津企业新签横向合作项目612项,合同总经费3.23亿元,较去年增长17.88%。6个学科群入选新一批天津市高校服务产业特色学科群建设名单。全力参与天开高教科创园建设,为入驻项目提供全链条"一站式"服务。推动与地方政府、央企及行业头部企业合作,与海南省、厦门市、中国农业银行等签署战略合作框架协议9份。服务各地区各行业终身学习需求,累计培训

3.2万人次。完善内部管理机制,按照"一院一管委会"原则,成立异地研究院校内管理委员会12个,提升管理运营效能。与兰州交通大学、龙岩学院续签协议,与榆林学院建立对口支援关系。为宕昌县投入和引进资金2050.63万元,培训人员6656人次,采购744.1万元,帮助销售1124.98万元,超额完成任务。相关工作得到国家乡村振兴局高度肯定,并被教育部简报单篇推介,2篇案例获评帮扶类典型项目。

撰稿:庄哲明

【对外合作与交流】 2023年,天津大学持续深化国际交流合作,努力提高国际化办学水平。建设世界大学生创新创业联盟,打造涵盖60余家国际一流高校和知名企业的成员体系。在日内瓦万国宫与英国伦敦城市大学联合主办"从《科学家生物安全行为准则天津指南》到'国际生物安全教育网络(IBSEN)'"联合国边会,发展生物安全国际教育网络。中国—东盟工科大学联盟成员单位拓展至8国26所高校。天津大学佐治亚理工深圳学院在校生规模突破400人,校区建设稳步推进,获批广东省第一批碳达峰碳中和试点项目。福州校区与新加坡国立大学硕士合作办学项目完成首届硕士生招生工作,福州联合学院首次入榜ESI全球化学学科前1%。与海南省签署合作协议,共建天津大学海南国际校区。承办教育部国际产学研用会议天津分会场,促进中外联合研究生培养。培育学生全球胜任力,选派13名学生赴国际组织实习实训。加强高水平全英文课程体系建设,国际工程师学院再次获CTI三年期认证。实施"留学天大"工程,持续深化"读懂中国"系列活动,培养知华友华爱华的国际学生。

撰稿:庄哲明

【治理体系和治理能力现代化】 2023年,学校坚持和完善党委领导下的校长负责制,持续深化体制机制改革,着力建设充满活力、富有效率、更加开放、有利于高质量发展的治理体系。全面修订《天津大学学术委员会章程》和《天津大学学位评定委员会章程》,完成新一届学术委员会和基层学术委员会,以及学位评定委员会换届工作。加强教代会、学代会建设,重塑医学部、发展规划处等组织架构,提升内部治理能力。系统梳理"十四五"以来规划执行情况、任务举措和交付成果,完成学校"十四五"规划中期评估工作。完成中央预算管理一体化编报工作,

逐步实现项目预算立项、资金执行的全流程管理,加强审计监督和内控建设,促进校院两级优化制度流程33项。统筹发展与安全,全面梳理整治学校安全风险隐患,扎实开展国家安全巡查教育工作,完善实验室安全管理体系,加强消防安全管控,联合公安部门建立四级电信网络诈骗预警机制,推进《天津大学交通安全管理规定》落实落地,强化校园交通安全治理,积极应对安全领域大战大考,有效提升风险防范和处置能力,开展多渠道、全方面、覆盖全体师生的校园安全宣传教育,师生安全意识不断提升;完善校园网络安全与信息化服务体系,适度布局教育新基建,完成双校区有线、无线网络升级改造项目,校园网络质量得到明显提升,深化信息一体化建设,推动融合门户、一网通办等平台应用,有效改善办公、服务支撑能力;加快推动新一代智慧物联科技创新平台、国家储能技术产教融合创新平台等一批重大基本建设项目,破解征拆、施工难题,实施六里台学生宿舍周边室外环境、郑东图书馆等各类修缮项目共83项,办学条件持续改善;推进暖心校园建设,提升后勤服务和健康保障水平,持续开展"我为师生办实事"实践活动,完善接诉即办机制,切实增强师生员工获得感、幸福感、安全感。

撰稿:庄哲明

【校园文化建设】 2023年,学校坚持以文化人,努力打造一流文化高地。加强文明校园建设,成功举办第十二届世界校友代表大会,推动"天大·海棠季""红叶季""书香校园"等文化品牌建设,通过2021—2023年度天津市文明校园考查,入选天津市精神文明建设先进候选名单,入选首批天津市科学家精神教育基地。

撰稿:庄哲明

【党的建设】 2023年,学校深入贯彻落实党的二十大精神,坚持和加强党的全面领导,着力提升政治功能和组织力。深入贯彻落实党的二十大精神,召开天津大学第十一次党员代表大会,作出"六个着力""五个坚定不移"的工作部署,这是学校贯彻落实党的二十大精神的工作思路、现实措施、具体行动。制订党代会重点任务实施方案,明确责任分工和完成时限,确保落地落实、见行见效。围绕"教育强国、天大何为"召开党委全委会,提出服务教育强国建设的10方面具体举措。召开推动学校高质量发展研讨会,把高质量发展的要求贯彻到办学治校全过程各方面。组织开展党委常委会集体学习22次,及时跟进学习习近平总书记重要讲话精神,研究部署贯彻落实举措,切实用党的创新理论武装头脑、指导实践、推动工作。充分发挥党委理论学习中心组"头雁"作用,广泛开展校、院两级党委理论学习中心组专题学习及联学,实现理论学习全覆盖。精心设计5个学习专题,明确48条重点学习内容,引导党员干部依托理论学习中心组、专题读书班、"三会一课"等载体,通过个人自学、集中研学、联学互学等多种形式学思践悟、细照笃行。设立"党的二十大精神"专题研究项目50项,校院两级邀请专家开展理论辅导报告85场次,举办"我们这十年"学校事业发展成就展、天津楷模王东坡教授事迹报告会等,引导广大师生在"学中讲、讲中干、干中信"。聚焦8个方面选题,校院两级"同题共研",校领导班子确定选题12个,各院级单位确定选题310个并有序开展调研,细化各类问题968个,采取措施1000余条,持续将调研成果转化为解决问题、促进工作、服务师生的思路办法和工作举措。坚持当下改、长久立、系统治,深入推进整改整治,着力解决制约学校高质量发展的深层次问题和师生反映强烈的突出问题,5个校级专项整治项目、38个校级整改问题、356个院级整改问题全部完成。

撰稿:庄哲明
审稿:刘 畅

中国民航大学

【概况】 中国民航大学是中国民用航空局直属,中国民用航空局、天津市人民政府、教育部共建高校。学校以服务航空运输业、航空制造业,"两业融合"为特色,是天津市"双一流"建设高校和高水平特色大学建设高校。学校坚持立德树人根本任务,落实价值塑造、能力培养、知识传授三位一体教育理念,着力培养高素质科技创新人才、专业技术人才和国际化人才。

学校总占地208.6万平方米,总建筑面积104.7万平方米,有天津东丽校区、宁河校区2个校区,朝阳飞行学院、内蒙古飞行学院、新疆天翔航空学院3个飞行训练基地。

学校构建了"顶尖安全、一流交通、知名航宇、精品信息、交叉理学、特色文管"民航完备学科生态体系。有安全科学与工程一级学科博士授权点和博士后科研流动站,14个一级学科硕士授权点,7个专业学位硕士授权点。安全科学与工程一级学科入选天津市一流学科和天津市高校顶尖学科培育计划。交通运输、航空宇航和民航信息安全与应用等5个学科群入选天津市特色学科(群)。

学校有教职工2138人,专任教师1617人,其中正高178人、副高378人。拥有长江学者特聘教授、国家杰出青年科学基金获得者、国家"万人计划"科技创新领军人才等国家级人才9人,天津市"131"创新型人才培养工程、天津市杰出青年科学基金获得者、民航科技创新人才推进计划等省部级人才100余人。

学校有博士研究生69人,硕士研究生3593人,来华留学生133人,本科生23398人,专科生2663人。

学校拥有46个本科专业和6个专科专业,其中8个国家级一流本科专业建设点、3个国家级特色专业、3个国家级专业综合改革试点专业、4个教育部卓越工程师教育培养计划专业、16个天津市一流本科专业建设点、5个天津市卓越工程师教育培养计划专业、9个天津市品牌专业、8个天津市特色优势专业建设项目、8个天津市应用型专业建设项目。交通运输和通信工程2个专业通过教育部工程教育认证,电子信息工程专业为教育部CDIO工程教育模式改革试点专业,中欧航空工程师航空工程研究生层次学科领域加入教育部、天津市卓越计划,飞行器制造工程、飞行器动力工程、电子信息工程3个专业通过国际航空认证委员会(AABI)认证。学校有1门课程获批教育部精品视频公开课,6门课程获批国家一流本科课程,2门课程获批教育部课程思政示范本科课程,38门课程获批天津市一流本科课程,4门课程获批天津市课程思政示范本科课程,4门课程获批天津市创新创业教育特色示范课程,2部教材获评国家级"十四五"职业教育规划教材,4部教材获批天津市本科课程思政优秀教材。

学校拥有国家级实验教学示范中心2个,国家级虚拟仿真实验中心1个,全国示范性工程专业学位研究生联合培养基地1个,国家级工程实践教育中心1个,天津市级实验教学示范中心9个,天津市级虚拟仿真实验中心2个。学校(不含新疆天翔航空学院)有飞行教学训练飞机72架、机务维修实习飞机27架、各类训练模拟机/器176套、各类飞机发动机56台。

学校图书馆有馆藏纸质图书251万册、电子图书331万册、数据库108个,与全球知名航空制造企业合作共建中商飞、空客、波音、赛峰资料室,开通中商飞在线、波音在线、空客在线网站,可直接访问相关技术资料。

撰稿:李 岩 郑树桐 任 升
胡占尧 宋程成

【教育经费收入与支出】 2023年,学校教育经费总收入199303.47万元,比上年减少8291.23万元,下降3.99%。其中财政拨款收入125679.80万元、行政事业性收费收入66765.62万元、其他收入6858.05万元。全年教育经费总支出187180.96万元,比上年减少26876.25万元,下降12.56%。其中公用经费支出103947.25万元,人员经费支出83233.71万元。

撰稿:张力嘉

【本科层次教育教学】 2023年,新获批8个本科专业。3个教育部新工科研究与实践项目顺利结题。4个教育部、3个天津市新文科研究与改革实践项目完成中期检查工作。获批2个天津市现代产业学院建设单位,获批2门天津市劳动教育课程。新建智慧教室5间,公共课、专业课等课程均已进入智慧教室授课。开展7个教学实验室建设,学校有虚拟仿真实验教学建设项目30项,其中《飞机航电系统故障诊断与监测虚拟仿真实验》获批第二批国家级虚拟仿真实验教学一流课程。全年共支持18200人次学生开展校内外实习实训。

撰稿:胡占尧

【研究生层次教育教学】 2023年,设立研究生教改思政专项,资助思政专项10项;开设"新青年全球胜任力人才培养项目""交叉学科创新人才联合培养项目""航空工程创新实践项目";新增校级研究生联合培养基地16家,与所有民航重点实验室签署研究生联合培养协议;挂牌"中航大科技园创新实践基地",设立7个研究生产教融合创新项目—科技园专项;召开企业研究生实践对接会,14家公司提供129个实践岗位;4个项目入选天津市首批产教融合研究生工作站;3个案例入选教育部学位与研究生教育发展中心主题案例;9个项目获批天津市高等学校研究生教育改革研究计划项目;获得第九届中国国际大学生创新大赛天津市金奖1项,铜奖6项,第十八届研究生电子设计竞赛华北赛区一等奖1项、三等奖2项,研究生科研英语演讲比赛全国特等奖1项。

撰稿:刘 萱 马 凯

【科技研究和社会服务】 2023年，获批国家级项目54项、省部级项目81项，发表论文353篇、专著21部，获专利授权263项、软件著作权60项，牵头获省部级及社会力量设奖奖项13项、参与奖12项，人才奖2项，实现科研总到账经费1.87亿元。完成"十三五"期间学校牵头7个大飞机专项和2个民机专项科研项目验收。创新平台"适航飞"和"适航发"条件建设项目完成财务审计验收；"民航信息技术应用创新实验室"获批天津市重点实验室；"通用航空研究中心"被认定为第四批天津市高校培育智库。成果推广和学术交流开辟新渠道，受邀参加第二届民航科教创新成果展、第七届世界智能大会、首届CATA航空大会、2023亚太地区创新科技及能力提升展览会。

撰稿：吕　洋

【打造思政教育品牌】 学校党委建制度、搭平台，以"大党建"促进"大思政"，拓展思政课程与课程思政的协同育人深度，成立"中国民航大学课程思政教学研究中心"，打造"1＋1＋2＋N"课程思政体系，即以习近平新时代中国特色社会主义思想课程群为牵引铸魂育人，1个平台资源（课程思政中心网站）助推课程建设上水平，2类竞赛联动（中国民航大学课程思政教学竞赛和"明德杯"大学生课程思政微课大赛）教学相长协同育人，N个单位（各职能部门和各专业学院）共同保障课程质量。在校党委领导下，学校入选天津市第二批"大思政课"综合改革示范校培育建设名单，获批1项教育部2024年度高校思政工作精品项目，11门专业课程入选2023年度民航行业课程思政典型案例，1名教师获2023年天津市大中小学"故事思政"微课大赛课程思政赛道二等奖。

撰稿：李利滨

【获批全国航空安全领域首个博士后科研流动站】 2023年，学校获批安全科学与工程一级学科博士后科研流动站，实现学校首个博士后科研流动站突破，也是全国航空安全领域和民航系统的首个博士后科研流动站，标志着学校已构建完备的"本—硕—博—博士后"人才培养体系，为学校学科建设、人才培养和科学研究提供更广阔平台。该学科成为全国航空安全领域理论与技术创新的重要平台和高水平科技创新人才培养的关键阵地。

撰稿：李　岩

【新增2个全国唯一民航特色专业】 2023年，新增飞行器运维工程和航空安防管理2个专业。飞行器运维工程专业是中国民航史上首个行业专属的本科专业，也是首个正式以航空运维为关键内涵的本科专业，本专业立足民航运输业"智慧运维"人才培养，以满足运输航空、通用航空智慧运维技术保障及运维能力提升的人才要求，适应航空制造业航空器及零部件维修设计与运营支持专门人才需求，培养在运输航空、通用航空和航空制造等相关行业胜任飞行器运维工程科学研究、技术开发、工程应用及运维管理工作的高素质、国际化、复合型工程技术人才。航空安防管理专业以掌握航空安防管理理论与方法，熟悉航空安全、安保法规与标准，以有效预防和制止危害空防安全行为为重点，致力于培养航空安防领域高质量的专业技术和管理人才。

撰稿：胡占尧

【科学研究水平显著提升】 重点项目攻关成绩斐然，获批国家自然科学民航联合基金重点项目4项，约占资助总项数的20%；牵头主持3项国家重点研发计划项目，国拨经费达7500余万元；牵头获批工信部民机专项科研项目1项、参研23项；主持完成的科技成果获得省部级及社会力量设奖奖励13项，其中中国专利奖为学校首次获得，参与获得科技奖励12项，均创历史新高。学校获批武器装备科研生产单位二级保密资格，为学校进一步拓展申请或投标军工企业委托项目渠道提供重要支持。五大科技创新研究院有组织科技创新体系初具成效，聘任五大研究院（中心）院长和首席科学家，12支校聘科创团队签订入院协议。

撰稿：吕　洋

【双校区建设与运行】 宁河校区搬迁投运受到民航局、天津市、宁河区和社会各界的大力支持和高度关注。3月9日，宁河区在中国民航大学宁河校区举办捐赠仪式、音乐思政课专场宣讲和民航市集开街系列活动。6月19日，交通学院137名研究生作为学校首批研究生顺利搬迁入驻宁河校区。宁河校区绿色校园建设、可持续发展取得良好效果，一期能源工程获国家级高性能节能工程认证；二期工程项目可研、初设及概算获民航局批复，二期工程新征地约769亩，新建建筑面积54.04万平方米，项目投资52.38亿元。

撰稿：刘　阔
审稿：丁　昕

河北工业大学

【概况】 河北工业大学的前身是创办于1903年的北洋工艺学堂，是中国最早的培养工业人才的高等学校之一，创办有全国最早的高校校办工厂。1929年改称河北省立工业学院，1995年更名为河北工业大学。学校1996年跻身国家首批"211工程"重点建设高校行列；2014年由河北省、天津市和教育部共建；2017年，入选国家"双一流"建设高校；2022年，入选新一轮国家"双一流"建设高校。

河北工业大学有天津市北辰校区、红桥校区和河北廊坊校区，天津市北辰校区位于天津市北辰区西平道5340号，占地面积约164.51万平方米；天津市红桥校区共有东院、南院、北院三个院区，总占地面积约35.41万平方米，学校注册地址为天津市红桥区丁字沽一号路8号；河北省廊坊校区位于河北省廊坊市广阳区新华路199号，占地面积约19.42万平方米。学校共有教职工2873人，在1757名专任教师中有正高级职称431人、副高级职称601人、中级职称623人，1473人具有博士学位；博士生导师449人，硕士生导师1393人。全日制在校生33161人，其中普通本科生23552人、硕士研究生8750人、博士研究生859人。学校设有20个教学机构，有64个本科招生专业，涵盖工、理、经、管、文、法、艺七大学科门类，有37个国家级一流本科专业建设点，20个专业通过工程教育专业认证/住建部专业评估。拥有1个国家"双一流"学科、2个国家重点学科、7个河北省"双一流"学科、20个河北省重点学科、6个天津市顶尖学科和服务产业特色学科群、7个天津市重点学科。拥有10个博士后科研流动站、11个一级博士学位授权点、26个一级硕士学位授权点、17个专业学位类别、28个专业学位硕士授权领域。建有省部共建国家重点实验室、国家级工程技术研究中心、国家地方联合工程实验室在内的国家和省部级科研平台65个。学校固定资产总值43.26亿元，其中教学科研仪器设备总值13.87亿元。藏书256.09万册。

2023年，学校围绕"奋进新征程 建功新时代"主题，高水平举办庆祝建校120周年系列活动。顺利开展两项专项重点工作，组织实施六大版块专题活动近千项。学校发布《河北工业大学服务"经济强省 美丽河北"行动计划（2023—2027）》，先后走访全省40多个市县、深入500多家企业开展蹲点式调研，与石家庄、唐山、沧州等地方政府共建电子信息、机器人、绿色化工等8个产业技术研究院，选派科研团队常驻，为当地企业提供产业转型支撑。学校开展教育思想观念大讨论活动。围绕涉及高等教育发展理念、办学指导思想、办学定位等一系列问题，在全校范围内开展研讨，累计开展学术会议近300场，走访高校、政府及教育主管部门、企业百余家，遴选资助8项校内调研课题，修订本科人才培养方案1套、研究生培养方案67套、其他制度文件方案20项。2023年，学校获批国家级项目132项，其中国家自然科学基金110项。

撰稿：王　轩　刘雨涵

【教育经费收入与支出】 2023年，学校教育经费总收入188100万元，比上年减少82400万元，下降30.46%。其中河北省一般公共预算拨款110000万元、教育事业收入32900万元。科研收入34500万元（不含财政补助科研收入），其中纵向科研收入15600万元、横向科研收入18900万元。其他收入10700万元。其他收入中包含校庆捐赠收入235.06万元，其中基金会来款79.67万元，其他捐赠来款155.39万元。全年教育经费总支出210800万元，比上年减少83400万元，下降28.35%。其中教育事业支出153900万元、行政管理支出9300万元；后勤保障支出7100万元、离退休支出8400万元、科研事业支出32100万元。

撰稿：张　建　张　楠

【党建工作】 学校严格政治标准，履行管党治党，办学治校主体责任。深入开展学习贯彻习近平新时代中国特色社会主义思想主题教育，成立领导小组，制订实施方案和6个工作方案，确保主题教育高质量推进。完成两轮校内巡查工作，对校内11个单位开展巡察。进一步健全学校党建工作体系，调整学校二级党组织设置，强化基层党组织书记抓基层党建工作述职评议考核及结果运用。完成乡村振兴驻村干部岗位轮换工作，驻村帮扶工作队持续助民增收，赤城县方家梁村被确定为2023年全县党建工作重点示范村。扎实做好干部选拔任用试用期满考核，完成处级领导班子和处级干部换届工作，全年共提任正处级干部27人、平调21人，提任副处级干部34人，平调24人，因年龄或任职年限等原因退出正处级领导岗位25人，退出副处级领导岗位14人。全面从严治党持续向纵深推进，强化监督执纪问责，构建起党委统一领导、全面覆盖、权威高效的监督体系;坚决落实中央八项规定精神,驰而不息纠治"四风",一体推进"三不腐"机制。共处置问题线索10件,正在办理案件1件,处理处分6人。学校认真贯彻执行保密法规政策,推进保密工作规范化、制度化建设,全年未发生失泄密事件。

撰稿:张　建　刘雨涵

【宣传思想文化工作】　以学习宣传贯彻习近平新时代中国特色社会主义思想为主线,扎实开展主题教学。以120周年校庆为契机,加强校园文化建设,举办建校120周年庆祝大会、排演大型情景史剧《兴工报国》;全新升级的校史博物馆正式开馆,展馆面积扩大一倍,并新增一批有价值的校史资料;出版《河北工业大学史》《报刊中的河北工大》(上中下三册)《百廿——河北工业大学图史》《河北工业大学校志》系列丛书;摄制并发布校庆宣传片《火种》和学校宣传片。学校获评2022年度全省教育系统宣传工作表现突出单位,获评教育部中国大学生在线2023年度官方视频号综合影响力百强高校,《中国青年报》、中青校媒2023年度全国本科院校视频号影响力百强高校。

撰稿:张　建　刘雨涵

【学科建设】　学校完成国家第二轮"双一流"建设中期自评和河北省"双一流"学科建设中期考评工作,完成预定建设目标;"集成科技芯片超精密加工"学科群获批天津市第二批高校服务产业特色学科群。建设先进装备工程与技术研究院、双碳研究院等新型科研机构;完成河北省第二批教育评价改革试点工作;工程学、材料科学、化学、环境与生态学4个学科在ESI全球前1%排名中稳步提升,工程学进入前1.6‰。

撰稿:张　楠　李亚函

【教育教学】　在全国31个省(自治区、直辖市)和港澳台地区共招收本科生5905人,录取分数分列河北省高校历史组、物理组第一;招收博士研究生214人,其中直博生2人、硕博连读生117人,普通招考95人;招收硕士研究生3399人,其中全日制硕士研究生3114人(学术学位1385人,专业学位1729人),非全日制专业学位研究生285人。授予博士学位143人,硕士学位2771人。2023届本科毕业生5671人,就业率90.25%。新增19门国家级一流本科课程。制定加强本科毕业设计(论文)"真题真做"工作实施方案,推进本科毕业设计(论文)"校企协同、真题真做"工作。完善博士研究生多元招生机制。修订硕博连读招生工作管理规定文件,提高硕博连读生优秀生源比例。加强教育教学研究与改革,将党的二十大精神全面融入课程思政。在第十三届"挑战杯"中国大学生创业计划竞赛中首捧"小挑""优胜杯",在第十八届"挑战杯"全国大学生课外学术科技作品竞赛中蝉联省内第一,刷新学校历史最佳;承办2023年"挑战杯"河北省大学生课外学术科技作品竞赛,累计104所高校1.2万件作品近7万名河北青年大学生参赛。1人获全国教学创新大赛一等奖,8位教师获省级德育先进工作者称号,1位教师获河北省辅导员年度人物提名。

撰稿:李亚函　佟珺琦

【科学研究】　全年到校科研经费4.10亿元,其中纵向到校经费2.21亿元,较上年增长27.75%,横向到校经费1.89亿元。获批国家级项目132项,其中国家级重大重点项目26项;国家自科基金110项,含联合基金集成项目2项、联合基金重点项目6项,重点项目1项,国际(地区)合作与交流重点项目1项、优秀青年科学基金项目2项,优秀青年科学基金(海外)项目3项;主持承担国家重点研发计划项目2项、课题9项;国家人文社会科学基金项目11项,含重点项目1项。新增省部级以上科研平台4个,其中国家部委创新机构1个(学校为共建单位),省级科研机构3个;与天津市红桥区、河北省张家口市等6个区/市建立全面合作关系,启动政产学研新型研发机构建设推进工作。学校被授予"全国科普教育基地",全年举办学术活动329场。"防护材料与结构"国防特色学科列入河北省国防特色学科建设序列。教育部重点实验室(B类)通过建设计划可行性论证。学校通过"GJB质量管理体系"再认证。持续开展"走百县、访千企、解万难"活动,推进地方产业研究院建设,成立13个技术转移分中心,组织参加各类科技成果对接活动超70场次,走访对接500多家企业,成果转化合同额达到5500万元。组织京津冀协同创新项目对接会、长三角科技成果对接会、现代农业科技成果对接会等对接洽谈活动60余场次,精深挖掘技术需求150项,签订技术合同25项,合同成交额达到3572万元。

撰稿:张　建　张　楠

【师资队伍建设】　完善师德师风制度建设;优化岗位管理体系,改进考核聘任机制;高层次人才引育数量进一步实现同比增长；推进人才项目申报与评审，完成高层次留学人才回国资助、引进留学人员资助等项目申报工作。引进人才76人，新增元光学者101人；引育国家级人才4人。2人入选中国博士后基金特别资助项目。12位学者入选全球前2%顶尖科学家"终身科学影响力榜单"。

撰稿：张　楠　佟珺琦

【学生工作】　评选262名本科省级优秀毕业生、47名省级三好学生、8个省级先进班集体。130名研究生获国家奖学金，89名研究生被评为省级优秀毕业生。严格按照各级资助政策开展本科生国家奖学金、国家励志奖学金以及国家助学金的评定工作，发放国家奖助学金共计1956.88万元，三助一辅岗位助学金2033人，发放金额702.49万元；为3366名学生提供勤工俭学岗位，发放勤工俭学补助168.54万元；为家庭经济困难学生办理助学贷款累计3324.9万元。省级高校辅导员思政教育视频公开课大赛获一等奖1项，优秀奖2项，学校获评优秀组织单位；获省级高校辅导员素质能力大赛决赛团体一等奖和2个单项奖；获省级高校辅导员工作精品项目一等奖1项、二等奖1项。

撰稿：张　楠　佟珺琦

【交流合作】　在建校120周年之际，以"新时代高等工程教育：机遇与调整"为主题，在雄安新区主办2023中外大学校长论坛，共同交流研讨高校国际化发展的整体目标与路径；学校成为教育部境外办学咨询组成员单位；亚利桑那工业学院融合中美教学资源，创新"荣誉课程+科研训练+企业实践"的三位一体人才培养模式；与新西兰梅西大学达成共识，共建"河北工业大学新西兰校区"；推进廊坊分校国际化建设，与加拿大卡普顿大学签署备忘录，开展科研合作和师生交流。

撰稿：张　建　崔雨萌

【管理服务】　调整优化机构设置，明确机构岗位职责，构建系统完备、分工合理、职责明晰、运行高效的管理服务体系。开展议事协调机构和规范性文件清理工作，优化工作流程，提高工作效率。完成河北省知识产权公共服务网点建设项目和图书馆大数据综合展示平台建设，持续推进档案数字化信息化建设。全面改版公共服务平台，升级智慧运行中心，丰富学校移动门户应用功能，推进学校数字化转型。

持续完善"接诉即办"机制，深入开展"我为师生办实事"活动，完善"河工'意'家"师生意见反馈系统，及时解决师生急难愁盼问题。学历继续教育到校学费大幅增长，成立非学历教育培训中心，培训项目数量和到校培训费实现较大增长。交付使用北辰校区多功能风雨操场，完成省部共建国家重点实验室大楼主体建设。建设39间智慧教室，完成公共教学楼共享学习空间升级改造和国家教育考试标准化考点系统建设。完善校园基础公共设施建设，完成红桥校区宿舍、食堂、体育场、楼宇外檐提升改造工程。持续完善人防、物防和技防建设，多措并举严防电信网络诈骗，维护校园道路交通安全。全面实现互联网+明厨亮灶工程，严格把控校园食品安全。

撰稿：张　建　崔雨萌
审稿：田晓勇

天津师范大学

【概况】　天津师范大学始建于1958年，原名天津师范学院，1982年更名为天津师范大学，是天津百年师范教育的传承者，天津基础教育文脉发祥地。学校于2020年荣膺全国文明校园。2021年进入国家教育强国推进工程优质师范大学建设行列。2023年成为教育部与天津市政府共建学校。学校设有3个学部、19个学院。有全日制在校学生35232人，其中本科生26477人、硕士研究生6195人、博士研究生742人、国际学生1082人、高职学生736人。校园占地233.33万平方米，含771亩自然湖泊湿地。学校建筑面积85.08万平方米。新建改造9.58万平方米京津冀教育协同实训基地，2023年7月竣工交付使用。

学校学科门类齐全，学科建设水平不断攀升。有74个本科专业，其中26个专业获批"双万计划"国家级一流本科专业建设点，14个专业获批"双万计划"省级一流本科专业建设点。有11个博士学位授权一级学科和1个教育专业博士学位授权点，31个硕士学位授权一级学科，19个专业硕士学位授权类别，9个博士后科研流动站。学校2个学科入列教育部优先支持发展学科，2个学科入列教育部优先支持发展学科集群行列，2个学科进入A类，10个学科进入B类学科以上。先后获批国家重点学科2个，市顶尖学科培育建设学科4个，市一流学科7个，市重点学科18个，市特色学科（群）15个，市服务产业特色学科群4个。化学、材料科学、工程科学、环境科学与生态学4个学科进入"ESI"排名全球前1%，马克思主义学院入列全国重点马院。

学校科研能力稳步提升,高质量科研实践基地丰富。学校获批国家级重大项目22项、国家级重点项目29项、国家级项目393项;获高校人文社科研究优秀成果奖一等奖2项、二等奖4项、三等奖11项、青年奖2项;获全国教育科学研究优秀成果奖二等奖2项、三等奖2项;入选全国哲学社会科学成果文库3项;获天津市哲学社会科学优秀成果奖特等奖3项、一等奖46项、二等奖79项,天津市科学技术奖一等奖4项。拥有教育部人文社会科学重点研究基地1个,教育部省部共建协同创新中心1个,教育部中华优秀传统文化传承基地1个,国家语言文字推广基地1个,全国科普教育基地2个;天津市重点实验室5个,社科实验室4个,天津市科普基地7个,省市级工程中心1个,"一带一路"联合研究中心1个,国际联合研究中心3个,天津市科技创新智库1个,校企协同创新实验室1个,省部级科研平台总量达到37个。

学校高层次人才聚集,师资队伍精良。在校教职工2561人。国家级顶尖人才称号7人,国家特支计划哲学社会科学领军人才、国家教学名师、国家杰出青年科学基金项目获得者、"百千万人才工程"国家级人选、文化名家暨"四个一批"人才等国家级人才77人次;两院外籍院士2名,双聘院士3人;天津市杰出津门学者、天津市特聘教授、天津市青年学者等省部级人才118人次。国务院学位委员会第八届学科评议组成员3人;专业学位教育教指委副主任委员1人、委员2人;教育部高等学校教学指导委员会副主任委员1人、委员10人;世界汉语教学学会会长1人,中世纪史委员会会长1人,教育部高等学校小学教师培养教学指导委员会委员副主任委员1人;中学教师培养教学指导委员会委员1人,第四届全国教师教育课程资源专家委员会委员1人,学校教师获评"全国道德模范提名奖""全国优秀教师""人类学终身成就奖""全国最美思政课教师""全国最美辅导员"等荣誉称号,白学军教授领衔的"天津师范大学学生心理发展与健康"教师团队入选"全国高校黄大年式教师团队"创建示范活动名单。

学校主动融入京津冀教育协同发展,建立"京津冀生态文明发展研究院""京津冀心理健康与社会治理中心""京津冀国际中文教育交流中心""京津冀教师发展协同创新中心";服务国家古籍保护重大需求,建立"古籍保护研究院";积极服务天津"1+3+4"现代工业产业体系及12条产业链建设,83家以智能科技、信创产业为主体的科创企业进驻天开高教科创园核心区或西翼,同百度等企业共建地理空间信息现代产业学院。学校3个智库入选天津市高端智库(含培育智库1个),7个智库入选天津市高校智库(含培育智库1个),11个智库入选中国智库索引(CTTI)来源智库,1个智库入选CTTI高校智库百强榜,天津市高校智库发展研究中心落户学校。

撰稿:李 杨

【教育经费收入与支出】 2023年,学校教育经费总收入161393.21万元,比上年减少6655.27万元,下降3.96%。其中财政拨款收入97606.29万元,自筹经费收入63786.92万元。自筹经费收入中教育事业收入36383.58万元,科研事业收入6908.29万元,其他收入20459.04万元。全年教育经费总支出160075.09万元,比上年减少5691.42万元,下降3.43%。其中教育事业支出92138.20万元,科研事业支出8677.76万元,行政管理支出5216.20万元,后勤保障支出34921.76万元,离退休支出2544.22万元,其他支出16576.96万元。总支出中人员经费支出86592.85万元,其中工资福利支出71825.43万元,对个人和家庭补助14767.42万元。

撰稿:李 杨

【教育教学改革】 高质量开好"1+N+X"习近平新时代中国特色社会主义思想课程体系9门专业必修课,不断深化习近平新时代中国特色社会主义思想"三进"工作。制订《加强思想政治理论课教师阶梯式培养实施方案》,建立思政课教师成长电子档案、"拉手磨课"研习平台、"三入八讲"实训工作坊,实施"金课优师"接力计划,持续探索"全链条、多维度、一体化"思政课教师阶梯式培养体系。深入推进课程思政建设,学校所有课程实现课程思政全覆盖。持续推进"三全育人"改革,全方位探索"1+6+N""一站式"学生社区综合管理模式建设,获评教育部优秀案例。加强一流本科教育,新增7门国家级一流本科课程,获评国家级教学成果奖2项,4个教师(团队)分获天津市高校教学创新大奖一二三等奖。制定《天津师范大学本科生导师制实施意见》。修订2023级本科人才培养方案,提升课程对培养目标和毕业要求的支撑效果。进一步聚焦OBE教育教学理念,修订20个师范专业培养方案、教学大纲。接受教育部本科教育教学审核评估,全面审视教育教学工作,积极推进以评促改,以评促建。制定学校《研究生教学管理规定》,规范研究生教学。分类推进学术学位和专业学位研究生培养模式改革,获批天津市研究生科研创新项目111项,资助校级科研创新项目90项;推进专业学位教学案例建设,4项选题入围教育部学位与研究生教育发展中心主题案例征集。发挥产教融合示范性研究生联合培养基地作用,获批2个天津市产教融合研究生工作站。在首届天津市研究生优秀教学成果奖评审中,学校获评特等奖1项、一等奖4项。

撰稿:李　杨

【内涵建设】　实施冲击"双一流"建设学科行动,新增环境科学与生态学学科进入"ESI"排名全球前1%,进入"ESI"排名全球前1%学科达到4个。新增化学、地理学2个一级学科博士后流动站。做好教育部4个优先发展学科(群)建设规划和落实工作。规范交叉学科设置和管理,制定《天津师范大学交叉学科设置与管理办法》,获批2个天津市服务产业特色学科群。做好学位授权点对应调整工作,新增6个硕士学位授权点。集聚马克思主义理论、政治学、历史学、新闻传播学等学科,成立"新时代马克思主义研究院"。加强地理学学科集群建设,成立京津冀生态文明发展研究院,聚焦京津冀生态文明发展前沿理论和现实科学问题,开展大学—政府—产业协同创新研究,建立国家科技部三大序列(国家重点实验室、工程中心、观测台站)之一的首例大都市群观测研究台站,建设具有天津特色的国家水平"一院、一站、一基地",打造区域绿色发展的重要智囊和决策智库。举办首届天津师范大学京津冀基础教育论坛,努力打造基础教育高质量创新发展的新模式、新样本、新高地。充分发挥国家教师发展协同创新实验基地的示范引领作用,承办教育部新时代教师发展协同创新工作会议,以新时代发展理念引领新时代教师教育高质量发展。以师范类专业第三级认证标准为目标推进师范类专业建设,组织6个专业对标制订培养方案。强化教育实践资源建设和过程管理,精准师范生数据和教育实践信息管理。推进各专业实践基地资源共建共享,遴选示范性教育实践基地40所。加强学生师范能力提升,38名师生前往雄安新区开展支教工作,60名师生代表赴新疆和田地区开展实习支教工作。贯彻落实科教兴市人才强市战略,强化服务能力建设促进科技创新发展。学校获批国家级社科项目34项,其中国家级社科重大项目2项、重点项目2项;获批第十八届天津市社会科学优秀成果奖57项,其中特等奖1项、一等奖13

项,位居市属高校第一;获批天津市哲学社会科学规划课题36项、天津市艺术科学规划课题17项。获批国家级科技项目36项,2项科技成果获天津市科学技术进步奖。授权国家专利75项,其中发明专利73项,科研创新能力逐步增强。组织选派25名教师申报企业科技特派员,为天津中小科技型企业提供技术指导,解决技术难题,助力企业自主创新能力提升;6名教师作为农业科技特派员,助力天津市农业健康发展,努力实现以人才的高质量发展带动学校技术转移转化生态的优化。举办第八届国际高端人才论坛,扎实推进"人才强校"战略。实施顶尖领军关键人才引育行动,充分发挥优先发展学科(集群)、A类学科、京津冀教育协同发展实训基地和学校重要国家级平台的吸附作用,引进聘用马克思主义理论资深教授、地理学科顶尖人才到校工作。招聘各类人员91名(其中高级职称人员21名),引进高水平人才16名,1人入选国家"万人计划"科技创新领军人才项目。加强教师思想政治和师德师风建设,召开传达学习贯彻习近平总书记教师节重要指示精神师生座谈会,营造浓厚学习氛围。坚持师德师风第一标准,师德集中学习教育全覆盖。学校学生心理发展与健康教师团队入选"全国高校黄大年式教师团队"。

撰稿:李　杨

【合作交流】　深入推进校地、校企合作,落实部市共建战略合作协议实施方案,制订《天津师范大学落实〈教育部　天津市人民政府战略合作协议〉工作实施方案》。承办市教育两委"高校主要负责同志推进教育强市建设专题培训班"和与北京大学首个联合培训项目"协同推进教育强国建设专题培训班",完成《天津市干部教育培训高校基地建设情况调研报告》。与天津市民政局、泰康健康产业投资控股有限公司签署合作协议,与天津市应急管理局共同创建应急管理部重点实验室,与中国日报社签署战略合作协议。深化与高水平大学校际合作,持续深化与北京师范大学战略合作,与天津大学签署战略合作协议,聚焦深化产教融合、科教融汇,集中理工类、文史类各具特长的学科和专业优势,精准交叉互补。深入推进国际交流合作,与12所海外大学签署友好合作协议。高质量参加世界中文大会并签署国际中文教育联合培养协议,高水平承办"用英语讲中国故事"系列活动。举办教育部中外语言交流合作中心世汉学会"国际中文教育"专栏高水平期刊出版单位工作会议、受教指委委托举办国际中文教育专业学位核心课程全国骨干师资培训,承办组织全市教育系统领导干部外事能力提升培训。持续提升国际化办学水平。与教育部中外语言交流中心合作共建"国际中文教育发展研究院",高质量建设教育部与天津市政府共建"天津师范大学国际中文教师教育学院",与汉考国际、越南城东大学合作建设国内和越南首家中文学测中心。实施国际化办学水平提升行动,大力拓展提升学校国际中文教育的引领力、影响力,率先开展疫后赴境外留学生招生工作,积极承接国家各类培养项目,创新举办"TNU之夏""你好·天津"短期研学营,促进1300余名长短期留学生落地来校学习,为对外开放注入新动力。

撰稿:李　杨

【学校治理】　坚持依法治校,严格落实重大事项决策合法性审查工作健全学校风险防范机制。扎实开展法治宣传,以法治思维和法治方式引领、推动、保障学校事业高质量发展。进一步推进"放管服"改革力度,修订学校政府采购需求管理实施办法、差旅费管理办法、培训费管理办法、会议费管理办法等,探索上线"差旅服务平台",努力为广大师生提供更加高效、便捷、满意的校园服务。制定《天津师范大学建设工程项目审计实施办法》,不断完善审计体制机制建设,学校审计处获年度全国内部审计先进集体称号。完成智慧校园一期有线网络和身份认证、学生公寓三期无线网络升级、网络安全态势感知部署等建设项目,形成业务系统升级和硬件支撑、物联网建设等深化设计方案,并通过专家组论证,5G通讯与校园网融合通过测试,实现无感知认证。充分发挥"师生热线事事通"平台作用,建立并不断完善月反馈制度,探索建立回访制度,处理师生咨询、投诉、求助等各类信息近万条,"事事通"真正成为师生信赖的排忧解难、纾解情绪、加深理解的平台。扎实推进民心工程十件实事,引入高校最大星巴克咖啡,对校园屋面防水、室内外基础设施进行全面修缮,完成生活区体育场、网球场篮球场全面提升改造,提升体育设备设施标准,不断优化提升校园基础设施设备条件。持续加强餐厅监督管理,全力守护师生舌尖上的安全。应对秋冬季节传染病高发,校医院24小时应诊,开设药品预定及配送服务,师生足不出校便可享受优质医疗服务。深化平安校园建设,召开安全稳定工作会议、交通安全工作推动部署会,修定《天津师范大学道路交通安全管理规定》,加

大校园交通安全管理整治力度,压实消防安全主体责任,制订学校2023年秋冬及明春火灾防控工作方案,全面开展安全检查,组织开展消防应急疏散逃生演练。持续健全实验室安全管理制度,构建预防为主的实验室安全管理长效机制。

撰稿:李　杨

【党建工作】　把深入学习宣传贯彻党的二十大精神作为贯穿全年工作的主题主线,广泛开展主题学习教育宣传活动。开展各级各类宣讲活动400余场次,覆盖5万余人次。制定学校《2023年理论学习重点安排》,发挥党委理论学习中心组"旗舰"作用,全年校院两级党委理论学习中心组共组织555次集中学习,专题研讨223次,举办理论报告会(讲座)93场。校党委理论学习中心组经验在全市教育系统党委理论学习中心组学习交流会上进行交流,《天津日报》予以刊发。组织专家学者围绕党的二十大精神、党的创新理论等开展理论研究阐释,在《人民日报》《光明日报》《马克思主义研究》等重要报刊刊发理论文章87篇,获评天津市理论宣讲个人、天津市优秀理论宣讲报告、"理响新征程·礼赞新时代"天津市基层理论宣讲员大赛一等奖。制订《关于深入开展学习贯彻习近平新时代中国特色社会主义思想主题教育的实施方案》等8项相关制度文件,成立主题教育领导小组及领导小组办公室,确保各项工作落实落地。举办读书班以学铸魂,突出调查研究,校院党委领导班子成员、各职能处室主要负责同志结合自身分管领域和工作职能,贴紧师生群众诉求开展调研,确定调研课题178个,形成可转化的思路办法、政策举措、长效机制324条。坚持边学习、边对照、边检视、边整改,深入查找问题23个,制定整改措施78条,针对9个问题开展专项整治、制定整治措施34条,切实以推动学校高质量发展和提高师生获得感、幸福感、安全感的新成效检验主题教育成果。坚决抓实市委巡视反馈意见整改工作。学校党委深入学习贯彻习近平总书记关于巡视工作的重要讲话精神,认真对照市委巡视反馈意见,成立整改工作领导小组,研究制订整改方案。制定194项具体整改措施。巡视反馈的4个方面29个具体问题全部完成整改,学校切实把巡视成果转化为推动学校高质量发展的硬招实招,有效破解学校发展中存在的深层次矛盾和问题,持续激发建设高水平师范大学的内生动力。全力抓好意识形态工作责任制专项检查反馈问题、市委巡视专题报告二"五类问题"整改工作,完成10方面整改

任务、81项整改措施。制订学校贯彻落实《关于进一步筑牢意识形态安全防线的实施方案》任务分工，推动意识形态工作责任落实到教育教学全领域、各环节。落实意识形态工作"三早"要求，每季度召开意识形态研判会和风险隐患排查，有力处理倾向性苗头性问题。加强报告会管理，制定印发《关于进一步加强教师校外学术讲座管理的通知》，规范教师外出讲学活动，强化"双备案"、提前报备等规定落实，全年共审批报告会510场，其中涉外报告会37场。坚持把政治标准放在选人用人工作首位，建立"三畅通一保障"干部识别机制，着力打造高素质专业化干部队伍。2023年以来配合市委组织部推荐正局级领导干部1名、副局级领导干部3人；提拔正处级领导干部18人，轮岗交流正处级干部32人，提拔副处级领导干部48人，轮岗交流副处级干部51人（其中2名干部推荐到市教委进一步使用），深化干部教育培训体系建设，建立"一把手"党性锻炼培训、处级干部和支部书记全覆盖专题培训、中青年骨干教师和"政治人才工程"以及支部书记党务干部示范培训的"1+2+3"干部教育培训体系，着力提升干部队伍素质能力。完善正向激励机制建设，修订《天津师范大学处级领导班子和处级干部年度考核工作实施办法》，坚持"五必谈"制度，对21名工作、生活遇到困难的干部进行慰问。做好党支部书记轮训工作，举办党支部书记示范培训班、新任党支部书记培训班和学生党支部书记主题教育网络培训班，党支部书记的理论水平和履职能力进一步提高。加强党员队伍建设，举办3期入党积极分子培训班、2期发展对象短期集中培训班、2期预备党员培训，共培训人数4291人。发展党员1159人，其中发展教师党员10人，3人为高层次人才，1人为"双高"人员。全面落实"三会一课"、主题党日、组织生活会、民主评议党员、谈心谈话等组织生活制度。创新活动形式，以"3+X"主题党日为模式，结合支部特点开展理论学习、实践活动等党日活动，3个支部获教育系统"创最佳党日"活动，1人获教育系统主题教育优秀精品"微党课"评选一等奖，学校获评优秀组织奖。加强党外代表人士队伍建设，强化党外代表人士思想政治引领，组织开展民主党派统战团体负责人中心组学习，积极报送党外人士意见建议及学校统战工作信息，学校获评"天津市统战信息工作先进单位"。充分发挥老同志的正能量，制定《天津师范大学关于加强新时代关心下一代工作委员会工作的实施办法》，与市关工委、市教育系统关工委联合成立"习近平新时代中国特色社会

主义思想和党的二十大精神"研学基地，发挥"王辅成师德工作室"的榜样引领作用，关工委报告团全年开展校内外宣讲近百场，受众三万余人次。坚持党建带团建，召开第十四次学生代表大会和第四次研究生代表大会，深入开展团员和青年主题教育，广泛开展各级各类思想引领类活动。召开学校第七届教职工代表大会第三次会议、第十一届会员代表大会第三次会议，探索"工会+"工作模式，围绕学校中心工作丰富教职工文体活动，引导教职工听党话、跟党走。举办2023年校友毕业三十年返校纪念大会、2024届校友联络员聘任仪式暨培训活动，不断完善校友工作体系，充分发挥校友资源在学校发展中的作用。

撰稿：李　杨
审稿：封旭红

天津医科大学

【概况】　天津医科大学的前身天津医学院创建于1951年，著名内分泌学家、医学教育家朱宪彝教授为首任校长。1994年6月天津医学院与天津第二医学院正式组建成立天津医科大学。1996年12月成为天津市唯一的国家"211工程"重点建设市属院校，2015年10月成为天津市人民政府、国家卫生健康委员会和教育部共建高校，2017年9月入选国家"世界一流学科"建设高校，2022年2月成为第二轮"双一流"建设高校。

天津医科大学是国家最早批准试办八年制的2所医学院校之一，也是首批试办七年制的15所院校之一。学校有气象台路与广东路2个校区和7所大学医院。有本科专业21个，设有19个学院（系）和1个独立学院。全日制本科以上在校生11659人，其中本科生5522人、硕士生4141人、博士生1206人、学历留学生790人。

学校（包含大学医院）有各类专业技术人员8566人，其中正高级749人、副高级1536人。拥有国家级人才143人次，其中中国工程院院士2人、中国科学院院士1人、外籍院士1人；国家杰出青年科学基金获得者14人及优秀青年科学基金获得者11人；国家"万人计划"领军人才8人及青年拔尖人才7人，教育部长江学者15人，国家百千万人才工程人选15人；科技部"973"首席科学家4人；国家人社部有突出贡献专家17人；国家卫生健康委员会有突出贡献中青年专家15人，教育部"新世纪优秀人才支持计划"

18人。

有国家级一流本科专业建设点15个、天津市一流本科专业建设点2个、国家级特色专业5个、国家级专业综合改革试点1个、国家级教学团队2个、天津市级教学团队24个、天津市级教学名师34人,5个教学团队和10名教师获得天津市"在抗击疫情工作中课程思政优秀教学团队和优秀教师"称号;国家级精品课程7门、国家级精品资源共享课5门、国家级精品视频公开课3门、国家级双语示范课程3门、国家级一流本科课程15门,天津市级一流本科建设课程29门;天津市级课程思政示范课程(优秀团队、教学名师)10项,获批首届全国教材建设奖3项、全国教材建设先进个人1名,天津市级课程思政优秀教材6部;国家级人才培养模式创新实验区3个、国家级实验教学示范中心3个、国家级大学生课外创新实践基地2个、国家临床教学培训示范中心2个,医学影像技术专业虚拟教研室入选教育部首批专业建设类虚拟教研室;医学技术现代产业学院获批天津市现代产业学院建设单位。学校获国家级教学成果一等奖1项、二等奖3项,市级教学成果特等奖3项、一等奖14项、二等奖19项。

有一级学科博士学位授权点10个,博士专业学位授权点2个;一级学科硕士学位授权点12个,硕士专业学位授权点6个。博士后流动站6个。博士生导师514人,硕士生导师1681人。

拥有国家重点学科5个,天津市重点学科18个;天津市顶尖学科3个,天津市高校服务产业特色学科(群)6个;9个学科领域进入全球基本科学指标数据库(ESI)学科排名前1%,其中临床医学进入ESI全球排名前1‰;联合组建并获批全国重点实验室2个,省部级重点实验室29个,研究所16个,天津医学表观遗传学协同创新中心获批省部共建协同创新中心。有科技部国际科技合作基地1个、天津市国际科技合作基地14个、科技部重点领域创新团队1个、教育部创新团队2个并获滚动支持。"十二五"以来,学校共承担省部级以上纵向项目3180项,经费超16亿元;获省部级及以上科技奖励144项,包括国家科学技术进步二等奖1项,教育部高等学校科学研究优秀成果奖7项,何梁何利奖1项,天津市科技重大成就奖1项,天津市国际科技合作奖1项,天津市科学技术进步特等奖4项、一等奖24项,天津市自然科学一等奖2项。2016年学校获批科技部"创新人才培养示范基地"。

学校大学医院拥有国家临床重点专科21个、国家区域医疗中心输出医院1个、委市共建国家区域医疗中心4个;获批全国疑难病症诊治能力提升工程建设项目1个,科技部授予国家级示范基地1个,国家级"科教兴国示范基地"1个,国家级糖尿病标准化诊疗示范中心1个,全国改善医疗服务先进典型医院3个。5所大学医院获批10个国家临床医学研究中心(天津市分中心),其中肿瘤医院是首批国家恶性肿瘤临床医学研究中心。

学校先后与26个国家和地区的98所大学和科研机构建立学术交流与合作关系,在医学和生物医药领域开展高水平国际合作,聘请162位世界知名医学专家、教授担任学校各学科的名誉教授和客座教授,成立"外国专家顾问委员会",推动学校国际化发展。

撰稿:林　峤

【教育经费收入与支出】　2023年学校教育经费总收入167370万元,其中上年结转15476万元,本年总收入151894万元,比上年(146364万元)增加5530万元,增长3.78%,主要为学校新校区建设财政专项经费增加。其中一般公共预算财政拨款58604万元、政府性基金预算财政拨款53192万元、教育收费事业收入15122万元、其他事业收入14036万元、其他收入10940万元。全年教育经费总支出167370万元,其中结转下年15306万元,本年总支出152064万元,比上年(145259万元)增加6805万元,增长4.68%,主要是人员经费、专项债券利息和"双一流"专项支出增加。其中人员经费支出48657万元(包括工资福利支出36855万元、对个人和家庭的补助支出11802万元)、公用经费支出103407万元(包括商品和服务支出32735万元、债务利息及费用支出4690万元、资本性支出65982万元)。

撰稿:王　妍

【"双一流"建设与战略发展】　学校对标天津"十项行动",顶层设计,谋划并实施"十大专项行动",着眼于教育发展、科技创新、人才引育、医疗服务等多方面协同发力,近百项重点行动计划和机制改革举措启动实施,有力塑造了"双一流"建设和高质量发展的新动能新优势。学校保持快速发展的良好势头,高质量完成"双一流"建设中期自评,ESI全球排名稳步提升,新增申报11个天津市顶尖学科,重大疾病(肿瘤)精准免疫产业转化和数字健康医疗2个学科群获批天津市服务产业特色学科群。

撰稿:陈洁莉

【师资队伍建设】 深入实施人才强校战略,优化人才机制体制。坚持师德师风第一标准,党委教师工作委员会抓实教师思想政治和师德师风建设。修订实施《天津医科大学高层次人才引进与培养工作实施办法》。实施临床人才培养123攀登计划,构建"学科领军、学术骨干、青年新星"分层培育体系。丰富引才方式,拓宽引才渠道,举办海内外青年学者卓越论坛、国际青年创新发展论坛。建立校院两级人才服务机制,强化领导干部联系高层次人才制度,设立人才服务专员。全年引进高层次人才21人;培育国家级人才5人,其中2人获国家卫健委突出贡献中青年专家称号,1人入选国家"特支计划"青年拔尖人才项目;1支团队入选国家级专家服务基地,2支团队入选天津市级专家服务基地。完善博士后体系建设,扩容提质人才蓄水池,新增生物学、药学2个一级学科博士后科研流动站;16人获中国博士后科学基金面上、特别等资助,1人获"博新计划"资助;获第二届全国博士后创新创业大赛银牌1项、铜牌2项。"加强人才引领驱动,促进教育高质量发展"获天津市学校"三全育人"优秀案例奖。

撰稿:焦红兵

【教育教学】 全年共招收本科及以上学生3239人,其中本科生1336人、硕士研究生1477人、博士研究生426人。共授予学位3410人,其中学士学位1569人、硕士学位1289人、博士学位552人。大力推进拔尖创新人才培养,夯实"朱宪彝班"人才培养项目建设,启动实施"未来医学家""未来医学科学家"培养计划,打造吸引优质生源、培育杰出人才的育人品牌。认定国家级一流本科课程9门、市级11门,主编国家级规划教材6部,1部教材获评人民卫生出版社70年精品力作。推进产教深度融合,获批天津市现代产业学院建设点1个。3个国家级实验教学示范中心完成阶段性验收。实施研究生教育质量提升行动,以服务需求为导向,适度扩大招生规模,全年招收博硕士研究生同比增幅分别达9.23%和5.35%。完善学科布局,新建二级交叉学科转化医学博士点,调整医学技术专业学位授权点,3个专业学位授权点完成学位授权点专项核验。深化招生选拔制度改革,探索实施硕博连读"3+3"培养模式,打通学硕专博升学通道。加强导师队伍建设,4名导师获评"天津市优秀青年研究生指导教师"。获批天津市产教融合研究生工作站2个。教育教学能力持续提升,教师获第三届教师教学创新大赛天津赛区二等奖2项、

三等奖2项,天津市教学改革项目9项。学生学业竞争力不断增强,获市级以上基础学科竞赛奖50项,其中特等奖4项。获国家级大学生创新创业训练计划项目18项,天津市级项目37项。在"挑战杯"竞赛中,19个项目分获特等奖和一、二、三等奖。3名学生获评"中国大学生自强之星"奖学金,1名学生获评全国大学生西部计划优秀志愿者。

撰稿:何津岩 李晓霞

【科研创新】 把握创新核心地位和科技自立自强战略方向,加快布局建设关键核心技术集成攻关平台,加速汇聚创新资源,推动科技成果转移转化。加强重大科技创新项目培育机制建设,出台《国家自然科学基金专项提升工作的指导意见》,全年获批各类科研项目430项,国家自然科学基金项目157项,直接经费8051万元,重大项目质量实现跃升,获批重点国合项目3项、重点项目2项、优青项目2项;首次获批创新研究群体项目1项,实现市属高校零的突破。聚力打造"国家级—省部级—校级"科研平台梯队,抢抓国重、市重整合重组契机,获批重组建设"血液与健康""药物成药性评价与系统转化"2个全国重点实验室;获批教育部重点实验室1个,4个团队进入细胞海河实验室建设队伍;进一步发挥学校、大学医院医教研协同创新优势,筹建天津医科大学结构生物学中心,激发自主创新"源动力"。积极投身天开高教科创园建设,完善学校专利成果库,4家企业入园。成立天津医大科技园有限公司,加强转移转化队伍建设,全年获专利授权45件,科技成果转化15项,合同金额达1.27亿元。获第5届"科学探索奖"1项。

撰稿:戚 红

【大学医院工作】 深化落实医改重点任务,制定大学医院智慧医院发展规划,总医院"国考"重返全国百强行列。启动首批临床专病研究中心培育项目,探索基础研究向临床应用快速转化新路径。启动大学医院临床科主任互聘、临床科室负责人任期制工作。印发《天津医科大学医疗服务质量提升行动实施方案》,着力提升医疗水平和患者就医体验。支持朱宪彝纪念医院升级发展,制定工作方案,完善督导考核。布局和推进优质医疗资源扩容和科学配置,加快紧密型医疗集团化发展。新增国家临床重点专科8个。总医院、肿瘤医院入围"2022年度中国医院排行榜(复旦版)"和"2022年度中国医院科技量

值(STEM)"，总医院神经外科学、肿瘤医院肿瘤学跻身学科排行前五强；总医院、第二医院入围"2021届顶级医院100强"。总医院获批承建"中毒类国家医疗应急队伍"，获批国家级示范基地1个。肿瘤医院秦皇岛医院成功获批"第五批国家区域医疗中心项目"。第二医院获批市级专家服务基地，建立"环渤海"远程机器人培训示范中心。眼科医院建立天津市眼部疾病临床医学研究协同网络。口腔医院3个专科成为国家口腔医学中心专科联盟成员单位。

撰稿：杨立成

【交流与合作】 学校以京津冀协同发展重大战略为牵引，制定实施协同发展行动方案及项目规划，与唐山市政府、河北医科大学、承德医学院、天津市疾控中心等达成战略合作，推进京津冀战略走深走实。拓展与高水平大学战略合作，与香港理工大学签订战略合作协议，聚焦眼视光学领域，深化高水平医教研合作平台建设；与天津体育学院建立战略合作关系，共建医体融合新模式。与天津市疾病预防控制中心开展合作，携手推动高水平公共卫生学院建设。加快推进"一带一路"合作体系建设，与新加坡国立大学开展高水平科研合作，与斯里兰卡科伦坡大学签署战略合作备忘录。获批教育部国际合作联合实验室、科技部高端外国专家引进计划各1项。举办中国整合肿瘤学大会(CCHIO)等高水平国际会议10场，承办教育部国际产学研用合作会议分会场研讨会。举办海外名师讲坛8场。1名外籍专家获2023"海河友谊奖"。8名教师获批国家公派高研访学博士后项目，选派50名学生赴牛津、剑桥等开展交流访学。

撰稿：陈洁莉 吴旭东

【公共服务体系建设】 新校区建设全面提速，多渠道筹集建设资金，积极争取新增中央预算投资，扎实推进资产盘活筹资，一期工程单体全部竣工，三期工程所有楼宇主体封顶，二、四期工程前期手续有序推进。开拓知识产权信息服务，加强特色知识产权资源库建设。创新档案工作模式，深化远程查档利用服务。推进大型仪器资源共享，打造实验室安全文化。出台对外投资管理办法，完成资产公司股权划转。推进平安校园建设，健全完善安全管理制度，构建网格化安全责任体系。严抓食品安全管理，完成食堂经营模式转换；制定保管自修公有住房置换管理办法，规范保管自修公有住房置换工作；推进

健康学校建设，加强传染病防控及健康教育。

撰稿：王 华 杨立成 王卫国 常 红

【党建与组织工作】 扎实开展学习贯彻习近平新时代中国特色社会主义思想主题教育，校院两级领导班子成员确定调研课题99个，深入一线座谈、访谈，摸实情、找问题、听建言，共谋发展良策。持续深入学习贯彻党的二十大精神，落实市委、市政府"十项行动"，谋划并实施学校"十大专项行动"，着眼于党的建设、教育发展、科技创新、人才培养和医疗服务协同发力，有力塑造"双一流"建设的新动能新优势。高质量做好市委巡视反馈意见整改落实，按照"三级递进"标准，健全机制，举一反三，有力确保整改成效。优化干部队伍结构，新选拔任用(含校聘)处级干部8名，进一步使用3名，交流6名，组织实施科级管理岗位竞聘上岗，优化机关处室干部配备；抓实干部从严管理，强化全方位管理和经常性监督；健全干部考核评价体系，充分发挥"指挥棒"作用。调整学校党的建设工作领导小组组成，修订工作职责，强化对基层党建的全面领导；以"强本领、赋能力、促成长"为目标，举办首届党支部书记论坛和"双带头人"教师、临床医技科室、学生、行政等4个党支部书记分论坛，学好支部经验，加强支部工作；强化基层党建载体建设，深入推进"一学院一品牌、一支部一特色"1+N基层党建品牌创建培育，指导基层制定"5+N"菜单式主题党日活动清单；修订完善基层党建百条常见问题清单、党费收缴、使用和管理办法等，编制基层组织工作系列图解，不断夯实基层基础。锲而不舍落实中央八项规定精神，坚决整治"四风"问题，研究制定关于严格执行中央八项规定精神的贯彻落实举措，严明纪律规矩；会同派驻纪检监察组，深入开展医药领域腐败问题集中整治，营造风清气正医疗环境；聚焦廉政风险点开展风险排查，前移预防关口，查找堵塞机制漏洞；举办第三届"静怡清风"廉政文化作品大赛，汇集师生作品700余件，营造清正廉洁的浓厚氛围；1件作品获评全国高校廉洁教育系列活动优秀作品；发挥政治巡察利剑作用，新建或修订巡察工作规划(2021—2025)等11项制度，对4个基层党组织开展常规巡察。全面加强党对统战工作的领导，引导推动各民主党派、无党派人士、党外知识分子开展"凝心铸魂强根基、团结奋进新征程"主题教育，推动"一党派一特色"建设。大力弘扬劳模精神、劳动精神、工匠精神，举办"永远跟党走，奋斗新征程"竞答、青年教师教学竞赛、"巾帼心向

党　最美半边天"等系列主题活动,完成学校二级基层工会换届工作。筑牢团员青年思想阵地,学习贯彻团十九大部署,分层分类深入开展团员和青年主题教育工作,校团委连续25年获评全国"三下乡"社会实践优秀单位,3个团队获评全国重点实践团队,1个集体获全国青年文明号称号。

撰稿:卫丽君　孙　彬

【思想政治工作】　加强思想引领,开展"习近平总书记与大学生在一起"学习分享、"我和我求学的城市"等主题活动,引导广大青年学子勇担时代使命、强化责任担当。深化"大思政课"综合改革,与南开大学等联合成立天津市"大思政课"实践教学联盟,创建"天津市网络思政名师工作室"培育项目,持续巩固全国医科院校学生思想政治教育联盟建设成果,为培养卓越创新人才贡献天医的智慧力量。助力大中小学思政教育一体化建设,与全市百余所中小学签订课后服务协议,普及健康科普知识,依托学校育人资源协同打造共建共享育人平台。依托天津市学校心理健康教育与资助育人研究基地开展调研培训,成立天津市生命教育与成长发展中心,承办全市心理健康专题培训,面向社会万余名学生开展生命意义教育。持续升级新时代五好大学助力腾飞计划,构建"三扶、五育、五方联动"发展型资助育人体系。完善研究生思政育人体系,制定实施建设方案,构建学校、学院、导师、辅导员、研究生五位一体、良性互动的研究生思政育人格局。

撰稿:朱春梅　李晓霞　林　怡

【思政课程与课程思政建设】　完善以习近平新时代中国特色社会主义思想为核心内容的思想政治理论课课程群建设,成立习近平新时代中国特色社会主义思想概论教研室,加强人员配备,夯实理论基础,高标准推动课程建设。制订《思政课程提质增效行动计划》,整合教学资源、创新教学形式、加强师资配备,开展集中督导与反馈,提升思政课质量。加大思政课教师阶梯式培养力度,为新入职教师配备"教学导师",制订思政课教师考评办法,建立科学考核评价机制。思政教学成果获市思政课协同创新中心教研课题立项8项、市教育系统国家安全宣传教育调研课题1项,学生团队在市高校大学生思想政治理论课公开课大赛中获一等奖。充分发挥思政领航,培育课程思政示范课程、优秀教学案例,建成500余个教学案例;建设校级课程思政优秀教案38门。大力加强马克思

主义理论学科建设,调整和凝练三个学科方向特色,依托思政课重点实验室、健康中国研究中心,开展服务于国家战略和医学事业发展的决策咨询研究。

撰稿:王　菁　何津岩
审稿:宋振强

天津科技大学

【概况】　天津科技大学是中央和地方共建、天津市重点建设高校,是以工为主,工、理、文、农、医、经、管、法、艺等学科协调发展的多科性大学,是天津滨海新区唯一一所本硕博教育体系完整的大学。学校创建于1958年,时名为河北轻工业学院。1968年,学校更名为天津轻工业学院。2002年,经教育部批准,学校更名为天津科技大学。2013年,原天津经济技术开发区职业技术学院并入。

学校有滨海、河西2个校区,总占地153.32万平方米,总建筑面积90.25万平方米,运动场总面积13.07万平方米;图书馆馆藏图书204.85万册;固定资产总值342895.56万元;有专业学院(教学部)15个,在校生2.7万余人,教职工2182人(其中专任教师1426人,教授、副教授710人),院士7人(含双聘),国家特支计划等国家级重大人才工程人选27名,天津市杰出人才、天津市杰出津门学者、天津市特聘教授等省部级人才148名。学校有本科招生专业57个,其中17个专业入选国家级一流本科专业建设点,15个专业入选天津市一流本科专业建设点。建有"发酵工程"国家重点学科,轻工技术与工程、食品科学与工程2个学科获上级重点支持并入选天津市高校顶尖学科培育计划。有轻工技术与工程、食品科学与工程、化学工程与技术、机械工程4个一级学科博士学位授权点和生物与医药专业学位博士授权点,20个一级学科硕士学位授权点和12个硕士专业学位授权类别。农业科学、化学、生物学与生物化学、工程学、材料科学5个学科进入ESI全球排名前1%,其中农业科学排名接近前1‰。高分子科学学科在U.S.News学科排名位居全球第21位。学校建有省部共建食品营养与安全国家重点实验室、生物源纤维制造技术国家重点实验室、代谢控制发酵技术国家地方联合工程实验室、国家新农村发展研究院等国家级及省部级科研平台51个。建有天津科技大学科技园,被认定为首批天津市大学科技园。获批"国家专利协同运用试点单位""高校国家知识产权信息服务中心",入选首批国家知识产权试点高校建设单

位,顺利通过知识产权"贯标"认证。

撰稿:任超杰

【教育经费收入与支出】 2023年,学校教育经费总收入114992.51万元,比上年减少23326.05万元,下降16.86%。其中财政拨款收入62401.63万元、新增国有资本经营预算财政拨款收入0.24万元、教育事业收入22107.56万元、科研事业收入23543.21万元、其他收入6940.11万元。全年教育经费总支出110914.97万元,比上年减少23603.44万元,下降17.55%。其中教育事业支出69341.75万元、科研事业支出20347.13万元、行政管理支出9180.14万元、后勤保障支出11328.92万元、离退休人员支出716.63万元、其他支出0.24万元。在总支出中:用于工资福利支出63128.69万元,用于商品和服务支出32448.62万元,用于对个人和家庭补助支出10484.51万元,用于债务利息支出458.50万元,用于资本性支出4394.41万元,新增对企业补助0.24万元。

撰稿:薄舒敏

【党建工作】 学校党委将党的建设和全面从严治党主体责任落实情况纳入岗位奖励绩效和中层领导班子任期目标,压实基层党委(党总支)落实全面从严治党主体责任。制定并严格落实《天津科技大学关于严格贯彻落实中央八项规定及其实施细则精神的若干举措》。持续抓好全国"双创"和天津市"领航工程"建设,推动党建工作提质增效。高质量组织开展年度以及学习贯彻习近平新时代中国特色社会主义思想主题教育专题民主生活会、组织生活会。指导化工与材料学院党委、体育部党总支、图书馆党总支和86个基层党支部按期进行换届选举。指导人数超过30人的43个学生党支部完成拆分调整,推动基层党支部结成33个党建互学小组。积极推进与北京科技大学天津学院共建,与教育系统党建互学小组成员单位互学互促,协同创新。制定干部队伍建设规划任务分解台账,召开基层党委(党总支)书记联席会(扩大会议),专题部署干部队伍规划工作。全球公开招聘引进3名人才,分别担任艺术设计学院院长和食品科学与工程学院、海洋与环境学院学术院长。提拔处级干部7人,科级干部23人。交流轮岗处级干部24人次,科级干部39人次,对22名处级干部开展试用期满考核。选派局级干部参加上级调训15人次,处级干部参加上级调训7人次,科级干部参加上级调训14人次。选派7名干部、16名优秀年轻教师外出实践锻炼。研究制定《天津科技大学中层领导班子及领导干部考核工作实施办法(试行)》《天津科技大学非教学机构(单位)年度绩效考核工作方案》,首次开展非教学机构(单位)年度绩效考核评议工作。创新党员教育培训方式方法,制作党员教育"红色地图",全年共发展党员1212名,其中发展高知群体、青年教师党员4名。

撰稿:李 冰

【习近平新时代中国特色社会主义思想主题教育】 学校党委紧密围绕"学思想、强党性、重实践、建新功"的总要求,推动学习贯彻习近平新时代中国特色社会主义思想主题教育走深走实。强化理论武装,组织全校师生党员读原著、学原文、悟原理。面向全校处级及以上领导干部举办为期7天的主题教育读书班,党支部依托"三会一课"、主题党日等形式,通过交流研讨、宣讲阐释、案例教学、线上培训等方式组织党员开展学习。处级及以上领导干部讲专题党课155场次,198名党支部书记和身边先进典型讲"微党课",其他形式宣讲120余次,覆盖15000余名师生。全校师生党员围绕5个专题深入开展研讨,共查摆问题47980个,提出整改措施48159条。深入开展调查研究,校院两级领导班子主要负责同志主持制定调研计划,聚焦推动学校事业发展的重点难点问题确定调研课题58个,开展调研295次,收集意见建议384条,解决问题162个。持续深化"我为群众办实事"实践活动,坚持开展"四个走遍",落实重点信访事项"校领导办案"和"接诉即办"制度,处级及以上领导干部下访接访364次,为民办实事解难题205件。深化应用"实事通"师生服务平台,主题教育期间妥善受理回应各类问题诉求3664件。坚持检视整改,建立问题清单,校党委层面查摆问题25个,制定整改措施95条,基层党委(党总支)层面查摆问题204个,制定整改措施495条,已全部整改到位。校院两级领导班子召开专题民主生活会,机关党委和各基层党支部召开专题组织生活会,深入开展党性分析,严肃开展批评与自我批评,从思想根源上查摆问题、解决问题。坚持建章立制,建立完善长效工作机制,巩固深化主题教育成果,主题教育期间共建立长效机制25项。

撰稿:张 颖

【巡视整改】 成立学校巡视整改工作领导小组,市有关领导同志担任第一组长,党委主要负责同志担任组长,党委副书记、校长和分管校领导担任副组长,其他党政副职、校党委常委及市纪委监委驻校纪检监察组负责同志为成员,对巡视整改工作统一领导、统筹推进、督促落实。领导小组下设办公室,分管校领导兼任办公室主任,负责牵头抓好巡视整改日常工作。建立双周调度报告机制,持续推动巡视整改工作落实。研究制订贯彻落实市委巡视四组反馈意见整改方案和三个专项检查整改方案,强化跟踪问效,实施台账管理,严格"对账"销号。召开巡视整改专题民主生活会,学校党委主要负责同志及班子成员聚焦反馈指出的问题,主动认账领账,认真查摆问题不足,剖析存在问题根源,严肃开展批评和自我批评。坚持把巡视整改与纵深推进全面从严治党结合起来,同扎实开展主题教育、巩固拓展主题教育成果结合起来,同落实市委、市政府"十项行动"结合起来,同推动学校重点工作任务结合起来,定期督导进展、动态分析成效、持续推进整改,在盯任务、盯进度、盯结果上下功夫。坚持解决具体问题与解决共性问题结合起来,既提出"当下改"的举措,又完善"长久立"的机制,深化推动标本兼治,确保整改常态长效。高质量完成集中整改阶段任务,制定的119条整改措施,已完成118条,其中1条措施列为长期整改,并已取得阶段性进展。选人用人等3个专项检查均已完成整改。

撰稿:杨 凯 刘 凯

【庆祝建校65周年】 学校以"六十五载勇担大任,厚学深耕立德树人"为主题,组织开展建校65周年座谈会、校庆晚会、校友返校日、校友邀请赛等系列纪念活动,吸引来自海内外3000余名校友及其家属参加。校庆活动期间,学校为全体在职教工制作并发放印有本人姓名的德化陶瓷杯2400余个,为全体在校生以及返校校友发放登科饼近3万块,为返校班级定制聚会蛋糕60余个,为返校校友提供返校餐,保障返校校友就餐。福建校友会捐赠的"爱拼才会赢"校园文化石落成。校友返校日当天,举办第二届校友企业嘉年华活动、第一届校友创新创业大赛,109个校友、师生项目团队参赛,校友创新创业成果展汇聚校友、师生企业58家。通过"赛、展、会"协同的活动,搭建学校、校友、师生的产学研用交流平台。组织校友企业专场招聘会,参与企业119家,提供工作岗位千余个。举办天津科技大学教育发展基金会感恩答谢会,总结基金会五年工作,向与会单位或个人颁发"杰出天科贡献奖""天科贡献奖""杰出天科之友奖""天科之友奖""天科情缘奖",对为学校事业发展作出贡献的校友及社会各界表示感谢。

撰稿:吴 君 任超杰

【教育教学】 以立德树人为根本,以创新发展为动力,以党建引领为抓手,不断践行教育教学"新理念"、创新人才培养"新模式"、优化专业发展"新布局"。全面推进新时代高等教育综合改革,持续提升教育教学质量内涵式发展。完善"1+N+X"高校习近平新时代中国特色社会主义思想课程体系初步建设,启动马院教师与基层教学组织"结对子"助学助教工作。促进体美劳教育与专业教育有机融合,全面提升学生综合素养。新增第二批国家级一流课程14门,数量为市属高校第一。获评中国国际大学生创新大赛国赛金奖2项、铜奖6项,位列市属高校金奖总数、获奖总数"双料"第一。获A类学科竞赛国家级奖项206项,省部级奖项781项。获第三届全国高校教师教学创新大赛国赛一等奖1项、二等奖1项,天津赛区一等奖3项、二等奖5项、三等奖3项,获奖数量全市高校第一。获评2023年天津市级教学团队1支、第十七届天津市高等学校教学名师奖2人。获评天津市劳动教育精品课1门、培育课1门。获批中国轻工业"十四五"规划教材立项18部、优秀教材11部。建有生物医药、人工智能、数字贸易、营养与健康食品、智能制造(模具)等5个现代产业学院和1个律师学院,获批天津市现代产业学院1个、天津市现代产业学院建设单位1个、国家级市域产教联合体1个。获批"天津市研究生教育改革研究"项目18个。获批2023年教育部学位与研究生教育发展中心主题案例3个,其中入选2023年全国工程管理教育案例1个、中国专业学位案例中心1个。推进研究生培养过程与要素的交叉融合,提升工程实践能力,建设"天津市产教融合研究生工作站"15个。

撰稿:徐 娜 梁珍淑 宋桂云 史利华

【学科专业建设】 生物学与生物化学、化学、农业科学、工程学、材料科学5个学科进入ESI全球排名前1%。食品科学与工程学科软科排名世界第27位,高分子学科在U.S.News全球排名第21位。持续加强轻工技术与工程、食品科学与工程2个天津市顶尖学科建设。新增陆海统筹和海洋碳中和技术、智能安全感知与控制等6个天津市高校服务产业特色学科群,获批数量累计12个,位列天津市高校首位。强化学科建设与行业产业协调融通,完善问题导向、需求导向、结果导向的人才培养模式,推进学科链、人才链、创新链与产业链深度融合,深化学科建设改革和学科治理效能提升,促进学科建设高质量内涵式发展。构建"学科+专业"协调发展的专业生态体系,"产业+专业"协同发展的专业链条体系和"项目+专业"融合发展的特色人才培养体系。优化专业布局调整,全面推进学校优势学科特色专业工程教育专业认证工作,轻化工程、环境工程2个专业通过工程教育专业认证,制药工程、软件工程2个专业认证申请受理通过。推进材料与化工专业学位博士点、软件工程等一级学科博士点、智能科学与技术等硕士点申报,做好2023年16个学位授权点合格评估工作,完成《研究生教育发展质量年度报告》和《学位授权点建设年度报告》。

撰稿:徐 娜 顾 媛

【师资队伍建设】 学校高度重视师资队伍建设,不断加大人才引进和培养力度。开展"师德集中教育"专题学习和"师德建设月"活动,围绕"躬耕教坛,强国有我"主题召开庆祝第39个教师节暨优秀教师表彰大会。印发《天津科技大学师德教育实施办法》,编制《天津科技大学师德手册》,稳步推动师德师风建设制度化和常态化。深入实施"天科人才计划",培育国家级高层次人才3人,引进省部级高层次人才4人,具备冲击国家级及省部级平台(计划)储备人才3人。聘任兼职教授5人、产业教授9人、客座教授3人。举办2023年国际青年学者海河论坛。招聘博士学位教师86人、副高级以上人才3人,配齐配强思政专任教师。进一步完善专业技术职务聘任,修订辅导员专业技术职务评聘实施细则,建立评价科学、规范有序、竞争择优的辅导员职称制度。强化年薪制人员考核与管理,完成53名年薪制人员新聘期聘任工作。新增"化学工程与技术"博士后科研流动站,博士后科研流动站数量达到3个,2023年获批进站博士后17人,在站博士后93人。在第二届全国博士后创新创业大赛中斩获2金13银7铜和6个优胜奖,金奖数量及获奖数量位居市属高校第一,全国参赛高校前五位。20名博士后获"全国创新创业优秀博士后"称号,16名博士后获得2023年第73、74批中国博士后基金面上资助,基金数量再创新高。

撰稿:王 楠

【学生工作】 制定《天津科技大学2023年学生思想政治教育工作要点》,统筹开展全年工作。组织开展2023年校院两级大学生思想政治教育工作考核,学校连续7年获评天津市大学生思想政治教育工作考核优秀单位。选派4名带队管理教师、60名学生赴新疆和田地区于田县开展实习支教工作。组织开展"青春心向党,奋进新征程"新时代·实践行系列活动暨"青年红色筑梦之旅"主题实践活动,5个实践主题方向均获先进集体标兵和先进个人标兵,再获标兵荣誉"大满贯"。将劳动教育纳入人才培养全过程,支持建设3支劳动教育特色实践项目,获批天津市劳动教育教学研究中心教学研究项目重点课题1项、一般课题1项。铸牢中华民族共同体意识,组织开展"石榴花开,耀津城"研学活动、第二届红石榴文化节等文化活动。强化辅导员队伍建设,组织开展学校第六届辅导员素质能力大赛,承办天津市高校辅导员素质能力提升骨干训练营,生物学院申莉获评"天津市普通高校十佳辅导员"。强化科研育人理念,举办第十二届"渤海风"研究生学术文化季,开展"研知互助"学术沙龙等系列学术活动并入选全国高校学生会组织"我为同学做实事"项目交流展示活动。营造学风建设新高地,依托"天津科技大学学风传承基地",在全国学风传承网"风启学林"系统宣传9项学风建设成果。加强心理健康教育,建设积极心理体验室,面向全校学生推出"润心赋能,积极体验"积极心理工作坊12项订单式服务,全年开展个体咨询约700余人次,累计1000余小时。建成"一站式"学生社区,成立天津科技大学一站式学生社区服务中心正处级教辅机构,设置35个辅导员工作站及功能型驿站、57个辅导员值班室,全体辅导员进驻宿舍办公。加强天津市高校思想政治工作研究基地、天津市家校社协同育人中心建设。落实就业"一把手"工程,上下联动促就业,持续为京津冀区域发展输送大批量高层次、高质量人力资源。2023年毕业生初次毕业去向落实率为90.02%,留津率36.72%,获评天津市2023届高校毕业生就业质量考核评价优秀单位。人民武装部超额完成年度征兵任务,获评"全国征兵工作先进单位"称号。

撰稿:信 欣 徐 静 朱丽丽 张娇林

【科学研究】 聚焦市委、市政府"十项行动"和区域经济社会发展需求,有组织的科研稳步推进。新增省部级科研平台2个,获批国家自然科学基金项目32项,获批国家重点研发计划项目1项、课题5项,获批国家社科基金中华学术外译项目1项,获批国家社科基金一般项目1项,获批全国教育规划课题教育部项目1项,获批教育部人文社会科学研究项目4项。获批天津市杰出青年科学基金项目1项、天津市科技援助项目1项。签订横向项目合同680余项,其中合同额100万元以上项目60余项,含千万级重大横向项目3项,累计到校科研经费2.32亿元。获批省部级以上科技奖励18项。入选国家万人计划科技创新领军人才1人,中国科协第八届、第九届"青年人才托举工程"2人。获批天津市知识产权产业运营中心、天津市高校知识产权运营中心,获批天津市专利转化专项计划项目1项,知识产权资助项目2项。授权专利450余项,其中授权发明专利350余项。签订专利转让、许可合同54项,合同交易金额1408万元。获批天津市优秀企业科技特派员项目6项。新增全国高级技术经理人4人,中级技术经纪人23人。入选2023年教育部"蓝火博士生工作团"3人,赴云南省楚雄彝族自治州及贵州省毕节市进驻企业开展科技帮扶工作,促进科技成果转移转化。入选2023年全球高被引科学家1人。发表论文850余篇,其中影响因子大于20的论文8篇,高被引论文10篇,热点论文2篇。出版专著17部,在重要报刊和网络媒体发表理论文章33篇。获批"天津市口岸化学风险因子多元识别"重点实验室。承办"第六届应用生物技术国际会议"等大型国内国际学术会议12场。天津科技大学科技工作组获评"天津市高质量发展先进典型"。天津科技大学科技园在孵企业82家,其中科技型中小企业14家、高新技术企业10家、雏鹰企业10家。天开园注册企业2家。大学科技园运营公司通过科技型中小企业和天津市科技成果评价机构认定,以知识产权作价入股投资企业6家。智库建设取得重大突破,累计40份获领导批示、内参刊发和部门采纳应用。其中中央主要领导同志批示1次,中央政治局常委批示1次,省部级领导同志批示3次,中央有关部委采用6件,省部级内参刊发3件,天津市委、市政府有关部门采用28件。获评天津市第十六届优秀调研成果三等奖2项,第十八届天津市社会科学优秀成果奖9项。

撰稿:王 瑾 张 杰 郭 婧 蔡 铎
审稿:任超杰

天津工业大学

【概况】 学校总占地150万平方米,总建筑面积76万平方米。学校下设5个学部、25个学院、1个书院、2家附属医院,有在校本科生近19000人、全日制

硕士生5200余人、博士生近600人、成人教育学历生8000余人、各类留学生2000余人(学历生近500人)。有教职工2200余名,其中专任教师1600余名,占教职工比例为76%;具有博士学位专任教师1000余名,占专任教师比例为60%;具有高级职称专任教师900余名,占专任教师比例为54%。拥有两院院士7名、教育部长江学者5名、国家级领军人才11名、国家杰出青年科学基金获得者7名。教研仪器资产125405.77万元,教学数字终端13624台,教学辅助用房364359.63平方米。有68个本科专业,其中包括25个国家级一流专业建设点、6个国家级特色专业、6个市级一流专业建设点、15个天津市品牌专业、6个天津市战略性新兴产业相关专业、8个天津市优势特色专业、12个应用型专业,8个专业通过工程教育专业认证。学校拥有1个国家重点学科、12个天津市重点学科,1个学科入选国家"双一流"学科,5个学科入选天津市一流学科,5个学科入选天津市高校顶尖学科培育计划,建有5个天津市特色学科群、6个天津市服务产业特色学科群;拥有5个博士后流动站、6个博士学位授权点、27个一级学科硕士学位授权点和12个硕士专业学位授权类别;纺织科学与工程学科在全国第四轮学科评估中获得A+;5个学科进入ESI全球前1%。

学校坚持和加强党对各项工作的全面领导,坚持社会主义办学方向,全面贯彻党的教育方针,落实立德树人根本任务,认真贯彻落实党委领导下的校长负责制,深入推进新时代教育评价改革,构建以大学章程为核心的现代大学治理体系,全面提升治理能力和治理水平。

2023年,学校坚持以习近平新时代中国特色社会主义思想为指导,深入贯彻落实党的二十大和市第十二次党代会精神,扎实开展学习贯彻习近平新时代中国特色社会主义思想主题教育,深化教育综合改革,推进产教融合、科教融汇,构建新发展格局,推动高质量发展,开创学校"双一流"建设新局面。11门课程入选第二批国家级一流本科课程,获批国家级一流课程总数位居市属高校第一。获批国家重点研发计划项目4项,总经费达1.146亿元,实现新突破。获批"天津市顶尖科学家工作室项目"1项,是天津市属高校中唯一获批单位。1人入选第九届中国科协青年人才托举工程,1人获评2023年中国纺织工程学会纺织学术带头人。获国家级研究生教学成果二等奖1项,实现新突破。首获第十八届"挑战杯"全国大学生课外学术科技作品竞赛特等奖。推荐26

个项目入驻天开高教科创园,数量位列市属高校第一。沧州市天津工业大学研究院获批河北省膜产业技术研究院,是沧州市获批的唯一新建产业技术研究院。获批工信部专精特新产业学院1个、天津市现代产业学院建设单位2个。引进国家杰出青年科学基金入选者2名、国家海外高层次人才引进计划青年学者项目入选者1名、中科院"百人计划"入选者1名。获全国巾帼建功标兵称号、天津市最美女教师1名。天津首家高校出入境事务服务中心在学校启用。学校被授予"第十三届全国体育科学大会贡献奖"。

撰稿:张英丽

【**教育经费收入与支出**】 2023年,学校教育经费总收入127000万元,比上年增加13696.3万元,增长12.09%。其中财政拨款74000万元、事业收入47000万元、其他收入6000万元。全年教育经费总支出124000万元,比上年增加12568.29万元,增长11.28%。其中基本支出87000万元(包括人员经费68000万元、日常公用经费19000万元)、项目支出37000万元。

撰稿:南　芳

【**教育教学**】 学校进一步优化专业设置,印发《天津工业大学学科专业优化调整工作方案》,推动本科教育内涵式发展和人才培养质量不断提高。新增网络与新媒体本科专业,停招广播电视学专业。材料科学与工程以及机械工程专业通过工程教育专业认证。开设8个辅修专业和13个微专业。继续深入实施"本硕博"人才培养项目。新材料现代产业学院和元宇宙智能创意现代产业学院获批天津市现代产业学院建设单位;天工数学英才拔尖学生培养基地获批天津市基础学科拔尖学生培养基地。学校着力提高人才培养质量,深入推进培养模式创新与机制改革。2023年,学校11门课程获批第二批国家级一流本科课程;获批天津市第九届高等教育教学成果奖14项;获批2023年中国纺织工业联合会纺织教育教学成果奖99项;获批天津市普通高等学校本科教学质量与教学改革研究计划项目19项、中国高等教育学会教学研究课题8项;获批立项国家级大学生创新创业训练计划重点项目2项、一般项目38项、市级重点项目2项、一般项目118项。获天津市优秀毕业设计(论文)3篇。1个国家级项目入选全国大学生创新创业年会,为天津市8个入选项目之一。获2023年全国大学生数学建模竞赛国家奖项8项,获

全国大学生节能减排社会实践与科技竞赛全国总决赛一等奖1项、二等奖2项、三等奖8项及大赛优秀组织奖。完成2023年首批"新四科"本科毕业设计(论文)项目结题验收工作,35个项目完成结题验收。积极培育研究生教育教学科研成果,获批2023年天津市高等学校研究生教育改革研究计划项目重点课题3项、一般课题10项。"天津工业大学—卡本科技集团股份有限公司研究生工作站"等14个研究生工作站获批2022年天津市产教融合研究生工作站。影视剧创作实务、展示空间设计与实践2门研究生课程获批"艺术硕士专业学位研究生在线示范课程建设";颜色科学与技术、纺织物理、材料表面工程3门课程入选教育部在线教育研究中心2023第三批"拓金计划"课程。《"绿色发展""美丽中国":绿色复合材料在交通领域的应用案例研究》入选教育部学位与研究生教育发展中心主题案例。获批全国工程专业学位研究生教育指导委员会华北区域协作组研究课题立项9项、重点项目1项。大力加强研究生教材建设和教育教学改革,不断完善研究生奖助体系,认真开展导师遴选和在岗导师招生资格审核工作。授予54名博士研究生和1665名硕士研究生相应学位,学位论文在教育部博士学位论文抽检中全部合格。学校通过新一轮"双一流"中期评估,"双一流"工作入选《天津教育工作简报》[2023]第3期,并报送中央教育工作领导小组秘书组。学校先进电子材料与器件、精准诊疗技术与装备、智慧纺织、元宇宙数字创意4个学科群成功入选"天津市高校服务产业特色学科群"。学校共有天津市高校服务产业特色学科群6个、天津市特色学科群5个。完成机械博士点、法学硕士点等10个学位点的专项评估,截至2023年12月,5个学位点均通过核验。组织开展学科建设主题典型案例征集工作,涵盖10个学科建设相关主题,共征集案例79项,推荐50项案例入选学科建设优秀典型案例库,完成《学科建设典型案例册》编制工作。

撰稿:郭　晶　陈汉军　陈洪霞
王　瑶　翟晓飞

【**科技研究和社会服务**】 2023年,学校科研经费到位2.28亿元,相比去年增长47.1%。国家重点研发计划项目取得新突破,学校牵头申报国家重点研发计划11项,获批项目4项、课题5项,获批项目总经费达1.26亿元。获天津市科技进步特等奖1项、一等奖2项、二等奖5项,自然科学二等奖1项、三等奖1项;获2023年度中国纺织工业联合会科学技术奖励

科技进步二等奖3项;获第十八届天津市社会科学优秀成果奖专著三等奖2项、智库成果三等奖2项和论文三等奖1项。2023年,学校新增横向立项项目392项,合同总金额1.4亿元;横向项目到账金额1.15亿元;通过技术合同认定登记的合同455个,技术交易总额1.515亿元,可享受增值税减免累计386.3万元。新增申请专利278件(发明253件、实用新型14件、外观专利11件),新增授权专利300件;专利转让公示数35项,专利转让合同35项;软件著作权申报登记674件,获批653件。

撰稿:郭 俊 袁 鑫 宁平凡

【习近平新时代中国特色社会主义思想主题教育】 学校党委将学习贯彻习近平新时代中国特色社会主义思想主题教育作为一项重大政治任务,始终牢牢把握"学思想、强党性、重实践、建新功"的总要求,定期召开主题教育领导小组会以及党建重点工作调度会,统筹规划、一体推进、联动整改,查摆问题30个,制定整改措施97条,全部整改销号。聚焦高质量发展攻坚破难题,围绕群众反映强烈的"难点""痛点""堵点"问题,每月报送项目进度,切实解决师生反映的问题,提升师生幸福感、获得感。制定校级"办实事清单"8项、"群众诉求清单"8项、二级单位"办实事清单"182项、"群众诉求清单"149项。持续推动专项整治,抓住中央高度重视、群众反映强烈、表现突出、长期没有解决的问题,梳理出需要进行整治的突出问题8个,具体问题17个,制定整改措施58条。建立健全校级制度机制40项,涉及教学、科研、管理等诸多方面,全面深化内部体制机制改革,以制度建设助推学校高质量发展。

撰稿:王 琛

【第二批国家级一流本科课程】 学校积极推动"以学为中心、以教为主导"的课堂教学改革,推进信息技术与教学过程融合。2023年,学校创业营销:创业新手营销实战指南、大学生创业法律服务、工程制图、水污染控制工程、数据库原理及应用、管理学原理、有机化学、物理化学、纺织材料学、织物结构与设计、工程设计与管理11门课程获批第二批国家级一流本科课程,其中线上一流课程2门、线上线下混合式一流课程3门、线下一流课程5门、社会实践一流课程1门。学校共有国家级一流本科课程21门、天津市一流本科课程63门。

撰稿:郭 晶 买 巍

【国家重点研发计划项目】 2023年,学校坚持开展有组织科研,集中攻克国际科技前沿的重大挑战以及国家重大战略需求的关键技术瓶颈,牵头申报的国家重点研发计划项目共获批4项,总经费达1.146亿元,其中中央财政专项资金资助6060万元。获批项目分别为:(1)超低功耗自旋轨道矩调控与器件关键技术研究,项目总经费2500万元,由中央财政资助。(2)低碳节能海水淡化及资源化关键材料研发及技术示范,项目总经费2800万元,其中中央财政资助1400万元。(3)微电网群支撑港口绿色转型关键技术研究,项目总经费160万元,由中央财政资助。(4)低成本海水淡化关键技术装备研发与应用,项目总经费6000万元,其中中央财政资助2000万元。

撰稿:刘鹏飞

【天津市首批顶尖科学家工作室项目】 11月10日,天津市科技局印发《市科技局关于2023年天津市顶尖科学家工作室项目立项的通知》,学校基于省部共建分离膜与膜过程国家重点实验室,成功获批建设首批顶尖科学家工作室项目,是本次立项中的唯一市属高校。

撰稿:雷中祥

【创参加"挑战杯"全国总决赛历史最好成绩】 学校积极组织师生参加第十八届"挑战杯"全国大学生课外学术科技作品竞赛。在主体赛中,"民族音乐'数'未来:AI智能作曲助力少数民族音乐保护与民族融合——基于云南少数民族音乐数据集的调研"项目获特等奖,"评价驱动视角下中小学课后服务高质量发展与学生素质提升的研究——基于对6省市34所学校的追踪调研"项目获一等奖,"ILight—基于多元全息感知的物联网智慧交通平台""云智农——基于作物表征检测的温室环境动态管控系统""'膜'力'氟'现——开启全流程膜乳化新时代""二氧化碳猎手——高效二氧化碳捕集转化催化剂"4个项目获三等奖。学校项目团队在红色专项活动中获二等奖1项、在"黑科技"专项赛中获二等奖1项。学校项目团队在主体赛和专项赛中取得的成绩,均创参加该赛事历史最好成绩。

撰稿:李洪申 降凌楠

【师德师风建设】 学校坚持党对教师工作的全面领导,不断完善师德师风建设长效机制,调整师德建设与监督委员人员组成,建成党委统一领导、党委教师工作部统筹协调、职能部门各司其职、二级党组织具体落实、教师自我约束的工作机制。强化教师理论武装,制订《天津工业大学师德集中学习教育实施方案》,校院两级党组织负责人定期主讲"师德必修课"。组织"师德示范月"主题活动,举办新时代教育家精神专题讲座,开展师德警示教育、廉洁文化教育,组织观看《习近平的教师情》,通过多种形式引导广大教师在深学笃行中坚定理想信念,切实提升教师的政治素养和师德涵养。严把教师队伍入口关,完成新入职人员和在岗教职员工从业禁止和准入查询工作。健全教师荣誉制度,制定实施《师德先进评选表彰办法》,评选学校师德先进个人20名、团队4支、单位3个,1名教师获全国巾帼建功标兵、天津市最美女教师。组织召开庆祝教师节暨表彰大会,激励引导广大教师大力弘扬教育家精神,争做"四有"好老师,成为新时代"大先生"。

撰稿:张 阳

【人才引育】 学校坚持引育并重,加强人才队伍建设。2023年,成功举办第六届"津门学者"国际青年论坛,培育教育部国家级重大人才工程校企联聘学者1名、教育部国家级重大人才工程讲席学者1名、国务院特贴专家1名、中国科协"青年人才托举工程"2名、天津市教学名师2名、天津市教学团队2支。引进国家海外高层次人才引进计划创新长期项目1名、国家杰出青年科学基金项目2名、国家海外高层次人才引进计划青年学者项目1名、中科院"百人计划"1名、安徽省杰青1名、湖南省杰青1名、吉林省领军人才1名。全年引进各类教职工75名,专业教师58名、组织员4名、辅导员12名、教务人员1名,及时补充各学科师资队伍建设力量;在国家和天津市已有人才政策的基础上,学校大力实施校内青年人才培养计划,助力培养国家级和省部级青年人才。学校共有天工百人入选者1名、天工青托入选者5名。

撰稿:朱恩旭

【天津市首家高校出入境事务服务中心启用】 4月26日,天津市首家高校出入境事务服务中心在天津工业大学正式启用,服务中心提供"一站式"服务,包含留学生教育教学、留学生管理、师生出境访学、外籍专家来访审批、外专引智项目申报、港澳台事务等服务内容,可为外籍师生提供预约面谈、住宿登记、法律援助等,同时具备办理中国公民出国(境)证件

功能,为学校师生"走出去"学访交流、进修深造提供出入境便利。"一站式出入境服务中心"暨"天工国际服务中心"的成立得到多家主流媒体报道,国家移民局和天津市公安局领导多次实地参观指导。截至2023年底,共为出国(境)师生现场办理护照和港澳通行证200余件,为外国留学生办理居留证件累计350余人次。

撰稿:薛 梅

【助力"天开园"建设】 学校响应市委市政府号召,聚焦天津市十二条产业链,积极参与天开高教科创园建设,面向全校师生及校友开展项目征集,邀请校外相关产业知名专家进行答辩遴选,先后筛选26个项目入驻天开园,数量为市属高校第一。在天开园核心先导区注册17家公司,预计项目总投入2.1亿元。2个项目获天开西青园"西翼金种子计划"首批资助,每项资助金额为50万元。

撰稿:袁 鑫 宁平凡
审稿:张玉波

天津商业大学

【概况】 天津商业大学原名天津商学院,由原商业部和天津市人民政府于1980年创建。1998年学校实行中央与地方共建、以地方管理为主的管理体制。2007年学校更名为天津商业大学。学校位于天津市北辰区光荣道409号,占地89.33万平方米,建筑面积51万平方米,教学科研仪器设备总值5.71亿元。学校坚持以学科建设为龙头,经济学、管理学、工学、法学、文学、理学、艺术学等学科门类协调发展,相互支撑,具有鲜明的商科特色。动力工程及工程热物理学科入选天津市一流学科建设名单,冷链物流、现代服务业学科群入选天津市特色学科群建设名单,冷链能源系统、绿色生物制造、数字经济与现代服务业发展创新为天津市高校服务产业特色学科群。学校有7个市级重点学科、1个教育部工程研究中心、1个农业农村部重点实验室(部省共建)、1个商务部老字号协同创新中心、1个天津市工程中心、2个天津市重点实验室、1个天津市"一带一路"联合实验室、2个国际联合研究中心、2个天津市人文社会科学重点研究基地、2个天津市高校智库、1个天津市高端培育智库,设有"环境能源+X创新实验室""双碳研究院"和"数字经济与绿色发展研究中心"等交叉创新平台。有专任教师1166名,其中正

高级142名,副高级296名;具有博士学位者686名。在校生2.3万余人,设有13个专业学院、2个教学部及高职与继续教育学院。有61个本科专业、11个硕士学位授权一级学科点、12个专业硕士学位类别。入选首批"国家级创新创业教育实践基地"建设单位。获批国家级一流本科专业建设点13个、天津市级一流本科专业建设点11个,国家级一流本科课程7门、天津市级一流本科课程27门。拥有国家级实验教学示范中心2个,天津市级实验教学示范中心(含建设单位)10个,天津市级虚拟仿真实验教学中心1个,天津市A级(优秀)高校众创空间1个。学校具有推荐优秀应届本科毕业生免试攻读研究生资格,以及港澳台研究生招生资格和同等学力人员申请硕士学位授予权。

撰稿:吴常青

【教育经费收入与支出】 2023年,教育经费总收入79101.80万元,比上年增加2268.62万元,增长2.95%。其中财政拨款收入54841.71万元、行政事业性收费收入18208.08万元、科研事业收入3930.57万元、其他收入2121.45万元。全年教育经费总支出77300.25万元,比上年增加3163.60万元,增长4.27%。其中公用经费支出30049.50万元、人员经费支出47250.75万元。

撰稿:吴常青

【党建和思政工作】 以党的政治建设为统领,把坚决拥护"两个确立"、坚决做到"两个维护"贯穿管党治校全过程。强化理论武装,开展学习贯彻习近平新时代中国特色社会主义思想主题教育,《天津日报》专题报道学校主题教育开展情况,刊发校党委理论学习中心组文章。深入学习贯彻党的二十大精神,扎实践行天津市"十项行动",学校制定实施"十二项重点攻坚举措"。全力抓好市委巡视整改工作,如期完成集中整改任务,接续开展深度整改。创设"天商大讲堂"。"331大思政"工作格局持续巩固,入选第二批"大思政课"综合改革示范校培育建设单位。新时代马克思主义学院建设、思政改革取得新成效,与平津战役纪念馆合作共建,与周恩来邓颖超纪念馆、天津市总工会签订共建"大思政课"实践教学基地协议。思政课教师辩论队在天津市首届思政课教师辩论赛中获本科组亚军,"心之声"工作室获批首批天津市网络思政名师工作室。

撰稿:吴常青

【教育教学】 全面落实立德树人根本任务,不断深化教育教学改革,着力提升人才培养成效。获批国家级一流本科课程4门,2个国家级实验教学示范中心通过教育部考核,获批市级教学团队1个。获批天津市普通高等学校本科教学质量与教学改革研究计划项目13项,其中重点项目3项。获批天津市普通高等学校研究生教育改革研究计划项目6项,其中重点项目1项。深化产教融合,成立冷链现代产业学院,获批市级现代产业学院建设单位。与法国巴黎萨克雷大学签署《联合培养博士项目合作协议》,与英国哈德斯菲尔德大学签署《博士联合培养项目谅解备忘录》。"天商微渡"众创空间主动融入天开园建设,策划举办天津市高校"传统文化·创享市集"活动。建设"天商农场"劳动教育实践基地,启动"我在天商有块田"劳动教育系列活动。加强创新创业教育,在第九届中国国际"互联网+"大学生创新创业大赛、"挑战杯"全国大学生课外学术科技作品竞赛等多项赛事中屡获佳绩。加强就业工作,健全全员促就业工作机制,完善就业激励机制,深入开展访企拓岗活动,应届毕业生初次毕业去向落实率明显提升。

撰稿:吴常青

【学科建设】 牢固树立学科建设的龙头地位,积极推进学科组织化建设,着力提升学科建设水平和实效。加强对学科建设的组织领导和统筹协调,成立学校学科建设委员会,出台关于加强学科建设的若干指导意见,召开学科建设与研究生教育大会。坚持"重点为"战略,组织7个重点学科分别制定提升计划,积极推进学院合并、学科整合,凝聚学科建设合力。新增"绿色生物制造""数字经济与现代服务业发展创新"2个天津市高校服务产业特色学科群建设点,与有"冷链能源系统""冷链物流""现代服务业"3个特色学科群联动,服务天津市重点产业链发展。3个研究生工作站获评天津市产教融合研究生工作站。

撰稿:吴常青

【科学研究与社会服务】 发挥学科专业特色优势,积极加强科学研究,服务经济社会发展。加强有组织科研,出台科研团队管理办法,修订科研平台管理办法和促进科技成果转化管理办法,设置科研成果转化中心,成立农产品低碳冷链研究中心。获批国家基金项目11项,其中国家自然科学基金重点项目1项。获天津市社会科学优秀成果奖10项。获批商务部首批老字号协同创新中心,与天津食品进出口股份有限公司签署"老字号振兴"战略合作框架协议,举办"老字号传承人大讲堂"首场报告会,为老字号守正创新发展聚力赋能。主办承办数字经济与现代服务业发展创新、京津冀电子商务专业建设与发展、食品生物技术学科发展等高端学术会议。现代服务业发展研究中心被评为首批天津市高端培育智库,科普思政研究中心被评为天津市高校培育智库。

撰稿:吴常青

【教师队伍建设】 坚持把教师队伍建设作为基础工作,以师德师风建设为统领,引育结合,着力提高师资队伍建设能效。制定实施高层次人才引进管理办法。推进企业人才、专家学者进学校、进课堂。举办"师德必修课""新入职教师岗前培训""名师工作坊"等活动,提升教师道德修养和专业素养。陈冠益教授入选全球前2%顶尖科学家和院士有效候选人。1人获第三届全国创新争先奖状,1人获高校教师教学创新大赛国赛三等奖,1人获全国高校体育教师教学与训练技能展示大赛教学组二等奖,1人获天津市"海河英才"博士后创新创业大赛一等奖,2个教师团队获全国博士后创新创业大赛优胜奖。强化辅导员队伍建设,1人获天津市高校辅导员素质能力提升骨干训练营三等奖,1人获"心动一课"思政微视频推选展示活动高校组特等奖,4项案例获天津市高校辅导员工作优秀案例。

撰稿:吴常青

【内部治理】 坚持党委领导下的校长负责制,坚持民主集中制,修订校党委常委会会议、校长办公会议议事规则和"三重一大"事项决策程序,不断强化党委抓大事、议大事、谋大事的力度。坚持依法治校、依规办学,对新发布规章制度开展合法性审查。全面推进内控体系建设,加强预算管理,制定《预算评审和事前绩效评估管理办法》《项目库管理办法》,规范学校各类经济行为。充分用好审计监督结果,全力抓好审计发现问题整改,努力将整改成果转化为学校治理效能。持续改善办学条件,冷链物流设施技术创新与职业能力提升中心项目进展顺利。推进智慧校园建设,建设智慧校园一码通行平台,升级校园统一身份认证平台和网上办公系统,完成体育场馆智能化改造,加强电子档案管理与档案数字化建设。加快推进刘房子划拨地块项目进程,完成学生宿舍项目论证、地块测绘和项目建议书编制工作。

撰稿:吴常青
审稿:葛宝臻

天津职业技术师范大学

【概况】 天津职业技术师范大学是教育部、人社部与天津市共建高校,是天津市高水平特色大学建设高校,是国家最早建立的以培养职业教育师资为主要任务的普通本科师范院校,被誉为"中国培养职教师资的摇篮""全国职业技术师范教育第一的学校"。被中央文明委授予"全国文明单位",被国务院授予"全国民族团结进步模范集体",获全国第七届黄炎培职业教育奖优秀学校奖。

学校坐落在天津市城市副中心——柳林风景区。校园占地54.3万平方米,建筑面积46.3万平方米。有教职员工1400余人,全日制本硕博在校生1.8万余人。拥有6.6亿余元教学科研仪器设备资产。

学校以服务国家职业教育为己任,率先构建本硕博职教师资培养体系,两次获国家级教学成果一等奖,获批服务国家特殊需求博士学位"双师型"职教师资人才培养项目,为国家培养8万余名高素质职教师资和应用型高级专门人才,其中4万名毕业生在全国6000多所职业院校任教,8000余名毕业生成为全国和省市模范教师、技能大师和职业院校专业带头人,教育部授予"全国毕业生就业典型经验高校"。学生在各类科技竞赛中共获国家级奖、省部级奖项1200余项。2023年,参加第二届全国职业技能大赛,师生共获9金7银1铜和7个优胜奖。在2017—2021年全国师范类本科院校大学生竞赛榜单中排名第5名。

学校拥有服务国家特殊需求博士人才培养项目1个、学术型一级学科硕士点10个、硕士专业学位类别9个,本科专业51个,全日制本硕博在校生1.8万余人。拥有5个天津市重点学科,2个重点培育学科,机械工程和教育学分别入选天津市一流学科和一流培育学科,建有4个天津市特色学科群,3个天津市高校服务产业特色学科群。创立"双导师、双基地、双证书"研究生培养新模式,获得第三届全国教育改革创新特别奖。设有国家级、天津市一流本科专业建设点21个,国家级、天津市优势特色专业12个,天津市应用型专业12个。国家级精品资源共享课程4门,国家级、天津市一流本科课程32门。

学校建有职业教育教师研究院、世界技能大赛中国(天津)研究中心和非盟研究中心3个CTTI收录智库。作为中组部、教育部开展国家乡村振兴重点帮扶县教育人才"组团式"帮扶工作责任单位,牵头负责西部160个国家乡村振兴重点帮扶县的职业高中帮扶工作,助力中西部现代职业教育体系建设。成立"京津冀职业教育教师协同发展研究中心",制定国家职业技术师范专业认证标准,编纂修订《中华人民共和国职业分类大典》。全国首个世界技能大赛中国研究中心落户学校,助力中国代表团在第44、45届世界技能大赛中获团体总分第一名,作为突出贡献单位受到国务院表彰。

学校是教育部首批设立的"教育援外基地"和"中非高校20+20合作计划"项目院校,埃塞俄比亚鲁班工坊,被非盟总部设立为面向整个非洲的技术技能人才培训基地。

撰稿:白燕华

【教育经费收入与支出】 2023年,学校教育经费总收入82766.4万元,比上年减少6023.1万元,下降6.8%。其中财政拨款收入41505.2万元、事业收入23688.3万元、其他收入17572.9万元。全年教育经费总支出86067万元,比上年减少6853.6万元,下降7.4%。其中公用经费支出40544.8万元、人员经费支出45522.2万元。

撰稿:白燕华

【教育教学】 作为第一完成单位获国家级教学成果奖特等奖,是本轮7个全国特等奖之一。获批国家级一流本科课程2门,首批"十四五"职业教育国家规划教材15部,天津市高等学校本科教学质量与教学改革研究计划项目8项。在学科竞赛中获国家级奖项51项,省部级奖项205项。为第二届全国职业技能大赛全部109个赛项提供技术保障,师生参加24个赛项全部获奖,获9金7银1铜和7个优胜奖,金牌数占天津市的三分之一。全面推进本科教育教学审核评估迎评工作。2023届毕业生去向落实率达到天津市优秀线。承办第十届大江论坛,举办2023年"海河工匠杯"——第四届津台青年职业技能竞赛系列活动,包括5位校长在内的台湾高校57人团组来校学访交流。

撰稿:白燕华

【学科科研】 制订实施申报博士学位授权单位方案。工程学学科首次进入ESI全球排名前1%,机械学科在软科中国学科排名中进入前40%(B—),教育学科进入前50%。获批筹建天津市高性能精准成形制造技术与装备重点实验室。获中国智能交通协会科技进步一等奖1项、中国生产力促进中心协会生产力促进一等奖1项;获批国家自然科学基金项目3项、省部级项目26项,横向科研项目立项367项,其中重大横向课题54项。科研经费1.6亿元,大学科技园年产值突破2.5亿元。获批天津市教育工作重点调研课题5项,取得突破。鲁班工坊国际发展研究中心获批第四批天津市高校智库,教育部高校人文社科重点研究基地北师大教师教育研究中心职教分中心落户学校。获批天津市职业教育教学装备研究中心,与天锻压力机有限公司共建"材料智能成形装备研究院"。

撰稿:白燕华

【学习贯彻党的二十大精神】 制订《落实党的二十大精神专项行动方案》,细化学校"十项行动"方案,推进教育、科技、人才"三位一体"协同融合发展。校党委常委会会议学习习近平总书记最新重要讲话、重要指示批示精神58次,校院两级党委理论学习中心组开展专题学习研讨200次。组织开展《习近平新时代中国特色社会主义思想概论》集体备课会、习近平新时代中国特色社会主义思想主题图书展暨《复兴文库》研学集体备课会。设立党的二十大精神专题研究项目29项,18项高质量理论研究成果在中央地方党报党刊发表。国务委员谌贻琴,人社部部长王晓萍,天津市市长张工,以及人社部、台盟中央、中国职业技术教育学会和天津市领导先后来校调研指导,充分肯定学校办学特色和成效。

撰稿:白燕华

【习近平新时代中国特色社会主义思想主题教育】 大兴调查研究之风,调研课题95项,解决问题140余项,制定制度32项,教育引导全校师生坚定拥护"两个确立"、坚决做到"两个维护"。举办主题教育读书班、基层党组织书记培训班,处级以上领导班子成员讲授专题党课,组织党员干部师生参观中国共产党历史展览和纪律教育中心。开展专项整治,查找问题32个,完成整改措施89项,建立长效机制32项。接待160余家教育系统、人社系统单位和高校、职业院校来校调研考察。工作成效在市委和市委教育工委主题教育办《简报》和"学习强国"天津平台刊载。

撰稿:白燕华

【思政工作质量提升工程】 获批天津市首批"大思政课"综合改革示范校,获批天津市高校红色研学实践教育基地2个,入选天津市网络思政名师工作室(培育)项目1项,教师入选2023年度天津市学校思政课教师年度影响力人物。获市高校思政工作征文一等奖、二等奖各1项,7项成果入选天津市干部教育培训"三百"工程。入选团中央直接联系、跟踪培养社团1个,志愿宣讲团及志愿服务示范队6个,全国"高校辅导员年度人物提名"候选人1人,获评全国暑期"三下乡"社会实践活动优秀单位,获评全国、天津市"大学生自强之星"3人。《新闻联播》《人民日报》《瞭望》周刊等67家中央、地方和海外媒体报道学校787篇(次),再次获评天津市"十大教育新闻作品",获"你好,天津"网络短视频大赛一等奖1项、二等奖3项。"一站式"学生社区在天津市建设示范点评审中获评A级,众创空间在天津市评审中获评A(优秀)等级。

撰稿:白燕华

【对外合作交流】 推进埃塞俄比亚鲁班工坊三期建设,在泰国、埃塞俄比亚、葡萄牙设立"EPIP认证试验中心",面向全球开展认证。承办2023"亚欧博览会·教育国际论坛",举办"工程实践创新项目国际挑战赛""中非(埃)大学生工业机器人友谊赛",选派23名学生赴爱尔兰、日本、波兰交流学习,派9个团组出访。

撰稿:白燕华

【服务现代职业教育体系建设专项行动】 牵头成立"全国职业技术师范院校联盟",被推选为理事长单位。承办全国职业教育教师发展论坛暨首届职业院校青年教师发展研讨会、新时代职教教师教育高峰论坛,获第八届黄炎培职业教育奖杰出校长奖。当选中国职业技术教育学会产教科融合委员会副理事长单位。获"天津市职业教育先进单位"称号。获批国家级职业学校校长培训基地、新时代职业学校名师(名匠)名校长培养计划培养基地。天津市"工程实践创新项目(EPIP)研究与推广中心"落户学校。参与修订教育部《职业学校兼职教师管理办法》等重要文件。

撰稿:白燕华

【党建工作】 连续第二年在市教育系统落实全面从严治党主体责任考核中获评"优秀",全校干部教师对落实全面从严治党主体责任满意率达99.6%。完成10个二级党委、纪委换届选举。获评教育系统"创最佳党日"优秀活动3项,获评天津市高质量发展先进典型团队1个、天津市统战理论政策研究成果一等奖2项、天津市统战工作实践创新成果1项。选拔任用、交流调整57名处级干部,开展科级干部调整。组织开展两轮巡察,巡察整改总体满意度均达90%以上。制定实施《全面从严治党专题会商会议规程》《落实市审计"两个清单"细化表》等制度。在"海河清风"廉政文化作品征集比赛中获一等奖2项、二等奖4项。一院一品一特色廉洁文化创建有关做法在市纪委监委《清廉天津建设工作周报》刊载。

撰稿:白燕华
审稿:吴让汉

天津财经大学

【概况】 学校占地90.82万平方米,建筑面积52.6156万平方米,图书166.9万册。拥有应用经济学、工商管理、管理科学与工程3个一级学科博士学位授权点和博士后科研流动站,应用经济学、工商管理、管理科学与工程等9个一级学科硕士学位授权点,以及工商管理硕士、会计专业硕士、公共管理硕士等15个专业硕士学位授权点。法学和马克思主义理论2个一级学科硕士学位授权点通过教育部专项核验。学校为天津市高水平特色大学建设单位,有3个天津市一流建设学科,7个学天津市重点(含培育)学科,2个天津市高校顶尖学科培育计划第二层次建设学科,2个天津市高校服务产业特色学科群。开设有52个本科专业。教职工1300余人,全日制在校生16400余人。

2023年,学校坚持以习近平新时代中国特色社会主义思想为指导,深入学习贯彻党的二十大精神,坚持和加强党对学校工作的全面领导,全面落实立德树人根本任务,人才培养、科学研究、队伍建设的质量和水平不断提升。扎实开展并巩固深化学习贯彻习近平新时代中国特色社会主义思想主题教育。深入推进巡视整改放大延伸巡视成果。落实立德树人根本任务,全力以赴推进"新财经"建设。高质量完成新一轮本科教育教学审核评估迎评工作,专家组对学校本科教育教学改革和建设取得的成绩给予了充分肯定。高起步、高水准做好"数字经济"和"大数据管理与应用"2个新设本科专业建设工作,开设AI数字财经和数学建模与科学计算2个微专业。服务高质量发展"十项行动",推进有组织科研。成立产业创新融合发展研究院,打造服务区域经济社会发展的高端智库平台和人才培养基地。全面启动数字化校园建设。推进整体项目调研、校内论证以及10余个子项目的教委立项和入库出库,完成校内20余个业务系统数据集成至全校数据中台。

撰稿:杨 东

【教育经费收入与支出】 2023年,学校教育经费总收入61626.8万元,比上年增加1878.9万元,增长3%。其中财政拨款37554.0万元(其中专项经费拨款6618.2万元)、事业收入18515.9万元、其他收入5556.9万元。2023年学校自筹经费24072.8万元,经费自给率达到39.1%。全年教育经费总支出57850.1万元,比上年增加4017.7万元,增长7.5%。按照支出性质分类包括:基本支出50104.7万元(其中人员支出33857.9万元,公用支出16246.8万元),项目支出7745.4万元。按照支出经济分类包括:工资福利支出32823.9万元;商品和服务支出15896.1万元;对家庭及个人支出5938.7万元;其他资本性支出3191.4万元。2023年度资产总计159610.3万元。其中流动资产35901.2万元、非流动资产123709.1万元。2023年度负债总额5794.5万元,资产负债率3.6%。2023年净资产153815.8万元。

撰稿:韩 琪

【教育教学】 深入贯彻落实党的二十大精神,围绕"新财经"高标准做好专业、课程、实践教学、教师教学能力提升等工作;以本科教育教学审核评估为牵引,高质量完成新一轮本科教育教学审核评估工作。新增数字经济专业和大数据管理与应用2个"数字+"学科交叉新特优专业;开设AI数字财经和数学建模与科学计算2个微专业;1个基地获批经济基础学科拔尖学生培养基地。新增5门国家级一流课程;14门课程完成党的二十大精神融入课程思政专项建设工作;10本教材获批党的二十大精神进教材立项;推进课程思政优质教学资源建设,遴选编辑形成600余个课程思政案例库资源;12门课程获批"数字+"校级重点建设课程专项;协同持续推进美育劳育工作,5门美育课程进行立项建设;5个课程教学研究中心获批立项。1名教授获第十七届天津市高等学校教学名师奖;2个教学团队被评为2023年天津市级教学团队;在第三届高校教师教学创新大赛天津赛区比赛中,3位教师获二等奖、3位教师获三等

奖。新增10个天津市高等学校本科教学质量与教学改革研究计划项目;财经高校学情调查工作辐射面进一步扩大,广东财经大学等20所国内高校学生参与"学情研究与教学发展"调查,参与调查的学生7万余人。数智商业产业学院获批天津市现代产业学院建设单位,数智创新创业教育实践基地获批天津市创新创业教育实践基地建设单位;35个项目获2023年度全国大学生创新创业训练项目国家级立项、65个项目获市级立项、352个项目获校级立项;在第九届中国国际"互联网+"大学生创新创业大赛天津赛区高教主赛道中,获金奖1项、银奖2项、铜奖23项;1个项目登上全国大学生创新年会舞台。本科生各级各类学科竞赛成绩再创新高,全国大学生数学建模竞赛,3支代表队获全国二等奖,15支代表队获天津市一等奖,29支代表队获天津市二等奖,学校全国大学生数学建模竞赛参赛队数和获奖数量在天津市所有高校中排第一名;天津市大学生数学竞赛,学校在数学B类组获天津市一等奖2项,二等奖5项,三等奖3项;在非数学A类组获天津市一等奖2项,二等奖1项,三等奖2项;在非数学B类组获天津市一等奖13项,二等奖37项,三等奖35项;全国大学生市场调研大赛(天津赛区)及全国总决赛、"外教社杯"天津市大学生翻译竞赛比赛、第五届中华经典诵写讲大赛"诵读中国"经典诵读大赛等赛事中均喜获佳绩。进一步改善师生教学与学习环境,对45台计算机和134台智慧黑板进行重装系统,对179间多媒体教室所有教学应用软件进行升级,对45间多媒体设备进行升级改造;在各学院、各系部的密切配合下,面向本科生完成1457门课程、4708门次教学任务。

撰稿:刘红梅

【学科建设】 全面贯彻党的教育方针,全力以赴推进内涵发展和特色建设。稳步推进"3+7+X"学科建设计划,应用经济学、工商管理学完成顶尖学科年度自评,通过天津市顶尖学科培育计划动态调整。"数字经济与平台治理""知识工程与数字政府治理"2个学科群入选天津市高校服务产业特色学科群,精准对接产业结构调整和新兴产业发展对人才的直接需求。围绕服务国家重大战略需求,马亚明教授作为首席专家申报的"服务实体经济和防范系统性风险并重的金融体制改革路径与机制研究"获批"研究阐释党的二十大精神"国家社会科学基金重大项目立项,为深入学习宣传贯彻党的二十大精神提供学理支撑。研究生教育改革取得新成绩,非定向博士

研究生比例提高到88.89%,实现连续九年稳步增长;6篇博士学位论文被评选为市级优秀博士学位论文、15篇硕士学位论文被评选为市级优秀硕士学位论文;9个项目获批天津市产教融合研究生工作站;3位教师获天津市优秀青年研究生指导教师称号;273个研究生创新创业项目报名"第九届中国国际'互联网+'大学生创新创业大赛",报名项目较去年增加了290%;第二十届中国研究生数学建模竞赛中,研究生共获得1项一等奖、3项二等奖、9项三等奖。截至2023年年末,学校拥有3个一级学科博士学位授权点,9个一级学科硕士学位授权点,1个二级学科硕士学位授权点,15个专业硕士学位授权点。法学和马克思主义理论2个一级学科硕士学位授权点通过教育部专项核验。各学位授权点组织召开校外专家评审会,完成2020—2025年周期性合格评估诊断式评估工作。学校为天津市高水平特色大学建设单位,有3个天津市一流建设学科、7个学天津市重点(含培育)学科、2个天津市高校顶尖学科培育计划第二层次建设学科、2个天津市高校服务产业特色学科群。

撰稿:马亚明

【科技研究和社会服务】 通过33N学校科研生态体系和科研创新团队建设,国家级项目持续实现突破。年内获批国家社科基金重大项目1项,学校连续三年获国家社科基金重大项目立项;首次获中华学术外译项目立项,2023年国家社科基金类项目共立项21项。成立"产业创新融合发展研究院",持续推进有组织科研工作,有22项"产业创新融合发展研究课题"立项;成立"中国制度型开放研究院"并入选天津市高端智库。围绕立德树人,强化科教融汇、产教融合,启动"科教融汇、产教融合、学术育人"项目,提升学生的科研素养与创新能力。聚焦优化科研环境,服务国家和区域发展需求,加强平台建设,强化科研创新支撑体系,建设以"科研项目"为主线的科研业务流程体系和以"科研人员"为中心的科研成果统计体系,提质增效加速实施"3+7+X"学科建设计划,充分发挥学校新财经的特色优势,内培外拓项目申报渠道,着力构筑科学研究"支撑链"。

撰稿:刘乐平

【天津市委书记到校调研指导】 6月29日,市委书记陈敏尔到学校调研指导,察看天津学校思想政治教育新媒体中心、天津学校思想政治理论课新媒体中心,与正在集体备课的思政课教师互动交流,了解学校网络思政教育和融媒体平台建设等情况。陈敏尔强调,大学是立德树人、培养人才的地方,对青年成长成才发挥着重要作用。要坚持为党育人、为国育才,一体推进思政课程、课程思政,大力推动思政课改革创新,把习近平新时代中国特色社会主义思想的立场观点方法贯穿于教育教学,采取线上线下、课内课外相结合等方式,加强与学生面对面的交流,让党的创新理论更好地进教材、进课堂、进头脑,教育引导学生更加坚定感党恩、听党话、跟党走,刻苦学习知识,加强实践锻炼,练就过硬本领,努力培养堪当民族复兴重任的时代新人。

撰稿:孙梅娟

【天津市委副书记到校调研思政工作】 12月22日,天津市委副书记陈辐宽到校调研思想政治工作,实地察看天津学校思想政治教育新媒体中心、天津学校思想政治理论课新媒体中心,听取高校网络思政教育、思政课教学质量评价平台建设等工作介绍,仔细询问思政教师队伍建设、数字化"思政课"备课等情况,并与师生代表互动交流。陈辐宽指出,思政课是落实立德树人根本任务的关键课程,高校和思政课教师队伍责任重大、使命光荣。要坚持不懈用习近平新时代中国特色社会主义思想凝心铸魂,深入贯彻落实习近平总书记关于教育的重要论述,持续在深化、内化、转化上下功夫,准确把握培养什么样的人、如何培养人、为谁培养人这个重大课题,始终保持高等教育发展的正确方向。要聚焦发挥学校"主阵地"、思政教师"主力军"、课堂教学"主渠道"作用,不断加强高校党的建设、思想政治工作队伍建设、教材体系和课程体系建设,持续提升思想政治教育针对性、亲和力,努力把道理、学理、哲理讲清讲透讲活,更好满足学生成长需求和发展期待。

撰稿:孙梅娟

【学习贯彻习近平新时代中国特色社会主义思想主题教育总结会】 9月12日,学校召开学习贯彻习近平新时代中国特色社会主义思想主题教育总结会,全面总结学校主题教育工作,对进一步巩固深化主题教育成果作出部署。校党委书记、校长、校主题教育领导小组组长刘金兰主持会议并全面总结学校主题教育工作。市委第二十五巡回指导组副组长李之耀出席会议并作总结讲话。市委第二十五巡回指导组有关同志,校领导班子成员,全体处级干部、基层党支部书记代表和专职组织员参加会议。

撰稿：孙梅娟

【本科教育教学审核评估】 11月21日至12月14日，教育部专家组通过线上评估、实地听课、走访、考察、深度访谈等形式，严格按照评估规范和要求，对学校综合办学实力和办学水平开展全面检阅，对学校教育教学工作作出客观、公正和实事求是的评价。专家组组长杜金柱及各位评估专家对学校本科教育教学改革与建设工作给予充分肯定，同时从办学方向与本科地位、培养过程、教学资源与利用、教师队伍、学生发展、质量保障、教学成效等方面，逐一反馈了在审核评估期间发现的主要问题，提出明确的改进建议。专家组开展评估期间，全校积极配合、全力支持专家组工作，确保评估工作顺利进行。

撰稿：孙梅娟
审稿：刘金兰

天津理工大学

【概况】 天津理工大学是一所以工为主，工管结合，工、理、管、文、艺等学科协调发展的多科性大学。学校前身为天津理工学院，于1979年以天津大学理工分校名义开始招收本科生。1996年，原天津理工学院与原天津大学分校、天津大学机电分校、天津大学冶金分校三所本科院校合并，组建成新的天津理工学院。经教育部批准，2004年更名为天津理工大学。

学校坐落于天津市西青区宾水西道391号，总占地159.93万平方米、建筑面积76.17万平方米。本科以上全日制在校生28710人。有专业学院15个，设有继续教育学院、工程训练中心、体育教学部等机构。有68个本科专业，4个博士学位授权一级学科点（材料科学与工程、计算机科学与技术、管理科学与工程、电气工程）、22个硕士学位授权一级学科点和13个硕士专业学位授权点，4个一级学科博士后科研流动站（材料科学与工程、计算机科学与技术、管理科学与工程、电气工程）。化学学科、材料科学学科、工程学科、计算机科学学科进入"ESI全球排名前1%"，材料科学与工程、计算机科学与技术2个学科入围天津市高校顶尖学科培育计划培育建设学科；材料科学与工程、计算机科学与技术、管理科学与工程3个学科入围天津市一流学科；建有网络安全与数据智能等9个天津市高校服务产业特色学科群；

建有机器视觉与智能运算等11个天津市特色学科（群）；获批12个天津市重点学科（计算机科学与技术、材料科学与工程、管理科学与工程、电子科学与技术、化学工程与技术、控制科学与工程、电气工程、软件工程、机械工程、环境科学与工程、网络空间安全、物理学）。

学校获批国家一流本科专业建设点22个，教育部特色专业4个、教育部"本科教学工程"专业综合改革试点项目2个、教育部卓越计划专业5个；建有国家级实验教学示范中心2个、国家级虚拟仿真实验教学中心1个、国家级虚拟仿真实验教学项目1项、国家级工程实践教育中心3个、国家级"本科教学工程"大学生校外实践教育基地建设项目2个；编有国家级精品和规划教材14部，获批国家级一流本科课程11门、教育部精品视频公开课和国家级精品资源共享课3门，获国家级教学成果奖8项。学校积极推进工程教育改革，16个专业已通过工程教育专业认证。学校建有大学生活动中心、体育馆、田径运动场等设施，配套齐全。图书馆建筑面积4.6万平方米，拥有纸质藏书219.9万余册、电子图书125.6万册、电子期刊3.4万种，拥有中外文高水平数据库60余个。

学校注重科技创新平台建设。有国家级工程实验室1个、教育部重点实验室2个、教育部国际合作联合研究实验室1个、教育部工程研究中心2个、科技部创新人才培养示范基地1个、国家外专局教育部联合创新引智基地1个、教育部高等学校科技成果转化和技术转移基地1个，入选国家知识产权试点高校；天津市重点实验室、工程中心、人文社科基地、各类智库共25个。牵头建设天津市"西青大学科技园"，实施科技强校战略，推进科技自立自强，近5年承担国家自然基金重大、重点、杰青、优青、科技部重点研发、军民融合及各类国家级项目300余项，投入研发经费11亿余元，获得一系列国家级和省部级科技奖励，自然指数位列全国高校百强。近5年，学校各类科技成果转化2052项，金额总计10.74亿元。

学校有教职工2052人，其中专任教师1579人、具有博士学位教师934人、具有高级职称教师860人。拥有中国工程院院士、国家杰青、国家优青、百千万人才工程国家级人选、国家教学名师等国家级领军人才20人，天津市杰出津门学者、天津市特聘教授、天津市特支计划人选、天津市"131"创新型人才培养工程第一层次人选等省部级人才136人，高水平创新团队19支，为学校发展提供了有力的人才支撑。

学校大力实施国际化战略。与36个国家和地区的140所知名大学和科研机构建立友好合作关系;与加拿大、日本等国家大学开展本科和研究生层次的合作办学,培养国家首批项目管理硕士;"新能源材料"创新引智基地入选教育部、国家外专"111计划";学校获批中国政府奖学金来华留学生院校,不断提升来华留学生招收与培养质量,通过人性化的管理与多元的校园文化提升留学生的跨文化交际能力;在波兰、科特迪瓦建立2所孔子学院和1个孔子课堂;在科特迪瓦建立首个由普通高等院校参建的鲁班工坊。学校师生与国际著名研究机构广泛开展交流合作,共同承担国际重点合作项目,在 Science 等国际著名期刊上合作发表学术论文。

撰稿:苏荣华

【教育经费收入与支出】 2023年,学校教育经费总收入123447.25万元,比上年减少1340.63万元,下降1.07%。其中一般公共预算拨款63476.94万元、政府性基金拨款496.9万元、教育事业收入32158.59万元、科研事业收入21689.7万元、其他收入5625.12万元。全年教育经费总支出128213.54万元,比上年增加9376.75万元,增长7.89%。其中工资福利支出58368.69万元、对个人和家庭补助的支出12809.29万元、商品和服务支出43567.6万元(含利息支出814.83万元)、其他资本性支出13467.96万元。

撰稿:赵宝丽

【教育教学】 举办第二次本科教育工作会议,深入开展人才培养、专业建设、教师队伍建设研讨,进一步凝聚共识,增强教育改革发展活力。持续推进一流专业建设,新增2个本科专业、4个专业通过工程教育专业认证、8门国家级一流本科课程。提升专业化人才培养能力,学校全员教育和培训质量管理体系通过审核,管理学院顺利通过AACSB国际认证。推动产教融合向纵深发展,建设智能制造、信创、集成电路现代产业学院,以产业视角探索人才培养新标准新体系。持续开展教育教学改革与研究,获批2023年市级教改项目19项。首次开展"专业课优秀主讲教师"遴选工作,实施"校督导—学院"包联工作制。打造24间智慧教室,系统升级教务平台,教育数字化建设取得新成效。生源质量进一步优化,继续教育稳步发展,招生规模位居市属高校前列。召开学校学科专业建设工作会,研究谋划新场景下学科专业建设发展规划,积极筹备新一轮博士学位授权审核。新增1个学科进入"ESI全球前1%"、2个

学科获批博士后科研流动站,获批4个天津市高校服务产业特色学科群。高质量举办中国化学会二氧化碳化学专业委员会成立大会暨二氧化碳化学高峰论坛、中国能源研究会海洋能源专业委员会成立大会暨第一届海洋能源高峰论坛以及2023年计算机、储能和人工智能交叉学科国际产学研用合作会议,搭建学校与企业、科研院所的交流平台。扎实推进研究生教育改革发展,修订硕士、博士学位研究生培养工作规定,提高研究生培养质量。打造产教融合市级平台,获批12个天津市产教融合研究生工作站。

撰稿:于淙阳

【科技研究和社会服务】 持续推进"双倍增"计划,2023年到校科研经费突破2.26亿元,获批国家级科研项目76项、V类以上项目89项、重大重点项目11项、国家级军民融合项目9项,科研奖励和项目数量取得新高。获第十八届天津市社会科学优秀成果奖一等奖、2023年天津市科技进步一等奖等各级各类奖励16项。持续推动全国重点实验室建设工作,牵头申报天津市绿色工业低碳技术与废弃物资源化技术创新中心,全力推进分析测试中心建设。积极赴京津冀企业、高校和政府部门调研走访,建立校企合作工作机制,与三地高校、企业合作在研国家级项目10余项、共同申报京津冀项目8项、天津市创新联合体4项、联合签署技术开发合同11项、技术服务合同7项、技术咨询合同2项、技术转让合同1项。成立学校农业智能机器人研究院、先进半导体器件及集成技术研究所等11个院级研究机构。加强有组织科研,依托斯多福先端材料研究院,签订技术开发合同3个、技术许可合同1个,总合同金额4610万元,以专利作价入股方式成立成果转化公司1家,校企联动为经济社会发展积极贡献力量。积极推动智库培育建设,参与起草《天津市家庭教育促进条例(草案)》和立法论证,充分发挥"两会"代表作用,聚焦重大理论和现实问题提交意见建议,获天津市政协2021—2022年度优秀理论研究成果三等奖1项,获批2023年天津市社科智库专项项目2项,1条建议被中宣部采纳,3条信息被市委有关刊物收录,其中1条获市领导批示,有效服务科学决策和社会发展。

撰稿:于淙阳

【师资队伍】 深入实施明理学者计划,举办第四届"明理学者"国际论坛,新增国家级人才5人。主动对接全国知名高校、科研院所,开通"名校人才直

通车",进一步壮大教师队伍,补充教师107人,其中新锐及以上层次人才9人,教师队伍结构不断优化。加强博士后流动站建设,招收3名统招博士后、5名与博士后科研工作站联合培养博士后。制定名誉教授、兼职教授和客座教授聘任实施办法,持续实施柔性引进高层次人才实施办法,柔性引进人才10人。扎实做好人才服务保障,举办年薪制、英才培养计划人才座谈会,广泛听取意见建议,有效回应关切。深化职称制度改革,修订内聘高级专业技术职务实施办法、退休及高级专家延聘工作管理办法,延聘高级专家8人,充分发挥高级专家引领作用,修订辅导员专业技术职务任职条件,选聘13名博士专职辅导员,1名辅导员获"天津市普通高校十佳辅导员"称号。持续实施"双百五年计划",启动实施"英才培养计划",积极承办2023信创与数字经济博士后海河学术交流活动,举办33场"明理青椒"沙龙学术报告,编发《习近平总书记关于师德师风的重要论述摘编》《习近平总书记教师节讲话/致信汇编》等,组织开展师德警示教育5次,开展"明德讲堂"师德巡讲系列活动41场,塑造良好师德师风,充分激发人才活力,培养高素质教师队伍。

撰稿:于淙阳

【交流学习】 深入推进鲁班工坊、孔子学院建设,密茨凯维奇大学孔子学院承办2023年"汉语桥"世界大中小学生中文比赛被央视报道。与科特迪瓦国立理工大学签署硕士研究生联合培养的谅解备忘录,启动两校共建国际合作实验室项目;2个国际合作办学项目通过评估。获批1项天津对台重点交流项目。组织师生赴中国港澳台地区研学。不断提升师生国际化视野,4名学生交换至波兰密兹凯维奇大学学习,140余名师生赴美国、英国、加拿大等国家研学交流,28名波兰籍大学生来校参加夏令营。

撰稿:于淙阳

【办学条件提升】 修订招标采购管理办法,进一步规范程序,维护学校的合法权益。持续提升国有资产管理水平,积极盘活学校存量资产,依托分析测试中心,搭建大型仪器设备共享平台,推进优质设备开放共享,充分发挥科研资源效率,持续推进校办企业注销工作,全面规范校办企业管理。着力提升校园环境基础设施建设水平,推进宿舍、教学楼环境提升改造工作,达成全部浴室进宿舍目标,新建自动化机舱项目竣工交付。积极申报中央预算内投资及新增中央预算内投资,推进智慧绿色能源与智能制造产教融合实训基地项目和新建学生宿舍项目,获"十四五"教育强国推进工程储备院校资格。优化图书馆馆藏资源,开通试用Science等20余个优质数据库,推动Scopus数据库升级,持续跟踪分析各类排名指标,充分满足师生需求,助力学校高质量发展。推动档案管理系统升级,完成2021、2022年度全宗卷整理立卷,稳步推进干部人事档案和存量档案数字化。

撰稿:于淙阳

【思想政治教育】 召开学生思政工作会议,进一步凝聚思想共识,努力构建"大思政"育人格局。制订《"大思政课"综合改革示范校建设实施方案》,获批天津市"大思政课"综合改革示范校培育建设单位,完成首批3部教材校内修订工作,持续推进习近平新时代中国特色社会主义思想和党的二十大精神"三进"。新建2个思政课实践教学基地,启用智能思政·红色全景爱国主义教育教室,立项课程思政专项课改项目10项,将课程思政纳入本科培养方案修订原则。加强思政队伍专业化建设,获批天津市网络思政名师工作室建设单位,1名教师入选2024年度全国高校网络教育名师,获批国家社科基金重大项目子课题等各级各类思政项目30余项。设立校级马克思主义理论研究专项,在《光明日报》等主流媒体发表理论阐释类文章20余篇。建成明理家园"一站式"学生社区综合服务中心,打通育人"最后一公里",获批建立天津市高校"一站式"学生社区综合服务模式研究中心。积极推进就业创业工作,持续深入开展"访企拓岗促就业"专项行动,实施"志远逐梦"毕业生就业帮扶计划,全力以赴促就业。充分发挥青年榜样引领作用,3名学子当选2022年度"中国大学生自强之星",获评2023年天津市大学生自信自强年度人物、高校"大学生年度人物"各1名,选派35名应届毕业生参加西部计划,66名师生开展援疆、援甘支教工作,捐建7座"天理爱心书屋"。弘扬志愿服务精神,2个团队获2023年度学雷锋志愿服务"六个一批"优秀志愿服务团队,作为全市唯一高校获第十四届中国青年志愿者优秀组织奖。

撰稿:于淙阳

【主题教育】 召开学校主题教育动员部署会,成立领导小组,制订主题教育工作方案、宣传工作方案、专题读书班工作安排等,组建专家导学团,开展"点单式"服务,举办基层党组织书记集中培训班,全覆盖开展中期督导,引导全体师生做到学思想、强党性、重实践、建新功。深入开展主题教育检视整改,形成问题清单28条、整改措施106条;对标制定校院两级专项整治项目49个、整改措施137条,实行销号管理,问题整改率均达100%。制订《大兴调查研究的工作方案》,结合制约高质量发展突出问题拟定校级调研课题8项、院级151项,深入兄弟单位、各学院、职能部门累计开展调研73次,走访调研师生900余人次,征求意见建议131条,通过调研发现问题22个,已全部解决,着力推动调研成果转化为事业发展的实际成效。坚持学做结合,组织全体党员干部制定研读计划、讲授专题党课,校党委理论学习中心组开展主题教育相关集中学习13次、交流研讨10次,与宁河区委、南开区委理论学习中心组进行调研联学活动,在以学促干上取得实效。相关工作被主流媒体报道9篇次、市媒报道18篇次、网络媒体报道15篇次。

撰稿:于淙阳

【巡视整改】 按照"三级递进""四个融入""五个扭住"要求,认真制订整改方案,查摆举一反三事项36个、细化整改措施158项,同步开展选人用人和领导干部担当作为、落实意识形态工作责任制、机构编制纪律等3个专项检查整改,按时高质量完成集中整改任务,持续推进深度整改,确保"问题清单"变为"成果清单"。严格落实整改"双周报"机制,召开3次巡视整改领导小组会议,1次整改协调会,3次基层党建工作例会,7次党委常委会会议,专题研究部署整改工作、听取进展汇报,及时掌握整改进度,压实分管责任,及时督促完成整改任务。突出同题共答,组织各基层党委、党总支开展自查整改,共制定查摆问题整改措施283项、"举一反三"整改措施295项,已全部完成整改,确保整改全覆盖、无遗漏。

撰稿:于淙阳
审稿:张继东

天津中医药大学

【概况】 天津中医药大学始建于1958年,原名天津中医学院,2006年更名为天津中医药大学。2017年,学校进入世界一流大学和一流学科建设高校行列。2020年,学校成为天津市人民政府、教育部、国家中医药管理局共建高校。2022年,学校成为第二轮"双一流"建设高校。学校是原国家教委批准

的唯一一所中国传统医药国际学院,是世界中医药学会联合会教育指导委员会主任委员单位。

学校有静海团泊、南开玉泉路2个校区。主校区坐落于天津市静海区团泊湖畔,占地173.33万平方米,以湖水景观为特点、中药植被为标志、中医药文化为主线的校园已具规模。

学校有全日制本科生12342人、研究生4351人、留学生700人。全校(含附院)有在编教职工4035人。有中国工程院院士3人(其中1人为兼聘)、国医大师2人、全国名中医5人、教学大师奖获得者1人,另有岐黄学者、青年岐黄等一批高层次人才。有教育部创新团队3个、科技部创新团队2个、国家中医药多学科交叉创新团队2个、国家中医药传承创新团队2个。

学校设有6个学科门类,以中医药为主体,医、理、文、管、工、教育多学科协调发展,共计32个本科专业。拥有中药学"双一流"建设学科,中医内科学和针灸推拿学2个国家级重点学科、23个国家中医药管理局重点学科,9个国家中医药管理局高水平中医药重点学科,9个天津市重点学科,2个天津市一流学科,3个天津市顶尖学科,3个天津市优势特色学科群,6个天津市服务产业特色学科群。拥有中医学、中药学、中西医结合3个博士后科研流动站,中医学、中药学、中西医结合3个一级学科博士学位授权点,16个二级学科博士学位授权点,1个中医博士专业学位授权点,6个一级学科硕士学位授权点,24个二级学科硕士学位授权点,8个硕士专业学位授权点。药理学与毒理学、临床医学进入ESI前1%。

学校先后获国家级教学成果奖特等奖1项、一等奖4项、二等奖2项;全国优秀教材(高等教育类)特等奖1项;拥有国家级一流专业9个,一流课程13门,天津市一流专业7个,一流课程46门,卓越医生(中医)教育培养计划改革试点项目3个,教育部中药学基础学科拔尖学生培养基地1个;教育部工信部中药制药现代产业学院1个;"新工科"研究与实践项目2项,"新文科"项目1项;拥有国家级高等学校特色专业建设点3个、国家级专业综合改革试点项目1个、国家级人才培养模式创新实验区2个、国家级精品资源共享课6门、国家级双语教学示范课1门、国家级实验教学示范中心2个、国家级虚拟仿真实验教学中心1个、国家级虚拟仿真实验项目2项、国家级大学生校外实践教育基地1个、国家级教学团队1个。获得国家级大学生医学技术技能大赛专业赛道金奖2项。

学校拥有直属附属医院 3 所,建筑面积 43.7 万平方米,编制病床数 3505 张,拥有国家重点学科 2 个,国家中医药管理局高水平中医药重点学科 3 个,国家中医药管理局重点学科 10 个;国家临床重点专科 7 个、国家中医药管理局区域中医(专科)诊疗中心 9 个、国家中医药管理局重点专科 21 个。其中第一附属医院是全国首批三级甲等医院、全国百佳医院、全国卫生系统先进医院、全国百姓放心示范医院,是国家医学中心(辅导类)创建单位、国家中医针灸临床医学研究中心、国家区域医疗中心建设输出医院、中医药传承创新工程建设单位、国家中医应急医疗队伍和疫病防治及紧急医学救援基地、天津市中医医学中心。第二附属医院是国家中医药传承创新工程重点中医医院,是天津市中医医疗中心、区域医疗中心、天津市新冠肺炎多学科中西医结合康复指导中心、天津市中医康复中心。保康医院承担南开区中医药传承创新发展示范试点项目国医大师工作室建设。

学校拥有组分中药国家重点实验室、现代中药创新中心、现代中医药海河实验室等国家级、省部级高水平科研创新平台 60 余个。近年来,学校获国家科学技术进步一等奖 2 项、二等奖 12 项;省部级科技重大成就奖 1 项,天津市科学技术进步特等奖、一等奖,教育部科技进步一等奖等各类科技奖项 100 余项。天津中医药大学科技园行业特色鲜明,是全市唯一的中医药大健康产业科技园,有入驻企业 53 家。

学校与日本合办全球首家中医特色孔子课堂,与泰国合办泰国首家中医孔子学院。学校建有"世界中联'一带一路'中医药教育师资培训基地(天津)",推动"一带一路"沿线国家中医药教育发展。制定《世界中医学本科(CMD 前)教育标准》《世界中医学专业核心课程》2 部国际标准,已在全球 50 多个国家和地区推广使用,确立全球中医药教育主导地位。

撰稿:端华倩 齐丛品

【教育经费收入与支出】 2023 年,学校教育经费总收入 284570.30 万元,比上年增加 196904.74 万元,增长 224.61%。其中财政拨款收入 254357.47 万元、自筹经费收入 30212.83 万元。财政拨款中,人员经费 27093.80 万元,日常公用经费 6797.20 万元,项目经费 220466.47 万元。自筹经费收入中,教育事业收入 12676.79 万元,科研事业收入 8149.49 万元,其他收入 9386.55 万元。全年教育经费总支出 283890.85 万元,比上年增加 202176.17 万元,增长 247.42%。其中基本支出 43542.45 万元、项目支出 240348.40 万元。在总支出中,工资福利支出 31001.12 万元,对个人和家庭补助支出 7585.39 万元,商品和服务支出 32334.00 万元,资本性支出(基本建设)4000.00 万元,其他资本性支出 207522.51 万元,债务利息及费用支出 1447.83 万元。

撰稿:何 薇

【办学治校】 坚持和完善党委领导下的校长负责制,修订党委全委会、党委常委会会议、校长办公会议议事规则,规范议事程序。完善制度体系建设,核准印发新版《天津中医药大学章程》。新发布校内规章制度 25 件、修改 16 件、废止 16 件。落实师生参与民主管理和监督机制,召开第四届第四次教代会、第五届第五次工代会、第三次研究生代表大会。全面推进学校机构改革,完善综合管理机构设置,新设立 4 个机构,撤销 2 个机构,9 个机构调整挂牌、更名、重新设置。深化科研领域"放管服",持续释放科研人员创新活力。推进人才制度改革,健全高层次人才引育制度,制定"高层次人才引育与管理办法"。完善校友工作体系,召开天津市天津中医药大学校友会第一次会员大会,通过《天津市天津中医药大学校友会章程》,进一步健全校友工作机制。

撰稿:端华倩

【教育教学】 2023 年学校共招收各类全日制学生 4479 人(含来华留学、港澳台学生),其中本科生 2958 人、研究生 1521 人。各类毕业生 3789 人。以教育教学质量工程建设为抓手,全面提高人才培养质量。张伯礼院士牵头完成的《新时代中医药本科课堂教学设计的创新与实践》获国家教学成果奖一等奖;教育部基础学科中药学本科教育教学改革试点工作("101 计划")全面启动实施;6 门课程获批国家级一流本科课程;10 部教材入选教育部战略性新兴领域"十四五"高等教育教材体系建设;启动第一批自编教材编写工作;成立思政教学研究中心;老年康养现代产业学院获批天津市现代产业学院立项;智慧中医产业学院获批天津市现代产业学院建设单位;获批 4 个国家级虚拟教研室;国家级、市级实验教学示范中心全部通过验收,针灸国家级实验教学示范中心获评为"国家级实验教学示范中心阶段性总结工作优秀典型";新增静海区医院为学校第七所非直属附属医院;与中国医学科学院血液病医院、石家庄市中医院等签署合作协议。搭建平台,促进学生个性发展、教师追求卓越。大学生创新创业项目获批立项国家级11项,市级31项;获互联网+大学生创新创业大赛国赛铜奖1项,天津赛区金奖3项、银奖31项、铜奖24项;第六届全国高校青年教师教学竞赛医科组一等奖和三等奖各1项;第三届全国高校教师教学创新大赛新医科副高组三等奖1项,天津赛区一等奖1项、二等奖3项、三等奖2项;新增市级教学团队2个,第十七届天津市高校教学名师奖2人,学校崇德育人奖教学团队10个,教学名师8名,青年教学标兵12名。2023年录取研究生1521人,其中博士研究生204人、硕士研究生1317人。共有558名中医硕士专业学位研究生进入四家基地进行住院医师规范化培训,其中"5+3"一体化研究生124人、九年制研究生20人、统招研究生414人。2023年度544名中医硕士专业学位研究生参加住院医师规范化培训结业考核,506人考核合格,考核通过率为93.01%。共授予1192人博士、硕士学位,其中博士学位123人、硕士学位1069人。按学位类型分类,授予97人博士学术学位,26人博士专业学位;授予528人硕士学术学位、541人硕士专业学位。

撰稿:郭　晶　李巧芬

【学科建设】　完成第二轮"双一流"建设中期评估,各项建设任务和改革任务均完成中期建设目标,经专家论证,达成度优异。方剂学、中药药理学、中医预防学等9个学科入选国家中医药管理局高水平中医药重点学科,其中交叉创新学科3个。应对老龄化创新中药及健康产品、智慧中医学科群、中医药精准防治慢性病3个学科入选天津市高校服务产业特色学科群,总数达到6个。中医学、中药学、中西医结合认定为新一轮天津市顶尖学科,组织5个学科申报天津市顶尖学科。

撰稿:王　硕

【科技研究与社会服务】　创新平台建设取得重大突破,2023年1月入选国家"揭榜挂帅"项目—现代中医药产教融合传承创新平台;获批科技部现代中药创制全国重点实验室、工信部国家制造业创新中心、天津市中药智能制药与绿色制药重点实验室;获批卫健委中医中西医结合研究所4所。新增国家级、省部级等项目共260余项,经费过亿元;签订横向服务课题270余项,经费达9千万元。高水平研究成果支撑高水平成果转化,服务中医药产业发展。学校主导开展的中药二次开发与智能制造、中医药循证医学研究入选"新时代中医药标志性科技成果(2012—2022)"。科研成果转化成效突出,三七总皂苷眼用凝胶新型眼用制剂和中药新药扶正解毒方2项成果实现转让,转让经费为1300万元。获批天津市高校知识产权运营中心。获科研奖励10项,其中树兰医学青年奖1项;中华中医药学会学术著作一等奖1项;世界中医药学会联合会首届中医药国际贡献奖—著作一等奖1项等。发表论文共计2800余篇,其中SCI收录论文812篇、高被引论文30篇。申请专利89项,获授权146项;转让专利8项。显著提升社会服务能力和学术影响力,主办、承办新时代中医药高质量发展高峰论坛暨第二届中医药高质量发展大会,主办第二届团泊湖中医药现代化论坛暨新时代中医药高质量发展关键科学问题研讨会、中韩抗肿瘤传统药物研发学术研讨会等国际国内重要学术会议。讲好中医药科学故事,积极宣传天津市中药产业发展成果及大学最新科研成果。

撰稿:何俗非

【人才队伍建设】　学校新增教育部重要人才项目(特聘教授)1人、中组部国家重要人才项目(科技创新领军人才)1人、获中华中医药学会青年托举人才1人、天津市海河医学学者1人、天津市津门医学英才3人、天津市青年医学新锐7人,12人入选天津市名中医表彰名单、18人入选天津市青年名中医表彰名单,3位教师在国家级教师教学竞赛中斩获佳绩。打造高端人才"攀登计划"、中青年骨干人才"腾飞计划"、新入职教师"雏鹰计划"等一系列人才培养品牌工程。持续增加人才队伍建设投入,人才队伍建设资助经费累计1719.91万元,其中国拨经费357.2万元、学校配套经费1362.71万元。

撰稿:谭世强

【全面育人】　对照高等教育评价标准的新要求,修订完善学生综合素质评价办法,全面实施德智体美劳过程性评价办法。连续第五年获天津市大学生年度人物称号,并获王克昌特等奖学金(全市共10名)。在"药祖桐君杯"第三届全国中医药高等院校大学生创新创业大赛中获4银8铜,获第七届天津市大学生创客马拉松大赛二等奖1项。在第十八届"挑战杯"全国大学生课外学术科技作品竞赛中获二等奖1项、三等奖1项;在第十三届"挑战杯"中国大学生创业计划竞赛中获银奖1项、铜奖1项。在第十七届"挑战杯"天津市大学生课外学术科技作品竞赛中获特等奖3项、一等奖7项、二等奖5项、三等奖7项。1支团队获全国大中专学生志愿者暑期文化科技卫生"三下乡"社会实践优秀团队称号。1支团队入选全国大学生井冈山精神志愿宣讲团,2支团队入选全国大学生"两弹一星"精神志愿宣讲团,3支团队入选全国"防治结核　志愿有我"志愿宣讲团队以及2支团队入选全国"七彩假期"志愿服务示范队。在2023年天津市学校文艺展演中获奖19项,其中二等奖12项,三等奖7项;1个作品获首届天津大学生戏剧节三等奖。

撰稿:薛　亮　张　晶

【文化建设】　张伯礼院士获评2020—2023年度中医药行业新媒体影响力人物。天津市中医药文化研究与传播中心获"天津市优秀科普基地"称号;3部书籍获世界中医药学会联合会首届"国际贡献奖—著作奖"二等奖2个,三等奖1个;《中医名家谈节气防病与文化》一书获"2023年天津市优秀科普图书特别推荐奖"和"2023健康天津科普作品图文类一等奖"。与《人民日报》健康客户端合作刊发中医名家谈节气养生与防病知识,全年点击量超210万人次。开展"中医药文化弘扬工程",组织承办天津市中医药文化与健康短视频大赛,40余所大中小学,近千名师生提交800余个作品,用新媒体的形式弘扬中医药文化。与世界中医药学会联合会中医药文化专业委员会联合主办"新时代中华文化传承与传播高端论坛",邀请多位全国知名专家、文化学者来校讲座,2000名师生受益。组织中医药文化进校园团队走进多所学校宣讲,邀请中小学师生来校参加中医药文化营,免费发放千余册《中医药文化精选读本》。8月中旬,举办"达仁堂杯"全国中医药院校第十五届传统保健体育运动会,来自全国27所中医药院校近600名教练员、领队、运动员参加。赛会以"传承岐黄　律动津沽"为主题,倡导"创新、尚德、和合、绿色"的理念。学校代表队取得10金3银2铜,摘得B组单位团体总分第一名,获评体育道德风尚奖单位。喜迎建校六十五周年,召开天津市天津中医药大学校友会第一次会员大会,发布"守正创新,追求卓越;勇于担当,善作善成;求真务实,甘于奉献;团结协作,雷厉风行"的天中精神,开展"天中精神"大讨论,进一步凝聚新时代天中人共同的价值引领和精神追求。

撰稿:林天扬　曹　亭

【思政改革】　举办学校思想政治工作论坛,开展思想政治工作优秀论文征集工作。实施学校"思想政治工作品牌打造计划",培育和支持学校思想政治工作品牌项目13项。启动建设"马克思主义基本原理与中华优秀传统文化相结合"思政课重点实验室,制订"马克思主义与中医药文化相结合"思政课教改方案(2.0版),获天津市教学成果奖二等奖。1项课题获批2023年度天津市哲学社会科学规划立项。充分发挥课堂教学主渠道作用,印发《天津中医药大学课程思政提升工程实施方案(2023—2025)》。依托"课程思政筑梦班""杏林育贤班"等培育项目,着力培养课程思政教学名师和教学团队,获天津市思政课程和课程思政比赛一等奖1名,优秀奖5名、优秀案例2个。开展以"开学第一课"为重点全覆盖、立体化精准开展系列教育引导活动,开展"我和我求学的城市""新时代　实践行"项目,获得人民网、学习强国、《天津教育报》等媒体报道,获评市级先进集体和个人荣誉7项。立项市级各类思政精品及品牌建设项目5项,3个案例入选市"三全育人"优秀案例。国旗护卫队获天津市国护展演一等奖。承办天津市"生态文明开学第一课"编辑录制工作,于天津电视台播出,收视率达3.09,创历史新高。1个集体获评"天津市五四红旗团委"称号,2个集体获评"天津市五四红旗团支部"称号,1人获评"天津市优秀共青团干部"称号,2人获评"天津市优秀共青团员"称号。5名学员入选天津市第七期青年马克思主义者培养工程高校班。

撰稿:曹　亭　李大凯　郭　晶
薛　亮　张　晶

【对外教育与交流】　进一步发挥线上教学平台的优势,丰富来华留学生通识教育视野及国情教育内容与模式;启动"提升研究生培养质量系列工作";开设"汉语水平提升系列活动"。强化学生管理,加强国际传播能力和对外话语体系建设:做好中国政府奖学金、天津市外国留学生政府奖学金等共计148人次的评审、上报和管理工作。组织学生参加各类教育实践活动及大赛,获国家级、市级奖项8项。不断提升学校国际化水平:与国外友好院校探讨联合培养国际学生,签署相关协议28项;接待来访代表团68个466人次;举办线上视频会议等16次;因公派出29个团组71人次;在校外籍教师5人。建立多元化的国际交流基地:开展"国家中医药服务出口基地""中医药中外人文交流研究院"建设;与中新药业合建"中国政府奖学金社会实践与文化体验基地";与天士力共建"中医药国际交流文化体验基地""留学生中医药海外实习基地"。提升中医药参与"一带一路"建设的质量与水平:实施市外办国际中医实用技术蒙古国高级研修班、教育部援外项目"中非高校20+20合作计划项目"、2022年度中央外经贸(服务贸易)发展专项资金60万项目。拓展境内外中医药国际教育培训:与泰国皇家陆军医学部、卫生部分别合办针灸培训班、举办泰国孔子学院第一届中医师临床技能提高班、教育部"汉语桥"团组项目、成立马来西亚中医药培训中心,线上线下共培训1000人次。探索中医药产学研合作新模式:完成工程院中医药走向国际战略研究项目;成功举办中医药服务出口基地战略合作签约暨基地揭牌仪式;参与组建京津冀中医药服务出口基地联盟。做好师生赴海外交流服务工作:获批2项国家留学基金委2024年创新型人才国际合作培养项目(含教师、研究生与本科生)。推动教育部国际产学研用合作双导师人才培养等项目申报。推进中医药国际教育标准化进程:赴加拿大对安大略中医学院进行世界中医学专业的第三方认证。

撰稿:张　岩

【校区建设】　完成老校区中院外墙及门改造提升项目,建成硕博公寓学生宿舍。三期图书馆、博物馆项目于2022年8月开工建设,完成主体、二次结构、水电安装等,2023年完成图书馆的室内精装修工作和收尾工作,并投入使用。完成新校区校医室改造工程,建成多个篮球场、网球场,完成西校门和东校门建设,完善海河实验室地下停车库管理并投入使用。保康医院改造提升项目已完成竣工验收,医院已正式运行。大健康项目中药制药实训中心净化工程已经完成。医学攻关产教融合创新平台项目目前正在开工建设中。一期、二期、研发产业化基地一期工程已经完成竣工结算,并于2023年12月底前完成10.4亿元的付款工作。

撰稿:钱正坤

【附属医院建设】　一附院门急诊量303.48万人次,出院人数6.98万人次,总收入31.58亿元。高质量完成国家中医医学中心(筹)《总体建设方案》和《可行性研究报告》,国际针灸大楼启动建设。一附院中医药传承创新工程暨北院区提升改造工程项目完成既定施工目标。青海省国家中医区域医疗中心建设项目开工,开展优势病种中医诊疗方案平移。国家中医针灸临床医学研究中心发布《国际中医技术操作规范醒脑开窍针刺法治疗中风》标准,形成《研究者发起的中医药临床研究天津共识》。位居中医医院学科学术影响力榜单综合榜第5名,针灸学、中医推拿学分列第1名。获批国家级线下一流本科课程1门,获全国高校青年教师教学竞赛医科组一等奖1人。获天津市科技进步一等奖1人、二等奖1人。举办中国·天津第十六届国际针灸学术研讨会。二附院门急诊量108.4万人次,总收入12.82亿元。调整机构设置为18个综合管理机构,5个业务管理科室。被确定为天津市中医康复中心龙头单位和天津市中医治未病分中心建设单位;承办首届津沽岐黄论坛。成立天津市中医外科研究所。康复中心获批国家康复中心建设单位。创伤中心被认证为市级创伤中心。获评天津市名中医3人、天津市青年名中医7人,天津市津门医学英才1人、天津市青年医学新锐2人、"国家卫生健康委第六批卫生健康行业经济管理领军人才培养项目"1人。获得国家中医药管理局高水平重点学科建设项目1项,天津市卫生健康委员会重点学科建设项目6项;国自然4项。中医药传承创新项目整体工程项目已完工,等待联合验收及竣工备案。保康医院服务患者14.5万人次,医疗收入6445.51万元。国医堂顺利开诊,煎药室提升改造完成。组建5支名医团队并进行旗舰级名医堂申报。院内制剂"清金益气颗粒"效期延至6个月并在其他医疗机构调剂使用。完成在校师生的预防保健、医疗服务、传染病防控及健康教育工作。新校区校医室改扩建后面积增加至240平方米,设立"温馨药箱"和冷藏冰柜,每日提供专家诊疗服务,提升服务质量和内涵。四附院紧扣"三甲医院建设",医疗业务和经济收入实现新突破,门诊量同比增长32.8%;出院人次同比增长79.1%;医疗业务收入同比增长50%。获批天津市中医治未病分中心和中医康复分中心、天津中医药大学骨伤研究所。获评天津市名中医1人,青年名中医2人。国家中医特色重点医院建设项目稳步推进。

撰稿:陈　磊

【党建工作】　坚持和加强党的全面领导,完善党中央重大决策部署落实机制,严格执行学习贯彻落实闭环措施。全力做好市委巡视九组反馈意见整改,统筹推进意识形态、选人用人、机构编制三个专项整改见底清零。启动两轮常规巡察,促进监督、整改、治理良性循环。多措并举推进国家安全和保密工作，获评保密宣传教育高校行优秀组织单位，国家安全重点课题调研三等奖3项。学习贯彻党的二十大精神，扎实开展学习贯彻习近平新时代中国特色社会主义思想主题教育，坚持把理论学习、调查研究、推动发展、检视整改等融会贯通，师生高度关注的问题得到有效解决，主题教育总体评价"好"的占99.05%。落实意识形态和网络意识形态定期研判、报告制度，坚决筑牢意识形态"护城河"。开展"思想铸魂"行动，围绕"教育家精神"开展大讨论；制定师德集中学习教育实施方案，激发教师涵养师德师风的内生动力。不断增强基层党组织政治功能和组织功能，成立学校党的建设工作委员会，完成机关党委改建，开展7期基层党组织书记论坛。获教育系统优秀精品"微党课"一等奖，推荐校党委和6个基层党支部申报全国党建示范高校和全国样板党支部。完善处级领导干部选拔任用工作实施细则，开展新一轮处级干部聘任工作，强化"一把手"和重点领域、关键岗位人员教育培训，制定处级领导班子和领导干部考核工作办法等制度，进一步激励干部担当作为。强化"两个责任"落实，推动全面从严治党向纵深发展。深入推动形式主义官僚主义、不担当不作为问题专项治理，开展机关作风建设提升行动，推进"我为群众办实事"10件实事落地见效。深入推进廉洁文化建设，2件作品在教育部第八届高校廉洁教育系列活动上榜全国百佳，打造"杏林清风"廉洁文化作品展，获天津电视台专题报道。

撰稿：马　珺
审稿：张华泉

天津外国语大学

【概况】　天津外国语大学是一所主要外语语种齐全，文学、经济学、管理学、法学、教育学、艺术学等多学科协调发展、特色鲜明的高等外语院校。有五大道和滨海两个校区，总占地46.42万平方米，其中学校产权占地31.14万平方米。校舍总建筑面积33.44万平方米，其中产权校舍建筑面积8.54万平方米。图书馆馆舍面积2.58万余平米，藏书634.52万余册（含电子图书和纸质图书）。在校生10784人，其中博士研究生48人、硕士研究生1630人、本科生8994人、成人专科25人、成人本科87人。留学生146人（其中学历生103人）。教职工1002人，专任教师682人；其中正高级职称人员101人，副高级职称人员208人。

学校设有14个教学单位，建有58个本科专业。其中有外语专业33个（涵盖31个外语语种）、非外语专业25个。有国家级一流本科专业建设点16个、省级一流本科专业建设点15个，国家级特色专业、国家级本科专业综合改革试点项目5个。获批国家级一流本科课程6门，省级一流本科建设课程28门。学校拥有1个服务国家特殊需求"党和国家重要文献对外翻译研究"博士人才培养项目、7个硕士学位授权一级学科点、7个硕士专业学位授权类别。拥有5个天津市重点学科、4个天津市特色学科群、1个天津市高校服务产业特色学科群，其中外国语言文学学科为天津市一流建设学科，中国语言文学学科为天津市一流（培育）学科。外国语言文学学科具有接受国内高校青年骨干访问学者和一般访问学者资格。

学校围绕重点研究领域，建有翻译与跨文化传播研究院、国别和区域研究院、"一带一路"天津战略研究院、应急外语服务研究院；围绕专项研究领域，建有天津市中国特色社会主义理论体系研究中心天津外国语大学研究基地、"中外制度比较"思政课重点实验室、非物质文化遗产传播实验室、中国特色社会主义理论体系国际传播外译研究中心、外国国家语言政策与语言文化海外传播（推广）研究中心、国际消费中心城市研究中心等研究机构；基本形成了服务国家和地方经济社会发展的国际化特色科研平台体系。学校拥有6个教育部国别和区域研究中心、2个天津市普通高校人文社会科学重点研究基地、1个天津市级协同创新中心、1个部校共建研究基地、1个天津市级研究基地、1个天津市高校社科实验室；5个创新团队入选天津市高等学校创新团队培养计划；基于天外特色核心智库群，建有1个天津市高端智库，3个天津市高校智库、4家智库机构入选中国智库索引（CTTI）来源智库、2个"中国学研究中心"海外智库。

2023年，学校党委坚持和加强对学校工作的全面领导，履行管党治党、办学治校的主体责任。坚持党委领导下的校长负责制，认真贯彻民主集中制，班子自身建设不断加强。以市委巡视反馈为契机，推动学校"十四五"事业发展规划落地见效；进一步深化育人关键环节和重点领域改革。

撰稿：黄玉培　郭晓婷

【教育经费收入与支出】　2023年，学校教育经费总收入46546.39万元，比上年增加1865.59万元，增长4.18%。其中上年结转和结余2576.55万元、财政拨款收入25363.71万元、事业收入8734.82万元、其他收入9871.31万元。全年教育经费总支出46546.39万元，比上年增加1865.59万元，增长4.18%。其中年末结转和结余2076.67万元；工资和福利支出25556.1万元，对个人和家庭的补助支出3698.57万元，商品和服务支出11529.54万元，资本性支出3264.56万元；债务利息支出420.95万元。

撰稿：黄玉培　郭晓婷

【思政建设】 深入学习贯彻党的二十大精神及习近平总书记重要指示批示精神，不断加强党对高校的全面领导。举办党的二十大精神专题研讨班、新提任处级干部培训班暨中青年骨干轮训班、干部学习大讲堂等活动，邀请中央马工程专家侯惠勤等知名专家学者专题辅导，着力推动党员干部把握习近平新时代中国特色社会主义思想的科学体系和精髓要义。按照党中央统一部署和市委要求，扎实开展学习贯彻习近平新时代中国特色社会主义思想主题教育。通过"开学第一课"、校院两级理论学习中心组、"三会一课"、主题党日、校园多媒体等阵地，累计开展理论学习1126次，立体化解读习近平新时代中国特色社会主义思想，把党的创新理论转化为改造主观世界和客观世界的强大思想武器。深入开展调查研究，校党委领导班子带队，累计开展调研310次，形成调研报告114份，制定问题清单22个、专项整治方案9项，全部完成整改任务。学校经验被市委巡回指导组树为典型，被《天津日报》头版刊发。

撰稿：黄玉培　郭晓婷

【党建和干部队伍建设】 坚持以"赛道相马"的鲜明导向选好用好干部，全面启动第七聘期（2023—2026年）处级领导干部聘任工作，进一步推进干部轮岗交流，选优配强领导班子，为推进学校事业发展提供坚强保障。修订《干部队伍建设发展规划》，调整完善建设目标，健全培养选拔优秀年轻干部常态化工作机制。安排两批次9名年轻干部教师在校内有关部门、附属单位、校外重要专项工作中参加实岗锻炼，提拔使用3名在实岗锻炼中表现优秀的年轻干部。组织开展学校党建"领航培育"项目申报，遴选产生1个党建"领航培育"标杆二级党组织，6个党建"领航培育"样板支部和2个专职组织员导航站，进一步引导全校各级党组织和广大师生党员对标先进，奋勇争先。1个集体获"天津市三八红旗集体"称号、

1人获评"天津市三八红旗手"。扎实做好党内表彰工作，评选"创最佳党日"优秀活动20个，其中3个推荐至市教育两委参评，评选出优秀共产党员50名，优秀党务工作者30名，先进党组织20个，向8名老同志颁发"光荣在党50年"纪念章。向2名中华人民共和国成立前入党的老党员和24名生活困难党员送上党组织的关怀和节日祝福。

撰稿：黄玉培　郭晓婷

【统战和巡察工作】 深化学校统一战线思想政治引领，支持民主党派充分发挥优势，参政议政、建言献策，助力天津市及学校发展，结项天津市社会主义学院统一战线理论研究课题2项，报送统一战线理论政策研究成果2项，发表统战相关理论论文3篇，统战相关纵向科研立项1项、咨政报告1篇，2项参政议政成果被民主党派中央采纳，1项提案被市政协采纳并评为A级提案。以铸牢中华民族共同体意识为主线，全面贯彻党的民族政策。坚持党的宗教工作基本方针，持续开展宗教政策法规宣传教育，发挥学校抵防工作领导小组作用，坚决阻断邪教向校园传教渗透。开展两轮巡察工作，对五个二级党组织开展常规巡察。落实巡察指导督导反馈专项整改，巡察工作规范化、制度化水平持续提升。采用多种形式对全校各二级党组织学习贯彻党的二十大精神情况、主题教育开展情况、巡视反馈意见整改任务工作完成情况以及校园环境和消防情况等进行督查检查，确保落地见效。

撰稿：黄玉培　郭晓婷

【教育教学】 完成本科教育教学审核评估，切实将审核评估成果转化为全面提升本科教育教学水平和人才培养质量的实效。印发课程思政建设工作方案，设立天津外国语大学课程思政教学研究中心，加强顶层设计，全面推进课程思政建设。获批国家级一流本科课程3门、市劳动教育培育课程1门、市本科教改计划项目8项、研究生教改立项6项、国家级和市级大学生创新创业训练计划项目立项309项。东南亚文化等10门课程上线全国高校外语慕课平台。修订学校《教材建设与管理办法》，加强教材监督管理体系建设，完成《习近平谈治国理政》多语种版本进教材、党的二十大精神进教材，确保教材建设始终坚持党的教育方针和正确价值导向，"马工程"教材对应本科课程覆盖率继续保持100%。印发《加强复合型本科人才培养的意见》，深入推进"外语+"

与"专业+"复合型人才培养模式改革,人才培养质量稳步提升。获第九届中国国际"互联网+"大赛市级金奖2项、银铜奖21项,全国大学生英语竞赛特等奖3人,美国大学生数学建模竞赛二等奖3项,全国大学生统计建模大赛天津赛区一等奖等一系列优异成绩,研究生学科专业竞赛累计获奖793项。实施毕业生重点群体帮扶台账管理,深化就业创业教育指导,5项就业案例入选天津市高校毕业生就业观教育工作典型案例集,1个项目获批教育部第二期供需对接就业育人项目立项。2023届毕业生初次毕业去向落实率达到86.83%,超2022年同期水平。

撰稿:黄玉培 郭晓婷

【学生思政教育】 坚决落实思政课"第一主课"和马克思主义学科"第一学科"要求,制订《马克思主义理论学科建设规划方案(2023—2025)》,成功举办天津市第二届大中小学思政工作一体化交流会,建成天津市学校思想政治理论课教学改革重点实验室——中外制度比较思政课重点实验室,与河北区教育局共建,持续推进大中小学思政教育一体化"天外模式"。不断加强大思政教育格局,学校连续六年获评"天津市大学生思想政治教育工作优秀单位",思想政治教育硕果累累,《在青春的赛道上跑出自己的最好成绩》获2022年天津市高校书记、校长讲思政课大赛一等奖。5名学生入选市"青马"第七期"高校班"。校关工委获教育部关工委2023年"读懂中国"活动表扬单位以及天津市教育系统关心下一代工作先进集体称号。1名辅导员获天津市"十佳辅导员"称号。3人获评天津市优秀共青团员,1人获评天津市优秀共青团干部,1个团委获评天津市五四红旗团委、2个团支部获评天津市五四红旗团支部,1个团支部获评全国高校"活力团支部"。1个路队获评全国暑期"三下乡"社会实践优秀团队,1个项目入选全国大学生暑期实践项目TOP100,8支路队获评市级优秀实践团队,8名师生获评市级先进个人。全年市级和校级奖项受奖励学生达4000余人次,1名学生获2023年天津市高校"大学生年度人物"称号。

撰稿:黄玉培 郭晓婷

【科学研究】 获批国家社会科学基金项目3项,省部级科研项目18项,厅局级科研项目32项,省部级、厅局级调研项目14项,承担横向课题7项。获批第十八届天津市社科优秀成果奖7项、第十六届天津市优秀调研成果奖一等奖1项,科研实力稳步提升。

10篇资政报告被国家级、省部级政府部门采用,1项成果获中央党史和文献研究院国家高端智库2022年度重大贡献奖及优秀成果奖,中国特色社会主义理论体系国际传播外译中心获批第四批天津高校智库,区域和国别研究院入选首批天津市高端培育智库。承办中国高等教育学会外语教学研究分会2023年学术年会,主办第七届中央文献翻译与研究论坛,推进高等外语教育高质量发展。高质量完成《中国共产党的一百年》(一、二卷)、《经济增长及发展潜能》《中国疫苗百年纪实》《21世纪马克思主义理论与实践研究》等著作和《行进天津》《匠心筑梦》专题片的翻译,天外翻译品牌效应进一步扩大。举办习近平外交思想与国际友城工作、十年教育路:成就·互鉴·未来暨'一带一路'教育国际交流学术论坛、高水平对外开放背景下数字经济人才培养论坛等10多场高端学术会议,学术影响力持续增强。

撰稿:黄玉培 郭晓婷

【师资队伍建设】 聘任校级特聘教授3名,柔性引进客座教授2名、求索学者1名,1个教学团队获批天津市级教学团队,1名教授获第十七届天津市高等学校教学名师奖,2名退休教授获中国译协"资深翻译家"称号。制定《教职工进修管理办法》《非通用语种急需专业教师进修管理办法》《课程思政教师教育与能力提升工作方案》,4人获批留学基金委资助项目,6人在职攻读博士、硕士学位。招收国内访问学者1名、单科进修教师2名。持续推进师德师风建设,成立学校党委教师工作委员会,开展师德集中学习教育、津门师德巡讲、第六届青年教职工师德演讲比赛等学习教育活动,选树良师益友标兵10名、良师益友提名奖11名,召开"躬耕教坛,强国有我"教师节表彰会,开展"五比双创"评选活动,大力营造尊师重教良好氛围。

撰稿:黄玉培 郭晓婷

【国际交流】 与17个国家39所院校、机构新签或续签友好交流协议,交流院校达到280余所。全年获批语合中心"汉语桥"线上团组15个、线下团组10个、国际中文教师奖学金线下团组1个、本土中文教师培训团组1个,获批项目数和资金支持位居全国高校前列。依托中国政府奖学金、国际中文教师奖学金、天津市外国留学生政府奖学金以及汉语桥、校际交换等,累计有2300余名长短期留学生参与相关专业或者项目学习。葡萄牙里斯本大学孔子学院获评

"全球示范孔子学院",实现学校举办孔子学院的历史性突破。1名海外志愿者获批"优秀国际中文教育志愿者"。匈牙利德布勒森大学孔子学院促成德布勒森市与天津市结为友好城市。顺天乡大学孔子学院中国学研究所发行的学术杂志《沽山中国学报》入选韩国核心期刊数据库(KCI)。获批国家留学基金管理委员会促进与俄乌白国际合作培养项目,首次实现学校申报此类项目的突破。连续三年获批新汉学计划——"海外高校线上学分课"项目。获批2023年度国际中文教育研究课题、教学资源建设项目、协作机制资助项目、教学实践创新项目7项。《人民日报》(海外版)以《用中文铺设民心相通的桥梁》为题报道学校国际中文教育工作。先后举办天津市与白俄罗斯莫吉廖夫州教育领域圆桌会议、"身边的国际社会"感知天津联谊活动、"汉语桥"哥伦比亚、匈牙利教育工作者访华团组开幕、在华留学生武术训练营(天外站)等活动,得到新华社、《人民日报》《中国教育报》等主流媒体多次宣传推介。

撰稿:黄玉培 郭晓婷

【社会服务】 与蓟州区人民政府签订《合作办学协议》,天外教育集团成员校达到12所,优质办学资源遍布津城。成立"一带一路"数智经贸产业学院,主动对接天津市制造业立市的12条重点产业链相关领域,服务天津市社会主义现代化大都市建设。举办"第五届京津冀MTI教育联盟高层论坛"、京津冀翻译协会协同发展学术论坛,携手推进京津冀协同发展不断迈上新台阶。主动融入天开园发展建设,2个校友企业、1个在校生企业成功入驻。先后承接昌都思政教师等4期培训班,为教育援藏工作贡献"天外力量"。精心选派近350余名志愿者参与夏季达沃斯论坛、第七届世界智能大会等重要赛会的服务保障工作,"特别馆藏文献数字化抢救项目"获天津市文明实践志愿服务项目大赛金奖,1个团队获天津市学雷锋志愿服务"六个一批"先进典型优秀志愿服务团队称号。

撰稿:黄玉培 郭晓婷

【办学治校】 修订《党委领导下的校长负责制实施细则》,进一步完善议事决策程序,持续加强党对高校绝对领导。以巡视整改为契机,着力推动改革促进发展,将"当下改"与"长久立"相结合,新出台和修订制度24项,强化用制度管权、管人、管事。坚决破除"躺平"思想,加大抓绩效改革力度,组建专

班,广泛调研、充分征求意见,出台《第七聘期(2023—2026年)岗位聘用与考核实施方案》系列配套文件,以高级别项目、高水平成果为导向,科学制定量化指标,突出绩效导向,进一步推动权力下放,充分激发各教学单位活力。出台《科研机构与教学单位融合方案》,进一步加强科研机构与教学单位的融合,创新科研体系建设。修订《辅导员专业技术职务聘任条件》《思想政治教育工作人员岗位奖励绩效发放实施细则》,制订《思想政治理论课教师退出机制实施方案》,确保"关键群体"更好发挥思政育人关键作用。修订《孔子学院中方院长管理办法》,出台《外派孔子学院中方院长海外工作补贴发放和财务核算管理办法(试行)》等文件,实现学校对孔子学院中方院长、公派教师、专职教师、志愿者教师等中方选派人员管理的全覆盖。印发学校《经济活动内部控制管理手册》《制度汇编》,学校内部控制体系建设不断完善。开展"十四五"规划执行情况中期检查,推动学校"十四五"事业发展规划全面落实。

撰稿:黄玉培 郭晓婷
审稿:陈法春

天津城建大学

【概况】 天津城建大学占地59.54万平方米,校舍建筑面积45.32万平方米。截至2023年年末,全日制在校生18919人,其中本科生16516人、硕士研究生2250人、留学生103人、预科生50人。教职工1423人,专任教师1107人。专任教师中具有副高级以上职称的教师428人、硕士及以上学位的教师1027人。其中国家级工程项目人选2人、教育部新世纪优秀人才支持计划人选3人、天津市青年拔尖人才1人、天津市特聘教授1人、青年学者3人、天津市"131人才工程"第一层次人选7人、天津市宣传文化"五个一批"人才4人、天津市人才推进计划中青年科技创新领军人才1人、天津市人才推进计划青年科技优秀人才3人、天津市杰出青年基金获得者3人,天津市教学名师奖获得者15人。拥有6支天津市高等学校创新团队、2支天津市人才推进计划重点领域创新团队、1支天津市"项目+团队"创新类B级团队、1支天津市"131"创新型人才团队、1支天津市高校思政课教学改革创新示范团队,16个省部级教学团队。学校设置有建筑学院、土木工程学院等15个学院,体育部、工程实训中心2个教学部(中心)和1个继续教育学院。拥有13个硕士学位授权一级学科,11个硕

士专业授权类别,其中1个天津市一流学科、1个天津市一流(培育)学科、4个天津市特色学科群、6个天津市服务产业特色学科群、6个省部级重点学科。有55个本科专业,其中10个国家级一流专业建设点、14个天津市一流专业建设点,3个新工科专业,1个新兴交叉学科专业,1个国家级特色专业,1个国家级、2个天津市综合改革试点专业,7个天津市品牌专业建设项目和5个天津市战略性新兴产业相关专业建设项目,8个天津市优势特色专业和12个天津市应用型专业;3个专业通过教育部工程教育专业认证,5个专业通过住建部本科专业评估(认证)。国家级一流课程5门、天津市一流建设课程29门,教育部课程思政示范课程1门,天津市精品课程12门、课程思政示范课程10门、"党史专题课程思政精品课"2门、就业创业金课2门、创新创业教育特色示范课程4门、劳动教育精品优秀课程3门、来华留学英语授课品牌课程4门。获批国家级和省部级规划教材12部、天津市高校课程思政优秀教材1部。国家级大学生校外实践基地1个,天津市实验教学示范中心10个、虚拟仿真实验教学中心1个、虚拟教研室试点建设项目1个、高校思想政治理论课协同创新中心1个、实践育人示范基地1个、中小学生劳动教育实践基地1个。获批教育部"新工科"研究与实践项目3项,教育部"新文科"研究与改革实践项目1项。获评天津市教学名师15人、天津市教学团队16支、天津市教学成果奖32项。建立有4个省部级重点实验室,1个国家工程中心、8个省部级工程中心、1个教育部工程中心、1个省部级人文科学重点研究基地,1个天津市国际科技合作基地,2个省部级协同创新中心,1个高校智库,1个天津市科技智库,8个天津市科普基地,1个"一带一路"联合实验室,1个天津市成果转化中心,1个产业技术创新联盟。

撰稿:任天琪

【教育经费收入与支出】 2023年,学校教育经费总收入72738.64万元,比上年增加11340.7万元,增长18.47%。其中财政拨款41444.61万元、教育事业收入15700万元、科研事业收入9159.61万元、其他收入6434.41万元。全年教育经费总支出70350.46万元,比上年增加9011.85万元,增长14.69%。其中工资福利支出40162.88万元、对个人和家庭补助支出4413.36万元、商品和服务支出16210.43万元、债务利息及费用支出641.67万元、资本性支出8922.12万元。

撰稿:任天琪

【本科教育】 2023年,学校持续构建具有城建特色的"个性化+进阶式"人才培养模式,优化调整新工科专业培养方案,形成"智能+"学科交叉融合的办学导向,创新"智能+"新工科人才培养模式。获批天津市普通高等学校本科教学质量与教学改革研究计划项目11项,其中重点项目2项;获评市级教学团队2支;获评第三届全国高校教师教学创新大赛天津赛区比赛二等奖1项、三等奖6项。强化专业建设,新增本科专业1个,2个专业顺利通过住建部专业复评(认证),2个专业完成住建部专业中期督查,5个国家级、天津市级一流专业建设点完成中期检查,2个新工科专业完成新专业评估。强化课程建设,新增国家级一流本科课程4门,获评天津市劳动教育优秀课程与培育课程2门。精准推进就业工作,学校2023届高校毕业生就业质量考核位列全市第二,获评2023年就业工作先进单位,连续3年初次毕业去向落实率位列区域高校前茅;1名毕业生获全国高校毕业生"基层就业卓越奖"。坚持"五育并举",出台劳育、美育"十四五"专项规划;获天津市劳动教育重点课题2项;深入推进天津市中小学劳动教育基地——"善学善建"城建特色中小学劳动教育实践基地建设。

撰稿:任天琪

【研究生教育】 2023年,学校成立研究生院。强化研究生教育改革,新增天津市产教融合研究生工作站2个,获批市级研究生各类项目109项,立项数量在市属高校中位居前列。加强导师队伍建设,破除导师终身制,出台《天津城建大学研究生指导教师岗位选拔办法》,实行研究生导师岗位管理;获批天津市优秀青年研究生指导教师2人。加强学位工作,出台《天津城建大学关于市学位办抽检硕士学位论文评议结果处理办法》,强化学位授予全方位全流程管理。创新培养模式,揭牌启运建园书院,建成"一站式"学生社区,引入学生社区"场景式"育人理念,搭建完备的导师体系,实施"卓越研究生培养计划""产学研育人计划",实现企业—研究生的双向互动。

撰稿:任天琪

【内涵发展】 2023年,学校积极落实天津市十项行动,对接12条重要产业链,探索"学科+产业"的学科建设模式,编制学校研究生教育支持天津"十项行动"和天津"12条重点产业链"方案图谱与典型案例,新增天津市服务产业特色学科群2个。持续深化学科内涵建设,土木工程学科实现突破,3个学科在第五轮学科评估中获评C级以上。完善学科管理体制机制改革,出台《天津城建大学学科建设管理办法》。有序推进博士学位授予单位立项建设和新增硕士学位授权点申报工作,明确"1+1"建设模式和重点学科的特色方向,不断提升申博竞争力。

撰稿:任天琪

【科技创新】 2023年,学校科研成果持续产出,获批国家级项目27项,其中国家自然科学基金12项,首次获批国家社科基金中华学术外译重点项目1项,科技部"十四五"国家重点研发计划课题1项;获批省部级项目59项,其中天津市自然科学基金项目14项。积极响应国家京津冀协同发展战略,获批京津冀协同创新项目(天津市重点研发计划)1项;获批教育部人文社科研究项目8项。科研经费稳步增长,实到账科研经费6080万元,签订横向科研项目350余项,合同总金额超1.1亿元,服务滨海新区Z2线、雅万高铁、北天山隧道等重点项目50余项。科技平台提质增效,成立4个跨学科创新研究院,新增1个天津市技术创新中心、4个天津市科普基地;1名学生获"天津市科普讲解大赛二等奖",并获评"天津市十佳科普使者"。科技成果转化能力逐步提高,获批公示天津市社会科学优秀成果奖3项,其中二等奖1项、三等奖2项;完成首批天开高教科创园项目推荐入驻;授权专利、软件著作权20项(其中发明专利6项),转化合同金额106.7万元。深化校企合作,选派天津市科技特派员81名,获批科技特派员项目24项。派驻天津市科技型企业70余家,新增重大校企合作项目21项。

撰稿:任天琪

【人才强校战略】 2023年,学校加强师德师风建设,实施教师思想政治与师德师风建设"专项行动",明确严师、强师、惠师、尊师4个计划,深入开展师德集中学习教育,打造教师网络思政平台。强化教师队伍建设,5名教师入选2023全球前2%顶尖科学家榜单,1名教师入选中国科协青年人才托举工程;引进副高级以上职称教师2人,招聘博士学位教师28人,博士教师占比达到51.08%。深化人事制度改革,稳步实施第四聘期首年度绩效考核,开展第四聘期团队岗位聘用工作,打造"跨学科融合创新"团队岗位10个;修订专职辅导员专业技术职务任职条

件,平稳有序推进2022、2023年度职称评审工作;修订学校年薪制管理办法,对15名高层次人才实施年薪制管理;制定教职工公寓管理办法等制度4项,不断提升人事管理规范化水平。

撰稿:任天琪

【对外合作交流】 2023年,学校拓展合作交流渠道,服务国家外交大局,与俄罗斯等"一带一路"沿线国家5所高校建立战略伙伴关系,参与共建塔吉克斯坦鲁班工坊,深化与爱尔兰都柏林大学等国际知名高校在硕士衔接、师生交流、学生互换等多领域开展实合作,新增国际合作项目5项。支持师生外出访学交流,派出10个团组18人次教师赴国(境)外开展校际交流和学术科研活动,3名教师获留基委资助访学进修;244名学生赴国外交流学习,4名学生获中外双学位。推动海外高层次人才来校开展务实合作,新增国家级外国专家项目1项、天津市对台交流项目1项。提升留学生教育教学质量,招收来华学历留学生33人,在校学历留学生规模达107人,来华留学长短期总规模达275人,来华留学生源国累积达37个,包括36个"一带一路"沿线国家和地区;工程管理(中外合作办学)项目通过教育部2022年中外合作办学项目评估。

撰稿:任天琪

【思政教育】 2023年,学校推进"大思政课"建设,获批天津市"大思政课"综合改革示范校培育建设单位,以"优秀"的成绩通过天津市高校重点马克思主义学院结项验收;获批首届天津市网络思政名师工作室2个;天津市首届高校思政课教师辩论赛中摘得桂冠。深化课程思政改革,发挥校院两级课程思政教学研究中心作用,一体化推进课程思政和思政课程同向同行,1门课程入选教育部2023年学习型社会建设(高等继续教育领域)重点任务名单;获批天津市大中小学"红色影视资源融入思政课程和课程思政教学优秀案例"2项、天津市大中小学"故事思政"微课大赛6项。加强思想政治工作,在2023年度天津市大学生思想政治教育工作考核中,学校综合分数排名第二,连续四年获评"天津市大学生思想政治教育工作优秀单位"。深化"双创"育人,获"挑战杯"全国二等奖,斩获"黑科技"专项赛"星系"级作品(最高奖);获批国家级创新创业项目16项,连续8年获评"天津市A级(优秀)高校众创空间"。获评全国社会实践"优秀组织单位",入选全国大学生暑期

社会实践团队4支,获市级实践活动奖项13项;获评"全国高校活力团支部"1个。

撰稿:任天琪

【加强党的领导】 2023年,学校全面深入学习宣传贯彻党的二十大精神。深入开展学习贯彻习近平新时代中国特色社会主义思想主题教育,坚持学懂弄通做实习近平新时代中国特色社会主义思想,在学习贯彻习近平总书记关于教育的重要论述、习近平文化思想等方面持续发力,进一步加强理论武装,强化领导班子思想政治建设。持续有效宣传营造浓厚校园文化氛围,举办学校建校45周年校庆暨更名大学10周年系列活动,凝聚起师生员工更加奋发有为的强大精神动力。深入实施学校党建"双促双创"工程,1个标杆院系、5个样板支部进入第四批全国党建"双创"项目评选,党建与业务工作深度融合成效进一步凸显。抓实党风廉政建设,制定学校进一步加强"巡审督"联动协作的意见,强化完善"巡审督"联动协作工作机制建设。

撰稿:任天琪

【品牌强校行动】 全面贯彻落实党的二十大精神,深入推进教育、科技、人才"三位一体"协同融合发展,扎实落实市委"十项行动"部署要求,深化主题教育成果,推动巡视整改落地见效,学校全面推进构建"5I空间·融系统"多维融合创新发展模式,先后印发"城大共识""城大行动""工作方案"三个文件,形成创新探索产教融合、科教融汇新路径的"城大实践"。学校坚持以人才培养为核心,明确夯实基础建体系、强化内涵出成果、创新赋能树标杆的三年建设目标,到2025年,高质量打造"党建思政、产教协同、实习实训、国际教育、技术创新、学科交叉、五育并举、就业创业、学生社区、智慧校园"10个品牌,高标准完成30项建设任务,产出特色鲜明、内涵丰富、质量优良的品牌成果,打造服务区域经济社会发展的标杆与示范,成为推动"科教兴市人才强市"行动的重要力量。

撰稿:任天琪
审稿:史庆伟

天津音乐学院

【概况】 天津音乐学院始建于1958年,是全国首批硕士学位授予单位之一。学校分南、北两个校区,分别坐落于天津市河东区十四经路9号、十一经路57号,总占地10.35万平方米,建筑面积8.4万平方米。有教职工428人,全日制学生3232人,其中本科生2678人,研究生550人,留学生4人。

学校设有作曲指挥系、民乐系、管弦系、钢琴系、舞蹈系、歌剧学院、现代音乐与戏剧学院、音乐教育与艺术管理学院、人文学院、马克思主义学院10个教学院系以及天津音乐学院茉莉亚研究院、继续教育学院、附中和附小(合作)。有艺术学1个一级学科;3个专业学位类别——音乐、舞蹈、戏剧与影视。"音乐与舞蹈学""戏剧与影视学"为天津市级重点学科,"音乐与舞蹈学"入选天津市顶尖学科培育计划。学校有的13个本科专业中,音乐表演、音乐学、作曲与作曲技术理论、舞蹈编导为国家级一流本科专业建设点,音乐学、音乐表演为国家级特色专业建设点;舞蹈表演、表演为天津市一流本科专业建设点。

图书馆有馆藏各类文献累积总量352999册(盘)。其中中文及英、俄、德、日、法等外文乐谱共78367册、中外文专业理论及普通图书209529册、唱片(包括唱片和光盘)52495张、录音带12608盘、中外文期刊243种。拥有天津高校中外文共享数据库12个、共享试用数据库5个,学院引进数据库5个,自建数据库23个。

2023年结合学校改革发展建设需要,对学校二级教学机构设置进行优化调整,教学单位由原来的17个调整为11个,教辅单位调整为5个;高质量实施3个国家艺术基金项目,获批12项国家级和省部级项目;在建校65周年之际,举办全国音乐艺术院校校长论坛、民族歌剧创作与表演座谈会、"六五弦歌星火相传"建校六十五周年专场音乐会、"祖国我为你歌唱"国庆音乐会等系列活动;在第十四届中国音乐金钟奖比赛中,青年英才陈滢竹获声乐(民族)组金钟奖(总决赛第一名),附中毕业生王耀漳获小提琴组金钟奖(总决赛第二名),是学校乃至天津市在此类大赛的历史最好成绩;积极开展高水平国际音乐文化交流,不断深化与天津茉莉亚学院合作办学项目,举办"新系列"演出,实施国际人才培养交流项目等学术活动;推进文艺志愿服务深入基层、群众,着力将学科建设和艺术实践的丰硕成果转化到文化服务中去,"红色文艺轻骑兵"团队赴全国多地开展志愿服务活动。

撰稿:石陈晨

【教育经费收入与支出】 2023年,学院教育经费总收入18341.26万元。比上年增加1248.46万元,增长 7.3%。其中财政拨款 11396.80 万元、事业收入 6678.34 万元、其他收入 266.12 万元。全年教育经费总支出 20097.32 万元，比上年增加 2495.45 万元，增长 14.18%。其中人员经费支出 12507.23 万元、日常公用经费支出 4251.32 万元、专项经费支出 3338.77 万元。2023 年末固定资产原值 34446.70 万元，比上年增加 26.22 万元，增长 0.076%。

撰稿：高　炜

【教育教学】　加强学科和专业建设，制定下发《天津音乐学院本科人才培养方案修订指导意见》，针对各专业（方向）的培养目标、培养要求、主干学科、主要课程、学制设置等基本内容进行梳理更新，形成《2023 版本科人才培养方案》。立足音乐院校学科专业特色，将习近平新时代中国特色社会主义思想全面融入各类课程教材，贯穿各学段，覆盖各学科，同时纳入课程思政"1+2+3"集体教研。进一步规范教研室设置，完善教研室布局，修订《天津音乐学院关于规范教研室设置及教研室主任聘任的规定》，制定《天津音乐学院教研室工作细则》。中西室内乐演奏艺术、课堂常用小型乐器合奏与编配入选全国艺术硕士专业学位研究生在线示范建设课程；新增校内研究生选修课程 6 门；手风琴演奏获评第二批国家级一流本科课程。

撰稿：李小科

【科研项目】　全年获批国家级和省部级科研项目 12 项，其中国家艺术基金资助项目 2 项、国家社会科学基金艺术学项目 1 项、国家社会科学基金后期资助项目 1 项、天津市教委社科重大项目 1 项、天津市高校人文社科一般项目 5 项、天津市高等学校研究生教育改革研究计划项目一般课题 2 项。高质量完成国家艺术基金资助项目《中国民族歌剧表演人才培养》和原创歌剧《岳飞》巡演 2 个项目；学校原创话剧《太平码头》获批国家艺术基金 2023 年度资助项目并成功首演。

撰稿：李小科

【人才队伍建设】　专题研究人才队伍规划建设工作，以领军人才、教学名师为核心、骨干教师为主力，组建高水平教学创新团队。开展 2023 年公开招聘及全职调入高层次人才工作，共入职教职工 11 人，其中具有博士学历学位的教师 3 人。优化师资队伍结构，出台《天津音乐学院柔性引进人才实施办法》

《天津音乐学院人才队伍建设规划（2023—2033 年）》，引进校级"特聘教授"6 人、学报常务副主编 1 人，柔性引进"讲座教授"1 人、引进"青年英才"4 人。优化师资队伍素质，把好师德首关，开展师德师风教育宣传和师德集中学习，完善师德师风建设长效机制。开展《暑期专任教师集中学习研修班》，出台《天津音乐学院教师日常行为规范》。

撰稿：李　颖

【国际交流与合作办学】　积极开展高水平国际音乐文化交流，不断深化与天津茱莉亚学院合作办学项目。启动国际化人才培养项目，邀请天津茱莉亚学院专家到校举办大师课、音乐会等学术活动，与天津茱莉亚管弦乐团合作参演"汇聚音乐节""管弦乐研讨班专场音乐会"等多场演出；举办天津音乐学院茱莉亚研究院毕业典礼，与天津茱莉亚学院共同举办"新系列"演出、首届"天津茱莉亚学院管弦乐研讨论坛""天津茱莉亚学院院长圆桌论坛"等活动。白俄罗斯莫吉廖夫州爱乐乐团、美国俄克拉荷马州"马掌路"乐团、费城交响乐团、加拿大西三一大学等多个国外院校和院团来校开展系列学术活动；与英国约克大学、丹麦皇家音乐学院签署合作备忘录；先后与天津北方演艺集团有限公司、中国少年儿童文化艺术基金、青海省委宣传部、天津歌舞剧院、台北市立大学、双河市人民政府、中国戏曲学院等签订战略合作协议，加强深度合作，提升办学水平和综合办学实力。

撰稿：胡匡时

【艺术实践】　全年累计开展歌剧、舞剧、话剧、音乐会、大师班、讲座等活动 400 余场。积极发起并承办首届天津音乐节，学校师生上演中国民族歌剧唱段专场音乐会、中国乐器专场音乐会、赵季平作品专场音乐会等活动；在国家大剧院举办"祖国我为你歌唱"国庆音乐会；师生参演"庆祝中国共产党成立 102 周年专场音乐会"、2023 年夏季达沃斯系列演出、全国职业技能大赛开闭幕式演出、交响诗篇《长城》、民族歌剧《运河谣》、"永远的小白杨"阎维文师生音乐会、国家艺术基金设立十周年优秀小型节目展演活动等活动；亮相 2023 年青海湖音乐节成功举办天津音乐学院专场交响音乐会、国家大剧院第十六届"春华秋实"艺术院校舞台艺术精品展演等高水平音乐会。打造品牌剧目，排演多部歌剧、话剧、舞剧，其中民族歌剧《同心结》，在纪念抗美援朝胜利 70 周年之际，在天津大剧院、杭州大剧院、中央歌剧院进行演出,参加第五届中国歌剧节并获"优秀剧目奖",被誉为"一部有思想的艺术与有艺术的思想和谐统一的震撼人心的优秀作品"。

撰稿:石陈晨

【六十五周年校庆】 在建校65周年之际,举办全国音乐艺术院校校长论坛、民族歌剧创作与表演座谈会、"六五弦歌 星火相传"建校六十五周年专场音乐会、"祖国我为你歌唱"国庆音乐会、"名师名家讲坛"等系列活动,成功承办文旅部"2023新时代声乐领军人才高级研修班"。各院系举办校庆系列学术活动,包括:全国和声学术研讨会、鲍元恺教授从教50周年系列学术活动、歌剧学院排演歌剧《紫藤花》、民乐系弓弦艺术节、管弦系2023秋季学术交流季、音乐教育与艺术管理学院秋季学术季、钢琴系教学实践音乐会、人文学院音乐学系列讲座和天津地方音乐研究中心非遗研究学术讲座、首届中国文化对外传播大赛、首届"天音杯"舞蹈比赛及系列学术活动、现代音乐与戏剧学院国际国内校际专业系列交流活动、附中庆祝建校65周年音乐会等活动。

撰稿:石陈晨

【艺术竞赛】 2023年师生在国内外各类比赛中获奖60余人次。参加第十四届中国音乐金钟奖比赛,陈滢竹获声乐(民族)组金钟奖(总决赛第一名),附中毕业生王耀漳获小提琴组金钟奖(总决赛第二名),10名选手成功晋级复赛,6名选手成功入围半决赛,3名选手进入决赛。钢琴系手风琴专业2023届硕士毕业生张之远获第四十八届意大利卡斯特费达多国际手风琴比赛演奏家组第一名;艺术管理系2021级学生王湘懿获第17届"挑战杯"天津市大学生学术科技作品最高奖项"特等奖",代表天津市参加国赛获三等奖。

撰稿:石陈晨

【社会服务】 全面推进文艺志愿服务深入基层、深入群众、服务发展,充分发挥天津音乐学院"红色文艺轻骑兵"新时代文明实践基地作用,承办第十四届中国音乐金钟奖声乐(民族)、小提琴全国选拔赛,来自全国各地的顶级艺术家、杰出青年艺术人才汇聚天津,精彩的竞赛表演惠及市民群众,以高水平的艺术活动,打造城市文化会客厅,赋能天津文化强市建设。积极搭建文艺志愿服务平台,建设文艺志愿服务队伍,着力将学科建设和艺术实践的丰硕成果转化到文化服务中去,全年赴青海、贵州、天津市蓟州区、中国医学科学院血液病医院等多地开展志愿服务活动。组织动员青年建功新时代,开展"弘扬雷锋精神 建功'十项行动'"主题活动,16支志愿服务队335名青年开展志愿服务;开展"西部计划"工作,1名学生赴西藏服务基层。《人民日报》(4月20日刊)以《扎根城乡基层 传递温暖力量》为题,大篇幅深度报道天津音乐学院"红色文艺轻骑兵"用文艺服务人民的事迹。

撰稿:石陈晨

【党建工作】 压紧压实管党治党政治责任,制定学校年度工作要点、党建工作要点、全面从严治党工作要点,明确工作目标,召开学习贯彻习近平新时代中国特色社会主义思想主题教育动员部署会,坚持把党建工作与事业发展同谋划、同部署、同推进、同落实,坚持全面从严治党各领域各方面各环节全覆盖。修订《中共天津音乐学院委员会全面从严治党主体责任检查考核办法》,开展年度检查考核,推动各二级党组织及其成员认真落实全面从严治党主体责任。举办2023年春季、秋季入党积极分子基础培训班,组织教职工开展无偿献血。充分发挥专业特色,指导音乐学系教师党支部、声乐系党总支、艺术管理系学生第一党支部、管弦系教师党支部宋强工作室,积极落实标杆院系、样板支部创建培育工作。组织开展学校优秀共产党员、优秀党务工作者和先进基层党组织评选表彰工作。开展2022—2023年度"创最佳党日"优秀活动评选。元旦春节期间慰问困难党员、老党员、老干部、驻村帮扶工作人员7名,让党员、干部有更多获得感、幸福感。做好"七一"期间"光荣在党50年"纪念章颁发工作。全年发展党员75名。

撰稿:西家鹏

【思想政治教育】 发挥专业特色赋能思政教育。将艺术专业元素融入思政教育,创新形式举办开学典礼、毕业典礼;发挥天津市学校原创思政音乐作品创作中心作用,承办并开展原创思政音乐作品征集。2023年,学校大学生思想政治教育工作获国家级奖项4项,市级奖项17项,被评为"天津市2023届高校毕业生就业质量考核评价优秀单位";排演的民族歌剧《同心结》入选2024年度高校思想政治工作质量提升综合改革与精品建设项目全国高校原创文化精品项目。

撰稿:石陈晨
审稿:王 欢

天津体育学院

【概况】 天津体育学院成立于1958年8月,累计为国家体育和教育战线培养了3万余名受到社会欢迎的应用人才,涌现出多名全国先进工作者、全国优秀体育教师、省市劳动模范、国家队教练员和金牌运动员。

学校团泊校区位于静海区团泊新城西区健康产业园,占地74.38万平方米,各类校舍建筑总面积约38.86万平方米,于2017年11月投入使用。教学科研仪器设备总值1亿9千余万元。学校图书馆新馆建筑面积近1.78万平方米,有纸质文献馆藏总量44.2万册,纸质期刊851种,拥有数据库45个、电子图书总量104万余册、电子期刊总量127万余册。

学校有18个本科专业,涉及教育学、管理学、文学、艺术学、理学、医学6个学科门类。1979年开始招收硕士研究生,1986年获硕士学位授予权,2013年通过立项建设博士学位授权单位验收,被国务院学位委员会正式批准为"博士学位授予单位",体育学一级学科被批准为"博士学位授权学科"。学校有全日制在校生7128人,其中本科生5193人、博士研究生98人、硕士研究生1568人、留学生61人。

学校有教职工582人,专任教师中具有正高级职称61人,副高级职称128人;专任教师中具有博士学位105人,硕士学位304人。有入选教育部"新世纪优秀人才支持计划"1人、国家体育总局优秀中青年人才百人计划3人、天津市特聘教授1人、天津市教学名师4人、天津市突贡专家1人、天津市131一层次人选4人、天津市五个一批3人、市级海外高层次人才长期项目1人、市级海外高层次人才青年项目1人。学校有在岗博士研究生导师39人、硕士研究生导师128人。

学校不断强化教学工作的中心地位,实施了深化教学改革、提高教学质量的一系列方案和措施,取得一批标志性成果。2013年,运动人体科学专业获批教育部"本科教学工程"地方高校第一批本科专业综合改革试点,特殊教育专业获批市级专业综合改革试点;2017年,体育教育、运动训练、社会体育指导与管理、运动人体科学、应用心理学5个专业被批准为天津市优势特色专业建设项目,武术与民族传统体育、舞蹈学、教育技术学、新闻学、市场营销、特殊教育、运动康复7个专业被批准为天津市应用型专业

建设项目。体育教育、运动训练、社会体育指导与管理、运动康复4个专业先后获批国家级一流本科专业建设点,舞蹈学、特殊教育、新闻学专业先后获批天津市一流本科专业建设点。建成2门国家级精品资源共享课程、1门国家精品视频公开课、4门国家精品课程、8门天津市精品课程、2门天津市大中小学"党史专题课程思政精品课"、4门天津市高校新时代课程思政改革精品课、9门天津市高校课程思政示范课、2门国家级一流本科课程、24门天津市一流本科建设课程。4个实验教学中心被授予"天津市普通高等学校实验教学示范中心"称号,1个实验教学中心被批准为天津市市级虚拟仿真实验教学中心。6个虚拟仿真实验教学项目认定为"天津市虚拟仿真实验教学建设项目"。学校获高等教育国家级教学成果一、二等奖各1项,获天津市级教学成果一、二等奖10项,获国家体育总局教学成果二、三等奖8项。2013年至今,学校共获国家级、市级大学生创新创业训练计划立项209项。

学校科研实力不断增强,承担国家级、省部级、局级科研项目431项。其中国家科技部科技支撑计划项目课题1项,国家重点研发计划项目课题1项,国防科技战略先导计划项目1项,国家自然科学基金重大国际合作研究项目1项,国家自然科学基金项目10项,国家社会科学基金重点项目2项、后期资助项目2项、一般及青年项目26项,教育部人文社会科学研究基金项目25项,教育部哲学社会科学研究后期资助项目2项,全国教育科学规划课题一般项目3项、教育部青年专项课题1项,"十三五"规划项目25项、2021年度天津市教育科学规划课题9项(含重大项目1项),天津市重大科技攻关、天津市技术平台专项、天津市应用基础重点和一般项目、国家体育总局体育社科基金及奥运科技攻关项目、天津市哲学社科基金项目等省部级科研课题259项,天津市本科教学质量与教学改革研究项目31项,教育部新文科研究与改革实践项目1项,天津市新文科研究与改革实践项目3项。科研成果获省部级奖励24项,出版著作、编著、教材工具书等160余部,发表学术论文2000余篇。

学校逐步形成以体育学科为主、相关学科协调发展的办学特色与优势,构建从本科教育到硕士、博士研究生教育的完整办学体系,以及涵盖普通高等教育、成人教育和留学生教育的开放式办学格局,成为一所在国内外有较大影响的现代体育高等学府。

撰稿:陈 洁

【教育经费收入与支出】 2023年,学院教育经费总收入194200.63万元,比上年增加141800.42万元,增长270.61%。其中财政拨款收入185753.73万元、事业收入7313.57万元、其他收入1133.33万元。全年教育经费总支出168105.59万元,比上年增加126780.87万元,增长306.79%。其中公用经费支出9408.10万元、人员经费支出16778.83万元、对个人和家庭补助3112.88万元、债务利息1389.86万元、资本性支出137415.92万元。

撰稿:袁广丽

【党建工作】 2023年,天津体育学院以党的二十大精神为指引,持续加强党的全面领导。学校全年召开55次常委会、33次院长办公会,切实发挥校党委总揽全局、协调各方的领导核心作用。制定《天津体育学院2023年理论学习安排意见》,落实理论学习中心组学习制度,完善二级理论学习中心组列席旁听工作机制。制定党支部工作量化考核指标,全年指导38个到届基层党组织换届选举工作,发展师生党员250人。完成32名处级干部转正考核,7个副处级岗位选拔任用。组织6期500余人次处级干部网络专题培训,组织新提拔处级干部30人参加清华大学管理干部能力提升高级研修班培训。修订《天津体育学院处级领导班子和处级干部考核办法》。修订《中共天津体育学院委员会意识形态工作责任制检查考核实施办法》《天津体育学院网络阵地管理办法》。完成常规意识形态会商研判12次,会议审批54份。制订《天津体育学院教材修订工作方案》,完成12本教材修订。制定《天津体育学院宣传阵地管理办法》,开展网评员队伍能力培训,完成各类舆情监测情况100余次。召开2023年统战工作会议,印发《2023年天津体育学院统战工作要点》,完成10项天津市统战理论和实践创新研究课题。开展民族宗教工作自查和专项检查,举办"颗颗石榴籽、共铸同心圆"天津体育学院首届红石榴体育文化艺术节。召开2023年全面从严治党暨警示教育大会,制订《天津体育学院二级单位党组织落实2023年全面从严治党主体责任任务清单》,完成七届校党委第六、七轮巡察工作,修订巡察制度文件12项。制定《中共天津体育学院委员会关于市委巡视六组巡视情况反馈意见的整改落实方案》,针对巡视反馈的33个具体问题,继续深挖根源,查摆"举一反三"整改事项40项,制定整改措施143条,截至11月底,已完成139条。召开教职工代表大会,加强"青马工程"体系建设,完

善"市—校—院"三级"青马工程"培养机制,1名学生入选天津市"青马工程"第7期学员。2个团支部获评"天津市五四红旗团支部",2名团员获评"天津市优秀共青团员",1名教师团干部获"天津市优秀团干部"称号。

撰稿:陈 洁

【主题教育】 学校扎实开展学习贯彻习近平新时代中国特色社会主义思想主题教育活动,不断提升解决实际问题能力。谋划顶层设计,坚实制度保障。学校把学习贯彻习近平新时代中国特色社会主义思想摆在首位,结合体育院校实际,制订《天津体育学院深入开展学习贯彻习近平新时代中国特色社会主义思想主题教育的实施方案》和《天津体育学院大兴调查研究的工作方案》,建立工作部署、任务分工、督办落实、定期报告、检查通报、跟踪问效全链条工作机制,确保主题教育有序扎实推进。注重科学统筹,夯实理论基础。学校坚持把学思想作为首要任务贯穿始终,深化学思用贯通、知信行统一,统筹组织各项专题理论学习活动。组织主题教育专题读书班,起草印发理论学习方面的相关文件15个,对专题研讨关键环节、阶段性重要工作等明确重点、细化要求,营造以考促学、以学促用的良好学习氛围。设置专题网站、官方微信公众号开设专栏,通过文字、图片等方式,及时推送主题教育学习材料及学校开展主题教育情况,多层次、多角度宣传主题教育进展成效。坚持问题导向,抓实调查研究。学校坚持运用党的创新理论研究新情况、解决新问题,在主题教育期间,围绕事业发展的瓶颈制约和师生反映强烈的热点难点问题,形成2大类、27项具体清单,逐项销号管理。针对学校事业发展的突出问题,列出9项调研课题,聚焦解决实际问题,努力把主题教育成果转化为推动学校各项事业高质量发展的强大动力。

撰稿:陈 洁

【教育教学】 坚持党的教育方针,全面落实立德树人根本任务。积极构建"大思政课"教育体系。发挥思政课铸魂育人主渠道作用,依托学校"中国女排精神展"国家级科普基地,开展大中小思政课一体化建设。实施《马克思主义学院推进京津冀协同发展实施方案》,修订《天津体育学院思想政治理论课教师退出机制实施方案(试行)》。完成休闲体育、流行舞蹈、足球运动新增本科专业申报工作和2024年智能体育工程、传播学新增专业备案工作。学校体

育学获批国家级一流本科课程。举办新闻学专业成立23周年暨"部校共建"新闻学院成果汇报交流会。制定《天津体育学院本科专业建设负责人管理办法》。启动2023年天津体育学院本科重点教材项目遴选工作。1个教师团队获第三届全国高校教师教学创新大赛天津赛区三等奖,1名教师获天津市高等学校教学名师奖。2023年学校博士研究生招生全面实行"申请—考核"制。完成《优先发展学科建设方案》《优先发展学科高校整体建设方案》论证工作,"人工智能与竞技科学训练"获批高校服务产业特色学科群。优化博士研究生、硕士研究生培养方案23个,制订《天津体育学院新时代研究生课程思政行动计划》,1门课程获批全国体育专业学位研究生在线示范课程。强化研究生学术能力培养和学位论文质量。完成博士研究生导师遴选增补和选聘硕士研究生导师工作。加强研究生实践基地建设,与国家体育总局秦皇岛训练基地等签订实习实践基地协议,获批5个天津市产教融合研究生工作站。积极推进习近平新时代中国特色社会主义思想和党的二十大精神的"三进"工作,学校党委书记和校长分别为学生讲授"形势与政策第一课"。深化国防教育,26名大学生应征入伍,获天津市"征兵工作先进单位"称号。打造具有天体特色的"一站式"学生社区。1项文化育人案例入选2023年高校思想政治工作精品项目。制定2023年大学生思想政治教育工作考核指标体系及任务分解,1名辅导员获天津市高校优秀辅导员称号。2023年,召开校级就业创业推动会两场,其他各级各类就业推动会10余次,制订《毕业生就业创业工作方案》《访企拓岗创就业专项行动方案》,累计走访用人单位140余家,为学校毕业生提供新增岗位400余个。完成26家企业和项目入驻学校众创空间工作,扶持大学生自主创业,组织学生参加多项创新创业大赛,共计获市级一等奖2个、二等奖6个、三等奖19个。完成首届"天津市体育产业创新创业大赛"办赛工作,累计参赛近1600人。修订学生资助相关制度文件3个,落实"发展型资助育人行动",打造资助育人品牌。

撰稿:陈　洁

【科学研究】　学校科研项目提质增效,获批国家社科基金课题1项,国家自然科学基金项目1项,省部级课题12项,局级课题26项,1个项目获天津市社会科学优秀成果一等奖。学校结合国家重大战略和区域经济社会需求,布局组织高水平科研平台建设,出台《天津体育学院科研机构管理办法》,申报天津市"体卫融合与健康促进重点实验室",与青海民族大学成立"高原体育与健康促进协同创新中心",与舒华体育股份有限公司成立"体育工程研发中心"。承办第十三届全国体育科学大会,吸引国内外1.3万余名中外代表参会,创下全国体育科学大会历史之最。《天津体育学院学报》在40本体育学期刊中影响因子位列第8位,首次入选《2022年人文社科期刊AMI核心期刊目录》。2023年,2个项目团队进驻天津体育学院产学研协同创新示范基地,天津体育学院战略合作伙伴—舒华体育股份有限公司天津分公司入驻天开高教科创园,开启学校校企合作的新篇章。组织多学科组建科技攻关团队,"成建制"为跳台滑雪和北欧两项、国家男女排、国家棒球队、手球队等提供科技服务保障,为备战奥运会进行整体协同服务。组织专家服务团队赴南部战区海军基地开展军事体育科普活动,累计服务官兵近万人次。完成全市1503所大中小学校共192.15万学生的体质健康数据以及全市1433所中小学校共137.46万学生的视力健康数据的采集及上报工作,积极服务"健康天津""运动之都""排球之城"建设。学校组织天津市第37届科技周科普活动,获批成立"天津体育学院少儿田径培训科普基地""天津市女排精神科普基地"2家天津市科普基地,1名教职工获"全国体育系统十佳科普讲解员"称号,学校体育科普影响力不断提升。

撰稿:陈　洁

【竞技体育】　积极做好重大赛事的备战参赛工作。在2022杭州亚运会上,学校学生为中国队斩获6金2银,其中1名学生在赛艇女子八人单桨有舵手比赛中获金牌,为天津取得本届亚运会首金,实现运动成绩和精神文明双丰收。在成都世界大学生运动会上,学校学生获6金1银1铜,学校教练员李晶晶作为国家队男子四人单桨主教练带队夺得一枚金牌。在2023年亚洲赛艇青年锦标赛中,学校4名赛艇运动员斩获一金一银。男子橄榄球队在2023年全国英式7人制橄榄球冠军赛中斩获银牌。在大学生相关赛事中,学校学生在中国大学生柔道锦标赛、全国武术套路冠军赛、中国毽球公开赛、中国大学生毽球锦标赛、天津市海河龙舟赛、中国大学生室内滑雪联赛、中国飞盘联赛等一系列重大赛事中共取得第一名71项、第二名35项、第三名30项、第四名16项、第五名21项、第六名16项。完成天津市第九届少数民族传统体育运动会和全国第一届学生(青年)运动会的备战及参赛任务。高质量做好"国字号"运动学院建设。学校发挥中国排球学院优势,多名师生为中国男排、女排备战巴黎奥运会提供科研保障工作。举办"全国青少年女排(07年龄段以后)训练营",承办"2023年全国排球高级教练员岗位培训班"。中国棒球学院加强与中国棒球协会的合作,举办2023年全国棒球中级教练员培训班、全国棒球比赛解说员培训班、U18国家棒球青年队运动员选拔和棒球青少年优秀后备人才训练营等活动。

撰稿:陈 洁

【高质量发展】 修订学校"十四五"规划,制定《天津体育学院进一步贯彻落实市委市政府十项行动的若干举措》《天津体育学院落实京津冀协同发展工作方案》,提升学校服务国家重大发展战略和区域经济社会发展水平。学校分别与国家体育总局中国排球运动管理中心、河北体育学院和天津医科大学等单位签订合作协议5项、建立合作平台1个、承接北京非首都功能5项、举办大型赛事交流活动3个,助力京津冀协同发展战略走深走实。积极与友好院校对接,促进交流内涵建设,与4所港澳台地区高校签署校际合作协议,举办海峡两岸(津台)棒球交流营,举办香港女排与天津体育学院女排友谊赛。接待来自11个国家和地区15批84人次外宾与学校进行学术交流及合作洽谈,为学校与国外知名大学在人才培养、科研合作等领域深入合作打开窗口。学校挂牌成立天津市特殊教育资源中心,完成首轮100余人特教师资培训工作,为全市特殊教育工作探索出一条"大中小一体化"融汇式发展之路。分别与西藏昌都市和林芝市两地市教育(体育)局签署战略合作协议,实施"津昌苗圃计划",深化智力援藏。发挥国家级女排精神科普基地示范引领作用,开展"五省十城百校"女排精神进校园活动,线下接待参观人员2549人次,组织赴西藏、青海、甘肃等地开展女排精神展国内巡展和校园行活动,推进百所大中小学思政一体化建设。建立师生赴新疆支教工作长效机制,打造体育援疆品牌,全年43名成员完成实习支教任务。完成赴内蒙古自治区开展体育支教工作,深化体教融合。

撰稿:陈 洁

【民生工程】 全力做好民生保障工作,持续提升学校高质量发展动力。开展教师培训和师德师风建设。制定《2023年师德师风建设工作安排》,统筹安排2023年师德师风建设工作。利用网络教育资源,持续做好教师理论培训和继续教育工作。组织《新时代高校教师职业行为十项准则》、违反新时代教师职业行为十项准则问题专项警示教育、"津门师德巡讲"等学习教育活动,强化教职工法制意识、纪律意识。开展师德档案专项核查工作,开展2023年度最美教师、全国教书育人楷模、第三批"全国高校黄大年式教师团队"推选。学校体育学学科获批博士后流动站,联合青海民族大学、天津医科大学总医院、舒华体育股份有限公司等高校、企业、科研院组建"四个中心"及多个协同科研平台,与天津职业大学等签订战略合作协议。完善人事人才政策制度,出台《天津体育学院高层次人才年薪制管理办法(试行)》,制定《天津体育学院高层次人才引进与管理办法》,完成1个高水平科研团队引进和2023年博士和硕士岗位公开招聘工作,柔性引进3名国内顶尖专家,助力学科专业发展。推动教育评价改革,修订职称评价标准,实施聘期考核,推进岗位晋级。强化绩效分配引领作用,启动"团泊学者计划"和年薪制遴选工作,修订《优绩优酬奖励办法》,激发各类人才内生动力。学校优化预算编制,强化预算约束,制定《天津体育学院预算绩效管理办法》,建立全过程预算绩效管理体系,优化学校资源配置,提高资金使用效益。制定《天津体育学院创收经费管理办法(试行)》,规范创收经济活动。修订《天津体育学院采购管理办法》《天津体育学院固定资产管理办法》,制定《天津体育学院采购需求管理办法》,加强资产与采购工作内部控制。大力维护校园安全稳定。每月召开校级安全工作研判会,制定《天津体育学院交通管理制度》《天津体育学院校门管理制度》。完成《天津体育学院2023年涉校事件专项行动工作总结》《天津体育学院岁末年初安全生产隐患专项治理和督导检查工作报告》等20余份安全文件,健全安全管理制度。科学规划校园疾控。完成年度食品安全检查。积极推动校园文化建设。申报天津市文明校园和新时代文明实践基地,天津体育学院拓展中心获批"天津市第二批新时代文明实践基地"。持续深化新时代校园廉洁文化建设,开展"廉韵清风"为主题的系列宣传教育。开展系列图书文化宣传活动,打造书香校园,组织天津体育学院2023年田径运动会,丰富校园文化生活。持续做好对外宣传,新闻作品入选2022年度天津市"十大教育新闻作品"。发挥文化育人功能,学校创编的千人大型团体操舞《青春向前》

受到"学习强国"学习平台、央视频、天津电视台等多家媒体报道。

撰稿:陈　洁
审稿:金宗强

天津美术学院

【概况】　学校有天纬路、志成路两个校区,校园占地 11.77 万平方米,建筑面积 15.50 万平方米。有美术与书法、设计 2 个专业硕士学位授权点,艺术学、设计学 2 个学术硕士学位授权点。有 22 个本科专业、12 个二级学院。有全日制在校生 5300 余人,其中本科生约 4300 人、研究生约 1000 人。

学校有国家级一流本科专业建设点 12 个,国家级特色专业 2 个,国家级实验教学示范中心 1 个,国家级大学生社会实践基地 1 个,国家级一流本科课程 5 门,国家级在线示范课程 4 门,教育部精品视频公开课 1 门,国家级规划教材 3 部;天津市重点学科 2 个,天津市一流学科建设项目 2 个,美术学学科入选天津市高校顶尖学科培育计划,全国第五轮学科评估和全国专业学位水平评估结果大幅跃升;天津市一流本科专业建设点 1 个,天津市品牌专业 5 个,天津市战略新兴产业相关专业 1 个,天津市优势特色专业 5 个,天津市应用型专业 6 个;天津市级教学团队 14 个,天津市教学名师 14 人;天津市级教学成果奖 11 项;天津市一流本科课程建设项目 27 个,天津市精品课程 5 门,天津市创新创业特色示范课程 3 门,天津市规划教材 8 部;天津市实验教学示范中心 1 个。

学校有教职工 506 人,专任教师 300 人,其中教授 64 人,副教授 115 人。有中宣部文化名家暨"四个一批"人才 2 人、全国中青年德艺双馨文艺工作者 1 人、享受国务院政府特殊津贴专家 14 人、天津市有突出贡献专家 2 人、天津市特聘教授 1 人、天津市优秀科技工作者 1 人、天津市"131"创新型人才培养工程第一层次人选 1 人、天津市宣传文化"五个一批"人才培养工程 14 人、硕士生导师 162 人。

学校与世界上 20 个国家及地区 49 所高校签署合作协议,在教学、科研领域达成多层次的合作构架。同意大利、法国、英国多所美术学院举办联合培养项目,包括教育部审批的"3+1"本科双学位合作办学项目以及校际硕士双学位项目、校际国际交换生项目。

学校定期出版《北方美术》《中国书画报》2 个专业刊物。

撰稿:谭　寒　蒋鑫楠

【教育经费收入与支出】　2023 年,学校教育经费总收入 28259.33 万元,比上年增加 6242.06 万元,增长 28.35%。其中教育经费拨款 17883.32 万元(基本经费 125601 万元、项目经费 5322.32 万元)、教育事业收入 10279.64 万元、其他收入 96.37 万元。全年教育经费总支出 26750.62 万元,比上年增加 4859.9 万元,增长 22.2%。其中基本支出 21040.9 万元、项目支出 5709.72 万元。总支出中人员经费支出 15167.14 万元,其中工资福利支出 13366.89 万元、对个人及家庭补助 1800.25 万元;公用经费支出 11583.48 万元,其中商品服务支出 6294.41 万元、其他资本性支出 4390.66 万元、债务利息支出 898.41 万元。

撰稿:郭宇邦

【教育教学】　新增戏剧影视美术设计、跨媒体艺术、文物保护与修复、科技艺术 4 个专业。获批第二批国家级一流本科课程 3 门,天津市级教学团队 1 个,天津市教学名师 1 人;天津市级教改立项 2 项,天津市劳动教育教学研究中心教学研究项目 1 项。按大类招生培养模式改革,成立造型基础教育学院,出台《天津美术学院造型基础教育学院本科专业(方向)分流方案(试行)》。三区联动举办毕业展系列活动,分别在天津美术馆、天津滨海美术馆、天津美术学院美术馆三馆开展,为广大毕业生提供更宽广的展示平台。学校获批教育部港澳台国情教育项目 1 项、天津市重点对台项目 3 项,共接待台湾校长团组 2 个,新签署友好院校 3 所,续签友好院校 1 所。

撰稿:董　亭

【学科建设与研究生培养】　加强学科建设,美术学学科被认定为天津市顶尖学科。积极梳理申报博士学位授予权单位和博士学位授权点各项指标数据,为学校申博工作打下坚实基础。制订实施《天津美术学院研究生教育改革发展实施方案》,推动研究生综合改革发展。举办第七届研究生学术季暨第十二届研究生中期汇报展览。在天津美术馆举办"艺道传薪——天津美术学院美术与书法学科研究生教学展"。获批全国艺术硕士专业学位在线示范课程 4 门,获批 2022 年度天津市研究生科研创新项目 12 项。

撰稿:刘永胜

【科研与服务社会】 获批国家艺术基金个人项目2项、教育部港澳台学生国情教育项目(一般项目)1项、天津市教委社科重大选题4个、天津市教委社科重大项目6项、天津市教委科研计划项目(一般项目)8项、天津市教委科研计划项目(外语教育)1项。获2023年第十八届天津市社会科学优秀成果奖二等奖1项。"传承与转化——孙其峰中国画教学文献展"获评文旅部艺术司2023年全国美术馆馆藏精品展出季项目。天津美术学院非物质文化遗产研究中心获批天津市非物质文化遗产研究基地。举办第三届花鸟画精研与创作高研班、第三届山水画精研与创作研修班(元代山水专题研究)、写意人物画研修班、第四届宋代山水画精研与创作研修班。举办中国非物质文化遗产传承人研修培训计划第十二期(泥塑艺术研修班)、第十三期(木版年画研修)培训班,获评2023年非遗研培项目合格奖,获批2024年全国非遗研培项目参与院校资格。

撰稿:刘永胜

【党建工作】 学校党委落实全面从严治党和办学治校主体责任,召开2次校党委全委会会议、35次校党委常委会会议和各类专题工作会议,深入学习贯彻习近平新时代中国特色社会主义思想和党的二十大精神,高标准高质量开展学习贯彻习近平新时代中国特色社会主义思想主题教育,进一步加强党对学校工作的全面领导,坚持为党育人、为国育才,及时学习贯彻中央和市委关于全面从严治党的一系列决策部署,研究具体贯彻落实措施。成立以副市长张玲为第一组长、校党委书记路波为组长的校党委巡视整改工作领导小组,召开专题校党委常委会会议,部署制定巡视整改工作方案、巡视整改工作台账,确保巡视反馈意见条条回应、件件整改,高标准、高质量、严要求推进市委巡视整改工作,集中整改阶段整改完成率为100%,完成选人用人、意识形态、编制纪律等3个专项巡视整改工作任务。制定《2023年党建工作要点暨全面从严治党工作要点》《2023年领导班子全面从严治党主体责任清单和任务清单》《中共天津美术学院委员会常务委员会第一议题制度实施办法》,逐级制定和分解主体责任、第一责任和一岗双责,层层落实工作责任,制度化及时深入学习习近平总书记重要讲话、指示批示精神。召开二届八次全委(扩大)会议暨推进全面从严治党工作向纵深发展工作部署会、二届九次全委(扩大)会议暨重点工作推进会、天津美术学院党委与派驻纪检监察组工作会商会议、廉政风险防控机制建设工作座谈会等,贯彻落实党中央和市委关于全面从严治党的一系列决策部署,研究学校具体贯彻落实措施,总结、部署和推动学校全面从严治党向纵深发展和事业高质量发展。深入开展清廉天美建设。党委理论学习中心组进行12次集中学习、9次专题研讨、开展2次实地调研。选拔中层干部26名,其中中层正职8名、中层副职18名,1名特聘干部经考核合格后续聘教学单位副院长职务。开展4期干部学习大讲堂,开展党务干部铸魂赋能专题培训,加强新任干部专业训练,全方位提高干部政治素养、履职能力和综合素质,增强干部的责任感使命感。

撰稿:谭 寒 蒋鑫楠

【师资队伍建设】 师德师风建设进一步制度化和长效化,发挥党委教师工作委员会作用,协同联动推进教师思想政治、师德师风建设和教职工政治理论学习工作;组织开展庆祝第39个教师节优秀典型表彰大会,全方位宣传优秀教师典型事迹;严格师德考核,深入落实师德承诺书和师德档案制度;对新入职人员加强政治、现实表现考察,严把教师选聘政治关、师德关;开展二级学院党政主要负责人讲"师德必修课",加强教师法治教育。进一步完善学校人事人才制度体系,保障人事人才工作有章可循,修订或制定《进一步加强人才队伍建设工作的实施意见》《编制管理办法(试行)》《科级干部聘任管理办法(试行)》等6个顶层设计制度,修订或制定《教职工考勤管理办法》等4个规范人事管理制度。编制《天津美术学院师资队伍建设三年发展规划》。引进博士教师15人,其中65%的博士教师毕业于国内重点院校,引进辅导员教师2人、思政教师1人、教学管理人员2人、实验技术人员2人,调入紧缺专业硕士讲师1人。推动职称评价改革,坚决破除五唯,成立职称聘任工作领导小组,进一步加强学校职称聘任工作的组织领导和监督管理,规范工作程序,对学校教师、思政教师、实验技术等系列职称评价标准进行修定,细化不同岗位类型的业绩成果要求和标准,增设实验系列正高级岗位,注重代表性业绩成果评价,建立健全同行评议机制,充分发挥职称评价"指挥棒"作用。完成延聘审批2人,一定程度缓解人才梯队断层问题。加强管理与教辅队伍建设,制定《二级学院下属系(部)负责人换届工作实施方案》《二级学院聘用学术负责人实施办法(试行)》,推动完成6个学院系级负责人换届选聘工作,选聘系级负责人17人,选聘学术负责人2名。各类人才队伍结构得到进一步优化,鼓励青年教师报考攻读博士学位,2023年新增3名教师考取博士,有计划支持青年教师进修访学和申报各级各类人才项目,选派3名优秀青年教师赴清华大学访学进修,开展人才项目考核和举办博士教师学术沙龙,进一步提升教师教学科研能力。

撰稿:陈 莹

【校区建设】 按照市委市政府的统一安排部署,积极与市有关部门和西青区进行对接,多次研究扩建校区规划方案,全力推进扩建校区建设工作。在与河北区政府合作框架协议的基础上,扩大合作内容,与河北区合作打造天美艺术街区。完成天纬路校区扩建改造(原二医院院区)D楼内部装修改造工程和(原二医院院区)综合楼内部装修改造完工。

撰稿:蒋鑫楠

【学生工作】 依托天津市学校原创思政艺术作品创作中心,组织编绘"天津故事"图书,举办天津市大中小学公益广告设计大赛,承办天津市学校"绘美津城——我画我求学的城市"绘画比赛及展览活动、"爱津·创梦"天津市大学生创业故事舞台剧大赛、天津市中学生"向阳花开"心理绘本剧大赛,举办"红色记忆"系列漫画故事汇报展演活动、"三爱育苗"学前思政教育绘本优秀案例教育教学观摩活动,持续推广"四史故事"动漫书和"三爱育苗"学前教育思政读物。组织实施"我和我求学的城市"主题教育活动、新生入学教育系列活动、劳动教育月系列主题实践活动、新时代实践行等活动。在天津市公益广告设计大赛、天津市创业舞台剧大赛等赛事中获得奖项44个。校院两级领导带队完成"访企拓岗"170家企业。举办招聘会16场,提供岗位3600余个。2023届毕业生毕业去向落实率达84.62%。依托天津市高校文创协同培育中心举办系列活动,179支团队参加学校创业大赛及"天开杯"创业挑战赛。成立"天美青年校友企业家联盟"。举办全国重点美术院校就业创业工作交流研讨会暨创业挑战赛推介会。承办"天开杯"创意畅想赛道,2支团队入驻天开园。在创客马拉松大赛、互联网+创业大赛中获2金1银1铜,立项拔尖项目1个。举办"绘心情·会生活"艺术心理作品展和艺术心理特色工作坊、专题讲座等活动30余场,完成全校全覆盖的心理测评及重点学生心理约谈。开展各类学风建设活动18场。完成奖学金、助学金、荣誉称号的评审评定工作,获评教育系统评

审工作表现突出单位。新增社会奖学金4项。13名学生获天津市大学生年度人物提名奖、天津市优秀学生、王克昌奖学金、资助育人宣传大使等称号。超额完成年度征兵任务,举办市高校征兵宣传系列活动启动仪式暨主题美术创作展,获优秀组织单位。持续推进"一站式"学生社区建设,开展各类活动20余次。1个团支部获"天津市优秀团支部"称号;1名团员获"天津市优秀共青团员"称号。

撰稿:汪延斌

【国际交流】 持续加强与友好院校的紧密联系,主动对接优质教育资源。签署校际协议7项、硕士双学位项目1个、境外交换生项目4个;不断提升"天美学子境外学习"平台。学校通过"学分互认、学位衔接"搭建联合培养项目10个,其中与意大利那不勒斯美术学院的硕士双学位项目获批2024年国家留学基金委"艺术类人才培养特别项目"。全年共引进境外专家11人开展线下专业工作坊教学和讲座,辐射学校6个学院。学校师生赴美参加"美丽世界·国际学生媒体艺术节",斩获"最佳纪录片奖""最佳技术创新奖""卓越指导教师奖"。学校受邀出席意大利驻华使馆高等教育日,就"中意高等艺术教育"做主题发言;举办"中韩国际雕塑展"。

撰稿:沈 岩

【设计艺术教育基础教学论坛】 4月8日,"厚基博发——设计艺术教育基础教学论坛、亚洲高等美术院校设计基础特色课程邀请展"在天津美术学院举办。本次系列活动由中国美术家协会美术教育委员会、天津美术学院共同主办,天津美术学院设计艺术学院、设计基础教学部联合承办,邀请亚洲30余所高校专家学者在线下汇聚一堂,总结并分享设计艺术教育基础教学的成果与经验,探讨人才培养的理念与方法,共同畅想未来设计基础教学的格局与边界。

撰稿:王金阳

【孙其峰中国画教学文献展】 10月31日,文化和旅游部2023年全国美术馆馆藏精品展出季入选项目:"传承与转化——孙其峰中国画教学文献展"在天津美术学院美术馆开幕。本次展览由天津美术学院主办,天津美术学院美术馆承办,天津美术学院科研与研究生处、中国画学院和津美书院协办,展览分为"创作""山水画课徒稿"和"花鸟画课徒稿"三个部

分,展出了孙其峰先生20世纪50年代到80年代创作的近百件课徒稿以及部分精品佳作,同时还集中展示了包含先生教学、创作、随感笔记的17个笔记本,以及历年的出版物等文献资料和教学影像,立体地呈现了孙其峰先生在中国画教学上的丰硕成果。

撰稿:王金阳

【全国高等艺术院校花鸟画教师作品展】 12月12日,"文质清华——2023年全国高等艺术院校花鸟画教师作品展暨教学研讨会"在天津美术学院美术馆开幕,展出包括美术学院、艺术学院、艺术研究院在内的16所高等专业艺术院校76名专业教师的76件花鸟画作品,另特邀53名全国有学术及社会影响力的花鸟画名家53件花鸟画作品。此次展览暨教学研讨会加强了高校之间的学术交流,积极推进高等艺术院校花鸟画教学与研究的深入发展。

撰稿:王金阳

【津美书院揭牌仪式】 12月18日,"开合——天津美术学院津美书院揭牌仪式暨导师作品邀请展"在天津美术学院举办。津美书院是天津美术学院新成立的二级教学单位,教学团队由校内外相关专业领域的领军人物组成。书院以"融汇古今、中西兼容、开拓创新"的开放式教育模式,完善具有天津美院特色、创新高水平的美术学科人才培养体系,致力于为新时代培养具有思辨性思维与创新能力、能勇攀艺术高峰并推动国家文化艺术发展的美术拔尖人才。

撰稿:王金阳
审稿:苏 丹

天津农学院

【概况】 天津农学院共有3个校区,东校区坐落于西青区津静路22号,西校区坐落于北辰区津同路19号,蓟州校区位于蓟州区州河湾镇。2023年,学校总占地88.54万平方米,校舍建筑面积40余万平方米,藏书127.42万册。普通全日制在校生共计14397人,其中本科生13033人、硕士研究生1345人、留学生63人。

学校有教职工1091人,其中专任教师770人。专任教师中具有博士学位的387人,正高级专业技术职务114人、副高级专业技术职务257人,12人次获国家级人才称号或荣誉,123人次获省部级人才称号

或荣誉,拥有国家级专家团队1个、天津市级教学团队16支、天津市教学名师14人、天津市级创新团队11支。

学校以农科为主体,有农学、工学、管理学、理学、经济学、文学、艺术学7个学科门类。有15个学院(部)、7个学科门类、48个本科专业及专业方向;有9个一级学科学术硕士学位授权点、4个硕士专业学位授权点;有1个天津市一流学科、4个天津市级重点学科、5个天津市级特色学科群、2个天津市高校服务产业特色学科群、1个国家级大学生校外实践教育基地、6个国家级一流本科专业建设点、17个省级一流本科专业建设点;有4门国家级一流本科建设课程、27门天津市一流本科建设课程。6个"科技小院"获国家级支持建设。

2023年,学校获国家级优秀成果奖(科学技术)自然科学奖一等奖1项、天津市科技进步奖4项。全年新立各类项目282项。全年推荐津甘双地特派员80人,占全市推荐总数的44%。在农业农村部对全国42个乡村产业振兴带头人培育"头雁"项目上一年度实施情况评价中排名第4。

学校积极开展国际交流与合作,先后与德国、乌克兰、菲律宾、日本、加拿大、英国、美国等30多个国家和地区的60余所高校建立友好校际关系和交流协作关系。2023年9月,首批"神农学院"泰国学生共27人抵津学习,其中20名学生获"天津市外国留学生政府奖学金"。

2023年8月,完成天津市天津农学院教育发展基金会的注册工作;12月,完成校友会注册工作。

撰稿:段佳豪

【教育经费收入与支出】 2023年,学院教育经费总收入52081.1万元,比上年增加6860.44万元,增长15.17%。其中财政拨款收入33705.65万元、行政事业性收费收入8900.52万元、科研事业收入3071.85万元、其他收入6403.08万元。全年教育经费总支出51218万元,比上年增加6841.71万元,增长15.42%。其中公用经费支出6537.03万元、人员经费支出27631.33万元、项目经费支出17049.64万元。

撰稿:段佳豪

【教育教学】 学校推荐智慧水利、网络与新媒体2个专业申报新专业。水文与水资源工程专业通过工程教育专业认证,有效期6年(有条件)。"天津市现代农作物种业产业学院"获批天津市现代产业学

院建设单位。获国家级教学成果奖二等奖1项。《畜产食品工艺学》《动物生物化学》获批第二批国家级一流本科课程,1门课程入选教育部在线教育研究中心2023"拓金计划"示范课程。1人获评2023年全国农业教育优秀教材建设管理者。建立"课程—项目—平台"创新创业教育体系,学校国家级大创项目入选第十六届国创年会,《大学生创新创业指导》获评天津市高校创业金课。组织推荐上报2023年天津市高校课程思政示范课程6门、优秀教学案例3个、课程思政优秀教材6本、优秀基层教学组织2个。1个案例获评第三届全国高等农林院校课程思政优秀案例。建设覆盖农工管等多学科的清廉文化课程思政教学案例库。组织推荐5名教师参加2023年天津市大中小学"故事思政"微课大赛。学校坚持"五育并举"。在2023年高等院校劳动教育课程遴选中,2门课程被评为劳动教育精品课程。在插花、压花等美育类竞赛中,获省部级以上奖项25项。学校田径队在全国及天津市大学生田径运动会中取得优异成绩。学校入选教育部首批全国健康学校建设单位。协助承办"桂发祥杯"京津冀大学生第五届食品创新创意大赛,来自京津冀三地12所设有食品相关专业高等院校的100余名师生参赛,学校获一等奖1项。学校入选2021—2023年度天津市文明校园候选名单。

撰稿:段佳豪

【学科建设与研究生培养】 获批"农业智慧用水与农村水安全"新一批天津市高校服务产业特色学科群;完成农业工程硕士一级学科申报"天津市顶尖学科培育计划"工作;组织281个研究生团队(个人)申报第九届中国国际"互联网+"大学生创新创业大赛,获天津市银奖2项、铜奖7项。推荐2023年天津市大学生创新创业奖学金1人,第四批天津市大学生创新创业拔尖项目2项,2023年天津市大学生知识产权创新创业发明与设计大赛4项。学校《中级财务会计》入选教育部在线教育研究中心2023"拓金计划"。新增9个校级"研究生创新实践基地"。学校贝类、对虾、蛋鸡、葡萄、萝卜、小站稻6个科技小院获得中国农技协"科技小院"称号。承办全国高等学校农业工程类专业"农业强国和农业工程人才培养"研讨会。学校贝类科技小院首席专家郭永军研究员获评中国农技协"最美科技工作者"称号。2023年,授予230名研究生硕士学位。研究生以第一作者发表论文共295篇,其中被SCI收录24篇、EI收录4篇、中文核心期刊发表135篇;获发明专利2件、实用新型专利1件、外观设计专利1件;5篇论文获评2022年天津市优秀硕士论文。2名导师获评2022年天津市优秀青年研究生指导教师。

撰稿:段佳豪

【招生与就业】 学校本科招生计划涉及48个专业及方向,面向全国30个省(市、区)录取普通本科生3252人、预科生52人。录取高职升本科学生248人,研究生536人。2023届毕业生共计3543人,其中本科生3253人、硕士研究生234人、高职生56人。毕业生参加"三支一扶"项目11人、"西部计划"项目21人、天津市及其他省市地方基层项目33人、新疆和田地区专招项目3人,应征入伍21人。

撰稿:段佳豪

【科学研究】 学校新立各类项目282项,年度累计科研合同经费4333.93万元,到校经费3151.53万元,其中纵向经费1801.37万元、横向经费1255.76万元、知识产权转化94.4万元。其中"智能化分布式清洁高效秸秆锅炉系统研发"项目合同金额达1000万元。横向项目到校经费在"天津市普通本科高校落实《科教兴市人才强市行动方案》考核"中,与上一年相比增长率排名为全市第一。获教育部优秀成果奖(科学技术)自然科学奖一等奖1项,天津市科技进步奖4项(其中一等奖1项、二等奖2项、三等奖1项)。专利授权57件,其中发明专利21件、实用新型专利34件、外观设计专利2件。专利、计算机软件著作权完成转化36件,转化收益93.9万元。其中3项专利转让单件合同收入超过10万元。农业农村部智慧养殖重点实验室(部省共建)、天津市主要农作物智能育种重点实验室分别召开组建启动会和学术委员会会议。规范校级研发中心建设,新建校级研发中心11个,确认已有校级研发中心12个,举办智慧水利研究中心战略合作协议签约仪式以及京津冀鲜食玉米研究中心成立大会。新增产学研联合体6个,紧密合作的产学研联合体达31个。充分利用和发挥西青大学科技园和天津市高教科创园平台资源,组织4家企业入驻西青新华国际大学科技园,1家企业入驻西青大学科技园众创空间,总面积达到1500平方米,2家企业入驻天开高教科创园,并于2023年全部获得天开高教科创园企业研发专项。成功获市知识产权局、市教委批准建设"天津市高校知识产权运营中心"。

撰稿:段佳豪

【社会服务】 通过共签协议、实地考察、制定方案、精准帮扶等多种形式，实现天津市科技帮扶产业和区域全覆盖，辐射甘肃、青海、新疆、福建、云南、河北、海南等近20个省市，获批第四批津甘双地特派员80人，企业特派员87人。获批天津市科技局农业优秀特派员项目22项、科普项目1项、企业特派员项目7项、国家引智项目1项、天津市科技援助项目4项。开放许可学校128件符合条件的发明专利。学校成为天津市小站稻品牌建设与管理委员会成员单位，与天津市农学会、天津农科院等单位共同组建天津国际水稻研究院。培训"乡村振兴示范创建村领军人才高级培训研修班"、河北省乡村产业振兴带头人培育"头雁"项目蔬菜班体验式实践教学培训班等学员1200余人。承办天津市2023年乡村产业振兴带头人培育"头雁"项目，被《人民日报》、央广网、《天津日报》等多家媒体报道。获"天津市乡村振兴先进集体"称号。学校"创新培育模式，助力'头雁'起飞"入选首届天津乡村振兴典型案例。组织推荐的4名"头雁"先进事迹入选农业农村部全国百名头雁先进事迹《头雁发展典型案例分析2022》。承办中华人民共和国第二届职业技能大赛园艺、花艺赛项工作。

撰稿：段佳豪

【师资队伍建设】 学校制订师德集中学习教育实施方案，加强新形势下师德师风建设；10月，发布《天津农学院学习贯彻习近平总书记教师节重要指示精神实施方案》。联合天津市2所高校共同举办"大力弘扬教育家精神 培根铸魂树高尚师德"专题讲座，《天津教育报》对此项活动做同步报道。组织教师寒暑假研修、新入职教师宣誓及培训等活动，累计开展校级培训6次，参训教师3300余人次。引进高级职称人才3人、优秀博士14人；2023年9月，选派1名教师赴青海援建甘南职业技术学校。3名专家入选天津行业领域预算绩效专家库，2名研究生导师获评2022年天津市优秀青年研究生指导教师，1名教师获"天津市技术能手"称号。

撰稿：段佳豪

【学生工作】 开展各类市级宣讲会、报告会、学习座谈会23场。获天津市"我画我求学城市"主题活动一等奖、天津市大学生思政辩论赛三等奖、京津冀大学生绿创大赛二三等奖、国家安全知识竞赛三等奖、公益广告大赛三等奖等各级各类奖项。"青年大学习"网上团课团员参与率100%。组织开展"学雷锋"志愿服务月、西部计划等志愿服务活动，参与志愿者15000余人次，服务时长5万余小时。学校深化"三全"育人，着力加强爱国主义教育。1人获全国大中专学生志愿者暑期文化科技卫生"三下乡"社会实践优秀个人，1项思政优秀教学案例获评第三届全国高等农林院校课程思政优秀案例，1人获评天津市学校思政课教师年度影响力人物，1人获评2023年"天津市普通高校十佳辅导员"。思源实践团·躬勤助农团队获天津市"青春心向党，奋进新征程"新时代·实践行系列活动先进集体标兵称号。3名学生获评2022年度天津市"大学生自强之星"，1名学生获评2022年度"中国大学生自强之星"。48名师生顺利完成为期半年的援疆支教工作。评选出校级优秀学生奖学金3609人次，发放金额178.63万元。评选出天津市先进集体2个，天津市优秀学生、优秀学生干部21人。

撰稿：段佳豪

【京津冀协同发展】 与中国农业大学共建智慧水利研究中心，并举办智慧水利研究中心战略合作协议签约仪式。6月，学校举办京津冀鲜食玉米研究中心成立大会。10月，举办京津冀乡村产业振兴"头雁"培育联盟启动仪式，中国农业大学、北京农学院、天津农学院、河北农业大学等4家单位签订京津冀乡村产业振兴"头雁"培育战略合作协议，并为首批入选"头雁"培育现场教学点位的单位进行授牌。11月，参加京津冀农林高校协同创新联盟2023年交流推进会议。举办京津冀大学生第五届食品创新创意大赛，被新华社、《中国食品报》《天津日报》等多家媒体报道。学校与中国农业大学开展交流互访。

撰稿：段佳豪

【党建工作】 学校坚持和加强党的全面领导，扎实开展学习贯彻习近平新时代中国特色社会主义思想主题教育被《光明日报》头版报道。对标对表天津市"十项行动"，高位推动巡视整改，集中整改阶段完成率100%。加强党的组织建设，高水平开展党员干部教育培训，邀请湖南农业大学、华中农业大学等高校领导来校开展提升党员干部履职能力的专题培训报告。高度重视知联会、欧美同学会等统战团体建设，1人获民盟中央"2022年度民盟反映社情民意信息工作先进个人"称号。2023年，11个二级学院党委、马克思主义学院党总支和53个基层党组织有序完成换届选举任务，到届应换率实现100%。出台

《天津农学院二级学院党委（党总支）党支部书记工作例会制度》。全年共发展党员310名，其中高层次人才党员2名。

撰稿：段佳豪
审稿：全危危

天津中德应用技术大学

【概况】 天津中德应用技术大学是教育部批准成立的国内第一所应用技术大学，其前身为天津中德职业技术学院。2015年11月，教育部正式批准成立天津中德应用技术大学；自2016年以来，天津市投入专项资金支持学校建设一流应用技术大学，被纳入天津市"双一流"大学建设体系，明确建设目标"到2030年，力争成为世界一流应用技术大学"；获批"2020年新增硕士学位授予单位"并批准招生，构建起"中高本硕"有效衔接的人才贯通培养体系；2019—2021连续三年蝉联全国新建本科院校教师教学发展指数排名第一。《人民日报》《光明日报》《中国青年报》等央媒对学校办学治校和人才培养经验报道近300次。

学校占地66.67万平方米，建筑面积31.77万平方米。2023年底新落成新能源汽车与轨道交通产教融合实训基地，总建筑面积2.04万平方米，室内包含五层实训基地主楼，室外建设智能网联汽车智慧试验道路，项目总投资16005.63万元，入围国家发改委"十四五教育强国推进工程"支持清单，获中央预算内8000万资金支持。学校调整优化教学做一体化实验实训场所93个，教学科研仪器设备2万余（台）套、价值5.5亿余元人民币，其中大量是由德国、瑞士、西班牙引进的先进生产型设备；拥有天津市工程技术中心、天津市工程研究中心等省部级科研平台4个，与中国汽车技术研究中心有限公司、西安交通大学机械工程学院、蓝箭航天空间科技股份有限公司、天津天锻压力机有限公司等共建技术创新中心、联合重点实验室等科研平台15个，拥有"高端装备智能制造技术"天津市高校服务产业特色学科群。

学校有先进制造技术、自动化技术、航空航天技术与服务、交通技术与服务、软件与通信技术、新能源、经贸管理、文化创意与技术、应用语言9大应用型学科专业组群，本科专业22个，高职专业9个，形成以工学为主，管理学、艺术学协调发展的专业布局，开启硕士研究生自主培养之路。

学校有全日制在校生12072人，包括研究生20人，本科生8904人，高职生3113人，留学生35人；在职教职工741人，企业兼职教师305人，外籍教师2人，学校专任教师586人，其中硕士及以上学位教师占专任教师总数的87.03%。2023年，学校面向全国23个省、自治区、直辖市招收大学生3456人，毕业生就业去向落实率88.66%。

2023年，承办全国工业和信息化职业教育教学指导委员会2023年全体委员工作会议，230位来自高等院校、职业院校、科研院所、行业企业的委员共谋协同育人发展之策，共绘产教融合美好蓝图。开展主要领导干部经济责任审计，持续跟进审计整改。接受十二届市委第三轮第二批巡视，以自我革命的勇气、同题共答的实际行动，积极对接市委巡视八组开展巡视工作。

撰稿：徐宝玺

【教育经费收入与支出】 2023年，学校教育经费总收入45760.54万元，比上年增加1870.86万元，增长4.26%。其中财政拨款31338.02万元、事业收入13125.66万元、其他收入1296.86万元。全年教育经费总支出45817.42万元，比上年增加6587.08万元，增长16.79%。其中工资福利支出20260.89万元、商品和服务支出11960.06万元、对个人和家庭的补助支出2377.29万元、债务利息及费用支出177.51万元、其他资本性支出10794.67万元、对附属单位补助支出247万元。

撰稿：郭洪波

【党建工作】 制定《2023年度党建重点任务清单》，细化7大类、32项重点工作、95项具体任务；强化日常考核与督导，确保党建任务贯通有力。逐级制定落实学校党委和各级党组织全面从严治党主体责任"两个清单"，形成党委清单分解责任事项35项、任务措施50项。编制《基层党建实务工作手册》；指导60个党支部、11个党总支完成换届，建立援疆支教临时党支部、关心下一代工作委员会功能性党支部。全年新发展党员73名，转正65名，制定并完成新党员、预备党员、发展对象和入党积极分子教育培训计划，组织14个党总支开展暑期红色教育实践活动。扎实推进主题教育各项任务，加强干部队伍特别是年轻干部的实践锻炼、基层磨炼、专业训练、挂职历练，配合市委组织部完成7名优秀年轻干部入库推荐，输送1名处级干部到津南区辛庄镇任职、1名领导干部到市委党校任职，平职交流调整6

名处级干部;完成教育部、市委巡视组、市纪委、援疆支教、河东区及达沃斯论坛、全国技能大赛等干部的派遣挂职锻炼。《光明日报》12月19日头版头条位置刊发学校建设发展和人才培养相关报道;思政教师韩雷、校国旗护卫队等被央视等中央媒体深度报道,创造良好社会声誉;全国职业技能大赛期间的宣传报道影响深入广泛;选送的作品《以爱为笔,守望青春》获得"心动一课"全市思政微视频推选展示活动特等奖,2个案例入选2023年度天津市学校"三全育人"优秀工作案例。持续抓好两级中心组学习,全年组织党委理论中心组14次集中学习、10次专题研讨;组织二级中心组183次集中学习、82次专题研讨,着力深化理论武装,提升两级理论中心组学习质效。

撰稿:杨晓静 费 诚

【"影视思政"协同育人】 紧扣习近平总书记"3·18"重要讲话精神和关于新时代教师队伍建设的重要要求,以感人故事真实反映青年思政课教师坚定理想信念的心路历程,创作《你好,老师》电影拍摄剧本并获准拍证;举办《你好,老师》专题研讨会暨开机仪式,教育部社科司、中宣部电影局、天津市教委、天津市委宣传部、海河教育园区管委会相关领导同志出席。采取"现场+云连线"的方式召开"红色影视艺术与美育课程思政建设"研讨交流会,天津市教育两委相关负责同志、天津市与新疆和田地区大中小学学校课程思政建设负责人、思政课教师、美育课教师代表850余人参加,将影视艺术融入思政课教学创新改革实践,提升思政课吸引力。

撰稿:邢 媛

【教育教学】 学校在2023年度全国本科院校教师教学发展指数新建本科院校中位列第二。2023年度,获第三届全国高校教师教学创新大赛天津赛区比赛一等奖1项、二等奖4项、三等奖4项。2门课程获评天津市劳动教育优秀课程,推荐7门申报国家级一流本科课程、10门申报市级一流本科课程。评选校级教学名师5名、优秀教学团队5个,推荐天津市级教学团队2个。获天津市普通高校教改项目立项5项,其他市级教改项目9项,校级教改项目56项。11本教材入选首批"十四五"职业教育国家规划教材书目。在各级各类竞赛中,获国家级一类学生竞赛奖项41项,其中一等奖9项、二等奖14项、三等奖18项;获省部级一类学生竞赛奖项79项,其中一等奖

21项、二等奖29项、三等奖29项。加大学习调研走访力度,强化宣传教育动员和顶层设计,印发《天津中德应用技术大学本科教学合格评估工作方案》《任务分解与支撑材料目录》等规章制度,确定各部门具体工作职责并细化成册,形成每周召开例会推动工作机制。围绕"以评促建、以评促改、以评促管、评建结合、重在建设"的评估方针,对照评估指标体系中7个一级指标、20个二级指标和39个观测点,全面梳理本科教育教学工作的经验和不足,加强教育教学规范性建设,撰写相关材料并进一步完善佐证材料建档立卷工作。成立7个合格评估检查组,围绕自评报告、专家考察路线、相关实验室现场情况、课堂教学、自评报告支持档案、教学管理档案、人才培养方案及教学大纲、毕业设计档案、考试试卷档案、实习档案等进行重点检查,累计看课听课93门、课程考试档案检查88门、毕业设计档案111份、自评报告14个、实习档案21门、课程大纲16本。

撰稿:张春明

【三大办学支柱】 深化国际交流与合作,持续扩大教育对外开放力度。做深做实对德合作,与德国国际合作组织(GIZ)建立合作,与德国学术交流中心共同举办留学德国宣讲会。推动鲁班工坊建设,与中国土木工程集团柬埔寨公司等6家企业签署合作框架协议,与柬埔寨国立理工学院签署共建"澜湄国家国际化课程资源库合作框架协议",教育部副部长吴岩同志一行到澜湄职教中心暨柬埔寨鲁班工坊视察,并给予高度评价。拓宽中西合作,组织召开中西第四届理事会第一次会议,完成新一届理事会换届。全年接待来自4个国家和地区10个师生团组共计74人次;与铁道职业技术学院、天津商务职业技术学院分别签署留学生3+2专升本项目协议。聚焦高质量发展"十项行动",推进产教科融合。承办第七届世界智能大会"产教融合促进科技协同创新研讨会",为实施国家战略探索发展路径。探索现代产业学院建设,组织新建"制造业数字化转型产业学院""数字艺术设计产业学院",深化新能源汽车与轨道交通产教融合基地建设,推动与中国通号、中车唐山开展深度对接。会同西门子、慕贝尔集团、天津大学、苏州大学和苏州健雄职业技术学院等单位共同发起成立"全国高端装备制造(工业控制技术)产教融合共同体""中德新能源汽车零部件行业产教融合共同体"。"WorkDay学生创新团队"项目获批"2022年度中国高等教育博览会'校企合作 双百

计划'典型案例"。推动专创融合教学改革,打造双创升级版八大工程。组织学生走进天开园,受众超过300人次。学校将创新创业教育深度融入人才培养全过程,着重培养适应社会需要的应用型、创新型、技术技能型人才。2023年学校出台2项办法、实施8项举措,推动创新创业教育提质升级:筹划开设创新创业微专业;设置"专创科产融合"课程;培育校内创新创业导师队伍;建立校院两级众创空间;设立"创新创业教育"教改立项;构建创新创业项目三级梯度培育体系;引导学生开展WorkDay项目实践,支持学生申报专利等科研成果;组建卓越应用型创新人才实验班。加大师生校友项目孵化培育力度,创新创业成果转化中心2023年新增注册企业28家,2023年累计孵化高新企业2家、雏鹰企业3家、国家科技型中小企业8家,完成产值4亿余元,超额完成3亿余元。

撰稿:庞子瑞 吴亚军 张志强

【政校企协同工程师涵养班】 联合津南区政府及荣程集团、华海清科等津南区核心企业,共同实施"政校企协同工程师涵养班",在金属材料、机械电子等专业领域本科层次相关专业学生开展联合培养,35名学生完成项目培训并顺利入职企业。以"工程师涵养班"中荣程集团的学生为培养对象,与市人社局、中国机械工程学会、荣程集团共同把"全国数字技术工程师智能制造工程技术人员专业技术等级证书"引入工程师涵养项目,通过培训和考核评定,26名同学全部顺利结业并入职荣程集团,首创产业学院学生毕业即获得毕业证书、职业资格证书及初级工程师职称资格的"1+2"证书培养模式。

撰稿:吴亚军

【师资队伍建设】 科学制定引才计划和高层次创新型人才队伍建设三年行动计划。加大高层次人才引育力度,制定《关于支持博士人才引进的十项举措》,在事业编制、安家费、租房补贴、教师公寓、科研启动费、工资级别、子女入学等方面提供相应待遇和政策支持。全年共引进博士人员、高级职称人员和高级技能人才45人。深入推动中青年骨干教师学历学位提升行动,支持4位教师进行国内访学、1位教师攻读高一级学历学位;组织20名教师参加教育教学能力提升专题培训,27名专任教师参加2023年度职业院校教师素质提高计划国家级培训。

撰稿:黄利非

【科研与社会服务】 全年立项各级各类科研项目共142项,申请各类专利及软件著作权71件,学校教师在各类期刊上公开发表学术论文130篇,其中核心类期刊及以上46篇。学校各类科研项目立项经费合计5613.85万元,同比增长36.5%;到账经费合计3684.84万元,同比增长50%。被市科技局认定的天津市企业科技特派员达50人,服务企业42家,获批科技特派员项目9项;成功举办天津市科技周科普活动及相关讲座50余场次,受益人数达2万余人。全年获得专利授权83件,其中发明专利46件,发明专利授权占比55.42%,学校知识产权结构发生改变,授权专利质量显著提升。完成技术合同登记项目59项,成交额为3910万元,其中技术合同交易额为2092万元,同比增长17倍。参与市教委、市科技局组织的"校企紧握手"专题系列活动,筛选成熟度较高的科技成果10余项,与企业完成签约1项,被市教委授予"优秀组织单位"。获批"教育部全国职业院校校长培训基地""人社部国家级专业技术人员继续教育基地""天津市数字技术工程师培育项目培训机构",全年共立项各类培训项目92个,培训9097人次,实现合同收入1598.47万元,合同收入连续3年突破1500万元。组织山东、四川、云南等14个省市117个项目的投标、申报工作,中标23项,合同金额659万元。组织各省职教师资培训24项;首次在省外成功组织实施"宁夏培训者团队建设"国培项目。开展公安、烟草、中国银行等培训项目21个,培训738人,合同金额283万元。完成天津夏季达沃斯论坛、天津红十字事务中心、全国青少年劳动技能大赛、第二届全国职业技能大赛等15个服务保障项目的方案设计与实施。

撰稿:武 晋 杜慧起

【学生工作】 组织国家奖学金、天津市人民政府奖学金、国家励志奖学金、国家助学金(含退役士兵学生)的评定及发放工作,共计3031人次1068.5万元。服兵役学生国家教育资助、毕业生服务基层学费补偿认定发放工作,共计256人295.13万元。学费减免、勤工助学、临时困补等校级资助共计1746人次65.1万元。组织优秀获奖受助学生开展"感党恩跟党走 学榜样建新功"学生资助政策宣传活动,各学院建立资助政策宣讲团,通过暑期社会实践、家访、迎新生等活动深入区县资助中心、基层社区、学校等开展公益志愿服务、政策解读、政策宣讲等,进一步提升获奖受助学生的思想水平。着力为辅导员构建线上线下、校内校外相结合的培训体系,全年开展中德辅导员大讲堂5期,遴选优秀辅导员赴西安、深圳、武汉、合肥等地学访交流,面向全体辅导员开展学风建设专题培训,提升辅导员队伍的凝聚力和向心力。持续关注心理健康教育,由学生健康成长指导中心承办的津南区卫健委"大学生心理健康日"宣传活动被"津云"报道,其中"创意集市"获"最佳人气奖"。褚楚同学的作品《意墨诊》获天津市心理文化创意产品设计大赛三等奖。组建第二批援疆支教团,顺利完成支教实践任务,开展"百度—中德西部公益行"人工智能技术科普活动并建设"百度—中德石榴籽AI工坊",获天津市驻和田地区前指和民丰县政府的高度评价。成立"薪火中德"青年宣讲团,选树64名优秀学生面向全体学生开展朋辈教育,推动学校学风建设深入开展。

撰稿:李志旻

【监督执纪】 推进政治监督具体化、精准化、常态化。开展落实意识形态责任制监督,重点关注24个校园阵地风险隐患排查,14个党总支研判责任履行,跟进校级层面分析研判的风险问题,对有关的研究生招考、学生毕业就业、大型基建项目招标、人才招聘等工作具体深入开展监督检查。组织落实民主集中制专项监督,围绕学校党政联席会议事规则9项16条重要事项,对各学院(中心)议事决策原则和程序进行检查。严把选人用人政治关,审慎回复党风廉政意见374人次。把营造风清气正的政治生态作为基础性、经常性工作,协助党委开展政治生态情况调研,从基本情况、净化政治生态的主要做法及成效、存在的主要问题等方面,分解11类40条内容,向有关党政部门开展调研。

撰稿:刘 兵

【中西机床技术培训中心】 深化与西班牙国际合作,访问西班牙IMH学院、巴斯克大学以及华为、迈创公司驻西班牙总部。持续推进中西合作办学,2023年招收高职学生172名,涉及数控技术、智能制造装备技术、模具设计与制造三大专业;丰富拓展交流办学层次,与西班牙巴斯克大学签订艺术专业本科交流协议。举办中西中心二十年庆典,完成第四届理事会换届。邀请西班牙驻华使馆商务参赞来校访问和中国驻西班牙使馆参赞到IMH访问。开展非学历教育2021级学历技能班专业基础课与专业实践课授课,完成退役军人职业技能培训,配合学校开展

学生水平能力认证工作,651名学生取得职业资格证书。

撰稿:薛 静
审稿:张兴会

天津市大学软件学院

【概况】 天津市大学软件学院,是市委市政府批准设立的隶属于天津市教委具有独立法人的事业单位。学院立足创新发展、着力内涵建设,以建设国内一流、天津特色的"高质量产教融合平台、高水平成果转化平台、高效能社会服务平台"为目标,着力打造国内一流、国际先进的软件人才培养基地、软件技术研究与产品开发基地、软件技术支持与社会服务基地。学院坚持"教学与产业相融,学校与企业互动"的办学理念,秉承"至诚致力、卓异卓越"的校训,以产业发展的人才需求为导向,集合国内外教育、科技、产业优势资源,将工程人才培养的利益相关方整合于一体,创建"多企业、多高校、多层次"互动融合的新型产教责任共同体,建成"培养目标与企业用人需求高度契合,培养过程、学习评价与企业对员工的能力要求高度契合,培养环境与企业环境高度契合"的产教深度融合的信息技术人才培养生态系统。

学院有7个部门,共有教职员工88人。拥有2022级和2023级在校学生3269人;各级各类来校参加实训人员年超过1万名。

学院建设规划用地20万平方米,建成面积16.5万平方米,其中教学与实训区建筑面积8万平方米,生活配套区建筑面积8.5万平方米。学院拥有现代化的多媒体教室,语音教室,智慧教室和摄影摄像、物联网、云计算、信息安全、虚拟现实等技术创新实验室;设有全真企业开发研发环境;建有软件新技术新应用展示体验中心、软件新技术协同创新中心、软件认证评测中心、各类专业领域的技术实训中心等优质教学资源,可同时容纳10000余名学生上课和实习实训。2015年,学院在西青区中北镇设立"中北·天软创业学院"("创新创业学院"),可为百余家"互联网+"企业(团队)的创新创业提供场地支持及双创服务支撑;2023年,学院与西青区合作建设天软信创大学科技园。学院先后获批国家级工程实践教育中心、国家级众创空间、教育部软件工程专业大学生实习实训基地、天津市卓越软件工程师实践教育中心以及天津市特色化示范性软件学院建设单位等。

2023年,学院聚焦天津"十项行动",坚持高质

量特色发展,全力推动"一基地(特色化软件人才培养基地)三平台(高质量产教融合平台、高水平成果转化平台、高效能社会服务平台)"建设,教学改革实践成果丰硕,产教融合平台提质升级,科研及成果转化能力不断提升,在服务天开园项目储备、校企交流、创新创业教育等工作中发挥了积极作用。学院扎实推进、落地落实"职普融通、产教融合、科教融汇",人才培养质量不断提高,以"一站式"学生社区综合管理模式改革创新为依托,实施"三全育人"综合改革,思政工作不断深入,育人环境不断提升,形成"多高校、多企业、多层次"协同参与的"三全育人"新格局。

撰稿:王桂秋

【教育经费收入与支出】 2023年,学校教育经费总收入8268.60万元,比上年减少1284.88万元,下降13.45%。其中财政拨款收入1793.68万元、行政事业性收费收入4663.78万元、自筹收入466.19万元、其他收入1344.95万元。全年教育经费总支出8439.72万元,比上年减少495.99万元,下降5.55%。其中公用经费支出7502.60万元、人员经费支出797.44万元、项目支出139.68万元。

撰稿:蒲小燕

【教育教学】 2023年,学院继续深化教学改革,取得丰硕成果。深耕专业建设,修订培养方案,从国家政策发展、高校本科专业设置、专业对口情况、企业发展定位、亟须人才缺口等方面广泛开展调研,修订和调整专业方向标准,年度实施实训类别培养方案68个,开设实训类别(岗位)23个,形成专业方向建设报告9个;优化课程设计,形成专业核心课程标准230个,实施课程大纲317个、实验大纲315个、短期实训大纲64个、长期实训大纲80个,有效促进人才培养质量提升。以深化教学改革为指引,不断加强教学研究,《产业引领型物联网现代产业学院建设的探索与实践》国家级第二批新工科项目结项,《新一代信息技术类大学生实习实训保障体系建设探索与实践》《基于产业引领型企业产教融合人才培养路径研究》2项教改和调研课题结项。组织落实"2023年度大学生创新创业计划"立项及2022年度结项工作,获批国家级立项8项。《物联网中间件技术在智慧建筑的应用》获批首批天津市高职院校教师进高校进企业提升协同创新能力培训入库项目;案例《基于产教融合的物联网产业学院人才培养模式探究与实

践》成功入选"《计算机教育》杂志20周年产教融合案例"库,获评"优秀案例",并入编"CIE2023中国IT教育博鳌论坛"大会会刊。

撰稿:王桂秋

【师资队伍】 2023年,学院优化教师队伍结构,高质量打造"双师型"师资队伍。从合作高校师资库中选聘261人承担理论课授课及毕业设计指导工作,组织18家协同育人企业参与育人和毕业设计指导工作,并聘请国家人工智能领域专家、国家"万人计划"科技创新领军人才杨嘉琛教授为首席科学家,引进13位企业专家担任产业教授,助力学院教学科研及技术开发等工作,形成更符合产教融合特色教学要求、服务高质量工程人才培养,专业化强、梯次合理的教师队伍。实施师资提升计划,组织教师参加各类培训、学术交流活动20余场次,有效提升教师的教学水平和科研能力。建立健全师资评价体系,激发教师工作热情和创新精神,2023年度评选出优秀工程师奖5项、杰出工程师团队奖4项和优秀教学管理奖3项。

撰稿:王桂秋

【学生管理】 学院落实立德树人根本任务,结合校企协同育人模式和软件人才培养特点,不断提高"三全育人"工作水平。进一步完善党委集中统一领导、党政齐抓共管、各部门履职尽责协同配合的工作机制,引导超过60%的科级以上干部参与班主任工作,深化"三全育人"综合改革的人员保障。坚持以生为本的管理理念,采用"班级公司化"学生管理模式,借助"项目驱动式"管理,实施"工资式"考核方式,突出培养学生的专业能力、管理能力、团队协作能力和职业人精神。以"一站式"学生社区综合管理模式改革创新为依托,建设天软YUAN—ZONE"一站式"学生社区,构建"队伍入驻、资源下沉、学生参与、数字赋能"的社区管理模式,形成由"引力广场、原力广场、元气街区、社区中心、能量小站"组成的学生教育、管理和服务重要阵地,开辟学生社区综合管理生活成长空间。积极引导学生践行"至诚致力,卓异卓越"的校训精神,结合学生思想和学习实际,鼓励学生参加各类竞赛和评优工作,全年700余人次获国家、省市、院级荣誉奖项。加强就业工作,坚持实施就业工作"一把手"工程,实施"职培计划",毕业生就业率、留津率均位居全市高校前列。

撰稿:王桂秋

【平台建设】 聚焦学院"一基地(特色化软件人才培养基地)三平台(高质量产教融合平台、高水平成果转化平台、高效能社会服务平台)"建设目标,不断推动产教融合平台提质升级,与天津工业大学、天津科技大学、天津理工大学签订战略合作协议;与科大讯飞、华为、360集团、奇安信、麒麟软件、国家超算天津中心、恒银科技、英业达、卓朗科技、浪潮、鲲鹏中心等行业头部企业建立合作关系,并引导多家企业广泛参与育人项目,促进人才培养质量的提升。大力加强现代产业学院建设,推动实现教育链与产业链的有机衔接,支撑培养高素质技术技能人才,学院被认定为天津市现代产业学院。加强空间载体建设,积极发挥天软众创空间和天软信创大学科技园作用,在孵企业同比增长19.3%,新入驻企业同比增长7倍。加强创新创业服务,天软自研的创业教育方法论"十步问道"创业成长力模型及配套教学资源,已应用到全市部分高校及企业的创业孵化中,服务天津市创新创业高质量发展,成为天软特色成果。

撰稿:王桂秋

审稿:张建勇 曹 军

天津仁爱学院

【概况】 天津仁爱学院前身天津大学仁爱学院是2006年经教育部批准,由天津大学和天津市仁爱集团合作举办的本科层次全日制普通高等学校。2021年2月,天津大学仁爱学院经教育部批准,转设更名为天津仁爱学院。学院位于天津市团泊新城团泊湖自然风景区,占地66.67万平方米,校舍建筑面积37万余平方米,教学科研仪器设备总值1.2亿余元,图书馆馆藏中外文图书191余万册,有各类实验室228间,实验室功能齐全,布局合理,实验开出率100%。拥有天津市级实验教学示范中心单位3个,稳定的校外实习实践基地100余个。2023年,全日制在校生近1.7万人。学校办学条件符合《普通本科学校设置暂行规定》要求,达到普通本科高等学校设置标准。

2022年1月,学校获批国家区块链创新应用特色领域"区块链+教育"试点单位。2022年3月,学校党委入选天津市党建工作"示范高校"创建培育单位。学校坚持"人才强校"战略,着力推动高水平师资队伍建设。学校被授予全国民办高校创新创业教育示范学校师资队伍建设优秀奖。截至2023年,学校教职工总数1000余人。专任教师880人,辅导员89人,其中有正高级职称的100人、副高级职称的329人,有博士学位教师311人。

学校建有天津市学校思想政治理论课红色资源教学中心以及化学化工实验中心、建筑工程实验中心、语音实践中心、物理实验教学中心、建筑创新实践中心、IDCC创新设计中心等校级实验中心、众创空间、法学模拟法庭、心理咨询中心等一流的教学、科研场馆设施。学校依据现代化高新科技发展和市场需求开设机电类、电子信息类、计算机类、土木建筑类、经济管理类、化工制药类、艺术类、体育类等36个本科专业,形成以工为主,经管、文法、艺术相互支撑、交叉融合协同发展的学科专业布局。与英国斯旺西大学、美国北阿拉巴马州立大学等20多所大学进行广泛的交流与合作。

学校毕业生升学率保持8%左右,有1300余名毕业生考取清华大学、天津大学、美国普林斯顿大学等国内外知名大学硕士研究生。毕业去向落实率在天津市本科院校中稳居前三名,毕业生就业质量被天津市教委考核评价为优秀,认定为就业工作先进单位。毕业生受到用人单位的广泛好评,用人单位毕业生整体评价的满意度为99.74%。2023年校友会中国民办大学综合类本科院校排名中位列第五。

撰稿:崔 娜

【教育经费收入与支出】 2023年,学校教育经费总收入54680.56万元,比上年增加4619.96万元,增长9.23%。其中捐赠收入55万元、提供服务收入51724.86万元、政府补助收入1821.55万元、其他收入1079.14万元。全年教育经费总支出54579.28万元,比上年增加4684.68万元,增长9.39%。其中教育事业支出20483.06万元,科研事业支出14409.26万元,后勤保障支出15635.17万元,管理费用等支出4051.79万元。

撰稿:崔 娜

【教育教学】 深化人才培养模式和教育教学改革。申请备案储能科学与工程、新能源汽车工程、工业工程和摄影4个新专业,完成物流工程专业调整备案工作。积极培育教育教学成果和课程建设。共获批天津市重点项目2项,一般项目6项。开展一流课程培训工作,发挥8门市级一流课程示范引领作用,推动第三批国家级和市级一流课程申报筹备工作。新增新能源科学与工程、数字媒体艺术和休闲体育三个跨学科专业招收新生。完成天津市学校思想政治理论课红色资源教学中心建设工作。获2023年天津市大中小学"故事思政"微课大赛一等奖2项。获天津市"学3·18重要讲话 展魅力思政课堂"演讲比赛一等奖1项。学校高度重视学风建设工作,12月4日,召开本科教学合格评估学风建设工作专项会议,制订专项组评建工作方案,强化责任、细化分工、全员协同、共促共建,对标对表按时完成各阶段工作任务,结合学校的办学类型、办学层次、学科结构、培养目标等的定位与学校"十四五"规划,系统呈现学校的办学特色,重点突破与整体推进相协调,推进专项组工作,如期完成评估任务。深化创新创业教育改革,学校加强创新创业教育,鼓励在校大学生参加"大学生创新创业训练计划项目",为学生就业和创业奠定扎实的基础。学校为鼓励优秀学生脱颖而出,支持学生参加学科、专业、文体等各类竞赛,提升学生综合素质和创新能力。学生参加各类竞赛,获各类竞赛市级三等奖以上奖励561人次,其中获全国三等奖以上的123人次。获评2023年天津市优秀毕业论文2篇。获第九届中国"互联网+"大学生创新创业大赛主赛道市级金奖1项;红旅赛道市级金奖1项,获天津市大学生创业计划竞赛一等奖3项,红色专项竞赛一等奖2项、二等奖2项、三等奖3项。着力建设产业学院。确定"2.5+0.5+1"三阶段教学模式。提出2024—2028产业学院建设方案,形成产业学院建设方案工作清单。成功承办2022—2023全国啦啦操联赛(天津站)和第26届中国大学生网球锦标赛(华北赛区)。

撰稿:崔　娜

【科技研究和社会服务】 科研经费继续保持高位运行态势,完成年初预定科研经费合同额的总目标。获批"天津市教委科研计划项目"重点项目21项,涉及3个学科门类8个一级学科。科研成果水平不断提升。2023年全校共发表论文154篇,其中SCIE(含第一作者、通讯作者)59篇、EI论文9篇,中文核心16篇。6篇资政建议获得中共中央办公厅内刊以及天津市委办公厅信息刊物全文刊发。受理专利申请33件,授权发明专利4件,实施科技成果转化14项。获机械工业科学技术奖科技进步一等奖1项;获包装行业科学技术奖科技进步二等奖1项,三等奖1项;获天津市社科奖二等奖1项。3名教师与天津大学联合成功申报国家自然科学基金。积极服务地方经济社会建设。新能源与储能技术科普基地获批天津市科普基地。6名教师被聘为静海区知识产权专家库(第一批)专家。由天津大学国家储能平台和天津仁爱学院联合主办的"储能与智慧电站关键技术论坛会议"在天津仁爱学院召开。在天开高教科创园举行的天津市技术经理人发展促进会第一次会员大会暨成立大会上,经济与管理学院教授王琪当选理事长。

撰稿:崔　娜

【思政教育品牌建设】 积极推进学生思政教育品牌建设。学校以习近平新时代中国特色社会主义思想为指导,全面学习宣传贯彻党的二十大精神,坚持把立德树人作为根本任务,深入实施"十四五"发展规划和中长期发展战略规划,高质量开展学习贯彻习近平新时代中国特色社会主义思想主题教育,深入推进主题教育相关成果新闻在人民网发布。全面推进与天津大学党建结对共建工作机制,两校于2023年6月签订基层党组织结对共建协议。

撰稿:崔　娜

【融通教育模式】 学校启动和开创融通教育模式,融通专业教育、行业教育、管理和创业教育,提升人才培养行业特色。积极与企业开展产学研合作办学,与科大讯飞股份有限公司合作建成人工智能产业学院;与中软国际教育科技集团合作建成华为云学院鲲鹏中心;与天津东软睿道教育信息技术有限公司创办东软创新精英实验班,培养国家信息技术应用创新产业急需的高素质专门人才。与天地伟业等60余家单位共建产学研基地;与建科机械等100余家企业共建校外实践基地。

撰稿:崔　娜

【硕士点建设】 2020年,学校被天津市学位委员会批准为2021—2023年天津市硕士学位授予单位立项建设高校。2023年全力冲刺硕士点建设收官验收工作。硕士点建设工作紧紧围绕学校发展定位,邀请专家开展申报论证工作,各部门全力做好硕士点申报及支撑材料整理工作。

撰稿:崔　娜

【思想文化引领】 加强与市级主要媒体联通合作,人民网驻津主要负责同志到学校调研交流。相继在《人民日报》、人民网、《天津日报》、津云、《天津教育报》等多家媒体刊发稿件30篇。全年共开展4次宣传思想工作队伍培训专题讲座。学校党委召开关心下一代工作委员会成立大会,积极探索新形势下推动民办高校关心下一代工作高质量发展的新思路、新举措。

撰稿:崔　娜
审稿:王　悦

天津传媒学院

【概况】　天津传媒学院成立于2004年,是以培养传媒与艺术专业人才为主要办学定位的普通本科高等学校。学校位于国家5A级旅游景区盘山脚下,校园占地43.33万平方米,校舍建筑面积15万平方米,规划用地1200亩,规划建筑面积35万平方米。学校下设九院一部,开设24个本科专业,覆盖艺术学、文学、管理学、教育学、工学5个学科门类。年招生量达到3500人,有全日制普通本科在校生9839人,生源来自全国25个省、区、市。学校图书馆拥有馆藏图书超过80万册,电子图书7.2万册,电子期刊4.98万册,大型数据库2种,其中包含博士、硕士论文200万篇。

学校立足天津市,服务京津冀,以建设特色鲜明、服务地方的应用型普通本科院校为目标,面向传媒与文化事业及产业的发展需求,致力于服务国家重大发展战略和区域经济社会发展,培养适应经济与社会发展需要、德智体美劳全面发展、具有较强专业实践能力和创新精神的高层次、应用型、复合型专门人才,2023年12月学校获评"天津市2023届高校毕业生就业质量考核评价优秀单位"。

学校坚持以创新教育教学理念为先导,高度重视培养学生的实践创新能力。2023年学生在国内外和天津市各类大赛和展演中获奖多项,多次参加国内大型节目演出录制。11月,学校在天津市教育委员会主办的2023年天津市学校文艺展演(天津市学校美育实践课堂)中,获28项奖项,其中一等奖8项,二等奖15项,三等奖5项。10月11日、12日,大型传奇话剧《俗世奇人》在学校上演,校园版获首届天津市大学生戏剧节一等奖。5月23日,学校交响合唱音乐会在天津大剧院成功举办,于6月16日受邀参加第20届电影频道传媒关注单元闭幕仪式,与黄绮珊、陈小朵同台演出。9月学校受邀参与中华人民共和国第二届职业技能大赛闭幕式表演。12月16日、17日学校原创音乐剧《鹤之爱》、原创国标舞作品《楚·红》受邀参加由文化和旅游部主办,文化和旅游部科技教育司、北京舞蹈学院承办的第十三届"桃李

杯"全国青少年舞蹈教育教学成果作品展演。12月10日,学校受邀参加天津市第四届古筝艺术节颁奖晚会。12月20日,第二届TEC王者荣耀总决赛在学校举行。

学校于2023年11月18日联合主办第八届中国网络视频"学院榜"盛典暨2023中国网络视频年度论坛、2023年12月8日举办2023高等艺术院校流行音乐专业教育论坛,积极探索新时代流行音乐教育创新与发展,促进中国流行音乐艺术人才培养。为推动流行音乐专业课程教学的高质量发展,李罡校长专著《流行演唱艺术》新书发布会在学校举行。2023年12月9日,学校与上海音乐出版社、安徽文艺出版社签署战略合作协议,为教师搭建科研平台,学科发展带动学术成果出版,提升学校学术影响力。

学校践行高校服务社会的使命,深入挖掘地方文化艺术资源,结合学校特色专业与地方文化艺术合作打造艺术项目,推动地方文化经济发展。4月7日,学校受天津西青区邀请参与杨柳青运河文化采风考察活动,结合高等教育优势,赋能地方文旅产业发展。5月,学校在无终艺术馆举办产学融合高端论坛,探索高校艺术教育赋能演艺市场新路径,加快艺术类高校产学融合高质量发展。6月,学校与北京欢乐谷签订校企合作战略协议,共建平台,共商发展。9月8日,蓟州区人民政府与学校签署战略合作框架协议。10月11日,学校与北京演出娱乐行业协会签署战略合作框架协议,并举行演艺人才培养基地授牌仪式。12月13日政校企三方推动蓟州古城活力商圈建设战略合作协议在学校签署。12月31日创意无终·天传渔阳——渔阳古街龙年开街仪式在渔阳古街广场举行,学校发挥文化创意策划能力,助力蓟州古城文化事业发展。

撰稿:李　佳　王　燕

【教育经费收入与支出】　2023年,学校教育经费总收入21847.24万元,比上年增加3835.35万元,增长21%。其中自筹经费收入20956.49万元,非自筹经费890.75万元。自筹经费收入中,教育事业收入20596.58万元,科研事业收入5.66万元,其他收入354.25万元。全年教育经费总支出21738.81万元,比上年增加3666.06万元,增长20.35%。其中教育事业支出19192.42万元,科研事业支出127.15万元,行政管理支出1287.13万元,后勤保障支出1132.09万元。总支出中人员经费支出8242.62万元,其中工资

福利支出 6927.04 万元，对个人和家庭的补助 1936.99 万元。公用经费支出 19318.94 万元，其中日常支出 5854.91 万元。

撰稿：孙　波

【党建工作】 学校党委持续深化以党的政治建设为统领，强化政治功能，发挥政治核心作用。立足学校工作实际，把扎实开展学习贯彻习近平新时代中国特色社会主义思想主题教育作为推动学校高质量发展的生动实践和具体行动。坚定捍卫"两个确定"，坚决做到"两个维护"，立足学校工作实际，以《天津市民办学校党建工作重点任务清单》为切入点，以落实立德树人根本任务为着力点，多维度深化工作体系"3+3+3"建设，创新思路、丰富载体，筑牢党建基础，强化责任担当，不断提升履职担当尽责能力，充分发挥战斗堡垒作用和先锋模范作用，为学校高质量发展提供坚实有力的组织保障。学校师生党员共计 369 人。

撰稿：匡　远

【人才队伍建设】 学校重视师德师风建设，获评天津市师德建设先进单位。2023年将教师思想政治和师德师风建设作为其主要职责，把师德师风作为考核教师的第一标准。学校目前拥有一支结构合理、专业突出、专兼职结合的师资队伍，有教师总数 719 人，其中自有教师总数 688 人，按在校生 11630 人计，生师比为 16.9∶1。副高级专业技术职务以上教师数为 207 人，占专任教师总数的 30.08%；研究生以上学历教师数为 407 人，占教师总数的 56.6%。学校持续推进实施高级人才引进计划，特聘国内高层次、高水平专家学者、行业"双师型"教师来校执教（双师型教师占比 15%）。

撰稿：李　岩

【教育教学】 学校2023年在教学运行与教学评估规范管理两个维度下，深入贯彻产学研创的发展理念，在专业建设、人才培养、教学改革、师资队伍、教材建设、教学督导、实践教学等关键环节取得成效。打造广播影视艺术综合实验区、数字艺术综合实验区、舞台艺术综合实验区、艺术创新实习实践基地，为学科建设、教研活动的开展保驾护航。2023年在天津市教学改革研究项目、天津市课程思政示范课程认定、天津市课程思政优秀教学案例评选、天津市劳动教育课程遴选项目中多项获批。校级教改项

目获批22项，认定校级课程思政示范课程42门。学校推进校企合作和实习实践基地工作，成功签约企业共53家，实现校企合作、实习实训基地建设双通道，为人才培养模式的建立奠定基础。

撰稿：李津泽　王　燕

【实验室建设】 学校建成广播影视艺术综合实验区、数字艺术综合实验区、舞台艺术综合实验区三大实践教学平台，包括广播直播室、影视配音室、电视虚拟演播厅、电视导播室、4K高清10讯道导播车系统等多个数字化传媒实验室，以及室内剧摄影棚、音乐录音棚、影视节目后期编辑室；大型舞台合成剧场、中小型音乐剧场、黑匣子实验剧场、280间标准琴房；三维动画工作室、动作捕捉仪实验室、数字媒体工作室等实践教学设施，设立舞蹈学院"标准化教学区"实验室，为师生提供一流的专业实践空间与设备，2023年学校建立产、学、研、创协同创新艺术创新实习实践基地，充分满足传媒与艺术类各专业的实践教学需求。学校建有校内外重点实训实习基地10个，其中有中国电视艺术交流协会影视艺术教育基地、中央电视台舞美化妆实习教育基地、国家音乐产业促进工作委员会国家音乐产业人才培训基地、中国新闻社融媒体新闻传播人才培养基地等。

撰稿：王　燕

【产学研创】 学校依托广播影视艺术综合实验区、数字艺术综合实验区、舞台艺术综合实验区三大实践教学平台及艺术创新实习实践基地，以"盘山艺术节"和校内外专业比赛为教学成果展示交流舞台，"以赛促学"，培养具有较高创新创业实践能力的专业人才。学校坚持走产教融合的发展之路，与众多影视机构、文化产业公司建立合作关系，定制合作培养协议。2023年学校与北京演出娱乐行业协会签署战略合作框架协议，并举行演艺人才培养基地授牌仪式。由北京演出行业协会为委托单位，学校承办第十届"盘山艺术节"。此项目是学校重点支持的课题项目，学校坚持以习近平文化思想为引领，坚定文化自觉和文化自信。盘活用好文化资源，做强特色文旅品牌，传承天津历史文脉，促进地方经济与社会的全面发展，彰显历史文化底蕴与新时代风采。第十届"盘山艺术节"共打造融合音乐会《寻根——民歌中的音画世界》、"经典韵·青春声"天津传媒学院交响合唱音乐会、诗音颂华章《泼墨染笺·赓续千年》、《公元2023——视·无界》

视觉艺术展、《2023创意·无终》大学生文创设计展、第十届盘山艺术节暨第九届视觉艺术展《公元2023——视·无界》、舞蹈诗画《舞韵·家国》、融媒综艺汇——《生"声"不息》、青春未命名——《琴歌·翩跹》、戏剧嘉年华——原创诗剧《回望·曹禺》10场演出，内容涵盖戏剧、音乐、舞蹈、播音与主持、动画、雕塑、原创手绘、沉浸式影片展、服务地方经济文化的产品设计展、多媒体动态影像展等多种综合艺术形式。以"弘扬地方文化，深化产学研协同创新建设，繁荣艺术学科，践行教育服务社会"为宗旨，以挖掘地方艺术特色，共同策划制作高水平精品剧目及文艺作品为目标，助推京津冀乃至全国文化事业高质量发展，充分发挥天津传媒学院人才培养与人才供给作用，北京演出行业协会为京津冀乃至全国艺术人才的培养和输出提供专业指导、培训，培养符合行业需求高质量应用型、复合型艺术人才，推动演艺行业文化艺术事业繁荣发展。

撰稿：王　燕

【科研与社会服务】　学校加大科研经费投入，鼓励教师多出优秀作品、多申报高级别科研项目。2023年，全校教师完成或在研各级各类科研项目91项，其中省部级课题13项（天津市教委社会科学重大项目2项）、局委办课题10项、校级科研课题、大学生思想政治教育专项课题共56项、产学研创协同发展项目8项、2023年"新生开学第一课"育人项目1项。2023年度天津市国家安全宣传教育活动重点调研课题4项获优秀奖。2023年教师发表学术论文共计100篇，其中核心期刊论文3篇。《北京教育》杂志作为学校教师内部学术交流刊物，教师共发表论文78篇。2023年3月学校新闻与文化传播学院主办广告学专业学科建设与发展论坛、2023年5月学校举办天津传媒学院产学融合高端论坛、2023年11月学校联合主办第八届中国网络视频"学院榜"盛典暨2023中国网络视频年度论坛、12月主办2023高等艺术院校流行音乐专业教育论坛、流行音乐专业教育论坛暨流行音乐产业与科技主论坛、流行音乐专业教育论坛暨"流行音乐专业教学方法与实践研究""流行音乐学科专业理设与发展研究"两个分论坛。学校领导、中青年学术骨干参加了2023音乐产业行业年会、第九届中国国际音乐产业大会、浙江音乐学院"歌剧学学科建设学术研讨会"等学术会议，并做主题发言或论文宣讲，学校鼓励教师参加学术会议并搭建学术平台，促进教师能力全方位提升，扩大学校的学术影响力。

撰稿：王　燕

【学生工作】　学校学生处积极组织学生参加各项思政类作品征集活动以及多项竞赛，获4项国家级、50项市级奖项；成功申报中国计生协国家级"2023年青春健康高校项目"。学校继中标中国计生协高校项目后，再次成功申报成为全国第二批急救教育试点高校。多措并举推动学校就业创业工作，为毕业生开拓优质岗位资源，截至2023年8月，毕业去向落实率达94.05%。学校注重守正创新、推动力量下沉、促进内涵发展，着力打造全场域、全天候、全覆盖的"三全""一站式"学生社区综合改革新模式，建成一站式学生社区服务中心。基于易班超级校园App基础集"发现、引领、预防、巩固"四位一体线上线下相结合，按照1+5+N架构进行系统建设，即1套学生综合评价标准、"就创业""心理健康""资助育人""学生宿舍""综合服务"5个特色应用场景、N个学生评价指标，构建"大学生行为画像"的思政育人新模式，牢牢把握网络思想政治教育的主动权。

撰稿：徐春晓

【团委工作】　2023年，共青团天津传媒学院委员会以习近平新时代中国特色社会主义思想为指引，深入贯彻党的二十大精神、团的十九大精神，切实履行组织青年、引导青年、服务青年的基本职能，组织317个团支部开展"新时代先进人物进校园"主题宣讲、第六期"青年马克思主义者培养工程""学习二十大、永远跟党走、奋进新征程"五·四表彰评选等系列活动。积极组织多种丰富多彩的校园活动，开展第十届阳光体育联赛、"FUN开跑　GO青春"第十届校园马拉松活动、"与你相遇，怦然'新'动"第十四届社团纳新暨新生嘉年华、2023届毕业嘉年华游园等活动。参加第九届天津环境文化节高校环保辩论赛并获"三等奖"。其中由学生会组织的第九届"阳光体育一小时"健康体育联赛获2023年天津市高校学生会组织"我为同学做实事"服务同学品牌项目。为践行雷锋精神，学校积极开展"雷锋精神我传承、青春志愿我先行"主题系列活动，开展"爱心筑梦，播种未来"第八季课后志愿服务活动。通过交流和学习，使广大团员青年弘扬雷锋精神，做新时代雷锋精神的传人。

撰稿：王百川
审稿：李晓华

天津天狮学院

【概况】 天津天狮学院成立于1999年,是由天狮集团投资,经教育部批准设立的市属全日制普通高等学校。学校坐落在"京津走廊"的天津市武清区龙凤河畔,占地320万平方米,规划建筑面积210万平方米,有建筑面积47.51万平方米。

学校设有信息科学与工程学院、食品工程学院、经济管理学院、外国语学院、医学院、艺术与设计学院6个二级学院,另有思想政治教育教学部、数理教学部、体育教学部3个教学部、大学生心理健康教育和中国文化研究2个中心。学校开设有计算机科学与技术、食品科学与工程、市场营销、金融学、英语、护理学等31个在招本科专业,涵盖工、管、文、经、医、艺六大学科门类。学校设有市场营销、护理学、食品质量与安全、计算机科学与技术4个高职升本科专业;工商企业管理、市场营销、现代通信技术、计算机应用技术、数字媒体艺术设计5个高职专业。目前学校有校级重点建设专业4个,市级一流专业建设点3个。

学校有普通全日制在校生11749人,其中本科生10387人(含专升本),高职生1362人。学校设有实验教学中心7个,各类实验室165间。签订相对稳定的校外实习实训基地90处,能够满足应用型人才培养对实习基地的建设要求。教学科研仪器设备总值6403.97万元。图书馆现收藏中外文纸质图书85.4万册及可使用电子图书120万册,订购电子数据库9个,包括电子期刊、学位论文、电子图书、音视频等资源形式和内容,纸质和电子资源覆盖学校所有专业和学科,能够满足学校教学科研对文献资源需求,同时开展丰富多样的阅读推广活动,参与校园文化建设。

学校有专任教师433人、外聘教师288人。专任教师中"双师双能型"教师90人;具有高级职称的专任教师118人;具有研究生学位(硕士和博士)的专任教师385人。

学校于12月13日、15日举办"筑梦青春志在四方,规划启航职引未来"首届天津天狮学院大学生职业规划大赛总决赛。大赛自11月启动以来,通过一系列配套活动的举办,营造浓厚的大赛氛围,增强学生的职业规划意识,提升就业指导相关工作人员的工作能力和业务水平。

撰稿:逯　璇

【教育经费收入与支出】 2023年,学校教育经费总收入34600万元,比上年增加9337万元,增长36.96%。其中财政补助收入967万元、事业收入31492万元、科研收入19万元、其他收入2122万元。全年教育经费总支出23690万元,比上年增加4122万元,增长21.07%。其中工资福利支出8184万元、对个人及家庭补助支出1192万元、日常经费支出8027万元、其他资本性支出3822万元、其他支出2465万元。

撰稿:张淑琴

【教学工作】 全面落实全国教育大会和新时代全国高校本科教育工作会议精神,增开"中共党史教育""国家安全教育""大学生职业规划与就业指导"3门公共基础课程;以本科教育教学审核评估工作为抓手,扎实推进专业建设和课程建设,深化课堂教学改革,加强实践教学,提升应用型人才培养实效。2023年度,学校累计完成教学运行管理工作48项,在OA办公系统中发布制度和通知等共203项。学校重视课程建设与专业建设,学校有在建市级一流本科课程7门,在建市级一流专业3个。2023年申报软件工程专业和美术教育2个新专业;24年预备案专业6个。2023年新建多媒体教室21间,其中普通多媒体教室16间,多功能教室5间。安排社会考试446场次,涉及考生13797人次。学校主动报名申请考点注册。2023年完成2022年学科竞赛奖励金额合计285434元,组织学生参加或已报名待参加市教委主办学科竞赛项目17项,获奖奖项80项(含2022年赛项推迟至2023年赛项),其中一等奖8项、二等奖26项、三等奖45项、优秀奖1项。学校共上报2022届本科生毕业论文(设计)2141篇,教育部抽检39篇,一审三位专家全部给予"合格"成绩,论文全部通过检查。其中信息科学与工程学院2022届学生王海霞的毕业论文(设计)获评天津市级优秀毕业论文(设计)。组织完成2023届毕业论文(设计)抽检工作及专家库报送工作,共上传毕业论文(设计)2466篇;共报送学校毕业论文(设计)评审专家344名。共开展各级各类教材检查15次。开辟项目引领培养计划,实现本质产教融合,自动化专业(义齿智能制造)特色班、计算机科学与技术专业(大数据方向)特色班都是学校校企深度融合特色项目,高端应用型人才培养模式。制订《天津天狮学院产学研育人体系建设实施方案》《天津天狮学院产学研合作育人奖励办法》等制度,以制度建设为保障;以加强学校科研师资队伍建设为核心,持续引进高学历人才,培养具有产学研背景和实践经验的教师,不断提高师资队伍的素质和能力,为教师开展产学研项目提质增效。2023年,学校积极组织教师申报产学协同育人项目,共获批立项2项。此外,学校根据各学科专业特性不同,实施"一院一策"的产学研融合方案,助力学校实现产学研创一体化应用型大学。鼓励支持学生开展科研课题申报,2023年,获批国家级大学生创新创业训练计划项目8项,天津市大学生创新创业训练计划项目18项,校级大学生创新创业训练计划项目14项;2023年积极组织学生参加各级各类学科竞赛,获省部级及以上级别的奖项170项,其中一等奖17项、二等奖44项、三等奖108项、优秀奖1项。

撰稿:张红梅　石仲贤　赵梓瑞

【教育教学改革】　学校重视教育教学改革发展,着力提高教育教学质量,促进学生全面发展,取得显著成效。2023年学校获批市级教学改革项目2项,共拨付4万元予以资助;学校批准设立校级教学改革项目14项,共拨付4.2万元予以资助。2023年度,学校组织开展教育教学工作会。期间,组织召开专家讲座3场,中期成果汇报1场,并发布"天津天狮学院教学工作会中期成果简报"。

撰稿:张红梅　张泽宇

【教学质量监控】　深入开展教学质量监控工作,持续完善本科教学质量监控体系。依据《天津天狮学院教学质量监控体系实施方案》《天津天狮学院本科教学质量评价标准(试行)》,按照课堂讲授教学、课堂训练及实验教学、校内集中实践、校外集中实践四种教学类型质量评价标准,进一步规范教学管理,提升教学质量。持续推进和完善校院两级教学督导工作体制,基本形成基于专业特色的教学督导制度、教学评价指标及工作机制。进一步完善学生教学信息中心、学生教学信息员组织架构和工作职责,形成校院两级学生信息员管理工作体制。不断完善常态教学质量监控与专项教学检查相配合,同行、教学督导、学生、教学单位"四位一体"闭环式的教学质量监控运行机制。切实开展学期初、学期中、学期末常态教学检查,开展毕业设计(论文)全过程检查、期末考试试卷专项检查,编制教学质量月报,及时反馈学生教学信息员提供的教学信息。学校持续推进教学督导听评课制度和督导例会制,

2023年校院两级督导听课1018门次,召开校级督导工作会议2次,发布天津天狮学院教学督导工作简报2期。坚持实施学生教学信息员教学信息反馈制度,2023年学生教学信息员共收集教学信息1504条,经分类汇总共向各教学单位反馈教学信息882条。教学质量监控中心及时反馈,做好跟踪、监测和指导,确保及时解决,整改到位。着力构建教学质量监控与教师培养和发展协同推进的工作机制,构建新入职试讲—开新课和新开课试讲—主讲教师资格认定—优秀主讲教师评选—教学名师评选逐步深化的教学质量评价与教师发展体系。同时,积极组织开展教学节、教师教学创新大赛、优秀主讲教师开放课堂、教学专题培训讲座等活动,促进教师教学能力持续提升。2023年度,学校共评选出优秀主讲教师6名、教学名师1名,认定主讲教师20名。依据天津市教委文件要求,学校于2023年1—3月积极筹备、组织、开展天津天狮学院第三届教师教学创新大赛,评选出一等奖5名、二等奖8名、三等奖11名;教学学术创新奖3名,教学设计创新奖3名,优秀基层教学组织2个;优秀组织奖2个。

撰稿:张红梅

【师资队伍建设】　学校大力加强人才引进工作,全年共引进各级各类人才81名,其中教师(含辅导员)60人、管理人员19人、教辅人员1人、工勤1人。学校先后制订发布《天津天狮学院教职员工进修和培训管理办法(暂行)》《天津天狮学院实习生聘用管理办法》《天津天狮学院教职员工考勤管理规定》等制度,保障各项工作规范化开展。坚持引育并举,加强校内教师的培育工作,大力支持教师在职攻读博士、国内外学者进修,鼓励教职员工参加多种形式的专业培训、学术会议。全年共组织49名教师的岗前培训报名、参训,为51名新教师办理认定高等学校教师资格证。2023年赴国外进修人员5人、报考博士学位的4人。年内教师发展中心组织培训2次,累计参训人数达500余人。严抓职称评审工作,年内按照《天津天狮学院教师等专业技术职称"自主评审"工作实施方案》《天津天狮学院教师等专业技术职称评审标准(试行)》等制度,顺利召开2023年度五个学科评议组评议会及自主评审委员会评审会,评审通过具有教师等3个系列相应高、中级专业技术任职资格人员68人。完成38人初级专业技术职称聘任工作。

撰稿:李如意

【科研工作】 学校积极培育、大力支持各项科研工作，成效显著。2023年，大创项目共立项40项，学校获批校外各级各类科研项目37项，科研到账经费总额22.7万元。大创项目获批国家级8项、市级18项、校级14项。教育部产学合作协同育人项目2项。其他横向项目9项。2023年度天津市教委科研计划项目8项。2023年天津市教育工作重点调研课题2项。2023年天津市企业科技特派员获批15项。2023年天津市教委心理健康专项项目1项。2023年度学校教师共发表学术论文139篇，其中SCI11篇；核心期刊论文5篇。2023年度学校教师获批授权专利共2项。公开申请专利3项。外观专利1项。2023年度学校教师参加学术会议共36场，提交论文5篇，发表论文1篇省内学术会议7场。其他学术会议8场。校级教科研项目18个项目通过结题，6个项目暂缓结题，2个项目予以撤项。校外科研项目横向项目结题12项。2023年组织大创项目结题工作，共53项通过结题。2023年科研制度建设：制定《天津天狮学院学术论文类别认定实施细则（试行）》《天津天狮学院校级科研项目（自然科学）管理办法（试行）》《天津天狮学院校级科研项目（人文社科）管理办法（试行）》《天津天狮学院离职人员在研科研（或教改）项目管理办法（试行）》

撰稿：石仲贤

【学生工作】 紧扣学习宣传贯彻党的二十大精神主题主线，充分利用党、国家和学校重大节日等时间节点，在全校学生中组织开展"青春聚力二十大，十项行动展风采"雷锋月，"青春赓续二十大，强国有我新征程"微党课宣讲等一系列主题教育实践活动10余项。开展党的二十大精神宣传、心理健康团辅、科技科普知识宣传等建设活动10余次。邀请思想政治理论教授团，新时代先进人物，天津市优秀辅导员、班主任等开展专题讲座10余场。共培养第一期校院两级"青马工程"学员300名。以天津市"十项行动"为切入点，签约共建志愿服务和社会实践基地12个。立足本校，组织学生开展老生返校、新生报到、大型活动秩序维护除冰扫雪等志愿服务活动40余次。立足校外，组织开展太阳语"瓷娃娃"关爱行动、北柳子村志愿服务活动等校外志愿服务活动20余次。加强暑期社会实践，组建集中实践团队40个，对接武清20个社区与校团支部开展共建活动。成功申报国家级重点团队1个，天津市重点团队1个，获评市级优秀团队2个，先进个人2名。立足创新，积极

开展天津市"挑战杯"学术科技作品竞赛，在市赛中获二等奖2项，三等奖9项；开展天津市"互联网+"大学生创新创业大赛，获天津市银奖2项，铜奖3项。以"校园文化艺术节"为主线，开展各级各类校园文化活动。创新形式开展"天狮杯"三大赛，"凯旋杯"体育赛事，首届舞蹈节、合唱节等各类校园文化活动20余场。筹备市教育两委开展的"我和我求学的城市"爱津留津主题教育活动，联合各部门组织主题活动61场。依托大学生艺术团和学生社团，精心创作文艺作品，并组织学生参加天津市各级各类比赛，获天津市各级各类集体及个人荣誉80余项。活用主流新媒体平台，通过宣传工作开展沁润式思想教育。由学生工作队伍运营的校团委、学生处、天狮心理、资助服务中心、二级学院10大微信平台累计推送文章3000余篇，学校官方微信平台推送学生工作文章42篇。以校团委视频号为牵引制作推出"传承雷锋精神 弘扬时代新风""躬耕教坛 强国有我""起风了"等视频20个。开设《心理健康教育》公共必修课和《团体心理辅导》通识教育选修课。健全完善学校—学院—班级—宿舍四级心理健康教育工作网络，先后组织开展9场教师培训、6场心理委员技能培训。搭建心理活动平台，组织开展多样化的心理健康教育活动，完成1041名疑似一级和二级心理问题学生的回访工作，全年接待心理咨询372人次。制订《学风建设专项行动实施方案》《宿舍安全文明建设专项行动方案》等，多措并举推动校风、学风、舍风建设。划分新生报到初入学教育和全年全过程入学教育两个阶段，形成6+12育人新模式，共组织开展2023级新生入学教育130余场。做好少数民族学生的安全教育与管理，树牢学生安全意识。积极推进一站式社区建设，完成6个二级学院一站式学生社区初期建设工作，完成学校明德书院至善书院建设和揭牌工作。完成奖学金评定工作，2386人次获各级各类奖学金和奖励。40个行政班集体被评为"优良学风班"。2个学生集体获评"天津市优秀学生集体"。完成家庭经济困难生认定及助学金评定工作。开设"绿色通道"，缓解学生缴费压力。举办 "我的青春故事报告会"、冬衣发放、车票补贴等暖心活动。顺利完成2023级3480名新生21天的军事技能训练及军事理论课工作，2023年输送优质兵员31人。开设春秋季学期学工队伍专题培训班。全年开展专项培训26场。辅导员王志文老师代表学校参加市赛，同时获"天津市普通高校优秀辅导员"。加强与天津职业技术师范大学包联共建。两校以辅导员队伍建

设为抓手,组织开展7场专题讲授、分享交流。

撰稿:李占超

【党建工作】 2023年,学校党委坚持以习近平新时代中国特色社会主义思想为指导,深入学习贯彻党的二十大精神,深入贯彻落实习近平总书记关于党的建设的重要思想和关于教育的重要论述,深入贯彻新时代党的建设总要求和新时代党的组织路线,贯彻落实《天津天狮学院"十四五"发展规划》,组织党委中心组集体学习16次。修订2023版《天津天狮学院意识形态工作责任制实施细则》,组织召开学校季度意识形态研判会3次。2023年10月,联合网络安全和信息化办公室组织开展天津天狮学院2023年意识形态工作情况专题督查。按照市委要求,每月进行意识形态工作风险隐患排查工作,每季度上报意识形态工作风险隐患排查台账和报告。筹划成立学校"学习贯彻习近平新时代中国特色社会主义思想"主题教育领导小组和办公室。制定《天津天狮学院关于开展学习贯彻习近平新时代中国特色社会主义思想主题教育的实施方案》《关于举办学习贯彻习近平新时代中国特色社会主义思想专题读书班的通知》《天津天狮学院关于深入开展学习贯彻习近平新时代中国特色社会主义思想主题教育宣传工作安排》《天津天狮学院关于建立"第一议题"学习制度的通知》《基层党组织书记和党员示范培训班培训方案》《天津天狮学院专项整治方案》等主题教育文件。组织召开2场学习贯彻习近平新时代中国特色社会主义思想主题教育中期推动会,举办中层以上领导干部专题读书班1期,集中学习研讨5次。举办学习贯彻习近平新时代中国特色社会主义思想主题教育基层党组织书记和党员示范培训班3期。持续推进、深化与天津职业技术师范大学党建结对共建和党建责任包联工作。推进天狮学院教师党支部书记"双带头人"、党建"标杆院系""样板支部""创最佳党日"等建设工作。2023年共有54名优秀师生被吸纳为党员。完成基层党组织换届选举工作。优化支部设置,党支部由37个增加至41个,加强党务工作力量,为党组织注入新的活力。组织校政工人员参加全市思想政治工作优秀案例申报、评选工作。成立校院两级师德建设工作领导小组,组织召开校师德师风建设专题工作会3次,制定《天津天狮学院师德考核实施办法》《天津天狮学院教师师德失范行为负面清单和师德失范行为处理办法》《天津天狮学院关于开展师德集中学习教育的实施方案》。组织全体教师在国家智慧教育公共服务平台参与"师德集中学习教育"专题学习开展2023年"躬耕教坛 强国有我"教师节主题活动月暨"师德示范月"活动,组织开展教师师德宣誓、签订师德承诺书,组织各基层党组织书记、院长讲好师德必修课。积极组织教职工参加武清区总工会开展线上答题、摄影比赛、观影等各项活动。用好用足普惠政策,做好退休、大病慰问等"送温暖"活动。2023年12月13日天津天狮学院"职工之家"正式落成并投入使用。持续开展对校园传教渗透情况集中排查工作,防范和抵御校园传教渗透工作。完成2023年度党外干部信息采集及有关情况统计工作和天津天狮学院民主党派组织发展和人才培养工作调研工作,成立民族宗教工作自查和迎检专项工作领导小组,持续加强统一战线管理工作。完善党内监督体系,成立中共天津天狮学院纪律检查委员会。2023年6月组织召开全面从严治党暨警示教育大会。2023年11月组织参观天津市警示教育中心全面从严治党主题教育展。

撰稿:张 雯

【交流与合作】 学校与英国卡迪夫城市大学开展多维度合作,与英教联盟旗下40余所英国顶尖高校开展校际合作,与美国南佛罗里达大学、特拉华大学、新泽西州立罗格斯大学、亚利桑那大学等美国10余所高校开展多学科专业合作,与德国慕尼黑工业大学、亚琛工业大学等10余所高校开展应用技术类专业的相关合作,与新加坡培根学院、莎顿国际学院等10余所高校开展定向直升项目,与新西兰惠灵顿维多利亚大学、澳大利亚弗林德斯大学、泰国易三仓大学等国外知名院校陆续开展"3+1+1""4+0"等联合培养项目,学校积极吸引留学生来校学习,已培养来自南非等国家的400余名留学生。实现与北京百知教育公司、中公教育集团、北京托普赛斯国际教育科技有限公司、瑞博口腔校企合作,完成校企合作特色班人才培养方案的制订、2023年招生宣传、特色课程建设及学生实习实训。实现信息科学与工程学院自动化(义齿智能制造)、计算机科学与技术、计算机应用技术,艺术与设计学院数字媒体艺术设计等4个专业的校企合作共建特色班,总计特色班学生1112人企业定向培养。与武清区泛人力资源产业联盟,武清区高企协建立广泛深度合作,经平台推介30余家企业建立联系,与20余家相关专业企业落地实习实训基地,2023年10月与武清开发区高端人才引进企业瑞博口腔在京津产业新城成立天津天狮学院与瑞博口腔共建现代产业学院。

撰稿:何柳嫣
审稿:廉佳丰

天津职业大学

【概况】 天津职业大学为"一校两区"办学格局,北辰校区位于北辰科技园区,海河园校区位于海河教育园区,总占地82.79万平方米,总建筑面积47.6万平方米。学校有在校生15968人,教职工1068人,专任教师813人,其中高级职称299人(正高78人、副高221人),硕士632人、博士78人。学校有12个学院、2个教学部。图书馆藏书约98万册,电子图书约75万册。

学校完成34761平方米智能制造产教融合实训中心的主体、装饰装修、机电安装、室外管网、道路景观等建设任务,确保安全生产无事故,项目获"天津市文明工地""天津市优质结构工程"评价;修订通过《天津职业大学基本建设管理办法》,完善学校基本建设项目管理制度;在学校申办职教本科工作中,协助大港油田相关部门完成工程职业技术学院三校区38.73万平方米土地、12.95万平方米建筑实测、登记等工作,对138栋建筑进行安全鉴定和测量,2023年9月30日取得房地产权证;按期完成学校与东哈萨克斯坦技术大学共建的鲁班工坊场地建设任务,为搭建中哈人才培养桥梁、推动汽车领域的融合发展做好基础建设工作;解决分年度缴纳所欠大配套费和引入第二路水源两项基本建设工作历史遗留问题。

学校加强实验实训基地建设,截至2023年末,全校教学科研仪器设备总值60245.81万元,大型仪器设备(教学仪器设备资产原值大于或等于100万元,或整套系统设备总值大于或等于100万元)38台套,生均教学科研仪器设备值3.57万元,生均校内实践教学工位数1.69个,新增企业提供的校内实践教学设备值224.67万元。2023年完成智能制造产教融合实训中心项目等近60个实验实训相关采购项目,累计投入资金约4592.90万元,实验实训条件得到进一步提升。

学校主动服务天津"十项行动",主动融入新发展格局,对接"1+3+4"现代工业产业体系,深度对接新经济、新业态、新技术、新职业,促进职业教育专业升级和数字化改造,强化以高水平专业群为引领,以优势专业群和特色专业群为重要支撑的专业群布局,形成精准对接、结构有序、动态调整的"2—2—6"三层级专业群布局,一体化设计培养体系、系统化培养技术技能人才。围绕国家和天津经济社会产业发展重点领域,建立适应产业链、创新链变化和专业发展情况的专业(群)动态调整机制,实现人才培养供给侧和产业需求侧结构要素全方位融合,新增药品生物技术和工艺美术品设计2个专业,撤销西式烹饪工艺(3+2)和食品生物技术专业。2023年,眼视光技术、包装工程技术、汽车智能技术3个专业获批天津市职业教育首批产教融合专业;围绕人才紧缺技术岗位需求,针对生产制造、测试装调等一线岗位,申报并获批天津市第一批现场工程师专项培养计划项目4项。

学校积极搭平台、建机制,将岗课赛证综合育人机制推向纵深,形成一批标志成果。2023年,学校主持获国家教学成果奖一等奖1项、二等奖3项,参与获国家教学成果奖3项,国家级教学成果奖获奖总数位列"双高"建设A档院校第三位;学校重视职业教育教师教学能力比赛的建设,不断提升教师教学水平和大赛应对能力,2023年获国赛二等奖1项,天津市一等奖2项,二等奖2项,三等奖1项;学校充分发挥"双高计划"建设专业群优势,成功承办中华人民共和国第二届职业技能大赛8个项目和全国职业院校技能大赛—智能网联汽车技术赛项;承办天津市职业院校技能大赛汽车技术、餐厅服务等5个学生赛项和现代电气控制系统安装与调试和复杂部件数控多轴联动加工技术2个教师赛。在中华人民共和国第二届职业技能大赛中,9个集训基地的参赛项目全部获奖,获3金2银,创造新纪录。2023年4月,学校首批国家级职业教育教师教学创新团队——汽车运用与维修技术专业教师教学创新团队以优秀等级通过验收;2023年11月,学校视觉训练与康复创新团队获批第三批国家级职业教育教师教学创新团队立项。学校建有15支团队,其中3支获评国家级、7支获评省部级,高效推动"双师型"教师队伍整体水平提升。

2023年,学校围绕立德树人根本任务,持续深化思想引领,将学习宣传贯彻党的二十大精神融入日常。学校连续七年获评"天津市大学生思想政治教育工作优秀单位",连续两年获评"天津市征兵工作先进单位",1名学生获全国"最美职校生"称号,1名学生获天津市高校"大学生年度人物"暨天津市王克昌特等奖学金,学生心理健康协会获选由共青团中央、全国学联直接对接指导、跟踪培养的高校心理健康类社团,在国家级、市级各类活动中获个人奖51项、集体奖15项。

撰稿:赵晓慧　杜汶波　赵海豹
刘春怡　程凯明

【教育经费收入与支出】　2023年,学校教育经费总收入67858.61万元,比上年增加6919.43万元,增长11.35%。其中一般公共预算财政拨款收入40995.07万元,政府性基金预算财政拨款收入8342.80万元、事业收入13766.72万元、其他收入4754.03万元。全年教育经费总支出67791.47万元,比上年增加6491.99万元,增长10.59%。其中基本支出38038.95万元、项目支出29752.52万元。基本支出包括人员经费27960.74万元及公用经费10078.21万元。

撰稿:周　莹

【教育教学】　学校坚持立德树人、德技并修,落实《天津职业大学关于推动现代职业教育高质量发展的实施意见》要求,全力推动教育教学改革,形成产教良性互动、校企优势互补的人才培养新格局。制订《天津市职业大学高职学历教育学分制改革实施方案》,完成11项天津市职业大学高职学历教育学分制改革相关文件,构建完善的学分制教务管理系统,形成学分制标准体系和操作流程规范。完成课程3.0达标工程和教师教学能力2.0达标工程,完成40门模块化课程建设,开发40本活页式教材,建设10门校级课程思政精品课,认定100门模块化课程,形成课程改革的"天职模式";利用职教云、雨课堂、中国大学MOOC三大平台,共建有1900余门线上课程,有利推动线上线下混合式教学。依托国家级课程思政教学研究示范中心,优化课程思政数字化资源平台,丰富课程思政素材资源,有资源总数3609个,视频时长17238分钟;修订《天津职业大学教材建设管理办法(试行)》,制定《天津职业大学教材管理实施细则》《天津职业大学教材工作委员会章程》《2023年天津市职业大学教材工作要点》。2023年,学校27种教材被评为职业教育"十四五"国家规划教材,其中6本教材被推荐参加国家级优质教材评选。

撰稿:刘春怡

【技能大赛】　学校师生参加2023年全国职业院校技能大赛、全国大学生电子设计竞赛、全国大学生数学建模竞赛、"海河工匠杯"技能大赛、华北五省计算机应用大赛等技能竞赛,共获国家级奖项21项,其中一等奖4项、二等奖7项、三等奖10项;获得省部级奖项74项,其中一等奖13项、二等奖31项、三等奖30项。

撰稿:刘春怡

【科技研究和社会服务】　纵向科研方面,学校立项局级以上纵向科研课题17项,为夯实研究基础,设立科研创新实践培育项目,为8个优秀项目提供教师创新工作室。横向科研方面,共立项83项,其中百万级项目19项,科研经费到账金额3000余万元;积极选派39名教师作为企业科技特派员派驻到中小微企业一线深度开展技术服务。获专利授权74项,其中发明专利授权35项(含6项国际专利)。培育新型研发机构,新建工业互联网研究院和双碳实验室,打造科教融汇新高地,全面提升服务国家发展战略和服务产业发展能力。与和平区教育局签订大中小幼"未来科学家"行动共建协议,天津职业大学旅游学院申报的"天津市职业大学数字化餐旅文化科普基地"获批市级科普基地,第八届天津市科普微视频大赛中,眼视光学院教师李伟豪获二等奖。2023年学校完成社会培训71038人次、182918人日;职业技能等级认定10171人次,社会考试148979人次,学历继续教育5人次,共计社会培训服务到款额1187.59万元;获批国家级职业学校校长培训基地(2023—2025年)、新时代职业学校名师(名匠)培养基地、国家级高技能人才培训基地(资助金额500万元)、全民数字素养与技能培训基地(数字工作类)、"职业院校服务全民终身学习项目"实验校、天津市专业技术人员继续教育基地、天津市数字技术工程师培育项目培训机构(人工智能、物联网、云计算、智能制造4个职业)等,挂牌天津市残疾人职业技能培训基地。2023年7月10日举办"职教国培"示范项目,来自全国的44所高职院校的50名教师参加培训;2023年7月26日,与天津外国语大学签订合作协议,共同探索"中文+职业技能"留学生培养新模式。服务京津冀协同走深走实。疏解北京非首都功能,签订技术服务合同10项,金额350余万元;举办"第三届津雄职业教育发展论坛",培训师资130余人;建设天津职业大学威县分校,开展师资培训,平稳接收56名首批"五年一贯制"学生进入高职段学习。制定《天津职业大学服务雄安新区职业培训资源专单》、青县职业教育发展规划,职教帮扶助力东西协作,推动落实和职院建设,继续派驻4名援疆干部,开展职教成果分享、专题讲座,指导大赛、申报专业等。拓展帮扶院校和区域,与青海农牧科技职业学院等5所中西部院校签订战略合作协议,与南开区人社局、夏河县人社局共建"东西部协作乡村振兴人才培养培训基地",依托"国培计划"等项目开展技能和师资培训。全面服务乡村振兴。服务津南区"小站稻"农产品品牌建设。驻村帮扶宝坻区,共建中药材水蛭高标准养殖和种苗繁育基地,为农户年增收72万元,被天津电视台等主流媒体宣传报道。50余场电商直播惠农2000余人次,助农、企增加120余万销量。深入天津、河北、河南、浙江等省市开展乡村治理及公共服务等专项调研和志愿服务,社会实践团成功入选2023年全国大中专学生"三下乡"社会实践活动全国示范性团队。

撰稿:许冰冰　吴　慧　张玖泽

【重大项目申报与建设】 学校积极落实天津市创优赋能项目建设、教育部现代职业教育体系建设改革11项重点任务等一系列重大项目的申报与建设。一是依托创优赋能项目,打造2门天津市职业教育一流课程,打造1个市级专业教学资源库、1个鲁班工坊双语教学资源库并完成国家级资源库申报。二是统筹推动教育部现代职业教育体系建设改革11项重点任务。成立天津职业大学建设改革重点任务工作组,11项重点任务全部通过天津市评审,进入国家评审。全校获评6门天津市职业教育一流课程;获评3个市级专业教学资源库,并组织完成6个项目申报国家级资源库;组织智能制造产教融合实践中心、智慧化工产教融合实践中心申报国家级开放型区域产教融合实践中心;6本教材被推荐参加国家级优质教材评选;打造教育部职业教育示范性虚拟仿真实训基地培育项目,打造纯虚拟+线上+虚实结合的"1+1+N"模式新基地,赋能"三教"改革。

撰稿:刘春怡

【党的建设】 开展学习贯彻习近平新时代中国特色社会主义思想主题教育,明确"五抓五促五提升"工作思路,抓严理论学习和交流研讨,举办专题读书班,读书班的有效做法被市委主题教育工作简报采纳;组织"双带头人"党支部书记、组织员等赴沂蒙干部学院开展学习培训。制定问题清单,深入开展调查研究,抓实整改整治,及时开展"回头看",干部群众"对学校开展主题教育的总体评价"100%为"好"。提升党建工作质效,细化民主(组织)生活会前谈心谈话制度,指导24个党组织完成换届选举工作,选优配强各级党组织书记。从严发展党员工作,2023年完成全年发展计划229人。形成《基层党组织建设工作成果汇编》《党支部工作典型案例汇编》《理论学习成果汇编》,组织庆"七一"6个系列活动,强化党员党性意识。建设高素质干部队伍,完善干部选任,修订处科级干部选任细则,制定处级领导干部队伍建设五年规划;强化干部培养,构建"1+N"教育培训模式,举办年轻干部政治能力提升班;2023年提拔处级干部21人、交流干部17人、选任科级干部11人;选派22名处级干部参加实践锻炼,着力打造复合型干部;评审通过高级政工师1人,政工师3人。

撰稿:荀晓蓓

【"双高计划"建设】 2023年是"双高计划"建设收官之年。天津职业大学严格落实教育部、财政部和天津市教委工作要求,主动服务国家战略和天津市高质量发展十项行动,科学使用项目资金,确保建设任务完成和高贡献度绩效达成,在人才培养改革、技术服务平台打造、高水平师资队伍建设、校企合作模式创新、智慧化校园建设、职业教育国际合作品牌打造等方面形成一批标志性成果,贡献诸多"天职"智慧和方案,学校的社会认可度进一步提升。参加全国高等职业学校校长联席会议成立20周年活动,校长郑清春应邀在"双高"建设论坛上作经验分享。学校携百项成果亮相同期举办的全国"双高"展,获教育部领导点赞。中央电视台、天津电视台、新华网、《光明日报》《中国教育报》等多家主流媒体围绕学校"双高计划"系列成果进行专题采访和专门报道。

撰稿:朱　朋

【鲁班工坊建设】 哈萨克斯坦鲁班工坊位于东哈萨克斯坦州,于2023年12月9日试运行,建有汽车技术综合实训区和智能网联汽车实训区,使用面积近700平方米,首期建设运输设备及技术专业,配备教学实训装备共计32种、49台(套),开发5门国际化课程标准、6本活页式教材。中国驻哈萨克斯坦大使馆张霄大使在工坊试运行仪式上表示,"共建哈工坊是中哈两国元首重要共识,也是中哈落实'一带一路'倡议的生动实践。工坊服务中国—中亚国家整体外交大局,服务'一带一路'建设,为中哈两国在教育领域的深度合作与持续发展提供动力。"

撰稿:邢路路

【产业学院建设】 学校以天津港保税区政府为依托,联合天津大学、海洋石油工程股份有限公司等多方单位成立天津港保税区高端装备制造(海洋工程装备)产教联合体。汇聚产教资源,与行业龙头、高水平高等学校,共同组建跨区域全国高端装备制造(工业控制技术)行业产教融合共同体、全国精细化工行业产教融合共同体、全国现代旅游饭店行业产教融合共同体、全国智慧社区养老行业产教融合共同体、全国绿色包装行业产教融合共同体、全国视光行业产教融合共同体、车联网行业产教融合共同体7个产教融合共同体,全面深化各行业产教融合多路径合作。全面推进学校产业学院工作,制定《产业学院管理办法》《校企合作项目评价实施办法》和《紧密型校企合作企业标准和制度》全面规范推进校企合作各种模式。遴选100家企业深度测评,根据企业需求制定项目有的放矢开展紧密合作,形成系统的校企合作评价机制并在全国推广。

撰稿:邵　志

【人才培养】 2023年10月,李建国教授入选教育部新时代职业学校名匠培养计划。2023年10月,王海英教授入选第八批国家高层次人才特殊支持计划教学名师,被亚洲视光协会授予亚洲杰出视光师奖,她领衔的视觉训练与康复创新团队获批第三批国家级职业教育教师教学创新团队立项。2023年12月,王立书教授获批享受政府特殊津贴专家,他领衔的王立书技能大师工作室以优秀等级通过天津市人力资源和社会保障局考核验收。2023年12月,冯艳文教授获第八届黄炎培职业教育杰出教师奖。

撰稿:牛金芳
审稿:郑清春

天津商务职业学院

【概况】 天津商务职业学院是经天津市人民政府批准、教育部备案的全日制普通高等职业院校,有海河教育园校区、河东校区及河西校区三个校区,总占地50万平方米,建筑面积19万平方米。学校有教职工509人。专任教师副高级以上职称161人;硕士以上学位387人;双师型教师234人。学校有在校生11541人,其中三年制学生10665人、三二分段学生220人、五年一贯制联合培养学生452人、校本部五年一贯制学生104人、百万扩招学生46人、留学生54

人。学校教室全部实现智能化,空调系统、校园无线网全覆盖,共有馆藏纸质图书57.3万册,订阅242种纸质期刊,中国知网、百度文库高校版、超星读秀、超星百链等电子数据库和电子图书阅读机与"移动图书馆"App等数字化服务平台惠及全体师生。学校设有马克思主义学院、8个二级专业教学学院和3个教学部,分别是国际贸易学院、应用外语学院、营销学院、会计学院、信息技术学院、旅游学院、广告学院、金融学院、体育教学部、公共外语教学部、德育教学部。学校有专业(含方向)38个,涵盖8个专业大类,形成具有鲜明现代服务业特色的专业体系。

2023年,学校聚焦"学思想、强党性、重实践、建新功"总要求,创新开展"七学联动"教育模式,扎实开展学习贯彻习近平新时代中国特色社会主义思想主题教育,完成天津市第二批新时代党建示范高校"领航工程"创建培育任务,全面实施标杆院系和样板支部创建工程,校团委被授予"天津市工人先锋号"荣誉称号。学校入选天津市"大思政课"综合改革示范校培育建设单位,获批天津市首批网络思政名师工作室,第一年考核结果优秀,"大思政"育人格局见实效。学校坚持全面深化现代职业教育体系建设改革,不断深化产教融合、校企合作,新建现代酒店产业学院和天津跨境电商综合试验区示范性产业学院,牵头成立全国数字技术创新产教融合共同体、京津冀数字金融产教融合联盟,校企协同育人开拓新局面。学校坚持国际化办学理念,不断加强摩洛哥"鲁班工坊"内涵建设,在津开设摩洛哥"鲁班工坊"首个学历教育订单班获批市政府专项奖学金,连续六年蝉联天津市"海上丝路"项目招生人数和奖学金规模"双第一",是具有港澳台招生资质的高职院校,是天津市唯一举办中外合作办学项目的职业院校。2023年,学校入选市级具有较高国际化水平的职业学校,国际化办学水平持续提升。

撰稿:孙　明

【教育经费收入与支出】 2023年,学校教育经费总收入23121万元,比上年增加1647万元,增长7.67%。其中财政拨款收入16019万元、行政事业性收费收入6634万元、经营收入147万元、其他收入321万元。全年教育经费总支出23692万元,比上年增加1408万元,增长3.32%。其中公用经费支出6423万元、人员经费支出17269万元。

撰稿:杨建平

【教育教学】 学校以落实现代职业教育体系建设改革重点任务为主线,持续开展创优赋能项目建设,以国际贸易和会展旅游2个天津市高水平专业群建设为载体,不断提升学校关键办学能力。获批金融科技应用新专业,国际贸易专业入选天津职业教育产教融合专业。人机对话智能系统开发入选2023年天津市职业教育校企合作典型生产实践项目。学校入选教育部第二批职业院校数字校园试点院校,以数字化转型赋能高质量发展。学校深入推进"三教改革",统筹规划、积极开发数字化教材、活页式教材及工作手册式教材等新形态教材5册,《新理念职业英语 电子商务英语》入选"十四五"职业教育国家规划教材。学校积极投入数字化教学资源建设,关务与外贸服务专业教学资源库建设通过国家级验收,财富管理专业资源库入选天津市职业教育专业教学资源库,建成在线精品开放课程9门。展览策划与管理、影视拍摄与剪辑技巧课程入选2023年天津市职业教育一流核心课程。持续加强"课程思政"建设,获评2023年天津市大中小学"故事思政"微课大赛高职"课程思政"特等奖1个、二等奖1个。学校认定2个"课程思政"示范专业、5门"课程思政"精品课程、7个"课程思政"示范案例。重点培育劳动教育特色明显的专业课程,直播运营实践课程获天津市劳动教育专业示范。师生多人次在15个国家级及省部级技能大赛中获奖。

撰稿:唐 妍

【科技研究和社会服务】 学校先后成立校级数字金融应用研究中心、中华老字号研究中心、国际消费中心城市建设研究中心3家研究机构。全年共申报国家社会科学基金项目、全国教育科学规划课题、教育部人文交流专项课题、天津市教育工作重点调研课题、高职研究会课题等各级各类课题60余项,立项46项;完成天津商务经济研究会等在内的各级各类课题结题85项;发表学术论文124篇,横向课题立项19项;成功获批实用新型专利5项,软件著作权16项。学校主动服务国家战略、区域经济和产业发展需求,挖需求找项目,完成社会培训近万人。完成网络信息与安全管理、会展设计师、互联网营销师等新职业新业态领域的职业技能培训和鉴定工作,为新业态"蓄力赋能"。学校主动对接河东区、津南区多个街道社区,围绕落实"区校终身学习联合体"建设,举办"区校终身学习联合体"揭牌仪式,建设红色文化教育基地,举办系列特色活动。学校积极发挥语言文字阵地作用,主动服务天津市基础教育"民族班",帮助少数民族学生提升普通话水平。持续加强普通话水平社会测试站建设,年测试量超过4万人次。

撰稿:王 远 王 倩

【京津冀协同发展】 学校主动助力高质量发展"十项行动"。党委书记、校长分别带队赴河北省丰宁满族自治县对接交流京津冀高质量协同发展工作,校地双方就中高职教育资源共享、人才培养、社会培训、产业合作、农业电商、旅游发展、乡村振兴等方面进行深入交流,并签署合作框架协议。充分发挥金融专业优势,牵头成立京津冀数字金融产教融合联盟,成功举办跨区域金融产教融合共同体论坛;与渤海证券股份有限公司、天津海运职业学院、石家庄信息工程职业学院、石家庄邮电职业技术学院、石家庄财经职业学院等联盟单位联合申报财富管理专业教学资源库入围国家级教学资源库立项;与渤海证券、天津市理财业协会共建的专兼职教师团队被评为天津市职业教育教师创新团队;召开京津冀数字金融产教融合联盟校企合作洽谈会、现代职业教育赋能数字金融高质量发展主题论坛,构建产教融合新格局、推进产业高质量发展。

撰稿:孙 明

【国际化办学与对外交流】 学校坚持"请进来"和"走出去"双向发力,成效显著。积极响应国家"一带一路"倡议,不断拓展鲁班工坊建设内涵,创新"中文+职业技能"培养模式,成功开设线上培训班,培训境外学员260余人。在津开设摩洛哥鲁班工坊首个学历教育订单班,获批市政府专项奖学金。建立健全长效培养培训体系,国际学生在"中文+职业技能"国际大赛赛项中获国家级奖项2项、市级奖项4项。在津成功举办"一带一路"背景下中摩职业教育交流合作与鲁班工坊建设研讨会暨摩洛哥鲁班工坊来华培训班启动仪式,央广网等10余家主要媒体进行报道,新华社浏览量突破67万,学校对外影响力不断扩大。加大对"一带一路"沿线国家招生宣传力度,连续六年蝉联天津市"海上丝路"项目招生人数和奖学金规模双第一,招收和培养"一带一路"沿线9个国家53名学生。成功获批教育部两个中外合作办学项目,成为天津市唯一举办中外合作办学项目的职业院校。2023年,学校作为市级具有较高国际化水平职业学校建设单位,正在积极开展国家级建设单位申报工作。高水平组织策划疫情以来首次出访活动，就鲁班工坊建设、中外合作办学项目及海外实习基地建设等方面达成合作协议3项，签署确认函1项，推动国际化办学和国际交流与合作的进程。

撰稿：孙　明

审稿：尹秀琴

天津公安警官职业学院

【概况】　天津公安警官职业学院是教育部批准的具有高等学历招生资格的专科层次普通高等学校。学院住所地为天津市西青区精武镇陈台子路88号，有西青、蓟州、和平3个校区，占地28.42万平方米；校舍建筑面积15.12万平方米。其中教学科研行政用房8.66万平方米；教学科研仪器设备总值2836.97万元；馆藏纸质图书43万册，电子图书15万余册；校内实验实训场所34个。

学院有专任教师221人。其中副高级以上专业技术职务66人（教授7人），硕士及以上学位129人。专任教师中，公安部教学名师1人，天津市高等学校教学名师1人，天津市"新时代职业学校名师培养计划"教师1人，天津市高校课程思政教学名师2人、教学团队1个；天津市黄炎培职业教育奖杰出教师奖1人，全国公安教育工作成绩突出集体2个、教师1人，全国公安优秀教师2人，天津市职业教育先进个人1人。

天津公安机关在职民警中，有8866人先后就读于警院，42人获国家级、省部级和个人一等功以上荣誉，其中1人获评"全国公安系统二级英雄模范"、4人获评"全国优秀人民警察"、3人被评为"天津市特级优秀人民警察"、5人被追授"烈士"称号。

2023年，学生工作处公安大队、思想政治理论教研部2个集体荣立集体三等功，后勤保障处财务服务办公室、治安系、图书馆采编科3个集体荣获集体嘉奖；1人获评"警院之星"，7人荣立个人三等功，26人获个人嘉奖。

撰稿：韩　冰　王慧莲

【教育经费收入与支出】　2023年，学院教育经费总收入21223.74万元，比上年增加5755.13万元，增长37.2%。其中财政拨款14453.07万元（高等职业教育收入8941.67万元，卫生健康收入310.4万元，社会保障和就业收入1086.2万元，政府性基金预算财政拨款收入4114.8万元），事业收入2506.38万元，其他收入4264.29万元。全年教育经费总支出20394.71万元，比上年增加5019.56万元，增长32.65%。其中高等职业教育支出14883.31万元，社会保障和就业支出1086.2万元、卫生健康支出310.4万元、其他支出4114.8万元。

撰稿：王永生

【党建工作】　2023年，学院党委坚持以习近平新时代中国特色社会主义思想为指导，全面落实党的二十大精神，全年开展"第一议题"学习20次、党委理论学习中心组学习16次，召开党委会议30次。深入开展习近平新时代中国特色社会主义思想主题教育，带动各级党组织开展理论学习500余次，推动"警院理论宣讲团"开展理论宣讲100余场覆盖5000余人次，推动解决发展问题28项、民生问题16项，切实做到以学铸魂、以学增智、以学正风、以学促干。党委主要负责同志作为"第一班主任"召开主题班会，讲授"开学第一课"及红色专题思政课3次；将习近平总书记给中国人民公安大学在读英烈子女重要回信精神纳入习近平新时代中国特色社会主义思想"三进"教学体系；依托"李大钊烈士纪念室""廉洁文化实验室""英模工作室"等育人基地，打造公安特色"大思政课"育人工作体系。年内，发展师生党员12名，开展党员教育培训3期354人次；创建2个市级党建工作"标杆样板支部"，1个工作案例入选市级"三全育人"典型优秀案例。

撰稿：段妍磊

【基础建设】　2023年，学院新增土地4698.23万平方米，新增建筑面积1.11万平方米，完成不动产登记工作，地址为天津市蓟州区官庄镇蓟莲路2号；学院扩建项目取得天津市规划和自然资源管理局西青分局下发的《建设项目用地预审与选址意见书》，项目拟选位置：天津市西青区精武镇天津公安警官职业学院西侧，拟用地5.4万平方米；学院内规划建设1.99万平方米的安保实训基地项目，完成主体一次结构和部分二次结构建设；完成学院主教学楼外延和图书馆阅览室提升改造工作。

撰稿：于　洋

【教学改革】　2023年，学院积极推进党的二十大精神进教材，选用160余种教材，安排完成1104门课程教学任务，修订2023级人才培养方案，通过优化课程内容,调整课程比例,实施教考分离,提升育人质效。利用超星教学平台,开展在线精品课程培训、组织录制微课,不断提高教学工作数字化、信息化应用水平。学院深化教育教学改革,对174名任课教师开展教学质量评估,检查教案、课件、教学大纲等各类教学基础文件共计700余份,在全院任课教师中安排听课累计360余节次,学生评教实现全覆盖,促进了教师教学水平的提高;完成81名"双师型"教师认定工作;开展校级课程思政示范课说课、教学评比活动,评选出一等奖2名、二等奖3名、三等奖5名;完成2023年院级创新团队评选工作,评选出治安管理教学创新团队、行政执法教学创新团队、军事理论教学创新团队、英语课程思政教学创新团队、网络安全执法教学创新团队。赵晓松副教授带领的网络安全与执法教学创新团队入选第二批天津市职业教育教师创新团队立项建设名单;赵晓松副教授及其团队讲授的网络攻击与防范技术和尚欣副教授及其团队讲授的人民调解实务获评市级一流专业核心课程(线下)。2023年天津市职业院校技能大赛教学能力比赛中,3个团队分获公共基础课程组二等奖,专业(技能)课程一组三等奖,崔建军副教授带领的团队获得专业(技能)课程二组三等奖。张蕊老师获天津市大中小学"故事思政"微课大赛一等奖。构建实验、实训、实习、实战有机结合的实践教学体系,深化"校局合作、校企合作",推动"同城一体化"。完成2021级法律事务、法律文秘、社区管理与服务等专业线上模块化教学;5月18日,天津市环湖中学、天津市中山小学、河西区第十八幼儿园师生代表在学院内的天津市廉洁文化与全面从严治党思政课重点实验室,开展"大中小幼"廉洁文化与全面从严治党一体教学暨廉洁文化与全面从严治党思政教学改革成果展;推动1+X证书试点工作,完成社区治理职业技能等级证书试点立项、培训、考核等工作;学院同市公安局刑侦总队等单位签订校局合作协议,聘请兼职教官科技信息化总队总队长沈鋆到校开展大数据实战应用专题讲座;组织2022级、2023级公安专业学生,赴公安宝坻分局联合作战指挥中心、DNA重点实验室、反诈中心和被公安部命名为"全国枫桥式"公安派出所的牛道口派出所以及滨海新区板厂路派出所等单位开展实践见学活动;组织2021级公安专业学生赴滨海新区公安局进行为期4个月的实习。

撰稿:林 茂 班晶伟 李 洋
徐 川 邵 培

【科研工作】 2023年,学院获批各级各类科研立项87项,其中包括天津市社科规划办项目2项,公安部科研项目1项,天津市公安局科研项目8项,天津市社科联重点调研课题1项,2023年度职业院校数字化转型行动研究课题1项,天津市全面依法治市"十大课题"1项,全国高等院校计算机基础教育研究会计算机基础教育教学研究课题1项,天津市教育工作重点调研课题3项,国家安全宣传教育重点调研课题2项,天津市职业教育与成人教育学会课题1项,天津市教委科研计划专项任务项目(心理健康教育)课题1项、院级科研课题65项(含思政专项科研课题11项)。学院组织完成66项各级各类科研项目的结项工作,其中教育部"十四五"教育科研规划全国重点课题1项、天津市教委重点调研课题4项、天津市公安局科研项目2项、天津市科协重点决策咨询课题1项、天津市学生心理健康教育发展中心课题1项、天津市社科规划办课题1项、天津市法学会课题1项、学院科研课题55项(含思政专项科研课题10项)。学院教师公开发表论文82篇,出版著作9部,8篇论文在京津冀公安院校第六届学术研讨会获奖。2023年,《天津法学》全年出版4期(季刊),共计刊发文章40篇,全年收到作者投稿631篇。全年有基金项目支持发表的论文刊载率52.5%。

撰稿:杨秀环 朱冬玲

【思政育人】 学院牢记"公安姓党"根本政治属性,坚守"为党育人、为国育才、为警铸剑"的初心使命,深入贯彻落实习近平总书记给中国人民公安大学在读英烈子女重要回信精神,召开3次公安英模子女座谈会,分2次组织2000余人次学生聆听公安英模巡讲报告团进校园开展主题宣讲;组织学生到天津烈士陵园祭扫公安英烈,学习英模事迹。在习近平新时代中国特色社会主义思想"三进"主题教育中,先后开展"习近平总书记与大学生在一起"学习分享;"强国有我、青春有为"云端接力;"学宪法讲宪法"等主题活动。全年召开学生主题班会60余次,组织学生撰写心得体会1000余篇;在开展学雷锋深入社区志愿服务、植树节师生共同义务植树、清明节悼念杰出校友李大钊烈士、国家安全日宣讲维护国家安全知识、劳动节组织"扮靓美丽校园"劳动清扫等活动中,促进学生德智体美劳全面发展。2023年,马世君老师完成全市首批网络思政名师工作室创建,在天津市高校辅导员思想政治教育"精彩一课"视频公开课大赛中获二等奖,在市教育两委"三全育人"

优秀工作案例评选获奖;学生代表队在全市高校国家安全知识竞赛决赛中获一等奖;4名学生在天津市高校大学生思想政治理论课公开课大赛中,分获"理论深度公开课"和"优秀奖";7名学生分获天津市高等学校"先进学生集体"和"先进个人"称号;刘殊合同学在天津市第七届学生"学宪法 讲宪法"演讲比赛中获高校组亚军、何一淋同学在知识竞赛中获高校组三等奖;赵恒毅同学在2023年书香天津·校园大学生"悦读之星"评选活动中获三等奖;霍冉同学参加2023年全国高校青年互联网人才技能大赛,获初赛(理论赛)一等奖,参加第三届全国大学生职业发展大赛获校级赛一等奖,参加第二届"应急科普华夏行"大学生公共卫生专题竞赛获一等奖;学生国旗护卫队获天津市学校国旗护卫队展演三等奖。完成2023年学生应征入伍工作,其中25名学生从学校应征入伍,62名学生从地方应征入伍。

撰稿:马世君

【招生与就业】 2023年,学院3个公安专业(治安管理、刑事科学技术、刑事侦查)和6个普通专业(信息安全技术应用、法律事务、法律文秘、安全保卫管理、社区管理与服务、公共事务管理)计划招生1600人。实际录取考生1600人,其中录取天津市春季高考(高职分类考试)学生486人,包括录取普通高中毕业生138人和中职毕业生348人;录取天津市秋季高考学生562人,包括录取天津市公安专业学生199人,天津市公安专业保送学生1人和天津市普通专业学生362人;录取外省市学生552人(含外省市公安专业保送学生2人),完成计划录取率100%。2023年,落实毕业生去向1252人,毕业生去向落实率80.88%;为55人次毕业生申请困难学生求职创业补贴;60名学生顺利通过高职升本。

撰稿:马世君

【在职民警训练】 2023年,学院坚持政治领训、依法施训、实战导训、科技兴训、从严治训,高质量开展公安机关人民警察训练工作。全年共举办各级各类民警培训班95期、培训民警10334人次,其中入警训练4期,培训民警880人;司晋督警衔晋升训练9期,培训民警1157人;专业训练70期,培训民警6542人次;发展训练12期,培训民警1755人次。为天津保安华宝护卫押运有限公司党员举办2期专题培训班,培训党员97人。

撰稿:张 崑

【社会服务】 2023年,面向社会完成43618人次保安员资格考试;面向泰平保安服务公司开展网上安保培训,组织54762人次上线学习视频课程;先后举办14期安保培训班,共计培训1154名学员;学院取得"保安员职业和保卫管理员职业的政府补贴职业培训机构"资格。

撰稿:时春海
审稿:袁佩兰

天津医学高等专科学校

【概况】 天津医学高等专科学校产权占地17.65万平方米(非学校产权独立使用占地29.61万平方米),产权建筑面积10.23万平方米(非学校产权独立使用建筑面积8.28万平方米),产权运动场地1.8万平方米(非学校产权独立使用运动场地0.52万平方米),产权绿化用地5.4万平方米(非学校产权绿化用地面积4.69万平方米)。学校有教职工573人,专任教师400人,其中高级职称教师162人、中级职称教师192人、初级职称教师34人。全校共有全日制在校生7777人,2023年共有毕业生3110人,就业率91.45%,专业对口率90.15%。

有医学护理学院、药学与生物技术学院、医学技术学院、卫生健康管理学院、体育与公共课部、基础医学部等10个教学与教辅机构,卫生职业教育发展研究中心和天津卫生健康技术研究院2个科研机构,5所附属医院和170余家校外实训基地。护理、药学、临床医学、口腔医学、康复治疗技术等26个专业及方向面向全国招生,建成护理、药学2个"双高"院校高水平专业群,获得国家级支持重点专业8个,市级重点支持专业5个。

有国家级教学成果二等奖5项,市级教学成果特等奖2项、一等奖10项,获得全国职业院校技能大赛教学能力比赛一等奖9项,在全国1400所职业院校中名列前茅;学校教学资源丰硕,主持高职高专护理和药物制剂技术2项国家级专业教学资源库建设,建有国家级精品资源共享课9门、国家级在线精品课程9门、国家级课程思政示范课1门、建设在线课程496门,在智慧职教MOOC学院、中国大学MOOC、人卫慕课上线58门在线开放课程,覆盖全部专业的10万余个卫生与健康系列优质资源;学校师资力量雄厚,拥有2支国家级职业教育教师教学创新团队、1支全国高校黄大年式教师团队、6支市级教学团队(含2支天津市职业教育教师教学创新团队)、2名国务院政府特殊津贴专家、1名国家级教学名师、1名天津市"131人才工程"第一层次人选、4名天津市黄炎培职业教育奖获得者、4名天津市优秀教师、1名天津市劳动模范、1名天津市"五一劳动奖章"获得者。

学校学生在全国职业院校技能大赛中获一等奖10余项,多次在国家级创新创业大赛、国际发明设计大赛中获奖,多名学生事迹被中央电视台等媒体报道。

学校成为首批国家级示范性职业教育集团培育单位、全国卫生健康职业教育教学指导委员会副主任委员单位、首批全国急救教育试点学校、国家级护理专业技能型紧缺人才培养培训基地、全国首个医师资格实践技能考试与考官培训基地、全国执业医师实践技能考核基地、中华医学会医学教育分会高职高专学组组长单位、京津冀卫生职业教育协同发展联盟理事长单位、天津市卫生职业教育中心、天津市全科医学教育培训中心、天津市继续医学教育培训中心、天津市基层综合医疗质量控制中心、天津市家庭医生团队能力建设质量控制中心、天津市毕业后医学教育质量控制专家组全科组组长单位。

撰稿:张 全

【教育经费收入与支出】 2023年,学校教育经费总收入25367.39万元,比上年增加2424.56万元,增长9.56%。其中财政基本补助收入10182.00万元、专项补助收入8790.49万元、学费收入4700万元、非财政补助收入1570.63万元、其他收入124.27万元。全年教育经费总支出24326.35万元,比上年增加3801.73万元,增长15.63%。其中人员支出11124.49万元、日常公用4411.38支出万元、专项支出8790.48万元。

撰稿:刘琳琳

【党建工作】 扎实推进学习贯彻习近平新时代中国特色社会主义思想主题教育,研究制定实施方案,形成正反面典型案例2个,建立成果转化运用清单6套,完成调研成果转化为26项,解决问题23个,整改完成率100%。坚持强基固本,全面提升党建与组织工作质量。组织干部大讲堂3场,组织专题培训班5期,对入党申请人、发展对象、预备党员进行专题培训。严格党员发展的工作程序,全年共发展党员54人,完成率100%。严格落实"三会一课"纪实报告制度,全年开展党建督察2次。深化开展"党建领航"工程建设,组织申报国家级标杆院系1个、国家级样

板支部1个。坚持正风肃纪,推动全面从严治党向纵深发展。修订《学校全面从严治党主体责任考核办法》,以完善的制度督促各级党组织负责人知责明责履责。加强经常性纪律教育,利用学校微信公众号开展纪律教育,转发各种警示提醒40余次。加强对中层干部管理监督,对3名转岗的中层干部开展任前廉政谈话、对51名干部和支部书记开展集体廉政谈话。严把选人用人关,做好廉政意见回复,2023年共出具各类廉政意见回复6份、198人次。

撰稿:张 全

【教育教学】 深化"三全育人",增强思想政治教育针对性。积极开设习近平新时代中国特色社会主义思想1+X课程,建设完成生态文明、瘟疫与文明、医学人文大讲堂3门思政选修课,均在智慧职教MOOC学院和思政教育管理服务平台上线。持续推动新时代思政实践育人高质量发展,组织开展2023年"青春心向党,奋进新征程"新时代·实践行主题实践活动,1个团队获评市级先进集体标兵,4个团队获评市级先进集体。实践团获天津市暑期"三下乡"社会实践活动优秀团队称号,2名学生获天津市社会实践活动先进个人荣誉,学校获评天津市暑期"三下乡"社会实践活动先进单位。获批天津市高校思想政治工作精品项目1项,获评2022年度天津市学校"三全育人"优秀工作案例2项。获评国家级教学成果奖5项,主持市级教学成果奖8项。打造一流课程,获评市级职业教育一流核心课程(线下课程)4门,1门申报国家级。获批天津市级职业教育校企合作典型生产实践项目3项,1项申报国家级。加强优质教材建设,入选首批"十四五"国家规划教材7本,1本教材推荐申报2023年职业教育优质教材,取得突破性成绩。学生质量不断提升,获学生技能大赛国家级奖项4项。承办第二届全国职业技能大赛健康和社会照护、健康照护及美容3个国家级赛项,获铜奖1项、优胜奖2项。推进虚拟仿真实训基地建设,学校牵头申报的卫生职业教育示范性虚拟仿真实训基地通过国家级审核。师研生创、专创融合,获中国大学生创新大赛市赛金奖5项、银奖4项、铜奖9项,实现历史性突破。组织学生参加悦读之星活动,获市级三等奖1项。

撰稿:张 全

【科学研究】 深化科教融汇,助推科技成果转化。深化校企科技合作,与威高科技等企业联合组

建质谱应用技术重点实验室,建设新型研发创新平台。制定《天津医学高等专科学校教师科研评价实施办法》,激励教师将科技创新融入卫生健康、生物医药产业、融入行业、融入教学。建立机制,鼓励专业教师走进行业企业一线,并将一线新技术、新进展转化为教学内容,对行业企业实践研发成果及成果转化纳入教师科研绩效档案,将产学研项目评价纳入部门绩效。聚焦应用研究和成果转化,横向技术服务到款额800余万元,其中技术交易合同额300余万元,用技术服务企业高质量发展。深化产教融合,不断增强高质量发展新动能。牵头组建国家级市域产教融合联合体—生物医药联合体,推进产教融合、科教融汇。紧贴天津市优势和主导产业,对接产业转型升级和技术技能人才需求,护理、药学、口腔医学3个专业获评天津市职业教育首批产教融合专业。聚焦天津市生物医药产业发展对中药学专业技术技能人才新需求,申报中药学专业长学制贯通培养模式,助力天津市经济社会和中药产业发展高素质技术技能人才培养。深化校企协同育人,与天津天堰科技股份有限公司、慧医谷中医药科技(天津)股份有限公司、现代中药创新中心建设现代产业学院、企业实践教学中心、生产型产教融合实践基地,校企联动协同育人。

撰稿:张 全

【社会服务与培训】 深化社会服务,不断助推基层卫生高质量发展。继续发挥同类院校服务的引领作用,获批天津市职业院校教师素质提高计划国家级培训项目4项,承接甘肃省职业院校教师素质提高计划项目1项。持续推进职业院校卫生健康协作体建设,联合25所职业院校共同完成开展第二期全国农村卫生人员培训和首期全国乡镇卫生院院长培训。高度重视家医团队的培养和基层医疗机构的建设,获2021至2022年度全国家庭医生岗位练兵暨风采展示活动优秀组织奖,获第十届海峡两岸全科医学大会全科医学与基层卫生科研创新二等奖。牵头开展天津市家庭医生签约服务工作调研、立法宣贯、完善机制、规范履约、绩效导向、信息化建设。全年组织完成培训项目49个,75274学时,参训人数达123534人,共计194201人天。牵头成立京津冀学校急救教育试点共同体,开发全国急救教育系列标准。开发《现场急救》线上课程,上线智慧职教MOOC平台,选课学生覆盖全国15所院校、5000余人。牵头推进卫生健康职业教育国家标准体系建设,完成第

一批医药卫生大类53个专业简介和24个教学标准修(制)订工作,第二批医药卫生大类高职专科3个专业教学标准修订工作,全部通过教育部评审。牵头组织开展高职专科临床医学、护理专业认证研究,形成高职专科临床医学、护理专业评估指标体系,并以试认证的形式完成2所院校的实证研究。创新举办首届全科师生教学案例大赛,4名全科选手参加中国毕业后医学教育省际联盟第三届住培大赛获全国第二名。获批职业技能等级认定社会培训评价组织,备案4个职业,形成职业技能认定工种需求调研报告1份,助力提升天津市健康服务类技能型劳动人才发展和水平。

撰稿:张 全

【师资队伍建设】 强化师德师风建设,将师德师风作为考核、晋升、评优、人才选拔等首要条件。加强专任教师引进力度,通过公开招聘补充14名专任教师,通过高层次人才引进计划引进3名专任教师。持续加强高层次人才培养,1名教师获天津市教委推荐教育部新时代职业学校名师(名匠)名校长培养计划。完成学校“双师型”教师认定实施方案、标准与细则制定,认定“双师型”教师425人。完成首批国家教师教学创新团队验收,护理专业获评“优秀”等级。立项天津市医学营养专业教师教学创新团队。

撰稿:张 全

【学生工作】 1个团队获评市级先进集体标兵,4个团队获评市级先进集体;评选优秀毕业生141人,组织392名学生参加2022年大学生无偿献血活动,评选文明宿舍167间;组织开展2023年“十佳大学生”评选和“校长助理”换届改选;举办第38期、39期入党积极分子培训班,620名学生参加培训。全年召开学校就业工作推动会2次、各院系就业工作例会20次;面向各学院、各系举办简历制作与模拟招聘大赛、大学生职业规划大赛市赛推荐赛等活动,各类活动累计参与8210人次;继续组织开展“访企拓岗促就业”活动,共走访用人单位100家;为2024届毕业生411人发放求职创业补贴;2个案例入选《2023年天津市高校毕业生就业观教育工作典型案例集》。2023年度减免学费88人;全年共设立勤工助学岗位74个,发放勤工助学补贴12.25万元;全年为在校家庭经济困难学生发放国家助学金2936人次,金额总计484.44万元;全年发放优秀学生奖学金、困难生奖

学金、单项奖学金1632人，共计68.15万元；为45名应征入伍服兵役学生发放学费补偿贷款代偿共计58.3万元，为51名退役士兵学生办理减免学费共计28.15万元，发放退役士兵助学金112人次。组织辅导员面向全体学生开展一对一谈话24000人次；邀请安定医院专家入校为学生进行心理咨询服务共计98人次，开展危机干预18次。2023年共有125名学生报名征兵体检，通过网上报名、体格检查、政治考核、量化定兵等环节，全年总计应征入伍23人。

撰稿：张　全

【校园综合建设】　筑牢安全防线，积极推进平安校园建设。依据校园安全新形势，更新各类安全责任书内容，组织全校教职工层层签订。分领域、分层级共开展安全隐患排查整治12次，发现问题63条，通过加装应急灯、更换防火门、加装烟感报警器等方式消除消防隐患。在国家安全教育日等时间节点，通过展板展示、邀请属地公安、交警及银行专家现场宣传讲解、横幅签名等形式，开展宣传教育，强化消防责任意识，培养良好安全习惯。完成中控室改造提升项目并投入使用，搭建集视频监控、消防、用电、燃气为一体的综合管理平台，为应急处置提供有力技术保障。深化警校合作模式，发挥校园警务室实效。聚力落实保障，提升校园管理与服务整体效能。积极维护学校权益，向天津市地下铁道集团有限公司追要土地补偿款112.3万元。完成校园商业街建设并投入使用，打造统一有序管理的校园生活区域。建设新能源汽车充电桩，满足电车充电需求。完成学校所有连廊甬道的修复及所有破损柏油路面的修复，完善校园基础设施建设。加强食品检查，确保饮食安全。组织开展近90个项目6000多万仪器设备招标等相关工作，通过项目造价，为学校节约52.93万元。完成26家校外教学基地共计1400余件资产盘点等相关工作，推进资产规范化管理。着力强化危险化学品管理。明确责任分工、落实管理责任、完善制度、优化措施。图书馆一楼阅览大厅增加自习座位160个、畅销书5000余册、期刊190余种，形成集期刊阅览和读书自习于一体的全新空间。对困难职工进行全面摸排、建档，定期帮扶病困职工。为5名重病职工办理救助保障，申报市总工会大病救助等17万元。推动数据治理与数据治校，全面做好网络安全监测与防护。2023年共监测发现46万余次攻击事件，封禁可疑IP地址3672个，有效阻断各类外部攻击事件。完成全校公共教室的信息化设备改造，实现对教室所有信息化设备的远程管控，进一步提升对课堂教学的科学评测。升级改造大机房，学校信息化教学与考核基地提供821个机位供学生使用，全年提供教学、考核、培训累计10万人次。依托教育部智慧大脑数据中台要求，同步推动学校数据中心建设，教务系统、学工系统、第二课堂、一卡通系统、人事系统等12个业务系统实现已有系统数据的同步更新。作为第一批智慧大脑数据中台建设院校，学校数据报送率达到100%。不断拓展学生的信息化能力水平，2名学生获天津市职业院校技能大赛人机协同技术应用赛项二等奖。

撰稿：张　全

【国际化建设】　邀请马里共和国驻华大使迪迪埃·达科一行来校进行交流访问，高质量推动马里鲁班工坊建设。加强与泰国那黎宣大学多方面合作，推动学校护理专业毕业生赴泰国升学。学校与突尼斯莫娜斯蒂尔大学签署合作备忘录，颁发中医技术课程在当地应用的认证证书，线上为莫纳斯蒂尔大学学生开展64学时中医基础培训。学校与马来西亚Click2Health学院签署合作备忘录，线下为7名学生开展56学时中医技术培训。学校与印度尼西亚阿迪布阿纳大学签署合作备忘录，推进医专"中文+技能"培训中心建设，开设医疗护理类选修课，与外方院校进行学分互认，联合培养学生，实现中国职教标准的对外共享。

撰稿：张　全

【校际交流与技能竞赛】　5月19日，学校参加高水平学校与专业群建设研讨会暨全国高等职业学校校长联席会议成立20周年活动，展示学校10个任务和2个专业群、产教融合校企合作、技术研发、虚拟仿真项目等建设成果，教育部职业教育成人教育司副司长林宇参观学校展区。8月17日，学校召开中非欧中医药发展论坛暨"中医药鲁班工坊合作共同体"成立大会，联合天津市红星职业中等专业学校、英国国家学历学位评估认证中心成立"中医药鲁班工坊合作共同体"。9月19日，学校承办中华人民共和国第二届职业技能大赛健康和社会照护、健康照护及美容3个国家级赛项，获铜奖1项、优胜奖2项。11月7日，学校组织开展第二十一届大学生技能节决赛，本届技能节以急救教育为主题，旨在提高学生健康素养，提升校园应急救护能力。

撰稿：张　全
审稿：王德银

天津海运职业学院

【概况】 天津海运职业学院坐落于海河教育园区,隶属于天津市教育委员会,是天津市唯一一所航海类高等职业院校,是教育部和天津市政府共建的滨海新区航海运输技能型紧缺人才培养基地、国际海事组织认可、国家海事局批准的船员教育与培训机构,是华北地区规模最大、功能最完备的海船船员学历教育和培训基地。学院获批教育部第一批职业院校数字校园建设试点学校、天津市高等学校智慧教育示范校,是天津市职业教育创优赋能高水平高职院校和高水平专业群建设单位。

学院占地40.9万平方米,建筑面积18.7万平方米;在籍学生10263人,教职工478人,其中高级职称169人,中级职称172人,教师"双师"比例达87%,固定资产原值96867.53万元。学院下设航海技术系、海洋装备系、航运经济系、邮轮旅游系、信息工程系、工程技术系、基础教学部(体育部)、思政教学部8个教学部门,建有水上教学中心、全仿真船舶操纵模拟等百余个校内实训室,在建智慧港口及智能船舶综合实训中心,与国内外知名企业共建近150个实训基地。学生就业率保持在95%以上,连续2年获评"天津市就业工作先进单位"。

学院立足国家战略布局、天津市经济社会发展,多元联动"六精"卓越人才培养模式,围绕服务国家海洋强国战略、"一带一路"倡议和"京津冀协同发展"战略、区域经济发展赋能"十项行动",建有航海技术、船舶与海洋工程装备、数智港航经济、邮轮旅游、现代信息技术、特种设备6个特色化专业群32个专业。其中国际邮轮乘务管理专业被教育部等五部委确定为全国职业院校交通运输大类示范专业;国际邮轮乘务管理、航海技术和轮机工程技术专业被教育部确定为高等职业教育创新发展计划骨干专业;航海技术专业群和邮轮旅游专业群入选天津市高水平专业群立项建设。

2023年,学院获国家级教学成果奖二等奖等11个国家级奖项;获批天津市职业教育专业教学资源库等现代职业教育体系建设改革重点任务20个市级项目;首次成功承办全国职业院校技能大赛(高职组)船舶航行安全管理技术赛项和"船舶小匠杯"职业院校行业技能大赛邮轮运营服务赛项等10个赛项赛事,获2023年全国职业院校技能大赛(高职组)一等奖1个,2023年"船舶小匠杯"职业院校行业技能大赛邮轮运营服务赛项一等奖,天津市职业院校技能大赛(高职组)一等奖,第四届海河工匠杯一等奖,天津市大中小学"故事思政"微课大赛特等奖等众多奖项,2个团队获批天津市职业教育教师创新团队立项建设。师生获局级及以上各类专业技能竞赛奖项610人次。学院多项重点工作受到新华社、新华网、央广网、《中国教育报》《天津日报》《天津教育报》等媒体关注报道。

撰稿:曹 青 苏桂娟

【教育经费收入与支出】 2023年,学院教育经费总收入27751.09万元,比上年减少5567.05万元,下降16.71%。其中财政补助收入19558.76万元、行政事业性收费收入8003.65万元、其他收入188.68万元。全年教育经费总支出33514.15万元,比上年减少65.03万元,下降0.19%。其中公用经费支出7894.74万元、人员经费支出13809.55万元、其他支出11809.86万元。年末,学院资产总额100820.93万元,比上年增加1753.71万元,增长1.77%;净资产99944.42万元,比上年增加1430.52万元,增长1.45%。

撰稿:马艳宏

【教育教学】 2023年,学院坚持立德树人根本任务,深化"三全育人"工作,1个案例获评天津市学校"三全育人"优秀工作案例。深化准军事化管理内涵建设,成立学院退役军人服务站、退役大学生士兵"雷锋班",132名学生应征入伍。夯实教育教学五育并举,积极构建一体多翼"大思政"育人格局,获批天津市第二批网络思政名师工作室(培育)项目,建设课程思政示范中心课程8门,立项思政示范项目8个、一般项目12个。学院和津南区教育局联合举办"赓续抗美援朝精神 谱写民族复兴伟业"大中小学思政一体化共建活动。实行"体育选项课教学",共建美育实践课程工作室,2门劳动教育示范课获评市级立项,与国家超算中心等多家企业合作共同开发7门数智类通识课程,开展16个1+X证书试点工作。积极建设专业教学资源库,在有8个资源库的基础上新增2个省级专业教学资源库,推进3个国家级标准资源库建设,开发2个鲁班工坊双语专业教学资源库。院级在线精品课程21门,智慧职教MOOC平台累计上线开课31门,在校学生和社会人员累计选课78714人次。2023年,学院教育教学标志性成果丰硕,以"创优赋能"建设项目建设为指引,学院获国家级教学成果奖二等奖1个,教学能力比赛国赛二等奖2个、三等奖1个,职业院校技能大赛国赛一等奖1个、三等奖2个,交通运输部中国海员大比武专项第三名1个,"十四五"职业教育国家规划教材3部。

撰稿:曹青 苏桂娟

【科技研究和社会服务】 2023年,学院完善评价体系和激励机制,举办"海运智慧讲堂"系列培训、科研项目线上培训,修订科研制度8项,组织校级立项自然科学项目8项,教改项目15项;申报纵向课题25个,省部级以上课题10余项,发表论文66篇,获批知识产权52项,签订横向课题近40项;发表学术论文80篇。促进院地协同产学研深度融合,召开航海教育产教融合对话会、邮轮旅游业产教融合助力海洋强国建设交流会,签订京津冀协同发展水上运输类专业校际战略合作协议。持续建设航海职业教育研究所、海洋工程装备工程创新中心、智能焊接应用技术转移中心、数字化特种设备教学和创研中心、AI+船舶技术创新服务平台,推进高质量科技成果转化。在稳步推进特种设备产业学院、中船国际邮轮产业学院、数智港航经济产业学院、信创产业学院建设基础上,新建国际物流与供应链产业学院,申报全国智能感知与能源装备行业产教融合共同体。积极服务"港产城融合",在有合作企业214家的基础上,拓展22家企业签订协议开展合作,开展"智慧港口"育才订单培养。学院发挥办学特色和资源优势,贯彻实施学历教育与培训并举的法定职责,开设培训48项,累计开展职业技能培训30342人次,年度培训收入到账1643.35万元。

撰稿:李明 马志超 苏桂娟

【国际交流与合作】 学院与乌兹别克斯坦塔什干国立交通大学、乌兹别克斯坦中国企业商会共同签署乌兹别克斯坦鲁班工坊建设合作协议,顺利完成一期建设任务。开展乌兹别克斯坦百名跨境电商人才培养,完成首期跨境电商理论课程的授课,为"一带一路"高质量建设发展提供人才支撑。实施"联合办学工程",与美国密苏里州立大学签订《联合培养合作协议》,举办酒店管理专业联合培养项目。实施"留学引育工程",优化已有项目的深层次交流与合作,进一步推进中国天津海运马来西亚国际学院建设。实施"文化融通工程",拓宽留学生教育培养模式,2023年,招生学历教育留学生10人,4名留学生升入天津财经大学本科专业。开展"中国结、中国风"校园文化活动丰富留学生第二课堂,承办语和中心汉语桥线上团组项目,积极推进"中文工坊"建设,培养知华友华爱华使者。学院获 Education Plus2023职业教育对外交流与合作典型院校奖,获评"共建'一带一路'职业教育合作成果"优秀案例,乌兹别克斯坦鲁班工坊入选"2023年中国——中亚"十大新闻。

撰稿:耿春梅

【学术交流】 2023年3月31日,举办"职业教育教材教法研究基地 助力职业院校数字化升级"研讨会,来自华北地区16所院校的近百名校长、教务处长、教师共同学习党的二十大精神和新职教法对职业学校提升办学质量尤其是教材工作方面的新要求,交流新形态融媒体数字化教材建设工作经验。8月8日,由中国交通教育研究会职业教育分会和全国航海职业教育集团主办、学院承办的航海教育产教融合对话会在校内举行,15家企业、31所院校、5个科研院所共百余人现场参会。期间,举行京津冀水上运输类专业协同发展校际战略合作签约仪式与大连海事大学出版社向天津海运职业学院捐赠图书仪式。12月1日,由中国高等院校邮轮人才培养联盟主办、学院承办的中国高等院校邮轮人才培养联盟工作年会暨邮轮旅游业产教融合助力海洋强国建设交流会在院召开。

撰稿:苏桂娟
审稿:吴宗保

天津电子信息职业技术学院

【概况】 天津电子信息职业技术学院坐落于天津市海河教育园雅深路4号,占地49.8万平方米,校舍建筑面积18.8万平方米。固定资产11.71亿元,图书馆藏书91万余册。有全日制在校生近11000人,教职工491人,专任教师390人,其中高级职称132人。2023届毕业生4238人,毕业去向落实率94.95%。

学校是国家示范性高职院校建设单位,为国家级优质高职院校,入选"中国特色高水平高职学校和专业建设计划"A档高水平专业群首批建设单位,是计算机应用与软件技术国家级技能型紧缺人才培训基地、信息技术国家级"双师型"教师培养培训基地、天津市滨海新区技能型紧缺人才培养基地、天津市首批高职院校与普通高校联合培养人才试点单位、天津市高技能人才培训基地等。

学校设有电子与通信技术、机电技术、经济与管理、计算机与软件技术、数字艺术共5个系,2个教学部,共35个专业。学校拥有国家"双高计划"高水平专业群专业4个、国家示范校建设重点专业4个、教育部提升专业服务产业能力专业2个、教育部首批现代学徒制专业3个、国家级优质校骨干专业5个。专业分布覆盖人工智能技术与应用、云计算与大数据运用、5G通信与物联网技术、智能制造、数字创意设计、现代智能管理服务等多个重点产业领域,形成"数字赋能、快速迭代、跨界融合、自立自强"为主要特征的"津电模式"。

学校扎实推进"一体两翼五重点"重大建设改革任务。获评2023年天津市职业教育优质教材推荐国家评审2本,天津市一流核心课程3门(线下课程),天津市具有较高国际化水平的职业学校1个,具有国际影响力的职业教育资源1项,具有国际影响力的职业教育装备1项,人工智能开放性产教融合实践中心1项,入选数量位于全市高职院校前列。

积极落实"天津方案",与天津大学合作共建人工智能产业学院,构建"现场工程师+卓越工程师"梯度培养体系,完成人工智能产业学院首届招生74人。依托信创产教联盟合作基础,主动服务天津滨海高新技术产业开发区,积极与麒麟、飞腾、曙光等行业头部企业对接,联合67家企业、8家科研机构、12家行业组织成立天津信创市域产教联合体,组织申报并成功入选教育部国家首批市域产教联合体名单。参与全国信息技术应用创新行业产教融合共同体、全国通用人工智能行业产教融合共同体等近30个各类共同体建设。服务天津打造产教城融合互动新格局,"揭榜挂帅"推动政、行、企、校、研共建产教融合供需信息数据集合和开放共享的应用服务平台,搭建服务产教融合各方主体精准匹配、精准对接、精准决策的一体化智慧职教平台。

撰稿:吴 娟

【教育经费收入与支出】 2023年,学校教育经费总收入30639.42万元,比上年增加5154.77万元,增长20.23%。其中财政拨款收入23116.16万元、事业收入6379.15万元、其他收入1144.11万元。全年教育经费总支出30458.94万元,比上年增加2388.27万元,增长8.51%。其中人员经费17071.56万元、公用经费6344.10万元、项目支出7043.28万元。

撰稿:张维君

【教育教学】 9月1日,学校软件技术专业群教师团队入选教育部第三批"全国高校黄大年式教师团队"。学校教师入选国家级名师名匠培养对象、获全国黄炎培杰出教师奖。获国家级教学成果奖特等奖1项、一等奖1项、二等奖3项。技能竞赛和双创竞赛成果突出,全国第二届职业技能大赛中获金牌2枚、银牌3枚、铜牌2枚及优胜奖6项,11人获"天津市技术能手"称号,共完成9个赛项的保障工作。组织师生参加全国及市职业院校技能大赛,共取得11个国赛项目的参赛资格,在全国职业院校技能大赛中获一等奖1项、二等奖3项、三等奖5项。在中国国际大学生创新大赛、"挑战杯"全国大学生课外学术科技作品竞赛、天开杯创聚津门挑战赛等各级各类创新创业竞赛中,累计参赛学生超4000人次,获国家级奖项10个、省部级双创大赛奖项51个,其中在中国国际大学生创新大赛中获1金1银1铜的成绩,总成绩位列天津市第一名。竞技体育持续领跑,省部级以上赛事获奖42项,其中国家级13项,夺得冠军14项、一等奖1项、二等奖2项。承办国家级体育赛事1项、省部级体育赛事1项,累计服务1956名运动员参赛。

撰稿:吴 娟

【科技研究和社会服务】 学校共立项纵向课题和横向课题103项,横向技术服务和培训等社会服务收入达1904万余元,技术合同登记额位列天津职业院校第一。授权国家专利、软件著作权等知识产权25项。教师公开发表论文53篇。其中立项教育部人文社科规划项目1项,获10万元资助。开展中泰合作院校专业合作与交流活动,持续推进汉语类课程资源建设,不断提升国际化人才培养质量。推进俄罗斯鲁班工坊工作,召开"一带一路"背景下中俄教育交流合作与深化"鲁班工坊"建设研讨会,开展俄罗斯鲁班工坊第五期师资培训,依托鲁班工坊建设,建成5G移动通信技术职业教育教学资源库。立足信创产业发展大局,结合学院专业布局以及电子信息类专业优势,持续推进京津冀协同发展工作。落实乡村振兴战略,打造田家峪村白草洼战斗遗址红色步行街、法治平安村建设以及东窝铺村党群服务中心维修升级等工作。推进与雄安新区安新县职教中心、河北省3所职业院校开展深度交流合作。不断提高社会服务能力,成功入选"职业院校服务全民终身学习"项目第二批实验校。

撰稿:焦鹏昊 吴 娟

【入选第一批市域产教联合体】　9月4日,教育部发布《关于第一批拟入围国家级市域产教联合体名单的公示》,根据《教育部办公厅关于开展市域产教联合体建设的通知》的有关要求,教育部组织开展国家级市域产教联合体遴选工作。经各地申报、专家评审、部内复核,首批拟择优确定28家国家级市域产教联合体。由天津大学、天津电子信息职业技术学院牵头的天津滨海高新技术产业开发区信创产教联合体成功入选,该联合体以天津滨海高新技术产业开发区为依托,麒麟软件有限公司为牵头企业。9月28日,教育部办公厅公布28家第一批市域产教联合体名单。学校作为牵头校的天津滨海高新技术产业开发区信创产教联合体入选。

撰稿:吴　娟

审稿:杨　帆

天津城市建设管理职业技术学院

【概况】　天津城市建设管理职业技术学院是经天津市人民政府批准、教育部备案、面向全国招生的公办全日制高等职业院校。学院隶属于天津能源投资集团有限公司。学院为"一主三辅"办学格局,分主校区和西青、河北、南开校区,主校区坐落于天津市北辰区光荣道2688号,占地11.67万平方米,建筑面积9.72万平方米,在校生9102人,教职工245人;西青校区位于天津市西青区东清莹道2号,占地1.42万平方米,建筑面积1.01万平方米;河北校区位于天津市河北区启东道1号,占地0.72万平方米,建筑面积0.47万平方米;南开校区于天津市南开区五马路27号,占地0.33万平方米,建筑0.43万平方米。

学院紧紧依托能源行业办学,服务能源集团所属企业技术创新,提升企业对学院的依存度,与能源集团所属企业深化产教融合,积极构建校企命运共同体,成为能源产业领域校企合作深度融合的职业教育先行者。学院设有建筑工程学院、信息管理学院、能源机电学院、应用艺术学院4个二级学院,建设绿色建筑、城市智能管理、智慧能源、应用艺术4大专业群,共开设29个专业,其中焊接技术及自动化专业是教育部现代学徒制试点专业,城市热能应用技术、建筑工程技术专业是天津市优质骨干专业,工程造价、建筑装饰工程技术专业是天津市骨干专业。学院严格落实职业院校专业实训教学条件建设标准,校内拥有焊接机器人、航测与遥感、太阳能清洁能源等各级各类实训室68个(设备总台套数6058件),校

外实习实训基地100余个,功能涵盖29个专业的实践课程教学和外部培训服务;城建学院积极响应贯彻国家"双碳"发展战略,以智慧低碳管控系统建设为中心,以信息物理系统(CPS)为技术基础,建设统一规范的实训安全管理信息化系统,打造智慧型低碳校园。

学院是天津市职业教育创优赋能高水平高职学校和智慧能源、城市智能管理高水平专业群建设单位。学院是国家现代学徒制试点院校、教育部职业教育信息化标杆学校建设单位、教育部国防教育特色校、天津市高校"三全育人"综合改革试点实效奖单位、天津市"文明校园"先进学校、天津市大学生思想政治教育新媒体示范校。2023年,学院党委充分发挥发挥塔吉克斯坦鲁班工坊(下文简称"塔工坊")中亚鲁班工坊"旗舰店"引领和"塔中职业教育培训中心"平台作用,成功举办"首届中塔职业教育论坛",联合中塔三校签署共建鲁班工坊联合培养合作协议,联合在塔中企签署产教协同育人联盟战略合作框架协议,高质量高标准推进"塔工坊"运营发展,"塔工坊"建设项目入选天津市干部教育培训"三百"工程案例,学院党委主要负责同志被塔吉克斯坦教育和科学部授予"塔中文化教育交流特别贡献奖"。学院青年教师获"全国五一巾帼标兵""天津市职业教育先进个人"荣誉。

撰稿:高博闻

【教育经费收入与支出】　2023年,学院教育经费总收入16888.79万元,比上年增加1709.81万元,增长11.26%。其中一般公共预算财政拨款收入11788.68万元、事业收入4151.37万元、经营收入120.23万元、其他收入62.16万元、使用上年结余结转资金766.35万元。全年教育经费总支出16065.60万元,比上年增加1135.13万元,增长7.6%。其中工资福利支出8911.07万元、商品和服务支出4987.49万元、对个人和家庭的补助支出1165.24万元、其他资本性支出1001.80万元。

撰稿:刘　蕊

【教育教学】　学院紧跟国家战略和京津冀产业发展需求,紧密对接天津市"1+3+4"现代工业产业体系和现代服务业,按照产业吻合度高、资源整合共享度高、人才培养产出度高的标准,动态调整专业构成,动态升级专业内涵,动态优化评价机制。2023年成功申报工业互联网技术、数字媒体技术专业。29

个招生专业(含3个三二分段专业)涵盖能源动力与材料、土木建筑、装备制造、电子与信息、文化艺术等九个高职专业大类；成功申报教育部现代职业教育体系建设改革重点任务，获批教育部职业教育专业教学资源库建设2个、天津市职业教育具有较高国际化水平的职业学校、天津市职业教育校企合作典型生产实践项目、天津市职业教育一流核心课程(线下课程)2门、天津市职业教育具有国际影响力的职业教育资源等项目；城市热能应用技术专业获批天津市职业教育教师创新团队立项建设团队；积极探索"学分银行"建设，有序开展学历证书和职业技能等级证书所体现的学习成果认定、积累和转换；积极推进"1+X"证书制度试点项目建设，完成13个职业技能等级证书试点申报工作，覆盖14个专业，完成教师54人次培训，试点学生培训率100%、考证通过率94.98%。城建学院积极承办各级各类职业技能大赛，承办2022年和2023年天津市职业院校技能大赛"风光互补发电系统安装与调试"等8个赛项，承办第六届全国数字创意教学技能大赛(高职赛道)天津赛区竞赛；组织教师和学生参加各类大赛并取得优异成绩，教师参加各类大赛获省市级以上奖项89人次，其中获国家级三等奖1人次，获省市级特等奖6人次、一等奖40人次、二等奖13人次、三等奖29人次；学生参加各类技能大赛获省市级以上奖项134人次，其中获国家级一等奖4人次、二等奖7人次、三等奖4人次，获省市级一等奖19人次、二等奖37人次、三等奖63人次。其中学院参加2023"'一带一路'暨'金砖国家'技能发展与技术创新大赛"，在花艺虚拟仿真、园艺施工虚拟仿真、园林景观设计虚拟仿真、工业4.0 4个赛项中，获2项一等奖、2项二等奖、1项三等奖和2项优秀奖，教师4人次获"优秀指导教师"奖，学院两度荣获"最佳组织奖"。参加2023年全国职业院校技能大赛，新型电力系统技术与应用赛项获全国二等奖、建筑装饰数字化施工师生同赛获全国三等奖。

撰稿：张晶莹

【科技研究和社会服务】 学院不断完善科研管理制度体系，拓展以科研项目为核心的培育模式，加强对科研项目的支持，完善科研管理制度，指明科研评价方向，为人才助力，为创新加速。2023年，获批立项各级各类科研项目25项，以第一署名单位发表北大核心期刊论文2篇，获批"十四五"国家级规划教材1部，获批实用新型专利1项、软件著作权2项；获

批市科技局、市教委认定的企业科技特派员4人；学院与企业签订技术咨询合同1项，与其他事业单位签订项目委托合同1项；学院教师参与制订行业协会标准1项；学院组织师生积极参加各类科普创新赛项，获天津市第八届科普微视频大赛二等奖1项；承办天津市第七届黄炎培职业教育创新创业大赛，获高职组一等奖1项、二等奖1项。加强与中国教育国际交流协会、天津市新能源协会、天津市高等职业教育研究会、天津中华职业教育社、鲁班工坊建设联盟等协会学会联盟组织的学术交流互动，多方助力教师提升科研水平。派出4名企业科技特派员，开展校企技术技能合作，推进科技成果转化，提升服务区域经济发展能力。

撰稿：赵敏慧

【塔吉克斯坦鲁班工坊建设】 2023年4月，应新华社、中央电视台、中国新闻社、《人民日报》等官方媒体之约，为客观准确定位"塔工坊"功能作用，积极服务国家外交大局，"塔工坊"建设工作专班赴塔开展工作，认真配合国内主流媒体做好采访报道，城建学院党委主要负责同志与塔吉克斯坦技术大学校长会谈，与中国驻塔吉克斯坦大使座谈，会见华人华侨联合会、中资企业商会、孔子学院和央企国企在塔负责人，拜会塔吉克斯坦教育和科学部第一副部长。深入贯彻落实中塔两国元首中国—中亚峰会"要密切人文交流，办好鲁班工坊"重要会晤共识，积极服务"一带一路"倡议，12月13日，在"塔工坊"运营一周年之际，以"深入推进鲁班工坊高质量运营，携手促进中塔职业教育共同发展"为主题，举办"首届中塔职业教育论坛"；联合天津城建大学、塔吉克斯坦技术大学签署共建鲁班工坊联合培养合作协议，依托鲁班工坊打通本硕贯通国际化合作新机制；联合10余家在塔中企签署产教协同育人联盟战略合作框架协议，面向在塔中资企业开展定向培养，对企业在职人员开展中、短期职业技能培训。"塔工坊"启运一年来，塔技术大学大地测量和制图学等5个测量相关专业，新能源等5个热能专业的本科生、研究生，共1300余名学生在工坊内接受理论学习和实操培训，较启运初受益学生人数增长近3倍。结合塔技术大学需求，开发《暖通空调技术》《GNSS定位测量技术》共120万字教材、2本实训手册和42个配套教学资源视频。2023年，"塔工坊"建设工作专班获得"天津市工人先锋号"、第三届"天津最美退役军人"等荣誉称号，城建学院党委主要负责同志受邀在鲁班工坊建

设联盟第二次成员大会鲁班工坊建设与发展研讨会平行论坛亚洲专场作主旨报告；5月11日、8月13日，《人民日报》03版分别以"聚焦中国—中亚峰会'推动构建更加紧密的中国—中亚命运共同体'""在塔吉克斯坦建成中亚地区首家鲁班工坊——弘扬工匠精神　架起民心相通桥梁（共建'一带一路'·第一现场）"为题，对学院携手塔技术大学共建鲁班工坊进行报道；"攻坚克难勇毅前行　擦亮鲁班工坊中国名片——塔吉克斯坦鲁班工坊建设的创新探索与实践"入选天津市干部教育培训"三百"工程案例。5月18日，《中华人民共和国和塔吉克斯坦共和国联合声明》发布："双方对在塔鲁班工坊工作表示满意"。

撰稿：吴海月
审稿：刘春光

天津滨海职业学院

【概况】　天津滨海职业学院坐落在天津滨海新区和天津自由贸易区的核心区，设有南、北两个院区，共占地66.67万平方米，建筑面积17.55万平方米，各级各类在校生8726人，其中全日制在校生8653人。学校有教职工328人，专任教师299人，其中高级职称的96人（正高5人、副高91人）。学校设有6个二级学院，共39个专业。学校有固定资产总值35736.9万元，其中教学仪器设备总值11864.51万元。图书馆纸质藏书694114万册。

2023年学校计划招生3341人，录取3341人，录取率100%，报到3168人，报到率94.82%。

学校党委把学习贯彻党的二十大精神作为首要政治任务，开展了党委理论中心组学习29次，二级中心组学习11次，教职工政治理论学习9次，开设"党的二十大""学而时习之"专栏，举办"党课开讲啦"微党课评选活动，将党的二十大精神融入了形势政策课，教育引导广大学生深刻领会和准确把握党的二十大精神。持续推进党建领航工程，获市教育系统"创最佳党日"优秀活动1项。完成6个基层支部整合及2个基层支部换届改选工作。强化意识形态阵地管理，建立校院联动"瞭望哨"，每季度开展意识形态工作研判，每月进行网络意识形态会商。2023年共有60余篇媒体宣传报道发布于"学习强国"学习平台、《天津日报》《天津教育报》、职教新标杆、津滨海等媒体。

2023年，学校持续加强干部队伍建设，公开推荐后备干部7人，提任科级正职8人、副职10人。修订

学校清廉校园建设考核标准，开展"廉洁润初心　铸魂担使命"廉洁教育系列活动，推荐5个廉洁教育成果参加全国巡展，1个廉洁教育成果获评市级三等奖。完成基层工会换届选举，学校基层工会调整为10个。

学校在2023年度天津市高等学校法制工作测评中，学校基础测评指标得分在高职院校中排名第五位，举办2场法治讲座。不断加强数字化校园基础能力建设，升级校园服务器群组，引入学校智能门禁系统，推进网上一站式服务平台建设。开展网络安全应急演练和网络安全培训，提高师生用网、治网、管网能力水平。

学校建立设施每日巡视巡查制度，提升维修响应速度，做好校园绿化、美化、净化、序化工作，建设绿色美丽校园，学校获天津市节水型高校称号。学校健全和完善维护国家安全工作机制，逐层逐级压实国家安全责任，分级分类落实管控措施，扎实筑牢国家安全人民防线。制定学校安全教育办法，压实安全生产工作责任，组织消防安全教育培训及疏散演练，开展常态化校园安全隐患排查整改。加强校园及周边治安综合治理，净化校园周边环境。

撰稿：王晓辉

【教学经费收入与支出】　2023年，学校教育经费总收入66642.92万元，比上年增加50925.59万元，增长324.01%。其中财政拨款61568.75万元、事业性收入4963.05万元、非同级财政补助收入90.82万元、其他收入20.30万元。全年教育经费总支出66661.48万元，比上年增加51465.72万元，增长338.68%。其中人员经费支出10177.11万元、个人及家庭支出1485.31万元、公用经费支出3616.31万元、新校区建设支出51382.75万元。

撰稿：王晓辉

【教学工作】　2023学校积极参与国家和区域重点项目实施，作为成员单位加入天津滨海新区高新技术产业开发区信创产教联合体、天津港保税区高端装备制造（海洋工程装备）产教联合体，作为理事单位加入天津东疆综合保税区数字经济产教联合体。与京东物流合作，新建京东智能供应链产业学院；与天津汽车模具有限公司合作申报的现场工程师联合培养项目获批"天津市第一批现场工程师专项培养计划"，立项校企合作典型生产实践项目2个。2023年新增智能建造技术专业，停招旅游管理、国际

商务、连锁经营与管理、商务日语4个专业,现代物流技术专业被评为天津市首批产教融合型专业。深入推进1+X证书试点工作,申报1+X证书20种,培训学生1017人次。2023年学校承办3个市级职业院校技能竞赛赛项和1个国家级职业院校技能竞赛赛项。天津市职业院校技能大赛中,学生代表队获全国二等奖1项、三等奖1项;获天津市一等奖14项、二等奖23项、三等奖44项。教师代表队获天津市二等奖2项、三等奖1项。建筑工程预算、采购与供应链管理2门课程获评天津市职业教育在线精品课程;开发云教材2本和新形态云教材7本,《外贸日语函电》《演讲与实训》2本教材获评"十四五职业教育国家规划教材";智能制造学院教学团队获批天津市职业教育教师创新团队;在2023年天津市职业院校技能大赛教学能力比赛中获二等奖2项;与新大陆教育集团、京东集团开展产业学院和开放型产教融合实训中心等建设,推进京津冀协同发展任务落实。

撰稿:王晓辉

【思政工作】 2023年学校深化"1358"大学生思想政治教育工作体系建设,推进学生思想政治教育五航工程、八项教育任务落实,培育"五节一星两赛"品牌特色项目。深入实施《"三全育人"典型学校创建方案》,1个案例获天津市学校"三全育人"优秀工作案例。牵头做好新区大中小学思政课一体化联盟工作,与泰达一小、泰达一中等10余所中小学完成大中小思政课共建签约。学校获批第二批"大思政课"综合改革示范校培育项目,"汇思享"思政工作室获批天津市首批网络思政名师工作室。市级思政课教师教学比武中,获二等奖1项,三等奖2项。在天津市大中小"故事思政"微课大赛中获一等奖1项。1个辅导员思政精品课题项目获批立项,举办辅导员成长训练营6期。

撰稿:王晓辉

【学生工作】 2023年学校落实学生资助政策,构建国家资助、学校奖助"双翼"资助模式。推进市级心理健康教育中心标准化建设,健全"校、院、班、舍"四级工作体系,与天津市滨海新区塘沽安定医院开展心理健康"校医结合"工作。2023年共征集35名优秀学生参军入伍,学校获天津市征兵工作先进单位称号。2023年学校组织线上线下双选会25场,提供2381个岗位,2023届毕业去向落实率为94.28%。1篇就业观案例入选2023年《天津市高校

毕业生就业观教育工作典型案例集》。第九届"互联网+"创新创业大赛中,获国赛铜奖1项;市赛金奖4项、银奖5项、铜奖4项,获2023年黄炎培职业教育创新创业大赛市赛二等奖1项。2023年学生代表队在全国啦啦操联赛(天津站)中获自选动作冠军;第25届中国大学生篮球三级联赛(东北赛区)中获女子组第六名;天津市大学生田径比赛中获2金2银1铜的成绩,学校获评2023年天津市大学生田径运动会先进集体(精神文明奖),在第九届市民运动会广播体操比赛中,获"三人赛"第三名,获天津市体育局颁发的"最佳组织奖"。学校大学生艺术团受邀参加2023于响汽车文化消费季启动仪式、天津市滨海新区第三届龙灯节等活动展演。培育市级劳动教育精品课程2门,获批天津市和滨海新区中小学劳动教育基地。在天津市中华经典诵读大赛中,获一等奖2项、二等奖1项、三等奖1项。在天津市"悦读之星"征文演讲比赛中,获三等奖1项。在全国高职高专院校信息素养大赛中,获国赛二等奖1项。在全国文献传递比赛中,获二等奖1项。

撰稿:王晓辉

【科研和社会服务】 2023年学校依托产业学院和专业群建设,持续推动BIM应用技术转移中心和技术创新服务中心平台建设,深入推进产学研一体化融合。全年共获批专利5项,编发《滨职科研》4期,遴选发布"云端学访"21期。增强继续教育服务能力,推进示范性继续教育基地和示范性职工培训基地建设,2023年共完成培训15899人次。金鑫老师获评天津市"百姓学习之星",数字创意学院"艺创研学基地"项目入选2023年天津市"终身学习品牌项目",商贸物流学院《发挥电商专业优势,助力乡村振兴》案例入选2023年教育系统助力乡村振兴典型案例。

撰稿:王晓辉

【师资队伍建设】 2023年学校健全师德师风考评制度,将师德规范纳入新教师岗前培训和在职教师全员培训必修内容。1名教师被授予"天津市职业教育先进个人"称号。制定《"双师型"教师认定实施细则(试行)》,并完成2023年"双师型"教师认定工作,共认定"双师型"教师142人。制定《产业导师特聘岗管理办法》,聘任10名产业导师。学校获批海河名师(名匠)团队培育项目、海河名师访学研修导师项目、滨海新区大师工坊各1个,建设3个教师企业

实践基地,125名教师参加企业顶岗实践。创新开展"研职有理"系列活动12期。

撰稿:王晓辉

【主题教育】 学校党委组织校院两级党组织开展主题教育活动,9月15日召开动员部署大会。学校领导班子以专题读书班以及4个专题的交流研讨为抓手,深入学习习近平总书记的重要讲话精神,班子成员查找问题32个,制定整改措施107条,5次召开专题会议推动落实。开展"四个走遍"活动,完成5篇调研报告。

撰稿:王晓辉

【新校区建设】 2023年2月7日学校成立新校区建设项目专班稳步推进新校区建设。6月28日,举行土方填垫项目开工仪式,目前土方填垫项目进入验收阶段,工程一标段完成招标。

撰稿:王晓辉
审稿:何晓铭

天津工程职业技术学院

【概况】 天津工程职业技术学院坐落于天津市滨海新区海滨街幸福路51号,由中国石油大港油田集团有限责任公司举办,机构序列为大港油田公司所属正处级二级单位,实行"一个机构、多块牌子"管理模式,集天津工程职业技术学院、大港油田培训中心、大港油田公司党委党校于一体。作为大港油田培训中心和党校,承担大港油田公司职工、党员教育培训和党建研究工作,面向石油石化行业及地方企事业单位开展经营管理、专业技术、操作技能、党建业务、国际化人才及其他综合类培训,是集员工培训、现场实践、技能评价、素质拓展为一体的综合性教育培训机构,同时承担社会考试和技能鉴定工作。

学院占地40.15万平方米,建筑面积13.06万平方米,其中教学科研用房6.83万平方米。固定资产总值16516万元,其中教学仪器设备总值4792万元。建有仿真实训室33个、数字终端1698台、网络多媒体教室55个、校外实习实训场所64个。图书馆藏书65万册,其中电子图书0.66万册。运动场面积6万平方米。学院有全日制高职在校生2703人,其中本院在籍学生27人,与天津石油职业技术学院合作办学学生2676人。

学院设有二级机构15个,其中机关部门5个、直属单位3个、基层单位7个,教学机构设教学一部、教学二部和基础教学部。有教职工183人,其中专业技术岗位85人,副高级以上职称91人。

2023年,按照主办单位实施职业教育改革要求,学院推进学历教育向职工培训转型发展,强化市场导向,坚持稳定重点培训市场和学历教育规模,充分盘活内部资源,建成行业和区域内唯一具备党建、廉洁、安全、心理、体测、国防六大平台,功能最全、培训种类最为丰富的培训中心。

深化校园安全管理,以健全完善QHSE体系运行为主线,抓实反违章、除隐患两大整治,完善考核激励、监督检查、双重预防三个机制,开展"四不两直"检查49次,整改安全隐患56项,整改落实率100%。修订基层干部安全生产责任清单和安全积分管理办法,对30名中层干部和150余名教职工进行安全履职能力评估。组织开展燃气管道等专项检查4次,外租外赁场所检查7次。完善应急体系,组织火灾突发事件应急疏散等3次应急预案演练,累计参加2100人次。开展"人人讲安全 个个会应急"校园安全文化创建活动,组织宣讲活动1场、"以案说法"活动12场、"风险我知道"宣传活动1场,开展安全消防知识培训3次,累计参加455人次。

撰稿:李敬春

【教育经费收入与支出】 2023年,学院教育经费总收入9995万元,比上年增加3604万元,增长56.39%。其中事业收入2014万元、经营收入6849万元、其他收入1132万元。全年教育经费总支出12485万元,比上年增加3109万元,增长33.16%。其中人员经费支出4822万元、专项公用支出3010万元、其他支出4653万元。

撰稿:黎 娜

【教育教学】 以教育教学、思政建设、心理健康、校园安全为重点,抓实班主任和学生干部两支队伍建设,坚持班主任例会制度,对班情学情进行分析,针对重点人群、重点对象开展谈心谈话,建立学生干部示范岗,及时纠正不规范行为,解决学生关心关注问题。有7名学生干部获国家奖学金、天津市政府奖学金,31名学生在当地的志愿者活动中受到表彰。针对入伍复员学生复学问题,成立复员学生综合班,有针对性组织教学。加强学生顶岗实习管理与安全教育,确保学生顶岗实习质量和安全。全年共完成高职学历教育43000学时,成人教育360学时。加强教学秩序督导,保证上课出勤率和基础教学资料规范。采取院系两级分层、线上线下结合模式,持续开展"青年马克思主义者培养工程"和学生骨干培训,发挥学生社团政治理论教育功能,组织《感动中国》《志愿军》《长津湖》等观影活动,开展"践行雷锋精神给你时代同行""我与国旗合个影"系列活动,组织学生志愿者服务油区第二届文化体育节,让学生在实践活动中收获知识锤炼品格。

撰稿:李敬春

【科技研究和社会服务】 学院加大向职工培训转型力度,发挥大港油田培训中心职能,坚持面向行业、辐射周边,全年为石油行业企业和滨海新区企业、社区举办培训1042个班次,培训学员48329人次。根据送培单位需求设计定制化培训方案,采取线上线下混合式培训解决工学矛盾。围绕企业重点需求开发储气库、新能源业务等项目,举办培训班297个,培训学员12376人。大力开拓域外培训市场,加大社会企业培训市场开发力度,新增昆仑燃气等外部培训单位30家,与10个企事业单位、院校建立战略合作关系,为天津团市委、天津大学、市总工会等社会单位举办培训71个班次,培训学员4538人。在社会培训中突出油区特色,全面展示"盐碱滩上干革命,小碎块里搞石油"的大港精神,开辟油田对外宣传的新窗口。发挥党校主阵地作用,打造党支部书记履职能力、"青马工程"等品牌项目,吸引17家石油企业委托开展相关培训,举办党建培训班243期,培训党员9902人次;组织党员红色教育117期3730人次,承办大港油田公司党支部书记轮训6期481人。完成市级科研课题6项,其中天津市高等职业技术教育研究会课题3项,天津职成教学会、天津职业院校联合学报课题3项,在联合学报发表论文5篇。

撰稿:李敬春

【党建工作】 坚持把政治建设始终摆在首位,落实学习贯彻习近平总书记重要指示批示精神和"第一议题"制度,组织党委理论中心组集中学习12次、三期共7天读书班、重点研讨5次、讲授专题党课10场次。扎实开展主题教育,围绕7个主题开展调查研究、正反面典型案例解剖式调研,发现改进问题24个、推动成果转化运用12个、落实推动发展举措3项、检视整改问题3个,解决师生急难愁盼民生问题

3项。以创新实践引领改革发展,开发蕴含石油精神的实践教学课程,与区域内中小学联合开展思政一体化活动,先后接待社会团体参观交流30次、累计接待中小学生近千人。组织党员干部创建公寓安全管理等党员责任区14个和党员示范岗、示范项目35个,成立党员突击队抗洪值守、抗击雨雪冰冻天气。坚持"大抓基层"导向,4个党支部规范完成换届。开展党支部创新实践和党建课题研究,形成"党建+培训创效"特色案例。落实党风廉政建设和反腐败工作领导小组、协调小组工作制度,专题研究相关工作4次,组织逐级签订责任书103人、开展谈心谈话120人次。

撰稿:李敬春
审稿:戴映湘

天津渤海职业技术学院

【概况】 天津渤海职业技术学院是经天津市政府批准设立,教育部备案的一所全日制公办高等职业院校,占地48.11万平方米,建筑总面积31万平方米。建校65年来,学院职业教育事业深受范旭东、侯德榜、李烛尘等近代实业家、科学家爱国精神的影响,为天津乃至全国化工行业的发展培养大批优秀技能人才,赢得"化工企业人才'黄埔军校'"美誉。

学院是国家优质校建设单位,是第一轮中国特色高水平高职学院和专业建设计划专业群建设单位,是天津市首批示范性高职院校、天津市首批世界先进水平高职院校项目建设单位。学院是首批在境外建成鲁班工坊的学院,是职业院校国际影响力50强学院,获批国家高技能人才培训基地、智慧化工开放型产教融合实践中心、石油和化工行业职业教育与培训全国示范性实训基地、全国职业教育信息化标杆校、国家级职业教育示范性虚拟仿真实训基地培育项目。2023年,学院牵头成立全国绿色石化行业产教融合共同体,成为首批国家市域产教联合体成员单位。获评2023年度天津市职业教育创优赋能建设项目首批建设单位名单。获批4个天津市级教学资源库,2个已经列入教育部培育项目。学院被天津市人社局确定为天津市数字技术工程师培育项目第二批培训机构,并推荐入选人社部数字技术工程师培育项目第二批培训机构,获5个方向的项目培训资质。

学院拥有中央财政支持特色专业2个、国际化专业4个、国家级和市级教改示范专业各1个。此外,

学院有5个骨干专业、4个生产性实训基地、1个"双师型"教师培养培训基地。学院设有7个二级学院和3个教学部，在校生12792人，有校企联合本科专业2个、高职专业46个，2023年就业去向落实率达到95%以上。

学院获评2023职业教育对外交流与合作最佳实践院校。1个网络思政名师工作室获评优秀。1个案例入选中国职业技术教育学会党委书记抓党建优秀案例，1个廉洁教育案例获教育部优秀案例奖，2个案例获评天津市"三全育人"优秀案例，1个案例入选中国职业技术教育学会党建工作委员会典型案例。学院教师获全国职业院校教师教学能力大赛二等奖1项，获天津市职业院校技能大赛教学能力比赛一等奖1项、二等奖1项。学院学生获第二届全国技能大赛银牌1项、铜牌1项、优胜奖3项。获2023年全国职业院校技能大赛团体一等奖1项、二等奖1项、三等奖4项。获2022—2023"一带一路"暨金砖国家技能发展与技术创新大赛个人二等奖1项、个人优胜奖1项、团体一等奖、二等奖、三等奖、优秀奖各1项。获2022年天津市职业院校技能大赛暨2023年全国职业院校技能大赛天津选拔赛一等奖13项、二等奖27项、三等奖45项。

撰稿：白文颖

【教育经费收入与支出】 2023年，学院教育经费总收入27840.49万元，比上年增加3973.54万元，增长16.65%。其中财政拨款收入18514.55万元（基本经费15539.71万元，项目经费2974.84万元）、行政事业性收入6567.86万元、经营收入275.16万元、自筹收入和其他各项收入2482.92万元。全年教育经费总支出27686.35万元，比上年增加3392.25万元，增长13.96%。其中人员经费支出15214.72万元（工资福利支出14449.32万元，对个人及家庭的补助支出2251.41万元）；公用经费支出7199.33万元（商品服务支出5675.39万元，资本性支出1498.94万元，其他支出25万元）；项目支出5161.06万元；经营支出111.24万元。

撰稿：白文颖

【教育教学】 学院拥有中央财政支持特色专业2个、国际化专业4个、国家级和市级教改示范专业各1个，有5个骨干专业，1个"双师型"教师培养培训基地。学院建有全国同类院校一流、天津市高职院校规模最大的石化和化工仪表实训基地。学院与行业企业共建156个校外实训基地，为中央财政支持的职业教育实训基地建设项目。"绿色生态化工虚拟仿真实训基地"获批教育部国家级职业教育示范性虚拟仿真实训基地培育项目。学院是2023年国家级高技能人才培训基地项目建设单位。2023年为行业企业和兄弟院校等培训达3万人次。2023年完成"十四五"天津市创优赋能建设项目2022年度总结和2023年项目立项。获评2023年度天津市职业教育创优赋能建设项目首批建设单位。6本教材入选首批"十四五"职业教育国家规划教材。3门课程获评天津市一流核心课程。建设"智慧化工开放型产教融合实践中心"，获评国家级开放型产教融合实践中心建设项目。学院分别与天津理工大学"化学工程与工艺"专业、天津职业技术师范大学"机器人工程"专业开展本科层次应用专业联合培养工作。目前，本科层次专业在校生人数达220人。学院与天津市红星职业中等专业学校、天津市经贸学校开展中高职贯通培养模式，两校对3个专业进行合作培养。学院与天津市化工学校1个专业开展"中高职系统化培养"项目申报。通过中高职衔接，系统培养技能型人才，不断拓宽学生发展通道，形成人才培养共同体。学院获批4个天津市级教学资源库，2个已经列入教育部培育项目。学院1门课程被评为2023年高等院校劳动教育课程优秀课程。1门课程被评为2023年高等院校劳动教育课程培育程。学院获批第二届全国技能大赛6个赛项的集训基地，负责培训、遴选代表天津市参加比赛的选手的任务。顺利完成比赛的筹备及赛项承办的各项有关工作。学院承办2023年全国职业院校技能大赛天津市选拔赛3个赛项的比赛，派出16个代表队参加14个赛项的比赛。承办2022—2023"一带一路"暨金砖国家技能发展与技术创新大赛无人机应用技能远程研判赛项。

撰稿：白文颖

【科技研究与社会服务】 学院2023年申请发明专利9项，其中授权3项，授权实用新型专利7项、软件著作权8项。完成1项发明专利开放许可，开放期1年；完成5项实用新型专利开放许可意向。签订技术服务协议，打通技术服务合同免税业务。首次获批人社部课题，3项课题获批2023年度人社部职业技能鉴定中心课题。获批中国高校产学研创新基金北创助教项目，获批教育部高等学院科学研究发展中心——中国高校产学研创新基金北创助教项目三期立项。学院全年共发表论文35篇，获批各级各类课题共56项。学院与天津博诺智创机器人技术有限公司、与积微远惠(北京)科技有限公司、河北省邯中钢结构设计有限公司、天津市军瑞达科技有限公司等签署40余万元的校企横向课题合作协议。积极推进获批的3项集团科技创新项目、积极推进"以派驻企业特派员为载体建设校企创新合作平台"子项目建设。获第八届天津市科普微视频大赛三等奖1项。获云说新科技全国科普微视频比赛天津赛区特等奖3项。

学院与天津渤海化工集团有限责任公司、理工大学牵头组建全国绿色石化行业产教融合共同体,加入全国其他行业产教融合共同体31个。与宁河区、河北工大牵头组建天津宁河现代产业园智能制造产教联合体,加入市域联合体3个。学院与新疆克拉玛依市人社局达成战略合作,加入"新丝路石油石化政校合作就业联盟",签署政校合作协议,在人才培养和就业帮扶指导等方面深度合作;与新疆轻工职业技术学院在创新创业、校企合作、国际交流上深度达成合作;坚持以教促产、以产助教、产教融合、校企合作的原则,与天津渤化化工发展有限公司共同建设集实践教学、社会培训、真实生产和技术服务功能为一体的"智慧化工开放型产教融合实践中心",获天津市批准立项;与天津长芦汉沽盐场有限责任公司合作的环境工程技术专业入选天津市首批职业教育产教融合专业目录名单;与天津启诚伟业公司合作的项目入选天津市第一批现场工程师专项培养计划项目立项名单;举办2023年职教集团理事会会议;依托行业办学优势,与天津渤海物联科技有限公司共建的渤海智联化工安全产业学院揭牌并开展对外培训;与天津长芦海晶集团有限公司共建产教融合实训基地;与中国移动通信集团天津有限公司共建VR心理综合训练系统,校园网络服务站、就业服务站、就业工作站运行良好,服务学生近5千人。学院派出2名骨干教师分别到青海省黄南州职业技术学校、新疆和田职业技术学院开展对口支援。学院开展社会培训32613人次,其中企业职工6712人次、在校学生12756人次、社区居民5500人次、党员干部7560人次、师资培训85人次。

撰稿:白文颖

【国际合作交流】 2023年共招收学历教育留学生364人。2016年建设中国境外首个"鲁班工坊",建筑面积2000平方米,泰国鲁班工坊辐射周边东盟国家,累计交流培训师生员工1.9万余人次,21人次

在其国家技能大赛获奖。"鲁班工坊"有4个国际专业通过泰国职业技术委员会(VEC)的认证。学院被天津市教委确定为首批外国留学生实习实践基地,多次获泰国政府颁发的"诗琳通公主"奖章。2023年,学院获职业教育对外交流与合作最佳实践院校、亚太职业院校影响力50强学院称号,入选中国职业技术教育学会"中文+新技术赋能'一带一路'国际人才新技能培养"案例5个、"走向世界中国职业教育方案——共建'一带一路'职业教育合作成果"优秀案例1个、教育部中外人文交流中心《中外青少年人文交流成果案例汇编》案例2个、中国职业技术教育学会《中国职业院校国际交流合作优秀案例选集》1个,入选具有较高国际化水平的职业学院市级项目,入选具有国际影响力的职业教育市级项目4个,包括标准项目1个、资源项目1个、装备项目2个,鲁班工坊装备制造大类——机电一体化专业双语教学资源库被确定为市级教学资源库。学院特聘专家玛悠丽女士获2023年天津市海河友谊奖。

撰稿:白文颖

【学生工作】 学院学生获第二届全国技能大赛银牌1项,铜牌1项,优胜奖3项。获2023年全国职业院校技能大赛团体一等奖1项、二等奖1项、三等奖4项。获2022—2023"一带一路"暨金砖国家技能发展与技术创新大赛个人二等奖1项、个人优胜奖1项、团体一等奖、二等奖、三等奖、优秀奖各1项。获2022年天津市职业院校技能大赛暨2023年全国职业院校技能大赛天津选拔赛一等奖13项,二等奖27项,三等奖45项。获第三届全国新能源汽车关键技术技能大赛二等奖1项。获第九届中国国际"互联网+"大学生创新创业大赛天津赛区比赛职教赛道金奖2项。获"挑战杯"国赛三等奖1项、市赛二等奖2项、三等奖1项。1名学生获天津市大学生年度人物提名奖暨王克昌奖学金突出贡献奖。1名学生获第六届黄炎培职业教育创新创业大赛国赛获国赛二等奖。5名学生获天津市优秀学生干部称号,2个班级获评市级优秀班集体,1名学生获"高校学生讲文物故事短视频大赛"市级一等奖,1个学生团体获"2023年天津市大中学生思政辩论赛"市级优胜奖,1名学生获思政辩论赛最佳辩手。

撰稿:白文颖

【师资队伍建设】 学院有600余人的教职工队伍。国务院政府特殊津贴专家1人,学院教授16人,

副教授139人,正高级工程师4人;有博士6人、硕士250人,高级以上职称189人;省部级教学名师12名,省部级优秀教学团队11个。学院教师荣获全国职业院校教师教学能力大赛二等奖1项,天津市职业院校技能大赛教学能力比赛一等奖1项、二等奖1项。在2022年天津市职业院校技能大赛暨2023年全国职业院校技能大赛天津选拔赛中,学院教师获一等奖6项、二等奖6项、三等奖5项。获第四届天津市高职院校思政课教师教学"比武",个人二等奖、三等奖各1项。2022年天津市大中小学"故事思政"微课大赛,特等奖1项、二等奖2项、三等奖1项、优秀奖1项。获第二届"超星杯"职业院校课程思政典型案例大赛,团体一等奖1项。获第二届"余姚杯"中国高校机器人实验教学创新大赛团体一等奖1项、二等奖2项、三等奖1项。2个教师团队被评为天津市职业教育教师创新团队,1个教学团队获评全国石油和化工教育"优秀教学团队",1名老师获评"教学名师",1名老师获评"优秀教学管理人员"。建立人才选拔机制,制定《专业带头人管理办法》,制订思政课教师退出机制实施方案,建设思政课教师教学质量评价体系。加强人才交流与合作,选派4名教师参加教育部教师工作司关于2023年国家"工匠之师"创新团队境外培训计划。全面贯彻落实《新时代教师职业行为十项准则》,开展"躬耕教坛 强国有我"师德师风建设系列活动,完成对学院全体教职工2022—2023学年度的师德评价考核,并组织签订师德承诺书。

撰稿:白文颖

【信息化建设】 学院被选为全国第二批职业院校数字校园试点校,参照全国职业教育智慧大脑院校中台高职数据标准及接口规范要求搭建数据中台,完成数据录入上报达100%。参加教育系统2023年网络安全攻防演习,完成防守任务,获全市第9名。相继组织开展11项网络文化活动,其中学院教师作品获"与时代同行 向幸福致敬"津门好网民点赞天津作品征集展播活动二等奖。围绕教师数字素养提升,组织校外专家来校通过讲座、研讨和信息化教育教学成果展示等进行培训,线上参加培训累计人数1660人。全年开展网络安全教育全员培训8200人次,网络安全管理员培训340人次;建设完成5G网络室分基础;完成校内21栋建筑物的光纤补充铺设工作;完成学院工作教学场所全部实现网络接入和无线覆盖。完成"两会"期间网络安全重保工作;边界防火墙双机部署完成,运行正常,构建完成核心网络

的双机环境。采用一站式教学管理平台存储、查看、处理教学过程中的各项数据;同时使用钉钉搭建各种流程树,简化并标准师生教学事务服务流程;建设学院专业资源,实现资源永久保存,校本自建课程1600余门,资源量达到7485G。

撰稿:白文颖

【法治建设】 组织学院党委理论学习中心组学习《国家安全法》《反间谍安全防范工作规定》等国家安全法律法规、开展国家安全专题学习;开展包括《民法典》主题讲座、知识答题、典型案例总结、主题班会等活动以及通过微信公众号、微博等媒体宣传、普及《民法典》知识;开展"学宪法 讲宪法"系列活动;开展了观看市国安办国家安全宣传视频、动画片等活动;学习了习近平总书记关于国家安全重要论述,学习《国家安全法》《反间谍法》《保密法》等内容,参与党员289人,达到全覆盖;开设《国家安全观》选修课,本学期共有5个班,600余人选修本门课程;携手北辰区税务局入校开展主题宣传活动;通过电子屏、移动电子屏等持续播放国家安全宣传海报、宣传口号、宣传教育片;开展国家安全教育主题答题,将《国家安全法》《反间谍法》《保密法》等内容纳入考试题库,共有2124名师生参与;组织学生围绕《国家安全法》《保密法》等国家安全法律法规和各学制段应知应会基础性理论知识开展培训,参加天津市教委组织的国家安全知识竞赛获优胜奖;积极处理信访案件,完善信访处置流程,妥善解决各类师生诉求及咨询;做好信息公开工作,保持学院工作透明;做好法律事件处理,保障校园平稳运行。

撰稿:白文颖

【招生就业】 2023年录取新生4525人,扩大京津冀招生规模,新增北京和宁夏回族自治区2个招生省市,提高河北省生源,招生省市范围扩大到19个省、自治区和直辖市。2023届毕业生就业去向落实率95.26%。首次与企业签订订单班并设立奖学金,为订单班通过所有课程学习考核合格且按时毕业的学生发放3000元"一夫奖学金",每年10万元,连续五年。开展渤化集团企业专场招聘会1场,提供岗位100余个。联合中国北方人才市场中天人力中心、天津天保人力资源服务有限公司、经开人社局、北辰人社局等单位,举办专场招聘会暨校园就业双选会,涉及450余家企业、岗位15000余个。联合人社局、中天人力、发促中心积极开展"大学生双选会",为2021

级学生提供至少5000个实习岗位。开展线上宣讲25场，开展小型线下和线上招聘会22场，为毕业生提供792个就业岗位。

撰稿：白文颖

【基础设施建设】 学院完成电站增容改造，增设630KVA箱式变电站一台，推进电力增容项目二期建设；完成2#、4#学生公寓整体和用电平台提升改造工作，改造面积6056平方米；完成学院值班室的改造，进行锅炉房改造提升，完成学院燃气管线改造工程建设。积极开展校园文化环境提升改造，将原化工文化园、毓秀园升级改造为百年化工文化公园、生态文明教育基地。

撰稿：白文颖
审稿：花玉香

天津机电职业技术学院

【概况】 天津机电职业技术学院是天津市高水平高职院校建设单位。成立于2001年，2016年迁入海河教育园区办学。学校占地34.02万平方米，建筑总面积16.24万平方米，教学科研用房面积7.1万平方米。2023年学校固定资产总值132526.89万元，其中教学科研仪器设备资产总值26326.76万元。

学校现设有电气学院、机械学院、管理与信息学院3个二级学院，3个教学部和1个实训中心，共开设27个专业。有教职工404人，专任教师253人，其中副高级以上职称100人，取得硕士及以上学位193人。在校生11143人，其中全日制在校学生9671人、系统化培养（五年一贯制类别）学生953人、高职扩招学生519人。学校自2019年开始与天津职业技术师范大学连续五年开展自动化专业本科生联合培养，在校生共计207人。2023年，学校录取新生3485人，报到3392人，新生报到率97.33%，生源地覆盖全国23个省、市和自治区。学校2023届毕业生共有4487人，截至2023年8月，毕业生就业4170人，毕业去向落实率92.94%，留津率65.30%。

2023年，学校持续加强党的建设，开展学习贯彻习近平新时代中国特色社会主义思想主题教育。党委理论学习中心组全年完成23次专题学习，组织党员参与党的二十大精神网上答题，邀请党校专家进校园宣讲新党章。按期组织党员干部开展常学常考，学习覆盖面100%。全年开展宣讲活动76次，让党的理论知识深入头脑。围绕学习党的二十大精

神、主题教育在公众号和校园网新闻发布300余次。围绕学校高质量发展成果，在《人民日报》（第二版）、新华社、央视新闻等中央级媒体及各级社会媒体刊发文章共137篇。

2023年，学校入选天津市"大思政课"综合示范校，电气学院的电气自动化教研室被评为2023年天津市工人先锋号，工业机器人技术专业教师创新团队获批为国家级创新团队。1人获评全国五一劳动奖章和教育部教学名匠，1人入选国家级技能大师，2人荣膺天津市优秀辅导员，3人获选天津市技术能手，142名教师被认定为"双师型"教师。全年素质类竞赛收获各类奖项125项，技能类竞赛收获国家级职业技能竞赛金牌4枚，市级创新创业大赛获金奖4枚，35名学生保送升本。

2023年5月，学校牵头成立京津冀航空职业教育产教联盟，北京工业职业技术学院、石家庄工程职业学院、天津中德应用技术大学、空中客车（天津）总装有限公司、西飞国际航空制造（天津）有限公司、中国航材集团北京凯兰航空技术有限公司等11家单位为首批联盟成员。

撰稿：毛妮娜

【教育经费收入与支出】 2023年，学校教育经费总收入25428.15万元，比上年增加1061.95万元，增长4.36%。其中一般公共预算财政拨款收入17327.99万元。事业收入6600.00万元，经营性收入809.91万元（其中培训费收入644.17万元，技能鉴定收入165.74万元），其他收入690.25万元。全年教育经费总支出25302.11万元，比上年增加935.91万元，增长3.84%。其中事业支出24611.54万元、经营支出690.57万元。2023年收支相抵后结转结余126.04万元。其中，科研经费结转资金50.1万元、非财政拨款项目结转资金39.49万元、非财政拨款结余资金36.45万元。

撰稿：毛妮娜

【教育教学】 2023年，学校全面贯彻党的教育方针，把立德树人成效作为检验一切工作的根本标准。学校开展"新时代先进人物进校园"、思想政治理论教授团主题宣讲、优秀辅导员班主任巡讲等活动近30场，组织"我和我求学的城市"系列教育活动1300人次。落实资助育人，学校完成国家级、校级各类奖助学金项目，覆盖4240人次。对焦精准征兵政策，全年参军入伍共61人，选拔组建60人的2023级国防特色班和70人的国旗护卫队。深化全过程育

人，2023年7月11—19日，学校开展"双百双学"暑期研学家访活动，教师走访4个省、15市、60余县共计225名学生家庭，深入了解学生家庭情况和学生成长中遇到的问题和困难。《电梯安装与维修技术》(第二版)《机电一体化设备安装与调试》2本教材入选国家"十四五"首批职业教育国家规划教材。组建课程思政建设团队，将习近平新时代中国特色社会主义思想和党的二十大精神融入300余门课程。《自动线及工业机器人装调技术》《零件的加工中心加工》《冷冲模具设计》3门课程获评市级一流核心课程。新建改造各类实训室、实训基地3个，新增各类实训设备126余台套，实践学时比例达到60%。围绕校企联合实施现场工程师培养、推进招生考试评价改革、打造双师结构教学团队等方面，形成新能源现场工程师培养的先进经验、培养标准和育人模式，成功获批天津市第一批现场工程师项目。

撰稿：毛妮娜

【科技研究和社会服务】 2023年度学校在研课题25项；到账经费31.8万元；共发布论文33篇，其中3篇中文核心期刊；授权专利10项，其中发明专利4项，实用新型专利6项。2023年新增企业特派员至53人，协助入驻企业共转化科技成果8项，解决技术难题24项，搭建创新平台3项，引进培养人才16项，协助申请专利7项，为派驻企业创造效益共743.39万元。入驻企业持续增长，为宜科(天津)电子有限公司、天津普信模具有限公司、天津天发总厂机电设备有限公司、天津动核芯科技有限公司等多家合作企业长期提供技术支持、人才培养等方面的服务。2023年，学校共完成培训237期/次，合计培训人数超2.3万人次，综合经营性收入1500万元以上，获津南区授牌"工匠学院"。积极推进服务乡村振兴，开展涉及雄安新区、甘肃、河北、山东、河南、内蒙古等地的师资培训达570人次。2023年完成9个工种，4133人次学生技能鉴定，工业机器人系统操作员评价考试552人次。2023级新生100%网络注册志愿者，2023年为第九届传统少数民族运动会、第二届全国职业技能大赛、津南区体育节、共建小学课后服务等提供500余人的志愿服务工作，累计服务时长近千小时。

撰稿：毛妮娜

【国际交流与鲁班工坊】 2023年，学校与韩国、新西兰及东南亚等国家建立国际教育交流，完成印度、葡萄牙、马达加斯加人员互访和师资培训30余人次。坚持"校企同行"开启鲁班工坊2.0，以"小而美、惠民生"建设思路持续讲好鲁班工坊故事，推动合作共赢。启动鲁班工坊资源库建设，推动EPIP向巴西等葡语系国家延伸。5月16日，天津市职业教育活动期间，中葡双方组队参加2023年"工程实践创新"中外师生挑战赛和"智能产线安装与调试"鲁班工坊国际邀请赛，均获第一名。2023年3月和11月，学校分别完成印度鲁班工坊和葡萄牙鲁班工坊的质量评估工作，葡萄牙鲁班工坊首创实现海外现场评估、国内外线上线下质量评估新模式。11月2日，中葡双方成功在葡萄牙塞图巴尔召开以"创新、融合、发展"为主题的"一带一路"职业教育国际合作与发展论坛暨葡萄牙鲁班工坊运营5周年纪念系列活动。

撰稿：毛妮娜
审稿：王维园

天津现代职业技术学院

【概况】 学院坐落于天津海河教育园区雅观路3号，占地53.33万平方米，固定资产12.52亿元，图书53万册，校舍建筑面积17.48万平方米，建有大型体育场和文体中心，可充分满足学生的学习和生活。学院设有7个二级学院，在校生11557人，留学生27名。学院教职工共555人，其中高级职称113人，国务院政府特殊津贴专家1人，省市级教学名师4人。招生第一志愿录取率100%，毕业生平均就业率98%以上。

2023年，学院获批中国食品产教融合共同体副理事长单位、"职业院校服务全民终身学习项目"实验校、"天津中华职业教育社思政课研究中心"。学院作为教育部大中小学思政课一体化共同体(天津)中唯一一个高职院校，成为天津市"大思政课"建设综合改革示范校和天津市"大思政课"实践教学联盟秘书长单位。学院全面推进档案治理体系现代化建设，建成数字化档案馆，举行档案馆新址落成揭牌仪式。发挥特色钟手表专业资源优势，成立天津市"清代宫廷钟表修复与制作技艺"非物质文化遗产传承人李秋生大师工作室，"清代宫廷钟表修复与制作技艺传承体验基地"获批市级非物质文化遗产传承体验基地。

高质量完成现代职业教育体系重点建设任务。药品生物技术专业教学资源库被认定为市级专业教学资源库，无人机应用技术和药品生产技术2个专业教学资源库通过教育部重新立项。无人机全产业链虚拟仿真实训基地通过教育部立项。牵头天开津南园精密仪器产教联合体建设,参与生物医药、高端装备和信创3个市域产教联合体,其中生物医药产教联合体获批首批国家级生物医药产教联合体建设项目。牵头成立全国空间智能行业和储能行业2个产教融合共同体。

学院紧密围绕服务天津市"1+3+4"现代工业产业体系构建的目标,加大产教融合工作力度,深化三教改革,教育部"双高计划"中期绩效评价中获评优秀。完成2023年天津市高职院校创优赋能项目的申报工作。学院共承接天津市职业教育创优赋能建设项目重点任务共31项,占所有重点任务数100%,完成重点任务30项,完成度96.78%。其中药品生产技术专业群共承接重点任务18项,完成重点任务建设18项,完成度100%。药品生产技术专业群建设项目继续深化或新承接对接天津市重点产业链建设校内生产性实训基地、建设开放性产教融合实践中心、校企合作开发课程标准、打造信息化教学资源和优秀教材、建设职业院校教师企业实践基地、设立产业导师特聘岗等建设任务共6项。

2023年,学院被中华人民共和国第二届全国技能大赛执委会确定为第二届全国技能大赛"无人机装调检修"赛项保障单位,获此赛项金奖2个、铜奖1个和优胜奖1个。在全国职业院校技能大赛获一等奖1项、二等奖3项、三等奖2项。在第九届中国国际"互联网+"大学生创新创业大赛职教赛道获铜奖1个。

撰稿:元绍菊

【教育经费收入与支出】 2023年,学院教育经费总收入27494.66万元,比上年增加2595.18万元,增长10.42%。其中财政拨款收入20800.50万元、行政事业性收费收入6000万元、其他收入694.16万元。全年教育经费总支出28013.28万元,比上年增加3064.04万元,增长12.28%。其中基本支出22704.84万元、项目支出5308.44万元。

撰稿:于桂平

【教育教学】 建立面向市场、优胜劣汰的专业动态调整机制,落实国家《"十四五"新型储能发展实施方案》和《天津市碳达峰实施方案》等政策,率先在天津市职教领域增设储能材料技术专业,撤销"机械设计与制造"专业,积极扶植人工智能技术应用等新兴专业,重点培育电子竞技运动与管理、智慧健康养老服务与管理等特色专业,着力打造无人机应用技术、药品生产技术等品牌专业。进一步深化产教融合,与大疆、百度、梅花生物、TCL、完美世界等相关行业的头部企业联合打造空间智能技术、人工智能技术、数字创意、双碳、生物发酵技术、数字媒体与网络营销6个行业特色鲜明、与产业联系紧密的特色产业学院,实施中国特色现代学徒制和以现代学徒制培养为主的现场工程师人才培养模式。牵头建设天开津南园精密仪器产教联合体、全国空间智能技术行业产教融合共同体和全国储能行业产教融合共同体。全面深化"三教"改革。持续深化打造校级、市级、国家级"三级"高水平结构化的教师教学创新团队,示范引领学院高素质"双师型"教师队伍建设,学院重点建设的药品生产技术专业国家级教师教学创新团队通过教育部验收,获评首批国家级职业教育教师教学创新团队;环境工程技术和物联网应用技术2个教师创新团队获评市级职业教育教师创新团队。升级改造10门校级在线精品课程,丰富网络课程教学资源,不断强化网络教学资源的建设与应用,形成一批质量领先、共享面广、影响力大、面向社会开放的精品在线开放课程,学院3门课程入选天津市一流课程。重点建设12种活页式、工作手册式立体化教材,4部教材成功入选国家"十四五"规划教材,1部教材被市教委推荐参加教育部优质教材遴选。

撰稿:金洪勇

【科技研究和社会服务】 2023年度,学院申请发明专利4件,授权发明专利4件,实用新型专利申请5件,授权4件,外观专利申请1件,授权1件,高水平发明专利授权数量显著提升。完成天津市科学技术普及项目1项。完成天津市津南区科技化项目验收3项。搭建校企合作平台,成功举办"校企紧握手"专题系列活动走进高校——智能科技专场及"校企紧握手"系列下午茶—生物医药专场活动。通过持续深入建设三大科技创新平台,认定天津市绿色化工与废弃物资源化工程研究中心;持续建设中国轻工业生物转化与天然产物开发重点实验室,持续深入建设河北省唐山市大白菜产业技术研究院。学院"无人机应用及航空文化"及"污水处理及节约用水"2个科普基地被认定为天津市科普基地。学院成为拥有2个省级科普基地的高职院校。学院获2022年度中国轻工业联合会科学技术进步奖三等奖1项;获中国化工学会科学技术奖一等奖1项;获中国生产力促进奖一等奖1项。

撰稿：刘　鹏

【巴基斯坦鲁班工坊建设】　2023年3月3日，巴基斯坦鲁班工坊验收评估会议在学院召开。天津市鲁班工坊研究与推广中心组建专家组，从项目管理、成效经验以及特色成果等多个方面对巴基斯坦鲁班工坊进行了全面评估，最终巴基斯坦鲁班工坊以"优秀"等级通过评估验收。巴基斯坦鲁班工坊创建"一域布局，双因驱动，六化推进"运营发展模式，促进省域、市域联动，产教双向赋能，形成"一省两城双职能"的建设成效。以旁遮普省会工业城市拉合尔为中心，服务巴基斯坦工业现代化人才储备；联动辐射农业城市木尔坦，助力巴基斯坦农业机械化转型升级。

撰稿：张　颖
审稿：康　宁

天津轻工职业技术学院

【概况】　天津轻工职业技术学院是一所公办全日制普通高等学校，位于海河教育园区，隶属天津渤海轻工投资集团有限公司。占地56.13万平方米，建筑面积19.7万平方米，在校生11000余人，教职工485人。

学院秉承"修德育能，日见其功"的校训，深耕职教沃土，精育技能人才，获批国家级优秀示范性骨干高职院校、优质专科高等职业院校、"中国特色高水平高职学校和专业建设计划"建设单位、天津市职业教育创优赋能建设项目高水平高职院校建设单位。2023年学院获全国无废学校、全国生态文明教育特色学校、天津市职业教育先进单位、天津市"具有较高国际化水平的职业学校"、2021—2023年度天津市文明校园，当选全国轻工职业院校"大思政课"建设联盟副理事长单位，入选天津市"大思政课"综合改革示范校培育建设单位、天津市第二批网络思政名师工作室（培育）项目。

学院设有机械工程学院、电子信息与自动化学院、经济管理学院、艺术工程学院、马克思主义学院，开设35个高职专业和2个联合培养技能本科专业，建有7个具有现代职业教育特色的优质专业群，其中模具设计与制造、光伏工程技术为中国特色高水平专业群，大数据技术为市级高水平专业群，大数据与会计、艺术创意设计、智能控制、数字传播为校级特色专业群。拥有国家级技能大师工作室、国家级职

业院校教师教学创新团队、全国高校黄大年式教师团队、天津市技能大师工作室、天津市职业院校教师教学创新团队，涌现出黄炎培职业教育奖杰出校长、黄炎培职业教育奖杰出教师、国家级技能大师、教育部新时代职业学校名师、全国技术能手、天津市技能大师、天津市职业教育先进个人等一批名师名匠。发挥教师团队优势对口支援新疆、西藏11人。开设7类共89个学生社团，校企共建18个德育基地。主持建设国家级专业教学资源库2个、参与建设8个；主持国家级精品在线开放课程3门、市（省）级在线精品开放课程18门，市（省）级一流核心课程4门；获批国家级"十三五""十四五"规划教材10本。

学院坚持服务区域经济社会发展，以深化产教融合为突破口，实施首创的"三级贯通式"校企合作体制机制。与瑞士GF、浪潮、三菱电梯等知名企业共建15个产业学院，在22个专业开展现代学徒制培养；与德国卡尔蔡司、瑞士GF、三菱电梯、中国英利等世界知名或行业龙头企业共建校内实训中心10余个，拥有校外实践教学场所180个。牵头组建全国新能源行业产教融合共同体、全国产业运营数字化行业产教融合共同体、大数据与业财税行业产教融合共同体，参与建设共同体39个，并担任22个全国行业产教融合共同体副理事长单位；牵头组建碳中和新能源开放型产教融合实践中心、开放型区域数字化智能制造工程技术实践中心，其中碳中和新能源开放型产教融合实践中心获批市级开放型产教融合实践中心。学院以促进科教融汇为新方向，成立天津海教园大学科技园轻工分园，践行"学校+众创空间+孵化器+科技园"的全链条孵化体系，建成精密模具、新能源、电子商务协同创新研发中心及"8个中心+1个平台+1个团队+1个智库"的技术技能创新服务平台，打造产学研合作育人基地，搭建凝聚智慧、汇聚人才、集聚产业的实体"立交桥"。

学院成功承办中华人民共和国第二届职业技能大赛平行论坛"终身职业技能培训论坛"、全国职业院校技能大赛高职组"生产单元数字化改造"赛项并获得团体一等奖。作为赛项保障单位保障中华人民共和国第二届职业技能大赛"塑料模具工程""可再生能源"2个赛项并获得优胜奖。

学院位列校友会2024中国高职院校排名（Ⅱ类）第十名，位列全国高职院校媒体声誉指数排名第12位，天津市第2位。

学院深化国际交流合作，入选"未来非洲—中非职教合作计划"首批试点单位。牵头建设印度鲁班

工坊1个、埃及鲁班工坊2个，印度鲁班工坊顺利通过验收，成为中印两国职业教育合作名片；埃及鲁班工坊项目被列入埃及教育与技术教育部发布的（TE2.0方案）中的"卓越基地"试点。牵头成立国内职教领域唯一的"非洲职业教育研究中心"，推动中国职业教育"走进非洲"，助力中非职业教育合作提质升级，形成研究成果《职业教育服务中非产能合作研究》专著。建成全国唯一的鲁班工坊建设·体验馆，全面展示鲁班工坊建设历程与成果，受到国家领导人、教育部领导、外交部领导以及多国驻华使节的肯定。

撰稿：丁　舟

【教育经费收入与支出】　2023年，学院教育经费总收入29229.86万元，比上年增加4131.67万元，增长16.46%。其中财政拨款20134.72万元、其他上级部门拨入专款534.33万元、学院自筹经费4850万元、其他收入3294万元、上年结转416.81万元。全年教育经费总支出29229.86万元，比上年增加3704.43万元，增长14.5%。其中公用经费支出4799.93万元、人员经费支出16166.61万元、项目支出8263.32万元。

撰稿：任文颖

【教育教学】　服务国家战略和天津市"一基地三区"功能定位，对接天津市"1+3+4"现代产业体系，持续优化专业布局，成功申报工业互联网技术、电力系统自动化技术2个新专业，撤销建筑智能化工程技术专业。继续开展三二分段、联合培养本科和"百万扩招"人才培养。与第一商业学校联合申报现代物流管理专业"中高职一体化培养"项目获批；与现代职业技术学院成立职教本科申报专班，共同探索更高层次、更高质量的职业教育人才培养模式。获批天津市职业教育产教融合专业3个、现场工程师专项培养计划项目4个，27个专业开展1+X职业技能等级证书试点，22个专业开展现代学徒制人才培养。3个团队获批第二批天津市职业教育教师创新团队，完成国家级环境艺术设计专业教学资源库验收。展示设计与表现等2门课程分别获评天津市劳动教育示范课程和优秀课程；光伏电站运行与维护等4门课程获批天津市职业教育一流核心课程。获批"十四五"职业教育国家规划教材7本，《冲压模具设计及主要零部件加工》推荐申报国家级职业教育优质教材。获批市级具有国际影响力的职业教育标准、资源和

装备各1项，其中标准、资源推荐至国家级评选。在省部级及以上技能比赛中教师获奖31人次，学生获奖232人次。其中学生在全国职业院校技能大赛获奖19人次，第二届全国技能大赛优胜奖2项。在天津市大学生田径运动会中获得2枚金牌、2枚银牌、1枚铜牌，大学生男子足球比赛获得第一名，大学生女子篮球比赛获得第三名。

撰稿：王宝龙

【科技研究和社会服务】　学院投入2000平方米建设海教园大学科技园轻工分园，围绕天津市重点产业发展规划，将科教智力资源与市场创新资源紧密结合，构建"学校+众创空间+孵化器+科技园"的全链条孵化体系，遴选8家企业入驻，涉及智能制造、数字传媒等多个领域。获批天津市企业科技特派员35人，对接联络在津企业25家，开展企业科技特派技术支持和咨询服务。立项横向课题65项，技术服务到款额1098.13万元，突破学院横向课题数量与到款额历史新高。获发明专利7项、实用新型专利15项、外观设计专利1项、计算机软件著作权37项。学院全年完成国内外各级各类培训34369人次，培训涉及师资培训、企业员工培训、社区培训、新型职业农民培训、在校生培训、国际化培训、新型学徒制培训等。开展"海河工匠"学生技能提升培训，涉及13个工种3491人次；开展乌干达机械加工专业为期三个月的国际化培训，与天津银宝山新科技有限公司开展中国特色企业新型学徒制培训。获批天津市高技能人才培训基地，建成社区学院1家。对口支援和田职业技术学院、图木舒克职业技术学校等院校10家，并与和田职业技术学院、通辽职业学院开展学生联合培养项目2个，培养学生42人。

撰稿：王春媚　王　璐

【学术成就】　学院在2022年职业教育教学成果奖评选中获国家级教学成果奖2项，《模式创立　标准研制　资源开发　师资培养——鲁班工坊的创新实践》获国家级教学成果特等奖。学院在天津市2023届高校毕业生就业质量考核评价中认定结果为"优秀"，同时被认定为2023年高校就业工作先进单位。学院与长江三峡集团有限公司、南开大学牵头组建全国新能源行业产教融合共同体，成员单位包括院校90所、行业企业62家、科研院所及其他单位8家，全面打造行业产教融合共同体标杆。学院作为全国唯一一所高职院校参加2020—2023年度"精模

奖"评选并获三等奖,作为第一主持单位获批天津市光伏工程技术专业、鲁班工坊智能制造装备技术专业市级教学资源库建设项目,高等职业学校光伏工程技术专业国际化教学标准、《风光互补发电系统安装与调试》国际化教学资源、风光互补发电系统实训平台职业教育教学装备获批市级具有国际影响力的职业教育标准、资源和装备。《以虚助实赋能先进制造实训基地建设,培养区域精密模具智能制造高技能人才》入选教育部2022年度职业教育示范性虚拟仿真实训基地培育项目典型案例,新能源校企合作典型生产实践项目、精密模具与数字化智能制造典型生产实践项目获批市级校企合作典型生产实践项目,《街校联动党建引领构建学习型社区学院的实践》获得市级社区教育项目二等奖。

撰稿:丁　冉

【鲁班工坊建设】　2023年9月16日,教育部副部长吴岩到学院调研考察鲁班工坊建设·体验馆和精密模具协同创新中心,对学院在产教融合、科教融汇及国际交流方面的做法给予充分肯定。10月16日,教育部副部长陈杰带队实地考察埃及艾因夏姆斯大学鲁班工坊,对埃及鲁班工坊建设成效表示充分肯定。

撰稿:丁　冉
审稿:李云梅

天津国土资源和房屋职业学院

【概况】　学院是一所由天津市住房和城乡建设委员会举办的公办全日制普通高等职业院校。兼有住建部全国房地产行业培训中心、自然资源部干部教育培训中心天津基地、国家海洋局全国海洋意识教育基地、天津滨海新区干部培训基地等职能,为全国建设类一级资质培训机构、天津市奥林匹克教育示范校、天津市首批大学生就业服务工作站和天津市高等职业教育示范性院校、天津市职业院校创优赋能双高建设单位和天津市"智能建造"高水平专业群建设院校。

学院坐落于滨海新区大港,占地17.7万平方米,有教学楼、图书馆、学生公寓、文体馆等,以及建筑技术、楼宇智能化等实训基地,建筑面积12万平方米。学院以培养"德能兼备,师从百工"的高素质技术技能型人才为办学理念,拥有一支以"双师型"教师为主体、行业管理者及知名专家为专业带头人、专兼职相结合的师资队伍,有教职员工349人,其中专职教师208人,校外兼职教师80人,"双师型"教师131人,占专职教师比例为62.9%;专业技术系列职称正高级3人、副高级99人、中级123人。

学院下设建筑工程学院、建筑设备与信息工程学院、建筑艺术学院、不动产管理学院、经济管理学院及体卫艺教育教学部、基础课程教学部和思政教育教学部8个教学部门,在全国首创房地产经济与管理、物业管理、不动产登记及调查等专业,开设智能建造、电梯工程技术、古建筑工程技术、国土资源调查与管理、现代物业管理等38个专业,专业布局覆盖建筑全产业链,具有行业特色和职教优势,其中29个对接现代工业体系产业链及服务业体系重点产业,占比76.3%。学院在校生7358人;2023年招生2910人,计划落实率近100%;2023届毕业生去向落实率82.81%,较上年提高4.6个百分点;学院众创空间新增入驻团队32个,孵化注册企业1个。

学院取得多项国家级、省市级团体及个人奖项。获批行业紧缺人才"建筑信息模型技术员"天津市人社局社会评价组织;教师获2023年天津市大中小学"故事思政"微课大赛高职组课程思政类别一等奖、第三届全国电梯行业职业技能竞赛决赛职工组个人三等奖、2023"一带一路"暨金砖国家技能发展与技术创新大赛——虚拟仿真技术产品开发及创新赛项(教师组)三等奖、2023年度天津市导游大赛一等奖和最佳"才学奖";学生获第二届全国职业技能大赛——第47届世界技能大赛木工项目中国轻工业联合会选拔赛铜奖、全国职业院校技能大赛司法技术赛项团体三等奖、第三届全国电梯行业职业技能竞赛决赛学生组个人优胜二等奖、天津市大学生土地国情调查与空间治理技能大赛一等奖等多个奖项。

学院连任全国国土资源职业教育教学指导委员会国土资源管理与不动产登记专业委员会主任委员单位,院长吴佳丽任全国国土资源调查与管理专业教学资源库课程建设首席顾问。

撰稿:秦文竹

【教育经费收入与支出】　2023年,学院教育经费总收入9576.56万元,比上年减少467.13万元,下降4.65%。其中教育事业预算收入5325.89万元、上级补助预算收入2738.30万元、其他收入391.93万元、财政拨入专项1120.44万元。全年教育经费总支出10057.65万元,比上年减少89.62万元,下降0.88%。其中基本支出8937.21万元(工资福利支出

6810.36万元,商品和服务支出1738.13万元,对个人和家庭的补助279.75万元,资本性支出108.97万元)、专项支出1120.44万元。

撰稿:黄颖颖

【教育教学】 完成2021—2023年创优赋能建设项目,深化智能建造高水平专业群建设,完成智能建造开放性产教融合实训中心、智能建造虚拟仿真中心、智能建造智联网创新实训中心——5G物联网数据采集处理实训室等重点项目;工程造价专业深入开展校企合作,获批天津市职业院校首批"产教融合专业";形成智能建造专业群引领,智慧新居住专业群驱动,建筑艺术专业群和数智新商科专业群协同的建设格局。对接住建领域"住"与"建"两大核心职能,将38个专业进行整合,组建4个专业群;落实岗课赛融合,加强课程改革,对接行业构建合理课程体系,完成8门专业技术技能课程的课堂革命;全面调整人才培养方案,修订专业名称3个;《BIM造价软件与应用》课程获评天津市职业教育一流核心课程(线下课程);获批中高职系统化人才培养项目和五年一贯制人才培养项目,推动中职国际商务专业与高职跨境电子商务专业贯通培养、中职建筑工程造价与高职工程造价专业贯通培养,拓宽学生成长成才通道;建设推广课程思政案例库和课程思政示范课35项,推进大中小思政课一体化建设,打造"行走的思政课";作为"天津市中小学生劳动教育实践基地""滨海新区劳动教育实践基地",与大港六中等学校建立协同共建协议,接待学生活动500余人次;落实"科教兴市人才强市"行动,与新疆于田县高级技工学校建立对口帮扶合作关系,在师资培养、教育资源共享、技能大赛指导、行业培训等方面加强互访交流。落实《天津国土资源和房屋职业学院教材管理实施细则》,强化教材质量监控管理和教材工作责任追究,完善教材建设立项备案流程,形成完备的教材使用跟踪制度。细化教材建设过程管理,推动鼓励校企"双元"开发新型教材的编写,学院教师作为主编副主编开发编写教材12册,校企共编新型教材1部。

撰稿:秦文竹

【科研和社会服务】 完成市教委、中国建设教育协会等各级各类课题立项16项,天津市"十四五"教育教学改革、市教委等各类课题结项19项,其中2023年国家安全宣传教育重点调研课题获市教委二

等奖;编写并出版活页式教材1部。成为国家数字建筑行业产教融合共同体副理事单位、全国未来城市与智慧运营产教融合共同体副理事单位,成为全国数智财经行业产教融合共同体、全国资源环境与地理信息行业产教融合共同体、全国居住行业产教融合共同体成员单位。推动天津市"十项行动",与北京环球度假区组建"北京环球人才储备订单班",为京津冀旅游业发展提供高质量技术技能人才支撑,助力现代服务业发展。充分发挥"住建部全国房地产行业培训中心""自然资源部干部教育培训中心天津基地"等职能,开展全国市地、县(市)自然资源局长培训班1期,全国自然资源系统综合业务培训班2期,国土空间规划专题培训班1期,自然资源系统法治建设专题培训班1期,总计开展培训5880人次;服务行业发展需求,住房和城乡建设领域施工现场专业人员培训1期13人次、天津市拟任物业项目经理培训3期304人次;落实乡村振兴全面推进行动,开展住建部"乡村建设带头工匠"培训2期88人次;服务蓟州区杨津庄镇政府,开展"送教下乡技能入村"培训活动;拓展创收新渠道,开展职业工种社会评价组织认定与申报工作,完成砌筑工等工种职业补贴培训资质备案15个;提升紧缺人才培养能力,获批"建筑信息模型(BIM)技术员"职业技能等级认定评价资格及建筑装饰工程技术等成人学历继续教育资质5个;持续助力"双减",深入滨海新区周边学校进行宣讲。

撰稿:秦文竹

【第二届全国职业技能大赛】 学院作为第二届全国职业技能大赛数字建造(世赛选拔)、建筑信息模型技术(国赛精选)2个赛项的天津集训基地和赛项保障单位以及砌筑(世赛选拔)赛项天津集训辅基地,承担此3个住建领域赛项天津参赛选手的集训和赛项服务保障工作,并获银奖1项、铜奖1项、优胜奖3项,其中2个赛项教练组长获"天津市技术能手"称号,学院学生盛世豪在木工(世赛选拔)赛项中获优胜奖并入围第47届世界技能大赛中国集训队,获市政府办公厅通报表扬,主管单位市住房城乡建设委和学院获得"在办赛工作中作出突出贡献单位"表彰,3个赛项集训基地的领导小组成员、服务保障领导小组成员、联络员、场地经理等核心人员获有功人员团队表彰。贯彻落实天津市"运动之都"建设行动方案,为中国毽球公开赛、"体彩杯"天津市毽球比赛暨京津冀毽球邀请赛提供裁判及服务保障工作,成

为天津市毽绳运动后备人才培育基地。

撰稿:秦文竹
审稿:吴佳丽　高义镇

天津艺术职业学院

【概况】　天津艺术职业学院是天津市唯一一所国办综合性艺术类高职学院,按照全国普通高等职业院校有关政策进行招生,为社会培养德、智、体、美、劳全面发展的高素质应用型艺术人才。学院主校区坐落于天津市河东区娄山道27号;南开校区坐落于天津市南开区苍穹道9号,总占地8.31万平方米。学院有教职工198人,其中专任教师157人、行政人员23人、教辅人员12人、工勤人员6人。专任教师中高级职称57人、中级职称80人、初级职称20人。

2023年学院大专录取学生868人,报到793人;中专录取142人,报到109人;2023届高职毕业生共717人,就业人数590人,毕业去向落实率77.33%,其中签劳动合同93人;应征入伍8人;自主创业14人;专升本升学20人;其他录用形式189人;自由职业266人。2人获评国家奖学金,68人获评国家励志奖学金,2人获评人民政府奖学金,2人获评市级优秀三好学生,获评优秀班集体一个。

学院下设7个系,17个专业。7个专业系包括:戏曲系、曲艺系、音乐系、舞蹈系、文化旅游系、学前艺术教育系、舞美技术系;17个专业有戏曲表演、曲艺表演、钢琴调律、音乐表演(声乐)、文物修复与保护等。

学院与天津九拍教育科技有限公司联合申报职业教育校企合作典型生产实践项目——“校企合作打击乐师资培训项目”。与河东区、红桥区和武清区文旅局签订战略合作协议,本着“优势互补、资源共享、互惠双赢、共同发展”的原则,发挥各自优势、建立协同机制、挖掘整合资源,为学生实习实训提供基地,繁荣文艺演出市场,共建文旅特色项目。

学院巩固“一站式”社区服务中心建设,构建富有中国特色、彰显思政要求、贴近学生实际、高效便捷的生活社区,为学生健康成长提供一站式社区服务体系。围绕“京津冀协同发展”的国家战略,学院加强毕业生就业政策宣传与指导服务,组织线下招聘会30余场,线上招聘会2场,为毕业生提供就业岗位1000余个,学院党委书记、院长、班子成员及系领导访企拓岗超过100家。学院百余名学生志愿者参与中华人民共和国第二届职业技能大赛开幕式演出,和旅博会的各项筹备、接待等工作。

撰稿:关　健

【教育经费收入与支出】　2023年,学院教育经费总收入8895.60万元,比上年增加625.06万元,增长7.56%。其中财政补助收入6515.10万元、事业收入1971万元、其他收入409.50万元。全年教育经费总支出9600.14万元,比上年增加1183.93万元,增长14.07%。其中公用支出3223.09万元,人员支出6377.05万元。公用支出中日常支出2231.08万元,专项支出992.01万元;人员支出中工资支出5865.12万元,对个人及家庭支出511.93万元。

撰稿:关　健

【教育教学】　2023年度,为深入贯彻落实《关于推动现代职业教育高质量发展的意见》文件精神和《职业教育提质培优行动计划(2020—2023年)》要求,学院继续完成天津市职业教育创优赋能建设项目,建设“传统文化高水平专业群”,围绕戏曲表演、曲艺表演、文物修复与保护、戏曲服装道具制作专业,从专业建设、人才培养、资源整合、“双师”素质提升等方面持续推动高水平专业群建设。为振兴曲艺艺术,弘扬中华优秀曲艺文化,立足服务曲艺文化市场发展需求,学院与北京德云社文化传播有限公司就曲艺人才培养、艺术研究与创作、曲艺文化传承等方面开展校企合作,签署战略合作协议。加强教学质量监督,关注教情学情,完善听课、查课制度,关注学生的学习体验和学习效果,规范教师教学行为。2023年创建434个班级,其中30人以下班级324个。以教学班为单位,以教学现场为载体,随堂听课,做到“及时看,课上听,随时查”,发现问题及时指正,对教学工作进行全程跟踪管理,做好教育教学保障。筑牢教学意识形态安全底线和红线,在教学过程中坚持正确的政治方向,遵守政治纪律,做好课程教学管理。严格执行教育部及天津市有关规定,开齐开足各类课程。同时,根据课程标准,安排课时,以保证教学工作正常有序进行。2023年共开设399门课程,其中线上课程6门。

撰稿:关　健

【科技研究和社会服务】　2023年,学院围绕传统文化高水平专业群建设展开科学研究。获批天津市艺术规划项目1项,市教委思政常设课题1项,天津市高等职业技术教育研究会一般课题2项,天津市职业教育与成人教育学会课题 2 项。完成天津市教委调研课题、天津市职业教育与成人教育学会课题、天津市高等职业技术教育研究会课题各 1 项。学院教师完成著作 1 部。学院开展关于学术不端与自设科研机构的排查，排查结果良好。参加市科技局、市教委举办的第八届天津市科普微视频大赛，推荐作品 2 件。参加首届天津市科学传播作品大赛，推荐作品 2 件。2023 年 5 月 14—20 日开展职业教育周系列活动，组织活动 15 场，参与活动企业 12 家，参与活动教师 67 人、学生 846 人。2023 年 11 月 11—17 日，参与天津市第十七届社区教育展示周暨 2023 年全民终身学习活动周，开展"让学习成为一种生活方式"主题系列活动，覆盖师生 80% 以上。为进一步提高昌都市文艺人才的综合素质、专业水平，根据"十四五"援藏项目计划安排，于 2023 年 5 月 7—15 日组织开展昌都市灯光师、音响师技能提升培训班，昌都全市各县（区）文化局、艺术团、市康巴文化艺术团、市群艺馆等部门人员一行共 30 人参加。2023 年 7 月 17 日至 8 月 11 日"中国非遗传承人研修培训计划"2023 年曲艺表演专业研修班成功举办，共有 20 位非遗传承人和从业者参训学习。

撰稿：关　健

【教育教学成果】　2023 年 9 月，获教育部颁发的全国职业院校技能大赛音乐表演团体赛三等奖。11 月，获天津市教育委员会、天津市文明办、天津市公安交通管理局和共青团天津市委员会颁发的"文明交通进高校"活动优秀单位称号。10 月，学院 2021 级艺术教育班获"天津市优秀班集体"称号。3 月，群口快板《党旗鲜红照我心》获中共天津市委教育工作委员会和市教委主办的天津市高职院校第二届"思政课本剧"大赛一等奖。10 月，参加天津市学校美育实践课堂（文艺展演）活动，《顶碗舞》《迦陵频伽》均获中职组一等奖。5 月，参加由国内九所音乐学院以及 20 余家艺术职业学院联合举办的"第四届全国高校乐器工艺与音乐科技专业教育论坛暨第二届全国高校钢琴调修技能比赛"，获一、二等奖各 1 项，三等奖 2 项。6 月，曲艺系学生在"遇见西山　慢品国韵"北京房山——第六届京津冀曲艺邀请赛中，相声《托儿》获二等奖。5 月，钢琴调律专业 4 名学生参加在沈阳举办的第二届全国高校钢琴调修技能比赛，分获 1 金 1 银 2 铜奖。

撰稿：关　健
审稿：李　萌

天津交通职业学院

【概况】　天津交通职业学院坐落于天津市西青区西青道 269 号，占地 53.51 万平方米，建筑面积 24.89 万平方米，在校生 11237 人。学院有教职工 601 人，其中专任教师 558 人，专任教师中有高级职称 151 人。学院设有 6 个教学分院（物流工程学院、汽车工程学院、经济管理学院、路桥工程学院、机械工程学院、轨道与航空学院）和 3 个教学部（基础教学部、体育工作部、思想政治理论课教学部）。

2023 年，学院深入开展主题教育活动，党建工作体系不断完善，基层党组织的政治功能、组织功能不断增强，全面从严治党向纵深挺进，校企党组织共建共育特色鲜明，服务产教融合发展能力全面提升，党建引领保障事业发展见行见效。

学院推进重点项目建设，完成"双高"项目结项验收准备、创优赋能项目中期绩效评价及新一轮项目申报，累计新增获批天津市改善办学条件建设等 3 个新项目，职业教育示范性虚拟仿真实训基地、开放型区域产教融合实践中心等 9 项现代职业教育体系建设改革重点任务，学院综合办学实力不断增强。

学院组织实施科教兴市人才强市行动，打造产教融合联合体、行业共同体，固化推广了百世物流、神州高铁、智能制造（运维）等产业学院建设成果，申报获批国家级现场工程师项目 4 项，天津市首批产教融合专业 2 个，成立 51 个订单班和工学交替班，新增 10 余家行业龙头企业，入选国家发展改革委职业教育产教融合典型案例 50 强，校企合作水平显著提升。

学院推进"大思政课"综合改革，创新思政课实践教学模式，构建科研、实践、教学资源辅助体系，搭建思政课教师成长发展和动态退出机制，五育并举育人成效不断显现，成功申报并获批教育部 2024 年度高校思想政治工作质量提升综合改革与精品建设项目。

学院深化京津冀协同发展，与河北省青龙满族自治县职业技术教育中心签订"深化合作共建协议"，推动跨省市中高职"3+2"联合贯通培养落地实施。

撰稿：胡月梅

【教育经费收入与支出】　2023 年，学院教育经费总收入 27620.17 万元，比上年增加 1245.4 万元，增长 4.72%。其中财政补助收入 19610.72 万元、事业收入6854.79万元、其他收入1154.66万元。全年教育经费总支出27596.77万元。比上年增加1221.53万元,增长4.63%。其中工资福利支出16441.58万元,商品服务支出5681.93万元、对个人和家庭补助支出1899.21万元、其他资本性支出3574.05万元。

撰稿:胡月梅

【主题思想教育】 学院牢牢把握"学思想、强党性、重实践、建新功"的总要求,围绕贯彻落实党的二十大精神和市委市政府"十项行动",高标准制定主题教育实施方案,召开动员部署会,专题部署安排,明确工作任务、工作要求、时间进度;突出学深悟透,抓深专题学习。组织领导班子和各基层党支部开展五个专题的学习交流研讨,同步组织开展专题读书班一期、集中学习11次、专题讲座6次、专题研讨6次、专题党课22场次、主题宣讲15场次,累计覆盖师生11000余人次,切实让党的创新理论入心见行;聚焦重点难点,开展调查研究。领导班子就"大思政课"综合改革示范校建设、学生岗位实习安全管理、社会培训服务能力提升、夯实全面从严治党根基、专业群建设管理机制、教师职称自主评审、高校国有资产管理等问题开展专题调研,确定调研课题7项,形成调研报告7篇,组织召开调研成果交流会,实现调研成果转化为25项政策文件或措施;梳理问题症结,确保整改实效。对照党员干部队伍存在的突出问题和制约高质量发展的突出问题,建立问题清单,累计查摆问题20项,制定整改措施53项;建立专项整治方案7个,确定整治问题19项,制定整改措施40项,在建章立制方面取得扎实成效,累计制定、修订管理制度12项。

撰稿:胡月梅

【思政工作】 学院全面贯彻落实《关于进一步加强和改进大学生思想政治教育的意见》,教育引导广大教职员工牢固树立"育人为本、德育为先"的工作理念,推动全员育人、全过程育人、全方位育人,将"三全育人"与德育、智育、美育、体育、劳育"五育"有机融合,不断提升人才培养质量,年内获批市级"三全育人"优秀典型案例1项,成功申报并获批2024年度高校思想政治工作质量提升综合改革与精品建设项目;持续建设以习近平新时代中国特色社会主义思想为核心的思政课课程体系,建设《交通文化与交通工匠》思政选修课、"思政大讲堂"名师示范课、"行走的课堂"思政实践课,指导学生获得2023年大学生

讲思政课一等奖;积极推进网络名师工作室建设,打造"交通强国交院说"抖音号,唱响时代最强音。年内共发布作品80个,总浏览量212.9万,总点赞12万,平均作品点赞量1494,工作室建设典型案例入选交通运输行业融合传播优秀案例评选。学院领导班子成员对接思政课实践教学指导教师共同带领学生深入天津港智慧码头、生态农业建设示范区、杨柳青民俗馆以及学生专业对口企业了解天津高质量发展的津牌故事,为"大思政课"建设和思政课高质量发展蓄势赋能、奋楫扬帆。同时,构建科研、实践、教学资源辅助体系,完成思政课教学质量评价实施方案,初步搭建思政教师成长发展和动态退出机制。

撰稿:胡月梅

【重点项目建设】 学院高质量推进国家"双高计划"建设项目结项验收和天津市创优赋能项目中期绩效评价工作;组织完成2023年度天津市创优赋能建设项目、天津市改善办学条件建设项目、交通职业教育交通强国专项试点和天津职业教育智慧教育平台试点学校等4个项目的申报,累计获批3项;组织完成现代职业教育体系建设改革重点任务中的建设职业教育示范性虚拟仿真实训基地、开放型区域产教融合实践中心、职业教育信息化标杆学校、职业教育专业教学资源库建设、优质教材、一流课程、具有国际影响力的职业教育学校、教学标准、资源和装备等10项重点任务的申报,累计获批9项。

撰稿:胡月梅

【优化专业布局】 学院发挥国家"双高计划"建设单位、天津市高水平高职学校的建设优势,主动对接天津市"1+3+4"产业体系,聚焦智慧交通产业链,重构现代物流管理、新能源汽车技术、智能交通装备、交通建设、交通服务、交通数字经济六大专业组群。2023年申报并获批供应链运营专业和智能网联汽车技术专业2个新专业;依托数字经济产教联合体、智能供应链产教融合共同体建设,新增现代物流管理和电子商务2个五年一贯制专业;现代物流管理和电子商务2个专业成功入选天津市首批产教融合专业目录。

撰稿:胡月梅

【校企合作与产教融合】 学院与京东等企业共建天津市首批开放型产教融合实践中心;与京东物流、天津大学牵头共建全国智能供应链产教融合共

同体;与京东科技、天津财经大学共建天津市数字经济产教融合联合体;与滨海新区汽车产业集群合力打造滨海汽车人才产业联盟;与天汽模等企业共同申报并获批国家级现场工程师项目4个;与京邦达等企业共建校企合作典型实践项目分获国家级1个和市级2个;获批天津市首批产教融合专业2个;固化推广百世物流、神州高铁、智能制造(运维)等产业学院建设成果和现代学徒制、订单培养等育人成效经验,成立51个订单班和工学交替班,企业订单学生数为2046人,占学生总数的19%,实现校—校—企之间教学资源的共享和合作育人,拓展产教融合育人的广度。学院新增万纬物流、北汽福田等10余家行业龙头企业,协助并引导天津市飞尼克斯实业发展有限公司等6家智能型优质合作单位获批天津市第三批产教融合企业,召开学院2023年校企合作理事会,企业用人单位满意度达99%,入选国家发展改革委2023年发布职业教育产教融合典型案例50强,校企合作水平显著提升。

撰稿:胡月梅

【继续教育和科技创新服务能力】 学院依托交通运输部职业资格中心、天津市人力资源和社会保障局职业技能等级认定资质,面向企业及社会重点群体开展汽车维修工、物流服务师、鉴定估价师的认定工作,共计实施3100余人次的职业技能等级认定,其中技师及高级技师的占比达到150余人,为区域经济内企业高技术技能人才的培养助力;完成第二届全国职业技能大赛车身修理、汽车维修赛项天津选手训练保障工作,完成6进3和3进1的阶段性选拔;申报并成功获批"职业院校服务全民终身学习项目"第二批实验校、天津市高技能人才培训基地;分别组织131名学生和13名教师参与市级赛项30余项,68名学生选手获奖,其中一等奖20项;10名教师选手获奖,其中一等奖1项。

撰稿:胡月梅

【学生就业】 学院积极搭建全员促就业工作体系,采取访企拓岗、就业帮扶等多种渠道推进就业工作开展,截至2023年9月1日,2023届毕业生毕业去向落实率95.37%,签约率92.43%,留津就业率56.54%,灵活就业率0.32%,少数民族落实率95.39%,困难群体落实率96.17%,整体就业情况稳定,就业质量良好。在天津市2023届高校毕业生就业质量考核评价赋分中获第一名,就业质量考核评价结果为优秀,获评"2023年高校就业工作先进单位";经天津市遴选,作为天津市唯一一所高职院校被推荐至教育部参评"2022—2023年度全国高校毕业生就业创业工作示范单位"。

撰稿:胡月梅

【国际交流合作】 学院团组两赴埃及推动鲁班工坊建设,推进专业教学标准纳入埃及国民教育体系;借助国内校企融合育人的成功经验,推动比亚迪股份有限公司就埃及鲁班工坊校企共育人才达成合作意向,同期推动埃及本土化企业共建埃及鲁班工坊汽车实习就业校外基地;数字赋能国际化双语教学资源建设,在智慧职教国际频道上线9门双语在线课程,为众多海外学生提供在线学习资源。汽车检测与维修专业鲁班工坊教学资源获批天津市具有国际影响力的职业教育资源,比亚迪新能源汽车检测与维修综合实训装备获批天津市具有国际影响力的职业教育教学装备,《鲁班工坊交通运输业—汽车检测与维修技术专业教学资源库》获批省部级专业教学资源库。发挥汽车检测与维修技术、现代物流管理等特色专业优势,培养国际学生达300余人,招生范围覆盖4大洲12个国家,2023年新增越南等3个国家,现代物流管理专业留学生获中国—东盟智慧物流国际邀请赛一等奖,机械工程学院学生获"'一带一路'暨金砖国家技能发展与技术创新大赛"三等奖。2023年学院获评省部级具有较高国际化水平的职业学校。

撰稿:胡月梅

【乡村振兴】 一是服务京津冀,助力青龙职教发展,与河北省青龙满族自治县职业技术教育中心签订"深化合作共建协议",推动跨省市中高职"3+2"联合贯通培养落地实施。二是联合天津市邮政管理局、百世物流、唯品会天津海淘运营中心等企业,在蓟州区十棵树村挂牌建立天津交通职业学院社会公益实践基地—"乡村振兴"试点村,发挥学院电商物流专业优势,对村民开展直播电商、商品包装及快递运营等多元化培训,校企共同募集资金,搭建红薯产业增值链,并将邮政普服网点引进十棵树村,建设助农寄递驿站,修缮村党群服务中心和抗战遗址,设计村文化节等活动,校企联动赋能破解乡村发展难题;三是受天津社科界联合会委托,整合教师资源成立基层治理研究团队开展实地访谈调研,推促乡镇社工站高质量对接民生需求,提出推动社工站高质量发展多项专业化举措建议,并形成咨政报告,获天津市第十六届优秀调研成果三等奖,武清区以该建议为蓝本对区社工站进行统筹设计与规划,推动乡镇社工站高质量建设。

撰稿:胡月梅
审稿:苏 敬

天津工业职业学院

【概况】 天津工业职业学院成立于2004年,原为天津冶金职业技术学院,2018年正式更名为"天津工业职业学院"。学院是2021—2023年天津市提质培优行动计划项目建设单位、2021—2025年天津市创优赋能建设项目建设单位,学院主校区坐落于北辰区京津公路引河桥北侧,天铁校区坐落于河北省邯郸市涉县更乐镇,学院总占地33.37万平方米,建筑面积12.97万平方米。

学院在职教职工382人,其中在编361人,劳务派遣7人,合同制14人。专任教师287人,其中具有博士、硕士学位教师187人。正高级职称10人、副高级职称107人,中级职称170人。有124人为"双师型""双素型"教师。

学院坚持和完善高校党委领导下的院长负责制,贯彻党和国家的教育方针,借鉴先进经验,努力建设高水平、高层次的技术技能人才培养体系。坚持立德树人的根本任务,履行人才培养、科学研究、社会服务、文化传承与创新的职责。以《学院章程》为总纲,面向社会,依法自主办学,推进产教融合、校企合作,实行科学管理。落实"党政同责、一岗双责"安全责任制,建立安全工作长效机制,深入推进全面从严治党,加强廉洁文化建设,健全干部日常教育管理监督机制。健全"五育并举"育人体系,持续深化"三全育人"综合改革,提升职业教育核心能力,深化产教融合载体建设,探索现代职业教育体系建设改革新模式。

落实意识形态责任制,调整网络安全和信息化领导小组,明确负责人和工作职责,认真执行"第一议题"制度,严格落实"三会一课"和主题党日等组织生活,学习贯彻习近平新时代中国特色社会主义思想主题教育网络培训、邀请党的二十大代表,北辰宝翠花都社区党支部书记为全体党员作学习党的二十大精神主题报告,打造思政服务平台,与双街镇庞咀村开展"励技能之术,颐劳动美德"劳动教育基地揭牌等活动。

学院师生参加各级各类职业技能竞赛项目,其中学院2位教师获"全国技术能手"称号;参加"榜样领跑—让正能量刷屏网民观察主题活动",报送的"学帮办"团队获天津榜样—2023年为人民服务杰出团队优胜奖;学院教师团队参加2023年天津市大中小学"故事思政"微课大赛获一等奖和高职思政课程组特等奖;第四届天津市思政课教学比武高职高专"毛泽东思想和中国特色社会主义理论体系"课获一等奖;全国数字创意教学技能大赛获高职天津赛区一等奖。2023年,学生参加各级各类职业技能竞赛项目获国家级奖二等奖1项、三等奖3项,市级奖34项,局级奖9项,行业级奖7项。学院基于职业技能大赛平台,表现优良,成绩显著,保送至本科院校深造学生19人。在市教委组织的网络意识形态责任制落实情况检查中,位列高职和独立学院组第一。

2023年学院完成乌干达鲁班工坊第三期设备捐赠协议签署工作,完成《中乌职业教育合作三方合作协议》和《中乌职业教育合作协议》续签工作,完成第四期乌干达师资培训以及信息化资源建设,建成鲁班工坊空中课堂项目,9门核心课程教材和培训教程运输乌干达,参与鲁班工坊教学资源库申报,参加鲁班工坊建设联盟第二次全体大会并成为联盟成员,入选"未来非洲—中非职业教育合作特色项目",获评EducationPlus2023职业教育对外交流与合作典型院校,获共建"一带一路"职业教育合作成果优秀案例和2023全国高等职业院校治理现代化特色案例。

撰稿:贾婉婉

【教育经费收入与支出】 2023年,学院教育经费总收入19106.35万元,比上年增加1858.13万元,增长10.77%。其中财政拨款收入13912.72万元、事业收入5112.32万元、经营收入38.83万元、其他收入42.48万元。全年教育经费总支出18458.38万元,比上年增加1035.85万元,增长5.95%。其中人员支出11971.98万元、公用支出3200.58万元、项目支出3284.29万元、经营支出1.53万元。

撰稿:王 健

【教育教学】 学院教学工作部所属教学机构有8个,分别是工业技术系、机械工程系、工业与信息化系、智能技术系、经济管理工程系、基础部、体育部和思想政治课部。2023年学院共开设钢铁智能冶金技术、机电一体化技术等23个专业,其中国家级重点专业1个,天津市重点专业5个,涵盖6大类,分别为机械制造大类、资源环境与安全大类、能源动力与材料大类、土建施工大类、电子与信息大类、财经商贸大类。学院有5个教学系，各有一个专业群，分别是：工业技术系的钢铁智能冶金专业群，智能技术系的电子信息工程技术专业群，工业与信息化系的工业互联网专业群，机械工程系的机电一体化技术专业群，经济管理工程系的智慧财商专业群。学院共有校级教学资源库4个，其中2个接入国家职业教育智慧平台。精品在线开放课48门，共3869学时，课均学生人数83；其中省级精品课2门，均接入国家智慧教育平台；校级精品课48门，其中5门接入国家智慧教育平台。虚拟仿真实训基地1个，对接X证书和行业标准，重构专业课程内容；校企合作推动教材革新，共同开发新型活页式双元教材，建立学院教材管理机制，完善教材管理制度性文件。与建科机械（天津）股份有限公司共同编写现代学徒制试点班校企合作教材《智能钢筋加工装备技术基础与实训 装配技术手册》《机电设备维修与维护》为活页教材被列选为职业教育国家"十四五"规划教材。2023年学院专业教学校外实践场所18个；校内实践场所40个，实训室109个，教学实训室面积13629.8平方米，虚拟仿真实训基地1个。校内实训实践基地设备总值12707万元，校内实训实践基地设备数3371台（套），工位数3485个。

撰稿：谭起兵

【科研和社会服务】 2023年学院教师申报获批各级各类课题46项。其中天津市教委重点调研课题2项，天津鲁班工坊研究与推广中心重点项目和一般项目各1项。学院15名教师参加天津市高等职业技术教育研究会举办的教师教学能力提升专题培训和专业教学资源库建设与应用培训研讨会。组织教师参与国家社科基金教育学2024年度重大重点项目选题工作征集、天津市社会科学界学术年会（2023）文明交流互鉴专场征文、全国第一届学生（青年）运动会科学论文报告会论文征集、首届天津市科学传播作品大赛参赛作品征集等学术活动。学院教师发表学术论文94篇，其中核心期刊论文4篇。学院共获批实用新型专利5项。签署校企合作项目2项，横向技术服务到款额2.57万元。与建科机械（天津）有限公司和天津军耀钢管制造有限公司共建智能制造协同创新中心和高品质精密冷成型小口径无缝钢管生产工艺和产品质量检验检测技术协同创新中心。以大师工作室为引领，与京津冀区域内的冶金企业深化校企合作，产教融合，分别为天津海钢板

材有限公司、天津华源线材制品有限公司、首钢京唐钢铁公司提供设备管理、用能分析与节能诊断和加热炉极致能效提供技术方案，为国内彩涂板生产龙头企业——天津新宇彩板有限公司三厂提供厂区5S管理和可视化项目技术服务。全年开展职工技能培训31项，组织培训1504课时，培训企业职工5003人次。组织面向社区和企业的各类活动25项，服务社会学习者791人次。获批"中国成人教育协会—职业院校服务全民终身学习项目"，获批第二批实验校，优秀校建设单位。获批中国成人教育协会"十四五"成人继续教育科研规划2023年度课题1项。

撰稿：刘均贤 裴颖脱
审稿：孔维军

天津石油职业技术学院

【概况】 天津石油职业技术学院隶属于中国石油天然气集团公司和天津市教委，是获国家和天津市财政支持、教育部备案、天津市政府批准的全日制公办高职院校，是天津市国内一流高职院校、天津市示范性高职院校、"双高计划"建设院校，是中国石油天然气集团公司下辖两所具有学历教育办学资质的高校之一。

学院地处天津市静海区团泊新城，占地96.47万平方米，其中教学及生活住宅区占地39万平方米。建筑面积25万平方米，固定资产原值逾2.6亿元，图书馆纸质藏书54.3万余册，建有文化活动中心、标准塑胶草坪田径运动场、大学生真人CS训练基地、体验教育中心等文体活动场馆，在校生规模近12000人。学院有教职工349人，其中合同化员工260人、市场化员工9人、友信员工34人、北方人力21人、劳务输出人员25人。

学院坚持"学历教育与培训业务并重，自主经营、自我发展、自求平衡"的发展定位，在实现自养的同时，一步一个台阶地实现高质量发展。学院先后被教育部、天津市政府评为"滨海新区技能型紧缺人才培养基地"，被河北省委、省政府评为"文明单位"，被天津中华职教社、天津职成教学会评为"天津市第二届黄炎培职业教育奖优秀学校奖"，被中石油评为"中国石油集团公司及企业直属培训基地""重点培训基地""中国特色企业新型学徒制试点单位"。

学院开设有石油工程类、机械制造类、电子信息类高职专业25个，其中石油化工技术专业是中央财

政支持的重点建设专业,石油工程技术和石油化工技术专业被教育部认定为骨干专业,油气储运技术、工程测量技术、新能源汽车技术等专业是获得天津市财政支持的重点专业或骨干专业,石油工程专业群获批天津市职业教育创优赋能高水平专业群。建成集教学、培训、生产、科研等多项功能为一体的9大类119个校内实训室(场)。其中1个被教育部认定为生产性实训基地,4个获得中央财政支持,52个获得天津市财政支持。

撰稿:周永彬 胡延明 谢红靖

【教育经费收入与支出】 2023年,学院教育经费总收入29657.97万元,比上年增加10475.73万元,增长54.61%。其中财政拨款13712.86万元、行政事业性收费7696.45万元、自筹收入849.91万元、其他收入316.47万元、结转结余收入7082.28万元。学院全年教育经费总支出26826.81万元,比上年增加8799.89万元,增长48.82%,其中公用经费(日常经费、专项业务费)支出11384.49万元、人员经费(工资、对个人及家庭的补助支出)支出8815.44万元、其他支出6626.88万元。

撰稿:周永彬 周 宇 谢红靖

【教育教学】 全年完成教学任务132576学时,英语四六级、计算机等社会化考试2361人次。完成"双高"院校创优赋能项目和石油工程高水平专业群建设任务,落实财政资金400万元,取得标志性成果18项。制定《学院专业组群建设规划》,修(制)订人才培养方案24个,成功申办新专业1个。完成课程改革23门,新建院级示范课程20门,开发在线课程4门、教学视频资源108个。组建产教融合订单班2个,新建工学结合实训室4个,成功入选工信部麒麟工坊实训基地1个。承办集团公司化工总控工培训与竞赛、全国石油和化工职业院校油气储运技术竞赛等3项赛事,师生在省部级技能大赛中获奖44项,8名学生免试保送本科院校深造。78人通过双师型教师认定,63名专业课教师赴企业开展实践锻炼,"师徒结对"培养21对,开展教师能力培训12场次,教师教学能力明显提升。

撰稿:周永彬 刘立超 张煜超

【学生工作】 组织开展主题教育活动112次,创新开展"石油学子看石油"暑期思政研学、"铁人式"接班人体验教育活动,努力探索石油特色的思想教育模式。完成心理健康筛查7350人次、心理咨询260人次,建立重点学生档案165个,测评完成率和重点学生回访率均为100%。实施辅导员素质提升工程,"师徒结对"培养17对,举办辅导员能力大赛,辅导员综合素质明显提高。成功召开第六次学生代表大会,发展团员215人,开展第二课堂活动86次,团学组织桥梁纽带作用有效发挥。学生获评局级以上先进集体11个、先进个人25人,获各类比赛奖励21人次;发放助学金2100余万元,惠及1.27万人次。坚持以服务就业为导向,开展访企拓岗241家,举办线上线下招聘会120余场,提供就业岗位40000余个,2023届毕业去向落实率90.26%。组织开展创新创业活动12场次,积极参加中国国际"互联网+"大赛、"天开杯"大学生就业创业大赛,获一、二等奖各1项,学院获优秀组织奖。

撰稿:周永彬 刘艳旺 刘宏庆

【科技研究和社会服务】 全年教师公开发表论文30篇(EI收录9篇),编写教材13部,获专利及软件著作权4项。教师获评天津市职业教育先进个人1人,获全国石油和化工教育教学名师、优秀教学管理和优秀教学团队各1个。取得机械行业职业能力评价考试站资质,完成数控、机制、化工等6个工种的鉴定,鉴定评价1295人。成功申办"高中起点专科"学历层次办学资质,推动继续教育持续发展。全年举办培训班123个,培训5000余人,创收1620万元,超额完成全年任务指标。

撰稿:周永彬 徐 鹏 倪 攀

【党建和思政工作】 贯彻新时代党的建设总体要求,扎实推进全面从严治党,党建引领作用充分发挥。深入开展学习贯彻习近平新时代中国特色社会主义思想主题教育,落实好"四学"要求,凝聚起推动学院高质量发展的强大合力。召开学院第四次党代会,描绘发展蓝图、确立方向路径。配合完成党内巡察,制定整改方案,推进整改落实。全年开展两级中心组政治理论学习342次,专题研讨68次,推动党的创新理论入脑入心。持续加强意识形态阵地建设和管控,成立网络安全和信息化办公室。新发展党员39人,党员干部队伍进一步优化。学院从油田公司内部引进职工35人,通过第三方聘任辅导员21人,内部转教师岗6人,教职工队伍得到及时补充。学院领导班子被公司党委评为"四好"领导班子,学院获评"河北省文明单位"和"石油和化工行业(院校)文化建设先进单位"。

撰稿：周永彬 赵 向 段宏滨
审稿：韩福勇

天津城市职业学院

【概况】 天津城市职业学院是经天津市政府批准、教育部备案、河北区人民政府主办的社区型全日制普通高等职业学院。60余年的发展历程积淀了浓厚的校园文化，"修德励学 强能笃行"的校训，"自强、实干、团结、创新"的学院精神。

学院开设婴幼儿托育服务与管理、智慧健康养老服务与管理、社区管理与服务、现代物流管理、电气自动化技术、数字媒体艺术设计等26个专业。学院有教职工185人，其中副高级职称人数占教职工人数的32.42%。高职学历在校生6393人，其中五年一贯制学生343人；中职学生544人，本科生90人，高职扩招学生717人。2023届毕业生毕业去向落实率97.58%。

学院坚持以高质量党建引领高水平发展，认真开展第二批习近平新时代中国特色社会主义思想主题教育，继续完善"大思政"工作体系，抓"三全育人"，促"五育并举"。学院成为天津市第二批"大思政课"示范校，教育与社会事业系党支部成为天津市"领航工程"样板党支部，推荐全国样板党支部培育单位。

学院提质培优，赋能"双高校"建设。学院成立京津冀行业产教融合共同体2项，建设职业教育专业教学资源库1项，市级职业教育一流核心课程2项，国家级职业教育示范性虚拟仿真实训基地1个，建有总建筑面积8347平方米的幼儿产教融合实训与服务基地，获评天津市文明校园、市级职业教育信息化标杆学校。大数据技术、现代物流管理团队被认定为天津市职业教育教师教学创新团队，2个团队入选天津市级教师教学创新团队，思政课教师团队获市级思政课教师辩论赛季军。养老教学团队获国家教学能力比赛三等奖。组织参加第九届中国国际互联网+大学生创新创业大赛，2项获市赛银奖、11项获市赛铜奖。2023年全国职业院校技能大赛获三等奖8人次；2023年天津市职业院校技能大赛中，学生赛一等奖获奖16人次、二等奖获奖25人次、三等奖获奖24人次，教师赛一等奖1人次、三等奖4人次。

学院积极服务"一带一路"机制，不断深化与肯尼亚院校在专业教研、教师培训交流、学生联合培养等方面的合作，完成肯尼亚鲁班工坊梅鲁科技大学分中心设备安装、调试、揭牌工作，建立肯尼亚马查科斯大学EPIP教学与研究中心。三批肯方院校领导、教师到学校交流培训。婴幼儿行为观察与评价等4门课程被认定为"天津职业教育国际化课程标准立项项目"。云计算专业教学标准与资源被认定为具有国际影响力的职业教育标准和资源。学院被认定为具有较高国际化水平的职业学校。

撰稿：张 妍

【教育经费收入与支出】 2023年，学院教育经费总收入11942.93万元，比上年增加7.58万元，增长0.06%。其中财政拨款5074.7万元，含基本支出拨款3725.22万元，专项经费拨款1349.48万元；政府性基金收入2131.04万元；行政事业性收费4120.43万元；其他收入616.76万元。全年教育经费总支出12461.98万元，比上年增加1845.05万元，增长17.38%。其中公用经费支出3069.46万元；资本性支出3106.65万元；债务利息及费用支出216.68万元；人员经费支出6069.19万元，含工资及各类津补贴5034.75万元，对个人及家庭的补助支出1034.44万元。

撰稿：鲁晓娟

【教育教学】 深化思政课程和课程思政建设。打造"理论+拓展+实践"思政课程课堂，启智润心。1名教师获市级教学"比武"三等奖，教学团队获市级教学能力比赛三等奖、首届思政教师辩论赛季军成功申报第二批天津市网络思政名师工作室(培育)项目；搭建思政与课程思政研学管理平台，实施专业建设案例、特色教育案例、重点教学案例"三大案例集计划"，推动"一系一典型""一域一范式""一课一特色"课程思政项目。形成典型案例166个，其中优秀案例30个。取得教育部虚拟仿真基地等5项国家级建设资格，获校企合作典型生产实践项目等7项市级荣誉。建成幼儿教育产教融合实训与服务基地，与金融街合作建立产教城融合育训结合新机制。搭建产教融合平台与载体，共建特色项目。完成政校企(社)合作发展理事会换届。牵头组建京津冀托幼一体产教融合共同体、京津冀养老行业产教融合共同体、河北区信创·智能产教联合体。共建"双师型"流动站、开放型产教融合实践中心、现场工程师培养等特色项目。精准打造"双高专业群"，服务区域发展。现代生活服务专业群建设成绩在全国高职院校公共管理大类中位列前十（金平果），在天津市高职院校专业大类综合排名中位列第一。大数据技术专业群合作案例入选全国产教融合100强。精心打造双高学校品牌，数据赋能发展。持续建设婴幼儿托育服务与管理等2个市级专业教学资源库、6个校级专业资源库。完成教务管理、顶岗实习、劳动教育等新系统搭建，实现多个业务系统与校本数据库对接。数据中台存量数据约30万条，85张数据表对接教育部。

撰稿：袁美灵

【科技研究与社会服务】 2023年，学院新增纵向科研课题立项共计10项，其中局级以上课题7项。完成课题结题共计36项，10项为局级以上课题（其中省部级课题3项）。公开发表论文19篇，均为省级以上期刊。新增外观设计专利3项，新增横向课题3项，年度入账9.82万元。完成2023年度全国普通高等学校科技（人文、社会科学）统计工作，完成8大类别共计200余条信息的数据填报任务。2023年共组织完成科普活动3次，其中科技周期间在河北区月牙河街道开展"科普系列活动之家庭教育讲座"1次，9月份组织2023年天津市河北区全国科普日系列活动——"青春有爱·健康无艾"艾滋病防治宣传进校园活动1场，全民终身学习活动周活动期间举办"提升全民科学素质，助力科技自立自强——科普大讲堂"专题讲座1场。组织开展丰富多彩的社区教育活动，面向河北区10个街道、118个社区，20万老年人和25.3万户家庭开展家庭智慧助老、老少共学和找·寻家训等特色活动；培育6个区级家庭智慧助老品牌项目，遴选100个区级学习型家庭；组织完成河北区第十七届社区教育展示周暨2023年全民终身学习活动周。围绕"五个全民"和"区校联合"6个板块，在全区范围内组织学院相关部门、河北区老年大学和街道、社区开展22项主题活动，参与人员共计5.1万人次；获2023年全国新时代"百姓学习之星"1人，"终身学习品牌项目"1个，学院被确定为天津市首批高品质社区教育示范基地，凸显学院"职业教育社区化、社区教育职业化"的办学特色。

撰稿：李　娜　黄小萍

【京津冀产教融合托育共同体】 2023年5月，学院与天津职业技术师范大学和北京金融街教育集团，牵头成立京津冀托幼一体化行业产教融合共同体，首批校企成员单位53家。7月，根据教育部建设指南，共同体进一步优化组织和运行机制。整合资源、精准融合，提高产教融合质量。学院与北京金融街教育集团优质高效规划建设幼儿产教融合实训基地。深化天津市示范性托育综合服务中心产教融合项目。学院与金融街教育集团依据国家卫生健康委《托育综合服务中心建设指南》，联合规划天津市示范性托育综合服务中心，启动园所室内外升级改造工程项目设计、报批程序。校企合作开发产教融合实践项目获评市级"校企合作典型生产实践项目"，获评天津市一流核心课程1门。与河北女子职业技术学院、保定天宇教育集团等京津冀共同体内企业院校，达成共建市级幼儿专业教学资源库协定。校企在幼儿教育产教融合实训与服务基地挂牌成立"城职慧爱产业学院""京津冀托幼一体化行业产教融合共同体特色学徒制教育研究中心"和"婴幼儿托育专业国际化师资'培训+技能'基地"。

撰稿：袁美灵

【河北信创产教融合联合体】 9月10日，天津市河北区信创·智能产教联合体成立仪式在京津冀协同发展智能科技园区举行。该联合体将以产业园区为基础，遵循"政府统筹、产业聚合、企业牵引、学校主体"工作思路，具有人才培养、创新创业、促进产业经济高质量发展等功能，致力于服务区域信创产业、智能科技产业高质量发展。仪式上，鸿蒙创新实践中心、中关村硬创产学研协同创新中心揭牌。同时，天津城市职业学院分别与北京东奥时代教育科技有限公司、武汉人工智能研究院、中关村硬创空间（天津）科技有限公司、北京卡达克科技中心有限公司签订合作协议。天津市教育委员会副主任罗延安出席签约仪式并讲话。

撰稿：程　玥

【服务全民终身学习】 学院获批成为联合国教科文组织"城市社区学习中心（CLC）能力建设"项目首批和第二批试验单位，成功申报第二期子项目"职业院校、职教集团服务终身学习的实践与研究"，牵头开展相关实践研究。通过项目启动会、实施方案交流会、交流推动会、专题学访和交流研讨会等形式，交流经验，宣传成果。通过项目引领，实现一所普通高职院校示范带动5个省、3所国家"双高校"和8所职业院校服务终身学习的实践与研究。职业院校服务全民终身学习的典型做法受到同行的广泛赞誉和中成协领导的充分肯定，学院领导被聘为职业院校服务全民终身学习项目专家。中国网、《中国青年报》、中国小康网、联合国教科文组织官方微信公众号、天津北方网等多家媒体对项目的开展推进情况进行报道。

撰稿：黄小萍
审稿：李　彦

天津铁道职业技术学院

【概况】　天津铁道职业技术学院有两个校区，总占地27.14万平方米，建筑面积17.43万平方米。主校区坐落在河北区建昌道21号；南校区位于河北区金钟河大街232号。

学院是天津市唯一一所以轨道交通专业为特色的高职院校，是天津市"双高计划"建设单位和天津市职业教育创优赋能高水平高职院校建设单位。有6个二级学院、3个教学部门和19个行政科室，开办专业31个。学院对接天津"1+3+4"产业体系，构建以轨道交通类专业为主干、以智能制造、智能建造、现代服务为支撑的"一主三辅"专业布局，拥有铁道信号自动控制和城市轨道车辆应用技术2个市（省）级高水平专业群，着力培养轨道交通企业"用得上，留得住，干得好"的人才。

学院有在校生9261人及教职工475人，教职工中专任教师274名；教授13人、副教授92人。对接天津"1+3+4"产业体系，构建以轨道交通类专业为主、以智能制造、智能建造、现代服务为辅的专业布局。

学院落实党委领导下的校长负责制，坚持"立足京铁、服务国铁，涵盖轨道交通全领域，争创一流"的办学定位，秉承"精神抖擞、专心致志、一丝不苟、精益求精"的新时代铁院精神，秉持"学生的健康成长和未来发展高于一切"的办学理念，厚植"以干成事论英雄、以解决实际问题论能力、以高质量发展项目和高水平创新成果论业绩"的价值观人才观，抢抓"京津冀协同发展"战略机遇，牢固树立"文化引领、质量立校、内涵建设、校企融合、特色发展"的办学理念，确立"依托行业、工学结合、以岗导学"的人才培养模式，努力培养德智体美劳全面发展的社会主义建设者和接班人，为轨道上的京津冀建设培养复合型技术技能人才。

学院主动服务国家"一带一路"倡议，积极拓展与沿线国家的职业教育合作，助力中国铁路"走出去"。吉布提鲁班工坊获评"中非职业教育合作特色项目"，顺利通过质量评估；泰国鲁班工坊受到高度认可，获泰国教育部授予的"诗琳通公主纪念奖章"。招收泰国、印度尼西亚、巴布亚新几内亚等国家留学生28名，深化国际化人才培养，留学生在2023年度"金砖国家"职业技能大赛轨道车辆技术赛项中获二等奖、三等奖各1项。打造涉外培训品牌，完成亚吉铁路、雅万高铁等"一带一路"标志项目员工培训近1200人，实现"新职人员—技术骨干—公司高管"培训全覆盖，为亚吉铁路移交本地国管理和雅万高铁运营发展打下坚实基础。

撰稿：栾兆涵

【教育经费收入与支出】　2023年，学院教育经费总收入20222.04万元，比上年增加1428.98万元，增长7.60%。其中天津市财政拨款14201.08万元、行政事业收费收入4955.01万元、其他收入966.94万元、经营收入99.01万元。全年教育经费总支出20143.88万元，比上年增加611.02万元，增长3.13%。其中公用经费支出2715.48万元、人员经费支出13887.72万元、项目支出3442.59万元、经营支出98.09万元。

撰稿：栾兆涵

【教育教学】　落实"三年一轮"教学改革。以立德树人为根本、以创优赋能项目为载体，实施以数字赋能为切入点的课堂革命。面向轨道交通重点领域，应对行业智能化转型升级，对34门核心课程实施"工程化、模块化、项目化"改革。按照"两性一度"金课标准，从调研报告、课程标准、整体设计、单元教案、考核方案等多角度出发，严格把握、耐心打磨，开展专家指导交流会13次，在实践性、创新性、引领性方面特色凸显。学院1门一流核心课程被推荐至教育部。推进教育教学评价改革。以促进学生全面发展为目标，以提升结果运用为重点，完善"学院—教学单位—专业团队"三级教学质量保障体系，以"常规督导—掌上督导—远程督导"等多种形式、以"学生—同行—主管"多维评价开展教学监测活动，在落实课程标准、规范教学行为、开展教学改革、改进教学方法、提升教学效果等层面强化综合质效评价，完成天津市教育教学评价改革课题4项。发挥教材铸魂育人效果。严格把控教材建设管理政治方向与价值导向，实施"教材+思政教育""教材+数智技术""教材+特色资源"等创新举措。落实党的二十大精神进教材，审议确定29本修订教材及其修订内容；举办教材建设专题培训会3次，编制新型活页教材模版2

套,校企合作编写新形态教材14本,其中6部获评国家规划教材。

撰稿:栾兆涵

【科技研究和社会服务】 健全科研项目管理体系,搭建科研数字化管理平台,提高科研管理效率、促进创新发展。深化"科教融汇",与中国铁设、北京局集团、深圳长龙公司开展校企产学研合作,共同开发铁路信号设备智能检测装备、开展线路勘察等项目。学院获国家级教学成果奖特等奖1项,天津市特等奖1项、一等奖1项;立项局级以上各类课题26项、申报教学成果培育和教育教学改革研究项目12项,评选科研创新团队6个,横纵项目到账经费突破50万元,授权专利、软著22项。整合优质院内铁路教育资源,成功申报市级轨道交通科普基地,接待各类参观738人次,服务全民科学素质提升。持续开展"访企拓岗"促就业专项行动,学校领导带队开展重点企业实地走访,深化校地、校企合作,挖掘毕业生就业岗位,开展多样化就业指导,共走访企业163家,开拓实习就业岗位2500余个,架起服务学生就业的"立交桥"。超过三分之二毕业生就业于国有大中型企业,用人单位满意度连续3年超过95%。高质量就业带动高水平招生,2023年录取新生2823人,其中573人超过当地本科分数线,录取成绩位居全市前列。高质量开展社会培训,为轨道交通行业、京津冀企业及"一带一路""走出去"企业培训员工40930人。服务企业员工素质提升,完成西南交大网络教育26个教学班、65门课程的辅导及答疑工作。积极开展职业技能等级认定,为在校生及北京局集团等企业完成技能认定3800余人次。承接北京局集团高级技师考评、技能认定等任务,服务1600余人次。申报天津市数字技术工程师培育项目,成功获批大数据工程技术人员等3个职业方向培训资质。

撰稿:栾兆涵

【京津冀协同发展】 助力"十项行动",服务京津冀协同发展。加入津雄职教发展联盟,与衡水职业技术学院、雄安新区三县职教中心签署合作协议,重点在轨道交通相关专业建设、实训基地共建、师资培养、职业培训等方面开展合作,助推京津冀职业教育协同发展。牵头组建京津冀轨道交通智能运维行业产教融合共同体和武清经济技术开发区智能轨道交通产教联合体,面向联合体内职业院校轨道交通类专业开展实习实践教学,面向企业员

工开展多种类社会培训,服务天津"1+3+4"产业体系建设。与北京锐捷、天津哈威克、中铁六院等企业共建研究中心3所。发挥学院师资优势,与北京铁路局、中土集团等央企合作,承接亚吉铁路、雅万高铁培训,助力央企驻在国本土员工技术技能提升。学院1413名毕业生留津就业,留津就业率为37.12%,1746名毕业生就业于京津冀地区,占毕业生总数45.8%,为轨道上的京津冀建设提供复合型技术技能人才支撑。

撰稿:栾兆涵
审稿:于忠武

天津工艺美术职业学院

【概况】 天津工艺美术职业学院是经天津市政府批准、教育部备案的天津市唯一一所以工艺美术为特色的全日制艺术设计类普通高等职业院校。学院主校区位于天津市河北区革新道10号,分校区位于河北区建昌道41号,校区总占地9.42万平方米,总建筑面积3.94万平方米。截至2023年,学院固定资产总值6115.22万元,其中教学仪器设备总值2975.37万元。图书馆馆藏图书12万册,中外文专业期刊百余种,珍藏有多种善本图书绘画资料和文物工艺品。学院教职工139人,专兼任教师118人,具有正高级职称5人、副高级职称25人、中级职称35人、初级职称30人。全日制在校学生1726人,2023年学院普通高职招生659人。

学院设有商业美术系、环境艺术系、工业设计系、服装装饰系、数字媒体艺术系、综合绘画系6个系,共开办包装艺术设计、视觉传达设计、广告艺术设计、环境艺术设计(景观设计)、游戏艺术设计、摄影与摄像艺术、影视多媒体技术、影视动画等16个专业。

学院确立"以内涵建设为核心,全面提高人才培养质量"的发展思路,形成基础宽厚、应用创新相结合的办学格局。学院坚持以人才培养为根本任务,强调以立德树人为核心目标,突出学生"厚重"底蕴和跨文化沟通能力培养;着力提高教师的思想政治素质和业务水平,选优配强思政课和辅导员队伍建设;多措并举立体化加强学生思想政治教育,营造健康向上的氛围,大力促进学生政治意识的提升;稳步推进学院教育教学改革,严格规范人才培养全过程,加快培养复合型技术技能人才,按照专业人才培养方案动态调整修订机制;不断夯实艺术教育基础,全

面提升艺术科研水平,学院师生团队屡次在中国高校设计作品大赛、全国高校数字艺术设计大赛、中国"互联网+"大学生创新创业大赛天津赛区比赛、全国职业院校艺术设计类作品"广交会"同步交易展暨校企创新成果对接会等全国性比赛中获得优异成绩。

撰稿:崔 婷

【教育经费收入与支出】 2023年,学院教育经费总收入5682.63万元,比上年增加589.29万元,增长11.57%。其中财政拨款收入4461.41万元、事业收入1216.00万元、其他收入5.22万元。全年教育经费总支出5382.51万元,比上年增加413.53万元,增长8.32%。其中工资福利支出3708.05万元、商品和服务支出1217.68万元、对个人和家庭的补助393.69万元、其他资本性支出63.09万元。

撰稿:崔 婷

【教育教学】 2023年,学院全面聚焦立德树人根本任务,人才培养质量和水平稳步提升。修订《天津工艺美术职业学院专业人才培养方案修(制)订工作方案》,注重人才专业技能与实践能力的发展。健全课堂考勤制度,持续推进线下课程督导与领导听课巡查制度。制定《天津工艺美术职业学院学生实习管理办法(修订)》,全时全过程掌握实习学生实习生活情况和思想动态。承办2023年全国职业院校技能大赛第二、三批赛项天津选拔赛"融媒体内容策划与制作"赛项,以赛促建深入贯彻落实全国职业教育大会精神。综合绘画系拟增设文物修复与保护专业,数字媒体艺术系拟增设数字媒体艺术设计专业和动漫设计专业,完成专业备案答辩。工业设计系、服装装饰系与北京洛凯特文化传播有限公司合作,完成"1+X产品创意设计职业技能等级证书"试点申请工作。学院与智慧树在线教学平台合作,综合绘画系教师团队打造的《油画基础》进入视频审核阶段;工业设计系专业教师团队打造的在线课程会展空间设计与实训正式上线,该门课程作为全校公共选修课向全院学生推广。推进落实学院"双师型"教师认定工作,首批48名教师被认定为"双师型"教师。深入实施"科教兴市人才强市行动方案",院领导、各系部积极开展访企拓岗促就业行动,进一步深化产教研融合。

撰稿:崔 婷

【科研与社会服务】 学院把艺术教育目标定位于培养学生创造和创新能力、促进学生整体素质的发展上,不断提高艺术专业人才培养质量。根据《天津工艺美术职业学院教研活动管理办法》,高质量完成2023届毕业生线上作品展,充分展示学院教育教学成果。2023年,科研课题结题8项,其中省部级课题7项、局级课题1项;获奖34项,其中省部级奖项18项、局级奖项6项、校级奖项10项;公开发表论文34篇,新增专利、科技成果1项。参与申报天津市高等职业技术教育研究会课题5项,获批立项2项。3月5日,学院学工部党支部带领工美志愿服务队积极加入水上公园开展的"凝聚力量 赓续传承 让雷锋精神在水上公园绽放光芒"主题志愿服务活动,以学习雷锋纪念日为契机,让志愿服务精神和雷锋精神同频共振。4月28日,天津市第四十五中学师生一行40余人来到学院参观交流,以参观综合绘画社团汇报展为主题展开,相关专业教师为到访师生深入进行作品讲解,两校师生畅所欲言、真诚交流,氛围浓烈而温馨。双方院校加大校际交流活动,互学互鉴,促进资源共享。5月4日,综合绘画系社团师生作品汇报展览顺利开幕,特邀校内外专家举行"系部课程建设与拓展"研讨会,为综合绘画系发展提供新的思路和方向,为学院艺术教育注入新活力。

撰稿:崔 婷

【党建工作】 学院坚持和完善党委领导下的校长负责制,发挥党建引领,聚焦立德树人根本任务,主动融入教育发展大局,推动全院各级党组织服务教育强国建设、助力市委"十项行动"。落实全面从严治党主体责任,持续加强党风廉政建设。严格履行管党治党政治责任,严格落实民主集中制、"三重一大"决策制度等各项党内法规制度。夯实思想根基,持续深入开展学习贯彻习近平新时代中国特色社会主义思想主题教育。党委将贯彻落实好党的二十大精神作为首要政治任务,先后组织召开理论中心组学习15次,开展专题研讨5次,讲专题党课4次,组织参观红色教育参观活动3次,激发内生学习动力、夯实理论根基。加强意识形态工作,筑牢思想防线。坚持每季度召开意识形态专题研判会,4月组建学院通讯员工作队伍,5月进行新媒体业务培训;9月对学院新入职教师以"抓思想,强信念,守牢校园意识形态主阵地"为主题进行意识形态工作专题培训。高扬思想旗帜,做好宣传思想工作。制定《天津工艺美术职业学院2023年宣传思想工作要点》,先后推出"躬耕教坛、强国有我""我和我求学的城市""你好,青春"等主题宣传,唱响立德树人的好声音;制定推行意识形态管理审核表,严格落实三级审核管理制度,健全校园网络安全管理工作机制,发挥网评员作用,加强正面舆论引导。

撰稿:崔　婷

【交流与创新】　2023年,学院配合市教委"互联网+"大学生创新创业大赛等创业比赛活动,举办"天津工艺美术职业学院2023年创新创业校赛",539名学生参赛,网上报名累计360个参赛项目。经过校赛选拔出6个项目入选市赛,其中"老饭友"专业餐饮信息共享平台App——家庭式健康外卖订餐神器获职教赛道银奖;传统首饰设计制作、电光漆墙体彩绘项目、多彩印章设计、津津乐"道"——塑造独特天津五大道IP文创产品、文物虚拟活化石获职教赛道铜奖。6月11日,市教育两委、市科技局联合多部门举办的第六届天津市大学生创新创业人才与成果洽谈交流会暨"天开杯"创聚津门全国大学生智能科技创新创业挑战赛在天开园正式启动,学院"创聚津门·艺想天开"工美众创空间团队亮相本次活动。让"天开"精神有机融入工美校园文化之中,推动科教产教融合,让高职艺术教育与城市相互赋能、相互滋养,孵化更多更好的创新创业成果。

撰稿:崔　婷
审稿:马忠庚

天津生物工程职业技术学院

【概况】　天津生物工程职业技术学院坐落于天津经济技术开发区西区,是天津市服务医药产业链条较为完整的职业院校。学院系统培养运用现代生物医药应用技术,从事药品基础研发服务、生产、检验、销售和用药指导服务及制药工程设备维修,医疗器械制造等领域工作的高素质技术技能人才,坚持"以人为本,追求卓越"的办学理念,是天津市生物医药高技能人才培养基地和生物医药职业技能培训基地。

学院根据生物医药产业需要,按照生物医药产业服务方向和主要工作岗位,设置药学、生物技术、中医药和医疗器械4个专业群,开设20个生物医药特色专业。其中全国健康服务类示范专业点1个,中央财政支持重点建设专业1个,国际化专业3个,市级高水平专业群1个,市级优质骨干专业2个,骨干专业4个,优质特色专业4个。

2023年,学校占地20.23万平方米,建筑面积8.71万平方米,馆藏图书资料26.1万册,电子图书近万册,电子期刊135000册,大阅览室2个,多媒体教室44个,机房8个。学院教职员工218人,专任教师105人,其中正高级1人,副高级25人,中级职称47人;硕士以上学历81人,本科24人;双师型教师23人。学院聘任中国工程院院士、研究员、教授、博士生导师刘昌孝院士为名誉院长。2023年招生2197人,在校生5618人,其中成人大专39人。2023年初次毕业去向落实率85.5%,签就业协议形式就业555人,签劳动合同形式就业317人,合计872人,签约率45.63%;其他录用证明就业680人,自由职业9人,灵活就业率36.05%;自主创业6人,占总毕业生的0.31%;应征义务兵15人,西部计划1人,合计占总毕业生的0.84%;专科升普通本科51人,占总毕业生的2.67%。

撰稿:李　霞

【教育经费收入与支出】　2023年,学院教育经费总收入9444.13万元,比上年增加3960.06万元,增长72.21%,其中教育事业收入4561.64万元、其他收入3908.30万元、财政专项收入802.25万元、经营收入166.46万元、利息收入5.48万元。全年学院教育经费总支出6140.70万元,比上年增加1640.64万元,增长36.46%,其中教育事业支出5268.81万元、财政专项支出871.89万元。

撰稿:王　萍

【教育教学】　学院20个专业覆盖生物医药行业药品基础研发、生产、检验、销售、用药指导、康复医疗、制药设备维修及医疗器械等领域。与龙头企业单位如达仁堂(天津)中药饮片有限公司、天津医科大学总医院等行业合作,共建教师实践流动站和实习实训基地,在人员互聘、教师培训、技术创新、资源开发等方面开展深化产教融合,促进"校企双元"育人,推动专业人才培养与岗位需求衔接,人才培养链和产业链相融合。依托国家职业教育智慧教育平台,打造精品课程。积极推动优质数字资源整合优化、开发建设、交互应用与开放共享,发挥国家职业教育智慧教育平台作用,打造线上精品课程。含量测定技术课程与企业合作建设,获天津市职业教育精品在线课程荣誉。顺应教育数字化和现代信息技术,坚持以需求为导向,做好信息化建设的整体规划和顶层设计。全面推进智慧校园和信息化建设,重点建设学院信息化基础设施、可共享的特色教育教学资源和管理服务平台。建立完善办公自动化系统,有效提高学院各部门工作效率,促进教育教学的透明化和智能化,助力学院运营决策。积极开展数字化相关培训。2023年共开展16学时线上培训内容涉及网络与数据安全、知网检索等方面。注重增强教师的数字化素养,包括数字化专业知识与能力、信息收集与数据处理能力、数字安全意识及借助数字技术进行持续学习、分析与解决问题的能力等。学校以师德师风建设为引领,强化教师培训实践,搭建教师发展平台,提高教师教育教学能力和专业实践能力,深化新时代职业教育"双师型"教师队伍建设改革,努力打造一支师德高尚、技艺精湛、专兼结合的高水平双师队伍。学院组织在校教职工师德师风集中培训人均4学时,共计800余学时。对新入职教职工开展岗前培训,其中师德师风培训人均16学时,共计约370学时。2023年6月,参加汉康医药杯分析检验技能大赛,获一等奖1名、三等奖1名、优秀奖3名。

撰稿:韩　璐

【社会服务】 学院针对企业员工、学院师生对培训的具体需求,组织开展各类培训,促进各类人员技能提升。面向天津中新药业集团股份有限公司药品营销公司、华润联通(天津)医药有限公司等7家企业,开展中药调剂员、药品购销员、药物制剂工等技能登记培训、持证人员继续教育、滨城项目定制等不同项目的培训工作,共计培训370人次、196学时。面向社会人员,组织开展中药调剂员技能等级认定工作,共计91人参与认定。面向学院学生,组织860人次,每班次56学时,共计9个班次的创业培训工作,面向校内66名教师开展80学时的专业技能培训。承接举办2023年"滨城工匠杯"职业技能竞赛暨第八届"泰达杯"职业技能竞赛—生物活性物质提取与鉴定赛项。来自滨海新区14家企业的25名员工和来自天津市本科、专业院校的22名学生共同参赛。

撰稿:孔董俊

【以赛促教】 学校以竞赛工作为重要抓手,推动教育教学改革,积极推动市级各类学生职业技能竞赛承办工作,并组织师生参加各级各类职业技能大赛,帮助学生养成团结协作、积极进取、立志成才的优良学风,激励学生走技能成才、技能报国之路。2023年承办滨城工匠杯职业技能竞赛暨第八届泰达杯职业技能竞赛,在大赛中华熙生物企业员工及本院生物医药专业群学生在大赛中均取得佳绩。获奖的学生已被企业抢先录用,列入企业后备人才重点培养人选。

撰稿:孔董俊
审稿:刘　栋

天津体育职业学院

【概况】 天津体育职业学院位于静海区天津健康产业园体育基地内,总占地20.77万平方米,建筑面积68632平方米。共有教职工93人,其中教授2人、副教授21人;硕士52人,博士学历2人,双师型教师39人。

学院秉承"明德精学,追求卓越"的校训,以致力培养具备优秀运动能力的竞技体育人才和具有体育专业基本理论知识和技能的应用型人才为办学目标,依托训练、教学、科研"三位一体"的教育模式,着力推动理论学习和实训体验的有机结合,促进学生操作技能和文化素养的协调发展,服务于社会大健康领域,满足运动队、业余体校、健身俱乐部及相关体育产业发展的多元化需求。

学院紧紧围绕市场多元化的人才需求,以岗位需求和职业技能为基础,以就业和创业为导向,实施"工学结合、学训同步、平台培养、模块教学"的人才培养模式,突出"多大纲导教、多课堂施教、多能力执教、多维度评价、多证书就业"的办学特色,全面提高学生的职业技能和综合素质,拓宽就业渠道,并为学生终身学习夯实基础。

学院拥有13个校内实训室和多媒体教室、心理咨询室、数字化教学中心、语音室、计算机房、电子阅览室、图书馆、报告厅以及学生活动中心等设备完善的教学设施。学院各运动项目均具备独立使用的场馆,拥有近20个室内项目场地和足球场、棒垒球场、自行车馆、射击馆、康复中心等国内国际一流的场地设施。学院经教育部备案设置了2个专业3个方向:体育运营与管理、体育保健与康复、体能训练、运动训练、电子竞技与管理专业以及运动训练专业(足球方向)、运动训练专业(滑冰滑雪轮滑方向)和运动训练(排球)。有在籍学生3048人(含扩招54人),在校生2911人(含扩招54人)。

撰稿:许秋萍

【教育经费收入与支出】 2023年,学院教育经费总收入5615.31万元,比上年增加818.36万元,增长17.06%。其中财政拨款收入3869.2万元、行政事业性收费收入1713.76万元、自筹收入28.76万元、其他收入3.59万元。全年教育经费总支出4855.76万元，比上年增加396.6万元，增长8.17%。其中公用经费支出1572.75万元、人员经费支出3283.01万元。

撰稿：许秋萍

【教育教学】 学院深入学习贯彻全国职业教育大会精神，优化体育职业教育类型定位，深化体教融合、产教融合的发展理念，继续拓展校外实训实习基地，有实习实训基地194家。组织校企对接会、走访重点合作企业，持续推动访企拓岗促就业行动。高质量完成2023年度征兵工作，28名学生正式批准入伍。继续申报2023年教育部1+X运动营养咨询与指导职业技能等级证书全国统考。完成2020级社会体育指导员培训及取证工作，2023年学院共有456名学生取得一级证书，546名学生取得二级证书。与天津复兴小学签约共建体教融合协同育人中心，与天津市耀华中学共建体育素质拓展协同中心，共同签订战略合作协议。双方以促进体教融合，助力青少年健康成长为重点，整合双方资源优势，不断丰富体育课程内容，让学生在积极体育锻炼过程中提升兴趣、习得技能、磨炼意志、完善人格。发挥学院之力提升学生对体育的认知水平，服务"双减"政策，为天津市体育后备人才培养搭建校园平台。学院面向天津市中小学体育教师录制排球线上课程，面向全市中小学教师采取线上直播形式开展排球专项课教学，参加线上培训教师近200人。学院与6所高校开展排球项目合作，签署高校高水平运动队建设三方协议。为天津体育强市、"排球之城"建设添砖加瓦。加强与津门虎足球俱乐部合作交流，双方签订合作协议，积极探索专业发展与市场机制相融合的办学格局。举办轮滑等级教练员培训，筹备并承办第十三届全国体育科学大会生物力学分会场。与天津体育学院、天津市体校共同探索"中、高、本一体化"人才培养模式，加快天津市体育后备人才培养体系化发展步伐。与天津市体育运动学校联合申报"中高职系统化人才培养"项目（运动训练专业），并成功获批。与天津体育学院签订战略合作框架协议，逐步推动部分专业与天津体育学院高本衔接联合培养。

撰稿：许秋萍

【参赛获奖】 学院组队参加由国家体育总局科教司主办，广西体育高等专科学校承办的2023年全国体育职业教育教师和学生技能大赛，共取得4个三等奖、1个二等奖、1个一等奖的成绩。学院教师团队在天津市大中小学"故事思政"微课大赛中获一等奖。学院组队参加2023年全国职业院校技能大赛高职组健身指导赛项比赛，获全国三等奖。学院院队参加天津市大中小学田径运动会，取得1金4银5铜、团体总分第三名的成绩。学院院队参加由天津市教育委员会和天津市学生体育协会举办的2023年天津市大学生篮球比赛，获得高水平组第四名。组织学生参加中国轮滑协会主办的2023年全国大学生轮滑锦标赛，获男子乙组平地跳高冠军和季军。组织师生参加天津市教委主办的第二届高校冰壶联赛，获男子团体第二名。

撰稿：许秋萍

【社会服务】 学院学生志愿者积极服务各项赛事：包括2023年首届天津市跆拳道、空手道超级联赛；2023年天津市青少年跆拳道、空手道锦标赛；中华人民共和国第一届学生（青年）运动会轮滑项目预赛；中华人民共和国第二届职业技能大赛；2023天津·团泊湖半程马拉松暨"体彩杯"京津冀健身跑邀请赛；天津马拉松等志愿提供赛事保障服务，学生的精神品质和专业服务水平获社会各界的一致好评。在2023年天津市大中专学生志愿者暑期文化科技卫生"三下乡"社会实践活动中，学院团委组建的"同心同行，青春筑梦"民族团结实践团、"振兴乡村'青'尽全力"实践服务队获评优秀团队，2人获评先进个人，学院获评先进单位。学院多名教师长期支持竞技体育科技保障工作，受到各中心领导的一致认可。学院体育保健与康复系教师王虎作为天津女排体能康复教练，制定科学化的康体训练计划，助力天津女排在全国女子排球联赛勇夺冠军。杭州亚运会、亚残运会上，学院教师杨震、曹瑛参与裁判工作。

撰稿：许秋萍
审稿：王　伟

天津滨海汽车工程职业学院

【概况】 天津滨海汽车工程职业学院是一所民办非营利性高职院校，是教育部第三批现代学徒制试点单位、天津市文明单位、天津市"大思政课"综合改革示范校培育建设单位。

学校主校区坐落于天津市津南区葛沽镇汽车产业园。2023年7月，在京津电子商务产业园建成武清校区。学校总占地57.42万平方米,建筑面积36.9万平方米,教学行政用房面积23.7万平方米。其中武清校区一期占地10万余平方米,建筑总面积7.3万平方米。学校设有汽车工程学院、康复学院、信息工程学院3个二级学院共22个专业,在校生12742人。

学校有专任教师638人,外聘兼职教师149人,专任教师中具有研究生学历181人,具有副高级以上专业技术职务或高等级职业资格的人员合计61人。2023年学校引进博士2人,中、高级专业技术人员24人,其中正高级职称7人、副高级职称8人、中级职称9人。

学校图书馆藏有纸质图书47.92万册、电子图书30万册、电子期刊800种、电子阅览座位80个,为天津市高校文献信息中心成员单位。2023年新增设备值2027.9万元,设备值达到6781.4万元。

2023年学校在深度产教融合上持续发力,成立产教融合专家委员会,获得理想汽车"优秀合作院校"称号。在长城汽车绿智产业学院和奇瑞汽车产业学院基础上,建立京津冀汽车后市场产业学院;康复类专业从三个维度构建起产教融合新平台,信息工程类专业与深圳讯方公司等建设智能化实训平台,逐步形成以"五位一体"人才质保体系为核心的产教融合校企合作育人模式。新能源汽车技术专业获批天津市首批产教融合专业。

2023年学校的招生工作稳步开展,面向22个省、自治区、直辖市进行招生。2023年学校共录取新生6727人,实际报到5915人,录取率98.8%,报到率87.9%,其中辽宁省、甘肃省、青海省、报到率100%。

撰稿:梦 鸽

【教育经费收入与支出】 2023年,学校教育经费总收入28769.18万元,比上年增加17935.68万元,增长165.56%。其中财政专项收入1706.47万元、教育事业收入16229.34万元、举办方投入10494.05万元、其他收入339.32万元。全年教育经费总支出20681.39万元,比上年减少10347.64万元,下降33.35%。其中财政专项支出1971.33万元、工资福利支出3831.46万元、对个人和家庭的补助支出408.14万元、商品和服务支出6208.4万元、资本性支出8262.06万元。

撰稿:肖春丽

【教育教学】 深入贯彻"以学生为中心"的教育教学理念,写好教育出彩答卷。落实"入学即入职、毕业即精英"的培养目标,每学期开展"让学生爱上学习"教育教学分享会,专任教师和辅导员走上讲台分享个人的好做法、深体会、业务精湛、甘于奉献、学生喜爱的优秀教师不断涌现,成为学校提升教育教学能力、助力学生成长成才的特色品牌。新华社客户端以"天津滨海汽车工程职业学院'让学生爱上学习'的实践探索"为题进行报道。积极落实中共中央、国务院关于《深化新时代教育评价改革总体方案》的总体要求,不断细化师德师风表现、课堂教学能力、科研教研水平、服务贡献能力四个评价板块的内容和评价办法,采用二级学院和学校两级评价方式,通过领导、教师、学生的分别评价,形成对教师年度考核的最终评价成绩,纳入绩效奖励与年终表彰。开展期初、期中教学检查,组织教师座谈会4场,75名教师参加;组织学生座谈会4场,共129名学生参加。听取教师和学生对于教学的意见,不断改进教学。累计完成市教委20余项教育教学工作案例等工作申报;完成二级学院8个"1+X"项目申报及周报的上报工作。建立教学达标标准体系,依照标准要求对教师教学能力进行分级,颁发《天津滨海汽车工程职业学院教学达标证书》,以此进行岗位分配和业绩考核。首次承办天津市"海河工匠杯"技能大赛、天津市职业院校技能大赛和"天津市高职院校思政课微课教学"大赛,多名师生在全国、天津市等大赛中获奖。学校师生在全国、天津市等各类大赛中获奖300余项,一等奖获奖数量再创新高。人民网、新华社客户端等报道15篇,学校知名度、满意度和品牌效应显著提升。

撰稿:韩佳峻

【科技研究】 2023年,学校获批科研课题43项,包括省部级11项、局厅级3项、院级29项。全年学校共完成科研课题19项,其中包括省部级课题3项、局厅级课题4项、院级课题12项;获省部级奖励24项,学校教师公开发表论文23篇,获授权知识产权1项。

撰稿:李 茜

【社会服务】 学校武清校区定位为电子信息类专业群与园区共建的产教融合基地,开设6个专业,与武清区"一区六园"内企业开展深度产教融合模式探索,助力武清区高质量发展。学校申报的"关于校企共建产业学院协同育人模式研究"获批天津市教育工委、天津市教委重点调研课题。志愿服务蓬勃开展,学校志愿服务活动走进葛沽镇三村、东丽区铁城公寓社区、津南区辛庄镇三鑫社等乡村社区;组织开展的全国大中专学生志愿者暑期文化科技卫生"三下乡"社会实践——爱疆筑梦实践团赴新疆喀什麦盖提县开展乡村振兴活动,实践团获2023年全国"三下乡"社会实践优秀品牌项目。学校设立的三所康复医院免费为300余名患儿提供优质康复服务,为贫穷家庭节约700余万康复费用,在新疆筹建康复医院。由武清区、通州区、廊坊市三地妇联联合主办,凝聚京津冀力量助力高质量发展——"闪耀巾帼风最美在基层"系列活动启动仪式暨"京津冀巾帼共富实践基地"揭牌仪式在学校武清校区召开。

撰稿:梦 鸽

【"大思政课"建设】 持续发挥"天津市学校思想政治教育主题教室"资源共享和示范带动作用,全国400余大中小学、企事业单位,近3万人次以沉浸式学习体验,增强学习的及时性、互动性,助推思政教育走深走实。特聘教授左力在全市开展"百场忠诚教育思政大课",受众5万余人,新媒体平台播放量超百万次。天津市第一期马克思主义政治人才培养工程"津石榴"西部支教团出征仪式、天津市高职高专院校思政微课教学比赛等主题活动轮番举办,主题教室逐渐成为思政教育更鲜活、更入脑入心的生动"课堂",展示天津市思政教育优秀成果的示范平台。邀请全国劳动模范、全国思政名师及专家教授为天津市教育两委、武清区人民政府等党政机关及天津市大中小学开展主题教育专题讲座10余场,10万余人参与学习,为天津市学习贯彻习近平新时代中国特色社会主义思想主题教育提供了生动教材。学校党委深化思政课改革,在学校思想政治教学部的基础上,2023年10月成立马克思主义学院。12月成功举办"职业教育教师发展论坛暨首届职业院校青年教师发展研讨会"。

撰稿:陈 红

【党建工作】 学校党委高质量完成第一批学习贯彻习近平新时代中国特色社会主义思想主题教育,持续推动将主题教育与师德师风建设、我为师生办实事相结合,引导广大教职工把主题学习教育成果转化为服务学校高质量发展的强大动力。以此为契机,编辑完成《天汽职院管理制度汇编(2023版)》,完善学校规章制度框架体系,提升学校治理水平,全面推进依法治校,为实现学校各项事业稳步发展提供保障。严格落实党的组织生活制度,夯实基层党建政治功能,12个党支部共开展党日活动144次,覆盖全体党员。按照《中国共产党发展党员工作细则》规定,发展55名预备党员,其中12名教职工、43名学生,29名预备党员转正。深入开展党建结对共建工作,凝心聚力发挥育人合力。与天津工业大学同心同向促发展,实施党建共建引领六大工程,围绕学习贯彻党的二十大精神、业务工作交流、深入推进主题教育等方面开展联合主题党日,推动党建工作向巩固成效、提升质量、构建品牌、彰显价值的更高目标迈进。

撰稿:魏 潇

【创新创业】 学校发布至2027年末支持学生创立百家公司的"追梦计划"。2023年,以学生为主体创业的5个实体公司分别在津南区、武清区设立;投资2000余万元的创新创业孵化基地全面运营,全体学生完成创业训练课程学习,"天开杯"全国大学生智能科技创新创业挑战赛,"天开杯"电商直播就业创业大赛、创客马拉松大赛、互联网+创新创业大赛等报名近800项,创历史新高。

撰稿:张 楠
审稿:王雅静

成人高校

天津开放大学

【概况】 天津开放大学(国家开放大学天津分部)成立于1958年,是我国第一所以广播函授为主要教学手段的远程教育高等学校。学校经历了天津红专广播函授大学、天津市广播函授大学和天津广播电视大学阶段,2020年12月26日经天津市人民政府批准,更名为天津开放大学。建校60多年来,累计开设9个学科门类80个本、专科专业,共培养本专科毕业生49.35万人,开展社会培训和终身学习服务超过6000万人次。截至2023年末,学校开放教育本专科在籍生51908人,其中本科17563人、专科34345人。学校本部在编教职工213人,其中专任教师58人,53.4%的专任教师具有高级职称。

校本部有迎水道和海河教育园两校区,共占地4.93万平方米,建筑面积4.86万平方米。迎水道校区位于天津市南开区迎水道1号,海河教育园校区位于天津市津南区海河教育园同心路36号。系统设有30个分校、工作站和学习中心,727个社区及乡镇学习点,形成覆盖全市区县、街道(乡镇)、主要行业和重点企业的办学体系。

学校承担天津市社区教育指导中心、天津市学校家庭教育指导中心和天津市继续教育研究中心职能,负责天津市教育科研网的运营管理,拥有比较完备的远程教育网络、终身学习公共服务平台和终身教育资源库,建有天津市数字经济人才培养基地、天津市跨境电商产业园、天津市安全技能培训师资研修基地和线上线下相结合的开放式老年大学。经过60多年的努力,学校形成开放教育、成人教育、社区教育、职业教育、老年教育、社会培训、终身教育服务等协同发展的多元办学格局。

2月13日,天津市教委核准通过《天津开放大学章程》。《天津开放大学章程》上承国家法律法规,下启学校规章制度,学校现代大学制度建设的重要载体,是学校依法自主办学、实施管理和履行公共职能的基本准则和"总宪章",是学校全面推进依法治校、不断推进学校治理体系和治理能力现代化、实施高质量办学活动、切实维护学校及师生员工的合法权益、推动开放大学各项工作高质量可持续发展的重要依据。

2023年,学校以习近平新时代中国特色社会主义思想为指导,全面贯彻党的教育方针,以立德树人为根本,以服务全民终身学习为宗旨,深入贯彻新发展理念,持续推动综合改革和高质量发展,全面建设"三基地一平台",即全市高质量应用型人才培养基地、高品质社区教育和老年教育示范基地、高水平社会培训项目孵化推广基地、线上线下相结合的全民终身学习服务平台,努力成为天津终身学习服务体系和学习型城市建设的重要载体和支撑。

撰稿:王 岩

【天津市终身教育学分银行管理中心】 1月6日,天津市教委印发《市教委关于设立天津市终身教育学分银行管理中心的通知》,决定在学校设立天津市终身教育学分银行管理中心。学校调研兄弟省市学习经验,研究完善顶层设计,制定学分银行建设方案、分步推进方案,开展学分互认与转换试点,依托职业教育国家学分银行和国家开放大学学分银行建设天津市终身教育学分银行管理服务平台,截至2023年末存储学生信息30余万条。

撰稿:王 岩

【主题教育】 4月14日,学校召开专题会议,动员部署学习贯彻习近平新时代中国特色社会主义思想主题教育。4月至9月,学校作为第一批主题教育单位,扎实开展学习贯彻习近平新时代中国特色社会主义思想主题教育,学校党员干部深入学习贯彻习近平总书记关于主题教育系列重要讲话和重要指示批示精神,坚持学思用贯通、知信行统一,把习近平新时代中国特色社会主义思想转化为坚定理想、锤炼党性和指导实践、推动工作的强大力量。

撰稿:王 岩

【办学评估】 4月24—26日,国家开放大学、教育部教育质量评估中心专家组到学校进行国家开放大学天津分部办学评估。专家组通过听取汇报、查阅资料、现场考察、个别访谈、召开座谈会、现场听课等方式号诊把脉,对学校近年办学情况进行综合性检验。评估专家组对学校办学工作成绩给予充分肯定。

撰稿:王　岩

【天津海教园大学科技园开园】 6月18日,天津海教园大学科技园在天津开放大学海河教育园校区开园。园区以学校为主园,以天津电子信息职业技术学院和天津轻工职业技术学院为两个分园,联合N家职业院校共同参与建设形成"1+2+N"模式。园区充分发挥海教园职业院校聚集的特色优势,依托学校平台资源、职业院校特色学科优势和津南区位、政策优势,围绕津南区重点产业发展规划,将科教智力资源与市场创新资源紧密结合,打造创新资源集成平台、科技成果转化平台、科技创业孵化基地、创新人才培养基地。

撰稿:王　岩

【巡视整改】 10月10日,学校召开巡视整改工作动员部署会,全面落实市委关于巡视整改工作的要求,动员部署推动十二届市委第二轮巡视反馈意见整改工作。聚焦"人、事、因、制",注重"当下改"和"长久立"相结合,建立健全长效机制,全力完成巡视集中整改任务目标。12月14日,学校召开巡视"推进改革促进发展"深度整改推进会,就进一步巩固深化巡视集中整改成果和落实巡视"推动改革促进发展"深度整改任务进行安排部署。

撰稿:王　岩

【中国国际大学生创新大赛(2023)获金奖】 12月6日结束的中国国际大学生创新大赛(原中国国际"互联网+"大学生创新创业大赛)全国总决赛,学校参赛项目"穿越蔚蓝——水中动力系统领航者"获职教赛道金奖,"'指'安科技——静脉智能安全识别应用领域的领航者"和"生态分油宝—油水分离高效破乳剂"2个项目在天津市市赛中获银奖。

撰稿:王　岩

【数字经济人才培养专题培训班暨数字经济终身教育联盟启动会】 12月19日,学校举办"产教研创·数智未来"数字经济人才培养专题培训班暨数字经济终身教育联盟启动会。联盟由学校联合118家相关高等院校、行业企业、科研机构等组成,旨在共同推动数字经济领域终身教育产教融合体系建设,共同打造数字经济人才培养生态。2023年,学校推动数字经济学院与数字经济企业协同育人,签约5家企业,开展2000人次线上和500人次线下规模培训;加快建设高校联盟、企业联盟,提升"两基地一平台"建设水平,"两基地一平台"联盟已签约企业和高校超过20家。

撰稿:王　岩
审稿:杨　齐

天津市建筑工程职工大学

【概况】 天津市建筑工程职工大学是天津市经教育部批准的首批成人高校之一。学校在天津市乃至全国建设系统有较高的声誉,现为中国建设教育协会高等职业与成人教育委员会常委单位,中国成人教育协会、天津市职业教育与成人教育学会会员单位,国家开放大学教学实验基地,天津开放大学建筑工程学院,长安大学函授工作站。

学校有河西区气象台路93号和西楼后街21号两个校区,占地7477.25平方米,建筑面积7179.69平方米。有教学用互联网计算机120余台、多媒体网络教室25间、录课室1间,能完成各类课程的录制工作。

学校有职工61人,专职教师49人,全部具有本科以上学历,其中副高级职称15人、中级职称22人。学校有稳定的兼职教师队伍,分别来自普通高校、科研设计单位及大型施工单位一线的专家、教授和专业技术人员,他们能够将最新、最前沿的理念、知识、技术传授给学生。

学校充分发挥其依托行业、服务行业的优势,本、专科专业的设置紧密围绕建筑类企业的发展需要,开设以建筑工程技术、土木工程为龙头的建设工程管理、工程造价管理、建筑工程技术、供热通风与空调技术等成人专科、本科专业。学校承担天津市住建委等部门下达的各类专业培训、继续教育,承办天津市涉农区建设系统职称继续教育培训,通过企业委托或中标等形式为相关建筑企业进行专业技术人员提供继续教育培训服务。

2023年,学校完成学历招生4479人。在校生有成人教育11145人、开放教育297人,共计11442人。

撰稿:杨　龙

【教育教学】 学校深入学习贯彻党的二十大精神和习近平总书记关于教育的系列重要讲话和指示批示精神,深入开展学习贯彻习近平新时代中国特色社会主义思想主题教育,加强党对教育工作的全面领导,全面落实立德树人根本任务。学校进一步加强政治思想教育,抓好意识形态工作,在充分发挥思政课教育的同时,开展专业课程"课程思政"建设,以立德树人为核心,以课程思政教学改革为抓手,挖掘梳理各专业各门课程的思政元素,充分发挥每门课程的教书育人功能,构建全员、全程、全方位的育人大格局,全面提高师生思想道德水平。学校领导和教师研读精学、学以致用,不断探索,力求寻找一条更贴近社会实践、符合企业需求的成人和职业教育发展之路。学校积极探索成人和职业教育在新的历史阶段的特点和规律,认真研究成人教育教学工作的科学性、实效性,努力提高办学水平,提高师资队伍的素质,在人才培养模式、专业设置和课程建设上都有了长足的进步,探索出符合行业办学特点需求的办学特色。学校定期开展专家论坛,聘请校外及校内专家就教学、科研、管理等多方面对教师进行培训,使教师能深入了解建筑行业的发展状况及新技术、新工艺、新材料的应用使用情况,提升教师专业能力、授课技巧和科研水平。学校始终把工作重点放在培养青年教师骨干上,以形成合理的教育人才梯队。通过轮岗,压担子,给任务,引入合理的人才培养机制,晋升机制,奖励机制,培养复合型人才,让更多的年轻教师可以适应多层次、多科目的教学和管理工作,为学校的长远发展奠定良好的基础。学校开展青年教师基本功竞赛,让他们充分展现才能。2023年完成学校新网站建设,继续完善网络教学平台,提升学校公众号使用效率。实现在线学习、资料下载、网上答疑、在线考试、信息发布、智能统计、学员管理等功能,提升数字化和网络化水平。

撰稿:杨 龙

【科研和社会服务】 2023年,学校申报并获批多项天津市继续教育教学改革和质量提升研究计划项目课题、市教委重点调研课题、中国成人教育协会"十四五"成人继续教育科研规划2023年度课题和天津职业院校联合学报科研课题,学校立项并结题16项科研课题,年末召开科研评介会,完善科研管理和奖励机制,激发青年教师的热情和潜力。学校开展面向社会的各种培训。根据建筑行业的行业特点,抓住施工任务重,不能占用工人较长工作时间,在学

时上分为短期班和长期班,脱产班和半脱产班;根据建筑行业要求,抓住企业内部需求,开设建造师、造价师培训班,为企业培养后续人才;根据建筑行业发展,抓住企业发展方向,开办建筑信息模型(BIM)培训班,为企业插上科技的翅膀。2023年录制培训课程视频,并完成相应培训平台建设,实现培训教学网络化,全年共完成各类培训3427人次。

撰稿:杨 龙
审稿:李雅丽

天津市河西区职工大学

【概况】 天津市河西区职工大学(天津河西开放大学、天津市城市职业学院河西分院)坐落于河西区徽州道31号,1958年8月开始试运行,1960年3月挂牌成立,是一所经市政府批准、教育部备案的独立设置的成人高校。1987年与天津广播电视大学河西工作站实行联合,1994年实行中外联合办学,创办天津美国英语语言专修学院。主要开展成人高等学历继续教育、开放教育、网络教育等。学校有在校学生2075人,其中专科学历教育在校生776人,本科学历教育在校生816人。学校设有计算机、机电、财经、商贸、经管、语言、艺术等十大类10余个专业,同时进行中专、大学专科、大学本科学历教育及职业资格培训。

学校始终遵循"人本、发展、卓越"的办学理念;把"为学生的终身发展服务,培养面向现代化的技能型人才"作为培养目标;积极构建现代化、国际化、综合性的开放学校。学校坚持以服务产业发展为宗旨,以促进就业为导向,着力培养学生职业能力、就业竞争力和终身学习能力,积极构建办学特色。学校坚持产学结合,服务于区域经济发展,服务于技能人才的培养,服务于居民综合素质的提升,服务于学习型社会及和谐城区的建设,搭建终身学习"立交桥",构建以终身教育为理念的职继协同发展体系。

撰稿:王海兰

【教育教学】 学校根据成人学生的学习特点,以社会需求和经济发展对各专业职业能力和岗位技能的需求为前提,树立适应社会成员多样化、个性化需求,培养具有相应的专业理论知识、实践技能和应用能力的人才,主要培养在生产、服务和管理岗位从事实际工作的应用性专门人才和高素质劳动者。2023年,学校结合区域经济发展特点设计各专业的

人才培养方案,并严格执行方案中的教学大纲和教学计划。学校为每一专业配备一名专业带头人;教学实施做到有计划、有组织、有管理;发挥网络优势开展网上教学活动;考试管理做到有制度、有监控、有服务,做到思想认识到位、措施落实到位;实行听评课制度;任课教师须持证上岗,并针对教师开展网络技能操作培训;学期中进行教学检查,学期末召开教学工作总结会,反馈教学督导情况,建立考核档案。推动校企签约合作落地,打造符合市场需求的优质专业。以就业为导向,推进"1+X"证书制度和"2+2+X"毕业标准,同时不断深化普职融通,推动职业教育与基础教育在课程建设、资源共享、队伍建设等方面深入交流。调整人才培养方案课程设置,开足开齐思想政治理论课程。

撰稿:李静芳

【师资队伍建设】 学校专职教师中,高级职称的教师占40%,75%的人具备硕士及以上学历,年龄结构中36—45岁的中青年教师超过60%。强化教师的国家责任、政治责任、社会责任和教育责任,引领教师以德立身、以德施教、以德育德。学校各类评优评选、职称晋升向一线教师、班主任倾斜,梳理构建年轻教师、优秀教师的思政辅导员备选库。精准识别和挖掘更多优秀思政辅导员,修订学校《十佳辅导员评选方案》,表彰先进,鼓励引导更多优秀教师加入思政辅导员队伍。贯彻落实《天津市职业教育"双师型"教师认定实施方案(试行)的通知》和《关于组织开展2023年天津市职业教育"双师型"教师认定工作的通知》要求,组织教师申报材料,培育标准化、专业化的双师型教师队伍。

撰稿:李静芳 苏 静

【五育并举】 2023年,学校组织思政辅导员队伍专题学习和培训,高质量抓好年级组长、班主任等学生思政教育工作人员培养。以青年党校为抓手,以班团会为重要阵地,依托"青年大学习"、青春之声校园广播站等平台开展学生思想政治教育。利用好各节点,举办德育特色活动,强化爱国主义教育、理想信念教育、行为规范教育、法制安全教育、心理健康教育和社会实践教育,引导学生树鸿鹄志、走技能报国之路。开足开齐各类课程,优先安排双师型教师为学生授课;引导学生参加天津城市职业学院职教集团各类专业技能大赛及天津市和全国的技能大赛;完善学生《综合素质评价方案》,探究高职学生的

《毕业达标标准》,推进"1+X"证书制度和"2+2+X"毕业标准。

撰稿:苏 静

【教学质量提升】 提升课堂教学规范。牢固把握教师队伍"主力军"、课程建设"主战场"、课堂教学"主渠道"三条主线,河西开放大学、河西区职工大学"线上+线下"的教学模式实现一次上线率100%,积极探究微课与面授课程同步教学取得良好的效果;加强日常教学督导、严格课堂纪律管理;推进产教融合、工学结合,以赛促教、教学相长,培养学生理论与实践相结合的过硬本领;为专升本的学生创造条件提供课程载体,助力学生实现学业和学历双丰收;加强五年一贯制的学前教育和智慧养老专业建设。创新教学模式。本着"教学、科研、实训、见习、就业一条龙"的职业教育教学模式,探讨智慧养老专业的教学实践。组织养老专业的教师、学生,组成科研、调研团队,定期对天津市12个区的养老机构进行调研,撰写调研报告;与社区养老中心签订实训基地协议,为学生创造机会在实践中发挥专业知识特长;把课堂讲授式教学转变为互动式教学,并尝试"以学生为主体"的智慧养老专业课程的教学方式,取得较好的教学效果。

撰稿:王海兰

【校园文化建设】 加快推进智慧校园建设。促进教育教学与信息技术的深度融合,全部教室均配备可触摸大屏幕演示系统;加强校园"三防"(人防、物防、技防)建设,完成安装两校校园数字监控设备系统,校园无线网络全覆盖,提升数字资源供给质量。普及生态文明知识,弘扬生态环保文化,提升学生生态文明素养。推进节约型校园、循环型校园、环境友好型校园建设。引导学生树立正确的劳动观,形成崇尚领导、尊重劳动、报效国家、奉献社会的情感。把劳动教育与家庭劳动、学校劳动、实习实训紧密结合;组织学生走进企业、车间;聘请劳动模范走进校园、走进教室弘扬劳模精神、劳动精神和工匠精神。科学精准做好和谐校园、安全校园工作。强化师生健康监测,坚持多病共防、注重校园环境卫生,全面提升应急管理能力、健康管理能力。以预防校园欺凌、电信诈骗、防溺水、防事故等为重点,开展防范有组织犯罪、校园欺凌等培训和教育;各班级设立安全员,以重要的安全日、教育日为节点开展校园安全宣传教育,开展校园安全和消防应急演练,提高师

生的安全意识和安全防护能力。

撰稿:刘树欣
审稿:陈 敏 王海兰

天津市南开区职工大学

【概况】 南开区职工大学是以实施成人高等学历教育、普通高等职业教育、老年教育和社区教育于一体的具有综合性、社区性、开放性的新型高等教育机构。天津市南开区职工大学设有天津南开开放大学、天津城市职业学院南开分院、南开区老年大学等多个办学实体。

学校坐落于南开区旧津保路2号。占地1.67万平方米,建筑面积1.09万平方米,馆藏图书6万册,数字终端数578台,其中教师终端数133台、学生终端数445台、网络多媒体教室32间,有会计综合实训室、计算机实训室、多功能学术报告厅等教学设施。学校有教职工66人,其中副高职称19人、中级职称27人。专任教师40人,管理岗位9人。

学校坚持以习近平新时代中国特色社会主义思想为指导,全面贯彻党的二十大精神,坚持和加强党对教育工作的全面领导,以主题教育活动为重点,全面贯彻党的教育方针,落实立德树人根本任务,坚定高质量发展的方向和路径,以科研为引领,深化高职教育产教融合,拓宽就业渠道;加强继续教育教学管理,提高成人学历教育教学质量;加强数字化资源建设,持续推动老年教育与社区教育深度融合;创建平安校园,实现多种教育协调发展,办好百姓身边的大学。

学校坚持贯彻高质量发展理念,不断提升创办优质教育的能力和水平,推动教育评价改革落地落实。探索现代职教体系建设、产教结合、社老融合等区属成人教育发展方向。积极引导教师更新教育理念,推进课堂教学改革,聚焦课堂,以课题研究、项目建设带动专业培训,提高教育教学质量;广泛进行适应经济社会发展需求的社会调研,加强专业建设,研究构建新的发展格局,积极推进新时代成人高校继续教育实现新发展、新跨越。学校开设企业管理、行政管理、大数据与会计、机电一体化、计算机网络技术、会展策划与管理等专科专业以及计算机科学与技术、教育管理、行政管理、会计学、汉语言文学等本科专业,学历教育在校生3331人。

科研引领助推教育教学质量的提高。鼓励教师积极参与课题研究和教育教学成果评选,2023年《基于"3+5+X"模式解决老年大学"一座难求"问题的研究与实践》《构建社区教育治理体系的研究与实践》立项天津市继续教育教学改革和质量提升研究计划项目;立项天津职成教学会、天津职业院校联合学报课题《职业院校思政课程教学创新研究——以〈思想道德与法治〉课程为例》《基于大数据的高职院校会计专业教学改革与实践》。

撰稿:张 跃

【竞赛与评优】 《"社老融合"推进南开区学习型城区建设》获天津市教育委员会颁发社区教育"能者为师"实践创新项目一等奖;《家校社联动模式推动青少年体育锻炼的实践研究》获天津市教委社区教育实验项目评选二等奖。获天津市教育委员会颁发2023年天津市职业院校技能大赛教学能力比赛高等职业教育公共基础课组三等奖;天津城市职业学院职教集团2023年思政教师"精彩一课"教师教学"比武"一等奖;2023年职教集团教师教学能力比赛三等奖;天津城市职业学院职教集团马院思政教师"精彩一课"教学比武暨磨课练兵活动二等奖;天津城市职业学院职教集团技能大赛—课程思政典型案例评比三等奖。指导学生参加天津城市职业学院职教集团职业技能大赛英竞口语、会计基本技能、劳动技能竞赛、数字艺术技能、云计算应用获二、三等奖。获天津开放大学颁发2023年度面授(直播)教学优秀组织奖、2023年度面授(直播)教学优秀教师一等奖。《源德里快乐珠算志愿服务队》被天津市教育委员会评为2023年天津市"终身学习品牌项目";李琨被天津市教育委员会评为2023年天津市"百姓学习之星"。

撰稿:张 跃

【老年教育】 2023年,老年大学加强内涵建设,不断提升老年大学教学品质。积极开展数字化资源建设,录制钢琴视频课程。打造南开区老年大学空中课堂品牌,公益播出智能手机应用、古典舞身韵等多门数字化课程,增强老年教育覆盖率。持续开展"智慧助老"项目,在校内及南开养老中心教学点均开设手机应用面授课程,增强老年人适应数字时代的能力。开展养教结合探索与实践,在南开区养老中心教学点开设手机应用、书法、绘画、太极拳等面授课程。持续推进老年教育、社区教育融合发展,不断深化和完善老年教育办学体系建设,将优质老年教育资源向社区延伸。全年共开设135个教学班,累计学员2000余人,课程涵盖舞蹈、书法、绘画、保健、手机应用、语言、生活艺术、器乐、声乐九大类专业。

撰稿:康　恺　张　跃

【社区教育】　南开区社区教育全面贯彻习近平新时代中国特色社会主义思想,以推进南开经济社会高质量发展为目标,认真落实"完善终身教育体系,建设学习型社会"的工作要求。发挥社区教育在学习型城区建设中的作用,抓好社区教育的网络建设,整合教育资源,办好人民满意的社区教育。以青少年社区实践基地为载体,落实立德树人总体要求,积极探索"社老融合"教学模式;组织假期青少年社区主题活动;大力推进科研品牌项目建设工作。按照市教委关于《天津市学习型城市建设监测》工作要求,完成天津市学习型城市建设监测项目工作。根据《南开区落实〈天津市加快数字化发展三年行动方案(2021—2023年)〉数字社会工作组任务清单》的工作安排,制定数字化建设工作方案,认真组织实施落实。2023年,在天津市教委开展的社区教育实验项目评选工作中,南开区《家校社联动模式推动青少年体育锻炼的实践研究》获二等奖;《源德里快乐珠算志愿服务队》获评天津市"终身学习"品牌项目。第十七届天津市终身学习活动周期间,南开区2023年全民终身学习活动周启动仪式在南开区职工大学礼堂举行,主题为"让学习成为一种生活方式",开展形式多样的特色活动。"老少同学"智慧助老手机课堂线上线下活动,走进南开区养老中心帮助老人熟悉语音发送、视频连线的使用方法,天津电视台天津新闻进行相关报道。

撰稿:孙　莹
审稿:薛　宾

天津市红桥区职工大学

【概况】　天津市红桥区职工大学有丁字沽三号路45号和红桥区光荣道18号两个校区。学校共有教职工72人,专任教师57人。固定资产总价值2168.95万元,比上年增加34.08万元。学校开设本、专科学历教育专业12个。在校学生1802人。

2023年,红桥职大深入学习贯彻习近平新时代中国特色社会主义思想和党的二十大精神,全面加强党的领导,认真贯彻党的教育方针,落实立德树人根本任务,坚持为党育人、为国育才的初心使命,遵循职业教育发展规律,以党的建设为引领,以内涵建设为主线,以改革创新为动力,以数字赋能为抓手,持续推进产教融合,努力为促进区域经济社会高质量发展提供人才和智力支持。

弘扬教育家精神,发挥示范引领作用。学习贯彻习近平总书记教师节重要指示精神,学校组织以"躬耕教坛,强国有我"为主题的专题论坛。书记、校长做了开坛第一讲。通过真实案例宣讲,深入浅出地诠释出教育家精神的内涵意蕴,引领教师深刻理解教育家精神核心要义,营造浓厚的学习贯彻氛围,推动教育家精神入脑入心。

坚持立德树人,落实学生思政教育工作制度。组建学校思政教研组。通过线上线下培训、集体备课交流、指导学生实践等多种方式,提高思政育人水平。思政教学团队选派优秀教师为共青团员、入团积极分子、教职工开展法律、思想政治、党史、新中国史宣讲、党的二十大报告精神宣讲;与学生开展谈心谈话;进行教师互评与学生测评等工作。制定《思政教师管理办法》等多项规定,完善思政教育工作。

聚焦产教融合,提升招生就业质量。坚定产教融合办学方向,与多家联办校签订办学协议。与红桥区人社局合作在校举办"职引未来　就在红桥"专场招聘会,吸引65家企业现场招聘,本校毕业生就业率61.78%。

依靠数字赋能,助力职大教学板块提质增效。针对近两年成人继续教育生源锐减,专业分散等问题,积极探索将数字技术融入教学过程。2023年春季学期开始,所有红桥职大学生统一使用网络学习平台完成各门课程的学习及考试,实现教学要求统一、过程统一、考核统一。通过使用数字学习平台,最大限度整合师资力量、丰富教学资源、节约教学成本,实现提质增效。

以教科研建设带动教师专业成长。2023年科研处组织申报年度教育教学成果奖、年度"中国教育电视台外研社杯"职场英语挑战赛、第八届天津市大学生创客马拉松大赛、天津城市职业学院职教集团"我心中的思政课"大学生微电影公开课大赛等赛项活动。完成《天津城市职业学院联合学报》期刊论文审校12篇,报送合格论文5篇;发表论文3篇。组织申报课题项目8项,课题12项,成功获批课题3项。

撰稿:宋傲雪

【终身学习展示活动】　持续推进"社老融合",扩大资源共享供给,全面推广区校终身教育联合体新模式,努力建设学习型城区,2023年1月18日,红桥区职工大学社区教育服务指导中心(老年大学)充分发挥自身资源和组织优势,举办第四届"老少天伦共乐学"终身学习展示平台活动。该活动作为红桥区第十七届社区教育展示周暨2023年全民终身学习展示周闭幕式主题活动,吸引了众多辖区居民和社区教育机构参与。本届展示周以"让学习成为一种生活方式"为主题,围绕全民笃学,深入学习宣传贯彻党的二十大精神;全民阅读,持续开展适应群众需求的品牌阅读活动;全民讲堂,广泛开展社区教育"能者为师"讲堂活动;全民智学,持续推进教育数字化和"智慧助老"等活动;全民展示,组织开展社区教育成果展示及典型推介活动;区校联合,协同各类院校服务社区老年教育等六个方面开展丰富多彩的主题活动,闭幕式主题活动上,通过组织书法展示、文艺展演等活动,进一步加强沟通交流,激发学习热情,营造浓厚的终身学习氛围,有力促进全民终身学习建设,为建设"人人皆学,处处能学,时时可学"的学习型城区,推动实现构建服务全民终身学习的教育体系,建设学习型社会打下坚实基础。该活动被新华社天津频道和"美丽红桥"公众号报道。

撰稿:宋傲雪

【"课程思政"典型案例评比大赛】 2023年天津城市职业学院职教集团举办新一届师生技能竞赛。学校承办其中"课程思政"典型案例评比大赛。该赛项共有来自总院及5个分院的14支代表队参赛。本次大赛围绕真实工作任务和岗位要求,紧密结合国家战略性新兴产业、先进制造业和现代服务业发展需求,有效融入行业企业先进技术、流程和产品。学校共选派23名师生,组成9支代表队参赛,参与思政教师"精彩一课"教学比武暨磨课练兵、"课程思政"典型案例评比大赛、劳动技能大赛、幼儿教育专业竞赛、会计实务技能竞赛等5个赛项的角逐,分获一等奖2项、三等奖6项、优秀奖1项。

撰稿:宋傲雪
审稿:李春艳

天津西青开放大学

【概况】 天津西青开放大学成立于1979年,坐落于杨柳青镇,前身是天津广播电视大学西郊区工作站,2001年经区编办批复更名为天津广播电视大学西青分校。2022年7月1日经天津市西青区委机构编制委员会批准,更名为天津西青开放大学。学校以服务全民终身学习为宗旨,秉承"在终身学习中成就幸福人生"的办学理念,以现代信息技术为支撑,以"互联网+教育"为特征,全力打造全区高质量应用型人才培养基地、高品质社区教育和老年教育示范基地和线上线下相结合的全民终身学习服务平台,努力服务西青区全民终身学习教育,推进西青区学习型社会建设,将学校建设成为特色鲜明、国内一流、人民满意的新型高等学校。

撰稿:丰 硕

【教师队伍建设】 2023年,学校聚焦党建引领,坚持引进与培养相结合,着力打造一支政治素质过硬、业务能力精湛、育人水平高超、具有互联网思维的高素质终身教育教师队伍。健全教师政治理论学习系统化、常态化制度,建立师德档案,签署师德承诺书,规范从教行为。组织教师以志愿服务形式深入街镇社区开展老年智能手机课堂讲座28场、党的二十大精神宣讲20余场;组织普法宣传、消费扶贫、爱心捐助活动等。及时吸纳优秀教师入党,壮大党员教师队伍力量,有党员教师26人;加大专业人才引进力度,助力学校专业建设,有青年教师18人,占比35%;1人获正高级职称。加强书记校长牵头的思政教学团队建设;组织教师参加国家开放大学课程思政工作坊报告会,国家级课程思政示范项目建设成果展示与交流活动;天津开放大学系统思政课集体教研会、课程思政专项培训等,3位教师的思政工作经验入选《天津开放大学思政教育工作案例集》;西青区思政骨干教师专项培训两期。以训促教,组织教师参加专业技术人员继续教育公需课、教师数字素养提升学习等各级各类教学业务培训近500人次。以研促教,入选第四期联合国教科文组织农村社区学习中心(CLC)能力建设项目实验点,《社区百家讲堂》项目获教育部认定的2023年全国新时代"终身学习品牌项目",1项天津市继续教育教学改革和质量提升研究计划项目。以赛促教,2位教师获天津开放大学2023年度面授(直播)教学优秀教师二等奖,1位教师获天津开放大学书法大赛优秀奖;联合校工会组织开展2次劳动技能大赛,增强队伍凝聚力。

撰稿:丰 硕

【学历教育】 学校秉承"敬学广惠、有教无类"的校训,持续推进"11339"创优提质战略与"1234"思政协同育人模式,与驻区高校、西青区逸夫小学联合开展大中小思政一体化共建活动,全面提升办学能力和服务效能。2023年全年开设行政管理、行政管理(乡村管理)、学前教育、法学、会计等专、本专业11个,招生录取共计265人,其中本科招生150人、专科115人,在校生945人;全年开设课程383门次,组织国家秘密级期末考试6157人次,毕业学生456人,6名学生获国家开放大学奖学金。

撰稿:丰 硕

【老年教育】 2023年,西青区老年大学本部共免费招收学员810人次,开设声乐、朗诵、书法、国画、手工编织、母婴护理等29个专业,共计41个教学班。在11个街镇开设33个教学点,共计招生974人次,开设11个专业。2023年,西青区老年大学在本部、街镇教学点、社区共开展28场老年人手机课堂培训,受众800人次、总计1107名师生认真收听收看国家老年大学"重阳康乐大讲堂"直播活动,参加市校老年大学系统合唱比赛获得优秀奖;组织近千人次高质量完成2次调查问卷,为政府和有关部门进行研究和决策助力;组织"西青区老年大学教学开放日"历时一周,充分展示教师教学成果、老年学员的学习成果。

撰稿:丰 硕

【社区教育】 西青区全力打造社区教育"百家讲堂"品牌项目,采取讲座形式开展"四史教育进社区""党的二十大精神进社区""身边的名医对您说""优秀传统文化进社区"等主题宣讲活动,线上依托西青全民学习网、微信公众号、小程序一平台三体系的网络平台优势,创新推进社区教育全覆盖,在全区各街镇开展线上、线下40余场宣讲活动。承办天津市"区校终身学习联合体"工作现场会,成功举办西青区第十七届社区教育展示周暨2023年全民终身学习活动周。2023年,11人课题组获天津市教学成果二等奖;《社区百家讲堂》获全国新时代终身学习品牌;2人获评市级百姓学习之星,21人获评区级百姓学习之星;《纵横联动 智享悦学》入选中成协《新时代社区教育案例·百选》;"通过高品质生活系列培训,推动健康西青的实践"获天津市社区教育项目成果二等奖;《党的二十大精神进社区》获天津市社区教育优秀案例;入选第四期由中国成人教育协会、国家开放大学与联合国教科文组织国际农村教育研究与培训中心组织实施的农村社区学习中心能力建设项目实验点;与天津农学院签署"区校终身学习联合体"项目,与西青区疾病预防控制中心签署"高品质健康生活项目"合作项目;3门自建课程纳入国家智慧教育云平台和国家开放大学终身教育平台进行开放共享。

撰稿:丰 硕
审稿:韦 敏

中 学

天津市南开中学

【概况】 天津市南开中学由著名爱国教育家严修和张伯苓于1904年创办,1978年被教育部确定为全国重点中学,1996年被国务院公布为全国重点文物保护单位,现为天津市教委直属中学。学校坐落于天津市南开区南开四马路,占地7.67万平方米,建筑面积6.03万平方米,绿化面积1.8万平方米。截至2023年12月,学校共有在校学生2865人,其中高中部38个教学班,1907人;初中部18个教学班,873人;国际部7个教学班,外籍学生85人。全校教职工293人。南开中学校色为青莲紫,校徽呈八角形。学校始终秉承"允公允能,日新月异"的校训,培养了以周恩来总理为代表的一大批党和国家领导者、科学家、教育家、文学家、艺术家及以马骏、彭雪枫等为代表的革命烈士。2023年,学校坚持党的领导,以习近平新时代中国特色社会主义思想为指导,深入贯彻落实习近平总书记关于教育的重要论述,坚持和加强党对学校工作的全面领导,全面贯彻党的教育方针,落实立德树人根本任务,传承弘扬南开公能精神。坚持德育为先、铸魂育人:学校高标准高质量开展"学习贯彻习近平新时代中国特色社会主义思想主题教育",组织召开"重温习近平总书记'3·18'重要讲话精神,推动大中小学思政课一体建设"专题工作会,全体教师积极学习践行教育家精神,校长受邀参加教育部召开的学习贯彻习近平总书记教师节重要指示精神座谈会并发言,参加2023年天津市大中小"故事思政"微课大赛,2名教师获特等奖,开展由市委宣传部、市委教育工委主办的"信仰之光"天津市红色资源进校园系列活动,王劼老师获评天津市学校思政课教师年度影响力人物;探索拔尖创新人才培养模式:与中国科学技术大学、天津大学等高校签约,就共同培养拔尖创新型人才开展系列合作,推进大中合作创新人才培养的新途径,承办由市教委、市教育学会主办的"全国十省市高中教育论坛"及由民盟天津市委会和天津市教科院联合主办的"教育·科技·人才"教育论坛;坚持"五育并举",促进学生全面发展:篮球队获中国高中男子篮球联赛天津赛区第一名、乒乓球队获天津市青少年乒乓球冠军赛男子单打第一名、女子单打第二名,合唱团、民乐团、管弦乐团、舞蹈团获天津市文艺展演一等奖;继续做好校园安保、设施维护、校舍提升、食品安全、物资采购等各项服务保障工作,努力打造安定、有序、和谐的校园育人环境;持续发挥品牌辐射作用:学校申报《公能教育百年传统的当代传承与创新》获国家教学成果二等奖,数学、外语学科基地经"天津市普通高中学科特色课程基地建设"项目验收均被评为A等,数学、化学、跨学科(物理与通用技术信息技术组合)3个项目入选天津市普通高中领航学科基地,与甘肃庆阳一中、贵州兴义一中、重庆万州三中、河北省保定市清苑区等,以跟岗学习、学访交流、教师培训等多种形式开展教育帮扶活动。

撰稿:闫小蒙

【公能教育成果展暨海棠节】 南开中学公能教育成果展暨南开中学海棠节于2023年4月2日开启。南开中学面向全社会打开大门,邀请广大关心支持南开的各界人士参加。当天,不同年龄段的青少年在家长的陪伴下,走进南开中学一同感悟百年南开乐育英才的爱国传统,共情代代南开人为公增能的责任担当,体验今日南开高水准的科技实验平台,欣赏青春学子全面发展的艺术素养演出。

撰稿:徐广玉　闫小蒙

【十省市普通高中高质量多样化发展研讨会】 5月8日,由天津市教委和天津市教育学会主办的十省市(北京、天津、上海、重庆、山西、河北、山东、河南、海南、甘肃)普通高中高质量多样化发展研讨会在南开中学举行。天津市政协副主席、市教科院副院长李剑萍、天津市委教育工委常务副书记、市教委主任荆洪阳出席并讲话。会议由天津市教委一级巡视员孙惠玲主持。教育部基础教育司、中国教育学会以及十省市教委(教育厅)基础教育处负责同志、十省市教育学会负责同志、天津市各区教育局负责同志和普通高中校长、其他九省市普通高中校长代表、部分专家学者300余人出席会议。南开中学校长刘浩以《传承南开公能精神,促进学校高质量发展》为题与参会者分享南开中学公能教育的传承与发展。会议期间,与会者参观南开中学校史馆,观摩南开中学的学生社团、科技活动及特色汇报表演。本次研讨会对十省市普通高中高质量多样化发展具有重要的引领作用。

撰稿:闫小蒙

【教育部领导到校调研拔尖创新人才培养工作】 6月19日,教育部党组成员、副部长王嘉毅到南开中学调研拔尖创新人才培养工作。注重拔尖创新人才培养是南开中学的传统和特色,学校主要从以下几个方面开展相关工作。一是面向全体学生实施创新意识与创新能力培养。学校要求全体教师在教育教学活动中,要激发学生崇尚科学、探索未知的兴趣,培养其探索性、创新性思维品质,对学有所长的学生实施个性化培养,根据其个人兴趣特长分别开设数学、物理、化学、生物和信息技术提升(或大学)课程,着力加强创新精神与创新能力培养。除国家课程之外,还开设校本课程和支持学生开展社团活动。2023年学校开设40余门校本课程、30余个学生社团,利用每周4课时开展活动;学生还可以根据需要,在教师指导下利用实验室开展探究活动。实现学生个性特长与全面综合发展的统一。二是建设南开中学体验创意中心。学校在顶尖的985院校指导下建成以19间实验室为主的"南开中学体验创意中心",涵盖物理、化学、生物、信息学、建筑、天文学与文学艺术等领域。"南开中学体验创意中心"创办至今,高校从初期的设计到后期的培训,再到跟进式指导,都给予南开中学大力支持。大学的专家学者不仅带给学生前沿的科学知识和发现、创造的思维方法,更带给学生家国情怀、使命担当。三是中学与大学合作开展创新人才培养。西安交通大学与南开中学签署合作协议,由西安交通大学每年从全国各地选拔30名初中应届优秀学生组建少年班,委托南开中学培养,在大学指导下进行为期一年的大学预科教育。为拓展教育资源,学校与中国科技大学签署合作协议,共建"中科大实验班",两校密切合作,开展教师上门培训、学生研学交流活动。南开中学与浙江大学、上海交通大学、复旦大学、南开大学、天津大学等高校签署合作协议,共同开展拔尖创新人才培养,推动中学、大学紧密衔接,使高中阶段成为拔尖创新人才培养完整教育链的重要一环。

撰稿:闫小蒙

【获国家级教学成果二等奖】 7月,教育部发布国家级教学成果奖评审结果,南开中学《"公能教育"百年传统的当代传承与创新》获二等奖。南开中学传承百余年办学传统,坚持为党育人、为国育才,将公能校训赋予时代内涵。"公"即坚定理想信念,培育爱党爱国之情怀;"能"即着力培养学生创新之精神、创新之能力。学校以培育德才兼备的高素质创新型人才为己任,构建成熟完备的公能人才培养体系,积极探索新时代高质量特色化发展的"南开公能教育"新路。南开中学积极探索南开公能教育的育人实践:学校以优秀南开校友的爱国奋斗事迹为教育资源,确立"以周恩来为人生楷模"的特色教育主线,形成分层次、系列化的楷模教育体系;学校将各项教育活动纳入课程化管理,在上好国家课程的基础上,通过校本课程、学生社团等方式拓展课程范围;学校积极推动课程思政与思政课程同向同行,不断健全党委统一领导、党政齐抓共管、处室学科协同配合的思政育人大格局。建设南开中学体验创意中心;中学与大学合作开展创新人才培养;学校还邀请名师大家来校开设科普讲座,"南开公能讲坛",目前已经进行139讲,欧阳自远、王大中、张军、龙腾、苏东林、吴敬琏等一大批院士、专家来校讲座。

撰稿:闫小蒙

【市领导到校调研】 9月8日,市委书记陈敏尔,市委副书记、市长张工来到南开中学调研并看望教师,代表市委、市政府向全市广大教师和教育工作者致以节日的祝福。陈敏尔强调,要结合正在开展的主题教育,深入学习贯彻习近平总书记关于教育的重要论述,全面贯彻党的教育方针,落实立德树人根本任务,培养造就高素质专业化教师队伍,加快推进教育现代化,努力办好人民满意的教育。陈敏尔、张工走进学校校史馆暨周恩来中学时代纪念馆、体验创意中心等处,与学校师生亲切交谈。陈敏尔强

调,要弘扬南开学校光荣的爱国主义传统,牢记为党育人、为国育才的初心使命,教育引导学生厚植爱国主义情怀,矢志爱国奋斗。教师是立教之本、兴教之源,强教必先强师。全市广大教师和教育工作者要深刻认识在教育强国、科技强国、人才强国建设中肩负的责任使命,树立"躬耕教坛,强国有我"的志向和抱负,坚守三尺讲台,潜心教书育人,涵养良好师德师风,做有理想信念、有道德情操、有扎实学识、有仁爱之心的"四有"好老师。

撰稿:闫小蒙
审稿:刘 浩 王紫凝

天津市第一中学

【概况】 天津市第一中学始建于1947年9月,原名"天津市立中学",1949年,更名为"天津市第一中学"。学校培养了以北斗奠基人许其凤,中国航天事业第一代开拓者、导弹总体设计专家刘宝镛等多名院士为代表的大批优秀人才,现为天津市教委直属重点中学、天津市首批示范性优质高中、首批高中特色学校、品牌高中培育学校。

学校占地5.33万平方米,教学楼建筑面积4.01万平方米,学生发展指导中心面积855平方米,学生活动中心建筑面积1.1万平方米,有大型室内体育馆、游泳馆、艺术活动中心和学生食堂。学生公寓面积8996平方米,可供600人住宿。学校拥有智慧教室、STEAM创新实验室、数字化物理实验室、信息、通用技术、史地音美理化生等各类专用教室40余间,图书馆藏书13万册。

在校学生3004人。其中高中部39个教学班,共1883人;初中部24个教学班,共1121人。全校教职工304人,其中天津市人大代表1人、特级教师2人、正高级教师4人、高级教师139人、市杰出津门校长1人、市杰出津门教师1人、市杰出津门班主任1人、市未来教育家奠基工程学员3人、市首批学科领航教师3人、市区级学科带头人63人、市级学科骨干教师7人、和平区首席教师、名教师9人、和平区骨干教师63人、和平区骨干班主任、名优班主任、领衔班主任11人,在职党员182人。5名教师被天津大学"国优计划"项目聘为指导专家,36名教师被河北、红桥、津南等区聘为区级专家教师或指导教师。市区级各类骨干教师等人数超过教职工总数的三分之一。

天津一中以立德树人为根本任务,认真落实党组织领导的校长负责制,正确把握社会主义办学方

向,坚持"坚定正确的政治方向、自理自学的能力、艰苦奋斗的作风"的校训,以"远大的理想、高尚的品德、健康的身心、出色的能力、服务的精神"为培养目标,以"礼貌、诚实、感恩、责任、爱心、自尊、自强、乐群、善学、尚新"十项育人方略为核心内容,形成"学校文化引领的卓越教育"办学思想和实践体系。

以"涵养五育、铸魂强能"为主题,整合学校德智体美劳的各方面课程和师资资源,构建包含"铸魂、强基、培优、致用"的横向课程架构和"五育融通、凸显主导、统筹核心与外围"纵向课程架构的体系布局。通过教学内容标准规范教学行为、精构课堂设计,努力让每个学生获得学业与学力的增值,教学质量享誉津门。

以"学校、家庭、社会、学生自我"四位一体育人模式为基础,构建起"三分支、八系列"特色德育活动体系。2023年建成学生发展中心深受学生欢迎,将"思政培育基地""家校社协同工作站""心理素质培养中心"、30多个学生社团、学生会汇在一起,成为"铸魂定向、德育优先、五育融通、全面发展"的育人综合体。学校通过开展以"一句早上好,一天好心情""小红帽志愿服务""传承家风"系列广播等为代表的年级德育活动,以"心系凉山"爱心义卖、关爱自闭症患儿等为代表的团队实践活动,以"韦力杯"足球赛、篮球赛等为代表的阳光体育活动,以学校合唱团、舞蹈社、相声社、动漫社等为代表的学生社团活动,以校园文化节、校园十星评选、校园读书节、社团嘉年华、成人仪式、迎新仪式等为代表的特色教育活动,为每位学子留下深深的一中印记。

撰稿:王　宁

【纪念韦力100周年诞辰】　2023年,恰逢韦力同志100周年诞辰。天津市第一中学开展拍摄专题纪录片、制作原创纪念歌曲、出版《韦力教育文集》、完成雕像揭幕、召开纪念座谈会为主的"五个一工程"系列纪念活动。缅怀韦力同志为新中国基础教育事业作出的卓越贡献,学习和继承他毕生丹心向党,矢志教育报国的党性修养和高尚品格。学校聚焦学科文化建设,以学科组为单位,深入挖掘与传承学科文化,为天津一中优秀教师"画像",重点宣传学校教师敬业爱生、潜心教学的感人事迹,弘扬教育家精神。

撰稿:王　玮

【优质资源辐射】　天津一中以优质资源辐射为依托,以实际行动支持教育强国建设。通过举办分校、手拉手合作和区域性支教等多种途径,主动融入京津冀协同发展大局。2023年8月,天津一中雄安校区正式揭牌,签订新一轮合作协议,拓宽对口帮扶力度,以教育之为为京津冀协同发展做出贡献。本着"一域一案""一校一策"的原则,市域内形成中心城区、环城区、远城区三种辐射模式,市域外形成京津冀协同发展模式和中西部支援模式。着力打造品牌教育联合体,在规划设计、机制构建、师资培养、文化建设、资源引育等方面充分发挥天津一中优质资源引领带动作用。截至2023年,共辐射建设6所分校。

撰稿:张利娜

【学科建设】　学校体育与健康学科(学科类)、革命传统进校园教育(专题教育类)两个项目入选2023年度天津市义务教育阶段中小学课程基地建设项目;优秀学科组培育项目(历史、思政、体育)通过遴选,并顺利参加答辩;语文、化学、物理+数学被评为天津创新人才培养领航项目的人文、科学和跨学科基地;成为北大博雅四星级基地(含语文、化学、物理、历史4个学科);学校获评天津市课程思政研究基地、国家级人工智能实验校、国家级科学教育实验校。继续推动"品牌高中"建设项目。5月9日,承办京津沪渝晋冀鲁豫琼甘十省市普通高中高质量多样化发展研讨会。11月27日,承办天津市未来教育家发展平台进校园暨"品牌高中"建设项目成果展示交流活动。

撰稿:盛祥平

【创新人才培养新突破】　天津一中以创新人才培养为特色,不断坚持创新型人才的培养模式探索。在30余年理科实验班和10余年理科创新型人才培养项目的实践基础上,形成"基础+前沿+实践"的课程理念和以强基课程、项目研究、竞赛挑战、科学探究、科技实践为核心的实施策略。学校通过与清华大学、北京大学、北京航空航天大学、北京理工大学、中国农业大学、南开大学、天津大学等共建创新型人才大中一体化培养基地,定期邀请高水平专家对学生进行指导,师生走进实验室进行初期研究。通过天津一中航空航天科普周、全国科普日、戚发轫院士航天科普讲座等活动提升学生科学素养和爱国情怀。2023年学科竞赛中,82人获省市级一等奖、占天津市总人数41%,33名同学入选天津市代表队,占天津市代表队总人数46%,全国决赛中学校获金牌5枚

（其中3人进入国家集训队）、银牌23枚、铜牌4枚；3名学生分别在数学女奥大赛中获金、银、铜牌。

撰稿：盛祥平

【德育工作助力高质量育人】 开展多项主题教育活动加强对学生的品德和思想引领，学校获评全国中小学国防教育示范学校。天津一中学生发展指导中心落成，赋能学校生涯教育，助力学生全面发展。与多所高校、科普基地共建，开展研学实践活动；成立天津一中阳光心理家长工作站，推进校家社协同育人工作走深走实，获评和平区优秀家长学校。承办天津市"5·25"学生心理健康月开幕式活动，作为天津市唯一学校代表接受国家卫健委领导的心理健康教育调研指导。《我的一中印记》2.0版开始使用，成为具有一中特色的学生自我评价成长记录。天津一中学生原创音乐专辑团队获"2023年天津市十大活力社团"称号。坚持活动育人，成功举办天津一中第34届校园文化节。通过《厚植教育情怀，提升育人本领》学校德育年会、《天津一中班主任画像》活动、《坚守爱与责任 做新时代智慧型班主任》班主任工作市级展示交流会等活动加强班主任队伍建设，增强班主任工作的成就感、幸福感。

撰稿：徐玉洁

【教科研工作】 2023年，天津市第一中学以传承韦力教育思想、推进育人方式和办学质量深度变革为主要任务，开展教科研和教师培训工作。全年，相继动员、组织市教育科学规划课题、市教育学会课题、市级重大社科项目、市教委重点调研课题、市级思政课专项课题、区级科研课题等各级各类课题的申报、开题、中期审查和结题工作，共计13项。完成天津市教学成果奖重点培育项目"文化自觉型校本教研模式"的结题工作，评定结果为优秀。参与组织、策划新一轮教学成果奖重点培育项目的筹备，遴选确定"社会实践力课程"和"大单元教学"2个主题并完成申报。先后组织未来教育家学校学员进行校史学习，动员并组织由学校中青年骨干教师承担的"微讲座"活动。未来教育家学校学员高曼参加天津市中小学思政课教师教学基本功大赛获初中组一等奖、参加天津市2023年故事思政微课大赛获市级三等奖；学员王心参加天津市青年教师学术论坛活动获直属单位论坛二等奖。梳理和总结学校重要工作经验，相继完成有关品牌高中展示、学校"大思政课"建设经验、学校思政课改革创新的工作经验等重要报告并在相关国家级、市级会议上进行展示交流。有关学校思政课改革创新的成功经验《在传承中探索推进思政课改革创新》，于2023年12月发表在《人民教育》2023年第23期。

撰稿：薛洪国
审稿：杨静武

天津市耀华中学

【概况】 天津市耀华中学是天津市首批示范性高级中学、市教委直属重点中学。学校占地5.33万平方米，建筑面积6.6万平方米，图书馆藏书16万册。耀华中学在岗教职工306人，其中专任教师272人。有特级教师、正高级教师、国家级市级骨干教师、天津市未来教育家奠基工程学员23人；和平区领军人才、区级骨干教师、名教师、首席教师、学科带头人126人。义务教育阶段有教学班27个、学生1231人；高中阶段有教学班38个、学生1871人。

2023年学校深化"课程思政"改革，持续推进"五育并举"，落实"双减"政策，扎实推进"品牌"高中、"双新示范学校"建设，在学校内涵建设上下苦功，提升学校高位发展中做细工，在优质教育资源的辐射引领中建新功，展现出昂扬奋进的新时代教育人的朝气与活力。

教师节前夕，市领导来到耀华中学调研，详细了解学校发展、馆藏图书、特色教育等情况，看望教师代表。鼓励耀华教师，用好学校厚重底蕴、红色文化、教育特色、品牌优势，积极探索教学改革创新，持续提升办学水平、育人质量，为基础教育高质量发展贡献更大力量。

学校教育教学成果丰硕。学校及师生获多项国家级、市级、区级荣誉。学校获评2023年天津市依法治校示范校，天津市首届科学家教育基地，2023年教育系统落实全面从严治党主体责任考核暨政治生态考核评价"优秀"等次，2023年天津市首届中学生科创计划学校，2023年天津市工人先锋号，2023年天津市中小学劳动教育示范校，2023年天津市博物馆进校园示范项目学校，"天津市第六届未成年人思想道德建设先进单位"，天津市学校首批资助育人研究工作室，2023年天津市教育系统关心下一代工作先进集体。2023年和平区平安校园建设先进单位，和平区心理健康教育特色学校，和平区首届优秀家长学校示范校。2023年度学校模拟政协社团被团中央确定为首批100个重点联系学生社团,学校2021级领军二班获评天津市第二届中小学生十佳优秀班集体,2023年天津市中小学劳动大赛获一等奖,2023年首届天津大学生戏剧节,耀华中学选送的话剧《雷雨》获"经典演艺奖"和"最具人气奖"。

2023年,耀华中学教师承担的"十四五"教育教学研究课题持续推进。其中,中国教育学会课题2项、天津市社会科学重大项目1项、天津市教育科学规划课题2项、天津市教育学会重点课题3项,其他市级区级课题20余项。教师主持或参与的基础教育成果奖获一等奖1项、二等奖5项,在市教育学会举办天津市基础教育"教育创新"论文评审和市级成果认定活动中上报论文及成果共计60余项,其中21项成果论文获得市级认证并推广。

2023年,耀华中学各教研组建设扎实开展,数学、历史学科通过天津市普通高中学科特色课程建设项目基地验收,组织完成物理学科和历史学科申报天津市普通高中创新人才培养领航学科基地建设项目;物理、生物、政治学科入选优秀学科组培养项目。初中思政、语文、心理启动天津市义务教育课程基地建设项目。数学、化学、生物学科入选北京大学博雅人才共育基地。申报中小学课程教学资源建设试点工作责任校。"登峰计划"大中衔接拔尖人才创新培养基地学校,13名同学获基地校荐名额。

2023年耀华教师参加教育教学各类课程展示、评比等活动,累计开展国家级展示课6节,市级展示课21节,市级实验教学类精品课评选7位教师课程获评市级优秀并推荐到国家级遴选,区级展示课20节。国家级教研交流汇报4次,市级教研交流汇报15次,区级教研交流汇报20次,承办市区级教研15次。

2023年陈玺周同学入选2023年国际天文奥赛国家集训队,王宇辰同学获第40届全国中学生物理竞赛银牌,张文宇同学在第37届中国化学奥林匹克竞赛中获铜牌。参加世界机器人大赛、NOC智能物联设计赛、天津市科技创新大赛、青少年机器人赛、创意编程与智能设计大赛、虚拟机器人竞赛、无人机竞赛、发明设计大赛,获奖人数累计达到35人。

2023年,耀华中学田径队获和平区"和平杯"高中组亚军,初中组冠军,创近年来新高。学校足球队、篮球队、乒乓球队、围棋队、桥牌队积极参与市区比赛。在和平区篮球比赛中,初中女队获冠军,高中男队获亚军,啦啦操队获全国少年乙组啦啦操赛亚军。持续推进排球特色学校建设,开展首届"耀华

杯"排球联赛,学生排球队、教工排球队分获和平区气排球联赛冠军。

2023年文艺展演集体项目成绩优秀,获天津市一等奖2个,二等奖2个。师生宣传贯彻党的二十大优秀书画作品以及廉润初心书画作品分别在图书馆和二校舍展出,参加和平区校园美展,成功举办"梧桐树下的青春音符"清晨音乐会。

撰稿:李 媛

【党建工作】 2023年,学校党委积极贯彻落实党的教育方针,认真履行"一岗双责",以高质量党建推动学校高质量发展。党委书记、校长带头向全体党员讲党课,班子同志向分管部门讲党课。制定党建工作要点和计划,制定领导班子"两个清单",并细化为全面从严治党11个项目106项具体任务。学校党委连续6年在教育系统落实全面从严治党主体责任考核暨政治生态建设考核评价中获"优秀"等次。2023年,成立宣传教育处,负责全校意识形态和网络意识形态工作、新闻宣传工作、宣传阵地管理工作和网络舆情管理工作,通过学校微信公众号,全年共发布317条信息,被国家、市、区级各类媒体报道共计32次。高标准高质量开展好主题教育,研究制订实施方案,举办读书班,开展一体化学习和五个专题集中交流研讨,班子成员每人牵头1个课题开展调研。组织召开主题教育专项调研会、调研成果交流会、专题民主生活会和专题组织生活会。在2023年市教育系统主题教育优秀精品"微党课"征集评选活动中,学校微党课《重温耀华红色印迹 坚定师生历史自信》获一等奖。积极推进"光耀教育铸魂育人"学校党建品牌建设和"一支部一特色"支部党建品牌建设,召开党建品牌创建活动部署会、推动会;每季度为党员过集体"政治生日",引导党员发挥先锋模范作用。开展特色主题党日活动,挖掘研究红色校史文化资源,利用通过"两馆、两课、一院、一展、一址"将精神培育与实践养成相结合,不断创新育人新模式。与中共天津历史纪念馆加强馆校合作,充分利用双方红色教育资源,在学校建立"中共天津历史纪念馆耀华中学分馆",在纪念馆建立"耀华中学思政教育实践基地"。完成党委、纪委换届选举。认真做好发展党员工作和党建监督考核,规范完成支部书记抓党建述职评议考核。与天津轨道交通集团、崇仁里社区认真开展党建共建,积极推进与西藏昌都三中党建工作结对项目和与北京十八中、邯郸五中等学校京津冀党建共建活动,邀请各校参与学校特色共建活动。构建党建带团建、队

建联动机制,创新有机衔接新格局。完成学生团委学生会的换届工作,进一步优化团员发展管理机制,持续推进团校建设。以大中小学思政一体化为载体,增强思政育人实效。组织共建校教师开展大中小学思政课一体化教研活动,围绕重温习近平总书记重要足迹开展学思践悟实践。组织耀华团员充分参与社会治理,助力"党建引领基层治理行动"。完成学生团委学生会的换届工作,持续开展"我为同学办实事"活动,推进"积分入团"的实施。

撰稿:李　媛

【五育融合】　立足新时代学校发展实际,进行顶层设计,特色化发展,整体架构进阶性"光耀教育"课程体系,形成耀华品牌课程,突出五育并举与学科融合。聚焦学生核心素养提升与多元发展,学校积极开发跨学科课程、实验类创新课程、项目化学习课程、综合实践类课程、科技教育课程等30余门,基本实现"课内课外""高中高校""线上线下""校家社"贯通的课程实施模式。3月,成功举办天津市普通高中新课程新教材实施暨"品牌高中"建设项目成果展示交流会;4月,开展"巍巍耀华传经典　九秩书香润芳华"读书节系列活动,举办馆藏珍贵古籍展、红色文献展、中华优秀传统文化体验活动,完善拓展图书馆特色校本课程体系。

撰稿:李　媛

【优质资源辐射】　学校聚焦国家级"双新"示范校和天津市品牌高中建设,持续推进教育教学改革,依托AI教室、录播教室、智慧教室,对接"强校工程"学校——河北工业大学附属实验学校和武清区黄花店中学,加强教育教学经验交流与优质资源辐射。自2023年5月加入"京津冀基础教育协同发展联盟"以来,多次开展教学经验分享和学校专场展示活动;7月与邯郸市第五中学和邯郸市复兴区实验中学签订合作协议,建立"创新育人联合体",深入贯彻落实京津冀协同发展战略。积极助推耀华中学红桥学校、滨城学校等集团联盟学校筹建、教师跟岗培训等工作;11月,与武清区教育局签订教育帮扶协议,进一步扩大耀华教育辐射影响力。12月,举办京津冀基础教育协同发展联盟耀华中学专场活动,涉及学科课程、课程思政、德育活动等展示,京津冀教育联盟校、签约校、强校工程学校和耀华系列学校参与。

撰稿:李　媛
审稿:王　杰　侯立瑛

天津市新华中学

【概况】　天津市新华中学,始建于1914年,现址河西区马场道99号。学校占地3.97万平方米,有61个教学班,在校学生3046人;教职员工314人,专任教师288人,其中教育部基础教育教学指导专业委员会委员1人,正高级教师4人,特级教师5人,国培专家1人,"未来教育家奠基工程"学员4人,"天津市学科领航教师"5人。图书馆藏书120797册,另订有纸质刊物4种,电子期刊120种。

2023年校党委突出谋篇布局,党建育人融合联动,增强"影响力"。突出思政育人,德育思政双轮驱动,增强"内驱力"。突出教育创新,基地建设与卓越人才计划协同,增强"推动力"。突出责任担当,平安新华健康校园共建,增强"行动力"。校党委深化主题教育成果和巡察整改,强化从严治党。成立思政学科党支部,制定"养正先行"党员公约。完善党委领导的校长负责制,形成学校"养正先行"党建品牌,赋能学校高质量发展。

学校构建校内外横向融合、各学段纵向衔接的"横向融合纵向贯通立体融通"德育活动类思政课程体系。校家社实践创新,营造优质德育生态。加强德育队伍建设,把师德师风建设摆在建设的首位,积极选树十佳班主任典型。学校德育获集体类荣誉市级2项、区级1项;3项市级德育课题结题;19位德育干部、班主任获市级荣誉8项、区级荣誉16项;3篇论文发表。学校构建研修共同体,孵化名师名课,学校教师获评国家领军教师、天津市津门杰出校长、天津市思想政治理论课年度影响力人物等称号。在市中小学第十届"双优课"评选中,新华中学获评优质课8节;在市基础教育精品课遴选中,6节精品课、2节实验课入选;完成市教育学会、市教育科学学会、河西区科研共计18项课题的结题;2项市教委重点调研课题结题;立项2023年度天津市教委社会科学重大项目并开题;申报2项市规划办的重点培育项目;立项2项2023年度天津市教育学会科研课题。

健全学校课程思政协同育人机制,2023年获评天津市课程思政研究基地。学科组入选市义务教育阶段道德与法治市级学科基地。学校积极回应国家拔尖创新人才培养战略部署,设计实施"卓越计划启航项目",旨在培养卓越工程师创新后备人才,致力于培养跨学科、应用型创新人才。学校生物学、历史、跨学科入选天津市普通高中创新人才培养领航学科基地;成功入选北京大学博雅人才共育基地。3名同学获全国"优秀英才学员"奖。在2023全国数理化生信息奥林匹克竞赛中,学校取得1银2铜、3人进队、18人省一等奖、23人省二等奖、30人省三等奖的优异成绩。

学校持续推进高中学生"养正—优长"三全育人发展指导模式的探索与实践。完善高中学生发展指导课程群建设,入选天津市义务教育阶段中小学课程基地建设项目,积极开展初中"养正育心"心理健康教育专题课程建设。构建中法文化交流活动矩阵,扩大"新华法语"特色品牌的影响。

2023年派出30余名骨干教师交流轮岗,接收20余名外校轮岗教师在新华接受锻炼,分享学校特色课程,学习教学方法和教育理念。建好新华中学教育集团,做实强校工程,发挥头雁作用强化品牌辐射,扩展边际效应。

撰稿:杨　扬

【"养正先行"党建品牌创建】　坚持党建工作与中心工作深度融合。在"养正先行"党建品牌日常创建工作中,将"三会一课"政治理论学习和教师职业素养提升相融合,将主题党日与各年级、各处室日常重点工作推进相融合,将主题实践活动与志愿服务等精神文明创建活动相融合,将党风廉政建设与师德师风建设相融合,将廉洁教育与学生德育相融合,将团建队建与班级建设相融合,通过将党建工作融入教育教学,系统考虑,做到全过程观察、全方位思考、全角度融入,实现相互促进的良性互动,实现党建融入业务,交叉融合,提升落实立德树人根本任务的效果;实现党建促进业务,发挥引领指导、服务协调保障作用,提升行政管理水平;实现党建结合业务,形成以党支部为载体,覆盖全体教职工,辐射教育教学管理的深度融合局面。开展《"养正先行"党建品牌创建与教育教学融合路径》的课题调研,组织"传承新华精神　践行养正先行"主题座谈会,邀请退休老党员结合自身成长经历与近三年入职的青年教师进行座谈,让青年教师感受到新华养正文化在不同年代的体现和传承,激励青年教师担当新时代育人使命,传承新华精神,践行养正先行。《中学党组织领导的校长负责制实践研究——"养正先行"党建品牌创建与教育教学融合路径》入选市教育两委组织的天津市教育工作重点调研课题。

撰稿:杨　扬

【思政课程与课程思政建设】　新华中学通过优化"养正—培优—扬长"课程体系,强化课程思政协同育人机制,提升教学效能。探索课程思政建设方法、路径、管理与评价。制订整体方案,形成以党建引领、养正文化标识、思政课引擎、课程思政协同的大思政育人格局。2023年获评天津市课程思政研究基地。思政学科组在教务处指导下,办好立德树人关键课程,发挥思政学科育人作用。构建"思政铸魂体悟力行"课程群,用好学校立德树人的主阵地。丰富"思政+"课程体系建设,推动纵向贯通、横向联通。形成思想政治课程为核心,课程思政融合,多向培育的课程群。构建以习近平新时代中国特色社会主义思想为主线的大中小学思政课一体化螺旋上升的课程体系。学科组入围天津市优秀学科组答辩,入选天津市道德与法治市级学科基地。胡泊获评教育部新时代中小学学科领军教师、天津市思想政治理论课影响力人物;张晓峰获评天津市第十届双优课优质课;辛莹获评天津市基础教育精品课。发挥市级课程思政研究基地作用,推进思政课程与课程思政同行。在学校课程体系建设中,积累优质教学资源,构建思政教育体系,注重协同效应。创新教学方式,融入课程思政元素。通过特色活动创新育人路径,增强实践体验。强化专业支持与精准指导,践行全员育人。丰富跨学科校本课程,注重科研引领,为深入研究提供保障。筹备课程思政专著出版,辐射兄弟学校,推动教育高质量发展。组织创优课大赛,发掘学科课程思想政治元素,培育学生核心素养,落实立德树人任务。组织教师进行课程思政精品课设计与展示,王鑫老师获天津市"故事思政"二等奖。

撰稿:杨　扬

【校家社协同育人】　新华中学校务会议诚邀河西区社区周边各单位嘉宾、家长朋友们走进新华,和老师们、同学们一起参加校务工作会议。促进学校管理的民主化、科学化和规范化,听取社区、家长、老师、同学们的意见、建议,推动学校的高质量发展。

撰稿:杨　扬
审稿:马　杰

天津市实验中学

【概况】　天津市实验中学坐落于河西区平山道1号,是天津市教委直属完中校。有教职工311人,包括专任教师252人,正高级职称9人,高级职称119

人，中级职称106人。拥有博士3人，硕士及教育硕士175人。在校学生3039人，高中38个班，1880人；初中24个班，2259人。

学校在2022年度直属单位领导班子考核中获"好"等次，绩效考核为"优秀"。获首批全国健康学校建设单位、全国义务教育教学改革实验校、全国科学教育实验校、天津市依法治校示范校、天津教育十大特色学校和河西区文明校园等称号。11月9日，与南开大学马克思主义学院举行"思想政治教育改革创新共建"签约仪式。学校入选天津市中小学课程思政研究基地建设项目。

重视教师队伍建设，通过表彰"十佳教师"、教师交流与师徒结对等方式，提升集团校及教师队伍整体水平，2名教师赴新疆和田第二中学支教。学校7名教师获评天津市第二批中小学市级学科骨干教师。

五育并举全面育人，坚持德育为先，邀请知名校友返校开展"玉簪讲堂"活动。河西区文明办表彰1名学生为2023年第四季度"河西好人"。中考成绩连续三年实现正增值，高考整体状况呈上升态势。2个学科入选市普通高中创新人才培养领航学科基地建设项目，1名同学获全国物理奥赛决赛铜牌，五大学科竞赛中共获省级一等奖8个、二等奖18个、三等奖12个，科技竞赛获10余项奖项。组织丰富多彩体育活动，积极参与国家、市区级比赛，成绩喜人。美育硕果累累，学生能力普遍提升，文艺展演屡获佳绩。广泛开展劳动实践活动，丰富劳动实践内容，提升劳动技能。

积极探索课程改革，市领导和教育部前司长先后到校进行调研。5月、10月和12月，承办三项全国交流活动。3个学科高质量通过天津市普通高中学科特色基地评估，三个学科入选天津市义务教育阶段中小学课程基地建设项目。8位老师入选市级学科精品课和实验精品课。

9项市级课题完成开题，6项市级课题完成结题，新立项12项区级课题和32项校级课题。55篇论文获市级奖项。3项教学成果分获天津市基础教育教学成果奖特等奖、一等奖和二等奖，其中2项获国家级教学成果奖二等奖。

与天津市静海区大邱庄中学建立合作关系，与武清区大良中学、静海区独流中学开展"强校工程"，举办多样化教学活动，创新"输入管理+培养师资+共享资源"模式。

共建泰国岱密中学孔子课堂，泰国教育代表团来到天津，与校领导班子共同商讨全球第一家孔子课堂的未来发展，先后召开2次全泰孔子课堂研讨会，IB学子成绩优异，教育成果显著。

撰稿：李 勇

【建校一百周年】 庆祝建校一百周年，继承和发扬实验中学百年校史文化精髓，学校开展校史文化研究，在公众号上发表文章回顾校史，升级改造校史馆。本次在原有的基础上，升级增加一个近十年发展的新展区，以时间为轴线丰富各个区域的展示形式和内容，凸显学校办学历史和特色。2007届和2008届2位校友为母校捐赠纪念石，并将袁隆平院士为学校题词的校训"实事求是"镌刻其上，以激励广大实验学子努力成为堪当民族复兴重任的时代新人。录制校史纪录片《世纪实验》，编辑出版体现学校近十年育人成果的《弦歌弥新》一书。10月5日，学校举办"弦歌不辍 百年之约"校友返校活动，各界校友、教职工和学生志愿者，累计参加活动近万人。10月20日，学校隆重举行"赓续百年实验 培育时代英才"主题的喜迎建校百年暨第39届才能奖表彰大会，市区有关部门领导、长期战斗在教育教学一线的退休老领导和老教师、实验中学集团校领导、市直属学校领导，来自全国部分重点中学、实验中学联合体成员校领导以及长期以来支持、关心学校发展的优秀校友代表受邀出席。经广大师生提名、校长办公会研究，校党委审议决定对13名同学授予"才能奖"称号，对13名同学授予"表扬奖"称号。

撰稿：李 勇

【优质特色发展】 10月19—20日，"发展高质量基础教育 夯实教育强国之基暨普通高中优质特色发展交流活动"在学校举办。天津市委教育工委常务副书记、市教委主任荆洪阳主持活动。来自全国各地的教育行政人员、专家、学者、校长和教师共700余人参加活动，共谋基础教育高质量特色发展之路。中国教育学会副会长吕玉刚和李政涛、教育部课程教材研究所副所长刘月霞做主旨报告。天津市政协副主席、市教育科学研究院院长李剑萍宣布2022年基础教育国家级教学成果奖天津市获奖成果，揭幕并发布学校教育教学成果集《弦歌弥新》。大会设置1个主会场、4个平行分会场，邀请近50位来自教育行政部门、教育学术团体的领导，全国基础教育领域知名专家、学者以及近百名全国知名高中校长共同分享高质量学术报告和教育智慧。在以

"素养导向的学科育人"为主题的课堂教学实践及专家点评活动中,天津市实验中学和全国各地的教师代表,带来语文、数学、物理、化学等7个学科的14节展示课,在树立课程建设新理念,推进课程改革创新,构建"减负提质"的有效路径等方面均有精彩呈现和碰撞启发,凸显学科育人成效。

撰稿:李　勇

【实验品牌创建】　5月9日,由市教委、市教育学会主办的"京津沪渝晋冀鲁豫琼甘十省市普通高中高质量多样化发展研讨会"在学校举办,来自十省市的20余位专家来到学校交流学访。各位领导和专家在校领导陪同下,参观了记录实验中学百年发展历程的校史馆,了解学校建校百年的沿革、变迁以及取得的育人成绩。各位专家先后参观功能齐全的心理健康教育中心、获评"全国最美书屋"的校园图书馆及功能齐全的体育艺术馆。刘晓婷校长以"品牌高中建设视域下的学校高质量发展"为题做主题分享,展示学校在品牌高中建设过程的实践经验和育人成果。随后,来自全国和天津市内兄弟学校、集团校教师代表深入课堂感受9位教师的课堂教学改革与探索实践。作为天津市普通高中学科特色课程建设基地,语文、英语和物理学科3位组长向各位领导和专家汇报了在三年特色学科基地建设中完善课程体系、开发精品课程、培养骨干教师、建设专业教室、加强课程育人,不断深化教学改革和发挥辐射引领的经验与收获。重庆市教育学会会长钟燕和中国教育学会副会长曹全路做专家点评。

撰稿:李　勇

【科研引领发展】　7月,学校《中学心理健康教育"四级五全"服务体系构建30年实践探索》和《中学语文"活动+"育人方式改革的20年研究与实践》2项成果继获天津市第七届基础教育教学成果奖特等奖和一等奖后,在2022年国家级"基础教育教学成果奖"的评选中获二等奖,学校也成为天津市唯一一所获2项国家级成果和连续七届获市级教学成果最高奖项的高中校。11月17日—21日,2项创新成果通过遴选受邀参加"汇聚·创新·共享　教育高质量发展——第六届中国教育创新成果公益博览会"。18日下午,在"躬耕教坛　强国有我——第三届优秀中小学教师讲坛"上,学校教师代表以《为学生心灵护航》为题向全国的专家、同行做汇报。19日上午,学校2项成果在工作坊内面向全国同行进行专项展示。

学校始终坚持"科研立校"战略,重视科研对促进学校教育质量和教师教育教学素养提高的重要作用。

撰稿:李　勇
审稿:刘晓婷

天津外国语大学附属外国语学校

【概况】　天津外国语大学附属外国语学校(天津外国语学校),是1964年在周恩来总理亲自关怀批示下创建的全国首批七所外国语学校之一,郭沫若题写校名,是教育部多次下发文件要求重点办好的外语特色学校。学校历史悠久,外语特色鲜明,为国家培养了众多外语外交人才。

学校是天津市直属重点中学,首批示范校、首批特色高中校,全国外国语学校副理事长校。学校占地5.33万平方米,建筑面积5万余平方米,设有初中部、高中部、国际部,在校学生1700余人,教职工230人。学校坚持党的教育方针,秉承"融中西文化　育国际英才"的办学理念,坚持"开放式教育"的办学特色,以培养复合型、国际型预备人才为目标。学校落实国家课程标准,强化外语教学,开设英、日、德、法、西五种外语,实行"一主一辅"的多语种人才培养模式,即每位学生主修第一外语,辅修第二外语,自主选择语种。外语教学实行小班化、对话式、全外语教学。有70余人被北大、清华、复旦、上交、北外等国内重点大学提前录取,众多优秀学生被哈佛、耶鲁、牛津、剑桥、多伦多、早稻田、立命馆等世界著名大学录取,其中数十人享受全额奖学金;学生参加高考,成绩优异,多人被清华、北大等高校录取。学校开设丰富多彩、形式多样的校本课程和各类社团活动,开发学生潜能,培养学生特长。学生参加各类学科竞赛及艺术、体育、科技等赛事并取得优异成绩。学校与国际教育接轨,已经与12个国家和地区的46所学校成为友好校。

学校落实"双减、双新",促进教育教学的"高质量发展",举办第九届教科研年会暨第五届青年教师学术论坛活动;评选出市级骨干教师6人、区级骨干教师45人,区级名师工作室3个;获评天津市中小学"心理健康科普校园"站长校。

学校发挥特色课程示范引领作用。英语、音乐学科通过"天津市普通高中学科特色课程基地"评估验收;体育学科获批天津市义务教育阶段特色学科基地建设项目;英语学科获批天津市高中创新人才培养领航学科基地建设项目。

2023年,学校获评先进集体9个;学校教师获评先进个人85人次,15人次在天津市级以上教育教学比赛中获一等奖。

撰稿:靳宇喆

【津港交流】 2023年7月10日,天津外国语大学附属外国语学校与中国香港姊妹校圣马可中学文化交流活动在线上举行。本次活动的主题为"寻访本地非物质文化遗产"。活动当天,同学们分享杨柳青年画、毛猴、非遗博物馆和剪纸4个具有天津地域特色的非遗项目及中国香港地区的非物质文化遗产——花牌的制作方法。

撰稿:徐 佳

【多元发展】 天津外国语大学附属外国语学校注重学生德智体美劳全面发展,积极开设合唱团、舞蹈团、舞台剧表演社、播音主持社、手风琴社等艺术社团共计11个。在2023年天津市学校美育实践课堂文艺展演(集体项目)中,天津外国语大学附属外国语学校合唱、校园短视频制作、管乐、舞蹈、民乐5个项目,均获佳绩。7月22日,天津外国语大学附属外国语学校民乐团赴清华大学,参加第19届亚运会组委会办公室和教育部中外人文交流中心联合举办的第四届"中外人文交流小使者"全国展演活动。

撰稿:徐 特
审稿:魏 华

天津市天津中学

【概况】 天津市天津中学坐落于天津市南开区华苑社区中孚路41号,是天津市教委直属中学,天津市首批示范性高中之一。章萍同志任党委书记,王振英同志任校长兼党委副书记。学校现拥有教职员工190人,其中具备副高级及以上职称教师人数占全体教师总人数的41.58%,正高级教师6人,特级教师8人。有14个初中教学班,25个高中教学班。

2023年,天津中学加强政治建设,制订《天津中学学习贯彻习近平新时代中国特色社会主义思想主题教育实施方案》,按照五个专题要求,把理论学习、调查研究、推动发展、检视整改贯通起来,一体推进,努力在以学铸魂、以学增智、以学正风、以学促干方面取得实效。学校推动思政课程与课程思政同向同行,组织举办天津中学第一届"铸魂杯"思政教学微视频比赛。市级"心动一课"微视频比赛中,宋雅楠、

陈怡老师的思政微课《科圣墨子》获特等奖,于倩、李萌娇老师的思政微课《绿水青山 你我共同守护》获一等奖。2月,学校获评全国中小学国防教育示范学校。7月,2021级初中四班被授予"全国红领巾中队"称号。

学校聚力品牌高中建设,提升学校育人质量。学校围绕"五育融通、实践育人"的目标定位成立专家工作组,修订完善品牌高中建设规划,制定具体实施方案,从课程建设、教学创新、教师培养、学生发展等方面进行系统化的实践探索。7月,学校举办校园开放日,全方位展示学校教育、教学工作的开展情况。8月,学校申报的《三全育人视域下的高中生涯指导课程的建设实施》获批天津市中小学班主任工作精品项目。

学校优化课程系统内在结构,树立大课程观。学校不断完善"一支点、双优化"的课程育人体系,坚持以学校特色化的"实践活动课程"为支点,围绕重点项目"学科新课堂"开展一系列五育融通研究课,撬动学科课程和活动课程的双向改进和综合提升。学校积极推动指向素养目标的学习方式变革,优化国家课程实施质量,重点加快项目化学习、大单元教学的改革进程。11月,天津中学获评天津市中小学劳动教育示范学校。12月13日,南开区"聚焦核心素养导向的课堂教学"系列展示与研讨活动暨天津中学品牌高中建设阶段性成果展示在天津中学召开。

天津中学在品牌高中建设同时,持续推动强校工程和对口帮扶工作。学校与结对学校蓟州区下营中学、宝坻区大口屯中学进行多层面的深入交流,并数次接待来自河北省邯郸市、新疆和田地区、海南省三亚市的教育学访,校际互动机制使学校的阶段性经验能与更多兄弟学校共享。

撰稿:常 亮

【天津市首家区级学生心理素质培养中心】 2023年2月17日,南开区教育局在天津中学挂牌成立天津市首家区级学生心理素质培养中心。天津市学生心理健康教育发展中心、南开区教育局、南开区教师发展中心等单位领导出席,天津中学党委书记、校长和南开区各中小学的心理教师、学生代表共150余人参加活动。天津市学生心理健康教育发展中心主任吴捷、南开区教育局副局长张凯为"南开区学生心理素质培养中心"揭牌。天津中学挂牌成立南开区学生心理素质培养中心,旨在不断完善学生心理健康教育工作机制,促进各级各类学校心育工作均衡、协

调发展,着力提升心育教师队伍的专业化水平,促进心理健康教育工作科学、规范化开展。

撰稿:常 亮

【入选全国中小学国防教育示范学校】 2023年2月,教育部、中央军委政治工作部印发通知,认定公布新创建"全国中小学国防教育示范学校"942所。天津中学入选为全国中小学国防教育示范学校。天津中学践行社会主义核心价值观,秉持"厚植家国情怀,共筑强军梦想"的国防教育理念,把国防教育作为学生思想政治教育的必修课。学校强化国防教育课程教学,将新生军训作为国防教育必修课。学校融合课程保证国防教育持续开展,发掘和利用教材中的国防教育因素,按教材内容、教学特点,把国防教育渗透到各科教学中。天津中学开展国防地域特色活动,找寻身边英烈事迹,开展国防教育讲座;学校立足地域资源,追寻英雄足迹,在清明节、烈士纪念日、国家公祭日,结合天津革命历史遗址和历史文化,开展形式多样的国防教育活动;学校强化国防教育宣传,利用主题班会、升旗仪式、国旗下讲话等,落实国防教育常规化。

撰稿:常 亮

【课堂教学展示与研讨活动】 2023年12月13日,聚焦核心素养导向的课堂教学展示与研讨活动在天津中学报告厅召开。南开区教育局党委书记、局长孙建昆,天津中学原校长国赫孚、南开区教师发展中心以及南开区相关高中学科教研员、南开区各高中学校教学校长、教务主任、学科组长和骨干教师代表参加会议。学校教师分别以《以核心素养引领课程建设,将思政元素融入实践教学》《语以润心,文以载道——"双新"背景下,高中语文教学实践与思考》《传承课堂教学研究,追求理解教学设计》《聚焦地理核心素养,提升学生综合素质》为题,从不同角度介绍学科组建设工作;生物展示课植物生长素,语文展示课故都的秋,数学展示课抛物线及其标准方程,地理展示课上海大都市的辐射功能,直观展示天津中学课堂教学改革成果;天津中学校长王振英以《深化学校发展内涵,高质量推进品牌建设》为题,与大家进行学校管理经验的深度交流。此次活动从学科组代表分享到学校管理层面的深度交流,多角度展示天津中学在聚焦学生核心素养、改善课堂教学、强化学科建设方面进行的有益探索。

撰稿:常 亮

【获评天津市中小学劳动教育示范学校】 2023年11月,天津中学获评"天津市中小学劳动教育示范学校"。天津中学坚持"课程创新、活动创新、模式创新"的劳动教育特色,将劳动教育作为"实践育人"的重要载体,作为学校育人工作的重要组成部分。天津中学根据学科特点,充分发挥学科的优势,将劳动教育渗透于语文、政治、地理、生物等学科教学之中,有机融合劳动教育。利用对传统文化知识的讲解,融合美食制作、传统木工工艺等,丰富劳动实践内容。利用政治学科思政教学的优势,培植学生"劳动精神、劳模精神、工匠精神"。利用对中国耕地资源与粮食安全的分析,融合农业劳动实践。学校高度重视劳动教育资源的开发,充分调动教师积极性,开发劳动校本课程,编写劳动教育实践手册,完成《天津中学课后服务劳动教育读本》《天津中学劳动周劳动实践手册》等多篇读物的编写。开设玉石雕刻、3D打印、固定翼航模制作、木模设计制作、作物育种、作物扦插嫁接等劳动教育创新课程。

撰稿:常 亮
审稿:王振英

天津市复兴中学

【概况】 天津市复兴中学是天津市教委直属市级重点高中校、天津市首批示范校、特色鲜明学校。学校有高中教学班22个,在校学生1015人,教职工138名,其中专任教师121人,特级教师1人,高级教师55人,一级教师45人。

2023年,学校完成第七届党总支和基层党支部调整换届工作。刘宏坤任党总支书记,基层党支部由原来的3个扩展为行政、德育、理科、文科4个党支部。强化基层党支部的建设。开展学习贯彻习近平新时代中国特色社会主义思想主题教育,突出效果效能,切实增强主题教育的针对性和实效性。成立数据安全管理领导小组,制定完善《天津市复兴中学教育数据管理办法》等多个制度、预案,提升网络安全问题的发现和处置水平。

2023年,天津市复兴中学以"精致教育"为指导,落实立德树人根本任务,推动五育并举向五育融合发展。进一步加强学科组、年级组的管理力量,形成推动年级、学科落实"高效课堂""五育并举"+"特色发展"的合力,建立并持续推进干部联系学科、联系年级组制度,深入一线,指导一线、服务一线。2023年度,天津市复兴中学举办第十八届秋季田径运动会、第十八届校园文化艺术节、第十四届校园合唱节。组织"劳动创造幸福、劳动开创未来"为主题的首届劳动竞赛。通过劳动假期作业、劳动技能比赛、劳动执勤岗、劳动周活动等多种形式培养学生日常劳动习惯、厚植劳动精神。

加强教育科研工作,提升课题研究的质量和水平。召开课题管理工作部署会,指导各课题组开展适应学情、贴合实践的研究工作,推动各课题组研究进程。2023年,有2个市级课题获准立项,1个市级项目结项,1个市级课题结题。学校加强教师队伍建设,推进青年教师成长,激发青年教师在教学实践中探索的积极性、主动性和创造性,开展青年教师论坛及青年教师特色活动。

扎实开展团委系列活动。通过公众号"天津市复兴中学青春汇"转载大量"学习强国"学习平台、共青团中央公众号等重要文章。开展"青春飞扬 与梦同行"主题团日系列活动;大中小思政教育一体化——天津市复兴中学与河北工业大学理学院合作共建系列活动;网络安全宣传周等法治、安全教育系列活动。召开团员和青年主题教育专题组织生活会。

撰稿:高兆勇 蔡 玲

【高效课堂建设】 复兴中学与天津市教科院课程中心密切合作,高水平开设好国家课程,持续推动高效课堂建设和教师队伍建设,深化普职结合建设。2023年2月,天津市教科院课程教学研究中心"复兴中学课堂教学研究实践基地"系列研究实践活动启动仪式在复兴中学召开。3月,天津市教科院课程中心张要武老师为复兴中学全体教师做题为《普通高中新课程新教材实施等级性评价的教学思考》专题讲座。开展常态课和青年教师汇报课展示活动,12个学科35位教师参加,做课35节,参与听评课200余人次。推动"普职结合"特色育人的深入研究和实践,启动"普职结合"学科生涯精品课程资源建设工作,天津市教学成果奖重点培育项目《"普职结合"育人模式的实践研究》通过专家鉴定,获准结项。

撰稿:高兆勇 蔡 玲

【课程思政建设】 围绕"培养什么人、怎样培养人、为谁培养人"根本问题,牢牢把握立德树人这一根本任务,深入挖掘思政课程、课程思政、思政活动的育人功能,积极探索大中小学思政一体化育人研究,形成各类各门课程协同育人和"三全思政"格局,

推进《天津市复兴中学课程思政建设实施方案》的实施。2023年9月,与河北工业大学理学院举行合作共建签约仪式,双方签署《中共河北工业大学理学院委员会与中共天津市复兴中学总支部委员会党建共建合作协议》及《天津市复兴中学与河北工业大学理学院建立大中小思政教育一体化(共青团结对合作)共建协议》。学校参与天津市基础教育综合改革国家实验区揭榜挂帅实验项目,承担中小学课程思政建设实施示范项目的建设任务。在高一、高二年级开展课程思政研究课展示活动,共有语文等13个学科的15位教师参加,教师深入挖掘学科课程中的思政元素,探索课程思政的有效实施路径。天津市中小学德育工作研究课题《基于课程思政的中学心理健康教育实践研究》结题。《高中课程思政的课堂实施策略研究》获准立项为2023年度天津市教育学会教育科研重点课题。

撰稿:高兆勇 蔡 玲

【校园文化建设】 2023年,学校立足实际,突出办学特色,以校园环境文化建设为载体,呈现学校办学思想、学校精神、校风、教风、学风等文化元素,营造浓厚的校园文化氛围,提升校园环境文化品位和文化建设水平。通过对学校二十年办学实践和文化积淀的梳理,提炼出内涵发展的基本经验,运用图文并茂、传统与现代媒体相结合的方式,在综合楼、行政楼等重要位置建成学校核心理念文化墙、学校荣誉墙、"三风一训""党的教育方针""复兴桃李园"等展区;在三楼大厅结合开放读书空间建成"书香校园"读书文化空间;在教学楼各主要位置建成"明志"文化墙、学校核心理念体系文化墙以及"平语近人——论教育""深入学习贯彻党的二十大精神""守初心立师德 铸师魂"三个系列的文化宣传教育空间;在德育处和年级办公室及各班级教室建成各级各类宣传园地。通过校园文化建设,学校的育人方式、育人内容、宣传形式等不断丰富和完善,有效提升学校整体教育环境氛围。

撰稿:高兆勇 蔡 玲
审稿:靳江洪

天津市瑞景中学

【概况】 天津市瑞景中学是天津市教委直属的完全中学,学校占地4.75万平方米,建筑面积4.54万平方米。学校在职教职工164人,专业技术人员156

人,其中专任教师141人,正高级教师6名,高级教师64名,中级教师47名,初级教师23名,见习教师1名。学校有天津市"未来教育家奠基工程学员"2人,市青年画家1人。学校高中教学班22个,学生981人,初中教学班12个,学生492人,学生总数1473人。

2023年学校坚持以习近平新时代中国特色社会主义思想为指导,按照市教育两委部署要求,聚焦服务市十二次党代会确定的目标任务和市委、市政府"十项行动",坚持为党育人、为国育才。坚持"五育"并举,全面发展素质教育,持续推动学校高质量发展。学校落实全面从严治党主体责任,发挥党建工作在业务工作中把准政治方向、凝聚思想共识、提供组织保证、改进工作作风、化解廉政风险重大作用。学校以学生全面发展、终身发展为目标,以队伍建设为抓手,以丰富实践活动为载体,引导学生树立正确的理想信念、厚植爱国情怀、完善健全人格、增强综合能力,积极构建"三全"育人格局,努力培养德智体美劳全面发展的社会主义建设者和接班人。学校加强教学常规管理,全面推进素质教育。学校组织开展常态展示课和"青年教师汇报课",覆盖文化、艺术、体育、技术等学科,进一步规范课堂教学行为,培养学生学习习惯,全面提高教师教育教学能力。学校开设思政教育课程、礼乐课程、习字课程、实践课程、丹青课程等八大类24门特色课后服务课程。学校以劳动教育为载体,构建以劳树德、以劳增智、以劳育美、以劳健体的多元教育体系,落实体美劳教育,整合音乐、体育、美术和技术学科资源,初高中开设劳动科技类、艺术类、体育类特色选修课程。

2023年获红桥区春季阳光体育运动会高中组团体总分第一名、红桥区中小学阳光大课间评比一等奖、红桥区秋季运动会团体总分第二名。2023年,在市区各级美育实践课堂、"献礼二十大、强国有我新征程"主题书画作品征集、红桥区中小学合唱比赛等多项活动中,多名学生分获市、区级比赛一二三等奖。

撰稿:李鑫刚

【教师队伍建设】 学校强化教师思想政治工作和师德师风建设,持续提升教师政治能力和专业素养。开展师德师风建设教育宣传活动,引导教师知规则、明底线、守纪律,提升依法执教、规范执教能力。开展师德师风负面典型警示教育活动,使教师从师德失范案例中吸取教训,引导广大教师时刻做到自重、自省、自警、自励,坚守师德底线。在教师节

前后深入开展"躬耕教坛、强国有我"主题宣传,组织开展优秀教师展示、新教师入职宣誓等系列活动,扎实推进师德师风建设。学校以"思想引领、实践指导、示范带动"相结合、"线上、线下"相结合的方式,全面开展教师培养培训工作。面向全体教职工组织"教师应有的素质"等系列学习活动;邀请市教科院专家开展《学习新标准　实现初中课程育人价值》专题讲座;选派语文组教师参加经典诵读专项能力提升培训。坚持问题导向,突出科研重点,通过课题研究、经验分享、宣传鼓励等方式促进理论成果与实践之间的转化,推进教师队伍专业发展。学校持续强化班主任队伍建设,开展以"练内功、强素质、展风采"为主题的班主任技能竞赛活动,提升班主任育人能力。为加快青年班主任的成长,发挥骨干班主任的传帮带作用,学校特开展"师徒结对、同伴互助"活动,帮助新班主任快速成长,共同提升,1人在区级班主任技能竞赛中获一等奖。

撰稿:李鑫刚

【书法特色课程建设】 瑞景中学积极实施素质教育,促进学生全面发展,面向初中全体学生开设书法特色课程,使学生能规范、端正、整洁地书写汉字,具备熟练的写字技能和书法欣赏能力。从而达到"以美育人"的目的。2023年学校书法特色课程实施取得喜人成绩,组织学生参加第二十七届全国中小学生绘画书法作品比赛,20余名学生获奖;9月,瑞景中学获评首批天津市义务教育阶段中小学书法课程基地校。11月,学校组织师生参加主题为"书韵摘金句,翰墨传精神"党的二十大金句书写活动,旨在将党的二十大精神与传统书法相结合,展现中华文化魅力,书写时代新篇章。12月6日,学校举办"大道同行—中国书法百人作品校园巡展"活动,同学们用真、草、隶、行多种书体进行书写展示,写的是学校"崇美尚能"的育人体系,实现"润德、启智、健体、怡情、育劳"五育并举;书法名家挥毫书写瑞景中学的校训"守朴、求索、博爱",体现学校培养学生成为有责任、有担当、有作为的时代青年的办学目标。

撰稿:李鑫刚
审稿:陈瑞彬

天津市工读学校

【概况】 天津市工读学校坐落于河西区渌水道10号,占地2.67万平方米,建筑面积约1.5万平方米。

学校有教职员工共计33人。其中副高级教师7人，中级教师9人，初级教师7人。

学校属于天津市教育委员会直属的公益一类事业单位。2009年11月，市教委批复同意学校为天津市社会实践教育中心。2021年6月，市教委认定学校为市级中小学青少年劳动教育示范实践基地。2022年9月，教育部评估命名学校为中央专项彩票公益金中小学生校外研学实践活动营地。

学校主要职能一是专门教育：对有危害社会及犯罪行为但未达到法定刑事责任年龄的未成年人、其他有严重不良行为的未成年人，进行教育转化。二是劳动教育：承接中小学学生劳动教育体验课程教学任务。三是法治教育：承接青少年学生法治教育体验学习任务。四是承担市教委12345政务服务便民热线工作。

撰稿：赵立英

【构建新发展格局】 2023年，学校牢记专门教育职责职能，积极识变应变求变，构建新发展格局，发挥"一营地、两基地"示范辐射作用，落实"五育并举"，提升抓实高质量发展。重塑专门教育。积极筹备专门学校恢复办学工作。完成教学区、宿舍区、活动区、警务室等设施维修改造；制定办学所需规章制度200余项；派出骨干赴外地专门学校学习调研先进经验等，做好课程设置、人员管理等软件建设，做好2024年规范接收"三自生""警送生"的准备工作。抓实劳动教育。进一步落实《中共中央国务院关于全面加强新时代大中小学劳动教育的意见》。满足不同学段学生的劳动实践体验需求，承接西藏内高班等学校劳动实践课，充分发挥劳动的育人功能，确保劳动教育实践基地真正发挥作用。做强法治教育。进一步落实立德树人的根本任务。大力推进青少年学生法治教育的体制机制，全年协助市教委法制处做好法治基地揭牌仪式、宪法晨读等工作，承接6所学校、约900名学生、各界人士的参观学习，提升全市青少年学生法治意识、法治知识、法治能力。拓展研学教育。面向全市中小学学生开展研学教育活动。合理规范使用中央彩票公益金，先后组织65所中小学共计2万多名学生的校外研学实践活动，为积极落实教育部政策、大力推广校外研学活动起到先试先行作用。做好市教委12345政务服务便民热线工作。全体教师坚持群众利益无小事，以倾听民声、凝聚民心为出发点，第一时间责成业务部门和属事单位聚焦问题，为群众分忧解难。2023年共受理市民求助事项约3万件，获评"市级机关党员服务示范窗口""天津市模范职工小家"称号，工作视频《强化党建引领 深化服务群众》获市级三等奖。

撰稿：赵立英

【天津市青少年学生法治教育实践基地】 2023年5月24日，天津市青少年学生法治教育实践基地在学校报告厅举行正式揭牌仪式，教育部政法司副司长王大泉、市教委副主任徐广宇出席揭牌仪式。11月10日，天津市全运村小学到学校青少年学生法治基地模拟法庭进行法治学习实践活动。12月4日，迎接第十个国家宪法日，深入学习贯彻党的二十大精神，贯彻落实习近平法治思想和习近平总书记关于宪法的重要讲话和重要指示批示精神，教育部在北京主会场举办全国教育系统"宪法晨读"活动。学校设立分会场，与全国中小学生同步参与活动。

撰稿：赵立英

【中小学学生劳动教育体验课程教学实践】 2023年3月11日，天津七中西藏高中班学生到学校劳动基地进行劳动实践。10月24日，学校校外研学营地组织天津市湘江道小学进行研学活动。

撰稿：赵立英
审稿：刘春泉

天津市滨海新区汉沽第八中学

【概况】 天津市滨海新区汉沽第八中学是1974年创办的公办初中校。学校坐落于汉沽文化街80号，占地2.63万平方米，建筑面积5884平方米。学校有标准的理、化、生实验室，计算机房、多媒体教室、历史教室、地理教室、劳技教室、书法教室、美术室、版画教室、音乐室、图书室等，有环形塑胶运动场、草坪足球场、篮球场。学校有21个教学班，专任教师99人。学校获首届"天津教育魅力学校""天津市文明校园"称号。汉沽八中坚持"发挥资源优势，挖掘教师潜能，凸显办学特色，提升办学品位"的办学目标，坚持"全面发展，发展个性，为学生的终身发展奠基"的办学理念。学校以"文化校园""书香校园""和谐校园"三园为轴心创建校园育人环境。落实"五项管理"和"双减"政策，"校风文明，教风严谨，学风浓厚"的局面得到保持。

撰稿：邵月华

【德育工作】 学校以"立德树人"为根本任务，落实"三全育人"，推进"五育并举"，以"养成教育"为主线，"感恩教育"为抓手，充分利用各种德育载体，做常规德育、生活德育、心理德育、文化德育。学校通过新学期班主任培训、见习班主任培养、每周一的班主任例会、"春雨杯"班主任论坛交流等系列培训，提高班主任的工作水平和能力。结合《中学生守则》和学校《班级一日常规量化评比细则》，学生会对班级卫生、纪律、校服、发型、板报、班级布置等11个方面进行考核，实现日查、周评价、月表彰，做到德育教育的"小、近、亲、实"。学校先后开展主题教育，社会主义核心价值观、法治、安全、劳动、校外实践、心理健康、美育实践、学生社团等德育活动。利用传统节假日、重大庆祝活动等教育途径开展活动，三个年级开展"行走的课堂"拓展教育实践活动，主题团日活动；进行校园文化艺术作品展，文艺展演等艺术活动。每周组织主题班会、国旗下讲话，以丰富多彩的德育活动，践行学生的感恩之心。学校充分发挥家长委员会作用，每学期初、学期末召开全校和分年级家庭教育指导会，针对学生出现的各类问题召开订单式家长会、外埠学生家长会，加强家校联系，提高社会、家长重视教育、理解教育、支持教育的意识，把"三全"育人落到实处。

撰稿：高　晨

【教学工作】 学校在教学工作中致力于学生核心素养的提升和身心健康的全面发展，推进"双减"工作，贯彻"五项管理"。构建适合校情特色的教学模式，即"'生态课堂'三加一教学模式"，将课堂内的教学过程分为"激趣导学、动态生成、达标检测"三个基本阶段和多样化反馈一个环节，引导教师从机械、僵化的线性教学走向开放、真实、灵活的立体教学。学校遵循"五育并举"的管理理念，开设黏土工艺、书法、逻辑与思维等12项特色课程，先后开展"小博士杯"知识竞赛、汉字听写大赛、诗词听写大赛等多样的教学活动。学校组织青年教师课程思政精品课赛、微课评比、青年教师论坛、作业设计评选、征文比赛等活动，助力教学成绩提升。2023年5月19日，思政教师杨洋的《闲赏海边水墨画——故乡的风景是此生最美的风景》公开课近200人进行现场观摩，同时向滨海新区全体思政教师做直播。在滨海新区数字技术与教育教学融合创新优质课评比中，4位教师获奖。学生杨丛旭在"第五届中华经典诵写讲大赛"中，作品《请党放心，强国有我》获天津赛区一等奖。

学校成为滨海新区首批同北京朝阳区合作的5所学校之一，签订同首都师范大学附属实验学校合作协议，并进行学术交流。学校作为集团总校，与大田中学、桃园中学2所成员校成立汉沽八中教育集团。集团内首次教学论坛"新课标视域下'落实双减要求，促进学生全面健康成长的思考与实践'"于学期末结束。2023年3月滨海新区教师发展中心授牌学校"天津市滨海新区青年教师培训基地"。

撰稿：鲍桂华

【教师队伍建设】 学校坚持把教师队伍建设作为基础工作，加强教师队伍的整体优化，重视班主任、骨干教师、青年教师三支队伍建设。坚持培养青年教师和在滨海新区乃至全市有一定影响力和竞争力的学科带头人和教学骨干教师。2023年，学校组织11场关于师德、教育教学、心理健康等培训，派出优秀班主任、心理教师、骨干教师、教研组长、备课组长，分批去杭州、重庆、北京培训，赋能教师成长；组织教师研读《中小学课程思政学科教学指南》和《做最好的教师》，开展青年教师"三个一"工程，即每学期看一本书、写一篇论文、上一节校级公开课，发挥高级教师和学科骨干教师的示范引领作用；组织高级教师和学科骨干教师对青年教师的公开课进行指导点评；开展"第十届青年教师'七彩虹'论坛"，进行青年教师课程思政精品课的评比，提升教师能力。教师多方面参与科研课题研究，有11项市级课题和2项区级课题结题。天津市基础教育"创新论文"评比中3人次获市级奖励，6人次获区级奖励；邢荣敏老师的《燃烧与灭火》入选天津市课程思政精品案例；胡逸菲老师获"红杉杯"天津市第十三届青年教师学术论坛市级二等奖。在滨海新区"应用国家中小学智慧教育平台"教研论文及案例征集中6人次获奖；在滨海新区"数字技术与教育教学融合创新优质课评比"中4人次获奖。

撰稿：鲍桂华

【艺体和卫生】 学校响应"双减"政策，引领学生全面发展，形成健康、强身的艺体文化。音、体、美学科教师开设舞蹈、合唱、田径、足球、篮球、版画等艺术、体育社团，所有学生均能根据自己的兴趣爱好自由选课，参与到社团活动中。学校开展阳光体育运动，创编适合学生年龄特点的韵律操和趣味大课间活动，丰富学生的课余生活。每天不少于1个小时的阳光体育活动，每月开展包括两人三足比赛、搭桥过河比赛、集体长绳比赛、拔河比赛、冬季长跑比赛等体育竞赛活动,坚持每年开展大型校园田径运动会。作为"全国青少年校园足球特色学校",学校坚持弘扬和传承足球文化,成立校园足球宣传站,举办"2023年'致远杯'校园足球联赛"。学校"致远"足球队在2023年滨海新区中小学足球比赛中获初中男子组第七名。2023年5月学校获天津市青少年体育后备人才学校突出贡献奖。学校"空间合唱团"在2023年天津市学校文艺展演中获大合唱一等奖,小合唱一等奖;在2023年滨海新区学生合唱节中获大合唱一等奖,小合唱一等奖;7次受邀参加天津市学生合唱工程音乐会。版画、藏书票教学是学校美术学科的传统特色。5月11日,举办"纪念版画家李平凡先生诞辰百年"暨"李平凡版画文化传习室"交流展;2023年5月被评为滨海新区优秀文化传承学校;12月19日举办"天津市学校美育论坛'传承津沽文化,践行以美育人'专家讲座——汉沽八中专场"活动。2023年底,在以"莲年有余"为主题的天津市主题年画作品征集中,学校有21幅版画作品入选,入选作品于春节期间在天津市"杨柳青年画馆"进行展览。2023年学生体质健康标准测试中,96.22%的学生达到合格标准,优良率50%。学校每月更新学生健康教育专栏,定期检查学生坐姿及眼睛保健操情况,完善和落实教室采光和照明制度。学校坚持做学生常见病、传染病的防控、宣传工作,分别迎接学校卫生工作督查、近视防控工作考核、卫生监督所学校传染病防控工作督查、卫生监督所创建国家卫生城市技术评估,完成天津市健康促进学校复审。

撰稿:刘　青

【信息化建设】　学校践行教育理念变革和模式创新,促进信息技术与教育教学深度融合,促进教师信息技术能力提升和"双减"政策背景下的教学方法改革,向数字化智慧校园更进一步。2023年,学校自筹资金更新完成23间教室的电教设备,安装电子触摸屏,提升设备性能,方便课堂教学,简化终端管理,降低维护成本;安装覆盖校园的无线网络终端,购买无线网络实名认证系统软件,保证校园网络安全;以教师信息技术应用能力提升工程2.0为契机,充实课程资源,提升教师教学能力;组织教师参加2023年滨海新区教师数字素养提升活动。完善管理制度,提高信息化建设标准,探索智慧校园建设,以学校信息化提升推动教育教学高质量发展。

撰稿:邵俊雯
审稿:董晓菊

天津市第二耀华中学

【概况】　天津市第二耀华中学是和平区2022年设立的一所高起点、高标准、高品质的区属公办完全中学,学校坐落于登州南路98号,交通便利,为可寄宿学校。学校占地11.1万平方米,建筑面积7.3万平方米,绿化面积3.8万平方米,环境优美,配套齐全。

学校秉承百年耀华"勤朴忠诚"的校训,健全严谨规范的管理体系,通过多样课程、多彩活动和多元评价,持续提升学生品德修养、知识水平、交往能力和自理能力。该校注重培养学生深度学习能力、创新思维能力和综合素养,培养堪当民族复兴重任的时代新人。

学校依托和平区整体教育优势,师资队伍力量雄厚。教师团队由和平区择优选调的骨干教师、面向全国招聘的高层次人才组成。学校对标全国先进办学水平,各级骨干教师占比高于市级重点中学。优秀的师资队伍是学校高质量办学的有力保障。

学校建有1幢男生宿舍楼、1幢女生宿舍楼、1幢教工宿舍楼、1幢膳食中心,生活保障条件完善,为有住宿需求的师生解决现实难题。学校拥有4幢连体式教学楼,先进的标准化多媒体教室、信息技术教室、大型图书馆,让学生尽享学习快乐。设施完备的陶艺活动室、艺术教室、形体教室,让学生尽情展示个性才华。标准田径场、足球场、篮球场、网球场,让学生无限释放青春活力。

学校以"为党育人、为国育才"为初心使命,培根铸魂、立德树人,促进学生全面而有个性的发展,着眼于学生的终身发展,培养学生持续发展、自主发展所需要的关键能力,为每个学生幸福人生奠基。任课教师和生活教师以无限的人文关怀爱护教育学生,帮助学生养成独立自主的良好生活习惯,提高学生解决问题和相互协作能力。

撰稿:张　楠　张凯怿

【德育建设】　第二耀华中学秉承"勤朴忠诚"的校训,坚持以学生成长为中心的大德育理念,以制度化、课程化、项目化、体验化为德育路径,将普适性的德育课堂与个性化的德育活动结合起来,探索心育与德育的融合发展,围绕团队、课程、活动等多维度打造完美校园,让教育真正赋能生命成长。学校将社团活动与研究性学习和综合实践活动相结合,促进社团活动制度化、规范化发展,实施社团活动课程化,培养学生自主管理、领导能力以及创新意识、创新能力。学校完善宿舍管理体系,关注住宿生身心健康状况,强化住宿生的及时反馈与动态评价,有效促进住宿学生全面健康发展。

撰稿:王 珊 马 楠

【教师培训】 学校成立"学科数字化应用领航员"(Subject Digital application Leader,简称:SDL)团队,首期学员30人,配备教育信息化终端设备,提升学科教师信息化应用转型与学科整合能力。学校成立以正高级教师为主的教育教学督导组成员,明确正高级、高级教师、骨干教师做课和科研引领要求;强化"青蓝工程",师徒结对共94对(教学师徒78对,德育师徒16对),用统战思维,发动群众思维。学校成立以任职三年内青年教师为主的君达教师培训学校,君达学员69人,君达系列培训共19场;与和平区汇文中学、第十一中学携手开展以"成长"为主题的教师校际交流活动;学校2023年入职新教师25人,学校开展主题为"勤朴忠诚为党育才,凝新聚力为国育人"的五日新入职教师岗前集训;新教师做入职三个月的教育教学工作汇报。

撰稿:王 薇 王玉红

【教育科研】 学校承接"四省六校"30余名教师参观、学访活动,来访教师聆听"理想课堂"的声音;学校73名教师在2023年度天津市"教育创新"论文评选中获奖,其中市级获奖8项;学校23名青年教师参加"青年教师教育教学论坛"评选活动;校本教研组织"说课标"展示、说课展示等系列跨学科教研活动;备课组周计划线上更新教学进度、创新作业等安排,做好"理想课堂"提质增效工作;学校3项市级"十四五"课题完成结题工作,1项区级"十四五"课题完成中期汇报;学校形成5种"理想课堂"的课型模式并做课展示;骨干教师示范课57节、青年教师汇报课138节、SDL智慧课堂展示课34节、新教师首日亮相课23节、课程思政精品课17节。

撰稿:王 薇 王玉红

【智慧后勤构建】 学校紧紧围绕更高质量地服务师生为目标,以"智慧后勤"建设为抓手,借助物联网、大数据以及人工智能等手段,通过信息互通、资源组合、数据分析、科学决策等流程实现管理的规范化、可视化、智能化,为师生提供良好的教育教学育人环境。宿舍管理引入人脸识别系统,实现家长、学校、宿管员全方面对学生的智能管理,提高管理的有效性和安全性。学校引入无感知考勤系统,便于学校对教职工实现智能考勤管理。在校用餐均实现刷卡刷脸支付,家长通过手机App可了解孩子在学校的消费情况,便于家长监控。

撰稿:刘术岭 毛国民
审稿:冯耀忠

天津市教育科学研究院附属河北中学

【概况】 天津市教育科学研究院附属河北中学前身为天津市第七十八中学,创建于1958年,是一所有着65年历史的区级重点完全中学。2023年4月,天津市教育科学研究院与河北区人民政府签署合作框架协议,正式更名为"天津市教育科学研究院附属河北中学"。教职工总人数162人,其中专任教师156人,实验系列、辅系列6人,学校有区级骨干教师32人。学校有38个教学班,在校生1727人。校舍占地2.28万平方米,建筑面积1.54万平方米,运动场馆总面积7231.8平方米。

2023年12月28日,学校被认定为天津市第二批国家中小学智慧教育平台应用市级实验学校,2023年天津市思政课实践教学改革试点校。入选天津市生态环境局"公共机构生活垃圾分类和资源循环利用示范单位"。

撰稿:魏 杰

【教学研修活动】 学校借势天津市基础教育优质资源辐射引领2.0工程以及河北区人民政府与天津市教委合作共建的有利契机,积极推进天津市普通高中"强校工程"。2023年,围绕"坚持素养导向 落实学科育人"主题开展一系列教学研修活动。"高中物理双优课市级展示与交流暨'强校工程'项目学校教师培训"市级教研活动中,何珊珊老师做市级双优课《摩擦力》的教学公开课。"落实'教学评'一体化"同课异构市级教研活动中,蒋俊文老师做同课异构课《最短路径问题》教学公开课。天津市中小学课后服务课程资源展示中,刘晋玛副校长作《坚持素养导向 落实学科育人》课程体系建设发言,详细介绍学校的课后服务课程体系建设和优质的课程资源。结合"责任教育"办学特色,构建"一体、双翼、五擎驱动"的育人体系。学校骨干教师走进新华中学课堂沉浸式的体验,提升教师的教学能力和研究能力。

撰稿:魏 杰

【德育工作】 依托责任教育的办学特色,建立"学校—年级—班级"三级育人体系,发挥国家级防震减灾科普示范校的育人优势,借助防震减灾科普馆、防灾减灾科普教育展厅等硬件设施,面向社会民众、全校师生开展防震减灾科普教育活动,科学普及应急避险知识,提升防灾减灾意识,曹克成撰写的《开展防震减灾工作 推动活动育人》获天津市"三全育人"优秀工作案例。学校充分发挥天津市排球传统特色学校的优势,打造河北区排球训练基地,开展校园艺术节、兴趣小组、艺术社团等丰富多彩的美育实践活动。2023年学校体育艺术成绩显著,张裕童同学在全国第一届学青会游泳比赛中获第六名,啦啦操队获全国啦啦操俱乐部联赛天津站第一名。市级美育实践课堂展演中,学校推荐的集体项目节目共获市级二等奖1个、三等奖3个。学生合唱团获市级美育实践课堂三等奖。

撰稿:魏 杰
审稿:史清宝

天津市觉民中学

【概况】 天津市觉民中学成立于2022年,是天津市第四中学集团校,为公办完全中学。坐落于河西区爱国道5号,占地2.1万平方米,建筑面积3.2万平方米。学校硬件设施完备,每间教室均配有无尘化教学一体设备,专用教室齐备,设置语音听说、智慧开源、非遗传习等特色专用教室。

学校秉承"向上向善向好向美"的办学理念,传承"勤学自立 成才报国"的校训,凝聚"善美"文化,形成"务实创新和谐有为"的教育氛围,充分发挥正高级、特级教师、天津市领航教师、天津市学科骨干教师、西岸名师库等名师引领作用,推行互促导师制,即骨干教师带业务、年轻教师促技能的机制,锻造一支"仁爱笃行博雅通达"的教师队伍,旨在培养"有理想、有担当、有本领"的时代新人。

学校坚持以学生发展为本,以习近平新时代中国特色社会主义思想、中华优秀传统文化、革命传统等重大主题教育推动学生成长。将思政教育贯穿教育始终,融入每一个教育环节,拓宽教育途径,引进资源强大教育队伍。与天津大学、天津外国语大学共建大中小学思政一体化,成为天津大学思想政治理论课实践教育基地。开发"红馆"、北疆博物馆等作为学生思政教育综合实践基地。以共建共创共享来拓宽育人新局面,将思政教育实践作为学生成长的必修课,为学生终身发展奠基。获市、区级奖项集体10余项、个人150余项,首次参加文艺展演获市级二三等奖,指导教师奖10余人次。以跨学科主题学习课本里的艺术《安塞腰鼓》获市级优秀奖、音乐快板《好少年好传承》在全市展示并在天津电视台播放。心育课堂、非遗课程的实施,被《中国教育报》《天津教育报》、光明网刊发或转载。

撰稿:魏 洁

【党建领航】 学校坚持党组织领导的校长负责制,健全党组织统一领导、党政分工合作、协调运行的工作机制。聚焦党的全面领导如何体现、党组织战斗堡垒如何建强、党员先锋模范作用如何发挥等主题来定目标、建制度、抓落实。以党建引领学校文化建设,增强党组织领导力,实现党组织领导的校长负责制与学校机制体制建设深度整合。强化党组织对意识形态工作的主体责任,坚持定期预判与随时研判相结合,筑牢意识形态领域关。强化思政课教师队伍工作,坚持以内涵发展为根本,注重问题导向,打造一支素质高、业务精的思政课教师队伍。强化党对干部队伍的领导,落实学校党组织对队伍建设的责任,结合学校实际,实行岗位责任制与项目责任制相结合,从政治品德、业务能力等各方面锻造干部,增强干部队伍的战斗力。

撰稿:平建国

【课程建设】 学校以国家课程和综合实践类课程为基础,融入学生成长需求,构建学校课程体系下的学科课程群。打造"善美"课程体系,设置"崇德、善好、共美"三大课程版块,开设涵盖崇德尚行、人文素养、科技创新、身心发展、社会实践、生涯规划6大类数十个模块的选修课。坚持五育融合,以评价促课程实施,以多元化的实施策略创建"大课堂",打造五育与心理健康教育相融合的心育课,在阅读方式、阅读习惯、阅读兴趣上着力的愉阅课程,让学生通过活动带入参与、通过获得提高兴趣、通过实践取得进步。拓宽课堂样态,提高国家课程落实的质量。创建"45分钟+"课堂,即45分钟传统课堂、课后服务拓展课堂和学生自主学习课堂。倡导"启思—激趣—强意—导行"的课堂样态,引导学生对学习主体地位的自觉占领。培养有社会责任感、有创新精神、有实践能力、有科学素养的"四有"学生。

撰稿:魏 洁

【特色学科】 学校以学科建设为抓手、推动学校发展建设,特别是综合实践活动的开展,撬动学校育人方式的转变,促进学校文化的凝练,提升学生对自然、社会和自我之间的整体认知。在"善美"课程理念引领下的综合实践活动课程群,以价值体认、责任担当、问题解决、创意物化为目标,建成三大版块、七大类课程,形成"红V"实践品牌,旨在实现"四有"学生培养的核心价值。注重优秀学科培育,以优秀的课程建设促学科育人方式变革,以优秀的校本教研促学科教师队伍建设,以优秀的学科教师队伍促学生综合素养的培育。打造新时代学科组建设模式,以最具融合性、创造性学习的课程和课堂,将学科素养落实、课程目标达成、学科课程建设与学科教师队伍发展、学生科学精神创新精神培养相向同行,形成具有课程开发、研究职能、指导职能的学科组。落实跨学科项目式学习,抓实践能力培养,育科学探究精神,促进国家课程的分层化实施,推动其他学科课程建设,教研、评价、学科、学校共情共美。发挥综合实践活动优秀学科功能,构建学校综合实践活动育人体系,建设综合实践活动课程群,让学生在活动中学、在做中学、在创造中学,实现综合实践活动的全面育人功能。

撰稿:孙吉旺

【家校共育】 学校坚持多维共育、同向而行,形成教育合力。依托天津市家庭教育指导中心,通过专家领航、亲子健康课堂等活动,从善于倾听、感受关注、价值判断、巧妙沟通等方面着手,精准分析、深度思考,突破家校协同育人的现实瓶颈,最大限度发挥家校协同育人合力,实现家庭和学校的"无缝对接"。邀请专家为全体学生、老师、家长开展专题讲座,从调整教育心态、学习家教知识、改变育儿观念等方面给予指导,丰富家长教育技巧,建立和谐的家校关系,亲子关系。落实心灵导师制,开展谈心谈话、作业辅导、家庭教育指导等暖心帮扶工作,帮助学生调适情绪,合理安排作息。推送家庭心育知识和技能,提升家庭心育能力,促进家校共育。

撰稿:孙吉旺
审稿:孙志蓉

天津市河东区卓越学校

【概况】 天津市河东区卓越学校作为2023年河东区民心工程的项目之一,是一所全日制九年一贯义务教育公办校,成立于1973年,原名为天津市河东区二号桥中学,于2023年增加小学部成为九年一贯制学校并更名为天津市河东区卓越学校,隶属七中教育集团。学校坐落于河东区二号桥福东北里29号,建筑面积6972平方米,占地1.07万平方米。学校共有年级4个、教学班18个、学生884人;有教职工69人,其中专任教师57人。教职工中具有研究生学历的15人,本科学历54人。学校有区级骨干教师12人,校级骨干教师13人;有区领航教师3人,区兼职教研员3人。

撰稿:郭 勇

【整体布局】 学校专用教室齐全,设备设施符合天津市义务教育学校现代化建设标准,能满足教育教学及学生活动需要,有现代化的理化生实验室、音乐教室、美术(书法)教室、信息技术(语音)教室、京剧教室、录播教室、多媒体活动室等专用教室各1间,每个班级教室都配有网络多媒体设施,校园网实现全覆盖。学校建有足球场、篮球场、乒乓球台、单双杠设施,能满足学生素质拓展、体育锻炼、年级集会等多种需求。学校教学及辅助用房面积、体育运动场馆面积、体育仪器设备值均达到优质均衡标准。

撰稿:郭 勇

【发展特色】 学校以"为每位教师搭设发展平台,让每位学生获得成功体验"的办学理念,坚持以"感恩教育"为办学特色,使学生的智慧和人格同步发展,让所有学生都有理解感恩的思维、创造感恩的能力、奉献感恩的风格、体验感恩的境界,拥有提高生命质量的能力,从而成就高品位人才,促进个人与社会的和谐发展。教师们秉承"博学、敬业、爱生、善导"的教风,学生们秉承"立志、好学、尊师、善思"的学风,逐步形成"低进高出、高进优出、优进跃出"的办学成效。

撰稿:郭 勇

【办学成果】 2023年评选出市级优秀学生、优秀学生干部6人,区级优秀学生、优秀学生干部34人,校级优秀学生、优秀学生干部147人。2023年共发展团员24名,面向入团积极分子开展8个课时的团课,在"红领巾奖章"争章活动中共有24名学生获二星章。11月,多名学生参加区篮球足球比赛并取得优秀成绩;12月,学校在七中教育集团小型多样运动会中获第二名。2023年开展校级公开观摩课1

次、区级公开观摩课2次,获市级精品课双优课奖项3人,获区级精品课、教育创新论文等各类奖项25人,学校承担2个"十四五"区级课题且结题。在天津市大中小学中华优秀传统文化节暨"我是追梦人"主题系列活动之"感悟津城文化 喜迎时代盛会"中华经典诵读写大赛—诵读作品评选中获"优秀组织单位"奖,在"新时代好少年传承经典·筑梦未来"主题教育读书活动中获先进集体奖。

撰稿:郭 勇

审稿:刘 娜

天津市第九中学

【概况】 学校始创于1905年,前身是温世霖先生创办的普育女子学堂,后更名为天津市第九中学。市级重点中学,有教职工182人,其中专任教师166人,中、高级教师156人,占一线教师总数的88.7%;硕士研究生32人,全国模范教师1人,市、区特级教师2人,市级优秀教师、优秀班主任、骨干教师5人,区级骨干教师33人,区级优秀班主任2人。

学校秉承"传承普育思想,弘扬创新精神"理念,扎实推进"双减"背景下的教育探索与实践,探索"双新"背景下的育人方式改革,代表南开区在第五届"京津冀甘"四地基础教育研讨会做典型发言。完成《从"三法改革"到"集群式三级督导机制"—学校教育教学评价改革的探索》课题申报,成功举办"聚焦核心素养导向的课堂教学"区级展示活动。

坚持"以德育人"。全面构建党建引领的"五位一体"思政教育体系,即"思政课程、课程思政、实践思政、活动思政、媒介思政"。以德育督导工作体系建设牵动九中德育工作体系建设,制定《第九中学德育督导工作制度》,细化《第九中学德育工作量化考核细则》,修订《第九中学班主任工作手册》,坚持开展"21天幸福课"思政教育活动。学校连续多年获评天津市教育系统先进五好关工委。

坚持"以美悦心"。校管乐队获市级文艺展演二等奖,受邀参加中国教育装备展示会在国家会展中心(天津)开幕式,进行美育实践课堂展示演出。美育教育成果典型事例多次被"学习强国"学习平台、《每日新报》等媒体报道。

坚持"以劳拓能"。探索劳动教育实践研究,整合资源,积极推进校外劳动教育实践基地建设。与公交八路车队开展共建活动;开展"亲子相伴劳动"、创立"校园劳动岗"、组建"青年学生志愿服务队"等

活动;邀请全国劳模进校园,结合传统民俗节日开展劳动技能大赛,师生在各级各类劳动课程、技能大赛评比中获市、区级奖项,在区劳动教育工作会议上做典型发言。

撰稿:尚丽红

【三级教学督导机制】 根据《深化新时代教育评价改革总体方案》要求,以聚焦育人为本,突出评价发展导向为目标,创设集群式"三级督导机制"。三级督导机制将评价贯穿于教学全过程,把结果评价延伸到过程欣赏。督导组通过对教学过程的动态量化评估,给予教师多元评价,摒弃唯分数论,使评价不再是对教学结果量化的终极评判,而是对于教学每个阶段的监测,及时把握教师的发展方向。其中包括重视激励性评价——为教师专业成长提供动力。重视教师的道德实践和情感付出,从关爱学生,热情投入,耐心细致等方面对教师进行激励性评价,明确师德师风,牢记立德树人根本目标;重视表现性评价——为教师专业成长提供导向。利用数据生成宏观、微观雷达图,使评价完成由"数据记录"到"智能反馈"的蜕变。教师直观感知自我完善路径,为自己勾画发展蓝图,成为自主发展的规划者;重视指导性评价——为教师专业成长提供引领。利用小程序评语,从不同视角,找出课堂亮点,给予教师专业指导评价,帮助教师了解自己的教学实践,进而优化教学设计;重视发展性评价——为教师专业成长提供支撑。通过专业评价向不同教师提出发展性建议,为成熟型教师提供创新点增值,为成长期教师提供增长性培训。集群式"三级教学督导机制"实现评价模式创新,以欣赏的眼光看待教师成长,使评价对教师而言,不是"对我",而是"为我""助我"。

撰稿:尚丽红

【"五位一体"思政教育体系】 进一步落实立德树人根本任务,提升青少年思想道德建设工作水平。全面构建党建引领的"五位一体"思政教育体系,即"思政课程、课程思政、实践思政、活动思政、媒介思政"。以"思政课程"为引领,思政教师做专题思政研究,做到人人有课题,持续强化"金课"全覆盖。特聘老干部、全国劳动模范、党代表为校外辅导员,兼职思政教师,坚持开展"21天幸福课"思政教育活动,构建"大思政课"育人新格局。以"课程思政"为主体,党员教师通过"风采课堂"发挥全科全员的育人功能,承担课程思政课题研究。以"实践思政"为载体,

带领青年学生深入社会,走近劳模、专家,汲取榜样力量,学习中国智慧,将思政小课堂与社会大课堂有机融合。以"活动思政"为抓手,通过德育主题教育活动、研究性学习活动、共建活动,激活社会"大课堂",汇聚全社会育人"大能量",助力青少年健康成长。以"媒介思政"为创新,学生记者团融入学校微媒体宣传,建立科创公众号,致力于科学技术和国家环保的探索和研究,为学生媒介思政教育注入新活力,落实立德树人根本任务,实现社会主义核心价值观正能量舆论引领。

撰稿:尚丽红
审稿:曹树华

天津市耀华中学红桥学校

【概况】 2022年4月,红桥区与天津市教委签订加快推进教育高质量发展框架协议,引进市教委直属校优质教育资源,高起点兴办优质特色学校。2022年8月,红桥区教育局与天津市耀华中学签订合作办学协议,双方遵循"属地管理、团队帮扶、品牌输入、提升质量"的原则,携手共建天津市耀华中学红桥学校(简称"耀华红桥学校")。2023年9月,学校正式开学。

耀华红桥学校秉承耀华中学"勤朴忠诚"校训,坚持"立德为先、多元发展、面向时代、光耀中华"的办学理念,彰显"光耀教育"的办学特色,探索和创新普通高中育人方式改革的路径。学校位于红桥区中环线红旗路与芥园道交口西南侧,建筑风格与百年耀华一脉相承,古朴典雅,布局精致。学校占地1.8万平方米,建筑面积1.3万平方米,包括教学楼、体育馆、田径场、篮球场、食堂、报告厅、图书馆、实验室、音美教室、心理健康中心,各种硬件设施均参照普通高中现代化标准配置。

学校教师一部分由耀华中学每年选派学科骨干教师任教,并担任学科组长和备课组长,引领教育教学;另一部分由红桥教育局从"优质资源辐射奠基工程"人才库选调优秀骨干教师。选调老师均在耀华中学进行跟岗锻炼,沉浸式体验耀华文化,全方位参与耀华的备课、教研、培训和特色活动。

撰稿:刘学宇

【党建引领】 耀华红桥学校党总支积极落实天津市"十项行动"部署要求和红桥区"教育兴区"发展举措,团结带领全体党员干部和教师职工在教育教学一线砥砺奋进、开拓创新。学校实行党组织领导的校长负责制,制定党总支会议和校长办公会议议事规则,建立学校党建工作重点任务清单,强化制度保障。在教育局党委的统筹安排下,认真开展学习贯彻习近平新时代中国特色社会主义思想主题教育。筑牢清廉学校建设根基,举办首届师生清廉书画作品展。

撰稿:刘学宇

【深化合作办学】 耀华红桥学校充分共享耀华中学的优质教育资源,坚持理念共享、管理共通、师资共建、教学共研、资源共用、多维共促,实现自身发展的"内生式"上升。学生多次到耀华中学参加"大讲堂"活动,聆听"985工程"重点建设高校教授的精彩讲座,科学规划职业生涯。为拓展教育资源,学校与多所高校展开合作,组织全体师生到中国民航大学参观学访,并与中欧航空工程师学院共建航空教育实践基地,与河北工业大学共建劳动教育实践基地。学校先后入选天津市2023年"青少年科创计划"参与学校、全国中小学科学教育实验校。学校申报的2023年度天津市教委社会科学重大项目课题"培养高中生劳动素养的劳动教育协同育人模式研究"顺利开题。刘超和林文2位教师的高中实验教学课入选教育部2023年基础教育"部级精品课"(实验教学类);刘博达瑜和洪鹤然2位同学在2023年天津市中小学"筑牢长城 国防有我"知识竞赛总决赛中获市一等奖。

撰稿:刘学宇
审稿:刘学宇

天津市弘毅中学

【概况】 天津市弘毅中学是一所全日制公办完全中学,成立于2021年9月,坐落于东丽区华新街华四路9号,是天津市第一百中学集团化办学学校。学校共有初高中教学班20个,在校学生891人,在编教师40人。学校占地4.8万平方米,建筑面积2.5万平方米,可容纳36个教学班。校园内共有7栋单体建筑,包括初、高中办公楼2座,教学楼2座,实验楼2座,综合楼1座。另外,学校设置高规格配电室、消防控制室、模块化机房、计算机房、理化生实验室、音乐、美术、劳技等专用教室和图书阅览室。学校配有室外运动场地:300米田径场1个、篮球场地4个、排球场地2个和室内乒乓球馆、羽毛球馆。学校秉承"生命自觉,主动发展"的教育理念,把培养理想远大、意志坚强的时代新人作为育人目标,引领广大师生树立积极向上、拼搏进取的学校精神,促进学校内涵式发展。

撰稿:甄守平

【教师队伍建设】 学校将师资队伍建设作为学校重要工作,全力打造弘毅中学三支队伍——骨干教师队伍、青年教师队伍、班主任队伍,并在队伍建设过程中追求精细化管理、序列化培养、有效化落实。深化骨干教师队伍建设。对于骨干教师,学校压担子、搭台子,促进其全面发展。骨干教师除完成学科教学任务外,还要承担班主任工作、年级部门管理工作、师带徒工作、学科组教研和建设工作,在教育、教学、科研、管理全方位发挥作用。学校开展"青蓝工程",定期组织学科组教学研究。注重青年教师队伍建设。对于青年教师,学校铺路子、架梯子,帮助其快速成长。通过职业道德规范教育,引领新教师树立爱岗敬业的职业操守,明确立德树人的教育目标。通过校内结对与跨校结对方式,为新教师精心选配教学师傅,给予教育教学上的帮助指导。师徒教师通过教学示范课、展示课、常态课的相互听课评课,集体备课等形式共同研究教法学法,研究课堂管理和学生管理,教学相长,共同进步。组织全体教师共读教育专著,开展读书分享活动,引领全体教师将教学行为与教育理论结合,开展教学反思,提升教育管理水平。推进班主任队伍建设。对于班主任队伍,学校挑苗子、育种子,形成梯队培养模式。加强班主任培训,学校开启"名教师大讲堂"课程,每周一次专家讲座,解答班级管理、学生教育等方面的疑惑,快速提升班主任老师的专业技能。力求打造学习型、研究型、高素质、高配置的班主任团队。坚持班主任例会制度,及时总结班级管理的情况,分析并解决工作中存在的问题。组织开展班级管理工作经验交流会,推选区级、校级骨干班主任分享班级管理策略,共同探讨,互相学习。

撰稿:甄守平

【五育并举】 深入挖掘"弘毅"校名的育人价值,各项教育活动围绕育人目标扎实推进。"缅怀革命先烈,传承红色精神"清明节主题祭扫、抗日战争胜利纪念日、"九一八·勿忘国耻"主题教育旨在培养学生的理想信念、家国情怀、爱国主义精神;学农学军、社会实践、冬季长跑、进社区开展志愿服务旨在培养学生战胜困难的意志和勇于担当的责任。坚持立德树人的根本任务,构建全员、全方位、全过程的

"三全育人"管理模式。坚持"首见负责制""全员导师制"等管理制度,通过主题教育、班队会、社会实践、志愿服务等形式,对学生进行爱国主义教育和理想信念教育。通过举办校园艺术节、运动会、心理趣味运动会、青年辩论赛、素质拓展等活动,促进学生全面发展、健康成长。学校坚持素质教育,推出艺体类、实践类等素质拓展课程,包括合唱、手工艺术、剪纸、绘画、课本剧表演、足球、篮球、乒乓球、羽毛球、信息技术、摄录编、心理健康、啦啦操、泥塑、传统武术等,丰富学生校园文化生活,发展学生兴趣和特长。利用新媒体开展团队活动,传承红色基因。充分利用"智慧团建"系统、校公众号,开拓活动新载体。制作团课视频,开展"百年团史青年学"主题团课活动;组织开展"弘毅·青年说"——"宏辞论道,以辩会友"辩论赛;依托线上官方媒体,持续组织"青年大学习"、主题云团课;在学校公众号上推出"弘毅朗读者"和"弘毅之声"两个专栏,每月进行"歌声里的党史"红歌推送,培育和践行社会主义核心价值观,传承中华优秀传统文化。开展"书香校园"读书活动,培育特色育人品牌。设立班级读书角,组织"悦读伴成长,书香满校园"读书月系列活动,图书推荐、读书分享、师生共读、班级齐诵、亲子诵读、戏剧表演、青年辩论赛等活动的开展,让学生在阅读中砥节砺行,在阅读中践行对中华优秀传统文化的传承。

撰稿:甄守平
审稿:李金柱

天津市西青区杨柳青第四中学

【概况】 杨柳青第四中学坐落在西青区杨柳青镇新华道42号,始建于1973年,占地2.1万平方米,建筑面积8741平方米,是一所区直属普通完全中学。学校有领航教师3人,学科带头人28人,师德先进个人4人,天津市优秀教师2人,区级骨干教师58人。自2023年9月起,学校高中部新高一年级调整为4个美术专业班,取消普通班招收名额,走上美术专业"强校工程"特色化建设之路。

学校紧紧围绕"以美育人 融合发展"的办学特色,秉承"严爱勤朴"的校训,形成"和谐、创新、求真、务实"的校风、"激情、博学、善教"的教风、"自信、乐学、善思"的学风,落实立德树人根本任务,充分挖掘学生闪光点、尊重学生优势发展,挖掘学生潜能,帮助学生充分体验成功。

2023年,学校获评天津市高中美术课程基地校、

西青区教育系统艺术教育工作综合评估突出贡献学校,获西青区"传统文化季"系列活动优秀组织奖、西青区经典诵读集体项目中学组三等奖。学校是第三批全国中小学中华优秀传统文化艺术传承学校、天津市首批特色高中实验项目学校、天津市文明学校、天津市学生行为规范示范校、天津师范大学美术与设计学院教学实践基地、西青区艺术教育先进集体。

撰稿:杨 婉

【教师队伍建设】 学校以"让学校工作因我而精彩"和"用心工作、爱心育人、真心服务"为宗旨,以"在反思中成长,在总结中提升"为教师发展理念,努力建设一支师德高尚、业务精湛、理念先进的高素质教师队伍。学校加强师德建设,建立科学评价办法和考核制度;定期开展青年教师座谈会、青年教师讲演比赛、班主任治班方略论坛、思政大讲堂等活动,通过弘扬学校精神与文化,营造良好的教师成长和施教环境,帮助教师成长,增强教师职业幸福感。学校教师积极参加各项比赛活动,2023年共获200余项区级以上奖项,其中2名教师获信息技术与教育教学融合创新活动国家级奖项,4名教师获西青区第一届中小学体育教师基本功大赛一等奖;2名教师课程展示获评区级优质课,15名教师获评区级展示课,4名教师获评区级微课;7名教师获区级作业设计奖,5名教师获区级教学案例奖,5名教师获区级教学设计奖,3名教师获区级书法设计奖。

撰稿:陆书生 郭亚男

【美术教育特色】 学校坚持走"艺术融合·传承·可持续发展"专业化强校育人之路,基于国家开放大学课程科学构建以"杨柳青木版年画"为课程主体,以美术高中专业教学为基础,多学科融合的"金字塔"式课程体系,探索形成杨柳青民俗艺术课程群,包括国家课程、专业课程、综合课程、创新课程和研究课程五大板块,开设版画工作室、葫芦工作室、年画工作室、泥塑工作室、中国画工作室、尚美创想工作室、新装饰艺术工作室、剪纸工作室共8间美术工作室,构成学校"杨柳青民俗艺术"实践中心,并作为创新课程的重要组成内容。学校通过特色化的专业课程建设,探索形成一条富有特色的以美育人之路。学校"杨柳青民俗艺术"课程基地,被天津市教育委员会认定为"天津市普通高中学科特色课程建设项目"A等学科课程基地。2023年,学校开展杨柳青四中美术高中"十四五"特色改革《杨柳青四中美

术专业课程建设实施方案》市级专家现场评估会;承办天津市美术高中基地校课程研讨活动暨天津市教师书画研究院"进百校、上百课、收百徒"的"三百活动",充分展示美术学科融合杨柳青民俗艺术美术高中特色化专业课程建设的实践成果;接待甘肃省天水市渭南中学教师学访,就美术特色建设进行交流分享和交流学习。

撰稿:刘 贺
审稿:张守军

天津市第一中学津南学校

【概况】 天津市第一中学津南学校是一所全日制初级中学,始建于1973年,2013年9月由津南区八里台镇中兴大街17号迁址到津南区八里台镇丰泽道16号,2023年9月更名为天津市第一中学津南学校。学校有教职工80人,其中党员31人、高级教师28人、一级教师31人、二级教师13人、研究生13人、大学本科毕业66人、35岁以下青年教师38人、天津市学科领航教师1人、天津市骨干教师3人、区级学科带头人3人、区级骨干教师15人。学校占地3.40万平方米,建筑面积1.60万平方米。学校有300米风雨操场一个。

2023年,学校有22个教学班,学生1068人。学校始终坚持把育人放在首位,以质量求生存,以特色求发展。德育工作坚持把"三生教育"作为管理模式,培养学生良好的行为习惯为目标,注重对学生"自我管理、自我教育"机制的培养,增强德育工作实效性。教学工作上继续实行"四环三顾"模式,进行课堂教学的改革,提升教学质量。体育工作上实行以跑操项目和"一班一品"为支点的群体活动,取得良好效果。

学校以立德树人为根本任务,落实党组织领导的校长负责制,正确把握社会主义办学方向,坚持"坚定正确的政治方向、自理自学的能力、艰苦奋斗的作风"的校训,以"高尚的品德、健康的身心、出色的能力、服务的精神"为培养目标,以"礼貌、诚实、感恩、责任、爱心、自尊、自强、乐群、善学、尚新"十项育人方略为核心内容,逐步形成"校园文化引领的卓越教育"这一办学思想和实践体系。随着合作化办学的深入,学校的教育教学不断改革,不断创新,不断发展。

2023年,学校承担市区级课题20余项。学校教师多次在国家、市区级优质课评选中获一二三等

奖,有多名教师获市、区级先进工作者、优秀教师等荣誉称号。学校办学水平位列全区先进行列,获全国少儿美术先进单位,天津市青少年科技创新十佳学校、天津市中小学优秀集体、津南区爱国拥军模范单位、津南区中小学心理健康教育先进学校,津南区现代教育技术先进校,津南区创新大课间活动先进单位,津南区中小学教师教材教法考试、"说教材"活动先进单位,津南区教学质量进步学校等称号。

撰稿:刘瑞成

【教育科研】 学校以"三生"教育为主旋律,在教育教学、师生成长、科研探索中渗透和落实。"生命、生活、生存"目标不仅依托语文、心理、道法等人文学科进行情感认同渲染,而且借助物理、生物、化学等科学教育进行常识强化培养。学校建立以教务处—教研组—备课组为平台的三级管理教科研模式,开展集体备课、专题培训、校本研修、师徒帮带等多元模式,以市区教育规划课题为依托,加强教师对教学模式、信息技术、学生素养等热点和难点的探索实践,提升教师科研水平和教学实践能力。学校建立青年教师培训学校,通过日常读书、理论培训、技能竞赛等多种方式提升青年教师的理论水平和实践能力。学校先后启动作业设计大赛、青年教师学术论坛、三笔一画竞赛、教学基本功竞赛,通过交流与竞争,提升青年教师的专业素养和教育教学水平。学校把教科研作为教育教学活动顺利开展的重要保证。2023年9月,学校与天津市第一中学合作共建,为教师搭建学习平台,开展多种活动,提升教学质量。每周的交流研讨活动,教研组以"献课"活动为契机,与天津市第一中学的老师们听评课,共同研究课堂教学,共享学习资源;依托天津市第一中学优质教育资源,开展"影子教师"项目;线上同步课堂,两校通过网络平台展示真实的课堂。

撰稿:刘春荣

【体育活动】 学校的大课间活动,本着"五育并举"理念,确保学生每天在校一小时的体育活动,用整齐划一的动作,展现昂扬向上的精神风貌。学校把大课间活动作为阳光体育运动的重要载体和基本途径,坚持"求创新、重实效"的原则,让每一名学生都能够真正地参与到体育运动中来,成为健康的阳光少年。学校精心设计花样跑操、自编操、放松操,并加入特色绳梯练习,带动学生的运动热情。经过锻炼,孩子们的灵敏性、协调性等都有明显提升。丰富多彩的大课间活动促进学生的身心健康,丰富校园体育文化生活。在津南区大课间评比中蝉联优秀单位称号,并向全区中小学进行展示。

撰稿:张洪瑞

【劳动教育】 学校成立劳动教育工作小组,落实"五育并举",培养全方面发展的时代新人。学校在日常运行中渗透劳动教育,设立班级卫生区及扫除日,通过流动红旗评比,让学生积极参与到校园卫生保洁工作中来。学校在社团活动中设立劳动教育相关的社团,如剪纸社、缝纫社、榫卯社、耘籽社等,让学生在实践中不断锻炼动手能力,开拓思维,丰富想象,提升审美。学校开辟劳动实践基地,让学生利用社团活动时间在校内的劳动基地播种、浇水、除草,打理自己的菜园,全程参与种植过程,感受稼穑之辛,体味收获之乐。学校定期开展校园劳动节,让学生在竞赛中展示劳动技能,挑选出优秀生积极参加区级的劳动技能比赛。学校连续三年代表津南区参加市级劳动技能大赛,均取得优异成绩。2022年学校学生代表津南区参加天津市劳动技能大赛木模项目获市级二等奖;2023年代表津南区参加天津市劳动技能大赛包粽子项目获市级二等奖。学校注重家校劳动教育联动,平时教导学生自己事情自己做,家里事情帮着做,弘扬优良家风,参与孝亲、敬老、爱幼等方面的劳动。寒暑假开展"争当劳动之星"活动,鼓励学生积极参与家庭劳动。除此以外,学校将校外劳动纳入学校的教育工作计划,安排一定时间的社区服务劳动实践。形成以劳动教育课程为基础,社团活动为补充,家庭劳动为辅助,校园、家庭、社会三位一体的丰富课程体系。

撰稿:张洪瑞

【心理健康】 学校秉承"预防大于治疗"的方针,建立教师、家长、学生的空间立体结构,多渠道培养专兼职心理健康教师,整合学科教学目标,在授课同时改进教学方式,突出政治课、班会课的主体作用,使学科教学遵循学生的心理特点和认知规律。学校通过家长会、家长开放日、家庭教育讲座、微信公众号、家长学校等平台,及时向家长宣传普及科学家庭教育观,引导家长参与家庭教育讨论。老师与家长结对,开展多种形式家访活动,帮助孩子阳光向上。学校将心理健康教育工作融入学校的建设工作,力求营造出一个温馨、和谐的校园环境,达成内外一体化结构。心育课程化结构,包括每周一次心育课程、每月一次团辅、每学期一次测评、每年一次展示等,让心育贯通全员、全学科、全课程,为学生的健康成长保驾护航。学校搭建各级平台,开展多种活动,使学生获得多种心理体验,满足自我实现的心理需求,促进人格的不断完善,达到学习快乐、快乐学习的教育宗旨。

撰稿:白香玲
审稿:沈恩美

天津市北辰区普育学校

【概况】 普育学校是由著名教育家温瀛士胸怀教育救国之志,为弘扬普育精神于1930年在宜兴埠创办,初名普育女子学堂,现发展为一所九年一贯制公办学校。学校以"勤劳真实"为校训,以先进理念和办学模式施教于学子。

学校的办学理念为:"普惠民众,育成良才"。"普惠民众"即指教育是服务,服务学生、家长、老师、社区、社会和国家,让其都得到发展;"育成良才"即指教育要让全体学生在德智体美劳等方面都得到发展,身心健康,志趣高雅,成绩优良。学校校训:勤劳、真实。勤劳真实,成为普育学校师生始终遵循的行为准则。学校校风:精细、高效、精神、大气。做事要"精细、高效",做人要"精神、大气"。学风:用心读书,真诚做人。用心读书就是让孩子们专心致志地勤奋学习,用科学的方法学习,学会研究性学习,做创新型人才。真诚做人,即"真率、诚挚、做人为先"。教风:用心教书、以爱育人。"用心教书"就是为学生服务贵在用心,用心就要求教师提高专业技能和教育教学水平;业务专心,科研精心,工作勤勉。"以爱育人"就是育人是教育的中心,教育就是播撒爱。以爱育爱。用我们博大的爱心去培养孩子们求真、求善、求美。

撰稿:刘 瑜

【党建引领】 学校把党建与学校中心工作、重点任务、日常教育教学深度融合,实现学校的高质量发展。党建+管理,强化党总支在学校各项工作中的政治统领作用,提升学校治理民主化水平。党建+集团,积极组建教育集团党建联盟。2023年3月,举办"第八届童心如歌班级合唱比赛",旨在培养孩子们集体荣誉感和团队协作能力。党建+德育,2023年

10月25日普育团队代表慰问抗美援朝老战士,并倾听老兵讲英雄故事。

撰稿:贾冬伟 唐 俊 宋玉珍
刘 瑜 李 楠 仲惟超

【教育教学】 学校坚持以"三级教研"为抓手,向课堂教学要成绩的基本理念,让"集体备课""学科讲坛""大讲堂"成为教师成长的平台。3人入选北辰区第二批培训师人才库。学校成立语文、数学、英语、道德与法治、劳动技术、科学、科技、音乐、体育、美术10大学科组,构成学校—教务处—科组—教师的管理网络。陈培蕾老师撰写的论文《"双减"背景下小学英语单元作业设计的实践探索》在天津市教育学会第十二届青年教师学术论坛上获一等奖;李赛老师的《坐井观天》被认定为2023年天津市师生信息素养提升实践活动融合创新应用教学案例典型作品;4篇论文分获天津市教育学会一、二、三等奖;9位教师在北辰区信息技术与教育教学融合创新展示交流活动中获奖;2位学生获市级劳动小模范奖,贾双双、陈培蕾获评市级指导教师。

撰稿:贾冬伟 唐 俊 宋玉珍
刘 瑜 李 楠 仲惟超

【电化教学】 学校倡导全校师生学生自主学习,鼓励学生通过在线学习平台、数字化课程等方式进行个性化学习。通过举办各类教育技术培训班、教学案例研讨会等,提高教师的信息技术应用能力和教学设计水平,为教师更好地运用电教手段开展教学提供支持。

撰稿:贾冬伟 唐 俊 宋玉珍
刘 瑜 李 楠 仲惟超

【思政育人】 学校以"大思政课"培育时代新人,把"爱国情、强国志、报国行"融入课程。"爱国情"非遗文化传承课程,建成以非遗为特色的社团活动体系,聘请永新二十四式通背拳第七代传承人何胤宁,传授学生传统武术技艺,传承非遗文化,激发学生爱国情怀。"强国志"馆文化活动课程,利用校史馆,了解普育学校创建人温瀛士的事迹,深入挖掘其精神。利用党史馆,使学生了解中国共产党领导下,祖国取得的伟大成就。"报国行"五育争章评价课程,学生参与争章育人体系,五育争章评价课程从德、智、体、美、劳五个方面,体现思政育人评价的激励性和过程性,在日常行为习惯中践行爱国

主义思想。

撰稿:贾冬伟 唐 俊 宋玉珍
刘 瑜 李 楠 仲惟超

【体艺教育】 普育学校重视"五育"并举的办学理念,促进学生德、智、体、美、劳全面发展。教师利用课余放学指导学生训练学习,2023年5月,跆拳道队在北辰区中小学跆拳道比赛中获小学组团体第一名;2023年3月,排球队获北辰区中小学排球比赛男子第一名,2023年7月获天津市第二名,2023年12月篮球队获北辰区篮球比赛女甲第一名,男乙第六名,田径队获北辰区田径运动会小学组团体第九名。学校有10个社团参加北辰区文艺展,其中7个项目获二等奖,3个项目获三等奖,舞蹈《鼓子少年》获天津二等奖。

撰稿:贾冬伟 唐 俊 宋玉珍
刘 瑜 李 楠 仲惟超

【劳动育人】 2023年,学校贯彻"五育并举"理念,通过综合实践课,劳动课,"沉浸式体验"等教学方式进行教育教学。在一、二年级的实践课堂上开展洗手绢,整理行李箱活动。让学生养成生活中讲卫生,物品摆放有序的习惯;劳动课上老师带领同学走出教室,来到田间地头。手拿锄头春播种、夏施肥、秋收获,体验劳动的艰辛,享受丰收的喜悦,感悟"粒粒皆辛苦"的真谛。学校中学部开展2023年天津市劳动技能大赛北辰区普育学校初赛的选拔,增强学生劳动观念,弘扬勤俭、奋斗、创新、奉献的劳动精神;2023年北辰区劳动竞赛中,6位同学获移苗定栽项目二等奖;秉承勤劳真实的校训,学校根据中国传统节日,设计出一系列劳动活动,引导同学们树立正确劳动观念,培养积极主动的劳动意识,培养德智体美劳全面发展的社会主义接班人。

撰稿:贾冬伟 唐 俊 宋玉珍
刘 瑜 李 楠 仲惟超

【科技活动】 基于学校九年一贯制的特色。首先做到中小学的科技贯通:贯通中小学全员参与,贯通中小学无缝衔接。延长学校科技队员的参与年限,形成良好的循环。2023年学校增加科技团队师资力量,不仅让更多的学生参与全域科普,也要让更多有专业、有激情的教师参与其中,发挥自己的特长。2023年参加全国青少年车辆模型教育竞赛、全国青少年航海模型教育竞赛、全国青少年建筑模型

教育竞赛、北辰区鲸鱼编程比赛、天津市青少年科技创新大赛、天津市青少年航空科学绘画大赛等,均获可喜成绩。

撰稿:贾冬伟 唐 俊 宋玉珍
刘 瑜 李 楠 仲惟超
审稿:蔺广萍

天津市武清区杨村第三中学

【概况】 天津市武清区杨村第三中学始建于1974年,2004年被天津市教委确定为公办区级重点高中校。2013年始接收新疆的民族生,是武清区唯一一所承办新疆的民族班的区级重点高中校。学校占地9.58万平方米,有50个教学班,在校学生2488人。在编教职工235人,其中高级教师117人,市、区级以上骨干教师67人,天津市优秀教师、优秀班主任1人,天津市"未来教育家奠基工程"教师1人,国家级裁判1人,具有硕士研究生学历教师30人。

学校以"厚德、博学、励志、报国"为办学理念,恪遵"求真"校训,形成"和而不同"的校风、"博学、善诱、求精"的教风和"勤学、善思、求实"的学风。践行"立德树人"根本使命,坚持"五育并举"原则,形成以教学为主体,以体育、美育为支撑"一体两翼"发展特色与格局。

学校先后获天津市实施素质教育"三A"学校、天津市文明学校标兵、天津市中小学体育后备人才学校、天津市德育工作先进校、天津市体育传统项目学校、天津市阳光体育先进校、天津市优秀家长学校、天津市中小学心理健康教育先进校、天津市民族团结进步创建示范学校、天津市教育系统思想政治工作先进集体等荣誉70余项。

撰稿:王桂芹

【新疆民族班】 杨村第三中学以铸牢中华民族共同体意识为"纲",确立"爱在树魂立根、严在大是大非、细在防微杜渐、实在启智润心"的新疆高中班教育理念,坚持"关爱不溺爱,尊重不放纵,自主而有度"的工作原则,加强课程建设,挖掘德育内涵,注重自我教育,着力培养学生"五个认同""三个离不开"思想和中华民族共同体意识。2023年9月28日,武清区委统战部、区总工会、区教育局领导到校慰问新疆民族班师生,开展"情系天山 情暖雍阳 籽籽相拥 同心筑梦"融情实践活动。为进一步扎实开展素质教育,结合武清区独特的航空特色文化,2023年10月6日学校组织新疆班师生前往天津市航空基地

进行研学旅行活动。中秋佳节之际,学校邀请社会各界爱心社联合开展"2023年中秋慰问天津杨村第三中学新疆班师生活动",爱心企业家及爱心人士们先后走进杨村第三中学看望慰问265名新疆班学生及三名派驻教师,为他们送去精心准备的节日礼物和温馨祝福。

撰稿:黄靖懿

【交流协作】 2023年,杨村第三中学多措并举,大力推进与甘肃静宁二中、北京市通州区永乐店中学的交流活动。9月甘肃静宁二中政教处副主任闫丑祥同志到学校进行为期一个月的挂职锻炼。学校通过班主任工作经验交流研讨、"新程将启 共赴星辰"高三动员大会、高一新生军训等一系列德育活动,结合听评课、集体教研等活动,为挂职锻炼老师带去先进的教育教学实践经验。10月,学校党总支副书记、校长付育武带队到静宁二中就教育教学、新课程改革等方面进行深度交流研讨,付育武校长作题为《聚焦新时代背景下学校的管理》的专题报告。12月,学校党总支书记王鹏、党总支副书记、校长付育武一行前往北京市通州区永乐店中学参观交流。永乐店中学张鹏程校长介绍学校的特色课程;杨村第三中学付育武校长介绍学校的发展历程和特色活动,双方就实现资源共享、优势互补,促进两校教育教学高质量发展达成共识。

撰稿:李秀娟
审稿:王 鹏

天津市武清区杨村第五中学

【概况】 杨村第五中学1998年建校,位于泉旺路和广厦道交口,是武清区城区办学规模最大的初中学校。学校占地5.15万平方米,建筑面积1.54万平方米。有44个教学班、2300余名在校生,180余名教职工。学校教学设施设备先进,拥有智慧黑板36块、英语高考听力考场2间、标准篮球场6个、标准足球场1块,实现Wi-Fi校园全覆盖。2023年杨村第五中学先后获天津市文明校园、天津市未成年人思想道德建设先进单位、武清区教学工作先进集体等荣誉称号。

打造精品教研活动,提升教育教学质量。2023年学校全面落实教育局党委"领航工程""续航工程""启航工程"三项工程。在武清区"名师示范课"活动中,2位教师面向全区分别作展示课。学校先后组织12个学科,80节课,共评出14节优秀课并上报武清区第一届"创优课",其中13节优秀课获奖,有效地提升学校教师的教学水平。5名教师参加第十二届青年教师基本功大赛,2位教师获奖。17名教师论文获奖,其中市级论文4篇,区级论文13篇。学校获"武清区中小学教师信息技术应用能力提升工程2.0项目暨校本研修示范校"称号;"津彩阅读——展望科学未来崇尚科学精神"优秀组织单位;武清区第六周期继续教育校本研修示范校。学校坚持"做有温度的教育"的课后服务理念,积极探索"1+1+1"课后服务模式,即辅导答疑+基础类课服+拓展性特色课服。学校开设益智类、思辨类、国学类等七大类28个基础性课服社团,围绕艺体、劳动、红色教育、心理等八大类主题,开设12个拓展性特色课服社团,学生累计参与人数达到2800余人次。

深入发掘拓展教育渠道,创设育人氛围。推进班级文化建设,三个年级分别从礼仪与规范、法制与意志、目标与榜样等方面开展校园文化建设;开展班主任工作交流,组织编写《杨村五中班主任案例集》,分享成功经验,总结问题不足;发挥校内劳动实践基地作用,各班师生积极参与,学校劳动教育纪实文章被《天津教育报》刊发,2023年武清区中小学劳动技能大赛中,学校获区级三等奖;深挖课程思政,组织学生参与思政辩论赛,获全区初中、高中组冠军;充分利用研学教育平台,精心筹划,于春、秋两季组织七、八年级1500余名师生参与研学活动;每月例行安全疏散演习,每次放假前进行集中安全培训,提高师生安全防范意识;协调美育教师开展班级合唱等活动,获武清区"四史"拉歌活动优秀组织奖;被评为天津市防灾防震示范学校,并积极参与全国示范学校评选;加强学生心理健康问题的调查与预防,市级课题圆满结题;认真落实关工委、禁毒、反诈、法治教育、贫困生资助、国防拥军等工作。

撰稿:张树松

【思政教育】 2023年杨村第五中学深入学习贯彻党的二十大精神,推进习近平新时代中国特色社会主义思想进校园、进课堂、进头脑,聚焦立德树人目标,坚持活动育人、导师育人、环境育人工作方针。加强学生理想信念教育,通过"国旗下的讲话"进行励志、明理、成人成才教育,举办思政教育讲座,将红色文化教育与思政教育相融合。思政教育和"四史"教育结合,举行"学四史 守初心 担使命"主题宣讲,加深学校师生知史爱党、知史爱国、不忘初心、牢记使命的理想信念。突出文化育人和价值引领作用,举办"经典诵读活动""宪法晨读活动""念亲恩、感亲意、抒亲情——我们的节日·重阳节主题活动""红色读书月""3·5 学雷锋志愿服务活动"等系列活动,推动中华优秀传统文化与思政教育相融合,提升学生的文化素养、实践能力和社会使命感。

撰稿:庞艳平

【心理健康教育】 杨村第五中学多措并举提升学生心理素质,营造学生健康成长环境。学校设有个体心理咨询室、团体心理辅导室和沙盘活动室,购置有心理沙盘、团辅游戏器材和心理测评软件。配备专职心理教师,学校心理老师为国家二级心理咨询师,天津市中小学心理健康专员,获评"最美护心志愿者",多次做区级心理示范课和专题讲座,8篇心理专业文章在《心理与健康》杂志发表,并被国家知网全文收录。学校通过团体辅导、专题讲座等形式,面向全体学生进行心理辅导活动;每周四开展"阳光心理社团"活动,学生在团体中互相滋养成长;每周五面向学生及家长开放个体咨询。开展心理健康测评,筛查重点关注学生,并及时干预或转介。通过天津市心理守门人计划,开辟"心理危机绿色通道",建立心理危机四级预警机制。积极参与"5·25心理健康月"系列活动,多名学生获"心理绘画""心理励志演讲"等市区级奖项,学校获"优秀组织奖"。积极开展心理课题研究,市级课题《初中生耐挫力调查与对策研究》结题,20余篇论文获国家级奖项。

撰稿:王春彦
审稿:杜宏宇

天津市宝坻区第六中学

【概况】 宝坻区第六中学位于天津市宝坻区宝平街道渔阳路南侧。学校占地2.96万平方米,建筑面积7133平方米。有在校教师126人,30个教学班,在校学生1400余人。学校建筑布局合理,校园北侧为教学生活区,南侧是体育锻炼区,户外活动场地面积生均达到10.2平方米以上。

学校布局合理,环境优美,建有体现学校发展特色的感恩教育系列文化墙、名校长廊等,"三风一训"宣传标语随处可见,育人氛围浓厚,实现环境育人、文化育人功能。

学校配备标准化信息技术教室。30个教室全部配置触控一体机,满足信息化办公教学需求。校园无线网络全覆盖,办公实现网络化、数字化,满足电子备课和家校沟通的需要,实现资源共享。

学校建成校园网站和宝坻六中微信公众号,是学校对外宣传的重要窗口。实现校园广播系统、红外线监控系统全覆盖。学校提升改造集会议、远程教研、课堂展示、文艺展演于一体的多功能报告厅"集贤厅"。

学校按要求配齐各种教学辅助用房、办公用房等。理化生实验室设施完备,功能齐全,布局合理。充分利用实验室和功能教室开展体育类、美育类、文化类、科技类、益智类、心理团体辅导类等各种社团活动。社团活动的实践和探索让师生在全区各项比赛中取得丰硕的成果:2023年天津市"学宪法讲宪法"活动分获知识竞赛、演讲比赛市级一等奖;科普创意比赛2名同学获市级一等奖;在文艺方面,获1个全国优秀奖、7个区级一等奖、11个区级二等奖、17个区级三等奖;机器人比赛获市级优秀奖;剪纸作品分获区级、市级一等奖;劳动教育案例获市级优秀课程奖,区级一等奖。2023年宝坻区篮球、乒乓球比赛获男篮第一名、女篮第四名、乒乓球男团第二名、女团第二名、女单第二名、男单第三名;青少年科技创智大赛获特等奖;国防教育系列活动知识竞赛获区级一等奖;合唱比赛获区级一等奖。

经过多年的探索和实践,学校逐渐凝练出"面向全体 一切为学生的发展服务"的办学理念,确立"厚德、励志 博学、笃行"的校训,逐步形成"责任、合作、求真、创造"的校风,"敬业、爱生、善学、进取"的教风,"乐学、勤学、善思、探索"的学风,努力让学校的每一个角落都充满教育的智慧与欢乐的笑声,让学生的每一时刻都享受学习的收获与成长的快乐,让教师的每一天都能体会工作的幸福和专业的尊严。

撰稿:张正娇

【办学特色】 秉持"面向全体,一切为学生的发展服务"的办学理念,实现教育管理与教学质量的双丰收。2023年中考314名考生中,考入市级重点高中81人,比率达25.8%,创造新高。充分发挥学校教育主阵地作用,科学落实"双减"工作。深入推进"双减"工作落实落地,促进义务教育优质均衡发展。建立健全严谨规范的教学管理制度和教学质量的综合评价体系。备、教、批、辅、考等常规工作,扎实推进。学校立足从宏观和中观层面对课标教材进行整合与建构,开展多种形式的说课标说教材活动。每位老师将研读的成果用知识树进行建构,并升华成心得体会,进行校级论文评比。优秀代表在开学初"六中大讲堂"活动中登台演讲。为课堂开放与高效打下基础。开展与多所学校的校际交流,以此发挥教学、科研、人才培养、项目创建等方面的各自优势,共同提升教师的教科研水平和学校的办学水平。

撰稿:张正娇

【教学模式】 深入探索"三段六步"课堂教学模式,开展课堂规范示范课、青年教师汇报课、名优教师引领课等系列活动。运用校长、副校长、主任推门听课、对比听课、跟踪听课的形式,将指挥所设在最前沿,领导干部离开座位,走进教室,研究课堂。这些举措很好地督促教师的备课、成效显著。始终坚持"授人以鱼,不如授人以渔,更不如授人以欲"的教育理念,想尽办法降低"课堂精力流失率",打造高效课堂,提升教学成绩。

撰稿:张正娇

【校园文化建设】 组织开展丰富有意义的五四主题团日、建队日、少代会等活动,把党的二十大精神融入学校团、队组织教育中,组织师生参加"请党放心 强国有我""宣讲党的二十大 争做新时代好少年"演讲、主题征文等活动;观看《国歌》纪录片、《建党伟业》《开国大典》《开天辟地》《1921》等经典影片,鼓励师生读红色经典书籍,参加世界读书日活动,引导学生在读书中学习红色党史故事,强化责任担当。开展"国家宪法日"系列活动,弘扬宪法精神,建设法治校园。开展"绿化校园、美化校园"行动和"关爱自然、美化环境"实践活动,引导学生树立生态环保意识。开设心理健康、感恩励志、生命教育、法治教育、家庭指导五项主题教育课程,促进学生全面发展。用心用情做好弘扬中国文化、中华文明的工作,围绕"继承和发扬中华优秀传统文化和民族精神",开展"我们的节日"主题系列活动,如:"癸卯玉兔迎春到,六中学子贺新年"春节线上文艺展演活动,"浓情端午,传承悠悠"端午节活动,"爱在重阳,孝老爱亲"重阳节活动……丰富多彩的活动扮靓校园,熏陶民族情怀,塑造文化自信。

撰稿:张正娇

审稿:李士奎

天津市静海区大邱庄中学

【概况】 天津市静海区大邱庄中学成立于2014年,坐落于静海区大邱庄镇恒山路6号,占地9.45万平方米,建筑面积4.08万平方米。学校有教学班36个,在校生1851人,教职工154人,其中正高级教师1人,天津市中小学"学科领航培养工程"人选2人,市级骨干教师2人,静海区教师发展中心高中学科兼职教研员4人,区级骨干教师20人,学科带头人3人,硕士学位教师占比12%。学校始终秉承"为学生成长奠基,为学生发展负责"的办学理念,大力实施"强校工程",深入推进教学改革,落实立德树人根本任务。获评区级优秀教研组3个,区级"中小学学科建设学科基地校"建设学科1个。先后承担完成国家级、市级、区级课题22项。建校九年来,在静海区教育局教学工作评估中先后六次获"教学工作先进单位"称号。

撰稿:马晓明

【师资队伍建设】 学校始终把深入学习贯彻习近平新时代中国特色社会主义思想和党的二十大精神作为重要政治任务。2023年,学校党总支组织政治理论学习8次,开展思政课教师主题宣讲活动3次,党总支书记上党课3次,凝心聚力,激发干部教师工作热情。注重"大思政课"建设,把思想政治教育融入教育教学的全过程,"思政课程"与"课程思政"建设稳步推进。2位教师在中小学党的二十大精神进课堂精品课活动中分获区级一、二等奖;1位教师在静海区中小学课程思政优质课评比中获高中组三等奖;3位教师在静海区中小学故事思政微课大赛中,分获中学组课程思政二三等奖。市级调研课题《巩固马克思主义在意识形态领域指导地位——以马克思主义中国化成果指导中小学思政教育》获天津市教育系统国家安全重点调研课题市级三等奖。借助静海区高中校长"江苏学访"、天津市"品牌高中"建设成果展示、与天津市实验中学合作办学等各类交流学习机会,聚焦教育改革,深入开展学思践悟,补齐教师队伍数字素养短板,整体提升教师队伍育人水平。1位教师被《今晚报》报道;2位教师获"静海区最美教师"称号;1位教师在天津市教育学会第十二届青年教师学术论坛中获市级三等奖;1位教师在天津市教育系统2023年国家安全教育日微课教学能力展示评比中获二等奖。在天津市中小学数字教学教研案例论文评选结中2件作品入选市级资源库，12件作品入选区级资源库。4位教师在全国学生信息素养提升实践活动中获区级一等奖。

撰稿：张振明

【五育并举】　学校大力推进"五育并举"，坚持以德育心、以智慧心、以体强心、以美润心、以劳健心。推进思政教育进课堂，通过开展主题班会、研学团泊湖等实践活动，提升和增长学生的道德修养与见闻。坚持班主任队伍建设，规范班主任工作管理，每周召开班主任例会，加强班级管理，建立家长委员会，促进家校合作。开展心理健康教育活动，关注学生心理健康。每月定期组织防震、消防演练，增强师生安全意识。智育方面，提供全面的学科教育，注重学生知识体系和思维能力的培养，坚持小讲小练的教学模式。体育方面，合理安排体育课程内容，积极开展大课间活动，促进学生身体素质的提高，指导学生积极参加各级各类体育活动。2023年学校获全区运动会高中组第三名；女篮获全区高中组冠军并代表静海区参加天津市高中女子篮球赛获全市第八名，男篮获全区高中组季军；男足获高中组亚军，乒乓球队获团体第二名，键绳队获团体第二名；静海区首届"男子汉杯"引体向上比赛总成绩高中组第一名；男女排分获静海区首届"体教融合"排球赛亚军；8位教师获"优秀教练员"称号。美育方面，开展美术、音乐、舞蹈等艺术教育活动，提升学生的艺术鉴赏能力和创造力，举办校园文化艺术节等活动。劳动教育方面，实施劳动教育课程，让学生参与劳动实践，学会基本的生活技能和职业技能，培养学生的劳动观念和实践能力。2023年静海区中小学劳动技能大赛中12名学生获"劳动实践优秀学生"称号，邓忠丽老师获评"优秀导师"。

撰稿：张振明

【教研工作】　大邱庄中学以教学研究为引领，探索创新教研工作模式，拓宽教研路径，赋能教育教学高质量发展。推进启发式、互动式、探究式教学理念和方法的落地见效，促进学科教学与信息技术、课程思政的深度融合。实施教研组长、年级备课组长竞聘制，激发教师内生动力，优化校内教研生态。开展青年教师跟岗锻炼、学科组交流学访、专家来校讲座等活动，全面推动与天津市实验中学交流合作。通过网际交互同步教室等平台，推动与甘肃省平泉中学帮扶合作，两校间师生通过"同上一节课"实现"云"上互学互鉴。全流程开展"青年教师成长沙龙"活动，鼓励教师不断创新，实现自我提升。以"精品课"示范展示、教师教学技能大赛、"高考数据分析与展望"、说课评课等系列教研活动，激发教研活水，为青年教师成长注入新动能。多个学科特色化建设成效显著，静海区高中数学"静雨思"名师工作室在学校挂牌成立，历史学科入选静海区"中小学学科建设学科基地校"，语文、地理学科成功承办区级特色教学研讨交流活动。组织23位骨干教师参加"全国普通高中优质特色发展交流展示活动"。3位教师在"天津市2023年基础教育精品课"遴选中获评市级精品课。1位教师在全国中小学教师信息技术创新与实践活动（EOC）中获全国一等奖。

撰稿：黄文增

【抗洪安置】　2023年8月10日，大清河段上游河北省文安县滩里干渠东侧堤防发生决口，洪水向静海区境内急速分泄。静海区启动了王口镇北苗头村、南苗头村、段堤村6305人的转移安置工作，作为安置点之一的大邱庄中学接收了515名转移群众。10日下午3点接到安置点启用的通知，到下午5点第一辆转移群众的大巴车到达，两个小时内大邱庄中学领导班子成员和全体应急人员到校，在群众安置、物资准备、用餐保障、日常生活、文娱休闲、卫生防疫、防滑设施、热水供应等全方面做好准备和落实，全面落实安置预案。明确各安置组成员工作职责，对校园、餐厅、宿舍等区域进一步清整，检查空调、电扇、饮水机等，确保都能正常使用，所有物资配齐到位。学校开展卫生清洁、环境消杀，确保群众生活安心，吃得放心，为安置受灾群众提供健康保障。学校在报告厅和食堂二楼设立纳凉室，在报告厅外部楼梯下荫凉处设置休息区，在教学楼一楼设置自习室，把安置点打造成群众满意的第二个"家"。志愿教师组成服务小组24小时在岗为群众生活起居保驾护航。8月22日群众撤离，圆满完成安置任务。

撰稿：马晓明
审稿：董圆融

天津市静海区杨成庄乡中学

【概况】　天津市静海区杨成庄乡中学，原名天津市静海县管铺头大寺中学，始建于1957年，东临团泊新城西区，西与静海区经济技术开发区接壤。学校占地1.9万平方米，建筑面积1万平方米。有22个教学班,学生963名,教职工94名。学校认真践行"发展循序渐进、育人力求和谐"的办学理念。秉承"和谐、严谨、勤奋、创新"的校训,形成"团结、守纪、勤学、创新"的校风,"博学、乐业、爱生、奉献"的教风,"尊师、守纪、刻苦、会学"的学风,使学生在和谐、愉悦的氛围中健康发展。

学校全面贯彻党的教育方针,以"致力教育数字化探索,助推教育教学提质增效"为引领,以"五育并举,全面发展"的办学思想为指导,以信息化建设为抓手,大力推进智慧教育示范建设。信息与学科教学深度融合,在全区范围内起到示范引领作用,组织开展"推广应用基础教育国家优秀教学成果"活动。全校教师54人次在课堂竞赛、教学表彰、论文评选、辅导学生方面获奖。学生113人次在科技节、读书节、征文、电脑制作、艺术节、运动会等活动中获奖。在"体教融合"2023年静海区中小学篮球联赛、足球联赛中均获初中女子组第三名,在2023天津市高中初中篮球比赛中获初中女子组第六名。承办"天津市教科院课程研究中心与静海区手拉手乡村学校帮扶"系列活动。获评2023年静海区教学工作先进单位,被推荐为天津市基础教育智慧教育示范校创建单位,被确定为全国基础教育改革实验校,是全市唯一一所农村学校。

撰稿:孙　悦

【数字赋能教育】　制定三年规划,成立数字化管理团队,投入1980万元新建5921平方米教学楼,投资5万元建造无阻塞网络架构,实现校园内无线网络全覆盖。购置7套科大讯飞智慧窗,初步建成简易录播教室。学校积极引进免费智慧平台,如国家智慧中小学、智学网、学科网、鸿合白板、希沃白板、园丁邦、洋葱数学等App,助力数字赋能教育提质增效。依托科大讯飞智学网,成为全区农村校中第一个实现所有质量监测网上阅卷的学校。学校以8个教研组为单位进行信息化与学科教学融合研究。建成包括教案、课件、视频音频素材的各学科资源750份,微课500节,建设校本资源库。学校教师在课堂中融入智慧教育,借助智慧窗和互动白板软件等工具,开展授课、云班会、云阅读等活动。

撰稿:孙　悦

【教研科研】　学校每学年开展新入职教师和调入教师智慧窗应用和微课、慕课制作技术等培训。每学期对全体教师进行数字课堂理论、希沃白板软件应用、智慧中小学、智学网、学科网等软硬件的培训学习。教务处组织"同备课,共教研"活动,确定每组牵头人,进行信息化融合教学研究,助力教师快速成长。学校青年教师走出校园对全区中小学开展多次"教育信息技术应用"主题培训。学校积极申请立项课题,其中《基于翻转课堂模式下的微课促进初中有效教学的实践研究》被列为天津市教育科学学会重点课题。《微课慕课应用方式研究》于2023年顺利结题。区级重点立项课题《微课程在初中教学中的研究与实践》,顺利结题并获A级认定。2位教师参与区级课程资源建设。王莅言、靳芳、杜甜甜在2023年天津市师生信息素养提升实践活动中获融合创新应用教学案例一等奖。徐萌老师在2023年天津市师生信息素养提升实践活动中获中小学虚拟实验教学应用课例一等奖。

撰稿:孙　悦

【社团建设】　按照国家义务教育阶段要求,依规开齐开足国家课程。坚持课程思政,建立思政课教师团队,培养专职思政教师。定期邀请专家到学校讲课或作专题报告,优先发展思政课骨干教师入党,选任优秀党员担任思政课专职教师,不断提升思政课教师党员比例。用活用足思政资源,结合杨成庄乡地方实际,利用杨成庄乡宫家屯村烈士陵园红色资源,开发红色精品课程。利用宫家屯非遗芦苇画制作技术打造属于本地特色课程——芦苇编制社团,从而构建起"国家+地方+校本"的立体课程结构。开设芦苇编制社、烹饪社、武术社、戏曲社、无人机社、AI机器人社、舞蹈社、合唱社等丰富多彩的社团,其中武术社将霍元甲的迷踪拳融入课程中;与新东方厨师学校合作开设烹饪社,深受学生喜爱;戏曲社获评天津市明星社团,让传统文化进入校园;科技节、读书节、朗诵节、合唱节的开展打通"教"与"学"的连接点,探索教法、学法的双创优,让思政小课堂与社会大课堂相结合。

撰稿:孙　悦

【城乡交流】　2023年4月,市课程中心"手拉手"乡村学校帮扶系列活动在学校举办。学校以此为契机,在办学理念、师资队伍、校园文化、管理水平及教育教学质量提升等方面实现新跨越,促进城乡教育均衡发展。市教研员与学校赵泰津、周芳、王路等10位教师结对帮扶,签订师徒协议。其中徐萌、陈孟姝2人在2023天津市基础教育精品课程资源建设获优秀奖;王建玲在天津市教育委员会组织的"基于校际网络同步教学系统的应用'三个课堂'应用交流展示"活动中展示应用研究成果;张馨文的课堂实录被全国中小学教师继续教育网收录。

撰稿:孙　悦
审稿:董圆融

天津市宁河区芦台第一中学桥北学校

【概况】　宁河区芦台第一中学桥北学校坐落于宁河区桥北街滨水东路,前身是芦台一中桥北校区,2021年9月投入使用。2023年4月,宁河区编制委员会同意宁河区芦台一中桥北学校成立,现为芦台一中教育集团旗下的独立法人单位,是一所完中校。校园占地8.33万平方米,总建筑面积7.98万平方米,包括教学楼3幢(每幢教室23间)、宿舍楼4幢、多功能报告厅、图书馆、实验艺术楼、行政综合楼、后勤服务中心等建筑。实验、艺术、阅览、心理健康等教育设施完备,住宿、用餐、洗浴等生活服务设施齐备。有初、高中班级57个,在校学生2647人,在校教师215人。芦台一中桥北学校与一中本部隔河相对,传承百年一中精神,文脉相通,血脉相连,两翼齐飞。其管理和运作方式与一中本部完全相同。学校始终秉承一中"勤、慎、朴、洁"的校训和"以人为本,一切为了学生未来发展"的办学理念,努力办好有质量、重公平的初、高中教育;将"求真、求实、求新"的教风,"勤学、善学、乐学"的学风贯彻于学校的教育教学工作当中。大力开展平安校园、礼仪校园、诚信校园、书香校园、活力校园、生态校园六大校园文化建设。

撰稿:李　健　王宏勇

【办学特色】　学校坚持党建引领,把党支部建在年级组,年级组的管理者成为基层支部的领导者,实现政治团队与业务团队"合二为一"。举办元旦联欢、趣味运动会(心运会)、健步走比赛、大合唱比赛等大型活动,积极推动各类学科竞赛、社会实践活动,为学生提供展示自我、锻炼能力广阔舞台。组织相声大会、"声临其境"配音活动、戏剧表演、舞蹈比赛、书画展览等艺术活动。设立"密语信箱"私密信箱服务,为学生提供安全、隐秘的心理倾诉平台。推出《每日悦读》校园小报,为学生提供丰富的精神食粮和心理引导。采取主题讲座、小组讨论、角色扮演、心理剧表演以及团队建设等形式,覆盖压力管理、人际交往、情绪调控、自我认知等重要主题,推动

校园和谐稳定的心理环境建设。

撰稿:李　健　王宏勇

【师资建设】　开展"以老带新,以新促老,师徒结对,共同提高"的"青蓝工程",落实青年教师培养常态化。建设语文、数学、英语三个学科未来教师研修营,筹建学科工作室。建设工作坊、工作室,邀请北京市初高中学段各学科特级教师现场指导,开阔教师视野,提高教师专业素养。

撰稿:李　健　王宏勇

【课程建设】　加强思政教师团队建设,探索并实践思政课程改革,积极采用案例式、探究式、体验式、专题式等教学模式,运用现代信息技术等手段建设智慧课堂,课程更有针对性和实效性,实现知、情、意、行统一。加强学科类、德育类、美育类、心育类、体育类、技术类、综合实践类和外聘指导类9大类55个学生社团建设,成为学校素质教育,品质学校建设的亮丽窗口。

撰稿:李　健　王宏勇
审稿:王保胜

天津市宁河区英华实验学校

【概况】　宁河区英华实验学校位于宁河区北淮淀示范镇,是区政府重点打造的承袭英华文化理念、价值观、课程体系及育人模式的公办学校,是宁河区首个全日制寄宿制公办学校,天津市第一所由民办学校进行教育教学全面托管的试点校。学校占地4.38万平方米,建筑面积3.01万平方米。先期开设五至九年级,有学生390人。教师53人,平均年龄33岁,平均教龄9年。学校以"兴中融外·启程未来,为中华之崛起而办学"为办学宗旨;以"仁者爱人,和顺积中"为教育价值观;秉承"在英华,发现我自己"的教育理念;践行"厚德　自强　求是　拓新"的校训,立足中华文明根基,兼容并蓄国外先进教育理念精粹,助力中华民族伟大复兴美好未来。学校沿用英华实验学校"发现+"课程体系,开设国家基础课程、拓展课程、定制课程三级课程,满足学生个性化发展需求,致力于创办宁河教育"新品牌"。

撰稿:杜东海　王宏勇

【办学特色】　学校坚定办学目标,落实"立德树人",坚持"五育并举",以"从、比、北、化"为路径,将

英华学子核心素养所要求的必备品格和关键能力落到实处。全面贯彻落实具有英华特色的"发现+"课程体系,将国家课程生本化,拓展课程精优化,订制课程多元化。立足学科,寻求知识的联结性;定位评估,深耕过程的效益性。

撰稿:杜东海 王宏勇

【深度教研】 依托英华成熟的"发现+"课程体系,PDC教学理念,双向联动,单点突破,同心圆辐射,狠抓教研,课堂成效凸显。以"师徒结对"精准帮扶,以"PDC尖刀班"示范引领,激发活力,全体教师悉心教学教研,精巧设计"核心问题",整体打包逆向设计,2023年12月18日,学校成功举办全区中小学课程改革与课堂教学改进现场观摩会。

撰稿:杜东海 王宏勇
审稿:王保胜

天津市蓟州区第一中学

【概况】 蓟州一中建于1941年,1978年被确定为首批天津市重点中学,2002年通过示范性高中建设市级验收,2021年被确定为天津市品牌高中培育学校。学校有初中部和高中部两个校区,总占地8.82万平方米,建筑面积5.16万平方米。高中部在校学生2618人,教职工288人,教学班48个;初中部在校学生2974人,教职工232人,教学班60个。教师具有高级职称191人,中级职称159人,研究生学历27人。

蓟州一中作为中国共产党接收最早的具有光荣革命传统的学校,始终坚持党的领导,坚持社会主义办学方向,全面贯彻党的教育方针,在不断建设和发展过程中,一中人用汗水和智慧凝聚出"一训三风"的校园文化,即"勤奋求实,报国效民"的校训,"团结、奋进、求实、创新"的校风、"秉德、爱生、缜思、勤耕"的教风、"刻苦、会学、广识、尊师"的学风。学校积极推进素质教育,形成"为学生一生发展做准备"的办学理念和"自主学习、主动发展"的办学特色。加强学生的思想政治教育,让一中学生牢固树立"跨进一中半步,肩负一中荣辱""走出一中校园,展示一中形象""今天我以一中为荣,明天一中以我为荣"、的荣辱观。在原有办学理念和"一训三风"的基础上,学校进一步明确"科学、人文、刚健、创新、卓越"的办学风格和争做"报国效民的担当者、自主学习的实践者、身心健康的运动者、主动发展的创新者、勤

奋求实的劳动者"的育人目标。

学校不断加强学生日常行为习惯的培养,严格规范管理。学校每年举办校园文化艺术节、体育节、合唱节、读书节、科技节。经过20多年的发展,高中部形成了艺术类、体育类、综合类等社团40多个,初中部组建了礼仪队、古典舞队、街舞队,设立软笔、硬笔书法、戏曲、合唱、主持、国画、西画、茶文化、舞蹈、管乐队、无人机等十余个社团,极大丰富了课后服务内容。《野鸭子》杂志和《蓟州一中校报》先后两次获评全国中学生优秀期刊一等奖,新欣文学社先后4次获评国家级优秀社团。

学校加大教学改革力度,大力倡导"变教为诱,变教为导,变学为思,学思结合,以诱促学,以导达思"的思路教学模式,教学质量稳步提升。坚持体育选课制,大力开展课外体育活动,学生毕业时体育合格率年年保持100%。学校有田径、篮球等业余运动队,在全市处于领先地位。

学校先后获全国教育系统先进单位、全国中小学德育工作先进集体、全国创建绿色学校活动先进学校、全国五四红旗团委、全国三八红旗集体、北京奥林匹克教育示范学校、中国红十字会先进集体、全国学校体育卫生工作先进单位、中国西部地区教育顾问单位、全国中小学现代教育技术实验学校、全国教育科学"十五"规划教育部重点课题实验学校、全国第四届和谐校园先进学校等12个国家级荣誉和百余个市、县级各类荣誉。《人民教育》《中国教育报》等国家级新闻媒体对学校经验先后做过报道。

撰稿:李新宇

【学生活动】 落实教育教学"双减"政策,将课堂推向社会,向生活渗透,使学生的学习回归到生活。蓟州一中于2023年5月13日进行天津国华盘山电厂地理工业研学旅行。在高二年级指导老师的带领下,高二年级部分学生赴天津国华盘山电厂,开展地理研学活动。同学们深入厂区,工作人员介绍重要发电设备,认真了解天津国华盘山电厂的基本情况,学习电厂运行以及相关设备技术的专业知识,通过实地考察,同学们加深对于国家碳排放和碳减排政策的认识。蓟州一中于2023年5月23日举办高二年级第二届趣味运动会。竞赛项目有:疯狂毛毛虫、搭桥过河、隔空取球、大力车接力。

撰稿:陈瑞鹏 陈旭 孔莺菲
任天奕 刘彦坤

【校级家长委员会】 进一步促进家校互动、增进家校沟通、畅通家校共育渠道、搭建分享交流平台，2023年10月26日，天津市蓟州区第一中学在初中部报告厅隆重举行校级家长委员会会议。国家二级心理咨询师、蓟州一中心理辅导教师高晔作家庭教育讲座。讲座题目为《关于学校心理辅导和中学生家庭教育的几点常识》。主要内容包括两部分：一是关于学校心理辅导的相关知识，二是针对中学生家庭教育谈几点个人的思考。校长倡议家长朋友们携起手来，共同教育和培养好孩子，努力为孩子的未来做好铺垫。

撰稿：赵　琳

审稿：邓淑娟

天津市蓟州区礼兴初级中学

【概况】 蓟州区礼兴初级中学坐落于蓟州区经济技术开发区，始建于1997年，礼兴初级中学的前身是蓟州区礼明庄镇初级中学，2022年10月学校提升为蓟州区教育局直属学校，2023年9月学校更名为蓟州区礼兴初级中学。学校占地4.1万平方米，建筑面积1.40万平方米，绿化面积6000余平方米。在校学生1387名，教学班32个，教职工104人。学校主体建筑包括教学楼、综合楼和餐厅。教学楼A区建筑面积3184平方米，有图书馆、阅览室、报告厅和阶梯教室。教学楼B区建筑面积4876平方米，主要有标准化教室32个，教师办公室15个。综合楼建筑面积4218平方米，主要设施包括信息、理、化、生等专用教室、仪器室16个。餐厅建筑面积1684平方米，分上下两层，可容纳400名师生同时用餐。学校运动场占地2600平方米，建有400米标准跑道，校舍场地设施完善、布局合理、功能齐全。

礼兴中学中的"礼兴"二字，取"崇德尚礼，报国兴邦"之意，是学校贯彻落实立德树人根本任务的核心内涵。礼兴中学以"礼"为抓手，实施儒雅教育，倡导求学以儒，育人以雅，营造谈吐文雅、举止典雅、学识博雅、志趣高雅的校园氛围，使师生在践行"礼"的过程中改变气质、涵养德性、沉淀内在品德素养。"报国兴邦"旨在倡导师生尽报效祖国之责、担民族复兴之任，学校构建责任文化体系，探索责任教育模式，鞭策师生与责任同行，即家庭幸福，我有责；学校辉煌，我尽责；自然和谐，我担责；民族复兴，我扛责。

学校以崇德尚礼为宗旨，以报国兴邦为宿愿，秉承"让学生收获每一天"的办学理念，以责任化管理为切入点，以精细化管理为支撑点，以高效课堂建设为抓手五育并举、全面发展，扎实践行"责有攸归、追求卓越"的校训，形成责任教育、儒雅教育两大办学特色，努力向"打造学生爱戴，家长信赖，社会满意的现代化窗口学校"的办学目标迈进。

用先进、科学的办学理念引领学校发展，成为学校高效、可持续发展的灵魂和指南，努力让学生思想觉悟提高、理想道德提升、知识能力增长、兴趣爱好增强、身心健康发展，让每一个学生在每一天都有不同程度的进步、发展和提升，日积月累，日新月异，使每一位学生逐步成为德智体美劳全面发展的社会主义建设者和接班人。

精心打造责任教育、儒雅教育两大办学特色，学校以"爱"为切入点，从自爱、爱家、爱校、爱国、爱自然五个维度，用"爱"全面唤醒师生的责任意识，进而培育责任心，增强责任意识；以养成学习、交友、安全、纪律、卫生等良好习惯为突破口，培养师生的责任感，最终全面提升师生履行责任的能力。学校以追求"谈吐文雅、举止典雅、学识博雅、志趣高雅"为目标，大力推动"责有攸归、追求卓越，做儒雅礼兴人"活动，全面启动儒雅教育。

学校教育教学成绩稳步提升，先后获天津市十大特色学校，天津市实施《中小学日常行为规范》示范学校，"天津市千名农村骨干教师培养计划"实践研修基地，蓟州区教学质量先进学校，天津市"小手拉大手千警进千校"活动优秀单位等荣誉。

撰稿：于化涛

【校园文化】 礼兴中学扎实践行"责有攸归、追求卓越"的校训，积极探索，大胆实践，经过长期的摸索与实践，最终形成以"儒雅教育"为核心的德育管理体系，用"谈吐文雅、举止典雅、学识博雅、志趣高雅"营造校园氛围，打造优秀的教师团队，培育德才兼优的学生。通过营造儒雅文化环境，树立儒雅的情感、态度、价值观，学校利用全校教师大会、全体党员大会、班主任会议培训"儒雅"教师，利用国旗下讲话、班会、《礼兴中学学生一日常规》等规范学生，利用学校宣传橱窗、展牌及专栏、班级板报、墙报进行宣传"儒雅教育"，培养"儒雅"学生，构成一整套具有儒雅特色的育人体系。

撰稿：冯梦齐

【心理健康教育】 加强学校心理健康教育工作，为学生的心理健康保驾护航。一是开展师生"倾听一刻钟"心理关爱活动，老师走下讲台，与学生开启一场心与心之间的沟通与交流,走进学生的内心世界,拉近师生彼此之间的距离。二是设立心语信箱。三是心理健康教育进课堂。每两周上一节心理健康教育课,对学生进行心理健康教育,引导学生关注心理健康,培养良好的心理素质。四是开展团体心理辅导活动,针对需求设计不同团辅主题,进而形成学生正确的自我意识,提升人际交往能力,改善和调节学习和生活中的不良情绪,掌握有效的应对方式,从而获得身心的全面健康发展。五是成立"倾心"社团,宣传心理健康知识和技巧,传达健康学习和生活的理念,使每一位社团成员成为心理健康传播的小使者,把心理健康的种子播撒到每个同学的心间,最终开出灿烂的花朵,使礼兴校园更加文明、健康、和谐。

撰稿:马丽伶

【教学管理】 建立健全学校岗位练兵长效机制。加强岗位大练兵工作,重视教科研活动。学校组织教师开展全学科教师"同课异构"和"学科精品思政课"活动评选工作,鼓励教师争当名师。发挥骨干教师示范引领作用。形成"传、帮、带"的格局,一方面用中老年教师扎实的教学技能、丰富的教学经验和强烈的责任心来带动和帮扶青年教师,促进青年教师成长,尽快成为学校的骨干力量,另一方面又在关键岗位大胆起用年轻人,激发年轻教师的积极性。坚持做好"双减"工作。通过教师认真备课、优化作业设计来推动作业更趋于科学、合理、适量、有效。通过减轻作业负担的落实,既保证每个学生在核心素养方面得到全面、充分地发展,又乐于接受教师布置的作业,完成国家课程标准的基本要求。学校学生作业负担有效减轻,家长、学生对作业的满意度明显提升。高质量推进课后服务工作。学校结合学生实际需求,设计丰富多彩的课后服务内容,包括学科辅导、兴趣拓展、体育锻炼、绘画、舞蹈、合唱、朗诵等。

撰稿:董小良

【青年教师成长】 2023年学校通过以老带新、帮教帮学的方式,让教学经验丰富的优秀教师与青年教师结对子,进行一对一指导和培养。学期初,师徒二人共同建立帮教台账,根据学校统筹安排,结合自己实际情况,师徒共同制定出本学期具体的帮教计划;在实施过程中做好帮教记录,及时调整修正帮教方案;每学期末师徒对照计划盘点收获与不足,写好帮教工作总结。青年教师每学期主要完成"六个一"活动:即每周听一节指导课,和师傅进行一次思想交流;每月做一节汇报课并进行一次说课展示;每学期完成至少一万字的读书笔记;在师傅指导下撰写一篇教学论文。师傅主要在以下三个方面对徒弟进行指导:一是通过谈心谈话、言传身教和共同学习相关法律法规,帮助徒弟提升师德修养,立志做"四有"好老师;二是通过共同备课、做示范课、宣讲教育教学理论,帮助徒弟提升把握教材、驾驭课堂的能力;三是通过让其参与科研课题、对其进行论文指导帮助徒弟提升教科研水平。师徒结对帮教活动使青年教师树立正确的教育观念,具有良好的职业道德,合理的知识结构,具备本职工作及业务要求的教育教学水平和科研能力,适应新课改的需要。同时,在帮教过程中,教学相长,师徒二人共同进步。

撰稿:张绍录

【校园安全】 切实加强对安全教育工作的领导,学校成立以校长为组长,各年级主任和班主任为成员的安全工作领导小组,以及30名教师组成的应急突击小组。明确安全岗位管理,防范措施落实到位。建立岗位安全责任制和责任追究制。所有校领导和教师签订安全岗位责任书,明确各自的职责。实行网格化管理,贯彻"谁主管,谁负责"的原则,做到职清责明。所有教师加入到学生的包保活动中,对学生全面了解,做到知思想,知习惯,知家庭。加强师生的安全教育,促进安全意识提高和自护自救能力的增强。认真做好安全检查和宣传工作,定期对校内易发事故的重点部位进行检查,对专职安全人员定期培训,开展深入全面的大检查,消除隐患,有针对地扎实地开展教育和防范工作;利用班队会、专项讲座、国旗下讲话等途径,讲解、演示、演练对学生开展安全预防教育。坚持开展常规检查,每月一次安全大排查,对学校校舍、电线、电器、消防器材电子设备等进行安全检查,不定期对校外接送学生车辆进行检查,并对司机和学生家长进行安全宣传教育。家校共育,齐抓共管,形成群防群治的良好局面。学校组织开展一系列安全教育活动,邀请相关单位和家长共同参与。

撰稿:李志勇
审稿:贾永鑫

天津市蓟州区翠屏湖中学

【概况】 翠屏湖中学是还迁居民小区配套的公办直属初级中学,于2022年9月投入使用。学校位于蓟州区州河湾镇东街1号,占地3.07万平方米,总建筑面积1.40万平方米,设置规模为24个教学班,有教学班22个,学生920人,教职工79名。其中高级教师17名,研究生毕业教师6名。学校拥有300米跑道、塑胶草皮运动场和硅PU篮球场、排球场、风雨操场,每间教室配备触控一体机等现代化教学设备。学校设有舞蹈教室以及12个标准的专用教室,充分满足学生多方面学习需求。

学校秉承"德能共进　身心共融"的校训,"求是　求新　求美"的校风,"为仁　为师　为范"的教风和"乐学　勤学　会学"的学风;以"激发每一名学生的潜能,让每一名学生快乐健康成长"为办学理念;确立让学校教育充满温暖、让学生未来充满希望、让教师职业充满幸福的办学思想;以"创建管理规范、质量优异、特色鲜明、蓟州一流的现代化学校"为办学目标;以"为学生的终身发展奠基"为办学宗旨,不断深化教学改革,严格教学管理,打造特色引领、全面发展的学校品牌,推动学校教育内涵式发展、高质量发展。

2023年,翠屏湖中学牢牢把握立德树人根本任务,实施五育并举,全面育人。贯彻落实党的教育方针,认真落实"双减"和"五项管理"工作要求,加大课堂改革力度,构建"学—教—练"三段六步高效课堂教学模式,聚焦课堂,示范引领。不断完善制度体系建设,健全教学管理规程,严格执行教学常规管理和教研活动要求,结合学科教学计划、学科教研安排、教师培训培养、教师集体备课、听评课、作业管理及公示、辅导与练习、教学评价、教学反思、教学质量分析等,将课堂高效作为重点任务,不断引向深入。学校有市级骨干教师2名、区级骨干教师10名、校级骨干教师20名,评选出了优秀教师30名。积极开展骨干教师示范课活动4次、观摩课研讨活动4次,听评课研讨活动8次,参与教师296人次,为全体教师搭建提高业务水平和交流平台,营造相互学习、交流、不断探索、反思的良好互助氛围。

学校德育工作以加强班主任队伍建设为中心,对全体班主任进行从学生管理到班级管理的全方位培训,涌现出优秀班主任10名;以培养学生正确的人生观、价值观为目标,从学生一日常规入手,培养学生养成良好的行为习惯;组织校内师生劳动实践基地和七年级新生军训等,实施活动育人。学校合唱团8月参加乡村篮球赛闭幕式演出,舞蹈队11月参加天津市美育实践课堂集体项目比赛获区级一等奖,田径队在区田径运动会上获总分第六名;12月获区中小学乒乓球赛初中男子团体第四名,个人第7名;劳动教育竞赛获个人缝纫机组区级二等奖;2023年9月7日,区委书记贺亦农同志来学校慰问教师;2023年11月13日,张建宇区长来校召开思政教育座谈会。

撰稿:金志刚

【科学教育】　学校分管副校长具体负责科学教学,信息学科市级骨干教师担任科技辅导员,组建由理化、生物、地理等科学类课程20名教师参加的科学教育团队,积极开展"科学家(精神)进校园"、科普讲解大赛、科普微视频大赛、科学实验展演、科技周、全国科普日、无人机大赛等活动,策划实施形式多样的系列科学活动,使科学成为完美融合在课堂教学之中。积极提升科学教育课后服务吸引力。持续做好学校课后服务工作,拓展科学实践活动,2022年9月开始学校成立人工智能创客工作室,开设有关3D打印、无人机遥控、无人机编程和航空航天科普等项目。2022年、2023年连续两年承办蓟州区青少年人工智能教育(无人机)成果展示活动;2023年7月参加全国青少年无人机大赛(市赛)获个人冠亚季军,8月3人获全国青少年无人机大赛二等奖;获评第五届天津市青少年人工智能教育(无人机)成果展示活动优秀学校;2023年创客工作室开源硬件作品——翠屏湖号智慧观光车获全国中小学信息技术创新与实践大赛二等奖;2023年学校正式挂牌共青团中央"小平科技创新实验室"建设学校;12月入选2024年蓟州区科普基地。

撰稿:张静华

【课后服务】　学校精选服务内容,促进学生全面的发展。课后服务主要为学生提供公益性放学后看护服务,在充分用好课后服务时间进行个性化学业辅导,为学习有困难的学生补习辅导答疑,指导学生认真完成每天的作业;为有其他兴趣爱好的学生开展符合学生身心发展特点的素质拓展活动。学校开放功能教室、图书馆、阅览室、运动场地等,充分发挥学校社团的引领作用,培养学生阅读等方面文体活动的兴趣爱好;围绕党史学习教育的年度主题,开展爱国主义教育,以鲜活灵动易懂的方式向学生讲述党史,引领学生从小学习党史、传承红色基因;组织学生学唱红色歌曲、观看红色电影、阅读红色经典;根据初中学段学生特点,利用学校内外劳动教育资源,开展丰富多彩的劳动教育活动,使学生树立正确的劳动观念,具备基本的劳动能力,养成良好的劳动习惯;统筹博物馆、红色教育基地等社会资源,组织学生自愿参加形式多样、寓教于乐的科技教育、心理拓展、环保、"实践课堂"及研学实践教育活动。学校开展的课后服务项目有六大类,25个分项;分别是科技创新类3个(天空之翼、创想编程、魅力3D)探究实践类2个(遇见生命、手工创意);艺术类5个(梦之翼、剪之韵、爱之声、鼓之魂、诵之音);体育竞技类4个(足之风、篮之梦、径之速、乒之耀);非遗传承类3个(龙之舞、剪之韵、影之艺),另外班级社团8个,依托国家智慧教育平台教育资源开展影视教育、智慧科普、经典阅读、文化艺术、体育锻炼、劳动教育、党史教育、生命与安全教育。

撰稿:张静华
审稿:绳建丰

小　　学

天津市实验小学

【概况】　天津市实验小学是天津市教委直属小学。位于市中心,毗邻人文气息浓厚的"五大道"。学校始建于1948年,始定名天津十区十一保国民学校,旋即更名为天津市十区示范国民学校。中华人民共和国成立后,天津市首任市长黄敬于1950年签署文件正式命名为天津市实验小学。天津市小学第一个独立党支部和第一个少先队大队均在这里诞生。

学校占地2.6万平方米,建筑面积25000平方米。校内设有图书馆、国学馆、健身馆、博园、报告厅、演播厅、排练厅、录播教室、声乐教室、形体教室、钢琴教室、智慧教室、人工智能教室、科技教学中心、美术教学中心、陶艺文化中心、信息技术教学中心、心理健康服务中心、童趣街等,为学生学习与特长发展提供一流设施。

截至2023年12月,学校在职教职工257人。其中正高级教师4人,高级教师33人。硕士研究生学历16人,本科学历233人,天津市学科骨干教师8名,区级以上各级各类学科带头人64人。

学校有67个教学班,2482名在籍学生。2022年财政拨款7242.35万元,2023年财政拨款7925.7万元,比上年增加683.39万元,增长9.43%。

2023年,学校获评教育部大中小学思政一体化共同体(天津)成员项目单位、教育部中小学人工智能教育基地、天津市中小学三全育人综合改革示范校、天津市教育系统关心下一代工作先进集体、天津市中小学课程思政研究基地校、天津市中小学思政课实践教学改革试点校、天津市义务教育阶段中小学课程基地校、天津市首批中小学科学教育实验校、2023年中小学校劳动教育示范校、天津市民族团结进步示范单位、2023年天津市第五届"四海声评"网评大赛先进集体;5位教师被评为和平区师德先进个人。

2023年,学校在天津市美育实践课堂文艺展演(集体项目)中,获5个一等奖,2个三等奖;天津市男子青少年五人制足球精英赛获冠军,天津市青少年足球锦标赛获亚军;2023年度天津市青少年小发明设计活动中获优秀组织奖;天津市守护"睛"彩　乐享"瞳"年近视防控百米长卷绘画活动中,获特色学校称号;学校美术组制作的展牌在和平区第三十六届校园美展中,获区级一等奖;天津市学宪法知识竞赛获小学组冠军;多名学生在国际、国内发明展中获金奖,2023年全国科普日暨第13届北京科学嘉年华活动期间,选派优秀学生参与项目展示、交流、学习活动;获2023年度天津市青少年小发明设计活动优秀组织奖;科学教师分获天津市青少年小发明设计活动金牌辅导员、澳门国际发明展优秀辅导教师、全球发明大会中国区市赛优秀辅导教师称号。

撰稿:陈　静

【思政建设】　天津市实验小学秉承"三全育人"理念,构建"大思政"格局。加强"一体两翼"建设,阐释好习近平新时代中国特色社会主义思想的"体",不断丰盈"红色影视"和"科普思政"融入小学思政课之"两翼",打造"少年版"思政品牌特色。2023年被评为天津市义务教育阶段道德与法治基地校、入选天津市中小学"三全育人"综合改革试点单位、天津市思政实践课改革创新试点校。2023年1月8日,学校党总支书记在天津市学习贯彻党的二十大精神大中小学"红色影视融入思政课"教育教学改革交流论坛会上做《借助红色影视资源,讲好新时代"少年版"思政课》典型发言;天津市学习贯彻习近平总书记关于雷锋精神重要指示座谈会上做《传承雷锋精神贡献实验力量》典型发言;5月28日,在天津市承办的"新时代思政课一体化交流会"上做《画好育人同心圆,打造新时代"少年版"思政品牌特色》经验介绍;7月12日在"凝思政育人之力,铸立德树人之魂"——红桥区"大思政"协同育人专题培训活动中做《"一体两翼"绘蓝图,"少年"思政谱华章》主题报告。2023年3月23日,学校思政教师在南开中学"重温习总书记3·18重要讲话精神"推动大中小思政课一体化建设活动中做主题发言。2023年5月7号,在天津市"红色影视艺术与思想政治教育"大中小学思政课一体化活动中做主题发言。2023年8月,学校思政教师入选天津市第二届学校思想政治理论课教师年度影响力人物。3位教师在2023年天津市大中小学"故事思政"微课大赛中分获课程思政组一、二等奖,思政课程组获市级二等奖。

撰稿:陈　静

【科学教育】　天津市实验小学大科学教育导师团队拥有天津市唯一一位教育部科学教学指导委员会委员,天津市首位科学正高级教师,两位天津市科学双优课一等奖,一位二等奖得主;天津市未来教育家奠基工程一期学员;和平区科学教育领军人才团队和首席教师团队主要成员;是承接天津市265工程、千名计划、领航教师、未来教育家四期学员等市级培训工程科学实践基地的导师团队。团队研发自主渐进式练习与自我定制式科学测评app;指导制作的"月相成因探究学具"获全国优秀自制教具奖并获得美国匹兹堡国际发明展金奖;首创"科学的口袋"档案袋式评价;提出小学科学课"主题探究教学"模式。提出"颖悦科学"课程体系。课程体系打通了科学、技术、工程、艺术、数学等学科。各科教师协同培育科学素养,首创多项科技类素拓课程。2023年,天津市实验小学的发明成果获11个国际奖项。1月3日《天津教育报》头版头条以《当"创客精神"与教育碰出火花》为题做了专题报道。科学组教师在天津新闻广播FM97.2《HI天津》节目中介绍天津市实验

小学的知识产权教育经验。2位小创客连线天津电台新闻广播《HI天津》特别专题节目。

撰稿:陈　静

【学科基地建设】　天津市实验小学坚持正确的育人导向,积极探索高质量发展的有效路径。构建数字+思政+整体育人框架;构建学科教研基地建设模型。循着前期调研、主题规划、活动实施、分散落实、反思评价五个环节提出整合力量、转教为学、量化成果的创新实践路径,持续筑牢学科发展活力与潜力。课程基地建设中,学校以"生命教育"为源找寻课程生长基因,以育人目标为宗定义建设目标表达,以评价要求为纲规划项目顶层设计,以核心课程为要向外延展形成课程体系,以品牌导师为样孵化优秀教师团队。抢抓促进高质量发展机遇期,学校先后被评为教育部中小学人工智能教育基地、天津市中小学课程思政研究基地校、天津市义务教育阶段中小学课程基地(道德与法治)、天津市义务教育阶段中小学课程基地(英语)等4个国家和市级课程基地。

撰稿:陈　静

【教育共同体建设】　天津市实验小学充分发挥辐射引领作用,深化与联盟校合作办学力度,关心支持援藏教师。2023年9月,以援藏教师日常工作为素材,拍摄的《滋兰树蕙　筑梦雪域》在教育部2023教师风采短视频征集活动中获评优秀。学校积极落实市教委与津南教育局合作协议,全力做好与天津市实验小学津南学校共建项目。2023年9月至12月,累计选派教师赴津南学校165人次,教师通过驻校听课指导、联合教研、专题讲座、网络同上一节课、21对师徒牵手影子教师项目、课题共研等多种形式,提升帮扶质量;学生通过"百米长卷绘童心,放飞梦想向未来"、以球会友,"足"够精彩两校足球友谊赛等活动,拓宽合作共建形式,提升两校共建质量。与9所联盟学校强化"云端交流""网络教研""骨干交流"等形式,实现精准共建、高效合作。持续开展"远程同步教学促进优质资源共建共享"项目,探索优质均衡发展的"实小路径",同心倾力打造教育新高地。

撰稿:陈　静

【教育数字化】　天津市实验小学积极推进教育数字化建设,引领教育教学与信息技术有机融合。推进国家智慧教育平台广泛应用,推动天津智慧教

育平台与国家智慧教育平台互联互通、资源共享。成功举办市级精品教研(信息学科),线上线下观看1200人,得到业界人士的广泛关注,新华网、《天津教育报》做专题报道。

撰稿:陈 静

【校园供餐新模式探索】 天津市实验小学落实市教育两委、市市场监管委关于鼓励中小学校自办食堂的政策,守护师生"舌尖上的安全",积极探索"中央厨房配送原材料—食堂现场制作桶装进班—教室自助分餐"的新型校园供餐模式。立足新型供餐模式,聚焦2000余人供餐量,建立单位"一把手"—食品安全总监—食品安全员的三级食品安全管理组织体系,于2023年8月底高质量、严标准完成学校食堂建设,顺利在秋季开学为2500余名师生供餐。在供餐实践中,食堂完成食物制作,开始进入分餐间装桶,全部食物按照类别分装至符合食安标准的保温桶后,以每班一车的形式运送至各班级教室内,为每名学生分餐。从食物制作完毕至分餐,全过程确保在2小时以内。学生可以根据食量选择菜品分量,满足需求,减少浪费。同时,桶装进班这一新型校园供餐模式,将节约的运输时间投入到更加严格的现场管控中,通过对制作、分装、运输等各环节的严格管理,出餐、分餐温度和餐食安全度都极大地得到保障,避免二次复热环节,让食物的口感更加丰富、食材营养能够有效保存,也能有效降低餐食的食品安全风险。在新型供餐模式满意度调查中,学生家长对学校食堂供餐满意率达99%。新型校园供餐模式作为典型经验被学习强国、《中国食品安全报》等多家媒体报道。

撰稿:陈 静
审稿:杨立军 刘 军

天津市滨海新区玉簪小学

【概况】 天津市滨海新区玉簪小学坐落于滨海新区欣滨道66号,建筑面积9736.5平方米。学校始建于2020年,有教职工70人,教学班28个,在校生1258人。学校秉承"为学生终身卓越发展奠基"办学理念,以"有意义、有意思、有可能"的育人活动为路径,将"培养具有高雅、宽和、顽强、进取精神的莘莘学子"作为育人目标,努力办一所老百姓家门口的好学校。

撰稿:潘 欣

【课后服务】 学校发挥教育主阵地育人功能,建构"1个核心+2项重点+N门兴趣"课后服务课程体系,即:将作业辅导作为核心课程,把体育锻炼和劳动实践作为重点课程,开设以树德、增智、强体、育美、乐劳为培养方向的42门个性化兴趣课程。学校聘请具备专业资质的志愿者、非遗传承人参与课程建设与实施,实践双师课堂新模式。利用属地资源,构建起一条覆盖小学六个年级、集红色游、科普游、文化游、工业游相结合的研学路线。依托数字化平台实现家长"淘宝式"选课、教师"常态化"评价、管理人员"一站式"监管。2023年11月1日,在滨海新区教体局组织的高质量建设天津市基础教育综合改革国家实验区展示活动中,学校进行"立足课后服务提质增效 赋能五育并举融合育人"专场展示。

撰稿:潘 欣

【队伍建设】 学校重视青年教师队伍建设。启动强师工程和"种子"教师计划,充分挖掘校内外资源,成立导师团队。主动对接新区多学科名师工作室,输送青年教师进行各级各类培训学习。组织教师开展专业阅读与分享,在师德师风建设、班级管理、课堂教学等多方面进行校本培训活动。每学期进行"创优杯"课堂教学评比活动,引导青年教师在实践锻炼中成长。2023年13名教师被认定为区级骨干教师,37名教师被认定为校级骨干教师。在市、区各级各类教育教学比赛中,189人次获奖。

撰稿:潘 欣

【科学教育】 学校构建"大科学教育"理念,提倡儿童"像科学家一样思考,像工程师一样实践"。通过做科学、谈科学、写科学、读科学、画科学等实践活动,学生在过程中体会科学本质,体验科学思维方法,培养科学精神和科学态度。学校与天津市滨海新区科技馆签订合作协议,建立科普活动基地。聘请天津科技大学人工智能教授为学校科技工作副校长,指导学校科学教育工作。利用课后服务,引进优质师资,开设激光雕刻、无人机、steam课程、实验秀等科学课程。

撰稿:潘 欣

【体育工作】 学校重视体育工作质效。以"固本行动"为契机,确定目标,制定举措,叫响"无体育不玉簪"的运动口号。落实体育课程计划,指导教师上好体育课,推行体育作业。推动师生每天1000米跑操活动和八段锦项目,组织进行每月一次的学生体育比赛活动。学校为每个教室配备一张视力表、一份体质健康水平测试量表、一箱体育活动器材、一台电子体重秤,引导师生关注体质健康水平。将各班学生体质健康监测水平纳入优秀学生和优秀集体评选条件,与班主任和体育教师工作绩效考核挂钩。学校利用家长会向家长宣讲健康理念,落实校家社协同育人机制。在2023年进行的体质健康测试中,学生体质健康水平合格率、优良率实现双增长。《"三全育人"视域下以体育人的实践探索》的工作案例获市级优秀案例奖。

撰稿:潘 欣
审稿:石 莉

天津市河北区兴华小学

【概况】 天津市河北区兴华小学始建于1986年,原名宜白路小学,2004年4月更改为现名,同年8月与原河北区新曙光小学合并。学校现占地1.2万平方米,建筑面积5600平方米。在职教职工75人,其中高级教师8人,市级学科骨干教师2人,区级学科骨干教师15人。学生1069人,教学班26个,其中三分之一为随迁子女。2023年10月在"新时代好少年传承经典·筑梦未来"主题教育读书活动中获评"先进集体",被评为天津市2023年度"小手拉大手千警进千校"活动优秀单位。2023年被评为学校体育与艺术教育工作评估成绩显著单位。2023年5月18日,天津市河北区兴华小学与北京师范大学实验小学签署《京津跨区域学校携手共建合作意向书》,双方将重点在提升教育管理水平、提升教师专业能力、提升育人质量3个方面开展合作共建。

撰稿:刘宏杰

【与北京师范大学实验小学共建合作】 5月18日,北京师范大学实验小学与河北区兴华小学签署《京津跨区域学校携手共建合作意向书》,充分发挥北京师范大学实验小学的示范引领作用,以先进的教育理念和创新的管理机制促进河北区基础教育优质均衡发展,双方重点在提升教育管理水平、提升教师专业能力、提升育人质量三个方面开展合作共建。北京师范大学实验小学选派干部教师为河北兴华小学提供专业指导支持;双方定期开展专题讲座、开展线上线下教育教学活动,河北区兴华小学选派干部教师到北京师范大学实验小学听课观摩、跟岗培

训。这次合作是两校长期以来紧密交流的结果,也是两校致力于提高教育质量、促进教育发展的体现。通过京津跨区域共建合作,激发两所学校创新深化向未来,改革发展向纵深,质量提升向前行的新态势,以先进的教育理念和创新的管理机制促进河北区基础教育优质均衡发展。

撰稿:刘宏杰

【合作教研】 兴华小学与北京师范大学实验小学就一二年级无纸笔测试,进行深度交流、研讨,全面评价学生的综合素养,双方针对学生核心素养提升跨学科融合的思路,开展"无纸笔可视化综合实践活动",对学生一个学期以来的学习进行观测、总结、汇报。兴华小学组织制订实施方案,编写学习任务单,用一周时间对一二年级全体学生进行无纸笔可视化综合实践活动调查。本次实践活动中配有生动的视频短片,让学生在观看视频的过程中进行调查,极大地调动了学生的兴趣和参与的欲望,避免枯燥乏味的试卷应试。本次调查真正站在学生的角度,以全面提升学生的核心素养为出发点和落脚点,引领学生综合运用在学校所学知识,提升学生综合能力。

撰稿:刘宏杰
审稿:李 功

天津市河西区第二中心小学

【概况】 河西区第二中心小学于2022年7月建校,属于河西区中心小学集团办学学校。学校坐落在陈塘起步区,占地3万余平方米,是一所高起步的现代化学校。学校管理团队均来自河西区中心小学集团总校,集团总校每年委派区级学科带头人和学科组长进行交流,带动和引领青年教师队伍成长。2023年,学校共有12个教学班,学生474名,教职员工29名。其中在编教师17人、集团内交流教师6人,外聘教师6人。其中党员10人,研究生以上学历3人,拥有高级职称4人。学校校园环境优美,教师文雅知性,学生活泼健康,学校多项活动被媒体报道,得到社会和广大家长的高度评价。

撰稿:毕 盈 孙璎姝

【校园文化】 河西区第二中心小学秉承集团总校"幸福校园"的办学特色和"七彩星"校园文化,创设独特的"星芽儿"文化,寓意在特色校园文化的浸

润下新生成长的小芽儿,用生命力、成长力和创造力引领学校的发展。学校探索适合低年级段孩子的大思政课程新格局,确立以"星芽成长记"为主题的思政特色课程和学生综合评价体系。

撰稿:毕 盈 孙璎姝

【师资队伍建设】 河西区第二中心小学党支部落实师德建设主体责任,成立由党支部书记任组长,支部委员任副组长的师德师风建设工作领导小组,建立"青年成长营",通过顶层部署、过程细化、定期督促等方式,扎实推动学校师德师风建设工作,让每一位教师有归属感、有清晰的成长线。狠抓青年教师常态课管理,做到校级干部每天至少两次全覆盖室外巡课,每天至少听一节完整课;每位校级干部至少认一位业务上的徒弟,带一位思想上的徒弟;每学期全体教师至少参与两轮研讨公开课,要求每位教师都把备课、磨课、上课、评课、说课、备素拓课当成工作常态和看家本领。通过队伍建设,促进每个青年教师都能在青年成长营里完成一个月学习、一学期独立、一学年主力的"三个一"成长里程,尽快成长为教育教学的行家里手,为下一年带动新鲜力量做好准备。

撰稿:毕 盈 孙璎姝

【特色课程建设】 落实立德树人根本任务,进一步丰富校园文化,第二中心小学设计了以"星芽成长记"为主题的课程体系。体系包括星星闪思政课程、智慧星学科课程、巧手星实践课程、快乐星心理课程、芽芽力健体课程、芽芽窝家长陪伴课程六大部分,将学校"五育并举"内容全部融入课程体系,明确目标、螺旋上升。为进一步加深学生对中国传统文化的认识与传承,学校组织编纂以二十四节气传统节日文化为主要内容的校本课程,涵盖以中国传统农耕文化、节气文化、美学欣赏、传统游戏和劳动体验等内容,举办相关传统节日活动。学校引入杨柳青年画等非遗进课程、进社团、进课后服务,开阔学生视野,传承传统文化。狠抓学生体质健康提升工作,因地制宜科学安排课间学生活动,每个班都有自己的特色课间活动。让学生走出教室安全动起来。不断提升体育课质量,利用课后服务时间开设足球、排球、柔道、击剑体育特色素质拓展项目,创造健康快乐的校园。

撰稿:毕 盈 孙璎姝
审稿:毕 盈

天津市河东区缘诚小学

【概况】 天津市河东区缘诚小学始建于1952年,2014年挂牌成为中国民航大学附属小学(一校双牌)。学校获天津市九年义务教育示范校、天津市"三A学校"、天津市双高普九规范校、天津市特色学校、天津市首批义务教育现代化达标学校等荣誉。学校有教职员工129人,其中高级教师12人、中级教师80人,初级教师20人。硕士研究生学历11人,本科学历100人,区级以上各级各类学科骨干教师23人。学校有教学班61个,在籍学生2675人。

学校以"儿童乐园、人才摇篮"为办学目标,确立"以学生为本,铸师德之魂,创和谐环境,谋科学发展"的办学理念,以学生自主发展为主要手段,以艺体素质培养为突破口,带动学生德智体美劳全面发展。围绕办学理念,学校确立三风一训:以"厚德、尚贤、和谐、发展"为校风;以"至诚、至爱、立德、立能"为教风;以"志远、善思、勤学、求新"为学风;以"勤奋、守纪、团结、求实"为校训。学校提出以"质量强校、特色立校、内涵发展"为宗旨,努力实现"管理体系日臻完备,教育公平充分彰显,教育质量稳步提升,家长满意度显著提高,教育现代化水平全面提升"的发展目标。

2023年,天津市中小学课程思政特色教研活动在学校举办。学校获评天津市基础教育综合改革国家实验区建设揭榜挂帅项目单位;入选天津市中小学课程思政研究基地校。学校发挥"朱广英教育创新人才工作室"辐射作用,对青年教师进行课程思政培训。在天津广播电视台与天津市教育委员会、共青团天津市委员会共同开展的"课本里的艺术"天津市中小学生诵读展演活动中,学校获优秀集体节目和优秀组织奖。2023年,1位教师加入河东区教育系统造血干细胞志愿捐献行列,完成采血入库工作。

撰稿:朱彦霖

【课程思政建设特色成果展示】 2023年3月,天津市中小学课程思政建设特色成果展示交流会在缘诚小学举办。成果展示聚焦"持续加强中小学课程思政建设工作,切实提升各学科课程育人实效"主题,集高校共建、区域合作、课程思政、特色展示为一体,是天津市学科思政教育的生动实践,也是区域教育联合体课程思政建设的成效,为从更高层面推动区域与学校课程思政建设提供经验借鉴。缘诚小学展示了思政课、语文课程思政案例、少先队活动课和音乐思政合唱,缘诚小学科技兴趣小组及民航大学社团还聚焦活动育人,进行精彩纷呈的社团活动展示。缘诚小学与中国民航大学精诚合作,有助于培养未来科技人才,有助于增强小学生对民航发展的兴趣,深入融合学生德智体美劳教育,用科技厚植学生爱党爱国信念,于润物无声中厚植学生爱国情怀。

撰稿:朱彦霖

【天津市中小学课程思政研究基地校建设】 学校根据全学段的思想政治教育总目标,围绕不同学段的思想政治教育分目标,创新学校思政课的内容、原则、方法、载体。邀请中国民航大学思政专业优秀教师为全校师生开展4期8场思政主题活动,把党和国家对人才的要求,特别是对人才的思想道德要求点滴浸润到学生心中,切实将学科思政教育建设落地落实。缘诚小学成功入选"天津市中小学课程思政研究基地校",市教委领导为入选学校授牌。

撰稿:朱彦霖

审稿:朱广英 吴 琦

天津市南开区中心小学

【概况】 天津市南开区中心小学的前身是1928年由著名教育家张伯苓先生创办的南开学校小学部,进入21世纪更名为南开区中心小学,迄今已有96年历史。学校共有141个教学班,7047名学生,在编教师311人,其中正高级教师1人,高级教师21人,特级教师1人。

学校坚持以习近平新时代中国特色社会主义思想为指导,全面深入学习贯彻党的二十大精神和党的教育方针,按照"党建+教育+服务"的工作思路,坚持以党建为引领,全面履行中小学校党组织领导下的校长负责制,多举措打造中心小学教育品牌,用心实现"家门口就有最好的学校"的承诺。学校获评全国中小学国防教育示范学校、天津市中小学课程思政研究基地校、天津市教育系统思想政治工作先进集体。

秉承"为学生的自主发展导航"的办学理念,围绕立德树人的根本任务,加强学生日常行为规范教育,精心打造中心小学"润育童心十二月"德育课程,通过德育铸魂育人。积极开展心理健康教育活动,帮助学生创设积极心理体验,成立南开区首个"学校家庭社会协同育人指导站",为家校社共育提供充足

的动力源。

坚持"五育并举"融合育人,丰富大课间体育活动形式和内容,提高学生体育锻炼的兴趣与积极性。整合有资源,进一步深化学校课后服务工作,创新组织方式和服务模式,全面推动课后服务转型升级。开设素描、书法、舞蹈、排球、数据探索家等20多门特色课程,让学生学有所长、学有所得。

深化课堂教学改革,加强师资教师队伍建设,规范教师的教学行为。坚持常规管理"四步走",把关"备、教、批"全过程,提高教学质量。以"学科工作室"为引领,实现课程理念更新,发挥骨干教师的引领作用,构建"12354"青年教师培养模式,助推青年教师的专业成长,形成可持续发展的教师成长中心模式。学校被认定为天津市义务教育阶段小学语文学科课程基地、天津市义务教育阶段小学专题教育学科课程基地。成为"南开区天开高教科创园创新教育联盟"领衔校。

成立南开区中心小学教育集团,挖掘区域内优秀教育家资源,推进校际之间优势互补、资源共享和共同提高,扩大优质教育资源覆盖面。积极开展对甘肃、青海、西藏、河北和天津市薄弱校的手拉手扶贫工作,提供优质课程资源,为教育均衡发展做出贡献。

撰稿:辛 欣

【中心小学教育集团成立】 2023年12月7日,学校举行靳家彦教育思想研讨会暨南开区中心小学教育集团揭牌仪式。活动由南开区教育局主办,天开园基础教育创新联盟、南开区中心小学、南开小学承办,南开区特级教师协会协办。会上举行南开区中心小学教育集团的成立揭牌仪式,与会嘉宾共同观看《靳家彦从事教育工作60周年纪念》专题片。区教育局主要负责同志致辞指出,把弘扬教育家精神落实到推动教育公共服务优质均衡的具体工作中,努力挖掘集团内部的资源优势,传承教育家的教育智慧、教育理念,并将其应用到课堂教学之中,为培养堪当民族复兴大任的时代新人提供丰沛的精神营养。让优质教育为南开区的发展赋能,为教育集团学区内的每一个孩子筑就腾飞的梦想。市教委中小学处处长强调,集团化办学要挖掘区域内优秀教育家资源,促进各校教师队伍建设,推进校际优势互补、资源共享和共同提高,扩大优质教育资源覆盖面,脚踏实地提升区域办学质量。活动为期两天,来自全国各地靳家彦先生的徒弟代表、中心小学特级

教师等进行观摩课展示和学术报告。

撰稿:辛 欣

【校家社协同育人】 落实《家庭教育促进法》和教育部等十三部门联合印发的《关于健全学校家庭社会协同育人机制的意见》,推动新时代中国特色学校家庭社会协同育人创新发展。2023年6月12日,南开区中心小学"学校家庭社会协同育人指导站"正式成立。天津市教科院、南开区教育局领导共同为中心小学"学校家庭社会协同育人指导站"揭牌,这是南开区首个校家社协同育人指导站,具有示范引领作用,指导学校落实学生五育并举的育人工作,助力家长尽好家庭教育的责任,提高家庭教育水平;汇聚社会力量,构建良好育人生态。为校家社共育工作搭建更加畅通的发展纽带,共同助力孩子的健康成长,探索校家社协同育人新模式。建立全方位家校沟通体系,打造多维度家庭指导格局。以点带面,整体推进,形成有特色、可以复制的南开经验。

撰稿:辛 欣
审稿:王 晖

河北工业大学附属红桥小学

【概况】 河北工业大学附属红桥小学创建于1952年,2019年9月更名为河北工业大学附属红桥小学。学校先后获评天津市义务教育示范校、天津市"三A"素质教育示范校、天津市精神文明标兵校、天津市基础教育科研先进单位、天津市首批足球特色校、天津市现代化建设达标校、天津市教育系统思想政治工作先进集体、天津市"三全育人"综合改革试点校,获红桥区五一劳动奖状。

撰稿:赵 娜 赵 欣 杜 馨

【文化建设】 学校以"七色花"特色建设为基础,对学校文化进行顶层设计与系统谋划。"七色花"包括向阳花、智慧花、健体花、艺术花、劳技花、安全花、悦心花,学校落实"德智体美劳"五育并举要求的同时,又增加了心理健康教育和安全教育;七色花的7种颜色象征着学生各有各的个性,各有各的人生,也体现了老师们以爱为底色,用心浇灌,润泽学生的七彩人生。制定践行办学理念的途径——统筹推进课程育人;精心实施活动育人;扎实推进实践育人;深入促进文化育人;切实强化管理育人;不断深化协

同育人;坚持强化评价育人。

撰稿:赵 娜 赵 欣 杜 馨

【教育教学】 学校以"集体教育孕育七色花开"为主题进行班集体建设,多种教育方法,建设"七色花班集体"。围绕着"人人争带七色花"开展了丰富多彩的活动,达到学生的自我教育。不断完善学生评价体系,每学期评选出七色花单项好少年,综合评定出"七色花优秀学生",在深入挖掘学生中的优秀典范基础上,遴选出"七色花标兵"。学校与河北工业大学、河北工业大学附属红桥中学建立了大中小思政一体化协作组,扎实践行大思政观。学校加强教学改革,统筹推进课程育人,建构以"合作、交互、开放"为核心的教学模式,营造浓郁的进取、探索、质疑的课堂氛围。深入研究跨学科合作路径,建立多元课程系统,帮助学生从单一的学科学习走向融合的素养培育。深入落实"双减"政策,优化课程建设,因地因校制宜开发融合性的课程资源,形成"7733"七色花特色课程体系,打造出生本化的学科课程、特色化的学校课程、个性化的活动课程。

撰稿:赵 娜 赵 欣 杜 馨
审稿:刘 晶

天津市东丽区丽贤小学

【概况】 天津市东丽区丽贤小学新建于2021年9月,由原中河小学、泥沃小学、新兴小学三校合并而成,坐落于天津市东丽区新立新市镇,占地1.81万平方米,建筑面积1.28万平方米,建设规模为30个教学班,可容纳1200名学生。学校教学设施完备,功能教室齐全,能充分满足教育教学需求。建有教学楼2座;篮球场2个、风雨操场1个;音乐、舞蹈、美术、书法教室各1间、科学教室2间、信息技术教室2间;劳动教育、心理咨询室各1间、教学录播室1间;图书馆及阅览室各2间;少先队活动教室1间。

学校以形式多样的校园文化活动为育人载体,使学生在学习生活中接受丰富多彩、积极向上的文化熏陶和文明道德风尚的感染,促进学生的健康成长。在加强德育工作的同时,学校教学研究氛围浓厚,不断探索"双减""五项管理"工作方法与途径,着力提升学校的办学品质,用实际行动让发展更有质量,让教育更有"温度"。

撰稿:郭玉环

【立德树人】 坚持立德树人的根本任务,拓宽育人渠道,强化育人效果,做到活动育人、导师育人、环境育人。德育为先,育人为本。为加强班主任的队伍建设与管理,学校有针对性开展对班主任的在岗培训指导,定期召开班主任工作会议、班主任工作经验交流会、分享会,采用"帮、扶、带"的方式,探索创新班主任工作的新思路、新途径,努力提高班主任的业务素质,铸就一支高素质、高水平的班主任队伍。活动育人,润德于心。坚持活动育人,共促学生健康成长。学校开设舞蹈、二胡、篮球、国际象棋、素描等30多个素拓小组,这些丰富多彩的特色素拓活动,让学生在快乐学习中获得知识,在自己动手中运用技能,在探索发现中形成素养。开展感恩教育、传统文化教育、爱国主义教育、法治教育、安全教育等主题活动,充分发挥主题教育的教育优势,寓教育与活动之中,培养学生社会主义核心价值观,"扣好人生的第一粒扣子"。德育创新,法育融合。坚持加强青少年法治教育,制定法治教育特色项目的工作目标,不断提升学生的公民法治意识和法治素养。学校与秦天律师事务所于2022年10月成立了"法育未来连心站",旨在运用法律规范及心理疏导等相结合的全新模式搭建学生、家长与老师之间的连心桥,共同开展青少年法治宣传教育活动,让学校法治教育成果惠及家庭、延伸社会,达到家校社协同共育的目的,提高广大青少年学生的法律意识和法治观念,为青少年健康成长保驾护航。

撰稿:郭玉环

【教育教学】 以教育科研为先导,以提高办学水平为主线,以促进教育质量提升为重点,实施年级目标管理制,落实素质教育基本要求,既面向全体学生,全面育人,又适时分层教学、因材施教。加强教学常规管理,以管理促提质增效。定期对教师教案、作业进行检查,做到每次检查有记录、有反馈、有整改,确保检查的实效性;以教研为载体,鼓励教师分享教学心得和经验,共同探讨解决教学中遇到的问题。每学期的"丽贤杯"人人做课活动,教师们集体备课、听课、评课,教师们在学习中实践、在实践中反思、在反思中提高;加强课堂管理,严格规范课程实施行为,促使教师优化课堂教学、提高教学水平。加强课题引领,以研究促发展。学校申请市级课题6个,区级课题3个,课题涵盖语数外音体美各学科,分布合理,既有符合时代要求的学科特色课题,也有延续前期成果的信息化课题,6个市级课题均申请结

题。融合五育之髓,以课后服务活动促学生发展。为贯彻落实"双减"政策,增强教育公共服务功能,解决群急难愁盼"问题,学校充分发挥育人主阵地作用,坚持减轻负担原则、坚持因材施教原则、坚持实践创新原则,个性化实施课服内容,对学习有困难的学生答疑解惑,对学有余力的学生拓展学习空间。开展丰富多彩、学生欢迎、家长放心的课后服务活动,为学生提供广阔的兴趣空间和无限发展的可能。

撰稿:郭玉环
审稿:李金柱

天津市西青区中北镇星光路小学

【概况】 星光路小学是坐落于西青区中北镇的公办小学,成立于2019年9月,是一所绿色、健康、智慧的现代化校园。学校占地1.42万平方米、建筑面积1.4万平方米,建有"E"字形教学楼,以及地下车库、配餐厅、操场等,开辟种植园地,供学生进行劳动实践。教学楼内建设现代化标准的教室、办公室,以及各类设施完备的功能教室,每间教室都装有中央空调、新风系统以及由传统黑板与数字平板相结合的纳米黑板,校内配有智能互动教学、精品课录播、数字书法教学、校园云办公等现代化教学系统,为孩子提供现代、舒适、健康、环保的学习生活环境。

学校有教职工57人,平均年龄35岁,其中研究生及以上学历7人,本科学历50人。学校注重教师专业发展及队伍建设,根据教师不同需求制定专属成长计划,分层培训、定向培养、阶段提升,并根据教师年龄结构、知识结构、能力结构对教师队伍进行合理配置。

学校始终深入贯彻党的教育方针,强化"三全育人",坚持"五育并举",落实立德树人根本任务,依托"无限发展"教育理念,秉承"多元、包容、开放、和谐、自然、向上"的教育态度,以"注重品德修养、尊重成长规律、强调个性发展、敢于探索创新"为准则,以"培养品行端正、自信自强、热爱生活、富有理想,具有核心素养和综合能力的未来人才"为目标,通过创设文化氛围、打造精良团队、研磨课堂教学、丰富实践载体、凝聚育人合力、健全制度机制等举措,形成"开放、丰实、和谐、共荣、严谨、求实"的办学风格。

2023年,学校将"创新、求实、卓越"作为发展关键词,提出"让每个人都被看到"以及"全员育人育全员"的育人理念,深挖教育资源、激发师生潜能,提供更高质量的教育服务。先后获天津市教育系统学校

"五好关工委"、天津市"优秀少先队大队"、西青区班级合唱优秀学校、西青区教育学会先进单位、西青区学校文艺展团体二等奖、西青区中小学"传统文化季"系列活动优秀组织奖、西青区第五届"青辰杯"青年教师学术论坛优秀组织奖等荣誉。2023年学校教师获教育教学类市级奖项6个，区级奖项70余个，其中2位青年教师在全国创新优质课比赛中分获一、二等奖。

撰稿：魏 媛

【创新五育并举】 学校以"荟聚星光 照亮无限未来"的理念为引导，创新育人途径与内容形式，丰富活动载体，深入挖掘社会资源，将优秀"五老"辅导员、"天津好人""全国道德模范提名奖获得者"等榜样人物请进校园，开展生动有趣的思想政治教育活动，引导学生感受、探索、发现、领悟，让品德教育润物无声。建立心理辅导中心，开展心理健康教育活动，围绕认识自我、尊重生命、学会学习、人际交往、情绪调适等方面开展特色团体活动，由学生创立心语分享专栏，定期在线上分享生活感悟，引领学生热爱生活、敬畏生命。学校将"田间地头"搬进校园，开辟校园小菜园、教室种植箱，开展丰富有趣的劳动实践活动，带领学生走进科技公司，刷新学生对劳动的刻板印象，让崇尚科技的种子生根发芽。遵循"全员育人育全员"的理念，打破常规模式，组织开展趣味运动会、六一游园会等沉浸式艺体活动，让所有的孩子都被看到、都能得到锻炼，都在体悟中健康成长。

撰稿：于丽璇

【家校社协同育人】 学校充分发挥家校社协同育人功能，构建协同育人共同体。一是助力教师专业成长。学校从激励专业发展自觉和提升专业能力两方面入手构建青年教师专业培养体系，树立教师专业发展标杆、做好榜样激励，做好环境和资源支持保障，鼓励青年教师参与各级各类比赛、活动，不断提高教师专业素养。二是激发家长群体的主体意识。学校定期召开各级家委会会议，做到小事周知、大事研讨；为家长提供家庭教育指导服务，开设家长课堂，利用网络平台，定期向家长推送分享家庭教育类的好文佳作、成功案例；邀请家长参与学校的各项工作及活动的组织管理，让家长深入了解学校、认同学校、支持学校，得到家长的充分信任。三是深挖社会力量的资源供给。多次联合社区开展送"艺"下社区慰问独居老人、"衣"旧情深衣物捐赠等社会活动，联合共建单位对家庭贫困学生进行帮扶慰问；邀请"五老"进校园开展红色主题教育。

撰稿：杨秋彤
审稿：魏 媛

天津市实验小学津南学校

【概况】 天津市实验小学津南学校，坐落于天津市津南区八里台镇二八线和泰和路交口东50米。学校始建于1949年，2023年8月24日，学校与天津市实验小学合作办学，10月更名为天津市实验小学津南学校。学校占地2.71万平方米，配有300米塑胶跑道和体育馆，学校食堂可容纳800名师生集体就餐。学校有49个教学班，在校学生2164余人，在职教职工111人，其中研究生学历教师15人，高级职称教师15人，市、区级学科骨干教师27人。

学校秉持"追求和谐，享受快乐"的办学理念，促进学生德智体美劳全面发展。以"创七彩阳光校园，做七星阳光少年"主题特色教育为载体，开展"阳光活动"，塑造"阳光心灵"，孕育"阳光少年"，培养"阳光教师"，打造"阳光课程"。多年来，本着"让学生乐享本真童年，让教师乐享教育幸福"的阳光初心，通过党建引领、制度完善、师德建设、环境打造，引领教师专业进步、促进学生全面发展、提升教育教学水平、营造和谐安全校园。学校先后被评为天津市中小学综合实践专业委员会会员单位、津南区师德建设先进单位、津南区现代教育技术先进校、津南区教学质量先进单位、津南区教科研工作先进单位、津南区小学生学习习惯培养先进校、津南区卫生先进单位、津南区平安校园先进单位、全国校园足球特色学校、全国啦啦操实验学校、全国少儿美术教育示范单位等荣誉称号。

撰稿：杨 雯

【合作办学】 落实"科教兴市、人才强市"行动，学校于2023年8月24日与天津市实验小学合作办学，两校成为研修共同体。两校开展系列活动：教师同研，以赋能为目标。合作办学以来，双方共派出两百余名干部教师进行业务交流；学生同学，以提质为根本。两校开展线上同步课堂及线下学生交流活动，学生活动多次在《天津教育报》及"学习强国"学习平台报道；活动同步，以融合为目的。组织部分教师和学生赴市实验小学参观学习，开展"泥塑特色课程体验""百米长卷绘祖国""学生手拉手,共写一封信"等活动;赛事同场,以足球为契机。发扬校足球特色教育优势,建立两校体育工作联系,举办两校足球友谊赛活动;师徒同辉,传帮带促成长。学校21位骨干教师与市实验小学教师结为师徒,开展常态化帮扶指导。随着合作办学的不断深入,学校教育环境、师资实力以及教育教学水平都有很大程度的提高。

撰稿:杨 雯

【特色体育】 学校在创建特色体育基础上,大力推进群体体育,落实"体育固本"行动,让全体学生拥有健康的体魄和阳光的心态。积极开展各项校园体育活动,稳步推进阳光体育活动体系建设,逐步建立校园体育竞赛体系,形成以校园体育竞赛体系为统领、学生体育兴趣类社团建设为依托、学生训练队建设为龙头的三层次群体工作机制,让全体学生参与到体育活动中来。普及推广群体体育,落实每天1小时的大、小课间活动。特色体育稳步推进,学校足球、篮球、啦啦操、健美操、田径运动会、大课间比赛、冬季长跑,均在市区级比赛中连年获奖。足球、篮球各年龄段均有一批训练有素、敢于拼搏的队员。学校连续六年获"津南区中小学创新大课间评比优秀单位"称号。多次获津南区中小学田径运动会小学组团体总分第一名。

撰稿:杨 雯

【课后服务】 学校努力探索有效的课后服务教学模式,保证课后服务质量,切实减轻学生和家长负担,以学校"阳光"文化为核心,在"追求和谐,享受快乐"的办学理念引领下,努力打造"乐享成长"课后服务品牌。以"教师用心、学生开心、家长放心"为服务理念和目标,不断探索、不断反思,构建"双减"背景下适用于小学课后服务的多元特色课程融入体系。学校将美育类特色课程融入课后服务课程资源建设,并借力市级课后服务子课题的研究与实践探索,提高特色课程在课后服务教学实践中的作用和价值。选择优质校外机构进行长期的特色社团共建合作,学校已形成舞蹈、戏曲、武术、书画、军鼓等多个特色社团并在每周定期进行活动。聚焦学生成长需求,发挥线上平台优势,加强资源共享,学校与天津大学材料学院、天津海运学院签订课后服务共建协议,借力高校资源为学生提供菜单化"课程清单",使课后服务有机融入理想信念、红色文化、中华优秀传

统文化、科技教育等内容,让"双减"工作真正行稳致远。

撰稿:杨 雯
审稿:柴学东

天津市北辰区北仓小学

【概况】 北仓小学地处天津市北辰区北仓镇,是一所公办的城镇小学,学校创建于清光绪二十八年(1902年),史称北仓蒙养小学堂,第二年改名为"北仓民立第十两等学堂",民国十八年(1929年)更名为"天津县公立第六小学",1942年更名为"私立民生小学",中华人民共和国成立后正式定名为"津武县第六区北仓完全小学"。2004年北仓小学和延吉道小学合并,成为新的北仓小学。学校以"办一所和谐自然的学校,让孩子们健康成长"为办学目标,以"和谐自然,健康成长"为办学理念,以"培养具有进取和奉献精神的健康少年"为育人目标,在"激情家文化"的基础上探索生活自立、学习自主、纪律自律、人格自强、事业自成的"五自"校园文化。学校坚持"不断攀登,永不言败"的校训,形成"真、诚、实"的校风,"乐教、善教、规范、创新"的教风和"乐学、勤学、善学、活学"的学风。2023年北仓小学教职工82人,在校生1313人,34个教学班。高级职称11人,本科68人,研究生6人,专科8人。学校先后获评全国精神文明建设先进单位,全国中小学思想道德建设先进单位、全国三八红旗集体、全国和谐校园、全国语言文字规范化示范学校、全国优秀少先队集体、中华优秀传统文化艺术传承学校、全国校园冰雪运动特色校、天津市文明校园。

撰稿:刘自成

【党建示范展示活动】 学校全面落实北辰教育"十项行动",充分展现教育系统良好精神风貌,在中国共产党成立102周年之际,北辰区教育系统开展"学习课堂"暨北仓小学"辰兴十干·红绿蓝"党建示范展示活动。引导广大党员干部、教职工想干、能干、会干、真干、敢干、巧干、认干、苦干、快干、齐干,学校在教师中开展大比武活动,增强教师综合能力、课堂驾驭能力、提升教师的专业素养。以"九心九建"工作法,即:初心建航向、凝心建团队、铸心建血脉、净心建风气、匠心建师魂、联心建纽带、安心建校园、润心建英才、慧心建未来,推动学校高质量发展。

撰稿:刘自成

【综合实践课程体系建设】 北仓小学把综合实践活动作为"减负增趣"的重要途径,进行大量的探索与实践,逐渐形成:生活自立——做有本领的少年;学习自主——做有能力的少年;纪律自律——做有担当的少年;人格自强——做有理想的少年;事业自成——做充满自信的少年的"五自文化"综合实践课后服务课程体系。学生在综合实践活动课程里,走出自我,走进自立,走向自信。2023年学校入选市级综合实践活动课程基地。

撰稿:刘自成
审稿:蔺广萍

天津市武清区杨村第六小学

【概况】 杨村第六小学始建于1993年,位于杨村街广厦东里小区西侧,为武清区教育局直属公办小学。学校占地1.23万平方米,建筑面积4362平方米,音乐、美术、信息、心理、劳动等专用教室齐全,配有田径场和篮球场,设施设备满足教育教学需求,办学条件达到现代化标准。学生实行划片就近免试入学,有17个教学班,741名学生。教师队伍结构优良,有教职员工40人,其中本科学历34人,专科学历6人,拥有市级骨干教师1人,区级骨干教师7人,校级骨干教师2人。

学校以"立足终身发展,开发多元潜能"办学理念。目标是面向全体学生,立足于每个学生的全面发展,尊重学生的个体差异,发展学生的特长,让每个学生的潜能得到开发,让他们感受成功,尽享童年快乐,从而为每个学生打好知识、技能、情感、性格、习惯、做人、审美、健体的基础,为他们的终身发展奠基。学校确立了"和谐、文明、博爱、健美"的校风;"尊重、理解、严谨、善教"的教风;"勤思、善问、合作、乐学"的学风以及"团结、勤奋、求实、拓新"的八字校训。办学理念和"三风一训"成为学校文化的核心内容,引领全校师生落实素质教育的进程。

学校贯彻执行党组织领导的校长负责制和两个议事规则,充分发挥学校党支部把方向、管大局、作决策、抓班子、带队伍、保落实领导职责。通过"三会一课"、主题党日、政治理论学习等方式,让全体党员、广大教职工树牢"躬耕教坛,强国有我"理想抱负。贯彻落实"双减"政策,校内教师全员上岗与聘请专业教练相结合,做实做强课后服务课,球类、棋类、艺术类、冰雪特色类等社团活动的开展丰富了学生们的课余生活。学校积极响应武清区课后服务精品课程点"餐"到校,开展小牙医讲座、科普进校园等活动。学校着眼五育并举,定期举办体育节、艺术节,重视学生劳动教育和社会实践:带领学生走进社区,感知武清好人的精神与贡献;走进庄园,品味劳动的艰辛和收获的快乐;走进研学基地,体验历史与现代,努力为学生成为德智体美劳全面发展的社会主义建设者和接班人积蓄力量。学校获评武清区第二届小学生心理文化创意产品设计大赛优秀组织单位、"新时代好少年·强国有我"主题教育读书先进集体,在"情系边海防官兵"春节慰问活动中,获优秀组织奖。

撰稿:黄长明

【冰雪运动】 学校是教育部命名的冰雪运动特色学校,学校先后投入20余万元购买供学生体验冰雪运动的设施设备,聘请校外教练多次举办冬奥知识大讲堂、冰雪运动体验等一系列活动,普及推广冰雪运动,多种形式带领学生了解冰雪、参与冰雪、爱上冰雪,培养学生对冰雪运动的兴趣,掌握冰雪运动的知识和技巧。将冬奥项目纳入课程体系,因地制宜开发旱地冰球、旱地冰壶、旱地滑雪、速度轮滑等冰雪特色课程,借助道具对孩子们进行陆地体验训练,一、二年级将速度轮滑纳入体育课程,三至六年级每周开设两节冰雪项目课外素质拓展课程。

撰稿:郑 玮 龚虎跃

【劳动教育】 学校致力于培养学生的劳动观念、劳动技能和创新精神,以劳动实践基地为载体,劳动体验为主要教育方式,努力做到教育与生产劳动和社会实践相结合。学校配备了劳动技术课专用教室,根据学生的年龄、心理特点,进行物品整理、手工制作、植物栽培、制作美食等实践活动。2023年,分年级举办学生劳动技能大赛,承办武清区第一片区劳动技能大赛。学校专设校外劳动实践基地——天津华健(运河文化)劳动教育实践基地,定期带领学生参观和活动,让学生感受春种秋收的快乐。2023年10月13日,学校组织五、六年级学生在实践基地开展"以劳树品德,以动促成长"劳动教育实践活动,孩子们亲手制作豆浆和驴打滚,了解和体验瓦工和木工工具的使用,进行小麦种植,学习电器安全使用与维护的知识,自己动手连接线路等。通过基地实践活动,孩子们习得多项劳动技能,充分感受到劳动的快乐,体会到劳动的价值与意义。

撰稿:钟 晶 彭爱华

【东西部协作】 学校与甘肃省静宁县实验小学签订合作协议,进行多种途径学习交流活动。利用网络在办学理念、管理模式、师资队伍建设等方面深入探讨交流,开展网上教育教学经验研修4次、新课标解读2次、同课异构3次、思政一体化交流2次,向甘肃静宁实验小学推送本校优秀教师的课堂实录进行互相学习交流。校领导及教师代表赴甘肃实验小学就两校的学校发展、教育教学管理等方面进行深度学习交流。分批次接待平凉市泾川县教育系统干部教师共9人次跟岗研修,以观摩学习、驻班研修、交流研讨、邻校观摩的模式进行交流学习,研修活动中学校教师共做6个学科展示课23节,教育经验交流26人次,充分发挥示范引领带动作用,实现优势互补,共享教育智慧。

撰稿:谢荣婷
审稿:张春海

天津市宝坻区银练路小学

【概况】 银练路小学占地2.1万平方米,建筑面积1万平方米,设置36个教学班,可容纳学生1620人。建有教学楼、橡胶跑道、人造草皮足球场、篮球场、排球场等,所有设施设备能够满足学生全面发展及特色办学的教育需求,2023年9月正式投入使用。银练路小学是广阳路小学集团化办学的校区之一,首届招生一至六年级学生726名,开设1至6年级共计18个教学班,有教职员工52人。

银练路小学地处宝坻城区西南,坐落在银练路东侧,潮白河北岸,周边新建小区聚集,家长对优质教育资源充满期待。

银练路小学在"和"文化理念的引领下,遵循以科研为先导,以实践为路径,以活动为载体的原则,通过"11566"工程实现三全育人格局,即:围绕一个核心理念"和"文化的思想;明确一个育人目标"让每个学生在和文化理念培育下,塑造健全人格,成就最出彩的自己";着力推进5个方面共育共进,培育雅之德、滋养润之智、打造魅之体、雕琢韵之美、激扬悦之劳;依托6个载体做保障,打造高效课堂、细化每日常规、开展特色活动、构建团体组织、打造环境文化、创设阵地建设;沿着6个路径促达成,学习、实践、研究、反思、创新、评价。

撰稿:李会淑

【教学工作】 学校教学工作在"和"文化引领下,从研究学生出发,努力寻找适合学生的教育教学策略,展开充满人文关怀的教育实践,促进学生主动学习,最大限度发挥学科特色与教师特点,努力打造和谐课堂、温度课堂、诗意课堂、魅力课堂。学校实施符合实际的双向六环——"和"课堂教学模式,"双向"即教师与学生;"六环"即教学的六个环节:学生预习—教师导学;学生呈现—教师定教;学生合作—教师参与;学生展示—教师激励;学生探究—教师引领;学生达标—教师测评。学校注重师资培养,关注教师队伍专业发展的同时,倡导教师终身学习,努力打造名师队伍。新教师见习期专业引领成长计划是学校人才培养的一大亮点。新教师是学校的后备力量,是学校教师队伍的重要组成部分,其成长关系到学校的未来和发展。为引领新教师快速健康成长,学校以活动为载体,给他们"压担子,搭台子",为他们营造奋发向上的氛围和勇于实践的环境,积极吸引新教师在引领导师的指导下听课、评课、磨课、展示、汇报等。引领导师认真研究他们的特点,助其特色教学,展示新生力量风采,从而辐射带动全体教师共同成长。

撰稿:高 飞

【德育工作】 银练路小学德育工作定位高效、内涵、特色发展,着眼大德育观,打造"和雅"德育工作新样态。通过营造校园文化,丰富德育内涵;坚持全员育人,合力构建大德育"生态圈";正师风铸师魂,提高教师队伍素质;抓重点重常规,多层面加强德育管理。学校力求"一墙一角皆文化",实现环境文化熏陶的德育功效;以培养和践行社会主义核心价值观为切入点,由学校党支部领导,创建由校长全面负责、德育处超前谋划、年级组集中实施、各班级常规考核、各学科渗透德育的德育工作管理架构,把德育融入学校工作各环节,同时延伸德育教育到家庭、社会,成立和美共建团,服务学生、家长及教师;重视德育干部、班主任、教师德育教育能力提升,通过主题培训、经验交流、技能比赛等方式激发教师的热情和积极性;以"见面礼仪、路队礼仪、课堂礼仪、课间礼仪"四大礼仪为主要抓手,以"红色学堂、和学社"等课后服务特色项目以及"大美潮白、冯家庄党史馆、小靳庄村史"等校外研学旅行活动为载体,狠抓德育常规活动和实践活动。银练路小学把学生思想政治教育、品德教育、纪律教育、法制教育、劳动教育、心理健康教育等作为德育工作长期坚持的重点。劳动教育成为银练路小学特色。形成劳动技术课程+区级劳动基地建设+课程思政的育人模式。

撰稿：李会淑

【体育工作】 学校针对学生年龄、身心以及兴趣特点,以学生习惯养成和自主锻炼相结合,让银练路小学的体育教育充满魅力。各年级在保障高质量完成国家规定体育与健康课程、课间操基础上,由体育组牵头在全校范围内组织开展系列阳光体育运动。既有精彩纷呈的班级小型多样化运动比赛和田径运动会,又有个性化体育类课后服务和运动与艺术相结合的特色课间,确保学生体质健康标准测试达标率。学校组建训练队,每天坚持训练,通过一系列友谊赛,锻炼学生身体素质,培养学生的毅力及团队合作能力,增强集体主义荣誉感。丰富多彩的大课间活动,是学校体育工作亮点。将武术引进大课间,让武术这一中华文化瑰宝在校园传承。体育老师本着"文明其精神,强健其体魄"的基本思想,实现"强身健体,立德树人"的目标,将培养学生良好道德素养的歌谣,与武术相结合,编成银练路小学武术操——武德拳,让孩子在习武之时树德,在育德之时健身,一招一式,配上一声声响亮的口号,展现出银练学子的良好精神风貌。

撰稿：吕立权
审稿：李桂婷

天津市静海区子牙新城第一小学

【概况】 天津市静海区子牙新城第一小学坐落于天津子牙循环经济产业区示范小城镇,成立于2016年9月5日,由原子牙镇大黄庄小学、大邀铺小学和吴庄子分校合并而成,占地2.23万平方米,建筑面积9678平方米。学校有22个教学班,在校学生871人,教职工57人,静海区区级学科骨干教师12人。学校有音乐教室、美术教室、书法教室、科学实验室、录播教室、信息教室、心理健康中心等专用教室。学校以"让每一个生命在绿色中绽放"为办学理念;以"厚德,博学,笃行,至善"为校训;形成"尊重,健康,进取,和谐"的校风、"爱生,敬业,求是,超越"的教风和"勤学,善思,明理,乐行"的学风,形成了以"绽放教育"为主轴线的办学特色。学校获评全国美术教育先进单位、全国生态文明教育示范学校、中华优秀传统文化艺术传承学校、静海区文明校园、静海区绿色学校、静海区中小学心理健康教育特色学校,连续多年获评静海区教学工作

先进单位。

撰稿：田 然

【课程体系优化】 落实"五育并举"要求,积极探索"绽放课程"体系,建成"种子课程""花蕾课程""拓展课程"三类特色课程体系。把国家课程作为学校的"种子课程",开齐课程、开足课时,实现专业教师班级全覆盖,兼课教师课时全覆盖。把德育微型课程作为"花蕾课程",组织开展心理健康、家庭锻炼、趣味实验、研学旅行、劳动生活等实践课程,将德育渗透到学生日常学习生活中。把课后服务社团课程作为"拓展课程",开设涉及语言文学、思维训练、艺术审美、传统文化、体育健康等领域的近30个特色社团供学生自主选择,满足不同兴趣、不同层次学生的需求。特别是打瓦、滚铁环、手工编织等特色社团深受孩子们喜欢。学校与天津市医药科学研究所签订课后服务共建协议,利用课后服务时间定期开展思政教育、身心健康教育、青春期健康科普教育课程,丰富学校课程内容。

撰稿：田 然

【评价体系改革】 学校通过"让每一个生命在绿色中绽放"的综合评价,全面记录学生的成长足迹,科学地对学生进行衡量,温馨地对学生进行激励,调动学生学习、生活等多方面的积极性和主动性,促进学生健康、全面发展,养成良好习惯,让每一个学生都成为"绽放少年"。每个学生都是一粒种子,想要绽放出灿烂的鲜花,需要光的照耀和水的浇灌,需要家长、老师的共同培育。在评价体系中,学校将学生的成长发展分为七个方面,即:道德小公民、勤学小标兵、艺体小明星、环保小卫士、纪律小模范、生活小管家、创新小能手,八个发展阶段,即:种子、发芽、幼苗一叶、幼苗二叶、植株三叶、花骨朵、花苞待放和花朵绽放。每一项评价内容对应不同颜色的水滴,每个阶段集齐七个颜色水滴即可进入下一阶段,最后评选出"绽放少年"的称号,以此激励学生积极、乐观、健康成长。学校学期末组织开展乐学乐用闯关赛,全面评价学生的综合素养。

撰稿：田 然

【心理健康】 营造关注幸福感受、重视心理健康的良好氛围,学校每年组织开展心理健康月启动仪式、班级微笑秀征集、特色心运会、亲子舞动等多主题的心理健康月系列活动,引导学生积极参与心

理健康教育活动,提高学生自我意识和团队意识,培养学生团队合作精神,鼓励学生端正自信乐观、和谐向上的人生态度,提升学生的幸福感受力。在心理健康社团中,教师引领指导,学生团结协作,让学生在活动中体会成功与失败,以及如何在面对困难时克服心理障碍,自我调整心态,让学生学会自主选择、自主解决问题、自我调节和自我改变,逐步培养起自立、自强的心理素质。学校申报课题《培养小学生积极乐观品质的研究》被确定为天津市教育学会"十四五"重点课题。

撰稿:元　欢

【规范作业管理】　学校将作业管理纳入校本研修内容,在严格把控作业时间的同时注重作业的精心设计和分层落地,结合学生学情实际,提高作业设计和批改反馈的质量,做到面批面改,全批全改。每学期对全部学科作业进行三次检查,两次抽查,针对出现的问题和老师们沟通。紧扣"减负提质"目标,鼓励教师创新作业形式,将实践性、体验性、趣味性、有效性有机融合,充分锻炼同学动脑动手、创新实践能力,激发学生学习兴趣,提高学生综合素养。学校设计完成涉及语文、数学、科学等多学科二十四节气主题作业,在特色作业的带动下,促进同学之间相互交流、学习。

撰稿:田　然

审稿:董圆融

天津市蓟州区下营镇黄崖关中心小学

【概况】　黄崖关中心小学位于蓟州区最北部黄崖关长城脚下,始建于1945年。1980年春,黄崖关小学经蓟县教育局批准为中心小学。1990年迁址至黄崖关村南(原长城初级中学校址),教育辐射黄崖关、石炮沟、前甘涧、小平安4个行政村。

2019年6月,黄崖关中心小学原址因西邻大山存在山体崩塌危险,政府决定在天津市冬季和水上运动管理中心南侧择址建设新学校,于2023年9月正式投入使用。新学校总投资3067.94万元,占地9525平方米,总建筑面积4229.27平方米,包含小学综合楼和幼儿教学楼各一幢。学校有一至六年级共6个教学班,学生126名,教师14人,其中高级教师3人,一级教师6人;有大中小3个幼儿班,幼儿49名,幼儿教师4人。

黄崖关中心小学坚持以习近平新时代中国特色社会主义思想为指导,深化学校办学文化内涵,以"弘扬长城精神,办好人民满意的教育"为宗旨,秉承"为学筑梦,修身致远"的校训,凝结成"和谐、有序、务实、争先"的校风,"教书育人,敬业有为"的教风和"会学、善思、克己、笃行"的学风。

2023年,黄崖关中心小学坚持以党的教育方针为指导,进一步落实"守正创新,立德树人"的办学理念,深入推进"双减"政策和"五育并举"要求,开展丰富多彩的社团活动,设立短道速滑、跳绳、篮球、乒乓球、剪纸、国画、表演等菜单式体艺项目。2023年2月,学校剪纸社团11名同学参加"我在天津过大年"剪影迎春活动,均获得市级奖,其中一等奖5人,二等奖3人,三等奖3人。2023年度校园文化艺术节、美育实践课堂展演及各项朗诵比赛活动中,共获区级一等奖2项,二等奖3项,三等奖4项。2023年12月,在蓟州区中小学绳健运动比赛中,学校"8"字跳绳项目获全区第一名。

学校积极实施课堂提质增效工程,采取有力措施,提升教师业务素养,推进课堂教学向高效高质发展。落实"走出去,请进来"思想,为教师搭建学习的平台,创造各种机会让教师到兄弟学校亲身去听课学习,取长补短,积极邀请区教师发展中心各学科教研员到学校评课指导,为教师课堂教学指明方向。定期开展学科大教研活动,采取新老教师师徒结对、课堂教学创新创优课评比、学科教研组集体教研等多种形式促进教师课堂教学能力的提高。2023年教师教学方面获各级各类奖励达24人次,其中市级奖2人次,区级奖18人次;教研方面获奖达32人次,其中市级奖2人次,区级奖29人次。

撰稿:卢春伶

【青年教师能力素质提升】　黄崖关中心小学制定《青年教师培养规划》。规划明确青年教师的发展目标,通过师徒结对的方式进行一对一指导,实施为期三年的培养工程,旨在使新入职教师在第一年达到教学规范,第二年站稳讲台,第三年形成自己的教学特色。在青年教师素质提升方面,学校采取三个"狠抓"措施:首先,狠抓教师培训与教研。学校组织骨干教师为新教师做班级、教学和作业管理等方面培训,并提供实用的教学方法。鼓励教师参加各级教研活动,以深入了解和应用新的教育理念和方法。2023年,青年教师参加各级各类培训百余人次。其次,狠抓教师业务能力的提升。学校每学期进行四次教学常规检查,全员参与,并将结果纳入年度考核。每学期为青年教师举办一次课堂教学展示活动,涵盖备课、展示、说课、评课和反思等环节,不断提升教师的教学水平。2023年,青年教师24人次获教学类奖项。狠抓教师师德提升。学校为教师制定七项有针对性的思想素质要求,包括坚定政治方向、爱国守法、传播优秀文化、爱岗敬业、关爱学生、诚实守信和廉洁自律,旨在划定师德的底线,促进教师的思想品德建设。

撰稿:卢春伶

【冰雪运动进校园】 黄崖关中心小学与天津市冬季和水上项目运动管理中心合作,推出"冰雪运动进校园"项目。此项目旨在打造学校冰雪运动特色,促进学生全面发展,并助力提高学生体质健康水平。2023年9月至10月为项目起步阶段。期间,学校和训练基地紧密合作,共同商讨活动细节,达成共识,明确各方责任,并签订合作协议,为活动的顺利开展奠定坚实基础。2023年11月至12月,项目进入实施阶段。首先,学校组织冬奥冰雪知识大讲堂,邀请冰雪运动管理中心专家进校园,分享冰雪运动的理论和实践知识。学生们通过学习冬奥知识、体验双板滑雪模拟、陆地冰壶和冰球对抗赛等活动,更加深入地了解冰雪运动。其次,学校开展全员短道速滑训练。1至6年级的学生在专业教练的指导下,每周利用体育课时间参与短道速滑学习,参与率100%。部分同学达到短道速滑的初级水平。2023年12月23日,学校组织学生参加第十届全国大众冰雪季(天津分会场)启动仪式,进一步激发学生对冰雪运动的热爱。学校"冰雪运动进校园"项目活动得到"冰雪天津卫"和"蓟州教育"等平台的宣传报道。

撰稿:卢春伶

【思政教育】 学校制订《黄崖关小学思政教育实施方案》,引领思政教育工作向更高水平发展。2023年,学校举办包括"自律小标兵"评选、争做新时代活雷锋、清明祭英烈、劳动最光荣、欢度国庆等在内的10项思政教育活动。为大力弘扬传统文化,培养学生的民族自豪感,学校创建"传统文化——剪纸"社团,全员参与并分层教学,创作青花瓷系列、二十四节气系列、十二生肖系列、长城系列、传统文化系列等优秀作品。2023年"我在天津过大年"剪纸活动中,学校11幅作品参选,全部获市级奖项,其中包括5个一等奖、3个二等奖和3个三等奖。学校充分利用地处黄崖关长城脚下的地理优势,广泛开展红色教育活动。2023年5月,举办"我为长城代言"演讲比赛;10月,开展以"弘扬长征精神,传承红色基因"为主题的参观长城抗战红色长廊活动。学校积极培养思政教师,不断提高教师的思政教育水平。2023年,学校共获各级思政类奖励23项,其中市级奖1项,区级奖11项。

撰稿:卢春伶

审稿:杨 春

幼儿园

天津市滨海新区欣嘉园第一幼儿园

【概况】 天津市滨海新区欣嘉园第一幼儿园成立于2020年11月,属教育部门办幼儿园,占地3997平方米,建筑面积3237平方米,可容纳9个教学班,有幼儿243名,在编教师23人,其中高级职称1人,区级骨干教师4人,园级骨干教师5人。2023年3月,滨海新区塘沽黄港第一幼儿园教育集团成立,欣嘉园第一幼儿园成为该集团的成员园,在集团"和美"文化的引领下,秉承"让幼儿在和谐与美的环境中全面发展"的办园宗旨,追求"构建师幼共同成长的和美乐园"的办园目标,不断深化"以和聚力,以美育人"的"和美"文化内涵,凸显"传承之美"园所特色。

撰稿:张 力

【优化师资培养】 欣嘉园一幼注重教师培养，以问题为导向，寻找青年教师的真问题与真困惑，制定教师分层培养计划，建立"一中心，三模式"立体式园本教研体系，全方位支持教师的实践研究。以游戏研究为中心，从横向看有集团大教研、园级小教研和基于教师需求的项目教研；从纵向看涉及幼儿的深度学习、区域游戏开展、主题活动开展、日常保教等多方面内容。通过理念互动、游戏联动、项目带动，助推青年教师快速成长。2023年4月承接滨海新区塘沽区域大教研活动。在创新论文评选中，2人获市级三等奖、1人获区级二等奖、3人获区级三等奖；在天津市教育学会学前教育专业委员会论文评审中，1人获市级二等奖、4人获市级三等奖；在天津市幼儿品德教育优秀论文评选活动中，1人获市级三等奖；在天津市滨海新区第二届幼儿园青年教师教育教学竞赛中，1人获区级二等奖；在滨海新区塘沽教育学会第十三届青年教师学术论坛评比中，1人获区级三等奖；在"金锤杯"滨海新区幼儿园教师职业技能大赛教育故事评选中，1人获局级三等奖。

撰稿：张　力

【游戏研究】 欣嘉园一幼围绕集团"和美"文化主线，立足园所实际，确立"传承之美"园所特色发展方向，以幼儿兴趣为切入点，以"中华经典故事"和"中华经典游戏"为核心源，为幼儿深入感知和体验中华优秀传统文化，创设一种浸入式游戏体验，在实践中不断创新，开展"玩转西游""老鼠娶亲"等系列主题游戏课程，将经典故事游戏化，幼儿从感受、了解到归纳演绎，深入探索经典文学瑰宝。游戏中，师幼互动、幼幼互动、亲子互动，幼儿表演、拼插、搭建、绘画，处处都在表征着自己的理解与创造。他们自主结合、互相分配任务，从导演到剧务分工，从招聘演员到服装制作，各司其职。孩子们编演的《西游记之火焰山》进行公开巡演。在一个个真实游戏情景中发现问题、解决问题、积极探索和多元表征，幼儿用自己的方式走进传统文化，在可视化的表征中看到自主探究学习的经历，在感受自主愉悦创新的游戏体验中，学会探究、学会思考、学会合作、勇于创新，促进幼儿在游戏中的自主学习与发展，凸显"传承之美"园所特色。

撰稿：张　力
审稿：陈桂琴

天津市和平区第二幼儿园

【概况】 天津市和平区第二幼儿园始建于1950年，占地2300平方米，建筑面积3180平方米。2020年12月，被评定为天津市公办示范幼儿园。有8个教学班，其中小班3个，中班3个，大班2个，在园幼儿207名，在职教职工35人。其中市级骨干教师1名，区级骨干教师8名，区级学科带头人1名，区级新锐教师2名。

园所办园理念为"给孩子健康的环境，给孩子快乐的生活，给孩子自由的心智"，将理念融入幼儿一日生活各环节中，有效落实"懂礼、乐群、好艺、精神"培养目标。坚持"定位选项、创办特色、树立品牌"的总体思路，将"三色教育""多元游戏活动"定位为园所的教育特色。通过提供丰富的游戏环境及均等的游戏机会，满足幼儿自主选择游戏内容、游戏角色、游戏材料和游戏伙伴的需求，让幼儿成为游戏的真主人，实现游戏促进幼儿全面发展的作用。

撰稿：薄立合　邵唯轩　阎　杰　曹雪梅

【师德建设】 园所把教师思想政治培养和师德师风建设作为园所重要工作，以教师节表彰大会为契机，召开新教师入职宣誓、老教师荣退、青蓝接续师徒结对、为教师节"亮灯"等丰富的活动，通过多种途径提升教师工作积极性和幸福感。在园所公众号开设"做有智慧有温度的教师"专栏，宣传身边优秀典型和师德故事，用教师与幼儿的日常点滴互动凸显高尚师德情操，充分展现新时代教师的良好风貌以及教师们在平凡岗位中的突出事迹。

撰稿：阎　杰　王思瑾

【教育帮扶】 园所充分发挥天津市示范幼儿园的教育辐射作用，与甘肃省靖远一幼、六幼、会宁一幼、六幼结成教育帮扶联动教研组，通过网络先后以"聚焦户外游戏　助力幼小衔接""倾听儿童·相伴成长——案例视频分享交流""幼儿园生成性教育活动的'探'与'思'""聚焦学习品质养成　科学实施幼小衔接"为主题开展联合教研活动。与和平区第六兼职视导小组一起开展"全面落实《一日生活指南》"分享观摩活动。现场展示户外活动、进餐环节、分享各班环节组织亮点，共同探讨交流符合幼儿身心发展规律的一日生活环节策略，实现相互学习共同成长。

撰稿:曹雪梅 阎 杰

【教师培养】 幼儿园注重加强教师队伍梯队建设,建立教师塔式结构管理制度、青年教师专业发展培训制度、青年教师成长规划机制、师徒结对制度等,扎实推进基础工程、名师工程、青蓝工程。全面提升教师队伍的整体素质和竞争力。骨干教师独立申报并立项中国学前教育学会"十四五"研究课题《幼儿园实施中华传统文化教育的实践研究》、天津市教育学会"十四五"教育科研课题《植根于中华传统文化的幼儿艺术活动实践研究》、天津市学前教育学会"十四五"教育科研课题《基于幼儿良好学习品质养成的自主游戏观察评价实践研究》、和平区"十四五"教育科学规划课题《幼儿园多元游戏课程实施与评价研究》,带领青年教师积极参与课题的研究与实践。

撰稿:曹雪梅 阎 杰

【特色教育】 园所积极把握幼儿对于中华传统文化的认同关键期,创设中国文化环境,与幼儿共同生成"国风小剧场""西游戏"等传统文化主题游戏,开展传统文化宣传月、"月满中秋·礼赞祖国""喜迎龙年""五十六个民族一家亲"等与节日、节气、民族相关的系列主题活动和"赛龙舟"等趣味民间游戏,引导幼儿感受中华传统文化的魅力,培养幼儿对传统文化的兴趣。作为和平区高质量游戏开展挂帅幼儿园,在"推进高质量游戏,赋能幼儿全面发展"的理念引领下,构建具有本园特色的多元游戏课程,开发园所功能室混龄游戏、班级主题游戏、户外区域性体育游戏等,以高质量游戏促幼儿全面发展,教师以《坚持儿童立场 促游戏质量提升》为题参加和平区高质量游戏论坛。积极深入贯彻落实《幼儿园保育教育质量评估指南》和《天津市幼儿园一日生活指南》,优化幼儿一日生活各环节组织与实施,以"乐享户外 相伴成长"为主题进行区级讲座并分享园所户外活动亮点视频。

撰稿:崔 洁 吴欣颐

【幼小衔接】 园所在推进科学幼小衔接工作进程中,不断深化示范园模范带头作用,在"濡教育"的沁润中,以培养全面发展的健康幼儿为目标,引领姐妹园所,与四平东道小学形成联动、互动、双向衔接模式,严格贯彻《幼儿园入学准备教育指导要点》和《3—6岁儿童学习与发展指南》精神,引领教师树立正确的双向衔接教育观,将科学幼小衔接工作落到实处,为幼儿幸福人生奠基。作为大中小幼思政一体化教育中的学前段园所,2023年多次受邀和哥哥姐姐们一起参加植树、丰收节、听爷爷讲述爱国故事等活动,孩子们耳濡目染,一颗爱国主义的种子已悄然在孩子们心底生根发芽。为幼儿顺利过渡到小学生活,保驾护航。

撰稿:曹雪梅 姜 蕾

【后勤保障】 园所在食品安全方面,采取家长代表现场参与遴选食材供应商,加强食材溯源工作,确保食材来源透明可追溯,为孩子们提供绿色健康的饮食。为落实市疾病预防控制局有关传染病防控工作的精神,全方位保障幼儿园师幼的生命安全和身体健康,进一步加强校园传染病防控工作,确保各项防控制度和措施落实到位。在设施设备方面,加强三级监控系统监管,尤其在园级方面加大投入,管理层面层层监控,实时掌握食堂规范操作和幼儿在园活动情况,及时排除安全隐患。园所加强与家长沟通,定期组织育儿专家来园讲课,不定期地让家长参与到管理中来,共同促进幼儿健康成长。这些举措不仅提升了管理工作效率,更让家长们放心满意,为幼儿园持续发展奠定坚实基础。

撰稿:薄立合 刘家燕
审稿:阎 杰

天津市河北区第二十幼儿园

【概况】 河北区第二十幼儿园原为河北区少年宫附属幼儿园,成立于1991年9月。位于河北区昆纬路1号,2017年迁址至大河宸章配套工程,2018年11月再次开园。2022年由区委机构编制委员会批准,成为国办幼儿园,正式更名为河北区第二十幼儿园。园舍占地2420平方米,建筑面积1700平方米,绿化面积847平方米。全园教职工35人,其中35岁以下青年教师14人,实现教师年龄层次年轻化。园所共有6个教学班,能够容纳150名幼儿。

2023年幼儿园获天津市第二届"金色的信念——社会主义核心价值观微视频大赛"二等奖;获河北区教育系统"中国梦,劳动美——凝心铸魂跟党走团结奋进新征程"主题演讲比赛优秀组织奖。2023年幼儿园新增市级教学骨干1人,区级教学骨干3人。

撰稿:裴雅楠

【师资队伍建设】 幼儿园充分考虑在幼儿园发展过程中的教师情感需求,在融情管理、以爱相随的管理理念下,开展《政治思想受洗礼、团结奋进在路上》《凝心铸魂奋进新征程,自强不息建功新时代》《守底线潜实践,遇见最美的自己》等专题讲座,帮助教师树立自信与方向,形成爱的奋斗合力。通过讲述"我的教育故事"和"我身边的感动教师"等活动,激发教师做一名师德高尚、值得家长信任的好老师的内心需要。每学期围绕专项内容开展教师专业技能大赛和教师优秀教育活动评选,让每一位老师特别是青年教师都有展示自己成长的机会,感受大家庭爱的力量。借助天津市教育学会"十四五"课题《幼儿园三爱主题升旗活动的实践研究》和天津市学前教育学会课题《3—6岁幼儿足球游戏的实践研究》这一活动载体,建立教师研究小组,依据每周的教研问题引领教师进行实践探索,形成教学实践—交流反思—调整改进—总结提升的研学模式,促进专业能力提升。

撰稿:王　丽

【教研探索】 建立所有幼儿共同参与,符合幼儿年龄特点和需要的升旗活动流程,细化不同年龄班主题升旗活动的目标,在研究实践过程中不断凝练形成用爱呵护、启迪未来的园风,专注于爱、专心于教的教风,爱学善思、乐学求新的学风。在不断反思中逐步形成"润爱教育"的园所特色。围绕润爱教育园所相继开展"动手动脑玩游戏、童心童趣欢乐多"六一游园会、"感恩成长、快乐启航"大班毕业会、"点燃猜想兴趣、探究身边的科学"科普系列活动、"自然浸润乐成长、以爱相随同陪伴"亲子同游主题实践活动,系列主题活动通过健康自爱、以爱言爱、晓理大爱、智中存爱、爱中蕴美实现幼儿五大领域关键经验的健康和谐发展,将爱的教育融入教师专业发展、融入幼儿一日生活、融入家园活动。

撰稿:王　丽
审稿:王　丽

天津市河西区棣棠幼儿园

【概况】 天津市河西区棣棠幼儿园创建于2018年9月,隶属天津市河西区第四幼儿园办园集团,获评教育部幼儿园园长培训中心学员实践教学基地、天津市示范园、天津市教育学会家庭教育专业委员会会员单位。园所坐落于河西区全运村板块,占地5300平方米,拥有14个教学班,380余名幼儿。棣棠幼儿园以"与时俱进"和"因地制宜"为基本原则,以"四梁八柱"思维方法为指引,打造"蒙正诗意"教育品牌,用美好的教育滋养和浸润幼儿鲜活的童年,谋绘园所生态图谱:聚焦"质量四梁",即以"价值质量"为基本立场,以"条件质量"为动力支持,以"过程质量"为实质抓手,以"结果质量"为发展归宿;搭建"管理八柱",即以机制健全、价值正向、安全稳步、资源优化、保健精细、饮食健康、保教优质、管理诗意为抓手,赋能棣棠高质量内涵发展。

撰稿:谢　静

【党建引领】 棣棠幼儿园深入贯彻落实党组织领导的园长负责制,确定"一章程两规则",形成"大事调研决策、小事集体协商"的议事决策程序,各项工作都在照章办事、依规治理的轨道上良好运行。突出党建引领,将思政教育全方位融入幼儿园管理、科研、实践、文化等各环节,构建一体化育人格局。在园所公众号建立"童心思政"专栏,专人负责每周升旗仪式后的教师回溯。将社会主义核心价值观融入教育教学各方面,鼓励孩子从小爱党爱国、立志报国。将"育坚毅勤奋、独立担当的中国小公民"的育人目标融入科研和幼儿活动中,通过"种植节""阅读月""劳动节""快乐童年嘉年华""我们爱祖国""欢欢喜喜中国年"等多个主题大型活动潜移默化地开展社会主义核心价值观教育,达到带动家庭、辐射社区的良好教育效果。

撰稿:谢　静

【师资队伍建设】 棣棠幼儿园重视师资建设,教职工队伍呈现年轻化、高学历化特点。结合不同年龄和教龄的教师个性化需求,园所制定分层培养计划,开展"师徒结对""团队协作"等活动,通过师徒定期谈话、师徒互跟班、团队课例分析等形式,促进教师队伍从思想上、行动上得到共同成长,打造一支作风硬、素质高、业务精、爱心浓的教职工队伍。2023年度,棣棠幼儿园1名教师获评市级骨干教师(西岸名师库成员),4名教师获评区级骨干教师,29篇论文分获市、区级奖项,1名教师获区级"建树杯"奖项,1名教师在区级青年教师论坛中获三等奖。园所借力课题研究,横向开展平行年龄活动研究,纵向开展自主游戏、阅读活动和幼小衔接三个专项组研究,为幼儿园保教质量提升提供动力引擎。2023年,棣棠幼儿园强化"问题导向、目标推进"过程管理要求,遵循目标导向,在教育教学工作中采用"交叉网络"的教学研究模式,纵向组建大班、中班、小班三个年龄班组教研,横向组建"自主游戏专项组""图画书阅读专项组""幼小衔接专项组"三大专项组教研,使幼儿园保教工作形成全覆盖的生态网格。"十四五"期间,园所立项国家级课题1项,市级课题7项,区级课题3项。

撰稿:张广惠

【办园特色】 棣棠幼儿园以阅读为办园特色,以"三读诗书"为文化浸润载体,以"到书中去找答案、到生活中去找答案"为主题,以"环境创设、教学研究、生活渗透、家园共育、大型活动"五大模块为基础,形成良好的幼儿阅读启蒙生态圈。组织教师自己先"读起来",以自身良好的阅读习惯,潜移默化感染学生,成为学生读书的好榜样。在班级每月工作质量分析、教师教研、每月考核中,都加入阅读元素,促进教职工的成长始终伴随着书香。鼓励师幼遇到问题求教"书籍"老师,并在实际的行动中找到答案,在日常教育教学、一日生活过渡、家园共育等环节中,持续开展"小习惯打卡",将阅读列为必打卡项目,持续从"阅读"中挖掘教育价值,使图书的阅读成为园所师幼不断进步的推动力。结合《天津市幼儿园一日生活指南(2023版)》,园所构建起幼小衔接"四位一体"联动机制,从理念、策略、资源、行动四方衔接,树立家园校共同的科学衔接的价值理念。在联动机制的带动下开展联合教研,形成观摩式、互访式、体验式、浸润式"四式"教研模式。结合不同年龄幼儿运动特点及发展目标,制定体格锻炼计划,组织内容丰富的体育活动,不断提高幼儿的身体素质。将劳动教育与独立自主渗透于生活和活动中,提升幼儿自我服务的能力,促使他们养成爱劳动、尊敬劳动者的好习惯。

撰稿:张婷婷

【家园共育与志愿服务】 作为天津市教育委员会第一届家庭教育委员会会员单位,棣棠幼儿园积极发挥家庭教育引领作用,引导0—3岁幼儿家长建立科学育儿理念;组织"爷爷奶奶"社团来园为孩子们演出,孩子到社区与爷爷奶奶同乐;开展家长体验活动日、升班融合家长会、家长助教,获家长广泛认可;每月1次深入社区开展亲子实践活动,与社区深度融合,老少同乐。积极发挥1+N帮带引领作用,全面助力周边幼儿园整体保教质量提升。2023年3月园所接待援疆大学生到园实习,促进东西部教育协同发展。4月,园长作为学校家庭教育指导教程编委成员,面向全市教师开展家庭教育讲座,接受天津广播电台以科学家庭教育为主题的采访。教师参与全国教育科学规划"提升香港学生国民认同及正面价值观的教育研究"专项研究,应香港教育局特函邀请进行经验分享,推动两地教师的专业交流。

撰稿:张婷婷
审稿:谢 静

天津市河东区第二幼儿园

【概况】 天津市河东区第二幼儿园始建于1952年,是天津市首批公办示范园之一,在70多年的成长过程中不断精进求索,发展壮大。形成由总园、平河分园、滨河分园、金地分园四个园区组成的"一园四址"模式。现拥有35个教学班983名幼儿,共有教职工111人,其中研究生16人,正高级教师1人,高级教师7人,专任教师本科以上学历达100%。园所先后获全国"巾帼文明岗"、全国学习型先进班组、全国教育科研先进集体、天津市师德建设先进单位、天津市文明单位等称号。

园所通过多种途径开展不同层次的教师培训和梯队建设,着力打造一批以骨干名师领衔的高素质教师队伍。入选教育部新时代中小学学科领军教师示范性培训培养对象1人,天津市优秀教师2名,天津市首届津门教师1人,河东区创新人才工作室领衔人3人,市级师德标兵2名及区级学科带头人1名,形成以教学经验丰富的中青年骨干教师为首,年轻新秀、标兵为主的学习型、研究型、创新型团队。以高素质的教师团队为主导,开展丰富多彩的教育教学和教研活动,带动园所教学质量的不断提升,助力幼儿全面健康发展。

园所以"生态教育"为特色,以"润泽生命,和合相生"为办园理念,秉承"追求本真教育,创建和谐园所"的办园宗旨,以"让孩子用自己的力量去生存"为教育目标,始终践行"融入自然、还原童心"的教育理念,倡导让幼儿在生活中成长,在放手中体验。以课程建设为依托,开展一系列生态教育相关课题研究,并通过课题研究形成一整套完整的生态教育园本课程。通过各类活动让幼儿深入学习和探索,从小关注身边的大自然,了解自然环境与人类和谐共生的关系,在提高自身能力的同时,萌发对身边环境和大自然的热爱。同时,园所关注对幼儿的传统文化和

"三爱"教育,在进行相关课题研究的基础上,园所教师参与编写《"三爱育苗"学前思政教育系列绘本》,并通过儿童故事的形式向幼儿传达"三爱"教育的理念,深受幼儿喜欢。园所还通过每月的家长开放日开展丰富多彩的传统文化和"三爱"教育活动,以寓教于乐的形式弘扬民族文化,向孩子传递着正确的价值,从小培养孩子爱党、爱国、爱社会主义的家国情怀。

撰稿:刘　敏

【园本特色活动】　园所坚持幼小衔接活动主线,以园本特色活动和各类活动为依托,立足常态,深耕教学,提升园所综合实力。通过培训学习、一课三研、环境交流互学等活动提高教师对幼小衔接活动的实施能力,从小班习惯培养开始将幼小衔接贯穿于幼儿园三年的一日生活各项活动中,幼小衔接工作得到天津市教科院课程教学研究中心幼小衔接研究室领导和幼小衔接市级骨干团队成员的充分肯定;进一步落实保教评估指南要求,弘扬中华民族传统文化,以高质量游戏丰富幼儿的一日生活,在"六一"活动中设置民俗文化游戏区,以游戏形式使幼儿从小热爱民族文化,培养具有独立创新意识的新时代儿童;园所在贯彻生态文明理念的同时,通过环境创设、游戏活动等助力幼儿理解垃圾分类的重要性,垃圾分类活动得到认可和好评。

撰稿:刘　敏

【高素质队伍建设】　园所聚力教师队伍建设,提升教育"软实力",以打造师德高尚、业务精湛、团结友爱的教师队伍为目标,加强师德师风建设,夯实立德树人基础。邀请学前教育领域知名专家学者为教师们进行讲座培训,并借助"品质杯""活力杯"教师评选开展环境创设、教育活动、专业技能评比,通过大教研活动为青年教师搭平台、为骨干教师压担子、为老教师提活力,促进不同层次教师的专业成长。2023年,园所1位青年教师在天津市第十三届青年教师学术论坛中获一等奖;3位教师在天津市第十一届优秀教育活动评选中获区级一二等奖;多位老师在市、区级论文评选中获得好成绩。教师队伍素质的提升助推园所教学质量的提高,家长满意度进一步提升。

撰稿:刘　敏
审稿:周　宁

天津市南开区第一幼儿园

【概况】　南开区第一幼儿园是天津市公办示范幼儿园,始建于1952年,原名天津市第二幼稚园,1956年更名为天津市南开区第一幼儿园。南开一幼集团有风湖园、保泽园和中南园三处园址,总占地面积1.84万平方米,总建筑面积1.33万平方米,绿化用地面积5903平方米,运动场地面积5384平方米;共计27个教学班(小班8个、中班9个、大班10个),在园幼儿776名;在职教职工89人,其中市级骨干教师2人,区级学科带头人12人,区级领航教师2名,校级领航6名,区级教坛新锐教师1名,校级教坛新锐4名。

园所秉承"挚爱关怀,卓越发展"的办园理念,实施"教育以育人为本,促进幼儿个性发展;办学以人为本,激励教师主动发展;管理以和谐为本,实现园所特色发展"的办园思路,形成"以情激励,发展个性"的办园特色。先后获全国三八红旗集体、全国德育科研工作先进实验学校、天津市劳动模范集体等称号。园所是"天津市未来教育家奠基工程实践基地""天津市幼儿园园长培训班实践基地""天津市乡村幼儿骨干教师项目培训基地",分别与甘肃、邯郸、雄安等地签约,接待委派干部挂职锻炼、来园学访交流,实施京津冀教育质量协同发展行动。

注重青年教师培养。通过教、研、训形式促进青年教师尽快成长,组织青年教师逐一说课,提升青年教师教育教学水平。以市级优秀教育活动为契机,组织开展不同形式不同主题教研活动。推荐三位35岁以下的后备青年干部参加"伯苓教育家工程年轻干部学术论坛"。任命3名青年中层干部为三个园的执行园长、4名青年教师为年级组长、20名青年教师为班长,逐步形成优势各异、主动发展的人才培养格局。

园所构建"合作共育+""榜样示范+""网络互动+"与习惯养成"三加一"的教育实践模式,实现家园理念一致、目标吻合、内容衔接、协调互动,共同培育幼儿良好习惯。探索食品安全管理新方法新模式。充分发挥膳食委员会的作用,邀请家长们走进食堂参观明厨亮灶,跟面点师傅学习食品制作。南开一幼食堂曾获A级食堂、营养健康食堂称号,并获中国食育膳食技能大赛优秀一等奖,多次被南开食安、和美南开等媒体报道。

撰稿:朱　静

【师资队伍建设】 园所强化教学管理与教学研究,以新课程标准的研究实施为载体,全力打造"高效能、高素质"的教育品牌,全面提高不同发展梯次教师的教育教学水平。完善年级组教研、优化园区教研、提升园本教研"三级联动深度教研"机制;充分发挥骨干教师导师团、课程建设研修团、师徒联动机制的"三团共建"机制,促进教师队伍不断成长与壮大。承担"天津市高质量游戏"试点园实践研究,多次开展实地观摩教研活动。加强课题研究,组织教师进行国家级、市级课题的研究,优化科研工作网络管理。充分发挥示范幼儿园优势,以点带面,作为"天津市乡村幼儿骨干教师"项目培训基地,由区骨干教师带队,面向对口宝坻园所骨干教师开展教育帮扶,达成资源共享。研究搭建"幼儿园信息化资源库框架",利用线上、线下等多种形式与辐射园、友好园开展示范辐射、教育帮扶、教研活动,实现区域间专业优势教育资源共享。

撰稿:朱　静　宗　颖

【信息化平台建设】 园所通过理念创新、技术创新、制度创新和机制创新,提高幼儿教育现代化程度和水平。探索"互联网+"的幼儿教育发展策略,构建以幼儿园为核心,以社区为依托,以每一个家庭为终端的学习网络。运用现代信息技术把幼儿园先进教育内容和方法等优质资源辐射到家庭和社区,更新了家长的育儿理念,教育沟通更加充分,助推家、园、社区合力共育。在家、园、社区一体化教育的方式方法和技术手段上实现新突破,形成现代教育新常态,即学习无处不在,课堂无处不在,教研无处不在。通过建设信息化平台,突破了时间和空间界限,提高了园务管理效率、教育教学效率,真正实现了教育的流程化、规范化、信息化。

撰稿:朱　静　宗　颖
审稿:宗　颖

天津市红桥区第十三幼儿园

【概况】 天津市红桥区第十三幼儿园坐落于红桥区春和路3号,2021年3月15日正式开园,2021年7月获评天津市公办二级幼儿园。园所户外设有软硬不同的运动场地,种类繁多的活动器械,楼道共享空间创设"和慧阅读室""乐享角色区",能够满足孩子们多种活动需求。

园所文化定位于"和乐"。将"做有修养的老师,

育有教养的孩子,办有涵养的教育"作为办园理念,从"七彩创艺"教学特色着手,努力营造和善、和美、和悦、和谐的环境,鼓励幼儿通过互动的教育模式,在艺术玩乐中探索与发现,在愉悦情境里思考与创作,在创意启蒙下延展想象力,在快乐游戏中学会生活,在尊重平等中学会交往,培养幼儿乐思、乐识、乐群、乐享的品格。

撰稿:赵海静

【教育教学】 园所秉承一日生活皆教育的思想理念,坚持正面教育引导,帮助幼儿养成良好的生活和卫生习惯。围绕"七彩创艺"教学特色,各班坚持每周开展一次包括纸艺花束、石头绘画、手掌添画、纸浆填充、蔬菜拓印、彩泥塑形等内容的美术创意活动,教师和孩子们通过团捏、撕扯、粘贴、印染,将自己对节日、生活、艺术的理解、感受、想象表达出来,在发现美感受美表达美中感受创意快乐、释放情感、完善人格。

撰稿:赵海静

【家园共育】 园所充分发挥教育辐射作用,合理利用家庭、社区的教育资源,形成三位一体的教育网络。聘请派出所警官任幼儿园的安全法制园长,与幼儿一起互动开展"警幼相伴　护校安园"升旗活动;家长助教活动中,民警爸爸来园讲授《交通安全我知道》;在端午节前夕妈妈奶奶们走进课堂,包粽子、划龙舟,将"粽情端午　文化传承"活动推向高潮;邀请红桥口腔医院、眼科医院的医生为孩子们进行注意口腔卫生、爱眼护眼教育活动;教育宣传月中,园所将社区适龄散居幼儿请进来,开展亲子体验活动;园长带队开展"送教进社区情暖千百家"的送教进社区活动,向社区居民进行家庭教育讲座,带领社区幼儿开展游戏活动,让更多的社区幼儿享受到公办园所的优质教育资源。

撰稿:赵海静
审稿:赵海静

天津市东丽区和顺幼儿园

【概况】 和顺幼儿园始建于2011年,坐落于东丽区军粮城街和顺家园小区内,是天津市一级幼儿园。幼儿园占地6366平方米,建筑面积2100平方米,绿化面积1400多平方米。幼儿园开设7个教学班,招收3—6岁幼儿187名,幼儿园有教职员工41

名。其中市级骨干教师1名，区级骨干教师2名，5名教师取得硕士学位。园内环境优美，设施完备，拥有种植园、生态园、沙水区及各类大中型户外体育器械，各班配有多媒体教学设备、局域网络、幼儿园广播系统等信息化设施。幼儿园以"尊重生命，以人为本"为办园宗旨，确立"创办生态幼儿园，让教育回归自然"的办园目标，坚持以"科学求真、人文求善"为办园理念，立足儿童视角，以健康自然、勇敢自信、文明乐群、好奇探索为培养目标，努力探索生态文化实践创新，使之与时俱进，与社会发展、教育改革同行。

撰稿：王文静

【家园共育】 2023年，和顺幼儿园多措并举优化家园共育，以转变理念、提升能力、创造机会为工作重点，持续发力，为家园共育赋能增效。以"一会两访三传递"为途径，坚持以幼儿为本。"一会"即家委会；"两访"即寒、暑假入户家访；"三传递"即园所环境传递、信息通讯传递、面对面传递。全园团结一致，上下一心，积小流成江海的工作态度夯实家园共育的理念根基。聚焦"两个需要"，帮助家长提升科学育儿能力。"两个需要"即幼儿的发展需要和家长的育儿需要。成立以园长为组长的骨干教师讲师团，每月开展两次家长学校系列讲座，帮助家长掌握科学育儿知识，优化亲子互动效果，提升家庭育儿能力。创新工作形式，为家园共育创造条件，提供机会。组建"花朵志愿团"，将有意愿、有能力参与幼儿园保教工作的家长组织起来，承担幼儿园安全护导、特长助教、户外种植等活动，70余名家长参与其中，为提升幼儿园保教工作质量注入新的活力。组织开展亲子运动会、亲子外出研学、亲子旧物交换、亲子开放日等活动，为密切亲子关系创造机会，赢得家长支持认可。幼儿园积累了宝贵的家园共育经验，取得良好育人效果。

撰稿：王文静

【思政教育】 2023年，和顺幼儿园全面贯彻党的教育方针，落实立德树人根本任务，以德育润泽美好童年。以《"三爱"育苗学前思政教育系列绘本》为依托，扎实开展教学研究，立足幼儿兴趣生成"三爱"教育主题，提升集中教学活动育人质量。支部书记率先垂范，面向全区60余名幼儿园骨干教师做《做一个有爱心的人》教学展示，发挥示范引领作用。将思政教育融入幼儿一日生活，充分利用入离园、升旗仪式、进餐环节等加强幼儿礼貌教育、爱国主义教育、

劳动教育等，涵养幼儿优秀品德。充分利用传统节日，传承中华民族优秀传统文化。通过"二四十节气"主题活动、端午节、清明节、重阳节特色活动等萌发幼儿对中国优秀传统文化的热爱，增强民族自信。积极拓展线上教育途径，开辟微信公众号专栏，开展"党员老师讲党史"活动，用幼儿听得懂的语言讲述中国共产听得懂的奋斗史，萌发幼儿爱党爱国的美好情感。将立德树人根本任务落地生根，开花结果。

撰稿：王文静
审稿：姜金艳

天津市西青区第四幼儿园

【概况】 西青区第四幼儿园位于精武镇鸿信路9号，是天津市公办一级幼儿园。园所占地5096.6平方米，建筑面积3507.78平方米，设计为三层教学楼，12个教学班，可提供360个学位。

园所提出"站在教育的原点，给孩子成长的支点"办园理念，树立"脚在走，心不变"的园风与"执着、好学、善察、支持"的教风，明晰"健康、自信、探究、合作"的幼儿培养目标，关注文化渗透与环境价值，审思环境与孩子之间的连接，园所教室内设有多媒体教室、创意坊、科探室、阅览室等，室外设有种植园、沙坑、滑索、攀爬墙、读书长廊、乐器角等。幼儿园的环境创设打破空间局限的壁垒，打造亲密互动的生态场域，幼儿可以任意选择游戏伙伴、游戏空间、游戏材料，与环境发生自然连接。

2023年，园所获评西青区教育学会先进单位、西青区第五届"青辰杯"青年教师学术论坛"优秀组织奖"、中国学前教育研究会"十四五"课题《指南背景下幼儿数学认知操作资源构建研究》实验园、天津市"十四五"课题《信息技术在幼儿音乐欣赏活动中的应用研究》立项园、西青区信息工程2.0推动工程示范园。

撰稿：王海珍

【教师队伍建设】 园所有教职工60人，事业编教师32人，编外保育员8人；一级教师7人，二级教师21人；研究生学历5人，本科学历33人；市级骨干教师2名，学科带头人2名，区级责任督学1名，区级兼职教研员1名，每班按"两教一保"的标准要求配备。园所以终身学习理念为指导，以培养"有理想信念、有道德情操、有扎实学识、有仁爱之心"的四有教师为目标，促进教师专业成长与思想提升共发展、个人

进步与团队建设共发展,使教师的职业生涯身有所为、心有所属。园所抓实抓细教师思想成长,教学部门与党务部门联合开展师德演讲活动,教师师德演讲的内容均来自教育教学实践,教师通过自己的学习故事、课程故事或教育随笔等,不断筑牢思想根基。园所定期开展"读书分享会""人人做课""论文评选""青年教师论坛""绘画大赛""微课大赛""师德演讲"等活动,帮助提升教师的专业水平和素养。2023年,园所4名教师科研论文获国家级奖项,13名教师论文获市级奖项,2节音乐活动入选天津市"精品教研"活动。

撰稿:王海珍

【特色课程建设】 园所以"阅读小达人""科探小达人"为拓展课程,将阅读融入幼儿一日生活中,为幼儿创设温馨、良好的阅读环境,鼓励幼儿在晨间、区域活动、餐后、放学前通过自选书籍的方式自由阅读。园所为幼儿提供"阅读存折"用于记录亲子阅读,幼儿将家庭亲子阅读的时间和书籍记录下来,并在每学期的"草坪读书会"中进行分享,通过家园联动的方式架起幼儿与绘本的桥梁,让幼儿爱上阅读,让阅读成为习惯。园所自2022年起投资20余万元建立"大眼睛科探室""楼道科探区角",幼儿利用区域活动时间进入科探室、科探区角通过动手操作材料、观察、记录、表达、交流,在轻松、愉快的游戏中,认识身边的物质世界、生物世界、技术世界,以及地球和宇宙,体会科学在生活中的应用,通过体验探究过程,激发幼儿科学探究的兴趣,发展初步的探究能力。

撰稿:王海珍

审稿:付民杰

天津市津南区第十三幼儿园

【概况】 天津市津南区第十三幼儿园(以下简称十三幼)于2022年7月成立,一园三址,仁和园坐落于双港镇仁和园小区内、新尚园坐落于双新街新商园45好楼对面、盈翠园坐落于双新街盈翠名邸小区内。2023年晋升为天津市一级幼儿园。幼儿园占地8703.91平方米,绿地面积1466.2平方米。现设有17个教学班,每个班级配有两教一保,教学用具设施齐全。为满足幼儿不同需求,幼儿园还设有多功能演艺厅、国学馆、美术功能室、生活馆、阅览室、淘气堡等休闲活动空间。户外宽阔的活动场地中分设有不同的大中型多功能玩具,供幼儿在阳光中尽情玩耍。

园所以"根植传统、融合自然"为特色,以"接纳儿童、为生命奠基"为办园宗旨,以"仁爱润心"的党建品牌,塑造仁爱幼儿、仁爱教师、仁爱幼儿园。以"崇尚自然 追随儿童"为办园理念,让幼教回归儿童,回归传统,回归自然,回归生活;形成以"爱国主义思政教育""传统文化传承教育""自然特色生活教育""小幼衔接整合教育"四位一体的园所教学体系,竭力打造"仁爱和平、诚信向善"的园所文化,"仁笃明德、励志守恒"的园风。

津南十三幼在2023年评估定级工作中,表现突出,得到评委的一致好评,顺利晋级天津市一级幼儿园。多次代表幼儿园组参加区级科技T台秀开幕式,代表津南区在市级学术论坛中荣获好成绩。

撰稿:徐俊花 田苗苗

【党建与师资队伍建设】 十三幼始终坚持以"仁爱润心"的党建品牌,用心塑造仁爱幼儿、仁爱教师、仁爱幼儿园。2023年结合一园多址新形式,津南十三幼进一步更新完善幼儿园制度,树立党建全覆盖的治园理念,把党建工作放到园所发展大局中谋划和推进,指导园所各部门找准找实党建和教育教学业务工作深度融合的着力点,深化拓展"我为群众办实事",积极开展"亲子早教""延时服务""园长信箱""心灵驿站""民主管理会议""科学育儿进社区"各项服务内容,不断深化服务内容,提升服务质量,擦亮"仁爱润心"党建品牌,切实增强群众幸福感、安全感、获得感。十三幼以"仁惠立品、守信树人"为团队理念,积极深化师德建设、提高教师整体素养,以仁爱惠泽之心,恭、宽、信、敏、惠和诚实守信的优秀品质来教育和培养幼儿,把构筑幼儿的中国魂,树立幼儿的精神支柱,提高幼儿的人格、人性、人情、人品放在育人的核心地位。提倡每一位教师能够践行敬业奉献、创新改革、追求卓越的理念,做好幼儿健康成长的支持者和引路人,让师德扎根于内心,成为工作的准绳。持续发挥党员教师的奉献、引领作用,开展最美教师展播,一件或几件平凡小事,感染每一位聆听者。引导每位教师牢记园风、园训,打造一个有理想信念、有道德情操、有扎实知识、有仁爱之心的幼教教师团队。

撰稿:徐俊花 田苗苗

【园所文化环境建设】 十三幼坚持"党建为舵为文化环境建设提供支撑"创思路,认真思考两个基本命题,一是"办什么样的幼儿园",二是"培养什么样的人",环创为这两大命题服务,珍视环境对幼儿的教育价值,对园所内的物质环境和心理环境基于幼儿视角都进行了调整,使之为幼儿的长远发展发挥作用。以大思政教育为主题的公共区设计,包括历史文化篇:重走长征路、煤油灯、草鞋、行军壶、大团结书包;重大历史事件:新中国成立、抗美援朝、原子弹爆炸、香港回归、澳门回归、"神舟五号"发射、北京奥运会、冬运会;敬爱人物篇:毛泽东、邓稼先、钱学森、袁隆平、钟南山。同时,贯穿四大发明、文房四宝、非物质文化遗产、二十四节气,教师幼儿在环境的浸润下感受传统历史文化的厚重,感悟中华文化的博大精深。秉承"崇尚自然 追随儿童"的办学理念,将崇尚自然、赓续文化落地生根。基于户外生态自然教育版块打造园所的环境。规划幼儿园空间环境,努力将物理空间与幼儿园的课程开发深度融合,户外安吉游戏区、泥水区、戏水池、自然种植区等空间资源的相互转化,纳入幼儿园教育的重要议程,给幼儿提供更多的活动与交往空间,促进幼儿的全方面发展。

撰稿:徐俊花 田苗苗

【仁爱自然课程构建】 课程的理念:传统文化背景下的"仁爱自然教育"。十三幼秉承"仁爱自然"的课程理念,在五大领域教学基础上,遵循幼儿身心发展特点和教育规律,不断探索、创新,大力发展保育教育工作。根据幼儿全方位发展的要求,开展特色首日礼、红色爱国、安吉游戏、传统文化、文艺展演、特色社团(创意美术、剪纸、儿童画、啦啦操、棋社、国学、奥尔夫音乐、合唱团、主持人等12个社团)、美术课程(线描画、水粉、水墨、传统泥版画等)、创意画展等活动,依托"仁爱自然"文化教育发展幼儿身心健康。努力探索高质量游戏发展路径。拓展以游戏为基本活动的幼儿园多元化教学模式,科学制定一日作息时间,保障幼儿自主游戏权利。从幼儿游戏材料、时间、空间,促进室内外自主游戏的质量。通过制定游戏观察记录表、安吉游戏个案追踪、安吉游戏学习故事等内容,引领教师主动观察幼儿,形成可持续的评价依据,提升教师观察解读幼儿能力,从游戏中看到幼儿能力的发展。十三幼承担了全区首次高质量游戏教研开放任务。从小班为起点的小幼衔接整合教育,贯穿整个学前三年教育的幼小衔接,关注高质量学前教育下的幼儿高质量发展。从小班开始逐步培养幼儿健康的体魄、积极的态度和良好

的习惯等身心基本素质,为幼儿的后继可持续发展打下坚实基础。在逻辑思维的海洋里挑战最强大脑的思维碰撞、在经典诵读的诗词名句中感受中华文化的博大精深、在小先生讲颂会的展示中彰显的自信气场、在小学预备队的系列研学中体验小学生的精神风采。构建完整系统的"仁爱自然"课程。

撰稿:徐俊花 田苗苗

【一址一特色】 2023年,十三幼在一园多址的新形式下把握机遇,突破挑战。在园所"仁爱"文化的引领下,加强顶层设计,确立各园址教学特色。围绕高质量游戏的开展、幼小衔接工作的深化与高素质教师队伍的推动展开工作布局,形成以传统文化为引领,一址一特色的发展格局。仁和园依托大型活动,开展喜迎党的二十大系列专题活动,让传统文化美德生根发芽,让孩子的完整品格教育得以有效落实。开展"颂华夏文明之魂·扬仁爱体魄之风"国风运动会,童心沐党恩·筑梦向未来毕业典礼活动等大型活动。新尚园依托节日活动,讲传统文"画"·展仁爱风华儿童节画展活动,缅怀先烈忆初心·砥砺奋进爱国魂清明节活动,传承红色基因·弘扬劳动精神劳动节活动,增强传统文化中的情感品德教育,凸显爱国爱党的品德教育成果。盈翠园依托节气活动,开展"一韵冬色·藏尽美好"冬至节气活动,"大雪知冬意·童心暖寒冬"大雪节气,"适逢霜降日·童趣满深秋"霜降节气等活动,梳理二十四节气主题课程,提升幼儿审美能力与创造能力,真正实现传统文化的教育意义。

撰稿:田苗苗
审稿:徐俊花

天津市北辰区北仓幼儿园

【概况】 天津市北辰区北仓幼儿园1980年8月建园,1982年11月8日开园,是北辰区教育局直属国办幼儿园。2002年被天津市教委、市环保局命名为首批市级绿色幼儿园,获评天津市公办示范幼儿园。是天津师范大学教育学部学前教育实践基地,2022年被天津市教科院遴选为"构建园所文化 打造特色品牌"项目实验园。在推进集团化办园的进程中,北仓幼儿园总园带动东赵庄分园和集团化办园的辰悦幼儿园共同发展。2022年9月,改扩建后的园所投入使用,占地4370.10平方米。园所在编教职工49人,有12个教学班,在园幼儿360名。教师队伍中有

市级骨干教师3名,区级骨干教师9名,区级学科带头人2名,区级兼职教研员2名。园所教师曾连续八届代表北辰区参加天津市优秀教育活动评选,并获一、二等奖。

作为落实《幼儿园工作规程》《幼儿园教育指导纲要(试行)》《3—6岁儿童学习与发展指南》的市级试点幼儿园,从最初的环境育人特色到"在欣赏与玩味中体验、成长"的项目创建,逐步提炼形成了以"陶养教育"为主线,以"本真童年 自然成长"为办学宗旨,以"陶养立人、共享共生"为办园理念,努力办一所"幼儿慢生长的乐园 教师乐成长的家园"的愿景。园所的"陶养"课程体系,将人文环境与体验课程有机统一,通过15年的幼儿园艺术教育的科研实践,坚持10年将幼儿生活体验和游戏体验全面融入幼儿一日生活。

撰稿:陈秀凤

【陶养教育特色活动】 12月29日,园所与果园新村街文化站、半亩方塘非遗馆联合开展以"非遗民俗绽异彩,园、家、社区携手乐"为主题的陶养日活动。活动中有非物质文化遗产项目点翠技艺,民间女红布艺手工作品,舞龙、舞狮、抖空竹、高跷、传统武术表演,还有糖画、熟梨糕、泥塑、茶艺等手工艺人的展区。园所共邀请17项非物质文化遗产和民间文艺项目传承人参加此次活动。活动发挥"家校社"协同育人优势,寻根北辰文化,感受北辰非遗魅力,深挖传统文化对幼儿成长的教育价值,激发幼儿的民族文化自信及对家乡的热爱。

撰稿:周晓丽
审稿:蔺广萍

天津市武清区第七幼儿园

【概况】 天津市武清区第七幼儿园始建于2014年,坐落于京杭大运河河畔,为区直属公办幼儿园,占地约1万平方米,全园共设有小、中、大14个教学班,有幼儿420名。教职工57人,其中专任教师48人,高级教师4人,一级教师20人,二级教师5人。

武清七幼以"和而不同、雅而有致"打造文化教育品牌,以弘扬传统文化为支撑,努力办好有文化、有特色的幼儿园。开设茶艺课程,培养幼儿以茶养德、以茶雅志、以茶敬宾等良好品质。开设国学课程,带领幼儿在国学经典中学习中华优秀传统文化,感悟传统文化精髓。坚持"品自然之美、承文化之

韵、感生活之真"理念,将武清独具特色的民俗风情、农耕文化融入二十四节气,构建二十四节气课程,从而启迪幼儿心智,加厚幼儿文化底蕴、拓展幼儿文化视野,传承和弘扬好中华传统文化。开设种植角、养殖角,满足幼儿的好奇心和主动探究的心理。作为全国首批足球特色示范幼儿园,通过创建适合幼儿的足球场地、课程、环境,将足球运动融入幼儿的一日生活中,通过开展足球文化节、趣味足球赛,形成富有特色与内涵的幼儿园足球文化。

武清七幼被教育部评为首批全国足球特色幼儿园,并被授予"新时代全国幼儿足球万园工程先进推广示范基地"及全国校园云上体育示范单位。先后获评天津市示范幼儿园、天津市国学经典诵读先进集体,曾获武清区校园艺术节优秀组织奖、武清区国学诵读优秀组织奖,获评武清区宣传工作先进集体。

撰稿:白 娟

【片区教研开放活动】 武清七幼以课题《红色基因在学前教育中的有效传承研究》为背景,结合武清七幼举办的樱花文化艺术节,开展以"时光清浅,岁月悠长,童真童趣,幸福成长"为主题的片区教研活动,带领幼儿了解过去的历史变迁、人文传承,体验中国传统游戏,展望美好未来,激发孩子感念党恩,从而增强其民族自豪感,热爱幸福生活的良好情感。此活动被《天津教育报》报道。

撰稿:白 娟

【红色教育】 武清七幼将立德树人融入思想道德教育、游戏课程教育、社会实践教育中,由党组成员带头讲授微党课,开展红色绘画作品展、亲子绘本阅读、红色诗歌朗诵、红歌传声等活动,让幼儿在丰富的活动中感受爱国主义教育。开展教孩子画国旗、讲解革命英雄事迹、组织革命传统故事游戏、观看国庆阅兵等,助力红色基因文化融入幼儿园的日常学习生活中。深入开展"传承红色家风,铸就爱国童心"专题活动,在红色主题的亲子互动中形成良好的红色家风,培养孩子们的家国情怀。

撰稿:白 娟
审稿:龚保兰

天津市宝坻区第二幼儿园

【概况】 宝坻区第二幼儿园原址坐落于宝坻区海滨街道苏北路南侧,隶属于宝坻区教育局,始建于

1989年8月,1990年8月投入使用,共6个教学班。2021年9月喜入新址宝坻区海滨街道吴苏路6号,新园址占地5400平方米,建筑面积4620平方米,绿化面积1214平方米,室外活动场地2086平方米,可容纳12个教学班,有教职工47人,其中在编教师20人,包括高级教师3人,一级教师5人。园内各项设施设备齐全、环境优美,游戏区域及材料遍布园所各个角落。获评天津市教育系统"推动学前教育事业发展先进集体",教育部重点研究项目"幼儿科技教育活动优秀实验基地""天津市社区早期教育亲子活动基地",宝坻区唯一一所被首批认定的"天津市绿色幼儿园",获天津市第二届幼教师德建设"先进集体","天津市教工先锋号"等称号。有市级骨干教师1名,区级骨干教师3名,区级学科带头人2名,多项市区级课题获一、二、三等奖,是天津市一级一类幼儿园。

幼儿园始终秉承"让健康赞美生命,为智慧搭建阶梯"的办园理念及教育特色,以突出重点、狠抓规范、推动发展、力求创新为方向,着力加强师资队伍建设与内涵建设,围绕立德树人根本任务,不断强化内部管理,以团结、奋进、求实、创新的园风;和谐、健康、快乐、启智的园训,用心、用爱为幼儿营造健康快乐、持续发展的乐园。师幼在"康·乐·行"的教育理念指引下,在回归生活和自然中学习、探究、游戏,以爱育爱,以人育人,力求延长生命的长度,拓展生命的宽度,提升生命的高度。"让教育回归本真""让每个孩子都成长为最好的自己",让幼儿园成为一所有躯干、有意识、有温度的幼儿园。

撰稿:李银舫

【园所特色】 幼儿园以"快乐与健康相伴 生活与自然同行"为办园特色,树立"健康第一"的理念,以户外活动为切入点,以游戏活动为主要形式,让幼儿在玩中学,做中学,乐中学,促进幼儿身心健康和谐发展。户外场地划分为8个游戏区,骑行区、投掷区、钻爬区、跑跳区、球类区、平衡区、综合区以及谐趣园。通过创设各种游戏情境,设计不同难易的游戏路径,开展混龄户外体育游戏,让3个年龄段的幼儿在快乐、自主的游戏中都得到不同程度的发展。树立生活即教育的理念,通过游戏、儿歌、情境创设等多种形式,培养幼儿良好的品德行为习惯及学习品质。将废旧材料再利用,如将纸盒、纸筒、纸杯、毛线、冰糕棒、报纸、自然元素、瓶盖等再次加工制作,投放到室内外活动区中,一日生活中孩子们也利用这些材料进行大胆创想,展开游戏活动。

撰稿:方艳霞

【队伍建设】 加强党建工作与中心工作的融合。在立德树人根本任务的指引下,注重内涵发展,鼓励全体员工坚定教育的初心和使命。以形式多样的师德建设活动增强教师的集体观念、自豪感、大局意识、责任及担当意识。如宣誓、师徒结对、团建游戏、师德小故事演讲、我是二幼主人——爱与责任主题系列活动、"六个一"、学习育人楷模、听党课、收看红色影片、庆新年、携手共建等多种形式的系列活动。注重树立良好的教师形象,弘扬工匠精神,不断提高自身的师德修养和各方面能力。结合青年教师日常情况及教学实际开展培训工作:组织教师积极开展集体备课、教师技能技巧比赛等活动;开展师徒带教、社团、优质课评比等活动培养锻炼;让教师外出观摩学习,感悟、反思、提升,并运用到教学实践中;结合日常情况及教师实际开展"每月一读"活动,解决教学中遇到的困惑及实际问题,起到专业引领的作用;以问题为导向的教研活动、课题研究、区域观摩、视频案例分析、主题环境观摩、倾听记录分享等,促进教师专业成长。

撰稿:李银舫

【安全工作】 园所始终把保护幼儿生命安全和促进幼儿健康成长放在工作首位,从制度、技术、教育等多方面入手,确保幼儿的安全得到最大程度的保障。在制度上,园所明确了各岗位的安全职责,各岗签订安全责任书,责任落实到每个人。建立健全的安全管理体系,严格执行日常巡查和隐患排查制度;坚持每月、每周、每天对全园建筑物、大型玩具、电气线路、消防设施、幼儿活动场地,进行检查,彻底消除隐患。技术上,规范保安人员器械与设施设备,完成一键报警、防撞柱安装,实现监控全覆盖,监控存储时间超90天,确保无死角。在教育方面,每月对教职工、保安进行安全培训,包括消防安全知识、预防电信诈骗、防火、防震、反恐、防溺水、燃气安全、网络安全、各类设施设备安全操作等;对幼儿开展生活化安全教育和日常安全教育,坚持1530式安全教育模式,提高幼儿安全意识。每月坚持消防演练、地震演练、反恐演练等等,提高师幼的安全意识和应对突发事故的能力。此外,园所严格执行门卫管理制度,规范幼儿接送流程、来人来访登记制度,确保每位幼儿的安全。规范干部教师值班带班,加强重点时段、点位的值班巡查。

撰稿:姚桂敏

【卫生保健】 园所全体教职工均取得健康证明。对因病、事或身体不适不能来园幼儿,做好追踪工作。每学期对幼儿进行一次体检,对体弱儿进行建档,实行精细化管理。传染病防控的制度和措施,内容具体可操作,有效预防与控制了传染病的发生。每季度需对食谱进行营养测算分析,对不合理的地方进行调整。不定期对家长和教师进行卫生保健知识宣传,依据《一日生活指南》要求,每月对保育员进行培训、教研,提升教师卫生保健意识及工作能力。

撰稿:肖 珊

【食品安全】 严格管控关键环节,强化思想认识,将规范和要求落实到行动上,把食品安全放在首位。落实园长负责制,新增食品安全总监和食品安全员加强食品安全的监督与管理。建立管理员监督、领导检查制度,严格落实食堂管理。严把采购、验收关,规范操作加工流程。加强对食堂从业人员的培训,不断提升工作质量。每学期邀请家长代表参观食堂、开设意见箱,用"互联网+明厨亮灶"等形式,充分发挥家长、社会监督机制,主动吸纳意见建议,形成家、园共治新模式。加大营养健康知识宣传培训力度,开展"光盘行动、节约粮食"等活动。

撰稿:刘艳丽
审稿:李银舫

天津市静海区第二幼儿园

【概况】 静海区第二幼儿园始建于1982年,2010年改扩建,占地4572平方米,建筑面积4247平方米,在园幼儿388人,在编教师38人。园所先后获全国"三八"红旗集体,天津市绿色幼儿园、天津市卫生先进单位、天津市师德先进集体等称号。2005年获评天津市首批示范幼儿园。获评教育部重点课题《改善在职幼儿教师培训过程与方式的研究》实践基地、天津市落实《幼儿园教育指导纲要》和《3—6岁儿童学习与发展指南》试点园。共申请国家级、市级立项课题18项,其中6个课题获市级一等奖。承担天津市精品教研现场会,全市教研员、园长、骨干教师120人参加活动。幼儿园先后成为天津市园长培训工程实践基地、天津市学前教育师资培训实践基地、天津市学前儿童健康教育实验基地、全国妇联心系

儿童教育实践园等重要工作。

撰稿:王 婕

【教师队伍建设】 以教育系统"作风建设年"为抓手,开展"守师德初心、绽师风之美"师德师风主题教育,全体教师进行师德宣誓并签订师德承诺书。开展师德演讲、学习分享等系列活动,积极营造崇德尚廉、风清气正的浓厚氛围。发扬党员先锋模范作用,全园掀起"树典型,学典型,做典型"高潮,将"融合母爱师爱,走进童心世界"作为每位二幼教师的立师之本。扎实开展《教师有效观察与支持幼儿自主游戏的实践研究》国家科研课题及《幼儿自主游戏中教师角色的研究》《观察支持幼儿自主游戏中深度学习与发展的实践研究》《幼小衔接的创新研究》3个市级课题研究。依托"2023年幼儿游戏与保教质量提升"系列专题论坛,提升教师倾听和观察能力。2名教师半日活动视频参加市级评比,1篇园本活动方案被认定为市级精品课程资源,1个游戏视频案例被推送教育部,5篇案例与课例入选静海教育资源库。43篇论文分获市级一、二、三等奖。

撰稿:王 婕

【教育教学】 幼儿园以《3—6岁儿童学习与发展指南》为指导,贯彻落实"以游戏为基本活动"教育理念,依托安吉游戏区级示范园,聚焦游戏环境、游戏观察与指导,进行深入研究。改造户外游戏环境,划分游戏区,改造野趣区,使孩子们可以在野趣区内挖沟、引水、玩泥巴、野炊等,为幼儿增添自然、野趣、富有挑战的游戏区域。合理利用学校内过道进行涂鸦墙改造,为孩子们提供大胆创造空间。充分挖掘绳网价值,与多种材料进行组合,增加挑战性。购置安吉游戏户外材料,满足幼儿户外游戏需求。支持幼儿在游戏中的深入学习与发展,注重游戏中观察,活动后表征分享。根据幼儿年龄特点,以幼儿兴趣为出发点,聚焦身边生活、游戏、季节、节日,开展丰富多彩的主题月活动。充分尊重孩子意愿,引导孩子们自主学习。连续两年获评静海区教学工作突出单位,2个班组获评教学先进班组,业务园长获评教学工作先进个人。

撰稿:王 婕

【教育帮扶】 充分发挥园长工作室作用,认真落实静海区教育局1+N帮扶机制。召开静海区第二幼儿园"凝心聚力,汇智起航"园长工作室开班典

礼。与大邱庄、子牙、王口三个乡镇30所幼儿园进行联盟签约。在静海区幼儿园园长大讲堂中,园长杨淑芳就"园长如何管理幼儿园",副园长岳欣丽就"业务园长如何进行教学管理"作专题讲座。帮扶子牙新城第二幼儿园和大邱庄津海幼儿园顺利评定为市级公办示范幼儿园。承接天津师大国培班新疆学员学访活动。接待天津市第十七批援疆大学生7天跟岗实习。与甘肃省庆阳市镇原县4所中心幼儿园建立一对一帮扶机制,签订帮扶协议、发放调查问卷,了解对方需求,开展"同上一节课、共读一本儿书、互通一封信"和网上教研及捐赠玩具图书等活动。

撰稿:王 婕

【安全卫生】 全力营造"和谐、安全"的园所环境。实行"层层把关,防范第一,定人定岗"的安全工作管理模式,按照"谁主管、谁负责、谁在岗、谁负责"的原则,将各项安全管理工作细化分解,并签订安全责任书。成立以园长为组长的安全工作检查小组,开展月安全隐患排查、班级周排查、行政值班人员一日三巡,建立安全隐患排查清单,实行闭环管理,从根本上消除安全隐患和安全风险。加强门前交通安全管理,落实市教委"闪送快接"工作要求,聚集保安、护学岗、退伍军人志愿者、公安、交警部门合力,共同做好幼儿入园接待工作,减轻门前交通拥堵压力。做实安全教育与培训,每季度开展防火、防震、防暴力侵入应急演练。每月组织各岗人员进行安全培训,每周对幼儿进行防火、防溺水、防拐骗等安全教育。开展交通安全家长助教活动,提高教职员工、家长和幼儿的安全意识和防范能力。建立幼儿园食堂日管控、周排查、月调度制度,规范流程、精工细作、合理膳食,促进幼儿健康成长。幼儿园安全卫生工作得到静海区安监委、疾控中心等多部门的认可与赞扬。

撰稿:王 婕
审稿:董圆融

天津市宁河区七里海镇南涧沽中心幼儿园

【概况】 七里海镇南涧沽中心幼儿园坐落于天津市宁河区七里海镇冯庄村南,前身是宁河区七里海镇冯家庄小学,7月25日宁河区委编办批复成立天津市宁河区七里海镇南涧沽中心幼儿园。8月原校舍按照幼儿园标准改建,建筑面积1864.39平方米,教学楼1278.34平方米,户外场地3390.95平方米,运动场地2719.84平方米,游戏面积1012.48平方米,9月1日开园。有3个教学班,幼儿56人,在编教师7人,其中高级教师1人,一级教师2人。确立以"花样童年 自然生长"为办园理念,树立"以游戏为基本活动"的育儿方法,以保教结合为原则,以贯彻安全工作为主线,以师资队伍建设与内涵建设为重点,以促进幼儿发展为目的,有效开展幼儿园工作,倾力打造幼儿园发展特色。年底被评定为市级二级公办幼儿园,获宁河区学前教育精细化管理评估二等奖。

撰稿:李丽丽 王宏勇

【课程建设】 南涧沽中心幼儿园全面贯彻落实《幼儿园工作规程》《3—6岁儿童学习与发展指南》,以促进儿童发展为中心,将各活动与幼儿园课程相融合。努力践行让儿童在生活中学习,在实践中成长。加强幼儿"五爱"教育,通过每周的升旗活动培养孩子们的爱国情怀和集体荣誉感,提高幼儿语言表达能力。以传统节日为契机开展丰富多彩的活动,让爱国主义教育与各领域教育相融合;每到各节气开展相应的活动,丰富幼儿的认知,锻炼幼儿的动手能力,增强幼儿的团队合作精神,激发幼儿的创造力。幼儿园创新旧物利用,把原来小学留下的各种器械改造为适合幼儿的游戏材料,利用开放的区域活动、低结构的自然材料,深化儿童"自主游戏",引导儿童从"自主探究"走向"深度探究"。户外自主游戏、室内区角游戏、趣味阅读、亲子阅读、我和秋天有个约会、遇见初雪、玩美空间等,在教师指导下,孩子们的游戏水平呈螺旋式上升。

撰稿:李丽丽 张素洁

【办园成果】 南涧沽中心幼儿园坚持党建统领全局,"不忘初心、牢记使命"主题教育常态化,效果明显。思想作风建设不断加强,发挥党员先锋模范作用,开展师德师风培训和社区活动。坚守"重点培养、梯队推进、整体提高"的教师发展策略,保健医一对一指导培训;安全和食堂管理的带领工作,对新教师一对一指导并签订师徒协议。与薄台小学签署幼小联盟协议,开展互相听评课活动,为教师发展提供专业成长的环境和演练的舞台。以教促研、科研导航、精彩赛课、环创评比、技能大赛、主题交流,推出教师榜样;以定标准、真考核,动态管理推进集体创优,为优秀教师提供绿色通道。园所不断优化育人环境,从园所文化、主题墙饰、区域开展、班级课程、公共空间等方面,给孩子们优化环境的同时更好地促进孩子们的全面发展,为幼儿提供多样化的学习机会,激发他们的学习兴趣和探索欲望。落实精细化的后勤管理制度,保育教师培训、安全演练、家委会工作的有效开展,为园所的高质量发展奠定基石。注重家园共育,开展亲子、早教、幼小衔接活动,让家长参与到孩子的各项活动当中,成就一个个精彩的家园故事。

撰稿:李丽丽　王宏勇
审稿:王保胜

天津市蓟州区马伸桥镇中心幼儿园

【概况】　蓟州区马伸桥镇中心幼儿园,位于马伸桥镇淋河村西200米邦喜公路北侧,辖区内有7个自然村。园所前身是马伸桥镇淋河幼儿园,于2001年建成使用。2011年提升改造为马伸桥镇中心幼儿园。2017年实施幼儿园基础设施安全提升工程,2018年9月竣工投入使用。

园所占地2015平方米,建筑面积1197平方米。设有活动室6个,园长室1个,办公室1个,多功能室2个,盥洗室6个,无障碍室2个,保健室1个,走廊2道。园内设有6个教学班,其中小、中、大班各两个,园所共有员工8名,其中园长1名,教师5名,保育员2名,在园幼儿131人。

园内环境优美,设施齐全。幼儿园始终坚持"一切为了孩子,为了孩子一切,为了一切孩子"的办园思想,造就了一支"敬业、爱生、求实、奉献"的教师队伍,形成了"团结、勤奋、探索、创新"的良好园风。幼儿园秉承以游戏为基本活动,让幼儿在区域游戏中,学会交往、学会求知、学会共处、学会表达、学会创造的教育思想。以构建幼儿园、家庭、社区三位一体的教学模式,培养幼儿机制灵活,适应社会生存的本领为主题,积极创建园所教育特色。

2023年,幼儿园以各项活动为载体,扎实开展教学研讨,促进幼儿全面和谐发展。在礼仪中求发展,从一日生活常规入手,培养幼儿良好的礼仪习惯;在运动中求发展,举行首届秋季运动会,提高幼儿体育活动的兴趣及运动技能;在主题教育中求发展,开展丰收节、节日、节气等主题教育活动,促进幼儿多元智能的发展;在艺术中求发展,举办艺术节和合唱节,孩子们人人参与,大胆表现,美育浸润了幼儿的心灵,陶冶了幼儿的情操。

幼儿园创设"红色教育"楼道环境,以"我爱祖国"为主题,弘扬中国传统文化,萌发幼儿爱祖国的情感。为提升教师的专业素质,打造学习型教师队伍,全体教师参加主题活动的建构、亲自然主题课程、提高保教质量等专题培训,促进教师的专业化成长。幼儿园全覆盖开展早教及家访活动,做到入村入户,37名幼儿顺利升入小班,充分发挥幼儿园在家庭科学育儿指导服务中的辐射作用。9月20日,幼儿园通过二级幼儿园等级评定验收。

撰稿:张振英

【园所环境创设】　环境是重要的教育资源,被誉为无"声"的课堂。为充分发挥环境育人的作用,幼儿园全体教师继7月为家长提供暑期托管服务后,8月利用暑期休息时间投入楼道环境创设中,从确定主题到版块设计,精心设计每一个小主题,以幼儿为主体,充分展现幼儿的学习过程和学习能力。家长开放时,五位小主持人对楼道环境的精彩介绍,赢得家长称赞。红色教育从娃娃抓起,幼儿园以"我爱祖国"为大主题,以"中国传统文化"为元素展开,南面楼道的"中国古代四大发明""文房四宝""花中四君子""剪纸""京剧""旗袍";"了不起的中国人""祖国山水美如画""祖国知多少""民族一家亲"一个个小主题版块,都是中国传统文化元素的融合,让幼儿了解中国传统文化的博大精深,激发民族自豪感。北面楼道的"中国传统节日""弘扬爱国精神　重温红色记忆""推荐红色故事""重走长征路"等小主题版块,幼儿在看看、说说、做做、玩玩等亲身体验中,感知浓郁的节日氛围,让爱国主义情感在他们幼小的心灵中生根发芽,让红色精神代代相传。

撰稿:张振英

【丰收节活动】　让孩子更亲近大自然、热爱大自然,幼儿园充分利用自然资源,从三个方面开展"丰收节"活动,即游园丰收乐、手作丰收美、戏游丰收趣。游园丰收乐——教师带领孩子们走进幼儿园劳动基地,拔萝卜、割韭菜、摘辣椒、捡红果等。手作丰收美——孩子们从家里带来了秋天成熟的果实,有南瓜、玉米、稻谷、花生等,他们用这些果实进行手工拼贴。戏游丰收趣——将丰收节和秋季运动会结合起来开展丰收搬运工、小老鼠运粮、勤劳小骑手等游戏项目。

撰稿:张振英

【早教宣传大家访】 在面临招生形势严峻的情况下，幼儿园全面开展"早教宣传大家访"行动，分三部曲展开，即早教宣传、大家访、进园区。早教宣传——4月15日，幼儿园全体教师走进所辖社区——7个辐射村，开展0—3岁科学育儿指导活动，组织拟入园幼儿进行亲子游戏，为家长解答育儿困惑及入园焦虑。大家访——6月10日，开展"招生宣传大家访"专项行动，走进拟入园幼儿家庭进行全覆盖入户宣传和家访活动，做到不漏一户，不落一人，

更好发挥幼儿园在家庭科学育儿指导服务中的辐射作用。进园区——6月12日和6月25日，组织早教育儿指导"进园区"活动，家长和孩子走进幼儿园，在亲子互动游戏中，初步体验幼儿园的快乐生活。8月28日，开展小班新生入园活动，为孩子们尽快适应幼儿园生活及环境，顺利升入小班，开启幼儿园美好的时光，打下良好基础。

撰稿：张振英
审稿：薛志平　马艳伶

特教学校

天津市聋人学校

【概况】 天津市聋人学校坐落于河北区正义道东头，是市教委直属特殊教育学校。学校始建于1928年，校名为天津市私立葆真聋哑学校，创始人为张美丽、齐肆三夫妇。1956年，学校被天津市政府接管，更名为天津市立聋哑学校。1962年，学校更名为天津市聋哑学校。2005年，市区3所聋哑学校合并为天津市聋哑学校。2006年，新天津市聋哑学校在河北区正义道聋哑学校原址上建成并投入使用。2009年，学校更名为天津市聋人学校。

学校分南北两个校区，北校区位于河北区幸福道，现为汇森中学临时使用，预计2025年7月底前交付聋人学校。南校区位于河北区正义道，占地2.11万平方米，建筑面积1.37万平方米，包括教学楼、康复楼、宿舍楼、实训楼和体育馆各一栋，拥有计算机、3D打印、烘焙、机器人、心理、美术、书法、舞蹈、劳技、物理、科学、录播、智慧课堂等专用教室和数字化图书馆。

学校包括学前、义务教育、职业高中三个学段，有教学班29个，在校生244人。在编教职工153人，其中研究生（硕士）学历11人，本科学历118人，正高级教师1人，高级教师60人，天津市杰出津门教师1人，天津市中小学名班主任1人，市级骨干教师2人，区级骨干教师30人，校级骨干教师45人。

学校秉持"崇德　敬业　砺志　笃行"校训，立足立德树人根本任务，不断深化育人方式改革，持续

推进课程思政建设，稳步实施课堂教学提质行动，积极开展体验式、沉浸式教育研究，努力培养德智体美劳全面发展、能够自食其力、残而不废的社会主义建设者和接班人。

2023年，学校加入京津冀特殊教育协同发展联盟，与天津理工大学聋人工学院签订思政一体化共建协议。张咏老师获全国大中小学校特殊教育联盟颁发的"博爱塑魂奖"，张霖晗老师获天津市大中小学"故事思政"微课大赛暨新华社"我是追梦人"主题德育活动"课程思政"赛道一等奖，张维维老师的教学案例《桃花源记》入选首届全国特殊教育教师教学基本功展示案例，刘丽波老师的教学案例入选天津市大中小学红色影视资源融入课程思政教学优秀案例，耿晓璐、宋玉玲老师的思政微视频《于无声处华年逐梦》获"心动一课"思政微视频推选展示活动中小学组二等奖。1项市级课题成功立项，2项市级课题顺利结题，1项子课题被评为市级优秀课题。28篇论文在市级论文评比中获一、二、三等奖，23项教学成果被认定为市级成果。学生诵读作品在"新时代好少年　传承经典·筑梦未来"主题教育读书活动中获小学朗诵组特等奖，在第五届"诵读中国"经典诵读大赛中获一等奖和二等奖。学生舞蹈作品获全国第十一届青少年舞蹈大赛（天津赛区）一等奖。

撰稿：付增杰

【主题教育】 学校党总支全面贯彻落实中央、市委和市教育两委的决策部署，扎实开展学习贯彻

习近平新时代中国特色社会主义思想主题教育,紧紧围绕"学思想、强党性、重实践、建新功"总要求,紧扣各项目标任务,系统推进理论学习、调查研究、推动发展、检视整改、建章立制等重点工作,在以学铸魂、以学增智、以学正风、以学促干方面取得新成效。学校领导班子发挥示范引领作用,举办读书班,精心组织理论中心组进行集中学习研讨、外出调研学访、两校中心组联学等活动,不断提高政治能力、思维能力和实践能力,树立和践行正确政绩观。启动聋校"大讲堂"主题教育系列活动,举办专家讲座、书记讲党课、模范人物进校园等6场活动,先后邀请市委党校、天津大学教授和2023年全国教书育人楷模翟津老师来校作专题报告。开展"建设书香校园"读书月活动,具体实施"六个一"系列活动,提升广大党员干部教职工综合素养。围绕上级重大决策部署的贯彻执行,聚焦学校重难点问题,研究制定大兴调查研究方案和课题指南,确定20个调研课题,党员干部教师近百人次参与到调研工作中。完善修定《学校"三重一大"事项决策办法》等20余项制度,努力把主题教育成果转化为担当作为、干事创业的本领,凝心聚力推动发展。

撰稿:耿嘉平

【书香校园】 学校数字图书馆建成并投入使用,整理原有纸质图书2.5万余册,新购纸质图书1325册,增加数字图书资源26大类1.2万册。在教学楼、宿舍楼、康复楼楼道设置微型图书馆,实现师生一卡式自助借还图书。组织开展"建设书香校园"读书月活动,实施"六个一"系列活动,即发布一封倡议书、组织一次主题参观、推荐一本书、组织一次征文活动、讲述一个红色故事、举办一次读书分享会。组织开展"书香浸润心灵 阅读筑梦未来"主题班会、经典诗词诵读系列活动、经典诵读比赛等。通过书香校园建设,积极创设良好阅读条件,营造浓厚阅读氛围,激励引导广大师生爱读书、好读书、善读书,切实增强历史自觉和文化自信。

撰稿:付增杰

【教师队伍】 加强师德师风建设,开展"以德立教 共筑师魂"师德师风专题宣讲会、"师德集中学习教育"专题学习活动,组织观看专题片《习近平的教师情》,邀请全国教书育人楷模翟津老师作师德专题报告,学校党总支书记、校长分别作师德师风专题宣讲。组织开展教师节庆祝暨表彰活动,建立"教苑撷英"优秀教职工光荣榜,鼓励广大教师以德施教、以德立身、自律自强。关注教师心理健康,组织开展教师心理工作坊、心理素质拓展专项培训、教师培元关爱行动,帮助教师释放心理压力,建立积极健康的心态。抓好青年教师的培养,制订《天津市聋人学校青年教师培养方案(2023—2024)》,面向青年教师开展系统性培训,累计培训120学时。制订《天津市聋人学校青年教师师徒结对方案(2023—2024)》《天津市聋人学校师徒结对手册》,为35岁以下的青年教师组建"传帮带"师傅团队,助力青年教师更快更好地成长。做好教师继续教育工作,按要求完成"暑期教师研修""中华优秀传统文化"、专业技术人员继续教育公需课等培训内容,全校128名教师参与培训,100%超学时、保质量完成学习内容。

撰稿:付增杰
审稿:商长胜

天津市视力障碍学校

【概况】 天津市视力障碍学校原名"天津市盲童学校",始建于1958年,1992年更名为"天津市盲人学校",2008年更名为"天津市视力障碍学校"。学校是天津市教委直属单位,是为天津市视力障碍儿童、青少年提供义务教育、职业教育和高中教育的特殊教育学校。学校现址天津市河西区梅江道2号,占地1.51万平方米,建筑面积1.11平方米。2023年,学校义务教育学段有9个教学班76名学生,职业和高中教育学段有4个教学班29名学生。有教职员工52人,其中高级职称18人,高级工2人。

2023年,学校坚持党对学校工作的全面领导,强化党组织领导下的校长负责制,4月完成支委会换届工作,5月完成工会换届工作,重新调整划分党小组,逐步完善学校内部治理体系。4月至8月,学校作为第一批"主题教育"单位,坚持以学铸魂、以学增智、以学正风、以学促干,扎实推动主题教育走深走实。

学校以学生为中心,坚持康复与教育相结合,被评为科技部国家重点研发计划智能化视听功能障碍评估与辅具适配关键技术研究应用示范单位,依托天津眼科医院为全校学生开展视力检测并建立视觉档案,为视障儿童提供个别化视觉康复训练。落实《第二期国家手语和盲文规范化行动计划(2021—2025年)》有关要求,加快推广使用国家通用盲文工作,定期组织教师开展培训与考核,组织学生开展"舞动指尖,触摸世界"盲文摸写考级活动,6月选派师生赴南京参加国家通用盲文技能邀请赛，获得优异成绩。

学校聚焦立德树人，坚持思政引领，五育并举。推进思政一体化建设与实践育人，分别与天津大学、天津科技大学、天津师范大学、中国民航大学等高校建立共建关系，组织数学教师参加市教科院编写学科思政指南并完成试教工作。打造"我能行"特色德育活动，关注心理健康教育，9月承办天津市第三届特教教师心理运动会；重视法治教育，3月聘任市检察院、市公安局2位领导担任法治副校长，为学生成长保驾护航；浸润传统文化，常态化开展古诗词考级活动；重视仪式教育，6月开展成人礼暨毕业典礼教育活动。深化劳动教育，结合中医药文化课题研究，组织学生开展中草药种植，引导学生了解中草药文化，6月组织职教学生开展"放飞职业梦想　劳动回馈恩师"按摩技能展示活动。重视体育活动，3月组织开展"第七届中国残疾人冰雪运动进校园活动"，常态化开展跳绳考级活动，10月组织第一届校园跳绳锦标赛，9月派队参加国家级比赛取得历史突破；12月学校板铃球队参加全国第二届盲人比赛，获得团体季军的好成绩。重视美育工作，5月盲人舞蹈队和歌唱组参与市残联助残日文艺汇演反响巨大，12月举办为期一个月的第一届校园文化艺术节。

学校坚持以研促教，不断提升办学影响。建立"旷明讲堂"学术品牌，定期聘请专家及校内高级教师开展学术讲座，选派教师参加人教社组织的国家级部编版新教材示范培训。学校成为"全国大中小学校特殊教育共同体（联盟）理事单位"，5月校长董存良赴南京参加联盟活动并在第二届特教校长论坛作专题发言。11月与唐山市特殊教育学校、北京盲人学校签署合作协议。11月，学校成为京津冀特殊教育协同发展联盟理事单位，董存良校长在联盟学术年会作主旨发言。推进"青蓝工程"，打造师徒团队，促青年教师成长，娄子嫒老师获得市级青年教师学术论坛二等奖。支持课题研究，在天津市中小学第十届"双优课"评比中，学校4位教师取得好成绩，5月梁钰老师执教的《詹天佑》一课在全国第五届特教教师信息技术应用能力展示与交流中进行全国直播展示。在2023年全国智慧教育成果展示活动中，学校教师3件微课、4篇论文获奖，2名教师被邀请前往北京参加国际视障教育研讨会并进行分享。

撰稿：武　丹

【普职融通高中办学模式探索】　学校积极落实《天津市"十四五"特殊教育发展提升行动实施方案》中"大力发展非义务教育阶段特殊教育，办好天津市视力障碍学校普通高中部和中职部"要求。针对天津市视障教育缺少普通高中阶段教育不能满足视障学生接受高等教育的需求问题，学校在原有职业高中基础上，创新探索"普职融通"的高中办学模式。3月份申报市教委调研课题，分别对多所外省市兄弟校进行调研，对校内学生及家长开展问卷调研和访谈，通过总结深化，提出一套普职融通的视障学校高中阶段办学体系框架，确定课程设置、教材选取、生源招录、师资配备、硬件筹备等方案。6月完成准备工作，7月完成第一届"普通高中班"的招生工作，9月1日正式开学。"普职融通"高中办学模式兼顾学生接受普通高中教育和职业教育的需求，学生在学期间，主要学习普通高中阶段的知识，同时学习职业教育关键课程的知识和技能，为视障学生提供升学与就业的二次选择机会。

撰稿：李建军

【实践育人】　学校依托校内外实践育人基地，实现思政教育资源共建共享，进一步落实立德树人根本任务。3月分学段组织学生走进中国民航大学、天津机场海关、热带植物园、天津自然博物馆等地开展实践教育活动，4月组织全校学生及部分家长160余人参观周恩来邓颖超纪念馆，到水上公园赏春踏青，10月，组织师生家长到静海区光合谷实践教育基地，开展大中小学思政一体化主题劳动教育实践活动。12月组织天津三绝之十八街麻花走进校园体验活动，在实践研学中开展思政教育和心理健康教育。5月响应天津市委宣传部、天津市版权局落实《马拉喀什条约》，与喜马拉雅（天津频道）开展视障主播扶持计划，先后组织乔加旺、王美琪、张鑫瑀3位同学参加天津市首部"无障碍"版权转化作品喜马拉雅上线分享会、2023年天津市知识产权宣传周版权宣传主题发布活动、2023天津阅读盛典，并接受天津教育频道《我们同行》栏目，新闻频道，津云、新华网等多家媒体采访报道。5月、12月组织学生参加"无障碍电影进校园全国爱心联动"（第八季、第九季）活动，天津电视台《都市报道60分》主播海瑛老师、天津经济广播《妈咪宝贝》节目主持人阳光老师等先后到校为学生进行无障碍讲解，10月组织师生走进天津市视障青少年儿童思政一体化电影教育基地——天津北方电影集团，观看红色电影《志愿军：雄兵出击》，并邀请到中国电影家协会理事学校校外特聘思政课方卫老师做无障碍电影讲解。

撰稿：孙红敏

【打造党建品牌】 学校创建"立德树人，启明领航我先行"党建品牌，形成"事事在党组织领导下开展，处处有党员冲在最前"的党建和中心工作融合模式。学校打造特色主题党日等党建工作展示交流平台，采取专题辅导、事迹报告等形式开展忠诚教育、优秀传统文化教育和警示教育，结合常态化党史学习教育，运用红色教育资源和党性教育基地开展学习，开展重温入党誓词、过政治生日、参观主题教育展览、观看红色主题影片、视频等特色主题教育和实践活动，持续深化主题教育实效。组织"不忘初心、砥砺前行"政治生日，"传承革命精神、凝聚奋进力量"参观周邓纪念馆主题党团队日活动，到蓟州红色教育基地开展"重走抗日路"特色主题党日等。组织全体党员岗位践行新"四个一"，即"帮扶一名学生、宣讲一次党课、推荐一本好书、解决一个问题"系列活动。组织召开支委会、全面从严治党专题会、意识形态研判会、思政工作专项会等50余次，就加强政治建设、思想建设、作风建设、纪律建设、队伍建设、研究部署主题教育、意识形态工作研判、廉政建设、政治生日、师德师风、安全生产、统战工作、保密工作及学校事业发展"十四五"规划落实等工作，制订方案、研究措施、督查落实。扎实开展4项专项整治，驰而不息加强作风建设。

撰稿：刘 茜
审稿：董存良

中等职业学校

天津市幼儿师范学校

【概况】 天津市幼儿师范学校始建于1951年，是中华人民共和国成立后最早建立的幼儿师范学校，为天津市教委直属全日制学校。学校坐落于南开区双峰道38号，占地1万平方米，校舍建筑总面积1.42万平方米。2008年承办天津师范大学高职学院，形成天津市幼儿师范学校、天津师范大学学前教育学院、高职学院"一套人马、三块牌子"多类别、多途径、多层次办学的体制和运行机制。学校传承"为人师表、矢志从教"的校训精神，秉持"严谨、勤奋、求实、开拓、创新"的育人目标，学校在国内学前教育领域享有较高办学声誉和社会知名度。天津市幼儿师资培训中心设在校内。学校有学前教育、早期教育、美术教育和幼儿保育4个专业。

学校拥有雄厚师资力量，在职教职员工174人（含附属幼儿园34人），专任教师110人，具有硕士及以上学位的教师73人，具有高级职称教师45人，双师型教师39人。学校根据学前专业特色配备充足的教学场所和设施，设有学前教育综合训练、蒙台梭利和福伦贝尔、幼儿卫生与保健、奥尔夫音乐教育、幼儿自然科学等专业实训室，以及多媒体信息化教学、音乐教育、美术教育、数码钢琴练习、舞蹈教学等相关技能训练的综合实训室，满足各个学科领域的教育教学需求。

2023年，学校党委以习近平新时代中国特色社会主义思想为指导，推动全面贯彻落实党的二十大精神走深走实，认真履行意识形态工作责任制；全面贯彻党的教育方针，完善德育工作机制，强化思想导航和价值引领，提升学生思想品德修养和实践能力；持续推进教育教学改革，加强思政课程和课程思政建设，打造"岗课赛证"综合育人，深化实践教学，推动高水平师资队伍建设；发挥专业特色优势，服务国家战略，落实立德树人根本任务，扎实推进各项工作稳步发展。

撰稿：丁 婧

【主题教育】 及时学习领会习近平总书记重要讲话和指示批示精神，时刻与中央、市委的决策部署保持一致。通过组织读书班、宣讲报告、专题研讨、集中培训，切实提升理论学习质量，持续学习宣传习近平新时代中国特色社会主义思想。理论学习中心组发挥表率引领作用，2023年开展集中学习25

次、专题研讨8次;党员干部和支部书记带头在支部讲党课、面向学生讲授形势政策课;学校邀请专家作专题辅导报告3场,用党的创新理论武装头脑、推动实践、指导工作;组织支部党员参观天津市爱国主义教育基地——张园、开发区八大街消防救援站、全面从严治党主题教育展,不断深化对党、对习近平总书记的忠诚教育,掀起学习宣传贯彻习近平新时代中国特色社会主义思想热潮。学校全面贯彻落实中央统战工作会议精神,组织民主党派教师召开2023年统战工作交流座谈会,切实增强政治自觉、思想自觉、行动自觉。2023年在天津师范大学"研机析理二十大 实干担当建新功"微型党课比赛中,学校2名教师分获三等奖;在学习宣传贯彻落实党的二十大精神主题征文活动中,2位老师获二等奖;在天津师范大学2022年度主题实践活动评选中,附属幼儿园教工党支部获二等奖。

撰稿:丁 婧

【意识形态工作责任制】 学校牢牢把握正确的政治方向,建立健全制度机制,严守意识形态工作底线。精心组织落实2023年重大主题网上宣传。组织深入学习《习近平关于网络强国论述摘编》,准确把握蕴含其中的丰富内涵、精神实质、实践要求。健全网络意识形态工作责任制相关制度机制,拟订《天津市幼儿师范学校常态化排查网络意识形态安全风险隐患的工作方案》《天津市幼儿师范学校舆情处置方案》等制度,切实防控网络意识形态风险。党委和支部每月及重要时间节点定期召开意识形态研判会,及时掌握并分析最新动态信息。坚持线上线下协调配合,通过多种渠道了解师生的思想动态、心理需求,获取意见和建议,积极改善各项工作。推进网络文化建设和网络素养教育,加强中华优秀传统文化的网络传播,引导学生文明上网、理性表达。严格落实信息发布"三审"制度,确保内容积极向上、真实准确、逻辑严密、时效性强。

撰稿:丁 婧

【教师队伍建设】 积极推进专业发展,3部教材入选"十四五"国家规划教材;获天津市教学成果奖2项;获教育部、市社科和市教育科学规划课题7项,学会及行指委、教指委课题20余项。组织思政教研组教师与师大马院教师开展集体备课,深入研讨习近平新时代中国特色社会主义思想"三进"工作,积极实施案例教学、探索思政课实践教学途径和载体,提高

思政课教学实效性。深化职教改革,以"思想政治理论课改革与课程思政"为重点,完成"课程思政"课程标准158门。在2023年"心动一课"思政微视频推选展示活动中获特等奖、二等奖,获"一体化中心"立项结项及获奖项目10余个,获天津市中职学校"思政故事"一等奖。促进"岗课赛证"融通,顺利举办第三次"1+X"证书考试,举办全国职业教育大赛"婴幼儿保育"赛项天津赛区选拔赛。在2023年"中银杯"全国职业技能大赛(中职组)婴幼儿保育赛项中,获二等奖;在2022年度天津市幼儿教育类专业技能大赛(高职组)中,获三等奖。附属幼儿园课题《应用幼儿成长档案实施适宜性教育的探索与实践》获国家级教学成果二等奖。2023年教师指导学生参加天津市文艺展演等获奖10项,其中一等奖1项、三等奖5项,专业获奖学生累计100余人。

撰稿:丁 婧

【综合育人体系】 推进党建带团建工作,以"青年大学习"为载体,组织面向广大团员和青年开展学习贯彻习近平新时代中国特色社会主义思想主题教育。完善中、高职经济困难各项资助政策及学生档案建设,借助学校公众号资助信息平台,做好资助政策的宣传。认真组织5·25心理健康月主题活动,开展励志演讲比赛、心理情景歌舞剧比赛等活动,优化心理育人模式,培养学生阳光心态。坚持"早动手、多联络、转理念、保落实"的工作思路,探索就业工作新路径。组织多场就业指导讲座,聘请优秀毕业生、优秀幼儿园园长走进讲堂,发挥朋辈引领和示范效应。搭建学生和用人单位交流平台,召开毕业生推介会,为毕业生提供510余个岗位。2023年毕业生就业去向落实率超过98%。积极参加"不负时代使命"主题征文、演讲、朗诵以及各类志愿服务活动、天津师范大学"校园十佳歌手"大赛、首届"校园剧比赛"、学生讲党课、宿舍文化艺术节、21天打卡体育活动等。在第四届"诵读中国"经典诵读大赛天津赛区的比赛中,1名学生获优秀奖;8名同学获天津师范大学2023届优秀毕业生称号。

撰稿:丁 婧

【安全保障】 围绕安全生产和重大事故隐患排查整治2023专项行动有关工作要求,制定任务清单和落实工作台账,逐一落实销号管理。完善校园安全管理体系建设,重点加强消防、燃气、电路风险隐患排查检查工作,压实安全责任,构建平安校园。充

分利用人防、技防、物防等手段,加密巡查巡控密度。针对消防安全、用电安全、建筑安全、食品安全、疫情防控和校园安全等领域,认真排查各类安全隐患,着力化解安全风险。在第四届全国应急管理普法知识竞赛活动中分获二、三等奖。改善生活服务设施,创造和谐安全的学习环境。认真落实资产核查管理工作部署,制订《学前教育学院(高等职业学院)、天津市幼儿师范学校开展固定资产盘点专项工作方案》,努力腾退有限空间,服务学生教育培养工作。加强财务工作管理,全面落实"过紧日子"的要求,精准压缩支出,财务资金安全平稳运行,努力使有限资金发挥更大效益。

撰稿:丁　婧

【职后培训与社会服务】　积极承接市教委教师工作处职后教育培训任务。完成乡村骨干教师和乡镇中心幼儿园骨干教师100人培训工作;对天津市援疆支教大学生300余人开展岗前培训。完成和田园长跟岗实践27人的培训及和田非专业教师36人培训。

撰稿:丁　婧
审稿:李　倩

天津市第一商业学校

【概况】　天津市第一商业学校始建于1960年,是首批国办商贸类中专学校,国家级重点中等职业学校,首批国家级中等职业教育改革发展示范校、全国首批教学诊断与改进工作试点校、天津市职业教育提升办学能力项目和"双优校""创优赋能"项目建设校。学校坐落于河东区津塘路,占地16.80万平方米,建筑面积9.59万平方米,建有高标准的教学楼、学生宿舍、餐厅、运动场地、图书馆及万余平方米的校内实训基地及文体活动场所,配备完善、功能先进的现代化教学设施,建有4个专业群实训基地,51个实训室。学校有在校生4520人,专兼职教师290人,正高级讲师5人,硕士及以上107人,"双师型"教师占专任专业课教师比例为67.7%。学校具有中专、三二分段、中高职衔接系统培养技能型人才等多层次的办学模式,开设财经商贸、商用技术、机电技术、艺术设计四大专业群,涵盖会计事务、物流服务与管理、计算机网络技术、制冷和空调设备运行与维护等15个专业。先后获评全国教育系统先进集体、全国职业教育先进单位、第四届黄炎培职业教育优秀学校、全国首届中等职业学校德育工作先进集体、全国五四红旗团委、全国职业院校教学管理50强等荣誉称号。

撰稿:刘雪梅

【教育教学成果】　2023年,学校党委和各党支部,高质量完成主题教育五个专题的交流研讨,高标准开展调查研究和大调研大走访活动,解决群众实际问题。聚焦推进学校高质量发展首要任务,自我分析深入检视整改,巩固主题教育成果。2023年5月,国家乡村振兴重点帮扶县教育人才"组团式"帮扶工作专家顾问委员会委员郭葳同志率天津市第一商业学校专家团队一行5人,深入广西壮族自治区百色市靖西市职业技术学校、德保县职业技术学校、凌云县职业技术教育中心、隆林各族自治县职业技术学校、崇左市天等县职业技术学校全面开展实地调研,为进一步促进教育人才"组团式"帮扶工作落地见效打下了扎实的基础。2023年,学校参研成果《模式创立、标准研制、资源开发、师资培养——鲁班工坊的创新实践》获国家级教学成果特等奖;参研成果《从资源建设到应用创新:职业院校互联网学习生态建设的实践与研究》获国家级教学成果二等奖;申报成果《精执于形、精质于教、精治于道:中职内部质量保证体系构建的实践探索》《能力进阶　模块重构:财经商贸专业群数字化人才培养模式探索与实践》获国家级教学成果二等奖。2023年,在天津市职业院校技能大赛教学能力比赛中,学校跨境电商组教学团队和思政教学团队获一等奖;语文组教学团队、物联网组教学团队获二等奖并入围国赛。参赛团队严格按照时间节点完成作品制作、打磨完善、授课展示等,语文组教学团队、物联网组教学团队均获国赛三等奖。在参加天津市第二届学校思想政治理论课教师年度影响力人物选树活动中,李响获评"天津市第二届学校思想政治理论课教师年度影响力人物"。学校思政教师在天津市大中小学"故事思政"微课大赛中获得一等奖2项,参加天津市中等职业学校学生思想政治课公开课大赛,获三等奖和优秀奖各一组,参加天津市中职学校第四届"思政课情景剧"比赛获三等奖。2023年,学校坚持培养德智体美劳全面发展的社会主义建设者和接班人:1名学生获评天津市优秀共青团员,1个作品在2023年天津市第七届黄炎培职业教育创新创业大赛中获一等奖。悦动啦啦操队获"2022—2023年全国啦啦操联赛"少年甲组第四名,舞龙舞狮社团在"津龙武跃"杯天津市舞龙舞狮精英赛中获舞龙项目一等奖、舞狮项目二等奖。

撰稿：刘雪梅

【国家级教学创新团队完成中期检查验收】 学校物流服务与管理专业国家级职业教育教师教学创新团队形成了对接党的二十大报告精神，体现职普融通、产教融合、科教融汇要求的"五维建设三化共享"建设路径，是一套系统化的国家级创新团队建设机制建设及运行范式，课程数字化物流商业运营实务获批天津市职业教育一流核心课程，加入全国智能供应链产教融合共同体、全国冷链物流产教融合共同体。11月底，该创新团队完成中期现场答辩，顺利通过中期验收，为后期的创新团队建设明确优化改进方向。

撰稿：张　齐

【鲁班工坊建设通过质量评估】 2023年，吉布提鲁班工坊质量评估会圆满举行，依据鲁班工坊建设项目质量评估指标，专家组通过观看宣传片、听取汇报、现场连线、审阅材料等方式，对吉布提鲁班工坊建设情况进行全面评估，给出评审意见。专家一致同意通过质量评估。学校以此为契机，不断加强鲁班工坊的内涵建设与服务能力，助力吉布提鲁班工坊的内涵建设、质量提升。

撰稿：罗　维

【实训教学楼项目开工】 2023年，学校实训教学楼项目开工仪式举行，市商务局、咨询服务单位、监理和施工单位相关领导和人员代表，以及学校领导班子成员参加仪式。该项目是根据《教育部等五部门关于印发<职业学校办学条件达标工程实施方案>的通知》要求推进实施，以进一步优化职业教育布局结构，改善学校办学条件，完善校园基础设施建设，提升学校建设规模，匹配全日制在校生和教职工教学实训的功能需求为目标。项目建设改善了学校环境布局和硬件设施，为学校强化自身综合实力创造空间和条件。

撰稿：原　帅
审稿：赵　兵　刘　阳

天津市第一轻工业学校

【概况】 天津市第一轻工业学校始建于1958年，是一所以工科为主兼办经贸和艺术类专业的国家级重点中等职业学校。1980年被教育部批准为首批国家级重点中专学校，2014年被教育部等六部委确定为首批国家中等职业教育改革发展示范学校。

学校有教职工309人，在校生5000余人。学校本着"学校一切工作都是为了学生成才"的办学指导思想，以"诚毅达才"为校训，始终以"关爱至上、永争第一"的办学理念为引领，坚守为党育人、为国育才，全面贯彻党的教育方针，坚持社会主义办学方向，落实立德树人根本任务，努力培养堪当民族复兴大任的时代新人。

学校开办"中高职衔接系统培养技能型人才"五年项目、三二分段中职接高职、普通中专等3个层次，开设加工制造类、交通运输类、轻纺食品类、石油化工类、财经商贸类、信息技术类和文化艺术类7个专业门类，设置15个专业。

学校获天津市文明学校、天津市教育系统先进集体、天津市师德建设先进单位、天津市教育系统思想政治工作先进集体、天津市先进团委、天津市教育系统五好关工委单位、天津市青年志愿者服务杰出集体、天津市学校体育工作先进集体、全国中等职业学校德育工作先进集体、全国中职学校就业指导先进单位、全国百所半工半读试点校等称号。

学校获国家级教学成果二等奖1项，获天津市教学成果特等奖2项、一等奖2项。9个专业申报"1+X"证书制度试点，4个专业申报中高职贯通培养项目，3门课程被评为市级一流核心课程。机电专业师资团队成功入选"2023年度天津市职业院校教师素质提高计划国家级培训海河名师（名匠）团队培育项目"，机电技术应用专业团队、食品加工工艺专业团队成功获批市级教学创新团队立项建设单位，物联网技术应用专业群教师教学创新团队获批国家级教学创新团队建设单位。学校顺利完成天津市职业学校"十四五"教育教学改革研究项目1个课题、天津职业院校联合学报2个课题、中国轻工业联合会4个课题和天津市大中小课程思政一体化研究中心1个课题。"食品加工工艺专业教学资源库"和"机电技术应用专业教学资源库"获批市级专业教学资源库。学校组织开展天津市职业教育智慧教育平台应用试点学校建设工作。2023年全国智能制造虚拟仿真大赛总决赛（中职组）二等奖；2023年天津市职业院校技能大赛教师获二等奖2个、三等奖2个，学生获一等奖7个、二等奖9个、三等奖16个；第九届中国国际"互联网+"大学生创新创业大赛天津赛区职教赛道比赛获铜奖；第五届中华经典诵写讲大赛活动"诵读中国"经典诵读大赛天津赛区比赛获二等奖。

撰稿:张 艳

【雄安新区容城县职教考察团来校调研交流】 12月28日下午,雄安新区容城县委常委陈丽带队一行8人来校调研交流,学校领导及相关部门负责同志参加交流活动。职业教育为新区建设和产业发展输送大量高素质技术技能人才。容城县职教中心得益于天津一轻校的协作帮助,连年取得长足进步,整体办学实力特别是师资能力得到快速提升,服务新区发展能力显著增强。在与会领导的见证下,校长王建军与河北省容城县职教中心校长刘海军续签协作共建协议,旨在巩固两校良好的协作基础,不断提升协作层次和水平,进一步突出优势互补、深化交流协作,提升育人质量。

撰稿:杨 柳

【师资队伍团队化发展】 学校积极开展物联网技术应用专业(群)国家级教学创新团队建设,基于目标设置理论,形成"目标设置—过程监测—结果反馈"三维延展团队管理机制。目标设置维度,以构建命运共同体为根本,团队成员共同设定团队发展目标,引领成员科学设置个人目标,将个人成长融入团队建设中,激发团队成员内生动力。过程监测维度,以目标为导向,将团队与个人、实时与阶段性监测相结合,通过月度绩效考核、年度评估、师资监测平台大数据进行过程监测,诊断建设中存在的问题,制定有效改进措施。结果反馈维度,将结果性评价与增值性评价相结合,既关注团队建设成果又关注职称评聘、大赛获奖等个人成果,制定奖励办法,召开团队会议,明确团队和成员的相互依托及促进关系,利于团队和成员制定新的发展目标,促进团队建设质量和成员发展水平螺旋上升。机电专业申报校级教学创新团队并于2023年5月在中职中唯一成功入选天津市"2023年度海河名师(名匠)团队培育项目";2023年11月,机电技术应用及食品加工工艺专业团队成功获批市级教学创新团队立项建设单位,占入选市级中职教学创新团队的29%。

撰稿:穆银艳

【数字化教学改革】 2023年学校作为第一主持单位的"食品加工工艺专业教学资源库"和"机电技术应用专业教学资源库"被认定为天津市职业教育专业教学资源库入选项目,共联合全国10余所中高

职职业院校和5家企业。资源库建设以"能学、辅教、促学"为原则,通过行业指导、校企合作,全面制定专业职业岗位工作职责,完善专业人才培养方案;同时根据"统一规划、分步实施、边建边用、持续更新"的原则,结合职业能力要求、职业资格标准及行业、企业优质资源,形成专业课程体系。专业资源库建设基于学校课程资源平台,充分融合思政元素、技能大赛要求、职业技能等级证书标准和行业标准。通过数字化资源建设,丰富专业场景体验、提升专业授课效率,能够满足在校学生、专业教师、社会人员及普教学校学生的专业课程学习、资源查询、竞赛指导、技能培训、资格认定、双创活动、劳动教育等需求。专业资源库设置专业标准库、课程中心、素材中心等模块,共上线标准课程22门,用户注册人员3257人,总访问量971万,素材总数为4065个。专业资源库有自动化设备及生产线调试与维护、电气控制技术、有机化学3门课程入选天津市在线精品课程,其中有机化学课程已上线天津市职业教育智慧教育平台。通过对专业教学资源的建设和应用,建成实现自主学习、教学、培训、教研等服务的综合平台,实现学生、教师、学校、企业和社会多方受益。

撰稿:王 丽

【安全教育】 2023年5月11日学校联合河北区国防动员办公室、新开河街武装部、公共安全办公室以及河北区泰来嘉园社区等单位,共同开展以"防范灾害风险,护航高质量发展"为主题的防灾减灾日系列主题活动。学校国防动员办公室负责人以《学习防空防灾应急知识,提高应急能力确保安全》为题对师生进行安全讲座,随后相关人员开展应急器材展示、穿戴防毒护具、心肺复苏等突发应急救护、紧急避险的相关措施与技能的讲解与演示。为全体师生介绍遇到地震、防空警报时如何避险、如何防护,进行讲解,带领同学作出防护动作,完成相关演练。

撰稿:张碧舟

【招生与就业】 2023年,学校不断创新招生思路,拓宽生源渠道,稳定学校办学规模。提高就业质量,提升就业服务功能。积极落实推动天津发展"十项行动"。深化与雄安新区的合作交流,进一步优化与容城职教中心协作交流。续签两校协作协议;继续做好电子商务专业联合招生合作办学项目,积极组织河北省联办学校教师来津开展学访交流活动。继续深入开展京津冀协同发展联合办学合作招生项

目,与河北省9所学校通过"2+1"联合招生模式落实联合办学合作招生项目,实现联合招生449人。努力提高学生升学和就业质量,实现优质就业。拓宽就业渠道。召开线上、线下招聘会,同时利用好天津市大中专学校就业信息化平台和"津校招"微信公众号,帮助毕业生高效、低成本就业。加强完善就业跟踪管理体系建设。2023年学校应届毕业生就业率达到95.9%。

撰稿:袁　媛
审稿:王建军

天津市经济贸易学校
(天津市烹饪技术学校)

【概况】　天津市经济贸易学校(天津市烹饪技术学校)始建于1960年,是一所全日制国家级中等职业学校,学校为首批国家级重点中专、国家中等职业教育改革发展示范校、天津市中等职业学校国际先进水平重点建设项目单位,全国教育系统先进集体,天津市职业教育创优赋能建设项目优质中职学校和优质专业建设单位。学校隶属于天津食品集团有限公司,有三个校区,总校区位于天津市西青区卫津南路239号,长江道校区位于天津市南开区长江道孤山路3号,丽江道校区位于天津市西青区玉带路36号。总占地21.9万平方米,校舍建筑面积6.6万平方米。学校设有普通中专、三二分段中职接高职等办学层次,对外开展社会培训。

2023年,学校坚持"德育为先、能力为本、精心育人、服务社会"的办学宗旨,秉承"崇德、笃学、励志、敏行"校训,全面落实立德树人根本任务,积极探索市域现代职业教育体系建设新模式、区域产教联合体和行业产教融合共同体的新经验新范式,不断提升学校关键办学能力。学校围绕职业教育与产业结合、与人的终身学习相结合的部署,加快推进重点项目和基础设施建设,坚持将提升职业教育对经济社会的适应性作为办学的基本出发点,积极拓展教育链、人才链、产业链、创新链,通过强链、补链、延链,在学校发展建设中开辟新赛道,塑造新动能、增添新优势。主动融入天津市"一基地三区"建设,创新专业建设机制,强化专业品牌,培养更多的高素质技术技能人才。

学校以党建为引领,以服务学生全面发展和经济社会发展为主线,坚持"五抓"做到"五强",暨抓项目,强基础,夯实高质量发展的硬支撑;抓创新,强质效,点燃高质量发展的新引擎;抓人才,强队伍,汇聚高质量发展的新动能;抓管理,强服务,厚植高质量发展的新优势;抓安全,强意识,筑牢高质量发展的新屏障。切实提高学校办学质量,努力办好人民满意的职业教育。

撰稿:王亚平

【普职融通】　学校努力创新以文化人、以德育人形式,全方位开放学校优质教育教学资源,发挥职业教育优势,教育引导本校及广大中小学生培育和践行社会主义核心价值观,积极履行公益职责,赢得良好的社会声誉。学校精心打造专业贯通、工种衔接、岗位融合的职业技术技能体验中心,邀请天津市富力中学和河北区大江路小学学生来校开展劳动教育职业体验活动,在亲历劳动的过程中,掌握自理、自立的劳动技能,树立劳动最光荣、劳动最崇高、劳动最伟大、劳动最美丽的理念。学校积极发挥行业办学优势,组织小幼学生在天津食品集团有限公司所属知名企业开展工业游研学活动,传承饮食文化、体验食品生产加工、现代农牧渔业种植养殖乐趣。在沉浸式职业体验中,让学生懂得尊重劳动、尊重普通劳动者,培育良好的劳动习惯和品质,全面提升劳动素养,领悟工匠精神。学校与西青区富力中学合作,共同打造美食社,开展七周系列活动,将学生带进美味天堂。系列活动从分组、社团介绍、活动策划开始,经过美食文化——中国传统节日民俗与饮食文化介绍;制定水果沙拉活动计划、准备食材、制作、品尝;学习和面、制作手擀面条;学习擀饺子皮、制作芝麻饼干、空心糖饼、学习包粽子等丰富多彩的实践内容,培育学生在活动中树立劳动意识,培养劳动精神、团队协作精神。以美食为桥梁更深的了解中华餐饮历史,感受饮食文化的韵味和魅力,弘扬中华传统文化的创新精神,提升民族自豪感、文化自信心。

撰稿:王亚平

【产教融合】　学校坚持将提升职业教育对经济社会的适应性作为办学的基本出发点,不断深化教育教学改革,增强职业教育适应性和吸引力,主动融入天津市"一基地三区"建设,创新专业建设机制,强化专业品牌,培养更多的高素质技术技能人才,实现办学质量高水平、产学合作高质量。紧密结合天津经济发展以及天津食品集团主业,深化产教融合,形成专业建设、人才培养、产学合作、岗位实习等多维度贯通职业教育模式。积极与企业签订合作协议,大力发展校企合作、科教融汇。与天津市桂顺斋食品有限公司、天津二商迎宾肉类食品有限公司多次互访交流,在校企双元育人基地建设、职工培训、新产品研发、技术服务等方面达成共识。践行"引企驻校、科技创新、自主经营"的产教融合理念,推动创新创业孵化基地持续发挥作用,在物联网、数控技术、电子商务等多个专业,深化校企合作协同育人功能。充分发挥天津食品集团新时代人才实践教育基地的作用,积极开展面向社会的中式烹调师、中式面点师等各类职业培训、技能鉴定,服务人才终身学习。在校内选树培训名师名课,完善核心专业课,打造具有职教特色的系列精品培训课程。在实现经济效益的同时,助力经济社会发展,进一步增强学校服务人的终身教育能力。积极融入京津冀协同发展,助力雄安新区人才培养。与河北省安新县职业技术教育中心合作建立"天津市经济贸易学校雄安协作校区"项目。组建由校领导、部门负责人、专业带头人、烹饪大师等组成的"经贸安新教育委员会",从制度建设、教学管理及专业建设、教学研究、教学督导四个方面与安新职教中心积极对接,联合培养100余名新区急需技能人才。

撰稿:王亚平
审稿:董小雪

天津市劳动经济学校
(天津市人力资源和社会保障局
第二高级技工学校)

【概况】 天津市劳动经济学校创办于1964年,主校区(西青校区)坐落于天津市西青区杨柳青镇青沙路6号,另有东丽校区,位于天津市东丽区程林庄警民路19号。1986年归属天津市劳动局(现天津市人力资源和社会保障局),2008年与市人社局下属第二高级技工学校资源整合,逐步发展为专业门类齐全的全日制综合性国家级重点中专学校。国家级重点技校、国家中等职业教育改革发展示范校、国家高技能人才培养基地、天津市国际先进水平中等职业学校及天津市"优质中等学校"建设项目单位。学校设有20个部门,在职教职工245人,其中专任教师198人,"双师型"教师占比超过91%;学校拥有文、理、工科三大类共计16个专业,在校生规模6242人。

学校改革人才培养模式,加强课程建设,新能源汽车运用与维修专业的教学资源库入选天津市职业教育专业资源库。汽车电控发动机维修课程获评天

津市职业教育一流核心课程。探索双元育人的模式,推进校企合作产教融合,先后与电装(天津)空调部件有限公司、华生科技(天津)等多家企业签订校企合作协议,共建校外实习实训基地,推进教学活动与企业需求、岗位要求高度契合,努力提升学生岗位实习能力,实现校企生三方共赢。

重视立德树人,开展"重走长征路"和参观"天津人社成果展"等思政课实践教学活动,丰富思政课教学模式。4名教师代表天津市参加教育部职业教育发展中心举办的中等职业学校教师教学设计与展示交流活动,1名教师获评"典型案例展示者"。开展校园文化艺术节、读书读报、职教周、安全培训等二课堂活动;搞好学生社团建设,学校舞蹈社团获"天津市活力社团"称号。

学校共有教师98人次、学生78人次在各级各类技能竞赛中获奖,其中17人次获国家级奖项;14人次获2023年天津市职业院校技能大赛一等奖。1名教师获评天津市职业教育先进个人、2名教师获评天津市技术能手、1名教师获评天津市人力资源和社会保障局先进工作者。

撰稿:沈 楠

【全国技能大赛】 2023年9月16—18日,学校2名教师获第二届全国技能大赛工业机器人系统运维赛项银牌,1名学生获汽车技术赛项铜牌;组织40余名教职工参与工业机器人系统运维与汽车技术2个赛项的赛事保障工作。

撰稿:沈 楠

【社会服务】 完成好"援藏帮扶"任务,2023年4月27日与西藏技师学院签订协议,结成汽车维修专业建设精准帮扶关系,向西藏技师学院给予全面的帮扶支持。开展社会培训工作,推广学校技能培训在线学习平台,共计培训1500人。进行技能等级认定超过4500人次,其中社会人员技能等级认定超过2000人次。

撰稿:沈 楠
审稿:王 晖

天津市建筑工程学校

【概况】 天津市建筑工程学校成立于1964年,是教育部首批认定的国家级重点中等专业学校、天津市中等职业教育示范学校,是建设部、教育部批准

的"建筑行业技能型紧缺人才"培养基地、天津市建设行业专业技术人才培训基地。

学校原举办单位为天津市建工集团（控股）有限公司,2022年8月划归市教委管理,为天津市教育委员会直属学校。在校学生2089人。教职工116人,离休干部2人,退休职工274人。

学校坚持以就业为导向,努力培养应用型技能人才,坚持职前教育与职后教育相结合,学历教育与非学历教育相融通,中职教育与高职教育相衔接的多层次、多规格、多形式、多功能的办学模式。学校开设建筑工程施工、工程造价、建筑装饰、建筑水电设备安装与运维、工程测量、楼宇智能化设备安装与运行6个专业,其中建筑工程施工专业是国家级示范专业。学校实训楼及实训基地总建筑面积6000平方米,其中包括全国领先的MRC实训室、BIM综合实训室、建筑CAD实训室、3D MAX效果图实训室、工程测量实训室等15个校内实训基地,满足不同专业学生实训需求。

2023年,天津市职业院校技能大赛中,学校参赛学生在水利工程制图与应用赛项中获二等奖,在工业互联网技术应用赛项和人工智能技术应用赛项中分获三等奖。参加第十四届、第十五届全国"斯维尔杯"BIM—CIM创新应用技能大赛,参赛学生分别获装配式深化设计赛项的一等奖、二等奖、三等奖;装配式建筑赛项二等奖;BIM建模赛项三等奖的佳绩。2023年首届全国中职学校智能建造技术应用邀请赛暨第三届长三角地区中职建筑类专业学生技能大赛水利工程制图与应用赛项比赛中,参赛学生获三等奖。

2023年,由杨莹老师主持的天津市思想政治理论常设课题——《关于MR技术助力课程思政的路径与实践研究》项目于7月结题。2位老师在2023年天津市职业院校技能大赛教师赛人工智能技术应用赛项获三等奖。以张东书、赵会武和冯裕国组成的教师团队在天津市大中小学"故事微课"大赛中获特等奖;2位教师的案例作品Personal and Family Life获第二届"超星杯"职业院校课程思政典型案例大赛三等奖。

撰稿:刘 娜

【课程改革】 2023年12月9日,由天津市教育委员会、天津市海河教育园区管委会、新华通讯社新闻信息中心主办的"擎信仰之炬 扬理想之帆"2023年天津市大中小学"故事思政"微课大赛(中职组)决赛落下帷幕。张东书、赵会武、冯裕国3位思政教师组成的教学团队凭借参赛作品《八角楼里灯永亮,革命文化代代传》以总分第一名获天津市中职思政课程组唯一特等奖。该项赛事历时近3个月。期间,参赛教师充分发挥专业理论素养、教育教学设计能力、信息化教学水平,以及团队分工协作能力。

撰稿:张东书

【东西协作】 2023年初,学校参加第十一批援疆支教工作。青年骨干教师单楷淳8月奔赴新疆生产建设兵团第十一师职业技术学校开展教育援疆工作。10月23日,新疆生产建设兵团第十一师职业技术学校陈德军校长来津,两校签署结对合作协议,加深学校与新疆兄弟院校的教育交流合作。

撰稿:刘 娜
审稿:张孟同

天津市园林学校

【概况】 天津市园林学校始建于1981年,是一所国办省部级重点中等职业学校,隶属于天津市城市管理委员会。学校坐落于河东区津塘路101号,占地7.56万平方米,校舍建筑面积1.65万平方米。

学校开设有园林绿化、园林技术、建筑工程造价3个专业。其中园林技术、建筑工程造价为"三、二分段"中高职衔接系统培养技能型人才教育模式。学校园林技术专业多次被天津市教委评为中等职业学校骨干专业、全国职业教育系统示范专业。学校有25个教学班级,在校学生1080人。

学校有教职员工125人,其中专任教师60人,具有研究生学历10人,高级讲师10人,双师型教师15人。学校教学设施齐备,拥有园林设计教学中心系统、土壤肥料、插花、测量、植保及组培等多个专业实验室;拥有园林科普研学教育、劳动教育实践、花卉培育展示等5个校内实习实训基地,总计占地1.37万平方米。学校与天津滨海创业园林绿化工程有限公司、天津市园林花圃、水上公园等企事业单位开展校企合作,共建校外实训基地。

2023年,园林学校以"厚德自强,修技立身"为校训,坚持社会主义办学方向,为党育人、为国育才,办好人民满意的职业教育。坚持党建引领,加强师德师风建设、党风廉政建设、意识形态工作,不断提高教职工职业素质。学校制定完善班主任考核、任课教师教学质量考核、师德师风考核、教职工行为规范、学生日常行为规范及校园环境秩序规范等管理制度20余项。完成各项办学条件指标达标工作。

学校充分利用市城管委划转土地资源设计开发建设"三基地一课堂",即科普研学基地、花卉培育展示基地、劳动教育实践基地及园艺养心阳光课堂,满足学生校内实习实训需求并可提供对社会的园林科普教育及劳动实践;为规范培养园林专业技能人才,学校加大校企合作,产教融合力度,2023年6月与滨海创业园林公司完成校企合作实习基地签约及揭牌仪式,开启校企合作新篇章。

学校注重学生的心理健康教育,平安校园的建设。制订《园林学校学生心理健康教育、安全预警四级网络体系建设实施方案》,构建早发现、早干预、早处理的学生心理问题预防与干预长效机制。抓好春季开学疫情防控和传染病防治、校园安全、食品安全、交通安全及学生日常安全教育等工作;抓细抓实各类风险隐患排查,确保各类风险隐患治理工作落地落实;每学期组织全校师生开展一次应急疏散逃生演练,筑牢师生安全防线。

撰稿:刘新华

【园林特色示范性实训基地建设】 2023年学校充分利用市城市管理委划转土地及智能温室等设备设施,以及教委拨付的50万元创优赋能建设项目——《天津市园林学校专业技能实践基地建设项目》,建成集园林科普、教学实习、劳动教育、特色研学等功能为一体的具有鲜明园林特色的实践基地。建设1500平方米室内技能实践育人中心。改变原有课堂老师讲学生听的教学模式,在实践基地打造实训教室,讲授艺术插花、盆景制作、组合盆栽、微景观设计等课程,边讲边实践,提升课堂效果,提升学生动手能力,提升学生心理健康水平;持续建设教育示范区,特色植物组景区等园林特色区块。建设1万平方米室外园林实习实训基地。建设园林科普研学基地、花卉培育展示基地、劳动教育实践基地。增加苗木、花卉品种,打造花卉品种区、苗木品种区、植物播种、扦插、分株等区域,提升学生专业技能和动手能力。进一步探索"党建+特色研学"新模式。通过开展园林花苗木栽植养护劳动实践,将劳动教育与思政教育、创新创业、实习实训、科普志愿服务等有机结合,通过开展园林植物导赏、组合盆栽制作、植物画制作、艺术插花、病虫害防治、园林与艺术、园林与诗词、造园实践等园林特色科普研学项目,寓教于乐,为学生普及园林知识,搭建学习并体验园林文化

的第二课堂,帮助师生消除生活、学习中的不安心理与急躁情绪,缓解压力、复健心灵,陶冶情操。

撰稿:杨 威

【校企合作签约暨实习基地揭牌仪式】 2023年6月8日,园林学校领导班子带领教师10余人及学生30人,来到天津滨海创业园林绿化工程有限公司,共同参与和见证学校与滨海创业园林公司校企合作签约和实习基地揭牌仪式。滨海创业园林公司是天津市优秀的园林企业,创新意识领先,实力雄厚,社会责任感强。园林学校是天津市培养优秀园林人才的摇篮。双方自2021年5月积极推进校企合作、产教融合,共同致力于园林专业技能人才的培养。2023年,双方深化校企合作,学校为公司定向培养"滨海创业订单班",以"学生受益、学生满意、学生成长"为标准,从专业课程设置、教学模式改革等方面进行尝试,促进学生提升岗位技能、操作能力,更好适应社会对园林技术技能人才的需求。本次签约及实习基地揭牌,推动校企合作工作再上新台阶。

撰稿:章跃杰
审稿:代国英

天津市仪表无线电工业学校
(天津市电子信息技师学院)

【概况】 天津市仪表无线电工业学校(天津市电子信息技师学院)隶属于天津市人力资源和社会保障局,是一所集学历教育与各类职业培训、技能认定于一体的全日制中等职业学校,是首批国家中等职业教育改革发展示范学校。学校位于天津海河教育园区雅深路6号,占地18.73万平方米,总建筑面积10.5万平方米。学校始终秉承"工于蓝色,陶铸特色"的核心办学理念,坚持"质量立校,特色兴校"的办学方针,不断完善办学条件,丰富办学内涵,增强办学实力,学校先后获全国职业教育先进单位、国家技能人才培育突出贡献奖、全国黄炎培职业教育优秀学校等荣誉称号;获得国家级教学成果奖一等奖、天津市教学成果特等奖;院长王喜华是教育部评选的天津市唯一的新时代职业学校名校长,学校在国内具有一定影响力和辐射力。

2023年,学校在校生规模6000余人。学校围绕天津市产业人才需求,进行专业布局,开设有信息技术类、智能控制类、先进制造类、商贸服务类四大专业群,拥有完备的教学基础设施,先进的教学设备仪

器,学院积极发挥首批试点评价机构的主体作用,积极探索高技能人才培养模式,可面向社会开展对电工、磨工、电子商务师等30个职业(工种)进行初、中、高级工和技师、高级技师职业技能培训和职业技能等级认定工作。

2023年,学校紧扣打造职业教育创新发展标杆的目标任务,坚持深化改革、激发动能、健全机制、锻造核心的工作理念,各项事业发展成效显著。学校被评为天津市职业教育先进单位,在中华人民共和国第二届职业技能大赛中,夺得5金、1铜、1优胜的成绩;作品《蓝色赛道圆梦时》获天津市中职学校第四届"思政课情景剧"比赛一等奖;《12.13—一尊雕塑的记忆》和《黄河上的歌》,在2023年天津市大中小学"故事思政"微课大赛现场决赛中,包揽2个课程思政(中职组)特等奖。

撰稿:张　玥

【职业技能大赛】 2023年9月,学校作为中华人民共和国第二届职业技能大赛赛事保障单位,完成电子技术世赛选拔、电子技术国赛精选、信息网络布线世赛选拔、信息网络布线国赛精选、光电技术、网络系统管理世赛选拔、物联网安装调试、工业互联网工程技术8个赛项的赛事保障任务。参赛师生获5金、1铜、1优胜的成绩。2023年,学校积极申报并被人社部确立为信息网络布线、光电技术、网络系统管理3个比赛项目的国家集训基地,校内建成国家集训基地3000平方米,具有满足竞赛项目要求的研发中心、训练、运动、仓储等各类场地和配套功能室17间,成为全国一流的高技能人才培养示范基地。

撰稿:张　玥

【助力西部地区职业教育】 为深入落实东西部协作的国家战略,学校不断拓展技能帮扶的途径和力度,围绕技能培训、技能人才培养等方面,全面推进支援合作与协作,助力西部地区职业教育不断发展。学校与新疆和田县高级技工学校、新疆地区技工院校等合作,共同制定人才培养计划,为当地培养急需的专业技能人才;援建和田县高级技工学校"信息网络布线"实训室,并派出1名教师驻地教学,引领提升当地网信专业发展水平。2023年5月,该教师代表和田地区参加新疆维吾尔自治区第一届职业技能大赛信息网络布线赛项,获该项目首金;2023年9月,该教师代表新疆代表队参加中华人民共和国第二届职业技能大赛获信息网络布线(国赛精选)赛项

银牌。学校用扎扎实实的援疆成果,不断促进和田地区职业教育高质量发展。

撰稿:张　玥

【津南区技工教育联盟】 2023年5月,学校作为主要发起单位,牵头组织5所技工院校、10家企业、1家培训机构,共同组建"津南区技工教育联盟"。联盟深入贯彻落实习近平总书记大力发展技工教育的重要指示精神,以培养现代技术技能型人才服务天津市社会经济发展为目标,通过整合技工教育资源,在校企合作、专业设置、技能培训、竞赛培养、师资培养、就业创业等方面开展紧密合作,充分发挥"政校企"之间的沟通桥梁作用,打造天津市津南区技工教育品牌,提升津南区技工教育综合实力,努力打造全国技工教育联盟标杆,为建设区域经济发展贡献技工教育力量。

撰稿:张　玥
审稿:杨红梅

天津市体育运动学校

【概况】 天津市体育学校成立于1977年8月,校地址为红光中学。1979年,更名为天津市体育运动学校。1986年2月,天津市体育运动学校迁至河西区体院北道5号校区开展办学。2014年8月,天津市体育运动学校、原天津市第二体育运动学校、原天津市职工体育运动学校,合并为天津市体育运动学校。2017年9月,天津市体育运动学校迁至团泊体育中心开展办学。

学校坚持体育特色的办学模式,全面贯彻党的体育、教育方针,始终秉承"为天津市和国家培养输送德智体美劳全面发展的高水平优秀竞技体育后备人才,为社会培养合格体育人才"的办学宗旨,办学定位准确,管理制度健全,发展思路清晰,逐步形成"育人为先、学训并重、全面发展"的人才培养模式,学校连续五个周期被国家体育总局命名为"国家高水平体育后备人才基地",2023年再次被国家体育总局命名为"国家重点高水平体育后备人才基地",先后被授予"全国业余训练先进单位""全国青少年体育工作先进集体""全国群众体育先进单位""市级机关基层党建工作示范点""天津市文明校园""天津市民族团结进步模范集体"等称号。

2023年,天津市体育运动学校深入贯彻落实党的二十大精神,落实《国家职业教育改革实施方案》

《关于深化体教融合 促进青少年健康发展的意见》、全国职业教育大会总体要求，紧紧围绕"培养和输送高水平体育后备人才"的办学目标，以立德树人为根本，创新育人机制，深化职业教育教学改革，不断探索天津市竞技体育后备人才培养新模式。

学校先后获批"天津市中等职业学校布局结构调整与基础能力建设""天津市中等职业学校国内先进水平建设""天津市中等职业学校数字化校园达标建设项目"等项目，不断提高学校核心竞争力，为打造现代化体育运动学校奠定基础。学校做好与天津体育职业学院、天津体育学院等高等体育院校的办学衔接，成立中小学部，实现延伸办学探索开展中小学九年义务教育课程，不断提升体育人才培养质量。为进一步推进体育强国建设，加快职业教育发展，学校将抓住历史机遇，发挥示范辐射作用，不断扩大学校在相关业界的办学影响，努力建设成为国内一流、国际知名的现代化体育运动学校。

撰稿：左厚增

【天津市"排球之城"青少年训练营】 由天津市体育局主办，天津市体育运动学校承办的2023年天津市"排球之城"青少年训练营活动于2月7日在团泊体育中心排球训练馆开营。来自天津市各区青少年业余体校、排球训练基地、排球传统学校和排球俱乐部等13个单位参加此次活动。本次训练营旨在推广排球运动在青少年中的普及，为青少年搭建学习交流的平台，通过选拔和培养不断发现更多优秀的排球后备人才。

撰稿：左厚增

【学校排球队获第三十二个全国青少年女子排球比赛冠军】 2023年3月14日，经过六天的激烈角逐，全国体校U系列排球锦标赛女子组比赛，在山东省日照市香河体育公园落幕。天津市体育运动学校女子排球队员们最终以3:1的比分战胜对手夺得第三十二个全国青少年女子排球比赛冠军并获得体育道德风尚奖。本次全国体校U系列排球锦标赛是一次高规格、高水平的青少年排球体育赛事，其中女子组共有来自全国各地15支代表队参与，在决赛决胜局中天津市体育运动学校女子排球队最终拿下，以30:28的比分力克对手成功夺魁，实现天津市体育运动学校在全国青少年女排比赛中的第三十二次夺冠。

撰稿：左厚增

【举重项目青少年暑期训练营】 2023年8月，天津市体育运动学校在团泊体育中心举重训练馆举办举重项目青少年暑期训练营。本次训练营共有来自天津市各区青少年业余体校、举重传统学校和举重俱乐部等10个代表队共156名学生和教练员报名参加。旨在推广举重运动在青少年中的普及，为青少年搭建学习、训练交流的平台，促进青少年健康发展。训练营内容安排丰富，激发学员们参与举重训练的热情，引导学员在训练中增强体质、健全人格、锤炼品质，领悟中华体育精神的深刻内涵。同时，训练营还将通过"力量之星"的评选，不断发现更多优秀的举重后备人才，落实天津市体育局"八项举措"的要求，促进青少年固本强基，深化体教融合，助力天津市加快建设"运动之都"、体育强市建设。

撰稿：左厚增

【天津市足球项目青少年男子U11—U12专项素质测试赛】 2023年10月14—15日，由天津市体育局主办，天津市体育运动学校承办的2023年天津市足球项目青少年男子U11—U12专项素质测试赛在团泊体育中心开赛。来自天津津门虎足球俱乐部和24个足球青训基地的200余名足球青少年竞技体育后备人才参加本次测试赛。本次测试赛设置多项专项素质测试以及五人制足球比赛，聘请专业团队为参赛队员进行身体机能测试，为足球青少年后备人才训练和选拔提供科学的数据支撑。测试赛结束时，还结合队员日常表现和临场状态推选出"足球小达人"30名，进一步激励小队员们刻苦训练，再创佳绩。

撰稿：左厚增

【学校被命名为"国家重点高水平体育后备人才基地(2021—2024)"】 2023年11月，国家体育总局发布《体育总局关于命名"国家高水平体育后备人才基地(2021—2024)"的决定》，天津市体育运动学校被国家体育总局命名为"国家重点高水平体育后备人才基地(2021—2024)"。这是学校继1996年—2020年连续五个周期被国家体育总局命名为"国家高水平体育后备人才基地"之后，在新一轮基地认定中再次被认定为"国家重点高水平体育后备人才基地"。

撰稿：左厚增
审稿：郑治敏

乡镇成人教育中心学校

天津市静海区台头镇成人文化技术学校

【概况】 台头镇成人文化技术学校坐落于台头镇义和村,占地1800平方米,建筑面积880平方米,有办公室3间,图书阅览室1个,培训教室1个,档案室1间,书画教室1个,乒乓球活动室1个,棋牌室1个,舞蹈教室1个。有专职教师4人,全部为本科学历。另有校外兼职辅导员10人,村成校联络员12人。学校图书室现藏各类图书2400册,配有电脑、打印机、空调、监控设备、电子阅览等教学办公设备16台套。有"学校+基地(合作社)+农户"实验示范基地2个,文化活动中心1个。学校始终以"传播技术服务村街"为宗旨,积极开展农技培训推广;结合台头镇农业主产业特征和区域产业需求,负责区域内人力资源开发和推介就业;紧贴本镇经济开展实用技术与劳动力转移培训;配合镇政府各职能部门搞好精神文明建设和社区教育服务;搭建终身学习社区教育平台,形成融教学培训、实验示范、基地建设、服务咨询、技术推广"五位一体"的成人教育体系。全年共完成长短期培训、各类比赛活动、讲座、咨询37场次,受益3856人。全镇共获评区级学习型社区1个、学习型企业1个、学习型家庭2个,百姓学习之星2个。2个社区教育项目先后被推荐参加天津市社区教育项目评选,其中《农村幼儿园家、园、社区共育方法的实践研究》获得市级三等奖。

撰稿:张启志

【爱老助老】 全镇建立老年大学学习点18个,老年大学活动指导中心1个、文化大院1个。镇政府支持镇老年学校与台头镇18个村会议室利用多媒体设备开通远程教育。6月20日,开通党的群众路线教育课和各村老年学校学习点同步学习,在线教育学习美丽人生、生命的宽度课程。积极组织各类文体活动,各村街共成立中老年舞蹈队6个,服装模特表演队1个,编排的4个节目入选参加台头镇正月十五元宵节文艺展演和西瓜节展演。台头镇"友升老年大学活动指导中心"定期开展乒乓球比赛和书画评比展示活动,丰富老年人文体生活。开展"智慧助老"活动,联合天津农商银行台头镇支行、镇派出所开展3场"反诈防骗"活动,发放宣传册500余份,现场解答老人们迷茫的问题,增强金融安全防范意识。开展"老年享学"活动,社区志愿者和成校教师针对老年人的需求,帮助老年人掌握微信视频、微信扫码、手机阅读、科学生活等方面操作,提升老人的生活品质。

撰稿:张启志

【文明建设】 积极参加"最美农家书屋""静海好人""最美家庭"遴选活动,友好村农家书屋获评天津示范书屋,4人上榜"静海好人"。配合镇党办组织镇村工作人员定期走访调研村庄情况,分类掌握居民信息,积极做好政策宣传、文明引导等工作,践行"枫桥经验",扎实开展矛盾纠纷排查化解工作。全年共排查调处矛盾纠纷180余件,台头镇被评为天津市新时代"枫桥经验"先进典型。加大防诈骗、禁毒、防非法集资、《信访工作条例》和反邪教工作宣传力度,结合各类活动和重大节会,共开展宣传活动10余场,开展讲座6场。积极配合镇党办做好"扫黄打非"宣传工作,镇成校组织工作人员和各村街网格员对镇域内学校周边所有商店、书店等开展2次专项检查,共发现存在问题3处,完成整改。台头镇被评为全国乡村治理示范乡镇。中二堡村获评市级新时代文明实践示范站,北二堡村、幸福村获评区级家风家训试点村。

撰稿:张启志

【舆论引导】 以学习宣传贯彻党的二十大为主线,围绕全镇重点中心工作开展宣传活动,在镇域范围内安装硬质宣传条幅20余条,张贴海报100余张,制作宣传栏24个,营造浓厚氛围。做到"规定动作"高质量,"自选动作"有特色。进一步活用"草根宣讲团"特色宣讲队伍,制定年度宣讲计划和阶段性宣讲安排,开展宣讲8次,受众万余人,北二堡村刘金奎参加天津市基层理论宣讲员大赛获奖,中二堡村王琦被聘选为2023年区级科普大使。把握导向,强化舆论宣传。围绕元宵节、端午节以及西瓜节等重大节庆活动,配合中央、市、区等媒体报道,累计发送相关文章70余篇。在海河"23·7"流域性特大洪水发生后,围绕防汛、灾后重建工作及时跟进报道,选树推出一批典型案例人物事迹,以抗洪精神激励全镇干部群众的工作热情,拉近了政府与百姓的距离。央视新闻、新华社、中新社、人民网、天津电视台、《天津日报》等主流媒体累计报道200余篇,浏览量近2亿人次,向全国人民展现了台头镇全体干部群众的干事热情和全镇灾后重建工作成果。注重"线上线下"宣传阵地建设。进一步发挥台头镇南、北二堡教育基地、"草根宣讲团之家"以及"板凳讲堂"等作用。推出线上指尖课堂、党建信息专报等学习阵地,突出台头特色、发出台头声音,激励干部群众传递正能量。

撰稿:张启志

【"学校+基地(合作社)+农户"实验基地建设】 学校建有"学校+基地(合作社)+农户"实验示范基地2个,即"天津市普泽家庭农场"和"天津市郝建西瓜园专业合作社"。分别坐落于静海区台头镇大六分村和义和村,主打种植台头西甜瓜+西红柿等蔬菜种植,两个基地全年共种植冷棚西瓜120亩,暖棚西瓜86亩,西红柿等蔬菜140余亩,棚舍数量达到324座。西甜瓜和西红柿注册品种商标为"弘历"牌。多年来,学校积极争取天津市农科院、天津市农业大学、区农委、镇农委为合作社发展提供技术支持,采取优质西瓜标准化育种和种植技术,助力基地打造"弘历"品牌。普泽家庭农场和郝建西瓜园双双被天津市农业农村委命名为"天津市农产品生产实验基地",天津农业大学为普泽农场挂牌"天津农业大学乡村振兴人才培养基地"。在协调技术支持和品牌打造的同时,学校广泛协助基地、合作社扩大销售范围,积极为其筹备线上宣传和销售平台。上半年,通过镇成校引荐,普泽家庭农场与农担公司签订《农担合作协议》,实现强强联合,并为普泽农场解决农业贷款70万元。与此同时,充分发挥基地的辐射带动作用,于下半年初步建成台头镇李兄庄园的草莓棚两座。镇成校全年共举办种植技术培训5期,发放果树种植技术资料900余份,受益人数达258人,合作社与农户形成产、供、销一体合作。

撰稿:张启志
审稿:董圆融

民办教育机构

天津市津英中学

【概况】 天津市津英中学成立于1998年,是一所民办非营利完中校,坐落于南开区黄河道494号,占地2.13万平方米。有学生2200余名,58个教学班。教职工208人,其中一线教师175人,由特级教师、脱颖高级教师、高级教师、中级教师组成。

学校坚持党建引领,突出师德师风建设。秉承"牢记使命,立德树人"办学理念,关注每一名学生的成长和发展,为每一名学生创造成功的机会,启迪学生的心智,培养学生的良好习惯,充实学生的心灵。经过多年努力,学生学习成绩有了大幅度提升,连续多年在中考高考中突破历史新高,教育质量、办学品质、社会声誉和家长满意度都大幅提高。

积极探讨教育教学改革,构建全面育人体系。积极推进育人方式变革的有效路径,落实学科核心素养。在第五届"京津冀甘"四地基础教育研讨会上,学校作《以理念的转型升级构建"双减提质"教育新生态--津英中学育人方式的创新性研究与实践》主题发言。通过普通高中课程实施情况监测。推进高中教育多样化、特色化发展,被评为区级品牌高中培育建设学校。

培养学生与人交流的礼貌和习惯。党支部书记、校长张慧颖每天早晨站在学校门口迎接每一位进校学生,14年如一日,无论刮风下雨、严寒酷暑从不间断,学生们也主动问早、问好。张慧颖先后获"全国百名德育专家称号""全国校长特殊贡献奖"和"天津市劳动模范"等荣誉称号,多次被南开区评为"优秀党务工作者"。新华社客户端、《天津日报》、南开区融媒体和天津电视台科教频道先后报道了她的先进事迹。

关注学生全面发展,五育并举。以主题教育为指导,开展"立德树人大讲堂"活动。利用中午休息时间丰富学生业余生活,每天中午先进行才艺展示,再进行演讲比赛。以传统节日为契机进行教育,组织2024迎新年元旦联欢会。弘扬传统文化,组建锣鼓队,学校《威风锣鼓》作为"端阳花会"天津市学校中华优秀传统文化艺术传承展示活动的开场节目。培养学生读书习惯,引导学生爱读书、多读书、读好书,通过读书提升自身文化内涵。举行"好书常相伴,清气满襟怀"护苗活动。提高学生法治思想,开展"打击盗版出版物"专题讲座。2023年学校有多名学生被认定为艺术特长生。

撰稿:张慧颖

【品牌高中建设】 贯彻落实《南开区关于提升普通高中教育品质的实施意见》,深入实施高考综合改革和普通高中课程教学改革,注重聚焦内涵品质提升,做实特色品牌基础。不断转变学校育人方式,推动内涵建设,提高学校规范化和精致化管理水平,推进高中教育多样化、特色化发展。提高育人成效,着力培育品牌发展新动能,构筑教育发展新优势。12月17日,参加南开区区教育局、区教师发展中心、区教育学会举办的南开区品牌高中遴选复评会,区品牌高中建设特聘专家出席。现场通过汇报、答辩方式,针对学校品牌内涵、建设优势、特色条件、重点项目进行了详细阐述,同时对品牌高中建设提出具体的规划。学校通过复评,被评为区级品牌高中培育建设学校。

撰稿:张慧颖

【普通高中课程实施情况监测】 完成普通高中课程实施情况监测。学校对此项工作非常重视,成立了专班工作小组,进一步完善、提升课程建设及管理,进一步修订《学校课程实施方案》,进一步做精做细、科学规范相应课程建设及管理,校本课程材料齐全。区教育局、区教师发展中心通过上报数据、问卷调查、实地访谈、课堂观察、设置观测点、畅通意见反馈渠道等监测方式,在课程建设、管理与实施及校本

课程等方面进行监测,顺利通过。

撰稿:张慧颖
审稿:张慧颖

天津模范小学

【概况】 天津模范小学创办于1995年,2023年12月29日,天津市实验小学退出举办方,由天津市万顺置业有限公司独立投资举办,学校为一所独立的民办校。学校有教职工144人,教学班48个,学生1864名。学校环境优美,拥有占地3400平方米的操场。学校始终围绕"为学生全面发展和终身发展奠基"的办学宗旨,培养学生德智体美劳全面发展,为全国足球篮球特色学校。

撰稿:刘少平 高小军

【办学理念】 学校在"为学生全面发展和终身发展奠基"的办学理念下,以学校、家庭、社会相结合的形式管理教育学生;以优良校风影响学生;以高尚师德感染学生;以科学合理的课程设置发展学生;以充满活力的课堂教学培养学生;以浓厚的创新氛围引导学生;以多彩的艺术、体育和科技活动丰富学生;以优美校园环境陶冶学生;以多种社会实践活动锻炼学生;以科学的教育评价激励学生。优良的校风潜移默化地影响学生,建立健全教师和学生的日常教育工作管理制度,重视学生良好行为习惯养成教育,在每周的升旗仪式、模范之声广播、安全自护讲座、卫生常识宣传等常规教育中,让学生学知识、懂礼仪、守规矩,促进学生良好行为习惯的养成。使工作有章可循,使管理有度,形成安全、稳定、和谐的良好校园风貌。模范小学办学特色得到社会和家长的信任。

学校高度重视提高学生的知识水平,强化学生的思考、阅读、计算、写作等方面的能力,通过作业展览、我爱诵读、学科时空、古诗词诵读及大赛、开放课、书画比赛、科技展览等活动,以学科活动育人。学校同时重视学生的身体素质的提高"阳光体育运动""运动会""足篮球联赛""跳长绳比赛"等活动的开展为学生意志品格的养成和学习能力的培养起到了推动作用,有效地促进学生的全面发展。

撰稿:刘少平 高小军

【教师队伍建设】 学校以学促研,以研促教,与时俱进,按照统一规划、突出重点、分步实施原则,大

力开展校本培训,利用网络资源开展校际交流,通过走出去、引进来等方式,多层次、多渠道、多类型开展师资培训。通过各种途径增强教师的思想素质,提高教师的师德修养,帮助教师牢固树立正确的职业观和教育观;建立学校、教师、家长、学生四位一体的师德师风监督体系和评价制度,让学生评老师、教师评校领导、学生家长评学校,将师德师风建设与评先评优、年度考核、工资、职称评聘挂钩。健全教师考核评价制度,精简优化各类检查评比达标活动,让教师潜心教书育人,为教师创造宽松的工作环境,营造全社会尊师重教的良好氛围。

撰稿:高小军 宋兆恒

【德育工作】 2023年,学校围绕学生的素质教育开展活动。学校多年打造的"模范之声"活动每周一期,结合每周的重点节日,纪念日,主题活动等,开展面向全体学生的思政教育;学校每学期都会开展《模范少年,星耀未来》主题班班唱活动,调动全校各年级各班参与到活动中来,班班有红歌,班班有展示,班班有收获;学校精心规划并在各班开展《童音诵经典,书香润校园》主题班班诵活动,诵百年诗词,传红色经典;开展《奋进新征程,阅读新未来》主题读

书月活动,每年级分不同主题进行分享,学生交流阅读心得,并开展校级优秀读书少年评选活动。只有多读书,读好书才更能激发学生的学习能力和积累学生的文学素养;学校组建《尚俭崇信尽责,同心共护食品安全》学生宣讲团,利用每周安全讲话时间,宣讲团成员用校园广播向全校师生讲述节约粮食小故事和普及食品安全等相关内容;开展《关爱心灵,护航成长》为主题的安全讲座,学生在学校丰富的德育活动中,受到良好的德育思政教育。

撰稿:高 雅 王静怡

【五育并举】 模范小学始终以"五育并举"为宗旨。培养学生德智体美劳全面发展。学校开足开齐音乐、体育、美术、科学、劳动等艺术课程,在课后服务中,开展丰富多彩的素拓活动,合唱团、腰鼓队、弦乐团、民乐团、田径队、篮球队、足球队、舞蹈队、国画、装饰画、手工工作坊、创意黏土、科学实验组、劳动创意制作组,学校设有传统文化课程、国学课、书法课、京剧社团等,让学生快乐每一天,收获每一天,精彩绽放每一天。

撰稿:宋兆恒 高小军
审稿:刘少平

老年学校

天津市老年人大学

【概况】 天津市老年人大学位于天津市河西区西园道。学校占地5640平方米,校舍建筑总面积15277平方米,设有72个现代化多媒体教学场地。2023年上半年,开设364门课程,691个教学班,学员20107人次;2023年下半年,开设327门课程,733个教学班,学员24090人次,聘请任课教师331名。学校坚持"内涵发展,质量强校,教学、管理双提高"的办学宗旨,2013年首创"一体两翼"的办学模式,即以校本部为办学主体,以校外教学实践基地和老年远程教育学习网为腾飞两翼,开展多种形式的线上线下教学活动。远程教育学习网发

布的课程,老年朋友可以居家免费学习;校外教学实践基地由学校委派学有所成的优秀学员定期免费指导,为社区和企事业单位更好地开展老年教育提供有力支持。

完成第十八届学委会换届工作。共选举产生校学委会委员17名,系学委会委员63名。

深入开展学习习近平新时代中国特色社会主义思想主题教育,落实市教育系统社会组织党委的要求,邀请市委原常委、市人大常委会原副主任陈浙闽莅临学校做主题教育辅导。

撰稿:刘 杰

【教学工作】 做好各项准备工作,分批次进行线上线下教学模式的有效衔接,确保教学工作顺利

开展,圆满完成教学计划。加强教学督导检查,聘请11位教学督导员,对"三新课"中评为"较好""一般"的11门课程和短期班8位新聘任教师进行听课检查。组织线上班班主任培训会,对35门线上课程进行听课检查,以"在老年大学如何听课"为主题,进行专题培训,督促相关教师不断提高教学质量。2023年开设新课程4门、增加新层次4门。出版校本教材2部。学校充分利用远程教育学习网,方便老年朋友免费浏览学习,实现创新发展新格局。目前已录制和编辑25门375集视频课程,发布数字化资源15门75集,总浏览学习人数达942万人次。2023年,新设21个校外教学实践基地,校外教学实践基地增至165个,覆盖全市16个区。对200多名基地骨干进行"智慧助老"专题培训。组织部分基地走进天津广播台枫叶正红"老有老精彩"栏目直播间,向广大听众汇报校外教学基地教学相长取得的成绩,讲述基地老年学员的精彩故事。

撰稿:刘 杰

【宣传与社团工作】 针对学校重点工作,联系中央电视台、天津电视台、天津广播电台、《天津日报》《今晚报》《中老年时报》等主流媒体来校采访报道。与天津广播电视台《枫叶正红》节目联合举办"天津市老年人大学精品课展播",组织近年来获评的精品和优秀课程的教师走进直播间,有23名教师授课,在社会上引起广泛好评。外媒宣传报道学校稿件、图片、视频等190(篇、幅、个)。2023年,学校艺术团分别在京津两地参与各类教学成果汇报和公益演出,并通过视频的方式,向社会展示教学成果20余场,赢得各方好评。出版《手机报》共计250期。

撰稿:刘 杰

【理论研究】 编制2023年论文撰写指南,组织学校师生和3支科研队伍积极参与中老协第十五次全国老年教育理论研讨会征文活动。承接市教委《推进天津市老年人大学"一体两翼"办学模式创新发展研究与实践》科研题,按时完成课题报告和结题工作。召开学校第23届理论研讨会,重新聘任特约研究员、教学研究员,建立科研管理工作人员队伍。

撰稿:刘 杰

【第五届校园文化节】 2023年4月中旬至6月底,以"唱响新时代,银龄展风采"为主题,在学校开展"第五届校园文化节"教学成果展览、展演活动。先后举办6期书法、绘画、摄影、生活艺术、数码画册展览,1131件作品参展,观展人数达13000余人次;举办9场教学成果汇报演出,演出歌舞器乐、戏剧曲艺、武术健身、朗诵舞台剧等节目163个,参演教师100余人,参演学员近2500人,观众达3000余人次,学员志愿者参与服务200余人次。

撰稿:刘 杰

【市教委领导到校调研】 5月18日,市教委副主任罗延安到学校调研指导工作。罗延安听取学校工作汇报,观看学校宣传片《炫彩夕阳》,参观绘画系教学成果展和音乐系钢琴班的教学,观看校芭蕾舞团表演的舞蹈。

撰稿:刘 杰
审稿:周冠军

人 物

逝世人物

刘炳初（1938.11.16—2022.12.27）男，汉族，群众，南开大学数学科学学院教授，大学本科学历，河北省乐亭县人。1952年9月—1962年7月就读于南开大学数学系，1962年9月进入河北大学数学系任教，1982年4月进入南开大学数学系任教，1985年9月—1996年12月担任数学系函数论教研室主任，1997年12月晋升为教授，1990年10月—1991年10月赴美国明尼苏达大学数学系进修一年。主要从事泛函分析、遍历论的教学及研究，出版的独著有《泛函分析》，与他人合作出版的译著有《微积分及其应用》。曾5次获南开大学教学质量优秀奖，获评天津市高等学校教学楷模1次。1999年3月退休。

周秀中（1924.03.10—2023.01.02）男，汉族，群众，南开大学化学学院教授，硕士研究生学历，湖南省常德市人。1947年9月进入湖南大学化学系学习，1951年8月毕业后到北京大学化学系攻读硕士研究生学位，1953年8月毕业后到南开大学化学系工作，历任助教、讲师、副教授、教授，曾担任教研室副主任。兼任教育部有机化学参考书编委会秘书、高校化学学报编委等社会职务。主要从事有机理论和有机合成的教学研究，与他人合译出版《美国科技百科大全书》，参与编写《中国科技百科大全书》的条目，参与编写南开大学校内教材《金属有机化学》，发表论文10余篇。2000年3月退休。

曲日光（1949.06.21—2023.01.02）男，汉族，中共党员，南开大学原后勤管理办公室主任、研究员，大学本科学历，山东省黄县人。1967年1月至1971年9月在天津染织厂工作，1971年9月进入南开大学化学系高分子专业学习，1990年2月毕业后留校工作直至退休，历任化学系办公室主任、学生生活区管理办公室主任、总务处副处长、房产管理处处长、后勤管理办公室主任。长期从事行政、后勤方面的管理工作，任职期间主持制定《南开大学小型基建工程、修缮工程、园林绿化工程管理办法》《南开大学环境保护条例》等多项学校规定和管理办法，对南开大学的基础设施、校园环境进行建设和改造，对学校的发展和稳定做出贡献。曾被评为南开大学优秀共产党员、南开大学优秀思想政治工作者和优秀党政管理工作者。2010年9月退休。

薛价猷（1937.11.12—2023.01.03）男，汉族，中共党员，南开大学化学学院教授，大学本科学历，河南省修武县人。1957年9月进入南开大学化学系学习，1969年7月提前毕业留校任教，历任讲师、副教授、教授，曾于1986年1月—1988年2月赴美国堪萨斯大学进修。主要从事有机化学—有机物分子结构与性能的关系及有机合成研究，作为项目负责人承担2项国家自然科学基金和1项国家重点实验室基金，作为成员参加4项其他科研项目，发表论文20余篇。1998年3月退休。

黄少龙（1938.09.29—2023.01.03）男，汉族，群众，南开大学体育部教授，大学本科学历，广东省广州市人。1956年9月进入南开大学物理系学习，1961年8月毕业后留校任教，曾担任象棋研究中心主任，1997年晋升为教授。兼任中国大学生棋协副秘书长、天津市高效棋牌协会主席、天津市棋协副主席、天津市关心下一代工作委员会体育委员。主要从事象棋专业的教学工作和象棋与有关交叉学科的研究，发表论文7篇，出版专著17部。在全国高校中首创开设象棋理论课、组建象棋队、筹办多次全国高校棋类竞赛，作为南开大学象棋队总教练，带领队伍在历届全国大学生象棋赛中获冠军17次。主持校级计算机象棋研究项目并完成NKS软件，1990年获第二届世界计算机奥林匹克大赛铜牌。1999年3月退休。

沈含熙（1933.08.02—2023.01.04）男，汉族，中共党员，南开大学化学学院教授，分析化学家、教育家，博士研究生学历，上海市人。1950年考入国立同济大学化学系，1952年全国院系调整后转入复旦大学化学系学习，1953年毕业后分配到南开大学化学系任助教，1956年参加留苏预备生应试，录取后进入北京俄语学院接受俄语培训，1957年到前苏联莫斯科大学化学系攻读博士学位研究生，1961年学成归国，回到南开大学化学系继续执教，曾担任南开大学学术委员会委员、校务委员会委员、学位评定委员会委员、化学系主任。1985—2003年，曾应邀赴新加坡国立大学、香港大学、香港中文大学、香港城市大学、美国斯坦福大学、加州大学Davis分校、明尼苏达大学、普渡大学、纽约州立大学石溪分校、马里兰大学学院公园分校、马萨诸塞大学波士顿分校以及克拉克逊大学进行学术访问，享受国务院政府特殊津贴。主要从事分析化学领域的教学研究，包括新型有机分析试剂合成及应用等诸多方向，发表学术论文300余篇，获国家自然科学基金7项、高等学校博士点基金1项、天津市自然科学基金2项。曾获"君安科学家奖"、国家发明三等奖、天津市自然科学奖二等奖，1984年获评"天津市劳动模范"，1986年获评"天津市先进科技工作者"，1990年被英国皇家化学会吸收入会，并经理事会选举为该会资深会员（FRSC）和授予英国"特许化学家"头衔，同年获苏联科学院无机与普通化学研究所所长佐罗托夫院士签署并颁发的"库尔纳科夫荣誉奖章及证书"。2004年3月退休。

胡久稔（1939.02.11—2023.01.05）男，汉族，群众，南开大学陈省身数学研究所教授，大学本科学历，河北省雄县人。1958年9月—1963年7月在中国科学技术大学应用数学专业学习，1963年8月进入中科院沈阳计算所工作，1986年7月到南开大学数学研究所任副研究员，1997年晋升为教授。主要从事计算机科学与数理逻辑的研究，曾发表15篇文章，参与2项国家自然科学基金项目，其专著《希尔伯特第十问题》在1988年获全国优秀教育图书一等奖。1999年9月退休。

崔彤（1939.09.07—2023.01.05）曾用名崔明智，男，回族，中共党员，南开大学商学院教授，大学本科学历，山东省济南市人。1957年9月进入北京矿业学院（后更名为中国矿业大学）经济系组织计划专业学习，1962年7月毕业后留校任教，历任教研室副主任、主任、专业委员会副主任，1989年12月到南开大学会计系，历任教研室副主任、主任、副系主任，1992年晋升为教授。曾担任天津市审计学会理事。主要从事审计和会计专业的教学和研究，主编并出版教材《煤炭工业企业经济活动分析》，参编教材2本，发表论文3篇。1977年获评中国矿业大学先进工作者，1988年获中国矿业大学优秀教学质量奖，1991年获评南开大学校级优秀教授，同年获南开大学教学质量优秀奖。2000年3月退休。

杜滋龄（1941.04.10—2023.01.05）男，汉族，中共党员，南开大学文学院教授，著名国画家、美术教育家、出版家，享受国务院特殊专家津贴，硕士研究生学历，天津市人。1958年8月—1979年9月先后在天津美术出版社荣宝斋、本部工作，期间于1975年9月—1977年8月借调到天津美术学院绘画系从事连环画专业教学，1979年9月考入浙江美术学院（现中国美术学院）中国画系人物画专业研究班，师从叶浅予、李震坚先生，1981年8月毕业后进入天津人民美术出版社，历任画册编辑室副主任、副总编辑、总编辑，1992年晋升为编审，1996年5月进入南开大学文学院东方文化艺术系任教。曾任第十届、第十一届全国政协委员，中国美术家协会中国画艺委会第一、二、三届委员，中国美术家协会第五、六、七届理事，中国画学会副会长、中国艺术研究院博士生导师、中国国家画院研究员。从事美术出版及创作，先后出版《杜滋龄写生作品选》《速写基础训练》《杜滋龄画集》等多本专著、画集，其作品曾多次在国内外参展。

1958年、1963年获两届全国连环画奖,获天津鲁迅文艺奖、金奖、优秀作品奖共计4次,获日中水墨画大展优秀作品奖2次。2001年9月退休。

杨灿英(1942.12.03—2023.01.17)男,汉族,中共党员,南开大学经济学院教授,本科学历,河北省东光县人。1962年9月—1963年8月在河北省东光县毛庄小学任教,1963年9月—1969年8月在南开大学经济系学习,毕业后留校任教,2001年晋升为教授。曾加入世界经济学会,兼任天津仲裁委员会仲裁员。主要从事世界经济专业的教学与研究,编写并出版《涉外企业管理》《外商直接投资理论与实践》《当代南北经济关系》等多部著作,发表论文20余篇,承担国家重点科研课题2项。1995年获评南开大学优秀共产党员。2003年3月退休。

韩际宏(1962.11.20—2023.01.21)男,汉族,南开大学生命科学学院教授,博士研究生学历,安徽巢湖和县人。1978年考入安徽化学工业学校,1983年考入南开大学化学专业,1989年同校化学专业硕士毕业,1995年获美国康乃尔大学生物化学博士学位,之后在康奈尔大学血管生物学中心任助理教授、副教授。2007年全职回国进入南开大学生命科学学院工作,曾任生命科学学院副院长。2009年入选“长江学者奖励计划”特聘教授,主持973计划、国家自然科学基金等项目10余项,作为第一完成人获教育部自然科学二等奖。在重大慢病防治研究,特别是脂质代谢异常所引起的动脉粥样硬化、糖尿病、脂肪肝等疾病发生发展过程中的分子生物学机制研究,以及结合胆固醇和脂代谢研究寻找预防、减少重大慢病发病的新机理和途径等方面做出重要贡献。

张自立(1931.11.01—2023.02.09)男,汉族,中共党员,南开大学生命科学学院教授,享受国务院政府特殊津贴专家,著名遗传学家、中国植物遗传学研究领域的重要开拓者,大学本科学历,江苏省无锡市人。1954年于南开大学生物学系毕业后留校任教,历任讲师、副教授,教授,曾担任生物学系主任、南开大学教务长、生命科学学院院长,期间于1961年9月—1963年9月赴苏联莫斯科大学留学。曾担任国务院学位委员会学科评议组成员、教育部教学指导委员会副主任委员、中国遗传学会常务理事、天津市遗传学会理事长。从事植物遗传学的教学与科研工作,20世纪70年代末开始进行植物染色体分带技术研究,在方法及机理上有突破性发现,研究成果在当时处于国内领先地位并达到国际先进水平;80年代末期起开展染色RNA和染色体骨架蛋白的研究,首次在电子显微镜水平上用原位杂交方法探索染色体RNA的种类、分布和来源,该研究对阐明染色体的精细结构有重要意义,开创以植物染色体检测环境的新途径。先后发表研究论文50余篇,出版《系统生物学》《现代生命科学进展》等学术专著3部。享受国务院政府特殊津贴,曾获国家教委自然科学二等奖等多项科技奖励以及天津市劳动模范、天津市优秀共产党员等荣誉称号。1998年9月退休。

王秉钦(1935.02.04—2023.04.12)男,汉族,民盟盟员,南开大学外国语学院教授,大学本科学历,天津市人。1952年3月—1955年8月在交通部筑港工程局任测绘员,1955年9月—1959年8月在西安外国语学院俄语系学习,1959年9月毕业后进入南开大学外文系任教,历任讲师、副教授,1992年晋升为教授。曾加入中国作家协会天津分会,兼任天津翻译协会理事、天津市陶行知研究会理事,天津市第九届政协委员。主要从事现代俄语的教学及翻译理论与口笔译实践,个人专著《新编俄汉翻译教程》,参编出版《俄汉文学翻译词典》,与他人合译出版著作《文化与社会进步》《神州梦》《社会主义和科学》,发表学术论文10余篇。获校级教学质量优秀奖2次,1991年获天津市优秀思想政治工作者称号。1996年10月退休。

张毓凡(1936.10.17—2023.04.14)女,汉族,群众,南开大学化学学院教授,大学本科学历,四川省富顺县人。1955年9月—1960年7月在南开大学化学系有机专业学习,1960年10月进入南开大学化学系有机教研室工作,历任助教、讲师、副教授,1995年晋升为教授。曾参加天津市化学学会。主要从事有机化学专业教学和有机合成研究,围绕萃取剂及树脂对黄金的萃取吸附性能和理论探讨在核心刊物上发表论文8篇。1993年获天津市高教局优秀课程奖,1995年获中国科学技术协会、国家教委突出贡献奖,同年获评南开大学优秀教师。1997年3月退休。

孟道骥(1938.09.17—2023.05.18)男,汉族,群众,南开大学数学科学学院教授,享受国务院政府特殊津贴专家,硕士研究生学历,四川省遂宁市人。1957年9月—1963年8月本科就读于北京大学数学力学系数学专业,1963年9月—1966年6月研究生就读于北京大学数学力学系数学专业,师从段学复院士从事李代数研究,1968年7月—1979年10月在天津市第十一中学任教员,1979年11月至退休,任教于南开大学数学系,历任讲师、副教授、教授。曾任国家科学技术奖会评专家,享受国务院政府特殊津贴。长期致力于李代数、李群研究,在完备李代数与Novikov代数的研究方面达到国际先进水平。曾主持多项国家自然科学基金、教育部博士点基金、教育部创名牌课程项目,主讲的"高等代数与解析几何"获评国家级精品课程。发表论文100余篇、出版学术专著及研究生与本科生教材10余部,参编数学工具书4部。曾获教育部科技进步三等奖,天津市科技进步三等奖,天津市总工会"九五"立功先进个人,第二届吴大任—熊知行数学教学奖。2006年3月退休。

汪和睦(1932.10.17—2023.05.25)男,汉族,中共党员,南开大学物理科学学院教授,大学本科学历,安徽省郎溪县人。1951年9月—1952年3月参加芜湖市皖南行署水利干部训练班,1952年3—11月在中国人民解放军农建五师工程处任助理技术员,1952年12月—1954年7月在中国人民志愿军铁道十一师工程处任技术员,1954年8月—1958年8月在安徽省水利厅农田水利局任科长,1958年9月—1959年8月在安徽大学物理训练班学习,1959年9月进入南开大学物理系核物理专业学习,1964年7月毕业后留在南开大学任教,历任助教、讲师、副教授、生物物理教研室主任,1992年晋升为教授。1980年加入中国生物物理学会,兼任学会理事。主要从事生物物理及生物工程新技术的研究,率先在国内开创"细胞电穿孔融合"新的研究方向,发表论文32篇,其中国家特邀2篇,一级刊物15篇。承担国家自然科学基金项目2项、天津市科委重大科研课题4项,使用以上科研经费建设南开大学高水平的细胞电穿孔融合实验室。1956年获评安徽省社会主义建设积极分子,1979年获评天津市先进教师。1993年4月退休。

孟昭华(1949.06.20—2023.05.30)男,汉族,中共党员,南开大学数学科学学院原党委书记、研究员,大学本科学历,山东省汶上县人。1969年6月—1974年7月在哈尔滨郊区插队,1974年8月—1977年7月在南开大学数学系数学专业学习,1977年8月—1994年1月先后在南开大学卫生院、出版社、总务处及后勤党委工作,1994年2月—2011年5月历任南开大学伙食处处长、膳食服务中心主任、后勤管理办公室副主任、后勤服务集团总经理及数学科学学院党委书记,退休后于2011年6月—2017年11月任南开大学滨海学院后勤服务中心主任。共发表5篇论文,曾获天津市"九五"立功奖章和天津市优秀教育工作者称号。2011年5月退休。

孟宪明(1934.07.14—2023.06.09)女,汉族,农工党党员,南开大学公共英语教学部教授,大学本科学历,天津市人。1951年11月进入中共天津市委党校干训班训练,1952年11月到中共天津市委工业部工作,1954年4月到天津动力机厂工会教育科工作,1956年9月进入北京外国语学院学习,1960年8月毕业后到南开大学任教,历任助教、讲师、副教授,1992年晋升为教授。主要从事英语专业、特殊用途英语理论及教学实践,编写一套教学材料供南开大学校内使用,编著并出版《科技英语概论》一书。获南开大学教学质量优秀奖4次,曾获评南开大学优秀教师。1997年10月退休。

殷汝祥(1928.06.13—2023.06.21)男,汉族,中共党员,南开大学经济学院教授,大学本科学历,山东省黄县人。1948年9月—1951年11月在天津津沽大学国际贸易系学习,毕业后留校任教、系助理,1952年到南开大学任教,历任助教、讲师、副教授、教授,曾担任大洋洲教研室主任、国际问题研究中心学术委员。在南开大学任教期间于1953—1955年赴中国人民大学马列主义研究班进修。曾任中国世界经济学会理事、全国大洋洲经济研究会秘书长。主要从事大洋洲经济的教学和研究,为《世界经济百科全书》撰写全部大洋洲经济部分,为《世界历史词典》《经济大辞典》等出版物撰写部分内容。1994年3月退休。

黄润秋(1939.05.03—2023.06.23)男,汉族,群众,南开大学化学学院教授,享受国务院政府特殊津贴专家,大学本科学历,广东省澄海县人。1956年8月—1962年9月在北京大学化学系有机专业学习,1962年10月进入南开大学元素所,历任见习助教、助教、讲师、副教授、教授、副所长。曾担任天津市第九届、第十届政协委员,兼任天津市化工学会理事、天津市农药协作组专家组成员。主要从事有机化学与农药学的教学和研究,发表论文70余篇,发明专利9项,专著2部。作为项目负责人承担多项国家重点课题,科研成果曾获国家发明三等奖、国家科技进步一等奖、国家"六五"攻关先进成果奖、国家"七五"攻关重大成果奖等诸多奖项。1988年获天津市总工会"七五"立功奖章,1989年获评天津市特等劳动模范,1990年获全国五一劳动奖章、天津市长海河杯特别奖,同年获评全国优秀教育工作者,1994年获评国家有突出贡献中青部专家。2004年9月退休。

张小兵(1970.10.09—2023.07.02)男,汉族,中共党员,南开大学物理科学学院教授,博士研究生学历,河北邢台南宫市人。1988年考入河北师范学院物理专业攻读本科,1992年考入大连理工大学理论物理专业攻读硕士研究生,1995年考入北京大学原子核物理专业攻读博士研究生。1998年就职于南开大学物理科学学院从事科研和教学工作。历任讲师、副教授、教授,曾任物理科学学院副院长,在原子核物理等领域及学院教学、人才培养等方面做出重要贡献。

赵学庄(1933.06.08—2023.07.13)男,汉族,群众,南开大学化学学院教授,硕士研究生学历,福建省闽侯县人。1951年9月进入清华大学化学系学习,1952年9月转入北京大学化学系,1955年7月本科毕业后在北京大学攻读硕士研究生学位,1956年8月转入吉林大学化学系完成学业,1959年7月毕业后留校任助教,1963年7月到南开大学化学系工作,历任助教、讲师、副教授、教授。曾加入中国化学会,兼任《分子科学与化学研究》杂志常务编委。主要从事物理化学(量子化学与动力学)的教学与研究,编写并出版教材《化学反应动力学原理》,发表论文100余篇。1979年获天津市优秀科技成果二等奖。2003年9月退休。

陈叙龙(1936.12.21—2023.07.14)男,汉族,中共党员,南开大学环境科学与工程学院教授,大学本科学历,江苏省张家港市人。1955年9月—1960年8月在南开大学生物系学习,毕业后留校任教,历任助教、讲师、副教授,1995年晋升为教授。兼任中国海洋环境科学学会常务理事,中国毒理学会、生态毒理学会专业委员会委员。主要从事环境生物学的教学和科研工作,创建污染生态实验室、细胞通道实验室、分子毒理实验室,承担多个科研项目,发表论文30余篇,与他人合著出版参考教材《环境生物毒理学》。1990年获南开大学教学质量优秀奖,1993年获

南开大学优秀教学成果三等奖,1995年获评天津市教学楷模荣誉称号。1998年3月退休。

左志远(1931.11.25—2023.09.07)男,汉族,中共党员,离休干部,南开大学历史学院教授,大学本科学历,江苏省滨海县人。1949年7月在南京华东军政大学三总十二团学习,后任干事,1951年5月到厦门市三十一军二七一团任见习副排连长,1952年10月进入南京市华东军事干部学校参训队学习,1953年6月到江苏无锡第二十七军作训处任参谋,1955年10月到江苏无锡一工厂任秘书,1956年9月进入南开大学历史系学习,1961年9月留校任教,1991年晋升为教授。曾加入全国现代史学会、天津市历史学会、抗日战争研究会。主要从事中国现代史的教学及研究,参与教材编写,发表论文10余篇。曾获校级教学质量优秀奖,1989年获评校级优秀教师和教育工作者,1991年获中共党史科学研究优秀成果二等奖。1993年4月离休。

马庆株(1942.09.21—2023.10.03)男,汉族,中共党员,南开大学文学院教授,享受国务院政府特殊津贴专家,硕士研究生学历,天津市人。1960年8月—1963年7月本科就读于天津师范学院中文系中文专业,1963年8月—1978年9月在天津新开中学任教,1978年10月—1981年10月于北京大学中文系汉语专业攻读硕士研究生学位,1981年11月毕业后到南开大学中文系任教,历任讲师、副教授、教授,1988年3月—1998年7月任现代汉语教研室主任。曾任中国语言学会理事、天津市语言学会会长等社会职务。主要从事现代汉语语法学的教学研究,发表论文10余篇,出版专著《汉语动词和动词性结构》于1991年获王力语言学奖。1995年获全国高校人文社科研究优秀成果二等奖,1999年获国家社会科学基金项目优秀成果三等奖,获天津市社会科学优秀成果二等奖2次、三等奖3次。2008年3月退休。

刘恒潜(1942.07.18—2023.10.07)男,汉族,中共党员,南开大学化学学院教授,博士研究生学历,河北省南宫市人。1961年9月—1968年3月在中国科学技术大学近代化学系稀有元素无机制备专业学习,1968年4月到化工部天津化工研究院工作,1969年4月到化工部天津化工厂工作,1972年11月到原天津第一石油化工厂工作,1978年10月进入南开大学化学系攻读硕士研究生,1981年12月毕业后留校

任教,1986年4月—1987年5月赴美国斯沃斯莫尔大学(宾州)化学系进修,1987年6月回到南开大学继续教学工作,1991—1992年兼任物化教研室副主任,1993年2月—1996年1月赴香港大学化学系做研究工作,1996年2月回到南开大学,1998年晋升为教授。曾参加中国科技协会、美国化学会。主要从事物理化学的教学工作,金属络合物热力学、动力学和晶体结构研究,发表论文30余篇,出版俄文译著《稀土在催化中的应用》,曾承担国家基金项目,1986年、1991年2次获国家教委科技进步二等奖。2003年3月退休。

陈兰英(1934.12.03—2023.10.14)女,汉族,中共党员,南开大学商学院教授,大学本科学历,江苏省沭阳县人。1956年8月—1958年7月在上海财经学院学习,1958年9月—1960年9月在上海社会科学院财会系学习,毕业后到南开大学经济系、管理系任教,1987年5月进入南开大学会计系任教,曾任会计教研室主任,1993年晋升为教授。曾担任天津财政学会理事、天津成本研究会理事。主要从事会计学、会计原理及工业会计的教学和研究,编写出版《会计学原理》《财务会计》《工业企业会计教程》《财务会计学》4本教材。1983年获评校级"教书育人"先进个人,1993年获评校级优秀教师。1995年6月退休。

周尔鎏(1929.12.19—2023.12.06)曾用名周尔流,男,汉族,中共党员,正司局级离休干部,南开大学教授,大学本科学历,浙江省绍兴市人。1949年6月参加革命工作,1954年8月进入南开大学学习,毕业后留校工作至1963年8月,1992年回到南开大学,任周恩来研究中心顾问、经济学院教授。曾任中国社会发展研究中心主任、北京大学副校长、中国驻英国大使馆文化参赞,以及中联部、对外文委司局级职务。主要从事社会学的教学和国际问题研究,曾主持2项国家重点课题,发表《首钢调查报告》等文章,主编3本论文集,出版著作《我的七爸周恩来》。1994年12月离休。

刘安西(1937.12.12—2023.12.26)男,汉族,民盟盟员,南开大学生命科学学院教授,大学本科学历,河南省淅川县人。1955年9月进入南开大学生物系动物专业昆虫专门化学习,1960年6月毕业,同年9月留校任教,历任助教、讲师、副教授、教授,期间于1980年10月—1981年12月赴美国Iowa大学神经生

理实验室做访问学者。曾担任中国生物毒素学会常务理事、民盟天津市委科技委员会委员、国家自然基金委学科评委。主要从事昆虫神经电生理和离子通道的研究,编译出版3本专著《昆虫电生理学实验研究法》《细胞膜离子通道》《分子神经生物学》,编制出版1部电教片《电压钳实验及神经膜离子电流》,主持国家自然科学基金4项,发明专利2项,以第一作者发表论文30余篇。2002年9月退休。

康谷贻(1930.11.08—2023.01.02)男,汉族,中共党员,天津大学建筑工程学院教授、办公室主任,大学本科学历,湖南省长沙市人。1955年本科毕业于天津大学土木工程专业,1955年于天津大学建筑工程学院任教。从事钢筋混凝土结构方向研究,1986年晋升为教授。曾任天津市建筑学会理事、全国钢筋混凝土结构标准技术委员会抗扭分组成员。曾获评天津市科学技术先进工作者。曾获天津市科技成果二等奖。发表《矩形截面超筋受扭构件的极限扭矩》等学术论文。1992年4月退休。

徐乐平(1929.05.10—2023.01.04)男,汉族,中共党员,天津大学远程与继续教育学院研究员、院长,大学本科学历,天津市人。1943年毕业于天津市立节九小学,1951年毕业于立节三中学,1955年本科毕业于天津大学机械工程专业,1961年于天津大学机械工程学院任教。从事成人高等教育工作。曾任天津高等教育学会理事。发表《成人教育改革的探讨》《相辅相成,共同提高》《生源来自社会需求》等多篇学术论文。1990年11月退休。

吴顺华(1945.09.30—2023.01.04)女,汉族,中共党员,天津大学微电子学院教授,大学本科学历,河北省玉田县人。1970年本科毕业于天津大学无线电工程系元件专业。从事固体电子与微电子技术的研究。曾任中国电子协会会员。曾获国家教育科技进步奖二等奖、天津市科技进步奖三等奖。参与编写教材《晶体物理学》。在国内外发表论文数十篇,其中大部分被SCI,EI检索。2011年3月退休。

蔡天益(1931.05.04—2023.01.05)男,汉族,中共党员,天津大学机械工程学院研究员、副院长,大学本科学历,福建省晋江市人。1958年本科毕业于清华大学动力系,1958年于天津大学材力教研室任教。从事教育管理工作及力学相关研究,于1984年9月

任天津大学研究生院副院长。曾任市侨联委员、区政协委员。曾获天津市科技进步二等奖。曾获评天津市优秀归侨、全国侨联工作积极分子，多次获校级先进工作奖励。主持承担《人体下腰椎峡部骨折研究》《骨折夹板固定研究》等项目。发表《肱骨干骨折外固定受力分析》等学术论文。1992年11月退休。

蔡德水（1936.10.10—2023.01.05）男，汉族，群众，天津大学精密仪器与光电子工程学院高级工程师，大学本科学历，河北省枣庄市人。1960年本科毕业于天津大学机械工程专业，1960年于天津大学精密仪器与光电子工程学院任教。从事精密仪器设计相关研究，于1987年6月晋升为高级工程师。曾获国家科技进步二等奖，省部级奖2项。参与制定《药物溶出试验仪》企业标准，主持承担《光波导透镜的象差理论研究》《薄膜集成光学元件研究》《精密光刻机》等多项国家级、天津市级科研项目。1998年3月退休。

孙占木（1937.04.26—2023.01.05）男，汉族，中共党员，天津大学机械工程学院教授，大学本科学历，河北省衡水市人。1964年本科毕业于天津大学机械工程专业，1964年于天津大学机械工程学院任教。从事机械制图课程的教学和研究工作。参与编写教材《工程制图（土水建类）》《机械制图（非机类）修订本》《计算机绘图AutoCADR12简明教程》等。主持承担《井下工具及泵计算机绘图软件的研制》《深化教学改革》《实现计算机绘图》等项目。发表《复杂轮廓的剖面线通用软件》《机械CAD图样处理系统智能化》《"注意"规律与教学实践》等多篇学术论文。1997年11月退休。

荆其敏（1934.09.27—2023.01.07）男，汉族，无党派人士，天津大学建筑学院教授，大学本科学历，北京市人。1957年本科毕业于天津大学建筑学专业，1957年于天津大学建筑学院任教。从事建筑设计及城市规划相关方向研究，于1987年晋升为教授。曾任中国建筑学会生土研究会理事、天津市城市规划局顾问、人居环境学术委员会委员、天津城市规划学会理事、台湾研究会理事、国际AIA会员。曾获美国明尼苏达大学优秀荣誉学者证书、美国明尼苏达州增进美中人民友谊奖、日本主办传统及地方性民居国际设计竞赛荣誉奖、美国俄克拉荷马州及斯梯瓦特市荣誉公民、天津大学先进工作者等奖项。主持

承担《天津电讯大楼设计》《北京教育部礼堂工程》等项目。发表《中国的窑洞民居》《综合节能办公楼的新趋势》等多篇学术论文。2000年3月退休。

邱宣怀（1920.02.12—2023.01.13）男，汉族，群众，天津大学机械工程学院教授，大学本科学历，浙江省吴兴县人。1945年本科毕业于西南联合大学机械工程专业，1952年于天津大学机械工程学院任教。从事机械设计课程的教学和研究工作。曾任教育部高校机械基础课教学指导委员会主任委员兼机械设计课程组组长、全国机械零件教材编委会和电教编委会主任委员。曾获评天津市科协工作积极分子。主编《机械零件》《机械设计》等多部教材，参与编写《机械工程设计手册》等多篇著作。1988年10月退休。

耿长松（1926.04.21—2023.01.13）男，汉族，群众，天津大学机械工程学院教授，大学本科学历，天津市人。1951年本科毕业于天津大学机械工程专业，1953年于天津大学力学教研室任教。从事血流动力学相关研究。曾任天津市生物医学工程学会理事、力学学会生物力学副组长。1988年11月退休。

杨啸堂（1933.12.26—2023.01.13）男，汉族，群众，天津大学体育部教授，大学本科学历，上海市人。1956年本科毕业于北京体育学院，1956年于天津大学体育教研室任教。获评冰球一级运动员，游泳一级裁判员，曾任中国体育科学学会会员、天津市体育科学学会会员、天津市游泳协会理事。曾获评国家体委"全国优秀裁判员""精神文明裁判员"称号。发表《关于高等学校对学生的体态、体能，素质评估指标和探讨》《高等院校体育工作评估体系的基本结构和初步方案》等多篇学术论文。1994年3月退休。

霍拳忠（1927.09.20—2023.01.14）男，汉族，中共党员，天津大学机械工程学院教授，大学本科学历，山东省禹城市人。1950年本科毕业于南开大学机械工程专业，1952年于天津大学力学教研室任教。从事非线性振动理论与应用方向研究，于1986年晋升为教授。曾获评天津大学教育先进个人。主持承担《碰—振系统极限环及其稳定性研究》《两自由度碰—振系统的周期解》等多个项目。发表《3米²非线性共振筛振动特性的实验研究》《大型双质量非线性共振筛振动实验研究》等多篇学术论文。1991年3

月退休。

储景云（1936.07.12—2023.01.15）男，汉族，中共党员，天津大学机械工程学院教授，大学本科学历，天津市人。1957年本科毕业于天津大学机械工程专业，1957年于天津大学力学教研室任教。从事轴系临界转速计算、机械振动测量技术相关研究。曾获天津市科学技术进步奖3次。主持承担《水介质对水泵转子临界转速的影响研究》等项目，参与翻译《电工学基础知识》一书。发表《一类几点耦合非线性动力系统的 Hopf 分叉》《Hanning 时间权函数对 DFT 频谱误差的影响及补偿方法》等多篇学术论文。1996年11月退休。

倪　征（1927.09.08—2023.01.16）女，汉族，中共党员，天津大学外国语学院副教授，副局级干部，河北省抚宁县人。从事外语教育教学工作。曾任外文教研办公室主任。

王彦琦（1937.07.24—2023.01.17）男，汉族，无党派人士，天津大学内燃机研究所研究员、副所长，大学本科学历，河北省定州市人。1963年本科毕业于天津大学，1963年于天津市内燃机研究所担任工程师。从事内燃机设计改进试验相关研究，于1995年12月晋升为研究员。曾获天津大学93年度科学进步二等奖，天津市科学技术进步奖等。参与编写著作《国产摩托车使用与维修》。1999年11月退休。

李贺桥（1942.12.09—2023.01.23）男，汉族，中共党员，天津大学精密仪器与光电子工程学院研究员，大学本科学历，河北省定兴县人。1966年本科毕业于天津大学精密仪器与光电子工程专业，1974年于天津大学精仪厂担任技术员。从事光学技术与光电仪器相关研究，于1995年11月晋升为研究员。曾任中国仪器仪表学会复印科学与工程学会理事、中国光学学会天津分会副秘书长。曾获评天津大学优秀党员、中共天津市委教育工委优秀党务工作者等。发表《图像采集自动生物显微镜系统自动调焦的研究》《全隔离 CIJP 系统的供墨技术》等多篇学术论文。2003年2月退休。

许镇琳（1939.05.27—2023.01.28）男，汉族，中共党员，电气自动化与信息工程学院教授，大学本科学历，广东省汕头市人。1962年本科毕业于天津大学电气工程及其自动化专业，1962年于天津大学自动化企电教研室任教。从事微机控制交流伺服系统及其理论相关研究，于1993年晋升为教授。曾任中国电工技术学会电控系统专委会委员。发表《交流机矢量控制的研究及应用》《交流发电机与电压调节器的维修检验》《基于线性自抗扰控制器的异步电机调速系统》等多篇学术论文。2004年11月退休。

秦崇仁（1938.03.13—2023.01.31）男，回族，中共党员，天津大学建筑工程学院教授，研究生学历，北京市人。1962年本科毕业于天津大学电气工程及其自动化专业，1962年于天津大学自动化企电教研室任教。从事海岸及河口动力学研究。曾任天津市水运工程学会常务理事。主持承担多项国家级、天津市级科研项目。发表《浅水波和水流共同作用下的推移质输沙率计算》《波浪作用下沙纹床面底部剪应力的实验研究》等多篇学术论文。2004年11月退休。

饶寿人（1931.11.29—2023.02.02日）男，汉族，中共党员，天津大学内燃机研究所所长，研究员，研究生学历，福建省建阳县人。1953年本科毕业于浙江大学机械工程专业，1956年研究生毕业于上海交通大学内燃机专业，1956年于天津大学内燃机教研室任教。从事内燃机相关研究，于1981年3月晋升为副研究员。曾任中国内燃机学会汽油机与煤气机专业委员会委员、中国工程热物理学会新燃料专业委员会委员。主持承担《275Q 汽油机设计》《微型汽车用汽油机概况》《二冲程汽油机评定及使用性能》等项目。1992年11月退休。

郭清山（1936.12.24—2023.02.02）男，汉族，中共党员，天津大学远程与继续教育学院研究员，大学本科学历，山西省人。1959年本科毕业于天津大学机械工程专业，1962年于天津大学压力加工教研室任教。从事冲压工艺及噪声控制相关研究，1989年晋升为远程与继续教育学院副院长。曾任中国高教锻压专业教学指导委员会委员、全国锻压学会理事、天津锻压学会理事长、天津机械设计协会副理事长。曾获评天津大学机关党委优秀共产党员。主持承担《高等教育自学考试主考学院任务与职责的研究》等多项教学与科研项目。参与编写《机械工程手册》《噪声及其控制》等多篇著作，发表《浅谈工业系统领导决策层的继续工程教育》等多篇学术论文。1997

年3月退休。

叶永昌（1932.07.14—2023.02.07）男，汉族，中共党员，天津大学外国语学院教授，大学本科学历，上海市人。从事科技英语方面研究。1953年本科毕业于哈尔滨外国语学院，1953年于天津大学化工系燃料教研室任翻译，1957年于天津大学外语教研室任教。曾任天津市翻译协会副会长、中国翻译协会理事、天津大学科技英语协会名誉会长。参与编写《英汉化工技术词典》《英语试题讲解》等。1992年11月退休。

赵耕夫（1939.03.02—2023.02.07）男，汉族，中共党员，天津大学机械工程学院教授，大学本科学历，山东省人。1965年本科毕业于中国科学技术大学，1976年于天津大学科研处工作。从事流体力学教学工作和流动稳定性方面的研究，于1992年6月晋升为教授。曾任应用力学教研室支部书记和主任。主持承担《层流向湍流过渡的二次稳定性》《Floquet理论在湍流相干结构中的应用》等多项国家级、天津市级科研项目。参与编写《应用数学与力学》等多篇著作。1999年11月退休。

杨治安（1939.12.04—2023.04.01）男，汉族，中共党员，天津大学资产与实验室管理处教授，大学本科学历，河北省望都县人。1965年本科毕业于天津大学无线电系，1966年于天大无线电系任教。从事电子显微分析技术的研究，于1998年晋升为教授。曾任天津电镜学会副理事长、天津硅酸盐学会常务理事。曾获评抗震救灾先进个人。曾获国家教委科技进步二等奖。发表《光波导折射率分布的数值计算方法》《锌系磷化膜的电子显微结构分析》等多篇学术论文。主持承担《光波导损耗测试系统》《电子衍射测定未知晶体研究》等多项国家级、天津市级科研项目。2001年11月退休。

王东坡（1972.02.06—2023.04.02）男，汉族，中共党员，天津大学材料科学与工程学院副院长、焊接与先进制造研究所所长、天津大学英才教授，研究生学历，黑龙江省人。1994年本科毕业于天津大学机械工程系焊接专业，1997年研究生毕业于天津大学机械工程系焊接专业，2002年于天津大学材料科学与工程学院任教。从事焊接结构疲劳延寿、断裂强度及完整性评估方面研究。曾任天津市现代连接技术

重点实验办公室主任、中国焊接学会理事、天津市失效分析学会理事长、国家钢标准技术委员会委员等。2023年4月退休。

许松照（1929.08.14—2023.04.10）男，汉族，天津大学建筑学院教授，大学本科学历，江苏省南通市人。1952年本科毕业于天津大学土建系，1952年于天津大学制图教研室任教。从事图学发展史及计算机图学研究，于1986年9月晋升为教授。曾任中国工程图学学会制图技术专业委员会委员、《工程图学学报》编委会委员、天津市工程图学学会理事。曾获天津市优秀科技成果二等奖。主编《画法几何与阴影透视》教材。发表《透视建筑的简易画法》《透视仪研究》等多篇学术论文。1991年12月退休。

李　真（1938.06.28—2023.04.24）男，汉族，无党派人士，天津大学精密仪器与光电子工程学院教授，大学本科学历，河北省蔚县人。1962年本科毕业于天津大学精仪系精仪专业，1962年于天津大学精仪系任教。从事长度测量技术与仪器方向研究，于1994年12月晋升为教授。曾任中国机械工程学会生产工程分会测试技术专业委员会副主任委员。曾获天津市优秀科技成果二等奖、校级教学效果优秀奖。主持承担《微型计算机在表面粗糙度测量应用技术研究》、"七五"攻关项目《定向反射镜》等多项国家级、教委（教育部）科研项目。参与编写《机械加工手册》《机电一体化手册》，在核心刊物上发表《角锥棱镜阵列式反射镜反光性能及其评价的研究》《逆向反射镜及光模型的建立》等论文6篇，在一般刊物上发表论文10篇。1998年11月退休。

金朝崇（1940.02.12—2023.05.15）男，汉族，天津大学管理与经济学部教授，大学本科学历，辽宁省大连市人。1968年本科毕业于清华大学，1968年于天津大学任教。1997年12月晋升为教授，主持承担《MIS典型系统标准化设计研究》等多个项目研究。参与编写《C语言程序设计》《多媒体手册》等8篇著作，发表《电子材料工业投资规模的研究》等多篇学术论文，其中，在核心刊物发表论文4篇，在国际会议上交流论文5篇。2000年11月退休。

叶长森（1942.06.30—2023.05.23）男，汉族，中共党员，天津大学远程与继续教育学院副院长、研究员，大学本科学历，吉林省德惠市人。从事高等教育

管理工作,于1995年11月晋升为研究员。1964年本科毕业于哈尔滨师范学院化学系,1964年于大庆第一中学任教,1976年于天津大学任教。曾任天津市夜校教育管理研究会理事、天津大学教改咨询组委员。曾获国家级教学成果二等奖、天津市教学成果一等奖等。发表《注重素质教育,改革培养模式,培养优秀人才》《高等教育评估研究与实践》《优化培养过程的研究与实践》等多篇学术论文。2002年11月退休。

袁孝竞(1936.12.15—2023.05.28)男,汉族,中共党员,天津大学化工学院教授,大学本科学历,上海市人。1960年本科毕业于天津大学化工专业,1960年于天津大学化工教研室任教。从事化工研究与教学。曾任天津大学填料塔新技术公司总经理兼总工程师、天津大学校办产业办公室副主任。曾获全国五一劳动奖章。曾获国家级和省部级科技进步奖10余项。1998年11月退休。

宋光德(1948.07.25—2023.06.13)男,汉族,群众,天津大学精密仪器与光电子工程学院教授,研究生学历,河北省交河县人。1976年本科毕业于山西矿业学院机电系,1981年研究生毕业于天津大学精仪系,1981年于天津大学精仪系任教。从事电子学与微机技术以及测控技术与仪器相关研究,于2006年6月晋升为教授。曾获轻工部科技进步三等奖、国家教委科技成果二等奖等。主持承担多项国家级、天津市级科研项目。发表《基于小波变换和边缘模板相结合的序列B超图像边缘提取》《电容式微加工超声传感器(cMUT)的结构设计及仿真》《一种基于FPGA的A超数字式探伤系统的研究》等多篇学术论文。2009年3月退休。

王懿铭(1936.04.07—2023.06.25)女,汉族,天津大学机械工程学院教授,大学本科学历,安徽省怀宁县人。1958年本科毕业于天津大学机械系内燃机专业,1973年于天津大学内燃机教研室任教。从事内燃机高增压及复合机相关方面研究,于1994年晋升为教授。曾任中国热物理工程学会会员、中国内燃机学会会员。参与编写教材《内燃机增压技术》《热力涡轮机原理》等。主持承担《涡轮增压器的设计与研究》《160系列柴油机增速,增压提高性能的研究》等多项国家级、天津市级科研项目。1996年11月退休。

于九如(1934.05.24—2023.06.26)女,汉族,群众,天津大学管理与经济学部教授、办公室主任,大学本科学历,天津市人。1956年本科毕业于北京林学院林业系,1956年于北京林学院数学教研室任教,1976年于天津大学数学教研室任教。从事应用统计与数理经济相关研究,于1985年晋升为教授。曾获国家教委科技成果一等奖。参与编写教材《应用统计学》《工程经济数学方法》《宏观经济管理与数理经济学模型》等。1996年11月退休。

苏翼林(1926.10.20—2023.06.28)男,汉族,群众,天津大学机械工程学院教授,大学本科学历,天津市人。1951年本科毕业于天津大学土木系,1951年于天津大学土木系任教。从事材料力学和光测弹性力学相关研究,于1985年晋升为教授。参与编写教材《材料力学》。1990年11月退休。

景乃和(1938.12.23—2023.07.02)男,汉族,无党派人士,天津大学体育部教授、办公室主任,大学本科学历,河北省大城县人。1963年本科毕业于天津市体育学院,1974年于天津大学任教。从事体育教学与训练相关工作,专长为足球项目,是国家一级足球裁判员,于1993年12月晋升为教授。曾任中国大学生足球联会竞赛委员会副主任、中国体育科学学会会员。曾获评天津市文教系统积极分子、校级优秀教师。曾获天津市体育部特等奖。2000年3月退休。

任贵永(1935.11.26—2023.07.05)男,汉族,中共党员,天津大学建筑工程学院教授、办公室主任,大学本科学历,河南省人。1961年本科毕业于天津大学,1961年于天津大学任教。从事海洋工程相关研究,于1993年12月晋升为教授。曾任中国海洋工程学会委员、中国近海工程学术委员会委员。曾获国家科技进步三等奖。主持承担《极浅海采油平台方案研究》《浅海单井试采平台设计研究》等多个研究项目。发表《海洋活动式平台》《自升式钻井平台动力响应分析》等多篇学术论文。1996年3月退休。

孟繁桢(1946.03.04—2023.07.10)男,汉族,中共党员,天津大学数学学院教授、办公室副主任,大学本科学历,河北省滦南县人。1970年本科毕业于天津大学,1970年于天津大学数学系任教。于1998年11月晋升为教授。参与编写教材《工科基础数学实验》等。发表《广义二叉树的字符处理和排序计算》《求关键路径的一个算法》等多篇学术论文。2006年11月退休。

刘春生（1944.01.15—2023.07.29）男,汉族,中共党员,天津大学职业技术教育研究所所长,享受政府特殊津贴,大学本科学历,籍贯山东省平度县人。从事职业教育学与古典文学方向研究,于1993年晋升为教授。曾任全国教育科学规划领导小组职业技术教育学科规划组成员等职。曾获全国首届科研成果一等奖,全国第二届教育科学优秀成果二等奖。主持研究《2000年中国职业技术教育发展战略》《职业技术教育基本理论研究》《市（地）职教管理体制改革的研究与实验》《区域职业技术教育发展规划的个案研究》《高等职业技术师范院校专业与学科建设的理论与实践研究》等5项国家级、教育部级科研项目。出版《职业技术教育导论》《职业技术教育管理学》等7部专著。发表《〈诗经·伐檀〉主题新探》《新世纪中国职业技术教育面临的挑战及发展对策》等学术论文近百篇。2010年3月退休。

黄纯华（1935.06.15—2023.08.04）女,汉族,中共党员,天津大学电气自动化与信息工程学院教授,大学本科学历,河北省人。1958年本科毕业于天津大学,1964年于天津大学发电教研室任教。从事电力系统、大电机运行、发电厂相关方向研究,于1994年12月晋升为教授。曾任中国电机工程学会电力系统规划分委会委员、全国高校电力工程类教学指导委员会发电厂委员。曾获国家教委科技进步一等奖,主持承担《配电网信息管理系统》《变电站CAD软件开发》等多个项目。参与编写《大型同步发电机运行》《发电厂电气部分课程设计》等著作,发表《电力系统无功静态安全域》《A Study on Reactive Power Steady—State Security Regions》等多篇学术论文。1995年11月退休。

靳永铭（1950.04.07—2023.09.03）男,汉族,中共党员,天津大学远程与继续教育学院院长、研究员,大学本科学历,天津市人。曾任天津大学精仪中心副主任、精仪系副主任、精仪学院副院长、学位与学科建设办公室副主任、研究生院综合管理办公室主任、职成网党总支书记、继续教育学院院长。曾参与多个高教管理科研立项,其中获省部级以上奖项2个,发表高等学校教学管理和教学研究论文多篇。

霍立兴（1935.07.15—2023.09.25）男,汉族,天津大学材料科学与工程学院教授,研究生学历,天津市人。1955年毕业于北京俄语学院留苏预备部,1960年毕业于前苏联乌拉尔工学院焊接专业。从事焊接结构疲劳与断裂相关研究。曾任国务院学位委员会第三届材料学科评议组成员、国际焊接学会第X分委员会委员、国际焊接学会地震载荷下断裂控制工作组委员、中国钢结构焊接协会副理事长、中国机械工程学会焊接分会常务理事、焊接力学及结构设计专业委员会主任、天津市失效分析学会理事长、天津市锅炉与压力容器学会副理事长。曾获国家劳动部、国家教委科技进步奖、教育部技术发明奖、天津市自然科学奖。主持"六五""八五"等攻关项目。2005年11月退休。

崔广涛（1932.05.18—2023.10.10）男,汉族,中共党员,天津大学建筑工程学院教授、天津大学校务委员、学术委员、学位委员、天津大学水利系、水资源与港湾工程系系主任,研究生学历,辽宁省鞍山市人。1956年本科毕业于大连工学院水利系,1956年于天津大学水利系任教。从事水利水电工程方面的教育和科研工作,在高速水流、泄洪消能、流固耦合等领域有突出贡献。曾任中国水利学会理事、名誉理事、水力学专委会副主任委员、天津市水利学会副理事长、四川大学兼职教授、高速水力学国家重点实验室学术委员等。主持或参加"六五"至"十五"国家重点科技攻关、国家自然科学基金以及三峡、二滩、小浪底、溪洛渡、向家坝、南水北调等大型水利水电工程科研项目100余项。科研成果"一种新型厂坝联合泄洪结构"获1978年全国科学大会奖。获2008年国家科技进步二等奖1项和省部级科技进步奖10项。独立或参与撰写《中国大百科全书·水利卷》《水流动力荷载和流固相互作用》《神经网络和遗传算法在水科学领域的应用》多部著作。1995年11月退休。

何日智（1935.07.24—2023.10.19）男,壮族,中共党员,天津大学资产与实验室管理处研究员、副处长,大学本科学历,广西省人。1953年于天津大学材力实验室工作。从事实验技术及实验室管理相关工作,于1987年6月晋升为高级工程师。曾任全国高校实验管理研究会理事、天津市高校实验室管理研究会常务理事、天津大学附属中专学校副校长。曾任《实验技术与管理》编委、《实验室研究与探索》编委。曾获评天津市社会主义建设积极分子、校级优秀共产党员。发表《电子计算机在仪器设备管理中的应用》《改革实验教学　提高教学质量》等多篇学术论文。1995年11月退休。

林立群（1930.10.11—2023.11.05）男，汉族，中共党员，天津大学化工学院教授，研究生学历，重庆市人。1953年本科毕业于天津大学化工系，1956年研究生毕业于大连工学院化工系，1956年于天津大学化工系任教。从事精细化工方向研究，于1986年5月晋升为教授。曾任天津市化工局染化公司技术顾问。编写教材《染色的物理及化学》等。发表《由3—二甲胺基丙腈合成四氯嘧啶的反应历程》《过氧化物对活性染料染色织物的影响》《由巴比吐酸合成2.4.6—三氟—5—氯嘧啶总结》《氟氯嘧啶及四氯嘧啶的色谱公析》等多篇学术论文。1992年4月退休。

陈远明（1932.06.26—2023.11.10）女，汉族，中共党员，天津大学化工学院教授，研究生学历，湖南省新化县人。1955年本科毕业于天津大学化学系，1958年研究生毕业于天津大学化工系，1958年于天津大学化工学院任教。从事化工基础实验技术、化工传热及气液雨相流动相关研究，于1992年6月晋升为教授。曾获全国化工原理实验教学优秀工作者称号。主持承担《气、液两相垂直流动摩擦降压的研究》《漂移速度模型的研究》等多项科研项目。编写教材《化工基础实验技术》。1992年11月退休。

罗南星（1935.11.30—2023.11.21）男，汉族，中共党员，天津大学精密仪器与光电子工程学院教授、办公室主任，研究生学历，广东省人。1959年本科毕业于天津大学精仪系，1962年研究生毕业于天津大学精仪系，1962年于天津大学精仪系任教。从事精密仪器专业误差理论与数据处理、几何量精密测试技术相关研究，于1994年12月晋升为教授。曾任天津市质量管理协会理事、计量测试学会几何量专业委员会委员、天津大学侨联副主席兼秘书长等。曾获评优秀归侨侨眷荣誉称号、市级优秀教师等。参与编写教材《误差理论与数据处理》《长度计量测试基础》等。主持承担多项国家级、天津市级科研项目。发表《中型热轧圆钢直径检测光学系统的分析研究》《相对测量法在高精度比长中应用的研究》等多篇学术论文。1996年3月退休。

张昕（1972.02.19—2023.11.27）男，汉族，群众，天津大学化工学院教授，研究生学历，山东省莱州市人。1995年本科毕业于吉林大学高分子化学与物理专业，2003年研究生毕业于北京大学高分子工程与物理专业，2014年于天津大学化工学院任教。从事高分子化学与物理及功能高分子相关研究，于2014年3月晋升为教授。德国洪堡学者、天津市人才计划获得者。主持承担《马来酰亚胺的合成及其衍生物的光化学与光物理》等多项国家级、天津市级科研项目，发表SCI论文30余篇。

赵汝文（1939.10.04—2023.11.28）男，汉族，中共党员，天津大学化工学院高级工程师、副主任，大学本科学历，河北省乐亭县人。1965年本科毕业于天津大学化工系，1965年于天津大学化工教研室任教。从事化工分离工程与技术以及大型填料塔的研究，于1992年7月晋升为教授级高级工程师。获国家科技进步奖3项，省部市级科技进步奖5项，国家发明奖1项，国家发明专利9项。发表《新型填料化塔内件》《大型填料塔的设计及应用》等多篇学术论文。主持承担《具有新型塔内件的高效填料塔》《新型填料塔在环氧乙烷生产中的应用》等多项国家级、天津市级科研项目。2000年11月退休。

陈才和（1940.02.26—2023.12.05）男，汉族，中共党员，天津大学精密仪器与光电子工程学院教授、系主任，大学本科学历，福建省上杭县人。1965年本科毕业于天津大学精仪系，1965年于天津大学精仪系任教。从事光学仪器、集成光学、纤维光学、光纤通信与光纤传感相关研究。1990年晋升为教授。曾任中国光学学会纤维光学与集成光学专业委员会委员、中国电子学会天津市光纤工程专业委员会委员、中国仪器仪表学会光学仪器分会理事、天津市等离子技术研究会理事。曾获天津市科技进步三等奖。主持承担《光纤加速度枪波技术在石油勘测中的应用研究》等多项国家级、天津市级科研项目。2005年11月退休。

史宗庄（1939.07.28—2023.12.20）男，汉族，无党派人士，天津大学内燃机研究所研究员，大学本科学历，河北省广宗县人。1965年本科毕业于天津大学，1965年于天津内燃机研究所担任技术员。从事汽油机液压、超高压破拆工具相关研究，于1998年11月晋升为研究员。发表《采用空气先导式分层扫气方法降低小型二冲程汽油机燃油消耗的试验研究》《二冲程内燃机气口比时面值计算方法的研究》等多篇学术论文。1999年11月退休。

王金榜（1938.11.16—2023.01.02）男，汉族，农工民主党党员，研究员，大学本科学历，天津市人。1958年9月—1961年10月在天津化工学院高分子系本科学习。1961年10月—1988年11月在天津轻工业化学研究所工作。1988年12月—1999年1月在天津纺织工学院高新实业技术公司工作。擅长领域：纺织助剂。1993年8月任天津市第九届政协委员。曾任天津纺织工学院高新实业技术公司总工程师。1999年1月退休。

陆再生（1929.10.26—2023.03.22）男，汉族，中共党员，教授，享受国务院政府特殊津贴专家，研究生学历，江苏省人。1948年7月—1951年7月在苏南工专学校学习。1951年8月—1971年3月任中共纺织工业部技术司纺织科学研究院技术员，期间于1961年10月—1964年10月在华东纺织工业学院研究生学习。1971年3月—1993年2月任天津纺织工学院纺织系教师。擅长棉纺学领域的研究与教学。曾任天津纺织工学院纺织系教研室主任。1993年1月获评享受国务院政府特殊津贴人员。1993年2月退休。

李修仁（1943.08.28—2023.06.07）男，汉族，中共党员，教授，大学本科学历，河北省人。1963年9月—1969年7月在天津纺织工学院机械系本科学习。1969年8月—1983年11月任天津纺织工学院机械系教师。1983年12月—1985年11月在日本国信州大学工学部机械工学科留学进修。1985年12月—1992年2月任天津纺织工学院机械系教师。1992年3月—1995年8月任天津纺织工学院科工贸总公司技术员。1995年9月—2004年1月任天津纺织工学院（天津工业大学）机械系教师。擅长流体传动及控制的研究与教学。曾任全国机械自动控制学会华北分会理事、天津工业大学机械系机电教研室主任。2004年1月退休。

郭明林（1957.06.01—2023.08.14）男，汉族，中共党员，教授，研究生学历，山西省人。1975年3月参加工作。1975年3月—1978年2月在山西省曲沃县北董乡上装庄村任教，1978年3月—1982年2月在山西大学化学系本科学习。1982年2月—1984年11月在南开大学元素所研究生学习。1984年12月—2019年12月在天津纺织工学院（天津工业大学）任教师。擅长有机化学的研究与教学。2000年获天津市教学成果一等奖，2009年获天津市优秀教师称号，2012年获天津工业大学创先争优优秀党员。曾任环境化工学院化学部主任，天津市化学学会副理事长，天津市计算机辅助教育分会副理事长。2019年12月退休。

郭秉臣（1944.11.03—2023.09.17）男，汉族，中共党员，教授，大学本科学历，河北省人。1964年8月—1969年7月在天津纺织工学院纺织工程系学习。1969年8月—2007年1月在天津纺织工学院（天津工业大学）任教师。主编出版《非织造布学》天津市高等教育九五重点教材。曾任纺织学院非织造材料与工程系系主任、全国非织造布协会理事。2007年1月退休。

刘树琪（1934.04.13—2023.11.29）男，汉族，中共党员，教授，享受国务院政府特殊津贴专家，大学学历，河北省人。1949年10月—1952年6月在河北高级工业学校纺织系学习。1952年7月—1958年11月任天津纺织工业学校教师。1958年12月—1994年9月任天津纺织工学院教师。擅长应用数学的研究与教学。曾任天津纺织工学院基础课部系主任。1987年获天津市科技进步三等奖。1989年8月获评"天津市优秀教师"称号。1993年1月获评享受国务院政府特殊津贴人员。1994年9月退休。

刘振义（1950.02.09—2023.03.30）男，汉族，中共党员，原天津轻工业学院（现天津科技大学）机械工程学院过程装备与控制工程系教授，大学本科学历，黑龙江省齐齐哈尔市人。1968年于黑龙江省齐齐哈尔市自来水公司参加工作，1975年毕业于天津轻工业学院（现天津科技大学）机械系轻化工机械专业，同年任教于哈尔滨科技大学，1978年任教于天津轻工业学院（现天津科技大学）。曾任中国海水淡化与再利用协会会员、天津造纸协会会员，长期从事轻化工机械与设备、制浆造纸机械与设备等的教学和科研工作。主讲化工设备、制浆造纸机械与设备、蒸发理论基础等多门本科生、研究生课程。在国内外发表学术论文30余篇，参编《轻化工与食品设备》《轻工业技术装备手册》等多部教材、著作。主持完成《异形板式降膜蒸发器浓缩酒槽废液的研究》《V形槽布液装置用于黑液蒸发器的研究》等多项科研项目。1989年7月获天津市高等教育局优秀教师称号，1998年9月获天津市优秀教师称号。2010年2月退休。

王中秋（1932.08.15—2023.04.09）男，汉族，中共党员，原天津轻工业学院（现天津科技大学）盐业工程系教授，大学本科学历，江苏省镇江市人。1955年毕业于南京农学院植物保护专业，同年于内蒙古农业厅参加工作，1956—1958年随同中波技术协会赴波兰学习，1959年任教于原河北轻工业学院（后更名为天津轻工业学院，现天津科技大学）。曾任中国盐业学会会员，长期从事盐田生物技术及盐田土壤等的教学和科研工作。首创学校盐田生物技术课程，主编盐田生物技术和盐田土壤实验2门课程教材，创建土壤实验室，全面测试盐田土壤各项指标，为研究和指导盐业生产提供坚实基础。参编中国轻工业出版社出版的《制盐工业手册》，发表学术论文20余篇。主持完成《重粉质壤土型不同制卤阶段防渗技术的研究》《盐田测渗方法及装置的研究》等多项国家"八五"重点攻关项目、省部级项目等。1989年获中国教育工作荣誉证书，为中国制盐行业知名专家。1996年5月退休。

刘金铭（1934.10.02—2023.08.13）曾用名刘澂，男，汉族，民盟盟员，原天津轻工业学院（现天津科技大学）化学工程系化学工程原理教研室教授，大学本科学历，北京市人。1956年毕业于天津大学化学工程系造纸专业，同年任教于原河北轻工业学院（后更名为天津轻工业学院，现天津科技大学）。曾任天津化工过程及设备研究会常务理事兼实验技术委员会主任，天津食品学会会员、天津造纸学会会员，长期从事化工原理、化工传递过程等方面的教学和科研工作。主讲化工传递、化工原理、化工设计等多门本科生、研究生课程。主编《导热理论基础》《轻化工单元操作原理》《食品工程原理》等多部学术水平较高的著作、教材，其中《食品工程原理》入选轻工业部优秀图书。在国内外发表学术论文10余篇。首次提出有关热力学数据的理论计算公式，填补国产造纸原料黑液蒸发站热力计算公式方面的空白。主持完成《微量元素盐的研制》、"六五"国家科技攻关项目《儿童矿物质营养增补剂精制骨粉的研究》（干燥分项目）等多项科研项目。1995年3月退休。

贾毅（1944.11.24—2023.08.15）男，汉族，中共党员，天津轻工业学院（现天津科技大学）材料科学与化学工程学院高分子材料工程系教授，大学本科学历，河北省盐山县人。1970年毕业于天津轻工业学院（现天津科技大学）化学工程系塑料专业，同年任教于天津轻工业学院（现天津科技大学）。曾任天津塑料协会代表职务。长期从事高分子材料与工程、塑料成型机械等领域的教学和科研工作。主讲塑料成型机械、塑料制品厂工艺设计、聚合物挤出等多门本科生、研究生课程。在国内外发表学术论文40余篇，参编《塑料加工技术大全》《谈谈塑料工程和塑料工业》等多部著作、教材。主持完成《齿轮泵在挤出系统汇总的开发与应用》《计算机模拟高分子材料成型加工教学模式研究》等多项科研项目。2000年11月，《计算机模拟高分子材料成型加工教学模式的研究》获天津市教学成果二等奖。2004年11月退休。

周金台（1924.01.04—2023.01.04）男，汉族，九三学社员，天津医科大学教授，天津医科大学总医院终身专家，原心肾学组组长，心血管病学组组长，中国心电学会主任委员，大学本科学历，浙江省永康市人。擅长心脏病学专业工作，包括开创性心脏起搏与心脏电生理学、冠心病、肾脏病、水与电解质平衡的临床和实验研究，为提高中国医疗科学水平作出重要贡献。曾任"天津市起搏研制及临床应用"协作组组长，1977年11月首先研制成功以锂碘电池为能源的VVI心脏起搏器并用于临床，获1978年全国科学重大成果奖，1980年获天津市优秀科技成果二等奖，1982年在国内首先开展锁骨下静脉穿刺插入心室和（或）保留导引钢丝技术，1986年开展室上性心动过速直流电消融术，1990年开始进行的室性心律失常机制的基础和临床研究，特别是对家族性长QT综合征的系列研究中"家族性长QTU综合征伴发扭转型室速的发病机制与早期后除极有关"结论，被国际学术界认为是国际首例报道，获国家科委颁发科技成果证书。曾主编《临床心脏电生理学进展》《长QT综合征与尖端扭转型室速》等专著多部。发表论文100余篇，其中国际权威杂志发表论著6篇。1949年9月参加工作，1992年9月退休。

侯建民（1933.07.05—2023.01.06）男，汉族，中共党员，天津医科大学教授，国务院政府特殊津贴专家，大学本科学历，陕西省长安人。1957年毕业于北京大学哲学系,毕业后就职于天津医学院(现天津医科大学)。曾任天津医科大学社科部主任,自然辩证法教研室主任。长期从事马克思主义理论教学与研究,主攻医学与哲学领域,获聘天津市教卫系统马克思主义理论队伍带头人。曾获天津市多项教学科研成果奖。1998年11月退休。

李文霞(1935.11.27—2023.03.25)女,汉族,民盟盟员,天津医科大学教授,大学本科学历,河北省抚宁人。1960年毕业于沈阳医学院(现中国医科大学)儿科系儿科专业。1960年9月参加工作。曾任天津医科大学护理系儿科教研室主任。长期从事儿科临床和教学工作。参与天津医学院护理系儿科教研室与实验室的筹建工作,编写多本儿科护理学教材。曾开展中国天津SOS儿童村儿童个性特征、独生子女个性特征、慢性疾病患儿与家庭、儿童个性、智力、学习及其影响因素等课题的研究工作。1989年获评天津市高等教育局优秀教师,1995年获天津市教学楷模称号,1996年获天津市总工会"八五"立功奖。1997年12月退休。

王正伦(1931.03.07—2023.04.05)男,汉族,中共党员,天津医科大学流行病学教授,硕士生导师,天津市第九届政协委员,曾任天津医学院院长,大学本科学历,山东省德州市人。1951年4月参加工作。1959年毕业于天津医学院,毕业后就职于天津医学院。曾担任天津流行病学会副主任、中华预防医学会理事、天津预防医学会副主任、中华医学会医学教育学会常务理事、中国高等教育学会医学教育委员会常务理事、中华医学会天津医学教育学会主任、天津高等教育研究会常务理事、天津研究生学会副理事长、中国慢性病预防与控制杂志副主任委员。多年来共发表论文40余篇,主编和合编专著有《流行病学》《农村卫生防疫常识》《常见呼吸道传染病防治》《常见肠道传染病防治》《常见血液系统传染病防治》《流行病学》(护理自学丛书)、《护理学基础》等。1992年获国务院颁发的政府特殊津贴。科研成果曾获国家教委二等奖、天津科技成果一等奖、天津科技成果三等奖。1999年7月退休。

苏 焯(1925.02.10—2023.10.13)男,汉族,中共党员,天津医科大学教授,大学本科学历,河南省偃师人 洛阳市人。1949年毕业于山西大学医学院,毕业后就职于天津传染病医院。曾任天津第二医学院临床微生物检验教研室主任、天津市结核病防治所顾问。于1985年由天津结核病防治所调任至天津第二医学院微生物教研室。多年来从事临床微生物检验教学、科研工作,主攻分枝杆菌病领域。发表《86株非典型分枝杆菌药物敏感性试验》《气相色谱检测脑脊液中结核分枝杆菌硬脂酸对结核性脑膜炎诊断的研究》《高效电融合技术建立能分泌抗分枝杆菌单克隆抗体的杂交瘤细胞系》等论文。著有《非典型分枝杆菌肺病》《肺科基础与临床》《分枝杆菌与分枝杆菌病研究之进展》《临床微生物学及检验》《老年养生》《家庭医生》《分枝杆菌及其感染》,参与《微生物学基本技术》影像资料制作。曾任天津第二医学院临床微生物检验教研室主任、天津市结核病防治所顾问。1990年12月退休。

叶咏年(1934.12.16—2023.11.22)男,汉族,中共党员,天津医科大学教授,大学本科学历,浙江省杭州市人。1957年毕业于北京医学院药学系,是天津医科大学药学院首任院长。多年来从事药剂学的教学与科研工作。发表《透皮给药近况选述》《口服药物速释系统进展》《布洛芬离子导入经皮给药系统的研究》等论文。合编专著有《临床药学》《实用药学词典》。获得发明专利2项,1980年12月获得河北省科普及科技成果奖。曾任天津市药学会会长。曾获天津市劳动模范、天津市优秀教师、天津市总工会"八五"立功奖章等多项荣誉称号。2000年5月退休。

崔以泰(1935.08.08—2023.11.22)男,汉族,中共党员,天津医科大学教授,硕士生导师,硕士,国务院政府特殊津贴专家,山东省聊城市人。1958年10月参加工作。1959年天津医科大学医学系本科毕业,1966年神经生理学研究生毕业。1985年至1986年在美国托马斯·杰弗逊大学研修医学管理学。1988年主持建立中国第一家临终关怀研究中心并任主任。曾任天津医学院副院长,天津医科大学党委书记、校务委员会主任,中国心理卫生协会副理事长,中国性学会副理事长。先后发表论文30余篇,独著和主编专著15本。2000年7月退休。

郭宗仁(1941.04.14—2023.10.22)男,汉族,农工党党员,天津中医药大学教授,专科学历,天津市人。1962年毕业于天津中医学院。1962年10月—1968年10月,于天津市立干部疗养院任中医师。1968年11月—1969年10月,于天津市汉沽区大田公社卫生院任中医师。1969年11月—1976年2月,于天津市汉沽区医院任中医师。1976年3月—1978年2月,于天津市汉沽区传染病院任中医师。1978年3月—1980年6月,于天津市汉沽区卫生局任中医师。1980年7月于天津中医学院任教师。擅长中医针灸教学、临床、科研。著有《针灸学》《中医纲目·刺灸法》等。2001年5月退休。

吉全贵(1946.08.01—2023.10.25)男,汉族,中共党员,天津财经大学教授,大学本科学历,河北省邢台市任县人。1970年8月开始于天津财经学院(现天津财经大学)会计系工作,历任助教、讲师、副教授、教授。曾任中国中青年财务成本研究会理事,香港国际教育交流中心理事。长期从事财务管理领域研究与教学工作。讲授《财务与分析研究》《经营分析》《高级财务管理研究》等多门课程。出版专著14本,在核心期刊发表论文多篇,在学校学科建设与人才培养方面作出突出贡献。2006年10月退休。

荣长宽(1940.08.27—2023.01.02)男,汉族,群众,天津农学院教授,享受国务院政府特殊津贴专家,大学学历,河北省唐山市滦南县人。1965年毕业于南开大学,毕业后到河南省新野县搞"四清",先后在河南省二纺四厂和洛阳技术学校任职,1979年到天津农学院水产系工作。长期从事水产养殖技术研究,参与的《对虾人工配合饲料研究》获1987年国家科技进步二等奖;承担或主持的《天津市中型水面对虾养殖配套技术》获1992年天津市科技进步二等奖,《降低成本的养虾综合技术示范教程》获1992年天津市星火科技二等奖及1993年国家星火科技四等奖。发表《中国对虾对16种饲料蛋白质和氨基酸的消化率》《虾池基础生物饵料的培养技术及其种类、数量的研究》等多篇论文。2020年10月退休。

牟善积(1940.01.20—2023.07.01)男,汉族,中共党员,天津农学院教授,享受国务院政府特殊津贴专家,大学学历,山东省日照市人。1964年毕业于山东农业大学,毕业后分配到黑龙江省肇源县农业局工作,1979年调入天津农学院任教,1993年被批准享受国务院政府特殊津贴。长期从事农业技术研究和农业高等教育工作,擅长植物营养与施肥、红小豆的综合研究领域,其主持的《红小豆高产栽培选优提纯的研究》获1990年天津市科技进步二等奖,《免耕覆盖深松配套技术及耕作模式的研究》于1994年通过鉴定,达国际先进水平,登记为国家级成果。发表《天津地区红小豆模式化栽培农艺措施的研究》《红小豆主要增产因素正交试验结果》等多篇论文,著有《植物营养与施肥》《红小豆栽培》等,2013年出版纪实文学《肇源往事》。2020年4月退休。

高铭鼎(1938.01.16—2023.2.10)男,汉族,中共党员,天津体育学院教授,大学本科学历,山东省掖县人。1960年4月毕业于中国人民大学哲学系,并留校任教。1960年10月至1961年6月于河北政治师范学院任教,1961年7月至1964年9月于中共河北省委文教部任职,1964年10月至1968年10月于河北省委文教办公室任职,1968年11月至1971年12月于河北省直机关学习班邢台指挥部学习,1972年1月至1974年2月于中共保定市委政治部任职,1974年3月至1999年7月于天津体育学院任职。曾任天津体育学院副院长,中国体育科学学会社会科学分会常委,天津市体育科学学会副理事长,中国体育发展战略研究会常委,是《全民健身计划纲要》主要起草人之一。发表《正确认识运动竞赛胜利之本》《体育运动基本矛盾、本质与普遍规律》等10余篇论文,与人合作出版《体育哲学》等5本著作。1996年获评天津市劳动模范。1999年8月退休。

蒋冠琳(1931.03.08—2023.07.05)女,汉族,民革党员,天津体育学院教授,大学本科学历,江西省宜春市人。1954年毕业于中国人民解放军第五军医大学,1954—1958年于中国人民解放军第八航空学校任军医,1958—1991年于天津体育学院任教。主要研究方向为运动医学。1981年参加国家三部委共同主办的"全国青少年体态、机能、素质之调研"科技项目,获国家体委授予"体育科技一等奖";国家科委授予"科技进步二等奖"。1982年设计并制作出全国最先用于运动保健的肢体负压舱,对消除运动疲劳,改善微循环取得良好效果,该装置自1985年后一直被中科院血研所长期应用于临床实验。1992年运用电磁涡流原理发明并研制出多功能保健器。曾在《中国体育》《体育科学》等刊物发表论文、译文20余篇。1991年7月退休。

孙其峰(1920.01.20—2023.03.20)男,汉族,中共党员,天津美术学院终身教授,享受国务院政府特殊津贴专家,大专学历,山东省招远县人。1947年毕业于北平艺术专科学校国画科;1952年8月—1980

年8月任河北师范学院、河北美术学院、河北艺术师范学院、天津五七艺校、天津艺术学院教师、系主任、系党支部书记；1980年8月—1983年6月任天津美术学院党委常委、副院长。曾任中国国家画院院部委员，中国美术家协会原理事，中国书法家协会原理事，西泠印社第七届理事，天津市文联原常务理事，第二届天津市美术家协会副主席，第三届天津市美术家协会名誉主席，第一届天津市书法家协会副主席，天津中国画研究会会长，天津中国画学会顾问，天津市第六届政协委员，天津市第七届、第八届政协常委。曾获"庆祝中华人民共和国成立70周年"纪念章、第二届中国美术奖·终身成就奖、中国书法兰亭奖终身成就奖、中国造型艺术成就奖、西泠印社终身成就奖。中国美术家协会、中国书法家协会、天津市委宣传部、天津市文联授予其"当代美术教育家""国画大师"称号。代表作品《秋晴》《春林雀戏》《蕉荫双栖》《白鹰》《梅枝栖禽》，《山花烂漫》（合作）入选《中国现代美术全集·中国画·花鸟卷》；《三峡印象》《大江东去》入选《中国现代美术全集·中国画·山水卷》。书法、篆刻作品分别入选《中国现代美术全集·书法卷》与《中国现代美术全集·篆刻卷》。2017年11月离休。

获奖人物

2022年基础教育国家级教学成果奖一等奖

成果名称	成果完成者	所在单位	其他成果持有人
减负提质背景下的中小学生数学学习品质测评十年探索	王光明	天津师范大学	康玥媛,吴立宝,李健,张永健,王立东
从德育渗透到课程思政:某某市中小学学科育人三十年研究与实践	天津市教育科学研究院		

2022年基础教育国家级教学成果奖二等奖

成果名称	成果完成者	所在单位	其他成果持有人
普通高中"立身修心"劳动教育教学体系60年构建与实践	北京师范大学天津附属中学		
国家课程的地方方案:培智学校《运动与保健》课程建设的25年实践	卞颖	天津市河北区启智学校	戚克敏,雷爱民,李春艳,王晓琳,许瀚予
读写平衡:小学语文全局式语言学习模式的构建与实践	曹媛	天津市教育科学研究院	丰向日,付丽,马艳玲,李际萌,朱广英
中小学信息科技创新课程的构建与实施	高淑印	天津市教育科学研究院	樊磊,李锋,何穆彬,杨晓哲,李维钧
为"未来教育家"奠基:教育家型教师培养的某市探索(2008-2022)	胡振京	天津市教育科学研究院	郑彩华,贺慧敏,李茜
小学劳动教育体系建设的实践研究	天津市南开区五马路小学		
基于齿轮效应的小学英语"讲好中国故事 涵养家国情怀"的探索与实践	陶湘	天津市河西区上海道小学	于晶,张宏丽,杜虹,许纯,魏乃越
"公能教育"百年传统的当代传承与创新	天津市南开中学		
中学心理健康教育"四级五全"服务体系构建30年实践探索	天津市实验中学		
中学语文"活动+"育人方式改革的20年研究与实践	天津市实验中学		

续表

成果名称	成果完成者	所在单位	其他成果持有人
小学"三结合"育人的30年探索和新时代实践	天津市逸阳梅江湾学校		
中小学戏曲进校园市域推进的研究与实践	王秀会	天津市教育科学研究院	王颖,孙志燕,郭楠,刘泽,苏欣
小学数学"形变质通"教学改革30年实践与探索	张菁	天津市河西区马场道小学	张新颜,夏天,赵诗辉,杨玉东,尹俊明
区域教学大数据平台建设及其教学运用	卢冬梅	天津市第十九中学	焦辰菲,董欣,钱蓓蓓,傅厚荃,胡嘉
应用幼儿成长档案实施适宜性教育的探索与实践	天津市幼儿师范学校附属幼儿园		天津师范大学

2022年职业教育国家级教学成果奖特等奖

成果名称	完成人	完成单位
模式创立、标准研制、资源开发、师资培养——鲁班工坊的创新实践	戴裕崴,张磊,张维津,于忠武,杨延,耿洁,张兴会,于兰平,杨荣敏,李云梅,申奕,刘恩丽,李彦,康宁,王兴东,王娟,张巾帼,祖晓东,黎志东,李燕,刘盛,张颖,翟风杰,张如意,丛军,赵倩红,段文燕,许有华,曹向红,关剑,刘铭	天津职业技术师范大学,天津轻工职业技术学院,天津机电职业技术学院,天津铁道职业技术学院,天津市教育科学研究院,天津中德应用技术大学,天津渤海职业技术学院,天津市职业大学,天津市经济贸易学校,天津城市职业学院,天津现代职业技术学院,天津市第一商业学校,天津医学高等专科学校,天津交通职业学院,天津电子信息职业技术学院

2022年职业教育国家级教学成果奖一等奖

成果名称	完成人	完成单位
双链融通·标准引领·项目支撑:新一代信息技术领域高职人才培养实践创新	潘海生,王新强,沈庆磊,张丹阳,冯怡,赵艳楠,董伟,宋亚峰,赵佳明,李增绪,史伟,贺国旗,杜树宇,疏国会,马国强,刘鑫桥	天津大学,中国职教学会校企合作工作委员会,天津中德应用技术大学,天津市职业大学,天津电子信息职业技术学院,天津滨海迅腾科技集团有限公司,百度在线网络技术(北京)有限公司,曙光信息产业股份有限公司,山东药品食品职业学院,河北对外经贸职业学院,陕西工商职业学院,山东铝业职业学院,安庆职业技术学院,山西林业职业技术学院
"铸魂育匠 五策精进":高职课堂新形态的构建与实践	诸杰,杨荣敏,李海斌,王韬,罗亚,张雷,李晶华,冯艳文,王海英,张小文,张永飞,王翔,高洋,孙红灵,李建国,袁汝海,王森,郑智淞,黄晓鑫,刘春怡,李星	天津市职业大学,天津海顺印业包装有限公司,天津市软件行业协会,施耐德梅兰日兰低压(天津)有限公司

2022年职业教育国家级教学成果奖二等奖

成果名称	完成人	完成单位
精执于形、精质于教、精治于道:中职内部质量保证体系构建的实践探索	郭葳,周俊,尚雪艳,范蓉,齐莉,张齐,刘阳,李响,罗德凯,王健,王昱倩,李静,杨瑞增,孟庆和,孙超,赵兵,卢建生,赵倩红,刘培,艾思思,刘晓玥,祁莹,丁小芳,谢凯,赵建勋,段维维,杨松梓	天津市第一商业学校
从资源建设到应用创新:职业院校互联网学习生态建设的实践与研究	耿洁,范蓉,李云梅,徐健锐,王春媚,骆红,杨柳,张丽琴,田竞,崔吉祥,赵元元,陈必群,张学彬,王颂	天津市教育科学研究院,天津市第一商业学校,天津轻工职业技术学院,天津市第一轻工业学校,中国职业技术教育学会信息化工作委员会,天津电子信息职业技术学院
培训先行 标准对接 装备优质——中职教育国际合作与交流范式探索与实践	张宏成,史翠玉,李春旭,王晓芹,刘广博,王雪,赵红萍,张国志	天津市东丽区职业教育中心学校
发挥职业教育类型特色,服务普教劳动教育的研究与实践	穆银艳,骆红,李婷,刘连英,穆馨,冯强,郭校,陈帅,陈爽,杨柳,陈日俊,赵玥,汪涛,顾金兰,蔺焕林,代学富,张荐,蔡利云,刘春梅	天津市第一轻工业学校,天津市复兴中学,天津市第三十五中学
能力进阶 模块重构:财经商贸专业群数字化人才培养模式探索与实践	齐莉,范蓉,刘晓玥,刘国艳,傅颖,翟晶晶,马宇宸,郭洪芳,张许畅,陈利美,刘亚男,王倩,王静,苑小薇,李高齐,张杨,范广辉	天津市第一商业学校,北京京东乾石科技有限公司
"中高本硕"衔接技术技能人才培养模式研究与实践	张兴会,徐红岩,关志伟,张桦,王庆桦,富国亮,王春絮,杨新秀,王秀英,张链,连晓庆,王敏,程昂,孟虹,武晋,谢久明	天津中德应用技术大学,天津科技大学,天津电子信息职业技术学院,天津市机电工业学校
校院协同 岗课融合:卫生职教课程建设模式的"天津实践"	张彦文,王庆,景文莉,王芃,徐金金,蒋师,薛梅,许有华,任津瑶,王文洁,陈静,储媛媛,张承玉,金凤娟,张楠	天津医学高等专科学校,天津市第三中心医院,天津市胸科医院
"标准引领、分阶递进、个性培养"高职眼视光技术专业育人模式创新与实践	王海英,王翠英,陈丽萍,杨仲睿,王彦君,朱嫦娥,杨智宽,汤峰,张昊志,王立书,高雅萍,李佐,高文艳,史秀彤	天津市职业大学,爱尔眼科医院集团,万新光学集团有限公司,华厦眼科医院集团股份有限公司
"双全双能大健康,四层三级微模块"的护理专业群课程体系改革与实践	薛梅,王庆,海润玲,储媛媛,王博巧,马连娣,范晶晶,雷鹏琼,李津,杨小玉,刘萍,郝福春,许有华,李媛媛,方伟,包焜,张萌,卢迪,兰萌,高颖,李晶,蒋师,孙艳玲,唐明霞,王申	天津医学高等专科学校,天津市泰达医院,天津市第四中心医院,天津市第一中心医院
柔性订制 标准引领 船校交替:高素质海员培养校企合作创新实践	陈永利,吴宗保,王明春,张景增,费长宏,宋梦华,杜金印,吴金龙,吴泽亮,麻荔波,王皓,程文阁,石磊,孝建伟,郑罗坤,李超	天津海运职业学院,中远海运船员管理有限公司天津分公司,大连国合海事技术服务有限公司

续表

成果名称	完成人	完成单位
推进数字化转型 重塑职业院校教育生态的创新与实践	李平,张丹阳,潘海生,马莹,杨阳,张文,董伟,陈力,刘杰,宋亚峰,郭金亮,吴辉	天津电子信息职业技术学院,天津大学,华为技术有限公司,北京世纪超星信息技术发展有限责任公司
"利益耦合、校企融合、育训结合"培养汽车维修技术技能人才的探索与实践	李晶华,孙志东,李江江,李振兴,罗亚,王新,于文涛,侯国强,成起强,李小龙,王锦昆,柏秀元,王博宇,李敏,张智明	天津市职业大学,长安福特汽车有限公司
基于"四个合作"的天津卫生职教集团发展模式创新与实践	马菲菲,张彦文,刘浩,戴艳梅,王庆,王慧,薛梅,许有华,张秀丽,刘芳,李媛媛,曾昭全,方嘉珂,刘雁飞,董玉舒	天津医学高等专科学校,天津市口腔医院,天津市鹤童老年公益基金会,天津天堰医教科技有限公司,慧医谷中医药科技(天津)股份有限公司
校企协同、引育并举、三维共长的专业群教学创新团队建设与实践	郝晓秀,尹兴,魏娜,赵冉冉,张美云,陈新,牟信妮,张小文,孟婕,赵艳东,付春英,周云令,曹菲,柴三中,仇久安,赵永光,房桂干,袁汝海,赵鹏飞,高翔,陈志强	天津市职业大学,中山火炬职业技术学院,天津海顺印业包装有限公司,宏观世纪(天津)科技股份有限公司

2022年高等教育(本科)国家级教学成果奖特等奖

成果名称	完成人	完成单位
新工科教育	金东寒,巩金龙,顾佩华,曾勇,张宗益,张锦,李正,吴静怡,沈毅,王世斌,刘坤,夏淑倩,李斌,原续波,闫广芬,李正良,傅绥燕,项聪,杨颉,赵雅琴,史国良,谢辉,张冠伟,邓斌,王文俊,林佳妮,成雷鸣,王睿	天津大学,电子科技大学,重庆大学,北京大学,上海交通大学,华南理工大学,哈尔滨工业大学

2022年高等教育(本科)国家级教学成果奖一等奖

成果名称	完成人	完成单位
新时代中医药本科课堂教学设计的创新与实践	张伯礼,郭宏伟,高秀梅,匡海学,金阿宁,闫永红,余曙光,舒静,熊磊,高维娟,杨振宁,罗伟生,王自润,唐成林,胡毓诗,唐东昕	天津中医药大学,黑龙江中医药大学,国家中医药管理局中医师资格认证中心,北京中医药大学,成都中医药大学,上海中医药大学,云南中医药大学,河北中医学院,山东农业工程学院,广西中医药大学,山西大同大学,重庆中医药学院,成都体育学院,贵州中医药大学
引领未来、思维牵引、顶天立地——卓越化工人才培养的中国方案与实践	张凤宝,夏淑倩,彭孝军,辛忠,管国锋,梁斌,刘清雅,潘鹏举,卢滇楠,方向晨,郝长江,马新宾,张金利,韩优,王召,王磊	天津大学,华东理工大学,大连理工大学,南京工业大学,北京化工大学,浙江大学,清华大学,四川大学,中国化工学会,中国化工教育协会

成果名称	完成人	完成单位
"交叉融合、鼎新革故"机械大类新工科创新人才培养的天大模式实践	王树新,王天友,孙涛,顾佩华,王延辉,孙月海,王磊,张冠伟,郑惠江,邓帅,康荣杰,于倩,宋轶民,刘岳,倪雁冰,秦旭达,林杰威,仇巍,梁兴雨,于凌云,赵庆	天津大学

2022年高等教育(本科)国家级教学成果奖二等奖

成果名称	完成人	完成单位
守正创新 联考引擎 创建中医经典教育新模式	谷晓红,翟双庆,郭华,闫永红,焦楠,钱会南,赵岩松,钟相根,袁娜,石岩,余曙光,高秀梅,高树中,金阿宁	北京中医药大学,辽宁中医药大学,成都中医药大学,天津中医药大学,山东中医药大学,国家中医药管理局中医师资格认证中心
面向新医科的智能医学工程专业人才培养体系构建与实践	顾晓松,明东,何峰,李振宇,杨佳佳,刘秀云,李伟锋,刘爽,倪广健,万亮,庞博,朱华,郑晨光,徐瑞,刘哲,范秋筠,王坤,张鑫,孟佳圆,王玲	天津大学
新时代爱国主义教育引领人才培养的探索与实践	龚克,王新生,刘玉斌,李川勇,李向阳,周申,赖鸿杰,余华,杜雨津,胡志辉,何璟炜	南开大学
公能兼备、创新引领、个性发展——化学拔尖人才培养新范式的探索与实践	周其林,陈军,郭东升,程鹏,朱守非,张守民,王佰全,李一峻,刁立达	南开大学
传承中华营建体系的建筑类卓越人才培养模式创新与实践	孔宇航,许蓁,张昕楠,杨崴,张睿,杨菁,杨鸿玮,闫凤英,曾鹏,曹磊,王鹤,宋祎琳,吴葱,辛善超,胡莲	天津大学
"国创计划"引领的创新创业教育体系综合改革与实践	巩金龙,万小朋,朱泓,刘建林,李正,张锐,徐雷,曹德欣,曹新方,杨芳,管虹,张熙伟,王世斌,原续波,张琳,刘岳,罗云孜,徐天一,施亮星,王建荣,郏海霞,贾果欣,雷建军,郑春东,潘峰,李霞,杨光,张诗阳,郑喆	天津大学,西北工业大学,大连理工大学,华南理工大学,复旦大学,中国矿业大学,中南大学,华为技术有限公司,北京万学教育科技有限公司
"一体三翼五融合"的课程思政育人体系探索与实践	李斌,雷鸣,徐斌,杨光,刘洁,齐崴,吕静,管虹,刘畅,栗大超,赵欣,杨佳佳,张俊艳,吴兆彤,王梅,张明铭,王磊,成雷鸣,林佳妮,靖永坤,郭帅	天津大学
卓越导向、要素协同、系统驱动——迈向2030的一流本科教育创新与实践	王世斌,夏淑倩,原续波,李斌,贾果欣,赵欣,管虹,潘海生,郏海霞,焦魁,刘坤,杨光,李磊,成雷鸣,王建荣,张明铭,吴金克,于倩,王睿,刘玲,张寿行,白竹,陈胜蓝,车熙,贾晗	天津大学
产业助力、新技术赋能、项目贯通—电气信息类学科交叉新工科改革探索与实践	王成山,刘丽萍,王超,刘艳丽,李斌,王晓远,邓斌,杨爱萍,徐岩,刘洪,何立乾,白瑞峰,宋关羽,刘迎澍	天津大学

成果名称	完成人	完成单位
新时代思政课"三个贯通"协同育人体系的探索与实践	雷鸣,颜晓峰,徐斌,赵欣,管虹,杨欢,王磊,栾淳钰,张宇,靳莹,王世斌,夏淑倩,史慧,李霞,张昊,吴兆彤,陈永祥,魏建国,张健华,刘艳丽,马明,柳丰林	天津大学,青海民族大学,天津财经大学
以教师教学创新能力提升驱动高校人才培养的探索与实践	李霞,唐磊,时雨,万志宏,刘堃,李玉栋,潘皎,王利凤,王刚,周卫红,杜雨津,肖云,张春玲	南开大学
智能化时代能源动力专业多元教学场景构建与实践	高文志,刘海峰,尧命发,梁兴雨,宋康,谢辉,赵军,陈韬,刘月辉,杜青,林杰威,赵昌普,刘昌文,许之兴,岳利可	天津大学
环境类融合创新卓越工程师人才培养体系构建与实践	孙红文,鲁金凤,展思辉,王鑫,汪磊,张伟刚,姚义鸣,孙桂玲,黄津辉,唐雪娇,杨丽萍,史国良,卢会霞	南开大学
多维信息化教学资源协同,建设全方位育人功能的基础化学系列课程	马骁飞,冯霞,赵温涛,邱海霞,刘俊吉,唐向阳,朱荣娇,田昀,高洪苓,崔建中,杨秋华,曲建强,杜静	天津大学
教科融合、协同育人的研究性教学模式构建与实践	张伟刚,鲁金凤,高裴裴,韩杰,徐大振,李玉栋,谢朝,王荷芳,王维华,王恺,张文忠,李月琳,赵宏,刘洪亮,倪筚,张严昕	南开大学
铸魂立根 聚力赋能:"五新一体"的天津大学新法科建设	孙佑海,蓝蓝,杨欢,杨健,曹云吉,曾艳,弭维,薛杨,王小钢,孙皓,李明,于艳春,张丹,王文杰,付常辉	天津大学
师生四同:"大思政课"实现路径的探索与实践	王新生,付洪,刘凤义,刘一博,余一凡,孙寿涛,刘明明,马梦菲,孙海东,任铃,陈弘,李洁,姬丽萍,徐曼,韦幼苏,张健	南开大学
新时代卓越工程师培养的探索与实践	单小麟,原续波,余建星,关静,陈冠益,成雷鸣,焦魁,王建荣,徐德刚,邵辰,纪颖,王红玉,刘刚,苏育挺,陈维,方明	天津大学
科工融合,交叉赋能——材料类人才的工程能力培养高阶性目标探索与实践	胡文彬,赵乃勤,尚宇光,王颖,杨立军,何春年,杜希文,徐连勇,刘永长,李悦生,王吉会,侯峰,胡绳荪,马丽颖,申俊琦,敖三三,毛晶,杨新岐,邓彩艳,杨振文,王志江	天津大学
需求导向,知践合一,国家首批智能专业"学教研践"人才培养体系创建与实践	方勇纯,刘景泰,张雪波,孙宁,许静,周璐,王鸿鹏,赵新	南开大学
绿色工程理念引领的工程教育新体系构建与实践	辛忠,黄婕,张先梅,司忠业,吴艳阳,马新宾,彭孝军,潘鹏举,周玲,王慧锋,顾学红,修光利,栾伟玲,涂善东,华炜,叶俊伟,周浩力	华东理工大学,天津大学,大连理工大学,浙江大学,南京工业大学,中国化工学会

续表

成果名称	完成人	完成单位
结构设计竞赛20年促进大学生创意创新创造能力培养的改革和实践	金伟良,袁驷,李国强,陈云敏,徐世烺,李宏男,范峰,王湛,张川,方志,熊海贝,丁阳,曹双寅,吴涛,陆国栋,段元锋,赵羽习,肖岩,刘峥嵘,吕朝锋,丁元新,毛一平,姜秀英,张威,邹道勤,余世策	浙江大学,同济大学,清华大学,东南大学,哈尔滨工业大学,大连理工大学,重庆大学,天津大学,长安大学,湖南大学,华南理工大学,全国结构设计竞赛委员会
"三协同驱动、四平台支撑"光电专业开放融合育人新生态的创建与实践	刘向东,刘旭,付跃刚,郁道银,时尧成,毕卫红,林远芳,张敏明,郑臻荣,秦石乔,樊仲维,刘智颖,郑晓东,金鑫,祝宇慧	浙江大学,长春理工大学,天津大学,燕山大学,华中科技大学,国防科技大学,空天信息创新研究院
科产教融合、项目制牵引的工程实践教育体系改革	于岩,胡文平,李凌云,耿延候,林文雄,何春年,张友坤,王浩,周训胜,夏岩,何炳蔚,黄少钦,陈坚民,洪茂椿	福州大学,天津大学,中国科学院福建物质结构研究所
基于课程结构及形态创新的KAPIV一体化工程人才培养改革与实践	孙康宁,梁延德,刘会霞,张景德,于化东,李爱民,林建平,朱华炳,李双寿,韩建海,李晓东,朱瑞富,罗阳,刘新,齐乐华,吴承格,范胜波,赵冬梅,杨平,徐向纮,王佑君,庄红权,付铁,刘甜甜,陈刚,宋晓,齐炳和,钱俊,李卫国,张庆,黎振华	山东大学,大连理工大学,江苏大学,长春理工大学,同济大学,合肥工业大学,清华大学,河南科技大学,中国石油大学(华东),四川大学,西北工业大学,山东交通学院,天津大学,新疆大学,电子科技大学,中国计量大学,南京航空航天大学金城学院,陆军炮兵防空兵学院,清华大学出版社,北京理工大学,高等教育出版社有限公司,浙江大学,太原理工大学,南京航空航天大学,昆明理工大学
"水土交融,场网共享"新时期大土木实践育人模式构建与示范	王复明,杜彦良,周福霖,陈湘生,邓铭江,唐洪武,许唯临,刘加平,朱合华,周建庭,王宗敏,何川,吴智深,李庆斌,冯平,周颖,林凯荣,方宏远,杨俊,陈红,丁选明,谢红强,雷冬,罗尧治,王玉银,刘斌,李冬生,王述红,余志武,刘勇,杨健,刘云贺,罗蓉,王召东,陈雷,张玉清,刘雪梅,贾永胜,谭平,张吾渝,陈秀云,吴曙光,郦伟,包小华,高占凤,徐慧宁,龚之冰,孙金山,赵新宇,郭成超	中山大学,四川大学,郑州大学,河海大学,重庆交通大学,石家庄铁道大学,同济大学,大连理工大学,山东大学,清华大学,天津大学,中国交通建设股份有限公司,中国电力建设集团有限公司,中国铁建股份有限公司,中国中铁股份有限公司,中国长江三峡集团有限公司,中建地下空间有限公司,浙江大学,东南大学,哈尔滨工业大学,东北大学,深圳大学,广州大学,西安理工大学,江汉大学,重庆大学,华南理工大学,中国海洋大学,上海交通大学,中南大学,西南交通大学,青海大学,武汉理工大学,吉林建筑大学,华北水利水电大学,河南师范大学,河南城建学院,新余学院,惠州学院,黄淮学院,坝道工程医院(平舆)
扎根西北数十载,潜心耕耘创特色:西部地方高校土木工程专业建设探索与实践	朱彦鹏,韦尧兵,王秀丽,马天忠,韩建平,郭彤,王文达,陈志华,李万润,熊海贝,殷占忠,吴长,王永胜	兰州理工大学,东南大学,天津大学,同济大学

2022年高等教育(研究生)国家级教学成果奖二等奖

成果名称	完成人	完成单位
用新思想铸魂育人 推动马克思主义理论类研究生教育高质量发展	王新生,刘凤义,付洪,余一凡,孙寿涛,刘一博,马梦菲,陈永刚,王雪杨,王友江	南开大学
教师教育与基础教育融合互动下的 3S教育硕士培养改革实践	王光明,苏丹,孙琳,陈玳玮,宋飏,李伟	天津师范大学
乡村工匠之师"全息共振"育训新体系 ——涉农专业硕士教育15年改革实践	周明星,周先进,高涵,吕长平,肖化柱,祁型雨,胡扬名,吴松江,江维国,熊春林,于勇,赵文平,杨年,谭星驰,李煦阳	湖南农业大学,湖南科技大学,沈阳师范大学,天津职业技术师范大学,重庆电讯职业学院,长沙县职业中专学校
基于新物质创造大型仪器平台建设,培养创新型研究生人才的探索与实践	朱守非,周其林,席真,孔祥蕾,汤平平,苏循成,孙平川,崔春明,程方益,牛志强,杨茵,宋海斌,张新星,章炜	南开大学
依托国际一流问题研究的数学物理学科建设和领军人才培养30年研究与实践	葛墨林	南开大学
基础学科卓越研究生培养体系的构建与实践——以物理学为例	张国权,王菲斐,常雷,孔勇发,薄方,张学良,王巍,李川勇,张晓鹏,赵玮璐	南开大学
"思政引领,援培协同"的边疆民族地区生态环境类研究生培养模式创新与实践	布多,拉琼,吕学斌,旦增,熊健,刘怡萱,金永兵,方江平,普顿,郭明雄,张强英,平措,张广亮,李伟,王玉国	西藏大学,天津大学
传承中华文化、践行生态文明:建筑类创新型工程人才HN-CDIO培养模式	宋昆,冯骥才,张春彦,单小麟,关静,徐苏斌,汪丽君,许熙巍,郭平,苑思楠,赵伟,张秦英,王其亨,张玉坤,贡小雷	天津大学
"创新驱动"赋能国际一流化工研究生拔尖创新人才培养	马新宾,元英进,巩金龙,张香文,范晓彬,齐崴,赵金铎,贺文杰,王志,夏淑倩,王世荣,王军,李晶,刘国柱,李彬	天津大学
面向国家急需的"四位一体"卓越集成电路人才培养模式改革与实践	徐江涛,胡文平,马凯学,贾果欣,刘强,史再峰,韩旭,刘开华,赵毅强,罗宇,李锵,谢生,冯枫,张珊,王玥	天津大学
面向"智能+"的德才兼备高层次研究生人才培养路径探索与实践	喻梅,魏建国,李晓红,胡清华,冯伟,王文俊,于策,赵娜,孙佳,柴婷婷,葛惠莹,李克秋,赵义,董会丽,孙媛	天津大学
从"衣被天下"到"编织世界"-纺织类专业学位研究生培养体系的构建与实践	刘雍,钱晓明,肖志涛,王瑞,陈利,陈汉军,梅思琦,巩继贤,王春红,康卫民,刘建勇,马崇启,何崟,权全,姜勇	天津工业大学

续表

成果名称	完成人	完成单位
大型工程创新领军人才培养体系的构建与实践	余建星,程雪松,余杨,郑刚,卢铮松,刘坤,杜尊峰,刘宝珑,谷钰,段庆昊,李焱,李振眠,张学同,黄焱,张寿行	天津大学
聚焦国家重大需求,校企协同研究生工程能力培养的探索与实践	郏继贵,刘铁根,林嘉睿,蒋佳佳,胡春光,王鹏,杨凌辉,黄田,段发阶,孙岩标,张宇,封皓,陈文亮,任永杰,吴腾飞	天津大学
共建共融共享,知渔爱渔强渔,培养"海洋渔业+X"高层次专业人才	陈新军,李纲,钱卫国,初文华,陈锦淘,徐海龙,邹晓荣,王学锋,许巍,齐遵利,江卫平,宋利明,胡松,刘必林,孔祥洪	上海海洋大学,浙江海洋大学,天津农学院,广东海洋大学,河北农业大学
立足国家需求,构建以"PMGE"为核心的药学研究生国际化培养机制	胡文平,冯翠玲,Jay Siegel,张玲,杜云飞,陈乐,周艳,吴晶,张雁,高文远,高清志,陈海霞,姚婷,李霞,李楠	天津大学
医教协同背景下"联盟+"临床专硕课程建设的创新与实践	陈峰,胡志斌,夏彦恺,段昌柱,焦红兵,富伟能,雷丽萍,方明,凌志海,周建伟,鲁翔,孔祥清,苗毅,张慎忠,刘莹	南京医科大学,重庆医科大学,天津医科大学,中国医科大学,首都医科大学,哈尔滨医科大学,南方医科大学
从无到优:我国公司治理人才培养模式创建与发展	李维安,武立东,马连福,李建标,周建,林润辉,张耀伟,郝臣	南开大学
面向VUCA变革的管理类专业学位研究生教育质量保障体系	冯楠,卢铮松,张维,何桢,马寿峰,李敏强,李磊,王媛,解晶,陆明远,孙慧,邹高峰,郑春东,袁婷,张晗悦	天津大学
面向医工融合特色学科群的复合型拔尖创新人才培养体系探索与实践	明东,顾晓松,刘爽,李振宇,侯世科,冯远明,倪广健,何峰,朱华,庞博,余辉,李伟锋,万亮,孟琳,王仲朋	天津大学
需求导向、创新牵引、开放发展的高层次卓越人才培养综合改革探索与实践	郑刚,王树新,何芳,贾宏杰,齐崴,卢铮松,胡明列,张立迁,孙鹤,关静,刘庆岭,蔡建爽,赵红星,初飞,秦朝霞	天津大学
聚焦急需 智联东西——"四化一体"提升研究生培养质量的模式探索与实践	魏建国,赵美蓉,白海力,郑刚,刘彤彤,傅利平,王晓静,王小盾,侯庆志,张立迁,潘峰,沈妍,陈涛,陈天凯,吴潇	天津大学,青海民族大学

第二十四届中国专利优秀奖

专利号	专利名称	专利权人	发明人
ZL201110186336.8	一种多孔结构锰酸锂电极材料和制 备方法及应用	南开大学	陈军、王洪波、程方益、陶占良、张天然、朱智强

续表

专利号	专利名称	专利权人	发明人
ZL201210094320.9	一种可实现五轴联动作业动力头	天津大学	孙涛、宋轶民、董罡、连宾宾
ZL201310218745.0	一种基于嗜热菌生物技术处理高温 有机废气的反应装置及方法	天津大学	王灿、季民、孔鑫
ZL201510401279.9	一种含多轴转动支架的五自由度混联机器人	天津大学	黄田、董成林、刘海涛、秦旭达、梅江平、刘祺、汪满新
ZL201510679358.6	一种硝酸硫胺块状晶体产品的制备 方法	天津大学、新发药业有限公司	龚俊波、王海生、韩丹丹、李新发、李涛、王静康、尹秋响、侯宝红、李晓娜、于博
ZL201611102083.0	一种γ-氨基丁酸晶型及其制备方 法	南通励成生物工程有限公司、天津大学	龚俊波、赵凯飞、奚海燕、吴晓花、侯宝红、尹秋响、王静康、金锋、杜世超、顾钦青、唐诗平
ZL201911084784.X	一种短肽EXP及基于该短肽的药物递送系统和细胞外囊泡回收试剂盒	天津医科大学	尹海芳、冉宁、林曹瑞、高先军

2023高教社杯全国大学生数学建模竞赛
本科组一等奖

学校	队员一	队员二	队员三	指导教师
南开大学	齐一帆	祖庆慧	李博阳	崔巍
天津大学	叶铭吴	周定瑞	于心一	杨雪
天津大学	张子岚	张勉	孙国政	谷伟哲
天津工业大学	胡亮	王延甲	朱相宇	李红军
天津工业大学	王菲	王馨	曹宏程	康传刚
天津商业大学	马新阳	邹程程	王亚楠	耿峤峙
天津师范大学	郑淇馨	秦承尧	田子翔	黄蓉
中国民航大学	孙仁泽	位笑	章雨晴	孙芳
中国民航大学	杨洋	付宇翔	黄洪运	韩祥
中国民航大学	张子涵	吴泽萱	任时萱	秦绍萌

2023高教社杯全国大学生数学建模竞赛
本科组二等奖

学校	队员一	队员二	队员三	指导教师
南开大学	江绮佳	梅力	冯旖婷	
南开大学	李响	汪钰珺	贾雨龙	王险峰
南开大学	青昕妍	孔妍	张琳越	李忠华

学校	队员一	队员二	队员三	指导教师
南开大学	任浩然	李帅东	楚乾靖	
南开大学	王乐男	齐子轩	姚子烨	
南开大学	张志扬	张扬	郑凯峰	张巧真
南开大学	周旭东	杨雄峰	罗梓洋	张雪波
天津财经大学	崔馨月	孔泽宇	李金鹏	陈浩
天津财经大学	李昕晓	李想	张静洁	张硕
天津财经大学	杨舒雅	唐义芳	鄢艺洋	程瑞华
天津大学	郝晨彤	吴柯羽	廖千慧	张新珍
天津大学	柯驹阳	石宇航	张继元	王宏
天津大学	王耀	肖云骞	王龙汉	韩忠杰
天津大学	张台忍	钟芮	吴莹莹	王勇
天津工业大学	陈昀	路雨	覃语	李庚雷
天津工业大学	李浩祥	闫煜鑫	朱志	刘亚
天津工业大学	李坚玮	宋嘉霖	黄海平	宋庆增
天津工业大学	于淼	张曦月	林欣雨	吴雄华
天津工业大学	俞诗源	董锦龙	朱悦	裴晓园
天津工业大学	赵丹	黄闯	毛庆伟	李翠玉
天津理工大学	唐子怡	罗凯宇	武鸿飞	徐春明
天津理工大学	张阳	罗康	李小虎	李晓兰
天津农学院	尤姝媛	宋宏鑫	赵梓妍	房宏
天津商业大学	陈子誉	许源李喆	谷佳敏	何圣洁
天津商业大学	杜瑶	任康安	张宗洋	王全文
天津商业大学	洪语蔓	王一帆	李彩	耿峤峙
天津商业大学	王津	张霄峰	杨真	于洋
天津师范大学	高可莹	郭可莹	王丽媚	吴宜均
天津师范大学	李嘉航	陈梦琪	马丹薇	邓兴超
天津师范大学	邬骏	向军	温小雅	李君
天津师范大学	杨惠然	倪蕾	钱玺媛	刘彦
天津师范大学	张铎怀	彭佳园	靖雅文	张永康
天津师范大学	赵丽雯	杨骐毓	张琦	赵志学
天津职业技术师范大学	张昌泽	孟繁庆	王文静	指导教师组
中国民航大学	曹宇杰	王茂麟	陈雨昊	刘宏
中国民航大学	刘堂勋	刘泽阳	操玥	钱琨
中国民航大学	薛亚婷	秦天	关腾	赵娜

2023高教社杯全国大学生数学建模竞赛
专科组二等奖

学校	队员一	队员二	队员三	指导教师
天津电子信息职业技术学院	高英杰	白漪曼	张钰爽	马吉收
天津机电职业技术学院	闫彪彪	史宇峰	吕晨	王大伟
天津铁道职业技术学院	韩立志	王梦阳	魏冠华	张丽云
天津铁道职业技术学院	宋浩然	曹海涛	刘雨	翟瑞娟
天津铁道职业技术学院	左梓呈	郑素伟	徐璟涵	张丽
天津职业大学	薛永	刘锋	阎宏昕	高建云

第三届全国高校教师教学创新大赛获奖教师(团队)

参赛组别	课程名称	姓名	团队教师姓名	工作单位	国赛获奖等级
新工科正高组	大气污染控制	宋春风	刘庆岭,马德刚,陈冠益	天津大学	一等奖
新工科副高组	食品营养学	杨晨	汪建明,周中凯	天津科技大学	一等奖
新工科中级及以下组	液压与气动技术	韩钰	李颖,邹炳燕,张建新	天津中德应用技术大学	三等奖
新医科副高组	针灸学	陈波	周丹,公一囡,徐媛	天津中医药大学	三等奖
新文科正高组	旅游规划与开发	王庆生	冉群超,吴静,王娣	天津商业大学	三等奖
新文科副高组	中国古画赏鉴	陈晨	张乃和,卢永琇,白国红	天津师范大学	三等奖
新文科中级及以下组	恋爱心理学	王小玲	刘佳,谢舒,秦俊男	天津大学	三等奖
基础课程正高组	无机化学与化学分析	马骁飞	田昀,王建辉,高洪苓	天津大学	三等奖
基础课程副高组	大数据可视化基础	高裴裴	路明晓,康介恢	南开大学	二等奖
基础课程中级及以下组	《思想道德与法治》	廉颖	闫翠娟,张劲楠	天津科技大学	二等奖
课程思政正高组	化学与社会	杨光明	张守民,张瑞红,殷仲墨	南开大学	三等奖

全国五一劳动奖章

贾宏杰　天津大学电气自动化与信息工程学院教师,教授

许　超　天津机电职业技术学院机电技术实训中心副主任,讲师、高级技师

全国三八红旗手

袁晓洁　南开大学计算机学院、网络空间安全学院院长、教授

全国三八红旗集体

天津医科大学总医院感染科

全国巾帼建功标兵

张楠楠　天津市南开区中心小学教师
宋丽梅　天津工业大学信息学部副主任

第三届全国创新争先奖状

巩金龙　天津大学
陈冠益　天津商业大学
胡文平　天津大学

2023年"储能杰出贡献奖"

陈　军　南开大学

首届"卓越青年研究生导师奖励基金"

朱守非　南开大学

第十届全国杰出青年法学家

宋华琳　南开大学

第十八届中国青年女科学家奖

焦丽芳　南开大学

2023中国智能制造十大科技进展

南开大学等　活体细胞精准操作机器人技术及系统

第34届国际光伏科学与工程会议（PVSEC-34）暨20届中国光伏学术大会（CPVC-20）PVSEC Award奖

张晓丹　南开大学

2023年"亚洲建筑师协会年度论文（毕业设计）竞赛"（ARCASIA Thesis of the Year Awards 2023）金奖

郑　祺　天津大学　瓷都古镇设计——"Line/Vector"

2023年《麻省理工科技评论》"35岁以下科技创新35人"

刘秀云　天津大学医学院

2023年绿色亚太环境保护终身成就奖

于宏兵　南开大学

2023年度全球光学未来之星（Rising Stars of Light）

夏士齐　南开大学

2023年度第二十届王大珩光学奖学生奖

王孜腾　南开大学
邹德峰　天津大学

第三批"全国高校黄大年式教师团队"

智能科技教师团队　南开大学
激光及光电测试技术教师团队　天津大学
学生心理发展与健康教师团队　天津师范大学
软件技术专业群教师团队　天津电子信息职业技术学院

第三届全国新能源汽车关键技术技能大赛决赛国赛二等奖

天津渤海职业技术学院

第十四届中国青年志愿者优秀个人奖

蔡秋全（满族）　天津大学
胡　玥（女）　天津大学
王晓旭　　　天津科技大学

第十四届中国青年志愿者优秀组织奖

天津理工大学青年志愿者协会

中国大学生自强之星标兵奖学金

生馨蕾　天津大学

中国大学生自强之星

杨龙文　南开大学
周　欻　南开大学
徐妙艺　天津大学
蔡秋全　天津大学
高喆妍　天津大学
李慧平　天津科技大学
刘羽珊　天津工业大学
吉　硕　中国民航大学
杨哲宇　中国民航大学

吴慎宇　天津理工大学
王睿琪　天津理工大学
陆胜兰　天津理工大学
武梦垚　天津农学院
郑　屹　天津医科大学
班凤晓　天津医科大学
秦鑫然　天津医科大学
顾天娇　天津中医药大学
邓森方　天津师范大学
李芷郁　天津师范大学
秋思嘉　天津职业技术师范大学
戴鹏轩　天津外国语大学
杜冰芷　天津商业大学
田璐瑶　天津财经大学
夏提克·达吾列提别克　天津体育学院
王雨彤　天津体育学院
范钰菲　天津音乐学院
沈伟祥　天津美术学院
麦合甫热提·哈里木拉提　天津城建大学
刘雅轩　天津天狮学院
陈鑫灿　天津中德应用技术大学
朱昊宇　天津外国语大学滨海外事学院
王超杰　天津仁爱学院
谢　宁　天津财经大学珠江学院
范思麒　天津职业大学
李旭阳　天津电子信息职业技术学院
史景康　天津机电职业技术学院
吴雨泽　天津商务职业学院
袁　菲　河北工业大学
张劭华　河北工业大学
白虎成　河北工业大学

全国"新时代好少年"

李云铮　天津市和平区岳阳道小学五年级学生
盛偌晗　天津市武清区杨村第五中学八年级学生

全国青少年航天创新大赛总决赛全国一等奖

郝萌、张钰豪　天津市蓟州区山倾城小学

教育部—华为"智能基座"优秀教师奖励计划

张　金　南开大学

教育部第二批全国高校"百个研究生样板党支部"

南开大学化学学院分析科学研究中心研究生第四党支部
天津大学材料科学与工程学院金属材料系博士生金属第三党支部
天津师范大学政治与行政学院行政管理研究生党支部
天津外国语大学高级翻译学院英语笔译学生党支部

教育部第二批全国高校"百名研究生党员标兵"

李佩慧　南开大学电子信息与光学工程学院
许全军　天津大学材料科学与工程学院
李永俊　天津师范大学政治与行政学院
林晓东　天津科技大学食品科学与工程学院
赵泽宁　天津理工大学计算机科学与工程学院
黄　明　天津中医药大学研究生院

第三届全国高校教师教学创新大赛参赛高校优秀组织奖

天津科技大学

第六届全国高校青年教师教学竞赛思政组一等奖

刘一博　南开大学

第六届全国高校青年教师教学竞赛工科组一等奖

陈晓龙　天津大学

第六届全国高校青年教师教学竞赛医科组一等奖

晋　黎　天津中医药大学第一附属医院

第六届全国高校青年教师教学竞赛理科组二等奖

张双双　天津中德应用技术大学

第六届全国高校青年教师教学竞赛文科组三等奖

刘彩荣　天津中医药大学

第四届全国中小学青年教师教学竞赛小学组二等奖

石　爽　天津市第二十中学附属小学

第四届全国中小学青年教师教学竞赛中学语文组三等奖

姬佳佳　天津市第七中学

第四届全国中小学青年教师教学竞赛中学数学组二等奖

霍云娟　天津市第六十三中学

第四届全国中小学青年教师教学竞赛中学英语组二等奖

张秀兴　天津外国语大学附属外国语学校

第四届全国中小学青年教师教学竞赛中学思想政治组三等奖

杜福芳　天津外国语大学附属外国语学校

第四届全国中小学青年教师教学竞赛优秀组织奖

天津市总工会(天津市教育工会)
天津市教育委员会

第八届中国国际"互联网+"大学生创新创业大赛主赛道中国大陆项目金奖

三生万"木"儿童榫卯拼装积木　天津大学

第八届中国国际"互联网+"大学生创新创业大赛红旅赛道项目金奖

黔程无忧——扶智教育助力乡村旅游的智慧发展之路　天津大学
《猪源动力——世界机器人化克隆先行者,中国乡村产业振兴"猪"动力》　南开大学

第八届中国国际"互联网+"大学生创新创业大赛职教赛道项目金奖

黄金卵——国内鱼虾苗顶级饵料磁孵化先锋　天津职业大学

第八届中国国际"互联网+"大学生创新创业大赛产业赛道项目金奖

基于立方星实现全球气候变化监测　天津大学

天津市三八红旗手

付云巧　天津市滨海新区塘沽第一中学
刘月霞　天津市滨海新区大港栖凤幼儿园
陈　蔺　天津市和平区西康路小学
王　红　天津市第九十八中学
孙　垣　天津市河西区梧桐小学
张　媛　南开大学附属中学
赵慧雯　天津市红桥区第一幼儿园
单世琴　天津市津南区前辛庄联合小学
张佩环　天津市北辰区引河里幼儿园
杨秀红　天津市宝坻区华苑幼儿园

刘　颖　天津市静海区广海道小学
白　银　天津市蓟州区教育局
付　洪　南开大学
傅利平　天津大学
赵　爽　天津财经大学
郝　岚　天津师范大学
尹海芳　天津医科大学
高　辉　天津工业大学
李晶华　天津职业大学
刘　睿　天津中医药大学
李　薇　天津外国语大学
朱新华　天津科技大学
何慧俐　天津大学
孟　婕　天津职业大学
穆朝絮　天津大学
魏　玲　天津市南开区教师发展中心
刘　静　天津大学
海润玲　天津医学高等专科学校

李孟颖(女)　天津市宁河区板桥镇板桥小学大队辅导员
吴　涛　天津科技大学食品科学与工程学院党委委员、系副主任
张　帆(女)　天津财经大学艺术学院产品设计系主任
张洪豪　天津市电子信息技师学院教师
张翔宇　天津职业技术师范大学工程实训中心教师
陈　晨　天津师范大学历史文化学院文物与博物馆学系副教授
赵颖颖(女)　河北工业大学校团委书记
徐　佳(女)　天津外国语大学附属外国语学校国际部副主任、英语教师
高　松　天津医科大学肿瘤医院胰腺肿瘤科医生
黄庆林　天津工业大学材料科学与工程学院教师
蒋洪旭　中国民航大学飞行分校学工办主任
蔡启亮　天津医科大学第二医院科研科副科长、泌尿外科医生

天津市三八红旗集体

天津市第二十中学
天津市实验幼儿园保教组
天津市河北区启智学校
天津市南开区时代奥城幼儿园
天津轻工职业技术学院光伏工程技术专业教师团队
天津大学一碳化工团队
天津职业大学电子信息工程学院物联网应用技术国家级职业教育教师教学创新团队
天津城建大学经济与管理学院
中国民航大学校医院
天津中医药大学第一附属医院感染管理处
天津外国语大学英语学院翻译系
天津医学高等专科学校医学护理学院
天津大学理学院基础化学实验中心

天津青年五四奖章

石　凡　天津理工大学计算机科学与工程学院副院长
孙立宇　天津市物资贸易学校党办干事、团委副书记、思政教师
杜菲菲(女)　南开区咸阳路小学教师

天津青年五四奖章集体

天津大学神经工程团队
天津市和平区岳阳道小学青年突击队
南开大学人工智能学院生物微纳操作与系统研究团队

天津市五四红旗团委

天津市南开中学滨海生态城学校团委
天津市第五十七中学团委
天津市财经职业中等专业学校团委
天津市崇化中学团委
河北工业大学附属红桥中学团委
天津市咸水沽第一中学团委
天津市宁河区教育局团委
天津市宁河区芦台第五中学团委
天津市蓟州区杨家楼中学团委
天津市复兴中学团委
天津市经济贸易学校团委
天津机电职业技术学院团委
天津大学建筑学院团委
天津大学医学部团委
南开大学外国语学院团委

南开大学哲学院团委

天津师范大学教育学部团委

天津师范大学外国语学院团委

天津医科大学临床医学院团委

天津医科大学基础医学院五年制团委

天津工业大学纺织科学与工程学院团委

天津科技大学团委

天津理工大学社会发展学院团委

天津理工大学计算机科学与工程学院团委

河北工业大学马克思主义学院团委

天津商业大学马克思主义学院团委

天津商业大学公共管理学院团委

中国民航大学计算机科学与技术学院团委

天津中医药大学中药制药工程学院团委

天津外国语大学国际商学院团委

天津职业技术师范大学信息技术工程学院团委

天津农学院经济管理学院团委

天津市五四红旗团支部

天津市河西区第一幼儿园团支部

天津市蓟州区下仓镇大仇庄初级中学团总支

天津市蓟州区上仓镇初级中学团总支

天津交通职业学院汽车工程学院团总支

天津电子信息职业技术学院数字艺术系团总支

天津交通职业学院机械工程学院团总支

天津现代职业技术学院机电工程学院团总支

天津大学化工学院混合博士工艺2班团支部

天津大学环境学院2019级环境工程一班团支部

南开大学网络空间安全学院2020级本科生信息安全、法学双学位班团支部

南开大学经济学院2020级经济伯苓班团支部

天津师范大学数学科学学院数学2003团支部

天津师范大学心理学部2019级1班团支部

天津医科大学肿瘤医院手术室团支部

天津医科大学第二医院泌尿外科团支部

天津工业大学电气工程学院电气1902团支部

天津工业大学物理科学与技术学院光信1902团支部

天津理工大学材料科学与工程学院2019级新能源材料与器件专业2班团支部

天津理工大学电气工程与自动化学院2019级测控技术与仪器专业1班团支部

天津财经大学金融学院金融1902团支部

天津财经大学法学院法学1901团支部

天津商业大学外国语学院英语1906团支部

天津商业大学会计学院财务2003团支部

中国民航大学中欧航空工程师学院196041B团支部

中国民航大学航空工程学院20014101团支部

天津中医药大学中医学院2018级中八2班团支部

天津中医药大学体育健康学院团总支

天津外国语大学国际传媒学院201101团支部

天津外国语大学国际关系学院200402团支部

天津职业技术师范大学自动化学院电气专业19级电气1916团支部

天津职业技术师范大学电子工程学院微电子科学与工程专业19级微电1902团支部

天津城建大学计算机与信息工程学院电子信息科学与技术专业2020级2班团支部

天津农学院工程技术学院2020级机器人工程1班团支部

天津农学院水利工程学院2020级水电三班团支部

天津音乐学院钢琴系团总支

天津体育学院体育经济与管理学院公共事业管理专业2019级1班团支部

天津体育学院墨盾书院2019级团支部

天津美术学院校学生会团支部

天津中德应用技术大学机械工程学院19机电工程1班团支部

天津天狮学院经济管理学院审计学专业2019级1班团支部

天津财经大学珠江学院数据工程学院2020级物联2001团支部

天津商业大学宝德学院英语商务专业2019级1班团支部

北京科技大学天津学院材料与环境学院环境工程专业2020级2班团支部

天津职业大学汽车工程学院职汽运1901班团支部

天津商务职业学院营销学院团总支

天津城市职业学院财经与艺术系会计205团支部

天津市优秀共青团员

崔释天　　　天津市耀华中学2020级学生

旦增央卓（女）天津市红光中学2020级学生

李继振　　　天津市河西区闽侯路小学教师

高浩天　　　天津市第一〇二中学2021级学生

兰寓画（女）　天津市第七中学2020级学生

贾嘉澍　　　天津市第三中学2020级学生

冯耀普　　　天津市东丽区第一百中学学生

郎家仪（女）　天津市西青区杨柳青第一中学学生

杜育欣（女）	天津市咸水沽第二中学2020级学生	翟 旸（女）	天津医科大学总医院药剂科药师
付钰晴（女）	天津市北辰区第四十七中学2021级学生	王 晗（女）	天津医科大学朱宪彝纪念医院耳鼻喉科护师
张泮文	天津市武清区杨村第三中学2020级学生		
宗 原（女）	天津市宝坻区第一中学2020级学生	王茗浩	天津工业大学数学科学学院2020级信息与计算科学专业1班学生
张 奕（女）	天津市蓟州区第一中学2020级学生		
林欣怡（女）	天津市第一商业学校2019级中高职衔接会计专业学生	施雅萱（女）	天津工业大学人文学院2020级英语专业4班学生
孙振杰	天津铁道职业技术学院铁道信号2102班学生	江 垚（女）	天津工业大学法学院2020级法学专业2班学生
孙凌凡（女）	天津海运职业学院航运经济系2021级大数据会计专业学生	王 润（女）	天津理工大学管理学院2020级工商管理（中外合作办学）专业学生
高家伟	天津交通职业学院机械工程学2020级工业机器人技术专业2班学生	王豫赣（女）	天津理工大学机械工程学院2020级机械电子工程专业学生
房 越（女）	天津生物工程职业技术学院药学系2020级食品检测技术学生	苏慕晗（女）	河北工业大学经济管理学院2020级金融学专业学生
张益铭	天津公安警官职业学院公安大队中队长	李语瑞（女）	河北工业大学机械工程学院2021级机械工程专业硕士研究生
王 方	天津渤海职业技术学院环境与化工学院2020级环境工程技术专业学生	胡景南	河北工业大学电子信息工程学院2021级通信与信息系统专业硕士研究生
包志轩	天津市机电工艺技师学院（天津市机电工业学校）2018级电梯工程技术专业学生	鲍 丹（女）	天津财经大学商学院工商实验1901班学生
孟 瑶（女）	天津现代职业技术学院传媒设计学院2021级数字图文信息处理技术专业学生	杨景皓	天津财经大学统计学院精算1901班学生
		王子恒	天津商业大学国际教育合作学院2019级财务管理（中澳合作）专业学生
郭民汉	天津轻工职业技术学院学生	王 琦（女）	天津商业大学机械工程学院2019级能源与动力工程专业学生
宋宇轩	天津市公用技师学院教师		
白浩宇	天津大学化工学院2021级化学工艺专业博士研究生	范家硕	天津商业大学管理学院2021级旅游管理专业硕士研究生
陈本帅	天津大学机械工程学院2022级机械工程专业博士研究生	徐 昕（女）	中国民航大学法学院2020级法学专业学生
胡凯元	天津大学精密仪器与光电子工程学院2022级生物医学工程专业硕士研究生	杨 棵（女）	中国民航大学交通科学与工程学院2020级物流管理专业学生
姚 征	南开大学马克思主义学院2021级中共党史专业硕士研究生	陈志翰	天津中医药大学研究生院2022级针灸推拿学专业博士研究生
李芳沅（女）	南开大学文学院2022级中国语言文学类学生	徐孜玮（女）	天津中医药大学文化与健康传播学院2020级传播学专业学生
戴文烁	南开大学物理科学学院2019级应用物理学学生	李思颖（女）	天津外国语大学求索荣誉学院2020级金融学（英语）专业学生
齐 际	天津师范大学电子与通信工程学院2021级通信工程专业学生	权欣雨（女）	天津外国语大学国际传媒学院201101班学生
程亚娜（女）	天津师范大学政治与行政学院2020级行政管理专业学生	李坤庭	天津外国语大学滨海外事学院2020级法学专业学生
黄静雯（女）	天津师范大学外国语学院2019级英语专业学生	韩玉成	天津职业技术师范大学汽车与交通学院2022级车辆工程专业硕士研究生

韩　笑　　天津城建大学环境与市政工程学院
2020级环境工程专业学生

麦合甫热提·哈里木拉提（女）　天津城建大学经济
与管理学院2020级
工程管理专业学生

郝春蕾（女）　天津农学院人文学院2020级人力资源
管理专业学生

崔一鸣　　天津农学院基础科学学院2020级功能
材料专业学生

吴晗晨（女）　天津音乐学院艺术管理系2020级音乐
学(音乐商务与传媒)专业2班学生

张绍辉　　天津体育学院运动健康学院运动人体
科学专业2001班学生

韩珏嘉　　天津体育学院体育经济与管理学院公
共事业管理专业2001班学生

贾驭晴（女）　天津美术学院设计艺术学院2021级染
织设计专业硕士研究生

姚孟蕊（女）　天津中德应用技术大学汽车与轨道交
通学院2021级车辆工程专业学生

陈虹宇　　天津中德应用技术大学2020级机械工
程学院金属材料工程专业学生

郑吴莹（女）　天津天狮学院外国语学院2020级汉语
国际教育三班学生

朱思瑞　　天津仁爱学院智算工程学院2020级计
算机科学与技术专业学生

张敬钰（女）　天津仁爱学院经济与管理学院2020级
财务管理专业学生

冉宇禹　　南开大学滨海学院法政学系2019级行
政管理专业学生

李奕博（女）　南开大学滨海学院外语系2019级商务
英语专业学生

潘柏良　　天津财经大学珠江学院2020级国际商
务专业学生

张佳璇（女）　天津财经大学珠江学院2020级财富管
理专业学生

胡涵雪（女）　天津商业大学宝德学院会计学系2020
级会计专业学生

张正威　　北京科技大学天津学院材料与环境学
院2020级材料科学与工程专业学生

石昊鑫（女）　北京科技大学天津学院法律系2021级
法学专业学生

范思麒（女）　天津职业大学生物与环境工程学院
2020级食品生物技术2班学生

袁晓玉（女）　天津职业大学公共管理学院2021级智
慧健康养老服务与管理专业学生

庄秉玉（女）　天津商务职业学院信息技术学院2020
级软件技术专业学生

杜连超（女）　天津商务职业学院国际贸易学院2020
级报关与国际货运专业学生

曹　畅（女）　天津城市职业学院教育与社会事业系
2020级学前教育专业学生

李　想（女）　天津滨海汽车工程职业学院汽车工程
学院学生

杨新雨（女）　中国医学科学院生物医学工程研究所
2020级博士研究生

于旭亚（女）　中国医学科学院生物医学工程研究所
2020级硕士研究生

天津市优秀共青团干部

王润田　　天津市和平区中心小学教工团支部书
记、少先队大队辅导员

孔祥萍（女）　天津市河北区昆纬路第一小学大队辅
导员、教工团支部书记

梁　丽（女）　天津市河东区互助道小学大队辅导员

史　婧（女）　天津市第八中学团委副书记

刘文彦（女）　天津市南开区中营小学大队辅导员、
学生处主任

尹从姗（女）　天津市红桥区第二实验小学少先队大
队辅导员

王　颖（女）　天津市西青区杨柳青第二中学团委书
记、大队辅导员

商文杰　　天津海河教育园区南开学校团委书记

付梵卜（女）　天津市北辰区模范小学大队辅导员

尹秋颖（女）　天津市武清区雍阳中学团总支书记

史晓旭（女）　天津市宁河区芦台一中团委书记

陈　超　　天津市蓟州区燕山中学团委书记

覃全溜　　天津市教育委员会直属机关联合团支
部书记

付翔宇　　天津现代职业技术学院信息工程学院
团总支书记

宗　超　　天津大学管理与经济学部团委书记

刘维爽（女）　南开大学团委组织部部长

潘麒羽（女）　南开大学商学院团委书记

李　曼（女）　天津师范大学计算机与信息工程学院
团委书记

刘莎莎（女）　天津医科大学肿瘤医院团委书记
李　浩　　　天津工业大学人工智能学院团委副书记
霍　虹（女）　天津理工大学团委书记
夏晨雪（女）　天津财经大学理工学院团委书记
刘桂涛　　　天津商业大学团委书记
沈宇龙　　　中国民航大学团委副书记（挂职）、飞行分校团委书记
再娜甫·阿不都克依木（女）　天津中医药大学护理学院团委书记
胡　娜（女）　天津外国语大学欧洲语言文化学院团委书记
任萌萌（女）　天津职业技术师范大学团委组织与学术科技部副主任
赵　霏（女）　天津城建大学能源与安全工程学院团委书记
范佳悦（女）　天津城建大学建筑学院团委委员
王金滦（女）　天津音乐学院团委副书记（挂职）
杨旭婷（女）　天津体育学院团委团干部
王　笛（女）　天津职业大学团委委员

2023年天津市高校"大学生年度人物"

李昌瑾　南开大学
生馨蕾　天津大学
张雨辰　天津师范大学
金柯男　天津科技大学
张宇晨　天津工业大学
陆胜兰　天津理工大学
杨志华　天津中医药大学
袁　瞩　天津外国语大学
张海鹏　中国民航大学
井　硕　天津职业大学

天津市十佳中小学生

高浩荣　天津市和平区第二十中学
王丽阳　天津市河东区第四十五中学
吴思桓　天津市南开区中营小学
兰香溢　天津市北辰区第四十七中学
夏凡琢　天津市实验中学

李　悟　天津外国语大学附属河北外国语中学
李艾琦　天津市静海区实验小学
冯奕轩　天津市滨海新区塘沽实验学校
许子乔　天津市红桥区第五中学
杨雯涵　天津市蓟州区第一小学

天津市十佳中小学学生集体

天津市南开中学2021级1班
天津市耀华中学高二12班
天津市河西区上海道小学五年14班
天津市红桥区第三中学九年6班
天津市河东区实验小学天使合唱团
天津市河北区昆纬路第一小学六年11班
天津市宁河区芦台第一中学高三1班
天津市武清区杨村第一中学高二年级11班
天津市蓟州区同乐小学三年级6班
天津市北辰区模范小学三年9班从善班

2023年度天津市"新时代好少年"

卢雨泽　天津港保税区空港实验小学五年六班
李云铮　天津市和平区岳阳道小学五年十班
赵美涵　天津市第五十四中学七年二班
郭泰延　天津市河东区太阳城学校七年二班
陈兴宇　天津市第二新华中学七年三班
左梓琦　天津市木斋中学八年二班
王钰琦　天津市南开田家炳中学九年七班
吴思桓　天津市南开区中营小学六年三班
吕　曦　天津市雷锋小学五年二班
原熙尧　天津市东丽区英华学校六年三班
张金歌　天津工业大学附属小学六年三班
梁诗琦　天津市西青区杨柳青镇第一小学六年五班
林栩彤　天津市咸水沽第二中学七年六班
王芋淇　天津市北辰区模范小学六年五班
孟怿君　天津市北辰区韩家墅小学六年二班
盛偌晗　天津市武清区杨村第五中学八年十四班
高　畅　天津市宝坻区第十一中学八年一班
冯薪蒙　天津市静海区实验小学六年一班
王赞森　天津市宁河区芦台街第一小学六年四班
宋麦溪　天津市蓟州区第四中学七年一班

附 录

政策文件

市教委　市人社局　市财政局
关于印发实施基础教育优质资源辐射引领2.0
工程的若干措施的通知

津教政〔2023〕11号

各区教育局、人社局、财政局,市教委各直属学校:

为全面贯彻党的二十大精神,深入贯彻落实习近平总书记关于教育强国建设重要讲话要求,落实市委、市政府"十项行动",按照《天津市基础教育综合改革国家实验区建设方案(2022—2025)》要求,在实施基础教育优质资源辐射引领1.0工程的基础上,进一步发挥优质学校示范引领作用,持续扩大优质教育资源覆盖面,实现更大范围、更高层次、更深程度的优质均衡发展,加快构建优质均衡的基本公共教育服务体系,促进教育公平与质量提升,办好人民满意的教育,结合我市实际,市教委、市人社局、市财政局制定了《关于实施基础教育优质资源辐射引领2.0工程的若干措施》,现印发给你们,请贯彻落实。

市教委　市人社局　市财政局

2023年8月18日

(此件主动公开)

关于实施基础教育优质资源辐射引领2.0
工程的若干措施

为全面贯彻党的二十大精神,深入贯彻落实习近平总书记关于教育强国建设重要讲话要求,落实市委、市政府"十项行动",按照《天津市基础教育综合改革国家实验区建设方案(2022—2025)》要求,在实施基础教育优质资源辐射引领1.0工程的基础上,进一步发挥优质学校示范引领作用,持续扩大优质教育资源覆盖面,实现更大范围、更高层次、更深程度的优质均衡发展,加快构建优质均衡的基本公共教育服务体系,促进教育公平与质量提升,办好人民满意的教育,决定实施基础教育优质资源辐射引领2.0工程。现提出如下措施。

一、总体要求

以习近平新时代中国特色社会主义思想为指导,全面贯彻党的教育方针,落实立德树人根本任务,坚持以人民为中心发展教育,坚持公平为先,坚持质量为重,坚持活力为源,坚持保障为基,加大优质教育资源统筹力度,增强优质教育资源再生效能,努力让每个孩子都能享有更加公平而有质量的教育。

到2027年,在全市形成一批理念先进、机制创新、品质卓越的合作共建学校、示范学区、优质教育集团、城乡学校帮扶共同体和区域教育发展共同体,基础教育优质资源布局更加合理,覆盖面和受益面进一步扩大,学校办学活力进一步增强,教育教学质量进一步提高,群众满意度进一步提升。

二、明确辐射引领任务

(一)优化市教委直属学校合作办学

1.工作目标。市教委直属学校优质资源辐射区域布局更加优化,合作办学模式更加健全,合作共建学校达到35所。

2.工作任务。推动更多优质教育资源在滨海新区优先布局、优先建设,做优做强市教委直属学校等优质资源与滨海新区合作共建的14所学校,推进耀华中学、新华中学等与滨海新区合作办学进程,加快建设耀华中学滨城学校、新华中学京津合作示范区学校等合作共建学校。统筹市教委直属学校与河北区、河东区、红桥区等中心城区新建学校合作办学,重点建设耀华中学红桥学校、天津一中河北学校、天津一中河东学校等。统筹市教委直属学校结对帮扶远城区,加快推进南开中学宝坻中关村学校建设。

3.工作机制。按照"公办属性、属地管理、品牌输入、团队帮扶"的原则,制定市教委直属学校合作办学工作指引,进一步规范市教委直属学校与各区教育行政部门合作举办中小学行为。每个区市教委直属学校合作办学学校原则上不超过1所,市教委直属学校与合作办学所属区教育行政部门成立合作办学工作组,协议期内合作共建学校书记或校长由市教育两委会同各区根据学校事业发展需要和干部队伍建设需求,双方协商采取委任、聘任等方式选派,作为区委管理的干部。合作共建学校教师由市教委直属学校指导组织招聘,并在市教委直属学校涵养培训1至2年。建立党建引领、联合培养培训管理队伍和骨干教师队伍、干部教师双向交流任职、共享教育教学资源、应用推广教科研成果等机制,共享优质学校品牌,实现合作共建学校高位起步、优质发展。

(二)优化区域教育发展共同体

1.工作目标。统筹建设14个区域教育发展共同体,实现全市所有区全覆盖,不断缩小中心城区区域间教育差距,整体带动环中心城区、远城区、滨海新区提升区域教育品质。

2.工作任务。推动和平区、河西区、南开区分别与河北区、红桥区、河东区结成"一对一"区域教育发展共同体。统筹和平区与滨海新区结成区域教育发展共同体。进一步强化中心城区与环中心城区、远城区10个区域教育发展共同体建设。每个共同体内参与合作交流学校、教师发展中心、教科研单位等建立合作联盟。鼓励充分利用区内优质教育资源,与区域内或跨区域新建学校合作办学。

3.工作机制。各区成立区域教育发展共同体建设工作组,研究签署共同体建设合作协议,并制定工作计划,明确合作项目、合作期限、合作方式、条件保障等方面内容。建立健全区域教育发展共同体长效发展机制,鼓励双方通过党建引领、学科基地、课程资源、实践基地共建共享及干部教师联合培养等举措,形成优势互补、协调发展的区域教育发展新格局。

(三)优化远城区区内城乡学校帮扶共同体

1.工作目标。推进城乡教育一体化发展,实现远城区区内乡村学校和相对薄弱学校帮扶全覆盖。

2.工作任务。武清区、宝坻区、蓟州区、静海区、宁河区等5个远城区优化区内城乡教育一体化改革发展实施方案。推进远城区城镇优质学校与区内乡村学校、相对薄弱学校,结合实际,因地制宜,以"一对一"或"一对多"等多种模式,建设好150个城乡学校帮扶共同体。实施农村学校办学条件提升行动,在校舍、体育运动场地、信息科技教室等办学条件方面加快补齐农村学校的短板弱项,推进"5个100"(乡村优秀校长和园长、乡村思政骨干教师、优秀乡村青年教师、乡村学科骨干教师、乡村骨干班主任各100名)骨干教师引领培训项目和农村教师全员培训项目。

3.工作机制。各区要坚持以城带乡、以强带弱,通过党建引领、理念互通、管理互鉴、课程共建、师资共育、资源共享等方式,持续推动城区优质教育资源向乡村学校辐射。健全帮扶激励机制,中小学教师岗位设置和职称评审向乡村教师倾斜,督促各区持续落实乡村教师增加绩效工资政策,引导和支持优秀教师在乡村学校稳定从教。

(四)优化优质学校集团化办学

1.工作目标。全市建设100个中小学教育集团,创建50个市级优质教育集团,覆盖全市16个区。

2.工作任务。组建南开中学、天津一中、耀华中学、新华中学、实验中学、实验小学6个市教委直属学校教育集团。各区制定集团化办学工作方案,按照优质带动、强弱结合、相对便利、规模适度原则,在区域内或跨区域组建教育集团。优化教育集团布局,优先将相对薄弱学校、乡村学校和新建学校纳入集团。

3.工作机制。坚持属地管理原则,学校组建或加入教育集团,应经牵头校和成员校所属教育行政部门批准同意。综合考虑发展需求、资源条件、辐射覆盖面等因素,合理控制教育集团规模,原则上成员校不超过10个。鼓励集团管理模式多样化,完善"单法人一体化、多法人联合体"等集团治理结构。建立集团

动态孵化机制,成员校成长为新的优质教育品牌后可逐步脱离集团管理。建立集团预警淘汰机制,对办学效果提升不明显的,实行黄牌预警、红牌淘汰。

(五)优化义务教育学校学区化办学

1.工作目标。各区义务教育学校全部纳入学区化办学,建好50个市级示范学区,覆盖全市16个区。

2.工作任务。加强学区集群文化建设,根据学区内学校办学实际和文化传统,促进和谐共生,提升办学品质。建立学区教研工作室,组建名师教育教学指导团队,分学科、学段和不同主题开展集体备课、联合教研、专项研究、教学比武等活动,提升教师教育教学能力。搭建教育教学交流平台,培育和推广优秀教学模式、教学案例。

3.工作机制。各区结合实际指导学区建立管理委员会、理事会,组织协调学校、家庭、社区以及社会力量共同参与学区建设与管理,构建多元共治的学区治理模式。健全一体化教学教研机制,建立定期视导制度,开展教育教学诊断,精准分析学情,及时解决教育教学问题。完善资源共享机制,统筹各校文体场馆、图书馆、实验室、劳动和校外教育基地等资源,通过延长开放时间、错峰排课等措施,促进资源多元供给、充分共享。

(六)优化数字化教育资源供给

1.工作目标。升级完善覆盖中小学各学段、各学科的基础教育精品课程资源库,不断扩大优质数字化教育资源覆盖面,以数字技术赋能基础教育优质均衡发展。

2.工作任务。加强国家中小学智慧教育平台市级试点应用,推进天津智慧教育平台建设。创新精品课程资源共建共享模式,促进线上线下相互融合的教育教学模式变革。利用天津基础教育网络教研平台,组建市、区、校三级网络研修共同体,建立名师网络教研工作室。强化人工智能、大数据等技术应用,着力提升师生数字化素养和能力。

3.工作机制。建立健全市级教研部门统筹、区级教研部门分工协作、各学校积极参与的优质数字教育资源共建共享机制。完善基础教育精品课程资源库动态调整机制,根据国家课程方案、课程标准和教材修订要求,不断优化优质数字教育资源供给体系。

三、加强资源条件保障

(一)优化干部教师资源配置

深化义务教育教师"区管校聘"管理改革,形成与集群发展相适应的教师招聘、培养培训、职称评

聘、评先评优、选拔任用的制度体系。强化中小学教师校长交流轮岗,各区每学年教师交流轮岗人数应提高到符合交流条件教师总数的20%,加强城镇优秀教师、校长向乡村学校、薄弱学校流动。完善交流轮岗激励机制,将干部教师参与交流轮岗及工作表现作为职称评定、职级晋升、绩效工资分配、表彰奖励、选拔任用的重要参考;城镇中小学教师申报高级教师,要有2年在薄弱学校或乡村学校等任教经历,将到薄弱学校或乡村学校任教3年以上作为选任中小学校长的优先条件。支持南开中学等市教委直属学校,试点组团联合赴北京师范大学、华东师范大学等教育部直属师范院校开展招聘推介和宣传。探索教育集团、学区统一开展教师招聘,建立新招聘教师在牵头校见习培养制度。

(二)强化教科研专业引领

围绕立德树人、学科建设、课程开发、教学改革、师资培养、数字教育、资源共享等内容,开展专题"精品教研"等教科研活动,持续提升教师专业素养和教育教学能力。持续推进市、区两级教研员定点帮扶乡村学校和相对薄弱学校。教科研机构要加强理论与实践研究,提炼推广典型经验和有效做法,提供专业指导服务。

(三)加强经费投入

市、区两级财政部门从条件保障、资源建设、人员培训、活动开展、人员绩效等方面,为优质教育资源辐射引领工程提供经费支持保障。各区在与市教委直属学校合作办学协议期内,提供经费保障,用于市教委直属学校参与合作共建和提升发展水平。对参与结对帮扶环中心城区、远城区和滨海新区的市教委直属学校,以及与环中心城区、远城区和滨海新区结成区域教育发展共同体的中心城区学校,根据派出干部教师人数,按照每人每年2.4万元标准增加派出学校奖励性绩效工资总量,主要用于奖励帮扶支教的干部教师,所需资金由接受帮扶区财政承担。

(四)强化成效监测评价

建立健全"捆绑式、一体化"评价制度,探索引进第三方机构开展评价,强化过程评价与增值评价,重点评价优质资源总量增加、校际教育差距缩小、牵头学校辐射带动、成员学校融入提升以及学生和家长满意度等情况,诊断办学成效,提高办学质量。强化评价结果运用,把评价结果作为干部教师奖惩、职级评聘和评先评优的重要依据,激发区域、学校、干部教师的积极性,形成优质教育资源辐射引领工作良好生态。

四、强化组织实施

(一)加强组织领导

完善市、区两级优质教育资源辐射引领工作机制,加强统筹协调,为工程实施提供支持保障。各区、各直属学校要明确目标任务、时间表、路线图和责任人,制定落实措施和配套政策,确保各项目标任务落地落实。

(二)强化教育督导

市、区教育督导部门要将推进优质教育资源辐射引领工作落实情况,作为对各区政府履行教育职责督导评估的重要内容,督促各区落实工作要求,对发现的问题及时整改。

(三)营造良好生态

各区、各直属学校要及时总结、提炼优质教育资源辐射引领工作典型经验和做法,坚持正确舆论导向,以点带面,宣传推广新涌现出的"家门口的好学校",营造全社会关心、支持基础教育高质量发展的良好氛围。

市教委关于印发天津市义务教育课程实施办法(试行)的通知

津教政〔2023〕12号

各区教育局:

为深入贯彻落实党的二十大有关教育的战略部署,全面贯彻党的教育方针,落实立德树人根本任务,根据教育部部署,市教委制定了《天津市义务教育课程实施办法(试行)》。现印发给你们,请认真贯彻落实。

2023年8月31日

(此件主动公开)

天津市义务教育课程实施办法(试行)

为落实国家义务教育课程方案和课程标准,进一步深化义务教育课程改革,高质量开展天津市义务教育阶段教育教学工作,根据《教育部关于印发义务教育课程方案和课程标准(2022年版)的通知》(教材〔2022〕2号)《教育部关于加强中小学地方课程和校本课程建设与管理的意见》(教材〔2023〕2号)《教育部办公厅关于印发基础教育课程教学改革深化行动方案的通知》(教材厅函〔2023〕3号)等相关文件要求,制定本实施办法。

一、培养目标

坚持以习近平新时代中国特色社会主义思想为指导,全面贯彻党的教育方针,落实立德树人根本任务,在坚定理想信念、厚植爱国主义情怀、加强品德修养、增长知识见识、培养奋斗精神、增强综合素质上下功夫,使学生有理想、有本领、有担当,培养德智体美劳全面发展的社会主义建设者和接班人。

(一)有理想

热爱祖国,热爱人民,热爱中国共产党,学习伟大建党精神。努力学习和弘扬社会主义先进文化、革命文化和中华优秀传统文化,理解和践行社会主义核心价值观,逐步领会改革创新的时代精神。懂得坚持走中国特色社会主义道路的道理,初步树立共产主义远大理想和中国特色社会主义共同理想。明确人生发展方向,追求美好生活,能够将个人追求融入国家富强、民族复兴、人民幸福的伟大梦想之中。

(二)有本领

乐学善学,勤于思考,保持好奇心与求知欲,形成良好的学习习惯,初步掌握适应现代化社会所需要的知识与技能,具有学会学习的能力。乐于提问,敢于质疑,学会在真实情境中发现问题、解决问题,具有探究能力和创新精神。自理自立,热爱劳动,掌握基本的生活技能,具有良好的生活习惯。强身健体,健全人格,养成体育运动的习惯,掌握基本的健康知识和适合自身的运动技能,树立生命安全与健康意识,形成积极的心理品质,具有抗挫折能力与自我保护能力。向善尚美,富于想象,具有健康的审美情趣和初步的艺术鉴赏、表现能力。学会交往,善于沟通,具有基本的合作能力、团队精神。

(三)有担当

坚毅勇敢,自信自强,勤劳节俭,保持奋斗进取的精神状态。诚实守信,明辨是非,遵纪守法,具有社会主义民主观念与法治意识。孝亲敬长,团结友爱,热心公益,具有集体主义精神,积极为社会作力所能及的贡献。热爱自然,保护环境,爱护动物,珍爱生命,树立公共卫生意识与生态文明观念。具有维护民族团结、捍卫国家主权、尊严和利益的意识。关心时事,热爱和平,尊重和理解文化的多样性,初步具有国际视野和人类命运共同体意识。

二、基本原则

(一)坚持育人为本,面向全体学生。坚持用习近平新时代中国特色社会主义思想铸魂育人,按照新时代党对教育的新要求,深入推进"五育"并举,面向全体学生,打好发展基础。聚焦学生核心素养,加强正确价值观引导,重视必备品格和关键能力培育。关注学生个性化、多样化的学习发展需求,注重因材施教,促进学生全面发展、健康成长。

(二)坚持系统构建,注重课程综合。严格落实国家课程,规范建设地方课程,科学设置校本课程,构建德智体美劳全面培养的课程实施体系。系统规划设计学校课程实施方案,加强学段衔接,注重课程综合,开展跨学科主题教学,强化课程实施与学生经验、社会生活的联系,逐步实现课内外学习有机融合。

(三)坚持理念引领,推进实践育人。加强课程与生产劳动、社会实践的结合,充分发挥实践的独特育人功能,培养学生在真实情境中综合运用知识解决问题的能力。突出学科思想方法和探究方式的学习,加强知行合一,学思结合,倡导"做中学""用中学""创中学"。优化综合实践活动实施方式与路径,积极探索新技术背景下学习环境与方式的变革,持续增强实践育人的水平。

三、课程设置

(一)课程类别

义务教育课程包括国家课程、地方课程和校本课程三类。以国家课程为主体,奠定共同基础;以地方课程和校本课程为拓展补充,兼顾差异。

国家课程由国务院教育行政部门统一组织开发、设置。所有学生必须按规定修习。

地方课程由市教育行政部门统筹规划与组织开发,要充分利用本市丰富的特色教育资源、中华优秀传统文化资源、红色资源,强化课程的实践性、体验性、选择性,为天津"一基地三区"功能定位和社会主义现代化大都市建设服务,促进学生认识家乡,涵养家国情怀,铸牢中华民族共同体意识,增强综合素质,提高创新能力。

校本课程由学校组织开发与实施,要立足学校办学传统和培养目标,发挥自身特色教育教学资源优势,以多样的课程形态服务学生个性化学习需求。校本课程原则上由学生自主选择。

(二)科目设置

义务教育课程实行九年一贯设置,按"六三"学制安排。

国家课程设置道德与法治、语文、数学、外语(英语、日语、俄语)、历史、地理、科学、物理、化学、生物学、信息科技、体育与健康、艺术、劳动、综合实践活动等,有关科目开设要求说明如下。

历史、地理在初中阶段开设。

小学阶段开设英语,起始年级为一年级。一至二年级使用地方课程课时开展教学活动,以听说为主;三至六年级开设国家课程。初中阶段开设外语,可在英语、日语、俄语等语种中任选一种。

科学在一至九年级开设(初中阶段分科开设物理、化学、生物学)。

信息科技在三至八年级独立开设。

艺术在一至九年级开设,其中一至二年级包括唱游·音乐、造型·美术;三至七年级以音乐、美术为主,融入舞蹈、戏剧(含戏曲)、影视(含数字媒体艺术)相关内容;八至九年级包括音乐、美术、舞蹈、戏剧(含戏曲)、影视(含数字媒体艺术)等,学生至少选择两项学习。

劳动在一至九年级开设。

综合实践活动侧重跨学科研究性学习和社会实践。一至九年级开展班团队活动,内容由学校安排。

地方课程原则上在部分年级开设,一个年级最多开设一门,建立健全地方课程动态调整机制。

校本课程由学校按规定设置。

专题教育根据国务院教育行政部门的具体政策执行。中华优秀传统文化教育、革命传统教育、法治教育、国家安全教育、民族团结教育、生态文明教育、生命安全与健康教育、国防教育等各类专题教育按相关要求融合到相关科目中,以渗透为主,原则上不独立设课。

(三)教学时间

每学年共39周。一至八年级新授课时间35周,复习考试时间2周,学校机动时间2周;九年级新授课时间33周,第一学期复习考试时间1周,第二学期毕业复习考试时间3周,学校机动时间2周。学校机动时间可用于集中安排劳动、科技文体活动等。合理安排学校作息时间,小学上午上课时间一般不早于8:20,中学一般不早于8:00。

一至二年级每周26课时,三至六年级每周30课时,七至九年级每周34课时,九年新授课总课时数为9522。小学每课时按40分钟计算,初中每课时按45分钟计算。

学校在保证周总时长不变的情况下,确定各科目周课时数,自主确定每节课的具体时长,或根据学科特点、课程内容实施需要开展长短课。加强幼小衔接,坚持零起点教学,依据学生在认知、情感、社会性等方面的发展需要,合理设计课程。

学校要充分发掘学科实践活动课程建设经验,开展跨学科主题学习,注重培养学生在真实情境中运用综合知识解决问题的能力,原则上,每门课程应有不少于10%的课时开展跨学科主题学习。

学校要开齐开足开好国家课程标准规定实验,不断将科技前沿知识和最新技术成果融入实验教学,强化学生实践操作、情境体验、探索求知、亲身感悟和创新创造,着力提升学生的观察能力、动手实践能力、创造性思维能力和团队合作能力,培育学生的兴趣爱好、创新精神、科学素养和意志品质。

有关科目的教学时间具体要求:书法在三至六年级语文课中每周安排1课时开展教学活动,其他年级可利用语文、艺术等课程课时进行学习;劳动、综合实践活动每周均不少于1课时;班团队活动原则上每周不少于1课时;地方课程不超过九年总课时的3%(使用地方课程课时在小学一至二年级开设外语的,不超过4%);劳动、综合实践活动、班团队活动、地方课程与校本课程课时可统筹使用,可分散安排,也可集中安排。鼓励将劳动、综合实践活动、班团队活动、地方课程、校本课程等整合实施,相关内容统筹安排,课时打通使用。

各区各校要统筹课内外学习安排,有效利用课后服务时间,创造条件开展体育锻炼、艺术活动、科学探究、班团队活动、劳动与社会实践等,发展学生特长。

四、课程实施保障

(一)科学规划课程教学实施

市教育行政部门全面规划全市课程实施安排,

统筹推进课程教学管理工作。

各区要准确把握国家、地方、校本三类课程间的关系,发挥义务教育阶段培养目标统领作用,确保各类课程目标的育人指向一致,内容协调配合,科学制订本区义务教育课程实施细则,强化对学校课程实施的检查指导,并提供必要保障条件。区课程实施细则作为对区教育行政部门教育督导的重要依据。

学校要立足实际,注重整体规划,制订课程实施方案,开齐开足开好各类课程,不得随意增加或减少课程门类,统筹做好各门课程跨学科主题学习与综合实践活动安排。学校课程实施方案报区教育行政部门备案,作为对学校进行教育督导的重要依据。区教育行政部门要对受理的备案材料提出指导意见。

严格落实教学要求。依据课程标准规定的课程理念、课程目标、课程内容、课程实施等具体要求,注意统一规范和因校制宜相结合,落实义务教育教学基本要求、基本规范和基本规程,合理安排教学计划。重视核心素养培育和学业质量标准评价的落实落地。开展好新课程、新教材系统培训,特别要做好道德与法治、科学、体育与健康、艺术、劳动、综合实践活动等课程的培训落实。

(二)全面深化教学改革

坚持素养导向。深刻理解习近平新时代中国特色社会主义思想铸魂育人的引领作用,围绕"为什么教"和"为谁教",准确把握课程育人价值,落实育人为本理念。精确把握各门课程要培养的学生核心素养,明确教学内容和教学活动的素养要求,充分发挥思政课与课程思政的方向指引,培养学生正确价值观、必备品格和关键能力,合理设定教学目标,持续改进教学过程与方法,把立德树人根本任务落实到具体教育教学活动中。

强化学科实践。注重"做中学""用中学""创中学",引导学生参与学科探究活动,经历发现问题、解决问题、建构知识、运用知识的过程,体悟学科思想方法。加强知识学习与学生经验、现实生活、社会实践之间的联系,注重真实情境的创设,增强学生认识真实世界、解决真实问题的能力。

推进综合学习。整体理解与把握学习目标,注重知识学习与价值教育有机融合,发挥每一个教学活动多方面的育人价值。探索大单元教学,积极开展主题化、情境化、任务化、项目化学习等综合性教学活动,促进学生举一反三、融会贯通,加强知识间的内在关联,促进知识结构化。

落实因材施教。创设以学习者为中心的学习环境,凸显学生的学习主体地位,开展差异化教学,加强个别化指导,满足学生多样化学习需求。引导学生明确目标、自主规划与自我监控,提高自主、合作和探究学习能力,形成良好的思维习惯。

深化技术融合。发挥新技术的优势,探索线上线下深度融合,服务个性化学习。积极探索数字化赋能基础教育新模式,不断推进国家中小学智慧教育平台的应用,促进数字技术与教育教学深度融合。通过专递课堂、名师课堂和名校网络课堂等空中课堂建设,创新课堂教学方式、拓展课堂教学边界,提升教学水平。

(三)系统推进教育评价改革

全面落实新时代教育评价改革要求,改进结果评价,强化过程评价,探索增值评价,健全综合评价,着力推进评价观念、方式方法变革,提升考试评价质量。

更新教育评价观念。强化素养导向,注重对正确价值观、必备品格和关键能力的考查,开展综合素质评价。倡导评价促进学习的理念,注重提高学生自我评价、自我反思的能力,引导学生合理运用评价结果改进学习。严格遵守评价的伦理规范,尊重学生人格,保护学生自尊心。

创新评价方式方法。注重对学习过程的观察、记录与分析,倡导基于证据的评价。关注学生真实发生的进步,积极探索增值评价。加强对话交流,增强评价双方自我总结、反思、改进的意识和能力,倡导协商式评价。注重动手操作、作品展示、口头报告等多种方式的综合运用,关注典型行为表现,推进表现性评价。继续完善天津市义务教育阶段学生综合素质评价体系。

提升考试评价质量。全面推进基于核心素养的考试评价,强化考试评价与课程标准、教学的一致性,促进"教—学—评"有机衔接。增强日常考试评价的育人意识,注重伴随教学过程开展评价,捕捉学生有价值的表现,因时因事因人选择评价方式和手段,增强评价的适宜性、有效性。提高作业设计与实施质量,增强针对性,丰富类型,合理安排难度,有效减轻学生过重学业负担。优化试题结构,增强试题的探究性、开放性、综合性,提高试题信度与效度。

(四)着力增强专业支持

扎实进行市、区、校三级研训体系建设。从市、区、校三个层级聚焦教师专业发展,搭建各类教师成长平台,不断增强教师课程育人能力。市、区、校三级要严格落实各学科教研时间安排。市教研部门要统筹规划好全市教研工作,各区要对学校教研工作进行专项指导,学校要建立健全校本研修制度与机制,强化学科备课组建设。

强化教研、科研的专业支撑。进一步明晰基础教育教科研工作定位,深入研究培养时代新人的要求,传播先进教育理念,推介课程改革优秀成果,帮助教师准确把握课程改革方向,引导教师钻研课程标准、教材,改进教学。增强教研供给的全面性与均衡性,深入推进学科课程基地建设项目,实现学段与学科全覆盖、教育教学环节全覆盖,确保各类教研活动发挥应有的服务、引领作用。提高教研活动的针对性,深入学校、课堂、教师和学生之中,了解和把握各方对教研的多样化需求,积极利用多种技术和手段,丰富教研活动的途径和方式。市教科研部门要围绕核心素养培育、课程标准落实、课堂教学内容方法变革等开展教学研究指导。各区教科研部门要将工作重心落实在教育教学一线,形成在课程目标引领下的备、教、学、评一体化的教学格局。

(五)持续完善课程管理制度机制

市、区、校三级要按照义务教育国家课程方案与国家对中小学地方课程与校本课程管理的要求,不断健全课程建设的审议审核、分级备案机制,完善课程教学管理制度。各区要系统推进义务教育课程改革,依据学校办学情况合理赋予课程自主权,确保课程方案平稳有序落实。学校是课程实施的责任主体,要健全课程建设与实施机制,制订相关激励措施,不断加强教师队伍建设,提升课程实施能力。市、区两级教育行政部门负责课程实施过程的检查指导,完善师资队伍特别是乡村学校教师队伍建设所必需的相关保障条件。

开展市、区两级课程实施监测,建立区级义务教育课程实施专项督导制度,关注学生成长发展情况,把义务教育质量监测结果作为评价课程实施质量的参考指标,强化反馈指导,确保新课程落地落实落细落到位。

附件:天津市义务教育课程设置表

附件

天津市义务教育课程设置表

课时比例\科目	年级									九年课时总计（比例）
	一	二	三	四	五	六	七	八	九	
道德与法治	3.5%—4.4%						2.5%—3.6%			6.0%—8.0%
语文	13.1%—14%						5.4%—6.5%			20.0%—22.0%
			书法1.5%							
数学	8.7%—10.0%						4.3%—5.0%			13.0%—15.0%
外语			3.0%—4.4%				3.0%—3.6%			6.0%—8.0%
历史							1.5%—2.2%			3.0%—4.0%
地理							1.5%—1.8%			
科学	3.7%									8.0%—10.0%
物理								1.8%—2.2%		
化学									1.0%—1.8%	
生物学							1.5%—2.3%			
信息科技			1.5%				0.5%—1.5%			2.0%—3.0%
体育与健康	7.0%—7.4%						3.0%—3.6%			10.0%—11.0%
艺术	7.0%—8.1%						2.0%—2.9%			9.0%—11.0%
劳动	9.6%—11.8%						4.4%—6.2%			14.0%—18.0%
综合实践活动										
地方课程										
校本课程										
周课时	26	26	30	30	30	30	34	34	34	91.0%—110.0%
新授课总课时	910	910	1050	1050	1050	1050	1190	1190	1122	9522

备注：本课程设置表适用于"六三"学制学校。

市教委等十五部门关于印发天津市加强新时代中小学科学教育工作的若干举措的通知

津教政〔2023〕15号

各有关单位：

为深入贯彻习近平总书记在二十届中共中央政治局第三次集体学习时的重要讲话精神，全面落实党中央、国务院《关于进一步减轻义务教育阶段学生作业负担和校外培训负担的意见》《关于新时代进一步加强科学技术普及工作的意见》《全民科学素质行动规划纲要（2021—2035年）》和《教育部等十八部门关于加强新时代中小学科学教育工作的意见》，市教委等十五部门联合制定了《天津市加强新时代中小学科学教育工作的若干举措》。现予印发，请结合实际，认真贯彻落实。

市教委　市委宣传部　市委网信办
市文明办　市发展改革委　市科技局
市工业和信息化局　市财政局　市规划资源局
市生态环境局　市农业农村委　团市委
市妇联　市科协　市少工委
2023年11月10日
（此件主动公开）

天津市加强新时代中小学科学教育工作的若干举措

为深入贯彻习近平总书记在二十届中共中央政治局第三次集体学习时的重要讲话精神，全面落实党中央、国务院《关于进一步减轻义务教育阶段学生作业负担和校外培训负担的意见》《关于新时代进一步加强科学技术普及工作的意见》《全民科学素质行动规划纲要（2021—2035年）》部署要求，着力在教育"双减"中做好科学教育加法，一体化推进教育、科技、人才高质量发展，根据《教育部等十八部门关于加强新时代中小学科学教育工作的意见》，结合我市实际，制定如下措施。

一、工作目标

通过3至5年努力，我市在教育"双减"中做好科学教育加法的各项措施全面落地，中小学科学教育体系更加完善，社会各方资源有机整合，实践活动丰富多彩，科学教育教师规模持续扩大、素质和能力明显增强，大中小学及家校社协同育人机制明显健全，科学教育质量明显提高，中小学生科学素质明显提升，科学教育在促进学生健康成长、全面发展和推进社会主义现代化教育强国建设中发挥重大作用。

二、主要措施

（一）改进学校教学与服务

1.完善科学课程和教材。继续加强新课程标准的研究、分析、培训及落实，根据学生核心素养发展的连贯性和阶段性特点，强化中小学科学及相关学科的教学,明确进阶要求,落实核心素养的发展并实现有机衔接。严格落实中小学教材管理办法的要求,从教育部发布的中小学教学用书目录中选用使用教材。落实进入学校的教辅"凡进必审""凡用必审"要求,严格各区评议教辅选用工作的管理。开展教研活动,组织研制适配课程资源并向学校免费提供。指导各区、中小学做好学校课程、课后服务和课外实践活动的一体化设计。(市教委、市教科院)

2.提升学校科学教育教学质量。研究制定我市义务教育课程实施办法,在一至九年级开足开齐开好科学课程和国家课程标准规定实验。强化教师的演示实验,强化学生的实践操作、情境体验、探索求知、亲身感悟和创新创造,培育学生的兴趣爱好、科学素养和意志品质。深入开展专题式教学研究,助力学校优化教案、学案,实施启发式、探究式教学,指导教师实施项目式、跨学科学习。落实《关于加强和改进天津市中小学实验教学的意见》,创新实验教学方式。探索利用人工智能、虚拟现实等技术手段改进和优化实验教学,组织科学类学科虚拟实验典型应用案例征集,利用天津中小学智慧教育平台、三个课堂免费提供,弥补优质教育教学资源不足的薄弱地区、学校及特殊儿童群体。组织遴选实验教学精品课程,汇集优质教学资源服务学生教师使用。发挥各级教研部门作用,甄别、培育、推广先进教学方法和模式。(市教委、市教科院)

3.拓展科学实践活动。按照课程标准,加强实践活动课程建设,开展实验和探究实践活动,落实跨学科主题学习原则上应不少于10%的教学要求。各校要由校领导或聘任专家学者担任科学副校长,原则上至少设立1名科技辅导员、至少结对1所具有一定科普功能的机构(馆所、基地、园区、企业等)。鼓励各区在中小学校优秀的理科教师、科学教师中选拔承担学校科技辅导员工作。积极开展"科学家(精神)进校园"、科普讲解大赛、科普微视频大赛、科学实验展演、科学嘉年华、科普大篷车、科学家精神展、科技周、全国科普日等活动。策划实施形式多样的系列科学营活动,开展主题研学,使科技场馆成为青少年的第二课堂。(市教委、市教科院、市科技局、团市委、市科协、市少工委)

4.提升科学教育课后服务吸引力。继续做好义务教育阶段学校课后服务工作,拓展科学实践活动,做好科学教育"加法"。鼓励有条件的科普基地将优质科普资源带入校园,开发研究性学习课程,组织有关专家指导有兴趣的学生长期、深入、系统地开展科学探究与实验,丰富中小学校课后服务形式。(市教委、市科技局、团市委、市科协、市少工委)

5.加强科学教育师资队伍建设。指导天津师范大学,建设物理学、化学、生物科学等科学类课程师范类专业。督促鼓励各区在品牌高中和强校工程建设中通过公开招聘、人才引进、内部培养等方式聚集一批高水平、复合型的高中理科专业教师。对跨学科授课的复合型教师,其授课课时、有关业绩贡献在中小学教师职称评审中参与统一评价。在天津师范大学公费师范生招录中持续开设小学教育(科学方向)专业本科招生计划,在天津大学开展"国优计划"硕士生培养,加强科学类课程教师供给。充分利用"国培计划"项目资源,选派我市中小学科学类课程骨干教师参训。在中小学教师全员培训中开设科学素养类课程。鼓励各区每年拿出一定编制和岗位招聘理工类硕士学位的科学教师,从现有科学教师、理科教师中选拔优秀人员到区教研部门任科学教研员。各区根据实际需要制定小学科学教师、实验人员配备规划,逐步实现每所小学至少具有1名理工类硕士学位的科学教师。细化完善学科评议,引导更多教师按照科学教育专业申报中小学教师职称评审。鼓励中小学校根据有关规定按照程序申请开展职称自主评审,细化科学类课程教师业绩条件要求。(市教委)

(二)用好社会大课堂

6.动员相关单位服务科学实践教育。组织开展科学家精神教育基地、科普基地等评选工作,推进场馆、平台和资源共建共享。动员全市中小学校组织学生参观科学家精神教育基地,开展科普教育基地助力"双减"联合行动暨"科创筑梦"青少年科学节活动。鼓励引导各高校向学生开放图书馆、科技场所等实践教育基地。面向中小学生开放环境、双碳、环境监测科普基地,组织绿色环保研学活动,讲解低碳环保科普知识,开展环境监测科学实验。动员天津市规划展览馆开发适合中小学的科学教育项目,开展"城市宣传小使者"品牌活动。深化社区未成年人"五爱"教育阵地建设,组织社区青少年参观科技馆、走进高科技企业。将科学教育融入家长学校教育体系中。(市教委、市委宣传部、市文明办、市科技局、市规划资源局、市生态环境局、团市委、市科协、市少工委)

7.引导企业改善实践教学条件。积极动员各类企业,尤其是与高精尖技术密切相关的企业,以企业捐资、挂牌、冠名等形式,为薄弱地区、薄弱学校援建科学教育场所,提供设备、器材、图书、软件等,培训专业讲解人员。引导高科技工农企业开展"自信自立技术产品体验"活动,鼓励中小学生勤于探索、勇于实践。引导中小学生在现实生产生活环境中学习科学知识,体悟劳动精神、钻研精神、创新精神、工匠精神。(市教委、市科技局、市工业和信息化局、市农业农村委)

8.鼓励高校和科研院所主动对接中小学。鼓励高校将科研人员、高校教师研究参与中小学科学教育取得突出成果作为"从事科技开发、转化工作及相关领域的创造创作,取得较为显著的社会效益"的业绩条件,纳入高校"科研为主型""应用推广型"等职称分类评价业绩范围。支持中小学与高校、科研院所联系,用好相关实践资源。主动推动大学与中学联合教研,实现教学内容、教学方法等更好衔接。探索中学双导师制,进行因材施教。积极推动"小平"创新实验室建设,提升中小学生科学素养和创新能力。利用大中专学生志愿者暑期"三下乡"社会实践等载体,组织动员大学生到社区(村)开展形式多样的科学普及活动。(市教委、市教科院、市科技局、团市委、市科协、市少工委)

9.营造重视支持科学教育氛围。大力弘扬科学精神和科学家精神,组织我市主要新媒体平台、各区融媒体中心开设科学教育专栏,综合运用图解、H5、短视频等网络传播手段,制作推出一批通俗易懂、形象活泼、利于传播的科普作品。广泛开展"新时代好少年"学习宣传活动,推荐评选在科技创新方面表现突出的青少年典型。将"双减"工作纳入教育宣传历,协调媒体围绕"科学教育"等开展宣传引导。编辑印发《天津科学家风采录》,制作天津科学家精神宣传片《力量2》,积极动员全市中小学参加天津市科学传播作品大赛,鼓励创建"全域科普"品牌,组织开展"奇思妙想看未来"电视展演活动。在科普讲解大赛等赛事中,设立中小学组,充分培养青少年对科学的浓厚兴趣。加强"网上少先队"建设,丰富"津彩少年"公众号内容,带动各级少先队媒体广泛参与内容创作、深度策划、矩阵式联动。(市教委、市委宣传部、市文明办、市科技局、团市委、市科协、市少工委)

10.通过数字智慧平台丰富科学教育资源。鼓励教师积极使用国家智慧教育平台资源,优化天津中小学智慧教育平台,制作上线师生信息素养科创活动内容,拓展丰富科学教育资源。倡导各区教研部门、学校和教师等制作上线"科学公开课""家庭科学教育指导课"等,不断丰富平台资源。(市教委、市教科院、市委网信办)

(三)做好相关改革衔接

11.规范科技类校外培训活动。结合我市实际,适时修订科技类线上和线下培训机构的设置标准。指导各区合理规划科技类培训机构总体规模,完善审批登记办法,引导机构合法经营、规范发展。指导各区将科技类培训机构全部纳入全国校外教育培训监管与服务综合平台,实施全流程监管。指导各区根据需求引进科技类培训机构参与学校课后服务。(市教委、市科技局)

12.严格科技类竞赛活动管理。通过"津门教育"政务微信和"天津教育"政务微博公布竞赛"白名单",引导中小学生理性选择参加竞赛。搭建中小学生成长平台,发现有潜质的学生,引导其积极投身科学研究。指导各竞赛组织方在竞赛活动中融入爱国主义教育,突出集体主义教育。(市教委)

13.探索选拔培养创新人才长效机制。加强天津市青少年科技创新拔尖人才培养工作,深入开展"英才计划",积极推进"高校科学营"项目,进一步探索建立高校与中学联合发现和培养青少年科技创新人才的有效模式。开展赋能"双减"系列科普资源对接活动。开展"青少年科创计划",促进高校优质科技教育资源开发开放。落实我市基础学科拔尖创新培养基地建设工作,加强本科层次拔尖创新人才培养。探索建设科技高中,支持我市高校加强与高级中学的合作。(市教委、市科技局、市科协)

14.推进中高考内容改革。以课程标准为命题依据,完善试题形式,加强学科核心素养考查和引导,从试题素材、情境设置、试题设问、答案设计等多个流程增强试题的基础性、应用性、综合性、创新性,减少机械刷题,增强试题的开放性和灵活性,培养学生学科素养、创新能力、科学精神。在学业水平考试中注重实验操作考查。加强教师命(审)题队伍建设,持续完善命(审)题教师专家库,加强各类人员教育测量理论、命题技术等系统培训。做好普通高中学生发展指导实验校建设工作,强化学生发展指导。(市教委、市教育招生考试院)

15.加强不同阶段体系化设计安排。鼓励普通高中和中职学校相互开放并提供学科名师、技能大师的数字化课程资源,实现线上线下优质资源共享。鼓励各高校本科阶段开设《科学技术史》选修课,加强对理工农医类相关专业本科生关于科技史的教育。鼓励各高校强化研究生阶段科技创新能力培养,引导学生掌握科学研究方法和创新思维。(市

教委）

16.将科学教育融入家庭教育体系中。突出科普价值引领，聚合科普专家力量，推出家庭科普公开课，依托社区家长学校、儿童之家阵地面向广大家庭和儿童开展科普宣传，推动科学教育走进千家万户，提升家长科普意识和学生科学素质。（市妇联）

17.加强科学教育研究。加强相关基础学科建设，打造高素质人才队伍。加强对科学教育相关领域研究的支持。推进科学教育交叉学科研究平台建设。鼓励高校、教科院、科研院所建立科学教育研究中心，开展理论研究与实践。鼓励中小学教师参加各级各类国际交流项目及培训，开拓国际视野，掌握国际科学教育动态，提升国际化水平。（市教委、市教科院、市科技局、市科协）

三、组织保障

18.全面系统部署。切实提高政治站位，充分发挥"双减"工作专门协调机制作用，建立教育部门牵头、有关部门齐抓共管的科学教育工作机制。细化完善措施，确保科学教育落地见效。充分调动社会

力量，成立由科学家、各领域科技人才、科技馆所及科普教育基地科技辅导员组成的专家团队，加强谋划指导和推动落实。遴选并推广科学教育典型工作案例，总结优化改革发展路径。（各有关单位）

19.落实经费保障。在用好学校公用经费和课后服务资金的基础上努力统筹各方面条件，积极争取社会实物和资金的资助，支持科学教育发展。用好现有彩票公益金项目，切实做好中小学生校外研学工作。鼓励天津市教育发展基金会等社会组织支持我市教育事业发展。（市教委、市财政局）

20.实施监测指导。加强科学教育调研指导，对标关键问题整改，层层压实责任。将中小学科学教育纳入国家义务教育质量监测内容。强化动态监测，定期对青少年科学素质进行分析研判。按时完成科普资源统计调查工作，强化对资源薄弱地区建设引导。及时报道我市加强新时代中小学科学教育工作的进展成效，深入报道各部门各区各学校的好经验好做法，大力宣传投身科学教育的典型教师、热爱科学潜心钻研的优秀学生，营造良好舆论氛围。（市教委、市委宣传部、市科技局）

市教委等十四部门关于印发天津市规范面向中小学生的非学科类校外培训的实施方案的通知

津教政〔2023〕4号

各有关单位：

为进一步深化校外培训机构治理，全面规范非学科类培训行为，切实维护广大中小学生和学生家长权益，按照《教育部等十三部门关于规范面向中小学生的非学科类校外培训的意见》，市教委等十四部门联合制定了《天津市规范面向中小学生的非学科类校外培训的实施方案》。现予印发，请结合实际，抓好贯彻落实。

市教委　市委网信办　市发展改革委
市科技局　市民政局　市财政局
市文化和旅游局　市市场监管委　市体育局
市金融局　市政务服务办　市通信管理局
人民银行天津分行　天津证监局
2023年3月31日
（此件主动公开）

天津市规范面向中小学生的
非学科类校外培训的实施方案

为进一步深化校外培训机构治理,全面规范非学科类培训行为,切实维护广大中小学生和学生家长权益,按照《教育部等十三部门关于规范面向中小学生的非学科类校外培训的意见》,制定我市实施方案。

一、总体要求

(一)指导思想

坚持以习近平新时代中国特色社会主义思想为指导,深入贯彻落实党的二十大精神,全面贯彻党的教育方针,落实立德树人根本任务,坚持以人民为中心的发展思想,坚持改革创新,全面规范非学科类培训,使其成为学校教育的有益补充,进一步减轻学生过重校外培训负担,促进学生全面发展和健康成长。

(二)工作原则

坚持服务育人。坚持社会主义办学方向,强化非学科类培训的公益属性,着眼提高培训质量,推动其为学生发展兴趣特长、拓展综合素质发挥积极作用。

坚持问题导向。综合运用行政、经济、法律手段,着力破解在标准、价格、安全、质量等方面的突出问题,加强政策宣传解读,提升校外培训治理水平,切实回应人民群众急难愁盼。

坚持内外联动。统筹校内与校外,强化学校教育主阵地作用,落实德智体美劳全面发展要求,增加非学科类学习供给,同步深化非学科类培训治理,更广泛地满足学生多样化需求。

坚持部门协同。针对非学科类培训行业属性突出、种类繁多等特点,健全在市委和市政府统一领导下,各部门齐抓共管、高效联动、密切配合的协作机制,形成治理合力,提升治理效能。

(三)工作目标

到2023年6月底,我市非学科类培训政策制度体系基本建立,常态化监管机制基本健全,人民群众反映强烈的突出问题得到基本解决。到2024年,我市非学科类培训治理成效显著,家庭支出负担有效减轻,非学科类培训成为学校教育的有益补充,人民群众对教育的满意度明显提升。

二、重点任务

(一)制定行业标准

1.完善设置标准。市级体育、文化和旅游、科技部门要结合实际,会同教育部门制定并适时修订体育类、文化艺术类、科技类线上和线下培训机构的设置标准。各区依据设置标准,制定完善本区审批登记办法。对于开展多种非学科类培训的机构,应同时符合所涉及各类业务的设置标准。

2.明确底线要求。非学科类培训机构必须达到以下基本要求。在培训场所条件方面,符合国家和我市关于消防、住建、环保、卫生、食品经营等法律法规及政策要求。在师资条件方面,所聘从事培训工作的人员必须具备体育、文化艺术、科技等相应类别的职业(专业)能力或具有相应类别的教师资格证,不得聘用中小学(含民办中小学)在职在岗教师,聘用外籍人员须符合国家和我市有关规定。在运营条件方面,必须有规范的章程和相应的管理制度。线上机构还应符合网络安全有关标准。

3.全面对标整改。对照我市非学科类培训机构设置标准,对现有机构进行全面排查,不符合设置标准的要对标整改。对2023年6月底前仍不能完成整改的培训机构依法依规严肃处理。

4.制定清单目录。细化并公布各行业培训类别的清单目录,并根据新出现的培训类型,及时进行动态调整。对于同时开展多个类别培训等情形,要依据机构主营业务明确主要监管部门及相关配合部门。教育部门要强化统筹协调,避免出现监管盲点。

5.明确准入程序。非学科类线上培训机构须依法取得有关主管部门的行政许可后,再依法进行法人登记,并向市级通信管理部门履行互联网信息服务核准手续。非学科类线下培训机构须取得区级行政审批部门的行政许可后,再依法进行法人登记;跨区开展线下培训的,要依法按要求在每个区取得行政审批部门的行政许可。行政审批部门应将非学科类培训机构审批结果同步推送至同级日常监管部门和教育部门,强化信息互联互通。加强部门之间审批与监管的相互衔接,防止出现监管盲区或监管冲突。

(二)加强监督管理

6.规范培训内容。非学科类培训内容应与培训对象的年龄、身体素质、认知水平相适应,符合学生身心特点和教育规律,满足学生多层次、多样化学习需求,不得开设学科类培训相关内容。全面落实《中小学生校外培训材料管理办法(试行)》,加强对培训材料的全流程管理,强化对培训材料的审核、备案管理和抽查巡查,确保培训正确方向。全面落实《校外培训机构从业人员管理办法(试行)》,加强从业人员管理,规范机构和从业人员培训行为。

7.严格培训时间。非学科类培训时间不得与我市中小学校教学时间相冲突,线下培训结束时间不得晚于20:30,线上培训结束时间不得晚于21:00。

8.加强收费管理。非学科类培训机构要坚持公益属性,遵循公平、合法、诚实信用的原则,根据培训成本、市场供需等因素,合理确定收费项目和标准,控制调价频率和幅度,并报送日常监管部门。探索通过建立价格调控区间、发布平均培训成本等方式,引导培训机构合理定价。培训机构收费应当实行明码标价,培训内容、培训时长、收费项目、收费标准等信息应当向社会公开,接受社会监督。禁止虚构原价、虚假优惠折价等任何形式的价格欺诈行为。建立健全非学科类培训市场监测体系,重点加强对体育、艺术及中小学生广泛参与的其他非学科类培训收费的监测。

9.强化预收费资金监管。非学科类培训机构收费实行专用账户、专款管理。培训机构收费应全部进入本机构收费专用账户,不得使用本机构其他账户或非本机构账户收取培训费用,收费账户应向社会公开。面向中小学生的非学科类培训不得使用培训贷方式缴纳培训费用。鼓励培训机构采取先提供培训服务后收费方式运营,采取预收费方式的,培训机构预收费应全额纳入监管范围,采取银行托管方式进行风险管控。培训机构要与托管银行签订托管协议,开立预收费资金托管专用账户,将预收费资金与其自有资金实行分账管理。

10.加强预收费行为监管。培训机构不得一次

性收取或以充值、次卡等形式变相收取时间跨度超过3个月或60课时的费用,且不得超过5000元。培训机构应按照日常监管部门要求,主动报送或授权托管银行推送有关资金监管账户、大额资金变动、交易流水等信息。要按照国家关于非学科类培训机构境内外上市标准和程序,严格把关,做好监管和引导,防止野蛮生长。培训机构融资及收入应主要用于培训业务经营。全面使用《中小学生校外培训服务合同(示范文本)》(2021年修订版),明确培训项目、培训要求、培训收退费及违约责任、争议处理等内容,保护群众合法权益。

11.加强安全管理。落实机构法定代表人和实际控制人为安全管理第一责任人,指导其切实履行好安全职责,督促机构全面落实国家和我市规定的人防、物防、技防等安全风险防范要求,严格执行《校外培训机构消防安全管理九项规定》,建立安全管理制度,定期开展安全自查,及时消除安全隐患。鼓励培训机构购买场所责任险、人身意外伤害险等。按照市委和市政府、市防控指挥部统一部署,切实抓好非学科类培训机构疫情防控工作。

12.强化安全管理信息化。线下培训场所要配备符合相关技术标准的音视频监控设备,出现故障时,应在24小时内恢复功能。机构应在线下培训场所出入口、教室、户外活动场地、活动室、周边等人员聚集场所安装视频图像采集装置,设置明显提示性标识,并应具备与属地公安、教育等部门实时联网的接口,采集的视频图像信息保存期限不得少于90日。

13.健全执法机制。建立在市委和市政府领导下各部门分工合作的联合执法机制,充分发挥市"双减"工作专班统筹协调作用,推进上下级之间、同级之间、异地之间的协调联动。建立健全问题线索移送处理机制,加快实现部门间违法线索互联、监管标准互通、处理结果互认。要定期梳理群众反映强烈的突出问题,适时部署集中专项整治,及时通报非学科类培训违法违规典型案例,形成警示震慑。

14.严查违规行为。教育部门要加强对非学科类培训综合执法、联合执法、协作执法的组织协调,各有关部门要依法严肃查处资质不全、打擦边球开展学科类培训、违规举办体育竞赛活动、擅自开办艺术考级活动、违规科学技术活动、不正当价格行为、虚假宣传、存在安全隐患、影响招生入学秩序等违法违规行为。

15.推进信息化管理。日常监管部门要督促指导非学科类培训机构在全国校外教育培训监管与服

务综合平台(以下简称监管平台)上注册登录,及时完善更新相关信息,确保机构无遗漏、数据全采集、信息摸准确。要使用好监管平台,及时开展非学科类培训机构年检年审工作。充分运用大数据、人工智能等技术,探索远程监管、移动监管等非现场监管,提升监管精准化、智能化水平。

16.监管信息交流共享。按照规定将非学科类培训机构行政许可信息、行政处罚信息、黑白名单信息等归集至全国信用信息共享平台、国家企业信用信息公示系统等,引导培训机构合规经营。

17.促进行业自律。指导我市校外培训相关行业协会发挥作用,推动培训机构诚信经营、公平竞争,着力规范行业秩序。鼓励行业协会制定相关行业服务标准,提升服务质量。支持行业协会发挥在纠纷处理、权益保护、行业信用建设等方面的作用,促进行业规范运行。

(三)做好配套改革

18.强化学校教育主阵地作用。加快构建"双减"背景下德智体美劳全面培养的教育体系,坚持减轻负担与提质增效并重,整体提升学校育人水平。落实新时代基础教育强师计划,深入实施系列市级师资培训项目,合理配备音乐、体育、美术等学科教师,着力解决教师队伍学科结构性矛盾,开齐开足上好音体美课程。深入实施课后服务"重实效、提质量"专项行动、课堂教学"提质增效"专项行动及作业质量提升专项行动,持续落实《关于发挥高校实践育人功能?提高中小学课后服务质量的实施方案》有关要求,促进学生学习更好回归校园。加快天津市智慧教育平台与国家智慧教育平台贯通和应用,推动优质数字教育资源深度应用与有效供给,服务教师教育教学和学生自主学习。巩固义务教育基本均衡成果,高质量建设基础教育综合改革国家实验区,推进基础教育优质资源辐射引领工程,深化学区化、集团化办学,推动优质教育资源向滨海新区、中心城区东部和北部、远郊五区辐射。

19.健全非学科类培训机构进校园监管机制。各区根据需求可以适当引进非学科类培训机构参与学校课后服务。要按照国家有关要求,制定遴选非学科类校外培训机构参与学校课后服务具体工作方案,明确适用范围、遴选原则、遴选条件、遴选程序等,并建立评估退出机制。要坚持公益性原则,引进费用要明显低于培训机构在校外提供同质培训服务的收费标准,收费方式需符合国家和我市课后服务经费管理有关规定。学校不得与引入的非学科类培训机构勾连牟利。要严格日常监管,对出现服务水平低下、恶意在校招揽生源、不按规定提供服务、扰乱学校教育教学和招生秩序等问题的培训机构,坚决取消培训资质。

20.深化考试评价改革。全面落实学前教育、义务教育和普通高中教育质量评价指南,健全以发展素质教育为导向的质量评价体系。严格招生工作纪律,不得将非学科类校外培训结果与大中小学招生入学挂钩。规范并减少面向中小学生的体育、文化艺术、科技类考级活动,各类考级和竞赛的等级、名次、证书等,除另有规定外,不得作为体育艺术科技特长测评、招生入学的依据。

三、工作要求

(一)全面系统部署。各区各有关部门要在市委、市政府统一领导下,切实提高思想认识,将规范非学科类培训作为重大民生工程,列入重要议事日程,研究制定具体落实方案,摸清底数,明确时间表、路线图、任务书,压紧压实责任。市"双减"工作专门协调机制要充分发挥作用,坚持统筹部署、分工协作、联合行动,针对出现的新情况新问题及时分析研判,提出针对性举措,加强信息共享和情况通报,确保各项工作务实有效。

(二)明确部门分工。教育部门要充分发挥"双减"工作专门协调机制作用,加强统筹协调,与相关部门对非学科类培训共同进行日常监管,指导学校做好教育教学工作;体育、文化和旅游、科技等部门重点做好制定行业标准、日常监管等工作;发展改革部门会同教育等部门重点做好收费政策制定等工作;民政部门重点做好非营利性非学科类培训机构违反相关登记管理规定的监管工作;市场监管部门做好营利性非学科类培训机构登记、价格行为、广告宣传等方面的监管工作;各相关行政审批部门重点做好培训机构审批事项实施和审批结果共享工作;金融、人民银行、银保监、证监部门指导金融机构配合教育等部门做好预收费管理和上市融资管控等工作;网信、通信部门配合做好线上机构监管工作;有关行业协会、群众团体、科研院所等要发挥专业支撑作用,开展监测评估研究,充分利用行业资源助力中小学校开展学生实践和教师培训活动。

(三)强化督导和宣传工作。市政府教育督导室将"双减"工作作为对区政府履行教育职责的重要指标,通过适当方式开展督导检查。充分发挥督学作用,将"双减"工作作为责任督学挂牌督导内容,开展经常性督导。对于贯彻落实工作决策部署不力,履行职责不到位的问题,依据教育督导问责条例依法依规进行问责。按照市"双减"工作专班统一部署,

对各区规范非学科类培训进展情况进行通报。通过多种途径加强政策解读,及时总结经验做法,做好宣传推广,营造良好氛围。

市教委等五部门关于印发天津市农村学校办学条件五年提升行动实施方案(2023—2027年)的通知

津教政〔2023〕5号

各相关区教育局、财政局、住房城乡建设委、工业和信息化局、人社局:

为进一步改善农村学校办学条件,加快补齐农村学校在办学条件方面的短板弱项,进一步优化农村教育资源配置,完善农村学校教育教学设施,全面提升农村学校办学水平,加快推进城乡教育一体化优质均衡发展,更好地满足人民群众对高质量教育的需求,市教委、市财政局、市住房城乡建设委、市工业和信息化局、市人社局制定了《天津市农村学校办

学条件五年提升行动实施方案(2023—2027年)》,现印发给你们。各相关区、各部门要加强组织领导,明确目标任务,细化具体措施,确保施工安全,确保工程质量,确保按时全面完成各项目标任务。

市教委　市财政局　市住房城乡建设委
市工业和信息化局　市人社局
2023年5月4日
(此件主动公开)

天津市农村学校办学条件五年提升行动实施方案(2023—2027年)

为进一步改善农村学校办学条件,加快推进城乡教育一体化优质均衡发展,更好地满足人民群众对高质量教育的需求,制定本方案。

一、总体要求

坚持以习近平新时代中国特色社会主义思想为指导,深入贯彻党的二十大精神,全面落实市第十二次党代会和市十二届二次全会部署要求,全面贯彻党的教育方针,坚持以学生发展为本,加快补齐农村学校在办学条件方面的短板弱项,进一步优化农村教育资源配置,完善农村学校教育教学设施,全面提升农

村学校办学水平,让农村适龄儿童少年都能够享受到公平而有质量的教育,实现全面发展和健康成长。

二、工作目标

通过五年努力,加固改造9.61万平方米农村学校C级校舍;提升改造119.19万平方米农村学校土质体育运动场地;为农村学校更新配置1.38万台计算机,建成297间信创信息科技教室;遴选培养乡村优秀校(园)长、乡村思政骨干教师、优秀乡村青年教师、乡村学科骨干教师、乡村骨干班主任各100名,开展乡村教师全员培训。持续改善农村学校办学条

件,全面提升农村教师队伍整体素质和专业水平,不断缩小城乡学校差距。

三、主要任务

(一)实施农村学校C级校舍加固改造项目

重点推动武清区、静海区对已鉴定为局部存在安全隐患的36所农村学校的9.61万平方米C级校舍进行加固改造。各涉农区要建立长效机制,对照住房和城乡建设部《危险房屋鉴定标准》(JGJ125—2016),对本区农村学校进行校舍安全鉴定,对鉴定为C级的校舍及时进行加固改造,全面提升农村学校校舍防震减灾能力。(责任单位:各相关区、市教委、市住房城乡建设委、市财政局)

(二)实施农村学校体育运动场地提升改造项目

重点推动武清区、宝坻区、宁河区、静海区、蓟州区结合实际,因地制宜,采取铺设塑胶跑道和人工草皮,铺设硅PU材料,铺设石灰、黏土和细砂"三合土",建造排水设施等多种方式,对191所农村学校的119.19万平方米土质体育运动场地进行提升改造,更好地满足学校开展体育教学、学生进行体育锻炼的需求,为促进青少年学生全面发展、健康成长创设良好条件。(责任单位:各相关区、市教委、市住房城乡建设委、市财政局)

(三)实施农村学校信创信息科技教室提升改造项目

重点推动武清区、宝坻区、宁河区、静海区、蓟州区、北辰区对275所农村学校已使用多年、难以满足教学需求的1.38万台计算机进行更新,配置新型国产计算机,建成297间信创信息科技教室,进一步提升农村学校教育信息化水平。(责任单位:各相关区、市教委、市工业和信息化局、市财政局)

(四)实施新时代乡村教师专业发展助力计划

重点推动"乡村骨干教师+全员教师"系统培训,不断提升乡村教师队伍整体素质和专业水平。实施"五个一百"骨干引领培训项目,遴选乡村优秀校(园)长、乡村思政骨干教师、优秀乡村青年教师、乡村学科骨干教师、乡村骨干班主任各100名,进行重点培训,着力培养一批教育使命感强、职业素养良好、专业底蕴厚实、办学(教学)独具风格的乡村骨干师资队伍。强化乡村教师全员培训,采取丰富拓展培训资源、加强网络平台建设、开展教师工作坊研修、组织名师送教下乡、创新实施校本研修、智能支持个性学习等多项举措,整体提升乡村教师教育教学水平。中小学教师职称评审向乡村教师倾斜,对长期在乡村学校任教的一线教师,重点考察其在一线的实际工作业绩,可适当放宽理论成果要求,支持涉农区落实乡村学校教师"定向评价、定向使用",落实乡村教师增加绩效工资政策。(责任单位:各相关区、市教委、市人社局、市财政局)

四、组织实施

(一)加强组织领导,强化属地责任

由教育、财政、住房城乡建设、工业和信息化、人社等相关部门负责人牵头,组建市、区两级农村学校办学条件提升行动工作专班,统筹协调项目实施、资金保障等工作。相关区要强化属地责任,把农村学校办学条件提升行动作为教育民生的重点工程,纳入重要议事日程,加强组织领导,明确目标任务,列出项目清单、进度安排和责任部门,坚持"一校一策",细化具体实施措施,倒排工期,挂图作战,实行销号管理,确保施工安全,确保工程质量,确保按时全面完成各项目标任务。

(二)加强协调配合,形成工作合力

各相关部门要把农村学校办学条件提升行动,纳入区域经济社会发展相关规划,做到一体化统筹、一体化部署、一体化推进。教育部门要主动协调各相关部门,对农村学校办学条件提升行动加强指导和推动。财政部门要对农村学校办学条件提升行动给予重点支持。住房城乡建设部门要在校舍安全鉴定、提升改造措施、工程质量、招标采购等方面给予支持和技术指导。工业和信息化部门要在招标采购政策方面给予指导和支持,并协调软件供应商做好有关服务事宜。人社部门要加强乡村教师职称评价政策指导。

(三)落实资金保障,提高执行效率

为确保项目顺利实施,市、区两级财政部门对农村学校办学条件提升行动给予重点支持。按照教育领域财政事权和支出责任,农村学校C级校舍加固改造、农村学校体育运动场地提升改造、农村学校信创信息科技教室提升改造三个项目所需资金,由各区财政负担,市财政会同市教委统筹中央专款、市级教育预算等资金给予一定比例的补助。第一年市财政适当安排项目启动资金,各区按照年度任务足额安排项目经费预算,下一年度市财政根据各区项目执行情况安排补助资金。各区资金未安排到位的,市财政不再安排补助。

(四)强化督查推动,狠抓工作落实

市、区两级农村学校办学条件提升行动工作专班,要建立跟踪督查和问责机制,对工作推进不力、项目落实不到位的区和相关责任人,按照有关规定严肃追责问责。教育督导部门要把各相关区推进农村学校办学条件提升行动情况,纳入履行教育职责评估指标,加大督导工作力度。

市教委　市发展改革委　市科技局　市财政局市人社局　市税务局关于印发天津市进一步支持大学生创新创业的若干举措的通知

津教规范〔2023〕1号

各区人民政府,各高等学校,各有关单位:

为深入落实中央经济工作会议、市委经济工作会议精神,提升大学生创新创业能力、增强创新活力,加快推进市委、市政府十项行动落地落实,按照《国务院办公厅关于进一步支持大学生创新创业的指导意见》要求,我委会同相关单位制定了《天津市进一步支持大学生创新创业的若干举措》,经市人民政府同意,现予印发,请遵照执行。

市教委　市发展改革委　市科技局
市财政局　市人社局　市税务局
2023年3月24日
（此件主动公开）

天津市进一步支持大学生创新创业的若干举措

纵深推进大众创业万众创新是深入实施创新驱动发展战略的重要支撑,大学生是大众创业万众创新的生力军,支持大学生创新创业具有重要意义。为提升大学生创新创业能力、增强创新活力,根据《国务院办公厅关于进一步支持大学生创新创业的指导意见》(国办发〔2021〕35号),经市人民政府同意,结合我市实际,现就进一步支持大学生创新创业制定如下举措。

一、提升大学生创新创业能力

(一)深化高校创新创业教育改革。搭建课堂教学、自主学习、结合实践、指导帮扶、文化引领为一体的高校创新创业教育体系,推进创新创业教育专科、本科、研究生阶段有效衔接、贯通培养,鼓励各高校广泛开展启发式、讨论式、参与式教学,推动教师把前沿学术发展、最新研究成果和实践经验融入课堂教学,增强学生创新精神、创业意识和创新创业能力。支持高校与大学科技园、天开高教科创园等园区联合申报"天津市大学生创新创业专项课题"。(责任单位:市教委)

(二)聚焦创新创业人才培养。建立以创新创业为导向的新型人才培养模式,将创新创业元素有机融入课程,建设一批天津市创新创业教育示范课程和创新创业特色课程。指导高校积极开展面向全体学生的创新创业教育,优化专业课程设置,充分发掘专业课程中蕴含的创新创业教育内涵和元素,积极建设"专创融合"课程。落实"制造业立市"重要部署,围绕12条重点产业链布局,与科研院所、重点企业共同制订培养方案,构建高校与社会优势互补、项目共建、成果共享、利益共赢的新型协同育人模式。发挥高校学科优势,与科研院所、知名企业共建重大研究平台和研究基地,以大团队、大平台、大项目,支撑高质量研究生培养。(责任单位:市教委牵头,市科技局、市人社局按职责分工负责)

(三)强化创新创业师资队伍建设。将开展创新创业教育情况作为教师年度考核、职称评聘、职务晋升的重要指标。支持高校教师到大学科技园、天开高教科创园等园区企业工作、兼职或在职创办企业、离岗创业等。举办专题讲座,开展高校教师创新创业教育教学培训,引导高校教师改进教学方法,将国际前沿学术发展、最新研究成果和实践经验融入课堂教学。(责任单位:市教委)

(四)完善教师创新创业激励政策。畅通职称申报渠道,经批准兼职创新、在职创办企业、离岗创办企业的高校教师,可按规定参加职称评审,其在创新创业期间取得的业绩作为职称评审、岗位聘用、绩效考核的重要依据。双创业绩列入破格条款,将作为第一指导教师指导学生获得中国国际"互联网+"大学生创新创业大赛银奖、作为第一指导教师指导学生获得中国国际"互联网+"大学生创新创业大赛金奖分别作为破格申报高校副教授和教授业绩条件之一。鼓励高校科研人员在大学科技园、天开高教科创园等园区主动联合企业以企业投入为主开展产学研合作研究,打造核心引擎,缓解人才供需结构性矛盾,支持学校对备案横向科研项目按学校有关规定在职称评审时予以认定。指导高校设置应用推广型教师岗位,并将完成科技成果转化项目、解决实际应用难题、开展高技术(含专利、标准)推广等作为应用推广型教师评聘条件。(责任单位:市教委)

(五)建立校外双创导师机制。实施高校校外双创导师专项人才计划,各高校要探索实施驻校企业家制度,其中高职院校要全面建立驻校企业家制度,吸引更多各行各业优秀人才担任双创导师,为大学生提供有针对性的创业指导。各高校要有效整合科研院所和行业企业的科技、教育资源,聘请行业领域专家、技术骨干,组建专业化的专兼职教师团队,强

化实践能力和创新能力培养。按照有关规定支持高校设置流动岗位,不纳入人事综合管理部门备案后的岗位设置方案,自主引进优秀企业家担任双创导师,薪酬由双方协商确定。建设一批天津市双创导师培训基地,定期开展培训。(责任单位:市教委牵头,市人社局按职责分工负责)

(六)加强大学生创新创业培训。打造一批天津市高校创新创业培训活动品牌,创新活动模式,面向大学生开展高质量、有针对性的创新创业培训,提升大学生创新创业能力。各高校要每年举办不低于2次的创业大讲堂,建立校级双创导师库,邀请全国知名企业家、专业经理人、著名风投人定期入校开展政策宣讲、讲座培训、沙龙交流、路演展示等活动。与天开高教科创园联合举办全国"聚创津门"大学生创业邀请赛和大学生文化创意大赛,支持高校联合天开园举办创业开放日活动。举办天津市大学生"创客马拉松大赛"等一系列活动赛事。配套扶持政策,鼓励大学生积极参赛,吸引优秀大学生创业人才来津发展。(责任单位:市人社局、市教委按职责分工负责)

二、优化大学生创新创业环境

(七)降低大学生创新创业门槛。提高企业开办效率,申请人可通过企业开办"一窗通"在1个工作日内完成企业设立登记及涉及企业开办的公章刻制、发票申领、社保参保登记、住房公积金缴存登记等多环节事项联办。政府投资开发的创业载体要安排30%左右的场地,免费向高校毕业生创业者提供,降低大学生创新创业团队入驻条件。对大学生租房创业的,按规定给予创业房租补贴。(责任单位:市市场监管委、市科技局、市财政局、市教委、市人社局按职责分工落实)

(八)促进科技创新资源开放共享。完善天津市大型科研仪器开放共享平台建设,为大学生创新创业提供便利。支持科研院所和高校科研基础设施、大型科研仪器、图书文献等面向大学生开放。发挥高校重点实验室、协同创新中心、产业创新中心、技术创新中心、制造业创新中心、工程研究中心等研发平台作用,构建从研究开发、中试熟化到工业化试生产的全链条服务。(责任单位:市科技局、市教委、市发展改革委按职责分工负责)

(九)有效发挥国有企业作用。支持国有企业面向大学生发布需求清单,鼓励国有企业与高校共同探索开展"揭榜挂帅"合作方式,引导大学生精准创新创业,实现产业发展对接合作。深入推进大学生

就业服务工作,实施天津市大学生实习"扬帆计划",通过开展体验学习、业务实践、工作交流等,提升大学生的综合素质和就业创业核心竞争力。(责任单位:市国资委、团市委、各区政府按职责分工负责)

(十)落实大学生创业帮扶政策。对毕业2年内从事个体经营或灵活就业的本市高校毕业生,按规定给予灵活就业社保补贴。对有求职创业意愿的本市院校毕业学年困难学生,按规定给予每人3000元的求职创业补贴。对在津首次创办企业并担任法定代表人的本市全日制高校在校生、毕业5年内的高校毕业生,按规定给予最长3年五项社保补贴和1年岗位补贴。创业失败大学生有就业意愿和就业能力的可到各级公共就业服务机构进行失业登记,按规定享受职业指导、职业介绍等公共就业服务,创业失败大学生符合就业困难人员认定条件的,按规定享受各项就业援助政策。对创业失败导致基本生活暂时出现困难的大学生,符合临时救助条件的,及时给予临时救助。完善我市基本医疗保障制度,支持和鼓励大学生创新创业期间,以灵活就业人员身份参加我市基本医疗保险,对创新创业期间参加我市基本医疗保险的大学生,不受户籍限制。(责任单位:市人社局、市民政局、市医保局、各区政府按职责分工负责)

(十一)完善大学生创业社会保障机制。毕业后创业的大学生可按规定缴纳"五险一金",以无雇工个体工商户方式创业的,可按照20%的费率缴纳企业职工基本养老保险费;在本市以灵活就业方式创业的,参加本市企业职工基本养老保险不受户籍限制。(责任单位:市人社局、市财政局、市教委、各区政府按职责分工负责)

三、加强大学生创新创业服务平台建设

(十二)完善校内双创实践平台建设。鼓励发挥大学生创业园、高校众创空间等校内创新创业实践平台作用,面向在校大学生免费开放,开展专业孵化服务。将大学生创业企业入孵高校众创空间数量纳入高校众创空间年度考核指标,强化创业带动就业作用。鼓励校内创新创业实践平台发展,符合条件的可认定为天津市创业孵化基地,享受补贴支持。(责任单位:市教委、市人社局按职责分工负责)

(十三)推进校外双创实践基地建设。各高校要结合学科专业特色优势,主动联合大学科技园、天开高教科创园等园区内企业及科研机构等相关行业领域,深化产学融合,建立稳定的培养实践基地。校企共同建立健全实践基地管理体系和运行机制,明晰

各方职责和权利。建设一批校外大学生双创实践教学基地,持续推进大学生创新创业训练计划,搭建以国家级项目为龙头、市级项目为骨干、校级项目为基础的三级"大创计划"实施体系。(责任单位:市教委)

(十四)加强双创示范基地建设。深入实施创业带动就业示范行动,充分发挥区域类双创示范基地对高校创新创业的带动作用。每年举办"助企腾飞·职等你来"科技型企业专场招聘会,采取"互联网+招聘"模式,组织现场招聘会、网络云聘会、校企双选会等多场活动,广泛征集我市科技型企业对国内外人才的需求,为大学生提供求职就业、合作洽谈的平台。(责任单位:市发展改革委、市科技局、市教委按职责分工负责)

(十五)搭建双创培育平台。支持天津市创业孵化基地发展,对毕业5年内高校毕业生和本市全日制高校在校生创办的在孵企业占在孵企业总数50%及以上的天津市创业孵化基地,可申请认定大学生创业孵化基地。鼓励科研院所和相关公共服务机构利用自身技术、人才、场地等优势,为大学生建设集研发、孵化、投资等于一体的孵化器。(责任单位:市人社局、市科技局及相关科研院所主管单位)

四、推动落实大学生创新创业财税扶持政策

(十六)继续加大对高校创新创业教育的支持力度。加强教育财政资金预算执行统筹,将创新创业教育和大学生创新创业情况作为资金分配重要因素。落实中央专项彩票公益金宏志助航计划,开展线上线下就业能力培训,提高高校毕业生的综合素质和就业创业能力。(责任单位:市教委)

(十七)落实落细国家和我市出台的税费支持政策。高校毕业生在毕业年度内从事个体经营的,自办理个体工商户登记当月起,在3年内按每户每年14400元为限额依次扣减其当年实际应缴纳的增值税、城市维护建设税、教育费附加、地方教育附加和个人所得税。增值税小规模纳税人适用3%征收率的应税销售收入,减按1%征收率征收增值税;适用3%预征率的预缴增值税项目,减按1%预征率预缴增值税。对年应纳税所得额超过100万元但不超过300万元的部分,减按25%计入应纳税所得额,按20%的税率缴纳企业所得税。对增值税小规模纳税人、小型微利企业和个体工商户在我市规定的税额幅度内减征"六税两费"。对创业投资企业、天使投资人投资于种子期、初创期科技型企业的投资额,按规定抵扣所得税应纳税所得额。对国家级、省级科

技企业孵化器、大学科技园和国家备案众创空间自用以及无偿或通过出租等方式提供给在孵对象使用的房产、土地，免征房产税和城镇土地使用税；对其向在孵对象提供孵化服务取得的收入，免征增值税。做好纳税服务工作，建立对接机制，强化精准支持，确保税费优惠政策直达快享。(责任单位：市税务局)

五、加强对大学生创新创业的金融政策支持

(十八)落实普惠金融政策。推动银行机构开通专属绿色通道，优先办理贷款业务。鼓励引导银行机构在依法合规、风险可控的前提下，创设金融支持大学生创新创业专门产品和服务，强化与创新创业基地、孵化器等机构合作，结合大学生创新创业企业特点及发展需求，努力提供配套创业孵化、信贷融资、创投服务、产业对接、辅导培训等综合金融服务，鼓励在企业生命周期中前移金融服务，针对大学生创新创业设立的科创企业，提供"投贷联动"等融资支持。进一步加大对创业担保贷款政策支持力度，加强业务指导，结合大学生创业实际情况，简化贷款申报审核流程，提高获得贷款的便利性。高校毕业生个人创业担保贷款最高额度上浮至50万元；对经市人才管理部门认定的"项目+团队"成员、获得市级及以上荣誉或申请10万元及以下个人创业担保贷款的高校毕业生，免除反担保要求；对高校毕业生设立的符合条件的小微企业，最高贷款额度300万元，并按照规定给予贴息支持。(责任单位：市人社局、市财政局、人民银行天津分行、天津银保监局、市金融局按职责分工负责)

(十九)引导社会资本支持大学生创新创业。充分发挥社会资本作用，引导创新创业平台投资基金和社会资本参与大学生创业项目。积极搭建投融资对接平台，做好大学生创新创业需求与私募创投机构的对接和创新创业项目的推送。加快发展天使投资，通过发挥天使母基金作用，参股支持大学科技园设立天使基金。引进培育一批天使投资人和创业投资机构，落细落实创业投资企业和天使投资个人有关税收政策等，强化对创业投资的支持。积极组织开展面向民间资本推介项目，吸引更多社会资本参与大学生创业项目。支持海河产业基金与中国科学院天津工业生物技术研究所、南开大学、天津大学等高校和科研院所及其相关背景的创投机构合作设立母基金，以财政资金撬动社会资本和高校、科研院所综合性资源，通过市场化机制进一步畅通产学研转化链条，为大学生创新创业提供有力支撑。积极做好天津大学科技园服务，以天津大学"海棠杯"校友

创新创业大赛为纽带，天津大学科技园为物理载体，创投基金为支撑，支持天津大学科技园率先形成"科技—产业—金融"协同发展的创新创业生态。(责任单位：市发展改革委、市财政局、市税务局、市科技局、天津证监局、市金融局按职责分工负责)

六、促进大学生创新创业成果转化

(二十)完善技术成果转化机制。发挥社会化技术转移机构作用，对接大学生成果，指导高校落实成果转化奖励和收益分配政策，依托国家技术转移人才培养基地，支持大学生报名参加科技成果评价师、创新工程师、技术经理人等培训。完善高校技术转移服务体系，落实专门机构和专业队伍，加强科技成果的统计与评估、专利运营、营销推广，畅通科技成果作价投资、科技成果转化税收优惠等政策的操作路径，确保大学生创新创业充分享受政策。鼓励高校开展科技成果转移转化，将市属高校参与大学科技园、天开高教科创园建设成效纳入市属高校绩效考核评价加分指标。(责任单位：市科技局、市教委按职责分工负责)

(二十一)强化知识产权保护。做好大学生创新项目的知识产权确权、保护等工作，强化激励导向，加快落实以增加知识价值为导向的分配政策，落实成果转化奖励和收益分配办法。开展全市大学生知识产权创新创业发明与设计大赛，支持符合条件的优秀项目专利申报天津市专利创业奖。发挥全市双知识产权保护中心优势，加强创新成果的知识产权保护。各高校要结合学校特点，开设一批面向大学生的科技成果转化培训课程。(责任单位：市教委、市知识产权局按职责分工负责)

(二十二)促进双创项目成果转化。推动地方、企业和大学生创新创业团队加强合作对接，拓宽成果转化渠道。发挥大学科技园的集聚辐射带动能力，加强与地方政府、科研院所、产业企业、金融服务机构、专业机构的协同合作对接，发挥社会化服务机构的作用，为大学生创业团队和项目落地提供支持。支持高校科技成果和大学生创新创业项目到国企设立的"双创"基地、孵化器等平台进行孵化，借助国有企业场地、设备、应用场景等资源进行创新成果转化。(责任单位：市教委、市科技局、市国资委按职责分工负责)

(二十三)扶持优秀双创比赛项目落地。人社、教育、税务等相关部门要加强对中国国际"互联网+"大学生创新创业大赛中涌现的优秀创新创业项目的后续跟踪支持，落实科技成果转化相关税收优惠政策，推动一批大赛优秀项目落地，支持获奖项目成果

转化,形成大学生创新创业示范效应。(责任单位:市人社局、市教委、市税务局按职责分工负责)

七、办好中国国际"互联网+"大学生创新创业大赛天津赛区赛事

(二十四)完善大赛可持续发展机制。做好赛事的筹备和组织工作,完善与学校、行业企业合作办赛的机制,拓宽办赛资金筹措渠道,支持国有企业积极参与大学生创新创业大赛筹办,不断扩大赛事影响力。(责任单位:市教委、市国资委、天津证监局、建设银行天津分行按职责分工负责)

(二十五)强化大赛创新创业教育实践平台作用。制定鼓励大学生和指导教师积极参赛的支持政策,坚持以赛促教、以赛促学、以赛促创,丰富竞赛形式和内容。健全大赛与各级各类创新创业比赛联动机制,深化大学生创新创业教育国际交流合作。(责任单位:市教委)

八、加强大学生创新创业信息服务

(二十六)建立大学生创新创业信息服务平台。汇集创新创业帮扶政策、产业激励政策和天津市创新创业教育优质资源,加强信息资源整合,做好政策发布、解读等工作。及时收集国家、区域、行业需求,为大学生精准推送行业和市场动向等信息。加强对创新创业大学生和项目的跟踪、服务,畅通供需对接渠道,积极举办大学生创新创业项目需求与投融资对接会。(责任单位:市教委、市人社局按职责分工负责)

(二十七)加强宣传引导。大力宣传加强高校创新创业教育、促进大学生创新创业的必要性、重要性。及时总结推广各部门、各高校的好经验好做法,选树大学生创新创业成功典型,丰富宣传形式,培育创客文化,营造敢为人先、宽容失败的环境,形成支持大学生创新创业的社会氛围。做好政策宣传宣讲,坚持传统媒体和新媒体相结合,广泛开展校园宣讲会,将我市支持大学生创新创业政策送进校园、送到学生身边,推动大学生用足用好税费减免、企业登记等支持政策。(责任单位:市教委、市委宣传部、各区政府按职责分工负责)

本举措自印发之日起施行,有效期5年。本举措涉及的内容,国家及本市相关文件另有规定的,从其规定。

教育统计

综合部分

天津市各级各类学校基本情况

甲	编号 乙	学校数 1	毕业生数 2	招生数 3	在校生数 4	教职工数 5	专任教师数 6
一、高等教育	01						
（一）研究生教育	02	25	26164	32929	98403	—	—
1.博士	03		2260	4492	17695	—	—
其中:地方	04		722	1277	4293	—	—
2.硕士	05		23904	28437	80708	—	—
其中:地方	06		13915	16520	46198	—	—
（二）普通高等教育	07	56	168571	174671	596569	49937	34599
1.普通本科教育	08	30	91377	98227	380429	38927	26206
其中:地方	09	27	78496	83567	321295	27438	19254

续表

甲	编号	学校数	毕业生数	招生数	在校生数	教职工数	专任教师数
乙		1	2	3	4	5	6
2.高职（专科）教育	10	26	77194	76444	216140	11010	8393
其中:地方	11	26	75613	75830	213554	11010	8393
（三）成人高等教育	12	13	24528	29579	62713	747	423
其中:成人高等院校	13	13	9255	8243	19314	747	423
二、中等教育	14						
（一）高中阶段教育	15	264	97438	106954	304137	43263	24229
1.普通高中	16	205	67176	78985	221427	36054	18863
2.中等职业教育	17	59	30262	27969	82710	7209	5366
（二）初中阶段教育	18	346	114380	128662	381796	27015	31754
三、初等教育（小学）	19	873	124610	155683	818370	50484	51484
四、专门学校	20	1				32	21
五、特殊教育	21	20	743	583	4444	825	689
其中:特殊教育学校	22	20	483	382	3238	825	689
六、学前教育	23	2127	118736	84987	290052	52571	25339

注:另有附设中职班的其他学校10个；
研究生培养单位包含高校19所,培养研究生的科研机构6所；
各级各类教育学校的教职工按照学校类型统计,专任教师按照教育层级统计。

民办教育学校基本情况表

甲	编号乙	机构数 1	班级数 2	小学 3	#初中 4	#高中 5	学生数 6	小学 7	#初中 8	#高中 9	教职工数 10	专任教师数 11	小学 12	#初中 13	#高中 14	建筑面积 15	教学及辅助用房 16	占地面积 17	图书 18	固定资产总值 19	政府购买学位机构数 20	政府购买学位数 21	#用于进城务工人员子女学位数 22
幼儿园	01	1156	5985	—	—	—	136219	—	—	—	26503	11238	—	—	—	1642569.06	1234107.77	2183717.46	1512697	122302.3545	—	—	22
附设幼儿班	02																						—
小学	03	14	421	421	—	—	15796	15796	—	—	1259	1032	1032	—	—	87583.65	57081.51	137213.04	353733	14047.80458	4	1199	63
小学教学点	04																						
附设小学班	05																						
初级中学	06	5	103	—	103	—	4484	—	4484	—	403	306	—	306	—	57344	33419.11	113011	76197	5024.5977			
九年一贯制学校	07	16	462	276	186	—	14685	8230	6455	—	1764	1247	657	590	—	247514.96	123919.11	301643.33	212995	17053.091			
职业初中	08																						
附设初中班	09																						
完全中学	10	11	359	—	160	199	14205	—	6268	7937	1401	1263	—	575	688	144013.57	73042.39	185965.48	171267	13637.66221	1	175	
高级中学	12	17	294	—	—	294	11278	—	—	11278	1494	1022	—	—	1022	303726.04	130694.42	362403.32	180126	72948.97229			
十二年一贯制学校	13	9	495	179	180	136	17982	5997	6889	5096	2088	1503	405	584	514	443753.07	178882.78	490387	388791	48329.1065			
附设高中班	14																						
特殊教育	15																						
附设特教班	16																						
专门学校	17																						

2023年教育统计公报指标

序号	指标名称		计量单位	绝对数	比上年增长%
	研究生				
1		培养机构数	所	25	4.17%
2		招生数	万人	3.2929	4.20%
3		在校生	万人	9.8403	6.03%
4		毕业生	万人	2.6164	9.06%
5		指导教师	万人	1.5538	4.70%
	普通高校				
6		学校数	所	56	0.00%
7		招生数	万人	17.4671	2.32%
8		在校生	万人	59.6569	0.35%
9		毕业生	万人	16.8891	8.28%
10		专任教师数	万人	3.468	3.88%
	中等职业学校				
11		学校数	所	59	1.72%
12		招生数	万人	2.7969	2.13%
13		在校生	万人	8.271	-0.19%
14		毕业生	万人	3.0262	21.76%
15		专任教师数	万人	0.5366	1.51%
	普通中学				
16		学校数	所	551	1.66%
17		招生数	万人	20.7647	7.69%
18		在校生	万人	60.3223	5.63%
19		毕业生	万人	18.1556	10.30%
20		专任教师数	万人	5.0617	3.94%
	小学				
21		学校数	所	873	-1.24%
22		招生数	万人	15.5683	25.26%
23		在校生	万人	81.837	6.15%
24		毕业生	万人	12.461	4.83%
25		专任教师数	万人	5.1484	4.11%
	成人高等教育				
26		学校数	所	13	0.00%
27		招生数	万人	2.9579	-9.69%
28		在校生	万人	6.2713	8.25%
29		毕业生	万人	2.4528	26.37%
30		专任教师数	万人	0.0423	-6.83%
	特殊教育				
31		学校数	所	20	0.00%
32		招生数	万人	0.0583	14.76%
33		在校生	万人	0.4444	-1.29%
34		毕业生	万人	0.0743	8.78%
35		专任教师数	万人	0.0689	8.33%
	幼儿园				
36		所数	所	2127	-5.76%
37		幼儿园在园幼儿数	万人	29.0052	-9.22%
38		初中毕业升学率	%	101.2	2.34%
39		高中阶段毛入学率	%	98	-1.87%
40		中小学生体质健康标准测试达标优良率	%	59.64	2.77%
41		新增劳动力平均受教育年限	年	15.42	-1.78%

高等教育

高等教育学校（机构）数

单位：所

甲	编号	合计	中央部门	教育部	其他部门	地方	教育部门	其他部门	地方企业	民办	中外合作办
	乙	1	2	3	4	5	6	7	8	9	10
1.研究生培养机构	01	25	9	2	7	16	15	1			
普通高校	02	19	3	2	1	16	15	1			
科研机构	03	6	6		6						
2.本科层次高等学校	04	30	3	2	1	16	15	1		11	
普通本科学校	05	30	3	2	1	16	15	1		11	
#独立学院	06	8								8	
本科层次职业学校	07										
3.专科层次高等学校	08	26				25	7	9	9	1	
高等职业学校	09	25				24	7	8	9	1	
高等专科学校	10	1				1		1			
4.成人高等学校	11	13				13	7	5	1		
5.其他普通高教机构	12										

高等教育学校（机构）学生数

单位：人

甲	编号 乙	毕（结）业生数	#职业类证书	#职业技能等级证书	#师范生	授予学位数	招生数	#师范生	在校生数	#现代学徒制	#师范生	预计毕业生数
		1	2	3	4	5	6	7	8	9	10	11
普通本科	01	91377	—	—	4488	91474	98227	5347	380429	—	22054	96991
高职本科、专科生	02	77194	22581	16709	—	—	76444	—	216140	8074	—	72739
专科	03	77194	22581	16709	—	—	76444	—	216140	8074	—	72739
本科	04		—		—	—		—		—	—	
成人本科、专科生	05	24528	—	—	—	276	29579	—	62713	—	—	32668
专科	06	11559	—	—	—	—	9386	—	21711	—	—	12138
本科	07	12969	—	—	—	276	20193	—	41002	—	—	20530
网络本科、专科生	08	39247	—	—	—	—		—	41562	—	—	
专科	09	6606	—	—	—	—		—	2921	—	—	
本科	10	32641	—	—	—	—		—	38641	—	—	
研究生	11	26164	—	—	—	26355	32929	—	98403	—	—	33549
硕士研究生	12	23904	—	—	—	24064	28437	—	80708	—	—	27793
博士研究生	13	2260	—	—	—	2291	4492	—	17695	—	—	5756
国际学生	14	3384	—	—	—	974	3529	—	6591	—	—	—

普通本科分形式、分学科学生数

单位：人

甲	编号	合计				普通高校				职业高校				成人高校			
	乙	毕业生数	招生数	在校生数	预计毕业生数	毕业生数	招生数	在校生数	预计毕业生数	毕业生数	招生数	在校生数	预计毕业生数	毕业生数	招生数	在校生数	预计毕业生数
		1	2	3	4	5	6	7	8	9	10	11	12	13	14	15	16
总计 计	01	91377	98227	380429	96991	91377	98227	380429	96991				—				—
#女	02	49179	50702	197608	49885	49179	50702	197608	49885								
按形式分 高中起点	03	88025	94060	372541	93271	88025	94060	372541	93271								
专科起点	04	3300	3713	7255	3541	3300	3713	7255	3541								
第二学士学位	05	52	454	633	179	52	454	633	179								
哲学	06	62	49	223	39	62	49	223	39								
经济学	07	6067	5525	23464	6465	6067	5525	23464	6465								
法学	08	2704	2284	10246	2787	2704	2284	10246	2787								
教育学	09	1886	2262	8511	1979	1886	2262	8511	1979								
文学	10	7513	6854	27634	7241	7513	6854	27634	7241								
历史学	11	324	379	1502	355	324	379	1502	355								
按学科分 理学	12	4925	6150	20910	5114	4925	6150	20910	5114								
工学	13	35085	39411	151626	39613	35085	39411	151626	39613								
农学	14	963	1132	4201	988	963	1132	4201	988								
医学	15	5260	5972	25837	5686	5260	5972	25837	5686								
管理学	16	16645	16206	62085	16517	16645	16206	62085	16517								
艺术学	17	9943	12003	44190	10207	9943	12003	44190	10207								
1.中央部门办	18	12881	14660	59134	15950	12881	14660	59134	15950								
教育部	19	8392	8833	35825	9008	8392	8833	35825	9008								
其他部门	20	4489	5827	23309	6942	4489	5827	23309	6942								
按举办者 2.地方公办	21	54120	56637	220408	55456	54120	56637	220408	55456								
教育部门	22	51896	54028	211504	53182	51896	54028	211504	53182								
其他部门	23	2224	2609	8904	2274	2224	2609	8904	2274								
地方企业	24																
3.民办	25	24376	26930	100887	25585	24376	26930	100887	25585								
4.中外合作办	26																
总计中：师范生	27	4488	5347	22054	—	4488	5347	22054	—								

普通、职业本专科学生数（高等学校分类型、性质类别）

单位：人

项目	编号	学校数（所）	#中央	毕业生数	高职专科	职业本科	普通本科	招生数	高职专科	职业本科	普通本科	在校生数	高职专科	职业本科	普通本科	预计毕业生数	高职专科	职业本科	普通本科
甲	乙	1	2	3	4	5	6	7	8	9	10	11	12	13	14	15	16	17	18
总计	01	69		168571	77194		91377	174671	76444		98227	596569	216140		380429	169730	72739		96991
一、普通、职业高等学校	02	56	—	168571	77194		91377	174671	76444		98227	596569	216140		380429	169730	72739		96991
本科院校	03	30	3	96122	4745		91377	100946	2719		98227	388950	8521		380429	100688	3697		96991
普通本科	04	30	3	96122	4745		91377	100946	2719		98227	388950	8521		380429	100688	3697		96991
#独立学院	05	8		16320			16320	15776			15776	61892			61892	17181			17181
职业本科	06																		
按类型分 专科院校	07	26		72449	72449			73725	73725			207619	207619			69042	69042		
高等职业学校	08	25		69339	69339			71159	71159			200127	200127			66578	66578		
高等专科学校	09	1		3110	3110			2566	2566			7492	7492			2464	2464		
其他普通高教机构（不计校数）	10																		
综合大学	11	16	1	48159	32594		15565	50482	34399		16083	159636	97293		62343	50960	33997		16963
理工院校	12	16	2	64956	30750		34206	65082	29062		36020	223316	81826		141490	63546	26339		37207
农业院校	13	1		3309	56		3253	3700			3700	13549	58		13491	3601	58		3543
林业院校	14																		
医药院校	15	5		10660	5175		5485	10759	4644		6115	38730	13110		25620	10038	4438		5600
按性质 师范院校	16	2		11066	585		10481	11476	577		10899	44078	1397		42681	11296	422		10874
类别分 语文院校	17	2		4007			4007	2745			2745	12183			12183	3498			3498
财经院校	18	5		17631	4015		13616	19560	3850		15710	70275	11415		58860	18326	4061		14265
政法院校	19	1		1543	1543			1429	1429			4366	4366			1324	1324		
体育院校	20	2		2365	1119		1246	2470	1031		1439	8067	2874		5193	2115	847		1268
艺术院校	21	6		4875	1357		3518	6968	1452		5516	22369	3801		18568	5026	1253		3773
民族院校	22																		
1.中央部门办	23	3	—	14462	1581		12881	15274	614		14660	61720	2586		59134	17247	1297		15950
教育部	24	2	—	8395	3		8392	8833			8833	35825			35825	9008			9008
其他部门	25	1		6067	1578		4489	6441	614		5827	25895	2586		23309	8239	1297		6942
按举办 2.地方公办	26	41	—	126106	71986		54120	125924	69287		56637	419736	199328		220408	124626	69170		55456
者分 教育部门	27	22	—	75628	23732		51896	79190	25162		54028	283032	71528		211504	78407	25225		53182
其他部门	28	10	—	22192	19968		2224	19337	16728		2609	58659	49755		8904	19716	17442		2274
地方企业	29	9	—	28286	28286			27397	27397			78045	78045			26503	26503		
3.民办	30	12	—	28003	3627		24376	33473	6543		26930	115113	14226		100887	27857	2272		25585
4.中外合作办	31		—																
二、成人高等学校	32	13																	

高职专科分举办者学生数

单位：人

甲	编号 乙	合计				普通高校				职业高校				成人高校			
		毕业生数	招生数	在校生数	预计毕业生数	毕业生数	招生数	在校生数	预计毕业生数	毕业生数	招生数	在校生数	预计毕业生数	毕业生数	招生数	在校生数	预计毕业生数
		1	2	3	4	5	6	7	8	9	10	11	12	13	14	15	16
总计	01	77194	76444	216140	72739	4745	2719	8521	3697	72449	73725	207619	69042				
#女	02	32575	33832	91853	29188	2023	1330	3778	1384	30552	32502	88075	27804				
按举办者分 1.中央部门办	03	1581	614	2586	1297	1581	614	2586	1297								
教育部	04	3				3											
其他部门	05	1578	614	2586	1297	1578	614	2586	1297								
2.地方公办	06	71986	69287	199328	69170	2836	1424	4568	2089	69150	67863	194760	67081				
教育部门	07	23732	25162	71528	25225	641	577	1455	480	23091	24585	70073	24745				
其他部门	08	19968	16728	49755	17442	2195	847	3113	1609	17773	15881	46642	15833				
地方企业	09	28286	27397	78045	26503					28286	27397	78045	26503				
3.民办	10	3627	6543	14226	2272	328	681	1367	311	3299	5862	12859	1961				
4.中外合作办	11																

高职专科分大类学生数

单位:人

甲	编号 乙	合计 毕业生数 1	招生数 2	在校生数 3	预计毕业生数 4	普通高校 毕业生数 5	招生数 6	在校生数 7	预计毕业生数 8	职业高校 毕业生数 9	招生数 10	在校生数 11	预计毕业生数 12	成人高校 毕业生数 13	招生数 14	在校生数 15	预计毕业生数 16
总　计	01	77194	76444	216140	72739	4745	2719	8521	3697	72449	73725	207619	69042				
#女	02	32575	33832	91853	29188	2023	1330	3778	1384	30552	32502	88075	27804				
农林牧渔大类	03	66	62	187	82	27		30	30	39	62	157	52				
资源环境与安全大类	04	3157	2747	8375	3015					3157	2747	8375	3015				
能源动力与材料大类	05	548	966	2418	750	38	58	87	58	510	966	2331	692				
土木建筑大类	06	5082	4401	13915	5323	68	58	144	54	5014	4343	13771	5269				
水利大类	07	28		28	28	28		28	28								
装备制造大类	08	11085	14995	37659	11381	892	722	2059	803	10193	14273	35600	10578				
生物与化工大类	09	1403	1712	4647	1646					1403	1712	4647	1646				
轻工纺织大类	10	554	499	1503	513					554	499	1503	513				
食品药品与粮食大类	11	2108	2316	6467	2193					2108	2316	6467	2193				
交通运输大类	12	8292	6964	21642	7694	1740	672	2821	1399	6552	6292	18821	6295				
电子信息大类	13	14535	13889	39173	12732	490	374	966	322	14045	13515	38207	12410				
医药卫生大类	14	5832	5321	14865	4628					5832	5321	14865	4628				
财经商贸大类	15	13909	11412	34487	12674	589	329	1091	555	13320	11083	33396	12119				
旅游大类	16	2101	2025	5223	1892	54				2047	2025	5223	1892				
文化艺术大类	17	2728	3217	8496	2560	134	135	279	85	2594	3082	8217	2475				
新闻传播大类	18	860	983	2756	880					860	983	2756	880				
教育与体育大类	19	3025	2626	7710	2690	485	429	924	271	2540	2197	6786	2419				
公安与司法大类	20	588	806	2181	544					588	806	2181	544				
公共管理与服务大类	21	1293	1503	4408	1514	200		92	92	1093	1503	4316	1422				

成人本科、专科分举办者、成人高校分类型学生数

单位：人

甲	编号乙	学校数(所) 1	#中央 2	毕业生数 3	专科 4	本科 5	招生数 6	专科 7	本科 8	在校生数 9	专科 10	本科 11	预计毕业生数 12	专科 13	本科 14
总计	01	31	1	24528	11559	12969	29579	9386	20193	62713	21711	41002	32668	12138	20530
一、普通、职业高等学校	02	23	—	15273	2304	12969	21336	1143	20193	43399	2397	41002	21597	1067	20530
1.中央部门办	03	1	—	199	53	146				221	85	136	160	64	96
教育部	04	—	—												
其他部门	05	1	—	199	53	146				221	85	136	160	64	96
2.地方公办	06	21	—	15074	2251	12823	21113	1143	19970	42797	2312	40485	21431	1003	20428
教育部门	07	18	—	14911	2093	12818	20858	982	19876	42484	2095	40389	21428	1002	20426
其他部门	08	3	—	163	158	5	255	161	94	313	217	96	3	1	2
地方企业	09														
3.民办	10	1	—				223		223	381		381	6		6
4.中外合作办	11	—	—												
二、成人高等学校	12	8	—	9255	9255		8243	8243		19314	19314		11071	11071	
1.中央部门办	13	—	—												
教育部	14														
其他部门	15														
2.地方公办	16	8	—	9255	9255		8243	8243		19314	19314		11071	11071	
教育部门	17	7	—	8982	8982		7627	7627		18172	18172		10545	10545	
其他部门	18														
地方企业	19	1	—	273	273		616	616		1142	1142		526	526	
3.民办	20	—	—												
4.中外合作办	21	—	—												
职工高等学校	22	7	—	9169	9169		6795	6795		17473	17473		10678	10678	
农民高等学校	23														
管理干部学院	24														
教育学院	25														
独立函授学院	26														
广播电视大学	27	1		86	86		1448	1448		1841	1841		393	393	
其他机构	28														

按举办者分（02—21）　按成人高校类型分（22—28）

成人本科分形式、分学科学生数

单位：人

甲		编号 乙	合计 毕业生数 1	合计 招生数 2	合计 在校生数 3	合计 预计毕业生数 4	普通高校 毕业生数 5	普通高校 招生数 6	普通高校 在校生数 7	普通高校 预计毕业生数 8	职业高校 毕业生数 9	职业高校 招生数 10	职业高校 在校生数 11	职业高校 预计毕业生数 12	成人高校 毕业生数 13	成人高校 招生数 14	成人高校 在校生数 15	成人高校 预计毕业生数 16
总计		01	12969	20193	41002	20530	12969	20193	41002	20530								
#女		02	6653	10463	21087	10475	6653	10463	21087	10475								
按形式分	函授	03	2343	4180	9404	5184	2343	4180	9404	5184								
	业余	04	10626	16013	31598	15346	10626	16013	31598	15346								
	脱产	05																
按学科分	哲学	06																
	经济学	07	43	42	74	32	43	42	74	32								
	法学	08	192	374	908	534	192	374	908	534								
	教育学	09	988	2314	3404	1090	988	2314	3404	1090								
	文学	10	538	759	1401	618	538	759	1401	618								
	历史学	11																
	理学	12	163	148	265	117	163	148	265	117								
	工学	13	2078	4555	9043	4439	2078	4555	9043	4439								
	农学	14	35	147	197	50	35	147	197	50								
	医学	15	508	297	652	351	508	297	652	351								
	管理学	16	8366	11294	24534	13216	8366	11294	24534	13216								
	艺术学	17	58	263	524	83	58	263	524	83								

成人专科分形式、分学科学生数

单位:人

甲	乙 编号	合计				普通高校				职业高校				成人高校			
		毕业生数	招生数	在校生数	预计毕业生数	毕业生数	招生数	在校生数	预计毕业生数	毕业生数	招生数	在校生数	预计毕业生数	毕业生数	招生数	在校生数	预计毕业生数
		1	2	3	4	5	6	7	8	9	10	11	12	13	14	15	16
总　计	01	11559	9386	21711	12138	1033	1045	1778	712	1271	98	619	355	9255	8243	19314	11071
#女	02	7944	4655	10568	5876	778	820	1286	466	305	46	255	168	6861	3789	9027	5242
按形式分 函授	03	646	733	1458	704	646	733	1458	704								
业余	04	3141	2905	4791	1720	387	312	320	8	1271	98	619	355	1483	2495	3852	1357
脱产	05	7772	5748	15462	9714									7772	5748	15462	9714
按学科分 农林牧渔大类	06	5				5											
资源环境与安全大类	07	30	128	148	20					25		10	10	5	128	138	10
能源动力与材料大类	08																
土木建筑大类	09	2260	1124	3870	2746	12	25	25		87	8	44	36	2161	1091	3801	2710
水利大类	10																
装备制造大类	11	512	817	1566	744	43	28	191	163	7	13	20	2	462	776	1355	579
生物与化工大类	12	55	76	331	255									55	76	331	255
轻工纺织大类	13																
食品药品与粮食大类	14	48	85	144	59					1	3	5	2	47	82	139	57
交通运输大类	15	293	10	185	113	53		85	64	240	10	100	49				
电子信息大类	16	367	478	869	371	23	70	95	25	2		20		342	408	754	346
医药卫生大类	17	17	23	43	20					17	23	43	20				
财经商贸大类	18	5720	4760	10476	5670	192	101	101		740	33	315	236	4788	4626	10060	5434
旅游大类	19																
文化艺术大类	20																
新闻传播大类	21																
教育与体育大类	22	858	944	1596	598	645	721	1181	460	152		54		61	223	361	138
公安与司法大类	23																
公共管理与服务大类	24	1394	941	2483	1542	60	100	100			8	8		1334	833	2375	1542

网络专科分学科学生数

单位：人

甲	编号 乙	毕业生数 1	招生数 2	在校生数 3
总　计	01	6606		2921
#女	02	3121		1088
农林牧渔大类	03			
资源环境与安全大类	04			
能源动力与材料大类	05			
土木建筑大类	06	164		94
水利大类	07			
装备制造大类	08	37		1
生物与化工大类	09			
轻工纺织大类	10			
食品药品与粮食大类	11			
交通运输大类	12			
电子信息大类	13	1269		645
医药卫生大类	14	1170		340
财经商贸大类	15	3105		1448
旅游大类	16	189		94
文化艺术大类	17			
新闻传播大类	18			
教育与体育大类	19			
公安与司法大类	20			
公共管理与服务大类	21	672		299

网络本科分学科学生数

单位：人

甲	编号 乙	毕业生数 1	招生数 2	在校生数 3
总　计	01	32641		38641
#女	02	15268		16515
哲学	03			
经济学	04	1981		2384
法学	05	1786		2014
教育学	06			
文学	07	1278		1200
历史学	08			
理学	09			
工学	10	6705		9361
农学	11			
医学	12	2535		3630
管理学	13	18223		19454
艺术学	14	133		598

分部门、分计划研究生数

单位：人

甲	编号乙	学校(机构)数(所) 1	毕业生数			招生数			在校生数			预计毕业生数		
			2	硕士 3	博士 4	5	硕士 6	博士 7	8	硕士 9	博士 10	11	硕士 12	博士 13
总计	01	25	26164	23904	2260	32929	28437	4492	98403	80708	17695	33549	27793	5756
全日制	02	—	23925	21673	2252	29662	25541	4121	87621	71255	16366	29038	23666	5372
非全日制	03	—	2239	2231	8	3267	2896	371	10782	9453	1329	4511	4127	384
一、中央部门办	04	9	11527	9989	1538	15132	11917	3215	47912	34510	13402	16581	12521	4060
全日制	05	—	9938	8407	1531	12664	9820	2844	39745	27670	12075	13143	9465	3678
非全日制	06	—	1589	1582	7	2468	2097	371	8167	6840	1327	3438	3056	382
1.教育部	07	2	10504	8972	1532	13785	10595	3190	44162	30829	13333	15449	11399	4050
全日制	08	—	8959	7434	1525	11374	8555	2819	36166	24160	12006	12073	8405	3668
非全日制	09	—	1545	1538	7	2411	2040	371	7996	6669	1327	3376	2994	382
2.其他部门	10	7	1023	1017	6	1347	1322	25	3750	3681	69	1132	1122	10
全日制	11	—	979	973	6	1290	1265	25	3579	3510	69	1070	1060	10
非全日制	12	—	44	44		57	57		171	171		62	62	
二、地方公办	13	16	14637	13915	722	17797	16520	1277	50491	46198	4293	16968	15272	1696
全日制	14	—	13987	13266	721	16998	15721	1277	47876	43585	4291	15895	14201	1694
非全日制	15	—	650	649	1	799	799		2615	2613	2	1073	1071	2
1.教育部门	16	15	14637	13915	722	17777	16500	1277	50471	46178	4293	16968	15272	1696
全日制	17	—	13987	13266	721	16978	15701	1277	47856	43565	4291	15895	14201	1694
非全日制	18	—	650	649	1	799	799		2615	2613	2	1073	1071	2
2.其他部门	19	1				20	20		20	20				
全日制	20	—				20	20		20	20				
非全日制	21	—												
3.地方企业	22													
全日制	23	—												
非全日制	24	—												
三、民办	25													
全日制	26	—												
非全日制	27	—												
四、中外合作办	28													
全日制	29	—												
非全日制	30	—												

分学科研究生数

单位：人

甲		编号 乙	毕业生数			招生数			在校生数			预计毕业生数		
			1	硕士 2	博士 3	4	硕士 5	博士 6	7	硕士 8	博士 9	10	硕士 11	博士 12
总 计		01	26164	23904	2260	32929	28437	4492	98403	80708	17695	33549	27793	5756
#女		02	14894	13764	1130	17467	15537	1930	51560	43852	7708	17586	14990	2596
按学科分	哲学	03	63	51	12	70	49	21	276	159	117	102	60	42
	经济学	04	1667	1554	113	1732	1545	187	4697	3753	944	1891	1571	320
	法学	05	1339	1249	90	1552	1335	217	4558	3673	885	1620	1340	280
	教育学	06	1482	1417	65	1827	1692	135	5018	4469	549	1455	1228	227
	文学	07	1362	1315	47	1451	1378	73	3708	3355	353	1429	1281	148
	历史学	08	237	185	52	288	217	71	964	583	381	328	164	164
	理学	09	1530	1251	279	2336	1702	634	7063	4733	2330	2087	1445	642
	工学	10	10428	9384	1044	13692	11449	2243	42183	33382	8801	13658	10840	2818
	农学	11	506	504	2	551	541	10	1681	1650	31	545	539	6
	医学	12	2788	2397	391	3831	3135	696	11061	8848	2213	3516	2823	693
	军事学	13												
	管理学	14	3894	3729	165	4534	4329	205	14227	13136	1091	5955	5539	416
	艺术学	15	775	775		958	958		2669	2669		865	865	
	交叉学科	16	93	93		107	107		298	298		98	98	
总计中：学术学位		17	11617	9546	2071	14050	10825	3225	45675	31773	13902	15446	10663	4783
专业学位		18	14547	14358	189	18879	17612	1267	52728	48935	3793	18103	17130	973

分培养类型、分学科研究生数

单位：人

甲	编号	毕业生数	硕士	博士	招生数	硕士	博士	在校生数	硕士	博士	预计毕业生数	硕士	博士
	乙	1	2	3	4	5	6	7	8	9	10	11	12
总 计	01	26164	23904	2260	32929	28437	4492	98403	80708	17695	33549	27793	5756
#女 小计	02	14894	13764	1130	17467	15537	1930	51560	43852	7708	17586	14990	2596
学术学位 小计	03	11617	9546	2071	14050	10825	3225	45675	31773	13902	15446	10663	4783
哲学	04	63	51	12	70	49	21	276	159	117	102	60	42
经济学	05	728	615	113	753	566	187	2692	1748	944	953	633	320
法学	06	833	743	90	1007	790	217	3069	2184	885	998	718	280
教育学	07	436	379	57	450	370	80	1527	1182	345	595	429	166
文学	08	656	609	47	695	622	73	2093	1740	353	734	586	148
历史学	09	189	137	52	221	150	71	820	439	381	308	144	164
理学	10	1530	1251	279	2336	1702	634	7063	4733	2330	2087	1445	642
工学	11	4416	3403	1013	5222	3827	1395	17741	11445	6296	6006	3837	2169
农学	12	146	144	2	201	191	10	621	590	31	195	189	6
医学	13	1368	1127	241	1767	1435	332	5259	4130	1129	1770	1340	430
军事学	14												
管理学	15	1010	845	165	1058	853	205	3727	2636	1091	1432	1016	416
艺术学	16	149	149		163	163		489	489		168	168	
交叉学科	17	93	93		107	107		298	298		98	98	
专业学位 小计	18	14547	14358	189	18879	17612	1267	52728	48935	3793	18103	17130	973
哲学	19												
经济学	20	939	939		979	979		2005	2005		938	938	
法学	21	506	506		545	545		1489	1489		622	622	
教育学	22	1046	1038	8	1377	1322	55	3491	3287	204	860	799	61
文学	23	706	706		756	756		1615	1615		695	695	
历史学	24	48	48		67	67		144	144		20	20	
理学	25												
工学	26	6012	5981	31	8470	7622	848	24442	21937	2505	7652	7003	649
农学	27	360	360		350	350		1060	1060		350	350	
医学	28	1420	1270	150	2064	1700	364	5802	4718	1084	1746	1483	263
军事学	29												
管理学	30	2884	2884		3476	3476		10500	10500		4523	4523	
艺术学	31	626	626		795	795		2180	2180		697	697	
交叉学科	32												

高等教育在校生年龄情况

单位：人

甲	乙	合计	#女	高职专科生	#女	高职本科生	#女	普通本科生	#女	成人专科生	#女	成人本科生	#女	网络专科生	#女	网络本科生	#女	硕士研究生	#女	博士研究生	#女
编号		1	2	3	4	5	6	7	8	9	10	11	12	13	14	15	16	17	18	19	20
总计	01	799247	390279	216140	91853			380429	197608	21711	10568	41002	21087	2921	1088	38641	16515	80708	43852	17695	7708
17岁以下	02	9580	5473	2631	1444			6948	4028	1	1										
18岁	03	107309	55108	42512	20405			64773	34687	23	16							1	1		
19岁	04	160803	78175	71782	31119			88766	46918	212	113	25	12			1	1	17	12		
20岁	05	132972	64067	52000	21769			80279	41964	399	167	96	60	24	6	33	10	141	91		
21岁	06	119722	59406	30229	12183			86026	45310	679	265	433	260	59	18	266	88	1994	1268	36	14
22岁	07	59593	29194	6901	2460			37664	18421	688	266	1608	913	137	44	353	142	12051	6869	191	79
23岁	08	38347	18972	2083	592			11525	4842	675	292	2994	1607	160	47	846	319	19701	11100	363	173
24岁	09	28593	14316	1090	309			3032	1025	732	304	3286	1693	165	58	1569	603	17952	9941	767	383
25岁	10	21020	10195	536	112			851	239	828	363	3006	1525	162	51	2203	906	11637	6174	1797	825
26岁	11	14687	6829	457	84			275	85	790	379	2843	1429	133	39	2578	1014	5158	2658	2453	1141
27岁	12	11654	5428	369	66			111	40	928	466	2642	1374	163	56	2248	891	2614	1319	2579	1216
28岁	13	10138	4608	349	65			71	17	1005	484	2359	1207	141	46	2339	941	1654	848	2220	1000
29岁	14	8775	3921	362	69			41	11	1100	542	2082	1072	133	42	2243	809	1171	636	1643	740
30岁	15	7767	3500	310	67			27	10	1151	616	2006	1045	152	49	2153	802	924	455	1044	456
31岁以上	16	68287	31087	4529	1109			40	11	12500	6294	17622	8890	1492	632	21809	9989	5693	2481	4602	1681

高等教育招生、在校生来源情况

单位：人

编号	甲	招生数 1	高职专科生 2	高职本科生 3	普通本科生 4	在校生数 5	高职专科生 6	高职本科生 7	普通本科生 8	成人专科生 9	成人本科生 10	网络专科生 11	网络本科生 12	硕士研究生 13	博士研究生 14
01	总计	174671	76444		98227	799247	216140		380429	21711	41002	2921	38641	80708	17695
02	北京	792	81		711	6367	210		2951	85	63	81	1983	721	273
03	天津	65279	40339		24940	254024	95593		84837	20253	31577	1157	4460	13932	2215
04	河北	16099	10457		5642	82597	36403		22967	92	3476	163	2765	14337	2394
05	山西	8296	3363		4933	48349	12766		20744	881	5074	93	1600	5829	1362
06	内蒙古	5359	2977		2382	22760	9483		9897			15	879	1938	506
07	辽宁	2536	876		1660	12959	2832		6733			21	425	2323	625
08	吉林	1678	517		1161	8494	1715		4744		3	38	589	1068	337
09	黑龙江	2837	1244		1593	12612	3685		6487		1	2	388	1624	425
10	上海	420	23		397	3583	83		1486			65		96	31
11	江苏	2529	182		2347	12768	551		9479	8			629	1698	403
12	浙江	2763	496		2267	14337	1537		8809			189	2692	912	198
13	安徽	4497	1286		3211	22311	4142		12786			79	1740	2906	658
14	福建	1663	133		1530	11225	434		6250			98	3321	916	206
15	江西	2887	665		2222	14308	2071		8838			62	1485	1560	292
16	山东	4737	1521		3216	32493	5075		13144			10	683	10646	2935
17	河南	8994	2530		6464	46495	9207		26102	115		44	975	8228	1824
18	湖北	1390	182		1208	8755	586		4831			59	1452	1410	417
19	湖南	1982	398		1584	13148	1323		6726		159	100	3150	1407	283
20	广东	1616	101		1515	10534	288		5918			214	2864	1072	178
21	广西	5350	960		4390	20157	2253		17025	6	38	9	144	585	97
22	海南	1201	287		914	4903	871		3565	33	2	23	203	172	34
23	重庆	1332	156		1176	6781	611		4804	116		99	296	716	139
24	四川	4686	787		3899	21500	2504		15115			114	1393	1968	406
25	贵州	6184	946		5238	25155	2617		21060		159	31	565	727	155
26	云南	2759	434		2325	12466	1645		9661			23	477	536	124
27	西藏	520	111		409	2365	431		1914					20	
28	陕西	1635	305		1330	7947	889		5271			1	259	1197	330
29	甘肃	6899	1896		5003	29654	7264		19560		159	89	958	1271	353
30	青海	1168	499		669	4569	1676		2726	13		114		97	57
31	宁夏	1434	474		960	6723	1595		3816	232	285	39	379	292	85
32	新疆	5054	2218		2836	18230	5798		11786			3	65	442	136
33	香港	36			36	168			153					8	6
34	澳门	42			42	143			139					3	1
35	台湾	17			17	350	1		88					51	210
36	华侨					17			17						

天津教育年鉴2024 〉〉〉〉

高等教育学生变动情况

单位：人

甲	编号乙	上学年初报表在校生数 1	增加学生数 2	招生 3	复学 4	转入 5	退役复学 6	其他 7	减少学生数 8	毕业 9	结业 10	休学 11	退学 12	死亡 13	转出 14	应征入伍 15	其他 16	本学年初报表在校生数 17
总计	01	829188	240589	237179	1281	114	1871	144	270530	258510	2639	2054	5608	71	10	961	677	799247
普通本科生	02	375558	99856	98227	789	11	825	4	94985	91377	1076	1180	911	32	9	392	8	380429
高职本科、专科生	03	218947	77959	76444	351		1045	119	80766	77194	1105	646	1221	32	1	567		216140
高职专科生	04	218947	77959	76444	351		1045	119	80766	77194	1105	646	1221	32	1	567		216140
高职本科生	05																	
成人本科、专科生	06	57932	29728	29579	46	103			24947	24528	47	52	303	1			16	62713
成人专科生	07	23948	9492	9386	3	103			11729	11559	36	13	117				4	21711
成人本科生	08	33984	20236	20193	43				13218	12969	11	39	186	1			12	41002
网络本科、专科生	09	83946							42384	39247	150		2987					41562
网络专科生	10	10958							8037	6606	83		1348					2921
网络本科生	11	72988							34347	32641	67		1639					38641
研究生	12	92805	33046	32929	95			1	27448	26164	261	176	186	6		2	653	98403
硕士研究生	13	77130	28546	28437	87			1	24968	23904	126	150	133	3		2	650	80708
博士研究生	14	15675	4500	4492	8				2480	2260	135	26	53	3			3	17695

高等教育在校生中其他情况

单位：人

甲	编号 乙	中共党员 1	共青团员 2	民主党派 3	香港 4	澳门 5	台湾 6	华侨 7	少数民族 8	残疾人 9
总　　计	01	47213	399569	123	172	143	350	17	66252	1213
普通本科生	02	14640	251178	1	157	139	88	17	39567	792
高职本科、专科生	03	1075	80477	4	1		1		16955	343
高职专科生	04	1075	80477	4	1		1		16955	343
高职本科生	05									
成人本科、专科生	06	39	37	13					2543	1
成人专科生	07	39	37	3					879	
成人本科生	08			10					1664	1
网络本科、专科生	09			10					2091	
网络专科生	10								173	
网络本科生	11			10					1918	
研究生	12	31459	67877	95	14	4	261		5096	77
硕士研究生	13	23774	59580	30	8	3	51		4161	68
博士研究生	14	7685	8297	65	6	1	210		935	9

单位：人、人、人次

高等教育国际学生基本情况

甲	编号 乙	毕（结）业生数 1	授予学位数 2	招生数 3	在校生数（注册）4
总计	01	3384	974	3529	6591
小计	02	1128	974	1178	5523
专科	03	74	—	150	297
#女	04	42	—	50	119
本科	05	816	763	540	3158
#女	06	384	372	288	1543
按学历分 硕士研究生	07	193	178	396	1366
#女	08	84	79	176	529
博士研究生	09	45	33	92	702
#女	10	11	9	29	174
亚洲	11	832	713	957	4263
非洲	12	213	187	162	931
按大洲分 欧洲	13	50	46	25	187
北美洲	14	15	12	15	66
南美洲	15	12	12	10	34
大洋洲	16	6	4	9	42
另有非学历教育（培训）	17	2256	—	2351	1068

高等教育学校教职工情况（总计）

单位：人

甲	编号 乙	教职工数 1	专任教师 2	行政人员 3	教辅人员 4	工勤人员 5	专职科研人员 6	其他附设机构人员 7	校外教师 8	行业导师 9	外籍教师 10	离退休人员 11	附属中小学幼儿园教职工 12
总　计	01	50684	35103	8821	4728	1121	681	230	8097	8502	444	27075	279
#女	02	27595	19082	4885	2833	358	304	133	4034	3097	130	13003	241
在编人员	03	40623	28632	7148	3978	479	185	201	—	—	—	—	—

高等教育学校分类型、性质类别教职工情况

单位：人

甲	编号 乙	教职工数 1	专任教师 2	行政人员 3	教辅人员 4	工勤人员 5	专职科研人员 6	其他附设机构人员 7	校外教师 8	行业导师 9	外籍教师 10	离退休人员 11	附属中小学幼儿园教职工 12
总　计	01	50684	35103	8821	4728	1121	681	230	8097	8502	444	27075	279
#女	02	27595	19082	4885	2833	358	304	133	4034	3097	130	13003	241
一、普通、职业高等学校	03	49937	34680	8671	4562	1114	681	229	6676	8502	444	25926	279
本科院校	04	38927	26229	7239	3701	882	655	221	5165	3845	444	18883	279
普通本科	05	38927	26229	7239	3701	882	655	221	5165	3845	444	18883	279
#独立学院	06	2788	1704	668	206	209	1		1718	312	13	20	
职业本科	07												
按类型分　专科院校	08	11010	8451	1432	861	232	26	8	1511	4657		7043	
高等职业学校	09	10437	8051	1336	803	224	15	8	1429	4638		6642	
高等专科学校	10	573	400	96	58	8	11		82	19		401	
其他普通高教机构（不计校数）	11												
按性质类别分　综合大学	12	12057	8198	2000	1032	303	458	66	1153	2068	86	5863	101
理工院校	13	19993	14430	2864	2102	371	89	137	2725	3620	252	12564	97
农业院校	14	1091	770	241	70	10			188	3	1	603	
林业院校	15												
医药院校	16	4052	2585	853	436	37	121	20	706	1803	13	2264	
师范院校	17	4020	2804	813	362	36	5		454	156	19	665	
语文院校	18	1274	834	341	81	7	5		66	33	50	376	
财经院校	19	4222	3000	840	233	149		6	907	609	22	1773	
政法院校	20	351	186	113	35	14	3			3		390	
体育院校	21	675	503	127	39	6			47	74		371	
艺术院校	22	2202	1370	479	172	181			430	133	1	1057	81
民族院校	23												
按举办者分　中央部门	24	11489	6952	2220	1508	133	484	192	471	545	156	7817	176
教育部	25	9236	5358	1833	1313	106	471	155	457	402	148	7095	167
其他部门	26	2253	1594	387	195	27	13	37	14	143	8	722	9
地方公办	27	32317	23447	5470	2642	527	194	37	4018	7463	272	18088	103
教育部门	28	25107	18042	4465	1996	395	173	36	2707	4349	270	12742	103
其他部门	29	3412	2401	623	308	63	16	1	428	540	2	2809	
地方企业	30	3798	3004	382	338	69	5		883	2574		2537	
民办	31	6131	4281	981	412	454	3		2187	494	16	21	
中外合作办	32												
二、成人高校	33	747	423	150	166	7		1	1421			1149	

成人高校教职工情况

单位：人

		编号 乙	教职工数 1	专任教师 2	行政人员 3	教辅人员 4	工勤人员 5	专职科研人员 6	其他附设机构人员 7	校外教师 8	行业导师 9	外籍教师 10	离退休人员 11
总计	计	01	747	423	150	166	7			1421			1149
	#女	02	500	309	76	114	1			933			494
按类型分	职工高等学校	03	499	357	71	63	7		1	78			747
	农民高等学校	04											
	管理干部学院	05	31	2	27	2							170
	教育学院	06											
	独立函授学院	07											
	广播电视大学	08	217	64	52	101				1343			232
	其他机构	09											
按举办者分	1.中央部门办	10											
	教育部	11											
	其他部门	12											
	2.地方公办	13	747	423	150	166	7		1	1421			1149
	教育部门	14	642	363	117	156	6			1390			840
	其他部门	15	31	2	27	2							170
	地方企业	16	74	58	6	8	1		1	31			139
	3.民办	17											
	4.中外合作办	18											

单位：人

高等教育专任教师年龄情况（总计）

甲	乙	合计	29岁以下	30—34岁	35—39岁	40—44岁	45—49岁	50—54岁	55—59岁	60—64岁	65岁以上
		1	2	3	4	5	6	7	8	9	10
总计	01	35022	2322	5340	6917	8506	4958	3538	3056	344	41
#女	02	19020	1532	3090	3811	4771	2648	1852	1237	77	2
#获博士学位	03	14496	374	2417	2983	3445	2264	1497	1191	290	35
#获硕士学位	04	15434	1515	2435	3228	4175	2030	1216	795	37	3
按专业技术职务分 正高级	05	5162	1	46	302	999	1018	1014	1422	319	41
副高级	06	11068	21	476	1839	3390	2286	1687	1346	23	
中级	07	14146	383	3306	4051	3801	1559	784	260	2	
初级	08	3159	1144	1094	570	249	50	38	14		
未定职级	09	1487	773	418	155	67	45	15	14		
按学历(学位)分 博士研究生	10	14439	374	2412	2973	3435	2256	1484	1181	289	35
#获博士学位	11	14384	374	2411	2968	3413	2240	1476	1178	289	35
#获硕士学位	12	54		1	5	22	16	8	2		
硕士研究生	13	12119	1522	2405	2880	2891	1257	686	443	32	3
#获博士学位	14	73		6	13	27	15	6	6		
#获硕士学位	15	11956	1515	2383	2861	2854	1222	667	419	32	3
本科	16	8261	368	494	1027	2161	1434	1355	1398	22	2
#获博士学位	17	39			2	5	9	15	7	1	
#获硕士学位	18	3421		51	362	1297	792	541	373	5	
专科	19	192	57	29	36	18	11	11	28	1	1
#获博士学位	20										
#获硕士学位	21	3					2		1		
高中阶段以下	22	11	1		1	1	2		6		

普通高校专任教师年龄情况

单位：人

甲	乙	合计	29岁以下	30—34岁	35—39岁	40—44岁	45—49岁	50—54岁	55—59岁	60—64岁	65岁以上
	编号	1	2	3	4	5	6	7	8	9	10
总　计	01	26206	1577	4139	5152	6251	3881	2603	2218	344	41
#女	02	13476	986	2285	2706	3308	1995	1271	846	77	2
#获博士学位	03	14300	371	2392	2949	3373	2233	1479	1178	290	35
#获硕士学位	04	10111	1000	1555	1990	2609	1443	850	624	37	3
按专业技术职务分　正高级	05	4831	1	46	299	942	960	924	1299	319	41
副高级	06	8412	21	463	1635	2583	1732	1168	787	23	
中级	07	10493	355	2824	2945	2605	1153	488	121	2	
初级	08	1585	711	547	194	91	21	16	5		
未定职级	09	885	489	259	79	30	15	7	6		
按学历(学位)分　博士研究生	10	14243	371	2387	2940	3363	2223	1467	1168	289	35
#获博士学位	11	14194	371	2386	2936	3344	2209	1459	1165	289	35
#获硕士学位	12	48		1	4	19	14	8	2		
硕士研究生	13	8435	1000	1547	1892	2047	985	548	381	32	3
#获博士学位	14	70		6	12	26	15	5	6	1	
#获硕士学位	15	8341	1000	1539	1880	2018	963	541	365	32	3
本科	16	3480	193	193	318	839	671	583	659	22	2
#获博士学位	17	36			1	3	9	15	7	1	
#获硕士学位	18	1720		15	106	571	466	301	256	5	
专科以下	19	48	13	12	2	2	2	5	10	1	1
#获博士学位	20										
#获硕士学位	21	2				1			1		
高中阶段以下	22										

职业高校专任教师年龄情况

单位：人

甲	编号 乙	合计 1	29岁以下 2	30—34岁 3	35—39岁 4	40—44岁 5	45—49岁 6	50—54岁 7	55—59岁 8	60—64岁 9	65岁以上 10
总　计	01	8393	722	1156	1706	2139	1025	882	763		
#女	02	5235	527	767	1062	1382	612	542	343		
#获博士学位	03	187	3	25	33	70	28	17	11		
#获硕士学位	04	5050	495	839	1186	1484	553	337	156		
按专业技术职务分 正高级	05	321			3	57	56	87	118		
副高级	06	2506		13	202	769	530	494	498		
中级	07	3461	27	463	1055	1126	384	276	130		
初级	08	1511	418	522	370	150	25	17	9		
未定职级	09	594	277	158	76	37	30	8	8		
博士研究生	10	187	3	25	32	70	30	16	11		
#获博士学位	11	181	3	25	31	67	28	16	11		
#获硕士学位	12	6			1	3	2				
硕士研究生	13	3540	502	819	962	811	261	131	54		
#获博士学位	14	3			1	1	1	1			
#获硕士学位	15	3482	495	805	955	804	250	122	51		
按学历(学位)分 本科	16	4512	172	295	678	1241	725	727	674		
#获博士学位	17	3			1	2					
#获硕士学位	18	1561		34	230	676	301	215	105		
专科以下	19	144	44	17	34	16	9	6	18		
#获博士学位	20										
#获硕士学位	21	1				1					
高中阶段以下	22	10	1			1	2		6		

成人高校专任教师年龄情况

单位:人

甲		编号 乙	合计 1	29岁以下 2	30—34岁 3	35—39岁 4	40—44岁 5	45—49岁 6	50—54岁 7	55—59岁 8	60—64岁 9	65岁以上 10
总计		01	423	23	45	59	116	52	53	75		
#女		02	309	19	38	43	81	41	39	48		
	#获博士学位	03	9			1	2	3	1	2		
	#获硕士学位	04	273	20	41	52	82	34	29	15		
按专业技术职务分	正高级	05	10					2	3	5		
	副高级	06	150			2	38	24	25	61		
	中级	07	192	1	19	51	70	22	20	9		
	初级	08	63	15	25	6	8	4	5			
	未定职级	09	8	7	1							
按学历(学位)分	博士研究生	10	9			1	2	3	1	2		
	#获博士学位	11	9			1	2	3	1	2		
	#获硕士学位	12										
	硕士研究生	13	144	20	39	26	33	11	7	8		
	#获博士学位	14										
	#获硕士学位	15	133	20	39	26	32	9	4	3		
	本科	16	269	3	6	31	81	38	45	65		
	#获博士学位	17										
	#获硕士学位	18	140		2	26	50	25	25	12		
	专科以下	19										
	#获博士学位	20										
	#获硕士学位	21										
	高中阶段以下	22	1			1						

普通高校专任教师教学领域分学科门类情况

单位：人

甲	编号 乙	合计 1	正高级 2	副高级 3	中级 4	初级 5	未定职级 6
总　　计	01	26206	4831	8412	10493	1585	885
#女	02	13476	1547	4235	6236	937	521
哲学	03	893	117	274	408	73	21
#马克思主义哲学	04	556	69	166	249	56	16
经济学	05	1078	232	332	438	41	35
法学	06	1372	205	325	599	169	74
教育学	07	2033	179	531	843	379	101
文学	08	2927	318	836	1540	169	64
历史学	09	282	97	99	70	12	4
理学	10	2954	795	1011	1035	54	59
工学	11	8943	1964	3319	3155	241	264
农学	12	342	76	123	125	9	9
医学	13	1559	342	513	623	53	28
管理学	14	2110	365	646	911	109	79
艺术学	15	1713	141	403	746	276	147

职业高校专任教师教学领域所属大类情况

单位:人

		编号	合计	#女	正高级	副高级	中级	初级	未定职级
甲		1	2	3	4	5	6	7	8
总计		01	8393	5235	321	2506	3461	1511	594
#女		02	5235	—	192	1563	2193	994	293
#实习指导课		03	1536	871	65	532	744	159	36
	农林牧渔大类	04	6	5		5	1		
	资源环境与安全大类	05	455	220	3	246	175	18	13
	能源动力与材料大类	06	140	92	5	38	40	37	20
	土木建筑大类	07	212	133	3	86	96	21	6
	水利大类	08							
	装备制造大类	09	652	311	25	252	286	58	31
	生物与化工大类	10	296	177	30	60	160	35	11
	轻工纺织大类	11	39	25	9	10	14	4	2
	食品药品与粮食大类	12	25	16	1	12	11	1	
专业课	交通运输大类	13	635	279	26	169	227	181	32
	电子与信息大类	14	1074	639	40	312	414	232	76
	医药卫生大类	15	660	496	57	137	228	182	56
	财经商贸大类	16	834	617	31	276	366	100	61
	旅游大类	17	182	125	3	57	95	18	9
	文化艺术大类	18	320	186	18	107	147	40	8
	新闻传播大类	19	36	16	1	7	15	8	5
	教育与体育大类	20	215	127	3	70	105	23	14
	公安与司法大类	21	91	55	7	42	38	3	1
	公共管理与服务大类	22	129	99	5	29	67	19	9
公共基础课		23	2392	1617	54	591	976	531	240

成人高校专任教师教学领域分学科门类情况

单位：人

甲	编号 乙	合计 1	正高级 2	副高级 3	中级 4	初级 5	未定职级 6
总　计	01	423	10	150	192	63	8
#女	02	309	10	107	143	41	8
哲学	03	16	2	6	4	3	1
#马克思主义哲学	04	6		2	1	2	1
经济学	05	72	2	27	31	9	3
法学	06	23	1	6	13	3	
教育学	07	33		11	16	6	
文学	08	70	1	33	33	3	
历史学	09	7	1	3	3		
理学	10	26	1	9	12	4	
工学	11	125	1	40	58	24	2
农学	12						
医学	13	1				1	
管理学	14	37		13	16	6	2
艺术学	15	13	1	2	6	4	

高等教育教师学历（位）情况（总计）

单位：人

甲	编号	合计	#获博士学位	#获硕士学位	博士研究生	#获博士学位	#获硕士学位	硕士研究生	#获博士学位	#获硕士学位	本科	#获博士学位	#获硕士学位	专科	#获博士学位	#获硕士学位	高中阶段以下
乙		1	2	3	4	5	6	7	8	9	10	11	12	13	14	15	16
1.专任教师	01	35022	14496	15434	14439	14384	54	12119	73	11956	8261	39	3421	192		3	11
#女	02	19020	6569	9874	6533	6504	28	7815	45	7734	4605	20	2111	64		1	3
正高级	03	5162	4104	759	4072	4065	6	452	17	429	634	22	324	3			1
副高级	04	11068	5299	4166	5265	5252	13	2638	33	2574	3141	14	1578	19		1	5
中级	05	14146	4733	7599	4739	4707	32	6218	23	6155	3169	3	1410	17		2	3
初级	06	3159	27	2142	30	27	3	2052	3	2040	1069		99	7			1
未定职级	07	1487	333	768	333	333		759		758	248		10	146			1
2.校外教师	08	8097	1863	2991	1819	1806	9	2397	44	2309	3682	13	673	195			4
#女	09	4034	778	1760	760	753	5	1392	18	1352	1835	7	403	46			1
两年以上	10	4555	1274	1738	1242	1237	5	1369	28	1314	1900	9	419	43			1
正高级	11	1551	789	362	775	771	2	313	14	280	440	4	80	21			2
副高级	12	2489	563	927	548	542	4	661	16	632	1250	5	291	29			1
中级	13	2868	490	1277	478	475	3	1045	11	1027	1310	4	247	35			
初级	14	423	1	155	1	1		127		127	250		28	45			
未定职级	15	766	20	270	17	17		251	3	243	432		27	65			
3.行业导师	16	8502	1140	2067	1052	1044	7	1909	84	1792	3527	12	263	1536		5	1
4.外籍教师	17	444	321	94	324	321		94		94	26						478

普通高校教师学历（位）情况

单位：人

甲	编号 乙	合计 1	#获博士学位 2	#获硕士学位 3	博士研究生 4	#获博士学位 5	#获硕士学位 6	硕士研究生 7	#获博士学位 8	#获硕士学位 9	本科 10	#获博士学位 11	#获硕士学位 12	专科 13	#获博士学位 14	#获硕士学位 15	高中阶段以下 16
1.专任教师	01	26206	14300	10111	14243	14194	48	8435	70	8341	3480	36	1720	48			16
#女	02	13476	6457	6244	6420	6394	25	5266	44	5212	1784	19	1007	6		2	
正高级	03	4831	4057	581	4026	4019	6	370	17	351	433	21	224	2			
副高级	04	8412	5226	2657	5192	5182	10	1889	31	1846	1326	13	800	5		1	
中级	05	10493	4670	5233	4677	4646	31	4560	22	4530	1246	2	671	10		1	
初级	06	1585	19	1219	20	19	1	1198		1197	364		21	3			
未定职级	07	885	328	421	328	328		418	35	417	111		4	28			
2.校外教师	08	5165	1773	1905	1734	1726	8	1622	13	1551	1761	12	346	44			4
#女	09	2475	739	1109	724	720	4	921	27	889	812	6	216	17			1
两年以上	10	3377	1238	1239	1207	1202	5	1038	12	984	1107	9	250	24			1
正高级	11	1411	761	311	747	745	2	272	13	243	371	4	66	19			2
副高级	12	1577	532	616	518	515	3	475	7	451	568	4	162	15			1
中级	13	1812	469	794	461	458	3	696		683	649	4	108	6			
初级	14	140	1	77	1	1		75		75	64		2	2			
未定职级	15	225	10	107	7	7		104	3	99	109		8	4			1
3.行业导师	16	3845	1097	1588	1008	1002	6	1466	84	1362	1251	11	217	108		3	12
4.外籍教师	17	444	321	94	324	321		94		94	26						

职业高校教师学历（位）情况

单位：人

甲	编号	合计	#获博士学位	#获硕士学位	博士研究生	#获博士学位	#获硕士学位	硕士研究生	#获博士学位	#获硕士学位	本科	#获博士学位	#获硕士学位	专科	#获博士学位	#获硕士学位	高中阶段以下
乙		1	2	3	4	5	6	7	8	9	10	11	12	13	14	15	16
1.专任教师	01	8393	187	5050	187	181	6	3540	3	3482	4512	3	1561	144		1	10
#女	02	5235	107	3415	108	105	3	2441	1	2417	2626	1	994	58		1	2
正高级	03	321	44	172	43	43		80		76	196	1	96	1			1
副高级	04	2506	68	1443	68	65	3	721	2	705	1698	1	735	14			5
中级	05	3461	62	2225	61	60	1	1588	1	1560	1803	1	663	7		1	2
初级	06	1511	8	871	10	8	2	818		808	678		61	4			1
未定职级	07	594	5	339	5	5		333		333	137		6	118			1
2.校外教师	08	1511	62	513	66	61	1	451	1	442	847	1	70	147			
#女	09	626	24	257	26	23	1	231	1	227	342	1	29	27			
两年以上	10	365	20	141	19	19		132	1	131	195	1	10	19			
正高级	11	91	18	33	20	18		27		25	42		8	2			
副高级	12	345	20	130	22	19		100	1	97	213	1	32	10			
中级	13	421	14	186	14	14		167		166	211		20	29			
初级	14	155		17				15		15	95		15	45			
未定职级	15	499	10	147	10	10		142		139	286		8	61			
3.行业导师	16	4657	43	479	44	42		443	1	430	2276	1	46	1428		2	466
4.外籍教师	17																

成人高校教师学历（位）情况

单位：人

甲	编号乙	合计	#获博士学位	#获硕士学位	博士研究生	#获博士学位	#获硕士学位	硕士研究生	#获博士学位	#获硕士学位	本科	#获博士学位	#获硕士学位	专科	#获博士学位	#获硕士学位	高中阶段以下
		1	2	3	4	5	6	7	8	9	10	11	12	13	14	15	16
1.专任教师	01	423	9	273	9	9		144		133	269		140				1
#女	02	309	5	215	5	5		108		105	195		110				1
正高级	03	10	3	6	3	3		2		2	5		4				
副高级	04	150	5	66	5	5		28		23	117		43				
中级	05	192	1	141	1	1		70		65	120		76				1
初级	06	63		52				36		35	27		17				
未定职级	07	8		8				8		8							
2.校外教师	08	1421	28	573	19	19		324	8	316	1074	1	257	4			
#女	09	933	15	394	10	10		240	4	236	681	1	158	2			
两年以上	10	813	16	358	16	16		199		199	598		159				
正高级	11	49	10	18	8	8		14	2	12	27		6				
副高级	12	567	11	181	8	8		86	2	84	469	1	97	4			
中级	13	635	7	297	3	3		182	4	178	450		119				
初级	14	128		61				37		37	91		24				
未定职级	15	42		16				5		5	37		11				
3.行业导师	16																
4.外籍教师	17																

普通高校教师授课分类情况

单位：人

甲	乙	本学年授课专任教师 计	公共基础课	#思政课	专业课	本学年授课校外教师 计	公共基础课	#思政课	专业课	本学年授课行业导师 计	公共基础课	专业课	本学年授课外籍教师 计	公共基础课	专业课	本学年不授课专任教师 计	进修	科研	病休	其他
编号		1	2	3	4	5	6	7	8	9	10	11	12	13	14	15	16	17	18	19
总计	01	24076	5821	1283	18255	4680	811	84	3869	3352	96	3256	340	7	333	2130	168	822	36	1104
#女	02	12453	3329	790	9124	2323	461	33	1862	1405	36	1369	97	1	96	1023	85	270	24	644
正高级	03	4603	572	145	4031	1221	183	36	1038	755	6	749	92	2	90	228	2	101	2	123
#为本科生上课	04	4386	495	143	3891	957	182	35	775	520	4	516	71	1	70	52	1	3	1	47
副高级	05	7945	1690	344	6255	1395	287	31	1108	1060	8	1052	141	3	138	467	10	277	5	175
#为本科生上课	06	7611	1526	340	6085	1345	286	31	1059	758	6	752	130	1	129	61	2	6	2	51
中级	07	9629	2721	603	6908	1724	278	15	1446	1030	32	998	27		27	864	87	374	24	379
初级	08	1439	719	162	720	135	30	1	105	121	9	112	17		17	146	22	13	5	106
未定职级	09	460	119	29	341	205	33	1	172	386	41	345	63	2	61	425	47	57		321

职业高校教师授课分类情况

单位：人

甲	编号 乙	本学年专任教师	本学年授课专任教师 公共基础课	#思政课	专业(技能)课程	#双师型	本学年授课校外教师	公共基础课	#思政课	专业(技能)课程	#双师型	本学年授课行业导师	#专业(技能)课程	本学年授课外籍教师	公共基础课	专业(技能)课程	本学年不授课专任教师	进修	病休	其他
		1	2	3	4	5	6	7	8	9	10	11	12	13	14	15	16	17	18	19
总计	01	7987	2143	596	5844	4228	1511	257	12	1254	444	4648	4573				406	44	29	333
#女	02	4974	1488	463	3486	2630	626	144	9	482	200	1532	1489				261	31	25	205
正高级	03	310	43	15	267	203	91	12	5	79	52	119	119				11	1		10
副高级	04	2411	527	129	1884	1488	345	50	3	295	158	326	325				95	3	4	88
中级	05	3296	882	203	2414	1870	421	57	2	364	170	712	690				165	1	6	158
初级	06	1433	458	172	975	561	155	7	1	148	16	241	227				78	27	11	40
未定职级	07	537	233	77	304	106	499	131	1	368	48	3250	3212				57	13	7	37

成人高校教师授课分类情况

单位：人

甲	编号 乙	本学年授课专任教师 公共基础课 (1)	#思政课 (2)	专业课 (3)	(4)	本学年授课校外教师 公共基础课 (5)	#思政课 (6)	专业课 (7)	(8)	本学年授课行业导师 公共基础课 (9)	专业课 (10)	(11)	本学年授课外籍教师 公共基础课 (12)	专业课 (13)	(14)	本学年不授课专任教师 (15)	进修 (16)	科研 (17)	病休 (18)	其他 (19)
总计	01	404	145	30	259	1421	471	146	950							19	12	4		3
#女	02	296	107	19	189	933	270	76	663							13	11	1		1
正高级	03	10	4	3	6	49	16	4	33											
#为本科生上课	04	9	4	3	5	34	9	4	25											
副高级	05	146	51	7	95	567	157	51	410							4	2	1		1
#为本科生上课	06	42	9	4	33	290	90	24	200											
中级	07	182	67	10	115	635	239	70	396							10	7	1		2
初级	08	60	19	9	41	128	43	11	85							3	1	2		
未定职级	09	6	4	1	2	42	16	10	26							2	2			

高等教育专任教师变动情况

单位:人

甲	编号乙	上学年初报表专任教师数 1	增加教师数 2	招聘 3	#应届毕业生 4	#师范生 5	调入 6	#外校 7	校内变动 8	#学段调整 9	其他 10	减少教师数 11	退休 12	死亡 13	调出 14	辞职 15	校内变动 16	#学段调整 17	其他 18	本学年初报表专任教师数 19
总 计	01	33840	3220	1935	1037	42	366	102	823		96	2038	900	14	250	406	393		75	35022
#女	02	18146	1859	1127	657	29	196	53	499		37	985	439	4	122	213	182		25	19020
一、普通高校	03	25900	1835	1377	804	27	159	90	203		96	1529	594	12	189	345	314		75	26206
#女	04	13174	1007	769	483	18	72	46	129		37	705	266	2	86	177	149		25	13476
二、职业高校	05	7486	1371	549	227	13	205	11	617			464	271	2	60	61	70			8393
#女	06	4660	839	350	169	10	122	6	367			264	163	2	35	36	28			5235
三、成人高校	07	454	14	9	6	2	2	1	3			45	35		1		9			423
#女	08	312	13	8	5	1	2	1	3			16	10		1		5			309

研究生指导教师情况

单位:人

甲		编号 乙	合计 1	#人事关系在本校 2	29岁以下 3	30—34岁 4	35—39岁 5	40—44岁 6	45—49岁 7	50—54岁 8	55—59岁 9	60—64岁 10	65岁以上 11
总 计		01	15579	11768	50	1063	2581	3605	2688	2268	1954	923	447
#女		02	5688	—	26	448	1002	1376	1075	877	620	204	60
按专业技术职务分	正高级	03	7207	4774	12	64	362	1166	1316	1479	1599	818	403
	副高级	04	6290	5117	38	368	1390	2054	1253	754	346	91	22
	中级	05	2082	1877		631	829	385	119	35	9	14	22
按指导关系分	博士生导师	06	240	91		11	15	26	18	43	51	38	38
	#女	07	30	—		1	2	4	7	7	6	2	1
	硕士生导师	08	11145	8324	49	969	2100	2731	1983	1590	1109	419	195
	#女	09	4703	—	26	432	889	1193	881	710	419	121	32
	博士生、硕士生导师	10	4194	3353	1	83	466	848	687	635	794	466	214
	#女	11	955	—		15	111	179	187	160	195	81	27

高等教育学校心理咨询工作人员情况

单位:人

	编号	合计	#接受过专业教育	按工作年限分				按专业技术职务分					按学历分			
				4年以下	5—10年	11—20年	21年以上	正高级	副高级	中级	初级	未定职级	博士研究生	硕士研究生	本科	专科以下
甲	乙	1	2	3	4	5	6	7	8	9	10	11	12	13	14	15
总　计	01	249	240	85	56	81	27	9	48	110	57	25	22	170	56	1
#女	02	200	194	76	42	63	19	8	35	81	55	21	14	142	43	1
一、中央部门办	03	33	33	12	7	10	4	3	10	14	6		9	23	1	
二、地方公办	04	175	166	46	45	64	20	5	32	85	40	13	11	117	46	1
1.教育部门	05	111	107	37	29	36	9	3	17	54	31	6	10	88	13	
2.其他部门	06	37	33	2	8	18	9	1	9	18	6	3	1	16	20	
3.地方企业	07	27	26	7	8	10	2	1	6	13	3	4	2	13	13	
三、民办	08	41	41	27	4	7	3	1	6	11	11	12	2	30	9	
四、中外合作办	09															

高等教育学校专职辅导员分职务、专业技术职务情况

单位:人

甲	编号	合计	按行政职务分				按专业技术职务分				
			正处级	副处级	正科级	副科级及以下	正高级	副高级	中级	初级	未定职级
	乙	1	2	3	4	5	6	7	8	9	10
总计	01	3762	12	273	278	3199	3	282	1401	1224	852
#女	02	2235	9	162	153	1911	3	173	860	712	487
按类型分 本专科生辅导员	03	3378	11	209	200	2958	1	245	1152	1153	827
研究生辅导员	04	384	1	64	78	241	2	37	249	71	25
按举办者分 一、中央部门办	05	499	1	67	70	361	2	25	248	112	112
二、地方公办	06	2625	8	198	189	2230	1	244	1010	829	541
1.教育部门	07	1815	6	176	149	1484	1	154	793	622	245
2.其他部门	08	361	2	22	22	315		17	95	86	163
3.地方企业	09	449		22	18	431		73	122	121	133
三、民办	10	638	3	8	19	608		13	143	283	199
四、中外合作办	11										

高等教育学校专职辅导员分年龄、学历情况

单位：人

甲	编号	合计	按年龄分					按学历分			
			19岁及以下	20—29岁	30—39岁	40—49岁	50岁以上	博士研究生	硕士研究生	本科	专科以下
乙		1	2	3	4	5	6	7	8	9	10
总 计	01	3762		1276	1804	558	124	179	2562	990	31
#女	02	2235		789	1037	345	64	102	1571	548	14
按类型分 本专科生辅导员	03	3378		1194	1570	494	120	131	2277	940	30
研究生辅导员	04	384		82	234	64	4	48	285	50	1
一、中央部门办	05	499		225	218	52	4	44	350	105	
二、地方公办	06	2625		724	1330	452	119	134	1826	639	26
按举办者分 1.教育部门	07	1815		514	979	286	36	118	1414	276	7
2.其他部门	08	361		118	171	57	15	14	197	143	7
3.地方企业	09	449		92	180	109	68	2	215	220	12
三、民办	10	638		327	256	54	1	1	386	246	5
四、中外合作办	11										

高等教育学校教职工中其他情况

单位:人

甲		编号 乙	中共党员 1	共青团员 2	民主党派 3	香港 4	澳门 5	台湾 6	华侨 7	少数民族 8
总计	教职工	01	33965	958	2451	12	2	8	30	2435
	#女	02	18723	607	1216	4		2	8	1435
	专任教师	03	22781	421	2127	12	2	8	25	1734
	#女	04	12461	279	1043	4		2	4	1001
一、普通高校	教职工	05	26863	654	2085	12	2	8	30	1963
	#女	06	14428	413	990	4		2	8	1120
	专任教师	07	17514	223	1808	12	2	8	25	1366
	#女	08	9133	149	842	4		2	4	753
二、职业高校	教职工	09	6639	301	296					443
	#女	10	3992	191	179					291
	专任教师	11	5052	197	260					348
	#女	12	3169	129	160					229
三、成人高校	教职工	13	463	3	70					29
	#女	14	303	3	47					24
	专任教师	15	215	1	59					20
	#女	16	159	1	41					19

普通高校校舍情况

单位：平方米

甲	编号 乙	学校产权校舍建筑面积				正在施工校舍建筑面积	非学校产权校舍建筑面积		
		上学年校舍建筑面积	增加面积	减少面积	本学年校舍建筑面积	正在施工校舍建筑面积	非学校产权校舍建筑面积	独立使用	共同使用
		1	2	3	4	5	6	7	8
总　计	01	13536070.79	328825.98	249184.15	13615712.62	468491.13	2084440.31	1953123.33	131316.98
#C级危房	02	5736		2840	2896	—	5293.12	5293.12	
#D级危房	03	7647.83	2840		10487.83	—	7239.84	7239.84	—
#被外单位租（借）用	04	5848253.62	132450.05	177499.34	5803204.33	309803.41	926791.92	821255.45	105536.47
一、教学及辅助用房	05	1571112.11	30262.38	46985.41	1554389.08	41127.17	270186.72	263339.58	6847.14
教室	06	61499.91	4760		66259.91		61002.37	56184.7	4817.67
#艺术院校专业课教室	07	1989195.23	28265.23	101543.74	1915916.72	175606.5	292966.78	289934.72	3032.06
实验实习用房	08	841281.51	39164.5	8679.55	871766.46	45501	83378.26	81348.79	2029.47
专职科研机构办公及研究用房	09	632091	3268.1	4928.31	630430.79	31869.73	191110.27	98723.14	92387.13
图书馆	10	574543.58	4646.6	10348.79	568841.39		52380.59	51799.56	581.03
室内体育用房	11	111233.18	10135.04		121368.22		12088.11	11826.34	261.77
师生生活活动用房	12	110498.22	543.59	41.52	111000.29	1000	12604.71	12206.84	397.87
会堂	13	18298.79	16164.61	4972.02	29491.38	14699.01	12076.48	12076.48	
继续教育用房	14	792399.26	40965.43	9896.26	823468.43	12538.88	91100.86	87650.09	3450.77
二、行政办公用房	15	319929.56	29909.7	496.5	349342.76	6964.8	37261.2	35231.73	2029.47
校行政办公用房	16	472469.7	11055.73	9399.76	474125.67	5574.08	53839.66	52418.36	1421.3
院系及教师办公用房	17	5143006.21	125310.68	50838.06	5217478.83	98007.8	985827.06	963497.32	22329.74
三、生活用房	18	3858904.93	98862.51	25202.64	3932564.8	67195.53	706184.37	701378.37	4806
学生宿舍（公寓）	19	471073.76	13177.57	2698.35	481552.98	10900	101760.59	84236.85	17523.74
食堂	20	360576.93	243.62	9524.19	351296.36		47232.25	47232.25	
单身教师宿舍（公寓）	21	452450.59	13026.98	13412.88	452064.69	19912.27	130649.85	130649.85	
后勤辅助用房	22	1352165.23		53.04	1352112.19		—	—	—
四、教工住宅	23	400246.47	30099.82	10897.45	419448.84	48141.04	80720.47	80720.47	
五、其他用房	24	127945.15	6273.26	10348.58	123869.83	—	—	—	—

职业高校校舍情况

单位:平方米

甲	乙 编号	学校产权校舍建筑面积 上学年校舍建筑面积 1	增加面积 2	减少面积 3	本学年校舍建筑面积 4	正在施工校舍建筑面积 5	非学校产权校舍建筑面积 6	独立使用 7	共同使用 8
总计	01	2994700.9	144920.88	217038.1	2922583.68	163700.69	2214100.44	1324909.65	889190.79
#C级危房	02	22596.99			22596.99	—			
#D级危房	03	2153.1			2153.1	—			
#被外单位租（借）用	04	1494603.86	114590.82	73882.34	1535312.34	129843.03	1412828.68	702887.57	709941.11
一、教学科研及辅助用房	05	551863.59	19017.77	15004.53	555876.83	23400	216109.43	169190.43	46919
教室	06	633108.29	66430.89	19227.56	680311.62	85951.33	991965.74	345421.63	646544.11
专业教学实训用房及场所	07	132709.37	301	20371.65	112638.72	13500	75374.88	71077.88	4297
图书馆	08	40312.91	24078.68		64391.59		48025.98	44098.98	3927
培训工作用房	09	95586.05		12572.95	83013.1		47395.08	39332.08	8063
室内体育用房	10	41023.65	4762.48	6705.65	39080.48	6991.7	33957.57	33766.57	191
大学生生活活动用房	11	296502.66	21655.59	78390.63	239767.62		170346.01	123295.66	47050.35
二、行政办公用房	12	182193.72	5956.06	67724.22	120425.56		130085.11	86686.26	43398.85
系及教师教研办公用房	13	114308.94	15699.53	10666.41	119342.06		40260.9	36609.4	3651.5
校级办公用房	14	1108021.16	8643.36	64605.13	1052059.39	32597.26	626643.22	494443.89	132199.33
三、生活用房	15	898311	6838.77	44693.35	860456.42	28171.21	550123.17	424561.84	125561.33
学生宿舍（公寓）	16	141842.51		13576.33	128266.18		61030.3	55593.3	5437
食堂	17	1859.56			1859.56		238	238	
单身教师宿舍（公寓）	18	66008.09	1804.59	6335.45	61477.23	4426.05	15251.75	14050.75	1201
后勤及辅助用房	19	95014.18	31.11		95045.29		—	—	
四、教工住宅	20	559.04		160	399.04	1260.4	4282.53	4282.53	—
五、其他用房	21					—	—	—	—

成人高校校舍情况

单位：平方米

甲	编号 乙	学校产权校舍建筑面积				正在施工校舍建筑面积	非学校产权校舍建筑面积		
		上学年校舍建筑面积 1	增加面积 2	减少面积 3	本学年校舍建筑面积 4	5	校舍建筑面积 6	独立使用 7	共同使用 8
总　计	01	71959.34			71959.34		444189.35	182648.9	261540.45
#C级危房	02	3836.52			3836.52	—	18246.86	2861.07	15385.79
#D级危房	03					—	2665.04	2665.04	—
#被外单位租（借）用	04	19224.43			19224.43		260261.49	115906.25	144355.24
一、教学科研及辅助用房	05	13076.03			13076.03		149373.71	81218.32	68155.39
教室	06	4077.32			4077.32		74520.97	15125.48	59395.49
专业教学实训用房及场所	07	359.46			359.46		10602.5	5172	5430.5
图书馆	08	276			276		19091.96	12968.37	6123.59
培训工作用房	09	1435.62			1435.62		4853.08	1422.08	3431
室内体育用房	10						1819.27		1819.27
大学生活动用房	11	32435.51			32435.51		54765.57	28358.64	26406.93
二、行政办公用房	12	28533.07			28533.07		31667.05	15112	16555.05
系及教师教研办公用房	13	3902.44			3902.44		23098.52	13246.64	9851.88
校级办公用房	14	19042.93			19042.93		115718.53	32678.68	83039.85
三、生活用房	15	5467.92			5467.92		65911.31	19252.47	46658.84
学生宿舍（公寓）	16	1991.09			1991.09		29825.64	4022.59	25803.05
食堂	17	1371.09			1371.09		426		426
单身教师宿舍（公寓）	18	10212.83			10212.83		19555.58	9403.62	10151.96
后勤及辅助用房	19							—	—
四、教工住宅	20	1256.47			1256.47		13443.76	5705.33	7738.43
五、其他用房	21	1098.97			1098.97		—	—	—

高等教育学校资产情况

指标名称 甲	计量单位 乙	代码 丙	学校产权 1	非学校产权 2	独立使用 3	共同使用 4
占地面积	平方米	01	37106280.36	7198542.59	5339190.71	1859351.88
#绿化用地面积	平方米	02	10397208.81	1147393.18	895868.58	251524.6
#运动场地面积	平方米	03	2733102.9	484327.06	333077.28	151249.78
校园足球场	个	04	118	30	16	14
11人制足球场	个	05	67	15	8	7
7人制足球场	个	06	26	5	3	2
5人制足球场	个	07	25	10	5	5
图书	册	08	55505869	6522861	53178	6469683
#当年新增	册	09	2017990	43341	13345	29996
数字资源量	-	10	—	—	—	—
电子图书	册	11	58488700	6905668	782801	6122867
电子期刊	册	12	28091687	2059063	212014	1847049
学位论文	册	13	257159317	45999350	6167300	39832050
音视频	小时	14	9799946	873040	57589	815451
职业教育仿真实训资源量	套	15	2690	309	70	239
仿真实验软件	套	16	189	223	4	219
仿真实训软件	套	17	2399	82	62	20
仿真实习软件	套	18	102	4	4	
数字终端数	台	19	305266	11420	2637	8783
教师终端数	台	20	79490	3554	961	2593
学生终端数	台	21	218332	7758	1676	6082
教室	间	22	10457	4158	2952	1206
#网络多媒体教室	间	23	6276	2088	1498	590
固定资产总值	万元	24	8986374.023	372330.6893	179293.4293	193037.26
#教学科研实习仪器设备资产值	万元	25	2207994.68	40886.6953	4263.9781	36622.7172
#当年新增	万元	26	202200.0497	2443.5204	374.62	2068.9004

博士研究生情况分学校一览表

单位：人

甲	编号乙	毕业生数			授予学位数			招生数			在校学生数			预计毕业生数		
		小计	#非全日制	#专业学位	小计	#非全日制	#专业学位	小计	#非全日制	#专业学位	小计	#非全日制	#专业学位	小计	#非全日制	#专业学位
		1	2	3	4	5	6	7	8	9	10	11	12	13	14	15
总计	01	2260	8	189	2291	7	188	4492	371	1267	17695	1329	3793	5756	384	973
南开大学	02	569			569			1447	18	226	5943	29	441	1596		
天津大学	03	963	7	31	967	6	30	1743	353	567	7390	1298	2100	2454	382	649
天津科技大学	04	65			65			126		45	366		70	143		
天津工业大学	05	51			66			174		45	596		70	217		
中国民航大学	06	6			6			25			69			10		
天津理工大学	07	46			46			58			238			74		
天津农学院	08															
天津医科大学	09	302		136	288		129	423		238	1206		644	396		188
天津中医药大学	10	88		14	114		21	204		91	648		264	243		75
天津师范大学	11	103	1	8	103	1	8	180		55	738	2	204	356	2	61
天津职业技术师范大学	12	3			3			10			68			38		
天津外国语大学	13	6			6			10			48			28		
天津商业大学	14															
天津财经大学	15	53			53			65			287			160		
天津体育学院	16	5			5			27			98			41		
天津音乐学院	17															
天津美术学院	18															
天津城建大学	19															
天津中德应用技术大学	20															
中钢集团天津地质研究院有限公司	21															
核工业理化工程研究院	22															
中国航天科工集团公司第三研究院8357所	23															
中国航天科工集团公司第三研究院8358所	24															
国家海洋技术中心	25															
天津航海仪器研究所	26															

硕士研究生情况分学校一览表

单位:人

甲	编号 乙	毕业生数 小计 1	#非全日制 2	#专业学位 3	授予学位数 小计 4	#非全日制 5	#专业学位 6	招生数 小计 7	#非全日制 8	#专业学位 9	在校学生数 小计 10	#非全日制 11	#专业学位 12	预计毕业生数 小计 13	#非全日制 14	#专业学位 15
总　计	01	23904	2231	14358	24064	2336	14519	28437	2896	17612	80708	9453	48935	27793	4127	17130
南开大学	02	3606	650	1824	3606	650	1824	4362	811	2343	12232	2668	6563	4484	1071	2503
天津大学	03	5366	888	3149	5535	992	3292	6233	1229	3850	18597	4001	11309	6915	1923	4333
天津科技大学	04	1535	52	1038	1535	52	1038	1896	78	1299	5438	244	3695	1768	89	1208
天津工业大学	05	1676	109	1170	1667	110	1165	2037	166	1424	5817	527	4071	1897	206	1353
中国民航大学	06	991	44	604	997	44	608	1301	57	769	3607	171	2121	1096	62	644
天津理工大学	07	1496	48	1113	1497	47	1109	1756	70	1313	5181	215	3849	1700	88	1263
天津农学院	08	509		327	505		327	535		318	1598		959	544		338
天津医科大学	09	1136		601	1135		611	1464		753	4141		2135	1299		676
天津中医药大学	10	1023		540	1019		551	1308		715	3770		2017	1253		661
天津师范大学	11	2020	146	1188	2020	146	1188	2302	134	1411	6195	529	3498	1917	261	1027
天津职业技术师范大学	12	322	13	154	323	13	154	481	19	281	1308	38	714	399	13	200
天津外国语大学	13	577		303	577		303	672		359	1630		797	549		284
天津商业大学	14	607	24	304	607	25	305	671	54	357	1862	165	934	654	57	352
天津财经大学	15	1444	250	950	1444	250	950	1479	269	1015	3806	871	2349	1542	343	1046
天津体育学院	16	442		309	442		309	542		389	1568		1123	507		362
天津音乐学院	17	181		133	182		134	207		161	549		389	189		133
天津美术学院	18	296		203	296		203	364		273	1041		776	328		234
天津城建大学	19	651	7	448	651	7	448	786	9	562	2274	24	1616	726	14	513
天津中德应用技术大学	20	2						20	20	20	20		20			
中钢集团天津地质研究院有限公司	21				2						2			2		
核工业理化工程研究院	22	4			4			3			13			5		
中国航天科工集团公司第三研究院8357所	23	4			4			4			13			4		
中国航天科工集团公司第三研究院8358所	24	5			5			7			24			9		
国家海洋技术中心	25	7			7			5			14			4		
天津航海仪器研究所	26	4			4			2			8			2		

普通本、专科生情况分学校一览表

单位：人

甲	编号 乙	毕业生数 计 1	毕业生数 本科 2	毕业生数 专科 3	招生数 计 4	招生数 本科 5	招生数 专科 6	在校生数 计 7	在校生数 本科 8	在校生数 专科 9	预计毕业生数 计 10	预计毕业生数 本科 11	预计毕业生数 专科 12
南开大学	01	3922	3922		4167	4167		16902	16902		4327	4327	
天津大学	02	4473	4470	3	4666	4666		18923	18923		4681	4681	
天津科技大学	03	5222	5222		5399	5399		21765	21765		5400	5400	
天津工业大学	04	5193	5193		4485	4485		18540	18540		5008	5008	
中国民航大学	05	6067	4489	1578	6441	5827	614	25895	23309	2586	8239	6942	1297
天津理工大学	06	6310	6310		6547	6547		24968	24968		6630	6630	
天津农学院	07	3309	3253	56	3700	3700		13549	13491	58	3601	3543	58
天津医科大学	08	1215	1215		1295	1295		5519	5519		1118	1118	
天津中医药大学	09	2574	2574		2958	2958		12239	12239		2729	2729	
天津师范大学	10	6998	6646	352	7266	6891	375	27213	26477	736	6927	6739	188
天津职业技术师范大学	11	4068	3835	233	4210	4008	202	16865	16204	661	4369	4135	234
天津外国语大学	12	2360	2360		2320	2320		8994	8994		2239	2239	
天津商业大学	13	5086	5086		5465	5465		21564	21564		5349	5349	
天津财经大学	14	3199	3199		3487	3487		13097	13097		3190	3190	
天津体育学院	15	1246	1246		1439	1439		5193	5193		1268	1268	
天津音乐学院	16	690	690		628	628		2679	2679		670	670	
天津美术学院	17	960	960		1196	1196		4258	4258		1045	1045	
天津城建大学	18	4107	4107		4210	4210		16516	16516		4119	4119	
天津天狮学院	19	2783	2455	328	3740	3059	681	11774	10407	1367	2784	2473	311
天津中德应用技术大学	20	4419	2224	2195	3456	2609	847	12017	8904	3113	3883	2274	1609
天津外国语大学滨海外事学院	21	1647	1647		425	425		3189	3189		1259	1259	
天津传媒学院	22	1868	1868		3692	3692		11631	11631		2058	2058	
天津商业大学宝德学院	23	2237	2237		2193	2193		8833	8833		2307	2307	
天津医科大学临床医学院	24	1696	1696		1862	1862		7862	7862		1753	1753	
南开大学滨海学院	25	2468	2468					2890	2890		2865	2865	
天津师范大学津沽学院	26	4	4					1		1			
天津理工大学中环信息学院	27	2191	2191		2277	2277		8565	8565		2153	2153	
北京科技大学天津学院	28	2983	2983		4454	4454		15186	15186		3425	3425	

续表

编号	甲	毕业生数			招生数			在校生数			预计毕业生数		
		计	本科	专科	计	本科	专科	计	本科	专科	计	本科	专科
乙		1	2	3	4	5	6	7	8	9	10	11	12
29	天津仁爱学院	3733	3733		4403	4403		16957	16957		3873	3873	
30	天津财经大学珠江学院	3094	3094		4565	4565		15366	15366		3419	3419	
31	天津市职业大学	6121		6121	5492		5492	15963		15963	5691		5691
32	天津滨海职业学院	2599		2599	3168		3168	8653		8653	2524		2524
33	天津工程职业技术学院	352		352	4		4	26		26	18		18
34	天津渤海职业技术学院	3637		3637	4336		4336	12792		12792	4123		4123
35	天津电子信息职业技术学院	4238		4238	3673		3673	10920		10920	3788		3788
36	天津机电职业技术学院	4409		4409	3832		3832	11143		11143	3854		3854
37	天津现代职业技术学院	4669		4669	4010		4010	11557		11557	4213		4213
38	天津公安警官职业学院	1543		1543	1429		1429	4366		4366	1324		1324
39	天津轻工职业技术学院	3937		3937	4092		4092	11043		11043	3891		3891
40	天津商务职业学院	4015		4015	3850		3850	11415		11415	4061		4061
41	天津国土资源和房屋职业学院	2828		2828	2721		2721	7433		7433	2448		2448
42	天津医学高等专科学校	3110		3110	2566		2566	7492		7492	2464		2464
43	天津开发区职业技术学院												
44	天津艺术职业学院	763		763	793		793	2062		2062	731		731
45	天津交通职业学院	3433		3433	4094		4094	11237		11237	3736		3736
46	天津工业职业学院	3159		3159	3091		3091	9006		9006	2923		2923
47	天津石油职业技术学院	4283		4283	4213		4213	11675		11675	3717		3717
48	天津城市职业学院	2408		2408	3318		3318	9670		9670	4311		4311
49	天津铁道职业技术学院	3801		3801	2832		2832	9261		9261	3436		3436
50	天津工艺美术职业学院	594		594	659		659	1739		1739	522		522
51	天津城市建设管理职业技术学院	2761		2761	3237		3237	8889		8889	2899		2899
52	天津生物工程职业技术学院	2065		2065	2078		2078	5618		5618	1974		1974
53	天津海运职业学院	3306		3306	3344		3344	9926		9926	3586		3586
54	天津广播影视职业学院												
55	天津体育职业学院	1119		1119	1031		1031	2874		2874	847		847
56	天津滨海汽车工程职业学院	3299		3299	5862		5862	12859		12859	1961		1961

成人本、专科生情况分学校一览表

单位：人

甲	编号 乙	毕业生数 计 1	专科 2	本科 3	招生数 计 4	专科 5	本科 6	在校生数 计 7	专科 8	本科 9	预计毕业生数 计 10	专科 11	本科 12
天津科技大学	01	39	2	37	139		139	250	1	249	111	1	110
天津工业大学	02	504		504	49		49	8164		8164	8115		8115
中国民航大学	03	199	53	146				221	85	136	160	64	96
天津理工大学	04	8040		8040	13097		13097	21114		21114	7987		7987
天津农学院	05	75	16	59	880	100	780	930	100	830	50		50
天津医科大学	06	318		318	297		297	652		652	351		351
天津中医药大学	07	190		190	297		297	652		652			
天津师范大学	08	4014	864	3150	5742	696	5046	9512	1156	8356	3770	460	3310
天津职业技术师范大学	09	267	64	203	188	43	145	452	229	223	264	186	78
天津外国语大学	10	30	11	19	63	25	38	112	25	87	22		22
天津财经大学	11	77	5	72	139		139	281		281	142		142
天津体育学院	12	70		70				30		30	30		30
天津音乐学院	13	20		20	9		9	63		63	28		28
天津美术学院	14	36		36	26		26	68		68	42		42
天津城建大学	15	112	12	100	136	25	111	297	25	272	161		161
天津中德应用技术大学	16	11	6	5	250	156	94	253	157	96	3	1	2
天津传媒学院	17				223		223	381		381	6		6
天津市职业大学	18				5	5		5	5				
天津滨海职业学院	19	24	24		30	30		73	73		38	38	
天津商务职业学院	20	1	1		5	5		6	6				
天津交通职业学院	21	1071	1071		10	10		390	390		274	274	
天津城市职业学院	22	6	6		27	27		52	52		25	25	
天津生物工程职业技术学院	23	18	18		21	21		39	39		18	18	
天津体育职业学院	24	151	151					54	54				
天津市和平区新华职工大学	25	90	90		197	197		316	316		119	119	
天津市河西区职工大学	26	333	333		31	31		64	64		33	33	
天津市河东区职工大学	27	140	140		1454	1454		1837	1837		383	383	
天津市红桥区职工大学	28	905	905		1072	1072		1802	1802		730	730	
天津市南开区职工大学	29	825	825		975	975		1825	1825		850	850	
天津市建筑工程职工大学	30	6603	6603		2450	2450		10487	10487		8037	8037	
天津市职工经济技术大学	31												
天津市职工湖海化工职工学院	32	273	273		616	616		1142	1142		526	526	
天津市管理干部学院	33												
天津开放大学	34	86	86		1448	1448		1841	1841		393	393	
天津市政法管理干部学院	35												
天津市工会管理干部学院	36												
天津市房地产局职工大学	37												

高等教育学校（普通、职业）分学校教职工情况一览表

单位：人

甲	编号 乙	合计 计 1	#在编人员 2	专任教师 计 3	#在编人员 4	行政人员 5	教辅人员 6	工勤人员 7	专职科研人员 8	其他附设机构人员 9	校外教师 10	行业导师 11	外籍教师 12	离退休人员 13	附属中小学幼儿园教职工 14
南开大学	01	4385	3926	2239	2239	1018	563	58	449	58	34	300	83	3188	101
天津大学	02	4851	4200	3119	2669	815	750	48	22	97	423	102	65	3907	66
天津科技大学	03	2167	1979	1412	1402	293	348	83	31		130	248	25	1033	
天津工业大学	04	2231	2231	1720	1720	332	129	31	17	2	3	10	7	1684	22
中国民航大学	05	2253	2201	1594	1594	387	195	27	13	37	14	143	8	722	9
天津理工大学	06	2061	1963	1623	1525	290	124	24			875	191	32	1661	
天津农学院	07	1091	1091	770	770	241	70	10			188	3	1	603	
天津医科大学	08	1176	1176	675	675	293	169	16	3	20	52	1036	10	1221	
天津中医药大学	09	1872	1872	1259	1259	331	172	3	107		167	415	3	451	
天津师范大学	10	2566	2566	1642	1642	652	246	26			244	138	19	77	
天津职业技术师范大学	11	1454	1355	1162	1063	161	116	10	5	5	210	18		588	
天津外国语大学	12	1002	1002	682	682	249	55	5	5		13	33	41	376	
天津商业大学	13	1527	1527	1169	1169	266	86	6		6	160	215	15	836	
天津财经大学	14	1306	1225	847	844	299	70	90			56	86	3	675	
天津体育学院	15	582	582	433	433	107	36	6			35	45		359	
天津音乐学院	16	435	430	258	253	151	25	1			111			244	81
天津美术学院	17	497	497	324	324	126	41	6			64	11	1	266	
天津城建大学	18	1423	1423	1107	1107	173	117	26			55	286	113	648	
天津天狮学院	19	583		423		73	69	18			127	140			
天津中德应用技术大学	20	741	547	586	446	114	26	12	2	1	222	83	2	323	
天津外国语大学滨海外事学院	21	272		152		92	26	2			53		9		
天津传媒学院	22	927		558		136	66	167			181				
天津商业大学宝德学院	23	275		171		78	21	5			285	4	1		
天津医科大学临床医学院	24	212	5	61		117	28	6			362	242		8	
南开大学滨海学院	25	312		208		54	20	30			76			2	
天津师范大学津沽学院	26	126		68		47	9	2							
天津理工大学中环信息学院	27	247	103	184	81	28	34	1			265			6	
北京科技大学天津学院	28	735		494		91	23	126	1		303	24			

续表

甲	编号 乙	教职工数 合计 计 (1)	#在编人员 (2)	专任教师 计 (3)	专任教师 #在编人员 (4)	行政人员 (5)	教辅人员 (6)	工勤人员 (7)	专职科研人员 (8)	其他附设机构人员 (9)	校外教师 (10)	行业导师 (11)	外籍教师 (12)	离退休人员 (13)	附属中小学幼儿园教职工 (14)
天津仁爱学院	29	1009		923		64	22				83	30	3	1	
天津财经大学珠江学院	30	609		366		161	45	37			374	42	3	4	
天津市职业大学	31	1068	908	813	751	203	41	11			50	330		354	
天津滨海职业学院	32	328	328	299	299	11	16	2			160	212		198	
天津工程职业技术学院	33	192		135		32	8	17							
天津渤海职业技术学院	34	706	706	582	582	42	54	25	3		17			110	
天津电子信息职业技术学院	35	491	444	390	367	81	16	4			199	26		631	
天津机电职业技术学院	36	404	352	253	249	60	89		2		49	1896		348	
天津现代职业技术学院	37	555	331	422	287	56	67	10			94	219		332	
天津公安警官职业学院	38	351	351	186	186	113	35	14	3					390	
天津轻工职业技术学院	39	485	415	398	342	61	25	1			83	356		444	
天津商务职业学院	40	505	481	447	434	36	11	11			32	262		258	
天津国土资源和房屋职业学院	41	341	73	208	44	117	16							392	
天津医学高等专科学校	42	573	527	400	395	96	58	8	11		82	19		401	
天津开发区职业技术学院	43														
天津艺术职业学院	44	201	201	160	160	23	12	6			38	122		221	
天津交通职业学院	45	544	495	459	430	57	23	5			4	564		410	
天津工业职业学院	46	409	362	320	292	63	15	11			21	37		280	
天津石油职业技术学院	47	680		581		28	60	11			381			425	
天津城市职业学院	48	668	635	481	470	76	82	16	5	8	50	78		508	
天津铁道职业技术学院	49	475	456	274	274	71	119	11			6	22		486	
天津工艺美术职业学院	50	132	132	70	70	33	28	1			36			326	
天津城市建设管理职业技术学院	51	275	249	243	230	12	19	1			60	77		247	
天津生物工程职业技术学院	52	219	163	190	146	16	9	4			43	91		183	
天津海运职业学院	53	481	337	397	292	75	6	3			16	302		87	
天津广播影视职业学院	54	10	10	70	70	10									
天津体育职业学院	55	93	93	70		20	3				12	29			
天津滨海汽车工程职业学院	56	824		673		40	49	60	2		78	12		12	

高等教育学校（成人）分学校教职工情况一览表

单位：人

甲	编号	教职工数									校外教师		外籍教师	离退休人员	附属中小学幼儿园教职工
		合计		专任教师		行政人员	教辅人员	工勤人员	专职科研人员	其他附设机构人员		行业导师			
		计	#在编人员	计	#在编人员										
	乙	1	2	3	4	5	6	7	8	9	10	11	12	13	14
天津市和平区新华职工大学	01	82	82	50	50	25	6	1						129	
天津市河西区职工大学	02	53	53	44	44	5	4							89	
天津市河东区职工大学	03	93	93	66	66	9	15	3			8			86	
天津市红桥区职工大学	04	72	72	54	54	15	3				29			84	
天津市南开区职工大学	05	68	68	40	40	10	16	2			10			113	
天津市建筑工程职工大学	06	57	57	45	45	1	11							107	
天津市职工经济技术大学	07														
天津市渤海化工职工学院	08	74		58		6	8			1	31			139	
天津市管理干部学院	09														
天津开放大学	10	217	217	64	64	52	101				1343			232	
天津市政法管理干部学院	11														
天津市工会管理干部学院	12	31	31	2	2	27	2							170	
天津市房地产局职工大学	13														

研究生导师情况分学校一览表

单位:人

甲	编号 乙	计 1	其中:女 2	按专业技术职务分			按指导关系分		
				正高级 3	副高级 4	中级 5	博士导师 6	硕士导师 7	博士、硕士导师 8
总　计	01	15579	5688	7207	6290	2082	240	11145	4194
南开大学	02	2213	623	1316	815	82		920	1293
天津大学	03	3041	812	1352	1321	368	186	1642	1213
天津科技大学	04	1391	451	542	579	270		1075	316
天津工业大学	05	960	380	378	419	163	10	751	199
中国民航大学	06	707	254	168	302	237		667	40
天津理工大学	07	898	318	388	376	134		762	136
天津农学院	08	314	164	73	135	106		314	
天津医科大学	09	1595	687	1025	570			1121	474
天津中医药大学	10	930	449	508	368	54	26	704	200
天津师范大学	11	1139	524	425	471	243	4	970	165
天津职业技术师范大学	12	342	127	125	150	67	1	296	45
天津外国语大学	13	286	192	98	102	86	7	265	14
天津商业大学	14	321	158	147	141	33		321	
天津财经大学	15	387	204	127	167	93	6	324	57
天津体育学院	16	167	78	58	80	29		125	42
天津音乐学院	17	146	58	91	55			146	
天津美术学院	18	162	34	99	63			162	
天津城建大学	19	410	156	163	134	113		410	
天津中德应用技术大学	20	42	9	19	19	4		42	
中钢集团天津地质研究院有限公司	21	8		6	2			8	
核工业理化工程研究院	22	48	7	34	14			48	
中国航天科工集团公司第三研究院8357所	23	8		6	2			8	
中国航天科工集团公司第三研究院8358所	24	20	2	18	2			20	
国家海洋技术中心	25	27		24	3			27	
天津航海仪器研究所	26	17	1	17				17	

高等教育学校（普通、职业）分学校校舍情况一览表

单位：平方米

甲	编号 乙	学校产校舍建筑面积 计 1	#C级危房 2	#D级危房 3	#被外单位租(借)用 4	正在施工校舍建筑面积 5	非学校产校舍建筑面积 独立使用 6	共同使用 7
南开大学	01	1851578.57			9333.64	69062	111240	
天津大学	02	2558263.2				105914		17534.62
天津科技大学	03	887705.57				29269.5		
天津工业大学	04	767537.05					28156.35	
中国民航大学	05	103977.29			41.58		844257.79	
天津理工大学	06	761648.49					163000	
天津农学院	07	276045.43						
天津医科大学	08	314567.25	2896		9643.72		6562.25	
天津中医药大学	09	376112.14				123641.89		
天津师范大学	10	888970.68						
天津职业技术师范大学	11	463127.73			499	69966.64		
天津外国语大学	12	85964.77					258462.6	
天津商业大学	13	510444.92		2840		40000		
天津财经大学	14	523444.53		7647.83	1036.89		2711.56	
天津体育学院	15	423868.4						
天津音乐学院	16	103478.95						
天津美术学院	17	453227.4					155020.76	
天津城建大学	18	475066.09						
天津天狮学院	19	297255.43			101996.45			
天津中德应用技术大学	20	136589.45			1318.55	20400	5732.8	31601.1
天津外国语大学滨海外事学院	21	132242.16					95548.73	
天津传媒学院	22	126463.38						5905.26
天津商业大学宝德学院	23	231086.46						
天津医科大学临床医学院	24	110525.65				10237.1		
南开大学滨海学院	25	335546.82						
天津师范大学津沽学院	26						21671	76276
天津理工大学中环信息学院	27						35622	
北京科技大学天津学院	28						14611.92	

续表

编号	甲	学校产权校舍建筑面积				正在施工校舍建筑面积	非学校产权校舍建筑面积	
乙		计	#C级危房	#D级危房	#被外单位租(借)用		独立使用	共同使用
		1	2	3	4	5	6	7
29	天津仁爱学院	166160.81					210525.57	
30	天津财经大学珠江学院	254814						
31	天津市职业大学	59566.21				34726.01	385019.01	
32	天津滨海职业学院	175519.27						
33	天津工程职业技术学院	163076.5					28140.06	
34	天津渤海职业技术学院	152933.3					161500.7	
35	天津电子信息职业技术学院	188075.88						112068
36	天津机电职业技术学院	162193.84						139584.38
37	天津现代职业技术学院	174777						144140.35
38	天津公安警官职业学院	110539.22					29591.02	
39	天津轻工职业技术学院	164862.64				23430.39	9411	65920
40	天津商务职业学院	15059.9					173932.56	
41	天津国土资源和房屋职业学院	121496.39					1308.32	7000
42	天津医学高等专科学校	102330.26	11646.36	2153.1			82831.04	
43	天津市开发区职业技术学院							
44	天津艺术职业学院						44787	
45	天津交通职业学院	248908					23827	
46	天津工业职业学院	165503.34					104903.22	94896.01
47	天津石油职业技术学院	193830.17				68780	5028	75072.9
48	天津城市职业学院	89176.92	2804.07				10046	36630
49	天津铁道职业技术学院	39398.01	8146.56				1123	84005.43
50	天津工艺美术职业学院	126439.53						
51	天津城市建设管理职业技术学院	87107.61					45155.64	
52	天津生物工程职业技术学院	176133.04						
53	天津海运职业学院	52301.3				36764.29	3564.22	76785.08
54	天津广播影视职业学院							
55	天津体育职业学院	153355.35					75260	7933
56	天津滨海汽车工程职业学院						184637.5	

高等教育学校（成人）分学校校舍情况一览表

单位：平方米

甲	编号 乙	学校产权校舍建筑面积				正在施工校舍建筑面积	非学校产权校舍建筑面积	
		计 1	#C级危房 2	#D级危房 3	#被外单位租（借）用 4	5	独立使用 6	共同使用 7
天津市和平区新华职工大学	01						4881	
天津市河西区职工大学	02						5658.12	
天津市河东区职工大学	03						13474.9	
天津市红桥区职工大学	04						15517	
天津市南开区职工大学	05	10887.68	1590.68					
天津市建筑工程职工大学	06	4594.82	2245.84		1098.97		3097.54	
天津市职工经济技术大学	07							
天津市渤海化工职工学院	08	7901.83						5762
天津市管理干部学院	09							
天津开放大学	10	48575.01					79240.82	255778.45
天津市政法管理干部学院	11							
天津市工会管理干部学院	12						60779.52	
天津市房地产局职工大学	13							

高等教育学校（普通、职业）分学校资产情况一览表

甲	编号	占地面积（平方米）	学校产权 图书（册）纸质图书	电子图书	数字教学终端数（台）计	#教师终端数	#学生终端数	职业教育仿真实训资源量（套）	固定资产总值（万元）计	#教学科研实习仪器设备资产值	占地面积（平方米）	非学校产权独立使用 图书（册）纸质图书	电子图书	数字教学终端数（台）计	#教师终端数	#学生终端数	职业教育仿真实训资源量（套）	固定资产总值（万元）计	#教学科研实习仪器设备资产值
乙		1	2	3	4	5	6	7	8	9	10	11	12	13	14	15	16	17	18
南开大学	01	4363966.42	3557576	2304223	24226	9966	11165		1125278.05	259858.65	67222.1								
天津大学	02	4154790.9	3716331	2024867	39042	7923	31119		1374003.23	457203.4	280001.4								
天津科技大学	03	1251497.13	1956278		9670	2985	6685		324326.64	87103.22	21193.46		723972						
天津工业大学	04	1511398	2044920	2134062	13624	4063	9561		534183.24	125405.77									
中国民航大学	05	1680180.9	2492839	7616982	18263	8424	9839		522087.18	149571.64	298499.78								
天津理工大学	06	1599280	2187901	1256137	12513	4524	7989		585376.7	102076.63	199800	2100		660	80	580		2575	1500
天津农学院	07	885371.99	1274154	1714630	5887	3291	2596		105715.32	30963.44									
天津医科大学	08	945134.46	1374012	3468833	5907	4236	566		163848.83	102130.73									
天津中医药大学	09	1353165.5	1254206	99746	3656	2470	1186		106377.2526	85372.32	3498.5								
天津师范大学	10	2331094.6	3661621	931186	8037	287	7750		527375.19	74606.54									
天津职业技术师范大学	11	542995	2250212	2838684	9155	1559	7596		221418.41	65577.25									
天津外国语大学	12	341408.3	1108845	5256704	6159	2360	2567		49499.62	16704.64	122810.4							63471.38	
天津商业大学	13	862739.98	2264537	4219119	9429	2619	6810		248380.46	57813.50548	14667								
天津财经大学	14	900200	1688300	4829702	13578	4854	8724		178911	19562.68	8254.9								
天津体育学院	15	836388.2	454982	1048300	1529	286	1243		190209.87	20398.43									
天津音乐学院	16	61766.69	288702	862778	842	756	86		42458.21	12798.7									
天津美术学院	17	117706.52	371302	1762900	2880	280	2600		73368	9206	71135.7								
天津城建大学	18	336624.91	1388448	2048145	6393	2490	3903		220812.88	47085.86	249220.12								
天津天狮学院	19	1650841.6	8540000	1200000	2648	361	2287		209273.55	6418.79		19631							
天津中德应用技术大学	20	483625.5	511338	94246	5656	666	4976		186535.79	55419.09	329983							1356	1356
天津外国语大学滨海外事学院	21	194629.2	11580		1400	1013	387		5359.31	4292.858								21595.95	
天津传媒学院	22	333336.8	463528	72000	1477	180	825		60403.6	5505.59									
天津商业大学宝德学院	23	141389.9	678000	600000	2359	632	1727		74413.57	2845.51									
天津医科大学临床医学院	24	222765	571941	240000	1604	149	1156		45636.94381	5993.986021									
南开大学滨海学院	25	594547.2	1268378	371221	4691	740	3951		59541.7	7740.54									
天津师范大学津沽学院	26		414000	165000	1678	150	1528		12556.49	3032.58	329611								
天津理工大学中环信息学院	27	146156.2	605557	165000	3671	467	3204		45547.93	5942.28	91555								
北京科技大学天津学院	28	865153.4	1262085	293953	4162	578	3584		89337.56	6782.57								3586.89	

续表

说明：第 1–9 栏为"学校产权"，第 10–18 栏为"非学校产权独立使用"。各栏含义如下——
1 占地面积(平方米)；2 图书·纸质图书(册)；3 图书·电子图书(册)；4 数字终端数·计(台)；5 数字终端数·#教师终端数；6 数字终端数·#学生终端数；7 职业教育仿真实训资源数量(套)；8 固定资产总值·计(万元)；9 固定资产总值·#教学科研实习仪器设备资产值；10 占地面积(平方米)；11 图书·纸质图书(册)；12 图书·电子图书(册)；13 数字终端数·计(台)；14 数字终端数·#教师终端数；15 数字终端数·#学生终端数；16 职业教育仿真实训资源数量(套)；17 固定资产总值·计(万元)；18 固定资产总值·#教学科研实习仪器设备资产值。

甲（学校名称）	乙（编号）	1	2	3	4	5	6	7	8	9	10	11	12	13	14	15	16	17	18
天津仁爱学院	29	501187.7	1146971	913132	6506	1476	5030		85182.64	12346.8	177781							52396	
天津财经大学珠江学院	30	598942.5	1567427	155673	3098	645	2453		82084	4895.73			35162						
天津市职业大学	31	78498.9	983654	746712	7290	190	7100	1565	152817.77	57010.47	749375.9						3		
天津滨海职业学院	32	477023	694114	9900	5604	336	4974	54	35736.9	11864.51									
天津工程职业技术学院	33	461452.7	650000	1200	1698	120	1578	33	17210	8007.41									
天津渤海职业技术学院	34	511366.35	739400	92325	3343	253	3090	256	68051.56	22624.65	105826.15								
天津电子信息职业技术学院	35	498000	679045	239648	9237	391	8846	145	117110.085	19222.28037									
天津机电职业技术学院	36	340200	377372	340000	3170	483	2687	18	132526.8953	26326.76							1		
天津现代职业技术学院	37	532800	528302	510379	3692	197	3052	52	125152.24	23470.83							17		
天津公安警官职业学院	38	284185.1	446354	150000	628	628			30334.6	2270				550	550				
天津轻工职业技术学院	39	393630.2	565150	374356	5492	512	4980	24	92476.82	20979.41	167705.8						24		
天津商务职业学院	40	7203.6	573161	3457401	4611	615	3996	105	146252.86	8511.48	496286.86								
天津国土资源和房屋职业学院	41	177691.6	227400	250000	2362	58	2304	5	28539.8	8985.22	252000								
天津医学高等专科学校	42	176490	510000	405	1445	496	949	58	62107.471	24543.108	296100								
天津开发区职业技术学院	43																		
天津艺术职业学院	44		128842	1556	469	147	322	24	35074.01939	2975.3458	83361								
天津交通职业学院	45	535090	680000	1300000	3807	345	3462	55	38324.637	20688.0697	21747.8						4		
天津工业职业学院	46	94193.8	440773	226130	2050	208	1633	5	28045.55	13309.81	137637.46						21		
天津石油职业技术学院	47	964992.5	554070	838000	1000	337	663	42	28087.72	12849.58	14160								
天津城市职业学院	48	322819.57	877632	167345	2194	487	1707	4	23836.45	11242.816	1654								
天津铁道职业技术学院	49	146134.2	255705	120000	1832	632	1200	116	28045.55	11704.24									
天津工艺美术职业学院	50	94193.8	93956	12000	1214	123	851	4	6115.22	2975.37		5000						23.67	
天津城市建设管理职业技术学院	51	270008	437109	341980	3854	112	3742	12	16019.48	11424.99									7.85
天津生物工程职业技术学院	52	202250.7	246380	3431	992	356	636	36	32168.29	7041.93									
天津海运职业学院	53	409173.8	965610	306137	2722	411	2311	103	95861.09	16052.61	75260								
天津广播影视职业学院	54	126370.5	110800	130000	550	120	430		14189.1	2179.31									
天津体育职业学院	55		100000	130000	164	124	32		2325.59	990.87				312	120	192			
天津滨海汽车工程职业学院	56	1118716.6	479200	300000	1652	219	1404	3	24377.096	5608.27	542892.6							29800	

高等教育学校（成人）分学校资产情况一览表

甲	乙 (编号)	学校产权 占地面积（平方米）[1]	纸质图书[2]	电子图书[3]	数字终端数 计[4]	#教师终端数[5]	#学生终端数[6]	固定资产总值 计[7]	#教学科研实习仪器设备资产值[8]	非学校产权独立使用 占地面积（平方米）[9]	纸质图书[10]	电子图书[11]	数字终端数 计[12]	#教师终端数[13]	#学生终端数[14]	固定资产总值 计[15]	#教学科研实习仪器设备资产值[16]
天津市和平区新华职工大学	01		58416		752	110	638	1107.2954	478.7116	11856.84							
天津市河西区职工大学	02		500		179	66	113	1163.3	200.31	4285.1							
天津市河东区职工大学	03		32000		506	220	286	1483.75	606.15	23347.73							
天津市红桥区职工大学	04		60000		387	104	283	2168.95	272.13	34997							
天津市南开区职工大学	05	16675	60000	3089	578	133	445	944.232581	627.567234								
天津市建筑工程职工大学	06	4650.71	12186		185	64	121	698.37	293.62	3105.04							
天津市职工经济技术大学	07																
天津市渤海化工职工学院	08	12674	12941	198	205	45	160	476.85	190.74								
天津市管理干部学院	09																
天津开放大学	10	50073.83	126345	44285	1657	413	1244	30894.86453	6966.0518	52258.07	26447	23667	1115	211	904	4488.5393	1400.1281
天津市政法管理干部学院	11																
天津市工会管理干部学院	12	85631.2	129873	5	5			4849.4	844.33								
天津市房地产局职工大学	13																

中等职业教育

中等职业学校机构数

单位:所

甲	编号 乙	合计 1	中央部门 2	地方 3	教育部门 4	其他部门 5	地方企业 6	民办 7	中外合作办 8
中等职业学校	01	59		48	29	8	11	11	
#调整后中等职业学校	02								
#中等技术学校	03	36		30	16	6	8	6	
#中等师范学校	04	1		1	1				
#成人中等专业学校	05	8		8	3	2	3	3	
#职业高中学校	06	14		9	9			5	
#残疾人中等职业学校	07								
其他中职机构(不计校数)	08	10		9	7	2		1	
附设中职班	09								

中等职业学校（机构）各类学生数

单位：人

甲	编号 乙	毕业生数 1	#职业类证书 2	#职业技能等级证书 3	招生数 4	在校生数 5	#现代学徒制 6	一年级 7	二年级 8	三年级 9	四年级以上 10	预计毕业生数 11
中职学生计	01	30262	12758	5297	27969	82710	41	28015	26354	27604	737	28188
#女	02	12850	5055	2086	12508	36585		12515	11728	11872	470	11917
#五年制高职中职段	03	3330	1916	1078	3705	11124		3705	3824	3595		3596
全日制	04	28041	12758	5297	27769	82444	41	27815	26288	27604	737	28188
非全日制	05	2221			200	266		200	66			

中等职业学校分办学类型及举办者的中职学生及教职工情况

单位：人

甲	编号 乙	学生数 合计 毕业生数 1	招生数 2	在校生数 3	全日制 毕业生数 4	招生数 5	在校生数 6	非全日制 毕业生数 7	招生数 8	在校生数 9	教职工数 10	#专任教师 11	正高级 12	副高级 13	中级 14	初级 15	未定职级 16	校外教师 17	行业导师 18	外籍教师 19
总计	01	30262	27969	82710	28041	27769	82444	2221	200	266	7209	5366	39	1750	2274	797	506	469	37	1
#女	02	12850	12508	36585	11724	12410	36465	1126	98	120	4629	3741	22	1254	1561	541	363	311	15	1
按办学类型分 调整后中等职业学校	03																			
普通中专学校	04	20811	20415	61186	20811	20415	61186				5370	3787	38	1142	1607	610	390	343	37	1
成人中专学校	05	2221	200	266				2221	200	266	127	63		25	28	10		5		
职业高中学校	06	6505	6546	18887	6505	6546	18887				1712	1428	1	558	601	163	105	121		
其他中职机构	07																			
残疾人中等职业学校	08																			
附设中职班	09	725	808	2371	725	808	2371				—	88		25	38	14	11	—	—	
按举办者分 1.中央部门办（机构）	10																			
2.地方公办	11	28760	24036	74933	26539	23836	74667	2221	200	266	6572	4929	38	1744	2200	710	237	390	31	
教育部门	12	14770	13161	42729	14770	13161	42729				3754	3062	16	1212	1427	325	82	200	18	
其他部门	13	7061	4885	14585	4840	4685	14319	2221	200	266	1207	803	10	233	332	143	85	74	11	
地方企业	14	6929	5990	17619	6929	5990	17619				1611	1064	12	299	441	242	70	116	2	
3.民办	15	1502	3933	7777	1502	3933	7777				637	437	1	6	74	87	269	79	6	1
4.中外合作办	16																			

单位：人

中等职业学校学生分科类情况

甲	编号 乙	毕业生数 1	#职业类证书 2	#职业技能等级证书 3	招生数 4	在校生数 5	预计毕业生数 6
总　计	01	30262	12758	5297	27969	82710	28188
#女	02	12850	5055	2086	12508	36585	11917
农林牧渔大类	03	2802	125	125	534	1322	405
资源环境与安全大类	04	133	1	1	249	659	155
能源动力与材料大类	05	44	43		49	138	43
土木建筑大类	06	941	200	191	978	2818	965
水利大类	07						
装备制造大类	08	4677	2775	1541	5160	14854	4830
生物与化工大类	09	185			210	523	159
轻工纺织大类	10	22					
食品药品与粮食大类	11	412	160	160	381	1299	425
交通运输大类	12	1910	1022	447	1440	5365	1797
电子与信息大类	13	8467	3345	1165	7013	21442	8403
医药卫生大类	14	686	437	75	644	1840	669
财经商贸大类	15	4761	2080	1096	4863	14819	5021
旅游大类	16	1022	534	82	1388	3480	1051
文化艺术大类	17	977	152	62	1363	4274	1186
新闻传播大类	18	580	443	247	796	2101	591
教育与体育大类	19	2605	1433	98	2813	7539	2453
公安与司法大类	20						
公共管理与服务大类	21	38	8	7	88	237	35

中等职业学校在校生分年龄情况

单位：人

甲	编号	合计	14岁以下	15岁	16岁	17岁	18岁	19岁	20岁	21岁	22岁以上
	乙	1	2	3	4	5	6	7	8	9	10
总　　计	01	82710	545	19374	26191	25799	9172	1213	107	30	279
全日制学生	02	82444	545	19374	26191	25799	9172	1213	107	30	13
非全日制学生	03	266									266

中等职业学校招生、在校生来源情况

单位：人

甲	编号 乙	招生数 1	全日制学生 2	非全日制学生 3	#应届毕业生 4	#初中毕业生 5	在校生数 6	全日制学生 7	非全日制学生 8
总　计	01	27969	27769	200	27012	26861	82710	82444	266
北　京	02	37	37		26	25	88	88	
天　津	03	24793	24593	200	24127	24118	67525	67259	266
河　北	04	1210	1210		1127	1028	7485	7485	
山　西	05	155	155		146	126	793	793	
内蒙古	06	47	47		42	40	252	252	
辽　宁	07	71	71		67	64	248	248	
吉　林	08	75	75		66	66	274	274	
黑龙江	09	261	261		233	233	1004	1004	
上　海	10	1	1				4	4	
江　苏	11	45	45		37	36	169	169	
浙　江	12	34	34		30	30	120	120	
安　徽	13	119	119		107	106	568	568	
福　建	14	14	14		10	10	107	107	
江　西	15	31	31		27	27	75	75	
山　东	16	454	454		400	396	1729	1729	
河　南	17	260	260		233	227	1012	1012	
湖　北	18	27	27		24	24	121	121	
湖　南	19	12	12		10	10	44	44	
广　东	20	22	22		17	17	44	44	
广　西	21	10	10		6	6	24	24	
海　南	22	1	1		1	1	4	4	
重　庆	23	11	11		9	8	32	32	
四　川	24	21	21		18	17	91	91	
贵　州	25	3	3		3	3	11	11	
云　南	26	3	3		2	2	14	14	
西　藏	27	50	50		50	50	145	145	
陕　西	28	17	17		14	14	78	78	
甘　肃	29	74	74		73	73	307	307	
青　海	30	1	1				7	7	
宁　夏	31	3	3		1	1	15	15	
新　疆	32	106	106		106	103	315	315	
香　港	33						2	2	
澳　门	34								
台　湾	35	1	1				3	3	
华　侨	36								

中等职业学校学生变动情况

单位:人

	编号	上学年初在校生数	增加学生数				减少学生数									本学年初在校生数
				招生	复学	转入	其他		毕业	结业	休学	退学	死亡	转出	其他	
甲	乙	1	2	3	4	5	6	7	8	9	10	11	12	13	14	15
总　计	01	82867	31702	27969	50	3539	144	31859	30262		120	1143	7	190	137	82710
全日制学生	02	80579	31502	27769	50	3539	144	29637	28041		120	1143	7	190	136	82444
非全日制学生	03	2288	200	200				2222	2221						1	266

中等职业学校在校生中其他情况

单位:人

	编号	中共党员	共青团员	香港	澳门	台湾	华侨	少数民族	残疾人
甲	乙	1	2	3	4	5	6	7	8
总　计	01	76	7874	2		3		3042	122
中职全日制学生	02		7874	2		3		3039	122
#女	03		4187			1		1434	60
中职非全日制学生	04	76						3	
#女	05	11							

中等职业学校教职工情况

单位：人

甲	编号 乙	教职工数 1	专任教师 2	行政人员 3	教辅人员 4	工勤人员 5	其他附设机构人员 6	校外教师 7	行业导师 8	外籍教师 9
总计	01	7209	5300	1100	515	246	48	469	37	1
#女	02	4629	3697	523	308	59	42	311	15	1
#在编人员	03	6313	4746	935	450	134	48	—	—	—
普通中专	04	5370	3809	912	414	201	34	343	37	1
#女	05	3346	2576	438	246	56	30	238	15	—
#在编人员	06	4757	3452	799	369	103	34	—	—	—
成人中专	07	127	63	34	15	15		5	—	—
#女	08	37	22	10	5			—	—	—
#在编人员	09	50	27	12	7	4		—	—	—
职业高中	10	1712	1428	154	86	30	14	121	—	—
#女	11	1246	1099	75	57	3	12	73	—	—
#在编人员	12	1506	1267	124	74	27	14	—	—	—

中等职业学校专任教师分年龄情况（总计）

甲		编号 乙	合计 1	29岁以下 2	30-34岁 3	35-39岁 4	40-44岁 5	45-49岁 6	50-54岁 7	55-59岁 8	60-64岁 9	65岁以上 10
总计		01	5366	467	747	888	949	798	877	635	4	1
#女		02	3741	345	522	581	686	598	642	365	2	
#获博士学位		03	7		1	1	3	1	1			
#获硕士学位		04	1378	134	255	384	346	153	80	25		1
按专业技术职务分	正高级	05	39				4	3	7	24		1
	副高级	06	1750		2	76	203	342	580	543	4	
	中级	07	2274	16	298	560	651	426	264	59		
	初级	08	797	189	306	185	63	23	23	8		
	未定职级	09	506	262	141	67	28	4	3	1		
按学历（学位）分	博士研究生	10	7		1	1	3	1	1			
	#获博士学位	11	7		1	1	3	1	1			
	#获硕士学位	12										
	硕士研究生	13	859	139	242	272	165	21	13	6		1
	#获博士学位	14										
	#获硕士学位	15	830	134	237	267	154	21	11	5		1
	本科	16	4437	323	500	611	775	765	847	612	4	
	#获博士学位	17										
	#获硕士学位	18	547		18	117	192	132	69	19		
	专科	19	54	5	4	4	4	8	14	15		
	#获博士学位	20										
	#获硕士学位	21	1							1		
	高中阶段以下	22	9				2	3	2	2		

普通中专学校专任教师分年龄情况

单位:人

甲	编号 乙	合计 1	29岁以下 2	30—34岁 3	35—39岁 4	40—44岁 5	45—49岁 6	50—54岁 7	55—59岁 8	60—64岁 9	65岁以上 10
总　计	01	3787	376	600	728	644	456	512	466	4	1
#女	02	2558	271	407	472	454	338	360	254	2	
#获博士学位	03	7		1	1	3	1	1			
#获硕士学位	04	1073	123	225	310	246	106	46	16		1
按专业技术职务分　正高级	05	38				4	3	7	23		1
副高级	06	1142		2	69	153	181	339	394	4	
中级	07	1607	12	263	453	429	256	152	42		
初级	08	610	150	252	144	34	13	11	6		
未定职级	09	390	214	83	62	24	3	3	1		
按学历(学位)分　博士研究生	10	7		1	1	3	1	1			
#获博士学位	11	7		1	1	3	1	1			
#获硕士学位	12										
硕士研究生	13	724	128	211	225	125	18	10	6		1
#获博士学位	14										
#获硕士学位	15	707	123	209	221	122	18	8	5		1
本科	16	3003	243	384	498	510	429	489	446	4	
#获博士学位	17										
#获硕士学位	18	366		16	89	124	88	38	11		
专科	19	44	5	4	4	4	5	10	12		
#获博士学位	20										
#获硕士学位	21										
高中阶段以下	22	9				2	3	2	2		

成人中专学校专任教师分年龄情况

单位:人

甲	编号 乙	合计 1	29岁以下 2	30—34岁 3	35—39岁 4	40—44岁 5	45—49岁 6	50—54岁 7	55—59岁 8	60—64岁 9	65岁以上 10
总计	01	63	1	2	9	14	23	9	5		
#女	02	22	1	1	6	4	10				
#获博士学位	03										
#获硕士学位	04	13			3	3	4	2	1		
按专业技术职务分 正高级	05										
副高级	06	25			1	6	11	5	2		
中级	07	28		2	5	5	9	4	3		
初级	08	10	1		3	3	3				
未定职级	09										
按学历(学位)分 博士研究生	10										
#获博士学位	11										
#获硕士学位	12										
硕士研究生	13	5			2	1		2			
#获博士学位	14										
#获硕士学位	15	5			2	1		2			
本科	16	54	1	2	7	13	22	7	2		
#获博士学位	17										
#获硕士学位	18	7			1	2	4				
专科	19	4					1		3		
#获博士学位	20										
#获硕士学位	21	1							1		
高中阶段以下	22										

职业高中学校专任教师分年龄情况

单位:人

甲		编号	合计	29岁以下	30—34岁	35—39岁	40—44岁	45—49岁	50—54岁	55—59岁	60—64岁	65岁以上
		乙	1	2	3	4	5	6	7	8	9	10
总计		01	1428	80	127	138	280	309	342	152		
#女		02	1099	65	99	96	219	242	272	106		
#获博士学位		03										
#获硕士学位		04	274	11	25	64	92	42	32	8		
按专业技术职务分	正高级	05	1							1		
	副高级	06	558			5	38	146	229	140		
	中级	07	601	4	25	93	213	155	102	9		
	初级	08	163	36	45	36	26	7	11	2		
	未定职级	09	105	40	57	4	3	1				
按学历(学位)分	博士研究生	10										
	#获博士学位	11										
	#获硕士学位	12										
	硕士研究生	13	118	11	26	40	37	3	1			
	#获博士学位	14										
	#获硕士学位	15	106	11	23	39	29	3	1			
	本科	16	1304	69	101	98	243	304	337	152		
	#获博士学位	17										
	#获硕士学位	18	168		2	25	63	39	31	8		
	专科	19	6					2	4			
	#获博士学位	20										
	#获硕士学位	21										
	高中阶段以下	22										

附设中职班专任教师分年龄情况

单位：人

	甲	编号	合计	29岁以下	30—34岁	35—39岁	40—44岁	45—49岁	50—54岁	55—59岁	60—64岁	65岁以上
	乙		1	2	3	4	5	6	7	8	9	10
总计		01	88	10	18	13	11	10	14	12		
	#女	02	62	8	15	7	9	8	10	5		
	#获博士学位	03										
	#获硕士学位	04	18		5	7	5	1				
按专业技术职务分	正高级	05										
	副高级	06	25			1	6	4	7	7		
	中级	07	38		8	9	4	6	6	5		
	初级	08	14	2	9	2			1			
	未定职级	09	11	8	1	1	1					
按学历（学位）分	博士研究生	10										
	#获博士学位	11										
	#获硕士学位	12										
	硕士研究生	13	12		5	5	2					
	#获博士学位	14										
	#获硕士学位	15	12		5	5	2					
	本科	16	76	10	13	8	9	10	14	12		
	#获博士学位	17										
	#获硕士学位	18	6			2	3		1			
	专科	19										
	#获博士学位	20										
	#获硕士学位	21										
	高中阶段以下	22										

中等职业学校专任教师教学领域所属大类情况（总计）

单位：人

甲		编号 乙	合计 1	#女 2	正高级 3	副高级 4	中级 5	初级 6	未定职级 7
总计		01	5366	3741	39	1750	2274	797	506
#女		02	3741	—	22	1254	1561	541	363
	#实习指导课	03	395	119	3	104	199	78	11
专业课	农林牧渔大类	04	48	34	1	15	26	4	2
	资源环境与安全大类	05	21	11		6	10	2	3
	能源动力与材料大类	06	8	4		4	4		
	土木建筑大类	07	69	50	1	20	36	7	5
	水利大类	08							
	装备制造大类	09	695	368	12	213	324	102	44
	生物与化工大类	10	24	19	2	12	8	2	
	轻工纺织大类	11							
	食品药品与粮食大类	12	31	25		6	17	7	1
	交通运输大类	13	271	128	1	51	135	73	11
	电子与信息大类	14	715	469	5	248	317	92	53
	医药卫生大类	15	43	38		14	20	8	1
	财经商贸大类	16	380	327	3	148	156	58	15
	旅游大类	17	104	68		24	49	24	7
	文化艺术大类	18	538	391	6	192	250	70	20
	新闻传播大类	19	14	12	1	2	8	3	
	教育与体育大类	20	615	436	3	176	271	109	56
	公安与司法大类	21	5	5					5
	公共管理与服务大类	22	23	18		4	1	9	9
公共基础课		23	1762	1338	4	615	642	227	274

普通中专学校专任教师教学领域所属大类情况

单位：人

甲	编号	合计	#女	正高级	副高级	中级	初级	未定职级
	乙	1	2	3	4	5	6	7
总计	01	3787	2558	38	1142	1607	610	390
#女	02	2558	—	22	787	1079	404	266
#实习指导课	03	381	117	3	99	194	74	11
农林牧渔大类	04	47	34	1	14	26	4	2
资源环境与安全大类	05	20	11		5	10	2	3
能源动力与材料大类	06	3	3		1	2		
土木建筑大类	07	69	50	1	20	36	7	5
水利大类	08							
装备制造大类	09	599	301	12	187	278	95	27
生物与化工大类	10	20	16	2	10	6	2	
轻工纺织大类	11							
食品药品与粮食大类	12	18	13		5	7	5	1
交通运输大类	13	181	88	1	31	94	46	9
电子与信息大类	14	514	326	4	161	240	80	29
医药卫生大类	15							
财经商贸大类	16	213	177	3	75	88	35	12
旅游大类	17	48	25		11	26	7	4
文化艺术大类	18	346	264	6	103	165	52	20
新闻传播大类	19	13	11	1	1	8	3	
教育与体育大类	20	519	367	3	160	242	93	21
公安与司法大类	21	5	5					5
公共管理与服务大类	22	18	13				9	9
公共基础课	23	1154	854	4	358	379	170	243

（注：编号 04—22 为"专业课"）

成人中专学校专任教师教学领域所属大类情况

单位：人

甲	编号 乙	合计 1	#女 2	正高级 3	副高级 4	中级 5	初级 6	未定职级 7
总　计	01	63	22		25	28	10	
#女	02	22	—		9	9	4	
#实习指导课	03	5				3	2	
农林牧渔大类	04	1			1			
资源环境与安全大类	05	1	1		1	1		
能源动力与材料大类	06	5	1		3	2		
土木建筑大类	07							
水利大类	08							
装备制造大类	09	1	1			1		
生物与化工大类	10	4	3		2	2		
轻工纺织大类	11							
食品药品与粮食大类	12							
专业课　交通运输大类	13	38	6		13	17	8	
电子与信息大类	14	2	1		1	1		
医药卫生大类	15	1	1				1	
财经商贸大类	16							
旅游大类	17							
文化艺术大类	18							
新闻传播大类	19							
教育与体育大类	20	9	8		4	4	1	
公安与司法大类	21							
公共管理与服务大类	22							
公共基础课	23	1	1			1		

职业高中学校专任教师教学领域所属大类情况

单位：人

	编号	合计	#女	正高级	副高级	中级	初级	未定职级
甲	乙	1	2	3	4	5	6	7
总　计	01	1428	1099	1	558	601	163	105
#女	02	1099	—		441	448	121	89
#实习指导课	03	5	2		1	2	2	
农林牧渔大类	04							
资源环境与安全大类	05							
能源动力与材料大类	06							
土木建筑大类	07							
水利大类	08							
装备制造大类	09	83	57		22	37	7	17
生物与化工大类	10							
轻工纺织大类	11							
食品药品与粮食大类	12	13	12		1	10	2	
专业课　交通运输大类	13	52	34		7	24	19	2
电子与信息大类	14	195	139	1	84	74	12	24
医药卫生大类	15	37	32		12	17	7	1
财经商贸大类	16	162	146		72	64	23	3
旅游大类	17	56	43		13	23	17	3
文化艺术大类	18	192	127		89	85	18	
新闻传播大类	19							
教育与体育大类	20	58	39		12	18	4	24
公安与司法大类	21							
公共管理与服务大类	22	2	2		2			
公共基础课	23	578	468		244	249	54	31

附设中职班专任教师教学领域所属大类情况

单位:人

甲		编号 乙	合计 1	#女 2	正高级 3	副高级 4	中级 5	初级 6	未定职级 7
总计		01	88	62		25	38	14	11
#女		02	62	—		17	25	12	8
#实习指导课		03	4			4			
专业课	农林牧渔大类	04							
	资源环境与安全大类	05							
	能源动力与材料大类	06							
	土木建筑大类	07							
	水利大类	08							
	装备制造大类	09	12	9		4	8		
	生物与化工大类	10							
	轻工纺织大类	11							
	食品药品与粮食大类	12							
	交通运输大类	13							
	电子与信息大类	14	4	3		2	2		
	医药卫生大类	15	5	5		2	3		
	财经商贸大类	16	5	4		1	4		
	旅游大类	17							
	文化艺术大类	18							
	新闻传播大类	19	1	1		1			
	教育与体育大类	20	29	22			7	11	
	公安与司法大类	21							
	公共管理与服务大类	22	3	3		2	1		
公共基础课		23	29	15		13	13	3	

中等职业学校教师分学历（位）情况（总计）

单位：人

甲	编号 乙	合计 1	博士研究生 2	#获取博士学位 3	#获取硕士学位 4	硕士研究生 5	#获取博士学位 6	#获取硕士学位 7	本科 8	#获取博士学位 9	#获取硕士学位 10	专科 11	#获取博士学位 12	#获取硕士学位 13	高中阶段以下 14
1.专任教师	01	5366	7	7		859		830	4437		547	54		1	9
#女	02	3741	3	3		679		657	3051		383	8			
正高级	03	39				5		5	34		4				
副高级	04	1750	6	6		82		75	1655		251	7		1	
中级	05	2274	1	1		426		412	1818		273	24			5
初级	06	797				203		203	577		18	14			3
未定职级	07	506				143		135	353		1	9			1
2.校外教师	08	469	9	9		105		102	341		7	14			
#女	09	311	4	4		71		68	229		5	7			
#两年以上	10	128	8	8		33		32	79		3	8			
正高级	11	23	3	3		5		5	13		1	2			
副高级	12	55	4	4		15		15	36		5				
中级	13	60	2	2		19		19	37			2			
初级	14	112				17		17	90		1	5			
未定职级	15	219				49		46	165			5			
3.行业导师	16	37				4		3	31			2			
4.外籍教师	17	1							1						

普通中专学校教师分学历（位）情况

单位：人

甲	编号 乙	合计	博士研究生	#获取博士学位	#获取硕士学位	硕士研究生	#获取博士学位	#获取硕士学位	本科	#获取博士学位	#获取硕士学位	专科	#获取博士学位	#获取硕士学位	高中阶段及下
		1	2	3	4	5	6	7	8	9	10	11	12	13	14
1.专任教师	01	37787	7	7		724		707	3003		366	44			9
#女	02	2558	3	3		574		561	1978		232	3			
正高级	03	38				5		5	33		4				
副高级	04	1142	6	6		69		62	1061		172	6			5
中级	05	1607	1	1		337		332	1246		180	18			
初级	06	610				178		178	418		10	11			3
未定职级	07	390				135		130	245		9	9			1
2.校外教师	08	343	8	8		93		91	230		7	12			
#女	09	238	3	3		64		62	165		5	6			
#两年以上	10	114	7	7		29		28	71		3	7			
正高级	11	19	2	2		4		4	11		1	2			
副高级	12	47	4	4		13		13	30		5				
中级	13	35	2	2		16		16	15		16	2			
初级	14	85				15		15	66		15	4			
未定职级	15	157				45		43	108		43	4			
3.行业导师	16	37				4		3	31		3	2			
4.外籍教师	17	1							1						

成人中专学校教师分学历（位）情况

单位：人

甲	编号 乙	合计 1	博士研究生 2	#获取博士学位 3	#获取硕士学位 4	硕士研究生 5	#获取博士学位 6	#获取硕士学位 7	本科 8	#获取博士学位 9	#获取硕士学位 10	专科 11	#获取博士学位 12	#获取硕士学位 13	高中阶段及下 14
1.专任教师	01	63				5		5	54		7	4			1
#女	02	22				4		4	17		6	1			
正高级	03														
副高级	04	25				2		2	23		6				
中级	05	28				3		3	22		1	3			
初级	06	10							9			1			1
未定职级	07														
2.校外教师	08	5							5						
#女	09														
#两年以上	10	4							4						
正高级	11														
副高级	12														
中级	13														
初级	14	5							5						
未定职级	15														
3.行业导师	16														
4.外籍教师	17														

职业高中学校教师分学历（位）情况

单位：人

甲	编号 乙	合计 1	博士研究生 2	#获取博士学位 3	#获取硕士学位 4	硕士研究生 5	#获取博士学位 6	#获取硕士学位 7	本科 8	#获取博士学位 9	#获取硕士学位 10	专科 11	#获取博士学位 12	#获取硕士学位 13	高中阶段及下 14
1.专任教师	01	1428				118		106	1304		168	6			14
#女	02	1099				92		83	1003		140	4			
正高级	03	1							1						
副高级	04	558				9		9	548		71	1			
中级	05	601				78		69	520		88	3			
初级	06	163				23		23	138		8	2			
未定职级	07	105				8		5	97		1				
2.校外教师	08	121	1	1	1	12		11	106			2			
#女	09	73	1	1	1	7		6	64			1			
#两年以上	10	10	1	1	1	4		4	4			1			
正高级	11	4	1	1	1	1		1	2						
副高级	12	8				2		2	6						
中级	13	25				3		3	22						
初级	14	22				2		2	19			1			
未定职级	15	62				4		3	57			1			
3.行业导师	16														
4.外籍教师	17														

附设中职班教师分学历（位）情况

单位：人

甲	编号 乙	合计 1	博士研究生 2	#获取博士学位 3	#获取硕士学位 4	硕士研究生 5	#获取博士学位 6	#获取硕士学位 7	本科 8	#获取博士学位 9	#获取硕士学位 10	专科 11	#获取博士学位 12	#获取硕士学位 13	高中阶段及下 14
1.专任教师	01	88				12		12	76			6			
#女	02	62				9		9	53			5			
正高级	03														
副高级	04	25				2		2	23			2			
中级	05	38				8		8	30			4			
初级	06	14				2		2	12						
未定职级	07	11							11						
2.校外教师	08														
#女	09														
#两年以上	10														
正高级	11														
副高级	12														
中级	13														
初级	14														
未定职级	15														
3.行业导师	16														
4.外籍教师	17														

中等职业学校教师授课分类情况（总计）

单位：人

甲	编号乙	本学年授课专任教师 1	公共基础课 2	#思政课 3	专业（技能）课程 4	#双师型 5	本学年授课校外教师 6	公共基础课 7	#思政课 8	专业（技能）课程 9	#双师型 10	本学年授课行业导师 11	#专业（技能）课程 12	本学年授课外籍教师 13	公共基础课 14	专业（技能）课程 15	本学年不授课专任教师 16	进修 17	病休 18	其他 19
总计	01	5281	2492	379	2789	1838	466	270	26	196	68	37	29	1	1		85		23	62
#女	02	3696	1907	300	1789	1185	310	216	20	94	35	15	14	1	1		45		17	28
正高级	03	39	5	4	34	28	22			22	6	2	2							
副高级	04	1730	866	118	864	621	55	23	2	32	9	7	5				20		7	13
中级	05	2252	927	138	1325	914	59	19	3	40	20	7	7				22		5	17
初级	06	773	340	63	433	246	112	73	9	39	15	15	15				24		11	13
未定职级	07	487	354	56	133	29	218	155	12	63	18	21	15	1	1		19			19

普通中专学校教师授课分类情况

单位：人

甲	编号 乙	本学年授课专任教师	公共基础课	#思政课	专业(技能)课程	#双师型	本学年授课校外教师	公共基础课	#思政课	专业(技能)课程	#双师型	本学年授课行业导师	#专业(技能)课程	本学年授课外籍教师	公共基础课	专业(技能)课程	本学年不授课专任教师	进修	病休	其他
		1	2	3	4	5	6	7	8	9	10	11	12	13	14	15	16	17	18	19
计	01	3747	1573	286	2174	1437	340	212	13	128	26	37	29	1	1		40		8	32
#女	02	2535	1182	221	1353	895	237	173	12	64	14	15	14	1	1		23		5	18
正高级	03	38	5	4	33	28	18			18	3	2	2							
副高级	04	1136	531	89	605	454	47	22	1	25	5	7	5				6		3	3
中级	05	1602	558	95	1044	716	34	12		22	6	7	7				5		2	3
初级	06	600	233	52	367	212	85	56	2	29	7						10		3	7
未定职级	07	371	246	46	125	27	156	122	10	34	5	21	15	1	1		19			19

（总）

成人中专学校教师授课分类情况

单位:人

甲	编号乙	本学年专任教师授课公共基础课 1	公共基础课 #思政课 2	专业(技能)课程 3	专业(技能)课程 #双师型 4	#双师型 5	本学年授课校外教师公共基础课 6	公共基础课 #思政课 7	专业(技能)课程 #思政课 8	专业(技能)课程 9	#双师型 10	本学年授课行业导师 11	本学年授课行业导师 #专业(技能)课程 12	本学年授课外籍教师 13	公共基础课 14	专业(技能)课程 15	本学年不授课专任教师 16	进修 17	病休 18	其他 19
总计	01	55	13	1	42	17	5	1		4	4						8			8
#女	02	21	9	1	12	4											1			1
正高级	03																			
副高级	04	21	6		15	5											4			4
中级	05	25	6	1	19	8	5	1		4	4						3			3
初级	06	9	1		8	4											1			1
未定职级	07																			

职业高中学校教师授课分类情况

单位：人

甲	编号 乙	本学年专任教师授课	公共基础课	#思政课	专业(技能)课程	#双师型	本学年校外教师授课	公共基础课	#思政课	专业(技能)课程	#双师型	本学年授课行业导师	#专业(技能)课程	本学年授课外籍教师	公共基础课	专业(技能)课程	本学年不授课专任教师	进修	病休	其他
		1	2	3	4	5	6	7	8	9	10	11	12	13	14	15	16	17	18	19
总计	01	1391	854	85	537	356	121	57	13	64	38						37		15	22
#女	02	1078	678	72	400	268	73	43	8	30	21						21		12	9
正高级	03	1			1		4			4	3									
副高级	04	548	315	28	233	152	8	1	1	7	4						10		4	6
中级	05	587	344	41	243	174	25	7	3	18	14						14		3	11
初级	06	150	93	8	57	29	22	16	7	6	4						13		8	5
未定职级	07	105	102	8	3	1	62	33	2	29	13									

附设中职班教师授课分类情况

单位:人

甲	编号 乙	本学年专任授课教师	公共基础课	#思政课	专业(技能)课程	#双师型	本学年授课校外教师	公共基础课	#思政课	专业(技能)课程	#双师型	本学年授课行业导师	#专业(技能)课程	本学年授课外籍教师	公共基础课	专业(技能)课程	本学年不授课专任教师	进修	病休	其他
		1	2	3	4	5	6	7	8	9	10	11	12	13	14	15	16	17	18	19
总计	01	88	52	7	36	28														
#女	02	62	38	6	24	18														
正高级	03																			
副高级	04	25	14	1	11	10														
中级	05	38	19	1	19	16														
初级	06	14	13	3	1															
未定职级	07	11	6	2	5	1														

中等职业学校专任教师变动情况

单位：人

甲	编号乙	上学年初报表专任教师数 1	增加教师数 2	招聘 3	#应届毕业生 4	#师范生 5	调入 6	#外校 7	校内变动 8	#学段调整 9	其他 10	减少教师数 11	退休 12	死亡 13	调出 14	辞职 15	校内变动 16	#学段调整 17	其他 18	本学年初报表专任教师数 19
总计	01	5286	567	360	118	31	40	10	165	1	2	487	205	3	163	17	99	1		5366
#女	02	3662	362	254	94	26	23	4	84		1	283	128	1	96	11	47			3741

中等职业学校教职工中其他情况

单位：人

甲	编号乙	中共党员 1	共青团员 2	民主党派 3	香港 4	澳门 5	台湾 6	华侨 7	少数民族 8
教职工	01	3154	211	223		1			220
#女	02	1965	142	169		1			144
专任教师	03	2256	171	196		1			169
#女	04	1536	122	157		1			109

中等职业学校校舍情况（总计）

单位：平方米

甲	编号乙	学校产权校舍建筑面积				正在施工校舍建筑面积	非学校产权校舍建筑面积		
		上学年校舍建筑面积 1	增加面积 2	减少面积 3	本学年校舍建筑面积 4	5	6	独立使用 7	共同使用 8
计	01	1390028.63	273284.1	33147.53	1630165.2	59901	789556.43	699522.58	90033.85
#C级危房	02	18316.48		3073	15243.48				
#D级危房	03	1087.82	3073		4160.82				
#被外单位租(借)用	04	743806.61	212868.37	14112.17	942562.81	30572.5	501436.33	448934.33	52502
一、教学及辅助用房	05	300088.66	28947.84	8933.18	320103.32	3048.5	129434.71	122316.71	7118
普通教室	06	23147.87	184.88		23332.75		15628.52	6389.52	9239
合班教室	07	14093	478.7	1765	12806.7	1040	11281.78	11281.78	
基础课实验室	08	268397.98	162084.64	1972.14	428510.48	26484	271374.58	252042.58	19332
实训用房	09	36602.23	5725.61	1392.85	40934.99		28053.92	22975.92	5078
图书阅览室	10	2803.96	1208.4	49	3963.36		1258.52	1108.52	150
心理咨询室	11	98672.91	14238.3		112911.21		44404.3	32819.3	11585
风雨操场	12	104034.05	14879.14	3327	115586.19		38919	36254	2665
二、行政办公用房	13	80891.84	14747.61	2798	92841.45		33410	31155	2255
行政办公室	14	23142.21	131.53	529	22744.74		5509	5099	410
教研室	15	475760.81	35537.79	3255.67	508042.93	29328.5	212313.46	178383.62	33929.84
三、生活用房	16	329108.81	20124.23	445.73	348787.31	21861.5	139783.21	121417.17	18366.04
学生宿舍	17	88130.11	8379.21	46.41	96462.91	5140	42362.94	28815.14	13547.8
食堂	18	14949.3		1410	13539.3	1200	4880	3080	1800
单身教工宿舍	19	43572.59	7034.35	1353.53	49253.41	1127	25287.31	25071.31	216
其他附属用房	20	10673.68			10673.68		—	—	
四、教工住宅	21	55753.48	9998.8	12452.69	53299.59		36887.64	35950.63	937.01
五、其他用房	22	4102.2	7144	1087.2	10159				

普通中专学校校舍情况

单位：平方米

编号	甲	学校产权校舍建筑面积				正在施工校舍建筑面积	非学校产权校舍建筑面积		
乙		上学年校舍建筑面积	增加面积	减少面积	本学年校舍建筑面积			独立使用	共同使用
		1	2	3	4	5	6	7	8
01	总 计	1164481.32	194324.77	28713.53	1330092.56	59901	620198.43	535386.58	84811.85
02	#C级危房	18316.48		3073	15243.48				
03	#D级危房	1087.82	3073		4160.82				
04	#被外单位租（借）用	617878.53	166449.57	10665.17	773662.93	30572.5	401179.33	351325.33	49854
05	一、教学及辅助用房	254600.46	13773.14	5536.18	262837.42	3048.5	87970.63	81902.63	6068
06	普通教室	21234.87	184.88		21419.75		15628.52	6389.52	9239
07	合班教室	11935	478.7	1765	10648.7	1040	11281.78	11281.78	
08	基础课实验室	236639.65	142485.84	1922.14	377203.35	26484	245601.58	227692.58	17909
09	实训用房	31198.23	65.61	1392.85	29870.99		13035.92	8132.92	4903
10	图书阅览室	2264.41	644.4	49	2859.81		961.6	811.6	150
11	心理咨询室	60005.91	8817		68822.91		26699.3	15114.3	11585
12	风雨操场	82513.84	8646.51	3127	88033.35		21520	19255	2265
13	二、行政办公用房	64985.63	8646.51	2598	71034.14		19371	17466	1905
14	行政办公室	17528.21		529	16999.21		2149	1789	360
15	教研室	410540.99	14456.69	3255.67	421742.01	29328.5	175280.46	143360.62	31919.84
16	三、生活用房	281916.89	4854.03	445.73	286325.19	21861.5	120545.21	103898.17	16647.04
17	学生宿舍	74325.67	2568.31	46.41	76847.57	5140	37215.94	23843.14	13372.8
18	食堂	12269.3		1410	10859.3	1200	4880	3080	1800
19	单身教工宿舍	42029.13	7034.35	1353.53	47709.95	1127	12639.31	12539.31	100
20	其他附属用房	9873.68			9873.68		—	—	—
21	四、教工住宅	43674.28	4772	11665.69	36780.59		22218.64	21445.63	773.01
22	五、其他用房	4102.2	3880	1087.2	6895				

成人中专学校校舍情况

单位：平方米

甲	编号乙	学校产权校舍建筑面积 上学年校舍建筑面积 1	增加面积 2	减少面积 3	本学年校舍建筑面积 4	正在施工校舍建筑面积 5	非学校产权校舍建筑面积 6	独立使用 7	共同使用 8
总计	01	18213			18213		37657	32435	5222
#C级危房	02								
#D级危房	03								
#被外单位租（借）用	04	12862			12862		23522	20874	2648
一、教学及辅助用房	05	4976			4976		9936	8886	1050
普通教室	06	670			670				
合班教室	07	698			698				
基础课实验室	08	400			400		10700	9277	1423
实训用房	09	536			536		2886	2711	175
图书阅览室	10	82			82				
心理咨询室	11	5500			5500				
风雨操场	12	1447			1447		3026	2626	400
二、行政办公用房	13	1077			1077		2751	2401	350
行政办公室	14	370			370		275	225	50
教研室	15	2604			2604		10781	8771	2010
三、生活用房	16	1890			1890		8762	7043	1719
学生宿舍	17	116			116		1467	1292	175
食堂	18								
单身教工宿舍	19	598			598		552	436	116
其他附属用房	20	800			800		—	—	—
四、教工住宅	21	500			500		328	164	164
五、其他用房	22								

职业高中学校校舍情况

甲	乙	学校产权校舍建筑面积 上学年校舍建筑面积 1	增加面积 2	减少面积 3	本学年校舍建筑面积 4	正在施工校舍建筑面积 5	非学校产权校舍建筑面积 6	独立使用 7	共同使用 8
总　计	01	207334.31	78959.33	4434	281859.64		131701	131701	
#C级危房	02								
#D级危房	03								
#被外单位(借)租用	04	113066.08	46418.8	3447	156037.88		76735	76735	
一、教学及辅助用房	05	40512.2	15174.7	3397	52289.9		31528.08	31528.08	
普通教室	06	1243			1243				
合班教室	07	1460			1460				
基础课实验室	08	31358.33	19598.8	50	50907.13		15073	15073	
实训用房	09	4868	5660		10528		12132	12132	
图书阅览室	10	457.55	564		1021.55		296.92	296.92	
心理咨询室	11	33167	5421.3		38588.3		17705	17705	
风雨操场	12	20073.21	6232.63	200	26105.84		14373	14373	
二、行政办公用房	13	14829.21	6101.1	200	20730.31		11288	11288	
行政办公室	14	5244	131.53		5375.53		3085	3085	
教研室	15	62615.82	21081.1		83696.92		26252	26252	
三、生活用房	16	45301.92	15270.2		60572.12		10476	10476	
学生宿舍	17	13688.44	5810.9		19499.34		3680	3680	
食堂	18	2680			2680				
单身教工宿舍	19	945.46			945.46		12096	12096	
其他附属用房	20						—	—	—
四、教工住宅	21	11579.2	5226.8	787	16019		14341	14341	
五、其他用房	22	3264	3264		3264				

中等职业学校资产情况

甲	计量单位 乙	编号 丙	学校产权 1	非学校产权 2	独立使用 3	共同使用 4
占地面积	平方米	01	3054251.81	1601969.09	1469796.79	132172.3
#绿化用地面积	平方米	02	534528.7	263922	262950	972
#运动场地面积	平方米	03	487970.01	206064.78	199297.78	6767
校园足球场	个	04	30	10	10	
11人制足球场	个	05	15	6	6	
7人制足球场	个	06	8	4	4	
5人制足球场	个	07	7			
图书	册	08	2825016	530891	243819	287072
#当年新增	册	09	126600	235000	75500	159500
数字资源量	-	-	—	—	—	—
电子图书	册	10	2147382	12330	630	11700
电子期刊	册	11	70675			
学位论文	册	12	5090			
音视频	小时	13	65435	600	600	
职业教育仿真实训资源量	套	14	854	3	2	1
仿真实验软件	套	15	128			
仿真实训软件	套	16	642	3	2	1
仿真实习软件	套	17	84			
数字终端数	台	18	37484	1734	1384	350
教师终端数	台	19	8342	325	268	57
学生终端数	台	20	25974	1409	1116	293
教室	间	21	3020	1130	972	158
#网络多媒体教室	间	22	2002	441	423	18
固定资产总值	万元	23	481495.9487	62379.74	54574.94	7804.8
#教学科研实习仪器设备资产值	万元	24	135372.0242	6166.6	5556.75	609.85
#当年新增	万元	25	5204.0366	407.13	407.13	

附设中职班情况

单位:人

甲	编号 乙	校数(机构)(所) 1	毕业生数 2	招生数 3	在校生数 4	专任教师 5	研究生毕业 6	本科毕业 7	专科毕业 8	高中阶段以下毕业 9
总　　计	01	10	725	808	2371	88	12	76		
幼儿园	02									
小学	03									
小学	04									
小学教学点	05									
初中	06	1	70	122	330	29		29		
初级中学	07									
九年一贯制学校	08	1	70	122	330	29		29		
职业初中	09									
普通高中	10									
完全中学	11									
高级中学	12									
十二年一贯制学校	13									
专门学校	14									
普通高等学校	15	2	206	179	539	1		1		
职业高等学校	16	5	449	507	1502	58	12	46		
成人高等学校	17									
特殊教育学校	18	2								
培养研究生的科研机构	19									

中等职业学校分学校情况一览表

单位：人

甲	编号	毕业生数 计	#获职业资格证书	招生数 计	在校生数 计	预计毕业生数 计	教职工数 计	#专任教师
乙		1	2	3	4	5	6	7
天津市中华职业中等专业学校	01	609	59	501	1678	521	179	165
天津求实科工贸成人中等专业学校	02							
天津市园林学校	03	438		383	1077	381	126	60
天津市第一商业学校	04	1521	1175	1412	4570	1526	274	203
天津市政工程学校	05	383	68	345	1073	386	113	71
天津音乐学院附属中等音乐学校	06	167		181	947	198	81	65
天津市财经职业中等专业学校	07	144		317	985	368	122	96
天津市化学工业学校	08	830	33	1207	2574	604	125	81
天津市建筑工程学校	09	614	164	695	1980	650	120	90
天津市航运职工中等专业学校	10							
天津市电子计算机职业中等专业学校	11	408	246	229	862	378	160	118
天津市国际商务学校	12							
天津市南开区职业中等专业学校	13	215	196	388	1103	356	147	132
天津市新华中等职业学校	14							
天津市礼仪职业中等专业学校	15							
天津市纺织工业学校	16	673					43	33
天津市幼儿师范学校	17	81		85	240	87	166	108
天津市中山志成职业中等专业学校	18	398	152	378	1090	433	112	101
天津市红星职业中等专业学校	19	1135	1063	751	2691	1117	283	241
天津市第一轻工业学校	20	1536	245	1569	4870	1570	319	235
天津市交通学校	21	533	78		1459	1105	47	28
天津市劳动保障技师学院（天津市劳动保护学校）	22	501	501	866	2044	599	298	191
天津市东丽区职业教育中心学校	23	1320	496	885	2893	1069	210	186
天津市西青区中等专业学校	24	551	22	564	1662	520	154	138

续表

学校	编号	毕业生数		招生数	在校生数	预计毕业生数	教职工数	
		计	#获职业资格证书	计	计	计	计	#专任教师
天津国华汇德职业学校有限公司	25			199	199	199	60	22
天津市农业广播电视学校	26	2221		200	266		30	19
天津市城市建设管理学校	27							
天津市劳动经济学校	28	1556	1556	1290	4262	1939	249	198
天津市经济贸易学校	29	2004	911	1505	4334	1639	262	192
天津市物资贸易学校	30	316	1	401	901	189	64	49
天津市南洋工业学校	31	790	62	800	2285	729	152	108
天津市电子信息技师学院(天津市仪表无线电工业学校)	32	557	545	620	1793	561	221	140
天津市津南区成人中等专业学校	33							
天津市旅外职业高中有限公司	34	1084	1084	1152	2910	879	121	94
天津市机电工艺技师学院(天津市机电工业学校)	35	1026	1026	1089	3887	1171	549	340
天津市北辰区中等职业技术学校	36	938	607	520	2121	1057	117	101
天津市民族中等职业技术学校	37	580	80	389	1270	484	90	74
天津市武清区职业教育中心	38	1192	30	1188	3590	1236	295	230
华北(天津)职业学校有限公司	39			757	1085		83	65
天津市宝坻区职业教育与成人教育中心	40	674		663	1938	644	225	214
天津生态城汉德中等职业学校	41	215	215	636	1438	226	88	67
天津北方职业学校有限公司	42			313	779	128	107	70
天津市渤海职业学校有限公司	43			139	139		60	16
天津市药科中等专业学校	44	303			161	161		
天津市滨海中等专业学校	45	518	514	484	1500	518	146	69
天津市滨海新区塘沽第一职业中等专业学校	46	725	658	883	2702	933	217	181
天津市滨海新区塘沽中等专业学校	47							
天津港口管理中等专业学校	48							

续表

编号	毕业生数 计	毕业生数 #获职业资格证书	招生数 计	在校生数 计	预计毕业生数 计	教职工数 计	教职工数 #专任教师	学校
49	393	20	352	1221	510	93	61	天津市滨海新区汉沽中等专业学校
50								天津市滨海新区汉沽职业中等专业学校
51						5	1	天津市滨海新区汉沽职工卫生学校
52						15	7	中交天津航道局有限公司职工中等专业学校
53						77	36	天津远洋职工中等专业学校
54								天津市滨海新区塘沽职工中等专业学校
55	334	307	318	991	326	96	87	天津市宁河区中等专业学校
56								天津市宁河区成人中等专业学校
57	478	33	586	1709	556	195	146	天津市静海区成人职业教育中心
58			378	378		33	13	天津市静海区华夏中等职业学校
59	277	277	245	751	226	112	82	天津市体育运动学校
60	133		237	519	127	85	61	天津市现代传媒职业学校
61	1166	283	1061	3412	1251	283	215	天津市信息工程学校

附设中职班情况一览表

单位：人

甲	编号 乙	毕业生数 计 1	毕业生数 #获得职业资格证书 2	招生数 计 3	在校生数 计 4	预计毕业生数 计 5	专任教师 6
天津艺术职业学院	01	164		109	434	85	6
天津市视力障碍学校	02						
天津师范大学	03	156		128	371	116	
天津城市职业学院	04	175	8	187	546	178	30
天津市聋人学校	05						
天津霍元甲文武学校	06	70	43	122	330	87	29
天津商务职业学院	07	58		35	108		
天津市职业大学	08	58					
天津工业职业学院	09	52		176	414	106	28
天津体育学院	10	50		51	168	59	1

普通中等教育

普通中学、职业初中校数

单位：所

甲	编号 乙	合计 1	城区 2	教育部门 3	其他部门 4	地方企业 5	民办 6	中外合作办 7	镇区 8	教育部门 9	其他部门 10	地方企业 11	民办 12	中外合作办 13	乡村 14	教育部门 15	其他部门 16	地方企业 17	民办 18	中外合作办 19
总　计	01	551	354	304			50		129	123			6		68	66			2	
#独立设置少数民族学校	02	1	1	1																
初中	03	346	183	164			19		101	99			2		62	62				
初级中学	04	280	136	131			5		89	89					55	55				
九年一贯制学校	05	66	47	33			14		12	10			2		7	7				
职业初中	06																			
高中	07	205	171	140			31		28	24			4		6	4			2	
完全中学	08	113	111	100			11		2	2										
高级中学	09	73	42	30			12		25	22			3		6	4			2	
十二年一贯制学校	10	19	18	10			8		1	1										

中学班数

单位：个

甲	编号 乙	合计 1	初中 2	一年级 3	二年级 4	三年级 5	四年级 6	高中 7	一年级 8	二年级 9	三年级 10
总计	01	13670	8800	2977	2850	2771	202	4870	1707	1619	1544
#九年一贯制学校	02	796	796	284	272	240					
#十二年一贯制学校	03	655	366	128	120	118		289	107	98	84
#其他学校附设班	04	5	5	1	2	2					
#独立设置少数民族学校	05	6	6	2	2	2					
教育部门	06	12407	8166	2775	2648	2541	202	4241	1453	1411	1377
其他部门	07	5	5	1	2	2					
地方企业	08										
民办	09	1258	629	201	200	228		629	254	208	167
中外合作办	10										
城区	11	10722	6639	2318	2195	2091	35	4083	1443	1363	1277
教育部门	12	9564	6037	2126	2004	1872	35	3527	1223	1180	1124
其他部门	13	5	5	1	2	2					
地方企业	14										
民办	15	1158	602	192	191	219		556	220	183	153
中外合作办	16										
镇区	17	2180	1500	461	465	477	97	680	221	221	238
教育部门	18	2095	1468	451	454	466	97	627	200	203	224
其他部门	19	5	5	1	2	2					
地方企业	20										
民办	21	80	27	9	9	9		53	21	18	14
中外合作办	22										
乡村	23	768	661	198	190	203	70	107	43	35	29
教育部门	24	748	661	198	190	203	70	87	30	28	29
其他部门	25										
地方企业	26										
民办	27	20						20	13	7	
中外合作办	28										

中学班额情况

单位:个

甲	乙 编号	合计	初中	一年级	二年级	三年级	四年级	高中	一年级	二年级	三年级
		1	2	3	4	5	6	7	8	9	10
总计 计	01	13670	8800	2977	2850	2771	202	4870	1707	1619	1544
25人以下	02	181	110	25	38	45	2	71	12	24	35
26-30人	03	423	258	83	69	78	28	165	33	61	71
31-35人	04	840	612	206	176	182	48	228	53	82	93
36-40人	05	1900	1421	499	434	449	39	479	132	165	182
41-45人	06	3616	2504	832	814	808	50	1112	421	371	320
46-50人	07	4979	3312	1204	1099	978	31	1667	717	470	480
51-55人	08	1731	583	128	220	231	4	1148	339	446	363
56-60人	09										
61-65人	10										
66人以上	11										
城区 25人以下	12	113	65	17	20	28		48	9	16	23
26-30人	13	220	87	28	26	33		133	30	46	57
31-35人	14	452	251	103	75	67	6	201	47	73	81
36-40人	15	1307	871	316	256	290	9	436	128	151	157
41-45人	16	2912	1929	656	637	620	16	983	372	328	283
46-50人	17	4361	2925	1088	983	851	3	1436	609	411	416
51-55人	18	1357	511	110	198	202	1	846	248	338	260
56-60人	19										
61-65人	20										
66人以上	21										
镇区 25人以下	22	40	17	3	9	5		23	3	8	12
26-30人	23	110	90	31	16	26	17	20	1	9	10
31-35人	24	257	233	58	78	71	26	24	6	7	11
36-40人	25	427	386	126	128	110	22	41	4	13	24
41-45人	26	478	391	119	120	137	15	87	27	29	31
46-50人	27	529	322	111	92	102	17	207	94	54	59
51-55人	28	339	61	13	22	26		278	86	101	91
56-60人	29										
61-65人	30										
66人以上	31										
乡村 25人以下	32	28	28	5	9	12	2				
26-30人	33	93	81	24	27	19	11	12	2	6	4
31-35人	34	131	128	45	23	44	16	3		2	1
36-40人	35	166	164	57	50	49	8	2		1	1
41-45人	36	226	184	57	57	51	19	42	22	14	6
46-50人	37	89	65	5	24	25	11	24	14	5	5
51-55人	38	35	11	5		3	3	24	5	7	12
56-60人	39										
61-65人	40										
66人以上	41										

普通初中分办别、分城乡学生情况

单位：人

甲	编号 乙	毕业生数 1	招生数 2	在校生数 3	#女 4	一年级 5	二年级 6	三年级 7	四年级 8	预计毕业生数 9
总计	01	114380	128662	381796	179386	129341	124553	120132	7770	120511
#女	02	53170	60693	179386	—	61007	58500	56151	3728	56353
#少数民族	03	5770	6685	20060	9789	6701	6521	6300	538	6295
#九年一贯制学校	04	8614	11356	32162	15015	11363	11137	9662		9662
#十二年一贯制学校	05	4248	5259	15104	6962	5260	5002	4842		4842
#完全中学	06	32558	42269	118991	55994	42310	39375	36966	340	36873
#附设普通初中班	07	100	28	166	82	28	69	69		69
#附设职业初中班	08									
#独立设置少数民族学校	09	71	62	172	81	62	70	40	17	40
#寄宿生	10	—	3151	9930	4331	3096	3259	3558		3560
#随迁子女	11	5933	12257	32857	14651	12293	12362	8128	74	8103
#外省迁入	12	5933	12257	32857	14651	12293	12362	8128	74	8103
#本省外县迁入	13									
进城务工人员随迁子女	14	3997	8040	21456	9590	8040	8078	5303	35	5298
#外省迁入	15	3997	8040	21456	9590	8040	8078	5303	35	5298
#本省迁入	16									
#农村留守儿童	17	23	9	38	15	9	14	11	4	12
#送教上门	18			6	1		4	2		—
教育部门	19	106389	121060	357534	168313	121738	117029	110997	7770	111376
其他部门	20	100	28	166	82	28	69	69		69
地方企业	21									
民办	22	7891	7574	24096	10991	7575	7455	9066		9066
中外合作办	23									
城区	24	86502	102859	296025	138807	103107	98533	92957	1428	92958
教育部门	25	78872	95611	272908	128207	95858	91401	84221	1428	84222
其他部门	26									
地方企业	27									
民办	28	7630	7248	23117	10600	7249	7132	8736		8736
中外合作办	29									
镇区	30	20003	18540	60740	28781	18849	18751	19475	3665	19742
教育部门	31	19642	18186	59595	28308	18495	18359	19076	3665	19343
其他部门	32	100	28	166	82	28	69	69		69
地方企业	33									
民办	34	261	326	979	391	326	323	330		330
中外合作办	35									
乡村	36	7875	7263	25031	11798	7385	7269	7700	2677	7811
教育部门	37	7875	7263	25031	11798	7385	7269	7700	2677	7811
其他部门	38									
地方企业	39									
民办	40									
中外合作办	41									

普通高中分办别、分城乡学生情况

单位:人

甲	编号 乙	毕业生数 1	招生数 2	在校生数 3	#女 4	一年级 5	二年级 6	三年级 7	预计毕业生数 8
总计	01	67176	78985	221427	110242	79058	73482	68887	68887
#女	02	33931	38703	110242	—	38743	36680	34819	34819
#少数民族	03	4272	5422	14657	7834	5427	4851	4379	4379
#十二年一贯制学校	04	2868	4329	11274	5300	4336	3893	3045	3045
#完全中学	05	34236	42480	118385	59265	42535	39492	36358	36358
#附设普通高中班	06								
#独立设置少数民族学校	07								
#残疾人	08	30	24	131	56	24	45	62	62
#寄宿生	09	—	27709	67736	33040	27796	23382	16558	16558
#随迁子女	10								
#外省迁入人	11								
#本省外县迁入人	12								
教育部门	13	61721	68971	197116	98993	69036	65428	62652	62652
其他部门	14								
地方企业	15								
民办	16	5455	10014	24311	11249	10022	8054	6235	6235
中外合作办	17								
城区	18	55139	66222	184637	91405	66289	61597	56751	56751
教育部门	19	49912	57570	163033	81302	57631	54445	50957	50957
其他部门	20								
地方企业	21								
民办	22	5227	8652	21604	10103	8658	7152	5794	5794
中外合作办	23								
镇区	24	10695	10794	32002	16474	10798	10401	10803	10803
教育部门	25	10467	10010	30191	15685	10012	9817	10362	10362
其他部门	26								
地方企业	27								
民办	28	228	784	1811	789	786	584	441	441
中外合作办	29								
乡村	30	1342	1969	4788	2363	1971	1484	1333	1333
教育部门	31	1342	1391	3892	2006	1393	1166	1333	1333
其他部门	32								
地方企业	33								
民办	34		578	896	357	578	318		
中外合作办	35								

中学学生变动情况

单位：人

甲	编号 乙	上学年初报表在校生数 1	增加学生数 2	招生 3	复学 4	转入 5	其他 6	减少学生数 7	毕业 8	结业 9	休学 10	退学 11	死亡 12	转出 13	其他 14	本学年初报表在校生数 15
初 中	01	361994	140378	128662	761	10952	3	120576	114380	—	947	210	49	4984	6	381796
#女	02	169085	66290	60693	382	5214	1	55989	53170	—	445	95	16	2260	3	179386
#少数民族	03	18623	7507	6685	49	772	1	6071	5770	—	25	11	1	264		20060
城区	04	273258	113111	102859	671	9578	3	90344	86502	—	840	201	37	2758	6	296025
#女	05	127466	53304	48363	347	4593	1	41963	40221	—	409	90	11	1229	3	138807
#少数民族	06	15252	6417	5670	47	699	1	5006	4819	—	25	10	1	151		16664
镇区	07	62791	19760	18540	68	1152		21811	20003	—	83	9	9	1707		60740
#女	08	29568	9401	8837	26	538		10188	9347	—	29	5	3	804		28781
#少数民族	09	2223	768	714	1	53		742	644	—		1		97		2249
乡村	10	25945	7507	7263	22	222		8421	7875	—	24		3	519		25031
#女	11	12051	3585	3493	9	83		3838	3602	—	7		2	227		11798
#少数民族	12	1148	322	301	1	20		323	307	—		1		16		1147
普通高中	13	209086	82087	78985	581	2520	1	69746	67176	565	756	412	17	812	8	221427
#女	14	105260	40189	38703	333	1152	1	35207	33931	286	399	211	9	367	4	110242
#少数民族	15	13446	5673	5422	46	205		4462	4272	50	36	25	1	78		14657
城区	16	173206	68936	66222	527	2186	1	57505	55139	543	696	358	13	748	8	184637
#女	17	86822	33521	32200	307	1013	1	28938	27749	281	372	192	6	334	4	91405
#少数民族	18	11975	5089	4870	43	176		3987	3804	50	35	22	1	75		13077
镇区	19	31701	11154	10794	46	314		10853	10695	22	51	38	4	43		32002
#女	20	16318	5696	5551	18	127		5540	5475	5	21	16	3	20		16474
#少数民族	21	1208	473	443	2	28		387	383		1	2		1		1294
乡村	22	4179	1997	1969	8	20		1388	1342	22	9	16	1	21		4788
#女	23	2120	972	952	8	12		729	707		6	3	4	13		2363
#少数民族	24	263	111	109	1	1		88	85			1		2		286

中学在校生中其他情况

单位:人

甲	编号 乙	中共党员 1	共青团员 2	民主党派 3	香港 4	澳门 5	台湾 6	华侨 7	少数民族 8	残疾人 9
初 中	01	—	5386	—	144	4	40		20060	—
#女	02	—	3220	—	67	1	20		9789	—
城区	03	—	3707	—	144	4	40		16664	—
#女	04	—	2120	—	67	1	20		8214	—
镇区	05	—	1259	—					2249	—
#女	06	—	815	—					1062	—
乡村	07	—	420	—					1147	—
#女	08	—	285	—					513	—
高 中	09		44578	—	26		18		14657	131
#女	10		25669	—	11		11		7834	56
城区	11		39815	—	26		18		13077	106
#女	12		22695	—	11		11		7061	44
镇区	13		4007	—					1294	23
#女	14		2510	—					633	10
乡村	15		756	—					286	2
#女	16		464	—					140	2

中学国际学生基本情况

单位：人

甲		编号 乙	毕（结）业生数 1	招生数 2		在校生（注册） 3
初	中	01		25	25	63
	#女	02		13	14	37
城	区	03		25	25	63
	#女	04		13	14	37
镇	区	05				
	#女	06				
乡	村	07				
	#女	08				
高	中	09		18	12	64
	#女	10		11	6	35
城	区	11		18	12	64
	#女	12		11	6	35
镇	区	13				
	#女	14				
乡	村	15				
	#女	16				

中学学校教职工数

单位：人

甲	编号 乙	教职工数 1	专任教师 2	行政人员 3	教辅人员 4	工勤人员 5	其他 6	校外教师 7	外籍教师 8
总　计	01	63069	55864	3345	2955	836	69	524	113
#女	02	45551	41737	1545	1964	248	57	400	38
#少数民族	03	2323	2074	138	95	13	3	10	—
#在编人员	04	52139	47084	2422	2265	334	34	311	—
教育部门	05	55919	50494	2475	2429	480	41	311	14
其他部门	06								
地方企业	07								
民办	08	7150	5370	870	526	356	28	213	99
中外合作办	09								
城区　计	10	50357	44184	2795	2674	639	65	516	113
教育部门	11	43876	39320	1994	2205	320	37	306	14
其他部门	12								
地方企业	13								
民办	14	6481	4864	801	469	319	28	210	99
中外合作办	15								
镇区　计	16	9422	8667	360	229	162	4	8	
教育部门	17	8856	8245	303	179	125	4	5	
其他部门	18								
地方企业	19								
民办	20	566	422	57	50	37		3	
中外合作办	21								
乡村　计	22	3290	3013	190	52	35			
教育部门	23	3187	2929	178	45	35			
其他部门	24								
地方企业	25								
民办	26	103	84	12	7				
中外合作办	27								

中学专任教师专业技术职务、年龄结构情况（总计）

单位：人

甲		编号 乙	合计 1	#女 2	24岁以下 3	25—29岁 4	30—34岁 5	35—39岁 6	40—44岁 7	45—49岁 8	50—54岁 9	55—59岁 10	60岁以上 11
初	中	01	31754	23494	884	4197	4120	3456	5648	5097	5040	3303	9
	#女	02	23494	—	712	3392	3360	2807	4139	3674	3506	1899	5
	#少数民族	03	1105	902	36	178	160	140	236	166	127	62	
	正高级	04	20	15				2		6	7	4	1
	副高级	05	10170	7102		1	9	229	1209	2321	3458	2936	7
	中级	06	13282	9755	3	243	1877	2497	4108	2683	1523	347	1
	助理级	07	5343	4300	138	2464	1804	550	258	71	46	12	
	员级	08	135	103	19	57	35	9	7	4	2	2	
	未定职级	09	2804	2219	724	1432	395	169	66	12	4	2	
高	中	10	18863	13857	547	2360	2721	2496	4245	2886	2102	1482	24
	#女	11	13857	—	401	1916	2147	1905	3099	2028	1491	864	6
	#少数民族	12	745	571	18	89	113	92	226	115	64	27	1
	正高级	13	105	71					6	26	31	37	5
	副高级	14	6622	4425		182	11	216	1337	1840	1809	1391	18
	中级	15	7295	5568	4	1237	1303	1815	2715	983	247	46	
	助理级	16	2828	2278	97	1004	328	130	20	7	5		
	员级	17	148	97	11	55	50	19	2	7	4	4	
	未定职级	18	1865	1418	435	886	353	118	55	10	4	3	1

单位：人

中学专任教师专业技术职务、年龄结构情况（城区）

甲		编号 乙	合计 1	#女 2	24岁以下 3	25—29岁 4	30—34岁 5	35—39岁 6	40—44岁 7	45—49岁 8	50—54岁 9	55—59岁 10	60岁以上 11
初	中	01	23848	18785	762	3480	3252	2872	4240	3617	3395	2221	9
	#女	02	18785	—	611	2831	2672	2341	3328	2850	2660	1487	5
	#少数民族	03	892	755	31	151	130	126	186	127	98	43	
	正高级	04	18	15					1	6	6	4	1
	副高级	05	7491	5727		1	6	190	986	1834	2428	2039	7
	中级	06	9463	7472	3	192	1437	2044	2992	1707	917	170	1
	助理级	07	4231	3470	116	1944	1416	466	190	55	39	5	
	员级	08	103	77	13	36	33	9	6	4	4	1	
	未定职级	09	2542	2024	630	1307	360	162	66	11	4	2	
高	中	10	15689	11743	435	1921	2189	2126	3620	2359	1778	1247	14
	#女	11	11743	—	317	1565	1725	1634	2697	1712	1312	776	5
	#少数民族	12	622	489	14	64	94	78	190	101	58	22	1
	正高级	13	100	68					6	26	30	34	4
	副高级	14	5550	3870			6	168	1126	1538	1532	1171	9
	中级	15	5955	4597	2	139	953	1523	2325	770	206	37	
	助理级	16	2349	1889	67	968	871	309	109	16	7	2	
	员级	17	134	92	11	53	50	18		1	1		
	未定职级	18	1601	1227	355	761	309	108	54	8	2	3	1

中学专任教师专业技术职务、年龄结构情况（镇区）

单位：人

甲		编号 乙	合计 1	#女 2	24岁以下 3	25—29岁 4	30—34岁 5	35—39岁 6	40—44岁 7	45—49岁 8	50—54岁 9	55—59岁 10	60岁以上 11
初	中	01	5504	3320	90	479	655	451	956	1003	1135	735	
	#女	02	3320	—	74	383	522	365	544	561	592	279	
	#少数民族	03	137	97	4	20	18	10	29	29	17	10	
	正高级	04	1								1		
	副高级	05	1844	975			3	33	171	331	706	600	
	中级	06	2682	1606		41	340	352	739	659	421	130	
	助理级	07	768	582	14	337	289	60	45	12	6	5	
	员级	08	25	20	6	16	1		1		1		
	未定职级	09	184	137	70	85	22	6		1			
高	中	10	2726	1833	95	383	474	332	541	463	258	179	1
	#女	11	1833	—	72	305	371	241	350	277	147	70	
	#少数民族	12	87	60	2	22	15	14	25	5	2	2	
	正高级	13	3	2								3	
	副高级	14	904	482			5	46	190	274	222	166	1
	中级	15	1166	843		39	318	260	330	179	33	7	
	助理级	16	424	341	29	236	115	17	20	4		3	
	员级	17	9	5		2		1		4	2		
	未定职级	18	220	160	66	106	36	8	1	2	1		

中学专任教师专业技术职务、年龄结构情况（乡村）

单位：人

甲	编号 乙	合计 1	#女 2	24岁以下 3	25—29岁 4	30—34岁 5	35—39岁 6	40—44岁 7	45—49岁 8	50—54岁 9	55—59岁 10	60岁以上 11
初 中	01	2402	1389	32	238	213	133	452	477	510	347	
#女	02	1389	—	27	178	166	101	267	263	254	133	
#少数民族	03	76	50	1	7	12	4	21	10	12	9	
正高级	04	1					1					
副高级	05	835	400				6	52	156	324	297	
中级	06	1137	677		10	100	101	377	317	185	47	
助理级	07	344	248	8	183	99	24	23	4	1	2	
员级	08	7	6		5	1					1	
未定职级	09	78	58	24	40	13	1					
高 中	10	448	281	17	56	58	38	84	64	66	56	9
#女	11	281	—	12	46	51	30	52	39	32	18	1
#少数民族	12	36	22	2	3	4		11	9	4	3	
正高级	13	2	1							1	1	
副高级	14	168	73		4		2	21	28	55	54	1
中级	15	174	128	2	33	32	18	32	34	8	2	8
助理级	16	55	48	1		18	14	19	2	1		
员级	17	5					2	2		1		
未定职级	18	44	31	14	19	8	2	2				

初中分课程专任教师学历情况（总计）

单位：人

甲	编号	合计	#女	道德与法治	语文	数学	外语	#英语	#日语	#俄语	科学	物理	化学	生物学	地理	历史	体育与健康	艺术	#音乐	#美术	综合实践活动	信息科技	劳动	其他	本学年不授课专任教师
乙		1	2	3	4	5	6	7	8	9	10	11	12	13	14	15	16	17	18	19	20	21	22	23	24
初中	01	31754	23494	2428	4756	4686	4618	4578	7		68	2764	1527	1374	1237	1884	2490	1700	845	849	260	758	483	325	396
#女	02	23494	—	1908	4124	3633	4120	4093	6		40	1732	1185	1086	917	1323	806	1250	665	584	140	472	258	253	247
#少数民族	03	1105	902	87	180	171	167	165	2		1	96	54	57	42	75	60	57	34	23	5	23	7	10	13
博士研究生	04	14	10	1	1	2						4	1	1	3	1									
硕士研究生	05	5173	4461	447	650	639	874	861	3		3	396	276	258	221	379	434	293	140	153	20	90	42	131	20
本科	06	26287	18924	1967	4079	4021	3725	3699	4		65	2342	1241	1098	1001	1486	2025	1388	693	689	229	662	422	188	348
专科	07	278	99	13	26	24	18	18				22	9	15	14	18	31	19	12	7	11	6	18	6	28
高中阶段	08	2					1																1		
高中阶段以下	09																								

初中分课程专任教师学历情况（城区）

单位：人

甲	编号 乙	合计 1	#女 2	道德与法治 3	语文 4	数学 5	外语 6	#英语 7	#日语 8	#俄语 9	科学 10	物理 11	化学 12	生物学 13	地理 14	历史 15	体育与健康 16	艺术 17	#音乐 18	#美术 19	综合实践活动 20	信息科技 21	劳动 22	其他 23	本学年不授任专课教师 24
初中	01	23848	18785	1786	3566	3509	3469	3434	7		24	2063	1135	1074	952	1411	1869	1305	656	646	143	601	323	281	337
#女	02	18785	—	1535	3217	2832	3207	3180	6		18	1402	933	905	769	1062	681	1027	552	475	103	419	209	233	233
#少数民族	03	892	755	73	142	128	138	136	2		1	77	41	48	34	62	50	45	29	16	4	21	6	10	12
博士研究生	04	14	10		1	2						4	1	3	1	1									
硕士研究生	05	4917	4250	428	617	607	824	811	3		3	372	261	249	215	356	416	277	135	142	20	85	41	126	20
本科	06	18772	14452	1352	2929	2889	2631	2609	4		21	1672	866	817	734	1048	1442	1020	516	501	116	512	276	152	295
专科	07	145	73	5	19	11	14	14				15	7	5	2	6	11	8	5	3	7	4	6	3	22
高中阶段	08																								
高中阶段以下	09																								

初中分课程专任教师学历情况（镇区）

单位：人

甲	编号 乙	合计 1	#女 2	道德与法治 3	语文 4	数学 5	外语 6	#英语 7	#日语 8	#俄语 9	科学 10	物理 11	化学 12	生物学 13	地理 14	历史 15	体育与健康 16	艺术 17	#音乐 18	#美术 19	综合实践活动 20	信息科技 21	劳动 22	其他 23	本学年不授课专任教师 24
初中	01	5504	3320	454	827	804	785	780			26	489	274	216	199	334	442	266	126	137	83	106	117	36	46
#女	02	3320	—	262	640	564	618	618			14	231	177	130	110	190	89	161	82	78	25	40	39	17	13
#少数民族	03	137	97	7	27	28	18	18				12	9	4	5	11	7	7	1	6		1			1
博士研究生	04																								
硕士研究生	05	203	169	12	24	23	42	42				18	13	9	6	19	14	12	4	8		5	1	5	
本科	06	5211	3132	436	798	771	739	735			26	466	260	200	185	306	419	246	117	126	81	100	108	28	42
专科	07	88	19	6	5	10	3	3				5	1	7	8	9	9	8	5	3	2	1	7	3	4
高中阶段	08	2					1																1		
高中阶段以下	09																								

初中分课程专任教师学历情况（乡村）

单位：人

甲	编号 乙	合计 1	#女 2	道德与法治 3	语文 4	数学 5	外语 6	#英语 7	#日语 8	#俄语 9	科学 10	物理 11	化学 12	生物学 13	地理 14	历史 15	体育与健康 16	艺术 17	#音乐 18	#美术 19	综合实践活动 20	信息科技 21	劳动 22	其他 23	本学年不授课专任教师 24
初中	01	2402	1389	188	363	373	364	364			18	212	118	84	86	139	179	129	63	66	34	51	43	8	13
#女	02	1389	—	111	267	237	295	295			8	99	75	51	38	71	36	62	31	31	12	13	10	3	1
#少数民族	03	76	50	7	11	15	11	11				7	4	5	3	2	3	5	4	1	1	1	1		
博士研究生	04																								
硕士研究生	05	53	42	7	9	9	8	8				6	2			4	4	4	1	3	1				
本科	06	2304	1340	179	352	361	355	355			18	204	115	81	82	132	164	122	60	62	32	50	38	8	11
专科	07	45	7	2	2	3	1	1				2	1	3	4	3	11	3	2	1	2	1	5		2
高中阶段	08																								
高中阶段以下	09																								

普通高中分课程专任教师学历情况（总计）

单位：人

甲	乙	合计	#女	思想政治	语文	数学	外语	#英语	#日语	#俄语	历史	物理	化学	生物学	地理	技术	#信息技术	#通用技术	体育与健康	艺术	#音乐	#美术	综合实践活动	劳动	其他	本学年不授课专任教师
		1	2	3	4	5	6	7	8	9	10	11	12	13	14	15	16	17	18	19	20	21	22	23	24	25
高中	01	18863	13857	1264	2548	2565	2558	2551	5		1093	1723	1719	1461	1200	627	415	212	906	688	309	376	20	83	205	203
#女	02	13857	—	1014	2112	1820	2301	2297	4		763	965	1306	1171	896	389	283	106	276	475	221	249	13	46	172	138
#少数民族	03	745	571	55	105	101	112	112	2		46	69	72	48	40	28	21	7	32	24	16	8	1	1	8	4
博士研究生	04	62	35	4	2	2	2	2			3	10	19	20	1					1		1				
硕士研究生	05	4244	3492	353	481	499	698	695	3		306	344	403	409	296	91	63	28	145	121	53	68	16	4	73	17
本科	06	14528	10317	910	2059	2061	1858	1854	2		784	1368	1297	1032	903	535	352	183	757	560	252	305	2	77	131	180
专科	07	29	13	1	4	3						1				1		1	4	6	4	2	2	2	1	6
高中阶段	08																									
高中阶段以下	09																									

普通高中分课程专任教师学历情况（城区）

单位：人

甲	编号	合计	#女	思想政治	语文	数学	外语	#英语	#日语	#俄语	历史	物理	化学	生物学	地理	技术	#信息技术	#通用技术	体育与健康	艺术	#音乐	#美术	综合实践活动	劳动	其他	本学年不授课专任教师
	乙	1	2	3	4	5	6	7	8	9	10	11	12	13	14	15	16	17	18	19	20	21	22	23	24	25
高中	01	15689	11743	1028	2150	2156	2155	2148	5		904	1467	1454	1206	986	516	344	172	711	559	244	312	13	37	175	172
#女	02	11743	—	849	1805	1538	1951	1947	4		641	846	1119	973	742	333	245	88	240	400	180	215	9	22	148	127
#少数民族	03	622	489	46	92	79	98	98			37	57	65	40	33	21	14	7	26	17	13	4			7	4
博士研究生	04	61	34		4	2	1	1			3	10	19	20	1					1		1				
硕士研究生	05	3925	3227	321	453	470	636	633	3		283	318	371	378	273	86	58	28	132	112	47	65	4	3	68	17
本科	06	11681	8472	706	1690	1681	1518	1514	2		618	1138	1064	808	712	430	286	144	576	441	193	245	9	33	107	150
专科	07	22	10	1	3	3						1							3	5	4	1	1		1	
高中阶段	08																									
高中阶段以下	09																									

普通高中分课程专任教师学历情况（镇区）

单位：人

甲	编号	合计	#女	思想政治	语文	数学	外语	#英语	#日语	#俄语	历史	物理	化学	生物学	地理	技术	#信息技术	#通用技术	体育与健康	艺术	#音乐	#美术	综合实践活动	劳动	其他	本学年不授课专任教师
	乙	1	2	3	4	5	6	7	8	9	10	11	12	13	14	15	16	17	18	19	20	21	22	23	24	25
高中	01	2726	1833	207	343	354	348	348			160	225	232	219	187	94	61	33	167	113	56	57	5	41	19	12
#女	02	1833	—	145	269	247	302	302			100	107	165	171	135	48	33	15	31	65	36	29	4	24	16	4
#少数民族	03	87	60	5	10	17	12	12			7	8	3	4	6	4	4		4	5	3	2	1		1	
博士研究生	04	1	1				1			1																
硕士研究生	05	289	239	29	26	28	52	52			23	24	29	31	20	4	4		12	6	4	2		1	4	
本科	06	2430	1590	178	316	326	295	295			137	201	203	188	167	89	57	32	154	106	52	54	5	39	14	12
专科	07	6	3		1											1		1	1	1	1	1	1	1	1	
高中阶段	08																									
高中阶段以下	09																									

普通高中分课程专任教师学历情况（乡村）

单位：人

甲	编号乙	合计	#女	思想政治	语文	数学	外语	#英语	#日语	#俄语	历史	物理	化学	生物学	地理	技术	#信息技术	#通用技术	体育与健康	艺术	#音乐	#美术	综合实践活动	劳动	其他	本学年不授课专任教师
		1	2	3	4	5	6	7	8	9	10	11	12	13	14	15	16	17	18	19	20	21	22	23	24	25
高中	01	448	281	29	55	55	55	55			29	31	33	36	27	17	10	7	28	16	9	7	2	5	11	25
#女	02	281	—	20	38	35	48	48			22	12	22	27	19	8	5	3	5	10	5	5	2	5	8	19
#少数民族	03	36	22	4	3	5	2	2			2	4	4	4	1	3	3		2	2		2				7
博士研究生	04																									
硕士研究生	05	30	26	3	2	1	10	10			2	3	3		3	1	1		1	3	2	1			1	
本科	06	417	255	26	53	54	45	45			29	29	30	36	24	16	9	7	27	13	7	6	2	5	10	18
专科	07	1																								1
高中阶段	08																									
高中阶段以下	09																									

中学专任教师变动情况

单位：人

甲	乙	上学年初报表专任教师数	增加								减少								本学年初报表专任教师数
			教师数	招聘	应届毕业生	#师范生	调入	校内变动 #外校	校内变动	#学段调整	其他	教师数	退休	死亡	调出	辞职	校内变动	#学段调整	其他	
		1	2	3	4	5	6	7	8	9	10	11	12	13	14	15	16	17	18	19
初 中	01	30737	4242	2090	1033	427	1232	893	557	244	363	3225	890	21	1400	359	463	232	92	31754
#女	02	22523	3163	1683	838	345	887	647	323	155	270	2192	569	10	945	277	316	171	75	23494
城区	03	22500	3662	1820	898	361	987	709	507	235	348	2314	619	15	823	342	430	228	85	23848
#女	04	17694	2787	1482	737	294	734	532	311	151	260	1696	450	10	603	265	296	167	72	18785
镇区	05	5753	426	197	101	53	188	147	41	7		675	178	3	454	15	23	4	2	5504
#女	06	3439	275	144	73	40	121	95	10	2		394	84		285	10	14	4	1	3320
乡村	07	2484	154	73	34	13	57	37	9	2	15	236	93	3	123	2	10		5	2402
#女	08	1390	101	57	28	11	32	20	2	2	10	102	35		57	2	6		2	1389
高 中	09	17959	2522	1590	651	240	392	324	396	208	144	1618	389	5	345	397	385	211	97	18863
#女	10	13058	1816	1204	534	197	268	228	242	148	102	1017	205	3	243	267	237	130	62	13857
城区	11	14915	2204	1389	563	189	327	267	354	208	134	1430	348	4	272	352	357	211	97	15689
#女	12	11048	1603	1057	467	155	227	190	225	148	94	908	194	3	192	234	223	130	62	11743
镇区	13	2626	268	153	68	40	64	56	41		10	168	33		73	36	26			2726
#女	14	1750	181	116	55	32	40	37	17		8	98	10		51	24	13			1833
乡村	15	418	50	48	20	11	1	1	1			20	8	1		9	2			448
#女	16	260	32	31	12	10	1	1	1			11	1			9	1			281

中学教职工其他情况

单位：人

甲	编号 乙	中共党员 1	共青团员 2	民主党派 3	香港 4	澳门 5	台湾 6	华侨 7	少数民族 8
教职工	01	22928	4241	1812	15	12	3	29	2323
#女	02	15658	3387	1270	14	11	3		1799
初中	03	8776	2001	391	13	12	3	29	835
#女	04	5540	1599	267	12	11	3	24	648
城区	05	6144	1591	374	13	12	3	29	595
#女	06	4456	1272	261	12	11	3	24	485
镇区	07	1778	294	13					154
#女	08	749	234	3					108
乡村	09	854	116	4					86
#女	10	335	93	3					55
普通高中	11	14152	2240	1421	2				1488
#女	12	10118	1788	1003	2				1151
城区	13	12951	2011	1420	2				1350
#女	14	9511	1607	1003	2				1062
镇区	15	1031	198						100
#女	16	525	155						66
乡村	17	170	31	1					38
#女	18	82	26						23
专任教师	19	18881	3143	1654	6	12	3		1850
#女	20	13194	2529	1173	5	11			1473
初中	21	11021	2146	829	5	4		11	1105
#女	22	7693	1731	602	4	3		8	902
城区	23	8844	1786	817	5	4		11	892
#女	24	6767	1438	597	4	3		8	755
镇区	25	1522	251	9					137
#女	26	644	203	2					97
乡村	27	655	109	3					76
#女	28	282	90	3					50
普通高中	29	7860	997	825	1				745
#女	30	5501	798	571	1				571
城区	31	6855	790	824	1				622
#女	32	4966	635	571	1				489
镇区	33	848	176						87
#女	34	454	137						60
乡村	35	157	31	1					36
#女	36	81	26						22

中学区级及以上骨干教师情况

单位：人

甲	编号 乙	合计 1	初中 2	高中 3
总　计	01	10108	6180	3928
城　区	02	8091	4708	3383
镇　区	03	1455	996	459
乡　村	04	562	476	86

中学教育学校办学条件

甲	编号	学校占地面积（平方米）	校舍建筑面积（平方米）	教学及辅助用房	行政办公用房	生活用房	其他用房	#被外单位（借）用	#租用外单位	图书（册）	固定资产总值（万元）	#仪器设备总值
	乙	1	2	3	4	5	6	7	8	9	10	11
总计	01	19902562.61	9870763.97	4900913.23	1172870.34	2857109.94	939870.46	73458.26	10247.09	26380976	2031324.129	309597.9503
初中	02	9453041.62	3622859.75	2106933.35	458827.73	697631.62	359467.05	23362.72	179306.9	12138563	801141.4096	123916.3009
初级中学	03	7356636.45	2491299.47	1485044.38	346555.36	480512.54	179187.19	11881.02	41485	9878991	580954.0488	88071.12029
九年一贯制学校	04	2096405.17	1131560.28	621888.97	112272.37	217119.08	180279.86	11481.7	137821.9	2259572	220187.3607	35845.18056
高中	05	10449520.99	6247904.22	2793979.88	714042.61	2159478.32	580403.41	50095.48	430940.19	14242413	1230182.719	185681.6495
完全中学	06	5460141.67	3489389.71	1714019.46	445584.53	1013129.07	316656.65	34924.77	196101	8977216	731913.0727	120157.6307
高级中学	07	3768914.92	1778538.94	670170.26	197723.1	774860.9	135784.68	2610.71	126656.26	4190236	423987.3442	49097.53803
十二年一贯制学校	08	1220464.4	979975.57	409790.16	70734.98	371488.35	127962.08	12560	108182.93	1074961	74282.30248	16426.4808

中学学校占地面积及其他办学条件

甲	编号 乙	占地面积（平方米）1	#绿化用地面积 2	#运动场地面积 3	校园足球场（个）4	11人制足球场 5	7人制足球场 6	5人制足球场 7	图书（册）8	数字终端数（台）9	教师终端数 10	学生终端数 11	教室（间）12	#网络多媒体教室 13	固定资产总值（万元）14	#教学仪器设备资产值 15
总 计	01	19902562.61	3316385.63	7659798.12	557	190	248	119	26380976	156854	76369	76133	26721	22800	2031324.129	309597.9503
初中 初级中学	02	9453041.62	1432370.03	4067081.85	336	83	169	84	12138563	67812	33841	32380	12188	10239	801141.4096	123916.3009
初级中学	03	7356636.45	1079858.11	3203953.66	263	66	130	67	9878991	52191	24934	26039	8760	7134	580954.0488	88071.12029
九年一贯制学校	04	2096405.17	352511.92	863128.19	73	17	39	17	2259572	15621	8907	6341	3428	3105	220187.3607	35845.18056
高中	05	10449520.99	1884015.6	3592716.27	221	107	79	35	14242413	89042	42528	43753	14533	12561	1230182.719	185681.6495
完全中学	06	5460141.67	899503.42	2155729.29	121	61	39	21	8977216	58368	26709	29355	8649	7599	731913.0727	120157.6307
高级中学	07	3768914.92	683207.98	1033934.37	67	31	27	9	4190236	22461	11663	10530	3577	2854	423987.3442	49097.53803
十二年一贯制学校	08	1220464.4	301304.2	403052.61	33	15	13	5	1074961	8213	4156	3868	2307	2108	74282.30248	16426.4808

普通中学分区情况一览表

单位：人

甲	编号 乙	校数（所）				毕业生数			招生数			在校生数			教职工数		
		合计 1	高中 2	初中 3		高中 4	初中 5		高中 6	初中 7		高中 8	初中 9		计 10		专任教师 11
总　计	01	551	205	346		67176	114380		78985	128662		221427	381796		63069		50617
和平区	02	18	13	5		3512	6079		4808	6918		12496	19695		3388		3028
河东区	03	21	10	11		3229	4484		4091	5660		11449	16112		2659		2178
河西区	04	27	16	11		4759	7086		6328	10245		17326	27306		4089		3443
南开区	05	21	15	6		4334	7833		5546	9480		14934	27203		4047		3240
河北区	06	18	13	5		2964	4117		3720	5072		10295	14308		2681		2406
红桥区	07	15	10	5		2154	2876		2804	2914		7312	8824		1977		1652
东丽区	08	21	8	13		1999	3829		2423	4530		6468	13021		2133		1679
西青区	09	22	12	10		2265	4315		2993	5404		8363	15573		2531		1942
津南区	10	20	9	11		2932	6295		3918	7524		10733	21989		2788		2058
北辰区	11	24	7	17		2386	4620		2390	5245		6959	14814		2286		1762
武清区	12	63	19	44		9106	13414		9633	12577		27773	38375		6529		5396
宝坻区	13	47	11	36		5255	7351		4804	7350		14845	25845		4332		3866
滨海新区	14	95	33	62		9707	17011		11467	20674		31741	59712		12050		7913
宁河区	15	29	5	24		2547	4685		2662	5017		8151	14047		2206		1950
静海区	16	50	10	40		4822	10105		5397	9815		15402	29702		4476		3723
蓟州区	17	60	14	46		5205	10280		6001	10237		17180	35270		4897		4381

普通中学分区办学条件情况一览表

甲	编号 乙	学校占地面积 （平方米） 1	校舍建筑面积 （平方米） 2	校舍建筑面积中： 租借面积（平方米） 3	图书（册） 4	固定资产总值（万元）	
						计 5	其中:仪器设备总值 6
总　计	01	19902562.61	9870763.97	610247.09	26380976	2031324.129	309597.9503
和平区	02	475631.9	457506.6	105101	1179476	81958.51468	21272.99798
河东区	03	562531.12	315837.36		1194181	35328.48119	9515.068617
河西区	04	754980.22	618187.85	16317.85	1484514	129374.5888	21002.50076
南开区	05	617973.89	480130.12	18199.2	1391906	50818.77783	21077.77049
河北区	06	479566.58	318285.85	4635.6	1135743	129513.1016	5714.406945
红桥区	07	437605.46	288167.17		733202	46392.91044	8542.889968
东丽区	08	771317.83	432412.63	47456.3	1081776	131186.6634	12459.41194
西青区	09	795321.9	604639.31	141609.92	1096475	102699.0355	19830.0384
津南区	10	1249556.93	629657.02	9700	1195638	159738.9682	21041.62442
北辰区	11	870590.44	406523.59	3416	1146589	81281.73	10832.01
武清区	12	2489344.6	1121363.88	137710	2938533	259339.1719	26260.35959
宝坻区	13	1709368.5	543952.89	20316.67	2009528	156720.3047	16996.1248
滨海新区	14	4056992.15	2004957.5	89305.22	4935255	351931.7639	72190.25433
宁河区	15	970718.1	298880.8		1044994	107226.0979	12544.23378
静海区	16	1932797.19	751787.43	16479.33	2045624	135305.9327	19496.86831
蓟州区	17	1728265.8	598473.97		1767542	72508.0863	10821.39

初等教育

小学校数

单位：所

甲	编号乙	合计	城区	教育部门	其他部门	地方企业	民办	中外合作办	镇区	教育部门	其他部门	地方企业	民办	中外合作办	乡村	教育部门	其他部门	地方企业	民办	中外合作办
		1	2	3	4	5	6	7	8	9	10	11	12	13	14	15	16	17	18	19
总计	01	873	464	449	2		13		131	130			1		278	278				
#独立设置少数民族学校	02	3	3	3																
#教学点数（个）	03																			

小学班数

单位：个

甲	编号 乙	合计 1	一年级 2	二年级 3	三年级 4	四年级 5	五年级 6	六年级 7	复式班 8
总 计	01	20991	3939	3311	3356	3599	3498	3288	
#九年一贯制学校	02	1422	276	234	232	247	231	202	
#十二年一贯制学校	03	800	181	138	128	128	113	112	
#其他学校附设班	04	23	3	4	4	4	4	4	
#独立设置少数民族学校	05	53	8	8	9	9	9	10	
教育部门	06	20036	3773	3161	3197	3430	3335	3140	
其他部门	07	79	14	11	11	15	14	14	
地方企业	08								
民办	09	876	152	139	148	154	149	134	
中外合作办	10								
城区	11	16398	3142	2615	2604	2788	2639	2610	
教育部门	12	15521	2990	2477	2459	2633	2490	2472	
其他部门	13	76	14	11	11	14	13	13	
地方企业	14								
民办	15	801	138	127	134	141	136	125	
中外合作办	16								
镇区	17	2082	363	309	338	364	378	330	
教育部门	18	2004	349	297	324	350	364	320	
其他部门	19	3				1	1	1	
地方企业	20								
民办	21	75	14	12	14	13	13	9	
中外合作办	22								
乡村	23	2511	434	387	414	447	481	348	
教育部门	24	2511	434	387	414	447	481	348	
其他部门	25								
地方企业	26								
民办	27								
中外合作办	28								

小学班额情况

单位：个

甲	编号 乙	合计 1	一年级 2	二年级 3	三年级 4	四年级 5	五年级 6	六年级 7	复式班 8
总计	01	20991	3939	3311	3356	3599	3498	3288	8
25人以下	02	1686	276	330	334	303	277	166	
26-30人	03	1261	197	201	218	195	239	211	
31-35人	04	2389	375	404	403	436	416	355	
36-40人	05	4874	878	805	874	838	810	669	
41-45人	06	7533	1604	1184	1163	1262	1144	1176	
46-50人	07	2340	452	303	243	414	430	498	
51-55人	08	908	157	84	121	151	182	213	
56-60人	09								
61-65人	10								
66人以上	11								
城区 25人以下	12	358	57	66	66	63	58	48	
26-30人	13	495	57	95	87	67	98	91	
31-35人	14	1519	235	284	280	256	244	220	
36-40人	15	4018	741	695	775	696	613	498	
41-45人	16	6850	1459	1096	1045	1153	1033	1064	
46-50人	17	2261	437	295	230	407	415	477	
51-55人	18	897	156	84	121	146	178	212	
56-60人	19								
61-65人	20								
66人以上	21								
镇区 25人以下	22	263	46	50	55	55	35	22	
26-30人	23	270	49	45	55	42	44	35	
31-35人	24	472	70	70	71	100	84	77	
36-40人	25	522	81	81	58	80	120	102	
41-45人	26	499	107	59	92	82	85	74	
46-50人	27	48	9	4	7	3	6	19	
51-55人	28	8	1			2	4	1	
56-60人	29								
61-65人	30								
66人以上	31								
乡村 25人以下	32	1065	173	214	213	185	184	96	
26-30人	33	496	91	61	76	86	97	85	
31-35人	34	398	70	50	52	80	88	58	
36-40人	35	334	56	29	41	62	77	69	
41-45人	36	184	38	29	26	27	26	38	
46-50人	37	31	6	4	6	4	9	2	
51-55人	38	3				3			
56-60人	39								
61-65人	40								
66人以上	41								

小学分办别、分城乡学生情况

单位：人

甲	乙	毕业生数	招生数	招生中接受学前教育 未接受过	一年	两年	三年	在校生数	#女	一年级	二年级	三年级	四年级	五年级	六年级	预计毕业生数
		1	2	3	4	5	6	7	8	9	10	11	12	13	14	15
计	01	124610	155683	1969	8004	5476	140234	818370	388863	155708	125775	127432	140046	136888	132521	139516
#女	02	58775	75053	933	3749	2534	67837	388863	—	75057	60194	60436	66561	64587	62028	65393
#少数民族	03	6371	9669	87	478	314	8790	48919	23712	9670	7959	7654	8293	7901	7442	7913
#九年一贯制学校	04	6551	10767	458	214	495	9600	54677	26161	10768	8819	8897	9513	8878	7802	7802
#十二年一贯制学校	05	3406	7605	59	106	65	7375	33061	15552	7606	5835	5275	5274	4549	4522	4522
#附设小学班	06	111	71	—	—	—	71	650	344	71	99	108	113	116	143	143
#复式班	07															
#小学教学点	08															
#独立设置少数民族学校	09	283	268	1	6	6	255	1799	862	268	269	293	313	326	330	330
#寄宿生	10	—	403	—	—	—	403	3195	1319	403	365	391	576	608	852	852
#随迁子女	11	17003	17721	—	—	—	—	111746	51172	17723	17021	18276	19220	20285	19221	19350
#外省迁入	12	17003	17721	—	—	—	—	111746	51172	17723	17021	18276	19220	20285	19221	19350
#本省外县迁入	13															
#进城务工人员随迁子女	14	13930	13079	—	—	—	—	87337	40136	13079	12644	14664	15438	16215	15297	15314
#外省迁入	15	13930	13079	—	—	—	—	87337	40136	13079	12644	14664	15438	16215	15297	15314
#本省外县迁入	16															
#农村留守儿童	17	36	30	—	—	—	30	217	79	30	44	34	37	32	40	47
#送教上门	18	3	3	—	—	—	—	15	4	3	3	2	—	4	3	—
教育部门	19	120104	149915	1886	7911	5447	134671	785580	373503	149939	120602	121915	134313	131486	127325	134320
其他部门	20	400	538	1	9	10	518	2767	1309	538	362	380	546	479	462	462
地方企业	21															
民办	22	4106	5230	82	84	19	5045	30023	14051	5231	4811	5137	5187	4923	4734	4734
中外合作办	23															
城区	24	96345	130900	1890	7083	3708	118219	676704	321107	130918	105855	105279	115131	109614	109907	111288
教育部门	25	91908	125584	1807	6990	3679	113108	646245	306776	125601	101078	100194	109808	104594	104970	106351
其他部门	26	370	538	1	9	10	518	2727	1282	538	362	380	544	465	438	438
地方企业	27															
民办	28	4067	4778	82	84	19	4593	27732	13049	4779	4415	4705	4779	4555	4499	4499
中外合作办	29															
镇区	30	13225	12830	61	436	877	11456	72424	34544	12836	10320	11407	12412	13423	12026	13774
教育部门	31	13156	12378	61	436	877	11004	70093	33515	12384	9924	10975	12002	13041	11767	13515
其他部门	32	30		—	—	—	—	40	27	—	—	—	2	14	24	24
地方企业	33															
民办	34	39	452	—	—	—	452	2291	1002	452	396	432	408	368	235	235
中外合作办	35															
乡村	36	15040	11953	18	485	891	10559	69242	33212	11954	9600	10746	12503	13851	10588	14454
教育部门	37	15040	11953	18	485	891	10559	69242	33212	11954	9600	10746	12503	13851	10588	14454
其他部门	38															
地方企业	39															
民办	40															
中外合作办	41															

单位:人

小学学生变动情况

甲	编号 乙	上学年初报表在校生数 1	增加学生数 2	招生 3	复学 4	转入 5	其他 6	减少学生数 7	毕业 8	结业 9	休学 10	退学 11	死亡 12	转出 13	其他 14	本学年初报表在校生数 15
总计	01	770925	194208	155683	200	38321	4	146763	124610	—	250	273	46	21584		818370
#女	02	364847	93098	75053	70	17973	2	69082	58775	—	96	123	12	10076		388863
#少数民族	03	44317	12247	9669	10	2568		7645	6371	—	17	16	2	1239		48919
城区	04	623734	164847	130900	167	33778	2	111877	96345	—	226	269	33	15004		676704
#女	05	294949	78694	62844	58	15790	2	52536	45274	—	88	121	10	7043		321107
#少数民族	06	38518	10849	8533	10	2306		6359	5367	—	16	16	2	958		43008
镇区	07	72281	16234	12830	20	3384		16091	13225	—	10	3	5	2848		72424
#女	08	34214	7954	6304	7	1643		7624	6297	—	3	2	1	1321		34544
#少数民族	09	2683	766	568		198		550	423	—				127		2899
乡村	10	74910	13127	11953	13	1159	2	18795	15040	—	14	1	8	3732		69242
#女	11	35684	6450	5905	5	540		8922	7204	—	5		1	1712		33212
#少数民族	12	3116	632	568		64		736	581	—	1			154		3012

小学在校生中其他情况

单位：人

甲	编号 乙	中共党员 1	共青团员 2	民主党派 3	香港 4	澳门 5	台湾 6	华侨 7	少数民族 8	残疾人 9
总计	01	—		—	172	3	90	5	48919	—
#女	02	—		—	71	2	36	3	23712	—
城区	03	—		—	167	3	86	5	43008	—
#女	04	—		—	69	2	34	3	20831	—
镇区	05	—		—	5		4		2899	—
#女	06	—		—	2		2		1449	—
乡村	07	—		—					3012	—
#女	08	—		—					1432	—

小学国际学生基本情况

单位：人

甲	编号 乙	毕(结)业生数 1	招生数 2	在校生(注册) 3
总 计	01		64	320
#女	02		29	151
城 区	03		61	313
#女	04		28	147
镇 区	05		3	7
#女	06		1	4
乡 村	07			
#女	08			

小学学校教职工数

单位：人

	编号	教职工数	专任教师	行政人员	教辅人员	工勤人员	其他	校外教师	外籍教师
甲	乙	1	2	3	4	5	6	7	8
总　计	01	50484	46306	2611	1029	496	42	354	2
#女	02	39437	37136	1412	750	128	11	262	—
#少数民族	03	1555	1442	71	31	8	3	5	—
#在编人员	04	45698	42042	2524	941	159	32	—	
教育部门	05	49067	45123	2537	992	373	42	345	
其他部门	06	158	151	2	3	2		3	
地方企业	07								
民办	08	1259	1032	72	34	121		6	2
中外合作办	09								
城区	10	39051	35681	1979	952	407	32	352	2
教育部门	11	37650	34507	1908	917	286	32	343	
其他部门	12	158	151	2	3	2		3	
地方企业	13								
民办	14	1243	1023	69	32	119		6	2
中外合作办	15								
镇区	16	4832	4536	220	35	40	1		
教育部门	17	4816	4527	217	33	38	1		
其他部门	18								
地方企业	19								
民办	20	16		9	2	2			
中外合作办	21								
乡村	22	6601	6089	412	42	49	9	2	
教育部门	23	6601	6089	412	42	49	9	2	
其他部门	24								
地方企业	25								
民办	26								
中外合作办	27								

小学专任教师专业技术职务、年龄结构情况（总计）

单位：人

甲	编号 乙	合计 1	#女 2	24岁以下 3	25—29岁 4	30—34岁 5	35—39岁 6	40—44岁 7	45—49岁 8	50—54岁 9	55—59岁 10	60岁以上 11
总　计	01	51484	41456	1965	8778	10071	5678	5445	6984	10564	1996	3
#女	02	41456	—	1610	7473	8704	4886	4175	5237	8576	793	2
#少数民族	03	1662	1366	84	339	342	206	160	195	300	36	
正高级	04	39	23				5	5	11	20	3	
副高级	05	5613	4396			27	178	633	1301	2512	962	
中级	06	28248	22184	2	610	5041	4127	4298	5418	7768	981	3
助理级	07	11237	9410	303	5574	3869	853	269	144	192	33	
员级	08	244	193	44	91	43	15	10	10	28	3	
未定职级	09	6103	5250	1616	2503	1091	505	230	100	44	14	

小学专任教师专业技术职务、年龄结构情况（城区）

单位：人

甲	编号 乙	合计 1	#女 2	24岁以下 3	25—29岁 4	30—34岁 5	35—39岁 6	40—44岁 7	45—49岁 8	50—54岁 9	55—59岁 10	60岁以上 11
总　计	01	40246	33702	1804	7379	7783	4566	3977	5222	8395	1117	3
#女	02	33702	—	1475	6286	6735	3950	3241	4163	7256	594	2
#少数民族	03	1443	1215	80	301	273	187	140	167	270	25	
正高级	04	30	21				5	5	8	15	2	
副高级	05	4193	3491			26	162	540	1033	1875	557	
中级	06	21632	18012	2	498	3902	3324	3070	4010	6296	527	3
助理级	07	9194	7759	279	4675	3014	693	224	115	171	23	
员级	08	208	169	40	79	33	11	8	10	25	2	
未定职级	09	4989	4250	1483	2127	808	376	130	46	13	6	

小学专任教师专业技术职务、年龄结构情况（镇区）

单位：人

甲	乙	合计	#女	24岁以下	25—29岁	30—34岁	35—39岁	40—44岁	45—49岁	50—54岁	55—59岁	60岁以上
		1	2	3	4	5	6	7	8	9	10	11
总计	01	4986	3610	68	581	1028	561	671	796	954	327	11
#女	02	3610	—	57	499	894	489	470	504	609	88	0
#少数民族	03	105	73	4	13	39	13	8	13	12	3	0
正高级	04	7	2	0	0	0	0	0	2	4	1	0
副高级	05	639	439	0	0	1	11	55	121	302	149	0
中级	06	2892	1920	0	47	487	387	544	637	621	169	0
助理级	07	873	729	10	361	377	76	21	10	12	6	0
员级	08	8	7	1	3	1	2	0	0	1	0	0
未定职级	09	567	513	57	170	162	85	51	26	14	2	0

小学专任教师专业技术职务、年龄结构情况（乡村）

甲	编号 乙	合计 1	#女 2	24岁以下 3	25—29岁 4	30—34岁 5	35—39岁 6	40—44岁 7	45—49岁 8	50—54岁 9	55—59岁 10	60岁以上 11
总　计	01	6252	4144	93	818	1260	551	797	966	1215	552	0
#女	02	4144	—	78	688	1075	447	464	570	711	111	0
#少数民族	03	114	78	0	25	30	6	12	15	18	8	0
正高级	04	2	0	0	0	0	0	0	1	1	0	0
副高级	05	781	466	0	0	0	5	38	147	335	256	0
中级	06	3724	2252	0	65	652	416	684	771	851	285	0
助理级	07	1170	922	14	538	478	84	24	19	9	4	0
员级	08	28	17	3	9	9	2	2	0	2	1	0
未定职级	09	547	487	76	206	121	44	49	28	17	6	0

小学分课程专任教师学历情况（总计）

单位：人

甲	编号 乙	合计 1	#女 2	道德与法治 3	语文 4	数学 5	外语 6	#英语 7	#日语 8	#俄语 9	体育与健康 10	科学 11	艺术 12	#音乐 13	#美术 14	综合实践活动 15	信息科技 16	劳动 17	其他 18	本学年不授课专任教师 19
总　计	01	51484	41456	2392	15647	11473	6427	6421			4719	1752	5270	2660	2600	605	1158	763	627	651
#女	02	41456	—	1812	14386	9633	5922	5921			1786	1086	4361	2295	2062	415	582	534	451	488
#少数民族	03	1662	1366	66	517	351	222	221			137	40	222	137	84	15	31	12	22	27
博士研究生	04	2	1										2							
硕士研究生	05	4901	4371	201	1350	801	849	849			581	177	679	324	355	21	109	35	79	19
本科	06	41825	33925	1902	13033	9828	5292	5288			3572	1259	4157	2130	2020	463	971	563	421	364
专科	07	4526	3023	278	1242	833	275	273			525	303	416	202	211	113	76	162	116	187
高中阶段	08	221	129	11	21	11	9	9			39	11	18	4	14	8	2	3	10	78
高中阶段以下	09	9	7		1		2	2			2								1	3

小学分课程专任教师学历情况（城区）

单位：人

甲	编号 乙	合计 1	#女 2	道德与法治 3	语文 4	数学 5	外语 6	#英语 7	#日语 8	#俄语 9	体育与健康 10	科学 11	艺术 12	#音乐 13	#美术 14	综合实践活动 15	信息科技 16	劳动 17	其他 18	本学年不授课专任教师 19
总　计	01	40246	33702	1600	12681	8843	4927	4925			3734	1307	4236	2148	2084	411	861	491	577	578
#女	02	33702	—	1354	11946	7685	4610	4609			1550	896	3603	1890	1711	325	457	393	430	453
#少数民族	03	1443	1215	55	463	299	190	190			112	35	196	119	76	13	26	7	21	26
博士研究生	04	2	1									2								
硕士研究生	05	4684	4182	194	1311	751	796	796			568	176	640	304	336	20	104	31	75	18
本科	06	32125	27010	1257	10421	7499	3911	3910			2767	928	3280	1698	1579	311	697	356	386	312
专科	07	3233	2383	141	930	584	210	209			363	194	300	142	157	75	58	102	106	170
高中阶段	08	193	119	8	18	9	8	8			34	7	16	4	12	5	2	2	9	75
高中段以下	09	9	7	1	1	2	2	2			2								1	3

小学分课程专任教师学历情况（镇区）

单位：人

甲	编号 乙	合计 1	#女 2	道德与法治 3	语文 4	数学 5	外语 6	#英语 7	#日语 8	#俄语 9	体育与健康 10	科学 11	艺术 12	#音乐 13	#美术 14	综合实践活动 15	信息科技 16	劳动 17	其他 18	本学年不授课专任教师 19
总　计	01	4986	3610	379	1335	1144	661	659			445	176	467	230	236	90	124	113	18	34
#女	02	3610	—	255	1127	906	586	586			122	86	357	190	166	39	58	57	4	13
#少数民族	03	105	73	5	29	24	12	11			12	12	16	11	5	1	1	3	1	1
博士研究生	04																			
硕士研究生	05	131	111	5	19	32	29	29			12	12	27	11	16	1	2	2	2	
本科	06	4301	3192	307	1173	1019	604	603			364	134	390	196	193	73	114	86	14	23
专科	07	548	305	66	143	93	28	27			68	40	50	23	27	16	8	25	2	9
高中阶段	08	6	2	1							1	2								2
高中阶段以下	09																			

小学分课程专任教师学历情况（乡村）

单位：人

甲	编号 乙	合计 1	#女 2	道德与法治 3	语文 4	数学 5	外语 6	#英语 7	#日语 8	#俄语 9	体育与健康 10	科学 11	艺术 12	#音乐 13	#美术 14	综合实践活动 15	信息科技 16	劳动 17	其他 18	本学年不授课专任教师 19
总计	01	6252	4144	413	1631	1486	839	837			540	269	567	282	280	104	173	159	32	39
#女	02	4144	—	203	1313	1042	726	726			114	104	401	215	185	51	67	84	17	22
#少数民族	03	114	78	6	25	28	20	20			13	5	10	7	3	1	4	2		
博士研究生	04																			
硕士研究生	05	86	78	2	20	18	24	24			1	1	12	9	3	1	3	2	2	1
本科	06	5399	3723	338	1439	1310	777	775			441	197	487	236	248	79	160	121	21	29
专科	07	745	335	71	169	156	37	37			94	69	66	37	27	22	10	35	8	8
高中阶段	08	22	8	2	3	2	1	1			4	2	2		2	3		1	1	1
高中阶段以下	09																			

小学专任教师变动情况

单位：人

甲	编号 乙	上学年初报表任教师数	增加教师数	招聘	应届毕业生	#师范生	调入	#外校	校内变动	#学段调整	其他	减少教师数	退休	死亡	调出	辞职	校内变动	#学段调整	其他	本学年初报表专任教师数
		1	2	3	4	5	6	7	8	9	10	11	12	13	14	15	16	17	18	19
总计	01	49450	7146	3727	1871	825	2514	1988	333	40	572	5112	1553	29	2530	466	439	49	95	51484
#女	02	39460	5735	3106	1540	666	1908	1543	228	30	493	3739	1099	21	1890	375	279	32	75	41456
城区	03	37834	6019	3293	1723	765	1908	1562	261	36	557	3607	1184	19	1573	407	335	40	89	40246
#女	04	31656	4939	2751	1425	617	1516	1245	190	26	482	2893	979	15	1267	328	233	28	71	33702
镇区	05	5065	539	204	53	20	305	215	19	4	11	618	160	5	369	35	47	7	2	4986
#女	06	3578	384	163	40	16	203	156	9	4	9	352	59	4	237	28	22	2	2	3610
乡村	07	6551	588	230	95	40	301	211	53	4	4	887	209	5	588	24	57	2	4	6252
#女	08	4226	412	192	75	33	189	142	29	2	2	494	61	2	386	19	24	2	2	4144

小学教职工其他情况

单位：人

甲	编号 乙	中共党员 1	共青团员 2	民主党派 3	香港 4	澳门 5	台湾 6	华侨 7	少数民族 8
教职工	01	15453	4514	575			1		1555
#女	02	11476	3801	408			1		1249
城区	03	12274	4046	565			1		1341
#女	04	9827	3413	400			1		1112
镇区	05	1375	155	4					95
#女	06	748	133	2					61
乡村	07	1804	313	6					119
#女	08	901	255	6					76
专任教师	09	15312	5089	583	8	8	3	18	1662
#女	10	11856	4275	420	8	8	3	16	1366
城区	11	12414	4611	573	8	8	3	18	1443
#女	12	10191	3880	414	8	8	3	16	1215
镇区	13	1328	183	6					105
#女	14	798	155	2					73
乡村	15	1570	295	4					114
#女	16	867	240	4					78

小学区级及以上骨干教师情况

单位:人

甲	编号 乙	小学 1
总　计	01	10625
城　区	02	8409
镇　区	03	1004
乡　村	04	1212

小学学校办学条件

甲	编号 乙	学校占地面积（平方米）1	校舍建筑面积（平方米）2	教学及辅助用房 3	行政办公用房 4	生活用房 5	其他用房 6	#被外单位（借）用 7	#租用外单位 8	图书（册）9	固定资产总值（万元）10	#仪器设备总值 11
总　计	01	13783105.36	5752216.34	3747064.08	694258.81	883591.21	427302.24	57291.72	163926.16	25097169	1263586.372	234926.7098
城　区	02	8096966.28	4281905.39	2809081.59	529968.26	581169.47	284686.13	24705.66	159008.16	18662633	964022.995	191198.2275
镇　区	03	2150864.41	607191.2	389911.21	70082.58	96338.25	50859.16	11644.7	4918	2795666	124439.46	18573.22741
乡　村	04	3535274.67	863119.75	548071.28	94208.03	129083.49	91756.95	20941.36		3638870	175123.917	25155.25488

小学学校占地面积及其他办学条件（小学、教学点）

甲	编号 乙	占地面积（平方米） 1	#绿化用地面积 2	#运动场地面积 3	校园足球场（个） 4	11人制足球场 5	7人制足球场 6	5人制足球场 7	图书（册） 8	数字终端数（台） 9	教师终端数 10	学生终端数 11	教室（间） 12	#网络多媒体教室 13	固定资产总值（万元） 14	#教学仪器设备资产值 15
总 计	01	13783105.36	1813461.47	6354079.4	775	60	345	370	25097169	133669	64936	65018	27441	23812	1263586.372	234926.7098
城区	02	8096966.28	1159581.01	3975186.36	469	33	250	186	18662633	100106	50693	46037	19510	17989	964022.995	191198.2275
镇区	03	2150864.41	232820.63	952048.39	102	12	38	52	2795666	13101	6024	7061	3098	2460	124439.46	18573.22741
乡村	04	3535274.67	421059.83	1426844.65	204	15	57	132	3638870	20462	8219	11920	4833	3363	175123.917	25155.25488

小学分区基本情况一览表

单位:人

甲	编号 乙	校数 1	毕业生数 2	招生数 3	在校学生数 计 4	其中女 5	一年级 6	二年级 7	三年级 8	四年级 9	五年级 10	六年级 11	教职工数 计 12	专任教师 13
总 计		873	124610	155683	818370	388863	155708	125775	127432	140046	136888	132521	50484	51484
和平区	01	18	6517	8142	43189	20331	8142	6798	7183	7096	6786	7184	3289	3134
河东区	02	28	5655	7370	39936	19030	7371	6130	6127	7018	6660	6630	2286	2200
河西区	03	41	9892	15733	79124	37525	15738	12361	11928	13240	12612	13245	4457	4274
南开区	04	30	9329	12203	67031	31955	12205	10204	10207	11837	11321	11257	3401	3313
河北区	05	25	4850	5437	32654	15767	5439	4854	5028	6074	5491	5768	2447	2281
红桥区	06	16	2683	2879	17201	8222	2881	2560	2699	3096	2930	3035	1492	1356
东丽区	07	34	4677	5719	30180	14571	5720	4877	4795	5000	4932	4856	1936	2039
西青区	08	38	5520	8356	38686	18105	8356	6121	6036	6239	5890	6044	2696	2577
津南区	09	33	6998	9805	49446	23208	9805	8294	7867	8250	7737	7493	2320	2390
北辰区	10	49	5577	7404	38323	18189	7405	6059	6103	6595	6268	5893	2194	2362
武清区	11	115	11377	14576	75615	36278	14577	11289	11720	12777	12398	12854	4357	4397
宝坻区	12	82	6742	9169	42066	19990	9169	6333	6304	7190	7540	5530	3356	3165
滨海新区	13	97	20025	27130	139151	65869	27132	22241	21821	23314	22450	22193	7047	8824
宁河区	14	59	4896	4162	25585	12550	4165	3392	3685	4457	4797	5089	2053	2055
静海区	15	95	9898	8988	52694	24387	8993	7332	8086	8838	9451	9994	3411	3643
蓟州区	16	113	9974	8610	47489	22886	8610	6930	7843	9025	9625	5456	3742	3474

小学分区办学条件情况一览表

甲	编号 乙	学校占地面积 (平方米) 1	校舍建筑面积 (平方米) 2	校舍建筑面积中: 租借面积(平方米) 3	图书(册) 4	固定资产总值(万元)	
						计 5	其中:仪器设备总值 6
总　计	01	13783105.36	5752216.34	163926.16	25097169	1263586.372	234926.7098
和平区	02	159625	192420	39891.07	1154273	37548.56567	17767.16665
河东区	03	508428.16	232926.36		1102140	48221.57224	10894.20595
河西区	04	757647.01	441899.74	34209.2	1656315	44873.80593	19002.84773
南开区	05	355898.99	240967.72		1371825	19053.37491	12874.7344
河北区	06	329167.22	213516.5		1104903	125755.4228	8133.654466
红桥区	07	236620.27	136223.33		536396	18113.24394	4574.844688
东丽区	08	582213.75	291427.69	7429.66	1421514	67811.06456	13131.48429
西青区	09	752136.22	362382.52	33589.22	1369927	68120.29343	17483.8171
津南区	10	911175.93	441806.79	6208	1741704	134908.7578	17740.80413
北辰区	11	767426.77	370392.29	5477.69	1332621	73342.24	12021.82
武清区	12	1910909.17	701667.88	2605	2743810	183298.9646	19834.99803
宝坻区	13	1133992.86	335874	1646.78	1564463	86694.92	12002.81
滨海新区	14	1671952.81	784245.24	10175.5	3312452	180893.0264	38561.03828
宁河县	15	737320.11	197669.48		1075069	44775.37596	8984.327277
静海县	16	1576017.13	428015.28	14204.04	2036424	66120.81561	12903.97678
蓟州区	17	1392573.96	380781.52	8490	1573333	64054.92815	9014.18

学前教育

幼儿园园数

单位：所

甲	编号乙	合计	城区	教育部门	其他部门	地方企业	事业单位	部队	集体	民办	#普惠性民办幼儿园	中外合作办	镇区	教育部门	其他部门	地方企业	事业单位	部队	集体	民办	#普惠性民办幼儿园	中外合作办	乡村	教育部门	其他部门	地方企业	事业单位	部队	集体	民办	#普惠性民办幼儿园	中外合作办
		1	2	3	4	5	6	7	8	9	10	11	12	13	14	15	16	17	18	19	20	21	22	23	24	25	26	27	28	29	30	31
总计	01	2127	1386	358	20		12	9	48	939	503		262	55	2		1		90	114	64		479	116					260	103	46	
#少数民族幼儿园	02	2	2	2																												
#建立家长委员会	03	2005	1301	351	18		12	9	42	869	487		249	54	2		1		90	102	64		455	112					254	89	45	
#使用国家通用语言文字保教	04																															

学前教育班数

单位:个

甲	编号 乙	计 1	托班 2	小班 3	中班 4	大班 5	混合班 6
总计	01	12153	90	3743	3957	3948	415
教育部门	02	4652	10	1568	1606	1423	45
其他部门	03	161	20	47	42	42	10
地方企业	04						
事业单位	05	120	10	38	35	31	6
部队	06	46		14	17	13	2
集体	07	1189	3	305	330	381	170
民办	08	5985	47	1771	1927	2058	182
#普惠性民办幼儿园	09	3759	22	1125	1245	1307	60
中外合作办	10						
城区	11	9670	85	3057	3199	3111	218
教育部门	12	3918	8	1350	1361	1170	29
其他部门	13	152	20	44	39	39	10
地方企业	14						
事业单位	15	116	10	37	33	30	6
部队	16	46		14	17	13	2
集体	17	243	3	78	79	81	2
民办	18	5195	44	1534	1670	1778	169
#普惠性民办幼儿园	19	3238	20	968	1071	1125	54
中外合作办	20						
镇区	21	1142	2	332	367	399	42
教育部门	22	311		98	106	105	2
其他部门	23	9		3	3	3	
地方企业	24						
事业单位	25	4		1	2	1	
部队	26						
集体	27	361		90	105	131	35
民办	28	457	2	140	151	159	5
#普惠性民办幼儿园	29	331	2	100	113	112	4
中外合作办	30						
乡村	31	1341	3	354	391	438	155
教育部门	32	423	2	120	139	148	14
其他部门	33						
地方企业	34						
事业单位	35						
部队	36						
集体	37	585		137	146	169	133
民办	38	333	1	97	106	121	8
#普惠性民办幼儿园	39	190		57	61	70	2
中外合作办	40						

学前教育班额情况

单位：个

甲	编号 乙	合计 1	托班 2	小班 3	中班 4	大班 5	混合班 6
总　计	01	12153	90	3743	3957	3948	415
20人以下	02	3381	74	1428	888	747	244
21–25人	03	3381	12	1805	797	691	76
26–30人	04	3538	4	430	2000	1011	93
31–35人	05	1725		80	236	1408	1
36–40人	06	128			36	91	1
41–45人	07						
46人以上	08						
城区 20人以下	09	2182	69	1000	540	456	117
21–25人	10	2806	12	1595	639	514	46
26–30人	11	3073	4	392	1781	842	54
31–35人	12	1506		70	208	1227	1
36–40人	13	103			31	72	
41–45人	14						
46人以上	15						
镇区 20人以下	16	382	2	165	113	80	22
21–25人	17	311		136	79	91	5
26–30人	18	278		21	146	96	15
31–35人	19	152		10	24	118	
36–40人	20	19			5	14	
41–45人	21						
46人以上	22						
乡村 20人以下	23	817	3	263	235	211	105
21–25人	24	264		74	79	86	25
26–30人	25	187		17	73	73	24
31–35人	26	67			4	63	
36–40人	27	6				5	1
41–45人	28						
46人以上	29						

学前教育幼儿数（总计）

单位：人

甲	编号 乙	入园(班)人数 计 1	托班 2	小班 3	中班 4	大班 5	混合班 6	在园(班)人数 7	#女 8	托班 9	小班 10	中班 11	大班 12	混合班 13	离园(班)人数 14
总 计	01	84987	1002	74487	4234	2767	2497	290052	139724	1147	77272	98258	105928	7447	118736
#女	02	41364	500	36319	2004	1326	1215	139724	—	581	37465	47396	50829	3453	57108
教育部门	03	39178	110	37060	1179	462	367	121863	59132	110	37309	43564	39858	1022	43868
其他部门	04	1104	359	677	17	11	40	3823	1955	401	981	1067	1170	204	1501
地方企业	05														
事业单位	06	1036	191	761	44	1	39	3153	1496	191	910	975	945	132	1125
部队	07	356		341	3	2	10	1187	592		342	438	358	49	475
集体	08	5934	18	5039	126	41	710	23807	11524	32	5161	6774	9026	2814	12322
民办	09	37379	324	30609	2865	2250	1331	136219	65025	413	32569	45440	54571	3226	59445
#普惠性民办幼儿园	10	25962	155	21936	1804	1415	652	96283	46139	227	23155	32672	38919	1310	41405
中外合作办	11														
城 区	12	71487	975	63392	3228	2319	1573	239721	115365	1110	65724	82436	86331	4120	94591
教育部门	13	34501	105	33114	730	317	235	106182	51435	105	33325	38202	33845	705	36223
其他部门	14	1063	359	636	17	11	40	3645	1861	401	940	994	1106	204	1403
地方企业	15														
事业单位	16	1018	191	743	44	1	39	3076	1463	191	891	943	919	132	1091
部队	17	356		341	3	2	10	1187	592		342	438	358	49	475
集体	18	1544	18	1462	58	2	4	5836	2864	32	1519	1990	2278	17	2780
民办	19	33005	302	27096	2376	1986	1245	119795	57150	381	28707	39869	47825	3013	52619
#普惠性民办幼儿园	20	22853	141	19176	1582	1332	622	83602	40121	203	20120	28290	33821	1168	36451
中外合作办	21														
镇 区	22	6812	14	6020	424	191	163	26212	12546	24	6306	8658	10401	823	12017
教育部门	23	2384		2108	181	81	14	7674	3697		2120	2633	2877	44	3491
其他部门	24	41		41				178	94		41	73	64		98
地方企业	25														
事业单位	26	18	18					77	33		19	32	26		34
部队	27														
集体	28	1911		1717	30	21	143	8278	3981		1759	2429	3408	682	4358
民办	29	2458	14	2136	213	89	6	10005	4741	24	2367	3491	4026	97	4036
#普惠性民办幼儿园	30	1958	14	1777	130	37		8219	3858	24	1963	2913	3228	91	3102
中外合作办	31														
乡 村	32	6688	13	5075	582	257	761	24119	11813	13	5242	7164	9196	2504	12128
教育部门	33	2293	5	1838	268	64	118	8007	4000	5	1864	2729	3136	273	4154
其他部门	34														
地方企业	35														
事业单位	36														
部队	37														
集体	38	2479		1860	38	18	563	9693	4679		1883	2355	3340	2115	5184
民办	39	1916	8	1377	276	175	80	6419	3134	8	1495	2080	2720	116	2790
#普惠性民办幼儿园	40	1151		983	92	46	30	4462	2160		1072	1469	1870	51	1852
中外合作办	41														

学前教育幼儿数（幼儿园）

单位：人

甲	乙	入园(班)人数 1	托班 2	小班 3	中班 4	大班 5	混合班 6	在园(班)人数 7	#女 8	托班 9	小班 10	中班 11	大班 12	混合班 13	离园(班)人数 14
总计	01	84784	1002	74288	4231	2766	2497	289311	139347	1147	77072	97995	105650	7447	118380
#女	02	41263	500	36220	2003	1325	1215	139347	—	581	37365	47255	50693	3453	56945
教育部门	03	38975	110	36861	1176	461	367	121122	58755	110	37109	43301	39580	1022	43512
其他部门	04	1104	359	677	17	11	40	3823	1955	401	981	1067	1170	204	1501
地方企业	05														
事业单位	06	1036	191	761	44	1	39	3153	1496	191	910	975	945	132	1125
部队	07	356		341	3	2	10	1187	592		342	438	358	49	475
集体	08	5934	18	5039	126	41	710	23807	11524	32	5161	6774	9026	2814	12322
民办	09	37379	324	30609	2865	2250	1331	136219	65025	413	32569	45440	54571	3226	59445
#普惠性民办幼儿园	10	25962	155	21936	1804	1415	652	96283	46139	227	23155	32672	38919	1310	41405
中外合作办	11														
城区	12	71297	975	63206	3225	2318	1573	239026	115007	1110	65537	82186	86073	4120	94321
教育部门	13	34311	105	32928	727	316	235	105487	51077	105	33138	37952	33587	705	35953
其他部门	14	1063	359	636	17	11	40	3645	1861	401	940	994	1106	204	1403
地方企业	15														
事业单位	16	1018	191	743	44	1	39	3076	1463	191	891	943	919	132	1091
部队	17	356		341	3	2	10	1187	592		342	438	358	49	475
集体	18	1544	18	1462	58	2	4	5836	2864	32	1519	1990	2278	17	2780
民办	19	33005	302	27096	2376	1986	1245	119795	57150	381	28707	39869	47825	3013	52619
#普惠性民办幼儿园	20	22853	141	19176	1582	1332	622	83602	40121	203	20120	28290	33821	1168	36451
中外合作办	21														
镇区	22	6799	14	6007	424	191	163	26166	12527	24	6293	8645	10381	823	11931
教育部门	23	2371	14	2095	181	81	14	7628	3678	44	2107	2620	2857	44	3405
其他部门	24	41						178	94		41	73	64		98
地方企业	25														
事业单位	26	18		18				77	33		19	32	26		34
部队	27														
集体	28	1911		1717	30	21	143	8278	3981		1759	2429	3408	682	4358
民办	29	2458	14	2136	213	89	6	10005	4741	24	2367	3491	4026	97	4036
#普惠性民办幼儿园	30	1958	14	1777	130	37		8219	3858	24	1963	2913	3228	91	3102
中外合作办	31														
乡村	32	6688	13	5075	582	257	761	24119	11813	13	5242	7164	9196	2504	12128
教育部门	33	2293	5	1838	268	64	118	8007	4000	5	1864	2729	3136	273	4154
其他部门	34														
地方企业	35														
事业单位	36														
部队	37														
集体	38	2479		1860	38	18	563	9693	4679		1883	2355	3340	2115	5184
民办	39	1916	8	1377	276	175	80	6419	3134	8	1495	2080	2720	116	2790
#普惠性民办幼儿园	40	1151		983	92	46	30	4462	2160		1072	1469	1870	51	1852
中外合作办	41														

学前教育幼儿数（附设幼儿班）

单位：人

甲	编号 乙	入园(班)人数						在园(班)人数							离园(班)人数
		计	托班	小班	中班	大班	混合班	计	#女	托班	小班	中班	大班	混合班	
		1	2	3	4	5	6	7	8	9	10	11	12	13	14
总　计	01	203		199	3	1		741	377		200	263	278		356
#女	02	101		99	1	1		377	—		100	141	136		163
教育部门	03	203		199	3	1		741	377		200	263	278		356
其他部门	04														
地方企业	05														
事业单位	06														
部队	07														
集体	08														
民办	09														
#普惠性民办幼儿园	10														
中外合作办	11														
城　区	12	190		186	3	1		695	358		187	250	258		270
教育部门	13	190		186	3	1		695	358		187	250	258		270
其他部门	14														
地方企业	15														
事业单位	16														
部队	17														
集体	18														
民办	19														
#普惠性民办幼儿园	20														
中外合作办	21														
镇　区	22	13		13				46	19		13	13	20		86
教育部门	23	13		13				46	19		13	13	20		86
其他部门	24														
地方企业	25														
事业单位	26														
部队	27														
集体	28														
民办	29														
#普惠性民办幼儿园	30														
中外合作办	31														
乡　村	32														
教育部门	33														
其他部门	34														
地方企业	35														
事业单位	36														
部队	37														
集体	38														
民办	39														
#普惠性民办幼儿园	40														
中外合作办	41														

单位：人

学前教育分年龄幼儿数

编号	甲	入园(班)人数						在园(班)人数						离园(班)人数
乙		计	托班	小班	中班	大班	混合班		#女	托班	小班	中班	大班	混合班	
		1	2	3	4	5	6	7	8	9	10	11	12	13	14
01	总计	84987	1002	74487	4234	2767	2497	290052	139724	1147	77272	98258	105928	7447	118736
02	#女	41364	500	36319	2004	1326	1215	139724	—	581	37465	47396	50829	3453	57108
03	#少数民族	4451	37	4008	195	113	98	13802	5580	45	4095	4619	4797	246	5291
04	#残疾人	24		18	1	3	2	78	26	18	18	20	26	14	96
05	2岁以下	1104	869	156			79	1221	606	969	164			88	—
06	3岁	73556	133	71637	60		1726	76922	37657	178	74173	513		2058	—
07	4岁	7278		2680	4084	28	486	100471	48493		2918	94227	664	2662	—
08	5岁	2949		14	90	2654	191	108262	51769		16	3507	102266	2473	635
09	6岁以上	100				85	15	3176	1199		1	11	2998	166	118101
10	教育部门	39178	110	37060	1179	462	367	121863	59132	110	37309	43564	39858	1022	43868
11	2岁以下	130	90	27			13	135	67	90	27			18	—
12	3岁	35972	20	35649	29		274	36354	17823	20	35859	162		313	—
13	4岁	2603		1384	1125	18	76	43974	21448		1423	41971	185	395	—
14	5岁	449			25	421	3	40563	19472			1430	38857	276	357
15	6岁以上	24				23	1	837	322				816	20	43511
16	其他部门	1104	359	677	17	11	40	3823	1955	401	981	1067	1170	204	1501
17	2岁以下	361	359	2				406	202	401	5				—
18	3岁	712		672			40	1052	534		970	8		74	—
19	4岁	20		3	17			1133	614		6	1048	18	61	—
20	5岁	11					11	1171	583			11	1093	67	12
21	6岁以上							61	22				59	2	1489
22	地方企业														
23	2岁以下														
24	3岁														
25	4岁														
26	5岁														
27	6岁以上														
28	事业单位	1036	191	761	44	1	39	3153	1496	191	910	975	945	132	1125
29	2岁以下	178	160				18	178	80	160				18	—
30	3岁	735	31	684			20	891	403	31	832	7		21	—
31	4岁	117		77	40			967	466		78	879	18	10	—
32	5岁	6			4		1	1060	519			89	888	83	—
33	6岁以上	57						57	28					57	1125

续表

甲	编号 乙	入园(班)人数						在园(班)人数							离园(班)人数
			托班	小班	中班	大班	混合班		#女	托班	小班	中班	大班	混合班	
		1	2	3	4	5	6	7	8	9	10	11	12	13	14
部队	34	356		341	3	2	10	1187	592		342	438	358	49	475
2岁以下	35	14		14				14	10		14	15			—
3岁	36	328		326			2	344	169		327			2	—
4岁	37	8		1	3		4	443	224		1	422	9	11	—
5岁	38	2				2		381	188			1	348	32	13
6岁以上	39	4					4	5	1				1	4	462
集体	40	5934	18	5039	126	41	710	23807	11524	32	5161	6774	9026	2814	12322
2岁以下	41	40	18	22				54	26	31	23	71			—
3岁	42	5189		4657	9		523	5425	2732	1	4748		172	605	—
4岁	43	648		357	117	5	169	7894	3803		387	6223	8475	1112	—
5岁	44	49		3		35	11	9977	4768		3	474	379	1025	18
6岁以上	45	8				1	7	457	195			6		72	12304
民办	46	37379	324	30609	2865	2250	1331	136219	65025	413	32569	45440	54571	3226	59445
2岁以下	47	381	242	91			48	434	221	287	95			52	—
3岁	48	30620	82	29649	22		867	32856	15996	126	31437	250	280	1043	—
4岁	49	3882		858	2782	5	237	46060	21938		1023	43684	52605	1073	—
5岁	50	2432		11	61	2184	176	55110	26239		13	1502	1686	990	235
6岁以上	51	64					3	1759	631		1	4		68	59210
#普惠性民办幼儿园	52	25962	155	21936	1804	1415	652	96283	46139	227	23155	32672	38919	1310	41405
2岁以下	53	206	104	78			24	242	117	136	82			24	—
3岁	54	21777	51	21237	8		481	23190	11339	91	22378	197	237	524	—
4岁	55	2480		621	1766	1	92	32768	15621		695	31453	37612	383	—
5岁	56	1471			30	1386	55	38986	18683			1020	1070	354	99
6岁以上	57	28				28		1097	379			2		25	41306
中外合作办	58														
2岁以下	59														—
3岁	60														—
4岁	61														—
5岁	62														
6岁以上	63														

学前教育学生变动情况

单位:人

甲	编号 乙	上学年初报表在校生数 1	增加学生数 2	招生 3	复学 4	转入 5	其他 6	减少学生数 7	毕业 8	结业 9	休学 10	退学 11	死亡 12	转出 13	其他 14	本学年初报表在校生数 15
总 计	01	319526	111871	84987	86	26798		141345	118736	—	5	149	1	22454		290052
#女	02	153735	53577	41364	28	12185		67588	57108	—	1	78	1	10400		139724
#少数民族	03	14268	5939	4451	1	1487		6405	5291	—		7		1107		13802
城区	04	259650	94051	71487	67	22497		113980	94591	—	4	147		19238		239721
#女	05	124717	44980	34785	23	10172		54332	45330	—	1	77		8924		115365
#少数民族	06	12329	5208	3894	1	1313		5528	4553	—		7		968		12009
镇区	07	30234	9406	6812	2	2592		13428	12017	—		1		1410		26212
#女	08	14571	4489	3259		1230		6514	5857	—				657		12546
#少数民族	09	956	375	263		112		398	335	—				63		933
乡村	10	29642	8414	6688	17	1709		13937	12128	—	1	1	1	1806		24119
#女	11	14447	4108	3320	5	783		6742	5921	—		1	1	819		11813
#少数民族	12	983	356	294		62		479	403	—				76		860

学前教育在校生中其他情况

单位：人

甲	编号 乙	中共党员 1	共青团员 2	民主党派 3	香港 4	澳门 5	台湾 6	华侨 7	少数民族 8	残疾人 9
总　计	01	—	—	—	12		21	11	13802	78
#女	02	—	—	—	7		10	5	5580	26
城区	03	—	—	—	12		20	11	12009	64
#女	04	—	—	—	7		10	5	4922	23
镇区	05	—	—	—			1		933	5
#女	06	—	—	—					347	1
乡村	07	—	—	—					860	9
#女	08	—	—	—					311	2

学前教育国际学生基本情况

单位:人

甲	编号	毕(结)业生数	招生数	在校生(注册)
	乙	1	2	3
总　计	01	44	70	154
#女	02	20	33	65
城　区	03	31	56	137
#女	04	14	31	62
镇　区	05	13	14	17
#女	06	6	2	3
乡　村	07			
#女	08			

幼儿园教职工数

单位：人

甲	编号 乙	教职工数 1	园长 2	专任教师 3	保育员 4	卫生保健人员 5	行政人员 6	教辅人员 7	工勤人员 8	校外教师 9	外籍教师 10
总　计	01	52571	2312	25255	10828	1950	2511	1837	7878	234	57
#女	02	47230	2116	24730	10692	1904	2272	1493	4023	213	23
#少数民族	03	986	71	580	134	35	54	45	67	1	—
#任编人员	04	13307	918	9887	651	451	663	620	117	—	—
#接受过专业教育	05	43513	2038	23344	9129	1631	1866	1426	4079	132	37
教育部门	06	20464	826	11135	3678	700	760	1049	2316	213	1
其他部门	07	815	55	355	177	32	64	28	104		
地方企业	08										
事业单位	09	664	22	335	98	26	41	34	108		
部队	10	241	13	105	47	9	13	5	49		
集体	11	3884	182	2087	779	71	32	53	680	3	
民办	12	26503	1214	11238	6049	1112	1601	668	4621	18	56
#普惠性民办幼儿园	13	17002	689	7189	3976	725	991	421	3011	7	
中外合作办	14										
城　区	15	44188	1792	20912	9039	1726	2381	1747	6591	95	57
教育部门	16	17825	665	9653	3158	620	716	996	2017	80	1
其他部门	17	765	49	337	163	30	64	25	97		
地方企业	18										
事业单位	19	656	22	329	98	26	41	34	106		
部队	20	241	13	105	47	9	13	5	49		
集体	21	1000	36	471	212	34	24	46	177		

幼儿园专任教师年龄、职称情况

单位：人

甲	编号 乙	合计 1	其中:女 2	24岁以下 3	25—29岁 4	30—34岁 5	35—39岁 6	40—44岁 7	45—49岁 8	50—54岁 9	55—59岁 10	60岁以上 11
总 计	01	25339	24814	2817	7053	6649	4126	1819	979	1571	322	3
#女	02	24814	—	2776	6919	6539	4080	1779	944	1515	259	3
#少数民族	03	583	571	47	158	150	111	40	21	52	4	
正高级	04	3	3							2	1	
副高级	05	696	653		8	12	55	88	124	288	121	
中级	06	4782	4568	4	214	1711	1146	387	342	916	62	
助理级	07	3935	3792	293	2218	1069	227	60	13	49	6	
员级	08	359	356	63	143	84	50	8	5	5	1	
未定职级	09	15564	15442	2457	4470	3773	2648	1276	495	311	131	3
城 区	10	20987	20696	2555	5992	5510	3539	1402	643	1202	141	3
正高级	11	2	2							1	1	
副高级	12	564	563		8	12	54	80	106	230	74	
中级	13	4109	4006	4	188	1505	1048	305	241	789	29	
助理级	14	3194	3102	280	1804	796	200	50	11	47	6	
员级	15	340	337	61	133	79	50	8	4	5		
未定职级	16	12778	12686	2210	3859	3118	2187	959	281	130	31	3
镇 区	17	2184	2091	177	581	588	293	194	142	151	58	
正高级	18											
副高级	19	67	45					3	10	35	19	
中级	20	300	262		11	87	51	42	37	62	10	
助理级	21	326	302	8	184	114	15	3	1	1		
员级	22	11	11	2	4	5						
未定职级	23	1480	1471	167	382	382	227	146	94	53	29	
乡 村	24	2168	2027	85	480	551	294	223	194	218	123	
正高级	25	1	1							1		
副高级	26	65	45				1	5	8	23	28	
中级	27	373	300		15	119	47	40	64	65	23	
助理级	28	415	388	5	230	159	12	7	1	1		
员级	29	8	8		6				1		1	
未定职级	30	1306	1285	80	229	273	234	171	120	128	71	

幼儿园园长、专任教师学历情况

单位：人

甲	编号 乙	按学历分 计 1	博士研究生 2	硕士研究生 3	本科 4	专科 5	高中阶段 6	高中阶段以下 7
总　计	01	27651	3	558	16503	9631	783	173
园长	02	2312	3	82	1636	514	61	16
#女	03	2116	3	77	1487	478	60	11
专任教师	04	25339		476	14867	9117	722	157
#女	05	24814		468	14443	9029	718	156
城　区	06	22779	2	542	14018	7751	412	54
园长	07	1792	2	81	1308	366	31	4
#女	08	1716	2	76	1253	351	31	3
专任教师	09	20987		461	12710	7385	381	50
#女	10	20696		453	12462	7351	380	50
镇　区	11	2411	1	8	1212	992	151	47
园长	12	227	1	1	146	67	6	6
#女	13	189	1	1	118	59	6	4
专任教师	14	2184		7	1066	925	145	41
#女	15	2091		7	993	906	145	40
乡　村	16	2461		8	1273	888	220	72
园长	17	293			182	81	24	6
#女	18	211			116	68	23	4
专任教师	19	2168		8	1091	807	196	66
#女	20	2027		8	988	772	193	66

幼儿园专任教师变动情况

单位:人

甲	编号 乙	上学年初报表专任教师数	增加教师数	招聘	应届毕业生	#师范生	调入	#外校	校内变动	#学段调整	其他	减少教师数	退休	死亡	调出	辞职	校内变动	#学段调整	其他	本学年初报表专任教师数
		1	2	3	4	5	6	7	8	9	10	11	12	13	14	15	16	17	18	19
总 计	01	26014	3849	2660	531	210	788	479	304		97	4524	323	1	887	2411	729		173	25339
#女	02	25505	3662	2601	510	202	695	447	276		90	4353	285	1	844	2381	683		159	24814
城 区	03	21648	3066	2296	479	190	484	366	202		84	3727	256	1	597	2133	602		138	20987
#女	04	21354	2987	2251	462	182	472	361	185		79	3645	255	1	583	2107	570		129	20696
镇 区	05	2158	377	212	36	16	116	45	43		6	351	17		118	145	54		17	2184
#女	06	2084	334	206	34	16	84	35	38		6	327	10		109	142	49		17	2091
乡 村	07	2208	406	152	16	4	188	68	59		7	446	50		172	133	73		18	2168
#女	08	2067	341	144	14	4	139	51	53		5	381	20		152	132	64		13	2027

幼儿园教职工其他情况

单位:人

甲	编号 乙	中共党员 1	共青团员 2	民主党派 3	香港 4	澳门 5	台湾 6	华侨 7	少数民族 8
教职工	01	5303	4409	80			5		986
#女	02	4900	4280	74			2		926
城区	03	4621	4049	74			5		902
#女	04	4386	3934	68			2		849
镇区	05	283	190	6					36
#女	06	226	184	6					32
乡村	07	399	170						48
#女	08	288	162						45
专任教师	09	3361	3575	62			1		583
#女	10	3255	3501	60					571
城区	11	2978	3284	56			1		529
#女	12	2918	3216	54					519
镇区	13	171	160	6					21
#女	14	159	155	6					20
乡村	15	212	131						33
#女	16	178	130						32

幼儿园办学条件

编号	学校占地面积（平方米）	校舍建筑面积（平方米）	教学及辅助用房	行政办公用房	生活用房	其他用房	#被外单位（借）用	#租外用单位	图书（册）	固定资产总值（万元）	#仪器设备总值
甲 乙	1	2	3	4	5	6	7	8	9	10	11
总 计 01	5881044.75	3859170.28	2757635.89	353828.12	407921.95	339784.32	7602.51	736829.31	4102858	595413.1194	65116.15268
城区 02	4173779.54	3061650.16	2190439.48	285088.6	325576.46	260545.62	7602.51	668313.78	3386928	436561.8692	52403.33239
镇区 03	717752.24	391780.2	280774.25	32715.43	40322.37	37968.15		33867.81	369748	66351.12944	7092.368218
乡村 04	989512.97	405739.92	286422.16	36024.09	42023.12	41270.55		34647.72	346182	92500.12078	5620.452073

幼儿园资产等办学条件情况

编号	占地面积（平方米）	#绿化用地面积	#室外游戏场地	图书（册）	固定资产总值（万元）	#玩教具资产值
甲 乙	1	2	3	4	5	6
总 计 01	5881044.75	928516.44	2261419.6	4102858	595413.1194	65116.15268
城区 02	4173779.54	683312.45	1611268.28	3386928	436561.8692	52403.33239
镇区 03	717752.24	103700.96	279211.28	369748	66351.12944	7092.368218
乡村 04	989512.97	141503.03	370940.04	346182	92500.12078	5620.452073

幼儿园分区基本情况

单位:所、人

甲	编号 乙	园数 1	入园(班)人数 2	在园(班)人数 3	离园(班)人数 4	教职工数 合计 5	教职工数 专任教师 6
合　计	01	2127	84987	290052	118736	52571	25339
和平区	02	34	1953	6287	2411	1318	710
河东区	03	85	4479	14816	5818	2610	1563
河西区	04	76	5074	16527	6125	3590	1554
南开区	05	103	4789	15369	5851	3240	1603
河北区	06	52	3211	9094	3745	1577	1019
红桥区	07	34	1906	6278	2241	1466	612
东丽区	08	100	5816	16450	6315	2907	1272
西青区	09	117	5641	20751	8400	3947	1833
津南区	10	83	6860	21074	7788	3457	1598
北辰区	11	119	5661	19260	7334	3379	1637
武清区	12	254	6899	28504	13401	5000	2413
宝坻区	13	154	5419	18076	8637	3614	1704
滨海新区	14	298	14040	51722	20394	9190	4038
宁河区	15	151	3217	8965	4178	1136	643
静海区	16	219	5510	18665	7866	3111	1790
蓟州区	17	248	4512	18214	8232	3029	1350

特殊教育

特殊教育学校校数

单位:所

甲	编号 乙	合计 1	城区							镇区							乡村						
			小计 2	教育部门 3	其他部门 4	地方企业 5	民办 6	中外合作办 7	镇区 8	教育部门 9	其他部门 10	地方企业 11	民办 12	中外合作办 13	乡村 14	教育部门 15	其他部门 16	地方企业 17	民办 18	中外合作办 19
总　计	01	20	20	20																
盲人学校	02	1	1	1																
聋人学校	03	1	1	1																
培智学校	04	15	15	15																
其他学校	05	3	3	3																

特殊教育班数

单位：个

甲	编号 乙	合计 1	学前教育阶段 2	小学阶段 一年级 3	二年级 4	三年级 5	四年级 6	五年级 7	六年级 8	初中阶段 一年级 9	二年级 10	三年级 11	四年级 12	高中阶段 一年级 13	二年级 14	三年级以上 15	中等职业教育 一年级 16	二年级 17	三年级 18	四年级以上 19
总 计	01	347	13	31	31	30	30	32	32	31	26	26	26	17	12	24	4	4	4	4
视力残疾班	02	13		1	1	1	1	1	1	1	1	1					1	1	1	1
听力残疾班	03	29	3	1	2	2	2	2	2	2	2	2	2	3			3	3	3	3
言语残疾班	04																			
肢体残疾班	05	7		1	1				1	1	1	1	1		1					
智力残疾班	06	290	10	28	27	26	26	28	25	26	21	21	22	17	11	23				
精神残疾班	07	2					1		1				1			1				
多重残疾班	08	6					1		1				1							
特殊教育学校	09	347	13	31	31	30	30	32	32	31	26	26	26	17	12	24	4	4	4	4
视力残疾班	10	13		1	1	1	1	1	1	1	1	1					1	1	1	1
听力残疾班	11	29	3	1	2	2	2	2	2	2	2	2	2	3			3	3	3	3
言语残疾班	12																			
肢体残疾班	13	7		1	1				1	1	1	1	1		1					
智力残疾班	14	290	10	28	27	26	26	28	25	26	21	21	22	17	11	23				
精神残疾班	15	2					1		1				1			1				
多重残疾班	16	6					1		1				1							
小学附设特教班	17																			
视力残疾班	18																			
听力残疾班	19																			
言语残疾班	20																			
肢体残疾班	21																			
智力残疾班	22																			
精神残疾班	23																			
多重残疾班	24																			

续表

项目	编号	合计	学前教育阶段	小学阶段						初中阶段				高中阶段			中等职业教育			
				一年级	二年级	三年级	四年级	五年级	六年级	一年级	二年级	三年级	四年级	一年级	二年级	三年级以上	一年级	二年级	三年级	四年级以上
初中附设特教班	25																			
视力残疾班	26																			
听力残疾班	27																			
言语残疾班	28																			
肢体残疾班	29																			
智力残疾班	30																			
精神残疾班	31																			
多重残疾班	32																			
其他学校附设特教班	33																			
视力残疾班	34																			
听力残疾班	35																			
言语残疾班	36																			
肢体残疾班	37																			
智力残疾班	38																			
精神残疾班	39																			
多重残疾班	40																			

特殊教育学生数

单位:人

甲	编号(乙)	毕业生数(1)	招生数(2)	在校生数(3)	#女(4)	学前教育阶段(5)	小学一年级(6)	二年级(7)	三年级(8)	四年级(9)	五年级(10)	六年级(11)	初中一年级(12)	二年级(13)	三年级(14)	四年级(15)	高中一年级(16)	二年级(17)	三年级以上(18)	中职一年级(19)	二年级(20)	三年级(21)	四年级以上(22)
总计	01	743	583	4444	1516	64	312	334	357	437	581	520	467	423	476	15	113	80	155	36	28	46	
#女	02	263	191	1516	—	21	92	108	124	145	210	185	163	151	145	3	49	33	44	12	15	16	
#少数民族	03	17	25	187	56	2	16	16	19	16	26	15	17	17	18	1	6	5	7		2	4	
#寄宿生	04	—	16	213	51		3	4	6	6	11	19	21	23	33		10	11	8	20	17	21	
#特殊教育学校中:寄宿生	05	—	16	210	51		3	4	6	6	11	19	21	22	31		10	11	8	20	17	21	
#送教上门	06	175	130	949	356		72	76	93	117	147	137	138	54	72			1	42	—	—	—	
视力残疾	07	30	23	141	55		8	7	11	13	8	15	18	17	15					10	7	12	
听力残疾	08	60	52	430	169	14	25	22	32	35	39	38	43	48	53					26	21	34	
言语残疾	09	10	7	42	15		6	1	5	3	7	6	2	4	4		2	1	1				
肢体残疾	10	84	69	385	132		18	27	24	28	43	39	61	65	66	9	1	2	2				
智力残疾	11	522	405	3221	1085	50	239	263	259	332	452	392	316	269	319	6	105	71	148				
精神残疾	12	15	8	64	17		3	2	7	11	6	8	6	10	8		1	1	1				
多重残疾	13	22	19	161	43		13	12	19	15	26	22	21	10	11		4	5	3				
特殊教育学校	14	483	382	3238	1114	64	252	260	261	309	419	367	324	245	279		113	80	155	36	28	46	
视力残疾	15	20	16	103	41		7	5	7	8	5	10	12	10	10					10	7	12	
听力残疾	16	34	11	246	93	14	6	10	15	15	12	14	21	30	28					26	21	34	
言语残疾	17	5	2	18	8		6										2	1	1				
肢体残疾	18	34	15	84	32		8	5	7	5	13	12	16	7	6		1	2	2				
智力残疾	19	369	328	2643	899	50	222	234	215	262	364	307	255	189	221		105	71	148				
精神残疾	20	1	1	16	5												1	1	1				
多重残疾	21	20	9	128	36												4	5	3				
特殊教育学校中:送教上门	22	175	127	928	351		69	73	91	117	143	134	138	50	70				42				
视力残疾	23	1	2	2	1																		
听力残疾	24		2	2	2																		
言语残疾	25	4		6	2		6																
肢体残疾	26	24	12	68	27		5	4	6	5	10	10	15	7	6								
智力残疾	27	136	111	787	298		58	68	74	102	116	112	113	41	60				42				
精神残疾	28			1	1																		

续表

甲	编号 乙	毕业生数 1	招生数 2	在校生数 3	#女 4	学前教育阶段 5	小学阶段 一年级 6	二年级 7	三年级 8	四年级 9	五年级 10	六年级 11	初中阶段 一年级 12	二年级 13	三年级 14	四年级 15	高中阶段 一年级 16	二年级 17	三年级以上 18	中等职业教育阶段 一年级 19	二年级 20	三年级 21	四年级以上 22
多重残疾	29	10	4	62	22		6	1	10	6	15	11	10	1	2								
小学附设特教班	30																						
视力残疾	31																						
听力残疾	32																						
言语残疾	33																						
肢体残疾	34																						
智力残疾	35																						
精神残疾	36																						
多重残疾	37																						
小学随班就读	38	113	56	658	213	—	57	71	94	128	158	150					—	—	—	—	—	—	—
视力残疾	39	4	1	20	6	—	1	2	4	5	3	5					—	—	—	—	—	—	—
听力残疾	40	12	19	119	52	—	19	12	17	20	27	24					—	—	—	—	—	—	—
言语残疾	41	3	4	18	5	—	4	1	3		5	5					—	—	—	—	—	—	—
肢体残疾	42	18	9	122	41	—	9	20	16	23	27	27					—	—	—	—	—	—	—
智力残疾	43	70	15	326	99	—	16	28	43	70	87	82					—	—	—	—	—	—	—
精神残疾	44	5	3	31	7	—	3	2	6	8	5	7					—	—	—	—	—	—	—
多重残疾	45	1	5	22	3	—	5	6	5	2	4						—	—	—	—	—	—	—
小学送教上门	46		3	15	4	—	3	3	2		4	3					—	—	—	—	—	—	—
视力残疾	47					—											—	—	—	—	—	—	—
听力残疾	48					—											—	—	—	—	—	—	—
言语残疾	49		1	1		—	1										—	—	—	—	—	—	—
肢体残疾	50		1	7	2	—	1	2	1		3						—	—	—	—	—	—	—
智力残疾	51		1	7	2	—	1	1	1		1	3					—	—	—	—	—	—	—
精神残疾	52					—											—	—	—	—	—	—	—
多重残疾	53					—											—	—	—	—	—	—	—
初中附设特教班	54																						
视力残疾	55																						
听力残疾	56																						

续表

甲	乙	毕业生数	招生数	在校生数	#女	学前教育阶段	小学阶段 一年级	二年级	三年级	四年级	五年级	六年级	初中阶段 一年级	二年级	三年级	四年级	高中阶段 一年级	二年级	三年级以上	中等职业教育阶段 一年级	二年级	三年级	四年级以上
		1	2	3	4	5	6	7	8	9	10	11	12	13	14	15	16	17	18	19	20	21	22
言语残疾	57																						
肢体残疾	58																						
智力残疾	59																						
精神残疾	60																						
多重残疾	61																						
初中随班就读	62	147	142	527	184	—	—	—	—	—	—	—	143	174	195	15	—	—	—	—	—	—	—
视力残疾	63	6	6	18	8	—	—	—	—	—	—	—	6	7	5		—	—	—	—	—	—	—
听力残疾	64	14	22	65	24	—	—	—	—	—	—	—	22	18	25		—	—	—	—	—	—	—
言语残疾	65	2	5	5	2	—	—	—	—	—	—	—		3	2		—	—	—	—	—	—	—
肢体残疾	66	32	44	169	57	—	—	—	—	—	—	—	45	56	59	9	—	—	—	—	—	—	—
智力残疾	67	83	61	242	84	—	—	—	—	—	—	—	61	78	97	6	—	—	—	—	—	—	—
精神残疾	68	9	4	17	5	—	—	—	—	—	—	—	4	7	6		—	—	—	—	—	—	—
多重残疾	69	1	5	11	4	—	—	—	—	—	—	—	5	5	1		—	—	—	—	—	—	—
初中送教上门	70			6	1	—	—	—	—	—	—	—		4	2		—	—	—	—	—	—	—
视力残疾	71																						
听力残疾	72																						
言语残疾	73																						
肢体残疾	74			3										2	1								
智力残疾	75			3	1									2	1								
精神残疾	76																						
多重残疾	77																						
其他学校附设特教班	78																						
视力残疾	79																						
听力残疾	80																						
言语残疾	81																						
肢体残疾	82																						
智力残疾	83																						
精神残疾	84																						
多重残疾	85																						

特殊教育学生变动情况

单位：人

甲	编号 乙	上学年初报表在校生数 1	增加学生数 2	招生 3	复学 4	转入 5	其他 6	减少学生数 7	毕业 8	结业 9	休学 10	退学 11	死亡 12	转出 13	其他 14	本学年初报表在校生数 15
总　计	01	3177	578	382	2	194		517	483	—			20	14		3238
#女	02	1120	187	117	2	68		193	178	—			6	9		1114
#少数民族	03	130	34	21		13		14	14	—						150
城区	04	3177	578	382	2	194		517	483	—			20	14		3238
#女	05	1120	187	117	2	68		193	178	—			6	9		1114
#少数民族	06	130	34	21		13		14	14	—						150
镇区	07									—						
#女	08									—						
#少数民族	09									—						
乡村	10									—						
#女	11									—						
#少数民族	12									—						

特殊教育在校生中其他情况

单位:人

甲	编号 乙	中共党员 1	共青团员 2	民主党派 3	香港 4	澳门 5	台湾 6	华侨 7	少数民族 8	残疾人 9
总 计	01		40	—					150	—
#女	02		20	—					42	—
城区	03		40	—					150	—
#女	04		20	—					42	—
镇区	05									—
#女	06			—						—
乡村	07			—						—
#女	08			—						—

特殊教育学校教职工数

单位:人

甲	编号 乙	教职工数 1	专任教师 2	行政人员 3	教辅人员 4	工勤人员 5	校外教师 6	外籍教师 7
总 计	01	825	689	81	31	24	3	
#女	02	623	536	58	25	4	3	
#少数民族	03	37	33	3	1		—	—
#在编人员	04	808	678	81	30	19	—	
#接受过专业教育	05	739	631	68	23	17	3	

特殊教育专任教师分年龄职务情况

单位:人

甲		编号 乙	合计 1	#女 2	24岁以下 3	25—29岁 4	30—34岁 5	35—39岁 6	40—44岁 7	45—49岁 8	50—54岁 9	55—59岁 10	60岁以上 11
总	计	01	689	536	25	104	116	73	47	133	165	26	
	#女	02	536	—	20	90	94	59	35	101	129	8	
	#少数民族	03	33	26	2	6	7	4		6	7	1	
	正高级	04	1	1						1			
	副高级	05	124	96				4	8	43	55	14	
	中级	06	394	301		5	91	60	35	85	107	11	
	助理级	07	129	104	10	79	22	8	2	4	3	1	
	员级	08	2	1		2							
	未定职级	09	39	33	15	18	3	1	2				
城	区	10	689	536	25	104	116	73	47	133	165	26	
	正高级	11	1	1						1			
	副高级	12	124	96				4	8	43	55	14	
	中级	13	394	301		5	91	60	35	85	107	11	
	助理级	14	129	104	10	79	22	8	2	4	3	1	
	员级	15	2	1		2							
	未定职级	16	39	33	15	18	3	1	2				
镇	区	17											
	正高级	18											
	副高级	19											
	中级	20											
	助理级	21											
	员级	22											
	未定职级	23											
乡	村	24											
	正高级	25											
	副高级	26											
	中级	27											
	助理级	28											
	员级	29											
	未定职级	30											

单位：人

特殊教育专任教师学历情况

甲	编号 乙	按学历分 1	博士研究生 2	硕士研究生 3	本科 4	专科 5	高中阶段 6	高中阶段以下 7
总　计	01	689		50	581	56	2	
#女	02	536		43	451	41	1	
城区	03	689		50	581	56	2	
#女	04	536		43	451	41	1	
镇区	05							
#女	06							
乡村	07							
#女	08							

特殊教育专任教师变动情况

单位：人

甲	编号 乙	上学年初报表专任教师数 1	增加 教师数 2							减少 教师数 11								本学年初报表专任教师数 19
				招聘 3	应届毕业生 4	#师范生 5	调入 6	#外校 7	校内变动 8 #学段调整 9	其他 10		退休 12	死亡 13	调出 14	辞职 15	校内变动 16 #学段调整 17	其他 18	
总 计	01	636	84	31	19	6	53	5			31	23		5	1	2		689
#女	02	493	64	26	17	5	38	2			21	16		2	1	2		536
城区	03	636	84	31	19	6	53	5			31	23		5	1	2		689
#女	04	493	64	26	17	5	38	2			21	16		2	1	2		536
镇区	05																	
#女	06																	
乡村	07																	
#女	08																	

特殊教育教职工其他情况

单位：人

甲	编号	中共党员	共青团员	民主党派	香港	澳门	台湾	华侨	少数民族
	乙	1	2	3	4	5	6	7	8
教职工	01	328	66	14					37
#女	02	233	55	7					28
城区	03	328	66	14					37
#女	04	233	55	7					28
镇区	05								
#女	06								
乡村	07								
#女	08								
专任教师	09	260	63	11					33
#女	10	198	53	5					26
城区	11	260	63	11					33
#女	12	198	53	5					26
镇区	13								
#女	14								
乡村	15								
#女	16								

特殊教育学校办学条件

编号	学校占地面积（平方米）	校舍建筑面积（平方米）	教学及辅助用房	行政办公用房	生活用房	其他用房	#被外单位（借）用	#租用外单位	图书（册）	固定资产总值（万元）	#仪器设备总值
甲　乙	1	2	3	4	5	6	7	8	9	10	11
总　计　01	205407.74	106281.87	57358.53	11378.47	20541.24	17003.63	845		145　120878	42298.03335	11929.15599
城　区　02	205407.74	106281.87	57358.53	11378.47	20541.24	17003.63	845		145　120878	42298.03335	11929.15599
镇　区　03											
乡　村　04											

特殊教育学校占地面积及其他办学条件

编号	占地面积（平方米）	#绿化用地面积	#运动场地面积	校园足球场（个）	11人制足球场	7人制足球场	5人制足球场	图书（册）	数学终端数（台）	教师终端数	学生终端数	教室（间）	#网络多媒体教室	固定资产总值（万元）	#教学仪器设备资产值
甲　乙	1	2	3	4	5	6	7	8	9	10	11	12	13	14	15
总　计　01	205407.74	22588.47	63901.42	9	1	3	5	120878	2210	1291	718	480	340	42298.03335	11929.15599
城　区　02	205407.74	22588.47	63901.42	9	1	3	5	120878	2210	1291	718	480	340	42298.03335	11929.15599
镇　区　03															
乡　村　04															

特殊教育分区情况一览表

单位：人

甲	编号 乙	在校学生数								教职工数	
		合计	视力残疾	听力残疾	言语残疾	肢体残疾	智力残疾	精神残疾	多重残疾	教职工	专任教师
		1	2	3	4	5	6	7	8	9	10
合计	01	4444	141	430	42	385	3221	64	161	825	689
和平区	02	66		2		3	61			25	22
河东区	03	182	2	5	3	15	140	7	10	31	26
河西区	04	304	102	11	3	5	178	2	3	94	74
南开区	05	279		1	3	5	251	5	14	29	21
河北区	06	459		255		13	172	6	13	195	158
红桥区	07	187	2	3	2	12	147	5	16	43	36
东丽区	08	278		4	1	24	217	4	28	46	41
西青区	09	208	1	4	2	24	165		12	42	36
津南区	10	202	4	1	1	6	189	1		24	18
北辰区	11	327		4	3	10	264	17	29	49	47
武清区	12	357	1	29	4	44	277	1	1	44	43
宝坻区	13	189	4	4	3	15	163			33	28
滨海新区	14	533	6	34	3	38	433	10	9	74	56
宁河区	15	156	2	3	2	9	123	3	14	35	34
静海区	16	386	8	42	5	53	271	3	4	32	25
蓟州区	17	331	9	28	7	109	170		8	29	24

其他教育

专门学校基本情况

甲	编号 乙	校数(所) 1	班数(个) 2	离校人数 3	入校人数 4	在校生数 5	教职工数 6	#专任教师 7
总　计	01	1					32	21
#女	02	—	—					11
#少数民族	03	—	—					

补充资料

2014—2023年天津市各级各类学校在校生情况

单位：人

	2014年	2015年	2016年	2017年	2018年	2019年	2020年	2021年	2022年	2023年
一、高等教育										
（一）研究生教育	51422	53002	54491	60297	68103	73290	79019	86320	92805	98403
1.博士	8346	8691	9052	9473	10463	11646	12940	14210	15675	17695
其中：地方	1738	1799	1828	1985	2281	2629	3022	3380	3766	4293
2.硕士	43076	44311	45439	50824	57640	61644	66079	72110	77130	80708
其中：地方	22877	23825	24526	26706	29180	31506	35306	39977	43873	46198
（二）普通高等教育	505795	512854	513842	514669	523349	539366	572152	583353	594505	596569
1.普通本科教育	329233	334106	337252	341775	350646	359897	368219	372830	375558	380429
其中：地方	283832	287083	288206	290513	297310	304769	311891	315888	317643	321295
2.高职（专科）教育	176562	178748	176590	172894	172703	179469	203933	210523	218947	216140
其中：地方	170695	172695	170362	166776	166673	173775	198531	205876	215413	213554
（三）成人高等教育	61548	56343	49316	41826	35815	25316	22165	45045	57932	62713
其中：成人高等院校	11731	12603	10178	7509	10188	13250	14389	17211	20374	19314
二、中等教育										
（一）高中阶段教育	256735	257251	259551	257116	245863	236946	246722	270818	291953	304137
1.普通高中	169606	165561	163974	163601	159889	158561	168573	190701	209086	221427
2.中等职业教育（不含技校）	87129	91690	95577	93515	85974	78385	78149	80117	82867	82710
（二）初中阶段教育	267214	261474	256383	262243	280205	303432	321813	340858	361994	381796
三、初等教育（小学）	573187	602144	631195	648049	673188	702004	730143	751918	770925	818370
四、专门学校										
五、特殊教育	3016	3279	3489	3987	4491	4923	4961	4734	4502	4444
六、学前教育	239848	252527	266708	261535	262907	275871	298628	315967	319526	290052

2014—2023年天津市各级各类学校专任教师情况

单位：人

	2014年	2015年	2016年	2017年	2018年	2019年	2020年	2021年	2022年	2023年
一、高等教育										
（一）研究生教育	—	—	—	—	—	—	—	—	—	—
1.博士	—	—	—	—	—	—	—	—	—	—
其中：地方	—	—	—	—	—	—	—	—	—	—
2.硕士	—	—	—	—	—	—	—	—	—	—
其中：地方	—	—	—	—	—	—	—	—	—	—
（二）普通高等教育	31008	31128	30509	31060	31362	32651	34239	32459	33386	34599
1.普通本科教育	23715	23804	23721	24085	24547	25703	26940	25413	25900	26206
其中：地方	18015	18043	17830	17987	18283	19073	20119	18473	19065	19254
2.高职（专科）教育	7293	7324	6788	6975	6815	6948	7299	7046	7486	8393
其中：地方	7293	7324	6788	6975	6815	6948	7299	7046	7486	8393
（三）成人高等教育	937	685	644	611	491	486	471	467	454	423
其中：成人高等院校	937	685	644	611	491	486	471	467	454	423
二、中等教育										
（一）高中阶段教育	22253	22308	22566	22357	22230	22174	22137	24229	23245	24229
1.普通高中	15964	16162	16401	16504	16606	16596	16798	17123	17959	18863
2.中等职业教育（不含技校）	6289	6146	6165	5853	5624	5578	5339	5471	5286	5366
（二）初中阶段教育	26176	26345	26632	26869	27469	28333	29208	30401	30737	31754
三、初等教育（小学）	38968	40202	41547	43023	44785	46497	47480	49277	49450	51484
四、专门学校								16	16	21
五、特殊教育	599	601	620	624	634	662	673	640	636	689
六、学前教育	13096	14833	16304	16713	19635	21549	23661	25300	26014	25339

学校名录

普通高等学校

编号	校名	校长	教职工数	学生数	校址	邮政编码	电话
1	南开大学	陈雨露	4385	62461	天津市南开区卫津路94号	300071	23501223
2	天津大学	金东寒	4851	59088	天津市南开区卫津路92号	300350	27891889
3	天津科技大学	路福平	2167	27819	天津经济技术开发区13大街9号	300457	60601909
4	天津工业大学	夏长亮	2231	33117	天津市西青区宾水西道399号	300387	83955989
5	中国民航大学	丁水汀	2253	29792	天津市东丽区津北公路2898号	300300	24092104
6	天津理工大学	练继建	2061	51501	天津市西青区宾水西道391号	300384	60215500
7	天津农学院	金危危	1091	16077	天津市西青区津静路22号	300392	23792065
8	天津医科大学	郝继辉	1176	10866	天津市和平区气象台路22号	300070	83336888
9	天津中医药大学	高秀梅	1872	17309	天津市静海区团泊新城西区郊阳湖阳湖路10号	301617	59596111
10	天津师范大学	钟英华	2566	43658	天津市西青区宾水西道393号	300387	23766666
11	天津职业技术师范大学	张金刚	1454	18693	天津市河西区大沽南路1310号	300222	88181004
12	天津外国语大学	陈法春	1002	10784	天津市河西区马场道117号	300204	23281307
13	天津商业大学	葛宝臻	1527	23426	天津市北辰区光荣道409号	300134	26675774
14	天津财经大学	刘金兰	1306	17471	天津市河西区珠江道25号	300222	88186026

编号	校名	校长	教职工数	学生数	校址	邮政编码	电话
15	天津体育学院	张 欣	582	6889	天津市静海区东海道16号	301617	68569250
16	天津音乐学院	王宏伟	435	3291	天津市河东区十一经路57号,天津市河东区十四经路9号	300171	24160049
17	天津美术学院	贾广健	497	5367	天津市河北区天纬路4号	300141	26241712
18	天津城建大学	白海力	1423	19087	天津市西青区津静路26号	300384	23085000
19	天津中德应用技术大学	王海龙	741	12290	天津市津南区雅深路2号	300350	28776000
20	天津天狮学院	廉佳丰	583	11774	天津市武清区翠亨路128号	301700	82136328
21	天津传媒学院	李 罡	927	12012	天津市蓟州区盘山大道68号	301901	22828012
22	天津仁爱学院	杭建民	1009	16957	天津市静海区团泊新城博学苑	301636	68579990
23	天津外国语大学滨海外事学院	曹家为	272	3189	天津市滨海新区大港学府路60号	300270	63327430
24	天津商业大学宝德学院	樊顺厚	275	8833	天津市西青区津静路28号	300384	23799800
25	天津医科大学临床医学院	刘佩梅	212	7862	天津市滨海新区大港学苑路167号	300270	63305281
26	南开大学滨海学院	曾利剑	312	2890	天津市滨海新区大港学府路634号	300270	63304888
27	天津师范大学津沽学院	高琳琦	126	1	天津市西青区宾水西道393号	300387	23766088
28	天津理工大学中环信息学院	李 维	247	8565	天津市西青区杨柳青柳口路99号	300380	86437555
29	北京科技大学天津学院	丁昫生	735	15186	天津市宝坻区京津新城珠江北环路1号	301830	22410800
30	天津财经大学珠江学院	任碧云	609	15366	天津市宝坻区京津新城祥瑞大街	301811	22410867
31	天津市职业大学	郑清春	1068	15968	天津市北辰区洛河道2号	300410	59198865
32	天津滨海职业学院	王建枝	328	8726	天津市滨海新区塘沽庐山道1101号	300451	60315343
33	天津工程职业技术学院	戴映湘	192	26	天津市滨海新区海滨街幸福路51号	300280	25924581
34	天津渤海职业技术学院	花玉香	706	12792	天津市北辰区津榆公路508号	300402	86848420
35	天津电子信息职业技术学院	张丹阳	491	10920	天津市津南区雅深路4号	300350	28773688
36	天津机电职业技术学院	王维园	404	11143	天津市津南区雅观路19号	300350	81125209
37	天津现代职业技术学院	康 宁	555	11557	天津市津南区雅观路3号	300350	28193132
38	天津公安警官职业学院	廉 军	351	4366	天津市西青区陈台子路88号	300380	59561013
39	天津轻工职业技术学院	李云梅	485	11043	天津市海河教育园区雅观路1号	300350	27391637
40	天津商务职业学院	刘 欣	505	11421	天津市海河教育园区雅观路23号	300350	59655499
41	天津国土资源和房屋职业学院	吴佳丽	341	7433	天津市滨海新区大港学苑路600号	300270	63303801
42	天津医学高等专科学校	张 艳	573	7492	天津市河东区柳林路14号	300222	60307439
43	天津艺术职业学院	李 萌	201	2062	天津市河东区娄山道27号	300181	58911907
44	天津交通职业学院	于海祥	544	11627	天津市西青区西青道269号	300380	87912186
45	天津工业职业学院	孔维军	409	9006	天津市北辰区京津公路引河桥北学海道38号	300400	26983789

续表

编号	校名	校长	教职工数	学生数	校址	邮政编码	电话
46	天津石油职业技术学院	韩福勇	680	11675	天津市静海区团泊洼	301607	29000406
47	天津城市职业学院	崔凤梅	668	9722	天津市河东区真理道27号	300250	26431204
48	天津铁道职业技术学院	于忠武	475	9261	天津市河北区建昌道21号	300240	26186928
49	天津工艺美术职业学院	马忠庚	132	1739	天津市河北区革新道10号	300250	26786331
50	天津城市建设管理职业技术学院	刘春光	275	8889	天津市北辰区光荣道2688号	300134	58319048
51	天津生物工程职业技术学院	杨树峰	219	5657	天津市东丽区南大街175号	300462	66339006
52	天津海运职业学院	吴宗保	481	9926	天津市津南区雅深路8号	300350	28779601
53	天津广播影视职业学院	吕新	10		天津市西青区姜井卫苑路148号	300112	27529960
54	天津体育职业学院	王伟	93	2928	天津市静海区杨成庄镇健康产业园区	301617	68569005
55	天津滨海汽车工程职业学院	云景乾	824	12859	天津市津南区创新2路36号	300352	58553350

成人高等学校

编号	校名	校长	教职工数	学生数	校址	邮政编码	电话
1	天津开放大学	张宗旺	217	1841	天津市南开区迎水道1号、天津市津南区同心路36号	300350	23678474
2	天津市和平区新华职工大学	邵佳博	82	316	天津市和平区鞍山道129号	300070	23396190
3	天津市河西区职工大学	徐长群	53	64	天津市河西区徽州道31号	300203	23262956
4	天津市河东区职工大学	王涛	93	1837	天津市河东区成林道123号	300162	24122186
5	天津市红桥区职工大学	杨庆	72	1802	天津市红桥区丁字沽三号路45号	300131	86513059
6	天津市南开区职工大学	薛奕	68	1825	天津市南开区旧津保路2号	300110	27373310
7	天津市建筑工程职工大学	李峰	57	10487	天津市河西区气象台路93号	300074	23015817
8	天津市职工经济技术大学	郭振影			天津市河北区民生路56号	300380	58321509
9	天津市渤海化工职工学院	尤宏钧	74	1142	天津市滨海新区东大街206号	300450	25891767
10	天津市工会管理干部学院	郭振影	31		天津市西青区西青道274号	300380	58321509
11	天津市房地产局职工大学				天津市滨海新区大港学苑路600号	300270	

中等职业学校

编号	校名	校长	教职工数	学生数	校址	邮政编码	电话
1	天津市静海区成人职业教育中心	赵春明	195	1709	天津市静海区地纬路2号	301600	58955077
2	天津市化学工业学校	于泳涛	125	2574	天津市红桥区木溪路2号	300000	88241161
3	天津市宁河区中等专业学校	肖秀鹏	96	991	天津市宁河区金华路100号	301500	69592983
4	天津市南开区职业中等专业学校	刘燕霞	147	1103	天津市南开区淦江路4号	300000	27368182
5	天津市新华中等职业学校	何恩凤					
6	天津市礼仪职业中等专业学校	冯兆军			天津市南开区雅安道延安南路1号	300113	27032855
7	天津市现代传媒职业学校	马斌	85	519	天津市蓟州区盘山大道68号	301900	22825568
8	天津市北辰区中等职业技术学校	谢瑞	117	2121	天津市北辰区富锦道5号	300400	26390772
9	天津市武清区职业教育中心	陈云涛	295	3590	天津市武清区源春道1号	301709	82951628
10	天津生态城汉德中等职业学校	盖喜乐	88	1438	天津市滨海新区文一路111号	300467	59901276
11	天津北方职业学校有限公司	孙金铎	107	779	天津市滨海新区港西路699号	300270	58170529
12	华北(天津)职业学校有限公司	王玉红	83	1085	天津市武清区大孟庄京津公路14号	300400	22262328
13	天津市静海区华夏中等职业学校	杨斌	33	378	天津市静海区经济开发区东方红路东段11号增6号、增7号、增9号(2,3号楼)	301609	59580066
14	天津市宝坻区职业教育与成人教育中心	李建东	225	1938	天津市宝坻区进京路28号	301800	82622680
15	天津市西青区中等专业学校	孙子俊	154	1662	天津市西青区杨柳青镇柳霞路29号	300380	27390275
16	天津市民族中等职业技术学校	周德勇	90	1270	天津市北辰区京深公路天穆村北	300400	26345327
17	天津市红星职业中等专业学校	庄建军	283	2691	天津市红桥区丁字沽三号路45号	300131	86513122
18	天津市中山志成职业中等专业学校	刘媛	112	1090	天津市河北区张兴庄大道57号	300402	86320612
19	天津市渤海职业学校有限公司	李长霞	60	139	天津市滨海新区海滨幸福路2190号	301899	89793532
20	天津国华汇德职业学校有限公司	何玉武	60	199	天津市西青区津福路与津静路交口东侧500米	300380	83550066
21	天津市南洋工业学校	翟宗清	152	2285	天津市津南区津沽路700号	300350	28392677
22	天津市中华职业中等专业学校	邢纪钢	179	1678	天津市和平区荣安大街130号	300021	23353709
23	天津市园林学校	代国英	126	1077	天津市河东区津塘路101号	300181	84262746
24	天津市劳动保障技师学院(天津市劳动保护学校)	赵学术	298	2044	天津市东丽区程丽道2号	300000	24379649
25	天津市第一商业学校	马传山	274	4570	天津市河东区津塘路129号	300180	84940451
26	天津市政工程学校	吴景海	113	1073	天津市河东区凤山山道6号	300252	24658585
27	天津音乐学院附属中等音乐学校	吕冬	81	947	天津市河东区七纬路110号	300171	24160002
28	天津市纺织工业学校	肖健	43	0	天津市河西区三元村大街4号	300110	27366252

续表

编号	校名	校长	教职工数	学生数	校址	邮政编码	电话
29	天津市体育运动学校	邵维	112	751	天津市静海区团泊体育中心内	301636	23916357
30	天津市电子信息技师学院(天津市仪表无线电工业学校)	王喜华	221	1793	天津市津南区雅深路6号	300350	88241604
31	天津市建筑工程学校	张孟同	120	1980	天津市河西区郁江道61号	300221	60763060
32	天津市幼儿师范学校	苏睿先	166	240	天津市南开区双峰道38号	300073	27387602
33	天津市城市建设管理学校	无				300380	27392456
34	天津市第一轻工业学校	王建军	319	4870	天津市红桥区勤俭道24号	300131	26370131
35	天津市劳动经济学校	王晖	249	4262	天津市西青区青沙路6号	300380	87971627
36	天津市交通学校	王海兴	47	1459	天津市西青区西青道154号	300112	27326774
37	天津市经济贸易学校	刘恩丽	262	4334	天津市西青区卫津南路239号	300381	23380960
38	天津市药科中等专业学校	杨树峰	146	161	天津市滨海新区南大街175号	300462	66339006
39	天津市滨海中等专业学校	张秀林	217	1500	天津市滨海新区大港街霞光路42号	300270	63219214
40	天津市滨海新区塘沽第一职业中等专业学校	邓勇		2702	天津市滨海新区塘沽汉沽路389号	300457	66308630
41	天津市滨海新区塘沽中等专业学校	邓勇			天津市滨海新区塘沽胡家园三爱里145号	300454	66330881
42	天津市港口管理中等专业学校	陈钢			天津市滨海新区新港三号路688号	300456	25706621
43	天津市电子计算机职业中等专业学校	徐长群	160	862	天津市河西区利民道48号	300201	28331108
44	天津市国际商务学校	何玲			天津市河西区贺江道3号	300170	58065506
45	天津市旅外职业高中有限公司	吴敏	121	2910	天津市津南区辛柴路10号	300354	28322417
46	天津市滨海新区汉沽中等专业学校	李树林	93	1221	天津市滨海新区新开北路66号	300480	25668926
47	天津市滨海新区汉沽职业中等专业学校	李树林			天津市滨海新区河西二纬路38号	300480	25668926
48	天津市机电工艺技师学院(天津市机电工业学校)	梁宇栋	549	3887	天津市津南区雅观路17号	300350	26650245
49	天津市物资贸易学校	张凤桐	64	901	天津市西青区清莹道8号	300384	23792300
50	天津市东丽区职业教育中心学校	李鑫	210	2893	天津市东丽区津汉公路13999号	300309	84892879
51	天津市信息工程学校	张秋亮	283	3412	天津市武清区武定西街89号	301900	29172945
52	天津市财经职业中等专业学校	王惠玲	122	985	天津市河东区华龙道77号	300011	24331743
53	天津师范大学附设中职班			371	天津市西青区宾水西道393号	300387	23766666
54	天津体育学院附设中职班			168	天津市西青区东海道16号	301617	68569250
55	天津职业大学附设中职班				天津市北辰区洛河河道2号	300410	59198865
56	天津商务职业学院附设中职班			108	天津市海河教育园区雅观路23号	300350	59655499
57	天津艺术职业学院附设中职班			434	天津市河东区娄山道27号	300181	58911907
58	天津工业职业学院附设中职班			414	天津市北辰区京津公路引河怀北学海道38号	300400	26983789

续表

编号	校名	校长	教职工数	学生数	校址	邮政编码	电话
59	天津城市职业学院附设中职班			546	天津市河东区真理道27号	300250	26431204
60	天津市聋人学校附设中职班				天津市河北区正义道东头	300250	24575538
61	天津市视力障碍学校附设中职班				天津市河西区梅江道2号	300221	88250803
62	天津霍元甲文武学校附设中职班			330	天津市西青区南河镇小南河村	300382	23989292

成人中专

编号	校名	校长	教职工数	学生数	校址	邮政编码	电话
1	天津市宁河区成人中等专业学校	肖秀鹏			天津市宁河区金华路100号	301500	69592983
2	天津市求实科工贸成人中等专业学校				天津市河东区雪莲南路71号	300171	24150791
3	天津市农业广播电视学校	王永强	30	266	天津市河西区西园道5号	300384	23793979
4	天津市航运职工中等专业学校	万宏林			天津市河西区柳林路18号	300000	28341438
5	天津市滨海新区汉沽职工卫生学校	鲁云	5		天津市滨海新区汉沽河西三经路南	300480	25694462
6	中交天津航道局有限公司职工中等专业学校	包诚	15		天津市滨海新区中心路1号	300450	66880166
7	天津远洋职工中等专业学校	张海培	77		天津市滨海新区津塘路1498号	300451	66300686
8	天津市滨海新区塘沽职工中等专业学校	邓勇			天津市滨海新区杭州道街	300451	66330881

滨海新区

序号	学校名称	书记	校长	教职工数	年级数	班数	学生数	地址	邮编	电话
1	天津市滨海新区塘沽紫云中学	赵 勇	苏金龙	224	3	53	2398	滨海新区塘沽新港三号路3350号	300450	66700229
2	天津市滨海新区汉沽第一中学	陶国兰	潘怀林	160	3	33	1420	滨海新区汉沽文化东街9号	300480	67190730
3	天津市滨海新区田家炳中学	王兆生	高 强	123	3	24	1138	滨海新区汉沽新村街北侧	300480	67193697
4	天津市滨海新区汉沽第六中学	张洪延	周盛镇	78	3	15	565	滨海新区汉沽河西三纬路55号	300480	2595605
5	天津市滨海新区塘沽第十三中学	张连刚	张连刚	117	3	24	1151	滨海新区塘沽广州道开源里21号	300451	66316867
6	天津市滨海新区大港油田实验中学	李 强	芮秀艳	97	3	20	856	滨海新区大港油田兴北道266号	300280	25926411
7	天津市滨海新区大港油田德远高级中学	李凤清	李凤清	85	3	24	926	滨海新区大港油田西大道893号	300283	25934882
8	天津市滨海新区大港第三中学	刘田锋	刘田峰	157	3	37	1683	滨海新区世纪大道191号	300270	63386609
9	天津市滨海新区大港第二中学	陈高峰	刘秀利	121	3	25	1122	滨海新区大港迎宾街130号	300270	63388046
10	天津市滨海新区大港第八中学	孙振山	刘月军	145	3	36	1503	滨海新区大港迎新街77号	300270	63389162
11	天津外国语大学附属滨海外国语学校	王 丽	王 丽	672	12	225	9711	滨海新区中新天津生态城和畅路1457号	300467	66196600
12	天津泰达枫叶学校	邵 玲	邵 玲	249	12	57	1520	滨海新区第三大街71号	300457	66226888
13	天津滨海高新技术产业开发区第一学校	李明洁	李明洁	155	12	50	1879	滨海高新区滨海科技园惠全道81号	300000	59830805
14	北京师范大学天津生态城附属学校	程凤春	程凤春	538	12	153	6845	天津杰城新昌道203号	300467	67956006
15	天津嘉海学校	张航天	张航天	58	12	12	144	滨海新区富盛路999号	300457	67139298
16	天津外国语大学附属高新区华班外国语学校	庞 静	庞 静	22	12	5	121	滨海新区高新区海泰公路与发展一道交叉口	300000	58306600
17	天津市滨海新区塘沽第三中学	杜秉娥	杜秉娥	166	6	37	1616	滨海新区吉林路2号	300451	25711500
18	天津经济技术开发区第一中学	邱克稳	邱克稳	254	6	66	2742	天津经济技术开发区第三大街翔实路21号	300457	66219720
19	天津市滨海新区第二中学（天津市教育科学研究院附属滨海泰达中学）	汪 翔	汪 翔	151	6	37	1589	滨海新区第四大街121号	300457	66223399
20	天津市滨海新区第一中学	段景国	王瑞雪	426	6	95	4281	滨海新区塘沽烟台道3号	300450	25863980
21	天津市滨海新区塘沽第二中学	贾立新	阚学雯	243	6	58	2668	滨海新区浙江路74号	300450	25861750
22	天津市滨海新区塘沽渤海石油第一中学	张云忠	张云忠	125	6	29	1179	滨海新区塘沽童乐路99–79号	300452	25808382
23	天津市滨海新区塘沽渤海石油第二中学	王 丹	康永军	67	6	16	620	滨海新区塘沽石油新村路299–239号	300452	66910749
24	天津市滨海新区大港油田第一中学	李洪信	柴子金	148	6	29	1199	滨海新区海滨建设路228号	300280	25924658
25	天津市滨海新区大港油田第二中学	杨德江	杨德江	109	6	25	1058	滨海新区大港油田先锋路333号	300280	25921664
26	天津市滨海新区大港油田第三中学	刘 坚	苑立新	110	6	27	1081	滨海新区大港滨海红旗路1199号	300280	25961043
27	天津市滨海新区大港第一中学	赵树祥	赵树祥	165	6	34	1611	滨海新区大港世纪大道东288号	300270	63238022
28	天津市滨海新区大港太平村中学	刘洪升	刘洪升	74	6	18	783	滨海新区大港太平镇	300282	63142108

续表

序号	学校名称	书记	校长	教职工数	年级数	班数	学生数	地址	邮编	电话
29	天津市南开中学滨海生态城学校	王文静	毕伟	210	6	53	2575	天津生态城中天大道4666号	300467	25265709
30	天津市第一中学滨海学校	杨蓉	苗利军	183	6	46	2132	空港经济区环河北路与东七道交口	300308	84819908
31	天津市实验中学滨海学校	赵强	董彦旭	191	6	49	2340	滨海新区黄港欣荣道80号	300450	25212868
32	中新天津生态城第一中学	马健	马健	185	6	46	1977	滨海新区华三路345号	300467	60607000
33	天津市实验中学滨海育华学校	夏恩伟	夏恩伟	95	6	25	1163	滨海新区航运一道合生.君景湾北侧300米	300452	25709618
34	天津市滨海新区大港第五中学	于洪亮	于洪亮	100	3	23	843	滨海新区大港学府路669号	300270	63309825
35	天津市滨海新区汉沽第二中学	张建文	张建文	104	3	24	981	滨海新区汉沽东风中路77号	300480	67196093
36	天津市滨海新区汉沽第三中学	张建	张建	108	3	25	1137	滨海新区汉沽河西纬路60号	300480	25694823
37	天津市滨海新区汉沽第八中学	董晓菊	董晓菊	107	3	21	880	滨海新区汉沽文化节80号	300480	67126472
38	天津市滨海新区汉沽第九中学	刘宗利	刘宗利	103	3	27	1245	滨海新区汉沽太平东街9号	300480	67293685
39	天津市滨海新区汉沽大田中学	毛青华	毛青华	39	3	8	249	滨海新区汉沽大田村东	300480	67227208
40	天津市滨海新区汉沽后沽中学	许福录	许福录	44	3	10	347	滨海新区汉沽茶淀镇后沽村南	300480	67206900
41	天津市滨海新区汉沽桃园中学	付国忠	付国忠	40	3	8	254	滨海新区汉沽杨家泊镇杨家泊村北	300480	67257653
42	天津市滨海新区汉沽高庄中学	张贺起	张贺起	32	3	5	132	滨海新区汉沽杨家泊镇高庄村北	300480	67261256
43	天津市滨海新区大港油田第四中学	何静	何静	96	3	22	846	滨海新区兴胜道与希望路交叉路口任东南约100米	300280	25912473
44	天津市滨海新区塘沽第五中学	刘瑛	刘瑛	101	3	28	1197	滨海新区塘沽营口道1125号	300450	25894071
45	天津市滨海新区塘沽第六中学	王艳惠	王艳惠	150	3	41	1747	滨海新区塘沽东大街137号	300450	25893591
46	天津市滨海新区塘沽第九中学	郭如良	郭如良	47	3	9	260	滨海新区塘沽大梁子振教路12号	300455	65242655
47	天津市滨海新区塘沽新港中学	李世伟	李世伟	94	3	23	1040	滨海新区塘沽新港航路一号	300456	25798124
48	天津市滨海新区塘沽第十一中学	董俊英	董俊英	105	3	24	1166	滨海新区杭州道街向阳北支路1号	300451	25865105
49	天津市滨海新区塘沽第十四中学	慕婉莉	慕婉莉	139	3	36	1661	滨海新区塘沽杭州道街广州道51号	300451	66361711
50	天津市滨海新区塘沽第十五中学	万艳	魏颖	128	3	30	1400	滨海新区塘沽江西路2号	300451	66313077
51	天津市滨海新区塘沽新城中学	严文胜	严文胜	44	3	9	351	滨海新区塘沽新城镇东南街	300455	25330921
52	天津市滨海新区塘沽河头中学	王宝洪	王宝洪	39	3	8	247	滨海新区塘沽胡家园街善门口村	300454	25359660
53	天津市滨海新区塘沽盐场中学	贾洪元	贾洪元	34	3	8	366	滨海新区塘沽河南路98-69号	300455	25798613
54	天津市滨海新区大港第二中学	何世利	何世利	151	3	36	1523	滨海新区大港振兴路增10号	300270	63212099
55	天津市滨海新区大港第六中学	刘洪生	陈桂霞	147	3	36	1571	滨海新区凯旋街与旭日路交口	300270	63100336
56	天津市滨海新区大港第七中学	刘月军	刘月军	66	3	15	591	滨海新区大港石化路与荣华街交口	300270	63371600
57	天津市滨海新区大港第九中学	赵议文	赵议文	76	3	18	666	滨海新区大港迎宾街109号	300270	59719300
58	天津市滨海新区大港第四中学	刘月升	刘月升	123	3	24	913	滨海新区大港中塘镇中港路14号	300277	63270875

续表

序号	学校名称	书记	校长	教职工数	年级数	班数	学生数	地址	邮编	电话
59	天津市滨海新区大港栖凤中学	王文通	王文通	70	3	15	539	滨海新区中塘镇栖凤里111号	300273	63132640
60	天津市滨海新区大港小王庄中学	张华革	张华革	56	3	12	438	滨海新区大港小王庄镇205国道西侧6268号	300273	63129586
61	天津市滨海新区大港徐庄子中学	刘明庆	刘明庆	36	3	8	238	滨海新区大港小王庄镇徐庄子向阳小区北侧	300275	63169041
62	天津市滨海新区大港太平村第二中学	刘培义	刘培义	34	3	7	262	滨海新区大港太平村镇北环路	300282	63148107
63	天津市滨海新区大港窦庄子中学	窦树行	窦树行	20	3	3	111	滨海新区大港太平村镇窦庄子村	300282	63189128
64	天津市滨海新区塘沽第七中学	甄凤祥	甄凤祥	46	3	12	526	滨海新区塘沽新港二号路3号	300456	60123700
65	天津市滨海新区远洋城中学	张晓燕	张晓燕	109	3	31	1387	滨海新区塘沽胡家园街远洋城金田路443号	300454	66535101
66	天津市滨海新区大港第十中学	陈桂霞	杨占利	179	3	48	2171	滨海新区港东六道与海景八路交口	300270	63369213
67	天津市滨海新区塘沽湾学校	韩 勇	韩 勇	99	9	36	1390	滨海新区新城镇国顺路1017号	330450	65242379
68	天津市滨海新区大港同盛学校	武树峰	李昕原	162	9	53	2364	滨海新区海滨街港盛道X号	300280	25948065
69	天津市滨海新区大港狮学校	任丙俊	任丙俊	70	9	18	594	河北省沧县东关狮小区	061023	25942028
70	天津经济技术开发区实验学校	李洪波	李洪波	256	9	88	3837	天津经济技术开发区晓园街9号	300457	25290136
71	天津泰达实验学校	赵 杨	赵 杨	296	9	101	4411	滨海新区开发区发达17街99号	300457	66629182
72	天津市滨海新区大港海滨第三学校	高玉军	高玉军	47	9	10	302	滨海新区大港海滨采油小区	300280	25923962
73	天津市滨海新区大港海滨第一学校	李善玉	王德强	152	9	52	2310	滨海新区大港海滨街南路X号	300280	63955282
74	天津市滨海新区大港海滨第二学校	吴忠利	吴忠利	68	9	18	642	滨海新区大港西井下作业港西大道东	300283	25932479
75	天津市滨海新区大港海滨第四学校	刘文彬	刘文彬	57	9	17	497	滨海新区大港西井欣欣小区1号	300270	25936471
76	天津市滨海新区大港团泊佳学校	刘长安	刘长安	19	9	3	25	天津石油职业技术学院内	301607	2900348
77	天津市滨海新区塘沽北塘学校	李晓光	李晓光	109	9	36	1345	滨海新区塘沽北塘文化宫大街28号	300453	65229670
78	天津市滨海新区塘沽吉林学校	李建华	杜秉娥	21	9	5	68	滨海新区塘沽吉林路2号	300451	25711500
79	天津市滨海新区塘沽实验学校	褚俊芬	刘	130	9	46	2031	滨海新区塘沽营口道1421号	300450	25861815
80	天津市滨海新区大港苏家园学校	刘少海	刘少海	87	9	24	566	滨海新区大港太平村镇徐太港苏家园村西	300282	63155203
81	天津市滨海新区大港远景学校	刘泽起	刘泽起	54	9	10	350	滨海新区大港海滨远景一村16号	300282	63199651
82	天津市滨海新区大港沙井子学校	窦书森	窦书森	51	9	13	434	滨海新区大港海滨街道沙井子一村	300283	63178520
83	天津市滨海新区大港滨湖学校	马秀龙	马秀龙	38	9	9	251	滨海新区大港古林街建工里	300274	63285086
84	天津市滨海新区塘沽育才学校	张庆宇	刘振江	183	9	63	2801	滨海新区塘沽泗水路以西,燕飞路九路交汇	300450	60971763
85	天津华苑枫叶学校	谭佳莹	谭佳莹	115	9	52	1076	西青区内环二路与华科九路交汇	300392	60776860
86	天津保税区空港学校	王燕瀛	王燕瀛	290	9	83	3446	天津港保税区东六道39号	300452	84841178
87	天津港保税区临港实验学校	李 洁	李 洁	78	9	27	846	临港经济区黄浦江道229号	300250	59892611
88	天津市滨海新区云山道学校	荆英来	任延新	212	9	71	3169	滨海新区云山道676号	300459	25220654
89	天津市滨海新区中部新城学校	李 林	李 林	104	9	39	1573	滨海新区中部新城银河二路316号	300451	25782366

续表

序号	学校名称	书记	校长	教职工数	年级数	班数	学生数	地址	邮编	电话
90	天津师范大学滨海附属学校	刘美艳	张秋林	188	9	63	2873	滨海新区塘沽大沽街西月路378号	300450	60271620
91	天津市滨海新区塘沽洞庭学校	邢洁明	邢洁明	80	9	25	995	滨海新区杭州道街洞庭路与广济道交口	300457	66234581
92	天津市滨海新区塘沽胡家园学校	尚建文	高福军	171	9	55	2422	滨海新区胡家园街道同安道427号	300454	25362425
93	天津市滨海新区塘沽未来学校	何军	何军	192	9	68	3057	滨海新区谐海路1128号	300450	25219956
94	天津生态城枫叶学校	邵玲	邵玲		9			滨海新区生态城富盛路999号	300450	67139298
95	天津外国语大学附属高新区海洋外国语学校	杨宝玉	杨宝玉	51	9	12	361	滨海新区海洋科技园铂祥道140号	300451	60270661
96	天津市滨海新区大港欣苑小学	崔洪玺	崔洪玺	50	6	15	545	滨海新区大港太平示范镇昌德路26号	300282	63182316
97	天津师范大学滨海附属小学	王颖	王颖	71	6	25	1089	滨海新区中心商务区东台路605号	300450	25315317
98	天津市滨海新区塘沽远洋城小学	李胜利	李胜利	164	6	61	2431	滨海新区塘沽胡家园街滨慧花园1-8栋	300454	66591305
99	天津市滨海新区塘沽紫云小学	金环	金环	88	6	34	1518	滨海新区塘沽紫云环道983号	300456	66783159
100	天津市滨海新区塘沽三中心小学	仝汝华	仝汝华	71	6	25	1070	滨海新区塘沽江西路996号	300450	66597588
101	天津市滨海新区大港西新城小学	黄汉雄	黄汉雄	87	6	32	1196	滨海新区海滨街云祥道878号	300380	63983568
102	中新天津生态城实验小学	杨丽	杨丽	157	6	49	2261	天津生态城和风路312号	300467	25265306
103	天津生态城南开小学	褚建平	褚建平	308	6	98	4537	天津生态城中天大道4210号	300467	25265000
104	天津市滨海新区新北第一小学	孙凤亭	孙凤亭	85	6	28	1201	滨海新区河北西路290号	300451	66899575
105	天津市滨海新区实验小学滨海学校	张谦	张起莲	48	6	15	622	滨海新区塘沽航运西路1179号	300450	65820885
106	天津市昆明路小学滨海学校	陈聪	李秉玲	55	6	18	623	滨海新区北塘经济区随州道119号	300453	66258306
107	天津市滨海新区大港第十二小学	刘泽香	刘泽香	79	6	29	1261	滨海新区大港街滨海大道1251号	300270	63173701
108	天津市滨海新区小王庄第二小学	庄文涛	庄文涛	63	6	17	629	滨海新区大港镇华纳街96号	300273	63166105
109	天津空港保税区空港实验小学	丁立群	丁立群	176	6	51	2176	天津空港经济区兴宇路50号	300308	59096708
110	天津外国语大学附属东疆外国语学校	王桢	王桢	19	6	7	215	滨海新区东疆保税港区银川道1号	300450	25708253
111	天津市滨海新区大港东城小学	顾孟武	顾孟武	140	6	54	2319	滨海新区大港景二路328号	300270	63818065
112	天津市滨海新区新北第二小学	刘树成	刘树成	84	6	31	1299	滨海新区河北西路1172号	300451	25219912
113	天津市滨海新区塘沽福州道小学	刘伟	刘伟	83	6	30	1248	滨海新区塘沽奥林花园路23号	300450	66315277
114	天津市滨海新区南益小学	贾佩娟	贾佩娟	78	6	26	1095	滨海新区塘沽福州道3166号	300451	65192670
115	天津市滨海新区大港王簪小学	石莉	石莉	70	6	28	1258	滨海新区欣嘉园新宾道66号	300453	66331816
116	天津市滨海新区北塘第一小学	陈学东	陈学东	62	6	24	975	滨海新区北塘街永福环路1210号	300450	22971669
117	天津市滨海新区欣嘉园实验小学	宋春霞	宋春霞	43	6	16	654	滨海新区北塘街嘉泰路591号	300456	66358982
118	天津逸阳空港小学	杜开	杜开	33	6	7	193	空港经济区亭昌道	300050	87331299
119	天津市滨海新区大港第一小学	宋文宏	刘慕军	67	6	22	885	滨海新区大港迎宾街122号	300270	59719259
120	天津市滨海新区大港第二小学	刘润福	刘润福	129	6	48	2154	滨海新区大港育秀街14号	300270	63100287

续表

序号	学校名称	书记	校长	教职工数	年级数	班数	学生数	地址	邮编	电话
121	天津市滨海新区大港第三小学	刘元凤	刘元凤	91	6	35	1569	滨海新区大港凯旋65号	300270	63237510
122	天津市滨海新区大港第六小学	常喜珍	常喜珍	73	6	25	1072	滨海新区大港育秀街366号	300270	63109595
123	天津市滨海新区大港实验小学	高相发	高相发	114	6	40	1757	滨海新区大港福苑里	300270	63305086
124	天津市滨海新区大港上古林小学	窦加旺	窦加旺	66	6	23	960	滨海新区大港古林古林里	300270	63226388
125	天津市滨海新区大港第四小学	李维鹏	李维鹏	94	6	30	1122	滨海新区中港路12号	300277	63278443
126	天津市滨海新区大港英语实验小学	郝玉科	郝玉科	65	6	23	967	滨海新区大港喜荣街与兴华路交口	300270	63381931
127	天津市滨海新区大港海滨西苑小学	王玉芝	王玉芝	53	6	19	831	滨海新区海滨街三号院西苑小区	300280	25912387
128	天津市滨海新区大港二号院小学	陈金焕	陈金焕	42	6	11	358	滨海新区大港海滨油田二号院	300280	25921258
129	天津市滨海新区大港三号院小学	徐锦津	徐锦津	51	6	14	554	滨海新区大港海滨街三号院春华小区	300280	25924311
130	天津市滨海新区大港花园里小学	贾玉英	贾玉英	38	6	11	311	滨海新区海滨花园南里	300280	25923434
131	天津市滨海新区大港桃李园小学	郭燕	郭燕	37	6	12	399	滨海新区大港油田海滨街新盛小区物探	300280	25912300
132	天津经济技术开发区第一小学	刘丽莉	刘丽莉	181	5	68	3042	天津经济技术开发区第三大街37号	300457	66295955
133	天津经济技术开发区第二小学（天津市教育科学研究院附属滨海泰达小学）	高峰	高峰	124	6	42	1742	天津经济技术开发区第五大街98号	300457	66222680
134	天津市滨海新区汉沽海东小学	张秀庆	张秀庆	74	6	16	627	滨海新区汉沽寨上街平阳里社区	300480	67193903
135	天津市滨海新区汉沽河西第一小学	刘玉云	刘玉云	85	6	24	1076	滨海新区汉沽河西四纬路南8号	300480	25693107
136	天津市滨海新区汉沽河西第三小学	刘东	刘东	66	6	15	563	滨海新区茶淀街九龙里社区	300480	25695172
137	天津市滨海新区汉沽盐场小学	张军文	张军文	150	6	44	1944	滨海新区汉沽文化宫8号	300480	67192572
138	天津市滨海新区塘沽朝阳小学	朱云	朱云	72	6	24	955	滨海新区塘沽春风路431号	300456	25792184
139	天津市滨海新区塘沽新港第一小学	刘云香	刘云香	98	6	35	1478	滨海新区塘沽新港新民街74号	300456	66708303
140	天津市滨海新区塘沽新港第四小学	张静	张静	68	6	23	937	滨海新区塘沽新港北仓里11号	300456	66705496
141	天津市滨海新区塘沽新港第二小学	张俊丽	张俊丽	86	6	31	1408	滨海新区塘沽新港滨港路164号	300456	25765610
142	天津市滨海新区塘沽一中心小学	汪敏军	汪敏军	86	6	30	1350	滨海新区塘沽新港文化街3号	300450	25305505
143	天津市滨海新区塘沽草场街小学	杨淑梅	杨淑梅	83	6	30	1340	滨海新区塘沽草场街204号	300450	25862750
144	天津市滨海新区塘沽二中心小学	李莉	李莉	81	6	30	1336	滨海新区塘沽山东路13号	300450	25863097
145	天津市滨海新区塘沽上海道小学	李登焕	李登焕	86	6	30	1387	滨海新区塘沽江苏路593号	300450	25895906
146	天津市滨海新区塘沽浙江路小学	邵瑞娟	邵瑞娟	120	6	44	1965	滨海新区塘沽上海道2461号	300450	25864122
147	天津市滨海新区塘沽宁波里小学	张树军	张树军	48	6	15	602	滨海新区塘沽福建路39号	300450	25861680
148	天津市滨海新区塘沽向阳第一小学	王启嫒	王启嫒	82	6	28	1210	滨海新区塘沽向阳南街10号	300451	60315874
149	天津市滨海新区塘沽向阳第三小学	王志江	王志江	76	6	26	1119	滨海新区塘沽杭州道6号	300451	1662285390
150	天津市滨海新区塘沽广州道小学	张起莲	刘岩	74	6	25	1116	滨海新区塘沽广州道61号	300451	66305736

续表

序号	学校名称	书记	校长	教职工数	年级数	班数	学生数	地址	邮编	电话
151	天津市滨海新区塘沽桂林路小学	周建	周建	83	6	27	1142	滨海新区塘沽广州道桂林路2号	300451	66309073
152	天津市滨海新区塘沽大庆道小学	苏雪芹	苏雪芹	68	6	22	820	滨海新区塘沽福建北路1889号	300451	25348877
153	天津市滨海新区塘沽徐州道小学	王秀玲	王秀玲	70	6	23	943	滨海新区塘沽新河湘江里增3号	300451	66595817
154	天津市滨海新区塘沽岷江里小学	芦秀智	芦秀智	72	6	24	913	滨海新区广州道秀水街3号	300452	66309680
155	天津市滨海新区塘沽工农村小学	张宝颖	张宝颖	106	6	36	1527	滨海新区塘沽河北路49号	300451	25214882
156	天津市滨海新区塘沽胡家园小学	黑双凤	黑双凤	60	6	21	914	滨海新区塘沽干庄子路8号胡家园小学	300454	25352316
157	天津市滨海新区塘沽大梁子小学	朱红霞	朱红霞	45	6	13	372	滨海新区塘沽大梁子曙光道	300455	25234579
158	天津市滨海新区塘沽新城小学	黑双凤	黑双凤	34	6	7	139	滨海新区塘沽新城镇新城村南门东里	300455	25333297
159	天津市滨海新区塘沽湾第一小学	赵继华	赵继华	33	6	13	465	滨海新区新城镇海波路180号	300455	25330908
160	天津市滨海新区塘沽河头小学	张建设	张建设	31	6	10	356	滨海新区塘沽胡家园河头村永达里1排1号	300454	25354461
161	天津市滨海新区塘沽刘庄南窑小学	李春良	李春良		6			滨海新区塘沽胡家园南窑村	300454	25359104
162	天津市滨海新区塘沽善门口小学	郭庆忠	郭庆忠	24	6	7	246	滨海新区胡家园街于庄子路	300450	25359150
163	天津市滨海新区塘沽干庄子小学	韩宝军	韩宝军	23	6	6	151	滨海新区胡家园街郑沽子村1号	300454	66530350
164	天津市滨海新区塘沽馨桥园小学	潘桂喜	潘桂喜	80	6	27	1162	滨海新区塘沽胡家沟街六道沟村馨桥园小学	300454	60916029
165	天津市滨海新区塘沽欣嘉园第一小学	张树梅	张树梅	72	6	26	1154	滨海新区塘沽欣嘉园嘉辉路186号	300453	65532778
166	天津市滨海新区塘沽盐场小学	张彤	张彤	51	6	16	658	滨海新区塘沽万年桥北路1716号	300450	66680261
167	天津市滨海新区塘沽渤海石油第一小学	孙宝衡	张谦	44	6	14	516	滨海新区塘沽河滨路28号	300452	25808393
168	天津市滨海新区塘沽渤海石油第二小学	刘汝海	刘汝海	82	6	30	1298	滨海新区塘沽东沽石油新村路299-117号	300452	60718228
169	天津市滨海新区塘沽渤海石油第三小学	李春良	李春良	23	6	6	214	滨海新区塘沽建设路400-500号	300458	66906552
170	天津市滨海新区塘沽博才小学	陈岭	陈岭	80	6	30	1358	滨海新区塘沽赵新街6号	300451	66309123
171	天津市滨海新区塘沽贻成小学	杨德敏	杨德敏	74	6	24	991	滨海新区塘沽东江路1655号	300451	25815175
172	天津市滨海新区汉沽体育场小学	李国双	李国双	137	6	43	1919	滨海新区汉沽新村街23号	300480	67113586
173	天津市滨海新区汉沽中心小学	许付梅	许付梅	147	6	46	2006	滨海新区汉沽寨上府北街1号	300480	25696412
174	天津市滨海新区汉沽大田小学	杨廷永	杨廷永	63	6	10	328	滨海新区汉沽街大田村东	300480	67227168
175	天津市滨海新区汉沽孟瞿阝小学	邵若生	邵若生	26	6	6	107	滨海新区汉沽街孟家瞿阝村南	300480	67270107
176	天津市滨海新区汉沽后沽小学	秦玉海	秦玉海	36	6	7	213	滨海新区汉沽茶淀街后沽村	300480	67299115
177	天津市滨海新区汉沽茶淀小学	史春敬	史春敬	49	6	13	472	滨海新区汉沽六经路32号	300480	67239271
178	天津市滨海新区汉沽桃园小学	霍金军	霍金军	30	6	6	143	滨海新区汉沽杨泔镇桃园村北	300480	67257833
179	天津市滨海新区汉沽杨泔家泊小学	刘文合	刘文合	29	6	6	113	滨海新区汉沽杨泔镇杨家泊村	300480	67257601
180	天津市滨海新区汉沽杨泔高庄小学	李军堂	李军堂	31	6	6	133	滨海新区汉沽杨泔镇高庄村	300480	67261259
181	天津市滨海新区大港第九小学	于文成	于文成	48	6	17	674	滨海新区大港迎新街19号	300270	63389100

续表

序号	学校名称	书记	校长	教职工数	年级数	班数	学生数	地址	邮编	电话
182	天津市滨海新区大港第十一小学	潘国俊	潘国俊	44	6	14	506	滨海新区大港迎宾街建安里	300270	63375969
183	天津市滨海新区大港第五小学	蒋佩兰	蒋佩兰	56	6	17	489	滨海新区大港中塘镇张港子村	300277	63270643
184	天津市滨海新区大港第七小学	马洪波	马洪波	30	6	9	224	滨海新区大港中塘镇中塘村东侧	300277	63266526
185	天津市滨海新区大港栖凤小学	刘贵森	刘贵森	57	6	17	590	滨海新区大港中塘镇凤北路110号	300273	63131149
186	天津市滨海新区大港仁合小学	武连俊	武连俊	37	6	10	214	滨海新区中塘镇仁和里	300273	63136838
187	天津市滨海新区大港小王庄第一小学	庄文涛	庄文涛	1	6			滨海新区大港小王庄镇小王庄	300273	63129125
188	天津市滨海新区大港向阳小学	宗方磊	宗方磊	47	6	15	286	滨海新区大港小王庄镇向阳里小区	300275	63169106
189	天津市滨海新区大港太平第一小学	王慈源	王慈源	48	6	17	409	滨海新区大港太平镇太平村	300282	63148158
190	天津市滨海新区大港太平第二小学	刘洪喜	刘洪喜	33	6	12	368	滨海新区大港太平镇同安小区	300282	63148795
191	天津市滨海新区大港窦庄子小学	窦树旺	窦树旺	20	6	6	194	滨海新区大港太平镇窦庄子村9999号	300282	63189384
192	天津市滨海新区大港福源小学	宋金江	宋金江	149	6	56	2409	滨海新区大港海景九路436号	300270	13207591187
193	天津空港经济区育树家幼儿园	田海波	田海波	62	3	14	464	空港经济区云栖园9号	300300	84841265
194	天津市滨海新区汉沽实验幼儿园	李玉花	李玉花	47	3	11	297	滨海新区汉沽建设路5号	300480	67219188
195	天津市滨海新区汉沽福泽园幼儿园	赵之彦	赵之彦	41	3	8	203	滨海新区大港福泽园小区44-1	300270	63357654
196	天津市滨海新区汉沽第一幼儿园	王珊	王珊	42	3	9	265	滨海新区汉沽三纬路22号	300480	25693054
197	天津市滨海新区汉沽第二幼儿园	唐广东	唐广东	32	3	8	216	滨海新区汉沽太平街22号	300480	67198799
198	天津市滨海新区汉沽第三幼儿园	付娜	付娜	44	3	10	274	滨海新区汉沽建设南路229号	300480	25694146
199	天津市滨海新区汉沽第四幼儿园	高俊玲	高俊玲	34	3	5	148	滨海新区汉沽二街	300480	25661058
200	天津市滨海新区汉沽求实幼儿园	温梓开	温梓开	25	3	6	145	滨海新区汉沽二经路31号	300480	25694579
201	天津市大田中心幼儿园	门付香	门付香	18	3	4	123	滨海新区大田富民小区	300480	67227675
202	天津市滨海新区大港第二幼儿园	薛凌艳	薛凌艳	41	3	9	243	滨海新区大港重阳里	300270	15022281812
203	天津市滨海新区塘沽第一幼儿园	王燕	王燕	83	3	21	560	滨海新区塘沽烟台道836号	300450	25861449
204	天津市滨海新区塘沽第三幼儿园	李红	李红	144	3	34	866	滨海新区塘沽菜市场路4号	300450	25863164
205	天津市滨海新区塘沽第四幼儿园	赵红	赵红	57	3	15	398	滨海新区塘沽杭州道贵州路2号	300451	66302080
206	天津市滨海新区塘沽第五幼儿园	刘美琳	刘美琳	37	3	9	234	滨海新区塘沽抗震路44号	300451	25345209
207	天津市滨海新区塘沽第六幼儿园	李钧香	李钧香	77	3	18	469	滨海新区塘沽福建路河华里7-1号	300450	25862326
208	天津市滨海新区塘沽第七幼儿园	张琳	张琳	20	3	4	98	滨海新区塘沽东大街1号	300450	25862008
209	天津市滨海新区塘沽第八幼儿园	李远英	李远英	61	3	15	401	滨海新区塘沽航路819-200号	300456	25795191
210	天津市滨海新区塘沽第九幼儿园	许泽欣	许泽欣	152	3	35	953	滨海新区塘沽广州道桂林路2号	300451	25363480
211	天津市滨海新区塘沽第十幼儿园	张学	张学	28	3	7	149	滨海新区塘沽新华道文化一号	300450	25871163
212	天津市滨海新区大港明星幼儿园	杨开芝	杨开芝	26	3	8	211	滨海新区大港振业里小区内	300270	63103303

续表

序号	学校名称	书记	校长	教职工数	年级数	班数	学生数	地址	邮编	电话
213	天津市滨海新区塘沽保育院	杨昆	杨昆	107	3	23	638	滨海新区春风路新城家园S8号	300456	66172220
214	天津市滨海新区向阳幼儿园	王景秀	王景秀	21	3	4	92	滨海新区塘沽沈阳道赔顺园72号	300451	65578718
215	天津市滨海新区腾飞幼儿园	张冬雪	张冬雪	18	3	4	91	滨海新区新河街近开里30号	300456	25794248
216	天津市滨海新区塘沽爱心幼儿园	许静	许静	36	3	8	240	滨海新区塘沽胡家园街欣美园小区100号	300454	65312894
217	天津市滨海新区塘沽童心之梦幼儿园	刘莹	刘莹	25	3	6	145	滨海新区迎宾园15栋底商	300450	66350216
218	天津市滨海新区美景幼儿园	王景秀	王景秀	13	3	3	47	滨海新区塘沽美景园小区	300451	65511850
219	天津市滨海新区塘沽小太阳紫云幼儿园	何欢	何欢	47	3	10	247	滨海新区塘沽新港三号路紫云园 26栋	300457	66863862
220	天津经济技术开发区泰达第一幼儿园	王进	王进	53	3	10	309	天津经济技术开发区衡园东际路以西节与巢湖路交口翠亨村院内	300457	66378821
221	天津经济技术开发区泰达第二幼儿园	张虹	张虹	53	3	12	332	天津经济技术开发区衡园东际路第二大街衡园里40号	300457	25326320
222	天津经济技术开发区泰达保育院	陈淑曼	陈淑曼	179	3	37	1047	天津经济技术开发区发达街15号	300457	66202039
223	天津经济技术开发区泰达第三幼儿园	张建红	张建红	169	3	35	1069	天津经济技术开发区荣泰街3号	300457	66281351
224	天津开发区布朗幼儿园	刘琪	刘琪		3			滨海新区开发区第三大街捷达路15号	300450	66289040
225	天津经济技术开发区启明幼儿园	王威	王威		3			天津经济技术开发区一大街巢湖路与顺达街交口	300457	66221335
226	天津经济技术开发区泰达第六幼儿园	张昇	张昇	55	3	12	382	天津经济技术开发区北海东路19号	300457	59001551
227	天津市滨海新区大港第一幼儿园	赵之娥	赵之娥	88	3	20	515	滨海新区大港兴华路七邻里31号楼旁	300270	25991083
228	天津市滨海新区大港第三幼儿园	谢金芬	谢金芬	41	3	9	280	滨海新区大港霞光路晨晖里小区内	300270	63101802
229	天津市滨海新区大港第四幼儿园	程恩林	程恩林	34	3	8	227	滨海新区大港中塘贵园里26-1号	300270	63260401
230	天津市滨海新区大港凯旋幼儿园	商其静	商其静	40	3	9	267	滨海新区大港振兴路东9号	300270	63224910
231	天津市大地实验幼儿园	张洁	张洁		3			滨海新区大港迎宾街福苑里小区23号楼东	300270	63306495
232	天津市滨海新区务实第一幼儿园	井秀丽	井秀丽	25	3	4	49	滨海新区大港三春里小区	300270	62082773
233	天津市天联石化有限责任公司第八幼儿园	孙明欣	孙明欣	27	3	5	60	滨海新区大港街前光里	300270	62082824
234	天津市天联石化有限责任公司师花幼儿园	胡明浩	胡明浩	28	3	4	43	滨海新区大港街前进里	300270	62082783
235	华盛综合服务处官港综合服务官港幼儿园	慕君	慕君		3			滨海新区古林街官港卫华里38号楼西侧	300274	63289198
236	民进天津滨海新区务实官港第一幼儿园	王文娟	王文娟	23	3	7	103	滨海新区大港育秀302-310号	300270	63386866
237	天津市滨海新区务实第三幼儿园	谢翠	谢翠	26	3	7	117	滨海新区大港世纪大道180号	300270	63377909
238	天津市滨海新区务实第六幼儿园	李鑫鑫	李鑫鑫	18	3	4	71	滨海新区大港兴鹿里小区32号楼务实第六幼公司办	300270	63103518
239	天津市滨海新区务实第二幼儿园	王文娟	王文娟	27	3	7	126	滨海新区大港六合里原石化生活服务公司办公楼(六合里8-1#)	300270	63386866

续表

序号	学校名称	书记	校长	教职工数	年级数	班数	学生数	地址	邮编	电话
240	大港油田西苑幼儿园	刘宁	刘宁	44	3	10	280	滨海新区西苑小区	300280	25912390
241	大港油田北苑幼儿园	郑兰香	郑兰香		3			滨海新区三号院北苑小区	300280	25922843
242	大港油田快乐稚子幼儿园	刘玮	刘玮	52	3	10	204	大港油田三号院春华小区	300280	25925325
243	大港油田阳光幼儿园	李妹	李妹	28	3	6	147	滨海新区海滨建设路阳光佳园小区一里1号	300280	25921702
244	大港油田港狮幼儿园	蒋桂芬	蒋桂芬	31	3	6	132	河北省沧县长关采油三厂	061723	25942293
245	大港油田祥和幼儿园	齐丽娟	齐丽娟	15	3	3	70	滨海新区海滨祥和小区	300280	63951943
246	大港油田幸福幼儿园	王君	王君	40	3	8	192	滨海新区海滨幸福路幸福小区二里	300280	63954730
247	大港油田花园幼儿园	李凯旋	李凯旋	16	3	3	52	滨海新区海滨花园南里小区内	300280	25913164
248	大港油田华幸幼儿园	肖斌	肖斌	19	3	3	46	滨海新区海滨道华幸社区	300283	25931783
249	大港油田李园幼儿园	郑兰香	郑兰香	17	3	3	55	滨海新区大港油田红旗路中段李园小区	300280	25963198
250	大港油田世纪星幼儿园	程葵葵	程葵葵	49	3	11	307	滨海新区幸福路同盛小区	300280	63962232
251	天津新区花汇朵朵幼儿园	张岩	张岩	14	3	3	42	滨海新区新开里29栋	300456	25788925
252	天津海新区塘沽耀星幼儿园	刘讯	刘讯	17	3	4	67	滨海新区米兰世纪72号楼	300457	65291330
253	天津海海新区欣美幼儿园	韩美玉	韩美玉	19	3	6	136	滨海新区欣美园100栋	300454	18622142856
254	天津新区塘沽红贝壳幼儿园	张丽	张丽	27	3	6	172	滨海新区福建北路896号红贝壳幼儿园	300450	25645988
255	天津海新区大港欣苑幼儿园	刘俊香	刘俊香	33	3	8	189	滨海新区大港太平示范镇昌德路96-1号	300282	63385566
256	天津海新区大港润泽园幼儿园	徐振霞	徐振霞	48	3	11	284	滨海新区大港润泽A91-1号	300270	63340266
257	天津海新区梁子村童星幼儿园	王德明	王德明	9	3	3	60	滨海新区大港润泽小梁子圃	300450	25393390
258	天津海新区嘉源幼儿园	任洪杰	任洪杰	8	3	3	32	滨海新区胡家园桂花园小区	300454	25365152
259	天津新区育才幼儿园	刘闻智	刘闻智	20	3	4	92	滨海新区塘沽莱茵春天商业街A区220号	300451	66593119
260	天津海新区塘沽新新幼儿园	黄珊	黄珊	21	3	6	116	滨海新区塘沽虹彬柳江里19栋	300451	25348011
261	天津海新区塘沽云天民族幼儿园	陈艳彩	陈艳彩	20	3	4	89	滨海新区塘沽大连东海道东海云天会所101室	300450	65543118
262	天津海新区西部新城第一幼儿园	刘丽娟	刘丽娟	14	3	3	57	滨海新区胡家园街二区增26号	300450	25362689
263	天津海新区塘沽智星实验幼儿园	梁英杰	梁英杰	19	3	3	55	滨海新区丽景胜园6号楼	300451	66369904
264	天津海新区塘沽滨海圣圣幼儿园	刘迪	刘迪	29	3	7	200	滨海新区新港新开里A3栋	300450	25799882
265	天津海新区塘沽水水小清华幼儿园	王艳东	王艳东	41	3	9	248	滨海新区津港公路胡北家园22号	300451	25647978
266	天津海新区塘沽汇明幼儿园	高展飞	高展飞	31	3	7	157	滨海新区宝山道蓝山花园西区10-101	300450	65156156
267	天津海新区塘沽意贝格幼儿园	岳蒙蒙	岳蒙蒙	58	3	12	299	滨海新区福州道滨海名都北门	300450	65232186
268	天津海新区塘沽圣圣幼儿园	鲁长云	鲁长云	64	3	16	427	滨海新区厦门路贻成庭56号	300459	66353677
269	天津海新区和平幼儿园	胡学芝	胡学芝	35	3	8	230	滨海新区塘沽和平里12号	300451	2589438
270	天津海新区塘沽心贻湾可爱蜗幼儿园	周莉琴	周莉琴	41	3	9	275	滨海新区塘沽谐海融科心贻湾10号楼	300450	65365588

续表

序号	学校名称	书记	校长	教职工数	年级数	班数	学生数	地址	邮编	电话
271	天津市滨海新区塘沽博雅幼儿园	袁仙华	袁仙华	86	3	19	553	滨海新区塘沽工农村以北万通上北新新家园小区西门	300456	59895168
272	天津市滨海新区塘沽福州道幼儿园	杜鹃	杜娟	91	3	23	631	滨海新区塘沽福州道莱茵春天58号	300450	66311570
273	天津市滨海新区塘沽新河幼儿园	申红	申红	29	3	6	128	滨海新区塘沽柳江里1号	300450	66313359
274	天津市滨海新区塘沽第二幼儿园	李钧香	安红霞	40	3	9	216	滨海新区塘沽居仁街2号	300450	25875566
275	天津市滨海新区塘沽远洋城第一幼儿园	郑富祥	郑富祥	87	3	22	603	滨海新区塘沽远洋天地路262号	300451	65247003
276	天津市滨海新区塘沽黄港第一幼儿园	陈桂琴	陈桂琴	37	3	9	263	滨海新区塘沽欣展道008号	300451	65531556
277	天津市滨海新区育苗幼儿园	孔凡茹	孔凡茹	15	3	3	57	滨海新区茶淀街茶坊村2组	300480	67205078
278	天津市滨海新区中心商务区西沽西幼儿园	刘颖	刘颖	49	3	12	348	滨海新区塘沽路和睦园配建一	300452	65810036
279	天津市滨海新区塘沽新北幼儿园	芦万鑫	芦万鑫	28	3	6	138	滨海新区塘沽北塘馨宇家园49栋	300450	65228378
280	天津市滨海新区中心商务区东沽幼儿园	岳沛红	岳沛红	116	3	27	759	滨海新区塘沽东沽和荣苑小区配建一号楼	300450	25232002
281	天津市滨海新区塘沽华夏之星幼儿园	张晓朋	张晓朋	27	3	6	196	滨海新区塘沽吉林路804号	300450	25815730
282	天津市滨海高新技术产业开发区航天神箭幼儿园	武德红	武德红	75	3	16	458	天津滨海科技园高新七路99号17号楼	300301	59801081
283	天津市滨海新区起航幼儿园	赵颖	赵颖	56	3	12	290	滨海新区安顺道332号	300450	65199215
284	天津市滨海新区多多乐幼儿园	翟广娜	翟广娜	12	3	3	28	滨海新区大港岐公路西侧（东环路800-1号）	300270	63190006
285	天津市滨海蓝海幼儿园	魏岳婷	魏岳婷	39	3	8	185	滨海新区德海道100号	300452	15222683405
286	天津市泰达澳博幼儿园	童欣欣	童欣欣	30	3	5	66	天津经济技术开发区第二大街2号53门	300457	25285817
287	天津市滨海新区大港第七幼儿园	王雪梅	王雪梅	10	3	2	40	天津经济技术开发区景六路683号	300270	63223528
288	天津市恺祥世纪幼儿园	王晓丹	王晓丹	12	3	3	31	天津经济技术开发区瑞达公寓7号楼7117号	300450	15522062504
289	天津市滨海新区务实第五幼儿园	王思学	王思学	34	3	8	170	天津市开发区第三大街71号4号楼教学楼	300457	15222699611
290	天津市滨海保税区空港第四幼儿园	王晶	王晶	30	3	6	160	空港经济区新北街道首创国际城60号楼	300450	
291	天津自贸试验区宝宝乐树春风幼儿园有限责任公司	杜丽君	杜丽君		3			空港经济区东八道锦润华庭东南侧	300300	
292		杜乃彤	杜乃彤	14	3	3	50	滨海新区塘沽新港三号路与春风路交口祥和新园8号楼	300450	25350700
293	天津市滨海新区汉沽第五幼儿园	李玉花	李玉花	15	3	4	102	滨海新区海口街157号	300480	67219688
294	天津市滨海新区务实第四幼儿园	谢翠	谢翠	26	3	6	99	滨海新区大港福芳园10,11号楼	300277	63211219
295	天津市滨海新区金色摇篮实验幼儿园	李玲玲	李玲玲	60	3	12	324	滨海新区大港油田港西新城求实里	300280	25931540
296	天津市滨海新区南益育树幼儿园	王娜	王娜	47	3	11	289	滨海新区名盛道485号	300457	25823691
297	天津市滨海新区七彩阳光幼儿园	刘玉增	刘玉增	26	3	6	150	滨海新区大港双安里52号楼北侧19号楼西侧	300270	16622139720
298	天津市滨海新区蓝天北塘幼儿园	张蕾	张蕾	51	3	12	338	滨海新区北塘干岛湖路601号	300453	59995633

续表

序号	学校名称	书记	校长	教职工数	年级数	班数	学生数	地址	邮编	电话
299	天津临港育树家幼儿园	刘煜	刘煜	27	3	6	146	滨海新区珠江道616号	300452	66622395
300	天津市滨海新区华想世纪幼儿园	孙伟	孙伟	22	3	4	42	滨海新区中心商务区滨海新村东区19号楼东南侧	300450	25803646
301	天津市滨海新区渤海育才第三幼儿园	张红玥	张红玥	45	3	10	270	滨海新区塘沽东沽石油新村2区53号楼西侧,66号楼北侧	300452	66916735
302	天津市滨海新区新新家园康贝儿幼儿园	韩美莲	韩美莲	22	3	4	65	滨海新区厦门路万通上北新新家园东门65栋-112号	300450	65558908
303	天津市滨海新区太平第二幼儿园	窦维杰	窦维杰	17	3	3	57	滨海新区大港太平镇窦庄子村荣安街93-1号	300282	63344043
304	天津市滨海新区海滨第一幼儿园	李景凤	李景凤	17	3	4	90	滨海新区大港南片区大港鑫泰路166-1#	300283	63175150
305	天津市滨海新区宝宝树幼儿园有限责任公司	高心缘	高心缘		3			滨海新区韶山道3号	300450	66372888
306	天津市滨海新区童心之翼幼儿园有限责任公司	葛栗萍	葛栗萍	12	3	3	31	滨海新区新胡路红家园23组	300454	65218826
307	天津市滨海新区卡酷七色光幼儿园	崔艳南	崔艳南	40	3	9	232	滨海新区中关村科技园宣州道489号491号	300450	62872318
308	天津市滨海新区第一幼儿园	沈艳	刘海丽	37	3	9	263	滨海新区塘沽航运六道1059号	300457	65820982
309	天津经济技术开发区育树家幼儿园	姜清贤	姜清贤		3			天津经济技术开发区盛达街91号	300451	65540935
310	天津自贸港二十一世纪实验幼儿园	李荣	李荣	81	3	18	606	天津自贸区(空港经济区)珑翠路18号	300000	88954516
311	天津市滨海新区小王庄中心幼儿园	王洪翠	王洪翠	26	3	6	141	滨海新区大港小王庄示范镇华纳街126号	300273	63127662
312	天津市滨海新区艾教幼儿园有限责任公司	张缓	张缓	32	3	8	229	中新生态城和韵路1375号	300480	66227888
313	天津滨海新区皆恰幼儿园	李梦莉	李梦莉		3			滨海新区黄海路29号3号楼	300457	无
314	天津市滨海新区悦宝美创幼儿园有限责任公司	王玲芳	王玲芳	23	3	6	92	滨海新区大港霞光路69号	300270	63371876
315	天津市滨海新区童心幼儿园	刘红伟	刘红伟	16	3	4	47	滨海新区海云街9号	300457	60395899
316	天津经济技术开发区三之三幼儿园有限公司	张雪莹	张雪莹		3			天津经济技术开发区信环东路26号三之三幼儿园	300457	60276033
317	天津自贸试验区瑞德幼儿园有限责任公司	王芳	王芳	31	3	7	96	天津港保税区凤凰墅60号楼	300000	84958245
318	天津自贸试验区育树家湖滨幼儿园有限责任公司	张蕊	张蕊	42	3	11	208	天津港保税区中环东路55号	300451	58173033
319	天津市滨海新区华云园幼儿园	柳淑媛	柳淑媛	47	3	9	215	滨海新区塘沽街新港三号路1998号	300457	65751661
320	天津市滨海新区枫叶幼儿园	崔顺霞	崔顺霞		3			天津市开发区第二大街2号53门	300457	18002160819
321	天津市滨海新区古林幼儿园	王雪梅	王雪梅	50	3	12	363	滨海新区古林海景八路与港东四道交口100米处	300270	63223528
322	天津滨海新区彩虹幼儿园	王浩	王浩	32	3	7	206	滨海新区汉沽街汉沽里蛭王长芦汉盐盐场乐部南侧15号楼	300451	67292488

序号	学校名称	书记	校长	教职工数	年级数	班数	学生数	地址	邮编	电话
323	天津市滨海新区莲心幼儿园	陈晓亚	陈晓亚	44	3	9	239	滨海新区津塘公路29号	300451	66596888
324	天津市滨海新区新城中心幼儿园	程汝珍	徐丽丽	21	3	4	109	滨海新区新城镇金泉里10号楼	300454	25640216
325	天津市滨海新区塘沽新港第一幼儿园	王丽芳	王丽芳	24	3	5	105	滨海新区塘沽新港安路145号	300450	25650886
326	天津市滨海新区塘沽燕飞幼儿园	杨颖娟	杨颖娟	59	3	15	432	滨海新区塘沽胡家园街和睦道1681号	300450	25350561
327	天津自贸试验区馨童幼儿园	郝丽丽	郝丽丽	6	3	1	9	滨海新区新港港建路9号	300450	25800868
328	天津市滨海新区塘沽胡家园第一幼儿园	杨颖娟	杨颖娟	50	3	13	347	滨海新区塘沽胡家园街同安道325号（691号）	300454	25358053
329	天津市滨海新区小天使幼儿园	张晓晴	张晓晴	22	3	6	170	滨海新区碧海明珠23栋14号,23栋15号	300450	65183297
330	天津市滨海新区北塘童睿幼儿园	王立娇	王立娇	22	3	5	150	滨海新区塘沽德竣景花园18栋1门,17栋2门	300459	62032908
331	天津美加詹妮幼儿园	田佳瑶	田佳瑶	15	3	3	40	滨海新区高新区科馨别墅68号	300380	23862238
332	天津市滨海新区大港太平中心幼儿园	李加月	窦华珍	35	3	6	116	滨海新区大港太平示范镇友爱东街336号	300282	63185260
333	天津市滨海新区澳博幼儿园	董欣欣	董欣欣		3			天津开发区第一大街明园路2号别墅A 7	300457	25285817
334	天津市滨海新区育晖幼儿园	张惠兰	张惠兰	12	3	3	59	滨海新区大港小王庄镇徐庄子向阳大道农村商业银行旁	300275	63167362
335	天津市滨海新区未来优贝幼儿园	孙丽莉	孙丽莉	16	3	4	95	滨海新区迎宾大道790号804号亚泰津澜底商	300450	65814348
336	天津市滨海新区艺童幼儿园	王晶	王晶	17	3	4	96	滨海新区茶淀街道华城公邸9增11号	300480	67270077
337	天津市滨海新区津华禾木幼儿园	刘静	刘静	32	3	7	215	滨海新区新港新港一号路2454号	300451	18920009380
338	天津市滨海新区瑞宇康幼儿园	张玮	张玮	26	3	6	155	滨海新区胡家园馨顺园74号	300454	65183296
339	天津市滨海新区博雅天使幼儿园	朱宝菊	朱宝菊	16	3	3	38	天津开发区博润商务广场2号楼106室,2号楼107室	300450	65832286
340	天津市滨海新区育红幼儿园	吴育红	吴育红	8	3	3	59	滨海新区海滨井下市场北侧商贸楼3号	300280	15522396291
341	天津市滨海新区博垄乐稚园	袁情情	袁情情	27	3	6	145	滨海新区古林街福润园5号旁物业楼1-3层	300270	63307155
342	天津市滨海新区欣昌金色童年幼儿园	王月	王月	32	3	7	215	滨海新区欣嘉园欣昌苑小区配套公建-282号,290号,298号	300453	66350664
343	天津市滨海新区欣昌哈吉娃幼儿园	王珊珊	王珊珊	19	3	5	127	滨海新区汉沽学仕府底商16号增6号,7号	300480	67176258
344	天津市滨海新区瑞恩幼儿园	王雅杰	王雅杰	24	3	4	93	滨海新区工农村欧美小镇底商1521号	300450	65652588
345	天津市滨海新区哆咪咪幼儿园	王玥	王玥	24	3	6	122	滨海新区汉沽四季花苑（A区）19号楼4门-沟东街66号增15号,16号,68号	300480	67959139
346	天津市滨海新区神苗幼儿园	王学兰	王学兰	9	3	3	54	滨海新区大港胜利街906号	300270	15522961480
347	天津市滨海新区育辉幼儿园	张悦	张悦	21	3	4	88	滨海新区大港小王庄镇华旭广场1号楼1.2号门	300275	63167362
348	天津市滨海新区奥兹城堡幼儿园	赵岩	赵岩	52	3	11	227	滨海新区胡家园街道滨尚花园配建1	300454	25356889
349	天津市滨海新区墨茶幼儿园	徐海霞	徐海霞	20	3	4	124	滨海新区大港四化里46号楼南门口日杂公司后楼	300270	63066596

续表

序号	学校名称	书记	校长	教职工数	年级数	班数	学生数	地址	邮编	电话
350	天津市滨海新区盛星可爱蜗幼儿园	左 萌	左 萌	35	3	7	215	滨海新区塘沽云山道东海岸家园配套公建楼	300450	65365588
351	天津市滨海新区佳赫幼儿园	张玉敏	张玉敏	22	3	4	113	滨海新区花园里小学东侧60号	300280	
352	天津市滨海新区蓝月亮幼儿园	许才娟	许才娟	12	3	3	46	滨海新区太平镇郭庄子盛泽里8号盛泽里8号102	300282	63105028
353	天津市滨海新区可贝儿幼儿园	李丹丹	李丹丹	39	3	7	208	滨海新区古林街港东三道55-1号	300270	63212016
354	天津市滨海新区吉吉星快乐慧心幼儿园	赵俊萍	赵俊萍	33	3	7	193	滨海新区塘沽金田路87号143-308至322号	300450	65218058
355	天津市滨海新区欧风幼儿园	亚卓然	亚卓然	16	3	3	31	滨海新区欧家园60栋	300456	65759168
356	天津市滨海新区新起点幼儿园	端振利	端振利	20	3	4	87	滨海新区中塘镇常流庄村	300273	63850989
357	天津市滨海新区育童幼儿园	杨全旺	杨全旺	18	3	5	85	滨海新区胡家园津塘公路86号	300454	65535448
358	天津市滨海新区智多星幼儿园	张 婷	张 婷	27	3	5	150	滨海新区小王庄镇华旭广场2号楼1,2,3门	300273	13612147223
359	天津市滨海新区汉沽滨慧凡幼儿园	张秀梅	张秀梅	18	3	4	105	滨海新区汉沽河西四经路54-56号	300480	67170858
360	天津市滨海新区向阳新北幼儿园	沈 洋	沈 洋	30	3	6	125	滨海新区河北西路59号	300451	65610155
361	天津市滨海新区晓镇未来幼儿园	于春欣	于春欣	27	3	6	161	滨海新区晓家园五期底商56-61号	300453	25213335
362	天津市滨海新区康贝鸿庭幼儿园	王智慧	王智慧	28	3	6	190	滨海新区碧海鸿庭小区7栋4,5,6门	300450	66867273
363	天津市滨海新区世纪摇篮幼儿园	武化莉	武化莉	27	3	6	128	滨海新区杭州道街道河北路贻丰园小区院内20栋S1,S2底商	300451	66593431
364	天津市滨海新区金宝贝幼儿园	王敏敏	王敏敏	19	3	4	76	滨海新区南益名士华庭四期底商3410.3402	300451	66595232
365	天津市滨海新区希子行知幼儿园	李海霞	李海霞	16	3	4	46	滨海新区揽涛轩别墅6-1,6-2	300453	13021307947
366	天津市滨海新区滨小螺号幼儿园	任红伟	任红伟	30	3	6	171	滨海新区塘沽河北路25号锦绣园10号楼	300451	65577767
367	天津市滨海新区阳光优童幼儿园	司玉芹	司玉芹	18	3	3	38	滨海新区贻成豪庭66栋-101,102	300459	13207591339
368	天津市滨海新区森林童话幼儿园	刘德玮	刘德玮	12	3	3	32	天津市经济技术开发区新城西路19号26号楼	300450	65836123
369	天津市滨海新区希子幼儿园	张 静	张 静	11	3	2	22	天津市经济技术开发区捷达路5号D区2门	300457	65170067
370	天津市滨海新区泰新幼儿园有限责任公司	季明慧	季明慧	14	3	2	32	天津市经济技术开发区润景苑5号楼	300450	65661177
371	天津市滨海新区鑫宇幼儿园	李全会	李全会	20	3	3	93	滨海新区胡家园街佳顺苑配建103	300454	25365257
372	天津市滨海新区爱达幼儿园	李健颖	李健颖	16	3	3	44	滨海新区第二大街10号御贵园邸	300450	13902188935
373	天津市滨海新区滨海爱心幼儿园	徐会羚	徐会羚	27	3	5	133	滨海新区茶淀街六经路紫润苑紫润别苑底商65,67-69号	300480	67234950
374	天津市滨海新区金栖凤幼儿园	马 哲	马 哲	12	3	3	68	滨海新区大港太平镇东升村4号商	300282	63141167
375	天津市滨海新区新童幼儿园	韩晓慧	韩晓慧	20	3	3	80	滨海新区塘沽营口道碧海鸿庭底商F11号、F12号	300450	66182435
376	天津市滨海新区百福幼儿园	王雯雯	王雯雯	26	3	6	142	滨海新区塘沽新港千间永进路487号	300455	65759168
377	天津市滨海新区汉沽小金星幼儿园	刘 芳	刘 芳	21	3	5	105	滨海新区汉沽汉盛世庭配建三	300480	67953565

序号	学校名称	书记	校长	教职工数	年级数	班数	学生数	地址	邮编	电话
378	天津自贸试验区空港海丽达美港幼儿园	付岩	付岩	78	3	16	473	天津经港经济区东二道88号	300308	58801780
379	天津市滨海新区泊清幼儿园	王晶	王晶	14	3	4	78	滨海新区寨上街道人民街12号,14号	300480	67270070
380	天津市滨海新区军辉幼儿园	贾世敏	贾世敏	24	3	6	152	滨海新区大港上古林1号公寓101-109,203,204,206,208	300270	63221807
381	天津市滨海新区韵之星幼儿园	胡学珍	胡学珍	25	3	4	120	滨海新区汉沽太平街10号	300480	67998999
382	天津市滨海新区中心桥领航幼儿园	侯彪	侯彪	9	3	3	79	滨海新区塘沽海兴路728号,746号	300454	13752603658
383	滨海新区务实第七幼儿园	王婧	王婧	23	3	6	84	滨海新区世纪大道与汉港公路交口(原金鼎管道公司办公楼)	300270	18322397008
384	天津启乐原幼儿园	侯晓磊	侯晓磊	36	3	6	135	天津自贸试验区(空港经济区)中环东路55号悦城广场C4-201,202	300450	84382895
385	天津市滨海新区浩宇幼儿园	孟凡贞	孟凡贞	20	3	4	120	滨海新区古林里托老所101.102.103号	300270	63106343
386	天津市滨海新区童乐幼儿园	李长喜	李长喜	9	3	3	18	滨海新区汉沽茶淀镇茶东自建楼8号3门	300480	67204181
387	天津市滨海新区蓝山未来幼儿园	包丽	包丽	33	3	6	172	滨海新区塘沽金江路1443号	300450	25216362
388	天津市滨海新区金色童年幼儿园	刘迎颖	刘迎颖	36	3	7	164	滨海新区大港学府路福华里26栋-1组	300270	63433200
389	天津市滨海新区诺贝儿红光幼儿园	丁艳燕	丁艳燕	23	3	4	91	滨海新区胡家园红光家商4-5号楼底商	300450	66275777
390	天津市滨海新区梦圆幼儿园有限责任公司	江帆	江帆	14	3	4	50	天津经济技术开发区二大街万联别墅32号	300457	25283302
391	天津市滨海新区向日葵幼儿园	王洋	王洋	15	3	3	45	滨海新区一经路馨月湾底商71.73号	300480	67136900
392	天津市滨海新区明城幼儿园	郑万英	郑万英	14	3	4	86	滨海新区塘沽新城镇顺平里15号楼	300455	65776938
393	天津市滨海新区春天幼儿园	王文荣	王文荣	12	3	3	66	滨海新区太平镇红星星辰里21号别墅	300282	63197608
394	天津市滨海新区儒贤雅幼儿园	杨娜	杨娜	22	3	5	59	天津经济技术开发区汇锦苑配建2	300457	60428295
395	天津市滨海新区晨光幼儿园	甄泓博	甄泓博	23	3	4	79	滨海新区建设路安阳里25号楼	300480	67163386
396	天津市滨海新区大港栖凤幼儿园	刘月霞	刘月霞	31	3	8	229	滨海新区中塘镇栖凤北路171号	300273	63261456
397	天津市滨海新区育英幼儿园	张利月	张利月	20	3	4	92	滨海新区迎宾街25号	300270	63375225
398	天津市滨海新区清艺幼儿园	李洪江	李洪江	26	3	6	157	滨海新区学仕府底商14增1增2号	300480	59911151
399	天津市滨海新区贝睿德幼儿园	张天缘	张天缘	11	3	3	31	滨海新区汉沽建设南路47号	300480	67171008
400	天津市滨海新区宝宝之家幼儿园	徐菁	徐菁	1	3			滨海新区汉沽安阳里友北自建楼11号3门	300480	67193939
401	天津市滨海新区启爱幼儿园	赵玉峰	赵玉峰	17	3	4	84	滨海新区大港六合理小区内	300270	63057709
402	天津市滨海新区育苗第二幼儿园	薛峰	薛峰	23	3	4	85	滨海新区汉沽东风北里天化供热办公区大院2号	300480	67120088
403	天津市滨海新区鸿泊幼儿园有限责任公司	付鹏	付鹏	17	3	6	80	滨海新区汉沽三纬路362号	300480	13662127972
404	天津市滨海新区童星华幼儿园	张雨婷	张雨婷	31	3	9	208	滨海新区菁华津城小区底商68号,78号,90号,102号,108号	300452	65219978

续表

序号	学校名称	书记	校长	教职工数	年级数	班数	学生数	地址	邮编	电话
405	天津市滨海新区嘉欣童悦幼儿园	孟庆娟	孟庆娟	17	3	3	48	滨海新区海宁湾底商23号、25号	300480	67258161
406	天津市滨海新区蔚蓝城幼儿园有限责任公司	王霞	王霞	33	3	7	169	滨海新区古林街道港东六道500号	300450	63355888
407	天津市滨海新区北师鸿泊幼儿园	张桂莲	张桂莲	10	3	3	85	滨海新区汉沽九龙里一纬路58号	400380	13212070367
408	天津市滨海新区天天乐幼儿园	史豪郡	史豪郡	31	3	7	170	滨海新区中塘镇西正河村委会北侧	300270	63235785
409	天津市滨海新区辅仁新起点幼儿园	王鹤	王鹤	20	3	3	75	滨海新区海洋科技园海缘路199号4-3号楼101室	300450	13212083349
410	天津市滨海新区童星华之星幼儿园	徐莹	徐莹	13	3	4	41	滨海新区东沽和盛苑商业用房临街门脸房,门牌号东台路	300452	25233181
411	天津市滨海新区金贝朗幼儿园	赵婷	赵婷	30	3	7	203	滨海新区塘沽海洋科技园金江路院家园商业三一金江路1661号,1667号,1659号,1665号,1663号	300450	18526305272
412	天津市滨海新区鸿鹰幼儿园	张桂芳	张桂芳	30	3	8	197	滨海新区大丰路98号	300720	67230798
413	天津市滨海新区博育幼儿园	刘英	刘英	21	3	5	108	滨海新区茶淀街河西一纬路25号	300480	67293099
414	天津市滨海新区汉沽雅博幼儿园	常芳芳	常芳芳	22	3	5	116	滨海新区茶淀街四经路130号	300457	67984088
415	天津滨海新区悠久志远幼儿园	闫兆凤	闫兆凤	19	3	4	98	滨海新区塘沽广州道北侧360号北楼一层	300450	18822135188
416	天津市滨海新区棒棒糖幼儿园	张欣	张欣	8	3	3	74	滨海新区京山南道962号-970号	300450	13624928782
417	天津市滨海新区瑞吉象幼儿园	郑春美	郑春美	34	3	6	107	滨海新区海北街道387号	300450	60963595
418	天津生态城绿爱幼儿园	高丽	高丽	62	3	13	363	滨海新区中新生态城新一街202号	300450	66896129
419	天津市滨海新区启爱幼儿园	陈小君	陈小君	19	3	4	115	滨海新区大港油田幸福中区港兴道729-4,729-5	300280	63958884
420	天津市滨海新河第二幼儿园	顾艳红	王燕	43	3	10	277	滨海新区贻成港新城19栋1门	300450	66369893
421	天津生态城果子安幼儿园	崔子悦	崔子悦	152	3	33	1013	滨海新区生态城和旭路1103号	300457	66196720
422	天津生态城果子恭幼儿园	李婷	李婷	249	3	56	1700	滨海新区生态城和韵路1375号	300457	66196720
423	天津滨海新区海滨第二幼儿园	杜树梅	杜树梅	39	3	11	308	滨海新区丰盛道与庆丰路交叉口往北80米	300271	25931077
424	天津市滨海新区欣嘉园第一幼儿园	陈桂琴	陈桂琴	36	3	9	243	滨海新区嘉耀路65号	300451	66331136
425	天津市滨海新区相思幼儿园	张健	张健	20	3	5	122	滨海新区塘黄路226号	300450	25347897
426	天津市滨海新区子详幼儿园	张洁	张洁	188	3	36	1034	滨海新区生态城新二街895号	300417	66196720
427	天津市滨海新区西部新城金韵幼儿园	李丽	李丽	24	3	6	166	滨海新区明家园觉觉园配建5	300454	13662019325
428	天津生态城果子敬幼儿园	李祯	李祯	195	3	43	1243	滨海新区生态城和旭路659号	300457	66196720
429	天津市培钰幼儿园	卢艳秋	卢艳秋	10	3	1	26	天津经济技术开发区滨海中关村科技园瑶琴轩2-1,2-2	300453	65638065
430	天津市滨海新区博文优幼儿园	王彩霞	王彩霞		3			海滨新区古林街海明园2-1,2-2	300000	15332019359

续表

序号	学校名称	书记	校长	教职工数	年级数	班数	学生数	地址	邮编	电话
431	天津市滨海新区欢乐颂幼儿园	赵越	赵越	19	3	5	119	海新区步行街沟东街70号	300480	67959139
432	天津滨海新区京师实验幼儿园	侯兰英	侯兰英	38	3	9	250	滨海新区塘沽绅湖园配建6	300462	62299555
433	天津滨海新区童心童画幼儿园	钮燕	钮燕	22	3	7	135	滨海新区塘沽东江路福达苑底商10-1、10-2	300450	66301556
434	天津生态城海丽达中福幼儿园	张雪芹	张雪芹	49	3	9	163	滨海新区生态城荣盛路251号	300467	59553550
435	天津市滨海新区布尔熊幼儿园	岳琨	岳琨	11	3	3	30	滨海新区古林街商底商欣悦大厦2-5-301	300270	63215526
436	天津市滨海新区快乐之家幼儿园	彭东梅	彭东梅	10	3	3	88	滨海新区河南路2179号2189号	300455	65615529
437	天津市滨海新区金钥匙幼儿园	欧明冬梅	欧明冬梅	9	3	3	36	滨海新区大港福苑里荷花池北小二楼南侧	300270	18622487039
438	天津市滨海新区青苗幼儿园	李立全	李立全	7	3	2	20	滨海新区海明园28 6单元101	300270	15022779636
439	天津市滨海新区宏林幼儿园	王桂兰	王桂兰	13	3	3	42	滨海新区大沽街亚泰津澜底商9556号	300000	13820546334
440	天津市滨海新区萌雅幼儿园	刘维维	刘维维	12	3	3	78	滨海新区东环路1056号	300270	18332129297
441	天津市滨海新区西部新城育树家幼儿园	赵静	赵静	30	3	7	183	滨海新区西部新城E区中七路1306-1号	300450	25350825
442	天津市滨海新区银河幼儿园	李敏	李敏	51	3	11	321	滨海新区银河一路327号A座	300451	
443	天津市滨海新区旭阳第一幼儿园	毛凤针	毛凤针	39	3	9	278	滨海新区大港海韵园3号楼1层东部,2层全部	300270	63255588
444	天津市滨海新区华德福子衿幼儿园	王娟	王娟	5	3	2	24	滨海新区大沽街道米兰世纪34-1-101 34-1-102	300457	25635360
445	天津市滨海新区泉嘉幼儿园	徐琳鑫	徐琳鑫	17	3	4	69	滨海新区大港新港街建港里6-1	300270	15122576859
446	天津市滨海新区西部新城彩虹幼儿园	赵宝俊	赵宝俊	10	3	3	60	滨海新区胡家园街道还迁楼星河河物业底商一楼	300454	25366118
447	天津市滨海新区天联第一幼儿园	刘建红	刘建红	25	3	4	52	滨海新区大港胜利街西板厂路南	300270	62087954
448	天津市滨海新区利华幼儿园	庞祥利	庞祥利	18	3	5	115	滨海新区塘沽春风园597号,603号,609号	300450	13116080587
449	天津市滨海新区硕果幼儿园	郭玲	郭玲	15	3	3	84	海海新区塘沽新港路572号	300450	25790686
450	天津市滨海新区优贝加幼儿园	刘高智	刘高智	21	3	5	130	滨海新区新港街建港里6-1	300455	65759168
451	天津市滨海新区铭缓幼儿园	王丹	王丹	19	3	6	158	滨海新区胡家园街黄港休闲区嘉顺路中苑配建公建102、103、104	300457	65530061
452	天津市滨海新区艾芽恂园里幼儿园	苏德全	苏德全	25	3	4	29	天津经济技术开发区恂园里36号	300457	25633099
453	天津市滨海新区七彩未来幼儿园	曹阳	曹阳	13	3	3	90	滨海新区塘沽海兴园欣美园小区14号	300456	25356458
454	天津市滨海新区天联第九幼儿园	肖爱军	肖爱军	18	3	3	13	滨海新区大港胜利街西迎新街东	300270	62085411
455	天津市滨海新区旭辉启蒙幼儿园	郑红宇	郑红宇	24	3	6	169	滨海新区胡家园街道旭辉香郡底商228、238号	300450	18222034010
456	天津市滨海新区金维幼儿园	郑鑫	郑鑫	13	3	3	78	滨海新区大港前光里2-1#	300270	15122905825
457	天津市滨海新区雁民民族幼儿园	李传贤	李传贤	23	3	4	69	滨海新区浙江路345号二层	300450	65160670
458	天津市龙星幼儿园	刘丽	刘丽	27	3	6	59	滨海新区古林街道七路2655号(香海园底商配建3)	300270	13821737799

续表

序号	学校名称	书记	校长	教职工数	年级数	班数	学生数	地址	邮编	电话
459	天津经济技术开发区泰达第四幼儿园	韩婷	韩婷	46	3	10	308	滨海新区开发区中心商务区洞庭路以西，于秀路以南	300457	23783839
460	天津市滨海新区大港育秀幼儿园	季会荣	季会荣	35	3	9	261	滨海新区南片区滨海大道717号	300270	63251703
461	天津市滨海新区华阜景阳光幼儿园	王荣花	王荣花	32	3	6	169	滨海新区新港三号路897号	300456	25651681
462	天津市滨海新区华峰未来幼儿园	周颖	周颖		3			天津开发区第二大街10号御景园邸一期别墅6号	300457	13820733566
463	天津市滨海新区拓智博星幼儿园	付金章	付金章	20	3	3	43	天津开发区时尚西路19号A7号楼	300450	18701501796
464	天津市滨海新区鹿鸣华德福幼儿园	刘海燕	刘海燕		3	3		天津经济技术开发区明园路2号A2栋3门	300457	65182085
465	天津四季蜗牛幼儿园	赵亚娟	赵亚娟	15	3	3	39	滨海新区开发区东岸名仕花园商业11号	300540	18602249802
466	天津市滨海新区博汇锦尚幼儿园	郭秀格	郭秀格	10	3	2	24	天津经济技术开发区第二大街2号49号楼	300450	17622282687
467	天津市滨海新区远洋城伟才幼儿园	张道英	张道英	52	3	11	284	滨海新区朗家园街道远洋城J城地块配建6	300450	25368558
468	天津市滨海新区艾佳幼儿园	于春娣	于春娣	14	3	4	89	滨海新区中心商务区迎宾大道720号、726号、736号	300452	65215585
469	天津市滨海新区阳光壹加壹幼儿园	马伯敬	马伯敬	34	3	7	175	滨海新区中心商务区迎达路1116号	300455	65215022
470	天津市滨海新区塘沽第十一幼儿园	许泽欣	许泽欣	24	3	6	161	滨海新区新北街云山道1841景湖轩28号楼	300459	60157272
471	东疆第一幼儿园	王欢	王欢	21	3	6	170	天津东疆综合保税区嘉岭关道68号	300461	25600200
472	天津经济技术开发区世纪优贝幼儿园	庞祥利	庞祥利	10	3	3	41	天津经济技术开发区第二大街2号47号楼、48号楼	300457	13116080587
473	天津生态城三之三星幼儿园	朱海宁	朱海宁	54	3	11	322	天津生态城永盛路286号	300480	66285300
474	天津滨海新区煜仁幼儿园	国文杰	国文杰	30	3	7	124	天津滨海高新区塘沽海洋科技园工农村堰滨里-2	300450	25226543
475	天津市滨海新区皆美幼儿园	李梦莉	李梦莉	28	3	6	91	天津市开发区第四大街71号1号楼	300457	25297002
476	天津经济技术开发区浠桥幼儿园	胡雅宁	胡雅宁	1	3			天津经济技术开发区滨海南路27号	300450	18622262187
477	天津经济技术开发区泰达第五幼儿园	陆媛	陆媛	27	3	6	183	滨海新区泰大街大湖路34号	300457	25208667
478	天津市滨海新区常春树幼儿园	刘闻智	刘闻智	27	3	6	159	滨海新区新河街南益名士华庭20-12号、20-13号1-2层	300457	18322349825
479	天津市滨海新区大港第六幼儿园	王雪梅	王雪梅	32	3	9	250	滨海新区古林街旭日路（东）736号	300270	22986957
480	天津生态城明德幼儿园	刘国芹	刘国芹	39	3	9	233	天津生态城静湖南路188号	300467	22965818
481	天津市滨海新区欣嘉园第二幼儿园	陈桂琴	陈桂琴	25	3	7	186	滨海新区北塘街欣荣道462号	300453	65667218
482	天津市自贸试验区华夏未来成幼儿园							天津市自贸试验区（中心商务区）金中一道155号		
483	天津市滨海新区诺德幼儿园							滨海新区塘沽河北西路与尧山道口西150号		
484	天津市滨海新区意贝格紫枫苑幼儿园							滨海新区新城镇紫枫苑小区配建4		

续表

序号	学校名称	书记	校长	教职工数	年级数	班数	学生数	地址	邮编	电话
485	天津市滨海新区秀强京达明居幼儿园							滨海新区塘沽京达明居北地块二期		
486	天津滨海新区天和城育树家幼儿园							滨海新区泰达大街与洞庭路交口智谛山小区内		
487	天津市滨海新区幸福城博雅幼儿园							滨海新区中建幸福城小区		
488	天津市滨海新区慧萌幼儿园							滨海新区塘沽滨字道与威海路交口津海湾配套3		
489	天津市滨海新区远洋心里幼儿园							滨海新区新港街道远洋心里小区外东南角		
490	天津市滨海新区北塘龙湖园幼儿园							滨海新区北塘中关村科技园徽州道63号		
491	天津生态城汉德中等职业学校	盖喜乐	盖喜乐	88	3	53	1438	滨海新区中新天津生态城文一路111号	300467	59901276
492	天津北方职业学校有限公司	孙金铎	孙金铎	107	3	20	779	滨海新区官港西路699号	300270	58170529
493	天津市渤海职业学校有限公司	李长霞	李长霞	60	1	3	139	滨海新区幸福路2190号	301899	89793532
494	天津市药科中等专业学校	杨树峰	杨树峰		1	4	161	天津市经济开发区西区南大街175号	300462	66339006
495	天津滨海中等专业学校	张秀林	张秀林	146	3	38	1500	滨海新区大港霞光路42号	300270	63219214
496	天津市滨海新区塘沽第一职业中等专业学校	张广军	邓勇	217	3	65	2702	滨海新区塘沽汉沽389号	300457	66308630
497	天津市滨海新区塘沽中等专业学校	邓勇	邓勇					滨海新区塘沽胡家园三爱里145号	300454	66330881
498	天津港口管理中等专业学校	陈钢	陈钢					滨海新区塘沽新港三号路688号	300456	25706621
499	天津市滨海新区汉沽中等专业学校	李树林	李树林	93	3	30	1221	滨海新区汉沽新开北路66号	300480	25668926
500	天津市滨海新区汉沽职业中等专业学校	李树林	李树林					滨海新区汉沽河西二纬路32号	300480	25668926
501	天津市滨海新区汉沽职工卫生学校	鲁云	鲁云	5				滨海新区汉沽河西三经路南	300480	25694462
502	中交天津航道局有限公司职工中等专业学校	包诚	包诚	15				滨海新区塘沽中心路一号	300450	66880166
503	天津远洋职工中等专业学校	张海培	张海培	77				滨海新区塘沽津塘路1498号	300451	66300686
504	天津市滨海新区塘沽职工中等专业学校	邓勇	邓勇					滨海新区塘沽福建路39号	300451	66330881
505	天津市滨海新区汉沽启智学校	高建春	高建春	14	10	10	45	滨海新区汉沽西宜春里1号—经路和三纬路交口	300480	67230360
506	天津市滨海新区塘沽兴华里学校	周庆红	周庆红	33	12	20	172	滨海新区塘沽徐州道11号	300450	25341488
507	天津市滨海新区大港特殊教育学校	吴洪英	吴洪英	27	11	18	123	滨海新区大港振兴路东3号	300270	63107882

和平区

序号	校名	书记	校长	教职工数	年级数	班数	学生数	校址	邮政编码	电话
1	天津市第一中学	李翠松	杨静武	296	6	63	4125	和平区西安道117号	300051	23143888
2	天津市耀华中学	王 杰	侯立瑛	304	6	65	4344	和平区南京路106号	300040	23391667
3	天津市第二耀华中学	刘庆祝	冯耀忠	207	6	50	3854	东丽区登州南路98号	300457	58185639
4	天津市第二十中学	边金良	邵凤鸣	229	6	43	2342	和平区湖北路59号	300050	23143564
5	天津市第二南开学校	陈 瑜	孙 苗	372	12	97	5714	和平区荣安大街167号	300021	27225155
6	天津市第二十一中学	张英群	韩 杰	347	6	72	5129	和平区贵州路92号	300070	27818136
7	天津市第五十五中学		张丽丽	259	6	54	3728	和平区鞍山道131号	300070	27830123
8	天津市汇文中学	瞭	魏	281	6	62	5076	和平区甘肃路40号	300020	27309236
9	天津市第十一中学	李群莉	邓丽娟	85	3	18	1596	和平区河北路211号	300040	27114409
10	天津市第十九中学	陈 刚	卢冬梅	114	3	24	2266	和平区河北路30号	300020	27305141
11	天津市第六十一中学	金 雯	张树军	160	3	33	2900	和平区建设路87号	300042	23392252
12	天津市第九十中学	姜若菁	菁	111	3	20	1856	和平区成都道144号	300070	23534930
13	天津市汉阳道中学	刘建新		105	3	22	1892	和平区河沿道25号	300070	27838835
14	天津市第五十八中学	高 洁		38				和平区兰州道37号	300020	23393936
15	天津市益中学校	袁 爽	李 新	136	6	35	2279	和平区同安道13号	300070	23517038
16	天津市嘉诚中学	边 华	黄维洁	107	4	26	1259	河东区新博路5号	300040	23391308
17	天津市双菱中学	白 玫	张永泉	121	6	30	1845	和平区湖北路2号	300040	23143502
18	天津市建华中学	王锡玉	王 钊	116	6	39	2281	和平区包头道45号	300000	23192766
19	天津市实验小学	杨立军	刘 军	259	6	67	2480	和平区柳州路28号	300051	23304657
20	天津市和平区西康路小学	陈 蔺	陈 蔺	207	6	72	2955	和平区西康路31号	300051	83521836
21	天津市和平区昆明路小学	李东锐	李素颖	174	6	45	1815	和平区昆明路99号	300050	83121537
22	天津市第二十中学附属小学	褚新红	褚新红	246	6	78	3197	和平区大理道109号	300050	27811828
23	天津市和平区岳阳道小学	周 琦	李际萌	337	6	115	4871	和平区西宁道8号	300052	27830179
24	天津市和平区新星小学	张 淼	张 淼	166	6	52	2180	和平区新兴路40号	300070	27839754
25	天津市第二十中学附属小学	江 南	孙立娟	104	6	29	1193	和平区南京路86号	300042	23397503
26	天津市和平区新华南路小学	吕 欣	褚新红	162	6	55	2192	和平区新华路257号	300000	23398274
27	天津市和平区耀华小学	张 静	张菅英	192	6	60	2521	和平区保定道59号	300042	23391257
28	天津市和平区劝业场小学	石 明	牛 杰	63	6	15	613	和平区河南路161号	300041	27122956
29	天津市和平区鞍山道小学	吴 静	李庆东	344	6	117	4894	和平区鞍山道81号	300020	27306848

续表

序号	校名	书记	校长	教职工数	年级数	班数	学生数	校址	邮政编码	电话
30	天津市和平区万全小学	程刚	赵岩	360	6	120	4981	和平区南市南大街31号	300021	27305662
31	天津市和平区哈密道小学	刘静	罗勤	96	6	26	1097	和平区哈密道80号	300020	27309492
32	天津市和平区四平东道小学	黄鸣	焦茹	97	6	29	1200	和平区承德道30号	300041	23306317
33	天津市和平区万全第二小学	宋蕊	马媛	83	6	23	950	和平区山西路36号	300020	27220663
34	天津市和平区兴安小学	徐向东	徐向东	37	6			和平区荣吉大街12号	300051	27332956
35	天津市逸阳梅江湾学校	林月珠	杨乃容	221	6	83	3585	和平区常德道30号	300151	23395016
36	天津模范小学	邹绍宁	刘绍祥	141	6	48	1855	南开区华苑中学路49号	300384	23868508
37	天津市和平区培育学校	孙婧艳	孙婧艳	25	13	7	59	和平区宜昌道24号	300051	23393587
38	天津市和平区第二幼儿园	阎杰	阎杰	37	3	8	211	和平区吉林路41号	300041	23305593
39	天津市和平区第四幼儿园	习习	习习	48	3	10	278	和平区常德道38号	300050	23302024
40	天津市和平区第五幼儿园	陈蔷	陈蔷	54	3	11	286	和平区昆明路72号	300020	23395987
41	天津市和平区第八幼儿园	卢瑞	卢瑞	48	3	11	261	和平区荣吉大街20号	300021	23391460
42	天津市和平区第九幼儿园	陈剑苹	陈剑苹	44	3	10	241	和平区河沿道卫华里51号	300070	23287091
43	天津市和平区第十一幼儿园	赵静	赵静	92	3	20	512	和平区长沙路60-64号	300050	87139065
44	天津市和平区第十三幼儿园	吴丽	吴丽	51	3	9	213	和平区热河路31号	300020	27221342
45	天津市和平区第十六幼儿园	林雪梅	林雪梅	25	3	5	95	和平区重庆道116号	300050	23113939
46	天津市幼儿师范学校附属幼儿园		刘健	43	4	7	188	和平区柳州路益寿里26号	300051	23392756
47	天津市和平区保育院(天津市卫生健康委员会幼儿园)	王茜	王茜	183	4	38	1136	和平区南京路88号、大理道37号、48号	300042	23197366
48	天津市文化和旅游局幼儿园	美丽娜	美丽娜	29	3	6	114	和平区洛阳道45号	300353	23121742
49	天津市公安局幼儿园	孙德强	孙德强	58	3	12	303	和平区新华南路249号	300050	23394305
50	天津华夏未来实验幼儿园	黄丽珊	黄丽珊	56	3	11	338	和平区慎益大街86号	300000	23452248
51	天津华夏未来花园幼儿园有限公司	陈静怡	陈静怡	61	4	15	286	和平区新华路183号	300041	27116565
52	天津市华夏未来新时代幼儿园	刘咏梅	刘咏梅	74	4	15	301	和平区南马路15号,17号,荣业大街1号	300060	87320888
53	天津市和平区卓美天使幼儿园	李欣	李欣	29	3	5	96	和平区气象台路振河里14号	300070	23358777
54	天津英中幼儿园有限公司	马莹	马莹					和平区新华路120号	300401	17629188899
55	天津市和平区合美幼儿园	杨娜	杨娜	35	3	8	172	和平区康定路35号	300052	27125587
56	天津优念睦南幼儿园有限公司	邓玥	邓玥	30	3	6	73	和平区睦南道52号	300051	59005288
57	天津和平都童幼儿园有限公司	李颖	李颖	31	3	6	135	和平区常德道10号	300050	1338009588
58	天津宝贝计划幼儿园有限公司	王履鹤	王履鹤	31	3	7	90	和平区河南路129号	300000	2736346

续表

序号	校名	书记	校长	教职工数	年级数	班数	学生数	校址	邮政编码	电话
59	天津市和平区阳光宝贝幼儿园		陈 玮	22	3	5	128	和平区赤峰道127号	300000	23300322
60	天津黛西幼儿园有限责任公司		张 麟					和平区洛阳道7号	300000	
61	伊恩瑞斯(天津)幼儿园有限公司		邢雅楠	14	3	4	35	和平区开封道7号	300000	23126217
62	天津文和蒙以养正幼儿园有限公司		朱莉丽	19	3	3	38	和平区岳阳道与广西路交口成桂公馆1-1-101	300051	23123046
63	天津贝贝奇幼儿园有限公司		高 青	19	4	7	102	和平区气象台路开发里18号	300041	23529855
64	天津市和平区摇篮幼儿园		王 胜	32	3	6	117	和平区岳阳道79号	300000	23955999
65	天津市和平区合美实验幼儿园		刘 雪	36	3	8	181	和平区新华路206号	300040	23121881
66	天津市和平区学仕林幼儿园		高 航	27	3	7	163	和平区山西路60号	300041	28139298
67	天津市爱英堡幼儿园有限公司		赵志刚	20	3	4	68	和平区香榭里8号	300070	23228250
68	天津市春藤幼儿园有限责任公司		王艳敏	40	3	8	88	和平区贵州路正和公寓4号楼	300000	27810538
69	华美德(天津)幼儿园有限公司		张迎迎	21	4	4	38	和平区重庆道25号	300000	23122898
70	天津市中华职专	李维钧	邢纪钢	179	3	55	1678	和平区荣安大街130号	300021	23353709
71	天津市和平区新华职工大学	张 宏	邵佳博	79	6	58	2650	和平区鞍山道129号	300070	23396190

河北区

序号	校名	书记	校长	教职工数	年级数	班数	学生数	校址	邮政编码	电话
1	天津市第四十八中学		冯继红	109	3	14	538	河北区乌江路增一号	300251	60813095
2	天津市第九十三中学	于喜彤	刘春梅	111	3	24	848	河北区真理道22号	300250	84530501
3	天津市红光中学	赵霞	刘鹤	145	6	33	1445	河北区建昌道24号	300240	2678409
4	天津市第二中学	许吉彬	高欣	327	6	54	2358	河北区昆纬路109号	300140	26235211
5	天津市第十四中学	张娟	董梅	242	6	56	2398	河北区水产前街45号	300241	86257808
6	天津市第五十七中学	孙玉龙	姜志惠	225	6	47	2320	河北区昆纬路38号 河北区祥利路	300140	26236292
7	天津市木斋中学	孙聚忠		138	6	39	1736	河北区民权路1号 河北区东沿大街14号	300010	26491997
8	天津市教育科学研究院附属河北中学	史清宝	魏杰	162	6	38	1666	河北区增产道23号	300150	26430919
9	天津市第三十五中学	满开静		123	3	15	620	河北区曙光道6号	300402	26319727
10	天津市美术中学	刁志东	刁志东	137	6	26	1187	河北区元纬路50号	300141	26352153
11	天津市扶轮中学		王莉	155	6	31	1353	河北区吕纬路93号	300142	26276628
12	天津外国语大学附属河北外国语中学	周海芸	周海芸	75	3	22	1010	河北区龙关道2号	300000	26353903
13	天津市求真高级中学	马文峰	王哲	153	3	39	1598	河东区真理道六马路7号	300151	26441639
14	天津意斯特艺术高级中学	卞庆	康臣	64	3	12	455	河北区望海楼街道源泉路6号	300141	60107105
15	天津市汇森中学	王莹	张力	101	3	30	1374	河北区革福街27号	300250	26235852
16	天津市博文中学	赵增强	赵增强	183	6	50	2075	河北区满江道88号（高中部）河北区金沙江路184号（初中部）	300251	60307837
17	天津外国语学校南普小学	高敬	高敬	117	6	48	1745	河北区新开河街道南口路36号 河北区新开河街道龙关道2号	300232	26144591
18	天津市河北区育婴里第三小学	张弘	张弘	107	6	43	1716	河北区天泰路183号	300230	26613550
19	天津市河北区兴宜小学	耿愿红	耿愿红	48	6	17	557	河北区宜白路荣强里47号	300402	26307610
20	天津实验河北区望海小学	尚晓英	尚晓英	51	6	16	613	河北区胜利路240号	300010	24465051
21	天津市河北区育婴里第四小学	席懿	席懿	26	3	7	271	河北区津浦北路259号	300232	26620205
22	天津市河北区第二实验端庭小学	孙丹	孙丹	32	3	16	608	河北区建昌道街端庭路55号	300143	26744773
23	天津市河北区育婴里小学	张杰	张杰	119	6	43	1633	河北区元纬路113号	300141	58837622
24	天津市河北区第二实验小学	朱玉红	朱玉红	148	6	50	2030	河北区红桥道200号	300240	26320076
25	天津市教育科学研究院附属河北小学	刘健	刘健	134	6	41	1385	河北区增产道24号 河北区革新道9号	300150	26433023

659

续表

序号	校名	书记	校长	教职工数	年级数	班数	学生数	校址	邮政编码	电话
26	天津市河北区红星路小学	刘伟	刘伟	72	6	23	904	河北区红星路106号	300251	26437731
27	天津市河北区开江道小学	宋洁	宋洁	65	6	22	833	河北区民权门开江道	300251	26320036
28	天津市河北区月牙河小学	赵毅	赵毅	58	6	17	680	河北区月牙河北道	300251	26332778
29	天津市河北区兴华小学	李功	李功	83	6	26	1069	河北区宜洁道1号	300402	26717168
30	天津市河北区育婴里第二小学		王小迎	84	6	28	1137	河北区天泰席厂下坡2号	300230	86613042
31	天津市河北区新开小学	王小迎		96	6	37	1644	河北区月纬路21号	300140	26210852
32	天津市河北区靖江路小学		刘菁（主持）	57	6	17	598	河北区启东道1号	300250	24342664
33	天津市河北区昆纬路第一小学	张秀芝	臧颖	265	6	104	4424	河北区昆纬路东三经路64号 河北区昆纬路158号 河北区王串场一号路42号	300140	26298402
34	天津市河北区宁园小学	夏桂敏	夏桂梅	89	6	25	1012	河北区中纺前街36号	300241	26430276
35	天津市河北区育贤小学	邢红梅	邢红梅	48	6	17	634	河北区张兴庄南小街3号	300402	86320153
36	天津市河北区红权小学	李虹	李虹	49	6	13	453	河北区江都路银山道2号	300250	24512768
37	天津市河北区扶轮小学	尔兆新	尔兆新	264	6	76	2734	河北区宇纬路4号	300140	26267933
38	天津市河北区光明小学	刘宝红	徐蕊芬	158	6	51	1992	河北区苗纬路46号 河北区富强道40号	300150	26412971
39	天津市河北区大江路小学	刘英	刘英	49	6	16	555	河北区富强道16号 河北区大江路大江北里一号	300251	26222843
40	天津市河北区第二实验新世纪小学	王雪梅	王雪梅	73	6	22	867	河北区建昌道铁工西里22号 河北区建昌道灌云路1号	300240	26321504
41	天津市河北区实验小学	邢文悦	邢文悦	155	6	58	2560	河北区金田道1号 河北区二马路23号	300143	26235800
42	天津市河北区启智学校	卞颖	卞颖	41	6	13	161	河北区王串场三号路5号	300150	26464995
43	天津市河北区第一幼儿园	魏玲	魏玲	97	3	32	765	河北区狮子林大街金狮温泉公寓内 河北区昆纬路东四经路21号 河北区民权主街46号	300010	24458419
44	天津市河北区第二幼儿园	赵宝静	赵宝静	66	3	22	484	河北区黄纬路四马路30号（悦童园） 河北区黄纬路抗震里24号（悦心园）	300142	26352860
45	天津市河北区第五幼儿园	苏俊英	苏俊英	106	3	34	884	河北区富强道7号 河北区桂江道61号 河北区南口路慧景园29号	300150	26418358
46	天津市河北区第六幼儿园	张蕊	张蕊	48	3	15	376	河北区喜峰道115号 河北区月纬路二马路34号	300142	26146686

续表

序号	校名	书记	校长	教职工数	年级数	班数	学生数	校址	邮政编码	电话
47	天津市河北区第七幼儿园	穆莹	穆莹	40	3	11	314	河北区迎贤道26号	300402	86270281
48	天津市河北区第八幼儿园	康丽颖	康丽颖	38	3	7	188	河北区王串场一号路与真理道交口（莹津里公交站旁）	300000	26456389
49	天津市河北区第九幼儿园	杨洪艳	杨洪艳	33	4	8	156	河北区建昌道街道润阳里50号	300240	86760546
50	天津市河北区第十幼儿园	方向红	方向红	49	4	13	354	河北区真理道街青浦路1号 河北区昆山道句容路1号	300250	24566757
51	天津市河北区第十二幼儿园	王燕	王燕	32	3	7	153	河北区民权门牙河灵江里	300250	26332861
52	天津市河北区第十四幼儿园	李宝华	李宝华	41	3	9	252	河北区民权门江道与江南交口	300251	26320334
53	天津市河北区第十五幼儿园	高欣	高欣	40	3	11	261	河北区铁东路街宜白路华宜里27号	300402	26312887
54	天津市河北区第十六幼儿园	陈欣	陈欣	30	3	7	175	河北区民权门乌江北里月牙河4号路	300251	26754525
55	天津市河北区第十七幼儿园	王彬	王彬	35	4	7	149	河北区建昌道铁工西里21号	300240	86219800
56	天津市河北区第十八幼儿园	杨景凤	杨景凤	34	3	6	125	河北区月牙河街民权门开江南里5号	300251	26751290
57	天津市河北区第十九幼儿园	杨卫红	杨卫红	40	3	11	285	河北区杜鹃路160号	300240	26321451
58	天津市河北区第二十幼儿园	王丽	王丽	19	3	6	146	河北区新开河街富堤路231号	300231	26343130
59	天津市河北区扶轮幼儿园	张稳艳	张稳艳	83	3	25	616	河北区中山北路一号（北宁园） 河北区诚悦嘉园配建一号楼（丹庭园）	300142	26184161
60	天津市河北区五号路街第三幼儿园	孙文静	孙文静	6	2	2	35	河北区王串场盛宁里44门	300150	26424653
61	中国人民解放军联勤保障部队第九八三医院幼儿园	张桂云	张桂云	28	3	5	90	河北区黄纬路160号983医院西院	300142	84683204
62	天津市河北区小太阳幼儿园	康慧君	杨琪君	14	3	3	53	河北区中山北路汇园小区9号增一号	300241	26429864
63	天津市河北区欧文希浦幼儿园		吴奕	28	3	6	132	河北区五马路军民里11栋对面	300014	26261755
64	天津市河北区欣欣美嘉幼儿园	魏卓	王振男	60	4	11	283	河北区水产前街28号（3526产业园内）	300241	86721459
65	天津市河北区未来新星幼儿园有限公司		刘胜	13	3	3	20	河北区金钟路120号	300140	17622687164
66	天津市河北区博雅艺诺幼儿园	张芳	张梦佳	27	3	6	143	河北区仓联庄中街20号	300000	86656161
67	天津市河北区津宝贝幼儿园	张佳部	张晶	46	3	10	266	河北区调纬路89号	300000	86280088
68	天津市河北区津宝乐其幼儿园	康琪雪	蔡乐	38	3	8	240	河北区小红星路红波西里55号	300000	58175200
69	天津市河北区三和温泉花园幼儿园	张芳	李玲玉	40	3	8	254	河北区建昌道街群劳路三和温泉小区内天时园7号楼对面	300240	86377846
70	天津市河北区天美幼儿园有限责任公司	李翔	尹彩云	58	4	12	143	河北区王串场五号路8号	300240	26293855
71	天津市贝比星幼儿园有限公司		黄冠杰	31	3	7	112	河北区正义道宇莘里100号	300150	26172162
72	天津市河北区津宝望海幼儿园	张佳部	张朝博	34	3	8	224	河北区望海楼街道金辉路5号	300240	86362288
73	天津市河北区新时代幼儿园	张芳	兰鹤	12	3	3	31	河北区三和利园小区地利园12号楼75号101	300240	86282978

续表

序号	校名	书记	校长	教职工数	年级数	班数	学生数	校址	邮政编码	电话
74	天津市河北区尚德萌智幼儿园有限公司		姚茜茜	12	3	3	45	河北区万柳村大街56号B7-1	300143	15122785746
75	天津金贝儿幼儿园有限公司		李磊	40	3	9	243	河北区南口路格调艺术花园13号楼	300232	26635580
76	天津市河北区津宝贝宁园幼儿园	张佳郡	邵雅倩	35	4	8	163	河北区中纺前街30号(原25号)部分	301700	86210066
77	天津市河北区聪明宝贝幼儿园	康琪雪	罗婷婷	17	3	3	61	河北区小红星路24号	300241	58610659
78	天津卓越天成北岸华庭幼儿园有限公司		边鸿彬	48	3	9	155	河北区狮子林大街37,39,41号	300010	86296888
79	天津市河北区华悦幼儿园	康琪雪	王丽	24	3	3	74	河北区林边路北斗花园小区14号楼-1,2,3	300300	18222805515
80	天津市华夏巴博幼儿园有限公司	赵先伟	王玉肖	19	2	2	36	河北区中山路61号三层	300000	28052313
81	天津市河北区春河幼儿园	张芳	张莹	21	3	4	117	河北区红波路5号	300010	26742400
82	天津市河北区韦恩特幼儿园	张芳	杜继刚	8	3	3	57	河北区普济河道57号普吉家园底商	200000	13652078310
83	天津市河北区华夏未来第一幼儿园		王菁	31	4	9	219	河北区天翔路99号	300143	88116868
84	天津鑫瑶幼儿园		谭鑫	13	3	3	73	河北区建昌道红梅道151号153号	300143	15022347800
85	天津市河北区南一溧阳幼儿园	顾庆凤	李淑英	16	1	3	57	河北区青浦路2号金山里银行	300250	60208048
86	天津市河北区七彩阳光幼儿园	康琪雪	王玉婧	18	3	3	85	河北区月牙河街琴江公寓8号楼前平房	300251	86369798
87	天津市中山志成职业中等专业学校	魏毅	刘媛	112	3	27	1090	河北区张兴庄大道57号 河北区五马路66号	300402	86320612

河西区

序号	校名	书记	校长	教职工数	年级数	班级数	学生数	校址	邮政编码	电话号码
1	天津市新华中学	陶 扬	马 杰	314	6	67	3046	河西区马场道99号	300204	23285967-8002
2	天津市实验中学	朱培红	刘晓婷	303	6	63	3039	河西区平山道1号	300074	23354658-3159
3	天津市海河中学	魏美蓉		241	6	60	2744	河西区南京路5号	300202	58688015
4	天津市第四十二中学	张 洁	施永梅	322	6	66	3066	河西区大沽南路837号	300200	58688311
5	天津市第四十一中学	王小红	王铁英	233	6	63	3011	河西区马场道195号	300204	23255323
6	天津市第四中学	安 媛	孙 涛	274	6	65	3114	河西区澧水道11号	300210	28323157
7	北京师范大学天津附属中学	冯 蕾	杨伟云	222	6	64	3030	河西区大沽南路1010号	300222	28190669
8	天津市微山路中学	王 弘	温玉芳	157	6	50	2280	河西区双水道14号	300222	28341550-8036
9	天津市环湖中学	张 健	林 彬	86	3	27	1268	河西区体院北环湖中道4号	300060	23514902
10	天津市滨湖中学	刘豫川	陈 征	90	3	27	1270	河西区体院北环湖北道1号	300060	23358843
11	天津市枫林路中学	韩 莉	韩 莉	71	3	23	1081	河西区珠江道枫林路2号	300222	58350600
12	天津市双水道中学	石 静	石 静	86	3	25	1194	河西区双水道31号	300222	28340573
13	天津市田家炳中学	张国忠	张国忠	111	3	38	1874	河西区围堤道145号	300074	28359929
14	天津市梅江中学	杜慧娟	邹积华	140	6	45	2077	河西区紫金山路与韩江道交口	300221	88363455
15	天津市卓群中学			72	3	24	1121	河西区白云路37号	300221	28223261
16	天津市梧桐中学	吴 静	张树鸾	106	6	48	2224	河西区九连山路206号	300221	83767599
17	天津市第二新华中学	杜惠荣	廉 朝	88	6	38	1790	河西区全运村梅林路752号	300074	28388287
18	天津市觉民中学	孙志蓉	孙志蓉	46	4	25	1189	河西区爱国道5号	300000	
19	天津市卓越中学	刘红杰	刘红杰	45	4	23	1029	河西区泰山路26号	300000	22105860
20	天津市帛杰中学	刘英辰	邢 坚	82	4	31	1273	河西区泰山路26号	300211	28312113
21	天津市自立中学	周树英	俞声第	92	4	28	1285	河西区爱国道5号	300204	88291559
22	天津市河西区新华圣功学校中学部	李 庆	潘春芬	60	1	5	235	河西区榆林路365号	300350	28388267
23	天津市实验学校求是学校中学部	张 健	史巧玲	79	1	5	228	河西区梅江道69号	300221	83852311
24	天津市汇德学校中学部	周 虹	孟荣莉	64	1	6	222	河西区小海地西横街27号	300222	28387783
25	天津市华星学校中学部	马立军	夏荣莉	53	2	18	705	河西区琼州道111号	300000	
26	天津市海河博爱学校中学部	刘耀华	钱丽梅	56	2	18	677	河西区琼州道36号	300000	23252382
27	天津市河西区南开翔宇学校中学部	袁小燕	李德华	157	2	14	560	河西区浯水道289号	300000	88365066
28	天津市河西区台湾路小学	张家琪	张家琪	43	6	21	858	河西区台湾路1号	300202	23392224
29	天津市河西区湘江道小学		沈丽梅	184	6	96	4216	河西区湘江道50号	300202	28328727

续表

序号	校名	书记	校长	教职工数	年级数	班级数	学生数	校址	邮政编码	电话号码
30	天津市河西区上海道小学	许 纯	孙 垣	216	6	136	5727	河西区绍兴道226号	300204	23259431
31	天津市河西区闽侯路小学	姚 煜	于少纯	295	6	165	6675	河西区徽州道4号	300202	83833062
32	天津市河西区马场道小学	王志勇	王 伟	59	6	21	814	河西区马场道津港路4号	300204	23280881
33	天津市河西区平山道小学		韩洪涛	82	6	29	1242	河西区气象台路87号	300074	23557653
34	天津师范大学附属小学	刘 芳	刘 芳	67	6	25	1014	河西区平山道42号	300074	23341700
35	天津市河西区中山小学	张傲然	张傲然	64	6	25	1072	河西区环湖中道1号	300060	23358273
36	天津市河西区滨湖小学	王 强	王 强	54	6	22	860	河西区环湖北道6号	300060	23355741
37	天津市河西区四号路小学	周文波	周文波	52	6	67	2789	河西区越秀路健春里2号	300201	28352005
38	天津市河西区恩德里小学	孙 顾	孙 顾	77	6	53	2256	河西区越秀路2号	300201	28318500
39	天津市河西区中心小学	刘 莉	李春岩	191	6	160	6557	河西区梅江道121号	300221	88363535
40	天津市河西区东楼小学	王 琳		87	6	41	1702	河西区景兴里6号增1号	300200	28334388
41	天津市河西区友谊路小学	宋莉娜		47	6	23	920	河西区友谊路东55号	300211	28134612
42	天津师范大学第二附属小学	贾月萍	徐晓春	294	6	186	7409	河西区泰山路2号	300211	28302930
43	天津市河西区土城小学	魏庆钢	魏庆钢	80	6	47	2008	河西区大沽南路935号	300210	28224668
44	天津市河西区卫东路小学	冯 刚	冯 刚	73	6	30	1297	河西区平江道65号	300201	28230293
45	天津科技大学附属柳林小学	何晓硕	何晓硕	61	6	25	975	河西区灰堆南北大街1号	300222	28341456
46	天津财经大学附属小学	邵 洁	邵 洁	51	6	50	2049	河西区小海地泰山里34号	300222	28346627
47	天津职业技术师范大学附属珠江道小学	陈军美	陈军美	60	6	34	1433	河西区梅林路平江里21号	300222	28341175
48	天津市河西区新会道小学	刘 欣	刘 欣	66	6	35	1538	河西区小海地新会道27号	300222	28159908
49	天津财经大学第二附属小学	冯振云	冯振云	96	6	47	1899	河西区小海地茂名道1号	300222	28124790
50	天津财经大学附属小学	张卫华	张卫华	142	6	86	3316	河西区小海地天水道2号	300222	28340319
51	天津职业技术师范大学附属小学	刘晓冬	刘晓冬	96	6	49	2092	河西区小海地三水道华江里	300222	88120306
52	天津市河西区南湖小学			42	6	23	990	河西区环湖中路富有道1号	300381	23384358
53	天津市河西区水晶小学	张 蕾	张 蕾	96	6	48	1766	河西区解放南路与洛水道交口	300221	88229818
54	天津市河西区纯真小学	王莉娜	张宝红	47	6	14	539	河西区黑牛城道纯真东里119号	300211	88332859
55	天津市河西区梧桐小学	杜 娟	杜 娟	87	6	43	1687	河西区右江道2号	300221	83852326
56	天津市河西区名都小学	胡 珀	胡 珀	52	6	28	1125	河西区解放南路442号增1号	300022	83852355
57	天津市河西区梅苑小学	王树玲	王树玲	68	6	34	1324	河西区丽江路1568号	300000	88385376
58	天津市河西区全运村小学	张 堃	张 堃	69	6	44	1836	河西区梅林路752号	300222	28338298
59	天津市河西区复兴小学	丁文莉	丁文莉	29	6	19	638	河西区嘉江道75号	300222	88392096
60	天津市河西区德贤小学	周 瑞	周 瑞	50	6	25	969	河西区泽庭道208号	300220	28650987

序号	校名	书记	校长	教职工数	年级数	班级数	学生数	校址	邮政编码	电话号码
61	天津市河西区纯皓小学	张庆起	张庆起	30	4	14	520	河西区正隆道3号	300201	28232918
62	天津市河西区美塘小学	周静	周静	20	2	10	364	河西区东江道88号	300000	28385889
63	天津市河西区第二中心小学	毕盈	毕盈	18	2	12	474	河西区浯水道仁湖里东侧	300000	88341895
64	天津市河西区梅江天津小学	刘新建	邢克凤	70	6	38	1516	河西区梅江南环岛东路38号	300000	60710818
65	天津市河西区同望小学	齐鸿恩	齐鸿恩	102	6	23	961	河西区绍兴道298号	300074	23377082
66	天津音乐学院附属华夏未来艺术小学	李丛梅	王文芳	81	6	16	719	河西区围堤道85号	300201	28277627
67	天津市河西区天津小学	张红葵	张红葵	157	6	51	2132	河西区大沽南路977号	300220	88320816
68	天津市河西区新华圣功学校小学部	李庆	潘春芬	50	3	6	243	河西区榆林路365号	300350	28388267
69	天津市河西区实验求是学校小学部	张健	史巧玲	68	3	10	381	河西区梅江道69号	300221	83852311
70	天津市河西区汇德学校小学部	周虹	孟宪明	84	3	12	408	河西区小海地西横街27号	300222	28387783
71	天津市河西区华星学校小学部	马立军	张金凤	68	6	23	622	河西区琼州道111号	300000	23714777
72	天津市河西区南博爱学校小学部	刘耀华	刘耀华	52	6	17	260	河西区琼州道36号 解放南路415号部分	300000	23233771
73	天津市河西区南开翔宇学校小学部	袁小燕	李德华	76	1	6	155	河西区浯水道289号	300000	58785099
74	天津市河西区启智学校	陈宝利		38	13	25	168	河西区挂甲寺湘阳大街37号	300210	28258811
75	天津市河西区第一幼儿园	李祝萍	李奇	91	3	30	806	河西区宁波道2号	300202	23262250-601
76	天津市河西区二幼儿园	贾玉梅	贾玉梅	48	3	18	495	河西区宁波道50号	300202	83833708
77	天津市河西区四幼儿园	唐晓岩	唐晓岩	39	3	14	409	河西区广东路与利民道交口	300201	28234608
78	天津市河西区五幼儿园			28	3	9	252	河西区马场道崇敬里9号	300204	18812558167
79	天津市河西区六幼儿园	部蕴	部蕴	36	4	18	466	河西区土城太湖路4号	300210	28248345
80	天津市河西区七幼儿园	张红	张红	21	3	6	188	河西区苏州道安德里35号	300203	23250231
81	天津市河西区八幼儿园	韩文惠	韩文惠	73	3	29	816	河西区利民道景福里28号增1号	300200	28333212
82	天津市河西区十幼儿园	焦延玲	焦延玲	23	3	6	135	河西区微山路微山东里33号	300222	28343312
83	天津市河西区十一幼儿园			41	3	15	380	河西区小海地榆林路2号	300222	28349371
84	天津市河西区十四幼儿园	李树静	李树静	29	3	10	280	河西区南北大街北洋新里25号	300210	28324017
85	天津市河西区十六幼儿园	涂红春	涂红春	75	3	26	730	河西区黑牛城道浔江路16号	300061	23376615转8002
86	天津市河西区十七幼儿园	马敬雯	马敬雯	22	3	6	141	河西区体院北环湖中路1号	300060	23532534
87	天津市河西区十八幼儿园	刘方	刘方	18	3	6	149	河西区体院北环湖中道2号	300060	23551210
88	天津市河西区二十一幼儿园	李冬梅	李冬梅	37	3	13	336	河西区洞庭路43号	300222	88121217
89	天津市河西区二十二幼儿园	卢荣	卢荣	50	5	14	303	河西区小海地双水道12号	300222	28341560
90	天津市河西区二十四幼儿园	李立新	李立新	48	3	16	395	河西区学苑街10号	300222	28340477
91	天津市河西区二十五幼儿园	陈洪霞	陈洪霞	19	3	6	146	河西区友谊路友谊东里22号	300211	15522262525

续表

序号	校名	书记	校长	教职工数	年级数	班级数	学生数	校址	邮政编码	电话号码
92	天津市河西区二十六幼儿园	谢晖	谢晖	45	3	16	410	河西区宾水西里49号	300060	23386813
93	天津市河西区二十七幼儿园	陈乐	陈乐	22	3	8	207	河西区体院东环湖东路51号	300060	23385207
94	天津市河西区二十八幼儿园	赵群	赵群	18	3	6	126	河西区小海地茂名道与学苑路交口、东江南里	300222	28341268
95	天津市河西区二十九幼儿园	宋贵琴	宋贵琴	20	3	6	181	河西区田林路5号	300222	28343490
96	天津市河西区三十三幼儿园	杨荣洁	杨荣洁	21	3	7	202	河西区黑牛城道可园里40号增1号	300061	88297816
97	天津市河西区棣棠幼儿园	谢静	谢静	29	3	14	383	河西区淶水道501号	300000	28178350
98	天津市河西区锦绣幼儿园	季学欣	季学欣	28	3	11	296	河西区沂山路769号	300222	88363069转8010
99	天津市河西区美棠幼儿园	王东娟	王东娟	29	3	11	288	河西区春海路1号	300220	88453050
100	天津市河西区德贤幼儿园	潘璐	潘璐	28	3	11	323	河西区澧水东道2号	300022	28320158-666
101	天津市河西区艺林幼儿园	高凤丽	高凤丽	29	3	12	298	河西区江林北支道2号	300222	28346117
102	天津河西区少年宫幼儿园	崔玉梅	崔玉梅	26	3	8	235	河西区解放南路357号	300210	58181991
103	天津市河西区御江台幼儿园	胡秋静	胡秋静	18	3	7	162	河西区梦湖西道70号	300221	85289873
104	天津市直机关幼儿园	王月季	李艳	138	4	27	814	河西区宾馆路6号	300074	83605779
105	天津警区第一幼儿园	祝燕	祝燕	44	3	9	253	河西区平江道平江北里2号	300211	28333329
106	天津警备区第二幼儿园	贾瑛	祝燕	43	3	8	229	河西区洞庭路66号	300220	28707517
107	天津市河西区曲江幼儿园		杨丽君	18	3	7	155	河西区小海地东江道47号	300222	28173518
108	天津市河西区保育院	闫江华	闫江华	69	4	9	214	河西区利民道恩德东里	300201	28310927
109	天津市河西区六一保育院	马敬雯	马敬雯	16	3	3	84	河西区气象台南里37号	300060	23351507
110	天津市河西区蓝天幼儿园		李军	16	3	3	81	河西区气象台路46号空军大院	300074	84680697
111	天津市河西区金湾雅苑幼儿园	余芳欧	余芳欧	28	3	5	125	河西区兴湾道与复兴河交口（琥珀雅苑小区）玉湾西路2号	300061	28329611
112	天津市河西区金怀壹号幼儿园	李路菲	李路菲	51	3	10	261	河西区太湖路与内江道交口西南侧南兴道378号	300385	88381378
113	天津市河西区复兴幼儿园	卢霞	卢霞	41	3	8	202	河西区黑牛城道与洞庭路交口东南侧玉福里配建一	300457	28380185
114	天津市河西区郁江溪岸幼儿园	丁娜	吴雪	42	3	6	133	河西区幕山路与郁江道交口东南侧浩江道202号	300221	88364989
115	天津市河西区华英星辰幼儿园	李蕊	郑宇	44	3	9	270	河西区解放南路端江花园梅园15号楼西侧	300221	88241618
116	天津市河西区华夏未来幼儿园	王娜	贾萧	134	3	32	853	河西区体院北环江中道3号	300200	23371888-8506
117	天津市河西区华兰国际幼儿园	张冠楠	高敏	64	3	14	219	河西区梅江环岛东岛7号	300221	58329096
118	天津市河西区启明幼儿园	李博	殷亚洁	42	3	9	209	河西区解放南路518号万科水晶城东北角	300221	88152667

续表

序号	校名	书记	校长	教职工数	年级数	班级数	学生数	校址	邮政编码	电话号码
119	天津市河西区迪恩捷幼儿园		李 伟	54	3	12	189	河西区吴家窑大街57号增一号	300074	27301028
120	天津市河西区华夏阳光幼儿园	李 绥	李 滢	24	3	6	115	河西区闽侯路60号增3号	300202	83834663
121	天津市河西区励童幼儿园		秦 娜	31	3	6	119	河西区广顺道2号增4号—增6号	300201	83283599
122	天津市河西区华夏美天幼儿园	姜志国	史延辉	44	3	9	262	河西区九华山路与小珠江道交口	300221	88364397
123	天津市河西区杰夫幼儿园	钱娅雯佳	杨学雯	30	3	5	79	河西区台儿庄路51号	300202	23288797
124	天津市河西区乐智宝幼儿园	东金来	杜 娟	60	3	10	250	河西区越秀路街白云路8号	300201	28339768
125	天津市河西区京学附属实验幼儿园	李 梦	李 静	55	3	10	300	河西区洞庭路淇水道与梅林路交口锦葵园配建3	300222	28388978
126	天津市河西区金子小一一幼儿园		董 玲	58	3	9	269	河西区黑牛城道尖山路德望里24号	300211	23262699
127	天津市河西区华夏未来博雅幼儿园		王 璐	40	3	8	170	河西区环岛西路天浦路公建2号	300221	18622880989
128	天津市河西区育知苑幼儿园		任 嫒	35	3	6	64	河西区马场道107号	300050	86333339
129	天津市河西区苏格特拉幼儿园有限公司		武 艳	50	3	11	179	河西区白云山路与都江道交口都江道东走80米	300220	25285555
130	天津杰远幼儿园有限公司		成 洁	25	3	6	135	河西区梅江南环岛东路38号2栋东侧办公楼	300221	60533522
131	天津市河西区爱贝儿东幼儿园有限公司		卢文君	28	3	6	120	河西区郁江道69号南侧	300221	17622994048
132	天津市河西区竹蜻蜓幼儿园有限公司		李向辉	23	3	4	60	河西区大任庄路贺江道5-8,5-9,5-10号	300221	15620959511
133	天津市河西区枫叶燕园幼儿园有限公司		张可勃	15	3	4	55	河西区紫金山路31号	300060	15582659598
134	天津市爱宸幼儿园		田 苏	22	3	4	62	河西区峰汇广场103号	300201	28031775
135	天津市河西区宝贝计划美童幼儿园有限公司		马 坤	16	3	3	72	河西区解放南路495号	300202	13820897448
136	天津市河西区鹤立幼儿园有限公司		王舒雅	77	3	1	10	河西区越秀路惠阳里底商11号,13号	300221	15822542997
137	天津市河西区天使教育兰园幼儿园		刘 惟	29	3	7	165	河西区宾水北里36号	300061	23359171
138	天津市河西区宝贝计划七彩童年幼儿园		于志颖	24	3	5	131	河西区陵水道26号	300222	15620897173
139	天津市河西区宝贝计划乐童幼儿园		陈 凤	17	3	4	129	河西区平江道衣林小院	300211	18202576531
140	天津市河西区绿岛幼儿园		肖 茜	18	3	3	53	河西区宁波道7号	300202	18602297478
141	天津市河西区快乐岛幼儿园		李 硕	12	3	3	73	河西区灰堆村南艺林路16号	300222	13820625259
142	天津市早知道阳光幼儿园有限公司		李红阳	10	3	3	29	河西区解放南路南段西侧水晶城香溪园24号楼101,102部分,201,301	300221	88365810
143	天津市河西区橡树幼儿园		刘 芳	12	3	2	33	河西区下瓦房衔琼州道19号增1号	300202	28651999
144	天津市伊顿颐阳光幼儿园有限公司		王广升	14	3	3	70	河西区台儿庄路海华里4号楼底商1号2号3号4号	300202	18526871176

续表

序号	校 名	书记	校长	教职工数	年级数	班级数	学生数	校址	邮政编码	电话号码
145	天津市河西区天之星幼儿园		李 伟	17	3	3	30	河西区梅林路 32 号	300222	13110000918
146	天津市河西区格林幼儿园		屈 静	33	3	8	144	河西区平山道君禧华庭 97 号	300202	18002062595
147	天津市河西区海河未来幼儿园		魏 晋	17	1	2	40	河西区解放南路 451 号-50 号一、二层	300210	13512079366
148	天津市河西区蒙特利幼儿园		李 莉	16	3	3	47	河西区新会道 38 号	300202	15222277789

河东区

序号	校名	书记	校长	教职工数	年级数	班数	学生数	校址	邮政编码	联系电话
1	天津市河东区职工大学	李军	王涛	86	5	18	1837	河东区成林路123号	300162	24122186
2	天津市财经职业中等专业学校	陈静	王惠玲	117	3	30	985	华龙道校区:河东区华龙道77号 新博路校区:河东区新博路12号	300011	24331743
3	天津市第七中学	张骏	王保庆	270	6	63	3043	河东区成林道30号	300160	24316337
4	天津市第四十五中学	暂无	智晖	292	6	70	3221	总校:河东区广宁路15号 分校:河东区龙潭路5号	300181	84265335
5	天津市第一〇二中学	王国顺	焦国珍	260	6	62	2780	河东区晨阳道102中学	300161	24556161
6	天津市第五十四中学	冯玉忠	张鲁莉	235	6	51	2285	高中部:河东区六纬路135号 初中部:河东区六纬路84号	300171	58788020
7	天津市第三十二中学	任静	李丽	195	6	50	2479	高中部:河东区东站后广场金纬立交桥旁 初中部:河东区井冈山路12号	300011 300151	26419311 60532799
8	天津市第八十二中学	李军梅	范凤波	180	6	41	1931	河东区大桥南道1号	300170	24315052
9	天津市第八中学	张庆森	刘洋	174	6	41	2030	河东区丽苑小区秀丽路55号	300252	2697036
10	天津市第九十八中学	王红	段晓明	154	6	41	2034	总校:河东区中山门口大街19号 分校:河东区二号桥地毯厂路14号	300170	84232001
11	天津市河东区太阳城学校	李晶涛	李晶涛	122	7	42	1985	河东区凤山道8号	300252	58182223
12	天津市河东区局子学校	赵建宇	赵建宇	71	7	27	1201	河东区东兴路7号	300161	84238958
13	天津市河东区卓越学校	田锡民	田锡民	70	4	18	854	河东区二号桥福东北里29号	300300	24390345
14	天津市河东区实验学校		宋丹	29	2	9	397	河东区鲁山道204号	300252	58065567
15	天津市河东区育才学校		任立彦	23	2	6	250	河东区龙涵道6号	300180	58789055
16	天津市第二十八中学	任立彦	任立彦	78	3	20	1015	河东区营门口大街6号	300011	24414000
17	天津市河东区田庄中学	董萍	董萍	66	3	12	573	河东区八纬北路3号	300170	24132172
18	天津市河东区香山道中学	董爱华	董爱华	85	3	21	1032	河东区成林道沧浪路1号	300162	24373015
19	天津市河东区盘山道中学	宋丹	宋丹	89	3	21	1052	河东区万新村19区内	300162	24720242
20	天津市河东区天铁第一中学	陈海申	陈海申	89	3	18	621	河东区天铁街神黄生活区	056404	0310-3885399
21	天津市河东区天铁第二中学	牛怀德	牛怀德	57	3	10	439	河东区天铁街神黄生活区	056404	0310-3885222
22	天津市河东区第二实验小学	张全胜	张全胜	124	6	58	2449	河东区学堂大街83号	300011	17602201657
23	天津市河东区凤凰小学	赵育梅	赵育梅	55	5	27	1112	河东区凤山道1068号	300250	18502665239
24	天津市河东区二号桥小学	徐鹏	徐鹏	60	6	24	945	河东区茅山道219号	300180	24390757

续表

序号	校名	书记	校长	教职工数	年级数	班数	学生数	校址	邮政编码	联系电话
25	天津市河东区福东小学	商茜	商茜	63	6	27	1188	河东区津塘路双水路6号	300300	24394611
26	天津市河东区松竹里小学	赵奎娟	赵奎娟	53	6	20	775	河东区富民路72号	300182	84263965
27	天津市河东区友爱道小学	孙玫	孙玫	60	6	24	858	河东区广宁路46号	300181	84264009
28	天津市河东区中心东道小学	董国红	董国红	89	6	40	1692	河东区中山门中心东道31号	300181	84265814
29	天津市河东区互助道小学	王嵘	王嵘	120	6	56	2281	总校:河东区中山门中心南道1号 分校:河东区中山门和睦西道1号	300181	84262341
30	天津市河东区大桥道小学	党艳	党艳	44	6	21	661	河东区大桥道34号	300170	24161868
31	天津市河东区街坊小学	安宁	安宁	67	6	21	729	河东区八纬北路1号	300170	84110135
32	天津市河东区六纬路小学	张蕾	张蕾	51	6	18	707	河东区六纬路157号	300170	24314226
33	天津市河东区第一中心小学	李文革	李文革	186	6	88	3360	丰盈校区:河东区大王庄街八纬路丰盈新园旁第一中心小学 翔宇校区:河东区大王庄街八纬路28号 十五经路校区:河东区大直沽街十五经路7号	300171 300012 300171	24212621
34	天津市河东区实验小学	暂无	王双	214	6	108	4609	韶山校区:河东区韶山道36号 翰澜校区:河东区晨光路878号	300160 300161	24592611
35	天津市河东区第二中心小学	王亮	王亮	82	6	31	1336	河东区顺航路14号	300170	24662372
36	天津市河东区缘诚小学	朱广英	朱广英	129	6	61	2675	河东区张贵庄路160号	300161	24120924
37	天津市河东区东兴小学	王惠	王惠	71	6	20	821	河东区东兴路5号	300161	84260576
38	天津市河东区香山道小学	石文鹿	石文鹿	151	6	70	2937	总校:河东区成林道沧浪路1号 分校:河东区嵩山道与天山路交口	300161 300161	24379369
39	天津市河东区盘山道小学	林洁	林洁	88	6	31	1265	河东区万新村21区盘山道	300162	24370760
40	天津市河东区嵩山道小学	刘颖	刘颖	63	6	23	875	河东区万新村18区(沙柳北路与嵩山道交口)	300162	24373736
41	天津市河东区丽苑小学	亓玉杰	亓玉杰	78	6	22	844	河东区卫国道丽苑小区秀丽路4号	300252	24683088
42	天津市河东区常州道小学	吉东	吉东	61	6	22	817	河东区靖江路14号	300250	24340453
43	天津市河东区益寿里小学	张伟	张伟	56	6	22	813	河东区卫国道益寿东里4号	300250	24342298
44	天津市河东区前程小学	韩颖	韩颖	92	6	42	1864	河东区育才路3号	300151	24416286
45	天津市河东区冠云小学	朱宏	朱宏	20	4	10	373	河东区天山路与嵩山道交叉口	300162	24373687
46	天津市河东区行知小学	乔伟	乔伟	28	3	14	549	河东区万庆道108号	300161	24279798
47	天津市河东区启智学校	魏荣	魏荣	30	10	11	125	河东区华龙道万春花园旁	300011	24321167
48	天津市河东区天铁第一小学	李艳霞	李艳霞	50	6	17	583	河东区天铁街神山生活区	056404	0310-3885101

续表

序号	校名	书记	校长	教职工数	年级数	班数	学生数	校址	邮政编码	联系电话
49	天津市河东区天铁第二小学	苗建新	苗建新	41	6	13	387	河东区天铁街黄花脑生活区	056404	0310-3885130
50	天津市河东区天铁第三小学	张宗绪	张宗绪	45	6	12	306	河东区天铁街庞岐生活区	056404	0310-3885201
51	天津市河东区第一幼儿园	高歌今	高歌今	150	3	43	1220	总园：河东区华龙道秋实园旁	300011	24331506
								春华园：河东区华捷道远洋新天地旁	300011	24427767
								实验园：河东区七经路54号	300012	24210100
								金湾园：河东区程林庄路金湾花园小区内	300161	84511749
								金太阳园：河东区龙山道与天山北路交口	300252	24677062
								新博园：河东区新博路振业新博园旁	300011	24424599
52	天津市河东区第二幼儿园	张 民	张 民	111	3	35	937	总园：河东区中山门中心西道1号	300181	84265744
								平河园：河东区津滨大道第六大道小区	300161	84335772
								滨河园：河东区富民路滨河家园小区	300182	84229091
								金地园：河东区钢厂路3号	300180	24918358
53	天津市河东区第三幼儿园	李玉荣	李玉荣	60	3	17	484	总园：河东区中山门中心东道16号	300181	84265696
								分园：河东区二号桥福东北里小区内	300300	24965228
54	天津市河东区第四幼儿园	刘君君	刘君君	56	3	15	384	蒙养园：河东区大直沽东温泉花园内	300170	
								后台园：河东区大直沽津塘路后台小区7号楼旁	300170	24312629
								荣泰园：河东区津塘路荣泰公寓	300171	
55	天津市河东区第五幼儿园	沈 洋	沈 洋	46	3	14	358	总园：河东区向阳楼街抽水泵房道2号	300161	24341563
								分园：河东区向阳楼街昕旺南苑西门北侧		58220808
56	天津市河东区第六幼儿园	任晓冬	任晓冬	28	3	7	154	河东区万新村远翠西里十三区	300162	22373360
57	天津市河东区第七幼儿园	刘 蕊	刘 蕊	34	3	9	200	河东区成林道泰昌路2号	300161	24662369
58	天津市河东区第八幼儿园	徐 颖	徐 颖	43	3	12	252	总园：河东区万新村冠云西里16区5号	300162	24373067
								分园：河东区天山西路与嵋山道交叉口东南200米		
59	天津市河东区第九幼儿园	蔡秀云	蔡秀云	53	3	14	315	总园：河东区万新村昕苑西里	300162	24373577
								分园：河东区万新村环秀东里		24370892
60	天津市河东区第十幼儿园	傅瑾好	傅瑾好	41	3	11	281	童欢园：河东区常州道官兴道3号	300250	24558349
								童畅园：河东区益寿东里14号楼旁		
61	天津市河东区第十一幼儿园	胡玲玲	胡玲玲	45	3	12	304	云丽园：河东区鲁山道街云丽北道2号	300252	24681958
								彩丽园：河东区鲁山道街彩丽环路1号		24677501
62	天津市河东区第十二幼儿园	谷 雨	谷 雨	24	3	5	105	河东区二号桥建新东里34号楼旁	300180	24392131
63	天津市河东区第十三幼儿园	李 丽	李 丽	11	2	2	54	河东区富民河畔家园	300182	58032115

续表

序号	校名	书记	校长	教职工数	年级数	班数	学生数	校址	邮政编码	联系电话
64	天津市河东区第十六幼儿园	张子艳	张子艳	10	2	3	90	河东区二号桥街道明家庄园小区内茅山道223号增一号	300180	58032116
65	天津市河东区第十八幼儿园	李 艳	李 艳	13	2	4	114	河东区鲁山道1号	300250	58032108
66	天津市河东区第十九幼儿园	孙金慧	孙金慧	8	2	3	68	河东区凤凰路1号(盛世嘉园小区)	300250	58032109
67	天津市实验幼儿园	李惠虹	李惠虹	49	3	14	422	总园:河东区新闸路1333号	300161	59668110
								分园:河东区万庆道万川路209号		58186176
68	天津市河东区凤凰幼儿园	王 颖	王 颖	35	3	9	252	河东区常州道街凤亭路1号	300250	58787066
69	天津市河东区来安里幼儿园	杨 育	杨 育	19	3	5	150	河东区上杭路街道来安里小区30号楼旁	300171	24122986
70	天津市河东区华馨幼儿园	杨 育	杨 育	41	3	12	330	河东区唐家口街华馨公寓32号	300160	24336406
71	天津市河东区天铁神山幼儿园	王建芝	王建芝	30	3	8	239	河东区天铁街神山生活区	056404	13831073291
72	天津市河东区天铁庞岐第一幼儿园			26	3	5	129	河东区天铁街庞岐生活区	056404	0310-5576828
73	天津市河东区天铁黄花脑幼儿园			21	3	6	166	河东区天铁街黄花脑生活区	056404	0310-5576985

南开区

序号	校名	书记	校长	教职工数	年级数	班数	学生数	校址	邮政编码	电话
1	天津大学附属中学	李忠益		218	6	50	2236	南开区湖镜道1号	300192	27476674
2	天津市崇化中学	刘津洋	戈 红	298	6	70	3189	南开区鼓楼西侧北城街	300120	27274528
3	天津市第二十五中学	郭光盛	肖 伟	282	6	74	3426	南开区灵隐道14号	300193	27459900
4	天津市南开田家炳中学		王 静	219	6	51	2487	南开区南开三纬路110号	300100	27433341
5	天津市第九中学	刘 红	曹树华	222	6	54	2668	南开区凌宾路奥城53号	300381	83774901
6	天津市第四十三中学	陈国伟	杨志祥	199	6	51	2405	南开区黄河道452号	300110	27365504
7	天津市南开中学		刘 浩	296	6	55	2752	南开区南开四马路22号	300100	27483391
8	天津市第六十三中学		麻立刚	139	3	37	1694	南开区天托南横江里平房7号	300190	83612616
9	天津市天津中学		王振英	191	6	39	1865	南开区华苑小区中孚路41号	300384	23725549
10	天津师范大学南开附属中学	司乃祥	王雅洁	182	6	44	1930	南开区云阳道6号	300113	27367052
11	南开大学附属中学	李春梅	吕国强	308	6	68	3226	南开区三潭路165号	300192	60264355
12	天津市五十中学		张雅梅	131	3	34	1620	南开区广开四马路158号	300102	17622638027
13	天津市南开科技实验中学		董成尧	125	3	34	1606	南开区黄河道458号	300110	83578200
14	天津师范大学南开实验中学		王 洋	107	3	30	1437	南开区望云道1号	300384	23787619
15	天津市南开区实验学校	马长滨	李 颖	315	9	102	4921	南开区华苑小区锦环道	300384	23718197
16	天津市翔宇弘德学校		李翠玲	125	9	38	1527	南开区天拖南横江北里6号	300190	87376062
17	天津市南开翔宇学校		李贵生	116	11	68	2904	南开区澄江路2号	300221	58785063
18	天津南开日新学校		李金龙	141	9	54	1907	南开区王顶堤迎风道西头	300191	23508660
19	天津市育贤中学		王桂篇	72	3	23	1071	南开区南丰路178号	300193	27417471
20	天津市津英中学		张慧颖	207	6	57	2258	南开区黄河道494号	300112	27535637
21	天津市南开区美达菲学校		袁 欣	154	12	52	1888	南开区雅安南路1号	300113	27032878
22	天津市南开区跃升里小学		杨文艳	57	6	20	941	南开区西横堤跃升里市场内	300112	87710565
23	天津市南开区中心小学	王 晖	王 敏	397	6	141	7047	南开区三马路205号	300073	87023596
24	天津市南开区新星小学		高育红	191	6	78	3592	南开区王顶堤苑中路58号	300191	23366612-821
25	天津市南开区永基小学		邱悦宁	74	6	28	1346	南开区南大道33号	300101	27581809
26	天津市南开区华夏小学		赵 颖	116	6	43	1712	南开区楚雄道4号	300190	23681722
27	天津市南开小学		姬 琳	144	6	56	2734	南开区白堤路81号	300193	27381063
28	天津市南开区中营瑞丽小学		孙宏玲	96	6	39	1735	南开区保泽道65号	300190	83611206
29	天津市南开区长洽里小学		马 红	58	6	20	799	南开区长江道长洽里楼群内	300193	27380446

续表

序号	校名	书记	校长	教职工数	年级数	班数	学生数	校址	邮政编码	电话
30	天津市南开区华苑小学		冯颖	60	6	20	844	南开区华苑信美道	300384	23729416
31	天津市南开区西营门外小学		张伟	82	6	33	1548	南开区黄河道临汾路5号	300110	27561236
32	天津市南开区艺术小学		刘文静	66	6	27	1062	南开区黄河道闽章里2号	300110	27365591
33	天津市南开区咸阳路小学		赵纯	98	6	37	1971	南开区汾水道39号	300110	27365627
34	天津市南开区汾水道小学		胡莲君	87	6	33	1500	南开区黄河道立新路8号	300111	87086833-801
35	天津市南开区第二中心小学		张卫华	97	6	39	1807	南开区红日路1号	300111	27695736
36	天津市南开区前园小学		冯志戎	52	6	19	836	南开区密云路锦园里楼群内	300111	27513821-8028
37	天津市南开区宜宾里小学		孙淑静	79	6	34	1459	南开区嘉陵道通江路9号	300113	27615096-8001
38	天津师范大学南开附属小学		刘红	160	6	67	2926	南开区雅文道116号	300113	27367058
39	天津市南开区红旗南路小学		王芳	117	6	46	1993	南开区红旗南路凌庄子道129号	300381	23921585-8006
40	天津市南开区川府里小学		邢晓丹	72	6	29	1350	南开区川府新村温江路2号	300113	27873979
41	天津市南开区风湖里小学		安玉杰	53	6	20	860	南开区鞍山西道柳荫路湖波道16号	300192	27382927
42	天津市南开区阳光小学		梁虹	58	6	27	1068	南开区红旗南路阳光100国际新城	300381	83957882-8000
43	天津市南开区义兴里小学		高玉洁	46	6	17	718	南开区南丰路义兴南里140号	300193	27475673
44	天津市南开区勤敏小学		胡怡宁	51	6	21	805	南开区苍弯道28号	300381	27354568-8010
45	天津市南开区中营小学	华联	刘惠健	352	6	128	6673	南开区西门内大街中营前街2号	300120	27272689
46	天津市南开区五马路小学	田艳	崔凯	321	6	129	6087	南开区南丰路7号	300100	87310259
47	天津市南开区科技实验小学		宋玲华	107	6	44	2029	南开区汾水道41号	300111	27681950
48	天津市南开区博瀚小学		姚永强	86	6	20	862	南开区华苑望云道1号	300384	23720771
49	天津市南开区东方小学		白玲	66	6	28	1120	南开区万德庄南北大街116号	300073	27412585-816
50	天津市南开区育智学校		尹立新	29	12	13	260	南开区红旗路宾宾道3号	300113	23694109
51	天津市南开区第一幼儿园		宗颖	37	3	8	234	南开区鞍山西道柳荫路16号	300192	27418423
52	天津市南开区第二幼儿园		王虹	29	3	6	148	南开区华苑小区莹华里	300384	23715006
53	天津市南开区第三幼儿园		王芳	23	3	6	156	南开区芥园西道宜君小区	300112	27773165
54	天津市南开区第四幼儿园		孙淑惠	36	3	7	185	南开区黄河道西营门外烈土路27号	300110	27565677
55	天津市南开区第五幼儿园		刘文凤	90	3	19	553	南开区广开四马路春贺胡同26号	300102	27385055
56	天津市南开区第六幼儿园		陈雪	32	3	6	174	南开区城厢东路铜锣湾铜锣花园9号楼	300090	27355972
57	天津市南开区第九幼儿园		茅建	31	3	6	150	南开区嘉陵道罗江西里平房1号	300113	27641170
58	天津市南开区第十幼儿园		师竑利	44	3	11	304	南开区冶金路2号	300110	27366477
59	天津市南开区第十三幼儿园		王双红	37	3	8	244	南开区城厢西路290号	300120	27581812
60	天津市南开区第十五幼儿园		唐玉静	53	3	11	315	南开区黄河道咸阳路67号	300110	27622721

续表

序号	校名	书记	校长	教职工数	年级数	班数	学生数	校址	邮政编码	电话
61	天津市南开区第十八幼儿园		田裕华	29	3	6	159	南开区红旗路嘉陵道泊江东里平房2号	300113	27367466
62	天津市南开区第十九幼儿园		国文芳	31	3	7	187	南开区天拖南横江里平房5号	300190	83612803
63	天津市南开区第二十一幼儿园		张舒曼	29	3	6	149	南开区嘉陵道嘉陵南里平房13号	300113	27362236
64	天津市南开区第二十二幼儿园		焦建东	27	3	6	147	南开区长江道苏堤路临江里16楼西	300193	27493452
65	天津市南开区第二十四幼儿园		季蕴霞	32	3	6	168	南开区西湖道卧龙南里平房2号	300193	27382320
66	天津市南开区第二十八幼儿园		胡颖	33	3	7	201	南开区王顶堤迎水道平房	300191	83635795
67	天津市南开区第三十一幼儿园		李静	27	3	6	144	南开区红旗南路王顶堤凤园里	300191	23366094
68	天津市南开区第三十二幼儿园		刘存健	28	3	7	193	南开区王顶堤林苑西道(苑中路)	300191	23366844
69	天津市南开区第三十七幼儿园		刘清	29	3	6	195	南开区雅安道川府新村温江路	300113	27683238
70	天津市南开区居华里幼儿园(天津师范大学南开附属幼儿园)		赵素青	77	3	17	469	南开区居华里32号楼	300384	23714701
71	天津市南开区时代奥城幼儿园		吕俊华	41	3	9	279	南开区水上公园西路景山道奥城小区奥城50号楼	300381	87937568
72	天津市南开区实验幼儿园		任慧红	56	3	13	366	南开区宾水西道华苑小区天华里	300384	23719763
73	天津市南开第一幼保泽幼儿园		宗颖	40	3	9	259	南开区保泽道152号	300190	60307519
74	天津市南开第一幼中南幼儿园		宗颖	44	3	10	292	南开区利丰路68号	300190	27417427
75	天津市南开区第三幼幼儿园分园		王芳	21	3	5	135	南开区汾水道西头立新里2号	300111	87536618
76	天津市南开四幼幼临汾幼儿园		孙淑惠	36	3	9	251	南开区临汾路5号	300110	27565677
77	天津市南开区第十三幼儿园分园		王双红	16	2	4	109	南开区二纬路聚英里楼群内	300100	27240865
78	天津市南开区第十九幼儿园分园		国文芳	15	2	3	82	南开区天拖南淦江西里平房6号	300190	83612803
79	天津市南开区第二十四幼儿园分园		季蕴霞	21	3	5	136	南开区玉泉路五云里2号	300193	27383842

红桥区

序号	校名	书记	校长	教职工数	年级数	班数	学生数	校址	邮政编码	电话
1	天津市第三中学	尹淑霞	刘扬	254	6	56	2173	红桥区丁字沽一号路向东道1号	300131	86513074
2	天津市第五中学	郭文颖	王勇	247	6	47	1963	红桥区团结路6号	300122	86513077
3	天津市民族中学	刘克	刘和葵	211	6	47	1939	红桥区西青道87号	300122	27322498
4	河北工业大学附属红桥中学	胡宾	孙鸿毅	226	6	47	1902	红桥区红桥北大街58号	300132	27326961
5	河北工业大学附属实验学校	马红	柳燕	214	6	47	1906	红桥区光荣道39号	300132	26371337
6	天津市第八十九中学	于洲	王莉	85	3	16	649	红桥区洪湖东道1号	300130	86521720
7	天津市铃铛阁外国语中学	彭爱洲	常欣	105	3	15	594	红桥区复兴路11号	300131	27561981
8	天津市西青道中学	魏艾	马保军	86	3	18	772	红桥区西青道171号	300122	27724746
9	天津市红桥区泰达实验中学	王颖	徐凯	109	3	15	557	红桥区赵家场大街8号	300123	87322337
10	天津市红桥新华中学和苑学校	王健	张惠书	85	3	18	776	红桥区营玉路6号	300112	27731801
11	天津市耀华中学红桥学校	汪新华	刘学宇	21	3	4	140	红桥区习艺所南街4号	300121	86513089
12	天津市红桥区体育学校			8				红桥区洪湖东路1号	300130	27329944
13	天津市民族中学附属小学	富雨田	殷搽文	74	6	21	750	红桥区红旗路30号	300122	27323150
14	天津市红桥区中心小学	郑杰	郑杰	68	6	17	630	红桥区怡闲道28号	300121	27560981
15	天津市红桥区跃进里小学	管承彪	李俊义	123	6	32	1181	红桥区西青道幸福里平房11号	300122	27328273
16	天津市第三中学附属小学	王敬	曹鹏	82	6	13	480	红桥区西青道3号	300123	27270886-8000
17	天津市红桥区文昌宫民族小学		徐娅蓉	106	6	25	862	红桥区春雨路1号	300121	87726060
18	天津市红桥小学	李宝君	李宝君	52	4	8	258	红桥区红桥北大街105号	300132	86513193
19	天津市红桥区丁字沽小学	庞杰	庞杰	46	6	12	464	红桥区丁字沽零号路路35号增1	300131	86513198
20	天津市红桥区实验小学	袁静	陶冶	273	6	94	3682	红桥区丁字沽二号路1号	300131	86513135
21	河北工业大学附属红桥小学	林雪梅	刘晶	112	6	33	1137	红桥区丁字沽五爱道30号	300130	86513171
22	天津市雷锋小学	李雅琴	李雅琴	70	6	14	498	红桥区西于庄街中嘉花园绮水苑旁	300131	86513204
23	天津师范学校附属小学	刘辉	侯立岷	230	6	77	3055	红桥区水木天成团结路1号	300122	87786153
24	天津市红桥区清源道小学	刘俊娜	刘俊娜	57	6	17	715	红桥区咸阳北路清源道2号	300131	86513182
25	天津市红桥区第二实验小学		赵芳	78	6	24	912	红桥区咸阳北路同德道3号	300131	26370757
26	天津市红桥区洪湖里小学	赵芳	赵芳	56	6	17	651	红桥区西于庄街洪湖中路8号	300130	86513181
27	天津市红桥区桃花园小学	李春林	李春林	65	6	16	543	红桥区红塔寺大道1号	300131	86513207
28	天津师范学校和苑附属小学	冯伯芳	杨丽洋	85	6	33	1383	红桥区和苑西区营玉路8号	300132	27733367
29	天津市红桥区培智学校	刘桂萍	刘桂萍	43	13	15	161	红桥区丁字沽一号路四新道9号	300131	27326341

续表

序号	校名	书记	校长	教职工数	年级数	班数	学生数	校址	邮政编码	电话
30	天津市红桥区第一幼儿园	王惠茹	赵慧雯	65	3	21	559	红桥区丁字沽五爱道26号	300130	86513210
								红桥区西青道建设里2条7号		27327259
31	天津市红桥区第二幼儿园	杨慧平	杨慧平	20	3	6	143	红桥区湘潭道68号	300132	27721565
32	天津市红桥区第三幼儿园	霍惠君	霍惠君	48	3	16	408	红桥区芥园道日园路1号	300121	23726669
								红桥区怡闲道28号		
33	天津市红桥区第四幼儿园	冯芸	冯芸	20	3	6	171	红桥区团结路20号	300122	87785526
34	天津市红桥区第七幼儿园	王秋英	王秋英	10	2	3	69	红桥区大丰东马路35号	300120	27278770
35	天津市红桥区第八幼儿园	胡秋霞	胡秋霞	25	3	9	210	红桥区纪念馆路中嘉花园1号	300131	86513213
36	天津市红桥区第九幼儿园	宋炜	宋炜	22	3	8	211	红桥区和苑街鸿明道营和园配建1号	300000	27731987
37	天津市红桥区第十幼儿园			43	3	14	271	红桥区东大楼小区61号	300131	86513258
38	天津市红桥区第十一幼儿园	杜建茹	杜建茹	28	3	9	234	红桥区咸阳北路海源道23号	300131	87703690
39	天津市红桥区第十二幼儿园	姜红艳	姜红艳	25	3	9	243	红桥区咸阳北路同德道1号	300131	58301129
40	天津市红桥区第十三幼儿园	赵海静	赵海静	18	3	8	191	红桥区春和路3号	300121	86582785
41	天津市红桥区第十四幼儿园	崔玉慧	崔玉慧	25	3	9	193	红桥区红湖南路4号	300130	86513218
42	天津市红桥区第十五幼儿园	刘晓静	刘晓静	14	3	6	141	红桥区丁字沽一号路56号	300131	58112007
43	天津市红桥区第十八幼儿园	华玉芬	华玉芬	24	3	9	181	红桥区丁字沽新村1条17号	300130	86513219
44	天津市红桥区第二十幼儿园	王彦卿	王彦卿	19	3	6	124	红桥区勤俭道育苗路5号	300131	86513223
45	天津市红桥区第二十二幼儿园	李建	李建	23	3	7	169	红桥区本溪路昌图园2号	300131	86513224
46	天津市红桥区西北角回民幼儿园	房克霞	房克霞	25	3	8	188	红桥区西马路欢庆胡同20号	300121	27561192
47	天津市红桥区和苑第一幼儿园	邢莉红	邢莉红	30	3	10	226	红桥区和苑西区鸿明道3号	300112	86555975

东丽区

序号	校名	书记	校长	教职工数	年级数	班数	学生数	校址	邮政编码	电话
1	天津市滨瑕实验中学	莫迅增	莫迅增	48	3	12	505	东丽区无瑕街无瑕花园北滨实验中学	300301	17502213721
2	天津市程林中学	王颖	刘亚申	59	3	16	696	东丽区雪莲南路好美嘉园东侧约50米	300300	85234879
3	天津市大毕庄中学	杨健勇	杨健勇	96	3	28	1164	东丽区金钟新市镇信泰道8号	300240	15620700157
4	天津东丽区华城庭苑中学	马春苗	马春苗	26	3	6	203	东丽区满江东道与登州路交口海淞路1号	300300	24638578
5	天津东丽区民族中学	孙栢苓	孙栢苓	34	3	6	172	东丽区一职专西津北公路南	300300	84892612
6	天津市东丽中学	刘秀山	多志静	141	3	38	1589	东丽区招远路30号	300300	24979088
7	天津市华明中学	刘文华	刘文华	88	3	22	938	东丽区华明家园六经路和二纬路交口	300300	17526898648
8	天津市鉴开中学	王中合	闫桂英	164	3	42	1887	东丽区丰年村街先锋东路17号	300300	24959236
9	天津市小东庄中学	姚广静	姚广静	71	3	21	964	东丽区金桥街军粮城二期兴业道与贵雅路交口	300300	24981586
10	天津钢管公司中学	牛淑红	牛淑红	128	6	18	1251	东丽区无瑕街缝春道2号	300301	24355755
11	天津市百华实验中学	王树全	王树全	132	4	24	1134	津塘二线紫英路1号	300300	24845912
12	天津市第一百中学	王国侠	郭永强	174	3	43	1962	东丽区紫英路2号	300300	84931566
13	天津市东丽区衡实高级中学有限公司	赵仁义	赵仁义	75	2	13	498	东丽区弘贯东道369号	300399	24890871
14	天津市弘毅中学	王景原	甄守平	75	6	10	890	东丽区华新街华富社区华四路9号	300300	58552165
15	天津市军粮城中学	刘艳菊	刘艳菊	156	6	18	2311	东丽区军粮城镇春竹轩对面	300301	84822098
16	天津市四合庄中学	李铁峰	刘洪亮	130	6	21	1101	东丽区津唐公路五经路南	300300	24981417
17	天津市东丽区格端思学校	王崢嵘	黄紫薇	40	9	14	254	东丽区四经路8号	300399	84388383
18	天津市东丽区华侨城实验学校	杨海龙	杨海龙	141	9	65	2592	东丽区湖溪道1号	300309	24875238
19	天津市东丽区华新实验学校	王国权	王国权	56	3	16	671	东丽区新街华七道277号	300300	84973366
20	天津市东丽区英华学校	丁珑	丁珑	160	9	40	1302	东丽区津塘二线1号	300161	84863636
21	天津市东丽湖湖未来学校	吴学鸥	吴学鸥	139	10	16	1556	东丽区东丽湖万科城情景大道	300300	59095000
22	天津市东丽区明强特殊教育学校	吴会新	吴会新	46	12	12	143	东丽区丰年村街丰安路176号	300300	84932192
23	天津市东丽区职业教育中心学校	李鑫	李鑫	210	3	82	2893	东丽区津汉公路13999号	300309	84892879
24	天津钢管公司小学	黄成民	黄成民	52	6	17	690	东丽区无瑕街钢管公司生活区津华路2号	300300	84878857
25	天津市东丽区宝元小学	何茂平	何茂平	21	6	7	145	东丽区新立街宝元村	300301	24394632
26	天津市东丽区北程林小学	孙加芹	孙加芹	41	6	12	397	东丽区跃进路193号	300300	24372757
27	天津市东丽区滨瑕小学	张美玲	张美玲	90	6	35	1352	东丽区津塘公路北大无瑕生活区东滨瑕小学	300304	24356119
28	天津市东丽区大毕庄小学	韩宝国	韩宝国	35	6	17	573	东丽区金钟河大街199号	300300	26122361
29	天津市东丽区东羽小学	王玉全	王玉全	66	6	26	1001	东丽区金桥街景云轩公建1号	300300	59652438

续表

序号	校名	书记	校长	教职工数	年级数	班数	学生数	校址	邮政编码	电话
30	天津市东丽区工业区小学	霍秀娟	霍秀娟	19	6	6	197	东丽区万新街杨台村	300300	84739617
31	天津市东丽区华城庭苑小学	孙维芳	孙维芳	9	3	3	89	东丽区满江东道与登州路交口海滟路3号	300300	58601069
32	天津市东丽区华明小学	刘权利	刘权利	162	6	66	2378	东丽区华明家园文辅路2号	300300	84921040
33	天津市东丽区华新小学	宋德江	宋德江	104	6	47	1925	东丽区华明新家园华四路4号	300300	24926691
34	天津市东丽区金钟小学	薛春旺	薛春旺	101	6	36	1229	东丽区金钟街仁政路2号	300300	26791474
35	天津市东丽区津门小学	刘玲玲	刘玲玲	102	6	34	1399	东丽区栖霞道3号	300301	24393606
36	天津市东丽区军粮城小学	袁树霞	袁树霞	66	6	25	926	东丽区军粮城示范镇杨台大街2号	300301	58601693
37	天津市东丽区李明庄学校	孙维芳	孙维芳	29	6	12	393	东丽区昆俪路2号	300301	58601069
38	天津市东丽区丽景小学	卢纯英	卢纯英	49	6	18	621	东丽区雪莲南路与环字路交口	300300	84838981
39	天津市东丽区丽贤小学	郭玉环	郭玉环	63	6	23	892	东丽区新立示范镇丰安路与丽锦路交口西北侧	300300	24937003
40	天津市东丽区丽泽小学	尚俊歆	尚俊歆	115	6	43	1677	东丽区丰村村街富安路2号	300300	84931630
41	天津市东丽区刘台小学	张 晖	张 晖	69	6	26	975	东丽区军粮城大街与兴业道交口	300301	84455339
42	天津市东丽区刘辛庄回族小学	董俊玲	董俊玲	28	6	11	270	东丽区金桥街洋北公路（民族中学旁）	300300	84890181
43	天津市东丽区流芳小学	邢晓军	邢晓军	57	6	23	807	东丽区华明街六经路馨园10号	300300	58090513
44	天津市东丽区苗街小学	刘凤萍	刘凤萍	45	6	17	623	东丽区军粮城大街东金桥九大桥南	300300	84871289
45	天津市东丽区民生小学	魏运玲	魏运玲	39	6	15	572	东丽区军粮城街悦泽家园8-1	300300	65354979
46	天津市东丽区南开公能小学	胡玉玲	胡玉玲	32	6	12	410	东丽区万新街柳岚路43号	300300	84760558
47	天津市东丽区实验小学	张会芳	张会芳	137	6	53	1976	东丽区先锋路23号	300162	24968537
48	天津市东丽区四合庄小学	韩宝国	魏以芬	34	6	12	436	东丽区新立街四合庄村	300300	24990648
49	天津市东丽区新立村小学	吴国栋	吴国栋	45	6	14	525	东丽区新立村幸福路40号	300251	84375831
50	天津市东丽区新源小学	丁春健	王玉全	65	6	23	848	东丽区金桥街枫悦园公建3号	300251	24362384
51	天津市东丽区新中村小学	张世勇	张世勇	23	6	6	187	东丽区金钟街新中村	300240	13163112580
52	天津市东丽区徐庄小学	胡秀祥	胡秀祥	29	6	7	186	东丽区金钟街徐庄村	300300	26338428
53	天津市东丽区逸阳文思学校	李琪	李月玲	76	6	24	761	东丽区华明新家园华7道277号	300300	24926188
54	天津市东丽区张贵庄小学	刘亚静	刘亚静	52	6	20	785	东丽区万新街好姜嘉园对过	300251	13072253735
55	天津市东丽区赵沽里小学	张世勇	张世勇	14	6	8	107	东丽区赵沽里村赵沽里大街与靖江北路交叉口西150米	300240	26323730
56	天津市东丽区振华里小学	明 悦	陈 唱	47	6	15	555	东丽区津塘公路233号	300300	84375832
57	天津市东丽区正心小学	曹付玲	曹付玲	20	6	6	122	东丽区金桥街大郑村正心小学	300300	84965838
58	天津市东丽区爱优宝幼儿园	黄爱梅		54	3	12	360	东丽区华明街道弘信道雪优花园公建1	300300	15022162626
59	天津市东丽区奥兹城堡幼儿园	冯丽丽		53	3	12	192	东丽区润风家园20号楼1门,2门	300300	58711540

续表

序号	校名	书记	校长	教职工数	年级数	班数	学生数	校址	邮政编码	电话
60	天津市东丽区百合幼儿园		张明娜	12	2	2	47	东丽区雪莲北里底商8号楼1-2号门	300300	15822523720
61	天津市东丽区保利乐玫瑰湾幼儿园		李 炎	37	3	9	261	东丽区昆仑路保利玫瑰湾溪水河畔44号	300300	26329881
62	天津市东丽区北方之星海雅幼儿园		张秀峰	28	3	6	148	东丽区万新街道海河七村海雅园	300300	84390486
63	天津市东丽区北方之星海悦幼儿园		李帮喜	29	3	8	179	东丽区造山路与万山路交口东南侧海悦秋苑海明园12号楼西侧	300300	84880326
64	天津市东丽区北方之星景园幼儿园		张 艳	35	3	7	188	东丽区成林道北侧昆俞前路与程州道交口季景家园小区3号楼南侧	300300	84760805
65	天津市东丽区蓓蕾幼儿园		张树芬	35	3	9	233	东丽区利津路金华道增24号	300300	84458705
66	天津市东丽区滨海阳光幼儿园		杨 静	20	3	6	134	东丽区无瑕街秋霞里底商	300300	13702130931
67	天津市东丽区伯苓童城幼儿园		刘羽晴	30	3	7	128	东丽区成林道218院内天杭儿童城B座218号	300000	15922074638
68	天津市东丽区博雅幼儿园		李德艳	14	3	3	80	东丽区金钟街新中村汽车配城B6二层	300240	24919155
69	天津市东丽区博艺幼儿园		李 祯	48	3	10	300	东丽区华明家园乔园18号乔园18号楼102-106	300300	58205088
70	天津市东丽区博源明德幼儿园		李 炎	23	3	4	83	东丽区北环线路以南、杨北公路以西香园12号楼	300300	58209579
71	天津市东丽区博远翱翔幼儿园		李 炎	21	3	4	111	东丽区空客还迁区香园11号1门	300300	58250979
72	天津市东丽区博苑翱翔幼儿园		王 茜	38	3	8	169	东丽区华明街道橡树湾茗润轩二号公建房	300300	84919389
73	天津市东丽区宸光幼儿园		马 昂	0	0	0	0	东丽区华明街华三路80号	300304	17801125980
74	天津市东丽区春华幼儿园	徐京莲	徐京莲	52	3	13	319	东丽区华明街明盛园21号	300300	24632575
75	天津市东丽区春田花花幼儿园		崔 瑞	18	3	3	90	东丽区金钟街道金河家园19-21号底商	300240	13820004131
76	天津市东丽区春眼幼儿园	赵丽颖	赵丽颖	36	3	7	205	东丽区无瑕街春霞里12号楼	300300	84471661
77	天津市东丽区德晟幼儿园	冯 昕	冯 昕	37	3	8	202	东丽区金钟街德晟里7号	300240	84929168
78	天津市东丽区德盈幼儿园	储栢艳	储栢艳	36	3	8	212	东丽区金钟街德盈里17号	330240	24869367
79	天津市东丽区第二幼儿园	张子梅	张子梅	126	3	26	708	东丽区张贵庄街福山路26号	300300	24968708
80	天津市东丽区第一幼儿园	张长燕	张长燕	78	3	17	428	东丽区荣成路9号	300300	24390993
81	天津市东丽区东旭幼儿园		张玲娣	29	3	8	241	东丽区金钟街道金钟新市镇便民服务中心2-1	300300	26797928
82	天津市东丽区冬梅幼儿园	王雪丽	王雪丽	31	3	6	140	东丽区军粮城街李台道与富贵路交口处东北侧	300301	84395258
83	天津市东丽区丰年幼儿园	周 萍	周 萍	39	3	9	249	东丽区丰年村街霞宏道与丰安路交口1号	300300	84934996
84	天津市东丽区丰新幼儿园		赵文敏	11	3	3	43	东丽区津塘公路3号桥金鑫园12号楼-2	300300	84834716
85	天津市东丽区钢花幼儿园	崔伏娟	崔伏娟	44	3	9	244	东丽区无瑕街畅月里小区内	300301	84960456
86	天津市东丽区国英幼儿园		王 雪	41	3	8	215	东丽区万新街程新道2号	300300	13212275771
87	天津市东丽区海颂幼儿园	付玉英	付玉英	71	3	14	365	东丽区万新街东美路与宁字道交口东北侧	300000	84836901
88	天津市东丽区和顺幼儿园	姜金艳	姜金艳	32	3	7	196	东丽区军粮城街泰达西区和顺园东	300300	65620181

续表

序号	校名	书记	校长	教职工数	年级数	班数	学生数	校址	邮政编码	电话
89	天津市东丽区华博宝贝幼儿园		李德艳	22	3	5	127	东丽区金钟公路3699号B6、B7-2	300240	24919155
90	天津市东丽区华明第二幼儿园	刘烈娟	刘烈娟	57	3	13	356	东丽区华明街辅仁路2号	300300	58237215
91	天津市东丽区华明第一幼儿园	刘凤新	刘凤新	47	3	11	290	东丽区华明大道1号	300300	58237206
92	天津市东丽区华侨城幼儿园	刘春婷	翟士美	61	3	11	306	东丽区湖滨路配建3	300300	84923588
93	天津市东丽区金钟文童蒙幼儿园		高淑香	34	3	9	221	东丽区金钟街大毕庄村西(原村委会)	300304	26110308
94	天津市东丽区华夏未来万科和巷幼儿园		高珊珊	48	3	13	369	东丽区旌智道与航双路交口处西北侧(旌智道9号)	300399	84967870
95	天津市东丽区华夏未来幼儿园		田娜	44	3	11	176	东丽区华明大道17号	300300	84960007
96	天津市东丽区华欣之星幼儿园		黄晓梅	20	3	4	120	东丽区华明示范镇华一路与华七道交口处西南侧名都花园18-1-101号，112-116号；18-1-弘贯东道416号,418号,420号,422号,424号	300300	15822111565
97	天津市东丽区华新幼儿园	单祥珍	单祥珍	66	3	11	309	东丽区华明新家园华四园2号	300300	24926158
98	天津市东丽区汇涛苑幼儿园		张凤艳	17	3	3	63	东丽区湖街东丽大道以南汇涛苑配套公建5	300300	24831175
99	天津市东丽区荟苗阳光幼儿园		刘珊珊	42	3	8	161	东丽区凭澜苑23号楼101-102室	300300	84395883
100	天津市东丽区吉佳幼儿园		周佳	18	3	7	70	东丽区新立街津塘公路406号	300300	84359953
101	天津市东丽区家乐幼儿园		葛文军	15	3	3	71	东丽区金钟街徐庄村村东振东路与徐庄路交口(徐庄村社区卫生院旁)	300251	26748476
102	天津市东丽区金贝幼儿园		黄甫敬	27	3	7	198	东丽区无暇街东环路1号	300301	84878169
103	天津市东丽区金航标幼儿园		纪秀梅	25	3	7	163	东丽区双东路2-22号	300300	84833208
104	天津市东丽区金禾宝贝幼儿园		闫贵勤	31	3	7	169	东丽区华明家园禾园12-2号	300340	15822255010
105	天津市东丽区金桥阳光实验幼儿园		邢维娟	14	3	4	97	东丽区津北公路龙港里3号楼1-2门	300300	84892863
106	天津市东丽区金太阳幼儿园		李德艳	6	2	2	37	东丽区金桥街小东庄盛园21号1门1号底商	300000	24919155
107	天津市东丽区金童幼儿园		高淑香	8	2	2	8	东丽区金钟街大毕庄北方五金城A7-2	300304	26791770
108	天津市东丽区津星幼儿园		张莹	23	3	6	150	东丽区金钟公路3699号B15-B16	300000	84816933
109	天津市东丽区京师幼儿园		司有苗	43	3	10	298	东丽区湖东丽大道与莘路交口处东北侧花雨商业广场14#1-2	300300	24880990
110	天津市东丽区精英传奇春竹幼儿园		张志凤	22	3	6	138	东丽区军粮城街春竹小区7号楼西侧	300300	84821657
111	天津市东丽区精英传奇华幼儿园		孙悦	32	3	8	224	东丽区军粮城示范镇民生路兴农交道口西北侧军华园31号	300301	84960766
112	天津市东丽区精英传奇军祥幼儿园		卢静	33	3	8	229	东丽区军粮城示范镇军祥园小区内	300301	84851178
113	天津市东丽区军宏幼儿园	闫静	闫静	26	3	5	120	东丽区军粮城示范镇兴农交道与金谷大街交口处西北侧军宏园31号	300300	84960018

序号	校名	书记	校长	教职工数	年级数	班数	学生数	校址	邮政编码	电话
114	天津市东丽区军丽幼儿园	宋丽敏	宋丽敏	36	3	7	178	东丽区军粮城示范镇金色大街与大安道交口处西北侧军丽园31号楼	300301	84854065
115	天津市东丽区开心福宝幼儿园		刘佳盈	18	3	4	84	东丽区东丽大道与景翠路交口三源花雨商业广场3-2	300100	26410002
116	天津市东丽区快乐宝贝幼儿园		于媛媛	22	3	4	90	东丽区新桂路与连智道交口处东南侧蓝庭广场1-44-45	300300	84993758
117	天津市东丽区兰雪雅苑幼儿园	杨莹洁	杨莹洁	15	3	4	106	东丽区万新街程承道与雪山路交口东南侧	300163	87336233
118	天津市东丽区揽城苑幼儿园	韩月	韩月	34	3	9	258	东丽区东丽湖揽城苑22号楼	300309	24888224
119	天津市东丽区乐棠幼儿园		成利娜	16	3	7	139	东丽区和顺城依园C区16号楼107号	300300	15922011188
120	天津市东丽区丽瑞幼儿园	刘颖	刘颖	18	3	4	96	东丽区新立示范镇航双路与丽锦道交口西北侧	300300	58093198
121	天津市东丽区流芳幼儿园	李会芳	李会芳	33	3	7	179	东丽区华明示范镇馨园11号	300300	24887620
122	天津市东丽区绿洲嘉园幼儿园	郑从芬	郑从芬	21	3	6	166	东丽区东丽湖街道芳樱路与美娟道交口(东北侧)翡翠华庭(6号楼)	300304	13820905599
123	天津市东丽区绿洲幼儿园		赵艳丽	73	3	16	429	东丽区东丽湖街道美娟道与瀚景路交口西侧绿洲馨园15号	300300	18622607236
124	天津市东丽区梦田培杰幼儿园		彭方方	26	3	6	141	东丽区张贵庄路北侧秋丽家园35-201-202;204-207	300000	24762067
125	天津市东丽区明珠幼儿园		马亚洲	11	3	3	83	东丽区华明街道崂山支路明珠花园底商9-10号	300163	24638258
126	天津市东丽区蒲公英幼儿园		王舒雅	11	3	3	35	东丽区外环线南侧,昆仑路东侧矽谷港湾D区D2-9-1一楼及地下室	300300	18722430345
127	天津市东丽区启航未来幼儿园		赵丽丽	26	3	6	170	东丽区东丽湖朗距天城广场3号	300300	18502242451
128	天津市东丽区启航幼幼儿园		高金丽	18	3	4	109	东丽开发区三经路1号	300300	18892261282
129	天津市东丽区启蒙幼儿园		王育红	26	3	6	130	东丽区明珠花园底商1-2号	300162	84946777
130	天津市东丽区前程似锦幼儿园		贺香玲	38	3	7	115	东丽区跃进道9号	300000	18722064109
131	天津市东丽区睿智幼幼园		屈晓丽					东丽开发区二纬路5号	300200	
132	天津市东丽区盛夏之星幼儿园		姜彦好	9	3	4	95	东丽区津塘公路697号(滨海钢材城内4号楼西向)	300301	13920727339
133	天津市东丽区索菲思幼儿园		柴梦莉					东丽区海山南里5号楼101	300000	24878862
134	天津市东丽区童心幼儿园		翟广萍	26	3	6	137	东丽区津塘公路近401号	300300	15022326660
135	天津市东丽区童星幼儿园		魏乾芳	55	3	12	360	东丽区华明镇华湖苑26号公建	300000	84354676
136	天津市东丽区童心幼儿园		翟广萍	14	2	2	39	东丽开发区一经路14号	300300	24880017
137	天津市东丽区万科城伊顿智慧幼儿园		刘娜	48	3	9	270	东丽区东丽湖万科城二期镇中心	300300	

续表

序号	校名	书记	校长	教职工数	年级数	班数	学生数	校址	邮政编码	电话
138	天津市东丽区万恶乐学幼儿园		隋东星					东丽区东丽湖东丽大道与东丽湖路交叉口东南一号房屋	300300	13752562723
139	天津市东丽区未来贝星幼儿园		王欢	19	3	6	148	东丽区金钟公路3699号D9-2五金城D区9号201	300240	84951558
140	天津市东丽区熙湖台幼儿园	周全	周全	22	3	5	136	东丽区东丽湖街光艳路1号	300300	24889119
141	天津市东丽区小爱宝幼儿园		王丹	29	3	6	120	东丽区华明镇唐雅苑配建四	300000	84398805
142	天津市东丽区晓晓幼儿园		张爱缨	6	1	1	12	东丽区津滨大道以南嘉春园42号楼底商104、203号	300000	13207589162
143	天津市东丽区心贝幼儿园		杜颖	11	3	3	36	东丽区14-东丽大道1565号,15-东丽大道1567号	300300	24550120
144	天津市东丽区新蕾幼儿园		寇甜甜	11	3	4	120	东丽区金钟街道金钟新市镇壑和里商8增18-1	300300	84459833
145	天津市东丽区新希望幼儿园		胡志超	48	3	12	360	东丽区开发区丽新路10-1号	300300	84858716
146	天津市东丽区鑫迪秋丽幼儿园		魏薇					东丽区张贵庄路北侧秋丽家园15号楼102-202A	300163	88220022
147	天津市东丽区昆俞家幼儿园		赵平	21	3	6	133	东丽区昆俞家园35号楼	300252	18622964599
148	天津市东丽区星星树幼儿园		梁剑鑫	23	3	5	127	东丽区成林道344号登州路交口	300000	
149	天津市东丽区阳光童年幼儿园		邢维娟	12	3	3	75	东丽区丰年村街枫泽园底商7-8号	300300	24955716
150	天津市东丽区育轩幼儿园		程桂青	13	3	4	117	东丽区金桥街东盛园28号楼1层8号底商	300300	84998938
151	天津市东丽区跃进路阳光幼儿园		邢维娟	24	3	6	121	东丽区跃进路23号	300300	84833839
152	天津市东丽区哲明幼儿园		李艳茹	25	3	5	88	东丽区蓝庭公寓20号楼1,2门	300300	24937137
153	天津市东丽区智慧堡幼儿园		齐颖慧					东丽区津汉公路北侧(智空间广场1-1-104-105)	300300	1990208160
154	天津市东丽区茉莉亚悦迪幼儿园		黄玉超	22	3	4	40	东丽湖万科城碧溪苑配建一	300301	16602267657
155	天津市东丽区筑湖花园幼儿园		吕静	33	3	7	189	东丽区东丽湖街天贤路2号	300000	85231138
156	天津市东丽区卓跃英才幼儿园		赵彤彤	17	3	4	77	东丽区丽新路10-2号107	300300	84359250
157	中国民航大学幼儿园		陈小艳	38	3	7	202	东丽区丽新路10-2号107	300300	24092783

西青区

序号	校名	书记	校长	教职工数	年级数	班数	学生数	校址	邮政编码	电话
1	天津市西青区杨柳青第二中学	贾柏海	贾柏海	109	3	29	1398	西青区杨柳青镇柳口路51号	300380	27391603
2	天津西青区富力中学	李伟	李伟	99	3	27	1254	西青区津门湖街江湾路68号	300221	83852905
3	天津市西青区大寺中学	郭金嶂	郭金嶂	113	3	24	1007	西青区大寺镇大任庄村东	300385	23972687
4	天津市西青区杨柳青第三中学	李洪国	李洪国	99	3	25	1003	西青区杨柳青镇新华道175号	300380	27392606
5	天津西青南开敬业学校	陈文昌	陈文昌	30	2	6	162	西青区中北镇敬业道3号	300393	28328899
6	天津市西青南开敬业中北中学	孙腊梅	孙腊梅	117	3	31	1514	西青区中北镇开锦道81号	300393	27937996
7	天津市西青区致远中学	刘千山	刘千山	133	3	34	1562	西青区王稳庄示范镇锦汇道20号	300383	23990841
8	天津市西青区精武中学	王振丹	王振丹	114	3	33	1569	西青区精武镇乾华道36号	300382	23982969
9	天津市西青区华兰学校	韩钰	于川	74	9	21	292	西青区翠波道7号	300381	60912222
10	天津霍元甲文武学校	郎荣标	郎荣标	156	9	32	938	西青区精武镇小南河村	300382	23989292
11	天津市西青区当城中学	周宝玉	周宝玉	142	6	35	1548	西青区辛口镇吉运道6号	300380	87990856
12	天津市西青区张家窝中学	张庆华	张庆华	231	6	62	2951	西青区张家窝镇张家窝村	300382	87982451
13	天津市第九十五中学益中学校	董爱军	董爱军	184	6	54	2343	西青区大寺镇泽清北路1号	300380	87984246
14	天津市西青区杨柳青第四中学	张守军	张守军	122	6	26	1074	西青区杨柳青镇新华道42号	300380	27935350
15	天津市西青区兴华中学	贾明慧	贾明慧	32	2	10	389	西青区李七庄街梨园头15号桥劳	300380	87330018
16	天津市西青区华诚中学	解远领	解远领	70	6	17	568	西青区精武镇迎水道10号	300382	83992222
17	天津市西青中西青学校	徐丽阳	李新	89	6	18	689	西青区大寺镇泽润道2号	300385	87975505
18	天津市西青区为明学校	胡军	胡军	237	12	66	2218	西青区张家窝镇丰泽道和裕盛陆交口	300380	60392836
19	天津市静文高级中学	李亚强	霞	90	3	25	879	复康路210号	300384	23792255
20	天津市西青区杨柳青第一中学	黄国红	冯兑文	165	3	36	1622	西青区杨柳青镇崇文道88号	300380	27391727
21	天津津衡高级中学有限公司	谢伟亮	郑彦星	81	3	18	540	西青区富力津门湖街梅江西路与丽江道交口南100米	300111	83852988
22	天津法耀高级中学		杨晓柯	44	1	3	90	西青区中北镇芥园西道8号A座、C座	300074	60796830
23	天津市西青区启智学校	郝庆娟	赵金素	42	13	15	184	西青区杨柳青镇崇文道90号	300380	58321719
24	天津市西青区赛达实验小学	张洪杰	张洪杰	33	6	12	436	西青区赤龙南街泽福路60号	300385	83960062
25	天津市西青区大寺中心小学	李田	李田	69	6	25	1009	西青区大寺镇龙泉道35号	300385	23752219
26	天津市西青区青凝侯中心小学	卞兴良	卞兴良	37	6	12	371	西青区青凝侯村	300385	83963047
27	天津市西青区天易园小学	李桂玥	李桂玥	69	6	26	1088	西青区大寺镇赛达大道628号增1号	300385	23870568
28	天津市西青区育英小学	刘金华	刘金华	52	6	18	679	西青区大寺镇张道口村	300385	23960155

续表

序号	校名	书记	校长	教职工数	年级数	班数	学生数	校址	邮政编码	电话
29	天津市西青区南北口雅爱中心小学	王利军	王利军	61	6	22	892	西青区赤龙南街佳利雅庭旁	300381	23965186
30	天津市西青区大任庄小学	胡雪清	胡雪清	42	6	12	492	西青区大寺镇大任庄村任环路5号	300385	23971670
31	天津市西青区大芦口中心小学	李元霞	李元霞	48	6	16	623	西青区大寺镇大芦口村东	300385	23970325
32	天津市西青区梅江富力小学	孙克强	孙克强	85	6	36	1300	西青区江湾路62号	300381	28389021
33	天津师范大学第三附属小学	张同俊	张同俊	137	6	52	2218	西青区精武镇京华道70号	300382	23989001
34	天津工业大学附属小学	高连宾	高连宾	85	6	32	1338	西青区精武镇工西路与潘楼路交叉口西侧	300382	87186855
35	天津市西青区小南河中心小学	刘洽会	刘洽会	50	6	21	778	西青区精武镇小南河村	300382	23811053
36	天津市西青区王兰庄中心小学	刘洪梅	台世祺	53	6	19	764	西青区七庄街王兰庄村B区1号	300381	23384078
37	天津市西青区蔡台中心小学	刘桂增	刘桂增	52	6	25	928	西青区七庄街子泽园东	300381	27051228
38	天津市西青区东兰坨中心小学	宋春军	宋春军	58	6	21	805	西青区王稳庄镇东兰坨村	300383	23994331
39	天津市西青区王稳庄镇中心小学	万宗卫	万宗卫	124	6	53	2122	西青区王稳庄示范镇锦汇道95号	300383	23990203
40	天津市西青区小孙庄中心小学	孙卫洪	孙卫洪	46	6	20	687	西青区王稳庄镇小孙庄村	300383	23994362
41	天津市西青区西营门小学	边德月	边德月	51	6	15	486	西青区西营门街冰窖路62号	300112	23722882
42	天津市西青区京师大西营门实验小学	赵南羽	刘吉芹	42	5	15	388	西青区云开道182号	300112	27722118
43	天津市西青区辛口镇第二中心小学	张 健	张 健	61	6	15	499	西青区辛口镇水高庄村	300380	27990264
44	天津市西青区辛口镇中心小学	乔金忠	乔金忠	127	6	42	1611	西青区辛口镇上辛口村南	300380	27990242
45	天津市西青区第二实验小学	李祖华	李祖华	16	2	6	256	西青区崇文道3号	300380	27981690
46	天津市西青区重点业余体校	郭瑞国	郭瑞国	33	0	0	0	西青区杨柳青府前街5号	300380	27919622
47	天津市西青区杨柳青镇第二小学	胡宗福	胡宗福	69	6	21	856	西青区杨柳青镇十四街胜利路增2号	300380	27919748
48	天津市西青区杨柳青镇第一小学	陈宝茹	陈宝茹	114	6	36	1486	西青区杨柳青镇致强路2号	300380	27905070
49	天津市西青区逸夫小学	王 红	庞新辉	84	6	27	1141	西青区杨柳青镇柳明路2号	300380	27391229
50	天津市西青区东碱坨咀中心小学	高爱武	高爱武	69	6	24	1032	西青区杨柳青镇静香路与泽杨道交口	300380	87971227
51	天津市西青区实验小学	李祖华	李祖华	121	6	39	1677	西青区杨柳青镇云路9号	300380	27941330
52	天津市西青区大柳滩中心小学	张 富	张 富	33	6	11	319	西青区杨柳青镇大柳滩村振兴大道7号	300380	27391228
53	天津市西青区张家窝镇祥和小学	王 帅	王 帅	63	4	24	1046	西青区张家窝镇知景道327号	300380	81103225
54	天津市西青区华旭小学	杨永泉	杨永泉	118	6	42	1837	西青区张家窝镇田丽小区人祥北里27号	300380	87982738
55	天津市西青区逸阳文思学校	李 丽	李 丽	111	6	33	1144	西青区张家窝镇枫雅道189号	300380	87988178
56	天津市西青区张家窝镇田丽小学	阎瑞娟	阎瑞娟	125	6	45	2021	西青区张家窝镇华旭道1号	300112	23881711
57	天津市西青区为明望道小学	郑 楠	张亚玲	19	1	7	253	西青区新望道6号	300000	59381226
58	天津市西青区为明实验小学	吕 霞	吕 霞	70	6	23	720	西青区中北镇外环西路7号	300380	58518351
59	天津市西青区中北镇星光路小学	魏媛媛	魏媛媛	49	5	22	843	西青区中北镇儆河道56号	300380	58605516

续表

序号	校名	书记	校长	教职工数	年级数	班数	学生数	校址	邮政编码	电话
60	天津市西青区中北第二小学	曹禺	曹禺	120	6	42	1614	西青区中北镇阜锦道12号	300380	59381763
61	天津市西青区中北小学	庞新辉	庞新辉	100	6	33	1253	西青区中北镇政府西侧	300380	23897930
62	天津市西青区第一幼儿园	李玉芝	李玉芝	43	3	9	263	西青区杨柳青镇新华道新华里1号	300380	27911078
63	天津市西青区第二幼儿园	刘文顺	王晶	51	3	9	186	西青区杨柳青致路北	300380	27392716
64	天津市西青区第三幼儿园	杜瑞	杜瑞	43	3	9	260	西青区张家窝镇祥和大道180号	300380	87987618
65	天津市西青区第四幼儿园	付民杰	付民杰	41	3	11	251	西青区鸿信路9号	300380	85286085
66	天津市西青区第五幼儿园	孟杰	孟杰	22	3	7	153	西青区李七庄街凤展道5号	300381	23378399
67	天津市西青区中等专业学校	孙子俊	孙子俊	154	3		1662	西青区杨柳青霞路29号	300380	27390275
68	天津国华汇德职业学校		何丕武	60	1		199	西青区津福路与津静路交口东侧500米	300380	83550066

津南区

序号	校名	书记	校长	教职工数	年级数	班数	学生数	校址	邮政编码	电话
1	天津海河教育园区南开学校	杨连妹	吕 梅	574	11	228	11268	津南区海河教育园区昭慧路2号 津南区海河教育园区智文路24号 津南区海河教育园区雅馨路137号	300000	88977843
2	天津市咸水沽第一中学	吴景冬	吴景冬	181	3	42	2076	津南区咸水沽镇月牙河西路16号	300350	28558261
3	天津市咸水沽第二中学	潘志刚	金 颖	179	6	48	2376	津南区咸水沽镇津沽路235号	300350	28516658
4	天津市咸水沽第三中学	谢继才	谢继才	107	3	32	1517	津南区咸水沽镇丰收路16号	300350	28391468
5	天津市咸水沽第四中学	魏永强	刘志华	121	3	36	1811	津南区津南新城合安园公建4号	300350	88657713
6	天津市咸水沽第五中学	刘金萍	刘金萍	64	3	18	821	津南区咸水沽镇同德路18号	300350	88714321-8001
7	天津市双港中学	刘世辉	刘世辉	237	6	66	3052	津南区津沽公路920号（双港镇段） 津南区双港镇泽山路16号	300350	28594381
8	天津市辛庄中学	王庆利	王庆利	90	3	23	1112	津南区辛庄镇吉泰道2号	300350	88531473
9	天津市实验中学津南学校	王静军	王静军	60	2	14	690	津南区辛庄镇文沽道2号	300350	
10	南开大学附属中学津南学校	张 营	张德赏	147	6	44	2174	津南区八里台镇天嘉湖路南开大学津南学校	300356	28393866
11	天津市第一中学津南学校	沈恩美	沈恩美	80	3	22	1068	津南区八里台镇丰泽道16号	300350	88523316
12	天津市八里台第二中学	张贤松	张贤松	63	3	19	947	津南区八里台镇博学路21号	300353	88529462
13	天津市北闸口中学	赵树珍	赵树珍	103	3	32	1578	津南区北闸口镇御蕙道12号	300350	88738766
14	天津市小站第一中学	胡金才	胡金才	164	6	51	2469	津南区小站镇红旗路82号	300350	28618681
15	天津市小站实验中学	张洪武	张洪武	124	3	36	1780	津南区小站镇北马路19号	300353	28618003
16	天津市双桥中学	曾庆红	曾庆红	72	3	20	942	津南区双桥河镇中发道25号	300350	88659432
17	天津市葛沽第一中学	张建国	张建国	142	6	41	1996	津南区葛沽镇津沽公路76号	300352	28692334
18	天津市葛沽第三中学	陈 嵩	陈 嵩	81	3	24	1195	津南区葛沽镇安正道39号	300350	88698619
19	天津华高级中学有限公司	翟学欣	张桂玲	143	3	43	1677	津南区咸水沽镇二八公路西八公路800米	300350	28555422
20	天津南华中学	李世炜	刘书炜	56	3	11	306	津南区咸水沽镇富源别墅西侧	300350	28523928
21	天津市津南区实验小学	张凤瑰	张凤瑰	261	6	112	5153	津南区咸水沽丰收路3号 津南区咸水沽合力园配建工程3号 津南区咸水沽合祥园配建工程1号	300350	28391881
22	天津市津南区咸水沽第三小学	张丽荣	姚如惠	81	6	39	1580	津南区咸水沽镇红旗路75号	300350	28533175
23	天津市津南区咸水沽第四小学	冯 润	冯 润	84	6	38	1597	津南区咸水沽津沽公路268号	300350	28392648
24	天津市津南区咸水沽第五小学	张凤霞	商木彬	79	6	33	1354	津南区雅润路22号	300350	88712602

续表

序号	校名	书记	校长	教职工数	年级数	班数	学生数	校址	邮政编码	电话
25	天津市津南区咸水沽第六小学	陈加明	陈加明	70	6	30	1232	津南区咸水沽镇同声路17号	300350	88973581
26	天津市津南区咸水沽第七小学	刘春珍	刘春珍	84	6	38	1715	津南区咸水沽镇金茂路15号	300350	28511777
27	天津市津南区双港联合小学	梁桂芝	梁桂芝	92	6	38	1422	津南区双港镇金地格林旁欣桃园小区附近	300350	28589438
28	天津市津南区海天小学	崔建军	崔建军	40	6	17	662	津南区双林街双林东路6号海天馨苑海天路	300350	28112987
29	天津市津南区双港新家园小学	刘欣玉	刘欣玉	80	6	35	1339	津南区双港镇新家园领世路7号	300350	28731388
30	天津市津南区何庄子联合小学	张玉强	张玉强	46	6	20	726	津南区双港镇苦兆路与柳盛道交口	300222	28347622
31	天津市津南区高庄子联合小学	张乔云	张乔云	56	6	25	960	津南区辛庄镇永胜路6号	300350	88531136
32	天津市津南区前辛庄联合小学	单世琴	单世琴	66	6	30	1194	津南区辛庄镇平凡道5号	300350	28576145
33	天津市津南区白塘口联合小学	王武军	王武军	42	6	18	636	津南区津沽路辛庄镇政府对面	300350	28589426
34	天津市津南区实验小学	邢立淑	邢立淑	54	4	27	1200	津南区八里台镇天嘉湖大道中海公园城内	330356	28392331
35	天津市津南区八里台小学津南学校	柴学东	柴学东	111	6	49	2164	津南区八里台镇八里台村	300350	28628166
36	天津市津南区八里台第二小学	张义国	张义国	94	6	40	1725	津南区八里台镇大韩庄村东	300350	88521382
37	天津市津南区八里台第三小学	李连松	李连松	41	6	18	778	津南区八里台镇大孙庄村	300353	88520217
38	天津市津南区八里台第四小学	刘少琴	刘少琴	89	6	38	1718	津南区八里台镇礼悦路10号	300353	88529342
39	天津市津南区北闸口第一小学	刘桂明	杨玉芝	53	6	22	845	津南区北闸口镇普惠道15号	300359	88696298
40	天津市津南区北闸口第二小学	刘秀伟	刘秀伟	99	6	44	1712	津南区北闸口镇福惠道御德惠道与西营路交口	300350	58052507
41	天津市津南区北闸口第三小学	张洪志	张洪志	36	6	13	487	津南区北闸口镇三道沟村	300350	28510061
42	天津市津南区小站实验小学	赵艳	赵艳	52	6	23	939	津南区小站镇正营路21号	300353	88615075
43	天津市津南区小站第一小学	刘玉柱	刘玉柱	48	6	22	864	津南区小站镇文化路4号	300353	88615073
44	天津市津南区小站第三小学	董铁军	董铁军	76	6	34	1367	津南区小站镇前营路和枫园6号	300353	8865076
45	天津市津南区小站第四小学	刘瑞华	刘瑞华	62	6	26	1035	津南区小站工业区六号路115号	300353	88615077
46	天津市津南区小站第六小学	刘学菊	刘学菊	83	6	36	1480	津南区小站镇天山路15号	300353	88615078
47	天津市津南区东大站联合小学	许绍宾	许绍宾	42	6	17	589	津南区小站镇东大站村	300353	88615091
48	天津市津南区双桥河第一小学	倪道静	倪道静	80	6	32	1282	津南区双桥河镇津沽路136号	300353	28531483
49	天津市津南区双桥河第二小学	马金水	马金水	28	6	12	414	津南区双桥河镇东泥沽村	300350	88690521
50	天津市津南区葛沽实验小学	顾金艳	顾金艳	52	6	24	908	津南区葛沽镇津沽路74号	300352	28686360
51	天津市津南区葛沽第二小学	李恩璐	李恩璐	57	6	25	994	津南区葛沽镇荣水园60号	300352	89965102
52	天津市津南区葛沽第三小学	胡广艳	胡广艳	61	6	25	945	津南区葛沽镇北园路21号	300352	88628101

续表

序号	校名	书记	校长	教职工数	年级数	班数	学生数	校址	邮政编码	电话
53	天津市津南区三合联合小学	左淑金	左淑金	21	4	9	298	津南区葛沽镇三合村	300352	28690151
54	天津市津南区第一幼儿园	董玉媛	董玉媛	201	3	45	1359	津南区咸水沽镇红旗路13号（红旗路园） 津南区咸水沽镇界河路12号（合盈园） 津南区咸水沽镇同声路（金才园） 津南区咸水沽镇尚德路与坤元路交口处（合茂园） 津南区咸水沽镇界河路与坤元路交口（新城园）	300350	28516200
55	天津市津南区第二幼儿园	李崇茹	李崇茹	96	3	23	672	津南区咸水沽镇光明楼规划区 津南区咸水沽镇金芳园配建二 津南区咸水沽镇旺海路3号	300350	28392940
56	天津市津南区第三幼儿园	邢金书	邢金书	186	3	43	1206	津南区咸水沽镇体育场路36号 津南区咸水沽镇丰达园配建9号楼 津南区咸水沽镇鑫祥园公建25号 津南区海棠街翰海雅苑小区配建2	300350	88523277
57	天津市津南区第四幼儿园	杨建霞	杨建霞	92	3	24	662	津南区小站镇前营路和枫园7号 津南区小站镇润淼佳苑配建3	300353	88615083
58	天津市津南区第五幼儿园	岳 丽	岳 丽	81	3	22	618	津南区小站镇盛坤新苑时尚小区配建1 津南区咸水沽镇金朗雅园小区配建8 津南区咸水沽镇江宇城51号 天津海河教育园区和慧南路3号清兰嘉苑配建2-1-10	300350	28599028
59	天津市津南区第六幼儿园	刘振福	刘振福	44	3	12	305	津南区双港镇翠港园公建2号楼	300350	28591291
60	天津市津南区第七幼儿园	丁嘉维	丁嘉维	64	3	13	388	津南区双港镇欣桃园19号楼对面 津南区双桥河镇友和园内	300350	28566839
61	天津市津南区第八幼儿园	高志静	高志静	109	3	31	861	津南区八里台镇泰昌路1号 津南区八里台镇星曜五洲枫情阳光157号 津南区八里台镇大孙庄瀚文苑小区46号 津南区八里台镇大韩庄锦台园小区东门对面	300350	88523719
62	天津市津南区第九幼儿园	王义娟	王义娟	26	3	6	157	津南区葛沽镇绿水园配建12	300352	28693598
63	天津市津南区第十幼儿园	孙 霞	孙 霞	86	3	18	508	津南区北闸口镇普惠道13号 津南区北闸口镇御慈道御慧园社区32号楼	300350	88560030

续表

序号	校名	书记	校长	教职工数	年级数	班数	学生数	校址	邮政编码	电话
64	天津市津南区第十一幼儿园	刘 梦	刘 梦	65	3	20	594	津南区辛庄镇旺里镇鑫旺小区公共建筑2号	300350	28733317
65	天津市津南区第十二幼儿园	王 娟	王 娟	46	3	12	360	津南区辛庄镇仁嘉花园24号楼		88697099
66	天津市津南区第十三幼儿园	徐俊花	徐俊花	63	3	17	464	津南区葛沽镇北园路23号	300352	58203917
								津南区双港镇仁和园小区	300350	
								津南区双新街道盈翠名邸2号楼		
67	天津市津南区第十四幼儿园	甄 慧	甄 慧	25	3	6	184	津南区双新街道新尚润园45号楼对面	300222	88392368
68	天津市津南区第十五幼儿园	王金霞	王金霞	67	3	16	452	津南区双林街赤水东道26号	300222	15620827080
								津南区双林街道象博豪庭23号楼（配建）		
69	天津市津南区第十六幼儿园	刘国霞	刘国霞	83	3	19	512	津南区双林街道泽山路26号	300354	28594804
								津南区辛庄镇首创暖山逸雅花园32号楼		
								津南区辛庄镇林锦花园配建1		
70	南开大学津幼儿园		常 明	30	2	4	87	天津市海河教育园区瑞明路与雅馨路交口西南侧	300350	85476039
71	天津市津南华夏未来兰阳光幼儿园		付英克	66	3	10	267	津南区咸水沽镇建国大街北侧米兰阳光花园E区公建1号楼	300350	28546201
72	天津市津南乐新幼儿园		鄂俊达	50	3	10	300	津南区咸水沽镇合安园公建3号楼	300350	15302127976
73	天津市津南华夏之光景明幼儿园		于学英	26	3	5	150	津南区咸水沽镇景明花园小区园院内	300350	13821565171
74	天津市津南区小金星幼儿园		刘素梅	29	3	6	167	津南区咸水沽镇宝业馨苑37号楼	300050	88569961
75	天津市津南区咸水沽镇益华幼儿园		吴家萍	88	3	12	365	津南区咸水沽镇益华里小区（红旗路与南边路路交口）	300350	28392299
76	天津市津南区咸水沽镇新启点幼儿园	孙凤桐		24	3	5	150	津南区咸水沽镇益华丰收路23号	300350	28572226
77	天津市津南华艺幼儿园	白玉敏	白玉敏	26	3	6	160	津南区咸水沽镇惠苑小区建国大街南侧、津沽路北侧公建3号楼	300350	85385280
78	天津市津南未来星幼儿园	陈善智	陈善智	21	3	5	150	津南区咸水沽镇津沽路85号院内5号楼	300350	81309757
79	天津市津南朗朗幼儿园有限公司	吴家萍	吴家萍	35	2	2	60	津南区咸水沽新旭园底	300350	88719969
80	天津市津南区优迪幼儿园	王媛媛	王媛媛	45	3	7	191	津南区双港镇领世一大道2号富力桃园	300350	88826113
81	天津市津南区阳光幼儿园	王 玲	王 玲	48	3	11	323	津南区双港镇双港中学旁	300350	88828956
82	天津市津南区双港镇红苹晓院幼儿园	吴晓颖	吴晓颖	25	3	6	130	津南区双港镇红领领世部常春藤27号楼	300222	18522131394
83	天津市津南区爱梦星幼儿园	王雪丽	王雪丽	27	3	3	79	津南区双港镇仁和商业中心27号	300350	59650485
84	天津市津南区蕴艺幼儿园	于学芹	于学芹	29	3	6	170	津南区双港镇鑫港园商业街24-4/25-（17-24）号商铺	300350	28668098
85	天津市津南区华恒启迪幼儿园	路 明	路 明	30	3	6	158	津南区双港镇上海1号6号	300350	28730233
86	天津市津南区启航之洋幼儿园	邢丽君	邢丽君	18	3	5	141	津南区双港镇闪仁永名居综合楼2号	300222	88821111

续表

序号	校名	书记	校长	教职工数	年级数	班数	学生数	校址	邮政编码	电话
87	天津市津南区环美幼儿园		张振荣	19	3	4	108	津南区双港镇赤龙街59-4号	300350	88623912
88	天津市津南区华夏未来领世郡幼稚园		谷妍	48	4	7	186	津南区双港镇领世四大道2号	300350	88623888
89	天津市津南区金色摇篮幼儿园		王宝珠	32	3	3	81	津南区双港镇金地格林世界C区7号楼	300350	28592261
90	莱恩(天津幼儿园有限公司		黄亚男	23	4	4	90	津南区双港镇普霖花园294号	300350	13821828586
91	天津市津南区太阳月亮柳景家园幼儿园		凌融	24	3	5	136	津南区双港镇大沽南路北侧柳景家园配建1号-101	300222	86280007
92	天津市津南区双港小金星幼儿园		罗楠楠	39	3	8	240	津南区双港镇领世路与景荷道交口	300350	28575518
93	天津市津南区太阳月亮幼儿园		程乙	33	3	8	228	津南区双港镇新家园领世路20号	300350	86280003
94	天津市津南区春芽幼儿园		刘艳平	32	3	7	195	津南区双港镇梨双公路南侧盛园民盛园公建24号楼102	300350	28757725
95	天津市爱贝幼儿园		韩军	17	3	3	88	津南区新街香薇郡19号	300350	88979577
96	天津市津南区德美幼儿园		毛晨	40	3	6	172	津南区海天馨苑海天路家福家园二号楼旁	300350	28143978
97	天津市津南区阳光春芽幼儿园		许莹	37	3	8	235	津南区郜阳路与外环辅路交口林城佳苑16号楼底商-05	300222	88346558
98	天津市津南区博学优贝幼儿园		刘经晏	21	3	5	122	津南区洧水道南侧宝福家园7号楼底商1-4号	300222	15522780453
99	天津思锐幼儿园有限公司		彭海利	11	2	2	27	津南区双港镇凉水道与郜阳路交口润谷商业广场第1层	300222	18722075116
100	天津市津南区爱迪幼儿园		白雨蒙	38	3	8	235	津南区泽山路18号	300350	85288456
101	天津市津南区辛庄京师星海幼儿园		李洪来	76	4	17	412	津南区辛庄镇首创城星景苑33号公建	300354	8823512
102	天津市津南区师大匠心幼儿园		邢红梅	67	3	15	435	新南区辛庄镇鑫怡路与永胜道交口 沁景苑19号	300354	15222251972
103	天津邦尼幼儿园有限公司		王玲	50	3	10	228	津南区辛庄镇鑫谷园14号楼	300354	88530290
104	天津市津南区睿之源幼儿园		孙树晨	30	3	6	180	津南区北闸口镇俊绫路10号1幢	300350	81309705
105	天津市津南区爱育幼儿园		韩文文	32	3	8	207	津南区北闸口镇广惠道2号	300350	13512000816
106	天津市津南区童星幼儿园		刘忠玲	18	3	4	120	津南区北闸口镇富惠园底商28号A-9-10	300350	19902080060
107	天津市津南区悦美创幼儿园		李芳	15	3	3	51	津南区北闸口镇人安里30号楼	300350	15620870766
108	天津市津南区心宇幼儿园		盛洁	23	3	5	143	津南区小站镇颐养院扩建项目六号楼	300353	88976675
109	天津市津南区小站镇新生代幼儿园		李川	27	3	6	157	津南区小站镇卫生院扩建项目1号楼	300353	88976675
110	天津市津南区小站镇童乐幼儿园		吴洪芹	21	3	5	136	津南区小站镇营盘圈东上路	300353	13662066898
111	天津市津南区金色童年幼儿园		房恩丽	11	1	1	27	津南区小站镇营盘圈村营胜西道(原营盘圈小学)	300353	13662066898
112	天津市津南区优沐阳光幼儿园		郑华	47	3	12	322	津南区小站镇颐养院扩建5-501	300353	88615087

续表

序号	校名	书记	校长	教职工数	年级数	班数	学生数	校址	邮政编码	电话
113	天津市津南区睿思幼儿园		高淑香	15	3	3	79	津南区小站镇德胜道195号(195-1-1,195-1-7,二楼,三楼全部及一楼房顶)	300353	59951116
114	天津市津南区培新幼儿园		董文军	24	3	5	147	津南区小站镇迎新村迎新早市东侧3区26号	300353	28614087
115	天津市津南区昇华幼儿园		陈兴云	17	3	4	116	津南区小站镇南付营路63号	300353	28616615
116	天津市津南区博文幼儿园		杨丽娜	9	3	3	53	津南区小站镇怡润轩1号楼底商1号,底商2号	300353	18902103058
117	天津市津南区京师星海幼儿园		孙 磊	50	3	9	265	津南区葛沽镇安正道61号	300352	88824889
118	天津市津南区葛沽蓝天幼儿园		张向娜	29	3	6	179	津南区葛沽福海路4号	300352	28691934
119	天津市津南区明诚幼儿园		郑万英	24	3	6	180	津南区葛沽镇荣水苑E区123号楼及院落	300352	28579993
120	天津市津南区奥兰星贝幼儿园		胡瑞钢	19	3	5	150	津南区葛沽镇葛万公路(长城里小区)二楼1幢及附属平房2排	300352	28685288
121	天津市津南区金葵花幼儿园		陈金霞	13	3	3	94	津南区葛沽镇长城里小区4排38号	300352	28685252
122	天津市津南区水冰菁华幼儿园		刘 静	27	3	8	147	津南区八里台镇天嘉湖北侧品湖苑76号楼-101第1-2层	300356	18020091265
123	天津市津南区中海育树家幼儿园		李德胜	55	3	13	396	津南区八里台镇幸福道17号	300356	13388042773
124	天津市津南区奥兰贝海幼儿园		辈 娜	54	3	16	483	津南区八里台镇八一路以南逸彩庭苑14底商17号1门	300356	18522738796
125	天津市津南区爱尚幼儿园		沈志杰	26	3	6	180	津南区八里台镇双闸村三区6,7,8	300356	15620458380
126	天津市津南区百合幼儿园		周庆霞	21	3	4	99	津南区八里台镇双闸村老卫院后面30米处	300356	13820612558
127	天津市津南区文宝幼儿园		由玉娥	17	3	6	155	津南区八里台镇双闸村老卫生院	300356	13602002045
128	天津市津南区八里台镇红苹果幼儿园		毛富勇	11	3	3	77	津南区八里台镇永兴里别墅区37号	300356	13516281061
129	天津市津南区阳光宝贝幼儿园		李芝兰	15	3	5	129	津南区八里台镇别墅区5-13号	300356	88521024
130	天津海河教育园区明诚中旭幼儿园		胡 洋	57	3	12	360	天津海河教育园区雅馨路139号景尚花园配建二	300354	15692298346
131	天津海河教育园区才儿坊仁恒滨河湾幼儿园		高 娜	54	3	12	355	天津海河育园区达路1号	300350	28569121
132	天津海河教育园区三之三幼儿园		李晓丽	59	3	10	300	天津海河教育园区达路70号	300350	88693099
133	元象海河湾幼儿园(天津)有限公司		杨清泉	44	1	4	89	津南区咸水沽镇海河故道公园内	300350	28397700
134	禾谷幼儿园(天津)有限公司		刘乃英	35	4	7	130	天津海河教育园区同德路36号,38号,40号,42号,44号,46号;雅馨路13,15号301,302;雅馨路9,11号301;雅馨路9,11,13,15号203	300350	15900257238
135	天津津工业学校	吴广兴	翟宗清	152	3	54	2285	津南区津沽路700号	300350	28392677
136	天津市津南区培智学校	马 艳	马 艳	24	10	10	151	津南区咸水沽红旗路8号	30000	88968323

续表

序号	校名	书记	校长	教职工数	年级数	班数	学生数	校址	邮政编码	电话
137	天津市旅外职业高中有限公司	安智全	穆建成	121	3	75	2910	津南区辛柴路10号	300354	28322417
138	天津市津南区少年儿童体育学校	王 静	王 静	17				津南区小站镇津港公路1001号楼	300350	13920972256
139	天津市津南区教师发展中心	许浩然	许浩然	69				津南区咸水沽镇津沽公路315号（原咸水沽第四小学院内）	300350	28391123 88511043
140	天津市津南区教育综合服务中心（天津市津南区少年营）	孙 妍	孙 妍	57				津南区咸水沽镇津沽路77号	300350	81125529
141	天津市津南区教育招生考试中心	张孟贤	张孟贤	17				津南区咸水沽镇津沽路77号	300350	88510592
142	天津市津南区双港镇成人文化技术学校		王印盛	1				津南区双港镇便民服务中心（久隆街168号）	300350	28589816
143	天津市津南区辛庄镇成人文化技术学校		付学斌	1				津南区辛庄镇人民政府	300354	88530415
144	天津市津南区咸水沽镇成人文化技术学校		王庆伟	1				津南区咸水沽镇综合便民服务中心（丰收路与津南大道交叉口）	300350	88915869
145	天津市津南区双桥河镇成人文化技术学校		倪道静	1				津南区双桥河镇福和园党群服务中心	300350	28390820
146	天津市津南区葛沽镇成人文化技术学校		顾金艳	1				津南区葛沽镇盘沽馨苑党群服务中心	300352	28690394
147	天津市津南区小站镇成人文化技术学校		董铁军	1				津南区小站镇人民政府（小站镇前营路）	300353	88813368
148	天津市津南区北闸口镇成人文化技术学校		王志国	1				津南区北闸口镇人民政府（北闸口镇广惠道1号）	300350	88538515
149	天津市津南区八里台镇成人文化技术学校		崔永春	1				津南区八里台镇人民政府（八里台镇建设路6号）	300356	28751351

北辰区

序号	校名	书记	校长	教职工数	年级数	班数	学生数	校址	邮政编码	电话
1	天津市北辰区教师发展中心	李伯生	李伯生	82				北辰区富锦道1号教育中心大楼4-10楼	300400	26838055
2	天津市北辰区教育综合服务中心	丁建	丁建	28				北辰区富锦道1号教育中心大楼14-15楼	300400	26877891
3	天津市北辰区学生综合素质发展中心	刘振刚	刘振刚	43				北辰区富锦道1号教育中心大楼11-12楼	300400	26391627
4	天津市北辰中等职业技术学校	谢瑞	谢瑞	115	3	35	2121	北辰区北仓镇富锦道5号	300400	26390772
5	天津市民族中等职业技术学校	毕拉丁	周德勇	87	3	36	1270	北辰区京津公路天穆村北	300400	26348462
6	天津市第四十七中学	狄建成	狄建成	199	3	46	2064	北辰区京津公路466号	300400	26918825
7	天津市九十六中学	张华冕	张华冕	94	3	24	1120	北辰区三于路9号	300402	26300788
8	天津市朱唐庄中学	朱清勇	朱清勇	71	3	15	617	北辰区大张庄镇朱唐庄村南	300402	86985275
9	天津市南仓中学	刘永新	刘永焕	200	6	54	2619	北辰区天穆老道102号	300400	86565038
10	天津市青光中学	王光健	王凤青	125	6	38	1745	北辰区青光镇青光村东	300401	26951982
11	天津市北辰区华辰学校	刘宝珍	刘丽霞	280	12	105	4341	北辰区京津公路517号	300400	26391036
12	天津市集贤里中学	赵秀萍	边复玲	81	3	21	895	北辰区京津虎林路11号	300400	26911231
13	天津市北仓第二中学	魏金权	魏金权	75	3	18	719	北辰区北医道11号	300400	26391332
14	天津市河头中学	季淑平	王秀平	105	9	36	1443	北辰区双口镇上河头村西	300401	86682332-8014
15	天津市小淀中学	胥刚	胥刚	89	3	27	1168	北辰区小淀镇政府北侧	300402	26990333
16	天津市大张庄中学	尹春华	尹春华	70	3	20	919	北辰区大张庄镇大张庄村西侧	300402	86853741
17	天津市东堤头中学	赵良珍	赵良珍	65	3	16	597	北辰区西堤头镇西堤头村	300400	86849718
18	天津市霍庄中学	王贵勇	王贵勇	46	3	12	454	北辰区西堤头镇霍庄中学	300400	86822967
19	天津市北辰区秋怡中学	于广发	于广发	57	3	17	755	北辰区普东街汾河北道19号	300400	26866513
20	北京十一学校天津实验学校		刘艳萍	74	1	3	109	北辰区普东街汾河北道19号（暂住）	300400	26866513
21	天津市北辰区普育学校	刘魏	刘魏	184	9	74	3220	北辰区宜兴埠镇北下坡	300400	86312208
22	天津市北辰区景悦中学	魏贺梅	魏贺梅	56	3	28	688	北辰区北仓镇景辰路6号	300134	86862658
23	天津市佳春中学	马树新	马树新	66	3	13	448	红桥区佳春里18号	300134	86513110
24	河北工业大学天津附属中学	李明珠	李明珠	51	3	15	668	北辰区双口镇平嘉路5446号	300401	86835003
25	天津市北辰区实验中学	王金成	王金成	87	3	25	1068	北辰区科峰路205号	300400	86817859
26	天津市九十二中学	尚志伟	刘泽虎	113	3	33	1356	北辰区双街镇沙庄村西	300402	26979681
27	天津市北辰区特殊教育学校	胡美凤	胡美凤	49	11	26	196	北辰区集贤里街安达路2号	300400	86818110
28	天津市北辰区实验小学	田秀红	周洪芳	142	6	69	2955	北辰区果园北道与高峰路交口处	300400	58127903

序号	校名	书记	校长	教职工数	年级数	班数	学生数	校址	邮政编码	电话
29	天津市北辰区苍园小学	荣国凤	荣国凤	47	6	21	726	北辰区果园新村城建北路	300400	86911583
30	天津市北辰区集贤里小学	陈建禹	陈建禹	41	6	16	584	北辰区讷河道6号	300400	26393973
31	天津市北辰区引河里小学	吴常坤	吴常坤	38	6	14	496	北辰区引河里	300400	26391496
32	天津市北辰区北仓小学	刘自成	霍兴华	82	6	35	1313	北辰区延吉道	300400	26911752
33	天津市北辰区王秦庄小学	闫俊	闫俊	29	6	11	302	北辰区北仓镇王秦庄村	300400	86875995
34	天津市北辰区逸阳文思小学		李克栋	8	2	3	78	北辰区龙岩道与辰永路交口东北侧	300400	
35	天津市北辰区天穆小学	穆瑞洋	穆瑞洋	38	6	17	667	北辰区京津公路270号	300400	26341645
36	天津市北辰区南仓小学	李银珍	李银珍	39	6	14	505	北辰区天穆镇南仓村	300400	26341615
37	河北工业大学天津附属小学	李刚	李刚	54	6	24	937	北辰区双口镇双口二村西平道5446号	300401	86836002
38	天津市北辰区王庄小学	张亚民	张亚民	33	6	12	359	北辰区天穆镇王庄村	300134	26663053
39	天津市北辰区宜兴埠第一小学	王存泽	王存泽	42	6	15	525	北辰区宜兴埠镇津围公路114号	300400	26300021
40	天津市北辰区宜兴埠第三小学	张健	张健	52	6	22	822	北辰区宜白路北	300402	26301247
41	天津市北辰区模范小学	杨晓春	杨晓春	120	6	53	2227	北辰区双街镇新家园旁	300400	26972861
42	天津市北辰区第二模范小学	王连娟	王连娟	88	6	40	1616	北辰区双街镇第二模范小学	300400	26865099
43	天津市北辰区盛青小学	苏忠欣	苏忠欣	27	5	15	597	北辰区新景道1号	300400	8683233-8201
44	天津市北辰区青光小学	魏顺勇	魏顺勇	62	6	24	900	北辰区青光镇青光小学	300400	26951838
45	天津市北辰区杨嘴小学	丁庆玉	丁庆玉	26	6	8	197	北辰区青光镇杨嘴村	300401	26650147
46	天津市北辰区韩家墅小学	刘玉俊	刘玉俊	55	6	23	905	北辰区青光镇韩家墅小学	300401	26955110
47	天津市北辰区沿河小学	祁光华	祁光华	35	6	12	327	北辰区青光镇李家房子村	300401	26954317
48	天津市北辰区安光小学	高淑静	高淑静	22	6	8	275	北辰区安光村	300401	26940004
49	天津市北辰区前丁庄小学	罗会伟	罗会伟	19	6	6	179	北辰区双口镇前丁庄村前丁庄小学	300401	86836000
50	天津市北辰区线河小学	荣珺	荣珺	31	6	9	257	北辰区双口镇线河二村线河小学	300401	81123600
51	天津市北辰区小淀小学	高文芹	高文芹	55	6	24	989	北辰区小淀镇小淀村	300402	26999651
52	天津市北辰区刘安庄小学	宋洁	宋洁	73	6	30	1137	北辰区小淀镇刘安庄村西	300402	26852146
53	天津市北辰区温家房子小学	张慧	张慧	28	6	14	522	北辰区温家房子村	300402	84814495
54	天津市北辰区大张庄小学	霍锦英	霍锦英	33	6	12	403	北辰区大张庄镇大张庄村北	300402	86853062
55	天津市北辰区朱唐庄小学	赵迎春	赵迎春	27	6	7	199	北辰区大张庄镇朱唐庄村南	300402	26990063
56	天津市北辰区辰庆小学	周则伟	周则伟	17	5	5	145	北辰区辰庆路10号	300400	86877389
57	天津市北辰区辰风小学	刘庆军	刘庆军	68	6	30	1238	北辰区大张庄风电产业园A区	300402	86826988
58	天津市北辰区东堤头小学	赵金艳	赵金艳	35	6	12	380	北辰区西堤头镇东堤头村	300408	86842289
59	天津市北辰区西堤头小学	赵士焕	赵士焕	32	6	14	438	北辰区西堤头镇西堤头村	300408	86842523

序号	校名	书记	校长	教职工数	年级数	班数	学生数	校址	邮政编码	电话
60	天津市北辰区刘快庄小学	王秀梅	王秀梅	35	6	13	484	北辰区西堤头镇刘快庄村	300408	86841933
61	天津市北辰区霍庄子小学	王涛	王涛	29	6	13	466	北辰区西堤头镇霍庄子村	300408	86823284
62	天津市北辰区辛侯庄小学	季海岑	季海岑	26	6	9	219	北辰区西堤头镇辛侯庄村	300408	86991431
63	天津市北辰区芦新河小学	唐桂芹	唐桂芹	27	6	11	261	北辰区西堤头镇芦新河村	300408	86843559
64	天津市北辰区瑞景小学	刘文革	刘文革	62	6	25	935	北辰区达路西侧	300400	86684728
65	天津市北辰区秋怡小学	刘俊连	刘俊连	58	6	28	1062	北辰区汾河北道20号	300400	86940628
66	天津市北辰区昌路小学	于广艳	于广艳	57	6	26	1046	北辰区昌路与龙岩道交口	300400	86673451
67	天津市北辰区朝辰小学	马增霞	马增霞	19	4	6	178	北辰区奇峰路1号	300400	85304917
68	天津市北辰区荣辰小学	张金梅	张金梅	24	4	12	420	北辰区沁河北道105号	300400	86877810
69	天津市北辰区金艺小学	李津	李津	16	4	8	266	北辰区淮东路63号	300400	26724875
70	天津师范大学北辰实验学校	谢裕梅	谢裕梅	11	3	4	79	北辰区文庆道69号	300499	86272158
71	天津市北辰区佳园里小学	阚世霞	阚世霞	59	6	18	672	红桥区千里堤外佳园里中心路	300134	26661590
72	天津市北辰区佳宁里小学	张水	张水	82	6	25	1073	北辰区佳宁里小区内	300134	86513180
73	天津市北辰区佳春里小学	穆铁	穆铁	56	6	14	563	红桥区佳春里小区	300134	86513184
74	天津市北辰区星星小学	侯金霞	侯金霞	17	3	10	407	北辰区永康道20号	300400	86858978
75	天津市北辰区荣馨小学	胡春香	胡春香	22	3	12	424	北辰区新畅路2号	300400	26950226
76	天津市北辰区运河小学	张坤	张坤	8	1	2	60	北辰区至信路4号	300400	87337268
77	天津市北辰区实验幼儿园	刘凤伟	刘凤伟	39	4	17	465	北辰区果园北道11号	300400	26393653
78	天津市北辰区北仓幼儿园	陈秀凤	陈秀凤	44	3	12	350	北辰区果园北道19号	300400	26390468
79	天津市北辰区新华幼儿园	王芳	王芳	20	3	3	75	北辰区果园中道商业局东路	300400	26390144
80	天津市北辰区引河里幼儿园	张佩环	张佩环	22	3	7	207	北辰区北仓镇祥瑞路泽天下顺泽园20号楼底商	300400	26391497
81	天津市北辰区集贤里幼儿园	樊亚娜	樊亚娜	30	3	10	280	北辰区延吉南道5号	300400	26391405
82	天津市北辰区淮盛幼儿园	刘玉娜	刘玉娜	16	3	9	233	北辰区姚江东路与汾河北道交口	300402	86441736
83	天津市北辰区宸宜幼儿园	王淑青	王淑青	21	3	13	370	北辰区姚江东路50号	300402	26177928
84	天津市北辰区双青第一幼儿园	匡丽彬	匡丽彬	11	3	9	251	北辰区北道西道北侧欣永路102号	300400	86838622
85	天津市北辰区双青第二幼儿园	刘芳	刘芳	17	3	12	321	北辰区嘉道西道北侧荣翠园	300400	26958409
86	天津市北辰区双青第三幼儿园	荣琳	荣琳	16	3	8	250	北辰区嘉康西路13号	300400	26958776
87	天津市北辰区双青第四幼儿园	安志芬	安志芬	16	3	8	222	北辰区欣永路盛康园小区内	300400	86831235
88	天津市北辰区双青第五幼儿园	刘晓云	刘晓云	15	3	7	156	北辰区嘉定东路9号	300401	26950876
89	天津市北辰区欧铂城幼儿园	杨淑华	杨淑华	12	3	7	213	北辰区景丽路7号	300409	2690148

续表

序号	校名	书记	校长	教职工数	年级数	班数	学生数	校址	邮政编码	电话
90	天津市北辰区温雅幼儿园	邵瑞雅	邵瑞雅	12	3	4	105	北辰区小淀镇温馨家园b小区	300400	86826587
91	天津市北辰区半湾花园幼儿园	王磊	王磊	18	3	7	210	北辰区双街镇双进道顺达路6号	300400	26971880
92	天津市北辰区润辰新苑幼儿园	龙霞	龙霞	14	3	9	241	北辰区天重道31号	300400	86877835
93	天津市北辰区郡德花园幼儿园	刘术更	刘术更	13	3	5	147	北辰区京津公路805号	300400	26885996
94	天津市北辰区恒逸华庭幼儿园	高耀红	高耀红	21	3	10	336	北辰区天穆镇洛河西道二号	300000	86331839
95	天津市北辰区绿境华廷幼儿园	罗志燕	罗志燕	13	3	6	176	北辰区北仓镇至信路8号	300400	86875968
96	天津市北辰区鸿春幼儿园	张佩环	张佩环	17	3	8	241	北辰区祥辰路号引河里南道交口东北侧	300400	26013586
97	天津市北辰区祥泽幼儿园	郭锡红	郭锡红	15	3	8	210	北辰区秦来道8号	300400	26947973
98	天津市北辰区第十九幼儿园	王志玲	王志玲	30	3	9	252	红桥区佳园里佳园道17号	300134	86513221
99	天津市北辰区第二十三幼儿园	张爽	张爽	25	3	8	205	北辰区佳园东里	300134	86513226
100	天津市北辰区第二十四幼儿园	贡然	贡然	31	3	9	239	红桥区双环东路6号	300134	26640946
101	天津市北辰区碧春园幼儿园	施克娜	施克娜	16	3	6	143	北辰区连环道以北碧春园小区	300400	26647960
102	天津市北辰区悦悦幼儿园	颜红梅	颜红梅	4	3	3	33	北辰区悦悦道2号	300400	86915531
103	天津市北辰区瑞佳幼儿园	王怀葛	王怀葛	7	3	3	62	北辰区辰达路东侧	300400	27569800
104	天津市北辰区实验第二幼儿园	刘凤伟	刘凤伟	11	3	9	260	北辰区大张庄镇喜凤花园七贤道1号	300402	86858016
105	天津市北辰区东赵庄幼儿园	陈秀凤	陈秀凤	4	3	3	80	北辰区西堤头镇东赵庄村天赐园小区内	300402	86847800
106	天津市北辰区碧水蓝湾幼儿园	张佩环	张佩环	2	2	2	37	北辰区青光镇李家房子村碧水蓝湾小区	300401	86938296
107	天津北辰开放大学	付桂兰	付桂兰	28	8	30	1200	北辰区富锦道3号	300400	26830177
108	天津市北辰区青少年宫	于红	于红	13				北辰区果园东路文化中心A座	300400	26391622
109	天津市北辰区科技馆	姜德华	姜德华	7				北辰区中学西路与北辰道交口文华中心B座	300400	86941642
110	天津市天外大附属北辰光华外国语学校	唐莉	唐莉	53	4	16	428	北辰区永进道与万河路交口永进道85号2号楼	300405	86839888
111	万通文富学校	郭甜	郭甜	16	6	6	109	北辰区青光镇韩家墅幸福道3号	300401	26950088
112	天津市北辰区北仓成人文化技术学校	李凤秀	李凤秀	4				北辰区京津公路东延吉道北(北仓镇院内)	300408	13920374291
113	天津市北辰区天穆镇成人文化技术学校	王会民	王会民	6				北辰区京津公路280号天穆镇政府	300408	13803092658
114	天津市北辰区双街镇成人文化技术学校	来国华	来国华	6				北辰区双江道37号,双街镇政府二楼	300400	13602046992
115	天津市北辰区青光镇成人文化技术学校	于广欣	于广欣	4				北辰区青光镇中国石化加油站北100米(镇文体中心)	300401	13920553156

续表

序号	校名	书记	校长	教职工数	年级数	班数	学生数	校址	邮政编码	电话
116	天津市北辰区双口镇成人文化技术学校		马金星	4				北辰区京福公路与津宝高速交口（镇政府内）	300401	13652026202
117	天津市北辰区宜兴埠镇成人文化技术学校		马立友	4				北辰区汾河南道3号	300402	13132186612
118	天津市北辰区小淀镇成人文化技术学校		周学富	4				北辰区小淀镇文体中心院内	300404	15522240399
119	天津市北辰区大张庄镇成人文化技术学校		霍焕颖	3				北辰区大张庄镇高雅苑文体中心	300402	13820803275
120	天津市北辰区西堤头镇成人文化技术学校		王春顺	4				北辰区西堤头镇政府院内	300408	15522133579
121	天津市北辰区果园新村街成人文化技术学校		邢福顺	5				北辰区果园东路115号	300400	18602665040
122	天津市北辰区集贤里街成人文化技术学校		周立东	4				北辰区讷河道6号	300400	15122898787
123	天津市北辰区瑞景街成人文化技术学校		肖振江	8				北辰区瑞景街道办事处院内	300134	15122929586
124	天津市北辰区佳荣里街成人文化技术学校		冯宝英	5				北辰区龙泉道西端南侧瑞贤园24号楼二层	300134	13502037175
125	天津市北辰区普东街成人文化技术学校		张春瑞	3				北辰区普东街淮祥园社区24-26号楼2楼	300400	13820821025
126	天津市北辰区双环邨街成人文化技术学校		冯宝英	1				北辰区双环邨街道办事处	300134	13502037175
127	天津市北辰区青广源街成人文化技术学校		柴守忠	2				北辰区双青新家园新景道盛康园底商广源街文体中心二楼	300134	13116041421

武清区

序号	校名	书记	校长	教职工数	年级数	班数	学生数	校址	邮政编码	电话
1	天津市武清区杨村第二中学	王月松	王月松	71	3	16	858	武清区杨村镇塔园路5号	301700	29581243
2	天津市武清区杨村第五中学	武士云	武士云	187	3	44	2255	武清区杨村镇泉兴路西侧	301700	59616720
3	天津市武清区杨村第六中学	林清浩	林清浩	72	3	18	846	武清区杨村镇光明道与泉兴路交口	301700	82162517
4	天津市武清区雍阳中学	李文和	李文和	105	3	28	1386	武清区杨村振华西道251号	301700	22172573
5	天津市武清区徐官屯街初级中学		韩伟杰	35	3	9	404	武清区徐官屯街工贸大街北段江源道4号	301700	29337626
6	天津市武清区黄庄街泉昇初级中学		李春雨	62	3	19	928	武清区黄庄街泉阳路2号	301700	60979533
7	天津市武清区曹子里镇初级中学		杨海东	46	3	13	546	武清区曹子里镇杨咸厂村北	301727	29559527
8	天津市武清区梅厂镇初级中学		平建月	86	3	18	790	武清区梅厂镇梅三村	301701	29535352
9	天津市武清区大黄堡镇初级中学		冯永申	34	3	7	303	武清区大黄堡镇朝阳里小区南侧	301702	82225130
10	天津市武清区上马台镇初级中学		尚柱岑	47	3	10	534	武清区上马台镇东薛庄村南	301729	82289906
11	天津市武清区大碱厂镇初级中学		郜永强	38	3	9	393	武清区大碱厂镇幸福路24号	301706	82217986
12	天津市武清区崔黄口镇初级中学		金学东	66	3	17	735	武清区崔黄口镇四街北	301702	29571354
13	天津市武清区崔黄口镇后巷初级中学		李晓红	27	3	9	349	武清区崔黄口镇福巷嘉苑东	301702	82205299
14	天津市武清区大良镇初级中学		果树涛	61	3	16	802	武清区大良镇政府西100米	301703	29561328
15	天津市武清区下伍旗镇初级中学		杨立志	45	3	11	424	武清区下伍旗镇田辛庄村东	301705	22289174
16	天津市武清区河北屯镇中心学校		张怀志	81	9	27	1079	武清区河北屯镇河北屯村西北	301704	22277698
17	天津市武清区南蔡村镇初级中学	杨 阳	杨 阳	66	3	16	720	武清区南蔡村镇定福庄村西	301709	29411844
18	天津市武清区南蔡村镇北蔡村初级中学		李顺国	33	3	9	319	武清区南蔡村镇苏羊坊村北	301709	22252134
19	天津市武清区大孟庄镇初级中学		高洪杰	38	3	8	361	武清区大孟庄镇前幼庄村东	301711	22262761
20	天津市武清区泗村店镇初级中学		姜 永	39	3	12	502	武清区泗村店镇政府东侧	301709	29425981
21	天津市武清区河西务镇初级中学		崔学军	56	3	16	710	武清区河西务镇东陈庄村	301714	29430538
22	天津市武清区河西务镇大沙河初级中学		张志明	32	3	9	339	武清区河西务镇大沙河村西	301714	22235070
23	天津市武清区高村镇初级中学		苏学文	44	3	11	419	武清区高村镇沙高路113号	301737	22221626
24	天津市武清区白古屯镇初级中学		郑志强	39	3	11	442	武清区白古屯镇政府东100米	301738	22186483
25	天津市武清区大王古庄镇初级中学		杨桂长	62	3	18	818	武清区大王古庄镇韩指挥营村东	301739	82958250
26	天津市武清区东马圈镇初级中学		韩宝强	33	3	10	427	武清区东马圈镇东马圈村	301717	29471615
27	天津市武清区豆张庄镇初级中学		周宏伟	36	3	8	320	武清区豆张庄镇政府北300米	301707	22167714
28	天津市武清区豆张庄镇南双庙初级中学		刘雨光	25	3	6	193	武清区豆张庄镇南双庙村西	301707	22167697
29	天津市武清区黄花店镇初级中学		杨 鹏	50	3	11	516	武清区黄花店镇南	301708	29480222

续表

序号	校名	书记	校长	教职工数	年级数	班数	学生数	校址	邮政编码	电话
30	天津市武清区石各庄镇初级中学		高永凯	48	3	14	585	武清区石各庄镇石东村	301718	22159210
31	天津市武清区陈咀镇初级中学		王祥动	60	3	16	714	武清区陈咀镇咀村武静路东侧	301741	22141459
32	天津市武清区王庆坨镇初级中学		杨超	108	3	29	1485	武清区王庆坨镇六街北外环路北	301713	29518807
33	天津市武清区汉沽港镇初级中学		焦占东	112	3	32	1509	武清区汉沽港镇口村津永公路18号	301721	29491422
34	天津市武清区杨村第九中学		刘冠军	74	3	20	953	武清区振华西道与泉达路交口	301700	22258119
35	天津市武清区杨村第十一中学	张士光	张士光	109	3	34	1562	武清区东蒲洼街雍和道152号	301700	29366516
36	天津市武清区杨村第十中学	齐思强	齐思强	57	3	16	765	武清区东蒲洼街东泉丰路37号	301700	29366710
37	天津市武清区杨村第八中学	李铭	李铭	143	3	38	1928	武清区前进道160号	301700	82962536
38	天津市武清区下朱庄街广贤路初级中学		张文杰	104	3	44	2083	武清区下朱庄街明博路28号	301700	59903055
39	天津市武清区下朱庄街南湖初级中学		刘正攀	158	3	44	2230	武清区下朱庄街天和路133号	301700	29396399
40	天津市武清区杨村第十二中学	王学彦	王学彦	82	3	22	1113	武清区东蒲洼街道302号增1号	301700	60327956
41	天津市武清区六力学校	马长军	李志	390	9	56	2210	武清区源泉路15号	301700	60882112
42	天津市武清区杨村光明道中学	周建国	周建国	146	3	38	1830	武清区杨村镇光明道751号	301700	60651560
43	天津市武清区高村镇学府道学校		贾永震	58	9	25	961	武清区高村镇学府道14号	301737	22282630
44	天津市黑利伯瑞精英学校		高虎	94	9	14	245	武清区高村镇公学道6号	301737	60978152
45	天津市英华实华学校	王克坤	林向阳	571	12	96	3776	武清区雍阳西道与泉发路交叉口西北角	301700	59666737
46	天津市武清区杨村第一中学	刘洪生	李学军	308	3	68	3311	武清区新城南东路282号	301700	59689168
47	天津市武清区杨村第三中学	王鹏	付育武	240	3	56	2484	武清区杨村镇泉州南路	301700	29342310
48	天津市武清区杨村第四中学	孙明利	石青山	178	3	42	2213	武清区黄庄街道建设路与泉尚路交口西侧	301700	29341941
49	天津市武清区梅厂中学	孙宝森	孙宝森	121	3	26	1297	武清区梅厂镇	301701	22997991
50	天津市武清区崔黄口中学	刘士发	刘士发	119	3	27	1309	武清区崔黄口镇	301702	29571651
51	天津市武清区大良中学	袁连友	袁连友	118	3	26	1303	武清区大良镇大良村东	301703	29562858
52	天津市武清区河西务中学	马文伟	马文伟	127	3	31	1592	武清区河西务镇京津公路	301714	29439040
53	天津市武清区南蔡村中学	孙献友	孙献友	130	3	32	1601	武清区南蔡村镇京津公路	301709	29417393
54	天津市武清区城关中学	杨振旺	石学全	229	6	61	2818	武清区城关镇武落路186号	301712	29461099
55	天津市武清区黄花店中学	刘永亮	刘永亮	127	3	37	1574	武清区黄花店镇	301708	29481067
56	天津市武清区王庆坨中学	朱万水	朱万水	112	3	34	1392	武清区王庆坨镇	301713	29518796
57	天津市武清区天和城实验中学	王立新	昌炜	246	3	60	3096	武清区天和城26号	301700	29453175
58	天津市六力高级中学	马长军	李志	293	3	33	1346	武清区源泉路15号	301700	60882112
59	黑利伯瑞高中（天津）有限责任公司		高虎	47	3	6	116	武清区高村镇公学道6号	301737	60978152
60	天津市燕京高级中学有限公司		陈赣中	33	3	8	370	武清区泗村店镇大东路北侧	301700	22976500

续表

序号	校名	书记	校长	教职工数	年级数	班数	学生数	校址	邮政编码	电话
61	天津市燕京雍阳高级中学有限公司		陈赣中	70	3	12	526	武清区泗村店镇大东路北侧	301700	22976500
62	天津市新城高级中学有限公司		冯龙龙	52	3	11	322	武清区高村镇书院道12号	301700	15902224936
63	天津优念高级中学有限公司（天津优念高级中学）		王艳丽	49	3	7	179	武清区前进道南侧123号	301799	22118985
64	天津市武清区杨村第四小学	张会玲	张会玲	57	6	22	976	武清区杨村镇雍阳东道5号	301700	22108105
65	天津市武清区杨村第六小学	张春海	张春海	45	6	18	734	武清区杨村镇建设南路厂夏东里19号	301700	82263122
66	天津市武清区杨村第七小学	王志强	王志强	58	6	23	1000	武清区杨村街泉兴路与厂厦道交口西侧	301700	60916758
67	天津市武清区杨村第八小学	杜爱剑	杜爱剑	132	6	50	2315	武清区强国道与泉发路交口	301700	82108849
68	天津市武清区杨村第九小学	张建忠	张建忠	138	6	51	2610	武清区雍阳西道南侧杨村第九小学	301700	82191638
69	天津市武清区杨村第十小学	李树武	李树武	167	6	60	3043	武清区强国道43号	301700	82178955
70	天津市武清区杨村街第二小学		王晶元	86	6	35	1469	武清区杨村街泉州路28号	301700	82175962
71	天津市武清区杨村街上朱庄育才小学		杨学军	34	6	13	447	武清区杨村机场道24号	301700	29321288
72	天津市武清区王庄军民小学	杜国良	杜国良	43	6	17	812	武清区杨村街规划团结路延长线西侧	304700	29505805
73	天津市武清区杨村第十二小学	赵宝忠	赵宝忠	74	6	30	1429	武清区泉丰路39号	301700	60977913
74	天津市武清区下朱庄街道静湖小学		杨春莉	86	6	38	1635	武清区下朱庄街嘉河道6号	301700	22982610
75	天津市武清区曹子里镇曹子里中心小学		杨 健	40	6	18	726	武清区曹子里镇后街村东	301727	29551266
76	天津市武清区曹子里镇小高口中心小学		孟凡刚	23	6	12	402	武清区曹子里镇小高口村	301700	29559904
77	天津市武清区曹子里镇汉百户中心小学		冯学武	12	6	6	93	武清区曹子里镇汉百户村南	301727	29559013
78	天津市武清区梅厂镇灰锅口中心小学		白士伟	20	6	6	226	武清区梅厂镇灰锅口村	301711	59691105
79	天津市武清区梅厂镇聂庄子中心小学		李庆余	21	6	9	283	武清区梅厂镇聂庄子村	301701	82294850
80	天津市武清区梅厂镇张大庄中心小学		袁乃娟	18	6	6	220	武清区梅厂镇张大庄村	301700	29533517
81	天津市武清区梅厂镇第一小学		王宝山	54	6	25	977	武清区梅厂镇梅一村	301701	29534647
82	天津市武清区上马台镇上马台中心小学		祖继兵	58	6	27	1032	武清区上马台镇东薛庄村南	301729	82945936
83	天津市武清区上马台镇北五村中心小学		禹振亮	14	6	6	103	武清区上马台镇北五村村南	301701	22961532
84	天津市武清区大碱厂镇田河中心小学		张志强	36	6	12	413	武清区大碱厂镇田河村南	301706	82218821
85	天津市武清区大碱厂镇第二小学		张永富	27	6	12	349	武清区大碱厂镇兰家庄村南	301706	82216068
86	天津市武清区崔黄口镇崔黄口中心小学		王建彬	37	6	18	688	武清区崔黄口镇四街南	301702	29570203
87	天津市武清区崔黄口镇修家庄中心小学		李宝彦	14	6	6	121	武清区崔黄口镇修家庄村北	301702	22996638
88	天津市武清区崔黄口镇北中心小学		龚喜峰	15	6	6	217	武清区崔黄口镇南三村	301702	29579051
89	天津市武清区崔黄口镇后巷明德中心小学		范更强	30	6	17	531	武清区崔黄口镇后巷福嘉社区内	301702	82206238
90	天津市武清区崔黄口镇大宫城中心小学		赵宝齐	13	6	6	193	武清区崔黄口镇大宫城南村西	301702	82205634

续表

序号	校名	书记	校长	教职工数	年级数	班数	学生数	校址	邮政编码	电话
91	天津市武清区大良镇大良中心小学		孙爱国	56	6	25	1015	武清区大良镇木秀园小区南侧	301703	29562224
92	天津市武清区大良镇双树小学		时春华	17	6	8	264	武清区大良镇双树村村东	301703	22298094
93	天津市武清区大良镇二百户小学		赵志龙	16	6	6	134	武清区大良镇二百户村西	301703	22298084
94	天津市武清区下伍旗镇中心小学		邢学志	28	6	15	504	武清区下伍旗镇下伍旗村北	301705	22289147
95	天津市武清区下伍旗镇河各庄中心小学		尚立玥	17	6	9	273	武清区下伍旗镇河各庄村北	301705	22289127
96	天津市武清区南蔡村镇南蔡村中心小学		靳宝成	25	6	11	333	武清区南蔡村镇南蔡村东	301709	82185456
97	天津市武清区南蔡村镇水庭苑中心小学		郭生亮	57	6	23	953	武清区南蔡村镇泉秋路东侧	301709	58953981
98	天津市武清区南蔡村镇莲胜中心小学		齐学亮	36	6	16	585	武清区南蔡村镇莲胜花园小区东	301709	29419038
99	天津市武清区南蔡村镇西小良中心小学		李书红	18	6	6	104	武清区南蔡村镇西小良南2号	301709	22253321
100	天津市武清区南蔡村镇六百户中心小学		张学全	16	6	6	81	武清区南蔡村镇六百户村西1号	301709	22252489
101	天津市武清区南蔡村镇团结中心小学		炼洪春	16	6	6	137	武清区南蔡村镇苏羊坊村东	301709	22253197
102	天津市武清区大孟庄镇大孟庄中心小学		许 波	27	6	12	357	武清区大孟庄镇大孟庄村北	301711	22260869
103	天津市武清区大孟庄镇大押虎寨中心小学		张玉海	23	6	11	311	武清区大孟庄镇大押虎寨村西	301711	22261900
104	天津市武清区泗村店镇中心小学		白振宇	40	6	18	795	武清区泗村店镇政府东侧	301709	29425671
105	天津市武清区河西务镇首驿小学		李武生	50	6	24	913	武清区河西务镇东兴里小区东侧	301714	29439214
106	天津市武清区王庆坨镇大三河小学		王 颖	13	6	6	219	武清区王庆坨镇大三河西	301713	29519037
107	天津市武清区河北屯镇振华完全小学		王利军	20	6	11	308	武清区河北屯镇苏庄村西	301704	22284900
108	天津市武清区徐官屯镇第二小学		刘海宏	33	6	14	573	武清区徐官屯街惠民里小区14号楼东侧	301700	82144980
109	天津市武清区河西务镇扶头中心小学		孙中波	12	6	7	221	武清区河西务镇扶头后街村东	301714	29437389
110	天津市武清区河西务镇孝力小学		钟学伟	24	6	12	395	武清区河西务镇孝力村东	301714	29400340
111	天津市武清区河西务镇大沙河中心小学		陈立华	26	6	12	363	武清区河西务镇大沙河	301714	22224169
112	天津市武清区河西务镇羊坊中心小学		要建刚	14	6	6	179	武清区河西务镇羊坊村北	301714	22235064
113	天津市武清区高村镇中心小学		王丽平	34	6	15	543	武清区高村镇沙岗路113号	301714	22221764
114	天津市武清区高村镇第二中心小学		贾广庆	16	6	6	144	武清区高村镇里老村西	301737	22221824
115	天津市武清区城关镇关小学		孙占杰	29	6	12	478	武清区城关镇西南街	301712	29460311
116	天津市武清区城关镇东张营中心小学		庞胜发	16	6	6	160	武清区城关镇东张营村	301712	29464117
117	天津市武清区城关镇扶头后庄村明德小学		庞胜发	15	6	6	115	武清区城关镇后庄村小屯路1号	301712	82275258
118	天津市武清区城关镇大桃园中心小学		孙宝林	23	6	9	274	武清区城关镇大桃园村1号	301712	29461432
119	天津市武清区白古屯镇和平中心小学		杨连喜	19	6	9	292	武清区白古屯镇黄小公路77号	301700	22186422
120	天津市武清区白古屯镇桐林中心小学		王建军	13	6	7	168	武清区白古屯镇桐林村黄小公路36号	301712	22180089
121	天津市武清区白古屯镇东马房中心小学		郗 军	14	6	6	103	武清区白古屯镇东马房村	301712	29466760

续表

序号	校名	书记	校长	教职工数	年级数	班数	学生数	校址	邮政编码	电话
122	天津市武清区大王古庄镇大王古庄中心小学		刘国旗	88	6	37	1565	武清区大王古庄镇韩指挥营村东50米处	301739	82958251
123	天津市武清区大王古庄镇第二中心小学		杜会东	26	6	14	442	武清区大王古庄镇利尚屯村北	301739	22191655
124	天津市武清区东马圈镇东马圈中心小学		徐建忠	33	6	12	513	武清区东马圈镇东马圈村	301717	29479771
125	天津市武清区东马圈镇大谋古屯中心小学		董会永	16	6	6	119	武清区东马圈镇大谋古屯村桥西	301717	29476013
126	天津市武清区东马圈镇刘庄中心小学		吴学强	14	6	6	110	武清区东马圈镇西刘庄村西南口	301717	29472040
127	天津市武清区豆张庄镇豆张庄中心小学		刘庆山	24	6	8	213	武清区豆张庄镇政府北侧	301707	22167574
128	天津市武清区豆张庄镇双庙中心小学		朱立华	19	6	9	258	武清区豆张庄镇南双庙村西	301707	22167674
129	天津市武清区豆张庄镇茨洲中心小学		朱艳松	17	6	6	191	武清区豆张庄镇茨洲村西	301707	22167544
130	天津市武清区黄花店镇黄花店中心小学		李永来	37	6	16	547	武清区黄花店镇南	301708	29481514
131	天津市武清区黄花店镇甄营中心小学		王立国	15	6	6	140	武清区黄花店镇甄营村南	301708	29484916
132	天津市武清区黄花店镇八里桥中心小学		李欣凤	17	6	6	180	武清区黄花店镇八里桥村3区214号	301708	29481213
133	天津市武清区石各庄镇石各庄中心小学		陈宝松	51	6	23	832	武清区石各庄镇石东村	301718	22159467
134	天津市武清区石各庄镇敖嘴中心小学		丁凤坡	20	6	9	207	武清区石各庄镇敖西村	301718	22159461
135	天津市武清区石各庄镇梁各庄中心小学		甄祖然	14	6	6	104	武清区石各庄镇梁各庄村	301718	22156255
136	天津市武清区陈嘴镇陈咀中心小学		肖会欣	36	6	19	671	武清区陈咀镇陈咀村东12区3排5号	301741	22146439
137	天津市武清区陈嘴镇三村中心小学		闫书强	19	6	7	237	武清区陈咀镇小王村北	301741	22147541
138	天津市武清区陈嘴镇庞庄中心小学		朱卫红	13	6	6	157	武清区陈咀镇庞庄村七区八排15号	301741	22146607
139	天津市武清区王庆坨镇光明小学		张胜义	41	6	18	753	武清区王庆坨镇五街村小范口公路西	301713	29518587
140	天津市武清区王庆坨镇六街小学		胡培荣	29	6	13	501	武清区王庆坨镇六街六街公园西	301713	29515072
141	天津市武清区杨村第十三小学	门月娟	门月娟	116	6	44	2189	武清区雍和道153号	301700	29366606
142	天津市武清区杨村第十四小学	田 刚	田 刚	98	6	39	1936	武清区杨村镇上下园大街北侧	301700	60379397
143	天津市武清区王庆坨镇郑大小学		李立群	13	6	6	169	武清区王庆坨镇郑家楼村西	301713	29514080
144	天津市武清区王庆坨镇一街中心小学		孙开明	44	6	18	721	武清区王庆坨镇一街村东环路南四巷32号	301713	29513919
145	天津市武清区王庆坨镇二街中心小学		王树刚	19	6	8	245	武清区王庆坨镇二街村四街村与津霸公路交口南500米	301713	29525962
146	天津市武清区王庆坨镇胜利小学		罗前锋	15	6	6	123	武清区王庆坨镇七街北环路北20号	301713	29516651
147	天津市武清区王庆坨镇九街小学		张纪洪	19	6	8	289	武清区王庆坨镇九街园卫园三巷27号	301713	29521611
148	天津市武清区王庆坨镇尤张堡小学		李丽霞	14	6	6	207	武清区王庆坨镇尤张堡村四区1排8号	301713	29501512
149	天津市武清区汉沽港镇一街中心小学		边亚洲	39	6	18	728	武清区汉沽港镇一街村西2号	301721	29491917
150	天津市武清区汉沽港镇六道口中心小学		高元梅	25	6	13	469	武清区汉沽港镇六道口村南黄王公路西侧6号	301721	22134254

续表

序号	校名	书记	校长	教职工数	年级数	班数	学生数	校址	邮政编码	电话
151	天津市武清区汉沽港镇苑家堡中心小学		鲁宝生	16	6	6	212	武清区汉沽港镇苑家堡村北环路2号	301721	29491485
152	天津市武清区汉沽港镇西肖庄小学		徐丽丽	15	6	6	92	武清区汉沽港镇西肖庄村中心路108号	301721	22134974
153	天津市武清区黄庄街泉昇小学		杨仲颖	72	6	30	1353	武清区黄庄街泉阳路4号	301700	60979536
154	天津市武清区杨村第十五小学	赵 伟	赵 伟	62	6	25	1170	武清区新城北河滩还迁小区西侧	301700	22161887
155	天津市武清区杨村第十六小学	李红宝	李红宝	68	6	28	1267	武清区杨村新城英华道8号	301700	60170372
156	天津市武清区下朱庄街广贸路小学		徐红宇	164	6	68	3115	武清区下朱庄街明博路28号	301700	58509974
157	天津市武清区汉沽港镇港韵小学		林 刚	53	6	24	1000	武清区汉沽港镇京津科技谷嘉河道2号	301721	29498618
158	天津市武清区杨村第十七小学	赵越华	赵越华	69	6	26	1252	武清区强国道302号	301700	60327857
159	天津市武清区陈嘴镇艾蒲庄小学		严庆娟	16	6	6	208	武清区陈嘴镇艾蒲庄村西口	301741	22146347
160	天津市武清区陈嘴镇渔坝口小学		肖兴强	22	6	12	362	武清区陈嘴镇渔坝口四村村东	301741	22149790
161	天津市武清区白古屯镇小韩村完全小学		王雪东	15	6	6	158	武清区白古屯镇小韩村黄小公路18号	301712	22180219
162	天津市武清区杨村街第一小学		冯振虎	33	6	16	593	武清区杨村街大桥道102号	301700	29301813
163	天津市武清区豆张庄镇西柳行小学		崔洪才	18	6	6	86	武清区豆张庄镇西柳行村西	301707	22167784
164	天津市武清区白古屯镇白古屯中心小学		吴 园	14	6	6	161	武清区白古屯镇白古屯村富和公路39号	301712	22186481
165	天津市武清区下朱庄街南湖小学		荣春鹤	112	6	48	2086	武清区下朱庄街天和路396号	301700	29301655
166	天津市武清区下朱庄街静湖第二小学		张学玲	67	6	32	1278	武清区下朱庄街嘉河道1号	301700	29441873
167	天津市武清区杨村街光明道小学	杜宏宇	杜宏宇	119	6	46	2361	武清区东蒲洼街光明道751号增1号	301700	60328551
168	天津市武清区下朱庄街南湖第二小学		芮晓云	38	6	17	663	武清区下朱庄街丰顺路339号	301712	60382922
169	天津市武清区滨河道小学	李彩星	李彩星	48	6	21	891	武清区黄庄街滨河道20号	301700	60882762
170	天津市武清区大黄堡镇朝阳里小学		张丽忠	38	6	14	508	武清区大黄堡镇朝阳里小区南30米	301702	82225033
171	天津市武清区下朱庄街越秀园小学		李学军	65	6	26	1218	武清区下朱庄街世广道与远达路交口	301700	29386591
172	天津市武清区杨村第十一小学	邱思达	邱思达	92	6	36	1642	武清区杨村城保利山河雅苑南里37号	301700	82978116
173	天津市武清区泗村店镇湖西中心小学		姜晓国	17	6	6	171	武清区泗村店镇仓上村北	301709	29425724
174	天津市武清区崔黄口镇南中心小学		刘德增	20	6	10	287	武清区崔黄口镇武营村	301702	29572044
175	天津市武清区高村镇第三中小学		闫春江	18	6	6	201	武清区高村镇书院道55号	301713	22221823
176	天津市武清区汉沽港镇二街中心小学		于成军	40	6	21	758	武清区汉沽港村红领巾路14号	301721	29491425
177	天津市武清区第一幼儿园	龚保兰	龚保兰	97	3	21	635	武清区杨村街雍阳东道28号	301700	29342257
178	天津市武清区第三幼儿园		卢俊嫒	44	3	9	229	武清区杨村平安里小区对面	301700	13820650680
179	天津市武清区金摇篮幼儿园		王 旭	70	3	14	360	武清区东蒲洼街道泉发路53号	301700	22162566
180	中国人民解放军66058部队幼儿园		王婉玲	4	3	1	23	陆军驻武清部队内	301700	84682451
181	中国人民解放军93735部队幼儿园		荣 英	23	3	4	117	武清区杨村育才路育天公寓内	301700	84481236

续表

序号	校名	书记	校长	教职工数	年级数	班数	学生数	校址	邮政编码	电话
182	天津市武清区杨村第四小学附属幼儿园		张会玲	6	3	1	31	武清区杨村雍阳东道5号	301700	22108162
183	天津市武清区杨村第七小学附属幼儿园		王志强	4	3	2	61	武清区杨村街厂夏道	301700	59616759
184	天津市武清区第五幼儿园		刘志成	78	3	17	521	武清区泉兴北路六中北	301700	29382250
185	天津市武清区杨村街育才幼儿园		杨学军	15	3	4	100	武清区杨村街机场道24号	301700	29321228
186	天津市武清区杨村街月亮船幼儿园		张春俊	17	3	5	112	武清区杨村街振华西道2号楼	301700	29360200
187	天津市武清区徐官屯街中心幼儿园		王静华	20	3	6	136	武清区徐官屯街杨六路南侧景瑞端花园小区内	301700	82293915
188	天津市武清区黄庄街老米店幼儿园		邢会凤	5	3	1	26	武清区黄庄街老米店村	301700	29323664
189	天津市武清区黄庄街马家口幼儿园		邢会凤	2	3	1	8	武清区黄庄街马家口村	301700	29361001
190	天津市武清区黄庄街城上幼儿园		邢会凤	2	3	1	12	武清区黄庄街城上村	301700	82123475
191	天津市武清区下朱庄街道静湖幼儿园		穆文玲	33	3	6	160	武清区下朱庄街静湖花园西区	301700	29441977
192	天津市武清区下朱庄街越秀园幼儿园		丁楠	31	3	6	171	武清区下朱庄街越秀园东区	301700	29356892
193	天津市武清区曹子里镇大地幼儿园		杨慧	32	3	7	162	武清区曹子里镇花城中路	301700	29559195
194	天津市武清区曹子里镇西掘河幼儿园		李光民	10	3	3	60	武清区曹子里镇西掘河村	301700	29301875
195	天津市武清区曹子里镇汉百户幼儿园		吕洪旭	12	3	2	58	武清区曹子里镇汉百户村	301727	29559013
196	天津市武清区梅厂镇中心幼儿园		张树艳	15	3	4	104	武清区梅厂镇梅一村	301701	29538512
197	天津市武清区梅厂镇聂庄子中心幼儿园		无	3	3	1	10	武清区梅厂镇聂庄子村	301700	82294242
198	天津市武清区梅厂镇张大庄幼儿园		张艳霞	3	3	1	16	武清区梅厂镇张大庄村	301701	29538517
199	天津市武清区梅厂镇灰锅口中心幼儿园		李德亮	13	3	3	84	武清区梅厂镇灰锅口村	301701	59691105
200	天津市武清区大黄堡镇代家庄幼儿园		张宝春	3	3	1	18	武清区大黄堡镇代家庄村	301731	82248189
201	天津市武清区上马台镇中心幼儿园		李立明	34	3	9	234	武清区上马台镇隆泰家园小区93号楼	301729	82288966
202	天津市武清区上马台镇北五村幼儿园		禹振亮	4	3	1	11	武清区上马台镇北五村村南	301700	22961532
203	天津市武清区大碱厂镇中心幼儿园		武震	13	3	3	90	武清区大碱厂镇中学院内	301706	85280618
204	天津市武清区大碱厂镇兰家庄幼儿园		莫亚艳	9	3	2	56	武清区大碱厂镇兰家庄村	301706	82219572
205	天津市武清区大碱厂镇陈楼幼儿园		段秀娟	8	3	2	41	武清区大碱厂镇田河村	301706	82217867
206	天津市武清区廊坊口镇中心幼儿园		肖艳	40	3	10	261	武清区廊良路延长线56号	301702	82203070
207	天津市武清区崔黄口镇中心幼儿园		陈新岳	31	3	9	212	武清区崔黄口镇福巷嘉苑社区	301702	82206238
208	天津市武清区崔黄口镇南三幼儿园		龚喜峰	4	3	1	28	武清区崔黄口镇南三村	301702	29579051
209	天津市武清区崔黄口镇大宫城幼儿园		赵宝齐	4	3	1	23	武清区崔黄口镇大宫城村西	301702	82205634
210	天津市武清区崔黄口镇周辛庄幼儿园		肖艳	3	3	1	21	武清区崔黄口镇周辛庄村	301702	13821015085
211	天津市武清区崔黄口镇修家庄中心小学幼儿园		李宝彦	4	3	1	24	武清区崔黄口镇修家庄村北	301702	22996638

续表

序号	校名	书记	校长	教职工数	年级数	班数	学生数	校址	邮政编码	电话
212	天津市武清区崔黄口镇东粮窝幼儿园		陈立侠	8	3	2	35	武清区崔黄口镇东粮窝村	301702	82203315
213	天津市武清区大良镇中心幼儿园		刘凤娟	28	3	5	150	武清区大良镇木秀园小区	301703	29591729
214	天津市武清区大良镇双树村中心幼儿园		马艳臣	16	3	3	79	武清区大良镇双树村	301703	22291235
215	天津市武清区大良镇李千户幼儿园		刘顺荟	2	3	1	8	武清区大良镇李千户村	301703	85701604
216	天津市武清区大良镇屯底庄幼儿园		靳秀娜	4	3	1	15	武清区大良镇屯底庄村	301703	22260924
217	天津市武清区大良镇二百户幼儿园		宗桂柳	2	3	1	10	武清区大良镇二百户村	301703	22298094
218	天津市武清区大良镇蔡各庄幼儿园		冯宇琦	5	3	1	19	武清区大良镇蔡各庄村	301703	22292153
219	天津市武清区大良镇前逯寺幼儿园		靳洁丽	2	3	1	10	武清区大良镇前逯寺村	301703	22292159
220	天津市武清区大良镇安家务幼儿园		李志杰	2	3	1	11	武清区大良镇安家务村	301703	85701607
221	天津市武清区大良镇北小营幼儿园		闫秀云	5	3	1	26	武清区大良镇北小营村	301703	22969307
222	天津市武清区下伍旗镇中心幼儿园		刘树颖	25	3	7	168	武清区下伍旗镇官屯村北	301705	22289714
223	天津市武清区河北屯镇中心幼儿园		杨妍妍	14	3	3	95	武清区河北屯镇河北屯村	301704	22273380
224	天津市武清区河北屯镇振华幼儿园		石光甫	6	3	2	42	武清区河北屯镇东苏庄村	301706	22284900
225	天津市武清区南蔡村镇团结幼儿园		靳宝成	11	3	2	39	武清区南蔡村镇南蔡村村东	301706	82185456
226	天津市武清区南蔡村镇莲胜幼儿园		齐学亮	14	3	4	82	武清区南蔡村镇连胜花园东侧	301709	29419038
227	天津市武清区南蔡村镇西小良幼儿园		李书红	3	3	1	13	武清区南蔡村镇西小良村南	301709	22253321
228	天津市武清区南蔡村镇六百户幼儿园		张学全	3	3	1	3	武清区南蔡村镇六百户村南	301709	22252489
229	天津市武清区南蔡村镇苏羊坊幼儿园		陈洪春	3	3	1	10	武清区南蔡村镇苏羊坊村北	301709	22253197
230	天津市武清区大孟庄镇中心幼儿园		张玉霜	15	3	4	101	武清区大孟庄镇大孟庄村	301700	22260290
231	天津市武清区大孟庄镇第二幼儿园		张玉霜	10	3	2	47	武清区大孟庄镇大押虎寨村	301711	22261900
232	天津市武清区大孟庄镇第三幼儿园		张玉霜	8	3	1	30	武清区大孟庄镇大道张庄村	301711	22228751
233	天津市武清区泗村店镇中心幼儿园		李委林	23	3	6	161	武清区泗村店镇泗祥道南侧名家花园配建2-101	301735	29427871
234	天津市武清区泗村店镇太子务幼儿园		李委林	4	3	1	26	武清区泗村店镇太子务村	301735	29425714
235	天津市武清区泗村店镇仓上幼儿园		姜晓国	3	3	1	19	武清区泗村店镇仓上村	301735	29425724
236	天津市武清区泗村店镇旧县幼儿园		李委林	3	3	1	8	武清区泗村店镇旧县村	301735	29425570
237	天津市武清区泗村店镇陈庄幼儿园		李委林	2	3	1	13	武清区泗村店镇陈庄村	301735	29425552
238	天津市武清区河西务镇中心幼儿园		张玉香	34	3	8	232	武清区河西务镇东兴里小区东	301714	29435168
239	天津市武清区河西务镇孝力幼儿园		钟学伟	8	3	2	55	武清区河西务镇孝力村东	301714	29400340
240	天津市武清区河西务镇龚庄幼儿园		倪振国	7	3	2	36	武清区河西务镇龚庄村	301714	29433177
241	天津市武清区河西务镇中白庙幼儿园		张宝库	4	3	1	5	武清区河西务镇中白庙村	301714	29431010

续表

序号	校名	书记	校长	教职工数	年级数	班数	学生数	校址	邮政编码	电话
242	天津市武清区河西务镇扶头幼儿园		孙中波	9	3	3	63	武清区河西务镇扶头村东	301714	29437389
243	天津市武清区河西务镇大沙河幼儿园		陈立华	5	3	1	30	武清区河西务镇大沙河村	301714	2224169
244	天津市武清区河西务镇羊坊幼儿园		耍建刚	7	3	2	36	武清区河西务镇羊坊村	301714	22235064
245	天津市武清区河西务镇北七幼儿园		陈立华	7	3	2	45	武清区河西务镇北里庄村	301714	22235068
246	天津市武清区高村镇中心幼儿园		陈博文	23	3	6	149	武清区高村镇高村	301737	22221743
247	天津市武清区高村镇牛幼儿园		殷玉英	18	3	4	114	武清区高村镇沙高路113号	301714	22221743
248	天津市武清区高村镇碱厂幼儿园		冯治文	7	3	2	37	武清区高村镇书院道55号	301714	22221743
249	天津市武清区高村镇大周村幼儿园		王鑫	10	3	2	50	武清区高村镇里老村西	301714	22221743
250	天津市武清区城关镇西南街小学幼儿园		王海英	16	3	3	90	武清区城关镇西南街小学道	301712	29461381
251	天津市武清区城关镇东张营幼儿园		庞胜发	15	3	3	76	武清区城关镇东张营村	301712	29464117
252	天津市武清区城关镇明德幼儿园		庞胜发	14	3	3	87	武清区城关镇后庄村	301712	22297185
253	天津市武清区城关镇大桃园幼儿园		陈宝香	16	3	3	88	武清区城关镇大桃园村	301712	29467925
254	天津市武清区白古屯镇白古屯幼儿园		吴园	9	3	2	57	武清区白古屯镇白古屯村	301712	22186481
255	天津市武清区白古屯镇东马房幼儿园		郝军	4	3	1	24	武清区白古屯镇东马房村	301712	29466760
256	天津市武清区白古屯镇和平庄幼儿园		杨连喜	7	3	2	46	武清区白古屯镇和平庄村	301712	22186422
257	天津市武清区白古屯镇中心幼儿园		杨颖	9	3	2	60	武清区白古屯镇桐林村	301712	22180089
258	天津市武清区白古屯镇大魏庄幼儿园		杨连喜	3	3	1	18	武清区白古屯镇大魏庄村	301712	22186422
259	天津市武清区白古屯镇耿庄幼儿园		杨连喜	3	3	1	13	武清区白古屯镇耿庄村	301712	22186422
260	天津市武清区白古屯镇小韩村幼儿园		王雪东	4	3	1	27	武清区白古屯镇小韩村	301712	22180219
261	天津市武清区大王古庄镇中心幼儿园		聂宝义	43	3	10	301	武清区大王古庄镇还正小区泰丰佳园配建5	301700	22273606
262	天津市武清区大王古庄镇侯尚幼儿园		聂宝义	9	3	2	61	武清区大王古庄镇侯尚村	301712	29354895
263	天津市武清区东马圈镇中心幼儿园		王金刚	28	3	6	134	武清区东马圈镇东马圈村通达路66号	301717	29470511
264	天津市武清区东马圈镇大谋屯幼儿园		董会永	5	3	1	24	武清区东马圈镇大谋屯村	301717	29476013
265	天津市武清区东马圈镇西刘庄幼儿园		吴学强	5	3	2	33	武清区东马圈镇西刘庄村	301717	29472040
266	天津市武清区豆张庄镇中心幼儿园		王海珍	3	3	1	18	武清区豆张庄镇人民政府北	301707	22123884
267	天津市武清区豆张庄镇南双庙中心幼儿园		李凤华	4	3	1	24	武清区豆张庄镇南双庙村西	301707	22167674
268	天津市武清区豆张庄镇茨洲幼儿园		刘文秀	7	3	1	38	武清区豆张庄镇茨洲村西	301707	22167544
269	天津市武清区黄花店镇中心幼儿园		李永来	22	3	5	150	武清区黄花店镇黄花店村	301708	29481514
270	天津市武清区黄花店镇甄营幼儿园		王立国	5	3	2	33	武清区黄花店镇甄营幼儿园	301708	29484916
271	天津市武清区黄花店镇八里桥幼儿园		李欣凤	9	3	2	40	武清区黄花店镇八里桥幼儿园	301708	29481213
272	天津市武清区石各庄镇中心幼儿园		沙百岑	41	3	10	283	武清区石各庄镇石东村	301718	22157896

续表

序号	校名	书记	校长	教职工数	年级数	班数	学生数	校址	邮政编码	电话
273	天津市武清区石各庄镇敖咀幼儿园		丁凤坡	13	3	3	90	武清区石各庄镇敖咀村	301718	22159461
274	天津市武清区陈咀镇中心幼儿园		史冬宇	12	3	4	84	武清区陈咀镇陈咀村	301741	22136294
275	天津市武清区陈咀镇北三村幼儿园		闫书强	6	3	2	41	武清区陈咀镇杨庄村	301700	29498691
276	天津市武清区陈咀镇艾卜庄幼儿园		严庆娟	13	3	3	65	武清区陈咀镇艾蒲庄村	301741	22146347
277	天津市武清区王庆坨镇光明幼儿园		张胜义	21	3	5	143	武清区王庆坨镇五街	301713	29511179
278	天津市武清区王庆坨镇六街中心幼儿园		胡培荣	15	3	4	99	武清区王庆坨镇六街村	301713	29515072
279	天津市武清区王庆坨镇郑大幼儿园		李立群	7	3	2	37	武清区王庆坨镇大范口村西	301713	29514080
280	天津市武清区王庆坨镇一街幼儿园		孙开明	26	3	7	179	武清区王庆坨镇一街	301713	29513919
281	天津市武清区王庆坨镇二街幼儿园		王树刚	10	3	3	58	武清区王庆坨镇二街村	301713	29515962
282	天津市武清区王庆坨镇胜利幼儿园		罗前锋	3	3	1	9	武清区王庆坨镇北环路20号	301713	29516651
283	天津市武清区王庆坨镇九街幼儿园		张纪洪	13	3	4	64	武清区王庆坨镇九街村	301713	29521611
284	天津市武清区王庆坨镇红星幼儿园		蔚丽	9	3	3	69	武清区王庆坨镇六街	301700	82179059
285	天津市武清区汉沽港镇一街幼儿园		边亚洲	15	3	3	89	武清区汉沽港镇一街村	301721	29491917
286	天津市武清区汉沽港镇六道口幼儿园		高元梅	6	3	2	42	武清区汉沽港镇六道口村	301721	22134254
287	天津市武清区汉沽港镇西肖庄幼儿园		徐丽丽	10	3	2	45	武清区汉沽港镇西肖庄村	301721	22134974
288	天津市武清区汉沽港镇宗奕幼儿园		严宗奕	39	3	9	270	武清区汉沽港镇一街村	301721	29493407
289	天津市武清区下伍旗镇宝贝之家幼儿园		刘雪花	23	3	5	133	武清区下伍旗镇	301705	22282955
290	天津市武清区白古屯镇徐庄幼儿园		杨连喜	3	3	1	14	武清区白古屯镇徐庄村	301712	22186422
291	天津市武清区大碱厂镇月亮湾幼儿园		周庆连	18	3	4	105	武清区大碱厂镇源庄商贸楼9号	301706	82115836
292	天津市武清区第四幼儿园	曹雪梅	曹雪梅	83	3	20	580	武清区雍阳西道南侧、亨通花园小区北侧	301700	22195951
293	天津市武清区第二幼儿园	邓宝芹	邓雪芹	34	3	7	197	武清区杨村街广厦东里15号	301700	29333714
294	天津市武清英华幼儿园		刘春艳	56	3	13	370	武清区栖仙公寓东区	301700	82123939
295	天津市武清区伊顿慧乐幼儿园		宋媛媛	50	3	6	128	武清区泉发路西侧	301700	22977881
296	天津市武清区下伍旗镇河各庄幼儿园		张平	10	3	3	60	武清区下伍旗镇河各庄村北	301705	22289127
297	天津市武清区曹子里镇蓝天幼儿园		周娟	28	3	5	150	武清区曹子里镇后曹子村	301700	29559261
298	天津市武清区大黄堡镇八里庄幼儿园		林宝川	3	3	1	11	武清区大黄堡镇八里庄村	301702	82251387
299	天津市武清区大黄堡镇朝阳里幼儿园		何洪兴	17	3	4	111	武清区大黄堡镇朝阳里小区	301731	82241097
300	天津市武清区黄庄街泉昇佳苑第一幼儿园		邢会凤	51	3	11	276	武清区黄庄街泉昇佳苑小区81号	301700	60120200
301	天津市武清区第六幼儿园	高洁	高洁	30	3	6	194	武清区杨村镇第六城	301700	29505580
302	天津市武清区第十一小学附属幼儿园		邱兆忠	10	3	2	66	新湾花园小区	301700	82976120
303	天津市武清区上马台镇童星幼儿园		杨兆勇	10	3	3	70	武清区杨村镇泉发路粮食局南侧	301701	29599360

续表

序号	校名	书记	校长	教职工数	年级数	班数	学生数	校址	邮政编码	电话
304	天津市武清区大良镇吴老师幼儿园		吴艳荣	34	3	8	210	武清区上马台镇杨家河村	301703	22294184
305	天津市武清区下朱庄街碧溪园第一幼儿园		程景玉	32	3	6	126	武清区大良镇木秀园小区	301700	59691607
306	天津市武清区下朱庄街碧溪园第二幼儿园		王海秀	29	3	6	138	武清区下朱庄街碧溪春园25号	301700	59679031
307	天津市武清区下朱庄街碧溪园第三幼儿园		刘新艳	40	3	8	213	武清区下朱庄街碧溪秋园48号	301700	59691609
308	天津市武清区杨村街金贝幼儿园		董文红	22	3	5	150	武清区下朱庄街碧溪卓园45号	301700	82129055
309	天津市武清区大王古庄镇大王古庄幼儿园		聂宝义	9	3	2	61	武清区汇信道30,32号	301739	82797482
310	天津市武清区河西务镇晨雨幼儿园		王秋菊	23	3	4	112	武清区大王古庄镇大王古庄村	301714	22298921
311	天津市武清区大良镇未来星幼儿园		陈洪敏	18	3	4	90	武清区河西务镇广场内	301707	22929002
312	天津市武清区崔黄口镇南幼儿园		刘德增	8	3	2	51	武清区大良镇碱土庄村	301702	29572044
313	天津市武清区佳禾幼儿园		赵志琴	19	3	3	83	武清区崔黄口镇五安营村东	301700	82149700
314	天津市武清区阳光幼儿园		张凤萍	24	3	5	118	武清区翠亭花园北里	301700	82262399
315	天津市武清区梅厂镇启明星幼儿园		李志霞	23	3	5	126	武清区富民里小区31号楼	301700	82947234
316	天津市武清区第七幼儿园	孟昭云	孟昭云	70	3	15	421	武清区梅厂镇小雷庄村	301700	59667902
317	天津市武清区徐官屯第二幼儿园		李俊春	12	3	3	78	武清区东蒲洼街蒲瑞和园小区	301700	82144980
318	天津市武清区崔黄口镇前营幼儿园		李红	6	3	2	31	武清区徐官屯街惠民里小区	301702	22281058
319	天津市武清区大良镇华星幼儿园		周海静	22	3	5	141	武清区崔黄口镇前营村	301703	22243699
320	天津市武清区第八幼儿园	李红青	李红青	85	3	18	560	武清区大良镇良乡路东侧	301700	58953850
321	天津市武清区大孟庄镇聪明屋星幼儿园		于丽	13	3	3	64	武清区雍和道152号增1号	301711	15022167870
322	天津市武清区君利花园幼儿园		李永丽	45	3	10	241	武清区京津公路西段(大孟庄段)227、229、231号及304-307号	301700	22959120
323	天津市武清区第九幼儿园		贾永新	48	3	12	330	武清区京津公路西侧君利花园小区	301700	59903162
324	天津市武清区南蔡村镇紫盈幼儿园		王秋菊	28	3	6	137	武清区京津公路崔(徐官屯阶段)2616号	301709	29415189
325	天津市武清区石各庄梁各庄幼儿园		甄祖然	10	3	3	52	武清区南蔡村镇紫盈小区东侧	301718	22156225
326	天津市武清区河西务镇艾贝尔幼儿园		黄沁芳	23	3	5	122	武清区石各庄镇梁各庄村	301714	82257613
327	天津市武清区大地幼儿园		严芳	29	3	6	150	武清区河西务镇博书院底商8-213、201、202、203、204、205、206	301700	18920353800
328	天津市武清区汉沽港镇港韵幼儿园		高清楚	34	3	11	229	武清区黄庄昇佳苑西区	301721	22123253
329	天津市武清区南蔡村镇畔水庭苑幼儿园		张树文	56	3	13	384	武清区汉沽港镇港韵新苑小区	301709	58952183
330	天津市武清区何嘉仁幼儿园		范洪韶	60	3	9	191	武清区南蔡村镇畔水庭苑小区西门门南侧	301700	59666162
331	天津市武清英华第二幼儿园		刘春艳	61	3	15	450	武清区下朱庄街明博路26号	301700	22196677
332	天津市武清区大王古庄镇利尚屯幼儿园		杜会东	7	3	2	45	武清区杨村镇振华府道奥克斯盛世郡园	301739	22191655

续表

序号	校名	书记	校长	教职工数	年级数	班数	学生数	校址	邮政编码	电话
333	天津市武清区王庆坨镇大三河幼儿园		王颖	14	3	3	91	武清区大王古庄镇利尚屯村	301713	29519037
334	天津市武清区王庆坨镇尤张堡幼儿园		李丽霞	10	3	3	53	武清区王庆坨镇大三河曾村	301713	82109829
335	天津市武清区第一附属幼儿园		陆丹	27	3	5	131	武清区王庆坨镇尤张堡村	301700	58953853
336	天津市武清区第八幼幼儿园		曹雪梅	46	3	10	253	武清区东蒲洼街光明道与新安路交口杨村一中西侧	301700	22936051
337	天津市武清区四幼第一附属幼儿园		吕爽	9	3	3	53	武清区东蒲洼街道雍福道8号	301701	29535368
338	天津市武清区梅厂镇第一附属幼儿园		邓宝芹	26	3	5	121	武清区梅厂镇稻源路	301700	29327899
339	天津市武清区二幼第一附属幼儿园		于萌	44	3	9	231	武清区杨村街香榄城小区南侧	301700	22258391
340	天津市武清区布朗幼儿园		王媛	33	3	7	191	武清区保利上河雅颂北里40号楼	301700	22962535
341	天津市武清区曹子里镇春藤幼儿园		李红宝	7	3	1	28	武清区曹子里镇花都新苑12-4-123	301700	60180385
342	天津市武清区杨村第十六小学附属幼儿园		崔宏伟	27	3	6	138	武清新城英华道8号	301700	29344806
343	天津市武清区泉鑫大地幼儿园		包瑞忠	29	3	7	139	武清区黄庄水道泉佳苑中区65号	301700	59007177
344	天津市武清区杨村街卓越宝宝幼儿园		陈玉玲	39	3	8	219	武清区杨村大桥馨旺园底商9号楼3门、4门	301700	59662221
345	天津市武清区第十幼儿园		张娜	38	3	8	224	武清区杨村街保利·海棠湾东门劳	301703	59662473
346	天津市武清区下朱庄街福美霖生态幼儿园		曹金梅	40	3	6	190	武清区下朱庄街颐清花园11号楼3门	301700	22121693
347	天津市武清区第十一幼儿园		张娜	43	3	8	218	武清区杨村街建设北路	301700	22993973
348	天津市武清区五一阳光幼儿园		高静	17	3	3	55	武清区京津公路东侧五一阳光锦园22号楼	301700	13370459808
349	天津市武清区禾嘉幼儿园		田立纳	60	3	12	360	武清区杨村街香江广场14号楼	301700	81412332
350	天津市武清区河西务镇放心妈妈幼儿园		许伟	34	3	6	120	武清区河西务镇博207,209号	301714	22265860
351	天津市武清区梅厂镇向日葵幼儿园		刘毅	12	3	3	82	武清区杨村街花样年花都郡南门配建	301700	59667856
352	天津市武清区杨村街小天使幼儿园		白霞	16	3	3	71	武清区梅厂镇馨福苑36-1,36-2	301700	29343914
353	天津市武清区下朱庄街贝乐幼儿园		闫迎春	21	3	5	126	武清区下朱庄街静湖东25号楼102-104	301700	17526950999
354	天津市武清区杨村街哈尼幼儿园		刘文浩	11	3	3	70	武清区通泰香溪城31-33号楼底商	301700	29380577
355	天津市武清区白古屯镇稍子营幼儿园		李云波	11	3	3	60	武清区杨村街博才城商铺3号楼274号	301712	29336675
356	天津市武清特兰蒂幼儿园有限公司		池新悦	3	3	1	14	武清区通泰香榄城商铺3号楼274号	301700	29385704
357	天津市武清区杨村中心幼儿园		曹维	19	3	3	35	武清区白古屯镇稍子营村	301700	15201308519
358	天津市武清区王庆坨镇中心幼儿园		王淑萍	43	3	12	298	武清区富民道186号	301703	88676589
359	天津市武清区杨村波文幼儿园		杨晓蔓	10	3	3	66	武清区王庆坨镇北环商	301799	22179010
360	天津市武清区下朱庄街迪朗幼儿园		李倩春	14	3	5	98	武清区杨村街育才路馨达同底商Y18Y20	301700	29303004
361	天津市武清区下朱庄街悦尔雅幼儿园			36	3	8	239	武清区下朱庄街清溪畔底商173号	301700	18202201310

续表

序号	校名	书记	校长	教职工数	年级数	班数	学生数	校址	邮政编码	电话
362	天津市武清区杨村街太阳岛多彩幼儿园		白艳茹	25	3	5	150	武清区下朱庄街东澳广场3号楼	301700	82293903
363	天津市武清区杨村街六加一幼儿园		张晓慧	14	3	4	98	武清区杨村街运河西路zh55,zh56,zh57	301700	59678723
364	天津市武清区杨村街喜乐河幼儿园		杜丽	8	3	2	38	武清区徐官屯杨楼公路2712,2714,2716	301700	60617509
365	天津市武清区蓝天美育第三幼儿园		刘文娜	26	3	6	180	武清区富民道278号增25、26、27号	301700	29306339
366	天津市武清区南蔡村镇快乐天使幼儿园		王运花	23	3	6	148	武清区盛世颐园小区内	301709	18622676594
367	天津市武清区黄庄街新起点幼儿园		诸葛艳红	26	3	6	144	武清区南蔡村镇连花底商9-2	301700	29370001
368	天津市武清区蓝天美育第二幼儿园		曾巧	45	3	6	293	武清区黄庄街泉昇佳苑商业街74-1#	301700	59967947
369	天津市英华三幼幼儿有限公司		刘春艳	46	3	11	216	武清区尚悦家园小区内	301700	82158080
370	天津市武清区下朱庄街南湖幼儿园		李姣	70	3	15	394	武清区体育中心全民健身馆一二层	301700	85281519
371	天津市武清区第十二幼儿园		韩艳	31	3	8	183	武清区下朱庄街悦水道3号	301700	29380681
372	天津市武清区东马圈镇研胜幼儿园		唐研书	22	3	5	120	武清区杨村镇潞水华苑小区内	301717	13920262627
373	天津市武清区大王古庄镇金贝睿智幼儿园		郑理娜	15	3	4	102	武清区京福公路东马圈路段67、69号	301739	15001307916
374	天津市武清区泗村店镇乐恩幼儿园		韩婷丽	17	3	4	82	武清区大王古庄镇京滨大道北侧景鑫中心3号楼一层楼	301700	29470830
375	天津市武清区杨村街乐智幼儿园		王超	20	3	6	116	武清区泗村店镇规划路东侧恒颐园77-9、77-10	301700	82104844
376	天津市武清区溪湖林语大地幼儿园		刘大芳	37	3	8	206	武清区华德广场587,589号	301700	81412326
377	天津市武清区祥福园幼儿园		朱悦	22	3	5	111	武清区下朱庄街逸溪苑小区	301700	59675688
378	天津市英华鸿蒙幼儿园		付婧娟	71	3	14	366	武清区徐官屯街祥福小区	301700	60329081
379	天津市武清区亚泰万朵幼儿园		李见	41	3	8	178	武清区新城前进道北侧合家广场1号楼	301700	18902083688
380	天津市武清区蓝天第一幼儿园		杨楠	42	3	10	281	武清区黄庄街道亚泰澜景园配建	301700	59670486
381	天使书香(天津)幼儿园有限公司		张丽君	12	3	3	30	武清区黄庄街枫丹天城小区内	301725	15320066059
382	天津市武清区诺尔顿实验幼儿园		李霞	40	3	8	196	武清区下朱庄街龙湾城兴园1号单元楼	301700	22154858
383	天津市金子塔幼儿园有限公司		刘柏辰	13	3	3	29	武清区梅厂镇馨梅福苑小区	301700	22959018
384	天津市武清区东马圈镇尚博幼儿园		王钊	15	3	3	62	武清区下朱庄街君利新家园32号67门	301717	82202705
385	天津市武清区高村首创优才幼儿园		宋盛超	51	3	8	218	武清区东马圈镇东盛道20号	301714	22228623
386	天津市武清区下朱庄街龙湾幼儿园		邵萌萌	37	3	9	180	武清区高村镇公学道21号	301700	15022713550
387	天津市武清区诺文实验幼儿园		卢长凤	83	3	20	572	武清区下朱庄街龙湾十六坊商业南区7号	301725	13389061335
388	天津市武清区下朱庄街静湖花园幼儿园		岳泉泉	30	3	7	180	武清区下朱庄街富兴御园小区配建	301700	60382699
389	天津市武清区东蒲洼街金摇篮第二幼儿园		苗志艳	33	3	6	161	武清区下朱庄街静湖花园西区西门向北200米	301700	82192566

续表

序号	校名	书记	校长	教职工数	年级数	班数	学生数	校址	邮政编码	电话
390	天津市武清区睿思鸿苑花园幼儿园		李海鹏	50	3	12	331	武清区东蒲洼街顺驰小区内	301700	59683039
391	天津市武清区阳光海森幼儿园		张娜	53	3	12	335	武清区黄庄街鸿苑花园小区	301700	15030667999
392	天津市武清区紫泉庭苑乐乐堡幼儿园		杨菊霞	16	3	3	58	武清区大王古庄镇沅道北侧华彩庭苑配建	301700	18142263303
393	天津市武清区杨村街卓朗幼儿园		王丹	49	3	10	270	武清区杨村街紫泉庭苑小区配建	301700	13821952713
394	天津市武清区英华第六幼儿园		李淑杰	27	3	5	146	武清区杨村街春江郡城小区配建	301709	13920840891
395	天津市武清区博文香奈幼儿园有限公司		郭宝峰	22	3	4	66	武清区南蔡村镇畔景苑配建	301700	13323479597
396	天津市武清区汉沽港镇优新科奇幼儿园		慕芳宇	26	3	7	167	武清区东蒲洼街奥来花园23-2123-23	301721	15022441515
397	天津市武清区英华第五幼儿园		王晓峰	27	3	6	133	武清区汉沽港镇江盛园配建103,201-209	301700	29429966
398	天津市武清区贝溪湾幼儿园		张蕾	16	3	5	111	武清区泗村店镇大山水城恒泽园配建	301700	22932880
399	天津市武清区秀忠幼儿园有限责任公司		黄义桂	11	3	3	57	武清区王庆坨镇金威新天地11-1	301700	29500359
400	天津市武清区护嘉育禾幼儿园有限公司		徐娟娟	12	3	3	47	武清区下朱庄街君利花园29-83/29-85	301700	13662106806
401	天津市武清区下朱庄街希蒙幼儿园		王建平	25	3	6	122	武清区京津公路(新段)344号及鸿泽花园18号楼-201	301799	13820957150
402	天津市武清区汉沽港镇优优幼儿园		慕芳宇	18	3	6	115	武清区下朱庄街颐清花园10号楼1,2,3门	301700	15022441515
403	天津市武清区英华第四幼儿园		杨梦娇	27	3	6	152	武清区汉沽港镇四街底商7-101	301724	18142263303
404	天津市武清区上马台镇上马台幼儿园		袁浩	6	3	2	20	武清区黄庄街悦景园配建	301701	82283255
405	天津市武清区下伍旗镇忠义幼儿园		刘树颖	3	3	1	9	武清区上马台镇上马台村	301705	22289714
406	天津市武清区石各庄镇定子务幼儿园		无	9	3	3	49	武清区下伍旗镇忠义村	301718	60165520
407	天津市武清区高村镇兰城幼儿园		赵宝侠	10	3	2	50	武清区石各庄镇定子务村	301737	13821952713
408	天津市武清区大良镇刘家务幼儿园		陈建芳	3	3	1	12	武清区高村镇兰城村	301703	22298294
409	天津市武清区高村镇汇贤雅幼儿园		王媛	24	3	4	98	武清区大良镇刘家务村	301700	13920840891
410	天津市武清区高村镇王三庄幼儿园		杜丽珍	7	3	2	24	武清区高村镇学府道北侧鸿端鸿名苑配建幼儿园	301701	29397879
411	天津市武清区上马台镇西安子幼儿园		王建军	7	3	2	41	武清区上马台镇王三庄村	301701	29368701
412	天津翰林苑幼儿园有限公司		李阳	27	3	5	118	武清区上马台镇西安子村	301700	18526692109
								武清区强国道南侧玉锦园19号楼及配建5		

宝坻区

序号	校名	书记	校长	教职工数	年级数	班数	学生数	校址	邮政编码	电话
1	天津市宝坻区新安镇初级中学	王静奇	王静奇	85	3	22	773	宝坻区新安镇工部村南1号	301825	82631860
2	天津市宝坻区大钟庄镇初级中学	白金婷	白金婷	87	3	20	750	宝坻区大钟庄镇商贸街北	301800	82429636
3	天津市宝坻区第五中学	宋占华	宋占华	54	3	12	559	宝坻区进京路31号	301800	82622966
4	天津市宝坻区大白庄镇初级中学	张永刚	张永刚	58	4	16	555	宝坻区大白庄镇大白庄村	301802	29660291
5	天津市宝坻区大唐庄镇初级中学	赵润东	赵润东	60	4	15	512	宝坻区大唐庄镇政府路7号	301813	29657037
6	天津市宝坻区牛道口镇初级中学	王兴	王兴	66	3	15	557	宝坻区牛道口镇牛道口村村北	301800	22558164
7	天津市宝坻区潮阳街初级中学	陈致富	陈致富	92	4	24	998	宝坻区潮阳街道幸福路与广场道交口	301800	29649245
8	天津市宝坻区第三中学	刘宝龙	刘宝龙	159	3	41	1851	宝坻区建设路46号	301800	29262353
9	天津市宝坻区林亭口镇初级中学	苏玉刚	苏玉刚	53	4	16	488	宝坻区林亭口镇大侯庄西	301804	82538359
10	天津市宝坻区史各庄镇初级中学	马振峰	马振峰	73	4	17	727	宝坻区史各庄镇史各庄村东	301800	22535826
11	天津市宝坻区第六中学	李士奎	李士奎	137	3	30	1442	宝坻区宝平街道渔阳路南侧	301800	82692902
12	天津市宝坻区周良初级中学	李金伟	李金伟	49	3	13	595	宝坻区周良街道周良庄村西200米	301800	22499457
13	天津市宝坻区霍各庄镇初级中学	杨海燕	杨海燕	66	4	18	720	宝坻区霍各庄镇东霍村北	301800	22518634
14	天津市宝坻区林亭口镇糙甸初级中学	赵立功	赵立功	47	4	13	391	宝坻区林亭口镇糙甸村西	301804	82554682
15	天津市宝坻区方家庄镇杨家口初级中学	李国栋	李国栋	56	4	11	353	宝坻区方家庄镇杨家口村南	301800	22597259
16	天津市宝坻区口东镇口东初级中学	张文明	张文明	55	4	16	495	宝坻区口东镇黄庄辛村南	301800	22566986
17	天津市宝坻区中关村初级中学	岳志远	岳志远	56	3	11	504	宝坻区朝霞街道桥辛庄村西侧	301800	22538820
18	天津市宝坻区郝各庄镇初级中学	李宝良	李宝良	43	3	8	230	宝坻区郝各庄镇前郝村西	301800	29679047
19	天津市宝坻区郝各庄镇牛登初级中学	赵明辉	赵明辉	22	3	5	112	宝坻区郝各庄镇牛登高台村2号	301800	22479353
20	天津市宝坻区新开口镇初级中学	王连鹏	王连鹏	89	4	24	930	宝坻区新开口镇新开口村西	301800	29611091
21	天津市宝坻区朝霞街三岔口初级中学	李晓平	李晓平	43	3	9	390	宝坻区朝霞街三岔口村南	301800	22548493
22	天津市宝坻区尔王庄镇初级中学	王占磊	王占磊	58	4	13	386	宝坻区尔王庄镇东王庄村东	301802	22469474
23	天津市宝坻区八门城镇初级中学	王晓宇	王晓宇	94	4	20	721	宝坻区八门城镇向阳街西	301823	82567117
24	天津市宝坻区牛家牌镇初级中学	李学民	李学民	59	3	12	376	宝坻区牛家牌镇政府大街东200米	301809	29635034
25	天津市宝坻区王卜庄镇何仉庄初级中学	张春伟	张春伟	49	4	14	506	宝坻区王卜庄镇南申村西组	301805	82458164
26	天津市宝坻区黄庄镇初级中学	刘宝兴	刘宝兴	48	3	9	295	宝坻区黄庄镇黄庄村北	301803	82579347
27	天津市宝坻区第二中学	孙振元	孙振元	98	3	24	1113	宝坻区海滨街道苏北路5号	301800	29230870
28	天津市宝坻区方家庄镇初级中学	刘海良	刘海良	78	4	18	627	宝坻区方家庄镇方家庄后街村	301827	29951909
29	天津市宝坻区王卜庄镇王卜庄初级中学	李志国	李志国	70	4	16	469	宝坻区王卜庄镇王卜庄村东	301805	82517054

续表

序号	校名	书记	校长	教职工数	年级数	班数	学生数	校址	邮政编码	电话
30	天津市宝坻区口东镇黑狼口初级中学	张崒增	张崒增	58	4	16	467	宝坻区口东镇八台港村南	301800	82489045
31	天津市宝坻区牛道口镇赵各庄初级中学	李朝辉	李朝辉	59	3	16	706	宝坻区牛道口镇赵各庄村北	301800	22588132
32	天津市宝坻区第八中学	王磊	王磊	94	3	18	813	宝坻区顺驰路2号	301800	29941872
33	天津市宝坻区大口屯镇初级中学	周立忠	周立忠	120	3	26	1120	宝坻区大口屯镇北村北侧	301801	59286650
35	天津市宝坻区第十中学	张国良	张国良	79	3	18	801	宝坻区宝平街道安城街北侧	301800	59228098
36	天津市宝坻区第十一中学	张俊梅	张俊梅	127	3	35	1811	宝坻区海滨街道北城东路2号增1号	301800	59950355
37	天津市宝坻区第十二中学	张庆国	张庆国	77	3	20	768	宝坻区双站路与钰松街交口	301800	82448523
38	天津市宝坻区第一中学	郭树超	李建东	290	3	65	2982	宝坻区海滨街北城东路	301800	29228633
39	天津市宝坻区大钟庄高级中学	王萃	王萃	82	3	15	709	宝坻区大钟庄镇东南	301806	82428725
40	天津市宝坻区大口屯高级中学	张磊	张磊	133	3	34	1338	宝坻区大口屯镇东村	301801	29685535
41	天津市宝坻区王卜庄高级中学	尹庆鸿	尹庆鸿	110	3	20	1000	宝坻区王卜庄镇王卜庄村	301805	82590706
42	天津市宝坻区李家深高级中学	王建波	王建波	103	3	24	988	宝坻区牛道口镇李家深村	301800	22588810
43	天津市宝坻区艺术中学	吴景占	吴景占	55	3	9	275	宝坻区海滨街道小火神庙胡同19号	301800	29262693
44	天津市宝坻区大白庄高级中学	常学禄	常学禄	123	3	26	1334	宝坻区大白庄镇机关街1号	301802	29662727
45	天津市宝坻区林亭口高级中学	杜铁章	杜铁章	120	3	25	1232	宝坻区林亭口镇北	301804	82538309
46	天津市宝坻区第四中学	张新江	张新江	210	3	39	2110	宝坻区进京路30号	301800	82621377
47	天津市宝坻区第九中学	张良	张良	228	3	56	2102	宝坻区广阳路北侧	301800	59952599
48	天津市宝坻区博爱学校	王希杰	王希杰	33	12	13	146	宝坻区宝平街刘字庄宿舍北	301800	82623046
49	天津市宝坻区职业教育与成人教育中心	张端占	张树	225	3		1938	宝坻区进京路28号	301800	82622680
50	天津市宝坻区黄庄镇络子沽小学	孙占胜	张锡宝	19	6	6	99	宝坻区黄庄镇络子沽村三区三排35号	301803	82579059
51	天津市宝坻区王卜庄镇六各庄小学	王志超	王志超	14	5	5	107	宝坻区王卜庄镇六各庄村北组	301805	82511507
52	天津市宝坻区牛道口镇庞各庄小学	郭树雨	郭树雨	23	6	9	239	宝坻区牛道口镇庞各庄村中区	301800	22588274
53	天津市宝坻区口东镇南王小学	张海军	张海军	20	5	5	165	宝坻区口东镇南王村北	301800	22568334
54	天津市宝坻区尔王庄镇同皮庄小学	李木良	李木良	15	5	5	85	宝坻区尔王庄镇同皮庄村大街街南	301802	22469504
55	天津市宝坻区尔王庄镇许辛庄小学	冯连发	冯连发	6	5	5	51	宝坻区尔王庄镇许辛庄小学街北18号	301899	22469544
56	天津市宝坻区大白庄镇八道沽小学	王志国	王志国	17	5	5	66	宝坻区大白庄镇八道沽村西区2街25号	301802	22418434
57	天津市宝坻区王卜庄镇王卜庄小学	刘军	刘军	20	5	8	233	宝坻区王卜庄镇王卜庄村东组	301805	82518010
58	天津市宝坻区牛道口镇焦山寺小学	李维刚	李维刚	31	6	8	196	宝坻区牛道口镇焦山寺村南	301800	22559094
59	天津市宝坻区口东镇黑狼口小学	王卫东	王卫东	24	5	7	246	宝坻区口东镇八台港村南	301822	82485411
60	天津市宝坻区林亭口海滨路小学	孙增辉	孙增辉	129	6	50	2586	宝坻区海滨街道雍澜路东侧,大吴路北侧	301800	60902982
61	天津市宝坻区口东镇安乐小学	王鸿雁	王鸿雁	29	5	8	239	宝坻区口东镇安乐村南	301800	22567887

续表

序号	校名	书记	校长	教职工数	年级数	班数	学生数	校址	邮政编码	电话
62	天津市宝坻区顺驰小学	王国军	王国军	88	6	29	1260	宝坻区城市艺墅小区西侧	301800	29260640
63	天津市宝坻区华苑小学	刘新华	刘新华	77	6	24	861	宝坻区南关大大街168号	301800	82652211
64	天津市宝坻区景苑小学	刘东	刘东	106	6	38	1667	宝坻区开泰路西侧	301800	82652825
65	天津市宝坻区潮阳小学	孔昭武	孔昭武	109	6	32	1527	宝坻区光华路7号	301800	82679907
66	天津市宝坻区朝霞街刘举人庄小学	苑宝海	苑宝海	21	6	6	191	宝坻区朝霞街张丰村东	301800	29237947
67	天津市宝坻区八门城镇八门城二村小学	陈希锁	陈希锁	14	5	5	70	宝坻区八门城镇八门城二村	301800	82567767
68	天津市宝坻区霍各庄镇陈家口小学	冯津燕	冯津燕	28	5	8	246	宝坻区霍各庄镇陈家口村村南	301800	22517484
69	天津市宝坻区尔王庄镇高庄户小学	吴志刚	吴志刚	11	5	5	63	宝坻区尔王庄镇高庄户村东	301802	29660644
70	天津市宝坻区建设路小学	王子兴	王子兴	88	6	28	1188	宝坻区平街道建设路91号	301800	29238030
71	天津市宝坻区霍各庄镇八墅小学	王义景	王义景	19	5	5	112	宝坻区霍各庄镇八墅村北	301800	22517924
72	天津市宝坻区方家庄小学	孙永旺	孙永旺	39	5	13	433	宝坻区方家庄镇方于村南	301827	82447872
73	天津市宝坻区新安镇北潭小学	尤凤新	尤凤新	47	6	16	492	宝坻区新安镇老张庄村东	301825	29937060
74	天津市宝坻区郝各庄前郝村小学	闫玉刚	闫玉刚	53	6	14	429	宝坻区郝各庄镇前郝村村西	301800	29675979
75	天津市宝坻区吴苏路小学	赵强	赵强	56	6	19	845	宝坻区吴苏路3号	301800	29241923
76	天津市宝坻区郝各庄高台小学	潘建军	潘建军	27	6	9	208	宝坻区郝各庄镇杜台村	301800	22479633
77	天津市宝坻区八门城镇南燕窝小学	刘玉国	刘玉国	22	5	7	208	宝坻区八门城镇南燕窝村南	301800	82528729
78	天津市宝坻区林亭口镇苏家庄小学	李雪锦	李雪锦	31	5	11	281	宝坻区林亭口镇新立街南1号	301804	82539204
79	天津市宝坻区方家庄杜家村小学	杨永	杨永	21	5	5	133	宝坻区方家庄镇杜家村村南	301800	22599534
80	天津市宝坻区尔王庄程淀小学	冯吉安	刘猛	12	5	5	85	宝坻区尔王庄镇程淀村	301802	22469414
81	天津市宝坻区大唐庄东淀小学	冯文清	齐宝瑜	10	5	5	74	宝坻区大唐庄东淀村	301803	29651154
82	天津市宝坻区八门城镇中圈小学	王建	王建	23	5	5	139	宝坻区八门城镇中圈村北100米	301800	82561543
83	天津市宝坻区海滨小学	陈福军	陈福军	75	6	31	1492	宝坻区海滨宿舍北	301800	29226479
84	天津市宝坻区方家庄大角甸小学	华广建	华广建	22	5	5	97	宝坻区方家庄镇大角甸村南	301805	22599537
85	天津市宝坻区牛家牌镇西老鸹口小学	霍向君	霍向君	17	6	6	113	宝坻区牛家牌镇西老鸹口村南1排5号	301809	29638307
86	天津市宝坻区八门城镇菱角沽小学	刘玉权	刘玉权	19	5	5	139	宝坻区八门城镇菱角沽村南	301800	82548540
87	天津市宝坻区进京路小学	吴建东	吴建东	47	6	15	622	宝坻区南城西路57号	301802	29247218
88	天津市宝坻区牛道口镇赵各庄小学	刘宝丰	刘宝丰	69	6	21	930	宝坻区牛道口镇赵各庄村	301803	22588257
89	天津市宝坻区王卜庄镇东孟小学	樊仕杰	樊仕杰	18	5	6	132	宝坻区王卜庄镇东孟村西组	301805	82518204
90	天津市宝坻区大口屯镇第一小学	张立泉	张立泉	42	6	16	525	宝坻区大口屯镇东村	301801	29689474
91	天津市宝坻区大白庄小学	郝宝明	郝宝明	39	5	15	481	宝坻区大白庄村	301802	29660414
92	天津市宝坻区史各庄镇第二小学	马国林	马国林	36	5	9	247	宝坻区史各庄镇马于庄村东路南2排1号	301800	22571047

续表

序号	校名	书记	校长	教职工数	年级数	班数	学生数	校址	邮政编码	电话
93	天津市宝坻区中关村小学	苑怀连	苑怀连	74	6	26	1175	宝坻区平宝路与威远路交口	301800	22537844
94	天津市宝坻区王卜庄镇大吴庄小学	孔宪忠	孔宪忠	19	5	8	212	宝坻区王卜庄镇大吴庄村南	301805	29919815
95	天津市宝坻区史各庄镇第一小学	郭金栋	郭金栋	54	5	17	611	宝坻区史各庄镇辛庄村14排1号	301800	29219680
96	天津市宝坻区新安镇小学	袁德生	袁德生	64	6	23	746	宝坻区新安镇正大街1号	301825	82469084
97	天津市宝坻区大唐庄镇大唐小学	张海波	张海波	17	5	7	167	宝坻区大唐庄镇政府路2号	301813	29657757
98	天津市宝坻区林亭口镇糙甸小学	方连栋	方连栋	24	5	7	162	宝坻区林亭口镇糙甸村老街48号	301804	82553254
99	天津市宝坻区大唐庄镇鲫鱼淀小学	唐俊娜	唐俊娜	13	5	5	130	宝坻区大唐庄镇鲫鱼淀村南大街13条36号	301803	29650157
100	天津市宝坻区朝霞街三岔口小学	董向军	董向军	45	6	18	707	宝坻区朝霞街三岔口村南	301800	22455090
101	天津市宝坻区大钟庄镇袁罗庄小学	赵立建	赵立建	42	6	14	451	宝坻区大钟庄镇袁罗庄村东	301800	82433244
102	天津市宝坻区林亭口镇帐房邝小学	韩 波	韩 波	27	5	8	209	宝坻区林亭口镇帐房邝村	301804	82558344
103	天津市宝坻区大口屯镇韩庄第三小学	孙长宇	孙长宇	42	6	14	539	宝坻区大口屯镇韩庄村西	301800	29623175
104	天津市宝坻区广阳路小学	李桂婷	李桂婷	154	6	54	2399	宝坻区朝霞路与安城街交口	301800	82680090
105	天津市宝坻区务本道小学	田宝庆	田宝庆	58	6	22	853	宝坻区南三路与务本道交口南240米	301800	82666881
106	天津市宝坻区朝霞路小学	荣红骏	荣红骏	62	6	21	718	宝坻区朝霞路与南三路交口	301800	82621937
107	天津市宝坻区双站路小学	刘国志	刘国志	99	6	35	1814	宝坻区双站路与广阳路交口	301800	59215280
108	天津市宝坻区大唐庄镇运家庄小学	唐萌萌	唐萌萌	10	5	5	95	宝坻区大唐庄镇运家庄村东新街1号	301813	29657147
109	天津市宝坻区黄庄镇庄小学	庞福友	庞福友	56	6	18	418	宝坻区黄庄镇黄庄村南	301803	82579444
110	天津市宝坻区潮阳街广林木小学	何福耕	何福耕	44	5	15	611	宝坻区潮阳街水岸蓝庭小区北	301803	29649389
111	天津市宝坻区八门城镇欢喜庄小学	张国秋	张国秋	19	5	5	116	宝坻区八门城镇欢喜庄村南	301803	82521173
112	天津市宝坻区实验小学	贾福引	贾福引	83	6	24	977	宝坻区钰华街观潮园对面	301800	59212650
113	天津市宝坻区牛道口镇牛道口小学	付桂友	付桂友	63	6	22	859	宝坻区牛道口镇牛道口村北	301800	22559068
114	天津市宝坻区方家庄镇朝宽小学	单宝新	单宝新	34	5	10	230	宝坻区方家庄镇朝宽村南	301827	82440098
115	天津市宝坻区周良镇大杨小学	靳云成	靳云成	38	6	20	787	宝坻区周良街田桥村村南	301800	22408109
116	天津市宝坻区霍各庄镇香铺王小学	杨长江	杨长江	31	5	9	247	宝坻区霍各庄镇香铺王村东	301800	22516070
117	天津市宝坻区牛家牌镇吴家牌小学	吴学国	吴学国	32	6	12	305	宝坻区牛家牌镇吴家牌村北1号	301809	29638443
118	天津市宝坻区口东镇东庄小学	李建波	李建波	21	5	8	250	宝坻区口东镇东庄村西	301800	82486609
119	天津市宝坻区新开口镇卷子小学	张秀艳	张秀艳	75	5	26	1058	宝坻区新开口镇卷子村东	301815	29616677
120	天津市宝坻区大钟庄镇宝船窝小学	岳树明	岳树明	73	6	22	973	宝坻区大钟庄镇宝船窝村南一组	301806	82429325
121	天津市宝坻区潮阳街马家店小学	李永杰	李永杰	45	5	16	623	宝坻区潮阳街马家店镇政府南	301800	29649430
122	天津市宝坻区北城路小学	刘树兵	刘树兵	55	6	19	841	宝坻区北城路4号	301800	29241346
123	天津市宝坻区林亭口镇张家庄小学	张 良	张 良	19	5	6	155	宝坻区林亭口镇张家庄村西	301804	82538347

续表

序号	校名	书记	校长	教职工数	年级数	班数	学生数	校址	邮政编码	电话
124	天津市宝坻区方家庄镇北郝小学	孟昭军	孟昭军	21	5	5	152	宝坻区方家庄镇北郝村南	301827	22597955
125	天津市宝坻区周良街周良小学	张爱彬	张爱彬	48	6	20	779	宝坻区周良街周良庄村西	301800	22497593
126	天津市宝坻区霍各庄镇北马小学	李井贺	李井贺	31	5	8	229	宝坻区霍各庄镇北马村东	301800	22517944
127	天津市宝坻区大唐庄镇南里自沽小学	运起兴	运起兴	11	5	5	102	宝坻区大唐庄镇南里自沽村南新街西1号	301813	22401734
128	天津市宝坻区尔王庄尔王庄小学	李瑞龙	李瑞龙	17	5	5	131	宝坻区尔王庄镇尔王庄村西	301802	22469424
129	天津市宝坻区王卜庄镇仉庄小学	崔永海	崔永海	26	5	10	255	宝坻区王卜庄镇仉庄村南	301805	29919810
130	天津市宝坻区大口屯镇第二小学	白学军	白学军	55	6	23	844	宝坻区大口屯镇北商业街南北100米	301801	29689591
131	天津市宝坻区牛家牌镇青南小学	齐万忠	齐万忠	22	6	7	151	宝坻区牛家牌镇南河村东	301809	29631521
132	天津市宝坻区青鸟北附实验学校	徐万银	徐万银	260	12	58	2092	宝坻区南关大街20号	301800	59225333
133	天津市宝坻区潮阳街果园幼儿园	杜继超		17	3	3	65	宝坻区潮阳街果园村东1排1号	301800	29649435
134	天津市宝坻区潮阳幼儿园	孙卫新	孙卫新	91	3	17	481	宝坻区广阳路北侧	301800	82692195
135	天津市宝坻区朝霞街道三岔口幼儿园	王志东	王志东	33	4	7	167	宝坻区朝霞街道三岔口村南	301800	22544682
136	天津市宝坻区大钟庄镇鲁沽庄幼儿园	于宗合	于宗合	7	3	3	41	宝坻区大钟庄镇东鲁沽村西1号	301800	82437236
137	天津市宝坻区景苑幼儿园	李依娜	李依娜	121	3	21	584	宝坻区开泰路景苑小学北侧	301800	82657855
138	天津市宝坻区第二幼儿园	李银舫	李银舫	46	3	8	133	宝坻区海淀街道吴苏路小学南侧	301800	29243504
139	天津市宝坻区黄庄赂子沽幼儿园		张锡宝	6	3	3	24	宝坻区黄庄镇赂子沽村3区1排1号	301803	82579059
140	天津市宝坻区郝各庄镇高台幼儿园	朱建秀	朱建秀	20	3	3	62	宝坻区郝各庄镇高台村二区20号	301800	22477200
141	天津市宝坻区史各庄中心幼儿园	刘金霞	刘金霞	47	4	10	201	宝坻区史各庄镇未楼下村南区1排1号	301800	22579559
142	天津市宝坻区黄庄北里自沽幼儿园	张海燕	张海燕	70	3	14	408	宝坻区黄庄北里自沽村西	301800	59226600
143	天津市宝坻区华苑幼儿园	杨秀红	杨秀红	55	3	10	236	宝坻区新苑街北侧	301800	59220041
144	天津市宝坻区周良街中心幼儿园	康春梅	康春梅	44	3	7	160	宝坻区周良街村100米	301815	29611241
145	天津市宝坻区新开口镇河西幼儿园	刘金霞	刘金霞	13	3	3	78	宝坻区新开口村西1排2号	301800	22571097
146	天津市宝坻区黄庄北里自沽幼儿园	卞新国		11	3	3	51	宝坻区黄庄北里自沽村西1排1号	301805	82579543
147	天津市宝坻区周良街中心幼儿园	李学立	李学立	48	3	12	328	宝坻区周良街周良村100米	301800	22497822
148	天津市宝坻区大钟庄镇第一中心幼儿园	齐德华	齐德华	21	3	3	49	宝坻区大钟庄镇大沽村1区7排9号	301806	82429781
149	天津市宝坻区郝各庄镇中心幼儿园	方永君	方永君	27	3	5	93	宝坻区郝各庄镇西郝村西	301800	29678860
150	天津市宝坻区新开口镇种六幼儿园	田静波	田静波	10	3	3	47	宝坻区新开口镇后六家口村1区3排南6号	301800	29965657
151	天津市宝坻区新开口镇种田营幼儿园	孙志伶	孙志伶	31	3	6	119	宝坻区新开口镇种田营村西村	301800	29611242
152	天津市宝坻区史各庄曹辛庄幼儿园	白振艳	白振艳	19	3	3	70	宝坻区史各庄镇辛庄村14排1号	301800	29269182
153	天津市宝坻区口东镇尚庄幼儿园	周桂芝	周桂芝	22	3	4	87	宝坻区口东镇李东村南	301800	22566863
154	天津市宝坻区霍各庄镇香铺王中心幼儿园	关占东	关占东	17	3	5	91	宝坻区霍各庄镇香铺王村东	301800	22519944

续表

序号	校名	书记	校长	教职工数	年级数	班数	学生数	校址	邮政编码	电话
155	天津市宝坻区口东镇东庄中心幼儿园	单海萍	单海萍	21	3	3	76	宝坻区口东镇东庄村西增1号	301822	82489024
156	天津市宝坻区尔王庄镇尔王庄幼儿园		杜双艳	11	3	3	72	宝坻区尔王庄镇尔王庄村北	301800	22469174
157	天津市宝坻区大唐庄镇东淀幼儿园		齐宝瑜	5	2	2	8	宝坻区大唐庄镇东淀村	301813	29651154
158	天津市宝坻区口东镇黑狼口中心幼儿园		唐俊英	19	3	3	56	宝坻区口东镇黑狼口村南增1号	301800	82489004
159	天津市宝坻区尔王庄镇高庄户中心幼儿园	杨薇	杨薇	5	2	2	30	宝坻区尔王庄镇高庄户村东	301802	29660644
160	天津市宝坻区霍各庄镇高人垈幼儿园		常哲	8	2	2	37	宝坻区霍各庄镇北垈村北	301800	29230874
161	天津市宝坻区大钟庄镇第三中心幼儿园		齐洁旋	11	3	3	63	宝坻区大钟庄镇马郭庄村南一排5号	301800	82422049
162	天津市宝坻区尔王庄镇闫皮庄幼儿园		李术良	4	2	2	27	宝坻区尔王庄镇闫皮庄村大街街南	301802	22469504
163	天津市宝坻区方家庄镇方家庄中心幼儿园	刘海生	刘海生	43	3	6	144	宝坻区方家庄镇方家子街1排1号	301800	82448877
164	天津市宝坻区口东镇中心幼儿园	肖永生	肖永生	22	3	5	103	宝坻区口东镇口东村二区三排8号	301800	22566736
165	天津市宝坻区尔王庄镇程淀淀幼儿园		尔玉凤	5	3	3	34	宝坻区尔王庄镇程淀淀村	301802	22469414
166	天津市宝坻区方家庄镇胡宽幼儿园		周晓静	11	3	3	61	宝坻区方家庄镇胡宽村南	301805	82440098
167	天津市宝坻区尔王庄镇辛庄幼儿园		冯连发	4	3	3	22	宝坻区尔王庄镇许辛村街北18号	301899	22469544
168	天津市宝坻区八门城镇欢喜庄幼儿园		邢淑静	13	3	4	73	宝坻区八门城镇欢喜庄村南	301800	85235210
169	天津市宝坻区周良街大杨幼儿园	李学立	李学立	32	3	8	212	宝坻区周良街田桥村村南	301800	60370350
170	天津市宝坻区大钟庄镇袁罗庄幼儿园		李媛媛	15	3	3	65	宝坻区大钟庄镇袁罗庄村东	301800	82433474
171	天津市宝坻区大唐庄镇南里自治幼儿园		运起兴	5	3	3	35	宝坻区大唐庄镇南里自治村新西街1号	301813	22401734
172	天津市宝坻区潮阳街第三中心幼儿园	李玉舫	李玉舫	33	3	6	185	宝坻区潮阳街道津围公路与广场道交口东150米	301800	29646181
173	天津市宝坻区牛道口镇第三中心幼儿园		王学文	23	3	5	111	宝坻区牛道口镇沟头村西北区1排22号	301800	22588144
174	天津市宝坻区八门城镇菱角沽幼儿园		王艳玲	9	3	3	29	宝坻区八门城镇菱角沽村	301800	82548540
175	天津市宝坻区大唐庄镇庞各庄中心幼儿园		李志秀	13	3	3	49	宝坻区大唐庄镇政府路7号	301813	29654162
176	天津市宝坻区牛道口镇庞各庄幼儿园		贾蓉蓉	19	3	5	108	宝坻区牛道口镇庞各庄村中区1排1号	301801	60109627
177	天津市宝坻区大唐庄镇鲫鱼淀幼儿园		唐俊娜	5	3	3	29	宝坻区大唐庄镇鲫鱼淀村各庄大街13条36号	301803	29650157
178	天津市宝坻区潮阳街广林木幼儿园		孙鑫达	10	3	3	59	宝坻区潮阳街道西广林木街西	301801	29679227
179	天津市宝坻区陈家庵幼儿园	刘畅	刘畅	58	3	11	269	宝坻区钰华街紫柳路	301800	59215892
180	天津市宝坻区大白庄镇中心幼儿园	贾宁	贾宁	32	3	7	186	宝坻区大白庄镇大白庄村东	301802	29660125
181	天津市宝坻区八门城镇中心幼儿园		邢淑静	10	3	3	46	宝坻区八门城镇燕窝村南一号	301800	85235210
182	天津市宝坻区牛道口镇老高寨幼儿园		刘少松	8	3	3	37	宝坻区牛道口镇老高寨村四区10排1号	301800	22551370
183	天津市宝坻区新安镇佟家庄中心幼儿园	高爱岭	高爱岭	29	3	6	150	宝坻区新安镇佟家庄村西	301825	29985559
184	天津市宝坻区朝霞街道于家观村幼儿园		刘辉	7	1	1	18	宝坻区朝霞街道于家观村南	301800	22548125
185	天津市宝坻区牛道口镇焦山寺幼儿园		哈桂霞	8	3	3	38	宝坻区牛道口镇焦山寺村南	301800	22559094

续表

序号	校名	书记	校长	教职工数	年级数	班数	学生数	校址	邮政编码	电话
186	天津市宝坻区牛道口镇第二中心幼儿园	孙志起	孙志起	25	3	9	147	宝坻区牛道口镇牛道口村南路东1排1号对面	301800	22559084
187	天津市宝坻区新安镇王善庄中心幼儿园	赵海泉	赵海泉	21	3	4	75	宝坻区新安镇王善庄村南三区一排20号	301825	82468169
188	天津市宝坻区牛道口镇第一中心幼儿园	孙秀霞	孙秀霞	20	3	5	122	宝坻区牛道口镇李三店村南区1排1号	301800	22589800
189	天津市宝坻区新安镇工部中心幼儿园	任建民	任建民	18	3	5	87	宝坻区新安镇工部村西	301800	82631639
190	天津市宝坻区大口屯镇第一中心幼儿园	张宝来	张宝来	19	3	3	83	宝坻区大口屯镇张疃村西侧1排68号	301801	29685272
191	天津市宝坻区大口屯镇第三中心幼儿园	段国涛	段国涛	23	3	6	113	宝坻区大口屯镇刘举村南	301801	29623737
192	天津市宝坻区林亭口镇大新幼儿园	许义东	许义东	7	3	3	42	宝坻区林亭口镇大新庄村北新1街1号暨1号	301804	82551374
193	天津市宝坻区林亭口镇糖甸中心幼儿园	刘亚男	刘亚男	13	3	4	86	宝坻区林亭口镇糖甸村西	301804	28553334
194	天津市宝坻区林亭口镇南清沟幼儿园	金福霞	金福霞	9	3	3	58	宝坻区林亭口镇南清沟村南98号	301804	82553044
195	天津市宝坻区大口屯镇福苑幼儿园	盛海森	盛海森	12	3	3	55	宝坻区大口屯镇福苑苑区村1号	301800	29698847
196	天津市宝坻区大口屯镇古河幼儿园	王东波	王东波	12	3	3	56	宝坻地区大口屯镇朱台村北区1号	301801	29691034
197	天津市宝坻区大口屯镇东十幼儿园	王凤亮	王凤亮	11	3	3	49	宝坻区大口屯镇东十字港村北	301800	29681067
198	天津市宝坻区林亭口镇林亭口中心幼儿园	唐淑颖	唐淑颖	27	3	3	78	宝坻区林亭口镇商业街138号	301804	82538229
199	天津市宝坻区八门城镇中圈幼儿园	陈建霞	陈建霞	7	3	3	43	宝坻区八门城镇中圈村北100米	301823	82561543
200	天津市宝坻区八门城镇八门城幼儿园	孙学霞	孙学霞	6	1	1	15	宝坻区八门城镇八门城一村	301800	82567757
201	天津市宝坻区大唐庄镇运家庄幼儿园	唐萌萌	唐萌萌	5	3	3	27	宝坻区大唐庄镇运家庄村东新街1号	301813	29657147
202	天津市宝坻区方家庄镇朴家庄幼儿园	杨永	杨永	10	3	3	65	宝坻区方家庄镇朴家庄村南	301800	22599534
203	天津市宝坻区方家庄镇北郝中心幼儿园	孟昭军	杨树怀	30	3	6	130	宝坻区方家庄镇北郝村南	301827	22599985
204	天津市宝坻区宝鑫幼儿园	王瑞梅	王瑞梅	94	3	18	503	宝坻区海滨街北城东路147号	301800	29223504
205	天津市宝坻区黄庄镇中心幼儿园	霍绍勇	霍绍勇	28	3	5	108	宝坻区黄庄镇吴辛幸村西	301803	82570113
206	天津市宝坻区牛家牌镇中心幼儿园	李玉姝	李玉姝	24	3	6	113	宝坻区牛家牌镇政府大街东1街18号	301809	29637766
207	天津市宝坻区牛家牌镇西老鸦口幼儿园	王玉莲	王玉莲	10	3	3	62	宝坻区牛家牌镇西老鸦口村	301809	29650835
208	天津市宝坻区绿景幼儿园	孙金花	孙金花	41	3	6	162	宝坻区东环路与南城东路交口东南侧绿景家园小区内	301800	59281055
209	天津市宝坻区钰鑫幼儿园	孙金花	孙金花	40	3	6	166	宝坻区建设路1号	301800	29980518
210	天津市宝坻区北环路幼儿园	李晓雨	李晓雨	60	3	12	310	宝坻区北环滨街北城东路与环城东路交口东侧	301800	29263275
211	天津市宝坻区牛家牌镇青南幼儿园	许俊娟	许俊娟	11	3	3	70	宝坻区牛家牌镇河村东	301809	29626361
212	天津市宝坻区朝霞街中心幼儿园	顾红梅	顾红梅	32	3	6	152	宝坻区朝霞街道后莲花北	301800	22526371
213	天津市宝坻区王卜庄中心幼儿园	刘秀婷	刘秀婷	25	3	8	163	宝坻区王卜庄镇王卜庄村东北1排1号	301805	82517807
214	天津市宝坻区大口屯镇北厂幼儿园	张静钰	张静钰	12	4	4	53	宝坻区大口屯镇北厂窝北村1号	301801	59950332

续表

序号	校名	书记	校长	教职工数	年级数	班数	学生数	校址	邮政编码	电话
215	天津市宝坻区大钟庄镇第二中心幼儿园		臧春花	11	3	3	55	宝坻区大钟庄镇商贸街北100米	301806	82428113
216	天津市宝坻区大白庄镇八道沽幼儿园		王志国	11	3	3	36	宝坻区大白庄镇八道沽村西区2街25号	301802	22418434
217	天津市宝坻区原筑幼儿园	白雪英	白雪英	47	3	8	203	宝坻区潮阳大道南侧诚品嘉园77号楼	301800	29991121
218	天津市宝坻区霍各庄陈家口中心幼儿园	刘钰	刘钰	30	3	10	209	宝坻区霍各庄镇陈家口村南	301800	29959382
219	天津市宝坻区朝霞街道肖家垄幼儿园		顾红梅	11	2	2	38	宝坻区朝霞街道肖家垄村	301800	22530885
220	天津市宝坻区华勤幼儿园	李海霞	李海霞	36	3	6	178	宝坻区海滨街道林海南路华勤堝栖园小区内	301800	29289123
221	天津市宝坻区王卜庄镇何仉中心幼儿园	刘大凤	刘大凤	18	3	6	108	宝坻区王卜庄镇申庄村西北1排1号	301805	82518289
222	天津市宝坻区花蕾幼儿园	田海燕	田海燕	33	3	6	152	坻区华苑东区院内花蕾幼儿园	301800	82650962
223	天津市宝坻区卓凡幼儿园	金福颖	金福颖	30	3	7	158	宝坻区钰华街道卓凡学里幼儿园2#	301800	29281567
224	天津市宝坻区大口屯镇第二中心幼儿园	王宝洪	王宝洪	16	3	3	90	宝坻区大口屯镇翰林苑小区天钰园	301801	59956238
225	天津市宝坻区玫瑰湾幼儿园	白雪英	白雪英	40	3	6	171	宝坻区渠阳大街玫瑰湾花园5号	301800	82678017
226	天津市宝坻区新苗幼儿园		张秋莎	27	3	6	167	宝坻区朝霞街道北艾各庄村主街	301800	22538826
227	天津市宝坻区史各庄镇彰家店村贾淑平托幼点		贾淑平	9	3	3	45	宝坻区史各庄镇彰家店村村西1排2号	301800	22577273
228	天津市宝坻区童缘幼儿园		付亚明	19	3	4	113	宝坻区新安镇第一中心小学西侧	301800	82468559
229	天津市宝坻区乐图幼儿园有限公司		王竹青	11	3	3	39	宝坻区花苑东区39号增1号	301800	82688688
230	天津市宝坻区卓凡星江香幼儿园		康玉芳	34	3	8	196	宝坻区周良街道箐务香江小区康乃馨7号楼	301802	29929980
231	天津市宝坻区牛道口镇润禾托幼点		王广平	9	3	3	63	宝坻区牛道口镇西四庄村3区8排1号	301800	22553003
232	天津市宝坻区阳光幼儿园		于金爽	21	3	5	118	宝坻区津围南路2号	301800	29226133
233	天津市宝坻区朝霞街崔玉霞托幼点		崔玉霞	19	3	4	85	宝坻区朝霞街前西苑村	301800	22528126
234	天津市宝坻区周良新城之星幼儿园有限责任公司		陶海丰	13	3	3	21	宝坻区周良京津新城珠江北路上京合园009号	301800	29667667
235	天津市宝坻区霍各庄镇七彩幼托点		张凯	17	2	3	92	宝坻区霍各庄镇哈喇庄村西1排3号	301800	22518805
236	天津市宝坻区牛道口镇天使幼托点		李学莉	5	3	3	25	宝坻区牛道口镇李家深村	301800	60343685
237	天津市宝坻区育才幼儿园		郭洪玲	24	3	5	120	宝坻区大口屯镇北杨村商业街1号	301801	22488269
238	天津市宝坻区大口东镇上王各庄村李洪月幼托点		李洪月	8	3	3	26	宝坻区大口东镇上王各庄1区4排2号	301800	22567353
239	天津市宝坻区童星幼儿园		付亚明	25	3	6	170	宝坻区大钟庄镇人民政府南侧50米	301800	82429917
240	天津市宝坻区方家庄子街李超幼托点		李超	8	2	2	33	宝坻区方家庄子村1排14号	301800	82445190
241	天津市宝坻区新开口镇圆梦幼托点		欧阳小芳	11	3	3	41	宝坻区新开口镇邮局北侧	301815	60665835

续表

序号	校名	书记	校长	教职工数	年级数	班数	学生数	校址	邮政编码	电话
242	天津市宝坻区牛道口镇顶新幼托点		宋连永	3	2	2	18	宝坻区牛道口镇下牛庄村1区3排2号	301800	22550692
243	天津市宝坻区藤竹幼儿园有限公司		许海一	28	3	5	100	宝坻区保集镇玫瑰湾22号	301800	29992711
244	天津市宝坻区大口屯镇奥拓幼托点		韩学芹	13	2	3	72	宝坻区大口屯镇北村北区11号	301801	59213228
245	天津市宝坻区卡酷七色光幼儿园有限公司		赵会明	30	3	8	185	宝坻区钰华街道绿色家园西门2号	301800	29257765
246	天津市宝坻区王卜庄镇未来星幼托点		申聪颖	6	2	2	10	宝坻区王卜庄镇前张司马村2区2排增1号	301800	82516333
247	天津市宝坻区童乐幼儿园		李丽	18	3	5	100	宝坻区林亭口镇三辣市场北侧100米	301804	82536800
248	天津市宝坻区史各庄镇西马各庄村贾淑红托幼点		于金怡	10	3	3	45	宝坻区史各庄镇西马各庄村路东区8排20号	301800	29226133
249	天津市宝坻区奥托幼儿园		刘志国	16	3	5	100	宝坻区大口屯镇东南仁埠村12号	301801	29629566
250	天津市宝坻区红缨育英才幼儿园有限公司		秦玲	19	3	4	100	宝坻区宝平街道开园路68号	301800	82660246
251	天津市宝坻区多彩幼儿园		赵会明	20	3	4	86	宝坻区海滨街道北城东路183号	300450	29204868
252	天津市宝坻区牛道口镇明日幼托点		武秀阳	9	3	3	37	宝坻区牛道口镇岳家庄村3区11排1号	301800	22559863
253	天津市宝坻区硕果幼儿园		曹瑞凤	17	3	4	100	宝坻区新安镇商贸街鹏程超市西20米	301800	82411797
254	天津市宝坻区方家庄镇春天幼托点		方春柳	8	2	2	37	宝坻区方家庄镇方中村西五排一号	301827	82447097
255	天津市宝坻区霍各庄镇花恋幼托点		王新新	18	2	2	55	宝坻区霍各庄镇北查村北	301800	29958818
256	天津市宝坻区新开口镇育新幼托点		郭春良	9	3	3	58	宝坻区新开口镇种东村南三排1号	301815	82646189
257	天津市宝坻区王卜庄镇徐家庄托幼点		刘艳会	7	2	2	40	宝坻区王卜庄镇徐家庄东区2排1号	301800	82457609
258	天津市宝坻区牛道口镇启蒙幼托点		王新新	6	3	3	36	宝坻区牛道口镇焦山寺村	301800	22556259
259	天津市育英才幼儿园有限公司		杨磊	21	3	3	115	宝坻区钰华街道环城东路88号燕泉大楼	301000	82660246
260	天津市宝坻区广阳路幼儿园	王灵敏	王灵敏	75	3	15	412	宝坻区广阳路与望月路交口	301800	60288658
261	天津市宝坻区超级宝贝幼儿园		孙领男	20	3	5	129	宝坻区大钟庄镇法庭东100米1区1排2号	301800	82428699
262	天津市宝坻区色色摇篮龙熙幼儿园有限公司		戴海环	35	3	8	186	宝坻区龙熙帝景南门西侧	301899	82691777
263	天津市宝坻区向日葵幼儿园		白然	22	3	5	120	宝坻区潮阳街小兰各庄村村委会院内	301800	29641500
264	天津市宝坻区务本道幼儿园	刘佳	刘佳	62	3	12	301	宝坻区务本道与双站路交口	301800	29253097
265	天津市宝坻区及人幼儿园		王建英	24	3	6	148	宝坻区大唐庄镇大唐庄村南二街11-16号	301813	29668385
266	天津市宝坻区行知西方寺幼儿园		贾敬宇	31	3	6	178	宝坻区宝平街道西方寺路西路南三路北组	301800	82682739
267	天津市宝坻区行知钰华幼儿园	刘平	刘平	57	3	12	370	宝坻区钰华街道双站路西侧	301800	82667579
268	天津市宝坻区月亮船幼儿园有限公司		贾志洁	21	3	6	135	宝坻区潮阳街朝霞路11号	301800	29988996
269	天津市宝坻区行知望都路幼儿园	程茵	程茵	45	3	10	277	宝坻区海滨街道田场路与威远街交口	301800	29230378
270	天津市宝坻区行知海城幼儿园	刘春颖	刘春颖	36	3	8	207	宝坻区海滨街道环城西路气象新苑小区西侧	301800	82663905
271	天津京师育英幼儿园有限公司		范海青	27	3	6	166	宝坻区潮阳街道春满园10号楼	301800	82628686

续表

序号	校名	书记	校长	教职工数	年级数	班数	学生数	校址	邮政编码	电话
272	天津市宝坻区乐童幼儿园	贾淑平	贾淑平	14	3	3	90	宝坻区郝各庄镇侯家庄村东区北九排1号	301800	29678321
273	天津市宝坻区中天幼儿园	陈 杰	陈 杰	33	3	5	137	宝坻区海滨街道天泰园公建2号	301800	59228089
274	天津市宝坻区银练路幼儿园	史云杰	史云杰	70	3	15	408	宝坻区银练路与云水街交口	301800	60371115
275	天津市宝坻区馨雅幼儿园有限公司		易 娜	21	3	5	112	宝坻区宝平街道南关大街西侧	301800	82662021
276	天津市宝坻区朝霞幼儿园	杨晓彦	杨晓彦	58	3	11	285	宝坻区南三路朝霞路交口西北	301800	60371118
277	天津市宝坻区传奇幼儿园	陈 杰	陈 杰	50	3	9	259	宝坻区天宝工业园区兴海路星河传奇	301800	59220189
278	天津市宝坻区北城路幼儿园	李晓雨	李晓雨	36	3	7	156	宝坻区东城北路与北城路交口西北	301800	59210809
279	天津市宝坻区塞纳世家幼儿园	任学艳	任学艳	40	3	8	167	宝坻区逸城雅园小区院内	301800	59220062
280	天津市宝坻区小伙伴幼儿园有限公司		王建雄	34	3	8	205	宝坻区海滨街道北环路北侧	301800	29265098
281	天津市宝坻区卓凡蓝水湾幼儿园		王立艳	20	3	5	110	宝坻区海滨街环城北路南侧蓝水湾花园公建2	301800	59225080
282	天津市宝坻区牛道口镇行知李家深幼儿园		付起超	21	3	4	97	宝坻区牛道口镇李家深村李家深高中南侧	301800	22585661
283	天津市宝坻区牛道口镇行知下五庄幼儿园		钱学彤	11	3	3	46	宝坻区牛道口镇下五庄村西侧	301800	无
284	天津市宝坻区小伙伴旗舰幼儿园有限公司		李晶晶	24	3	5	129	宝坻区海滨街道东城北路5号	301800	29255176

静海区

序号	学校名称	书记	校长	教职工数	年级数	班级数	学生数	校址	邮政编码	电话
1	天津市静海区成人职业教育中心	刘汉禹	赵春明	195	3	37	1709	静海区地纬路2号	301600	58955077
2	天津市静海区华夏中等职业学校		杨斌	33			378	静海区东方红路静海区党校右侧	301600	59598777
3	天津市静海区独流中学	曹晓松	陈长旭	113	3	24	1248	静海区独流镇新开路1号	301602	68815022
4	天津市静海区唐官屯中学	王英伟	王英伟	89	3	18	933	静海区唐官屯中学文昌路西增1号	301608	68875997
5	天津市静海区第四中学	张立新	张立新	188	3	38	1944	静海区胜利大街南112号	301600	28939106
6	天津市静海区第一中学		古建兴	294	3	60	3020	静海区地纬路19号	301600	68600800
7	天津市静海区第六中学	张金宝	马金光	241	3	60	3038	静海区静海镇静王路南侧3号	301600	59580850
8	天津市静海区大邱庄中学	刘国领	刘国领	147	3	36	1821	静海区大邱庄镇恒山路6号	301606	68960026
9	天津市静海区瀛海学校	郭万民	王玉莲	255	12	36	1848	静海区静海镇南纬一路南78号	301600	28941071
10	天津市静海区华衡高级中学		马玉令	47	3	6	268	静海区东方红路11号	301600	59589966
11	天津市静海区北师大实验学校	朱鹏	朱鹏	72	12	24	835	静海区团泊新城西区团泊大道18号	301617	68592007
12	天津市静海区蔡公庄镇公庄学校	边士美	边士美	78	9	15	574	静海区蔡公庄镇蔡公庄村南	301606	68565151
13	天津市静海区大邱庄镇尚码头学校	徐斌	徐斌	55	9	9	312	静海区大邱庄镇尚码头村头村	301611	68599075
14	天津市静海区台头镇三堡学校		岳金榜	33	9	6	187	静海区台头镇三堡村南	301600	68168074
15	天津市静海区子牙新城学校	元英轼	元英轼	125	9	24	1017	静海区子牙新城梁头道西	301600	68951004
16	天津市静海区大邱庄镇尧舜实验学校	舒树江	舒树江	32	9	8	266	静海区大邱庄镇尧舜度假村村丙区3号	301606	28897077
17	天津市静海区大邱庄镇大屯学校	刘宝国	刘宝国	45	9	6	173	静海区大邱庄镇大屯村北	301606	28895379
18	天津市静海区运河学校	郝亚河	郝亚河	108	9	16	574	静海区静海镇口子门村新兴路增1号	300190	68923513
19	天津市静海区翔宇力仁学校		王贺海	211	9	18	830	静海区团泊新城东区仁爱学府路1号	301602	68589207
20	天津市静海区独流镇中学	董寒	董寒	55	3	17	650	静海区独流镇建设街	301602	68815123
21	天津市静海区独流镇北肖楼中学	顾来元	顾来元	38	3	12	464	静海区独流镇增光渠东侧	301602	68815160
22	天津市静海区良王庄乡中学	韩富国	杨振林	45	3	12	480	静海区良王庄乡良一村	301636	68120085
23	天津市静海区团泊镇中学	程广娟	程广娟	88	3	20	1024	静海区团泊镇宫家堡村	301600	68504126
24	天津市静海区良王庄乡君庙中学	赵志明	朱泽涛	27	3	6	255	静海区良王庄乡君庙村西	301600	68729311
25	天津市静海区体育运动学校	李宏爱	李宏爱	4				静海区静海镇地纬路17号	301600	28912094
26	天津市静海区第五中学	刘洪柱	刘洪柱	83	3	18	887	静海区静海镇地纬路西段	301600	68690503
27	天津市静海区中旺镇中学	姚庆森	姚庆森	74	3	17	794	静海区中旺镇中旺村中心街18号	301615	68531493
28	天津市静海区中旺镇大庄子中学	李玉广	李玉广	39	3	9	406	静海区中旺镇大庄子村	301614	68521635
29	天津市静海区第八中学	马君刚	马君刚	64	3	18	751	静海区静海镇徐庄子村东五排19号	301600	68686084

续表

序号	学校名称	书记	校长	教职工数	年级数	班级数	学生数	校址	邮政编码	电话
30	天津市静海区王口镇中学	刘世伟	刘世伟	87	3	24	1099	静海区王口镇东岳庄村东静文路97号	301603	28836193
31	天津市静海区陈官屯镇王官屯中学	王维洪	王玉梅	41	3	13	500	静海区陈官屯镇王官屯村	301604	68754900
32	天津市静海区大丰堆镇中学	任绍成	任绍成	77	3	19	743	静海区大丰堆镇静王路26号	301609	68663158
33	天津市静海区子牙镇中学	刘恩辉	刘恩辉	65	3	18	774	静海区子牙镇王二庄村	301605	68856377
34	天津市静海区台头镇中学		王光辉	57	3	18	706	静海区台头镇义和村	301613	68139100
35	天津市静海区唐官屯镇中学	李玉松	李玉松	37	3	12	378	静海区唐官屯镇京福路168号	301608	68758720
36	天津市静海区唐官屯镇大张屯中学	刘新	刘新	39	3	12	496	静海区唐官屯镇靳官屯村东	301608	68361849
37	天津市静海区唐官屯镇大郝庄中学	季如顺	季如顺	57	3	18	745	静海区唐官屯镇大郝庄村	301608	68353013
38	天津市静海区梁头镇中学	翟增福	翟增福	59	3	15	615	静海区梁头镇梁头村东	301600	68969071
39	天津市静海区第二中学	李绍玉	卢凤臣	139	3	30	1279	静海区静海镇胜利街5号	301600	28948409
40	天津市静海区大邱庄镇胡连庄中学	薛印恒	薛印恒	30	3	8	302	静海区大邱庄镇胡连庄村西	301606	68558196
41	天津市静海区陈官屯镇中学	胡素霞	张伟	53	3	14	571	静海区陈官屯镇小钓台村西	301604	68728191
42	天津市静海区大邱庄镇中学	边作国	边作国	137	3	35	1650	静海区大邱庄镇长江道南段	301606	28899523
43	天津市静海区沿庄镇中学	陶尔利	陶尔利	67	3	19	894	静海区沿庄镇三禅房村北增1号	301605	68728026
44	天津市静海区沿庄镇东滩头中学	马树山	马树山	58	3	15	699	静海区沿庄镇东滩头村北	301605	68771109
45	天津市静海区双塘镇中学	赵家贵	赵家贵	58	3	17	766	静海区双塘镇西双塘村西兴路102号	301600	68868981
46	天津市静海区实验中学	张文伟	张文伟	128	3	34	1650	静海区静海镇建设路5号	301600	28919318
47	天津市静海区蔡公庄镇中学	张春刚	张春刚	53	3	12	447	静海区蔡公庄镇胜利村建兴里增1号	301606	68728677
48	天津市静海区第七中学	刘玉兴	刘玉兴	85	3	20	899	静海区静海镇胜利南路89号	301600	28942300
49	天津市静海区西翟庄镇中学	史建勇	史建勇	50	3	12	531	静海区西翟庄镇西翟庄村	301611	68371043
50	天津市静海区杨成庄乡中学	李春华	李春华	94	3	22	963	静海区杨成庄乡毕杨路12号	301617	68276752
51	天津市静海区模范小学	王建龙	王建龙	175	3	48	2358	静海区静海开发区春熙道西	301600	68555130
52	天津市静海区独流镇育英小学	苗昆水	张树林	34	6	15	552	静海区独流镇新开路79号	301602	68815223
53	天津市静海区独流镇李家湾子小学	王宝兴	王宝兴	21	6	8	243	静海区独流镇李家湾子村	301602	68198175
54	天津市静海区良王庄乡王庄明德小学	王志华	王志华	46	6	19	731	静海区良王庄乡良一村	301601	68120028
55	天津市静海区唐官屯镇文昌小学	王凤林	王凤林	38	6	14	496	静海区唐官屯镇文昌路1号	301600	28777070
56	天津市静海区唐官屯镇靳官屯小学	只德见	单莹	14	6	6	143	静海区唐官屯镇靳官屯村南	301608	59526955
57	天津市静海区第六小学	郜俊芳	郜俊芳	144	6	38	1458	静海区唐官屯开发区旭华道南段西侧	301600	68685627
58	天津市静海区唐官屯镇赵官屯小学	王强	王强	20	6	8	276	静海区唐官屯镇赵官屯村	301608	59592157
59	天津市静海区唐官屯镇长张屯小学	刘松锐	刘松锐	17	6	6	146	静海区唐官屯镇长张屯村南秦路1号	301608	59526755
60	天津市静海区唐官屯镇刘上道小学	时忠臣	时忠臣	21	6	12	236	静海区唐官屯镇刘上道村	301608	68879581

续表

序号	学校名称	书记	校长	教职工数	年级数	班级数	学生数	校址	邮政编码	电话
61	天津市静海区唐官屯镇满意庄小学	田志刚	田志刚	29	6	12	342	静海区唐官屯镇满意庄村	301608	28878344
62	天津市静海区唐官屯镇大十八户小学	王建	王建	25	6	12	202	静海区唐官屯镇大十八户村	301608	68354130
63	天津市静海区唐官屯镇亚庄子小学	朱玉强	朱玉强	39	6	18	297	静海区唐官屯镇亚庄子村	301611	68518041
64	天津市静海区团泊镇团泊小学	赵松	赵松	54	6	22	994	静海区团泊镇政府北侧	301636	68504081
65	天津市静海区团泊镇华源小学	王学敬	王学敬	32	6	14	602	静海区团泊镇张家房子村北	301636	68509089
66	天津市静海区子牙镇子牙小学	曹广彦	曹广彦	43	6	19	732	静海区子牙镇子牙村	301605	28859365
67	天津市静海区中旺镇姚庄子小学	张宝剑	张宝剑	14	6	6	187	静海区中旺镇姚庄子村	301615	68539050
68	天津市静海区中旺镇大曲河小学	张宾柱	张宾柱	20	6	7	192	静海区中旺镇大曲河村	301615	68728221
69	天津市静海区中旺镇韩庄子小学	高城	高城	21	6	12	173	静海区中旺镇韩庄子村北	301615	68728208
70	天津市静海区中旺镇中旺小学	刘传利	刘传利	36	6	16	636	静海区中旺镇中旺村	301615	68272113
71	天津市静海区王口镇第一小学	邓再刚	邓再刚	53	6	25	755	静海县王口镇民主村北	301603	28836063
72	天津市静海区中旺镇赵齐庄小学	刘庆红	刘庆红	15	6	6	97	静海区中旺镇赵齐庄村	301614	68521586
73	天津市静海区中旺镇西湾河小学	夏慈知	夏慈知	15	6	6	53	静海区中旺镇西湾河村	301614	68522033
74	天津市静海区中旺镇大庄子小学	杨寿发	杨寿发	28	6	12	369	静海区中旺镇大庄子村	301614	6521157
75	天津市静海区王口镇第三小学	李春	李春	17	6	7	196	静海区王口镇宋家村前进街南8排21号	301603	28836627
76	天津市静海区台头镇第二小学	郝金峰	郝金峰	28	6	10	379	静海区台头镇和平村北	301613	68135310
77	天津市静海区王口镇第二小学	陈洁	陈洁	39	6	15	591	静海区王口镇大瓦头村北	301603	68276580
78	天津市静海区王口镇第四小学	张春梦	张春梦	18	6	9	270	静海区王口镇南茁头村	301603	68168162
79	天津市静海区大丰堆镇高家庄小学	张志昌	张志昌	33	6	12	271	静海区大丰堆镇高家庄村东组	301609	68663304
80	天津市静海区大丰堆镇大丰堆小学	徐天良	徐天良	50	6	18	608	静海区大丰堆镇静王路26号	301608	68663180
81	天津市静海区台头镇黄岔小学	王立春	王立春	26	6	12	432	静海区台头镇友好村南	301613	68139144
82	天津市静海区第四小学	王学忠	王学忠	127	6	46	2004	静海区静海镇北纬二路西段2号	301600	28639882
83	天津市静海区台头镇二堡小学	郝秀武	郝秀武	13	6	6	111	静海区台头镇南二堡村富民路1号	301600	68168071
84	天津市静海区台头镇大六分小学	李娜	李娜	15	6	6	88	静海区台头镇大六分村委会路6号	301602	68169101
85	天津市静海区大丰堆镇后明庄小学	刘玉彬	刘玉彬	45	6	13	339	静海区大丰堆镇后明庄村东	301609	68663344
86	天津市静海区第十一小学	程维振	程维振	43	6	15	467	静海区静海镇花园村花园路1号	301600	28916754
87	天津市静海区第十二小学	岳魏	岳魏	36	6	12	434	静海区静海镇杨高路高家楼村组	301600	28910040
88	天津市静海区第七小学	孙梦超	孙梦超	21	6	6	205	静海区静海镇上三里村	301600	28910659
89	天津市静海区子牙镇西高庄小学	李斌	李斌	27	6	12	274	静海区子牙镇西高庄村东头	301605	68731656
90	天津市静海区第十小学	付润生	付润生	15	6	6	206	静海区静海镇北纬五路南十排1号	301600	59513027
91	天津市静海区第十三小学	陈连江	陈连江	31	6	12	403	静海区静海镇北五里村	301600	28917213

续表

序号	学校名称	书记	校长	教职工数	年级数	班级数	学生数	校址	邮政编码	电话
92	天津市静海区子牙镇王二庄小学	刘友增	刘友增	17	6	7	245	静海区子牙镇王二庄村西新村11号胡同118号	301605	68247755
93	天津市静海区第九小学	元大鹏	元大鹏	33	6	12	392	静海区静海镇东边庄村一区一排7号	301600	59186795
94	天津市静海区子牙新城第一小学	胡媛媛	胡媛媛	57	6	22	871	天津子牙循环经济产业区示范小城镇	301605	68722135
95	天津市静海区良王庄乡四小屯小学	郭树成	郭树成	14	6	5	140	静海区良王庄乡四小屯村	301602	68153599
96	天津市静海区良王庄乡府君庙小学	贡海明	贡海明	27	6	10	315	静海区良王庄乡府君庙村东	301600	68191101
97	天津市静海区陈官屯镇小集小学	纪烈亮	纪烈亮	26	6	11	273	静海区陈官屯镇小集村	301604	68728101
98	天津市静海区陈官屯镇陈官屯小学	张文鹤	张文鹤	33	6	13	429	静海区陈官屯镇二街村东	301604	68728153
99	天津市静海区陈官屯镇高官屯小学	褚连生	褚连生	29	6	13	276	静海区陈官屯镇高官屯村	301604	68752233
100	天津市静海区陈官屯镇纪家庄小学	李艳	潘玉敏	22	6	9	142	静海区陈官屯镇纪家庄村	301604	68761883
101	天津市静海区第三小学	唐卫源	唐卫源	62	6	25	1039	静海区胜利大街51号	301600	28942680
102	天津市静海区陈官屯镇吕官屯明德小学	冯宝川	房舒	12	6	6	131	静海区陈官屯镇吕官屯村北	301608	68728107
103	天津市静海区大邱庄镇五美城小学	姚明	姚明	13	6	6	213	静海区大邱庄镇五美城村西	301606	68557373
104	天津市静海区大邱庄镇岳家庄小学	张学鹏	张学鹏	15	6	6	85	静海区大邱庄镇岳家庄村组	301609	68860016
105	天津市静海区大邱庄镇巨家庄小学	刘秋田	刘秋田	18	6	6	122	静海区大邱庄镇巨庄子村南	301611	68669347
106	天津市静海区大邱庄镇津美小学	高用军	高用军	54	6	22	962	静海区大邱庄镇黄河道1号	301606	59581763
107	天津市静海区大邱庄镇尧舜小学	代士通	代士通	29	6	12	499	静海区大邱庄镇渤海路3号	301606	28876703
108	天津市静海区大邱庄镇胡连小学	孙明	孙明	13	6	6	171	静海区大邱庄镇胡连庄村	301606	68557290
109	天津市静海区大邱庄镇万全小学	辛泉	辛泉	50	6	22	929	静海区大邱庄镇长江道2号	301606	58607377
110	天津市静海区沿庄镇沿庄小学	曹增喜	曹增喜	26	6	10	338	沿庄镇沿庄村富兴区	301605	68719527
111	天津市静海区沿庄镇西港小学	王跃明	王跃明	25	6	12	292	静海区沿庄镇珠江道1号	301605	68779017
112	天津市静海区沿庄镇津西禅房小学	刘俊祥	刘俊祥	54	6	19	792	静海区沿庄镇东禅房村北	301606	28899702
113	天津市静海区沿庄镇大黄洼小学	于振中	于振中	25	6	11	366	静海区沿庄镇大黄洼村北	301605	68771865
114	天津市静海区沿庄镇津淮小学	张洪卫	张洪卫	16	6	6	247	静海区沿庄镇津淮村北	301605	68779049
115	天津市静海区双塘镇双塘小学	杨志强	杨志强	42	6	15	407	静海区双塘镇西双塘村西兴路176号	301600	68865020
116	天津市静海区沿庄镇东滩头小学	蔡春驰	蔡春驰	25	6	12	354	静海区沿庄镇东滩头	301605	68758008
117	天津市静海区沿庄镇双楼小学	赵洪松	赵洪松	13	6	6	110	静海区沿庄镇双楼村东北	301605	68776033
118	天津市静海区沿庄镇流庄小学	蔡增胜	蔡增胜	16	6	8	206	静海区沿庄镇流庄村	301605	68856882
119	天津市静海区大邱庄王虎庄小学	沈以辉	沈以辉	32	6	13	485	静海区大邱庄镇王虎庄村东	301606	28895323
120	天津市静海区梁头镇西柳木小学	刘如胜	刘如胜	18	6	6	104	静海区梁头镇西柳木村宏大街5号	301600	68969093
121	天津市静海区梁头镇罗塘小学	王健	王健	33	6	12	413	静海区梁头镇罗塘村	301600	68959753

续表

序号	学校名称	书记	校长	教职工数	年级数	班级数	学生数	校址	邮政编码	电话
122	天津市静海区双塘镇杨杨土村小学	袁振凯	袁振凯	18	6	6	205	静海区双塘镇杨杨土村北	301600	68868765
123	天津市静海区独流镇第二小学	李洪运	李洪运	45	6	18	719	静海区独流镇生产街新村西村组	301602	68815119
124	天津市静海区双塘镇东双塘小学	王贵德	王贵德	43	6	15	406	静海区双塘镇东双塘村	301600	68367086
125	天津市静海区大邱庄镇育德小学	辛 峰	辛 峰	22	6	8	220	静海区大邱庄镇太平村西	301606	68205399
126	天津市静海区蔡公庄镇四党口小学	刘振艳	张春刚	37	6	15	546	静海区蔡公庄镇四党口中村西	301646	68517215
127	天津市静海区蔡公庄镇惠丰学校	崔希奎	崔希奎	18	6	6	182	静海区蔡公庄镇惠丰中村北	301606	68519144
128	天津市静海区蔡公庄镇土河小学	牛士金	牛士金	15	6	6	90	静海区蔡公庄镇土河村北	301646	68518072
129	天津市静海区蔡公庄镇刘祥庄小学	马秀龙	马秀龙	15	6	10	139	静海区蔡公庄镇刘祥庄村	301606	68519567
130	天津市静海区静海镇实验小学	潘云婷	潘云婷	166	6	54	2539	静海区静海镇工农街152号	301600	28857579
131	天津市静海区双塘镇杨家园小学	何春林	何春林	18	6	6	215	静海区双塘镇杨家园村	301600	68866541
132	天津市静海区西翟庄镇矫子小学	胡华秀	胡华秀	19	6	7	195	静海区西翟庄镇贺新村北	301608	68367301
133	天津市静海区西翟庄镇西翟庄小学	薛妮妮	尚先胜	26	6	8	297	静海区西翟庄镇西翟庄村	301611	68371454
134	天津市静海区西翟庄镇小庄村东小学	王文春	王文春	18	6	8	219	静海区西翟庄镇小庄村东南角	301611	68728469
135	天津市静海区团泊新城华康第一小学	张 健	张 健	50	6	22	701	静海区团泊新城西区健康产业园怡湖园小区	301617	59592799
136	天津市静海区杨成庄乡双窑小学	刘孝岩	刘孝岩	38	6	17	347	静海区杨成庄乡双窑村九区一排1号	301617	68641341
137	天津市静海区杨成庄乡华康实验学校	刘 军	刘 军	28	6	12	366	静海区杨成庄乡童王寨村7区1排10号	301617	68651004
138	天津市静海区杨成庄乡东寨小学	吴凤刚	吴凤刚	33	6	13	370	静海区杨成庄乡东寨村东寨小学	301617	68651142
139	天津市静海区第八小学	牛文清	牛文清	69	6	29	1170	静海区黎明道西侧北丰路北侧	301600	68686141
140	天津市静海区独流镇北肖楼小学	曹继江	曹继江	47	6	17	681	静海区独流镇北肖楼村东	301602	68196689
141	天津市静海区沿庄镇元蒙口小学	谭凤链	谭凤链	18	6	8	270	静海区沿庄镇元蒙口村北组组2	301605	68772299
142	天津市静海区台头镇第一小学	杨 杰	杨 杰	25	6	11	392	静海区台头镇建设村北	301613	68135110
143	天津市静海区第五小学	彭英华	彭英华	88	6	30	1300	静海区静海镇东方红路中段17号	301600	68692298
144	天津市静海区梁头镇梁头小学	孙金昊	王翠华	40	6	14	511	静海区梁头镇梁台路42号	301600	68965027
145	天津市静海区广海道小学	刘 颖	刘 颖	46	6	14	440	静海区经济开发区东方红路东段11号增2号	301600	28878626
146	天津市静海区模范小学	于喜智	李洪芹	249	6	95	4698	静海开发区地纬路20号	301600	68603083
147	天津市静海区建华学校	王昭辉	王昭辉	32	9	18	98	静海区径海中静文路城西33号	301600	28912039
148	天津市静海区第八幼儿园	何文香	何文香	27	3	4	77	静海区黎明道西侧北丰路北侧	301600	68127968
149	天津市静海区第一幼儿园	李福秀	李福秀	95	3	17	538	静海区静海镇联盟大街74号	301600	28942897
150	天津市静海区团泊镇第三中心幼儿园	李茂静	李茂静	29	3	8	281	静海区团泊镇张家房子村北	301636	68509101
151	天津市静海区团泊镇第一中心幼儿园	王秀翠	王秀翠	36	3	9	333	静海区团泊镇政府南侧	301636	68728903
152	天津市静海区中旺镇第一中心幼儿园	曹延松	曹延松	49	3	9	268	静海区中旺镇中旺村	301615	68532585

续表

序号	学校名称	书记	校长	教职工数	年级数	班级数	学生数	校址	邮政编码	电话
153	天津市静海区王口镇第一中心幼儿园		李宝洋	33	3	4	53	静海区王口镇民主村	301603	68835089
154	天津市静海区静海镇第二幼儿园		杨淑芳	52	3	12	355	静海区静海镇北纬二路西段四号	301600	28942317
155	天津市静海区大丰堆镇第一中心幼儿园		边毅	21	3	6	74	静海区大丰堆镇静王路26号	301609	68660301
156	天津市静海区大丰堆镇第二中心幼儿园		张洋	11	3	3	34	静海区大丰堆镇靳庄子村	301600	68676322
157	天津市静海区子牙新城第一幼儿园		田茂林	29	3	8	179	静海区子牙新车4号路红绿灯南150米	301605	68859578
158	天津市静海区陈官屯镇第一中心幼儿园		刘佳	22	3	6	141	静海区陈官屯镇二街	301604	68786055
159	天津市静海区第四幼儿园		张运艳	69	3	14	437	静海区静海镇胜利大街124号	301600	59580516
160	天津市静海区陈官屯镇第二中心幼儿园		崔文革	15	3	3	76	静海区陈官屯镇王官屯村	301604	68753200
161	天津市静海区大邱庄镇第一中心幼儿园		杨志敏	49	3	12	384	静海区大邱庄镇珠江道1号	301606	68585361
162	天津市静海区大邱庄镇津美中心幼儿园		赵孟孟	52	3	12	363	静海区尧顺度假村丙区4号	301606	59186013
163	天津市静海区双塘镇中心幼儿园		魏桂花	17	3	4	74	静海区双塘镇增福堂和2号楼	301600	68248755
164	天津市静海区唐官屯镇第一中心幼儿园		鲁家发	17	3	3	55	静海区唐官屯镇三街边家胡同9号	301608	68727967
165	天津市静海区西翟庄镇第一中心幼儿园		任玉琴	16	3	6	111	静海区西翟庄镇村北	301611	68371919
166	天津市静海区大邱庄镇长江道中心幼儿园		刘丽丽	45	3	11	368	静海区大邱庄镇黄河道1号	301606	68569972
167	天津市静海区模范镇幼儿园		李天云	93	3	18	664	静海区开发区地纬路南侧	301600	68628016
168	天津市静海区杨成庄乡第一中心幼儿园		马亚妮	13	3	3	77	静海区杨成庄乡毕杨路12号	301617	68652123
169	天津市静海区子牙新城第二幼儿园		蔡洪蕾	19	3	5	105	静海区子牙新城六号路	301605	28857908
170	天津市静海区陈官屯镇第三中心幼儿园		马金英	23	3	5	80	静海区陈官屯镇小集村北	301604	68761318
171	天津市静海区大邱庄镇第二中心幼儿园		刘文兰	43	3	12	339	静海区大邱庄镇长江道2号	301606	58607311
172	天津市静海区台头镇第一中心幼儿园		董鹏媛	19	3	4	97	静海区台头镇友好村南	301613	68729089
173	天津市静海区子牙镇中心幼儿园		李广倩	21	3	4	77	静海区子牙镇子牙村	301605	28859032
174	天津市静海区第三幼儿园		胡景华	101	3	20	702	静海区静海镇瑞和道15号	301600	68299783
175	天津市静海区团泊镇第二中心幼儿园		赵桂娥	23	3	7	242	静海区团泊镇人民政府北侧	301636	68505085
176	天津市静海区沿庄镇第一中心幼儿园		杨益岭	18	3	6	116	静海区沿庄镇西禅房村东100米	301605	28855196
177	天津市静海区蔡公庄镇第一中心幼儿园		王炳瑞	25	3	6	169	静海区蔡公庄镇四党口后村	301646	68517307
178	天津市静海区沿庄镇第二中心幼儿园		程德良	13	3	4	77	静海区沿庄镇沿庄村村东	301605	68715968
179	天津市静海区梁头镇第一中心幼儿园		刘福良	29	3	6	198	静海区梁头镇梁头村梁合路42号	301600	58607375
180	天津市静海区良王庄乡第一中心幼儿园		王玉娟	31	3	6	119	静海区良王庄乡静霸路6号	301601	68233008
181	天津市静海区大邱庄镇尧舜中心幼儿园		刘德红	34	3	8	224	静海区大邱庄镇渤海路3号	301606	68287150
182	天津市静海区蔡公庄镇第二中心幼儿园		边士美	17	3	5	109	静海区蔡公庄镇蔡公庄村西南	301606	58607949
183	天津市静海区独流镇第一中心幼儿园		王会俊	17	3	5	92	静海区独流镇生产新村	301602	68233368

续表

序号	学校名称	书记	校长	教职工数	年级数	班级数	学生数	校址	邮政编码	电话
184	天津市静海区王口镇第二中心幼儿园		管世军	18	3	4	72	静海区王口镇茁头村东南角	301603	68166818
185	天津市静海区静海区第九幼儿园		郝胜颖	35	3	6	160	静海区静海镇东方红路中段17号	301600	68127868
186	天津市静海区第十幼儿园		周作敏	16	3	3	59	静海区静海镇北纬二路西段2号	301600	68921680
187	天津市静海区第七幼儿园		李志英	24	3	6	162	静海区静海镇高家楼村	301600	68386815
188	天津市静海区陈官屯镇第四中心幼儿园		魏玉起	5	3	3	30	静海区陈官屯镇官屯村东北	301604	68755287
189	天津市静海区第五幼儿园		郑庆凤	67	3	14	441	静海区春曦道西侧北盛路南侧	301600	58178330
190	天津市静海区中旺镇港里幼儿园		张宝剑	2	3	1	11	静海区中旺镇港里村	301615	68539050
191	天津市静海区蔡公庄镇惠丰幼儿园		崔希奎	9	3	3	59	静海区蔡公庄镇惠丰中村北	301646	68519144
192	天津市静海区西翟庄镇东翟庄幼儿园		王文春	9	3	3	51	静海区西翟庄镇东翟庄村	301611	68372117
193	天津市静海区唐官屯镇赵官屯幼儿园		王 强	11	3	3	44	静海区唐官屯镇赵官屯村	301608	59592157
194	天津市静海区沿庄镇双楼幼儿园		赵洪松	4	3	3	27	静海区沿庄镇双楼村东北	301605	68776033
195	天津市静海区台头镇第四幼儿园		王 倩	13	3	3	62	静海区台头镇三堡村	301602	68168074
196	天津市静海区王口镇进庄幼儿园		邓再刚	2	3	1	12	静海区王口镇进庄村北	301603	28836063
197	天津市静海区华康第一幼儿园		陈琳丽	38	3	12	369	静海区团泊新城西区西支路6北侧	301617	68650086
198	天津市静海区陈官屯镇高官屯幼儿园		褚连生	4	3	3	23	静海区陈官屯镇高官屯村	301604	68752233
199	天津市静海区双塘镇杨学士幼儿园		袁振凯	7	3	3	51	静海区双塘镇杨学士村北	301609	68868765
200	天津市静海区唐官屯镇曲庄子幼儿园		王 强	6	3	3	36	静海区唐官屯镇曲庄子村	301608	59592157
201	天津市静海区中旺镇李庄子幼儿园		刘传利	2	3	1	13	静海区中旺镇李庄子村	301605	68272116
202	天津市静海区大邱庄镇胡连幼儿园		孙 明	7	3	3	46	静海区大邱庄镇胡连庄村	301606	68557290
203	天津市静海区中旺镇姚庄子幼儿园		张宝剑	5	3	3	32	静海区中旺镇姚庄子村	301615	68539050
204	天津市静海区子牙镇西高庄幼儿园		李 斌	8	3	3	54	静海区子牙镇西高庄村东北角	301605	68731656
205	天津市静海区蔡公庄镇土河幼儿园		牛士金	5	3	3	30	静海区蔡公庄镇土河村北	301646	68518072
206	天津市静海区中旺镇小齐庄幼儿园		刘庆红	1	3	1	7	静海区中旺镇小齐庄村	301614	68521586
207	天津市静海区大邱庄镇育德幼儿园		辛 峰	9	3	4	59	静海区大邱庄镇太平村南	301606	68205470
208	天津市静海区沿庄镇流庄幼儿园		蔡增胜	10	3	3	50	静海区沿庄镇流庄村	301605	68856882
209	天津市静海区第十小学附属幼儿园		付润生	2	3	1	9	静海区静海镇北纬五路南十排1号	301600	59513027
210	天津市静海区良王庄乡张家幼儿园		张树英	1	3	1	5	静海区良王庄乡张家村	301601	68120028
211	天津市静海区中旺镇蔡庄子幼儿园		高 城	1	3	1	6	静海区中旺镇蔡庄子村中心	301615	68728208
212	天津市静海区中旺镇大庄子幼儿园		杨寿发	9	3	6	57	静海区中旺镇大庄子村	301614	68521157
213	天津市静海区良王庄乡白杨树幼儿园		贡海明	2	3	1	9	静海区良王庄乡白杨树村	301600	68973255
214	天津市静海区西翟庄镇安庄子幼儿园		王文春	4	3	1	18	静海区西翟庄镇安家庄村	301611	68728469

续表

序号	学校名称	书记	校长	教职工数	年级数	班级数	学生数	校址	邮政编码	电话
215	天津市静海区蔡公庄镇顺小王幼儿园		边永泽	2	3	1	5	静海区蔡公庄镇顺小王村北	301606	68565757
216	天津市静海区沿庄镇小河河幼儿园		韩宸	5	3	3	29	静海区沿庄镇小河村文华区9排3号	301605	68718212
217	天津市静海区独流镇八堡幼儿园		王宝兴	1	3	1	8	静海区独流镇八堡村	301602	68198175
218	天津市静海区中旺镇清河村幼儿园		王建兴		3			静海区中旺镇清河村	301615	68522033
219	天津市静海区杨成庄乡砖垛幼儿园		张少青	3	3	3	21	静海区杨成庄乡砖垛村北	301617	68645437
220	天津市静海区中旺镇班高庄幼儿园		张宾柱	2	3	2	13	静海区中旺镇班高庄村	301615	68728200
221	天津市静海区大丰堆镇高家庄幼儿园		张志昌	4	3	3	23	静海区大丰堆镇高家庄村村东组	301609	68663304
222	天津市静海区台头镇第三幼儿园		张艳	14	3	3	83	静海区台头镇和平村北	301613	68135310
223	天津市静海区大丰堆镇前树村幼儿园		刘玉彬	4	3	2	23	静海区大丰堆镇前树村	301609	68663344
224	天津市静海区中旺镇大曲河幼儿园		张宾柱	3	3	2	16	静海区中旺镇大曲河村	301615	68728200
225	天津市静海区蔡公庄镇杨家场幼儿园		杨淼	2	3	1	10	静海区蔡公庄镇杨家场村南	301606	68566408
226	天津市静海区陈官屯镇西钓幼儿园		潘玉敏	1	3	1	6	静海区陈官屯镇西钓村	301604	68788199
227	天津市静海区唐官屯镇亚庄子幼儿园		朱玉强	7	3	2	18	静海区唐官屯镇亚庄子村	301611	59595138
228	天津市静海区沿庄镇西港幼儿园		张宝志	8	3	3	48	静海区沿庄镇西港村北	301605	68751599
229	天津市静海区华康第二幼儿园		信倩	23	3	5	158	静海区北华南路与洪泽湖路交口处	301617	68651004
230	天津市静海区大邱庄镇王虎幼儿园		张洪霞	15	3	5	91	静海区大邱庄镇王虎庄村东	301606	28895323
231	天津市静海区大丰堆镇高小王幼儿园		边毅	2	3	1	9	静海区大丰堆镇高小王村合作区	301609	68660301
232	天津市静海区王口镇未家村幼儿园		李春	10	3	3	36	静海区王口镇未家村南	301603	28836627
233	天津市静海区大邱庄镇岳家庄幼儿园		张学鹏	4	3	3	20	静海区大邱庄镇岳家庄村北	301609	68860016
234	天津市静海区梁头镇南柳木幼儿园		刘如胜	1	3	1	7	静海区梁头镇南柳木村兴柳南5号	301600	68969093
235	天津市静海区中旺镇王官庄幼儿园		高城	5	3	3	30	静海区中旺镇王官庄村东	301615	68728208
236	天津市静海区梁头镇罗塘幼儿园		王健	16	3	5	101	静海区梁头镇罗塘村	301600	68959753
237	天津市静海区王口镇郑庄幼儿园		邓再刚	4	3	1	22	静海区王口镇郑庄村	301603	28836063
238	天津市静海区唐官屯镇满意庄幼儿园		田志刚	21	3	6	70	静海区唐官屯镇满意庄村	301608	28878344
239	天津市静海区中旺镇团瓢幼儿园		刘庆红	1	3	1	3	静海区中旺镇团瓢村	301614	68204088
240	天津市静海区西翟庄第二幼儿园		胡华秀	10	3	3	60	静海区西翟庄镇佟庄子村	301608	68353695
241	天津市静海区沿庄镇元蒙幼儿园		谭凤链	14	3	5	92	静海区沿庄镇元蒙口村北1组	301605	68770186
242	天津市静海区台头镇建设第二幼儿园		李学艳	14	3	4	86	静海区台头镇建设村北1组	301613	15822099622
243	天津市静海区大邱庄镇五美城幼儿园		姚明	6	3	3	35	静海区大邱庄镇五美城村西	301606	68557373
244	天津市静海区唐官屯镇靳官屯幼儿园		单莹	7	3	3	40	静海区唐官屯镇靳官屯村南	301608	59526955
245	天津市静海区中旺镇西湾河幼儿园		王建兴	2	3	1	10	静海区中旺镇西湾河村	301615	68522033

续表

序号	学校名称	书记	校长	教职工数	年级数	班级数	学生数	校址	邮政编码	电话
246	天津市静海区良王庄乡十里堡幼儿园		贡海明	2	3	1	9	静海区良王庄乡十里堡村	301600	68973255
247	天津市静海区杨成庄乡梅厂明德幼儿园		路程	3	3	3	14	静海区杨成庄乡梅厂村北	301617	68641341
248	天津市静海区独流镇李家湾子幼儿园		王宝兴	4	3	2	24	静海区独流镇李家湾子村	301602	68198175
249	天津市静海区中旺镇韩庄子幼儿园		高城	4	3	2	24	静海区中旺镇韩庄子村北	301615	68728208
250	天津市静海区中旺镇张高庄幼儿园		张宾柱	3	3	2	18	静海区中旺镇张高庄村	301615	68728200
251	天津市静海区大邱庄镇巨家庄幼儿园		刘秋田	5	3	3	35	静海区大邱庄镇巨子村南	301611	68669347
252	天津市静海区唐官屯镇辛庄幼儿园		郝继栋	5	3	3	23	静海区唐官屯镇辛庄村	301608	68879581
253	天津市静海区大邱庄镇前码头幼儿园		李静芹	11	3	6	75	静海区大邱庄镇前码头村	301611	68599870
254	天津市静海区良王庄乡府庙幼儿园		贡海明	2	3	1	6	静海区良王庄乡府庙村	301600	68973255
255	天津市静海区双塘镇东双塘幼儿园		王贵德	8	3	3	65	静海区双塘镇东双塘村	301600	68367086
256	天津市静海区陈官屯镇纪家庄幼儿园		潘玉敏	3	3	2	21	静海区陈官屯镇纪家庄村	301604	68761883
257	天津市静海区唐官屯镇西张屯幼儿园		刘松锐	6	3	3	24	静海区唐官屯镇长张屯村南泰路1号	301608	59526755
258	天津市静海区罗阁庄幼儿园		董宝茹	1	3	1	6	静海区良王庄乡罗阁庄村	301601	68120028
259	天津市静海区双塘镇董莫院幼儿园		杨志强	4	3	1	18	静海区双塘镇董莫院村	301600	68865630
260	天津市静海区西翟庄镇杨小庄幼儿园		王文春	3	3	1	14	静海区西翟庄镇杨小庄村东南角	301611	68728469
261	天津市静海区唐官屯镇大郝庄幼儿园		刘树喜	7	3	3	27	静海区唐官屯镇大郝庄村	301611	68353061
262	天津市静海区沿庄镇张村幼儿园		蔡春驰	2	3	1	9	静海区沿庄镇张村	301605	68980866
263	天津市静海区蔡公庄镇刘祥庄幼儿园		马秀龙	6	3	3	38	静海区蔡公庄镇刘祥庄村	301606	68519567
264	天津市静海区双塘镇西双塘幼儿园		杨志强	7	3	3	59	静海区双塘镇西双塘村西兴路176号	301600	68865020
265	天津市静海区唐官屯镇西沟乐幼儿园		王强	5	3	2	24	静海区唐官屯镇西沟乐村	301611	59595131
266	天津市静海区大邱庄镇大屯幼儿园		刘宝国	14	3	5	126	静海区大邱庄镇大屯村北	301606	28895379
267	天津市静海区良王庄乡四小屯幼儿园		王建	9	3	3	30	静海区唐官屯镇大十八户村	301608	68354130
268	天津市静海区独流镇七堡幼儿园		王宝兴	1	3	1	4	静海区独流镇七堡村	301602	68198175
269	天津市静海区唐官屯镇博爱幼儿园		张宝虎	7	3	3	29	静海区唐官屯镇小郝庄村南,郑家庄村北	301611	59595133
270	天津市静海区良王庄乡王家院幼儿园		贡海明	1	3	1	4	静海区良王庄乡王家院村	301600	68973255
271	天津市静海区大丰堆镇后明庄幼儿园		刘玉彬	1	3	1	6	静海区大丰堆镇后明庄村东	301609	68663344
272	天津市静海区良王庄乡四小屯幼儿园		郭树成	4	3	2	16	静海区良王庄乡四小屯村	301602	68153599
273	天津市静海区唐官屯镇刘上道小学		时忠臣	6	3	2	17	静海区唐官屯镇刘上道小学	301608	68879581
274	天津市静海区中旺镇赵齐庄幼儿园		刘庆红	4	3	2	25	静海区中旺镇赵齐庄村	301614	68521586
275	天津市静海区中旺镇西小屯幼儿园		杨寿发	2	3	1	9	静海区中旺镇西小屯村	301614	68521157
276	天津市静海区梁头镇东柳木幼儿园		刘幼胜	3	3	1	18	静海区梁头镇东柳木村	301600	60969093

续表

序号	学校名称	书记	校长	教职工数	年级数	班级数	学生数	校址	邮政编码	电话
277	天津市静海区梁头镇西柳木幼儿园		刘如胜	3	3	1	20	静海区梁头镇西柳木村海宏大街5号	301600	68969093
278	天津市静海区独流镇北肖楼幼儿园		曹继江		3			静海区独流镇北肖楼村东	301602	68811689
279	天津市静海区沿庄镇东滩头幼儿园		蔡春驰	8	3	3	53	静海区沿庄镇东滩头村西	301605	68758009
280	天津市静海区杨成庄乡双窑幼儿园		刘孝岩	8	3	3	25	静海区杨成庄双窑村九区一排1号	301617	68641341
281	天津市静海区王口镇大瓦头幼儿园		陈洁	14	3	4	77	静海区王口镇大瓦头村	361603	68166813
282	天津市静海区陈官屯镇东钓台幼儿园		张洪明	3	3	3	21	静海区陈官屯镇东钓台村南	301604	68789366
283	天津市静海区沿庄镇大黄洼幼儿园		张洪卫	10	3	3	66	静海区沿庄镇大黄洼村北	301605	68779049
284	天津市静海区双塘镇杨家园幼儿园		何春林	6	3	3	41	静海区双塘镇杨家园村	301600	68242055
285	天津市静海区第十三小学附属幼儿园		陈连江	8	3	3	44	静海区静海镇北五里村	301600	28917213
286	天津市静海区中旺镇罗子子幼儿园		张宝剑	4	3	2	20	静海区中旺镇罗庄子村	301615	68539050
287	天津市静海区陈官屯镇胡辛庄幼儿园		崔文革		3			静海区陈官屯镇胡辛庄村	301604	60366348
288	天津市静海区第六幼儿园		陈会英	34	3	7	183	静海区工农街西侧南纬一路南侧77号	301600	59592287
289	天津市静海区王口镇第三幼儿园		岳丽丽	3	3	1	10	静海区王口镇团结村北	301603	28836063
290	天津市静海区子牙镇第二幼儿园		孙学娜	12	3	3	61	静海区子牙镇龙嘉公寓西侧	301605	68752399
291	天津市静海区第六小学(附属幼儿园)		马春梅	20	3	3	78	静海区开发区旭华道南段西侧	301600	68698895
292	天津市静海区华康幼儿园		刘冬杰	31	3	7	203	静海区团泊西区梧桐商街公建8-101	301617	59595012

宁河区

序号	校名	书记	校长	教职工数	年级数	班数	学生数	校址	邮政编码	联系电话
1	天津市宁河区芦台第一中学	张立民	李朝栋	171	6	42	2059	宁河区芦台街东大营一中路1号	301500	69561221
2	天津市宁河区芦台第一中学桥北学校	孙友彬	王雪洁	224	6	54	2654	宁河区桥北街滨水东路大御景半岛西侧约150米	301500	15900278178
3	天津市宁河区芦台第二中学	王海燕	张忠峰	238	6	51	2575	宁河区芦台街震新路30号	301500	69560238
4	天津市宁河区芦台丰台中学	李学军	李学军	89	3	17	848	宁河区丰台镇东大街57号	301500	69487002
5	天津市宁河区潘庄中学	高彬	高彬	143	3	33	1575	宁河区潘庄镇潘庄村南	301500	69529151
6	天津市宁河区芦台第三中学	李光明	李光明	123	3	30	1532	宁河区芦台街震新路2号	301500	59325578
7	天津市宁河区芦台第五中学	董建军	郝绍国	112	3	30	1378	宁河区芦台街金翠路玉红街	301500	69570144
8	天津市宁河区桥北街赵庄中学	曹凤桐	曹凤桐	65	3	14	566	宁河区桥北街津榆线与宝户线往南约130米	301500	69192701
9	天津市宁河区大北涧沽镇中学	李传柱	李传柱	48	3	12	435	宁河区大北涧沽镇大北涧沽村	301500	69549171
10	天津市宁河区七里海镇南涧沽中学	兰广春	兰广春	38	3	8	277	宁河区七里海镇七里海大道写X503交叉路口往西北约210米	301500	69361204
11	天津市宁河区七里海镇中学	魏柏祥	魏柏祥	62	3	16	621	宁河区七里海镇大坨村	301509	69531163
12	天津市宁河区北淮淀镇中学	李连贵	李连贵	67	3	18	748	宁河区北淮淀镇北淮淀村	301509	69321042
13	天津市宁河区俵口镇中学	杨晓乐	杨晓乐	55	3	16	598	宁河区俵口镇洛里坨村东	301507	69331144
14	天津市宁河区宁河镇中学	苏桂礼	陈洪顺	33	3	6	232	宁河区宁河镇四村	301504	69417002
15	天津市宁河区宁河镇大辛中学	韩若龙	韩若龙	22	3	6	186	宁河区宁河江洼口村南	301504	69260210
16	天津市宁河区廉庄镇中学	孙宝娜	孙宝娜	42	3	9	363	宁河区廉庄镇菜园村北	301500	69459857
17	天津市宁河区岳龙镇中学	史占雨	史占雨	49	3	11	460	宁河区岳龙镇岳龙村西南	301502	69251624
18	天津市宁河区丰台镇中学	杨卫东	杨卫东	27	3	6	196	宁河区丰台镇东村	301503	69489123
19	天津市宁河区丰台镇后棘坨中学	杜顺林	杜顺林	17	3	3	91	宁河区丰台镇后棘坨南	301503	69499284
20	天津市宁河区丰台镇小李庄中学	李立宁	李立宁	19	3	5	185	宁河区丰台镇小李庄南	301503	69231374
21	天津市宁河区板桥镇中学	王宝强	王宝强	27	3	6	179	宁河区板桥镇张路路增19号	301503	69469047
22	天津市宁河区苗庄镇中学	苗立青	苗立青	44	3	7	248	宁河区苗庄镇苗庄村东	301507	69221042
23	天津市宁河区潘庄镇中学	运乃利	张春超	53	3	16	657	宁河区潘庄镇潘庄村南	301508	69529152
24	天津市宁河区潘庄镇大贾庄中学	王万忠	王万忠	34	3	9	404	宁河区潘庄镇大贾村	301508	69485306
25	天津市宁河区造甲城镇中学	冯全亮	付作强	76	3	20	919	宁河区造甲城镇造甲城村东	301510	69519249
26	天津市宁河区东棘坨镇中学	钱连省	吴志军	54	3	12	467	宁河区东棘坨镇政府北侧	301506	69379875
27	天津市宁河区东棘坨镇赵本中学	于瑞江	于瑞江	30	3	6	273	宁河区东棘坨镇李成村西	301506	69439043
28	天津市宁河区英华实验学校	杨树泽	张涛	43	12	8	192	宁河区北淮淀示范镇	301509	18202564925

续表

序号	校名	书记	校长	教职工数	年级数	班数	学生数	校址	邮政编码	联系电话
29	天津市宁河桥北街实验学校	李瑞才	李瑞才	182	9	71	3210	宁河区桥北街西渣翠西路北小赵道西	301500	69568636
30	天津市宁河区中专业学校	李德满	肖秀鹏	96	3	24	990	宁河区芦台街金翠路100号	301500	69599434
31	天津市宁河区特殊教育学校	苏庆良	张泽苹	35	8	47	127	宁河区津榆公路与渣翠东路交叉路口往西南约110米	301500	69390622
32	天津市宁河芦台街第一小学	王立英	王立英	162	6	67	3154	宁河区芦台街震新路26号	301500	69571815
33	天津市宁河区芦台街第二小学	崔顺利	崔顺利	81	6	27	1206	宁河区芦台街道新生街	301500	69591387
34	天津市宁河区芦台街第三小学	徐树旺	徐树旺	76	6	26	1197	宁河区芦台街震新路91号	301500	69592500
35	天津市宁河区芦台街第四小学	李泽广	冯立	65	6	25	1199	宁河区芦台街宏伟路8号	301500	69117209
36	天津市宁河区芦台街第五小学	付玉梅	付玉梅	86	6	29	1221	宁河区芦台街育红园丁楼南	301500	69592600
37	天津市宁河区芦台街皇姑庄小学	马志强	马志强	16	6	6	116	宁河区芦台街金翠路212号	301500	65555358
38	天津市宁河区桥北街第一小学	刘建辉	刘建辉	122	6	42	1829	宁河区桥北街绿屏西路1号	301500	69318930
39	天津市宁河区桥北街第二小学	李绍杰	李绍杰	17	6	6	168	宁河区桥北街王前村	301500	69267822
40	天津市宁河区桥北街大艇小学	韩克永	韩克永	17	6	6	94	宁河区桥北街大艇村	301500	69101146
41	天津市宁河区桥北街胡卤小学	张国庆	高利文	24	6	7	164	宁河区桥北街湖路北50米	301500	69192689
42	天津市宁河区大北涧沽镇大北涧沽小学	黄银佐	黄银佐	63	6	22	807	宁河区大北涧沽镇大北涧沽村	301500	69546919
43	天津市宁河区七里海镇薄台小学	周文喜	周文喜	32	6	11	275	宁河区七里海镇兰台村	301509	69361604
44	天津市宁河区七里海镇大八亩坨小学	张振生	张振生	47	6	14	412	宁河区七里海镇大坨村	301509	69531164
45	天津市宁河区七里海镇小坨小学	许桂阳	郑敏	17	6	6	153	宁河区七里海镇小坨村	301509	69531177
46	天津市宁河区七里海镇齐家埠小学	张朋	张朋	16	6	6	102	宁河区七里海镇齐家埠村	301509	69531214
47	天津市宁河区七里海镇任凤庄小学	马政宗	马政宗	29	6	8	179	宁河区七里海镇任凤庄村	301509	69539175
48	天津市宁河区七里海镇兴东小学	马政宗	马政宗	16	6	6	92	宁河区七里海镇兴隆淀村南	301509	13389038568
49	天津市宁河区北淮淀镇北淮淀小学	杨在纵	郑俊来	66	6	20	804	宁河区北淮淀镇北淮淀村	301509	69321043
50	天津市宁河区北淮淀镇南淮淀小学	冯泉喜	冯泉喜	37	6	13	404	宁河区北淮淀镇南淮淀村	301509	69329034
51	天津市宁河区北淮淀镇乐善庄小学	邢海滨	邢海滨	29	6	10	261	宁河区北淮淀镇乐善庄村	301509	69321149
52	天津市宁河区俵口镇方舟小学	陈胜	陈胜	46	6	14	497	宁河区俵口镇俵口村	301507	69331524
53	天津市宁河区俵口镇兴家坨小学	李志江	李志江	29	6	12	344	宁河区俵口镇兴家坨村	301507	69339114
54	天津市宁河区俵口镇后辛庄小学	魏星	于泽兰	17	6	6	171	宁河区俵口镇后辛庄村	301507	69339263
55	天津市宁河区俵口镇诺达爱心小学	马春飞	于泽兰	15	6	6	171	宁河区俵口镇洛里坨村	301507	69339263
56	天津市宁河区宁河镇宁河小学	韩克亮	李永齐	40	6	12	392	宁河区宁河镇张辛村西	301504	69419102
57	天津市宁河区宁河镇江洼口小学	于永广	姜红杰	30	6	11	319	宁河区宁河镇江洼口村南	301504	69260230
58	天津市宁河区廉庄镇廉庄小学	杨建国	杨建国	34	6	10	323	宁河区廉庄镇高坨村东	301500	69458788

续表

序号	校名	书记	校长	教职工数	年级数	班数	学生数	校址	邮政编码	联系电话
59	天津市宁河区廉庄镇大于村小学	李玉领	王永旺	29	6	8	232	宁河区廉庄镇大于村	301500	69260818
60	天津市宁河区岳龙镇岳龙小学	张立明	张立明	24	6	8	205	宁河区岳龙镇岳龙村	301502	69251614
61	天津市宁河区岳龙镇岳会小学	张海泉	张海泉	24	6	8	200	宁河区岳龙镇岳会村	301502	69258635
62	天津市宁河区岳龙镇东魏甸小学	李春利	李春利	25	6	7	192	宁河区岳龙镇东魏甸村	301502	69252534
63	天津市宁河区丰台镇丰台小学	杨卫东	杨卫东	29	6	9	280	宁河区丰台镇丰台路西	301503	69489123
64	天津市宁河区丰台镇后棘坨小学	杜顺林	杜顺林	19	6	6	133	宁河区丰台镇后棘坨	301503	69499284
65	天津市宁河区丰台镇南埋珠小学	王兑祝	王兑祝	17	6	6	152	宁河区丰台镇南埋珠村东南	301503	69231377
66	天津市宁河区丰台镇李老庄小学	李立宁	李立宁	20	6	6	118	宁河区丰台镇李老庄西	301503	69231188
67	天津市宁河区板桥镇板桥小学	刘健	刘健	24	6	6	162	宁河区板桥镇北珠村东	301503	69469313
68	天津市宁河区板桥镇张子铺小学	郝连瑞	郝连瑞	17	6	6	117	宁河区板桥镇板张路增36号	301503	69466114
69	天津市宁河区苗庄镇星辰小学	庄合金	庄合金	26	6	8	182	宁河区苗庄镇中捷沽村	301507	69221036
70	天津市宁河区苗庄镇星光小学	王海宁	王海宁	26	6	9	247	宁河区苗庄镇麦穗沽村南	301507	69229035
71	天津市宁河区潘庄镇潘庄小学	杨玉红	杨玉红	42	6	16	494	宁河区潘庄镇潘庄村	301508	69529651
72	天津市宁河区潘庄镇西塘坨小学	马超	马超	39	6	12	404	宁河区潘庄镇西塘坨村	301508	69522154
73	天津市宁河区潘庄镇东塘坨小学	冯泉源	冯泉源	29	6	9	224	宁河区潘庄镇东塘坨村	301508	18020018293
74	天津市宁河区潘庄镇老安淀小学	王耀福	王耀福	18	6	7	180	宁河区潘庄镇老安淀村	301508	69529247
75	天津市宁河区造甲城镇头淀小学	董玉良	董玉良	18	6	6	147	宁河区造甲城镇头淀中台村	301508	69310383
76	天津市宁河区潘庄镇大龙湾小学	李娴	王万忠	15	6	6	122	宁河区潘庄镇大龙湾村	301508	69319590
77	天津市宁河区潘庄镇大贾庄小学	杨丽丽	王万忠	19	6	6	160	宁河区潘庄镇大贾庄	301508	69310009
78	天津市宁河区潘庄镇白庙小学	杨明辉	杨明辉	28	6	9	251	宁河区潘庄镇白庙村	301510	69310769
79	天津市宁河区造甲城镇造甲城小学	张永芬	张永芬	52	6	19	684	宁河区造甲城镇造甲城村东	301510	69519086
80	天津市宁河区造甲城镇大王台小学	杨志超	杨志超	41	6	16	482	宁河区造甲城镇大王台村委会南	301510	69510527
81	天津市宁河区造甲城镇冯家台小学	张涛	张涛	48	6	17	536	宁河区造甲城镇冯家台村	301510	69510877
82	天津市宁河区造甲城镇赵温小学	庄永泽	庄永泽	35	6	11	378	宁河区造甲城镇赵温庄村	301510	69624678
83	天津市宁河区东棘坨镇东棘坨小学	李振立	李振立	24	6	6	176	宁河区东棘坨镇东棘坨村	301506	69375168
84	天津市宁河区东棘坨镇史家庄小学	吴江楠	吴江楠	20	6	6	158	宁河区东棘坨镇史家庄村	301506	69377010
85	天津市宁河区东棘坨镇于京小学	吴泉勇	王泉武	21	6	6	160	宁河区东棘坨镇于京村	301506	69379814
86	天津市宁河区东棘坨镇赵本小学	赵丹丹	于瑞江	31	6	8	247	宁河区东棘坨镇李成村西	301506	69439014
87	天津市宁河区东棘坨镇高景小学	王付栓	王付栓	19	6	6	129	宁河区东棘坨镇高景村	301506	69432207
88	天津市宁河区东棘坨镇李家店小学	赵露	李振立	14	6	6	126	宁河区东棘坨镇李家店村	301506	69375098
89	天津市宁河区东棘坨镇小芦庄小学	关丽丽	吴江楠	14	6	6	89	宁河区东棘坨镇小芦庄村	301506	69127152

续表

序号	校名	书记	校长	教职工数	年级数	班数	学生数	校址	邮政编码	联系电话
90	天津市宁河区第一幼儿园	张得春	张得春	36	3	10	295	宁河区芦台街幸福小区内	301500	69551558
91	天津市宁河区第二幼儿园	王士红	王士红	17	3	4	99	宁河区芦台街光明路风光里 9−11 号	301500	69591699
92	天津市宁河区时代花园幼儿园（芦台二幼分园）	王士红	王士红	8	3	3	69	宁河区芦台街时代花园小区内	301500	69201328
93	天津市宁河区第三幼儿园	王广娥	王广娥	32	3	12	323	宁河区芦台街三八河路东	301500	69119708
94	天津市宁河区第四幼儿园	刘丽	刘丽	26	3	9	257	宁河区桥北街运河家园丽月湾	301500	69295971
95	天津市宁河区第五幼儿园	刘荣	刘荣	15	3	5	128	宁河区龙街龙鼎溪园 52 号	301500	69366878
96	天津市宁河区第六幼儿园	董相育	董相育	27	3	15	434	宁河区桥北街绿屏西路 2 号	301500	69318905
97	天津市宁河区桥北实验幼儿园	马秀利	马秀利	14	3	7	200	宁河区桥北街小赵道 5 号	301500	69561618

蓟州区

序号	校名	书记	校长	教职工数	年级数	班数	学生数	校址	邮政编码	电话
1	天津市蓟州区育才学校		耿学芳	29	12	20	183	蓟州区渔阳镇西关村武定西街42号	301900	82718880
2	天津市蓟州区侯家营镇初级中学		赵鑫	77	4	24	1000	蓟州区侯家营镇于庄户村	301904	22832626
3	天津市蓟州区侯家营镇三岔口初级中学		刘宏臣	47	4	16	558	蓟州区侯家营镇南三岔口村村北	301904	29841004
4	天津市蓟州区桑梓镇初级中学		王立永	41	3	12	413	蓟州区桑梓镇赵家坨村北	301903	22840588
5	天津市蓟州区桑梓镇刘家顶初级中学		付新建	50	4	16	652	蓟州区桑梓镇刘家顶村	301901	22861052
6	天津市蓟州区桑梓镇西芦庄初级中学		李杰	19	3	6	103	蓟州区桑梓镇西芦庄村	301903	22843044
7	天津市蓟州区邦均镇李庄子初级中学		王坤	58	4	13	431	蓟州区邦均镇孙侯庄村西	301901	22880022
8	天津市蓟州区洇溜镇初级中学		高鹏	64	4	17	742	蓟州区洇溜镇五里屯村北	301904	29129974
9	天津市蓟州区盘山初级中学		李爱东	77	4	21	903	蓟州区官庄镇政府东侧	301915	29821679
10	天津市蓟州区官庄镇南营初级中学		陈福春	45	4	11	406	蓟州区官庄镇南营村西北	301915	29825056
11	天津市蓟州区渔阳镇仓上屯初级中学		孙建光	30	4	7	181	蓟州区渔阳镇仓上屯村村北200米	301900	82892636
12	天津市蓟州区芽庄峪镇初级中学		刘月辉	71	4	15	526	蓟州区芽庄峪镇政府南	301909	22762025
13	天津市蓟州区东赵各庄初级中学		潘国忠	68	3	14	522	蓟州区东赵各庄镇盈福寺村南	301914	82732316
14	天津市蓟州区邦均镇初级中学		胡国付	67	4	16	767	蓟州区邦均镇京哈路17号	301901	29818611
15	天津市蓟州区许家台初级中学		白鑫雄	44	3	11	389	蓟州区许家台镇许家台村东	301901	22820660
16	天津市蓟州区东二营镇初级中学		于文光	72	4	20	876	蓟州区东二营镇二村	301901	22850638
17	天津市蓟州区白涧镇初级中学		赵云	65	4	17	802	蓟州区白涧镇政府东侧	301901	60307108
18	天津市蓟州区孙各庄满族乡初级中学		杨学民	33	4	8	295	蓟州区孙各庄满族乡夏家林村南	301909	22741044
19	天津市蓟州区东施古镇初级中学		刘华吉	53	4	14	524	蓟州区东施古镇东施古村	301906	82743052
20	天津市蓟州区马伸桥镇初级中学		吕新阁	85	4	24	982	蓟州区马伸桥镇大街北200米	301909	29738097
21	天津市蓟州区马伸桥镇宋家营初级中学		李立军	50	4	15	560	蓟州区马伸桥镇宋家营村北	301909	22777188
22	天津市蓟州区别山镇下里庄初级中学		白志华	37	4	9	321	蓟州区别山镇下里庄村南	301907	29779007
23	天津市蓟州区别山镇初级中学		李雪坤	23	3	6	204	蓟州区别山镇别山村东	301907	29779036
24	天津市蓟州区别山镇杨家楼初级中学		于明龙	32	3	9	280	蓟州区别山镇后楼村	301907	29779854
25	天津市蓟州区别山镇科科初级中学		张永波	71	4	13	498	蓟州区别山镇科科村东	301900	82726137
26	天津市蓟州区上仓镇初级中学		焦志远	72	4	16	638	蓟州区上仓镇后秦各庄村北	301906	29859023
27	天津市蓟州区下窝头镇东塔初级中学		于明艳	70	4	16	683	蓟州区上仓镇程庄子村西	301906	29859023
28	天津市蓟州区下窝头镇初级中学		吴红伟	50	4	12	367	蓟州区下窝头镇侯井刘村	301906	82782569
29	天津市蓟州区下窝头镇白塔子初级中学		张林青	48	4	15	505	蓟州区下窝头镇白塔子村北	301900	22808345

续表

序号	校名	书记	校长	教职工数	年级数	班数	学生数	校址	邮政编码	电话
30	天津市蓟州区罗庄子镇初级中学		王铁铮	29	4	8	257	蓟州区罗庄子镇史家井28号	301900	29728631
31	天津市蓟州区罗庄子镇洪水庄初级中学		田志国	22	4	4	117	蓟州区罗庄子镇洪水庄村村北	301913	22728297
32	天津市蓟州区下营镇初级中学		冯海飞	47	3	12	414	蓟州区下营镇下营村东	301913	29718083
33	天津市蓟州区尤古庄镇初级中学		崔亮	47	3	12	428	蓟州区尤古庄镇邓各庄村北	301902	29837755
34	天津市蓟州区尤古庄镇西塔庄初级中学		李志强	25	3	6	190	蓟州区尤古庄镇梁贾庄村南	301902	29837158
35	天津市蓟州区杨津庄镇大封上初级中学		刘德营	57	4	16	718	蓟州区杨津庄镇大同庄村	301905	22792978
36	天津市蓟州区杨津庄镇初级中学		王伟光	46	4	10	413	蓟州区杨津庄镇杨津庄村东	301906	29862870
37	天津市蓟州区下仓镇初级中学		黄士全	42	4	9	341	蓟州区下仓镇桥头村南	301905	29871006
38	天津市蓟州区下仓镇大仇庄初级中学		丁伟	22	4	6	172	蓟州区下仓镇大仇庄村东	301905	82757186
39	天津市蓟州区下仓镇大杨家庄初级中学		王浩丹	34	4	9	277	蓟州区下仓镇大杨家村北	301905	29878518
40	天津市蓟州区下仓镇蒙瓤初级中学		王云杰	38	4	8	309	蓟州区下仓镇南赵庄村	301905	82776046
41	天津市蓟州区礼明庄镇初级中学		贾永鑫	104	4	32	1393	蓟州区礼明庄镇孟家楼村北	301907	82791256
42	天津市蓟州区西龙虎峪镇初级中学		程瑞光	98	3	23	991	蓟州区西龙虎峪镇西龙虎峪村八区106	301912	22752345
43	天津市蓟州区出头岭镇景兴春蕾初级中学		李向阳	45	4	14	548	蓟州区出头岭镇东王官屯村南	301911	29884856
44	天津市蓟州区出头岭镇初级中学		孙华	99	4	26	1169	蓟州区出头岭镇三屯村东	301911	29737297
45	天津市蓟州区翠屏湖中学		绳建丰	79	3	22	918	蓟州区州河湾东街1号	301900	82856189
46	天津市蓟州区第一中学	徐连旺	孙德新	475	6	110	5583	蓟州区迎宾路1号	301900	82713016
47	天津市蓟州区第二中学	段素玲	张振兵	224	6	49	2453	蓟州区人民西大街221号	301900	82822305
48	天津市蓟州区第四中学		刘东兴	322	6	93	4495	蓟州区第四中学兴华大街59号	301900	29030049
49	天津市蓟州区实验中学		赵德宝	150	3	38	1873	蓟州区渔阳镇花园里二段	301900	60177518
50	天津市蓟州区燕山中学	李晓军	杜汉永	135	6	32	1398	蓟州区城西2公里	301900	29172605
51	天津市蓟州区康各庄中学		赵立志	160	3	42	2203	蓟州区渔阳镇渔阳南路74号	301900	60675252
52	天津市蓟州区邦均中学		吴志波	108	3	22	1102	蓟州区邦均镇西潘庄南	301909	29739132
53	天津市蓟州区马伸桥中学		陈小兵	146	3	31	1530	蓟州区马伸桥镇北	301900	29779664
54	天津市蓟州区杨家楼中学	高云波	张建峰	180	3	36	1886	蓟州区别山镇后楼村北	301906	29858232
55	天津市蓟州区上仓中学		朱连旺	78	3	16	761	蓟州区上仓镇南闵庄村	301905	29879516
56	天津市蓟州区尤古庄中学		刘文民	79	3	13	651	蓟州区尤古庄镇北一公里	301902	29837603
57	天津市蓟州区邦均均中学		付士杰	102	3	19	988	蓟州区邦均镇西潘庄南	301901	29815351
58	天津市蓟州区下营中学		王宝江	88	3	18	893	蓟州区下营镇青年桥西1号	301913	29710116
59	天津市蓟州区擂鼓台中学		赵顺生	122	3	26	1185	蓟州区出头岭镇北擂鼓台村北	301911	5916966
60	天津市信息工程学校	唐自国	张秋亮	283			3412	蓟州区武定西街89号	301900	29172945

续表

序号	校名	书记	校长	教职工数	年级数	班数	学生数	校址	邮政编码	电话
61	天津市蓟州区第一小学		霍玉梅	132	6	46	2228	蓟州区文安街一号	301900	22772978
62	天津市蓟州区第八小学		杨 军	80	6	30	1383	蓟州区青池西街3号	301900	60125761
63	天津市蓟州区同乐小学		白玉山	91	6	36	1910	蓟州区静水路西侧,远和大街南侧	301900	22772708
64	天津市蓟州区山倾城小学		王淑学	88	6	34	1742	蓟州区渔阳镇北环路北侧,山倾城幼儿园东侧	301900	82877705
65	天津市蓟州区公乐小学	李佳禾	巩国民	117	6	46	2239	蓟州区北环路南侧,盘龙东侧	301900	60189500
66	天津市蓟州区第九小学		傅 宾	84	6	36	1694	蓟州区州河湾东街3号	301900	82821090
67	天津市蓟州区侯家营镇中心小学		汪云朋	48	5	17	462	蓟州区侯家营镇于庄户村北	301900	22832574
68	天津市蓟州区侯家营镇西桥头中心小学		张福光	43	5	15	346	蓟州区侯家营镇西桥头村	301904	22832295
69	天津市蓟州区侯家营镇王庄子中心小学		张永建	13	5	6	165	蓟州区侯家营镇中周庄村西	301904	29841898
70	天津市蓟州区侯家营镇付屯中心小学		王振生	33	5	12	253	蓟州区侯家营镇南付屯村南	301904	22832651
71	天津市蓟州区侯家营镇三岔口中心小学		王树礼	16	5	6	130	蓟州区侯家营镇三岔口村北	301904	22128118
72	天津市蓟州区侯家营镇祥福庄中心小学		张金枝	15	5	6	154	蓟州区侯家营镇祥福庄村北	301900	29841037
73	天津市蓟州区桑梓镇中心小学		潘学江	24	6	11	330	蓟州区桑梓镇桑梓村	301903	22841168
74	天津市蓟州区桑梓镇马坊中心小学		李 武	23	6	11	280	蓟州区桑梓镇马坊村	301903	22841858
75	天津市蓟州区桑梓镇辛疃中心小学		李镇元	14	6	6	166	蓟州区桑梓镇辛疃村	301903	22843938
76	天津市蓟州区桑梓镇归宁屯中心小学		王振龙	32	6	12	233	蓟州区桑梓镇归宁屯村	301903	22843128
77	天津市蓟州区桑梓镇大许庄中心小学		王文贺	23	5	10	185	蓟州区桑梓镇大许庄村	301901	22861057
78	天津市蓟州区桑梓镇四百户中心小学		李学东	21	5	7	164	蓟州区桑梓镇四百户村	301901	22861047
79	天津市蓟州区桑梓镇西吕庄中心小学		高国维	13	5	6	146	蓟州区桑梓镇刘家顶村	301901	22861988
80	天津市蓟州区桑梓镇常各庄中心小学		解 磊	14	5	5	107	蓟州区桑梓镇常各庄村	301901	22861157
81	天津市蓟州区涧溜镇敦庄子中心小学		马 强	27	5	10	334	蓟州区涧溜镇敦庄子村西	301914	29151598
82	天津市蓟州区涧溜镇龙湾中心小学		赵立民	14	5	5	144	蓟州区涧溜镇龙湾村村龙湾中心小学	301914	60705828
83	天津市蓟州区涧溜镇中心小学		刘英彪	36	5	15	333	蓟州区涧溜镇三岔口村西	301914	29807268
84	天津市蓟州区官庄镇中心小学		王子维	31	5	11	433	蓟州区官庄镇官庄村	301915	82346991
85	天津市蓟州区官庄镇南营中心小学		王建良	21	5	10	276	蓟州区官庄镇南营村	301915	29158292
86	天津市蓟州区官庄镇贾各庄中心小学		孙泽恭	22	5	5	175	蓟州区官庄镇贾各庄村	301915	29159736
87	天津市蓟州区官庄镇大彩各庄中心小学		刘英杰	49	5	20	499	蓟州区官庄镇大彩各庄村	301915	29825115
88	天津市蓟州区渔阳镇仓上屯中心小学		王辉宇	21	5	6	188	蓟州区渔阳镇仓上屯村北200米	301900	82892267
89	天津市蓟州区第七小学		张 如	54	6	20	737	蓟州区渔阳镇七里峰村	301900	60114813
90	天津市蓟州区芬芳峪镇唐户中心小学		赵宗宇	28	5	10	297	蓟州区芬芳峪镇小巨各庄村南50米	301909	29748312
91	天津市蓟州区芬芳峪镇中心小学		屈德洲	15	5	5	146	蓟州区芬芳峪镇政府西侧	301909	22762084

续表

序号	校名	书记	校长	教职工数	年级数	班数	学生数	校址	邮政编码	电话
92	天津市蓟州区穿芳峪镇果香峪中心小学		康国兴	15	5	5	60	蓟州区穿芳峪镇果香峪村南	301909	22762273
93	天津市蓟州区东赵各庄镇安二寺中心小学		张洪亮	25	6	10	282	蓟州区东赵各庄镇安二寺村北	301914	82735916
94	天津市蓟州区东赵各庄镇前牛宫中心小学		方学民	20	6	11	256	蓟州区东赵各庄镇前牛宫村	301914	82731538
95	天津市蓟州区东赵各庄镇中心小学		宋连山	45	6	18	460	蓟州区东赵各庄镇东赵各庄村南	301914	82739568
96	天津市蓟州区邦均镇西后街中心小学		高连国	22	5	10	281	蓟州区邦均镇西后街村北	301901	29818715
97	天津市蓟州区邦均镇东南道中心小学		韩 健	25	5	10	331	蓟州区邦均镇东南道村东1区2牌1号	301901	29817081
98	天津市蓟州区邦均镇西兵马中心小学		马德平	24	5	8	212	蓟州区邦均镇西兵马村西	301901	29817082
99	天津市蓟州区邦均镇沿河中心小学		张永波	32	5	10	282	蓟州区邦均镇沿河村南	301901	22886597
100	天津市蓟州区邦均镇李庄子中心小学		乔建旺	20	5	6	198	蓟州区邦均镇李庄子村1区1排1号	301901	22883866
101	天津市蓟州区许家台中心小学		张志伟	42	6	15	485	蓟州区许家台镇许家台村东	301901	22827417
102	天津市蓟州区东二营镇辛庄中心小学		聂海涛	21	5	7	208	蓟州区东二营镇东辛庄村东	301901	22853959
103	天津市蓟州区东二营镇中心小学		秦海超	25	5	8	263	蓟州区东二营镇东二营村	301924	22855228
104	天津市蓟州区东二营镇唐头庄中心小学		刘春义	19	5	7	190	蓟州区东二营镇唐头庄村	301901	22853958
105	天津市蓟州区白涧镇刘吉素中心小学		王广亮	22	5	9	238	蓟州区白涧镇刘吉素村北	301901	22878674
106	天津市蓟州区白涧镇天平庄中心小学		杨继国	20	5	9	207	蓟州区白涧镇天平庄村东	301901	29817687
107	天津市蓟州区白涧镇二百户中心小学		朴金波	21	5	6	180	蓟州区白涧镇二百户村	301901	29817125
108	天津市蓟州区白涧镇五百户中心小学		刘敏松	16	5	5	156	蓟州区白涧镇五百户村	301901	22878256
109	天津市蓟州区孙各庄满族乡第二中心小学		王文兴	14	5	5	133	蓟州区孙各庄满族乡隆福寺村南	301909	22741064
110	天津市蓟州区孙各庄满族乡第一中心小学		焦爱国	13	5	5	152	蓟州区孙各庄满族乡北太平庄村北	301900	22741054
111	天津市蓟州区东施古镇方红中心小学		张广存	19	5	7	177	蓟州区东施古镇嘴巴庄村东	301934	82743040
112	天津市蓟州区东施古镇柳子口中心小学		何建军	39	5	12	304	蓟州区东施古镇柳子口村8区2排8号	301906	82741972
113	天津市蓟州区东施古镇西施古中心小学		刘俊如	17	5	5	138	蓟州区东施古镇西施古村东	301906	82743097
114	天津市蓟州区马伸桥镇中心小学		李福兴	24	5	10	258	蓟州区马伸桥镇大街村西	301909	29738590
115	天津市蓟州区马伸桥镇牛各庄中心小学		张连元	31	5	12	244	蓟州区马伸桥镇牛各庄村东	301909	29738963
116	天津市蓟州区马伸桥镇赵各庄中心小学		杨瑞武	21	5	9	246	蓟州区马伸桥镇赵各庄村西	301909	22760788
117	天津市蓟州区马伸桥镇子各庄中心小学		王海成	21	5	7	183	蓟州区马伸桥镇子各庄村东	301909	29732598
118	天津市蓟州区马伸桥镇淋河中心小学		杨瑞武	20	5	9	235	蓟州区马伸桥镇淋河村东	301900	29733799
119	天津市蓟州区马伸桥镇验甲宫中心小学		张旭东	22	5	9	249	蓟州区马伸桥镇验甲宫村东	301909	22779879
120	天津市蓟州区别山镇勒勒院中心小学		李志营	16	6	6	170	蓟州区别山镇勒勒院村北	301907	29779950
121	天津市蓟州区别山镇弥杨家楼中心小学		张瑞华	22	6	9	255	蓟州区别山镇弥家楼村南	301907	29788494
122	天津市蓟州区别山镇陈辛庄中心小学		马永旺	28	5	10	231	蓟州区别山镇东陈辛庄村2区4号	301907	29778273

续表

序号	校名	书记	校长	教职工数	年级数	班数	学生数	校址	邮政编码	电话
123	天津市蓟州区别山镇管城中心小学		朱延兴	24	5	10	338	蓟州区别山镇管城村北	301907	82726267
124	天津市蓟州区别山镇翠南庄中心小学		黄国红	19	5	7	178	蓟州区别山镇翠南庄村北	301900	82726207
125	天津市蓟州区上仓镇中心小学		王学光	47	5	17	593	蓟州区上仓镇东桥头村	301906	29850656
126	天津市蓟州区上仓镇程庄子河西中心小学		王宝平	50	5	20	648	蓟州区上仓镇程庄子村西	301906	82769345
127	天津市蓟州区上仓镇前庄中心小学		朱学力	17	5	6	132	蓟州区上仓镇南王庄村南	301906	29859005
128	天津市蓟州区下窝头镇台头中心小学		刘瑞利	37	5	13	278	蓟州区下窝头镇台头村东1号	301906	82782587
129	天津市蓟州区下窝头镇鲁各庄中心小学		刘兆山	26	5	10	124	蓟州区下窝头镇鲁各庄村北	301906	60783585
130	天津市蓟州区下窝头镇大王务中心小学		李德奎	18	5	6	134	蓟州区下窝头镇大王务村西	301906	82782842
131	天津市蓟州区下窝头镇白塔子中心小学		何爱国	22	5	8	199	蓟州区下窝头镇白塔子村西1号	301905	22808631
132	天津市蓟州区下窝头镇嘴头中心小学		李爱兵	16	5	6	137	蓟州区下窝头镇嘴头村	301906	22806160
133	天津市蓟州区罗庄子镇城下中心小学		刘朝争	33	5	12	233	蓟州区罗庄子镇城下村	301913	29728507
134	天津市蓟州区罗庄子镇洪水庄中心小学		姜文记	24	5	11	191	蓟州区罗庄子镇洪水庄村	301900	22727016
135	天津市蓟州区下营镇东中心小学		张敏	25	6	10	239	蓟州区下营镇白滩村南	301913	29718104
136	天津市蓟州区下营镇中心小学		穆哲勇	36	6	13	313	蓟州区下营镇下营村	301913	29718935
137	天津市蓟州区下营镇黄崖关中心小学		杨春	29	6	12	193	蓟州区下营镇黄崖关村南	301900	22718183
138	天津市蓟州区尤古庄镇育新中心小学		白凤林	17	6	7	141	蓟州区尤古庄镇侯庄子村东	301902	22897733
139	天津市蓟州区尤古庄镇西塔庄中心小学		廖春杰	18	6	8	209	蓟州区尤古庄镇西塔庄村南	301902	22898242
140	天津市蓟州区尤古庄镇中心小学		杜宏伟	26	6	12	377	蓟州区尤古庄镇大街北侧	301903	29837633
141	天津市蓟州区尤古庄镇张毕庄中心小学		李钊	17	6	6	155	蓟州区尤古庄镇张毕庄村西	301902	29837993
142	天津市蓟州区尤古庄镇大龙卧中心小学		曾塔	17	6	6	154	蓟州区尤古庄镇大龙卧村	301902	22899917
143	天津市蓟州区尤古庄镇康各庄中心小学		李钊	14	6	6	143	蓟州区尤古庄镇康各庄村	301902	29837113
144	天津市蓟州区杨津庄镇六道街中心小学		李建波	29	6	10	319	蓟州区杨津庄镇六道街村	301906	22798283
145	天津市蓟州区杨津庄镇半壁店中心小学		崔文旺	31	5	10	238	蓟州区杨津庄镇半壁庄村	301906	22798287
146	天津市蓟州区杨津庄镇小漫河中心小学		张海青	17	5	5	96	蓟州区杨津庄镇小漫河村北	301906	29862449
147	天津市蓟州区杨津庄镇大趄上中心小学		杨玉秀	33	5	11	306	蓟州区杨津庄镇大趄上村	301905	22791078
148	天津市蓟州区杨津庄镇渔津庄中心小学		白继忠	18	5	5	49	蓟州区杨津庄镇渔津庄村	301906	29862497
149	天津市蓟州区杨津庄镇中心小学		王建业	31	5	11	331	蓟州区杨津庄镇杨津庄村东	301906	29860556
150	天津市蓟州区下仓镇大仉庄中心小学		杨振营	20	5	7	189	蓟州区下仓镇大仉庄村东	301905	82757909
151	天津市蓟州区下仓镇草场中心小学		胡学英	22	5	7	138	蓟州区下仓镇丰富村	301905	82777128
152	天津市蓟州区下仓镇东太河村中心小学		蒙长建	21	6	7	167	蓟州区下仓镇东太河村	301905	82770018
153	天津市蓟州区下仓镇少林口中心小学		张洪志	13	5	5	87	蓟州区下仓镇少林口村	301905	29870028

续表

序号	校名	书记	校长	教职工数	年级数	班数	学生数	校址	邮政编码	电话
154	天津市蓟州区下仓镇大杨家庄中心小学		王浩丹	28	5	10	294	蓟州区下仓镇大杨家庄村	301905	29978518
155	天津市蓟州区下仓镇蒙鄜中心小学		王 俊	12	5	5	59	蓟州区下仓镇蒙鄜村五排十号	301905	82777856
156	天津市蓟州区下仓镇中心小学		孔令奎	36	5	13	326	蓟州区下仓镇下仓村	301905	29978753
157	天津市蓟州区礼明庄镇中心小学		孙红伟	56	5	19	694	蓟州区礼明庄镇孟家楼村北	301907	60188101
158	天津市蓟州区礼明庄镇徐各庄中心小学		王颖升	26	5	7	232	蓟州区礼明庄镇徐各庄村	301907	29762880
159	天津市蓟州区礼明庄镇八沟中心小学		胡宏伟	22	5	8	265	蓟州区礼明庄镇东八沟村	301907	82791230
160	天津市蓟州区西龙虎峪镇中心小学		张志鑫	33	6	11	303	蓟州区西龙虎峪镇10区46号	301912	22752507
161	天津市蓟州区西龙虎峪镇南贾庄中心小学		孟凡莉	40	6	18	372	蓟州区西龙虎峪镇南贾庄村6区1号	301912	22759540
162	天津市蓟州区西龙虎峪镇藏山庄中心小学		张建生	39	6	13	337	蓟州区西龙虎峪镇藏山庄村21区57号	301912	22752349
163	天津市蓟州区西龙虎峪镇燕各庄中心小学		刘志勇	34	6	12	353	蓟州区西龙虎峪镇燕各庄村1区42号	301912	22752373
164	天津市蓟州区出头岭镇下庄中心小学		张永利	15	5	5	85	蓟州区出头岭镇夏立庄村	301900	29757610
165	天津市蓟州区出头岭镇龙泉中心小学		刘洪军	21	5	8	264	蓟州区出头岭镇小汪庄村	301911	29758816
166	天津市蓟州区出头岭镇小稻地中心小学		霍金生	16	5	5	111	蓟州区出头岭镇小稻地村76号	301911	60177518
167	天津市蓟州区出头岭镇南马庄中心小学		李 畅	47	5	19	511	蓟州区出头岭镇北汪家庄村南	301911	29757197
168	天津市蓟州区出头岭镇东王官屯中心小学		肖文立	33	5	14	412	蓟州区出头岭镇东官屯村	301911	29757333
169	天津市蓟州区第二小学		冯瑞娟	107	6	39	2104	蓟州区兴华大街48号	301900	29037856
170	天津市蓟州区第三小学		赵德宝	175	6	68	3563	蓟州区城内二经路3号	301900	60177518
171	天津市蓟州区实验小学		孙 文	110	6	42	2127	蓟州区渔阳镇四正街21号	301900	29031926
172	天津市蓟州区第六小学		刘红梅	121	6	43	2292	蓟州区兴华大街卫生局北200米	301900	60115104
173	天津市蓟州区别山镇别山小学		刘建华	41	6	15	442	蓟州区别山镇别山村西面	301907	29786616
174	天津市蓟州区下营镇小港学校		张永全	31	9	6	266	蓟州区下营镇小港村北区16号	301909	22711093
175	天津市蓟州区别山镇翠南庄中心小学幼儿园		黄国红	10	3	3	53	蓟州区别山镇翠南庄村北	301907	82726207
176	天津市蓟州区山倾城幼儿园		张铁丽	87	3	19	558	蓟州区渔阳镇府君山东路1号	301900	29176339
177	天津市蓟州区侯家营镇魏良庄幼儿园		赵尚凯	6	3	3	43	蓟州区侯家营镇魏良村南	301904	29848191
178	天津市蓟州区侯家营镇老米庄幼儿园		赵立红	5	3	3	38	蓟州区侯家营镇老米庄村北	301904	29841342
179	天津市蓟州区侯家营镇林庄户幼儿园		李建新	5	3	2	37	蓟州区侯家营镇林庄户村	301904	22835038
180	天津市蓟州区官庄镇东后子峪幼儿园		许红梅	5	3	3	36	蓟州区官庄镇东后子峪村	301900	29826308
181	天津市蓟州区官庄镇官庄幼儿园		陈淑英	7	3	3	50	蓟州区官庄镇官庄村	301915	29826308
182	天津市蓟州区官庄镇沟河北幼儿园		宋士良	3	3	1	15	蓟州区官庄镇沟河北村	301915	29820638
183	天津市蓟州区侯家营镇祥福庄幼儿园		张金枝	6	3	3	52	蓟州区侯家营镇祥福庄村北	301900	29841037

续表

序号	校名	书记	校长	教职工数	年级数	班数	学生数	校址	邮政编码	电话
184	天津市蓟州区侯家营镇三岔口幼儿园		王树礼	5	3	3	29	蓟州区侯家营镇三岔口村北	301904	22128118
185	天津市蓟州区侯家营镇南付屯幼儿园		王振生	6	3	3	64	蓟州区侯家营镇南付屯村12号	301904	22832651
186	天津市蓟州区侯家营镇王庄子幼儿园		张永建	6	3	3	63	蓟州区侯家营镇中周庄村西	301904	29841898
187	天津市蓟州区侯家营镇西桥头幼儿园		张艳光	5	3	3	37	蓟州区侯家营镇西桥头村东	301904	22832295
188	天津市蓟州区侯家营镇中心幼儿园		刘艳辉	24	3	8	151	蓟州区侯家营镇于庄户村北	301904	22832040
189	天津市蓟州区渔阳镇仓上屯小学幼儿园		古爱东	10	3	3	84	蓟州区渔阳镇仓上屯村村北	301900	82892267
190	天津市蓟州区桑梓镇桑梓幼儿园		潘学江	7	3	3	41	蓟州区桑梓镇桑梓村	301903	22841168
191	天津市蓟州区桑梓镇马坊幼儿园		李建军	14	3	3	58	蓟州区桑梓镇马坊村	301903	22832678
192	天津市蓟州区桑梓镇辛撞幼儿园		李镇元	9	3	3	60	蓟州区桑梓镇辛撞村	301901	22843938
193	天津市蓟州区桑梓镇归宁屯幼儿园		王振龙	6	3	1	9	蓟州区桑梓镇归宁屯村	301903	22843128
194	天津市蓟州区桑梓镇大许庄幼儿园		王文贺	7	3	2	11	蓟州区桑梓镇大许庄村	301901	22861057
195	天津市蓟州区桑梓镇四百户幼儿园		李学东	3	3	3	10	蓟州区桑梓镇四百户村	301901	22861047
196	天津市蓟州区桑梓镇西吕庄幼儿园		高国维	3	3	3	23	蓟州区桑梓镇刘家顶村	301901	22861988
197	天津市蓟州区桑梓镇常各庄幼儿园		解 磊	6	3	2	26	蓟州区桑梓镇常各庄村	301901	22861157
198	天津市蓟州区桑梓镇马道幼儿园		李金强	6	3	3	37	蓟州区桑梓镇马道村	301904	22842616
199	天津市蓟州区洇溜镇中心小学幼儿园		吴印福	5	3	3	37	蓟州区洇溜镇三岔口村西	301914	29807268
200	天津市蓟州区洇溜镇八里庄完全小学幼儿园		赵振山	9	3	3	72	蓟州区洇溜镇八里庄村	301900	29127794
201	天津市蓟州区洇溜镇敦庄子中心小学幼儿园		马 强	9	3	3	67	蓟州区洇溜镇敦庄子村西	301900	29151598
202	天津市蓟州区洇溜镇龙湾子中心幼儿园		吴印福	5	3	3	47	蓟州区洇溜镇龙湾子村南	301914	60705828
203	天津市蓟州区官庄镇中心幼儿园		付艳荣	17	3	6	111	蓟州区官庄镇大彩各庄村	301915	60705829
204	天津市蓟州区官庄镇贾各庄幼儿园		纪雪	7	3	3	60	蓟州区官庄镇贾各庄村	301900	29826308
205	天津市蓟州区官庄镇南营幼儿园		闫 俊	7	3	3	68	蓟州区官庄镇南营村	301900	29826308
206	天津市蓟州区渔阳镇中心幼儿园		古爱东	14	3	3	53	蓟州区渔阳镇七里峰村村委会北院	301900	82833026
207	天津市蓟州区芳峪镇中心幼儿园		王金恒	17	3	6	117	蓟州区芳峪镇小巨各庄村南50米	301909	29747089
208	天津市蓟州区芳峪镇果香峪幼儿园		王金恒	4	3	2	33	蓟州区芳峪镇果香峪中心小学院内	301909	29747089
209	天津市蓟州区芳峪镇芳峪幼儿园		王金恒	8	3	3	63	蓟州区芳峪镇芳峪中心小学院内	301909	29747089
210	天津市蓟州区东赵各庄镇前牛宫中心小学幼儿园		方学民	5	3	3	69	蓟州区东赵各庄镇前牛宫村	301914	82739006
211	天津市蓟州区东赵各庄镇安二寺中心小学幼儿园		张洪亮	5	3	3	80	蓟州区东赵各庄镇安二寺村北	301914	82739006

续表

序号	校名	书记	校长	教职工数	年级数	班数	学生数	校址	邮政编码	电话
212	天津市蓟州区东赵各庄镇南辛小学幼儿园		陈念华	3	3	2	24	蓟州区东赵各庄镇南辛村东	301914	82739006
213	天津市蓟州区东赵各庄镇中心幼儿园		唐秀娟	9	3	3	76	蓟州区东赵各庄镇东赵各庄村南	301914	82739006
214	天津市蓟州区邦均镇中心幼儿园		张莉	21	3	6	84	蓟州区邦均镇大街3号	301901	22763958
215	天津市蓟州区邦均镇沿河中心幼儿园		王继平	13	3	4	83	蓟州区邦均镇沿河村村南	301901	22886547
216	天津市蓟州区邦均镇李庄子村中心幼儿园		王亚男	11	3	3	71	蓟州区邦均镇李庄子村南	301901	22888400
217	天津市蓟州区白涧镇天平庄中心幼儿园		王洪生	9	3	3	56	蓟州区白涧镇天平庄村东	301926	22817687
218	天津市蓟州区白涧镇五百户幼儿园		王洪生	7	3	3	34	蓟州区白涧镇五百户村	301926	22878256
219	天津市蓟州区白涧镇刘吝素幼儿园		王洪生	10	3	3	82	蓟州区白涧镇刘吝素村村北	301901	22878674
220	天津市蓟州区白涧镇二百户幼儿园		王洪生	8	3	3	71	蓟州区白涧镇二百户村	301901	29817225
221	天津市蓟州区许家台镇中心幼儿园		郑赛楠	14	3	5	121	蓟州区许家台镇许家台村	301901	22827469
222	天津市蓟州区东施古镇东方红幼儿园		张广存	5	3	3	57	蓟州区东施古镇嘴巴庄村东	301934	82743040
223	天津市蓟州区东施古镇西施古幼儿园		刘俊如	5	3	3	48	蓟州区东施古镇西施古村东	301906	82743097
224	天津市蓟州区马伸桥镇中心幼儿园		马艳伶	12	3	5	111	蓟州区马伸桥镇淋河村西200米邦喜公路北侧	301909	29733799
225	天津市蓟州区马伸桥镇验甲宫幼儿园		张许强	9	3	4	95	蓟州区马伸桥镇验甲宫村	301909	22779879
226	天津市蓟州区马伸桥镇小幼儿园		高艳东	12	3	6	162	蓟州区马伸桥镇大街村西	301909	22761699
227	天津市蓟州区马伸桥镇崔各寨幼儿园		肖继红	5	3	1	15	蓟州区马伸桥镇崔各寨村	301909	29733898
228	天津市蓟州区马伸桥镇于各庄幼儿园		闻秀凤	9	3	3	62	蓟州区马伸桥镇于各庄村西	301900	29732598
229	天津市蓟州区马伸桥镇赵各庄幼儿园		刘艳芳	8	3	3	80	蓟州区马伸桥镇赵各庄村村西	301909	29732599
230	天津市蓟州区上仓镇中心小学幼儿园		肖怀京	10	3	3	39	蓟州区上仓镇东桥头村	301906	29853580
231	天津市蓟州区上仓镇仓前中心幼儿园		肖怀京	9	3	3	53	蓟州区上仓镇南王庄村南	301906	29859005
232	天津市蓟州区上仓镇于少中幼儿园		肖怀京	8	3	3	55	蓟州区上仓镇于少屯村	301906	29859342
233	天津市蓟州区上仓镇大纪各中心幼儿园		孙小兰	4	3	2	8	蓟州区上仓镇大纪各庄村	301906	29859553
234	天津市蓟州区上仓镇八营完小幼儿园		肖怀京	9	3	3	62	蓟州区上仓镇八营村	301906	82769340
235	天津市蓟州区下窝头镇青甸幼儿园		魏刚	6	3	3	37	蓟州区下窝头镇青甸村4区5排12号	301906	82782876
236	天津市蓟州区下窝头镇台头幼儿园		刘瑞利	3	3	1	3	蓟州区下窝头镇台头村东1号	301900	82782587
237	天津市蓟州区下窝头镇鲁各庄幼儿园		刘兆山	3	3	1	3	蓟州区下窝头镇鲁各庄村北	301906	60783585
238	天津市蓟州区下窝头镇程子口中心幼儿园		张国艳	3	3	1	16	蓟州区下窝头镇程子口村8区2排13号	301906	82787908
239	天津市蓟州区下窝头镇大王务中心幼儿园		赵卫东	7	3	3	28	蓟州区下窝头镇大王务村西	301906	82782842
240	天津市蓟州区下窝头镇白塔子幼儿园		杨春梅	9	3	5	99	蓟州区下窝头镇白塔子村西1号	301906	22808631
241	天津市蓟州区罗庄子镇早店子幼儿园		苏逸秋	3	3	1	6	蓟州区罗庄子镇早店子村	301913	29728519
242	天津市蓟州区罗庄子镇洪水庄水幼儿园		苏逸秋	8	3	3	47	蓟州区罗庄子镇洪水庄水村	301913	29728519

续表

序号	校名	书记	校长	教职工数	年级数	班数	学生数	校址	邮政编码	电话
243	天津市蓟州区罗庄子镇二十里铺幼儿园		苏逸秋	3	3	1	17	蓟州区罗庄子镇二十里铺村	301913	29728519
244	天津市蓟州区罗庄子镇翟庄村幼儿园		苏逸秋	3	3	1	11	蓟州区罗庄子镇翟庄村	301913	29728519
245	天津市蓟州区罗庄子镇青山村幼儿园		苏逸秋	3	3	1	14	蓟州区罗庄子镇青山村	301913	29728519
246	天津市蓟州区罗庄子镇桑园村幼儿园		苏逸秋	4	3	1	13	蓟州区罗庄子镇桑园村	301913	29728519
247	天津市蓟州区罗庄子镇中心幼儿园		苏逸秋	11	3	3	81	蓟州区罗庄子镇史家井28号	301913	29728519
248	天津市蓟州区别山镇陈辛庄中心小学幼儿园		马永旺	5	3	3	25	蓟州区别山镇东陈辛庄村2区4号	301907	29778273
249	天津市蓟州区别山镇杨家楼中心小学幼儿园		张瑞华	8	3	3	39	蓟州区别山镇后楼村南	301907	29778494
250	天津市蓟州区别山镇清音完全小学幼儿园		王宝华	5	3	1	10	蓟州区别山镇青池岭沟村	301900	29778495
251	天津市蓟州区别山镇中心幼儿园		李艾东	19	3	5	115	蓟州区别山镇科科村	301900	82728768
252	天津市蓟州区别山镇弥勒院幼儿园		李志营	6	3	2	11	蓟州区别山镇弥勒院中小小学幼儿园	301907	29786418
253	天津市蓟州区上仓镇河西中心幼儿园		肖杯京	18	3	6	115	蓟州区上仓镇东蔡庄村	301906	82334816
254	天津市蓟州区孙各庄满族乡中心幼儿园		任晓娜	9	3	3	35	蓟州区孙各庄满族乡北太平庄村北100米	301939	22741054
255	天津市蓟州区孙各庄满族乡第二幼儿园		任晓娜	6	3	3	36	蓟州区孙各庄满族乡隆福寺村南100米	301909	22741064
256	天津市蓟州区东施古镇中心幼儿园		刘红梅	8	3	3	57	蓟州区东施古镇施古村村东	301934	82743300
257	天津市蓟州区下营镇下营幼儿园		穆晨勇	7	3	3	52	蓟州区下营镇下营村	301913	29718935
258	天津市蓟州区下营镇黄崖关幼儿园		杨春	6	3	3	49	蓟州区下营镇黄崖关村南	301913	22718183
259	天津市蓟州区下营镇段庄幼儿园		马成林	4	3	2	22	蓟州区下营镇段庄村西	301913	22718949
260	天津市蓟州区下营镇中营中心幼儿园		王跃文	7	3	3	62	蓟州区下营镇中营村	301913	29718986
261	天津市蓟州区下营镇小港幼儿园		张永全	8	3	3	51	蓟州区下营镇小港村北区16号	301909	22711093
262	天津市蓟州区下营镇东中心幼儿园		张敏	11	3	5	100	蓟州区下营镇白滩村南	301913	29718104
263	天津市蓟州区尤古庄镇中心幼儿园		陈滢	15	3	6	95	蓟州区尤古庄镇北周庄村南	301902	29830799
264	天津市蓟州区尤古庄镇张毕庄幼儿园		李钊	7	3	3	28	蓟州区尤古庄镇张毕庄村西	301902	29837993
265	天津市蓟州区尤古庄镇西塔庄中心幼儿园		廖春杰	9	3	3	20	蓟州区尤古庄镇西塔庄村南	301902	22898242
266	天津市蓟州区尤古庄镇育新幼儿园		白凤林	7	3	3	25	蓟州区尤古庄镇侯庄子村东	301924	22897733
267	天津市蓟州区尤古庄镇大龙卧幼儿园		曾蓉	7	3	3	22	蓟州区尤古庄镇大龙卧村	301902	22899917
268	天津市蓟州区尤古庄镇康各庄幼儿园		李春梅	7	3	3	23	蓟州区尤古庄镇康各庄村	301902	29837113
269	天津市蓟州区杨津庄镇中心幼儿园		孟晨光	21	3	6	179	蓟州区杨津庄镇杨津庄村	301906	29862493
270	天津市蓟州区杨津庄镇小漫河中心幼儿园		李百灵	4	3	1	15	蓟州区杨津庄镇小漫河村北	301906	29862449
271	天津市蓟州区杨津庄镇渔津庄中心幼儿园		白继忠	4	3	1	13	蓟州区杨津庄镇渔津庄村	301906	29862497

续表

序号	校名	书记	校长	教职工数	年级数	班数	学生数	校址	邮政编码	电话
272	天津市蓟州区杨津庄镇六道街中小幼儿园		李建波	5	3	1	30	蓟州区杨津庄镇六道街村	301906	22798283
273	天津市蓟州区杨津庄镇半壁店中心幼儿园		崔其旺	6	3	2	40	蓟州区杨津庄镇半壁店村	301906	22798287
274	天津市蓟州区杨津庄镇大封上中小幼儿园		杨玉秀	10	3	4	112	蓟州区杨津庄镇大封上村	301905	22791078
275	天津市蓟州区下仓镇小幼儿园		孔令奎	11	3	3	90	蓟州区下仓镇下仓村	301905	29878753
276	天津市蓟州区下仓镇大杨中小幼儿园		王浩丹	11	3	3	80	蓟州区下仓镇大杨家庄村	301905	29878518
277	天津市蓟州区下仓镇少林口中小幼儿园		张洪志	7	3	3	46	蓟州区下仓镇少林口村	301905	29870028
278	天津市蓟州区下仓镇中心幼儿园		莫淑敏	6	3	3	60	蓟州区下仓镇丰富村	301905	82777128
279	天津市蓟州区下仓镇蒙瞿郦小幼儿园		王俊	4	3	1	7	蓟州区下仓镇蒙瞿郦村五区三排十号	301905	82777856
280	天津市蓟州区下仓镇大仇中小幼儿园		杨振营	7	3	3	49	蓟州区下仓镇大仇庄村东	301905	82757909
281	天津市蓟州区礼明庄镇徐各庄中心小学幼儿园		王颖升	5	3	3	71	蓟州区礼明庄镇徐各庄村	301907	29762880
282	天津市蓟州区礼明庄镇中心幼儿园		王艳	14	3	3	70	蓟州区礼明庄镇抗敌村东	301907	82792968
283	天津市蓟州区西龙虎峪镇燕各庄幼儿园		刘志勇	6	3	3	40	蓟州区西龙虎峪镇燕各庄村1区42号	301900	22752373
284	天津市蓟州区西龙虎峪镇龙北幼儿园		张志鑫	7	3	3	44	蓟州区西龙虎峪镇西龙虎峪村10区46号	301912	22752507
285	天津市蓟州区西龙虎峪镇南贾立中心幼儿园		李旋	7	3	3	43	蓟州区西龙虎峪镇南贾庄村6区1号	301912	22759540
286	天津市蓟州区西龙虎峪镇藏山庄中心幼儿园		于占秋	9	3	3	52	蓟州区西龙虎峪镇藏山庄村10区82号	301912	29730904
287	天津市蓟州区西龙虎峪镇鹿角河幼儿园		赵立新	5	3	3	26	蓟州区西龙虎峪镇鹿角河村八区十七排30号	301911	29757340
288	天津市蓟州区西龙虎峪镇龙前幼儿园		李振军	5	3	3	41	蓟州区西龙虎峪镇龙前村15区20号	301912	22759554
289	天津市蓟州区西龙虎峪镇龙北幼儿园		李振军	4	3	2	18	蓟州区西龙虎峪镇龙北村4区20号	301912	22759344
290	天津市蓟州区出头岭镇夏立庄中心幼儿园		张永利	10	3	3	44	蓟州区出头岭镇夏立庄村	301911	29757610
291	天津市蓟州区出头岭镇闯马马幼儿园		李畅	9	3	3	90	蓟州区出头岭镇北汪家庄村南	301911	29757197
292	天津市蓟州区出头岭镇南河幼儿园		董志刚	6	3	3	55	蓟州区出头岭镇南河村南	301900	60130526
293	天津市蓟州区出头岭镇小稻地幼儿园		霍金生	6	3	3	35	蓟州区出头岭镇小稻地村北	301911	29756713
294	天津市蓟州区出头岭镇代甲庄幼儿园		肖文立	6	3	2	13	蓟州区出头岭镇西代甲庄村	301911	29757333
295	天津市蓟州区出头岭镇东王官屯中心幼儿园		肖文立	8	3	3	58	蓟州区出头岭镇东王官屯村南	301911	29757333
296	天津市蓟州区出头岭镇东店子幼儿园		肖文立	5	3	2	25	蓟州区出头岭镇东店子村	301911	29757333
297	天津市蓟州区出头岭镇朱官屯幼儿园		肖文立	3	3	2	20	蓟州区出头岭镇朱官屯村	301911	29757333
298	天津市蓟州区第一幼儿园		崔俊茹	82	3	14	420	蓟州区渔阳镇中昌大道北大道440号	301900	29701888
299	天津市蓟州区第六小学幼儿园		刘红梅	27	3	7	192	蓟州区兴华大街卫生局北200米	301900	60115118

续表

序号	校名	书记	校长	教职工数	年级数	班数	学生数	校址	邮政编码	电话
300	天津市蓟州区别山小学幼儿园		刘建华	8	3	4	77	蓟州区别山镇别山村西面	301907	29786616
301	天津市蓟州区第三幼儿园		冀树敏	100	3	20	552	蓟州区迎宾路花园新村北侧	301900	29132972
302	天津市蓟州区第一小学幼儿园		霍玉梅	19	3	5	126	津市蓟州区渔阳镇文安街一号	301900	60827375
303	天津市蓟州区第三小学幼儿园		王 颖	23	3	5	79	蓟州区城内二经路3号	301900	60177518
304	天津市蓟州区实验小学幼儿园		孙 文	21	3	5	145	蓟州区渔阳镇四正街21号	301900	29031926
305	天津市蓟州区第二幼儿园		高 静	87	3	14	423	蓟州区渔阳镇小毛庄村	301900	82861307
306	天津市蓟州区东二营镇唐头庄中心小学童馨幼儿园		刘春义	7	3	3	50	蓟州区东二营镇唐头庄中心小学	301901	22853958
307	天津市蓟州区东二营镇中心幼儿园		付 奎	13	3	4	92	蓟州区东二营镇三村	301901	22862400
308	天津市蓟州区东二营镇春蕾中心幼儿园		于生广	12	3	3	59	蓟州区东二营镇东辛庄村东	301901	22829788
309	天津市蓟州区下窝头镇嘴头小学幼儿园		李爱兵	6	3	3	53	蓟州区下窝头镇嘴头村	301905	22806160
310	天津市蓟州区下仓镇桥头小学幼儿园		陈利强	4	3	1	9	蓟州区下仓镇西焦庄村	301905	29879665
311	天津市蓟州区东施古镇柳子口幼儿园		何建军	4	3	3	48	蓟州区东施古镇柳子口村	301906	82741972
312	天津市蓟州区第五幼儿园		王秀兰	37	3	6	143	蓟州区河西街南侧辽运河东侧	301900	29114636
313	天津市蓟州区第六幼儿园		李雅婷	49	3	9	223	蓟州区河湾西街河湾清池一村村委会10号	301900	82706895
314	天津市蓟州区出头岭镇龙泉小学幼儿园		刘洪军	8	3	3	35	蓟州区出头岭镇小汪庄村北	301911	29758816
315	天津市蓟州区官庄镇塔院幼儿园		陈淑英	6	3	3	32	蓟州区官庄镇塔院村	301915	20826308
316	天津市蓟州区公乐幼儿园		马爱平	51	3	10	284	蓟州区迎宾西街南侧湖东大道东侧	301901	22781195
317	天津市蓟州区下仓镇东太河中小幼儿园		蒙长建	6	3	3	50	蓟州区下仓镇东太河村	301905	82770018
318	天津市蓟州区官庄镇官屯幼儿园		李彦明	7	3	3	55	蓟州区官庄镇官屯村	301900	29826308
319	天津市蓟州区第八幼儿园		杨彩娟	38	3	9	246	蓟州区新城A2区南园香林路中段西侧	301900	29869966
320	天津市蓟州区第七幼儿园		孟振宏	35	3	7	188	蓟州区河湾镇A2区东园	301900	29869955
321	天津市蓟州区礼明庄镇联合幼儿园		董翠红	18	3	6	177	蓟州区礼明庄镇孟家楼村北	301907	60117101
322	天津市蓟州区邦均镇西后街幼儿园		高连国	9	3	3	61	蓟州区邦均镇西后街村北	301901	29818715
323	天津市蓟州区杨津庄镇大保安镇幼儿园		孟晨光	8	3	2	59	蓟州区杨津庄镇大保安镇村	301906	85280503
324	天津市蓟州区出头岭镇语欣幼儿园		李 娜	13	3	4	112	蓟州区出头岭镇三屯村2区18号	301911	29758638
325	天津市蓟州区童欣幼儿园		杨 华	11	3	3	80	蓟州区别山镇后楼村	301900	29782238
326	天津市蓟州区泗溜镇春雨幼儿园		周小军	12	3	3	65	蓟州区泗溜镇八里庄村	301900	29136655
327	天津市蓟州区永兴幼儿园		许桂芝	10	3	3	41	蓟州区渔阳镇白马泉村一区11排4号	301900	29149777
328	天津市蓟州区阳光小区幼儿园		郑 辉	10	3	3	60	蓟州区渔阳镇阳光小区	301900	82838133
329	天津市蓟州区未来星幼儿园		彭 婧	9	3	3	83	蓟州区下仓镇蒙圈中学西150米	301905	82775112

续表

序号	校名	书记	校长	教职工数	年级数	班数	学生数	校址	邮政编码	电话
330	天津市蓟州区下仓华语幼儿园		滕利利	13	3	3	72	蓟州区下仓镇刘总兵村4区45号	301905	29876579
331	天津市蓟州区佳园幼儿园		吴晓娟	5	3	3	33	蓟州区别山镇杨庄子村一区一排八号	301907	29784408
332	天津市蓟州区土楼幼儿园		段彩霞	11	3	3	75	蓟州区渔阳镇土楼村四区26号	301900	22870966
333	天津市蓟州区百花幼儿园		付春霞	12	3	3	62	蓟州区渔阳镇西北嘴村1区24号	301900	82852188
334	天津市蓟州区红苹果幼儿园		赵玲	10	3	3	60	蓟州区渔阳镇西七园村3区3排31号	301900	82310608
335	天津市蓟州区新星博爱幼儿园		王朝辉	9	3	3	29	蓟州区渔阳镇东风路白马泉村	301909	29116699
336	天津市蓟州区新颖幼儿园		闻立颖	14	3	3	90	蓟州区洄溜镇焦庄子村4区27号	301914	29150996
337	天津市蓟州区邦均镇新世纪幼儿园		孙建国	22	3	6	166	蓟州区邦均镇前街村西	301901	22821096
338	天津市蓟州区西南隅幼儿园		艾春艳	26	3	7	183	蓟州区渔阳镇西南隅村	301900	82707277
339	天津市蓟州区大地幼儿园有限公司		易本建	30	3	8	178	蓟州区渔阳镇安裕市场	301900	59115010
340	天津市蓟州区彤昕安幼儿园		张玲	20	3	4	125	蓟州区渔阳镇西关村2区11排3号	301900	29173376
341	天津市蓟州区万花幼儿园		韩春霞	10	3	3	38	蓟州区渔阳镇西关村1区4排5号	301900	29134463
342	天津市蓟州区杨津庄幼儿园		卞秀娟					蓟州区杨津庄镇杨津庄村	301906	15320151620
343	天津市蓟州区七色光幼儿园		侯春英	15	3	4	130	蓟州区白涧镇西三百户村	301926	29818183
344	天津市蓟州区新兴幼儿园		董秋野	11	3	5	130	蓟州区下窝头镇台头村六区二排十号	301900	60715166
345	天津市蓟州区金苹果幼儿园		王秀民	21	3	6	146	蓟州区桑梓镇大安宅村	301901	22860009
346	天津市蓟州区金贝贝星光幼儿园		孟庆国	22	3	5	155	蓟州区渔阳镇下宝塔村1区76号	301900	22731698
347	天津市蓟州区童话之语幼儿园有限公司		郭艳	34	3	7	194	蓟州区时代花园49号楼101号	301900	82898063
348	天津市蓟州区红杜鹃幼儿园		孙建军	32	3	6	180	蓟州区人民东大街交通新村西侧	301900	29751818
349	天津市蓟州区金色童车幼儿园		曹龙敏	26	3	6	160	蓟州区渔阳镇西北嘴村庆丰路东口路南	301900	82819001
350	天津市蓟州区红太阳幼儿园		丁磊	10	3	3	60	蓟州区渔阳镇围坊村	301900	82826985
351	天津市蓟州区阳光幼儿园		马春芳	14	3	4	80	蓟州区出头岭镇大赵各庄村	301911	5916086
352	天津市蓟州区小燕子幼儿园		王海艳	22	3	6	144	蓟州区桑梓镇桑梓村	301903	22845338
353	天津市蓟州区大风车幼儿园		孟萍	9	3	3	40	蓟州区渔阳镇西北嘴村	301900	82707858
354	天津市蓟州区翰林金墨幼儿园		周阳	25	3	5	155	蓟州区渔阳镇西关村2区11排7号	301900	29132543
355	天津市蓟州区尤古庄海宾幼儿园		袁海宾	7	3	3	38	蓟州区尤古庄镇李庄村天庄村2区4排22号	301902	29875078
356	天津市蓟州区别山镇三间房托幼点		顿淑萍	3	2	2	12	蓟州区别山镇三间房村三区二排22号	301907	82726956
357	天津市蓟州区邦均镇家家乐幼儿园		李桂红	6	3	3	36	蓟州区邦均镇中兵马头村大队部住西200米宾宝路北	301900	22818131
358	天津市蓟州区宝宝乐幼儿园		金亚静	14	3	4	105	蓟州区官庄镇官庄村村委会蓟官公路南侧	301900	13034333501
359	天津市蓟州区快乐宝贝爱之幼儿园		李建伟	5	3	3	30	蓟州区西龙虎峪镇大街蔡三庄村8区18	301912	13512436669

续表

序号	校名	书记	校长	教职工数	年级数	班数	学生数	校址	邮政编码	电话
360	天津市蓟州区天天幼儿园		张俊波	10		3	85	蓟州区东二营镇西营陈各庄村1区1排1号	301901	82325289
361	天津市蓟州区邦均镇华夏童年幼儿园		杨永娟	10	3	3	39	蓟州区邦均镇苗木市场西中南道村	301901	82357777
362	天津正清和幼儿园有限公司		付中蒙	18	3	4	21	蓟州区光明路东侧迎宾大街北侧曲院风荷40号楼101	301900	60783795
363	天津市蓟州区吉的堡幼儿园		张菊	39	3	6	173	蓟州区宝塔路天一揽景园公建	301900	82899778
364	天津市蓟州区桑梓镇语昕幼儿园		张艳清	18	3	6	107	蓟州区桑梓镇谢庄子村	301901	22832888
365	天津市蓟州区花苑幼儿园		张秀玲	7	3	3	45	蓟州区西龙虎峪镇蔡二庄村7区1排3号	301912	13001357623
366	天津市蓟州区下仓镇智慧星幼儿园		吴素英	6	3	3	49	蓟州区下仓镇下仓村7区159号	301905	29878666
367	天津市蓟州区春蕊幼儿园		孟凡会	14	3	4	125	蓟州区河湾河新城A1安置区州河湾配建3-1,3-2	301900	22786187
368	天津市蓟州区俏巧灵幼儿园		董洁	6	3	3	37	蓟州区西龙虎峪镇蔡二庄二区3排7号	301912	13207600298
369	天津市蓟州区童年时光幼儿园		赵兰	28	3	8	195	蓟州区上仓镇程家庄村	301906	82780815
370	天津市蓟州区阳光南幼儿园		马春芳	10	3	3	43	蓟州区阳光南幼儿园	301911	59160686
371	天津市蓟州区东山幼儿园		白雪	12	3	3	63	蓟州区许家台镇瀑水村西	301900	22827469
372	天津市蓟州区杰爱幼儿园		白杰	19	3	6	102	蓟州区西后街村一区二排54号	301900	29815968
373	天津市蓟州区别山镇新城新兴幼儿园		孟丹	11	3	3	90	蓟州区州河湾镇西园A1安置区州河湾配建2-1	301900	22786187
374	天津市蓟州区冀庄新城幼儿园		届海霞	20	3	5	150	蓟州区新城同乐园C2安置区同乐园配建8-107108109	301900	29168650
375	天津市蓟州区华艺幼儿园		宋桂华	15	3	5	90	蓟州区新城C2安置区同乐园配建6-109,110,111	301900	29120633
376	天津市蓟州区智慧之星幼儿园		郑春慧	9	2	2	30	蓟州区通阳镇东营房村3区38号	301900	22892544
377	天津市蓟州区蓝天贝贝幼儿园		王海燕	19	3	4	105	蓟州区通阳镇东关新村2号	301900	21666166
378	天津市蓟州区红果果幼儿园		麻占秀	10	3	3	49	蓟州区通阳镇杨各庄村	301900	13820060018
379	天津市蓟州区华英幼儿园		朱建华	9	3	3	33	蓟州区通阳镇东关村	301900	82831686
380	天津市蓟州区东卢育新幼儿园		张秀娟	6	3	3	19	蓟州区礼明庄镇东卢各庄村1区3排5号	301900	29897249
381	天津市蓟州区新童声幼儿园有限公司		孙申	40	3	7	122	蓟州区通阳镇东风路北侧路北100米	301900	22775194
382	天津市蓟州区尤古庄镇心心幼儿园		赵伶芝	14	3	5	115	蓟州区尤古庄镇黄辛庄村2区2排43号	301902	29834152
383	天津市蓟州区新时代幼儿园		刘建营	9	3	3	64	蓟州区官庄镇官庄村2区2排9号	301915	15822972819
384	天津市蓟州区海棠花幼儿园		裴玉敏	9	3	3	31	蓟州区通阳镇黄土坡村1区49号	301900	13662065606
385	天津市蓟州区尤古庄镇启航托幼点		刘艳荣	6	3	3	31	蓟州区尤古庄镇小龙卧村1区5排7号	301902	22898828
386	天津市蓟州区别山镇晶晶晶托幼点		贾晓健	4	3	3	23	蓟州区别山镇弥勒院村4区5排15号	301907	29782238

续表

序号	校名	书记	校长	教职工数	年级数	班数	学生数	校址	邮政编码	电话
387	天津市蓟州区梦想幼儿园		张凤春	25	3	6	163	蓟州区新城B2安置区配建5-1/5-2/5-3	301900	20132118
388	天津市蓟州区尤古庄镇新起点托幼点		徐国利	7	3	3	39	蓟州区尤古庄镇北闻庄村2区2排6号	301902	29839599
389	天津市蓟州区尤古庄镇博特托幼点		刘春玲	7	3	3	38	蓟州区尤古庄镇周蛮庄村一区九排五号	301902	29837853
390	天津市蓟州区杨津庄好未来托幼点		杜艳丽	5	2	2	30	蓟州区杨津庄镇大保安镇	301906	15022191281
391	天津市蓟州区杨津庄镇宏图托幼点		杨秀虹	7	3	3	39	蓟州区杨津庄镇霍苏庄村1区9排1号	301900	22790128
392	天津市蓟州区侯家营镇朝辉幼儿园		李连厚	7	3	3	35	蓟州区侯家营镇南三岔口村东	301904	29846205
393	天津市蓟州区启明星幼儿园		李普	11	3	3	60	蓟州区渔阳镇东风路西侧	301900	29122251
394	天津市蓟州区童话之城幼儿园有限公司		郭嘉祺	43	3	6	127	蓟州区兴华大街电厂家属院内	301900	82898063
395	天津市蓟州区新航幼儿园		冯晶晶	11	3	3	90	蓟州区河湾镇南园香林路11-36号	301908	22786187
396	天津市蓟州区小博士幼儿园		范玉婷	12	3	3	90	蓟州区河湾镇青池西街7号增8号	301908	22716569
397	天津市蓟州区向日葵幼儿园		李坤	11	3	3	86	蓟州区东赵各庄镇盈福寺村南	301900	60533440
398	天津市蓟州区金色童年幼儿园西园		张艳荣	26	3	6	173	蓟州区渔阳镇西关村2区11排8号	301900	13752360190
399	天津市蓟州区博雅幼儿园		金璐	17	3	4	125	蓟州区河湾镇南园香林路9-26,9-27,9-28,9-29	301900	22786187
400	天津市蓟州区洇溜镇苏庄子村启航托幼点		王福林	4	2	2	12	蓟州区洇溜镇苏庄子4区148号	301900	29802070
401	天津市蓟州区星光幼儿园有限公司		李津亭	14	1	1	1	蓟州区新城B3安置区八方路23号增6号商铺	301900	29125881
402	天津市恰和蒙以养正幼幼儿园有限公司		刘敬超	19	3	3	40	蓟州区燕山东大街南侧圣光万豪酒店	301999	22720888
403	天津市蓟州区龙梦托幼园		孙巧丽	7	3	3	40	蓟州区马伸桥镇肖辛庄村一区1排15号	301909	29738885
404	天津市蓟州区新城春蕊幼儿园		孙文英	9	3	3	60	蓟州区河湾镇南园香林路11-24,25,26,27	301900	22786178
405	天津市蓟州区天一幼儿园有限公司		宋桂华	15	3	5	88	蓟州区渔阳镇上宝塔3区24号	301900	22768267
406	天津市蓟州区渔阳镇艾童天托幼点		孟彬	6	2	2	34	蓟州区渔阳镇东北隅村4段47号	301900	82719611
407	天津市蓟州区上仓镇蓝天托幼点		李志兴	5	2	2	9	蓟州区渔阳镇西北四眼井胡同2号	301900	60920086
408	天津市蓟州区下仓镇望天托幼点		马爱华	6	3	3	43	蓟州区上仓镇南闷庄村	301906	82781468
409	天津市蓟州区渔阳镇朝阳托幼点		庞淑聪	5	2	2	20	蓟州区渔阳镇西七园村1区68号	301900	29180003
410	天津市蓟州区渔阳镇新蕊托幼点		郭丽艳	7	3	3	36	蓟州区渔阳镇小毛庄二区31号	301900	22764078
411	天津市蓟州区礼明庄彤昕安幼幼儿园有限公司		张玲	15	3	3	73	蓟州区礼明庄镇康毛庄村1区8排30号	301900	29802204
412	天津市蓟州区上仓镇硕果托幼点		许彩芹	4	3	3	25	蓟州区上仓镇桥头村4区23号	301906	29850839
413	天津市蓟州区下仓镇圣奥托幼点		徐燕燕	7	3	3	30	蓟州区下仓镇李四前村1区1排10号	301905	82775883
414	天津市爱宝乐幼儿园有限公司		徐丽萍	28	3	6	110	蓟州区公乐园小区北门底商配建6	301900	82716808
415	天津市蓟州区渔阳镇星光儿之家托幼点		张海红	7	2	2	45	蓟州区渔阳镇杨各庄村1区18排1号	301900	22799166

续表

序号	校名	书记	校长	教职工数	年级数	班数	学生数	校址	邮政编码	电话
416	天津市蓟州区缤果幼儿园		赵 丹	20	3	5	110	蓟州区马伸桥镇良尚村	301909	22736858
417	天津市蓟州区渔阳镇欢乐时光幼托点		李冬杰	6	2	2	38	蓟州区渔阳镇东营坊村二区39号	301900	82819640
418	天津市蓟州区别山镇五彩风车托幼机构		李建伟	5	3	3	30	蓟州区别山镇大市场	301907	22751916
419	天津市蓟州区东方之星幼儿园有限公司		李静源	36	3	8	170	蓟州区渔阳镇小毛庄村委会南侧	301900	29182288
420	天津市晟楷中学		马占春	144	3	33	1571	蓟州区经济开发区津围路2号	301900	59111081
421	天津市现代传媒职业学校		马 斌	85	3	17	519	蓟州区盘山大道68号	301900	22825568

索引

说明

一、本索引包括单位名称索引和人名索引。

二、本索引按汉语拼音音序排列。具体排列方法如下： 标目按首字的音序、音调依次排列,首字相同时,则以第二个字的音序、音调排序,依次类推。

三、索引标目后的数字,表示检索内容所在的正文页码;数字后面的英文字母a、b表示正文中的栏别,合在一起即指该页码及左、右两个版面区域。

2023年天津市教育两委领导及处室负责人名单

市教育两委领导

天津市委教育工作委员会常务副书记,天津市教育委员会主任,天津市人民政府教育督导室主任(兼):荆洪阳

天津市委教育工作委员会专职副书记:孙志良

天津市委教育工委委员,天津市教育委员会副主任(兼),市教育招生考试院党委书记、院长:靳　昕

天津市委教育工作委员会副书记、一级巡视员:张　弢(2023年2月离职)

天津市委教育工作委员会副书记:刘怡蔓(2023年4月到任)

天津市教育委员会一级巡视员:孙惠玲(2023年5月免职)

天津市委教育工作委员会委员,天津市教育委员会副主任:徐广宇

天津市纪委监委驻市委教育工作委员会纪检监察组组长:邢　军

天津市委教育工作委员会委员,天津市教育委员会副主任:郝奎刚

天津市委教育工作委员会委员,天津市教育委员会副主任:仇小娟

天津市委教育工作委员会委员,天津市人民政府教育督导室总督学:(副局级)王秋岩

天津市委教育工作委员会委员,天津市教育委员会副主任:罗延安

市教育两委各处室负责人

秘书处:王　戈(2023年8月离任)
　　　　杨　彬(2023年10月到任)
办公室:张华泉(2023年8月离任)
　　　　刘　冰(2023年10月到任)
组织处:刘宝欣
干部处:田青宇
宣传处(教材办):许　瑞
统战处:祝　建(2023年8月离任)
　　　　王著名(2023年8月到任)

网络安全和信息化办公室:王　峥(2023年8月离任)
　　　　　　　　　　王振刚(2023年10月到任)
发展规划处:连忠锋(2023年7月离任)
　　　　　　苏　丹(2023年11月到任)
法制处(政务服务处):邢建涛
科学技术与研究生工作处(学位办):
　　　　　　　　　苏　丹(2023年11月离任)
　　　　　　　　　杨明海(2023年11月到任)
高等教育处:徐　震
职业教育处:李　力
继续教育处:缪　楠(2023年8月离任)
　　　　　　王　峥(2023年8月到任)
中小学教育处:乔　盛
学前教育处:刘　岚
学生思想教育与管理处:杨　明
体美劳教育处:张健青
民办教育管理处:刘　卫(2023年8月离任)
　　　　　　　　缪　楠(2023年8月到任)
协作支援与语言文字处:杨继荣
国际合作与交流处(港澳台合作与交流办公室):
王俊艳
教师工作处:狄建明(2023年4月离任)
　　　　　　邵树斌(2023年10月到任)
人事处:陈长征
财务处:范志华
基本建设与后勤管理处:王　岩(2023年8月离任)
　　　　　　　　　　刘志远(2023年10月到任)
安全稳定处:梁春雨
审计处:淡春江
督政处:郭鑫勇(2023年2月到任)
督学处:李翔忠
机关党委办公室:梁　宏
巡察工作办公室:王著名(2023年8月离任)
　　　　　　　　刘　卫(2023年8月到任)
巡察组:穆树发
离退休干部处:罗秋明
机关纪委书记(正处级):曲　杨
督政处督学(正处级):宋婉春(2023年2月到任)
督学处督学(正处级):井　清(2023年10月离任)
校外教育培训监管处:王　鹏